LA

DICT

DE FRANÇAIS

LAROUSSE

Le *Dictionnaire de français* présente n seulement le vocabulaire courant avec s différents sens, mais aussi de nombreus locutions usuelles.

Les remarques de prononciation, d'orthographe d'emploi permettent de faire un meilleur usage de langue.

En annexe, les tableaux de conjugaison ainsi q les règles essentielles du pluriel et de l'accord d participe constituent un précieux aide-mémoire.

La liste complète des abréviations utilisées dan l'ouvrage figure à la fin du volume.

L'ÉDITEU

ISBN 978-2-03-532291-7

ISBN 978-2-03-532068-1

N° de projet : 11007390

Achevé d'imprimer par l'Imprimerie
Maury à Malesherbes en mars 2008
Dépôt légal : juillet 1997 - N° d'imprimeur : 136285

Imprimé en France - (Printed in France)

A

a *nm* première lettre de l'alphabet, et première des voyelles.
à *prép* marque un rapport de direction, de lieu, de but, de destination, d'appartenance, de temps, de prix, de moyen, de manière.
abaisser *vt* 1. faire descendre : *abaisser une manette* 2. diminuer, réduire : *abaisser les impôts* ◆ **s'abaisser** *vpr* [à] perdre sa dignité, s'avilir.
abandon *nm* action d'abandonner, de quitter, de cesser d'occuper • *à l'abandon* sans soin, en désordre.
abandonner *vt* 1. cesser d'occuper, quitter 2. délaisser, renoncer à 3. faire défaut à : *ses forces l'abandonnèrent* ◆ **s'abandonner** *vpr* [à] se laisser aller : *s'abandonner au désespoir.*
abasourdir *vt* 1. étourdir par un grand bruit 2. stupéfier : *cette réponse m'a abasourdi.*
abat-jour *nm inv* dispositif en tissu, en papier, etc., qui sert à rabattre la lumière d'une lampe.
abats *nm pl* pieds, rognons, foie, cœur, gésier, etc., des animaux de boucherie.
abattant *nm* partie d'un secrétaire que l'on peut lever ou abaisser.
abattement *nm* 1. diminution des forces physiques ou morales ; accablement 2. déduction faite sur une somme à payer.
abattoir *nm* établissement où l'on tue les animaux de boucherie.
abattre *vt* (conj 56) 1. faire tomber, renverser : *abattre un arbre, un mur* 2. tuer : *abattre un bœuf* 3. ôter ses forces physiques ou morales à : *cet échec l'a abattu* • *abattre du travail* ou *de la besogne* en faire une grande quantité • *abattre ses cartes* ou *son jeu* montrer ses cartes, étaler son jeu ◆ **s'abattre** *vpr* tomber.
abattu, e *adj* découragé, affaibli.
abbatial, e, aux *adj* relatif à l'abbaye ◆ *nf* église d'une abbaye.
abbaye [abei] *nf* monastère.
abbé *nm* titre donné à un ecclésiastique.
abcès *nm* amas de pus.
abdication *nf* action d'abdiquer.
abdiquer *vt* 1. renoncer à : *abdiquer le trône* 2. ABSOL. renoncer au pouvoir : *le roi a abdiqué* ◆ *vi* renoncer à agir : *abdiquer devant les difficultés.*
abdomen [abdɔmɛn] *nm* région du corps contenant essentiellement l'appareil digestif.
abécédaire *nm* livre d'apprentissage de l'alphabet et de la lecture.
abeille *nf* insecte social, vivant dans une ruche, produisant le miel et la cire.
aberrant, e *adj* qui s'écarte du bon sens, de la logique, de la norme : *idée, conduite aberrante.*
aberration *nf* 1. OPT ensemble des défauts des systèmes optiques qui ne donnent pas des images nettes 2. FIG. erreur de jugement, absurdité • BIOL *aberration chromosomique* anomalie de nombre ou de structure des chromosomes.
abêtir *vt* rendre bête, stupide.
abîme *nm* 1. gouffre très profond 2. FIG. ce qui divise, sépare très profondément : *il y a un abîme entre eux.*
abîmer *vt* détériorer, endommager : *abîmer ses chaussures* ◆ **s'abîmer** *vpr* 1. se détériorer, se gâter : *un tissu qui s'abîme facilement* 2. LITT. s'enfoncer : *l'avion s'abîme dans la mer.*
abject, e *adj* bas, vil, méprisable.
abjection *nf* abaissement moral ; infamie.
abjurer *vt* 1. renoncer solennellement à une religion 2. FIG. renoncer publiquement à une opinion.
ablation *nf* CHIR action d'enlever un organe, une tumeur.
ablette *nf* petit poisson d'eau douce à écailles argentées.
abnégation *nf* 1. renoncement 2. dévouement.
aboiement *nm* cri du chien.
abois *nm pl* • *être aux abois* 1. se dit du cerf réduit à faire face aux chiens 2. FIG. être dans une situation désespérée.
abolir *vt* supprimer, abroger.
abominable *adj* détestable, odieux : *un temps, un crime abominable.*
abondamment *adv* de façon abondante ; amplement.
abondance *nf* 1. grande quantité 2. ressources importantes : *vivre dans l'abondance.*
abonder *vi* être, avoir en abondance : *le gibier abonde ici* • *abonder en* contenir, produire en grande quantité : *la rivière abonde en poissons* • *abonder dans le sens de quelqu'un* se ranger à son avis.
abonnement *nm* convention entre un fournisseur et un client pour l'usage habituel d'un service ou la fourniture régulière d'un produit.
abonner *vt* prendre pour autrui un abonnement ◆ **s'abonner** *vpr* [à] prendre un abonnement pour soi.
abord *nm* manière dont on accueille les autres, contact : *être d'un abord aimable* • *au premier abord* à première vue • *d'abord* ou *tout d'abord* en premier lieu, pour commencer ◆ **abords** *nm pl* environs, accès immédiats : *aux abords de Paris.*
abordable *adj* accessible à tous : *des prix abordables.*

aborder *vi* atteindre le rivage : *aborder dans une île* ◆ *vt* 1. s'approcher de quelqu'un pour lui parler ; accoster 2. commencer à traiter, à étudier : *aborder un sujet, une question* 3. s'engager dans : *aborder un virage.*

aborigène *adj* et *n* originaire du pays où il vit.

abortif, ive *adj* qui fait avorter.

aboutir *vt ind* [à] 1. toucher par un bout, arriver à : *cette rue aboutit à la Seine* 2. FIG. avoir un résultat : *mes démarches n'ont abouti à rien* 3. ABSOL. avoir un résultat heureux, réussir : *les négociations ont abouti.*

aboutissants *nm pl* › tenants.

aboyer *vi* (conj 3) pousser son cri, en parlant du chien ◆ *vi* et *vt* FAM. crier, articuler avec violence.

abracadabrant, e *adj* bizarre, extravagant.

abrasif, ive *adj* et *nm* se dit d'une matière qui use, polit par frottement : *poudre abrasive.*

abrasion *nf* action d'user par frottement, d'enlever par grattage.

abrégé *nm* 1. forme réduite d'un écrit 2. ouvrage résumé : *abrégé d'histoire* • *en abrégé* 1. en peu de mots 2. en utilisant des abréviations.

abréger *vt* (conj 2 et 10) rendre plus court : *abréger un discours, un séjour.*

abreuvoir *nm* lieu où l'on mène boire les bestiaux.

abréviation *nf* 1. réduction d'un mot, souvent à sa première lettre ou syllabe 2. mot abrégé.

abri *nm* 1. lieu où l'on peut se mettre à couvert de la pluie, d'un danger, etc. 2. installation aménagée à cet effet • *à l'abri (de)* hors d'atteinte (de).

Abribus *nm* (nom déposé) édicule servant d'abri pour les voyageurs à un arrêt d'autobus.

abricot *nm* fruit comestible à noyau de l'abricotier, à peau et chair jaunes.

abriter *vt* 1. mettre à l'abri 2. avoir comme occupant : *l'immeuble abrite dix familles* ◆ **s'abriter** *vpr* [de] se mettre à l'abri de : *s'abriter de la pluie.*

abroger *vt* (conj 2) annuler, abolir une loi, un décret.

abrupt, e *adj* 1. dont la pente est raide : *sentier abrupt* 2. FIG. rude et sans détour : *parler d'une manière abrupte.*

abruti, e *adj* et *n* stupide.

abrutir *vt* rendre incapable de rien comprendre, de rien sentir : *abrutir un élève de travail* ; accabler : *la chaleur abrutit.*

abscisse *nf* MATH sur un axe orienté, distance d'un point à l'origine, comptée algébriquement.

absence *nf* 1. fait de n'être pas présent 2. manque : *absence de rigueur* 3. moment d'inattention 4. trouble de la conscience.

absent, e *adj* et *n* qui n'est pas présent ◆ *adj* FIG. distrait : *air absent.*

absentéisme *nm* taux d'absence du lieu de travail ou de l'école.

absenter (s') *vpr* [de] s'éloigner momentanément (d'un lieu).

abside *nf* extrémité d'une église, située derrière le chœur.

absinthe [apsɛ̃t] *nf* plante aromatique contenant une essence amère et toxique ; liqueur fabriquée avec cette plante.

absolu, e *adj* 1. complet, total : *confiance absolue* 2. dont les pouvoirs sont sans limite : *monarque absolu* 3. impérieux, intransigeant : *un ton absolu* ◆ *nm* ce qui existe indépendamment de toute condition : *la métaphysique recherche l'absolu.*

absolument *adv* 1. sans faute, à tout prix : *je dois absolument partir* 2. complètement, totalement : *c'est absolument faux* • GRAMM *employé absolument* se dit d'un verbe transitif employé sans complément.

absolution *nf* RELIG pardon des péchés.

absorbant, e *adj* 1. qui absorbe, qui boit : *tissu absorbant* 2. FIG. qui occupe entièrement : *travail absorbant.*

absorber *vt* 1. retenir un liquide en s'en imprégnant : *l'éponge absorbe l'eau* 2. boire, manger : *absorber une forte dose d'alcool* 3. faire disparaître, engloutir : *le noir absorbe la lumière ; l'entreprise a absorbé son concurrent* 4. occuper entièrement : *ce travail l'absorbe* ◆ **s'absorber** *vpr* s'occuper entièrement à : *s'absorber dans son travail.*

absorption *nf* action d'absorber.

abstenir (s') *vpr* [de] (conj 22) 1. éviter, renoncer à : *s'abstenir de boire ; s'abstenir de tout commentaire* 2. SANS COMPL. ne pas prendre part à un vote, à une délibération.

abstention *nf* 1. action de s'abstenir 2. fait de ne pas prendre part à un vote.

abstentionnisme *nm* non-participation à un vote.

abstinence *nf* action de se priver de certains aliments ou de certains plaisirs.

abstraction *nf* 1. action d'abstraire 2. idée ou raisonnement qui en est le résultat 3. conception ou idée sans contact avec la réalité • *faire abstraction de* ne pas tenir compte de.

abstraire *vt* (conj 79 ; surtout à l'inf. et aux temps composés) isoler un élément d'un ensemble afin de le considérer à part ◆ **s'abstraire** *vpr* [de] s'isoler mentalement.

abstrait, e *adj* 1. se dit d'une qualité considérée en elle-même, indépendamment de l'objet, comme *blancheur, bonté* CONTR. *concret* 2. difficile à comprendre, obscur • *art abstrait* qui ne s'attache pas à représenter la réalité sensible.

absurde *adj* contraire à la raison, à la logique ◆ *nm* • *raisonnement par l'absurde* démonstration qui consiste à établir une proposition en prouvant l'absurdité de la proposition contraire.

absurdité *nf* 1. manque de logique 2. propos ou conduite déraisonnable.

abus *nm* 1. usage mauvais, excessif : *l'abus de l'alcool* 2. injustice causée par le mauvais usage d'un droit, d'un pouvoir : *dénoncer les abus* • FAM. ***il y a de l'abus*** c'est exagéré.

abuser *vt ind* [de] 1. user mal ou avec excès de : *abuser de l'alcool* 2. profiter avec excès de la bonté, de la patience de quelqu'un : *sincèrement, tu abuses ; abuser de la situation* ◆ **s'abuser** *vpr* LITT. se tromper soi-même.

abusif, ive *adj* qui constitue un abus.

abysse *nm* (surtout au pl) grande profondeur sous-marine.

acabit [-bi] *nm* • PÉJOR. ***de cet acabit*** ou ***du même acabit*** du même genre, de la même espèce.

acacia *nm* arbre épineux, à feuilles généralement persistantes.

académicien, enne *n* membre d'une académie, en partic. de l'Académie française.

académie *nf* 1. société scientifique, littéraire ou artistique 2. lieu où l'on s'exerce à la pratique d'un art, d'une science 3. circonscription universitaire en France 4. BX-ARTS figure dessinée ou peinte d'après un modèle nu.

acajou *nm* arbre d'Amérique, au bois rougeâtre ; bois de cet arbre.

a capella ou **a cappella** *loc adv* et *loc adj inv* qui se chante sans accompagnement.

acarien *nm* très petit animal tels l'aoûtat et la tique qui peut transmettre, par sa piqûre, le germe de certaines maladies.

accablement *nm* état de quelqu'un qui est écrasé par la fatigue, la chaleur, la douleur, etc. ; abattement.

accabler *vt* 1. ôter toute force, abattre : *chaleur qui accable* 2. faire succomber sous une charge excessive, sous la peine physique ou morale : *accabler de fatigue, de soucis.*

accalmie *nf* calme momentané.

accaparer *vt* 1. prendre pour soi au détriment des autres : *accaparer la conversation* 2. occuper exclusivement : *ses enfants l'accaparent.*

accéder *vt ind* [à] (conj 10) 1. avoir, donner accès à 2. parvenir à : *accéder à de hautes fonctions* 3. donner son accord, consentir : *accéder à une demande.*

accélérateur, trice *adj* qui accélère, précipite ◆ *nm* 1. appareil commandant l'admission du mélange gazeux au moteur pour faire varier sa vitesse 2. PHYS appareil communiquant à des particules élémentaires des vitesses élevées.

accélération *nf* augmentation de vitesse, de rythme : *accélérer le pas ; la voiture accélère.*

accélérer *vt* et *vi* (conj 10) augmenter la vitesse, le rythme.

accent *nm* 1. mise en relief par la voix d'une syllabe, d'un mot : *accent tonique* 2. prononciation particulière : *l'accent du Midi* 3. intonation : *accent plaintif* 4. signe graphique sur une voyelle : *accent aigu, grave, circonflexe* • ***mettre l'accent sur*** faire ressortir, mettre en relief.

accentuer *vt* 1. marquer d'un accent 2. renforcer, rendre plus intense : *cela accentue les traits de son visage.*

accepter *vt* 1. consentir à prendre, à recevoir, à admettre : *accepter un cadeau, accepter d'être contredit* 2. traiter quelqu'un comme tout autre membre du groupe : *il a été accepté par la communauté.*

accès *nm* 1. possibilité d'atteindre un lieu ; abord : *île d'accès difficile* 2. chemin, voie, etc., qui permet d'aller vers un lieu ou d'y entrer : *tous les accès de la maison sont surveillés* 3. possibilité de comprendre : *livre d'accès difficile* 4. manifestation brusque et intense de : *accès de colère, de fièvre, de délire* • ***avoir accès auprès de quelqu'un*** avoir la possibilité de l'approcher.

accessible *adj* 1. d'accès facile : *côte, personne accessible* 2. compréhensible, intelligible : *livre accessible à tous.*

accessoire *adj* qui accompagne une chose principale ; secondaire : *cela n'a qu'un intérêt accessoire* ◆ *nm* ce qui est secondaire : *distinguer l'accessoire de l'essentiel.*

accessoire *nm* 1. pièce, outil, etc., qui ne font pas partie d'un appareil mais qui servent à son fonctionnement : *accessoires d'automobile* 2. élément de décor au théâtre, au cinéma 3. élément qui complète la toilette (sac, ceinture, etc.).

accident *nm* 1. événement malheureux entraînant des dommages : *accident de voiture, de la route ; accident du travail* 2. événement imprévu : *c'est un accident de parcours* • ***accident de terrain*** inégalité du relief • ***par accident*** par hasard.

accidenter *vt* causer un accident, un dommage à.

acclamer *vt* saluer par des cris de joie, d'approbation.

acclimater *vt* adapter à un nouveau climat, à un nouveau milieu.

accolade *nf* 1. geste d'amitié qui consiste à se tenir mutuellement entre les bras, en particulier, lors d'une remise de décoration 2. signe graphique utilisé pour réunir plusieurs lignes.

accoler *vt* mettre ensemble, joindre : *accoler une particule à un nom.*

accommodation *nf* 1. action d'accommoder, de s'accommoder 2. adaptation de l'œil aux diverses distances de vision.

accommoder *vt* 1. concilier, adapter 2. apprêter (un mets) ◆ *vi* en parlant de l'œil, réaliser l'accommodation ◆ **s'accommoder** *vpr* [de] se contenter, se satisfaire de.

accompagnateur, trice *n* 1. personne qui accompagne un chanteur ou un instrumentiste à l'aide d'un instrument ou de la voix 2. personne qui accompagne et guide un groupe de touristes, d'enfants, etc.

accompagnement *nm* 1. action d'accompagner 2. chose qui accompagne : *viande servie avec des pâtes en accompagnement* 3. MUS parties instrumentales ou vocales, soutenant une partie principale vocale ou instrumentale.

accompagner *vt* 1. aller avec quelqu'un ou à sa suite, escorter ou conduire 2. assortir, associer : *accompagner ses mots d'un geste* 3. MUS exécuter l'accompagnement ◆ **s'accompagner** *vpr* [de] être suivi de.

accompli, e *adj* 1. révolu : *vingt ans accomplis* 2. parfait : *un homme accompli* • *fait accompli* ce sur quoi il n'est plus possible de revenir.

accomplir *vt* exécuter, faire, réaliser entièrement.

accord *nm* 1. conformité de sentiments, d'idées 2. convention, arrangement : *signer un accord* 3. acceptation, assentiment : *donner son accord* 4. concordance, harmonie entre des choses 5. MUS action d'accorder un instrument 6. ensemble de sons émis simultanément 7. GRAMM rapport de forme établi entre des mots : *accord de l'adjectif avec le nom* • *d'accord* oui, entendu • *être, tomber d'accord* être du même avis • *se mettre d'accord* parvenir à s'entendre.

accordéon *nm* instrument de musique portatif, composé de languettes de métal actionnées par un soufflet, et muni de touches.

accorder *vt* 1. consentir à donner : *accorder un délai* 2. GRAMM appliquer à un mot les règles de l'accord : *accorder un adjectif* 3. MUS régler la justesse d'un instrument 4. mettre en harmonie ◆ **s'accorder** *vpr* 1. se mettre, être d'accord : *tout le monde s'accorde à dire que...* 2. GRAMM être en accord grammatical avec un autre mot : *le verbe s'accorde avec le sujet* 3. être en accord, en harmonie : *ces couleurs s'accordent bien.*

accoster *vt* 1. aborder quelqu'un 2. MAR s'approcher très près de : *accoster le quai.*

accotement *nm* partie latérale d'une route, entre la chaussée et le fossé.

accouchement *nm* action d'accoucher.

accoucher *vi* et *vt ind* [de] mettre un enfant au monde ◆ *vt* aider une femme à accoucher.

accouder (s') *vpr* s'appuyer sur le coude ou les coudes.

accoudoir *nm* appui pour les bras sur les côtés d'un siège.

accoupler *vt* réunir par deux : *accoupler deux mots* ◆ **s'accoupler** *vpr* s'unir pour la reproduction (animaux).

accourir *vi* (conj 29 ; auxil : avoir ou être) venir en hâte.

accoutumance *nf* 1. fait de s'accoutumer à : accoutumance au bruit 2. phénomène d'adaptation d'un individu à une substance active ou toxique qui entraîne un accroissement progressif des doses.

accoutumer *vt* disposer quelqu'un à supporter, à faire ◆ **s'accoutumer** *vpr* [à] prendre l'habitude de.

accréditer *vt* 1. rendre vraisemblable, crédible : *accréditer une rumeur* 2. faire reconnaître officiellement : *accréditer un ambassadeur.*

accroc [akro] *nm* 1. déchirure 2. FIG. incident malheureux.

accrocher *vt* 1. suspendre à un crochet, à un clou, etc. 2. faire une déchirure 3. heurter légèrement : *accrocher une voiture* 4. réussir à obtenir, à saisir ◆ **s'accrocher** *vpr* se retenir à quelque chose • FAM. *s'accrocher avec quelqu'un* se disputer avec lui.

accroissement *nm* fait d'accroître, de s'accroître ; augmentation.

accroître *vt* (conj 64) rendre plus grand, plus intense ; augmenter ◆ **s'accroître** *vpr* devenir plus grand, plus fort.

accroupir (s') *vpr* s'asseoir sur les talons.

accru, e *adj* plus grand : *responsabilités accrues.*

accueil *nm* 1. manière de recevoir quelqu'un : *accueil chaleureux, glacial* 2. lieu où l'on reçoit des personnes : *se retrouver à l'accueil.*

accueillir *vt* (conj 24) 1. recevoir quelqu'un 2. prendre, recevoir d'une certaine manière : *accueillir une nouvelle avec joie.*

accumulateur *nm* appareil emmagasinant l'énergie pour la restituer par la suite.

accumuler *vt* réunir en un ensemble important ; amasser, entasser : *accumuler des marchandises, des témoignages* ◆ **s'accumuler** *vpr* se mettre en tas, s'ajouter les uns aux autres.

accusation *nf* 1. action en justice par laquelle on accuse quelqu'un 2. reproche fait pour une action jugée mauvaise.

accusé *nm* • *accusé de réception* avis informant qu'un envoi a été reçu par son destinataire.

accusé, e *n* personne donnée comme coupable d'un délit ◆ *adj* marqué, accentué : *traits accusés.*

accuser *vt* 1. présenter comme coupable de : *accuser de meurtre, de malhonnêteté* 2. mettre en relief, accentuer : *maquillage* *qui accuse les traits* • FAM. ***accuser le coup*** montrer qu'on est affecté • ***accuser réception*** avertir qu'on a reçu un envoi.

ace [ɛs] *nm* au tennis, balle de service que l'adversaire ne peut toucher.

acerbe *adj* piquant, mordant, agressif : *paroles acerbes.*

acéré, e *adj* 1. tranchant, aigu : *griffes acérées* 2. FIG. mordant, caustique.

acétique *adj* se dit de l'acide auquel le vinaigre doit sa saveur • ***fermentation acétique*** qui donne naissance au vinaigre.

acétone *nf* liquide incolore, volatil et inflammable utilisé comme solvant.

acétylène *nm* hydrocarbure obtenu en traitant le carbure de calcium par l'eau.

achalandé, e *adj* 1. VX. qui a des clients 2. fourni en marchandises, approvisionné : *magasin bien achalandé.*

acharnement *nm* grande obstination, ténacité, ardeur opiniâtre • ***acharnement thérapeutique*** fait de maintenir en vie, par tous les moyens possibles, un malade dont l'état est reconnu désespéré.

acharner (s') *vpr* 1. poursuivre avec violence, hostilité : *le sort s'acharne sur lui* 2. s'obstiner à.

achat *nm* 1. action d'acheter 2. objet acheté.

acheminer *vt* diriger vers un lieu ◆ **s'acheminer** *vpr* aller vers un résultat.

acheter *vt* (conj 7) 1. obtenir contre paiement 2. payer la complicité de quelqu'un : *acheter un témoin.*

acheteur, euse *n* qui achète.

achèvement *nm* fin, exécution complète : *achèvement des travaux.*

achever *vt* (conj 9) 1. finir ce qui est commencé ; terminer : *achever un travail* 2. porter le dernier coup qui amène la mort : *achever un vieux chien malade* 3. finir d'accabler, de décourager : *cette mauvaise nouvelle l'a achevé.*

Achille (tendon d') 1. tendon permettant l'extension du pied sur la jambe 2. point faible de quelqu'un.

acide *adj* 1. qui a une saveur aigre 2. désagréable, blessant : *remarques acides* ◆ *nm* 1. CHIM composé hydrogéné qui peut former des sels avec les bases 2. FAM. L.S.D.

acidifier *vt* 1. rendre plus acide 2. CHIM transformer en acide.

acidité *nf* saveur acide.

acidulé, e *adj* légèrement acide : *bonbon acidulé.*

acier *nm* fer combiné avec une faible quantité de carbone • ***acier inoxydable*** acier spécial résistant aux divers agents de corrosion.

acné *nf* maladie de la peau, caractérisée par des boutons, principalement sur le visage.

acolyte *nm* PÉJOR. compagnon, complice.

acompte *nm* paiement partiel à valoir sur une somme due.

a contrario *loc adv* ou *loc adj inv* se dit d'un raisonnement qui, partant d'une hypothèse opposée, aboutit à une conclusion opposée.

à-côté (*pl à-côtés*) *nm* ce qui est accessoire, en supplément.

à-coup (*pl à-coups*) *nm* arrêt brusque suivi d'une reprise brutale • ***par à-coups*** par intermittence • ***sans à-coups*** sans incident.

acoustique *adj* relatif aux sons ◆ *nf* 1. partie de la physique qui étudie les sons 2. qualité d'un local du point de vue de la propagation des sons.

acquéreur *nm* acheteur.

acquérir *vt* (conj 21) 1. devenir propriétaire d'un bien : *acquérir une voiture* 2. réussir à obtenir, à avoir : *ce timbre a acquis de la valeur ; acquérir de l'expérience.*

acquiescer *vi* et *vt ind* [à] (conj 1) dire oui, accepter : *acquiescer d'un signe de tête.*

acquis, e *adj* 1. que les circonstances de la vie ont fait apparaître (par oppos. à *naturel, inné*) : *caractères acquis* 2. obtenu une fois pour toutes : *avantages acquis* • ***être acquis à quelqu'un*** lui être dévoué • ***être acquis à une idée*** en être partisan.

acquisition *nf* 1. action d'acquérir : *l'acquisition d'une maison, du langage* 2. ce que l'on a acquis, achat : *une bonne acquisition.*

acquit [aki] *nm* DR reconnaissance écrite d'un paiement • ***par acquit de conscience*** pour sa tranquillité d'esprit • ***pour acquit*** formule au verso d'un chèque pour certifier que celui-ci a été payé.

acquittement *nm* 1. action de payer ce qu'on doit ; remboursement 2. jugement de non-culpabilité.

acquitter *vt* 1. payer ce qu'on doit : *acquitter une facture* 2. déclarer non coupable : *acquitter un accusé* ◆ **s'acquitter** *vpr* [de] faire ce qu'on doit, ce à quoi on s'est engagé.

âcre *adj* piquant, irritant au goût, à l'odorat.

acrobate *n* artiste qui exécute des exercices d'agilité, d'adresse ou de force dans un cirque, un music-hall, etc.

acrobatie [akrɔbasi] *nf* 1. exercice d'acrobate 2. exercice difficile : *acrobaties aériennes.*

acropole *nf* partie la plus haute d'une cité grecque formant une citadelle.

acrylique *nm* textile artificiel.

acte *nm* 1. mouvement d'un être vivant adapté à une fin ; action : *acte volontaire* 2. manifestation de la volonté considérée dans son but : *acte de bravoure* 3. DR écrit authentifiant un fait, une convention : *acte de vente* • ***faire acte de*** donner une preuve concrète de : *faire acte de bonne volonté* • *prendre acte* déclarer que l'on se prévaudra par la suite du fait qui a été constaté.

acte *nm* division d'une pièce de théâtre.

acteur, trice *n* 1. personne dont la profession est de jouer au théâtre ou au cinéma 2. personne qui prend une part déterminante dans une action.

actif, ive *adj* 1. qui agit ; énergique, vif, efficace : *être très actif* 2. qui exerce une activité professionnelle : *population active* 3. qui produit un effet, agit : *produit actif* • GRAMM *forme, voix active* forme du verbe transitif ou intransitif qui présente l'action faite par le sujet (par oppos. à *passif, pronominal*) ◆ *nm* 1. FIN ce qu'on possède (par oppos. à *passif*) 2. GRAMM forme, voix active 3. personne exerçant ou recherchant un emploi • *avoir quelque chose à son actif* l'avoir réalisé.

action *nf* 1. manifestation concrète de la volonté dans un domaine déterminé : *mener une action d'ensemble* 2. manière dont agit un corps, une force : *l'action d'un médicament* 3. marche des événements dans un récit, dans un film : *action rapide* 4. exercice d'un droit en justice : *intenter une action* 5. FIN titre représentant les droits d'un associé dans certaines sociétés.

actionnaire *n* personne qui possède des actions dans une société.

actionner *vt* mettre en mouvement : *actionner un mécanisme.*

activer *vt* rendre plus rapide, hâter, accélérer ◆ **s'activer** *vpr* travailler activement ; s'affairer, se hâter.

activité *nf* 1. ensemble des phénomènes par lesquels se manifestent une forme de vie, un fonctionnement, un processus : *activité intellectuelle ; activité volcanique* 2. occupation : *activité professionnelle* • *en activité* 1. en service en parlant d'un soldat, d'un fonctionnaire 2. en fonctionnement en parlant d'une usine.

actualiser *vt* rendre actuel, mettre à jour.

actualité *nf* 1. qualité de ce qui est actuel 2. ensemble des faits actuels, récents ◆ **actualités** *nf pl* informations, nouvelles à la télévision, à la radio.

actuel, elle *adj* présent ; qui appartient, convient au moment présent : *le cas actuel.*

actuellement *adv* maintenant.

acuité *nf* 1. caractère de ce qui est aigu : *acuité d'un son, d'une douleur* 2. capacité d'un organe des sens : *acuité visuelle, auditive.*

acupuncture ou **acuponcture** *nf* traitement médical d'origine chinoise qui consiste à piquer des aiguilles en certains points du corps.

adage *nm* proverbe, maxime.

adaptateur, trice *n* personne qui adapte une œuvre au cinéma, au théâtre ◆ *nm* dispositif permettant d'adapter un objet à une condition d'utilisation particulière : *adaptateur pour prises de courant.*

adapter *vt* 1. appliquer, ajuster : *adapter un robinet à un tuyau* 2. conformer à, approprier : *adapter les moyens au but* 3. modifier en vue d'un usage différent : *adapter une comédie au cinéma* ◆ **s'adapter** *vpr* [à] se plier, se conformer à : *s'adapter aux circonstances.*

additif *nm* 1. substance ajoutée à un produit 2. addition faite à un texte.

addition *nf* 1. opération arithmétique qui ajoute des nombres, des quantités 2. action d'ajouter ; ce qu'on ajoute : *addition d'eau* 3. note de dépenses au café, au restaurant.

additionner *vt* ajouter, faire le total, l'addition de : *additionner six nombres.*

adepte *n* 1. partisan d'une doctrine, d'une secte, etc. 2. personne qui pratique une activité, un sport.

adéquat, e [adekwa, at] *adj* adapté, approprié : *expression adéquate.*

adhérent, e *adj* qui adhère ◆ *n* membre d'un parti, d'une association.

adhérer *vt ind* [à] (conj 10) 1. tenir fortement à une chose : *le timbre n'a pas bien adhéré à l'enveloppe* 2. FIG. partager une idée, une opinion 3. s'inscrire à une association, à un parti.

adhésif, ive *adj* qui adhère, colle ◆ *nm* bande de papier, de toile, etc., dont une des faces est enduite d'un produit qui colle sans être préalablement mouillé.

adhésion *nf* 1. action d'adhérer à un parti, à une association 2. approbation, accord : *doner son adhésion à un projet.*

ad hoc *loc adj inv* qui convient à la situation.

adieu *interj* et *nm* formule de salut quand on se quitte pour longtemps ou pour toujours • *dire adieu à quelque chose* y renoncer.

adjacent, e *adj* attenant, contigu • *angles adjacents* angles contigus ayant un côté commun.

adjectif *nm* mot qui qualifie ou détermine le substantif auquel il est joint et qui s'accorde en genre et en nombre avec lui : *adjectif qualificatif, possessif, démonstratif.*

adjoint, e *adj* et *n* personne associée à une autre pour l'aider dans ses fonctions.

adjudant *nm* sous-officier d'un grade intermédiaire entre ceux de sergent-chef et d'adjudant-chef.

adjudication *nf* DR attribution d'un marché ou d'un bien à celui qui offre le meilleur prix.

adjuger *vt* (conj 2) 1. attribuer, concéder par adjudication 2. attribuer : *adjuger un prix* ◆ **s'adjuger** *vpr* s'approprier : *s'adjuger la meilleure part.*

adjuvant, e *adj* et *nm* qui renforce ou complète l'action d'un autre médicament ou produit.

admettre *vt* (conj 57) 1. recevoir : *admettre un candidat à un concours* 2. laisser entrer : *les chiens ne sont pas admis* 3. estimer vrai : *admettre un fait* 4. supporter, tolérer : *cela n'admet pas de discussion.*

administratif, ive *adj* de l'administration.

administration *nf* 1. action d'administrer les affaires publiques ou privées, de régir des biens 2. (avec majuscule dans ce sens) ensemble des services de l'État : *travailler dans l'Administration* 3. service public ; ensemble de ses employés : *administration des postes* • *conseil d'administration* corps des administrateurs d'une société.

administré, e *n* personne dépendant d'une administration.

administrer *vt* 1. diriger, gérer les affaires publiques ou privées 2. conférer : *administrer les sacrements* 3. faire prendre : *administrer un médicament* 4. appliquer, infliger : *administrer une correction.*

admirateur, trice *adj* et *n* qui admire.

admirer *vt* considérer avec un étonnement mêlé de plaisir, d'enthousiasme.

admissible *adj* et *n* qui est reçu dans un concours, un examen, à une première épreuve ◆ *adj* valable, acceptable : *excuse admissible.*

admission *nf* 1. action d'admettre 2. fait d'être admis.

A.D.N. *nm* (abréviation de acide désoxyribonucléique) constituant essentiel des chromosomes du noyau cellulaire.

adolescence *nf* période de la vie, entre la puberté et l'âge adulte.

adolescent, e *n* et *adj* qui est dans l'adolescence.

adonner (s') *vpr* [à] se livrer à (une activité).

adopter *vt* 1. prendre légalement pour fils ou pour fille 2. FIG. faire sienne une manière de voir ; prendre par choix, par décision : *adopter un point de vue* 3. adopter des mesures exceptionnelles 4. approuver par un vote.

adoptif, ive *adj* 1. qui a été adopté : *fils adoptif* 2. qui adopte : *mère adoptive.*

adoption *nf* action d'adopter.

adorable *adj* dont le charme est extrême ; délicieux, charmant.

adorer *vt* 1. rendre un culte à un dieu 2. aimer avec passion.

adosser *vt* appuyer à, contre ◆ **s'adosser** *vpr* s'appuyer à, contre quelque chose.

adoucir *vt* 1. rendre plus doux : *adoucir la peau* 2. FIG. rendre moins pénible, plus supportable : *adoucir un chagrin* • *adoucir l'eau* la débarrasser des sels calcaires qu'elle peut renfermer ◆ **s'adoucir** *vpr* devenir plus doux : *le temps s'adoucit.*

adoucissant, e *adj* et *nm* qui adoucit, rend plus doux (l'eau, la peau, les textiles).

adrénaline *nf* hormone qui accélère le rythme cardiaque et augmente la pression artérielle.

adresse *nf* 1. indication du domicile de quelqu'un 2. INFORM localisation codée d'une information dans une mémoire électronique.

adresse *nf* 1. habileté dans les mouvements du corps 2. finesse d'esprit.

adresser *vt* envoyer, faire parvenir • *adresser la parole à quelqu'un* lui parler ◆ **s'adresser** *vpr* [à] 1. avoir recours à quelqu'un, lui parler 2. être destiné à : *cette remarque s'adresse à tous.*

adret *nm* versant d'une vallée exposé au soleil CONTR. *ubac.*

adroit, e *adj* 1. qui fait preuve d'adresse ; habile : *adroit de ses mains* 2. une politique adroite.

aduler *vt* LITT. adorer, admirer passionnément.

adulte *adj* parvenu au terme de sa croissance : *ours, arbre adulte* ◆ *n* personne ayant atteint ou dépassé l'âge de vingt ans environ (par oppos. à *enfant, adolescent*).

adultère *adj* et *n* qui viole la fidélité conjugale ◆ *nm* violation du devoir de fidélité conjugale.

adultérin, e *adj* né de l'adultère.

advenir *vi* (conj 22 ; auxil : être) arriver par accident • *advienne que pourra* peu importent les conséquences.

adverbe *nm* GRAMM mot invariable dont la fonction est de modifier le sens d'un verbe, d'un adjectif ou d'un autre adverbe.

adversaire *n* personne qu'on affronte dans un combat, un conflit, un jeu ; rival, concurrent.

adverse *adj* contraire, opposé, hostile • DR *partie adverse* contre laquelle on plaide.

aéré, e *adj* qui est ventilé, où circule l'air : *maison aérée* • *centre aéré* qui propose des activités de plein air aux jeunes enfants pendant les vacances.

aérer *vt* donner de l'air, renouveler l'air.

aérien, enne *adj* 1. qui se passe dans l'air : *phénomène aérien* 2. qui concerne l'aviation, les avions : *base aérienne* 3. LITT. léger comme l'air : *grâce aérienne.*

aérodrome *nm* terrain aménagé pour le décollage et l'atterrissage des avions.

aérodynamique *adj* 1. qui a trait à la résistance de l'air 2. qui est spécialement conçu pour offrir peu de résistance à l'air : *carrosserie aérodynamique* ◆ *nf* science qui étudie les phénomènes (résistance, pression, etc.) provoqués par l'air ou les gaz sur les corps solides en mouvement.

aérogare *nf* dans un aéroport, bâtiments réservés aux voyageurs et aux marchandises.

aéroglisseur *nm* véhicule qui glisse sur un coussin d'air injecté sous lui.
aéronautique *adj* relatif à la navigation aérienne ◆ *nf* 1. science de la navigation aérienne 2. technique de la construction des avions.
aérophagie *nf* déglutition d'air dans l'estomac.
aéroport *nm* ensemble des installations aménagées pour le trafic aérien.
aérosol *nm* récipient contenant un liquide ou un gaz sous pression.
aérospatial, e, aux *adj* relatif à la fois à l'aéronautique et à l'astronautique.
affable *adj* aimable, courtois, accueillant.
affabulation *nf* manière fantaisiste ou même mensongère de présenter les faits.
affaiblir *vt* rendre faible ◆ **s'affaiblir** *vpr* devenir faible ou plus faible.
affaire *nf* 1. ce qui est à faire ; occupation 2. ce qui concerne quelqu'un : *c'est mon affaire* 3. transaction, marché : *conclure une affaire* 4. entreprise commerciale ou industrielle : *diriger une affaire* 5. procès, scandale, litige : *une affaire embrouillée* • *avoir affaire à quelqu'un* être en rapport avec lui • *j'en fais mon affaire* je m'en charge • *faire l'affaire* convenir • *se tirer d'affaire* se procurer une position honorable, sortir d'un mauvais pas ◆ **affaires** *nf pl* 1. ce qui fait l'objet d'une gestion publique : *les affaires municipales, de l'État* 2. activité commerciale, industrielle, financière : *être dans les affaires* 3. objets usuels, vêtements : *ranger ses affaires* • *homme, femme d'affaires* qui travaille dans le milieu des affaires • *Affaires Étrangères* tout ce qui concerne la politique extérieure.
affairer (s') *vpr* s'empresser, s'activer.
affaissement *nm* tassement, éboulement : *affaissement de terrain.*
affaisser *vt* faire s'effondrer, baisser sous la charge ◆ **s'affaisser** *vpr* se tasser, s'effondrer.
affaler *vt* MAR faire descendre : *affaler une voile* ◆ **s'affaler** *vpr* FAM. se laisser tomber : *s'affaler dans un fauteuil.*
affamer *vt* faire souffrir de la faim ; priver de vivres.
affectation *nf* 1. destination, attribution : *affectation d'une somme* 2. manque de naturel dans la manière d'agir.
affecter *vt* 1. destiner à un usage déterminé : *affecter des fonds aux sinistrés* 2. montrer ostensiblement un sentiment que l'on n'éprouve pas : *affecter l'indifférence* 3. toucher, émouvoir ◆ **s'affecter** *vpr* [de] SOUT. être touché, peiné.
affectif, ive *adj* qui relève des sentiments, de la sensibilité.
affection *nf* 1. attachement, tendresse 2. MÉD état maladif : *affection nerveuse.*
affectionner *vt* aimer.
affectueux, euse *adj* plein d'affection, tendre : *caractère affectueux.*
affermir *vt* rendre ferme, stable : *affermir les muscles ; affermir son autorité* ; consolider.
affichage *nm* action d'afficher ; son résultat.
affiche *nf* avis officiel ou publicitaire placardé dans un lieu public.
afficher *vt* 1. poser une affiche 2. FIG. rendre public, étaler : *afficher une liaison* ◆ **s'afficher** *vpr* se montrer ostensiblement : *s'afficher avec quelqu'un.*
affilée (d') *loc adv* sans s'arrêter, sans discontinuer.
affiler *vt* aiguiser.
affilier (s') *vpr* [à] se joindre, s'inscrire comme adhérent : *s'affilier à un parti.*
affiner *vt* 1. rendre plus pur : *affiner de l'or* 2. rendre plus fin, plus subtil : *affiner son goût* • *affiner un fromage* le laisser mûrir.
affinité *nf* 1. ressemblance, rapport : *affinité de goûts* 2. CHIM tendance des corps à se combiner.
affirmatif, ive *adj* qui affirme.
affirmation *nf* 1. action d'affirmer 2. énoncé par lequel on affirme quelque chose.
affirmer *vt* 1. assurer, soutenir qu'une chose est vraie 2. manifester, prouver : *affirmer sa personnalité.*
affleurer *vi* apparaître à la surface ◆ *vt* être au niveau, toucher.
affligeant, e *adj* qui cause de l'affliction.
affliger *vt* (conj 2) 1. causer du chagrin 2. navrer, consterner, désoler.
affluence *nf* grand nombre de personnes présentes en un même lieu.
affluent *nm* cours d'eau qui se jette dans un autre.
affluer *vi* 1. couler vers un même point : *le sang afflue au cœur* 2. arriver en grand nombre : *les visiteurs affluent.*
afflux *nm* arrivée soudaine et en quantité : *afflux de touristes, de sang.*
affolant, e *adj* qui trouble la raison, provoque une vive émotion.
affolé, e *adj* rendu comme fou par la passion, la terreur, etc.
affoler *vt* faire perdre son sang-froid ; bouleverser ◆ **s'affoler** *vpr* perdre la tête.
affranchir *vt* 1. rendre libre : *affranchir un esclave* 2. exempter d'une charge : *affranchir une propriété* 3. payer le port d'un envoi au moyen de timbres-poste : *affranchir une lettre* 4. ARG. mettre au courant, initier ◆ **s'affranchir** *vpr* [de] se libérer de.
affranchissement *nm* action d'affranchir ; son résultat.
affres *nf pl* LITT. angoisse : *les affres de la mort.*
affréter *vt* (conj 10) prendre un navire, un avion en louage.

affreux, euse *adj* 1. qui provoque la peur, la douleur, le dégoût 2. très laid 3. désagréable, pénible.
affriolant, e *adj* attirant, séduisant.
affront *nm* injure publique, offense.
affronter *vt* aborder de front, avec courage : *affronter l'ennemi* ◆ **s'affronter** *vpr* s'opposer : *théories qui s'affrontent.*
affubler *vt* habiller d'une manière bizarre, ridicule ; accoutrer.
affût *nm* 1. support d'un canon 2. endroit où l'on se poste pour attendre le gibier • *être à l'affût* guetter l'occasion, le moment favorable, l'apparition de quelque chose.
affûter *vt* aiguiser un outil.
afin que *loc conj.* ou **afin de** *loc prép* marque l'intention, le but.
a fortiori [afɔrsjɔri] *loc adv* à plus forte raison.
africain, e *adj* et *n* d'Afrique.
after-shave [aftœrʃɛv] *nm inv* lotion après-rasage.
agaçant, e *adj* qui agace.
agacer *vt* (conj 1) 1. causer de l'irritation, énerver 2. taquiner.
âge *nm* 1. durée déterminée de la vie ; temps écoulé depuis la naissance : *jeune âge, âge avancé, à l'âge de vingt ans, âge mûr* 2. vieillesse : *les effets de l'âge* 3. époque, période de l'histoire : *l'âge du bronze.*
âgé, e *adj* 1. qui a tel âge : *être âgé de vingt ans* 2. vieux : *personnes âgées.*
agence *nf* 1. entreprise commerciale : *agence de voyages, de publicité* 2. succursale d'une banque.
agencer *vt* (conj 1) combiner, arranger.
agenda [aʒɛ̃da] *nm* carnet pour inscrire jour par jour ce qu'on doit faire.
agenouiller (s') *vpr* se mettre à genoux.
agent *nm* 1. tout ce qui agit, produit un effet : *agent d'érosion, agents pathogènes* 2. personne chargée de gérer, d'administrer pour le compte d'autrui : *agent d'assurances, agent de change* 3. intermédiaire entre un artiste, un auteur, etc., et les maisons, les organismes susceptibles de les employer • *agent (de police)* fonctionnaire de police d'une grande ville • GRAMM *complément d'agent* complément du verbe passif introduit par *par* ou *de.*
agglomération *nf* 1. action d'agglomérer 2. état de ce qui est aggloméré 3. ensemble d'une ville et de ses banlieues.
aggloméré *nm* 1. briquette de combustible en poudre agglomérée 2. élément de construction préfabriqué en béton.
agglomérer *vt* (conj 10) réunir en une masse compacte : *agglomérer du sable et du ciment.*
agglutiner *vt* réunir en une masse compacte ◆ **s'agglutiner** *vpr* se réunir en une masse compacte : *les mouches s'agglutinent sur le sucre.*
aggravation *nf* action d'aggraver ; fait de s'aggraver.
aggraver *vt* rendre plus grave, plus pénible ◆ **s'aggraver** *vpr* devenir plus grave, empirer.
agile *adj* qui a une grande facilité à se mouvoir ; souple.
agilité *nf* légèreté, souplesse.
agio [aʒjo] *nm* (surtout pl) ensemble des frais retenus par une banque pour les opérations bancaires.
agir *vi* 1. faire quelque action : *il est tard pour agir* 2. produire un effet : *faire agir un ressort* 3. se comporter : *agir honnêtement* 4. intervenir : *agir auprès de* ◆ **s'agir** *vpr impers* • *il s'agit de* 1. il est question de 2. il est nécessaire de.
agitateur, trice *n* personne qui cherche à provoquer des troubles.
agitation *nf* 1. mouvement désordonné 2. FIG. inquiétude, trouble, excitation.
agiter *vt* 1. remuer, secouer en tous sens 2. causer une vive inquiétude ; exciter.
agneau *nm* petit de la brebis ; chair, fourrure, cuir de cet animal • *doux comme un agneau* d'un caractère doux.
agnelle *nf* agneau femelle.
agonie *nf* 1. moment qui précède immédiatement la mort 2. FIG. fin, déclin : *l'agonie d'un monde.*
agonisant, e *adj* et *n* qui est à l'agonie.
agoraphobie *nf* crainte pathologique des larges espaces, des lieux publics.
agrafe *nf* 1. crochet de métal qui joint les bords d'un vêtement 2. crampon pour divers usages 3. pièce de métal permettant d'attacher plusieurs papiers ensemble.
agrafer *vt* attacher avec une agrafe : *agrafer un manteau.*
agrafeuse *nf* appareil servant à fixer avec des agrafes.
agrandir *vt* rendre plus grand, élargir ◆ **s'agrandir** *vpr* étendre son domaine.
agrandissement *nm* 1. accroissement, extension 2. PHOT épreuve agrandie.
agréable *adj* qui plaît, qui charme.
agréer *vt* recevoir favorablement, accepter : *agréer une demande* • *veuillez agréer mes salutations distinguées* formule de politesse pour terminer un courrier ◆ *vt ind* [à] LITT. plaire.
agrégation *nf* concours pour le recrutement des professeurs de lycée.
agréger *vt* (conj 2 et 10) réunir en un tout, une masse ◆ **s'agréger** *vpr* [à] se joindre à.
agrément *nm* 1. approbation, consentement : *donner son agrément* 2. qualité par laquelle quelque chose plaît : *livre plein d'agrément* • *d'agrément* destiné au plaisir.
agrémenter *vt* orner.
agrès *nm pl* 1. VX., LITT., MAR tout ce qui sert à la manœuvre d'un navire 2. appareils de gymnastique.

agresser *vt* attaquer, commettre une agression sur : *agresser un passant.*
agresseur *nm* qui attaque, commet une agression.
agressif, ive *adj* 1. qui a un caractère d'agression : *ton agressif* 2. querelleur, violent.
agression *nf* attaque brutale et soudaine, non provoquée.
agricole *adj* qui relève de l'agriculture.
agriculteur, trice *n* personne qui cultive la terre.
agriculture *nf* culture du sol.
agripper *vt* saisir, prendre vivement, en s'accrochant.
agroalimentaire (*pl agroalimentaires*) *adj* et *nm* se dit de l'industrie de transformation des produits agricoles.
agronomie *nf* science de l'agriculture.
agrume *nm* fruit tel que l'orange, le citron, le pamplemousse, etc.
aguets *nm pl* • *être aux aguets* épier, être sur ses gardes.
aguicher *vt* attirer, provoquer, chercher à séduire.
ahuri, e *adj* stupéfait, abasourdi, étonné.
ahurissant, e *adj* stupéfiant, étonnant.
aï [ai] *nm* ZOOL paresseux.
aide *nf* appui, secours, assistance ◆ **à l'aide de** *loc prép* grâce à, au moyen de.
aide *n* personne qui aide, qui seconde quelqu'un dans un travail • *aide de camp* officier attaché à la personne d'un chef d'État, d'un général, etc.
aide-mémoire *nm inv* abrégé de faits, de formules.
aider *vt* secourir, assister ◆ *vt ind* [à] faciliter ◆ **s'aider** *vpr* [de] se servir, tirer parti de.
aide-soignant, e (*pl aides-soignants, es*) *n* personne chargée de donner des soins aux malades, mais qui n'a pas le diplôme d'infirmier.
aïe *interj* exprime la douleur.
aïeul, e (*pl aïeuls, aïeules*) *n* LITT. le grand-père, la grand-mère.
aigle *nm* oiseau rapace de grande taille ◆ *nf* aigle femelle ◆ **aigles** *nf pl* enseigne militaire surmontée d'un aigle.
aiglon, onne *n* petit de l'aigle.
aigre *adj* 1. acide, piquant : *vin aigre* 2. criard, aigu : *voix aigre* 3. blessant, désagréable : *paroles aigres.*
aigre-doux, aigre-douce *adj* 1. à la fois acide et sucré 2. FIG. blessant, malgré une apparente douceur : *paroles aigres-douces.*
aigrelet, ette *adj* un peu aigre.
aigreur *nf* 1. état de ce qui est aigre 2. sensation désagréable causée par des aliments mal digérés : *aigreurs d'estomac* 3. FIG. amertume, animosité : *parler avec aigreur.*
aigrir *vt* 1. rendre aigre 2. FIG. rendre amer, irritable ◆ *vi* ou **s'aigrir** *vpr* 1. devenir aigre 2. FIG. devenir irritable, méchant.
aigu, ë *adj* 1. terminé en pointe 2. FIG. clair et perçant : *voix aiguë* 3. qui est à son paroxysme : *conflit aigu* • *maladie aiguë* à évolution rapide.
aiguille [-gɥi-] *nf* 1. petite tige d'acier pointue, percée d'un trou, qui sert pour coudre 2. petite tige de métal, etc., pour divers usages : *aiguille à tricoter ; l'aiguille aimantée de la boussole* 3. flèche aiguë : *aiguille de clocher* 4. sommet pointu d'une montagne 5. BOT feuille étroite des conifères : *aiguilles de pin* 6. portion de rail mobile, servant à opérer les changements de voies • *de fil en aiguille* en passant d'une chose à une autre.
aiguiller [-gɥi-] *vt* 1. manœuvrer les aiguilles des rails pour changer de voie 2. orienter, diriger : *aiguiller des recherches.*
aiguilleur [-gɥi-] *nm* employé qui manœuvre les aiguilles sur une voie ferrée • *aiguilleur du ciel* contrôleur de la navigation aérienne.
aiguillon [-gɥi-] *nm* 1. dard des abeilles, des guêpes 2. FIG. ce qui incite à l'action.
aiguillonner [-gɥi-] *vt* FIG. stimuler, exciter.
aiguiser *vt* 1. rendre aigu, tranchant 2. FIG. exciter : *aiguiser l'appétit.*
aïkido *nm* art martial.
ail [aj] (*pl aulx* ou *ails*) *nm* plante potagère, dont le bulbe, ou « gousse », est utilisé comme condiment.
aile *nf* 1. organe du vol chez les oiseaux, les chauves-souris, les insectes 2. surface horizontale de portance d'un avion 3. ce qui est contigu au corps principal : *les ailes d'un château* 4. partie de la carrosserie d'une voiture placée au-dessus de chaque roue 5. MIL partie latérale d'une armée 6. SPORTS extrémité de la ligne d'attaque d'une équipe 7. chacun des châssis mobiles garnis de toile d'un moulin à vent • *ailes du nez* parois extérieures des narines • *battre de l'aile* être en difficulté • *voler de ses propres ailes* se passer de la protection d'autrui.
aileron *nm* 1. extrémité de l'aile 2. nageoire : *aileron de requin* 3. volet articulé placé à l'arrière des ailes d'un avion.
ailier *nm* joueur placé à l'extrémité de la ligne d'attaque.
ailleurs *adv* en un autre lieu • *d'ailleurs* de plus, pour une autre raison • *par ailleurs* d'un autre côté, en outre.
ailloli ou **aïoli** *nm* sauce à l'ail finement pilé avec de l'huile d'olive.
aimable *adj* qui cherche à être agréable, courtois ; gentil, bienveillant.
aimant *nm* morceau d'acier qui attire le fer.

aimanter *vt* communiquer à un corps la propriété de l'aimant, rendre magnétique.

aimer *vt* 1. avoir de l'amour, de l'affection, de l'attachement pour quelqu'un ou quelque chose 2. trouver à son goût : *aimer le chocolat* 3. se développer bien quelque part : *plante qui aime le soleil* • ***aimer mieux*** préférer.

aine *nf* partie du corps à la jonction de la cuisse et du bas-ventre.

aîné, e *adj* et *n* 1. né le premier : *fils aîné* 2. plus âgé qu'un autre : *je suis son aîné de trois ans.*

ainsi *adv* de cette façon ◆ *conj* de même, donc ◆ **ainsi que** *loc conj* comme.

aïoli *nm* › ailloli.

air *nm* 1. fluide gazeux qui forme l'atmosphère 2. vent léger • ***en l'air*** en haut, au-dessus de la tête • ***le grand air*** l'air qu'on respire au-dehors • ***prendre l'air*** aller se promener • ***paroles, promesses en l'air*** sans réalité • ***tête en l'air*** personne étourdie ◆ **airs** *pl* l'étendue de l'atmosphère.

air *nm* 1. manière, façon 2. expression des traits : *air triste* 3. ressemblance : *air de parenté* • ***avoir l'air*** paraître • ***sans en avoir l'air*** en dépit de l'apparence ◆ **airs** *pl* • ***prendre de grands airs*** des manières hautaines.

air *nm* suite de notes composant un chant.

Air Bag *nm* (nom déposé) coussin qui se gonfle de gaz en cas de choc pour protéger les passagers à l'avant d'un véhicule.

aire *nf* 1. surface de terrain : *aire de jeux* 2. nid des oiseaux de proie 3. FIG. domaine où s'étend l'action de quelqu'un : *aire d'influence* 4. GÉOM mesure d'une surface limitée par des lignes.

airelle *nf* petite baie rouge ou noire, rafraîchissante.

aisance *nf* 1. facilité dans les actions, les manières, le langage : *s'exprimer avec aisance* 2. situation de fortune qui permet de vivre dans le confort • VIEILLI. ***lieux, cabinets d'aisances*** destinés aux besoins naturels.

aise *nf* • ***à l'aise, à son aise*** sans peine, sans se gêner • ***être mal à l'aise*** avoir un sentiment de gêne • FAM. ***en prendre à son aise*** ne faire que ce qui plaît ◆ **aises** *pl* commodités de la vie, bien-être : *aimer ses aises.*

aisé, e *adj* 1. facile 2. fortuné.

aisselle *nf* cavité au-dessous de la jonction du bras avec l'épaule.

ajonc [aʒɔ̃] *nm* arbuste épineux à fleurs jaunes.

ajourer *vt* 1. orner avec des jours : *ajourer une étoffe* 2. pratiquer des ouvertures : *ajourer une balustrade.*

ajournement *nm* 1. action d'ajourner 2. DR assignation à comparaître à jour fixe.

ajourner *vt* 1. renvoyer à une date ultérieure : *ajourner un rendez-vous* 2. renvoyer à une autre session d'examen : *ajourner un candidat.*

ajout *nm* ce qu'on ajoute, notamment à un texte.

ajouter *vt* 1. joindre, mettre en plus 2. dire en plus.

ajuster *vt* 1. adapter exactement : *ajuster un couvercle de boîte* 2. resserrer un vêtement trop ample 3. MÉCAN donner à une pièce la dimension exacte qu'elle doit avoir pour s'assembler avec une autre 4. prendre pour cible : *ajuster un lièvre* 5. arranger, disposer avec soin : *ajuster sa cravate.*

ajusteur *nm* ouvrier qui réalise des pièces mécaniques.

alaise ou **alèse** *nf* tissu placé sous le drap de dessous pour protéger le matelas.

alambic *nm* appareil pour distiller.

alambiqué, e *adj* raffiné, compliqué : *style alambiqué.*

alarmant, e *adj* inquiétant, effrayant.

alarme *nf* 1. signal de la présence d'un danger 2. SOUT. vive inquiétude à l'approche d'un danger : *une chaude alarme.*

alarmer *vt* causer de l'inquiétude, de la frayeur ◆ **s'alarmer** *vpr* s'effrayer.

albâtre *nm* 1. variété de gypse translucide 2. FIG. symbole de la blancheur.

albinisme *nm* anomalie caractérisée par la blancheur de la peau et des cheveux et la rougeur des yeux.

albinos [albinos] *n* et *adj* affecté d'albinisme.

album [albɔm] *nm* 1. cahier cartonné ou relié destiné à recevoir des timbres, des photographies, des disques, etc. 2. livre contenant un grand nombre d'illustrations : *album pour la jeunesse.*

albumine *nf* substance organique azotée, contenue dans le blanc d'œuf, le plasma, le lait.

alcali *nm* CHIM substance dont les propriétés chimiques sont analogues à celles de la soude et de la potasse • ***alcali volatil*** ammoniaque.

alcalin, e *adj* relatif aux alcalis : *sel alcalin.*

alchimie *nf* recherche de la transmutation des métaux en or à l'aide de la pierre philosophale.

alchimiste *nm* personne qui s'occupait d'alchimie : *les alchimistes cherchaient à fabriquer de l'or.*

alcool [alkɔl] *nm* 1. liquide obtenu par la distillation du vin et d'autres liquides ou jus fermentés 2. toute boisson contenant cet alcool 3. liquide analogue obtenu par distillation de certains produits : *alcool méthylique.*

alcoolémie *nf* présence d'alcool dans le sang.

alcoolique *adj* qui par nature contient de l'alcool : *boisson alcoolique* ◆ *adj* et *n* personne atteinte d'alcoolisme.

alcooliser *vt* ajouter de l'alcool ◆ **s'alcooliser** *vpr* FAM. s'intoxiquer à l'alcool.

alcoolisme *nm* abus de boissons alcooliques ; dépendance, intoxication qui en résulte.

Alcotest ou **Alcootest** *nm* (nom déposé) appareil permettant d'évaluer l'imprégnation éthylique d'un sujet par la mesure de la teneur en alcool de l'air expiré.

alcôve *nf* enfoncement dans le mur d'une chambre pour recevoir un ou des lits • ***secrets d'alcôve*** de liaisons amoureuses tenues secrètes.

aléa *nm* chance, hasard ; risque.

aléatoire *adj* hasardeux, incertain.

alentour *adv* aux environs, tout autour.

alentours *nm pl* • ***aux alentours*** ou ***dans les alentours*** aux environs, dans les environs • ***aux alentours de*** approximativement.

alerte *nf* alarme : *l'alerte a été vive* ◆ *interj* attention !

alerte *adj* agile, vif.

alerter *vt* 1. donner l'alerte 2. avertir de se tenir prêt.

alèse *nf* › alaise.

alevin *nm* jeune poisson destiné au repeuplement des étangs et rivières.

alexandrin *nm* vers de douze syllabes.

alezan, e *n* et *adj* se dit d'un cheval dont la robe est fauve.

algèbre *nf* science du calcul des grandeurs représentées par des lettres.

algérien, enne *n* et *adj* d'Algérie.

algérois, e *adj* et *n* d'Alger.

algorithme *nm* procédé de calcul.

algue *nf* plante aquatique sans racines ni vaisseaux.

alias [aljas] *adv* autrement dit.

alibi *nm* 1. preuve qu'au moment d'un crime ou d'un délit la personne accusée se trouvait ailleurs 2. excuse quelconque.

aliéné, e *n* et *adj* fou, folle.

aligner *vt* ranger en ligne ◆ **s'aligner** *vpr* 1. se ranger sur une même ligne 2. se conformer à une autorité, se régler sur quelqu'un.

aliment *nm* tout ce qui sert de nourriture.

alimentaire *adj* 1. propre à servir d'aliment 2. relatif à l'alimentation : *régime alimentaire* • ***pension alimentaire*** pension destinée à assurer la subsistance d'une personne et de sa famille.

alimentation *nf* 1. action de se nourrir 2. approvisionnement.

alimenter *vt* 1. nourrir 2. approvisionner : *alimenter une ville en eau* ◆ **s'alimenter** *vpr* se nourrir.

alinéa *nm* ligne dont le premier mot est en retrait, annonçant le commencement d'un paragraphe ; passage entre deux retraits.

aliter *vt* forcer à garder le lit ◆ **s'aliter** *vpr* garder le lit, par suite de maladie.

alizé *adj* et *nm* se dit des vents réguliers qui soufflent des hautes pressions subtropicales aux basses pressions équatoriales.

allaiter *vt* nourrir de son lait.

allant *nm* SOUT. entrain, ardeur.

allécher *vt* (conj 10) 1. attirer, faire envie 2. séduire.

allée *nf* 1. passage étroit 2. chemin bordé d'arbres • ***allées et venues*** démarches, trajets en tous sens.

alléger *vt* (conj 2 et 10) rendre plus léger.

allégresse *nf* grande joie.

alléguer *vt* (conj 10) mettre en avant, prétexter.

alléluia [aleluja] *nm* mot hébreu signifiant *louez Dieu* et qui marque l'allégresse dans la liturgie juive et chrétienne.

allemand, e *adj* et *n* d'Allemagne ◆ *nm* langue germanique.

aller *vi* (conj 12 ; auxil : être) 1. se mouvoir d'un lieu à un autre : *aller à pied ; aller à Paris* 2. mener, conduire : *cette route va à Paris* 3. agir, se comporter : *aller vite dans son travail* 4. marcher, fonctionner : *les affaires vont bien* 5. se porter : *comment allez-vous ?* 6. convenir, être adapté : *cette robe vous va bien* ◆ *auxil* • ***aller*** (+ inf) être sur le point de : *je vais partir* • ***aller de soi*** ou ***aller sans dire*** être évident • ***il y va de*** il s'agit de • ***se laisser aller*** ne pas se retenir • FAM. ***y aller fort*** exagérer ◆ **s'en aller** *vpr* 1. quitter un lieu 2. disparaître : *la tache ne s'en va pas* 3. LITT. mourir : *le malade s'en va doucement.*

aller *nm* 1. trajet d'un endroit à un autre 2. billet permettant de faire ce trajet.

allergie *nf* 1. réaction anormale et excessive d'un individu particulièrement sensibilisé à une substance 2. FIG. hostilité.

allergique *adj* 1. relatif à l'allergie 2. FIG. réfractaire, hostile à : *allergique à la vie moderne.*

alliage *nm* produit métallique résultant de l'incorporation d'éléments à un métal.

alliance *nf* 1. union par mariage 2. anneau de mariage 3. ligue, coalition, entre États ou souverains 4. FIG. combinaison de plusieurs choses.

allié, e *adj* et *n* 1. uni par parenté, par mariage 2. uni par un traité d'alliance : *la victoire des alliés.*

allier *vt* mêler, combiner, unir ◆ **s'allier** *vpr* [à, avec] s'unir, s'associer.

alligator *nm* crocodile d'Amérique.

allô *interj* signale la présence d'un correspondant au téléphone.

allocataire *n* personne qui perçoit une allocation.

allocation *nf* 1. action d'allouer, d'accorder une somme 2. somme, chose allouée.

allocution *nf* discours bref.

allongé, e *adj* 1. étiré, étendu en longueur 2. couché : *rester allongé* 3. qui exprime la déconvenue : *mine allongée.*

allonger *vt* (conj 2) 1. rendre plus long 2. étendre : *allonger le bras* • *allonger un coup* l'assener • *allonger une sauce* y ajouter de l'eau ou du bouillon • FAM. *allonger une somme* la donner ◆ *vi* • *les jours allongent* ils deviennent plus longs.

allopathie *nf* traitement des maladies avec des remèdes produisant des effets contraires à ceux de ces maladies (par oppos. à *homéopathie*).

allouer *vt* accorder, attribuer un crédit, une indemnité, etc.

allumage *nm* 1. action d'allumer 2. inflammation du mélange gazeux dans un moteur ; dispositif assurant cette inflammation.

allumer *vt* 1. produire, communiquer le feu ou la lumière 2. LITT., FIG. susciter : *allumer la discorde* 3. mettre en état de fonctionnement un appareil : *allumer la télévision.*

allumette *nf* brin de bois imprégné à une extrémité d'une matière inflammable.

allure *nf* 1. vitesse d'une personne, d'un animal, d'une voiture 2. manière de marcher, de se conduire, de se présenter : *il a une drôle d'allure ; la plaie a une vilaine allure* • *avoir de l'allure* 1. de l'élégance et de la distinction 2. faire de l'effet.

allusion *nf* mot, phrase qui évoque une personne, une chose, etc., sans la nommer.

alluvions *nf pl* dépôt argileux ou sableux que les eaux apportent ou laissent en se retirant.

almanach [almana] *nm* calendrier illustré avec indications astronomiques, recettes, etc.

aloi *nm* • *de bon aloi, de mauvais aloi* de bonne ou mauvaise qualité ou nature.

alors *adv* 1. en ce temps-là 2. en ce cas-là • *jusqu'alors* jusqu'à ce moment-là ◆ **alors que** *loc conj* 1. marque la simultanéité, au moment où 2. marque l'opposition : *sortir alors que c'est interdit.*

alouette *nf* petit oiseau des champs à plumage gris tacheté.

alourdir *vt* rendre lourd, plus lourd.

aloyau [alwajo] *nm* pièce de bœuf coupée le long des reins.

alpaga *nm* 1. ruminant proche du lama de l'Amérique du Sud 2. étoffe faite avec le poil de l'alpaga.

alpage *nm* pâturage élevé.

alpestre *adj* des Alpes.

alphabet *nm* liste de toutes les lettres d'une langue, énumérées selon un ordre conventionnel.

alphanumérique *adj* qui comporte à la fois des chiffres et des caractères d'alphabet : *clavier alphanumérique.*

alpin, e *adj* 1. des Alpes ou de la haute montagne 2. qui concerne l'alpinisme : *club alpin* • *chasseur alpin* soldat des troupes de montagne • *ski alpin* ski pratiqué sur des pentes raides (par oppos. à *ski de fond, ski de randonnée*).

alpinisme *nm* sport des ascensions en montagne.

altération *nf* 1. changement en mal 2. falsification : *altération des monnaies.*

altercation *nf* échange de propos violents, vive discussion ; querelle.

altérer *vt* (conj 10) 1. LITT. donner soif : *cette longue marche nous a altérés* 2. modifier l'état normal, provoquer un changement dans la forme, la valeur de : *le soleil altère les couleurs ; leur amitié n'a pas été altérée.*

alternance *nf* 1. succession régulière 2. en politique, fait pour deux ou plusieurs partis de pouvoir se succéder au pouvoir.

alternateur *nm* générateur de courant électrique alternatif.

alternatif, ive *adj* 1. qui change périodiquement de sens : *courant alternatif* 2. qui propose un choix, une alternative.

alternative *nf* 1. succession d'états opposés qui reviennent régulièrement 2. choix entre deux possibilités : *je me trouve devant cette alternative : rester ou partir* 3. solution de remplacement : *l'alternative démocratique.*

alterner *vi* se succéder plus ou moins régulièrement ◆ *vt* faire se succéder régulièrement : *alterner les cultures.*

altesse *nf* titre d'honneur donné aux princes et aux princesses.

altier, ère *adj* hautain.

altitude *nf* élévation, hauteur d'un point au-dessus du niveau de la mer.

alto *nm* instrument à cordes accordé à la quinte grave du violon.

altruiste *n* et *adj* généreux.

aluminium *nm* métal blanc, léger, solide, qui a l'éclat de l'argent (symb : Al).

alunir *vi* se poser sur la Lune.

alunissage *nm* action d'alunir.

alvéole *nm* ou *nf* 1. cellule d'abeille 2. ANAT cavité où la dent est enchâssée 3. cavité dans le tissu du lobule pulmonaire.

Alzheimer (maladie d') démence sénile précoce.

amabilité *nf* politesse affable, courtoisie, gentillesse.

amadouer *vt* flatter de manière à apaiser, à obtenir ce qu'on désire.

amaigrir *vt* rendre maigre ◆ **s'amaigrir** *vpr* devenir maigre.

amaigrissant, e *adj* qui fait maigrir.

amalgame *nm* 1. alliage du mercure avec un autre métal 2. FIG. mélange d'éléments divers dont on fait un tout : *amalgame de théories* • *faire l'amalgame* mêler intentionnellement des choses, des personnes pour créer la confusion.

amande *nf* 1. fruit de l'amandier 2. graine contenue dans un noyau.

amandier *nm* arbre orginaire d'Asie, cultivé pour ses graines ou amandes.

amanite *nf* champignon à volve et à anneau dont une espèce, l'amanite phalloïde, est mortelle.

amant *nm* homme avec qui une femme a des relations sexuelles en dehors du mariage.

amarre *nf* câble, cordage pour amarrer.

amarrer *vt* 1. MAR fixer une amarre sur un taquet 2. retenir au moyen d'une amarre 3. maintenir au moyen de liens ; attacher : *amarrer une malle sur une galerie de voiture.*

amas *nm* monceau, tas.

amasser *vt* réunir en quantité importante ; entasser, accumuler : *amasser des papiers, des connaissances.*

amateur *n* et *adj m* 1. qui a du goût, un penchant pour quelque chose : *amateur de bon vin* 2. FIG. qui s'adonne à un art, à un sport, etc., sans en faire profession 3. qui manque de zèle ou de compétence ; dilettante 4. FAM. disposé à acheter.

amateurisme *nm* 1. qualité d'amateur en matière de sport, d'art, etc. 2. défaut de celui qui manque de zèle ou de compétence.

ambassade *nf* 1. représentation diplomatique permanente d'un État auprès d'un État étranger 2. services et personnel diplomatiques 3. bâtiment qui les abrite.

ambassadeur, drice *n* 1. représentant d'un État auprès d'une puissance étrangère 2. toute personne chargée d'une mission.

ambiance *nf* atmosphère, climat d'un lieu, d'une réunion, etc.

ambiant, e *adj* qui entoure le milieu dans lequel on vit : *air ambiant.*

ambidextre *n* et *adj* qui se sert également bien des deux mains.

ambigu, ë *adj* dont le sens est équivoque : *réponse ambiguë.*

ambiguïté *nf* défaut de ce qui est ambigu.

ambitieux, euse *adj* et *n* qui a ou qui témoigne de l'ambition.

ambition *nf* 1. désir de gloire, de fortune, etc. 2. prétention de réussir quelque chose.

ambitionner *vt* rechercher activement quelque chose de glorifiant, une meilleure situation, aspirer à : *il ambitionne le poste de directeur ; il ambitionne une vedette.*

ambivalence *nf* caractère de ce qui a deux aspects radicalement différents ou opposés.

ambre *nm* substance translucide et aromatique constituée par une résine fossile • *ambre gris* substance musquée produite dans l'intestin du cachalot, entrant dans la composition de parfums ◆ *adj inv* jaune doré.

ambulance *nf* voiture servant au transport des malades ou des blessés.

ambulancier, ère *n* conducteur d'une ambulance.

ambulant, e *adj* qui va d'un lieu à un autre : *marchand ambulant.*

âme *nf* 1. sur le plan religieux, principe de pensée, d'existence (par oppos. au *corps*) 2. qualités morales, bonnes ou mauvaises : *âme noble, abjecte* 3. conscience, caractère : *grandeur d'âme* 4. LITT. être humain, habitant : *ville de vingt mille âmes ; il n'y a pas âme qui vive* 5. agent principal, moteur : *l'âme d'un complot* • ***avec âme*** avec sentiment • ***rendre l'âme*** mourir • ***trouver l'âme sœur*** le conjoint ou la conjointe idéal(e).

amélioration *nf* changement, transformation en mieux.

améliorer *vt* rendre meilleur : *améliorer ses performances, ses rapports avec les autres.*

amen [amεn] *nm inv* mot hébreu signifiant *ainsi soit-il* • ***dire amen*** consentir à une chose.

aménager *vt* (conj 2) transformer, modifier pour rendre plus rationnel, plus agréable, etc.

amende *nf* peine, sanction pécuniaire : *payer une amende* • ***faire amende honorable*** avouer ses torts.

amendement *nm* 1. modification apportée à un projet, à une loi, etc. 2. chaux, marne, argile, etc., qui servent à améliorer une terre.

amender *vt* 1. améliorer 2. modifier par amendement.

amener *vt* (conj 9) 1. faire venir avec soi : *je vous amène un visiteur* 2. porter jusqu'à un endroit : *le taxi vous amènera directement* 3. occasionner, entraîner 4. pousser à : *cet incident m'a amené à réfléchir.*

amenuiser *vt* rendre plus petit ◆ **s'amenuiser** *vpr* diminuer.

amer, ère *adj* 1. qui a une saveur aigre, rude et désagréable 2. FIG. méchant, violent, dur 3. LITT. qui exprime l'amertume : *reproches amers.*

américain, e *n* et *adj* d'Amérique.

amerrir *vi* se poser sur l'eau, sur la mer, en parlant d'un hydravion, d'une cabine spatiale.

amertume *nf* 1. saveur amère 2. FIG. ressentiment mêlé de tristesse et de déception.

améthyste *nf* pierre fine, variété violette de quartz.

ameublement *nm* ensemble des meubles et de la décoration d'un appartement.

ameublir *vt* rendre une terre plus meuble.

ameuter *vt* rassembler en faisant du scandale : *ameuter la foule.*

ami, e *n* 1. personne avec qui on est lié d'une affection réciproque 2. FIG. personne portée vers quelque chose par goût : *les amis de la musique* • ***faux ami*** mot qui a la même forme qu'un mot d'une autre langue, mais qui n'a pas le même sens ◆ *adj* accueillant : *maison amie.*

amiable *adj* fait par la voie de la conciliation : *partage amiable* • *à l'amiable* par consentement mutuel : *divorce à l'amiable ; s'arranger à l'amiable.*

amiante *nm* matière filamenteuse qui résiste à l'action du feu.

amical, e, aux *adj* inspiré par l'amitié : *conseils amicaux.*

amicale *nf* association de personnes d'une même profession ou activité.

amidon *nm* fécule extraite de certaines céréales, utilisée notamment pour empeser le linge.

amidonner *vt* 1. enduire d'amidon 2. empeser le linge.

amincir *vt* rendre ou faire paraître plus mince.

aminé, e *adj* • *acide aminé* substance organique, constituant fondamental des protéines.

amiral *nm* officier général d'une marine militaire.

amirauté *nf* 1. commandement suprême de la marine militaire 2. siège de ce commandement.

amitié *nf* 1. attachement mutuel, sentiment d'affection, de sympathie 2. plaisir : *faites-moi l'amitié de* ◆ **amitiés** *nf pl* témoignages d'affection.

ammoniac *nm* gaz à l'odeur très piquante, formé d'azote et d'hydrogène combinés.

ammoniacal, e, aux *adj* qui contient de l'ammoniac, ou en a les propriétés.

ammoniaque *nf* solution aqueuse d'ammoniac appelée aussi *alcali volatil.*

amnésie *nf* diminution ou perte de la mémoire.

amniotique *adj* • *liquide amniotique* dans lequel baigne le fœtus.

amnistie *nf* acte du pouvoir législatif qui efface un fait punissable, arrête les poursuites et anéantit les condamnations.

amnistier *vt* accorder une amnistie.

amocher *vt* 1. FAM. défigurer 2. abîmer, détériorer.

amoindrir *vt* diminuer la force, la valeur ; affaiblir.

amollir *vt* 1. rendre mou : *le feu amollit la cire* 2. FIG. affaiblir.

amonceler *vt* (conj 6) réunir en un grand nombre, en tas ; accumuler, entasser.

amoncellement *nm* entassement.

amont *nm* côté d'où vient le courant dans un cours d'eau CONTR. *aval* • *en amont* 1. plus près de la source, par rapport à un point considéré 2. au début d'un processus.

amoral, e, aux *adj* indifférent, étranger aux règles de la morale.

amorce *nf* 1. appât pour le poisson 2. ce qui sert à produire l'explosion d'une charge de poudre 3. commencement, ébauche.

amorcer *vt* (conj 1) 1. garnir d'une amorce : *amorcer un hameçon* 2. commencer : *amorcer un travail* 3. mettre en état de fonctionner : *amorcer une pompe.*

amorphe *adj* mou, inactif, sans énergie.

amortir *vt* 1. affaiblir l'effet, la force : *amortir un choc, un son* 2. reconstituer progressivement le capital employé à une acquisition grâce aux bénéfices tirés de celle-ci : *amortir l'achat d'une voiture.*

amortisseur *nm* dispositif qui amortit les chocs, les vibrations d'une machine, etc.

amour *nm* (amour est féminin au pluriel dans la langue littéraire) 1. élan du cœur, attachement, passion : *l'amour de la liberté, l'amour maternel* 2. sentiment passionné, élan physique ou sentimental entre deux personnes : *inspirer de l'amour* 3. personne aimée 4. goût passionné : *amour des arts* • *faire l'amour* accomplir l'acte sexuel.

amouracher (s') *vpr* [de] s'éprendre d'une passion soudaine et passagère.

amourette *nf* amour passager.

amoureux, euse *adj* et *n* 1. qui aime d'amour, avec passion 2. porté à aimer : *un amoureux des arts* ◆ *adj* qui exprime l'amour : *regards amoureux.*

amour-propre (*pl amours-propres*) *nm* sentiment qu'on a de sa dignité, de sa propre valeur.

amovible *adj* 1. qui peut être destitué : *un fonctionnaire amovible* 2. qui peut être déplacé, enlevé : *roue amovible.*

ampère *nm* unité de mesure d'intensité des courants électriques (symb : A).

amphétamine *nf* substance médicamenteuse qui stimule l'activité cérébrale, diminue le sommeil et la faim.

amphibie *adj* 1. qui peut vivre dans l'air et dans l'eau 2. qui peut se mouvoir sur terre et sur l'eau : *voiture amphibie.*

amphithéâtre *nm* 1. chez les Romains, vaste enceinte avec gradins, pour les fêtes publiques 2. partie d'un théâtre située audessus des galeries et des balcons 3. salle de cours aménagée en gradins.

amphore *nf* vase antique, de forme ovoïde et à deux anses.

ample *adj* large, vaste.

ampleur *nf* 1. qualité de ce qui est ample 2. FIG. importance, portée de quelque chose.

amplificateur, trice *adj* qui amplifie, exagère ◆ *nm* 1. appareil qui augmente la puissance d'une oscillation électrique 2. élément d'une chaîne haute-fidélité qui précède les haut-parleurs SYN. FAM. *ampli.*

amplifier *vt* accroître le volume, l'étendue, l'importance, la quantité de.

amplitude *nf* distance entre des points extrêmes : *amplitude thermique* • *amplitude diurne* écart entre les températures extrêmes pendant 24 heures.

ampoule *nf* 1. partie en verre d'une lampe électrique ; cette lampe : *changer une ampoule* 2. petit tube de verre contenant un liquide ; son contenu : *prendre un médicament en ampoules* 3. petite boursouflure bénigne de l'épiderme, consécutive à un frottement prolongé.

amputer *vt* 1. CHIR enlever un membre, un organe, etc. 2. FIG. retrancher une partie d'un tout.

amulette *nf* objet que l'on porte sur soi par superstition, pour se préserver des dangers, des maladies, etc.

amusant, e *adj* qui amuse, divertit.

amuse-gueule (*pl amuse-gueules* ou *inv*) *nm* petit gâteau salé, olive, etc., servis avec l'apéritif.

amusement *nm* 1. action d'amuser, de s'amuser 2. distraction, divertissement.

amuser *vt* procurer de la joie ; divertir, distraire ◆ **s'amuser** *vpr* 1. se distraire, prendre plaisir 2. perdre son temps en futilités.

amygdale [amidal] *nf* ANAT glande en amande, de chaque côté de la gorge.

an *nm* 1. année 2. mesure de l'âge : *elle a dix ans* • *le jour de l'an* le 1er janvier • *bon an, mal an* compensation faite des bonnes et des mauvaises années ◆ **ans** *nm pl* vieillesse, temps : *le poids des ans.*

anabolisant, e *adj* et *nm* se dit d'une substance qui favorise les phénomènes d'assimilation chez les êtres vivants.

anachronisme [-krɔ-] *nm* 1. faute contre la chronologie 2. ce qui manifeste un retard par rapport à l'époque actuelle 3. mœurs périmées.

anagramme *nf* mot formé par la transposition des lettres d'un autre mot : *une anagramme de « gare » est « rage ».*

anal, e, aux *adj* relatif à l'anus.

analeptique *nm* VIEILLI. médicament qui redonne des forces.

analgésie *nf* suppression de la douleur.

analogie *nf* rapport, similitude partielle d'une chose avec une autre • *par analogie* d'après les rapports de ressemblance entre les choses.

analogue *adj* qui offre une ressemblance, des rapports de similitude avec autre chose.

analphabète *adj* et *n* qui ne sait ni lire ni écrire.

analyse *nf* 1. décomposition d'une substance en ses principes constituants 2. étude faite en vue de discerner les diverses parties d'un tout 3. GRAMM étude de la nature et de la fonction des mots dans une phrase 4. cure psychanalytique.

analyser *vt* soumettre à une analyse, étudier.

analyste *n* 1. personne versée dans l'analyse mathématique, financière, psychologique, etc. 2. spécialiste de psychanalyse.

analytique *adj* qui procède par analyse : *méthode analytique.*

ananas [anana, ananas] *nm* plante des régions chaudes cultivée pour ses gros fruits à pulpe sucrée ; ce fruit.

anarchie *nf* 1. anarchisme 2. état de trouble, de désordre dû à l'absence d'autorité politique, à la carence des lois 3. PAR EXT. désordre, confusion.

anarchisme *nm* conception politique selon laquelle l'individu doit être libéré de toute tutelle étatique.

anarchiste *adj* relatif à l'anarchie, à l'anarchisme ◆ *adj* et *n* partisan de l'anarchisme, de l'anarchie.

anathème *nm* 1. RELIG excommunication 2. blâme solennel, condamnation publique.

anatomie *nf* 1. étude de la structure des organes des êtres organisés ; cette structure 2. forme extérieure, aspect esthétique du corps.

ancestral, e, aux *adj* relatif aux ancêtres, au passé très lointain.

ancêtre *nm* 1. ascendant antérieur aux parents 2. initiateur lointain d'une doctrine, d'une idée ; première formule d'un objet, première forme d'une machine, etc. ◆ **ancêtres** *nm pl* 1. les ascendants 2. ceux qui ont vécu avant nous ; aïeux.

anchois *nm* petit poisson de mer, généralement consommé après conservation dans l'huile ou la saumure.

ancien, enne *adj* 1. qui existe depuis longtemps, vieux : *une tradition très ancienne* 2. qui a existé autrefois : *les langues anciennes* 3. qui n'est plus en fonction : *un ancien préfet* 4. personne qui en a précédé d'autres dans une fonction, une école : *les anciens de Polytechnique* 5. personnage de l'Antiquité gréco-latine (prend une majuscule en ce sens) : *suivant l'exemple des Anciens* ◆ *nm* meuble, objet, immeuble ancien.

ancienneté *nf* 1. état de ce qui est vieux, ancien 2. temps passé dans un grade, une fonction, à compter du jour de la nomination.

ancrage *nm* 1. action d'ancrer 2. lieu pour ancrer.

ancre *nf* 1. MAR lourde pièce d'acier à deux ou plusieurs becs, retenue par une chaîne qui, jetée au fond de l'eau, sert à retenir un bateau 2. pièce d'horlogerie qui régularise le mouvement du balancier.

ancrer *vi* jeter l'ancre ◆ *vt* 1. attacher avec une ancre 2. FIG. établir solidement, fixer profondément : *ancrer une idée dans l'esprit de quelqu'un.*

andouille *nf* 1. produit de charcuterie cuite, emballé dans un boyau de porc rempli de tripes, d'intestins ou de chair de l'animal, qui se mange froid 2. FAM. imbécile.

andouillette *nf* petite andouille, qui se mange grillée ou sautée.
androgyne *adj* et *nm* 1. qui tient des deux sexes 2. BOT se dit des végétaux qui réunissent à la fois des fleurs mâles et des fleurs femelles.
androïde *nm* automate à figure humaine.
âne *nm* 1. mammifère de la famille des équidés, plus petit que le cheval et à longues oreilles 2. FIG. homme ignorant, entêté.
anéantir *vt* 1. détruire entièrement 2. mettre dans un état d'abattement, de désespoir ◆ **s'anéantir** *vpr* disparaître.
anecdote *nf* récit succinct d'un fait piquant, curieux ou peu connu.
anémie *nf* état maladif causé par une diminution du nombre des globules rouges du sang.
anémone *nf* plante sauvage ou cultivée pour ses fleurs décoratives.
ânerie *nf* parole ou conduite stupide.
ânesse *nf* femelle de l'âne.
anesthésie *nf* privation complète ou partielle de la sensibilité générale.
anesthésier *vt* 1. endormir avec un anesthésique 2. suspendre la sensibilité à la douleur.
anesthésique *adj* et *nm* se dit d'une substance qui provoque l'anesthésie.
aneth [anɛt] *nm* plante aromatique.
anévrisme *nm* MÉD poche formée par les parois distendues d'une artère.
ange *nm* 1. être spirituel, messager de Dieu 2. FIG. personne très bonne, très douce • *être aux anges* dans le ravissement • *ange gardien* 1. attaché à la personne de chaque chrétien 2. PAR EXT. personne qui veille sur une autre, la protège.
angélique *adj* très bon, très doux.
angélique *nf* plante aromatique utilisée en confiserie.
angélus [ɑ̃ʒelys] *nm* sonnerie de cloche des églises le matin, à midi et le soir pour indiquer aux chrétiens l'heure d'une prière commençant par ce mot.
angine *nf* inflammation de la gorge • *angine de poitrine* affection du cœur.
angiome *nm* tumeur vasculaire bénigne.
anglais, e *adj* et *n* d'Angleterre ◆ *nm* la langue anglaise.
anglaise *nf* 1. écriture penchée à droite 2. boucle de cheveux longue et roulée en spirale • *à l'anglaise* cuit à la vapeur : *pommes à l'anglaise* • *filer à l'anglaise* s'en aller subrepticement.
angle *nm* 1. coin, encoignure 2. MATH figure formée par deux demi-droites, ou côtés, ou par deux demi-plans, ou faces, qui se coupent • *sous l'angle de* du point de vue de.
anglicisme *nm* 1. locution propre à la langue anglaise 2. emprunt à l'anglais.
anglophone *adj* et *n* qui est de langue anglaise.
anglo-saxon, onne (*pl anglo-saxons, onnes*) *adj* et *n* qui appartient à la communauté culturelle et linguistique anglaise.
angoissant, e *adj* qui angoisse.
angoisse *nf* 1. anxiété physique accompagnée d'une oppression douloureuse 2. inquiétude profonde.
angoissé, e *adj* et *n* 1. sujet à l'angoisse 2. marqué par l'angoisse.
angoisser *vt* causer de l'angoisse.
angora *nm* et *adj* 1. chat, lapin, chèvre aux poils longs et soyeux 2. fibre textile faite de poil de chèvre angora.
anguille *nf* poisson d'eau douce à corps allongé et à peau visqueuse • *il y a anguille sous roche* il se trame quelque intrigue.
angulaire *adj* qui forme un ou plusieurs angles • *pierre angulaire* 1. pierre qui fait l'angle d'un bâtiment 2. FIG. base, fondement essentiel d'une chose.
anguleux, euse *adj* qui présente des angles, des arêtes vives • *visage anguleux* aux traits fortement prononcés.
animal *nm* 1. être vivant organisé, doué de mouvement et de sensibilité (par oppos. à *végétal*, *minéral*) 2. être animé autre que l'homme 3. FIG. personne grossière, brutale.
animal, e, aux *adj* 1. qui appartient à l'animal 2. propre à l'animal.
animalerie *nf* magasin où l'on vend des petits animaux domestiques.
animalier, ère *n* artiste qui représente des animaux ◆ *adj* • *parc animalier* où vivent des animaux en liberté.
animateur, trice *n* personne chargée de diriger un débat, une émission, un jeu.
animation *nf* 1. action de mettre de la vivacité, de l'entrain : *mettre de l'animation dans un dîner* 2. passion, vivacité : *discuter avec animation* 3. mouvement, grande activité : *il y a de l'animation ici.*
animé, e *adj* 1. plein d'animation : *rue animée* 2. doté de mouvement : *dessin animé* • *être animé* être vivant.
animer *vt* 1. donner de la vie, du mouvement 2. rendre plus vif, plus vivant : *animer la conversation* 3. pousser à agir : *c'est la passion qui l'anime* 4. diriger, présenter un débat, une émission, un jeu.
animisme *nm* croyance qui attribue une âme à tous les phénomènes naturels.
animosité *nf* 1. malveillance, désir de nuire 2. antipathie qui se manifeste souvent par de l'emportement.
anis [ani] ou [anis] *nm* plante odorante dont on extrait une essence servant à parfumer certaines boissons.
aniser *vt* parfumer à l'anis.
anisette *nf* liqueur d'anis.
ankylose *nf* disparition totale ou partielle du mouvement d'une articulation.
annal, e, aux *adj* DR qui dure un an.

annales *nf pl* 1. ouvrage qui rapporte les événements année par année 2. LITT. histoire : *les annales du crime.*

anneau *nm* 1. cercle de matière dure, auquel on attache quelque chose 2. bague 3. ZOOL chacun des segments d'un arthropode.

année *nf* 1. durée conventionnelle voisine de la période de révolution de la Terre autour du Soleil ; an 2. durée de douze mois • *année scolaire* temps qui s'écoule entre l'ouverture des classes et les vacances d'été • *année civile* année qui commence le 1er janvier à 0 heure et se termine le 31 décembre à 24 heures • *souhaiter la bonne année* adresser ses vœux le 1er janvier.

année-lumière (*pl années-lumière*) *nf* unité de longueur équivalant à la distance parcourue en un an par la lumière dans le vide (symb : al).

annelé, e *adj* ZOOL disposé en anneaux.

annexe *adj* qui est relié à une chose principale ◆ *nf* bâtiment, service, organe, document rattachés à un élément plus important.

annexer *vt* 1. joindre, réunir 2. rattacher : *annexer un territoire* ◆ **s'annexer** *vpr* s'attribuer de manière exclusive quelqu'un ou quelque chose.

annihiler *vt* réduire à rien, détruire : *annihiler un effort.*

anniversaire *adj* qui rappelle le souvenir d'un événement arrivé à pareille date ◆ *nm* retour annuel d'un jour marqué par un événement.

annonce *nf* 1. avis d'un fait quelconque 2. avis donné au public 3. indice, signe, présage : *ces fleurs sont l'annonce du printemps* • *petite annonce* dans un journal, offre, demande d'emploi, de logement, etc.

annoncer *vt* (conj 1) 1. faire savoir : *annoncer une nouvelle* 2. être le signe certain de : *les hirondelles annoncent le printemps* 3. faire savoir que quelqu'un est arrivé et demande à être reçu : *veuillez m'annoncer au président.*

annonceur, euse *n* qui fait passer une annonce publicitaire dans un journal, à la radio, etc.

Annonciation *nf* message de l'ange Gabriel à la Vierge pour lui annoncer qu'elle sera la mère du Messie ; jour où l'Église célèbre cette annonce.

annotation *nf* note sur un texte.

annoter *vt* mettre des notes, des commentaires sur un texte, un ouvrage.

annuaire *nm* ouvrage publié chaque année, donnant la liste des membres d'une profession, des abonnés à un service, etc. : *annuaire du téléphone.*

annuel, elle *adj* 1. qui dure un an 2. qui revient chaque année.

annuité *nf* paiement annuel.

annulaire *adj* en forme d'anneau ◆ *nm* quatrième doigt de la main.

annuler *vt* rendre, déclarer sans effet, supprimer.

anoblir *vt* accorder un titre de noblesse.

anode *nf* électrode positive d'une pile, d'une lampe, etc.

anodin, e *adj* et *n* inoffensif, insignifiant.

anomalie *nf* irrégularité, bizarrerie.

ânonner *vi* lire, parler, réciter avec peine et en hésitant.

anonymat *nm* état de ce qui est anonyme • *garder l'anonymat* ne pas se faire connaître.

anonyme *adj* dont on ignore le nom, dont l'auteur est inconnu ◆ *n* personne dont on ne connaît pas le nom.

anorak *nm* veste de sport à capuchon.

anorexie *nf* refus actif ou passif de nourriture : *anorexie mentale.*

anormal, e, aux *adj* contraire aux règles, à l'ordre habituel des choses : *température anormale* ◆ *adj* et *n* déséquilibré, très instable.

anse *nf* 1. partie courbée en arc, par laquelle on prend un vase, un panier 2. GÉOGR petite baie littorale.

antagonique *adj* contraire, opposé.

antalgique *adj* et *nm* propre à calmer la douleur.

antan (d') *loc adj* du temps passé, de jadis : *le Paris d'antan.*

antarctique *adj* des régions polaires australes.

antécédent, e *adj* qui précède ◆ *nm* GRAMM mot qui précède et auquel se rapporte le pronom relatif ◆ **antécédents** *pl* circonstances du passé de quelqu'un : *de bons antécédents.*

antenne *nf* 1. conducteur métallique permettant d'émettre et de recevoir les ondes radioélectriques 2. organe mobile qu'insectes et crustacés portent sur la tête 3. poste, service fonctionnant en liaison avec un centre : *antenne de police* • FAM. *avoir des antennes quelque part* des sources d'information • FAM. *avoir des antennes* de l'intuition • *être à l'antenne* passer en direct, lors d'une émission de radio, de télévision • *antenne chirurgicale* unité mobile destinée aux interventions de première urgence.

antérieur, e *adj* qui précède.

antériorité *nf* fait de précéder dans le temps.

anthologie *nf* recueil de morceaux choisis d'œuvres littéraires ou musicales.

anthracite *nm* charbon à flamme courte, sans odeur ni fumée ◆ *adj inv* gris foncé.

anthropologie *nf* étude de l'homme et des groupes humains • *anthropologie culturelle* étude différentielle des croyances, des institutions, des structures sociales.

anthropométrie *nf* méthode d'identification des criminels, reposant sur la description du corps et surtout sur les empreintes digitales.
anthropomorphisme *nm* 1. représentation de Dieu sous les traits d'un être humain 2. tendance à attribuer aux animaux des sentiments humains.
anthropophage *adj* et *n* qui mange de la chair humaine ; cannibale.
antiaérien, enne *adj* qui combat les attaques aériennes : *défense antiaérienne.*
antiatomique *adj* qui protège des radiations atomiques : *abri antiatomique.*
antibiotique *nm* substance chimique empêchant le développement ou la multiplication de certains microbes.
antibrouillard *adj inv* et *nm* • *phare antibrouillard* qui améliore la visibilité dans le brouillard.
antichambre *nf* 1. vestibule dans un appartement 2. pièce qui sert de salle d'attente dans un bureau.
anticipation *nf* action de faire une chose d'avance : *anticipation de paiement* • *roman, film d'anticipation* dont l'action se passe dans un monde futur • *par anticipation* par avance.
anticiper *vt ind* [sur] 1. entamer avant le moment prévu : *anticiper sur ses revenus* 2. devancer : *anticiper sur l'avenir* ◆ *vt* exécuter avant le temps fixé : *anticiper un paiement.*
anticlérical, e, aux *adj* et *n* opposé au clergé.
anticorps *nm* substance défensive engendrée par l'organisme.
anticyclone *nm* centre de hautes pressions atmosphériques.
antidater *vt* mettre une date antérieure à la date réelle.
antidote *nm* 1. substance destinée à combattre les effets d'un poison 2. FIG. remède contre un mal quelconque.
antigang *adj inv* • *brigade antigang* unité de police destinée à lutter contre la grande criminalité.
antigène *nm* substance agressive pour l'organisme (microbe, substance chimique, etc.), pouvant provoquer la formation d'anticorps.
antilope *nf* mammifère ruminant d'Afrique et d'Asie.
antinomie *nf* contradiction entre deux idées, deux principes.
antipathie *nf* aversion, hostilité instinctive pour quelqu'un, quelque chose.
antipathique *adj* qui inspire de l'antipathie.
antipode *nm* lieu de la Terre diamétralement opposé à un autre lieu • FIG. *être à l'antipode, aux antipodes de* à l'opposé, très éloigné de.
antipoison *adj inv* • *centre antipoison* centre médical spécialisé dans le traitement des intoxications.
antiquaire *n* commerçant en meubles et objets anciens.
antique *adj* 1. qui appartient à l'Antiquité, à la période gréco-romaine : *statue antique* 2. qui date d'une époque reculée : *une antique coutume* 3. passé de mode ; suranné ◆ *nm* ensemble des productions artistiques qui nous restent de l'Antiquité.
antiquité *nf* 1. période qui va des origines des temps historiques à la chute de l'Empire romain, civilisation gréco-romaine (avec une majuscule en ce sens) 2. ancienneté : *l'antiquité d'une coutume* 3. objet ancien : *cette montre est une antiquité* 4. (surtout pl.) objet, monument antique : *les antiquités grecques.*
antirabique *adj* MÉD contre la rage.
antireflet *adj inv* qui supprime la lumière réfléchie sur la surface des verres d'optique : *traitement antireflet.*
antisémite *adj* et *n* hostile aux Juifs.
antiseptique *adj* et *n* qui prévient l'infection.
antithèse *nf* opposition de mots ou de groupes de mots traduisant des idées contraires (EX : *la nature est grande dans les petites choses*) • *l'antithèse de* l'opposé de.
antivol *nm* dispositif de sécurité pour empêcher le vol.
antonyme *nm* mot qui a un sens opposé à celui d'un autre.
anus [anys] *nm* orifice du rectum.
anxiété *nf* grande inquiétude.
anxieux, euse *adj* et *n* soucieux, inquiet.
anxiolytique *adj* et *nm* MÉD qui apaise l'anxiété.
aorte *nf* artère qui naît à la base du ventricule gauche du cœur et est le tronc commun des artères portant le sang oxygéné dans le corps.
août [u] ou [ut] *nm* huitième mois de l'année.
aoûtat [auta] *nm* petit insecte dont la piqûre cause de vives démangeaisons.
apaiser *vt* calmer, radoucir ◆ **s'apaiser** *vpr* se calmer, revenir au calme.
apanage *nm* HIST portion du domaine que les souverains assignaient à leurs fils, à leurs frères, mais qui revenait à la couronne à la mort de ceux-ci • *avoir l'apanage de quelque chose* être seul à en jouir • *être l'apanage de quelqu'un* lui appartenir en propre.
aparté *nm* 1. ce qu'un acteur dit à part soi sur la scène et qui, conventionnellement, n'est entendu que des spectateurs 2. paroles échangées à l'écart des autres lors d'une réunion.
apartheid *nm* ségrégation systématique des gens de couleur pratiquée jusqu'en 1994 en Afrique du Sud.

apathie *nf* absence de volonté, d'énergie ; indolence, mollesse.
apatride *n* et *adj* personne sans nationalité légale.
apercevoir *vt* (conj 34) 1. voir plus ou moins nettement 2. entrevoir un instant ◆ **s'apercevoir** *vpr* [de, que] remarquer, se rendre compte.
aperçu *nm* vue d'ensemble, souvent sommaire.
apéritif, ive *adj* LITT. qui stimule l'appétit : *promenade apéritive* ◆ *nm* boisson prise avant le repas.
apesanteur *nf* état dans lequel les effets de la pesanteur sont annihilés.
à-peu-près *nm inv* approximation.
apeuré, e *adj* saisi de peur, effrayé.
aphasie *nf* perte de la parole, ou trouble du langage.
aphone *adj* sans voix.
aphorisme *nm* pensée énoncée en peu de mots (EX : *tel père, tel fils*).
aphrodisiaque *nm* et *adj* substance qui excite le désir sexuel.
aphte [aft] *nm* ulcération de la muqueuse buccale.
aphteux, euse *adj* caractérisé par la présence d'aphtes • ***fièvre aphteuse*** fièvre épidémique virale des bestiaux.
à-pic *nm inv* falaise, rocher tombant à pic.
apicole *adj* relatif à l'apiculture.
apiculteur, trice *n* qui élève des abeilles.
apiculture *nf* élevage des abeilles pour leur miel.
apitoiement *nm* compassion.
apitoyer *vt* (conj 3) susciter la pitié ◆ **s'apitoyer sur** *vpr* avoir pitié de : *s'apitoyer sur les malheureux.*
aplanir *vt* 1. rendre plan, uni 2. FIG. faire disparaître ce qui fait obstacle : *aplanir les difficultés.*
aplatir *vt* rendre plat ou plus plat ◆ **s'aplatir** *vpr* 1. FIG. prendre une attitude servile : *s'aplatir devant ses supérieurs* 2. FAM. tomber.
aplomb *nm* 1. direction verticale 2. équilibre : *perdre l'aplomb* 3. FIG. assurance : *avoir de l'aplomb* • ***d'aplomb*** vertical, stable • FAM. ***être, se sentir, remettre d'aplomb*** en bonne forme.
apnée *nf* arrêt momentané de la respiration • ***plonger en apnée*** en retenant sa respiration.
apocalypse *nf* catastrophe effrayante qui évoque la fin du monde.
apogée *nm* 1. ASTRON point de l'orbite d'un corps céleste où la distance de ce corps à la Terre est maximale 2. FIG. le plus haut degré qu'on puisse atteindre.
apologie *nf* discours présentant la défense, la justification d'une personne, d'une chose.
a posteriori *loc adv* et *adj inv* en se fondant sur les faits constatés : ***a posteriori, je reconnais mes erreurs*** CONTR. *a priori.*
apostolat *nm* mission d'un apôtre ou d'un propagandiste.
apostrophe *nf* 1. interpellation brusque, soudaine 2. signe graphique (') de l'élision • ***mot mis en apostrophe*** qui désigne l'être à qui on s'adresse (EX : *toi* dans *Toi ! viens ici*).
apostropher *vt* interpeller brusquement.
apothéose *nf* fin, très brillante, d'une action, d'un spectacle, etc.
apothicaire *nm* VX. pharmacien • ***compte d'apothicaire*** compte compliqué et mesquin.
apôtre *nm* 1. chacun des douze disciples de Jésus-Christ, chargés de prêcher l'Évangile 2. personne qui se met au service d'une idée, d'une cause, d'une doctrine.
apparaître *vi* (conj 64) 1. devenir visible, se montrer tout à coup 2. se présenter à l'esprit, devenir évident • ***il apparaît que*** on constate que.
apparat *nm* déploiement de faste, pompe, éclat • ***d'apparat*** solennel, luxueux : *dîner d'apparat.*
appareil *nm* 1. machine, assemblage de pièces disposées pour fonctionner ensemble 2. avion 3. téléphone : *qui est à l'appareil ?* 4. prothèse dentaire : *porter un appareil* 5. ensemble des organes qui concourent à une fonction du corps : *appareil digestif* 6. ensemble des organismes constituant un parti, un syndicat.
appareillage *nm* 1. MAR action d'appareiller 2. ensemble d'appareils et d'accessoires : *appareillage électrique.*
appareiller *vt* 1. grouper, assortir des objets pour former un ensemble 2. munir d'un appareil de prothèse ◆ *vi* MAR quitter le port, prendre la mer.
apparemment *adv* d'après les apparences.
apparence *nf* aspect extérieur : *avoir belle apparence* ; ne pas se fier aux apparences • ***en apparence*** d'après ce que l'on voit surtout par oppososition à la réalité • ***sauver les apparences*** ne rien laisser paraître de ce qui pourrait nuire à la réputation.
apparent, e *adj* 1. visible : *poutres apparentes* 2. dont l'aspect est trompeur : *une apparente simplicité.*
apparenter (s') *vpr* [à] 1. s'allier, en particulier par mariage 2. avoir des caractères communs avec quelque chose 3. pratiquer l'apparentement politique ou électoral.
apparition *nf* 1. action, fait d'apparaître, de se manifester 2. manifestation d'un être surnaturel spectre, vision.
appartement *nm* logement composé de plusieurs pièces.
appartenance *nf* fait d'appartenir à.

appartenir *vt ind* [à] (conj 22) 1. être la propriété de : *ce livre lui appartient* 2. faire partie de : *appartenir à un groupe* 3. être du droit, du devoir de : *il vous appartient de lui répondre* ◆ **s'appartenir** *vpr* • *ne plus s'appartenir* ne plus être libre.

appât *nm* 1. pâture placée dans un piège ou fixée à un hameçon 2. FIG. ce qui excite le désir, ce qui pousse à agir : *l'appât du gain.*

appâter *vt* 1. attirer avec un appât 2. FIG. séduire, attirer.

appauvrir *vt* rendre pauvre ◆ **s'appauvrir** *vpr* devenir pauvre.

appel *nm* 1. acte, geste, parole qui invite à venir ou à agir 2. action de nommer des personnes pour constater leur présence : *faire l'appel ; manquer à l'appel* 3. convocation des jeunes gens d'un contingent au service national : *devancer l'appel* 4. recours à un juge, à un tribunal supérieur : *faire appel* • *appel téléphonique* coup de téléphone • FAM. *appel du pied* invitation implicite.

appelé *nm* qui accomplit son service militaire : *les appelés du contingent.*

appeler *vt* (conj 6) 1. inviter à venir, à agir par la voix, le geste 2. communiquer par téléphone : *appeler un ami* 3. désigner par un nom : *appeler un enfant Pierre* 4. réclamer, rendre nécessaire : *cela appelle des commentaires* ◆ *vi* • *en appeler à* s'en remettre à ◆ **s'appeler** *vpr* avoir comme nom.

appellation *nf* 1. façon d'appeler, de nommer ; qualificatif 2. dénomination de l'origine d'un produit, d'un vin.

appendice [apɛ̃dis] *nm* 1. ANAT partie du gros intestin, en forme de doigt de gant 2. prolongement d'une partie principale 3. ensemble de notes à la fin d'un ouvrage.

appendicite *nf* inflammation de l'appendice intestinal.

appesantir *vt* LITT. rendre pesant, alourdir ◆ **s'appesantir** *vpr* [sur] insister sur.

appétissant, e *adj* qui excite l'appétit, le désir.

appétit *nm* 1. désir de manger 2. désir de quelque chose pour la satisfaction des sens.

applaudir *vt* battre des mains en signe d'approbation ◆ *vt ind* [à] approuver entièrement.

applaudissement *nm* battement de mains en signe d'approbation, d'enthousiasme.

application *nf* 1. action de poser une chose sur une autre : *l'application d'un papier peint sur un mur* 2. FIG. mise en pratique d'une doctrine, d'un précepte, etc. 3. attention soutenue : *travailler avec application.*

applique *nf* appareil d'éclairage fixé au mur.

appliqué, e *adj* attentif, studieux.

appliquer *vt* 1. mettre une chose sur une autre 2. mettre en œuvre, en pratique ◆ **s'appliquer** *vpr* 1. mettre toute son attention : *s'appliquer à bien faire* 2. convenir, correspondre : *cela s'applique à ton cas.*

appoint *nm* menue monnaie complétant une somme : *faire l'appoint* • *d'appoint* qui s'ajoute à quelque chose, pour le compléter : *chauffage d'appoint.*

appointements *nm pl* rémunération fixe pour un emploi.

apport *nm* 1. action d'apporter 2. ce qui est apporté, part, contribution : *l'apport des civilisations grecque et latine.*

apporter *vt* 1. porter à un endroit, porter avec soi : *apportez-moi ce livre* 2. fournir, donner : *apporter des preuves* 3. produire un résultat, un effet : *apporter un soulagement.*

apposer *vt* appliquer, mettre : *apposer sa signature ; apposer des scellés.*

apposition *nf* 1. action d'apposer 2. GRAMM mot ou groupe de mots qui, placé à côté d'un nom ou d'un pronom, lui sert d'épithète en le précisant (EX : *Paris, capitale de la France*).

appréciable *adj* assez important, sensible : *progrès appréciable.*

apprécier *vt* estimer, reconnaître la valeur, l'importance de.

appréhender *vt* 1. procéder à l'arrestation de : *appréhender un malfaiteur* 2. craindre, redouter : *j'appréhende de le voir* 3. saisir intellectuellement : *appréhender la réalité.*

appréhension *nf* crainte vague.

apprendre *vt* (conj 54) 1. acquérir des connaissances, étudier 2. contracter une habitude : *apprendre à se taire* 3. être informé : *j'ai appris la nouvelle* 4. informer ou enseigner : *apprendre une nouvelle à quelqu'un ; son professeur lui apprend l'anglais.*

apprenti, e *n* qui apprend un métier, une profession • *apprenti sorcier* celui qui déchaîne des forces qu'il ne pourra pas contrôler.

apprentissage *nm* 1. formation professionnelle 2. temps pendant lequel on est apprenti • *faire l'apprentissage de* s'exercer, s'habituer à.

apprêt *nm* 1. traitement que l'on fait subir à certaines matières premières (cuirs, tissus, etc.) 2. enduit appliqué sur une surface à peindre.

apprêter *vt* soumettre à un apprêt ◆ **s'apprêter** *vpr* 1. se préparer, se disposer à 2. s'habiller : s'apprêter pour sortir.

apprivoiser *vt* 1. rendre un animal moins sauvage, domestiquer 2. FIG. rendre une personne plus sociable ◆ **s'apprivoiser** *vpr* devenir moins farouche.

approbation *nf* action d'approuver ; accord.

approchant, e *adj* voisin, presque semblable.

approche *nf* 1. fait d'approcher, de s'approcher : *à l'approche de l'hiver* 2. manière d'aborder un sujet, un problème • *travaux d'approche* démarches intéressées auprès de quelqu'un.

approcher *vt* 1. mettre près ou plus près de : *approcher une chaise* 2. avoir accès auprès de quelqu'un : *une célébrité qu'on ne peut approcher* ◆ *vi* être proche dans le temps : *l'hiver approche* ◆ *vt ind* [de] être près d'atteindre : *approcher de la maison ; approcher de la soixantaine* ◆ **s'approcher** *vpr* [de] venir près de.

approfondir *vt* 1. rendre plus profond 2. FIG. examiner, étudier plus avant.

approprier *vt* adapter à une fonction, rendre propre à : *approprier son discours aux circonstances* ◆ **s'approprier** *vpr* s'attribuer : *s'approprier un objet.*

approuver *vt* 1. considérer comme juste louable : *approuver la présence de quelqu'un* 2. donner raison : *approuver quelqu'un dans ses choix* 3. autoriser par une décision : *approuver un budget.*

approvisionner *vt* fournir de provisions, de choses nécessaires.

approximatif, ive *adj* 1. fait par approximation : *calcul approximatif* 2. exact mais imprécis : *avoir une idée approximative de la situation.*

approximation *nf* 1. estimation, évaluation approchée d'une grandeur 2. ce qui n'est que proche de la vérité.

appui *nm* 1. soutien, support 2. aide, protection • *à l'appui (de)* pour servir de confirmation à.

appuyer *vt* (conj 3) 1. placer contre quelque chose qui sert de support : *appuyer une échelle contre un mur* 2. FIG. soutenir, encourager : *appuyer une candidature* ◆ *vi* 1. exercer une pression sur : *appuyer sur la pédale* 2. FIG. insister avec force : *appuyer sur les mots importants* ◆ **s'appuyer** *vpr* [à, sur, contre] 1. se servir de quelque chose comme d'un support, d'un soutien 2. FIG. se fonder sur : *s'appuyer sur des faits.*

âpre *adj* 1. rude au goût 2. FIG. dur, violent : *ton âpre* • *âpre au gain* avide.

après *prép* et *adv* marque la postériorité dans le temps, l'ordre ou l'espace : *après dîner ; la rue après le carrefour ; se classer après lui* ◆ **après que** *loc prép* (+ ind. ou subj.) une fois que ◆ **d'après** *loc prép* à l'imitation de, selon : *feindre d'après nature ; d'après lui, tout va bien.*

après-demain *adv* le second jour après celui où l'on est.

après-midi *nm inv* ou *nf inv* partie du jour depuis midi jusqu'au soir.

après-rasage (*pl après-rasages*) *adj inv* et *nm* se dit d'une lotion que l'on passe sur la peau pour calmer le feu du rasoir.

après-ski (*pl après-skis*) *nm* chaussure chaude portée à la montagne lorsqu'on ne skie pas.

après-vente *adj inv* • *service après-vente* qui assure l'installation, l'entretien et la réparation d'un appareil, d'un véhicule, etc.

a priori *loc adv* et *adj inv* 1. en se fondant sur des données admises avant toute expérience CONTR. *a posteriori* 2. au premier abord ◆ *nm inv* préjugé qui ne tient pas compte des réalités.

à-propos *nm inv* pertinence de ce qui vient juste au moment convenable.

apte *adj* [à] qui a des dispositions pour, capable de.

aptitude *nf* disposition naturelle ; capacité.

aquarelle *nf* peinture légère à délayer à l'eau ; œuvre ainsi exécutée.

aquarium [-rjɔm] *nm* réservoir d'eau douce ou d'eau salée dans lequel on entretient des plantes aquatiques, des poissons, etc.

aquatique *adj* qui croît, vit dans l'eau : *plante aquatique.*

aqueduc *nm* 1. canal qui capte l'eau potable et la conduit d'un lieu à un autre 2. pont supportant ce canal.

aqueux, euse *adj* 1. de la nature de l'eau 2. qui contient de l'eau.

aquilin *adj m* • *nez aquilin* en bec d'aigle.

ara *nm* perroquet d'Amérique.

arabe *adj* et *n* relatif aux peuples parlant l'arabe • *chiffres arabes* signes utilisés pour représenter les nombres (de 0 à 9) (par oppos. aux *chiffres romains*) ◆ *nm* langue sémitique parlée principalement en Afrique du Nord, au Proche-Orient et en Arabie.

arabica *nm* café d'Arabie.

arable *adj* labourable.

arachide *nf* plante oléagineuse dont la graine ou*cacahuète* fournit de l'huile.

araignée *nf* 1. animal à huit pattes et à l'abdomen non segmenté 2. filet ténu à mailles carrées pour la pêche 3. en boucherie, morceau de bœuf • *araignée de mer* crabe épineux aux longues pattes.

araire *nm* instrument de labour qui rejette la terre de part et d'autre du sillon.

araser *vt* 1. mettre de niveau les assises d'une construction 2. réduire l'épaisseur d'une pièce à emboîter.

arbalète *nf* arme composée d'un arc d'acier monté sur un fût et se bandant avec un ressort.

arbitrage *nm* 1. action d'arbitrer 2. règlement d'un litige par un arbitre ; sentence ainsi rendue 3. opération de Bourse, consistant à tirer profit des différences de cours existant au même moment sur plusieurs marchés.

arbitraire *adj* 1. qui n'est pas fondé sur la raison : *choix arbitraire* 2. sans aucune considération de justice, d'équité ; injustifié : *arrestation arbitraire* ◆ *nm* autorité qui n'est soumise à aucune règle.

arbitre *nm* 1. personne choisie par les parties intéressées pour trancher un différend 2. maître absolu : *arbitre de la mode* 3. personne chargée de faire appliquer les règles d'un sport, d'un jeu • *libre arbitre* faculté qu'a la volonté de choisir, de se déterminer.

arbitrer *vt* juger ou contrôler en tant qu'arbitre.

arborer *vt* 1. planter, hisser, déployer : *arborer un drapeau* 2. porter avec ostentation : *arborer une décoration.*

arborescent, e *adj* qui ressemble à un arbre : *fougère arborescente.*

arboricole *adj* 1. qui vit dans les arbres 2. relatif à l'arboriculture.

arboriculture *nf* culture des arbres, en particulier des arbres fruitiers.

arbre *nm* 1. végétal ligneux dont la tige ou *tronc*, fixée au sol par ses *racines*, est nue à la base et chargée de *branches* et de *feuilles* à son sommet 2. MÉCAN axe servant à transmettre un mouvement • *arbre généalogique* tableau montrant, par ses ramifications, la filiation dans une famille.

arbrisseau *nm* petit arbre qui se ramifie dès sa base.

arbuste *nm* plante ligneuse plus petite que l'arbrisseau.

arc *nm* 1. arme servant à lancer des flèches 2. GÉOM portion de courbe : *arc de cercle* 3. ARCHIT courbe que décrit une voûte : *arc ogival* • FIG. *avoir plusieurs cordes à son arc* avoir plusieurs moyens de réussite • *arc de triomphe* monument en forme d'arc, orné d'inscriptions et de sculptures.

arcade *nf* ensemble de piliers ou de colonnes laissant entre eux une ouverture dont la partie supérieure est en forme d'arc • *arcade sourcilière* proéminence située à la base de l'os frontal et au-dessus de chaque orbite.

arc-boutant (*pl arcs-boutants*) *nm* pilier qui se termine en demi-arc, et qui sert à soutenir un mur, une voûte.

arc-bouter *vt* soutenir par un arc-boutant ◆ **s'arc-bouter** *vpr* prendre fermement appui pour exercer un effort de résistance.

arceau *nm* 1. partie cintrée d'une voûte 2. objet en forme de demi-cercle.

arc-en-ciel (*pl arcs-en-ciel*) *nm* phénomène lumineux en forme d'arc, parfois visible dans le ciel pendant une averse et qui présente les couleurs du spectre.

archaïque [-ka-] *adj* ancien, désuet.

archange [arkɑ̃ʒ] *nm* ange d'un ordre supérieur : *l'archange Gabriel.*

arche *nf* 1. voûte en arc : *arche de pont* 2. grand bateau que Noé, sur l'ordre de Dieu, construisit pour échapper au déluge selon la Bible.

archéologie [-keɔ-] *nf* étude scientifique des civilisations passées, grâce aux monuments et objets qui en subsistent.

archer *nm* tireur à l'arc.

archet *nm* baguette tendue de crins et qui sert à jouer de certains instruments à cordes (violon, violoncelle, etc.).

archétype [-ke-] *nm* modèle primitif, idéal.

archevêque *nm* premier évêque d'une province ecclésiastique comprenant plusieurs diocèses.

archiduc *nm* titre des princes de la maison d'Autriche.

archiduchesse *nf* princesse de la maison d'Autriche.

archipel *nm* groupe d'îles.

architecte *n* personne qui conçoit et réalise des édifices et en dirige l'exécution.

architecture *nf* 1. art de construire et d'orner les édifices 2. structure, organisation d'un ensemble : *architecture d'une œuvre.*

archiver *vt* classer dans des archives.

archives *nf pl* 1. ensemble de documents (pièces manuscrites, imprimés, etc.) qui proviennent d'une collectivité, d'une famille, d'une personne, etc. 2. lieu où on les garde.

arctique *adj* du pôle Nord et des régions voisines.

ardemment [-da-] *adv* avec ardeur.

ardent, e *adj* 1. chaud, brûlant : *soleil ardent* 2. FIG. violent, passionné : *discussion ardente* • *ardent à* empressé à.

ardeur *nf* force qui porte à faire quelque chose ; empressement, enthousiasme.

ardoise *nf* 1. roche schisteuse, grise ou noire, servant à couvrir les toits 2. tablette sur laquelle on écrit ou on dessine à la craie • FAM. *avoir une ardoise chez quelqu'un* lui devoir de l'argent.

ardu, e *adj* difficile, compliqué.

are *nm* surface agraire qui vaut 100 mètres carrés (symb : a).

arène *nf* 1. espace sablé, au centre d'un amphithéâtre 2. sable formé de gros éléments 3. FIG. terrain où se combattent les idées : *arène politique* ◆ **arènes** *pl* 1. amphithéâtre antique : *les arènes de Nîmes* 2. édifice de construction analogue aménagé pour les courses de taureaux.

arête *nf* 1. os de certains poissons 2. angle saillant.

argent *nm* 1. métal blanc, brillant, inaltérable (symb : ag) 2. toute sorte de monnaie ; richesse que cela représente.

argenté, e *adj* 1. qui a la couleur ou l'éclat gris de l'argent 2. recouvert d'argent : *métal argenté.*

argenterie *nf* vaisselle, couverts en argent ou en métal argenté.

argile *nf* roche sédimentaire tendre, absorbant l'eau et devenant alors une pâte imperméable.

argileux, euse *adj* qui contient de l'argile : *terre argileuse.*

argon *nm* gaz simple qui entre pour un centième dans la composition de l'air.

argot *nm* 1. vocabulaire particulier à un groupe, à une profession, à une classe sociale : *argot sportif* 2. langage des malfaiteurs du milieu.

arguer [argɥe] *vt* tirer comme conséquence, déduire ◆ *vt ind* [de] prétexter de : *arguer de ses relations.*

argument *nm* 1. preuve donnée à l'appui d'une affirmation 2. résumé du thème d'une œuvre littéraire.

argumenter *vi* présenter des arguments pour appuyer une opinion, une démarche : *argumenter contre les juges* ◆ *vt* appuyer une thèse sur des arguments : *argumenter une démonstration.*

argus [-gys] *nm* publication qui fournit des renseignements spécialisés.

aride *adj* 1. sec, stérile : *sol aride* 2. FIG. difficile : *sujet aride.*

aristocratie *nf* 1. classe des nobles 2. gouvernement des nobles 3. LITT. élite.

arithmétique *nf* 1. science des nombres 2. art de calculer ◆ *adj* fondé sur la science des nombres.

arlequin *nm* personnage comique au vêtement formé de pièces de diverses couleurs.

armada *nf* grand nombre de personnes ou de choses.

armagnac *nm* eau-de-vie d'Armagnac.

armateur *nm* personne qui équipe et exploite un navire.

armature *nf* 1. assemblage de pièces formant le support ou la partie essentielle d'un ouvrage, d'un appareil 2. FIG. ce qui sert de base, de soutien.

arme *nf* 1. instrument qui sert à attaquer ou à défendre 2. MIL chacun des corps de l'armée de terre (infanterie, artillerie, blindés) • FAM. *passer l'arme à gauche* mourir ◆ **armes** *pl* emblèmes figurés sur l'écu : *les armes de la ville de Paris* • *passer par les armes* fusiller • *fait d'armes* trait de bravoure • *faire ses premières armes* débuter dans une carrière.

armé, e *adj* 1. muni d'armes 2. pourvu d'une armature de métal : *béton armé.*

armée *nf* 1. ensemble des forces militaires d'une nation 2. subdivision de ces forces : *armée de l'air* 3. grande quantité, foule : *une armée de supporters.*

armement *nm* 1. action d'armer 2. ensemble des armes : *armement moderne* 3. équipement d'un navire.

armer *vt* 1. pourvoir d'armes : *armer une forteresse* 2. lever des troupes : *armer cent mille hommes* 3. équiper un navire 4. tendre le ressort d'un mécanisme : *armer un appareil photo* 5. FIG. donner à quelqu'un les moyens d'affronter une situation, d'y faire face : *être armé pour trouver un emploi* ◆ **s'armer** *vpr* [de] se munir de : *s'armer de patience.*

armistice *nm* convention par laquelle des belligérants suspendent les hostilités sans mettre fin à l'état de guerre.

armoire *nf* meuble de rangement à tablettes fermé par une ou des portes • FAM. *armoire à glace* personne de large carrure.

armoiries *nf pl* ensemble des signes, devises et ornements de l'écu d'un État, d'une ville, d'une famille.

armure *nf* 1. ensemble des défenses métalliques (cuirasse, casque, etc.) qui protégeaient le corps du guerrier 2. mode d'entrelacement des fils d'un tissu.

arnaquer *vt* FAM. escroquer, voler, duper.

arnica *nm* et *f* plante de montagne dont on extrait une teinture utilisée contre les contusions.

aromate *nm* toute substance parfumée d'origine végétale, utilisée en médecine, en parfumerie ou en cuisine.

aromatique *adj* qui dégage un parfum : *plante aromatique.*

arôme *nm* odeur agréable qui se dégage de certaines substances.

arpenter *vt* 1. mesurer la superficie des terrains 2. FIG. parcourir à grands pas : *arpenter une salle.*

arpenteur *nm* celui qui effectue des relevés de terrains et des calculs de surfaces.

arqué, e *adj* courbé en arc.

arraché (à l') *loc adv* avec un effort violent.

arrache-pied (d') *loc adv* avec acharnement et persévérance.

arracher *vt* 1. enlever de terre : *arracher des carottes* 2. enlever de force 3. obtenir avec peine : *arracher un mot* 4. détacher avec effort : *arracher une affiche* ◆ **s'arracher** *vpr* 1. quitter à regret : *s'arracher d'un lieu* 2. se disputer la présence de quelqu'un, la jouissance de quelque chose.

arraisonner *vt* 1. arrêter en mer un navire et contrôler son état sanitaire, sa cargaison, l'identité de son équipage 2. contrôler un avion en vol.

arrangeant, e *adj* conciliant, avec qui on s'arrange facilement.

arrangement *nm* 1. action d'arranger 2. manière dont une chose est arrangée 3. conciliation 4. adaptation d'un morceau de musique.

arranger *vt* (conj 2) 1. mettre en ordre, disposer harmonieusement 2. mettre ou remettre en état 3. régler de manière à supprimer les difficultés : *arranger une af-*

faire 4. convenir à quelqu'un : *ce changement de date m'arrange* ◆ **s'arranger** *vpr* 1. se mettre d'accord, s'entendre 2. finir bien 3. prendre ses dispositions pour : *s'arranger pour être à l'heure.*

arrestation *nf* 1. action de se saisir de quelqu'un par autorité de justice ou de police 2. état d'une personne arrêtée.

arrêt *nm* 1. action d'arrêter, de s'arrêter : *arrêt brusque* 2. cessation, interruption : *arrêt de travail* 3. station où s'arrête régulièrement un véhicule de transport en commun : *arrêt d'autobus* 4. jugement : *arrêt de la Cour de cassation* • *coup d'arrêt* arrêt brutal • *maison d'arrêt* prison • *mandat d'arrêt* ordre d'arrêter quelqu'un • *sans arrêt* continuellement ◆ **arrêts** *pl* punition infligée à un militaire : *mettre aux arrêts.*

arrêté *nm* décision écrite d'une autorité administrative.

arrêter *vt* 1. empêcher d'avancer, d'agir ; interrompre un déroulement : *arrêter les voitures ; on n'arrête pas le progrès* 2. cesser de faire : *arrêter de parler* 3. appréhender, emprisonner 4. fixer, déterminer : *arrêter un plan* ◆ **s'arrêter** *vpr* cesser de marcher, de parler, d'agir, de fonctionner.

arrhes *nf pl* argent versé à l'avance pour assurer l'exécution d'un marché.

arrière *adv* et *adj inv* 1. situé dans la partie postérieure : *roues arrière* 2. du côté opposé : *faire machine arrière* ◆ *interj* au loin ! circulez ! ◆ *loc. adv* • *en arrière* 1. à une certaine distance derrière 2. en retard ◆ *loc. prép* • *en arrière de* derrière ◆ *nm* partie postérieure d'un véhicule.

arriéré, e *adj* en retard : *idées arriérées* ◆ *nm* ce qui reste dû.

arrière-boutique (*pl arrière-boutiques*) *nf* pièce située derrière une boutique.

arrière-goût (*pl arrière-goûts*) *nm* goût désagréable que laisse dans la bouche un mets, une boisson, etc.

arrière-grand-mère (*pl arrière-grands-mères*) *nf* 1. mère du grand-père ou de la grand-mère 2. bisaïeule.

arrière-grand-père (*pl arrière-grands-pères*) *nm* 1. père du grand-père ou de la grand-mère 2. bisaïeul.

arrière-pays *nm inv* partie d'un pays située en arrière de ses côtes.

arrière-pensée (*pl arrière-pensées*) *nf* pensée qu'on n'exprime pas et qui est différente de celle qu'on manifeste.

arrière-petite-fille (*pl arrière-petites-filles*) *nf* la fille du petit-fils ou de la petite-fille.

arrière-petit-fils (*pl arrière-petits-fils*) *nm* le fils du petit-fils ou de la petite-fille.

arrière-plan (*pl arrière-plans*) *nm* plan du fond dans une perspective • FIG. *à l'arrière-plan* dans une position secondaire.

arrière-saison (*pl arrière-saisons*) *nf* fin de l'automne.

arrimer *vt* fixer solidement le chargement d'un véhicule, d'un navire.

arrivage *nm* arrivée de matériel, de marchandises par un moyen de transport ; ces marchandises elles-mêmes.

arrivée *nf* 1. action d'arriver 2. moment ou lieu précis de cette action.

arriver *vi* (auxil : être) 1. parvenir à destination : *arriver chez soi* 2. venir, approcher : *l'hiver arrive* 3. atteindre un niveau, un point : *arriver à la conclusion ; il m'arrive à l'épaule* 4. réussir socialement • *en arriver à* finir par aboutir à ◆ *v. impers* se produire parfois : *il arrive qu'il sorte le soir.*

arriviste *n* personne qui veut arriver, réussir à tout prix.

arrogance *nf* fierté qui se manifeste par des manières hautaines, méprisantes.

arroger (s') *vpr* (conj 2) s'attribuer illégitimement : *ils se sont arrogé des privilèges ; les privilèges qu'il s'est arrogés.*

arrondi *nm* partie arrondie : *l'arrondi d'une jupe.*

arrondir *vt* 1. donner une forme ronde 2. augmenter, agrandir : *arrondir son capital* 3. amener une somme, un résultat, à un chiffre rond, approximatif mais plus simple.

arrondissement *nm* 1. action d'arrondir 2. subdivision administrative d'une grande ville ou d'un département.

arroser *vt* 1. mouiller par irrigation, par aspersion 2. couler à travers : *la Seine arrose Paris* 3. FAM. offrir à boire pour fêter un événement 4. FAM. donner de l'argent pour obtenir une faveur, un service.

arrosoir *nm* ustensile pour arroser.

arsenal (*pl arsenaux*) *nm* 1. centre de construction et de réparation des navires de guerre 2. grande quantité d'armes 3. FIG. moyens d'action, de lutte : *arsenal des lois* 4. équipement, matériel compliqué.

arsenic *nm* substance toxique à base d'un corps simple chimique de couleur grise.

art *nm* 1. expression d'un idéal de beauté correspondant à un type de civilisation déterminé : *œuvre d'art* 2. ensemble des œuvres artistiques d'un pays, d'une époque : *l'art chinois* 3. ensemble des règles intéressant un métier, une profession, une activité humaine : *art vétérinaire ; art culinaire* 4. talent, habileté : *avoir l'art de plaire* • *art nouveau* style décoratif de la fin du XIXe s. caractérisé par l'imitation des formes de la nature.

artère *nf* 1. vaisseau qui conduit le sang du cœur aux organes 2. voie de communication urbaine.

arthrite *nf* MÉD inflammation d'une articulation.

arthrose *nf* MÉD affection chronique dégénérative des articulations.

artichaut *nm* plante potagère dont on mange le réceptable (*fond*) et les feuilles.
article *nm* 1. division d'un traité, d'une loi, d'un compte, etc. 2. écrit formant un tout distinct dans une publication : *article de journal* 3. tout objet de commerce : *article de luxe* 4. GRAMM particule qui précède un nom et le détermine • *article de foi* point important de croyance • *à l'article de la mort* au dernier moment de la vie • *faire l'article* faire valoir une chose, quelqu'un.
articulation *nf* 1. prononciation 2. jointure entre deux os 3. liaison entre les parties d'un raisonnement, d'un discours, etc.
articuler *vt* 1. faire entendre distinctement des sons, les syllabes des mots à l'aide des organes de la parole 2. assembler par des jointures permettant un certain jeu ◆ **s'articuler** *vpr* 1. se joindre : *le tibia s'articule sur le fémur* 2. se succéder dans un ordre déterminé.
artifice *nm* subtilité, ruse pour tromper • *feu d'artifice* tir détonant à effets lumineux pour une fête en plein air.
artificiel, elle *adj* produit par une technique humaine CONTR. *naturel.*
artificier *nm* 1. qui tire des feux d'artifice 2. spécialiste de la manipulation des explosifs.
artillerie *nf* 1. partie du matériel de guerre qui comprend les canons, les mitrailleuses, etc. 2. le corps des artilleurs • FIG. *artillerie lourde* moyens puissants.
artisan, e *n* travailleur qui exerce pour son compte personnel un métier manuel • *être l'artisan de* l'auteur, le responsable de.
artisanat *nm* 1. métier de l'artisan 2. ensemble des artisans.
artiste *n* 1. qui pratique un des beaux-arts : *artiste peintre* 2. interprète d'une œuvre théâtrale, cinématographique, musicale, etc. ◆ *adj* qui a le sentiment, le goût de ce qui est beau.
arum [arɔm] *nm* plante dont la fleur est entourée d'un cornet de couleur blanche ou verte.
arythmie *nf* MÉD trouble du rythme du cœur.
as [ɑs] *nm* 1. carte à jouer, dé, marqués d'un seul point 2. personne qui excelle dans une activité • FAM. *passer à l'as* être oublié.
ascendant, e *adj* qui va en montant ou en progressant ◆ *nm* autorité, influence : *avoir de l'ascendant sur quelqu'un* ◆ *nm pl* les parents dont on descend.
ascenseur *nm* appareil permettant de transporter des personnes dans une cabine qui se déplace verticalement.
ascension *nf* 1. action de monter, de s'élever 2. élévation miraculeuse de Jésus-Christ au ciel ; fête qui la commémore (avec une majuscule en ce sens) 3. progression sociale, professionnelle.
ascète *n* qui tend à la perfection morale ou spirituelle par une discipline stricte.
asile *nm* 1. lieu où l'on peut trouver refuge, protection 2. VIEILLI. établissement psychiatrique • *droit d'asile* protection accordée par un État à des réfugiés politiques.
aspect [aspɛ] *nm* manière dont un être ou une chose se présente à la vue, à l'esprit.
asperge *nf* 1. plante potagère cultivée pour ses pousses en forme de bâton ; cette pousse consommée cuite est appelée aussi pointe d'asperge 2. FAM. personne grande et maigre.
asperger *vt* (conj 2) mouiller en projetant de l'eau, un liquide.
aspérité *nf* saillie ou inégalité d'une surface ; rugosité.
asphalte *nm* bitume noir qui sert au revêtement des trottoirs, des chaussées, etc.
asphyxie *nf* 1. manque d'oxygène, difficulté ou arrêt de la respiration 2. FIG. blocage, arrêt d'une activité.
asphyxier *vt* causer l'asphyxie, étouffer.
aspic *nm* 1. vipère des lieux secs et pierreux 2. grande lavande 3. plat composé de viande ou de poisson froid et de gelée.
aspirateur *nm* appareil qui aspire les fluides, les poussières.
aspiration *nf* 1. action d'aspirer 2. GRAMM action de prononcer en aspirant 3. FIG. mouvement vers un idéal : *avoir des aspirations élevées.*
aspirer *vt* 1. faire pénétrer l'air dans les poumons 2. attirer un liquide, un fluide, des poussières, en créant un vide partiel ◆ *vt ind* [à] prétendre à : *aspirer à de hautes fonctions.*
Aspirine *nf* (nom déposé) médicament calmant.
assagir *vt* rendre sage.
assaillir *vt* (conj 23) 1. attaquer vivement 2. FIG. harceler, importuner : *assaillir de questions.*
assainir *vt* rendre sain.
assaisonnement *nm* 1. action d'assaisonner 2. ingrédient pour assaisonner (poivre, sel, vinaigre, etc.) ; condiment.
assaisonner *vt* ajouter à un aliment des ingrédients qui en relèvent le goût.
assassin, e *adj* 1. qui tue ; meurtrier : *main assassine* 2. FIG. provocant : *regard assassin* ◆ *nm* personne qui commet un meurtre avec préméditation.
assassinat *nm* meurtre.
assassiner *vt* tuer.
assaut *nm* bond final de l'attaque, ayant pour objet l'irruption dans la position ennemie : *donner l'assaut* • FIG. *faire assaut de* rivaliser de • *prendre d'assaut* s'emparer par la force.
assécher *vt* (conj 10) 1. priver d'eau 2. mettre à sec.

assemblage *nm* 1. action d'assembler : *assemblage d'une charpente* 2. réunion de plusieurs choses.

assemblée *nf* réunion de personnes.

assembler *vt* 1. mettre ensemble 2. réunir, grouper.

assener ou **asséner** *vt* porter avec violence : *assener un coup.*

asseoir *vt* (conj 44) 1. mettre sur un siège 2. FIG. établir d'une manière stable : *asseoir une théorie* ◆ **s'asseoir** *vpr* se mettre sur un siège, sur son séant.

assermenté, e *adj* qui a prêté serment devant une autorité.

assesseur *nm* juge adjoint.

assez *adv* en quantité suffisante • *en avoir assez* être excédé.

assidu, e *adj* qui montre de l'assiduité : *élève assidu.*

assiduité *nf* 1. exactitude, application 2. présence fréquente à un poste.

assiéger *vt* (conj 2 et 10) 1. faire le siège d'une place 2. FIG. poursuivre, importuner : *assiéger de questions.*

assiette *nf* 1. pièce de vaisselle à fond plat ou légèrement creux ; son contenu 2. manière d'être assis à cheval 3. position stable d'un corps 4. base de calcul d'une cotisation, d'un impôt • *assiette anglaise* assortiment de viandes froides • FAM. *ne pas être dans son assiette* être mal à son aise.

assignation *nf* citation à comparaître en justice.

assigner *vt* 1. appeler quelqu'un en justice 2. affecter des fonds à une dépense 3. attribuer, affecter : *assigner à une fonction* • *être assigné à résidence* contraint à résider en un endroit déterminé.

assimiler *vt* 1. rapprocher en identifiant : *assimiler une affaire à la sienne* 2. incorporer à l'organisme : *assimiler un aliment* • *assimiler des connaissances* les comprendre et les retenir.

assis, e *adj* 1. qui est sur son séant 2. FIG. bien établi, fondé.

assise *nf* 1. dans une construction, rangée de pierres posées horizontalement 2. FIG. base qui donne la solidité à un ensemble.

assises *nf pl* congrès, notamment des partis politiques, des syndicats • *cour d'assises* tribunal qui juge les causes criminelles.

assistance *nf* 1. action d'assister, de secourir 2. auditoire : *assistance choisie* • *Assistance publique* administration chargée de gérer les établissements hospitaliers publics • *assistance technique* aide apportée à un pays en voie de développement.

assistant, e *adj* et *n* 1. qui assiste, aide 2. qui assiste à une réunion, à une cérémonie • *assistante sociale* personne employée pour remplir un rôle d'assistance auprès des individus défavorisés, dans le domaine moral, médical ou matériel.

assister *vt ind* [à] être présent ◆ *vt* secourir, aider.

associatif, ive *adj* relatif à une ou à des associations.

association *nf* 1. action d'associer, de s'associer 2. groupement de personnes réunies dans un intérêt commun.

associé, e *adj* et *n* lié par des intérêts communs avec une ou plusieurs personnes.

associer *vt* 1. mettre ensemble, réunir : *associer des idées* 2. faire participer quelqu'un à : *associer un ami à un projet.*

assoiffé, e *adj* 1. qui a soif 2. FIG. avide : *assoiffé de vengeance.*

assoler *vt* alterner les cultures.

assommer *vt* 1. frapper d'un coup qui tue, renverse ou étourdit 2. FIG. abattre, accabler 3. FAM. ennuyer, importuner.

assomption *nf* élévation de la Sainte Vierge au ciel ; jour où l'Église catholique en célèbre la fête (15 août) (avec une majuscule).

assorti, e *adj* 1. en accord, en harmonie 2. pourvu des articles nécessaires : *magasin bien assorti.*

assortiment *nm* assemblage complet de choses, de marchandises du même genre.

assouplir *vt* 1. rendre plus souple 2. FIG. rendre moins strict, moins rigoureux.

assourdir *vt* 1. rendre comme sourd par l'excès de bruit 2. rendre moins sonore.

assouvir *vt* rassasier pleinement.

assujettir *vt* 1. placer sous une domination absolue ; soumettre 2. plier à une obligation stricte : *être assujetti à l'impôt.*

assumer *vt* 1. se charger volontairement de : *assumer de hautes fonctions* 2. se considérer comme responsable, prendre sur soi : *assumer des risques* ◆ **s'assumer** *vpr* s'accepter tel qu'on est.

assurance *nf* 1. confiance en soi : *parler avec assurance* 2. garantie, gage : *donner une assurance sérieuse* 3. promesse formelle : *assurance de fidélité* ◆ *pl* • *compagnie d'assurances* société qui, moyennant le paiement d'une prime, garantit contre certains risques.

assuré, e *adj* 1. ferme, décidé : *regard assuré* 2. certain, garanti : *gain assuré* ◆ *n* personne garantie par un contrat d'assurance • *assuré social* personne inscrite à la Sécurité sociale.

assurément *adv* certainement.

assurer *vt* 1. rendre plus stable, plus sûr 2. garantir : *assurer la paix* 3. garantir contre un dommage : *assurer contre l'incendie* 4. donner comme sûr, certain, vrai : *il m'assure qu'il a dit la vérité* 5. faire en sorte qu'une chose ne manque pas, ne s'arrête pas : *assurer la permanence, le ravitaillement* ◆ **s'assurer** *vpr* 1. acquérir la certitude de : *s'assurer qu'il n'y a pas de risques* 2. passer un contrat d'assurance.

assureur *nm* qui assure contre des risques.
astérisque *nm* signe typographique en forme d'étoile (*).
astéroïde *nm* petite planète.
asthmatique *adj* et *n* atteint d'asthme.
asthme [asm] *nm* maladie caractérisée par des accès de suffocation.
asticot *nm* larve de la mouche à viande.
astiquer *vt* faire briller en frottant.
astrakan *nm* fourrure d'agneau à poil frisé.
astre *nm* corps céleste : *le mouvement des astres.*
astreignant, e *adj* qui tient sans cesse occupé.
astreindre *vt* (conj 55) soumettre à un devoir strict, à une tâche pénible, ardue ◆ **s'astreindre** *vpr* [à] s'obliger à.
astreinte *nf* obligation, contrainte.
astrologie *nf* art de prédire les événements d'après les astres.
astronaute *n* pilote ou passager d'un engin spatial.
astronef *nm* véhicule spatial.
astronomie *nf* étude des astres.
astronomique *adj* 1. relatif à l'astronomie 2. FAM. exagéré, très élevé : *des prix astronomiques.*
astuce *nf* 1. ruse 2. finesse maligne 3. FAM. plaisanterie, jeu de mots.
astucieux, euse *adj* qui a de l'astuce ; habile, malin.
asymétrie *nf* défaut de symétrie.
atelier *nm* 1. lieu où travaillent des ouvriers, des artistes, etc. 2. groupe de travail.
athée *adj* et *n* qui nie l'existence de toute divinité.
athéisme *nm* doctrine, attitude des athées.
athlète *n* 1. qui pratique l'athlétisme 2. personne très musclée : *carrure d'athlète.*
athlétique *adj* relatif aux athlètes, à l'athlétisme.
athlétisme *nm* ensemble des sports individuels (course, saut, lancer, etc.).
atlantique *adj* relatif à l'océan Atlantique, aux pays qui le bordent.
atlas *nm* 1. recueil de cartes géographiques 2. planches jointes à un ouvrage écrit 3. première vertèbre du cou.
atmosphère *nf* 1. couche gazeuse qui enveloppe le globe terrestre ou un astre quelconque 2. air que l'on respire en un lieu : *atmosphère surchauffée* 3. milieu dans lequel on vit 4. ambiance : *atmosphère de paix.*
atoll *nm* île en forme d'anneau, constituée de récifs coralliens.
atome *nm* 1. particule d'un élément chimique qui forme la plus petite quantité pouvant se combiner 2. FIG. très petite quantité : *il n'a pas un atome de bon sens.*
atomique *adj* 1. relatif aux atomes 2. qui utilise l'énergie provenant de la désintégration des noyaux d'atomes ; qui s'y rapporte.
atout *nm* 1. dans les jeux de cartes, couleur qui l'emporte sur les autres 2. carte de cette couleur 3. chance de réussir.
âtre *nm* LITT. foyer de la cheminée.
atroce *adj* 1. très cruel 2. horrible à supporter : *douleur atroce.*
atrocité *nf* crime, cruauté horrible.
atrophier (s') *vpr* 1. MÉD diminuer de volume 2. FIG. perdre de sa vigueur, s'affaiblir.
attabler (s') *vpr* se mettre à table.
attachant, e *adj* qui émeut, touche, suscite de l'intérêt.
attache *nf* 1. ce qui sert à attacher, lien, courroie, etc. 2. endroit où est fixé un muscle, un ligament 3. poignet, cheville : *attaches fines* • ***port d'attache*** où un navire est immatriculé par la douane ◆ **attaches** *pl* rapports, relations, liens affectifs.
attaché, e *n* membre d'une ambassade, d'un cabinet ministériel • ***attaché(e) de presse*** personne chargée d'informer les médias.
attaché-case [-kɛz] (*pl attachés-cases*) *nm* mallette servant de porte-documents.
attachement *nm* sentiment d'affection, de sympathie.
attacher *vt* 1. fixer, lier au moyen d'une corde, d'une chaîne, etc. 2. attribuer : *attacher de l'importance à* 3. FIG. lier, associer durablement : *attacher son nom à* ◆ *vi* coller au fond d'un récipient pendant la cuisson ◆ **s'attacher** *vpr* [à] 1. éprouver de l'intérêt pour 2. s'appliquer à.
attaque *nf* 1. action d'attaquer, agression 2. accès subit d'une maladie 3. accusation, critique.
attaquer *vt* 1. entreprendre une action violente pour vaincre ; assaillir 2. critiquer, incriminer : *attaquer les institutions* 3. intenter une action judiciaire 4. causer du dommage : *la rouille attaque le fer* 5. entreprendre, commencer : *attaquer un travail* ◆ **s'attaquer** *vpr* [à] affronter.
attardé, e *adj* et *n* 1. dont l'intelligence est peu développée 2. en retard sur son époque.
attarder (s') *vpr* [à] 1. rester longtemps à faire quelque chose 2. s'appesantir sur.
atteindre *vt* (conj 55) 1. toucher : *atteindre d'une flèche* 2. parvenir à : *atteindre le but* ◆ *vt ind* [à] parvenir avec effort : *atteindre à la perfection.*
atteinte *nf* 1. dommage, préjudice : *atteinte à la liberté* 2. attaque : *les premières atteintes d'un mal* • ***hors d'atteinte*** qui ne peut être touché.
attelage *nm* 1. action ou manière d'atteler 2. bêtes attelées.
atteler *vt* (conj 6) attacher des animaux de trait à une voiture ◆ **s'atteler** *vpr* [à] entreprendre un travail long et difficile.

attelle *nf* petite pièce de bois ou de métal pour maintenir des os fracturés.

attenant, e *adj* contigu.

attendre *vt* et *vi* 1. rester dans un lieu jusqu'à ce qu'arrive quelqu'un, quelque chose : *attendre le train* 2. compter sur la venue prochaine de : *attendre une lettre* 3. FIG. être prêt : *le dîner t'attend* • *en attendant* en tout cas ◆ **s'attendre** *vpr* [à] compter sur, espérer.

attendrir *vt* 1. rendre moins dur 2. FIG. émouvoir, apitoyer : *attendrir les cœurs.*

attendrissement *nm* mouvement de tendresse, de compassion.

attendu *prép* vu, eu égard à ◆ **attendu que** *loc conj* vu que, puisque.

attentat *nm* attaque criminelle ou illégale contre les personnes, les droits, les biens, etc.

attente *nf* 1. action d'attendre 2. temps pendant lequel on attend • *contre toute attente* contrairement à ce qui était prévu.

attenter *vt ind* [à] commettre une tentative criminelle contre.

attentif, ive *adj* 1. qui prête attention à 2. prévenant.

attention *nf* 1. action de fixer son esprit sur quelque chose 2. FIG. sollicitude, égard ◆ *interj* • *attention !* prenez garde !

attentionné, e *adj* prévenant.

atténuant, e *adj* • *circonstances atténuantes* qui diminuent la gravité d'un délit, la peine encourue.

atténuer *vt* rendre moins fort, moins grave ; diminuer : *atténuer la gravité d'un acte.*

atterrir *vi* prendre contact avec le sol.

atterrissage *nm* action d'atterrir • *train d'atterrissage* dispositif qui permet à un avion d'atterrir.

attestation *nf* affirmation verbale ou écrite ; certificat, témoignage.

attester *vt* 1. certifier, assurer la vérité ou la réalité d'une chose 2. être la preuve de.

attirail *nm* ensemble d'objets nécessaires pour un usage déterminé.

attirance *nf* attrait.

attirer *vt* 1. tirer à soi : *l'aimant attire le fer* 2. FIG. appeler sur soi : *attirer l'attention* 3. faire venir : *spectacle qui attire les foules* 4. causer, occasionner : *attirer des ennuis.*

attiser *vt* 1. activer un feu 2. FIG. exciter, allumer.

attitré, e *adj* chargé en titre d'un rôle, d'une fonction : *dépositaire attitré.*

attitude *nf* 1. façon de se tenir ; posture 2. manière d'être à l'égard des autres, comportement.

attouchement *nm* action de toucher, surtout avec la main.

attraction *nf* 1. force en vertu de laquelle un corps est attiré 2. distraction mise à la disposition du public : *parc d'attractions* 3. numéro de cirque, de variétés 4. objet d'intérêt ou de curiosité.

attrait *nm* ce qui attire : *l'attrait de la nouveauté.*

attraper *vt* 1. prendre à un piège : *attraper une souris* 2. saisir, atteindre : *attraper au vol* 3. FIG. tromper : *se laisser attraper par une farce* 4. FAM. contracter une maladie : *attraper un rhume* 5. faire des reproches, réprimander : *je vais me faire attraper.*

attrayant, e *adj* qui attire agréablement : *manières attrayantes.*

attribuer *vt* 1. accorder comme avantage, donner : *attribuer un prix* 2. supposer, prêter, imputer : *attribuer un échec à la fatigue* ◆ **s'attribuer** *vpr* revendiquer, s'approprier.

attribut *nm* 1. ce qui est propre à quelqu'un, à quelque chose 2. symbole, emblème distinctif : *les attributs de la justice* 3. GRAMM fonction d'un nom, d'un adjectif, relié au sujet par des verbes d'état comme *être* (attribut du sujet) ou au complément d'objet par des verbes comme *rendre* (attribut de l'objet).

attrister *vt* rendre triste, désoler.

attroupement *nm* rassemblement.

attrouper (s') *vpr* se rassembler en groupe.

au, aux *art* → à.

aubaine *nf* avantage inespéré ; occasion.

aube *nf* 1. première lueur du jour 2. longue robe de tissu blanc portée par les prêtres, les enfants de chœur, etc.

aubépine *nf* arbrisseau épineux à baies rouges comestibles.

auberge *nf* restaurant de campagne • *auberge espagnole* lieu où on apporte tout ce qu'on souhaite y trouver.

aubergine *nf* plante annuelle dont le fruit oblong et violet est comestible ; fruit de cette plante.

aubier *nm* bois tendre entre l'écorce et le cœur d'un arbre.

auburn [obœrn] *adj inv* se dit de cheveux châtains avec des reflets roux.

aucun, e *adj* et *pron. indéf* pas un.

audace *nf* grande hardiesse.

audacieux, euse *n* et *adj* qui a de l'audace ; décidé, téméraire.

au-dedans *loc adv* et *prép* [de] à l'intérieur (de).

au-dehors *loc adv* et *prép* [de] à l'extérieur (de).

au-delà *loc adv* et *prép* [de] plus loin (que) ◆ *nm inv* la vie future, l'autre monde.

au-dessous *loc adv* et *prép* [de] à un point inférieur.

au-dessus *loc adv* et *prép* [de] à un point supérieur.

au-devant *loc adv* et *prép* [de] à la rencontre (de).

audible *adj* 1. perceptible à l'oreille 2. qui peut être écouté sans déplaisir.

audience *nf* 1. fait d'être écouté ou lu avec intérêt, attention 2. entretien accordé par un supérieur, une personne en place : *solliciter une audience.*

audiovisuel, elle *adj* et *nm* qui appartient aux méthodes d'information, de communication ou d'enseignement associant l'image et le son.

audit [odit] *nm* personne chargée de contrôler la comptabilité et la gestion d'une entreprise.

auditeur, trice *n* qui écoute un discours, un cours, un concert, une émission de radio, etc.

audition *nf* 1. fonction du sens de l'ouïe : *troubles de l'audition* 2. action d'entendre ou d'écouter : *audition des témoins* 3. présentation par un artiste d'un extrait de son répertoire en vue d'un engagement.

auditoire *nm* ensemble des personnes qui écoutent un discours, une émission, assistent à un cours, etc.

auditorium *nm* salle pour l'audition d'une œuvre musicale ou théâtrale, pour les enregistrements, etc.

augmentation *nf* 1. action d'augmenter ; accroissement 2. accroissement de salaire.

augmenter *vt* 1. rendre plus grand, plus important 2. faire bénéficier d'une rémunération plus élevée ◆ *vi* devenir plus grand, plus cher.

aujourd'hui *adv* 1. le jour où l'on est 2. dans le temps présent.

aulx [o] *nm pl* un des pluriels de *ail.*

aumône *nf* don fait aux pauvres.

aumônier *nm* ecclésiastique attaché à un établissement.

auparavant *adv* d'abord, avant.

auprès *loc prép* [de] 1. près de 2. en comparaison.

auquel *pr rel* › lequel.

auréole *nf* 1. cercle lumineux dont les peintres entourent la tête des saints 2. FIG. gloire, prestige 3. tache en forme d'anneau.

auriculaire *adj* 1. relatif à l'oreille 2. qui a entendu de ses propres oreilles : *témoin auriculaire* ◆ *nm* le petit doigt.

aurore *nf* 1. lumière qui précède le lever du soleil 2. FIG., LITT. commencement : *l'aurore de la vie* • *aurore polaire* ou *aurore boréale* ou *aurore australe* phénomène lumineux se produisant parfois dans le ciel des régions polaires.

ausculter *vt* MÉD écouter les bruits produits par les organes, soit directement par application de l'oreille sur le corps, soit par l'intermédiaire d'un stéthoscope.

auspices *nm pl* chez les Romains, présages qui se tiraient du vol, du chant des oiseaux ou de la manière dont ils mangeaient • *sous les auspices de quelqu'un* sous sa protection • *sous d'heureux auspices* avec espoir de succès.

aussi *adv* 1. pareillement, également, autant 2. de plus, en outre 3. de même ◆ *conj* c'est pourquoi.

aussitôt *adv* au moment même ◆ **aussitôt que** *loc conj* dès que.

austère *adj* 1. sévère, rigide dans ses principes, dans son comportement 2. dépouillé de tout ornement.

austral, e, als ou **aux** *adj* du sud CONTR. *boréal.*

autant *adv* marque l'égalité de quantité, d'intensité, de qualité • *autant que* dans la proportion ou de la même manière que • *d'autant* dans la même proportion • *d'autant que* vu que • *tout autant* autant que • *d'autant plus* ou *d'autant moins* expriment l'augmentation ou la diminution de la proportion.

autarcie *nf* régime économique d'un pays qui se suffit à lui-même.

autel *nm* table où l'on célèbre la messe.

auteur *nm* 1. celui qui est la cause, le responsable de 2. écrivain, créateur d'une œuvre.

authenticité *nf* qualité de ce qui est authentique, vrai.

authentique *adj* 1. dont la réalité, l'origine ne peut être contestée 2. vrai, sincère.

autisme *nm* repli sur soi-même.

autobiographie *nf* vie d'un personnage écrite par lui-même.

autobus [-bys] *nm* grand véhicule automobile de transport en commun urbain.

autochtone [-kton] *n* et *adj* originaire du pays qu'il habite SYN. *aborigène.*

autocollant *nm* étiquette, image qui adhère sans être humectée.

autocouchette, autocouchettes *adj inv* › autos-couchettes.

autocritique *nf* jugement qu'on porte sur sa propre conduite.

autocuiseur *nm* récipient métallique à fermeture hermétique pour la cuisson des aliments à la vapeur, sous pression.

auto-école (*pl auto-écoles*) *nf* école où l'on enseigne la conduite automobile.

autofocus [-kys] *nm* appareil photo équipé d'un système de mise au point automatique.

autographe *adj* et *n* écrit de la main de l'auteur ◆ *nm* écrit ou signature autographe d'un personnage célèbre.

automate *nm* 1. machine qui imite le mouvement d'un corps animé 2. personne qui agit comme une machine.

automatique *adj* 1. qui fonctionne sans intervention humaine 2. qui s'exécute sans la participation de la volonté 3. qui intervient de manière régulière ou inéluctable.

automatisme *nm* 1. caractère de ce qui est automatique, machinal 2. mécanisme, geste automatique.
automnal, e, aux *adj* de l'automne.
automne [otɔn] *nm* saison qui succède à l'été et précède l'hiver.
automobile *adj* 1. qui se meut par soi-même 2. relatif à l'automobile : *coureur automobile* ◆ *nf* véhicule à moteur pour le transport des personnes SYN. *voiture.*
automobiliste *n* conducteur d'automobile.
autonettoyant, e *adj* se dit d'un four qui se nettoie par lui-même.
autonome *adj* qui jouit de l'autonomie.
autonomie *nf* 1. liberté de se gouverner par ses propres lois 2. indépendance, possibilité de disposer librement de soi.
autopsie *nf* MÉD dissection et examen d'un cadavre.
autoradio *nm* poste de radio intégré dans une voiture.
autorisation *nf* 1. action d'autoriser 2. écrit par lequel on autorise.
autoriser *vt* 1. donner le droit, la permission 2. rendre possible, permettre ◆ **s'autoriser** *vpr* [de] LITT. s'appuyer sur.
autoritaire *n* et *adj* 1. qui use de toute son autorité 2. qui ne souffre pas la contradiction.
autorité *nf* 1. droit ou pouvoir de commander, de se faire obéir 2. qualité, ascendant par lesquels quelqu'un se fait obéir 3. auteur, opinion auxquels on se réfère • *d'autorité* sans consulter personne, sans ménagement ◆ **autorités** *nf pl* représentants du pouvoir.
autoroute *nf* route à deux chaussées séparées qui ne croise à niveau aucune autre voie.
autos-couchettes ou **autocouchette** ou **autocouchettes** *adj inv* se dit d'un train qui permet le transport de voyageurs en couchettes et de leur voiture.
auto-stop *nm* pratique consistant à arrêter un automobiliste pour lui demander d'être transporté gratuitement.
autour *adv* et *loc prép* [de] 1. dans l'espace environnant 2. dans le voisinage 3. FAM. environ • *tout autour* de tous côtés.
autre *adj* et *pron. indéf* 1. distinct, différent, second 2. antérieur • *autre part* ailleurs • *d'autre part* en outre • *de temps à autre* parfois.
autrefois *adv* anciennement, jadis.
autrement *adv* 1. d'une autre façon 2. sinon, sans quoi.
autruche *nf* grand oiseau coureur • FAM. *estomac d'autruche* qui digère tout.
autrui *pron. indéf* SOUT. les autres, le prochain : *le bien d'autrui.*
auvent *nm* petit toit en saillie.
auxiliaire *adj* et *n* qui aide, temporairement ou accessoirement • GRAMM *verbes auxiliaires* se dit des verbes *avoir* et *être*, parce qu'ils aident à conjuguer les autres ◆ *nm* verbe auxiliaire.
auxquels, auxquelles *pron.rel* et *interr pl* › lequel.
avachi, e *adj* 1. déformé 2. FIG. sans énergie, mou.
aval (*pl avals*) *nm* DR garantie donnée sur un effet de commerce par un tiers.
aval *nm* (pl inusité) côté vers lequel descend un cours d'eau CONTR. *amont* ◆ **en aval de** *loc prép* en descendant vers l'embouchure ◆ *adj inv* se dit du ski ou du côté du skieur tourné du côté de la vallée.
avalanche *nf* 1. masse de neige qui dévale les flancs d'une montagne à grande vitesse 2. FIG. grande quantité de choses.
avaler *vt* 1. faire descendre par le gosier 2. FIG., FAM. croire sur parole 3. supporter, endurer : *c'est dur à avaler.*
avance *nf* 1. espace parcouru avant quelqu'un ou temps qui anticipe sur le moment prévu : *une heure d'avance* 2. mouvement en avant 3. paiement anticipé • *d'avance* ou *par avance* par anticipation • *en avance* avant l'heure ◆ **avances** *nf pl* premières démarches : *faire des avances.*
avancée *nf* 1. ce qui fait saillie : *l'avancée d'un toit* 2. partie d'une ligne que termine l'hameçon 3. progression, marche en avant.
avancement *nm* 1. action d'avancer 2. promotion dans une carrière.
avancer *vt* (conj 1) 1. porter en avant : *avancer la tête* 2. prêter, verser par avance 3. FIG. hâter : *avancer son travail* 4. effectuer, fixer avant le moment prévu : *avancer son départ* 5. mettre en avant : *avancer une idée* ◆ *vi* 1. aller en avant 2. sortir de l'alignement : *mur qui avance* 3. faire des progrès 4. approcher du terme 5. indiquer une heure en avance sur l'heure réelle : *ma montre avance.*
avant *prép* et *adv* marque la priorité dans le temps, l'ordre ou l'espace • *avant tout* principalement • *en avant* devant • *mettre en avant* alléguer.
avant *nm* 1. partie antérieure : *l'avant du bateau* 2. dans certains sports d'équipe, joueur qui fait partie de la ligne d'attaque • *aller de l'avant* avancer, progresser rapidement ◆ *adj inv* qui est en avant : *les roues avant.*
avantage *nm* 1. ce qui est profitable 2. ce qui donne de la supériorité.
avantageux, euse *adj* 1. qui procure un avantage, un profit 2. économique, intéressant : *article avantageux* 3. SOUT. vaniteux, sûr de soi : *prendre un ton avantageux.*
avant-bras *nm inv* partie du bras qui va du coude au poignet.
avant-coureur (*pl avant-coureurs*) *adj* qui annonce un événement prochain : *signes avant-coureurs.*

avant-première (*pl avant-premières*) *nf* présentation d'un spectacle, d'un film à des journalistes avant la première représentation, la première projection publique.

avant-propos *nm inv* préface, introduction en tête d'un livre.

avare *adj* et *n* qui aime accumuler de l'argent et craint de le dépenser • ***avare de*** économe de : *avare de son temps.*

avarier *vt* endommager, gâter : *marchandises avariées.*

Ave [ave-] ou **Ave Maria** *nm inv* prière catholique à la Vierge.

avec *prép* indique l'accompagnement, la manière, le moyen, la simultanéité : *partir avec un ami ; marcher avec prudence ; se lever avec le jour* • ***d'avec*** indique la séparation : *elle a divorcé d'avec lui.*

avenant *nm* acte par lequel on modifie les termes d'un contrat en vigueur.

avènement *nm* 1. venue, arrivée : *l'avènement du Christ* 2. élévation à une dignité : *avènement au trône.*

avenir *nm* 1. temps futur 2. FIG. situation future 3. postérité • ***à l'avenir*** désormais.

avent *nm* temps fixé par l'Église catholique pour se préparer à la fête de Noël.

aventure *nf* 1. événement imprévu, surprenant 2. entreprise hasardeuse • ***dire la bonne aventure*** prédire l'avenir • ***à l'aventure*** sans dessein, au hasard : *errer à l'aventure* • LITT. ***par aventure*** ou ***d'aventure*** par hasard.

aventurer *vt* hasarder, risquer ◆ **s'aventurer** *vpr* courir un risque, se hasarder.

aventurier, ère *n* qui cherche les aventures.

avenu, e *adj* • ***nul et non avenu*** considéré comme n'ayant jamais existé.

avenue *nf* 1. allée plantée d'arbres qui conduit à une habitation 2. large voie urbaine.

avéré, e *adj* reconnu vrai.

avérer (s') *vpr* (conj 10) se révéler, apparaître.

averse *nf* pluie subite, abondante.

aversion *nf* vive antipathie.

averti, e *adj* instruit, avisé.

avertir *vt* informer, prévenir.

avertissement *nm* 1. appel à la prudence 2. remontrance 3. courte préface.

aveu *nm* 1. déclaration verbale ou écrite par laquelle on reconnaît avoir fait ou dit quelque chose 2. déclaration : *faire l'aveu de son incompétence* • ***de l'aveu de*** au témoignage de.

aveugle *adj* et *n* 1. privé de la vue 2. FIG. qui manque de jugement : *être aveugle sur ses défauts* 3. entier : *confiance aveugle.*

aveuglément *adv* sans discernement.

aveugler *vt* 1. priver de la vue 2. éblouir 3. priver de lucidité : *la colère l'aveugle* 4. boucher, colmater.

aveuglette (à l') *loc adv* 1. à tâtons, sans y voir 2. FIG. au hasard.

aviateur, trice *n* personne qui pilote un avion.

aviation *nf* 1. navigation aérienne en avion 2. ensemble des avions.

avide *adj* 1. qui a un désir immodéré de 2. cupide, insatiable.

avion *nm* appareil de navigation aérienne muni d'ailes et propulsé par un ou plusieurs moteurs.

aviron *nm* 1. rame d'embarcation 2. sport du canotage.

avis *nm* 1. opinion, sentiment 2. conseil, avertissement : *avis au public, au lecteur* • ***être d'avis de*** penser que.

avisé, e *adj* prudent, circonspect.

aviser *vt* LITT. apercevoir : *aviser quelqu'un dans la rue* ◆ *vi* réfléchir à ce qu'on doit faire ◆ **s'aviser** *vpr* [de] 1. se rendre compte de 2. se mettre en tête : *ne t'avise pas de me déranger.*

aviver *vt* 1. rendre plus ardent, plus éclatant : *aviver une couleur* 2. FIG. rendre plus vif, augmenter : *aviver une douleur.*

avocat, e *n* 1. qui fait profession de plaider en justice 2. FIG. intercesseur : *se faire l'avocat d'une cause* • ***avocat général*** membre du ministère public, remplaçant les procureurs généraux en certains cas • ***avocat du diable*** défenseur d'une mauvaise cause.

avocat *nm* fruit de l'avocatier, en forme de poire.

avoine *nf* céréale dont le grain sert à la nourriture des chevaux • ***folle avoine*** avoine sauvage.

avoir *vt* (v. tableau des conjugaisons) 1. posséder : *avoir un livre* 2. éprouver : *avoir faim* 3. FAM. tromper : *il s'est fait avoir* • ***avoir à*** devoir • ***en avoir après*** ou ***en avoir contre*** éprouver de l'irritation • ***il y a*** il est, il existe ◆ *v auxil* se construit avec le participe passé du verbe pour exprimer l'action accomplie.

avoir *nm* 1. ce qu'on possède 2. partie d'un compte où l'on porte les sommes dues CONTR. *doit.*

avorté, e *adj* qui a échoué.

avorter *vi* 1. expulser un fœtus avant terme 2. FIG. ne pas réussir, rester sans effet.

avoué *nm* officier ministériel qui avait le monopole de la représentation des plaideurs devant certains tribunaux.

avouer *vt* 1. reconnaître que l'on a dit ou fait quelque chose de mal 2. reconnaître comme vrai.

avril *nm* quatrième mois de l'année • ***poisson d'avril*** attrape, plaisanterie traditionnelle du 1er avril.

axe *nm* 1. principal diamètre d'un corps 2. pièce servant à articuler une ou plusieurs autres pièces qui décrivent autour d'elle un mouvement circulaire : *axe d'une roue* 3. grande voie de communication 4. direction générale, orientation.

axer *vt* orienter suivant un axe.

ayant droit (*pl ayants droit*) *nm* qui a des droits à quelque chose.

ayatollah *nm* chef religieux de l'islam chiite.

azalée *nf* plante à fleurs de couleurs variées.

azimut [azimyt] *nm* angle du plan vertical d'un astre avec le plan méridien du lieu • FAM. ***tous azimuts*** dans toutes les directions.

azote *nm* CHIM corps simple gazeux, incolore, inodore et insipide.

azur *nm* 1. couleur bleue 2. LITT. l'air, le ciel.

B

b *nm* deuxième lettre de l'alphabet et la première des consonnes.

b.a.-ba *nm inv* connaissances élémentaires.

baba *nm* gâteau imbibé de rhum ◆ *adj* FAM. stupéfait : *rester baba.*

babeurre *nm* résidu liquide de la fabrication du beurre.

babines *nf pl* lèvres pendantes de certains animaux • ***se lécher les babines*** se délecter à l'avance de quelque chose.

babiole *nf* FAM. bagatelle, chose de peu de valeur.

bâbord *nm* côté gauche d'un navire, quand on regarde vers l'avant.

babouche *nf* pantoufle en cuir de couleur, laissant le talon libre.

babouin *nm* gros singe cynocéphale d'Afrique, très robuste.

baby-sitter [bebisitœr] (*pl baby-sitters*) *n* personne payée pour garder des enfants quand les parents sont sortis.

bac *nm* 1. bateau large et plat qui sert à passer un cours d'eau, un bras de mer 2. récipient, souvent rectangulaire, servant à divers usages 3. FAM. baccalauréat • ***bac à glace*** dans un réfrigérateur, récipient cloisonné en compartiments qui, remplis d'eau, servent à former de petits cubes de glace.

baccalauréat *nm* examen et diplôme de fin d'études secondaires.

bâche *nf* toile épaisse et imperméabilisée qui sert à protéger les marchandises, les objets.

bachelier, ère *n* qui a obtenu le baccalauréat.

bâcher *vt* couvrir d'une bâche.

bachotage *nm* FAM. action de préparer à la hâte et intensément un examen.

bacille [basil] *nm* bactérie en forme de bâtonnet.

bâcler *vt* faire à la hâte et sans soin : *bâcler un travail.*

bacon [bekœn] *nm* fine tranche de lard fumé, en Angleterre, ou de filet de porc salé et fumé, en France.

bactérie *nf* être unicellulaire saprophyte ou parasite (bacille, vibrion, etc.).

badge *nm* insigne.

badigeon *nm* enduit à la chaux dont on revêt les murs.

badigeonner *vt* 1. peindre un mur avec du badigeon 2. enduire : *badigeonner de teinture d'iode.*

badiner *vi* plaisanter agréablement ◆ *vt ind* • ***ne pas badiner sur, avec*** ne pas plaisanter sur, ne pas prendre à la légère.

badminton [badmintɔn] *nm* jeu de volant apparenté au tennis.

baffe *nf* FAM. gifle.

baffle *nm* élément d'une chaîne haute-fidélité comprenant un ou plusieurs haut-parleurs.

bafouiller *vi* et *vt* 1. FAM. bredouiller 2. parler peu clairement.

bagage *nm* 1. ce qu'on emporte avec soi pour le voyage 2. FIG. ensemble des connaissances acquises dans un domaine • ***plier bagage*** partir.

bagagiste *nm* employé chargé de porter les bagages.

bagarre *nf* FAM. bataille, querelle.

bagarrer (se) *vpr* se quereller, se battre.

bagarreur, euse *adj* et *n* FAM. qui aime la bagarre.

bagatelle *nf* 1. chose de peu de valeur 2. FIG. chose frivole.

bagne *nm* lieu où étaient détenus les condamnés aux travaux forcés.

bagou ou **bagout** *nm* FAM. élocution facile.

bague *nf* 1. anneau que l'on met au doigt 2. objet, pièce ayant la forme d'un anneau et destiné à des usages divers.

baguette *nf* bâton mince, plus ou moins long et flexible • ***baguette de pain*** pain long et mince d'environ 250 g.

bahut *nm* 1. coffre de bois à couvercle bombé ou non 2. petit buffet de forme basse 3. ARG SCOL. le lycée, l'école.

baie *nf* 1. rade, petit golfe 2. ouverture de porte, de fenêtre.

baie *nf* fruit charnu à pépins tel que le raisin.

baignade *nf* 1. action de se baigner 2. endroit où l'on se baigne.

baigner *vt* 1. mettre dans un bain 2. FIG. arroser, mouiller 3. couler auprès, envelopper : *la Manche baigne la Normandie* ◆ *vi* être entièrement plongé : *baigner dans l'eau* ◆ **se baigner** *vpr* prendre un bain.

baigneur, euse *n* qui se baigne ◆ *nm* poupée nue qui sert de jouet aux enfants.
baignoire *nf* 1. appareil sanitaire dans lequel on se baigne 2. loge de théâtre, au rez-de-chaussée.
bail [baj] (*pl baux*) *nm* contrat de louage pour un temps donné.
bâiller *vi* 1. respirer en ouvrant la bouche en grand et involontairement 2. être entrouvert, mal fermé ou mal ajusté.
bailleur, eresse *n* qui donne à bail • *bailleur de fonds* qui fournit de l'argent.
bâillon *nm* bandeau ou objet qu'on met sur ou dans la bouche pour empêcher de crier.
bâillonner *vt* 1. mettre un bâillon 2. FIG. réduire au silence.
bain *nm* 1. eau ou autre liquide dans lequel on se baigne 2. immersion du corps 3. liquide dans lequel on plonge une substance : *bain de paraffine* ◆ **bains** *nm pl* 1. établissement de bains 2. eaux thermales ou minérales : *les bains de boue de Dax* • *salle de bains* pièce réservée aux soins de la toilette et contenant divers appareils sanitaires (baignoire, douche, etc.).
bain-marie (*pl bains-marie*) *nm* eau bouillante dans laquelle on met un récipient contenant ce qu'on veut faire chauffer.
baïonnette *nf* petite épée qui s'adapte au bout d'un fusil.
baiser *nm* action de poser ses lèvres sur • *baiser de Judas* de traître.
baiser *vt* donner un baiser, poser ses lèvres sur.
baisse *nf* 1. décroissance : *baisse d'un fleuve* 2. diminution de prix • *jouer à la baisse* spéculer sur la baisse des valeurs en Bourse.
baisser *vt* 1. mettre plus bas, faire descendre : *baisser un store* 2. incliner vers le bas : *baisser la tête* 3. diminuer la force, l'intensité : *baisser le ton* ◆ *vi* 1. aller en diminuant : *la température baisse* 2. diminuer de valeur : *les prix baissent* 3. s'affaiblir, décliner ◆ **se baisser** *vpr* se courber.
bajoue *nf* 1. partie de la tête d'un animal depuis l'œil jusqu'à la mâchoire 2. FAM. joue humaine pendante.
bal (*pl bals*) *nm* réunion, local où l'on danse.
balade *nf* FAM. promenade.
balader (se) *vpr* FAM. se promener.
baladeur *nm* lecteur de cassettes portatif muni d'écouteurs.
baladeuse *nf* lampe électrique munie d'un long fil qui permet de la déplacer.
balafre *nf* longue blessure au visage ; cicatrice qui en reste.
balafrer *vt* faire une balafre.
balai *nm* brosse munie d'un long manche et dont on se sert pour nettoyer • *donner un coup de balai* 1. enlever rapidement la poussière 2. FIG. se débarrasser des personnes gênantes.
balance *nf* 1. instrument pour peser : *la balance est l'emblème de la justice* 2. filet pour les écrevisses 3. COMM équilibre entre le débit et le crédit • *faire pencher la balance* faire prévaloir • *mettre en balance* comparer.
balancé, e *adj* harmonieux : *une phrase bien balancée* • FAM. *personne bien balancée* bien faite.
balancement *nm* mouvement alternatif d'un corps en sens opposé, autour de son centre d'équilibre.
balancer *vt* (conj 1) 1. mouvoir tantôt d'un côté, tantôt de l'autre 2. FIG. peser, examiner 3. compenser : *balancer les pertes* 4. FAM. se débarrasser de quelque chose ◆ *vi* LITT. hésiter • FAM. *s'en balancer* s'en moquer.
balancier *nm* 1. pièce dont le balancement règle un mouvement : *balancier d'horloge* 2. long bâton des danseurs de corde, qui leur sert à tenir l'équilibre.
balançoire *nf* 1. siège suspendu entre deux cordes et sur lequel on se balance 2. bascule.
balayer [baleje] *vt* (conj 4) 1. nettoyer avec un balai 2. FIG. chasser, disperser.
balayette *nf* petit balai.
balayeur, euse *n* qui balaye.
balbutiement *nm* 1. action de balbutier 2. tâtonnement initial.
balbutier [balbysje] *vi* 1. articuler imparfaitement, avec difficulté 2. en être à ses débuts ◆ *vt* prononcer en bredouillant.
balcon *nm* 1. plate-forme en saillie sur une façade 2. dans une salle de spectacle, première galerie au-dessus de l'orchestre.
baleine *nf* 1. mammifère marin de l'ordre des cétacés 2. lamelle flexible servant à divers usages.
balise *nf* marque, objet (bouée, poteau, etc.) signalant en mer un chenal, des écueils et indiquant sur terre le tracé d'une piste d'aviation, d'une route, d'un canal, etc.
balistique *adj* relatif à l'art de lancer des projectiles ◆ *nf* science qui étudie les mouvements des corps lancés dans l'espace, en particulier des projectiles.
baliverne *nf* propos futile, sornette.
ballade *nf* poème narratif en strophes qui met en œuvre une légende populaire ou une tradition historique.
ballant, e *adj* qui pend et oscille ◆ *nm* mouvement d'oscillation.
balle *nf* 1. petite sphère qui rebondit et qui sert à certains jeux : *balle de tennis* 2. projectile des armes à feu : *balle de fusil* 3. gros paquet de marchandises 4. enveloppe du grain dans l'épi • FIG. *renvoyer la balle* riposter vivement • *prendre la balle au bond*

saisir l'occasion • *enfant de la balle* qui est élevé dans le métier d'artiste de ses parents (comédien, acrobate, etc.).

ballerine *nf* danseuse classique.

ballet *nm* composition, spectacle chorégraphique • *compagnie de ballet* troupe de danseurs.

ballon *nm* 1. grosse balle faite d'une vessie gonflée d'air et recouverte de cuir, que l'on utilise dans divers sports 2. jouet d'enfant fait d'une sphère de caoutchouc gonflée de gaz 3. sommet arrondi (dans les Vosges) 4. aérostat : *ballon dirigeable* 5. vase sphérique destiné à contenir un liquide • FIG. *ballon d'essai* expérience que l'on fait pour sonder le terrain, l'opinion.

ballonnement *nm* distension du ventre par des gaz.

ballot *nm* 1. paquet de vêtements ou de marchandises 2. FIG., FAM. sot, imbécile.

ballottage *nm* résultat négatif obtenu dans une élection lorsque aucun des candidats n'a réuni la majorité requise, ce qui oblige à procéder à un nouveau scrutin *(scrutin de ballottage).*

ballotter *vt* 1. secouer violemment 2. FIG. rendre indécis, faire hésiter ◆ *vi* remuer, être secoué en tous sens.

balluchon ou **baluchon** *nm* FAM. paquet de vêtements, de linge.

balnéaire *adj* relatif aux bains de mer.

balourd, e *adj* et *n* grossier, stupide.

baluchon *nm* › balluchon.

balustrade *nf* rampe de pierre ou de bois soutenue par des petits piliers.

bambin, e *n* petit enfant.

bambou *nm* 1. roseau arborescent des pays chauds 2. canne de ce roseau.

ban *nm* 1. proclamation officielle et publique d'un événement : *bans de mariage* 2. roulement de tambour et sonnerie de clairon précédant ou clôturant certaines cérémonies militaires 3. au Moyen Âge, ensemble des vassaux directs du suzerain ; convocation de ceux-ci • *être en rupture de ban* 1. pour un banni, rentrer illégalement sur le territoire national 2. avoir rompu avec les contraintes imposées par son milieu social.

banal, e, als *adj* commun, ordinaire, sans originalité.

banaliser *vt* 1. rendre banal 2. supprimer les caractères distinctifs.

banalité *nf* caractère de ce qui est banal ; platitude.

banane *nf* fruit du bananier, oblong, à peau jaune épaisse.

banc [bɑ̃] *nm* 1. siège étroit et long 2. amas formant un dépôt, une couche ou constituant un obstacle : *banc de sable, de brume* 3. MAR élévation du fond de la mer ou d'un cours d'eau 4. troupe nombreuse de poissons : *banc de harengs* • *banc d'essai* ce qui permet d'éprouver les capacités de quelqu'un, de quelque chose.

bancaire *adj* relatif à la banque.

bancal, e, als *adj* instable, qui ne repose pas sur des bases solides.

bandage *nm* 1. action d'assujettir avec des bandes 2. assemblage de bandes servant à protéger une partie du corps 3. cercle de métal, de caoutchouc entourant la jante d'une roue.

bande *nf* 1. lien plat qui sert à bander 2. lanière de linge ou de gaze pour faire un pansement, un bandage 3. ornement plus long que large 4. ruban magnétique servant de support d'enregistrement des sons, des images, des données informatiques 5. MAR inclinaison transversale d'un navire : *donner de la bande* 6. rebord élastique d'un tapis de billard • *bande dessinée* ou *B.D.* histoire racontée par une série de dessins.

bande *nf* troupe, compagnie.

bandeau *nm* bande pour ceindre le front, la tête, ou couvrir les yeux • FIG. *avoir un bandeau sur les yeux* ne pas voir la réalité telle qu'elle est.

bandelette *nf* petite bande.

bander *vt* 1. lier avec une bande 2. tendre : *bander un arc* • *bander les yeux* les couvrir d'un bandeau.

banderole *nf* longue bande d'étoffe attachée au haut d'une hampe et portant quelquefois une inscription.

bandit *nm* 1. malfaiteur qui vit d'attaques à main armée 2. homme malhonnête, sans scrupules.

banditisme *nm* actions criminelles commises par des bandits.

bandoulière *nf* bande de cuir ou d'étoffe pour suspendre une arme, un sac, etc. : *porter le fusil en bandoulière.*

banjo *nm* sorte de guitare ronde.

banlieue *nf* ensemble des agglomérations qui environnent un centre urbain et participent à son activité.

banlieusard, e *n* FAM. qui habite la banlieue d'une grande ville, notamment de Paris.

bannière *nf* enseigne, pavillon, étendard • FAM. *c'est la croix et la bannière* c'est compliqué à faire, à obtenir.

bannir *vt* 1. expulser, proscrire 2. FIG. éloigner, repousser.

banque *nf* 1. entreprise qui reçoit et avance des fonds, facilite les paiements par des prêts 2. branche de l'activité économique constituée par de telles entreprises 3. à certains jeux, fonds d'argent qu'a devant lui celui qui tient le jeu.

banqueroute *nf* 1. faillite d'un commerçant, punie par la loi 2. FIG. échec total.

banquet *nm* grand repas, festin.

banquette *nf* 1. banc rembourré avec ou sans dossier 2. siège d'un seul tenant dans une voiture, le train, le métro 3. banc de pierre dans l'embrasure d'une fenêtre.

banquier, ère *n* 1. qui dirige une banque 2. à certains jeux, celui qui tient la banque contre tous les joueurs.

banquise *nf* ensemble des glaces formées, dans les régions polaires, par la congélation de l'eau de mer.

baobab *nm* arbre des régions tropicales, à tronc énorme.

baptême [batɛm] *nm* le premier des sacrements de la plupart des Églises chrétiennes • ***baptême de l'air*** premier vol que l'on fait en avion • ***baptême d'une cloche, d'un navire,*** etc., cérémonie solennelle pour les bénir • ***nom de baptême*** prénom qu'on reçoit au baptême • ***recevoir le baptême du feu*** aller au combat pour la première fois.

baptiser [batize] *vt* 1. faire chrétien par le baptême 2. bénir (une cloche, un navire, etc.) 3. donner un nom 4. FAM. salir pour la première fois quelque chose de neuf • FAM. ***baptiser du vin*** y mettre de l'eau.

baquet *nm* petite cuve de bois.

bar *nm* 1. débit de boissons où l'on consomme généralement debout 2. comptoir où l'on peut consommer.

baraque *nf* 1. construction légère en planches 2. FIG. maison mal bâtie ou mal tenue.

baraqué, e *adj* FAM. de forte carrure.

baraquement *nm* ensemble de constructions provisoires destinées à abriter des soldats, des réfugiés, etc.

baratin *nm* FAM. bavardage destiné à séduire ou à tromper.

baratiner *vt* et *vi* FAM. raconter des boniments.

baratte *nf* récipient où l'on bat la crème pour en extraire le beurre.

barbare *adj* et *n* chez les Grecs et les Romains, tout étranger (avec une majuscule comme nom) ◆ *adj* 1. cruel, inhumain 2. inculte, grossier 3. incorrect : *terme barbare.*

barbarie *nf* 1. manque de civilisation 2. cruauté, inhumanité.

barbarisme *nm* mot forgé ou employé à contresens (EX : *spychologue* pour *psychologue*).

barbe *nf* 1. poil du menton et des joues 2. longs poils de certains animaux 3. pointe des épis 4. filament implanté de chaque côté d'une plume d'oiseau 5. bavure d'une pièce de métal, de papier • ***à la barbe de quelqu'un*** en sa présence • FAM. ***la barbe !*** exclamation pour signifier que quelqu'un ou quelque chose vous importune • FIG. ***rire dans sa barbe*** intérieurement.

barbecue [barbəkju] *nm* appareil pour griller les viandes, les poissons en plein air, au charbon de bois.

barbelé, e *adj* et *nm* • ***fil de fer barbelé*** fil de fer muni de pointes, utilisé comme clôture ou comme moyen de défense.

barbiche *nf* petite touffe de barbe au menton.

barbier *nm* ANC. celui dont la profession était de raser, de faire la barbe.

barbiturique *nm* médicament hypnotique et sédatif nerveux.

barboter *vi* 1. s'ébattre dans l'eau 2. patauger dans la boue 3. FAM. voler, chiper.

barboteuse *nf* vêtement de petit enfant.

barbouiller *vt* 1. peindre grossièrement 2. salir, tacher • FAM. ***barbouiller du papier*** écrire sans talent.

barbu, e *adj* qui a de la barbe.

barde *nf* tranche de lard dont on enveloppe un rôti.

barder *vi* • FAM. ***ça va barder*** cela va devenir violent ou dangereux.

barème *nm* 1. livre contenant des calculs tout faits 2. table ou répertoire de tarifs.

baril *nm* petit tonneau.

barillet *nm* 1. petit baril 2. pièce cylindrique du revolver destinée à recevoir les cartouches 3. boîte cylindrique contenant le grand ressort d'une montre, d'une pendule.

barioler *vt* peindre de couleurs vives.

barmaid [barmɛd] *nf* serveuse de bar.

barman [barman] (*pl barmen* ou *barmans*) *nm* serveur dans un bar.

bar-mitsva *nf* cérémonie juive de la majorité religieuse.

baromètre *nm* instrument pour mesurer la pression atmosphérique.

baron, onne *n* titre de noblesse au-dessous de celui de vicomte.

baroque *nm* style artistique et littéraire qui s'est développé en Europe et en Amérique latine aux XVIe et XVIIe s. ◆ *adj* 1. relatif au baroque 2. FIG. bizarre, original.

barque *nf* petit bateau.

barquette *nf* récipient ou pâtisserie rappelant la forme d'une barque.

barrage *nm* 1. action de barrer le passage 2. obstacle 3. ouvrage qui barre un cours d'eau.

barre *nf* 1. longue et étroite pièce de bois, de fer, etc. 2. trait de plume droit 3. barrière qui, dans un tribunal, sépare les magistrats du public : *appeler un témoin à la barre* 4. MAR dispositif qui commande le gouvernail d'un bateau 5. déferlement violent qui se produit près de certaines côtes lorsque la houle se brise sur les hauts-fonds ◆ **barres** *nf pl* espaces entre les dents du cheval, où repose le canon du mors.

barreau *nm* 1. petite barre 2. FIG. espace réservé aux avocats, dans un prétoire ; leur ordre, leur profession.

barrer *vt* 1. empêcher le passage 2. obstruer 3. biffer, rayer d'un trait de plume :

chèque barré 4. MAR diriger en tenant la barre ◆ **se barrer** *vpr* FAM. s'en aller, s'enfuir.

barrette *nf* 1. pince pour tenir les cheveux 2. ruban de décoration fixé à l'uniforme.

barricade *nf* obstacle édifié dans une rue, avec des voitures, des pavés, etc. : *dresser une barricade.*

barricader *vt* 1. fermer par des barricades : *barricader une rue* 2. fermer solidement : *barricader portes et fenêtres.*

barrière *nf* 1. assemblage de pièces de bois ou de métal fermant un passage 2. FIG. obstacle.

barrique *nf* 1. tonneau d'une capacité de 200 à 250 litres pour le transport des liquides 2. son contenu.

baryton *nm* voix entre le ténor et la basse ; homme ayant cette voix ◆ *adj m* se dit d'un instrument de musique rendant des sons du registre de la voix de baryton.

bas, basse *adj* 1. peu élevé 2. PAR EXT. inférieur : *basse Loire* 3. FIG. vil, abject : *sentiments bas* 4. modique : *bas salaire* 5. trivial : *mot bas* • ***temps bas*** chargé de nuages • ***avoir la vue basse*** ne voir que de très près • ***bas âge*** première enfance • ***messe basse*** non chantée • ***voix basse*** grave, peu intense • ***mer basse*** mer dont le niveau a baissé • ***ce bas monde*** ici-bas, la terre • ***faire main basse*** piller • ***bas latin*** ou ***basse latinité*** latin du Bas-Empire.

bas *adv* doucement, sans bruit • ***mettre bas*** faire des petits, en parlant des animaux • ***ce malade est bien bas*** près de mourir • ***à bas !*** cri d'hostilité ◆ *loc. adv* • ***en bas*** ou ***par en bas*** du côté le plus bas.

bas *nm* 1. partie basse, inférieure 2. pièce du vêtement féminin destinée à couvrir la jambe et le pied.

basané, e *adj* bronzé par le soleil, le grand air : *teint basané.*

bas-côté (*pl bas-côtés*) *nm* 1. nef latérale d'une église 2. voie latérale réservée aux piétons : *le bas-côté d'une route.*

bascule *nf* 1. machine dont l'un des bouts s'élève quand on pèse sur l'autre 2. sorte de balançoire pour enfants 3. balance pour lourds fardeaux • ***à bascule*** se dit d'un siège qu'on peut faire mouvoir d'avant en arrière.

basculer *vi* 1. exécuter un mouvement de bascule 2. tomber ◆ *vt* culbuter, renverser.

base *nf* 1. surface sur laquelle un corps est posé 2. partie inférieure d'un corps, sur laquelle il repose 3. ce qui est à l'origine, principe fondamental sur lequel tout repose 4. GÉOM côté d'un triangle opposé au sommet 5. chacun des côtés parallèles d'un trapèze 6. surface à partir de laquelle on compte perpendiculairement la hauteur 7. CHIM substance qui, avec un acide, produit un sel 8. MIL lieu de stationnement de formations militaires 9. port, aérodrome d'attache pour sous-marins ou avions : *base sous-marine* 10. ensemble des adhérents d'un parti politique ou d'un syndicat (par oppos. aux *dirigeants*) • ***à base de*** dont le principal composant est.

base-ball [bɛzbol] *nm* sport dérivé du cricket, populaire aux États-Unis.

baser *vt* 1. appuyer, fonder : *baser son raisonnement sur des faits* 2. (surtout au passif) concentrer en un lieu : *unité militaire basée à Paris* ◆ **se baser** *vpr* [sur] se fonder sur.

bas-fond (*pl bas-fonds*) *nm* 1. terrain bas et enfoncé 2. élévation du fond de la mer, d'un cours d'eau, telle qu'un navire peut, en tout temps, passer sans danger ◆ **bas-fonds** *nm pl* FIG. milieu où règne la misère.

basilic *nm* plante aromatique utilisée comme condiment.

basilique *nf* 1. chez les Romains, édifice où l'on rendait la justice et où s'assemblaient les marchands 2. ancienne église chrétienne 3. église catholique de vastes proportions.

basket-ball [baskɛtbol] ou **basket** *nm* sport d'équipe qui consiste à lancer un ballon dans un panier suspendu.

basketteur, euse *n* joueur, joueuse de basket.

bas-relief (*pl bas-reliefs*) *nm* sculpture qui se détache avec une faible saillie sur un fond uni.

basse *nf* MUS partie, voix, instrument faisant entendre les sons les plus graves.

basse-cour (*pl basses-cours*) *nf* 1. partie d'une maison, d'une ferme, où l'on élève la volaille 2. ensemble des animaux qui y vivent.

bassesse *nf* 1. caractère de ce qui est bas, vil 2. action basse, vile.

basset *nm* et *adj* chien courant à jambes courtes.

bassin *nm* 1. récipient portatif large, profond ; son contenu 2. pièce d'eau dans un jardin 3. chacune des parties d'une piscine, de profondeur variable : *petit, grand bassin* 4. partie d'un port limitée par des quais et des digues ; rade 5. plateau de balance 6. ANAT ceinture osseuse, qui termine le tronc 7. GÉOGR dépression naturelle arrosée par des cours d'eau : *le Bassin parisien* 8. pays drainé par ce fleuve et ses affluents 9. MIN gisement étendu ou groupe de gisements.

bassine *nf* récipient circulaire en métal ou en matière plastique à usages domestiques ou industriels.

bassiste *n* contrebassiste.

basson *nm* instrument à anche qui forme dans l'orchestre la basse de la série des hautbois.

bastion *nm* 1. fortification faisant partie d'un système de défense 2. FIG. ce qui forme un centre de résistance inébranlable.

bataille *nf* 1. combat entre deux armées 2. FIG. combat quelconque ; querelle, dispute 3. jeu de cartes • *en bataille* en travers, en désordre.

bataillon *nm* 1. ANC. unité militaire comprenant plusieurs compagnies 2. groupe nombreux : *un bataillon de touristes.*

bâtard *nm* pain court d'une demi-livre.

bâtard, e *adj* et *n* 1. enfant illégitime 2. qui n'est pas de race pure : *chien bâtard* 3. se dit d'une chose qui tient de deux genres différents ou opposés : *un compromis bâtard.*

batavia *nf* variété de laitue.

bateau *nm* nom des embarcations, des navires autres que les navires de guerre • FAM. *monter un bateau* ou *mener en bateau* faire croire à une histoire inventée ◆ *adj inv* FAM. banal, rebattu.

bateau-mouche (*pl bateaux-mouches*) *nm* bateau qui assure un service de promenades d'agrément sur la Seine, à Paris.

batelier, ère *n* qui conduit un bateau sur les cours d'eau.

bathyscaphe *nm* appareil autonome de plongée, permettant d'explorer les profondeurs marines.

bâti *nm* 1. assemblage de pièces de menuiserie ou de charpente 2. en couture, assemblage à grands points 3. support pour assembler.

bâtiment *nm* 1. toute construction d'une certaine importance servant d'abri ou de logement 2. navire de grandes dimensions.

bâtir *vt* 1. édifier, construire 2. assembler, faufiler les parties d'un vêtement 3. FIG. établir : *bâtir une théorie* • *bien, mal bâti* bien, mal proportionné.

bâtisse *nf* bâtiment quelconque.

bâton *nm* 1. long morceau de bois rond et mince 2. objet ayant cette forme : *bâton de ski* 3. marque de certaines dignités : *bâton de maréchal* 4. objet de forme cylindrique : *bâton de craie* 5. trait droit que font les débutants en écriture • FIG. *parler à bâtons rompus* d'une manière discontinue, sans suite • *bâton de vieillesse* personne qui prend soin d'un vieillard • *mettre des bâtons dans les roues* susciter des obstacles • *mener une vie de bâton de chaise* une vie désordonnée.

bâtonnet *nm* petit bâton.

bâtonnier *nm* chef de l'ordre des avocats auprès d'une cour ou d'un tribunal.

batracien *nm* VIEILLI. amphibien.

battage *nm* 1. action de battre les blés, la laine, les cotons 2. FAM. publicité tapageuse.

battant *nm* 1. pièce métallique suspendue à l'intérieur d'une cloche, dont elle vient frapper la paroi 2. vantail de porte, de fenêtre.

battant, e *n* personne combative et énergique.

battant, e *adj* • *pluie battante* qui tombe avec violence • *porte battante* qui se referme d'elle-même • *tambour battant* 1. au son du tambour 2. FIG. rondement, sévèrement.

batte *nf* 1. outil pour aplanir ou écraser 2. au cricket et au base-ball, bâton pour frapper la balle.

battement *nm* 1. choc répété d'un corps contre un autre, provoquant un bruit rythmé, ou simple mouvement alternatif : *battement de mains* 2. intervalle de temps dont on peut disposer entre deux actions • *les battements du cœur* les pulsations.

batterie *nf* 1. groupement de plusieurs accumulateurs électriques, de piles, etc. 2. unité d'artillerie, composée de plusieurs pièces 3. ensemble des instruments de percussion dans un orchestre • *batterie de cuisine* ensemble des ustensiles de métal d'une cuisine ◆ **batteries** *nf pl* moyens habiles pour réussir : *dévoiler ses batteries.*

batteur *nm* 1. celui qui, dans un orchestre de jazz, tient la batterie 2. appareil ménager qui bat, mélange certains produits alimentaires.

batteuse *nf* machine à égrener les céréales.

battre *vt* (conj 56) 1. frapper, donner des coups 2. agiter fortement : *battre des œufs* 3. vaincre : *battre l'ennemi* 4. se heurter contre : *la pluie bat les vitres* 5. parcourir en explorant : *les gendarmes ont battu la région* • *battre le pavé* aller et venir sans but • *battre des mains* applaudir • *battre la mesure* la marquer • *battre les cartes* les mêler • FIG. *battre en retraite* reculer, fuir • *battre la campagne* 1. la parcourir en tous sens 2. FIG. divaguer ◆ *vi* produire des mouvements répétés : *son cœur bat.*

battu, e *adj* foulé, durci : *sol battu* • *suivre les sentiers battus* agir, penser de manière banale • *sortir des chemins, sentiers battus* avoir une manière originale d'agir, de penser • *yeux battus* fatigués.

battue *nf* chasse qu'on pratique en faisant battre les bois par des rabatteurs.

baudet *nm* FAM. âne.

baume *nm* 1. résine odoriférante, qui coule de certains arbres 2. préparation employée comme calmant ou pour cicatriser • FIG. *mettre du baume au cœur* apaiser, consoler.

bavard, e *adj* et *n* 1. qui parle beaucoup, aime à parler 2. indiscret.

bavardage *nm* action de bavarder ◆ **bavardages** *nm pl* ragots.

bavarder *vi* 1. parler avec quelqu'un 2. parler indiscrètement.

bavaroise *nf* ou **bavarois** *nm* entremets froid à base de crème anglaise.

bave *nf* 1. salive qui coule de la bouche 2. écume qui coule de la gueule des animaux.

baver *vi* 1. laisser couler de la bave 2. s'étaler largement en salissant : *encre qui bave.*

bavette *nf* 1. partie du tablier qui couvre la poitrine 2. BOUCH partie inférieure de l'aloyau, près de la tranche grasse • FAM. *tailler une bavette* bavarder.

bavoir *nm* pièce de lingerie protégeant la poitrine des bébés.

bavure *nf* 1. quantité d'encre, de peinture qui déborde 2. conséquence plus ou moins grave, mais toujours fâcheuse d'une action quelconque : *bavure policière* • FAM. *sans bavure* d'une manière nette, irréprochable.

bazar *nm* 1. marché couvert en Orient et en Afrique du Nord 2. magasin où l'on vend toutes sortes d'objets 3. FAM. objets en désordre.

bazooka [-zu-] *nm* lance-roquettes antichar.

B.C.G. *nm* (nom déposé) vaccin contre la tuberculose.

B.D. *nf* FAM. bande dessinée.

béant, e *adj* largement ouvert.

béat, e *adj* qui exprime un contentement exagéré : *sourire béat.*

béatifier *vt* RELIG mettre au nombre des bienheureux.

béatitude *nf* 1. satisfaction sans bornes, grand bonheur que rien ne vient troubler 2. RELIG félicité des bienheureux.

beau ou **bel** (devant une voyelle), **belle** *adj* 1. qui plaît à l'œil ou à l'esprit 2. agréable : *beau temps* 3. noble, élevé : *belle âme* 4. avantageux : *belle occasion* 5. considérable : *belle fortune* 6. bienséant, convenable : *il n'est pas beau de se vanter* 7. grand : *une belle peur* • *le beau monde* la société brillante • *le beau sexe* les femmes • *beau joueur* qui perd de bonne grâce • *bel esprit* (*pl beaux esprits*) homme lettré, affecté, prétentieux • *un bel âge* un âge avancé • *le bel âge* la jeunesse • *un beau jour* ou *un beau matin* inopinément ◆ *n* • *faire le beau, la belle* 1. se pavaner 2. se dit d'un chien qui se tient assis sur son arrière-train et lève ses pattes de devant ◆ *nm* ce qui fait éprouver un sentiment d'admiration : *aimer le beau* • *c'est du beau* il n'y a pas de quoi être fier ◆ *adv* • *avoir beau* (+ inf.) s'efforcer en vain de : *avoir beau faire* • *bel et bien* réellement • *de plus belle* de plus en plus • *il fait beau* le temps est agréable • LITT. *il ferait beau voir* il serait étrange de voir.

beaucoup *adv* 1. un grand nombre, une quantité considérable 2. d'une manière considérable 3. un grand nombre de personnes.

beau-fils (*pl beaux-fils*) *nm* celui dont on a épousé le père ou la mère.

beau-frère (*pl beaux-frères*) *nm* 1. mari de la sœur ou de la belle-sœur 2. frère du mari ou de la femme.

beau-père (*pl beaux-pères*) *nm* père de la femme par rapport au mari, ou du mari par rapport à la femme, ou second mari de la mère par rapport aux enfants de celle-ci.

beauté *nf* caractère de ce qui est beau • *une beauté* une femme très belle • *en beauté* de façon brillante : *finir en beauté.*

beaux-arts *nm pl* nom donné à l'architecture et aux arts plastiques (sculpture, peinture, gravure) auxquels on a parfois joint la musique, la poésie, etc.

beaux-parents *nm pl* père et mère de la femme par rapport au mari, ou du mari par rapport à la femme.

bébé *nm* tout petit enfant.

bec *nm* 1. bouche cornée et saillante des oiseaux 2. objet ayant la forme d'un bec d'oiseau : *le bec d'une cruche* 3. pointe de terre au confluent de deux cours d'eau 4. extrémité d'un instrument de musique, qu'on tient entre les lèvres 5. FAM. bouche • VX. *bec de gaz* lampadaire pour l'éclairage public.

bécarre *nm* signe musical qui annule l'effet du dièse ou du bémol.

bécasse *nf* 1. oiseau échassier à long bec 2. FAM. femme peu intelligente.

bec-de-lièvre (*pl becs-de-lièvre*) *nm* malformation congénitale caractérisée par la lèvre supérieure fendue comme celle du lièvre.

béchamel *nf* sauce blanche faite avec du lait.

bêche *nf* outil constitué d'une lame d'acier large et plate, pourvue d'un long manche, et qui sert à retourner la terre.

bêcher *vt* retourner la terre avec une bêche ◆ *vi* FAM. se montrer hautain et méprisant.

becquée *nf* nourriture qu'un oiseau prend dans son bec pour la donner à ses petits.

bée *adj f* • *être, rester bouche bée* être, rester frappé d'admiration, d'étonnement, de stupeur.

beffroi *nm* tour ou clocher où l'on sonnait l'alarme ; la cloche elle-même.

bégayer *vi* (conj 4) buter sur la prononciation de certaines syllabes ou les répéter involontairement ◆ *vt* balbutier : *bégayer une excuse.*

bégonia *nm* plante cultivée pour son feuillage décoratif et ses fleurs vivement colorées.

bègue *adj* et *n* qui bégaie.

beige *adj* et *nm* brun clair proche du jaune.

beignet *nm* pâte frite renfermant ordinairement une substance alimentaire (fruit, légume, etc.).

bel *adj* › beau.

bêlement *nm* cri des moutons et des chèvres.

bêler *vi* 1. pousser des bêlements 2. FIG. parler d'une voix tremblante et geignarde.

belette *nf* petit mammifère carnivore au pelage fauve.

belge *adj* et *n* de Belgique.

bélier *nm* 1. mâle de la brebis 2. ANC. machine de guerre pour battre ou renverser les murailles • ***bélier hydraulique*** machine à élever l'eau.

belle *adj* et *nf* › beau.

belle *nf* partie décisive au jeu • FAM. ***se faire la belle*** s'évader.

belle-fille (*pl belles-filles*) *nf* 1. femme du fils 2. celle dont on a épousé le père ou la mère.

belle-mère (*pl belles-mères*) *nf* 1. mère du mari ou de la femme 2. par rapport aux enfants, celle qui a épousé leur père.

belle-sœur (*pl belles-sœurs*) *nf* 1. femme du frère ou du beau-frère 2. sœur du conjoint.

belligérant, e *adj* et *n* qui fait la guerre : *nations belligérantes.*

belliqueux, euse *adj* 1. qui aime la guerre ; qui excite au combat : *discours belliqueux* 2. qui aime les querelles, agressif : *un enfant belliqueux.*

belon *nf* variété d'huître plate et ronde.

belote *nf* jeu de cartes.

belvédère *nm* pavillon au sommet d'un édifice, à l'angle d'une terrasse, d'où l'on peut voir au loin.

bémol *nm* MUS signe qui baisse la note d'un demi-ton (le double bémol abaisse d'un ton entier la note qu'il affecte) ◆ *adj* se dit de la note ainsi abaissée : *si bémol.*

bénédictin, e *n* religieux, religieuse de l'ordre de saint Benoît.

bénédiction *nf* acte religieux qui appelle la protection de Dieu sur quelqu'un ou sur quelque chose • ***c'est une bénédiction*** c'est un événement heureux.

bénéfice *nm* 1. gain, profit 2. avantage tiré d'un état ou d'une action : *être élu au bénéfice de l'âge* • ***sous bénéfice d'inventaire*** sous réserve de vérification.

bénéficiaire *adj* et *n* qui profite d'un avantage ◆ *adj* qui produit un bénéfice CONTR. *déficitaire.*

bénéficier *vt ind* [de] tirer un profit, un avantage de.

bénévolat *nm* service assuré par une personne bénévole.

bénévole *adj* et *n* qui fait quelque chose sans y être obligé, sans en tirer un profit ◆ *adj* fait sans obligation : *aide bénévole.*

bénin, igne *adj* qui est sans conséquences graves : *une maladie bénigne ; un accident bénin.*

bénir *vt* (conj 15) 1. appeler la protection de Dieu sur 2. remercier, se féliciter de REM. *bénir* a deux part. passés : *béni, e* et *bénit, e.* Ce dernier ne se dit que pour les choses consacrées par une cérémonie religieuse : *eau bénite.*

bénitier *nm* récipient à eau bénite.

benjamin, e *n* le plus jeune des enfants d'une famille.

benne *nf* caisson utilisé pour le transport, ou appareil pour la préhension et le déplacement de matières ou de matériaux.

B.E.P. *nm* (sigle) Brevet d'Études Professionnelles.

béquille *nf* 1. bâton surmonté d'une petite traverse, sur lequel les infirmes s'appuient pour marcher 2. support pour maintenir à l'arrêt un véhicule à deux roues.

berceau *nm* 1. lit d'un tout jeune enfant 2. FIG. enfance : *dès le berceau* 3. lieu de naissance, origine : *la Grèce est le berceau de la civilisation occidentale* 4. ciseau de graveur 5. ARCHIT voûte cylindrique 6. MÉCAN support d'un moteur.

bercer *vt* (conj 1) 1. balancer pour endormir 2. provoquer un sentiment de calme, d'apaisement en détournant de la réalité : *toute mon enfance a été bercée par ces récits* SYN. *imprégner* ◆ **se bercer** *vpr* [de] s'illusionner, se leurrer.

berceuse *nf* chanson pour endormir les enfants.

béret *nm* coiffure sans bord, ronde et plate.

bergamote *nf* espèce d'orange dont on extrait une essence.

berge *nf* 1. bord d'une rivière, d'un canal 2. FAM. année : *avoir soixante berges.*

berger, ère *n* qui garde les moutons • ***étoile du berger*** nom de la planète Vénus.

bergerie *nf* 1. lieu où l'on abrite les moutons 2. ANC., FIG. poésie pastorale.

berline *nf* 1. carrosserie d'automobile à quatre portes 2. voiture hippomobile.

berlingot *nm* 1. bonbon de sucre cuit 2. emballage pour la vente de certains liquides, notamment du lait.

bermuda *nm* short long.

berne *nf* • MAR ***pavillon en berne*** pavillon hissé à mi-hauteur du mât et incomplètement déployé, en signe de deuil.

berner *vt* tromper quelqu'un en lui faisant croire des balivernes.

besace *nf* long sac ouvert au milieu et dont les extrémités forment des poches.

besogne *nf* travail, ouvrage • ***aller vite en besogne*** travailler vite, brûler les étapes.

besoin *nm* 1. manque d'une chose nécessaire 2. état de pauvreté : *être dans le besoin* • ***au besoin*** ou ***si besoin est*** en cas de nécessité, s'il le faut • ***avoir besoin de quelqu'un, de quelque chose*** en sentir la nécessité, l'utilité • ***avoir besoin de*** (+ inf.) être dans la nécessité de ◆ **besoins** *nm pl* 1. nécessités naturelles : *un chien qui fait ses besoins* 2. choses nécessaires à l'existence : *avoir peu de besoins.*

bestiaire *nm* 1. gladiateur qui combattait les bêtes féroces au cirque 2. recueil ayant trait aux animaux.

bestial, e, aux *adj* qui fait ressembler l'homme à la bête.
bestiaux *nm pl* gros animaux domestiques élevés en troupeaux.
bestiole *nf* petite bête ; insecte.
best-seller (*pl best-sellers*) *nm* livre qui a obtenu un grand succès.
bétail *nm* (sans pluriel) ensemble des animaux de la ferme élevés pour la production agricole, à l'exception de la volaille.
bête *nf* tout être vivant autre que l'homme • *bête à bon Dieu* coccinelle • *bête de somme* qui porte les fardeaux • *bête de trait* qui les tire • FIG. *bête noire* personne qu'on déteste le plus ◆ **bêtes** *nf pl* le bétail.
bête *adj* sot, stupide.
bêtifier *vi* parler d'une manière niaise, puérile.
bêtise *nf* 1. manque d'intelligence 2. action ou parole bête : *faire, dire des bêtises* 3. chose sans importance 4. motif futile.
bêtisier *nm* recueil amusant de sottises relevées dans des écrits, des propos.
béton *nm* mélange de ciment, d'eau et de sable employé dans les constructions • *béton armé* renfermant une armature métallique.
bette ou **blette** *nf* plante voisine de la betterave, dont on mange les « côtes » (ou *cardes*) des feuilles.
betterave *nf* plante potagère à racine d'une saveur sucrée.
beur *n* FAM. jeune d'origine maghrébine né en France de parents immigrés.
beurre *nm* 1. substance grasse et onctueuse, extraite du lait 2. substance grasse extraite de divers végétaux : *beurre de cacao* • FAM. *compter pour du beurre* ne pas entrer en ligne de compte.
beurrer *vt* couvrir de beurre.
beurrier *nm* récipient pour le beurre.
bévue *nf* méprise, erreur grossière.
biais *nm* moyen indirect, détourné de résoudre une difficulté, d'atteindre un but • *en biais* ou *de biais* obliquement • *par le biais de* par un moyen indirect.
biaiser *vi* 1. être de biais, aller de biais 2. FIG. user de moyens détournés.
bibelot *nm* petit objet rare ou curieux qui fait l'ornement des étagères, des vitrines, etc.
biberon *nm* petite bouteille munie d'une tétine et servant à l'allaitement des nourrissons.
bible *nf* 1. (avec majuscule) recueil des livres saints juifs et chrétiens ; (avec minuscule) volume qui contient ces livres 2. ouvrage qui fait autorité ou qu'on consulte souvent.
bibliographie *nf* ensemble des livres écrits sur une question ou sur un auteur.
bibliothécaire *n* préposé à la garde d'une bibliothèque.
bibliothèque *nf* 1. meuble, salle ou édifice destinés à recevoir une collection de livres 2. collection de livres appartenant à un particulier, à une collectivité, etc.
biblique *adj* relatif à la Bible.
bicarbonate *nm* carbonate acide, et en particulier sel de sodium.
bicentenaire *adj* deux fois centenaire ◆ *nm* commémoration d'un événement qui a eu lieu deux cents ans auparavant.
biceps *nm* muscle long qui fléchit l'avant-bras sur le bras.
biche *nf* femelle du cerf ; viande de cet animal.
bichonner *vt* FAM. entourer de petits soins ◆ **se bichonner** *vpr* FAM. faire sa toilette, se préparer avec recherche et coquetterie.
bicolore *adj* qui a deux couleurs.
bicoque *nf* FAM. petite maison ou maison vieille et délabrée.
bicorne *nm* chapeau à deux pointes.
bicross *nm* 1. vélo tout terrain, sans suspension ni garde-boue 2. sport pratiqué avec ce vélo.
bicyclette *nf* véhicule à deux roues d'égal diamètre.
bidasse *nm* FAM. simple soldat.
bide *nm* FAM. ventre • FAM. *faire un bide* échouer.
bidet *nm* 1. petit cheval de selle 2. appareil sanitaire à cuvette oblongue, pour la toilette intime.
bidon *nm* 1. récipient fermé pour toute sorte de liquide 2. FAM. mensonge : *c'est du bidon* ◆ *adj inv* FAM. faux, truqué.
bidonner (se) *vpr* FAM. rire.
bidonville *nm* agglomération de baraques près des grands centres urbains, où s'abrite la population pauvre.
bidule *nm* FAM. objet quelconque.
bielle *nf* pièce d'une machine, qui communique un mouvement.
bien *nm* 1. ce qui est conforme à un idéal, qui a une valeur morale : *le bien et le mal* 2. ce qui est agréable, avantageux ou utile : *vouloir du bien à quelqu'un* 3. ce qu'on possède : *un bien de famille ; bien meuble, immeuble* 4. richesse : *avoir du bien* 5. ce qui est créé par le travail et qui correspond à un besoin : *biens de consommation* • *le bien public* ce qui est utile à tous • *faire du bien* 1. avoir un effet heureux 2. être bon pour la santé ◆ *adj inv* 1. conforme à l'idée qu'on se fait de la perfection : *c'est très bien* 2. en bonne santé, à l'aise : *tu n'es pas bien ?* 3. qui a des qualités morales : *un type bien* 4. comme il faut, distingué : *les gens bien* ◆ *adv* 1. conformément à l'idée qu'on se fait de la perfection ; de façon satisfaisante : *bien agir* 2. beaucoup, très : *bien fort ; pensez-y bien* 3. au moins : *il y a bien deux ans* 4. assurément, réellement : *elle habite bien ici* • *bien des* beaucoup de • *bien plus* en outre ◆ **bien que** *loc conj* quoique ◆ **si bien que** *loc conj* de sorte que ◆ **eh bien !**

interj marque l'interrogation, l'étonnement.

bien-être *nm inv* 1. disposition agréable du corps, de l'esprit : *sensation de bien-être* 2. aisance matérielle, financière.

bienfaisance *nf* • *œuvre, société de bienfaisance* ayant pour objet de venir en aide aux plus démunis.

bienfaisant, e *adj* 1. qui fait du bien 2. qui est salutaire.

bienfait *nm* 1. LITT. bien que l'on fait, service, faveur 2. avantage, utilité : *les bienfaits de la science.*

bienfaiteur, trice *n* qui fait du bien.

bien-fondé (*pl bien-fondés*) *nm* 1. caractère légitime, raisonnable de quelque chose : *le bien-fondé d'une revendication* 2. fait de reposer sur des bases sérieuses : *le bien-fondé d'une réclamation.*

bienheureux, euse *adj* LITT. extrêmement heureux ◆ *n* LITT., RELIG qui jouit de la béatitude éternelle.

biennal, e, aux *adj* 1. qui dure deux ans 2. qui a lieu tous les deux ans.

biennale *nf* exposition, festival organisé tous les deux ans.

bien-pensant, e (*pl bien-pensants, es*) *n* et *adj* PÉJOR. personne dont les convictions sont étroitement conformes à la tradition ; conformiste.

bienséance *nf* SOUT. ce qu'il convient de dire ou de faire dans une société ; savoir-vivre.

bientôt *adv* dans peu de temps.

bienveillance *nf* disposition favorable envers quelqu'un.

bienvenue *nf* • *souhaiter la bienvenue* saluer quelqu'un à son arrivée, lui faire bon accueil.

bière *nf* boisson fermentée, faite avec de l'orge et du houblon.

bière *nf* coffre en bois de forme allongée où on met un mort SYN. *cercueil.*

biffer *vt* rayer ce qui est écrit.

bifidus *nm* bactérie utilisée comme additif alimentaire dans certains produits laitiers.

bifteck *nm* tranche de bœuf.

bifurcation *nf* division en deux branches, en deux voies ; endroit où se fait cette division.

bifurquer *vi* 1. se diviser en deux 2. prendre une autre direction : *bifurquer à gauche.*

bigame *adj* et *n* marié à deux personnes en même temps.

bigarreau *nm* cerise rouge et blanc, à chair très ferme et sucrée.

bigleux, euse *adj* et *n* FAM. qui a une mauvaise vue ou qui louche.

bigorneau *nm* petit coquillage comestible.

bigot, e *n* et *adj* qui est d'une dévotion étroite, outrée.

bigoudi *nm* petit rouleau sur lequel on enroule les mèches de cheveux pour les boucler.

bijou (*pl bijoux*) *nm* 1. objet de parure, d'une matière ou d'un travail précieux 2. chose particulièrement élégante, achevée.

bijouterie *nf* 1. commerce de bijoux 2. objets fabriqués par le bijoutier.

bijoutier, ère *n* qui fait ou vend des bijoux.

Bikini *nm* (nom déposé) maillot de bain deux-pièces, de dimensions réduites.

bilan *nm* 1. balance de l'actif et du passif d'une société 2. résultat positif ou négatif d'une opération quelconque : *le bilan d'une campagne publicitaire* • *déposer son bilan* se déclarer en faillite.

bilatéral, e, aux *adj* 1. qui a deux côtés 2. relatif aux deux côtés d'un objet 3. DR qui engage les deux parties : *contrat bilatéral.*

bilboquet *nm* jouet formé d'une boule percée s'enfilant sur une tige.

bile *nf* liquide amer, jaune verdâtre, sécrété par le foie • FAM. *se faire de la bile* s'inquiéter.

biliaire *adj* relatif à la bile.

bilieux, euse *adj* FAM. qui s'inquiète facilement.

bilingue *adj* qui est en deux langues ◆ *adj* et *n* qui parle deux langues.

billard *nm* 1. jeu constitué d'une table spéciale sur laquelle on fait rouler en les poussant avec un bâton appelé *queue* des boules d'ivoire 2. salle où l'on joue à ce jeu 3. FAM. table d'opération chirurgicale • *billard électrique* flipper.

bille *nf* 1. petite boule de pierre, d'ivoire, etc. : *jouer aux billes* 2. MÉCAN sphère d'acier pour roulements 3. petite sphère métallique qui dépose de l'encre sur le papier : *stylo à bille* • FAM. *reprendre, retirer ses billes* se retirer d'une affaire • *bille de bois* tronçon découpé dans le tronc.

billet *nm* 1. petite lettre ou carte que l'on adresse à quelqu'un 2. imprimé ou écrit constatant un droit, une convention : *billet de théâtre, de chemin de fer, de loterie* • *billet à ordre* engagement de payer une somme à telle personne ou à son ordre, c'est-à-dire à telle autre à qui celle-ci aura transmis le billet • *billet de banque* ou *billet* monnaie en papier.

billetterie *nf* distributeur automatique de billets de banque.

billot *nm* 1. tronc de bois gros et court sur lequel on coupe de la viande, du bois, etc. 2. pièce de bois sur laquelle on tranchait la tête des condamnés 3. masse de bois qui supporte une enclume.

bimensuel, elle *adj* qui a lieu deux fois par mois : *revue bimensuelle.*

bimestriel, elle *adj* qui a lieu tous les deux mois.

binaire *adj* MATH qui a 2 pour base • *rythme binaire* à deux temps.

biner *vt* retourner la partie superficielle de la terre avec une binette.

biochimie *nf* partie de la chimie qui comprend l'étude des constituants de la matière vivante.

biodégradable *adj* qui peut être détruit par les bactéries ou d'autres agents biologiques : *produit biodégradable.*

biographie *nf* histoire de la vie d'un personnage.

biologie *nf* science de la vie et, plus spécialement, du cycle reproductif des espèces vivantes.

biparti, e ou **bipartite** *adj* 1. se dit de tout organe partagé en deux segments : *feuille bipartite* 2. constitué par l'association de deux partis politiques : *gouvernement bipartite.*

bipède *adj* et *n* qui a deux pieds.

biphasé, e *adj* ÉLECTR dont les deux phases fournissent des tensions égales et de signe contraire.

bis [bis] *adv* pour la seconde fois ◆ *interj* cri par lequel on demande la répétition de ce qu'on vient d'entendre ou de voir.

bis, e [bi, biz] *adj* gris-brun • *pain bis* pain de couleur grise.

bisannuel, elle *adj* 1. qui revient tous les deux ans 2. BOT qui ne fleurit, ne fructifie et ne meurt qu'au bout de deux ans (carotte, betterave, etc.).

biscornu, e *adj* 1. d'une forme irrégulière 2. FAM., FIG. bizarre : *idées biscornues.*

biscotte *nf* tranche de pain séchée au four.

biscuit *nm* 1. pâtisserie sèche faite de farine, d'œufs et de sucre 2. ouvrage de porcelaine qui, après avoir reçu deux cuissons, est laissé dans son blanc mat.

biscuiterie *nf* industrie et commerce des biscuits et des gâteaux secs.

bise *nf* vent froid.

bise *nf* FAM. baiser.

biseau *nm* bord taillé obliquement • *en biseau* dont le bord est coupé en oblique.

biseauter *vt* 1. tailler en biseau 2. marquer les cartes sur la tranche pour tricher.

bisexué, e *adj* se dit d'un être vivant qui possède à la fois les deux sortes d'organes génitaux : mâles et femelles SYN. *hermaphrodite* • *fleur bisexuée* possédant à la fois étamines et pistil.

bison *nm* bœuf sauvage à garrot relevé en bosse.

bisou ou **bizou** *nm* FAM. baiser.

bisque *nf* potage fait d'un coulis de crustacés : *bisque de homard.*

bisser *vt* répéter ou faire répéter une fois : *bisser un acteur, une chanson.*

bissextile *adj* se dit de l'année de 366 jours, qui revient tous les quatre ans.

bistouri *nm* petit couteau chirurgical pour incisions dans les chairs.

bistre *nm* couleur d'un brun noirâtre ◆ *adj inv* qui est de couleur bistre.

bistrot ou **bistro** *nm* FAM. débit de boissons, café.

bit [bit] *nm* INFORM unité élémentaire d'information ne pouvant prendre que deux valeurs distinctes (notées 1 et 0).

bitume *nm* mélange d'hydrocarbures dont on se sert pour le revêtement des chaussées et des trottoirs.

bivouac *nm* 1. campement provisoire et en plein air d'une armée ou d'une expédition 2. le lieu du bivouac.

bizarre *adj* qui s'écarte de ce qui est considéré comme normal ; étrange, curieux.

bizarrerie *nf* 1. caractère de ce qui est bizarre 2. chose bizarre.

bizou *nm* ➤ bisou.

bizut [bizy] ou **bizuth** [bizy] *nm* ARG SCOL. élève de première année dans une grande école.

bizuter *vt* ARG SCOL. faire subir des brimades à un bizut à son arrivée.

bla-bla *nm inv* FAM. abondance de paroles inutiles.

blafard, e *adj* d'un blanc terne.

blague *nf* 1. petit sac de poche pour le tabac 2. FAM. farce 3. FAM. histoire plaisante, imaginée pour tromper : *raconter des blagues* 4. FAM. faute commise par légèreté.

blaguer *vi* FAM. dire des blagues ◆ *vt* FAM. taquiner, se moquer.

blaireau *nm* 1. mammifère plantigrade puant 2. pinceau de poils de blaireau 3. brosse à savonner la barbe.

blâme *nm* 1. opinion défavorable, désapprobation 2. sanction disciplinaire, réprimande : *infliger un blâme.*

blâmer *vt* désapprouver, réprouver.

blanc, blanche *adj* 1. qui est de la couleur du lait, de la neige 2. innocent, pur : *blanc comme neige* • *arme blanche* tranchante ou pointue • *vers blancs* sans rimes • *papier blanc* non écrit • *nuit blanche* passée sans dormir • *donner carte blanche* donner plein pouvoir ◆ *n* (prend une majuscule) personne de race blanche : *les Blancs ont peuplé l'Europe* ◆ *n.m* 1. la couleur blanche 2. matière colorante blanche 3. linge de maison : *exposition de blanc* 4. espace vide dans une page : *remplir des blancs* 5. maladie cryptogamique de certaines plantes • *chauffer à blanc* jusqu'à ce que la matière chauffée passe du rouge au blanc • *blanc de poulet* chair entourant le bréchet • *blanc d'œuf* partie glaireuse de l'œuf • *blanc de l'œil* la cornée • *blanc d'Espagne* carbonate de calcium très pur • *blanc de céruse, de plomb* sel de plomb de couleur blanche • *blanc de baleine* matière grasse extraite de certains cétacés • *blanc de champignon* mycélium d'agaric.

blanche *nf* MUS note qui vaut la moitié de la ronde, ou deux noires, ou quatre croches.

blancheur *nf* qualité de ce qui est blanc : *la blancheur du lys.*

blanchir *vt* 1. rendre blanc 2. rendre propre : *blanchir le linge* 3. CUIS passer à l'eau bouillante : *blanchir des choux* 4. FIG. disculper : *le tribunal l'a blanchi* • *blanchir de l'argent sale, des capitaux* faire disparaître toutepreuve de leur origine frauduleuse ◆ *vi* devenir blanc : *ses cheveux blanchissent.*

blanchisserie *nf* magasin, entreprise où l'on blanchit du linge.

blanquette *nf* 1. ragoût de viande blanche 2. vin blanc mousseux : *blanquette de Limoux.*

blasé, e *adj* et *n* dégoûté de tout.

blason *nm* ensemble des armoiries ou des signes formant l'écu d'un État, d'une ville, d'une famille.

blasphème *nm* 1. parole qui outrage la divinité, la religion 2. parole outrageante, en général.

blatte *nf* insecte nocturne appelé aussi *cafard, cancrelat.*

blazer [blazɛr] *nm* veste croisée ou droite en tissu bleu marine.

blé *nm* 1. plante herbacée annuelle de la famille des graminacées, dont le grain fournit la farine du pain ; grain de cette plante 2. FAM. argent • *blé noir* sarrasin • *blé de Turquie* maïs • *blé d'Inde* au Canada, maïs • *manger son blé en herbe* dépenser par avance son revenu.

bled [blɛd] *nm* 1. en Afrique du Nord, l'intérieur des terres 2. FAM. localité isolée.

blême *adj* très pâle.

blêmir *vi* devenir blême.

blessant, e *adj* offensant, injurieux.

blessé, e *adj* et *n* qui a reçu une blessure.

blesser *vt* 1. frapper d'un coup, atteindre d'une balle qui produit une plaie ou une lésion 2. causer une gêne importante, une douleur vive : *ces chaussures me blessent les pieds* 3. affecter désagréablement : *cette musique blesse l'oreille* 4. FIG. causer une douleur morale ; toucher, offenser, choquer : *vos paroles m'ont blessé.*

blessure *nf* 1. lésion résultant d'un coup, d'un choc, d'un instrument ; plaie 2. FIG. ce qui blesse, afflige.

blet, ette *adj* trop mûr : *poire blette.*

blette *nf* › bette.

bleu, e *adj* 1. de la couleur du ciel sans nuages 2. se dit d'une viande grillée très peu cuite • *peur, colère bleue* violente • FAM. *en être, en rester bleu* être stupéfait ◆ *nm* 1. couleur bleue 2. marque laissée sur la peau par un coup ; hématome : *se faire un bleu* 3. vêtement de travail en toile bleue 4. FAM. nouveau venu dans une caserne, un établissement • *bleu d'Auvergne* fromage à moisissures.

bleuet *nm* plante à fleurs bleues.

bleuir *vt* rendre bleu ◆ *vi* devenir bleu.

bleuté, e *adj* de nuance bleue.

blindage *nm* 1. action de blinder 2. cuirasse d'acier : *blindage de navire, de coffre-fort.*

blindé *nm* véhicule de combat recouvert d'un blindage d'acier.

blizzard *nm* vent très froid en Amérique du Nord.

bloc *nm* 1. masse pesante : *bloc de fer* 2. ensemble solide, dont toutes les parties dépendent les unes des autres 3. coalition, union : *bloc politique* 4. bloc-notes • *bloc opératoire* ensemble constitué par la salle d'opération et les locaux qui en dépendent, dans un hôpital, une clinique • *à bloc* à fond • *en bloc* en gros, sans entrer dans le détail • *faire bloc* s'unir étroitement.

blocage *nm* 1. action, fait de bloquer : *blocage des prix* 2. PSYCHOL impossibilité d'agir ou de réagir dans une situation donnée.

blockhaus [blɔkos] *nm inv* fortin muni de blindages, établi pour défendre un point particulier.

bloc-notes (*pl blocs-notes*) *nm* ensemble de feuilles de papier détachables pour prendre des notes SYN. *bloc.*

blocus [blɔkys] *nm* siège d'une ville, d'un port, d'un pays pour l'empêcher de communiquer avec l'extérieur • *blocus (économique)* ensemble de mesures prises pour priver un pays de relations économiques.

blond, e *adj* d'une couleur entre le doré et le châtain clair • *bière blonde* fabriquée à partir de malts de couleur claire • *tabac blond* dont la fermentation a été arrêtée au stade du jaunissement de la feuille ◆ *adj* et *n* qui a les cheveux blonds.

blonde *nf* 1. bière blonde 2. cigarette de tabac blond.

blondir *vi* devenir blond.

bloquer *vt* 1. empêcher de bouger, immobiliser : *la circulation est bloquée* 2. serrer à bloc : *bloquer son frein à main* 3. barrer, obstruer : *bloquer le passage* 4. réunir plusieurs choses ensemble, grouper : *bloquer tous ses rendez-vous dans la matinée* 5. suspendre la variation, l'augmentation ou la disposition de : *bloquer les prix, les crédits* ◆ **se bloquer** *vpr* se fixer dans une attitude de refus : *dès qu'on lui fait une réflexion, il se bloque.*

blottir (se) *vpr* se replier sur soi-même, se pelotonner.

blouse *nf* 1. vêtement de travail porté pour se protéger : *blouse d'infirmière* 2. corsage léger : *blouse de soie.*

blouser *vi* bouffer au-dessus de la ceinture, en parlant d'un vêtement.

blouson *nm* veste de sport, s'arrêtant aux hanches.

blues [bluz] *nm* complainte du folklore noir américain.

bluff [blœf] *nm* parole, action propre à donner le change, à leurrer.

bluffer [blœfe] *vt* et *vi* faire du bluff.

boa *nm* grand serpent d'Amérique, se nourrissant d'animaux qu'il étouffe.

bob *nm* 1. chapeau cloche en toile 2. bobsleigh.

bobard *nm* FAM. mensonge.

bobine *nf* 1. petit cylindre en bois, en métal, en plastique sur lequel on enroule du fil, de la ficelle, des pellicules photographiques, etc. 2. FAM. visage : *une drôle de bobine* 3. ÉLECTR cylindre creux autour duquel est enroulé un fil métallique isolé.

bobsleigh ou **bob** *nm* sorte de traîneau, utilisé pour les descentes sportives sur la glace ; sport ainsi pratiqué.

bocage *nm* région où les champs sont clos par des haies.

bocal (*pl bocaux*) *nm* récipient en verre à large ouverture.

bock *nm* verre à bière, équivalant, en principe, à un quart de litre.

body-building (*pl body-buildings*) *nm* culture physique destinée à développer la musculature ; culturisme.

bœuf [bœf], au pl. [bø] *nm* 1. animal de l'espèce bovine 2. mâle adulte de cette espèce que l'on a châtré 3. sa chair ◆ *adj inv* FAM. très étonnant : *effet bœuf.*

bohème *adj* et *n* qui vit au jour le jour, d'une façon désordonnée ◆ *nf* milieu des artistes, des écrivains.

bohémien, enne *adj* et *n* de la Bohême ◆ *n* vagabond, homme ou femme, que l'on croyait originaire de la Bohême SYN. *gitan.*

boire *vt* (conj 75) 1. absorber un liquide : *boire du lait* 2. ABSOL. prendre des boissons alcoolisées, souvent avec excès 3. absorber un liquide : *l'éponge boit l'eau* • ***boire les paroles de quelqu'un*** l'écouter avec une admiration béate • ***il y a à boire et à manger*** il y a des inconvénients et des avantages.

bois *nm* 1. substance dure et compacte de l'intérieur des arbres, constituant le tronc, les branches et les racines 2. lieu planté d'arbres : *à l'ombre d'un bois* 3. objet en bois : *bois sculpté* • FIG. ***toucher du bois*** conjurer le mauvais sort en touchant un objet en bois ◆ *pl* 1. MUS famille des instruments à vent en bois 2. cornes caduques du cerf, du daim, etc.

boiserie *nf* menuiserie dont on revêt les murs intérieurs d'une habitation.

boisson *nf* 1. tout liquide que l'on boit : *boisson sucrée* 2. alcoolisme : *adonné à la boisson* • ***pris de boisson*** ivre.

boîte *nf* 1. coffret de bois, de carton ou de métal, de matière plastique, etc. ; son contenu 2. FAM. lieu de travail ; école • ***boîte crânienne*** cavité osseuse qui renferme le cerveau • ***boîte noire*** appareil enregistreur d'un avion, d'un camion • ***boîte de nuit*** ou ***boîte*** cabaret ouvert la nuit • FAM. ***mettre quelqu'un en boîte*** se moquer de lui.

boiter *vi* 1. marcher en penchant d'un côté plus que de l'autre 2. présenter un défaut d'équilibre, de cohérence : *raisonnement qui boite.*

boiteux, euse *adj* et *n* qui boite ◆ *adj* qui n'a pas d'équilibre, de cohérence : *phrase boiteuse.*

boîtier *nm* 1. boîte renfermant un mécanisme, une pile 2. corps d'un appareil photo sur lequel s'adapte l'objectif.

bol *nm* 1. récipient demi-sphérique ; son contenu : *un bol de lait* 2. FAM. chance • ***bol alimentaire*** bouchée mâchée que l'on avale • FAM. ***en avoir ras le bol*** ne plus rien supporter, être excédé.

boléro *nm* 1. danse espagnole ; air sur lequel elle s'exécute 2. veste courte sans manches et s'arrêtant à la taille.

bolet *nm* champignon dont plusieurs espèces comestibles sont dénommées cèpes.

bolide *nm* véhicule qui va très vite.

bombarder *vt* 1. lancer des bombes 2. lancer des projectiles : *bombarder de tomates* 3. accabler, harceler : *bombarder de questions* 4. FAM. nommer soudainement quelqu'un à un poste : *on l'a bombardé préfet.*

bombardier *nm* avion de bombardement.

bombe *nf* 1. projectile plein d'explosif et muni d'un dispositif qui le fait éclater 2. tout projectile explosif : *attentat à la bombe* 3. récipient contenant un liquide sous pression destiné à être vaporisé : *bombe insecticide* 4. coiffure rigide, à visière, que portent les cavaliers • ***bombe atomique*** bombe dégageant par la désintégration de l'uranium une énergie dont les effets de destruction sont incalculables • ***bombe glacée*** glace moulée • ***faire l'effet d'une bombe*** provoquer la stupéfaction, le scandale • FAM. ***faire la bombe*** faire la fête, la noce.

bomber *vt* 1. renfler, rendre convexe 2. tracer, dessiner avec de la peinture en bombe • FIG. ***bomber le torse*** faire le fier ◆ *vi* FAM. aller, rouler très vite.

bon *nm* billet qui autorise à toucher de l'argent, des objets, etc.

bon, bonne *adj* 1. qui a de la bienveillance, de l'indulgence, est humain, sensible, charitable : *un bon père ; il a été bon avec moi* 2. qui est habile, expert en : *bon ouvrier* 3. qui a les qualités requises : *bon outil* 4. agréable au goût 5. qui procure du plaisir 6. avantageux, favorable : *bonne affaire* 7. favorable : *la journée a été bonne* 8. grand, intense : *deux bons kilomètres ; un bon coup sur la tête* • ***bon !*** exclamation de doute, de surprise, d'incrédulité • *c'est bon* cela suffit ◆ *nm* 1. ce qui est bon 2. personne qui pratique le bien : *les bons et les méchants* ◆ *adv* • *il fait bon* le temps est agréable • *sentir bon* avoir une odeur agréable • *tout de bon* ou *pour de bon* sérieusement • *tenir bon* ne pas céder.

bonbon *nm* confiserie à base de sucre aromatisé.

bonbonne *nf* grosse bouteille de verre ou de grès.

bonbonnière *nf* 1. boîte à bonbons 2. FIG. petit appartement ravissant.

bond *nm* 1. rejaillissement d'un corps élastique 2. saut subit • *prendre la balle au bond* profiter de l'occasion • *faire faux bond* manquer à un engagement.

bondé, e *adj* rempli autant qu'il est possible : *un train bondé*.

bondir *vi* 1. faire un bond 2. FIG. sursauter sous le coup d'une émotion.

bonheur *nm* 1. état heureux ; félicité, joie 2. chance, circonstance favorable • *au petit bonheur (la chance)* par hasard • *par bonheur* par chance, heureusement.

bonhomie *nf* 1. bonté du cœur 2. simplicité des manières.

bonhomme (*pl bonshommes*) *nm* FAM. personne quelconque ◆ *nm* représentation humaine grossièrement dessinée ou façonnée : *bonhomme de neige* • *un petit bonhomme* un petit garçon.

bonification *nf* 1. avantage, points supplémentaires accordés à un concurrent 2. amélioration d'une terre.

bonifier *vt* rendre meilleur.

bonjour *nm* terme employé pour saluer quelqu'un qu'on rencontre dans la journée.

bonne *nf* employée de maison à plein temps.

bonne femme (*pl bonnes femmes*) *nf* FAM. femme.

bonnement *adv* • *tout bonnement* simplement.

bonnet *nm* 1. coiffure masculine ou féminine, en général souple et sans rebord 2. chacune des poches d'un soutien-gorge • *bonnet phrygien* bonnet porté dans l'Antiquité en Asie et adopté par la Révolution française (sous le nom de : *bonnet rouge*) • FAM. *avoir la tête près du bonnet* être vif et emporté • *gros bonnet* personnage important • *prendre sous son bonnet* sous sa responsabilité.

bonneterie *nf* industrie, commerce des articles d'habillement en tissu à mailles ; ces articles (bas, chaussettes, slips, etc.).

bonsaï [bõzaj] *nm* arbre nain.

bonsoir *nm* terme employé pour saluer quelqu'un qu'on rencontre le soir.

bonté *nf* 1. penchant à être bon 2. bienveillance, douceur : *parler avec bonté* ◆ **bontés** *nf pl* marques de bienveillance.

bonus [bɔnys] *nm* réduction de la prime d'assurance automobile pour les conducteurs qui n'ont pas eu d'accident.

bonze *nm* prêtre bouddhiste.

bookmaker [bukmɛkœr] *nm* celui qui reçoit les paris sur un champ de courses.

boom [bum] *nm* 1. hausse soudaine 2. accroissement rapide.

boomerang [bumrɑ̃g] *nm* 1. arme australienne qui revient à son point de départ après sa trajectoire 2. FIG. acte d'hostilité qui se retourne contre son auteur.

bord *nm* 1. extrémité d'une surface 2. orifice : *bord d'un puits* 3. rivage, côte 4. côté d'un navire 5. le navire même • *à bord* à l'intérieur d'un navire, d'un avion, d'une voiture • MAR *virer de bord* faire demi-tour • *être du bord de quelqu'un* de son parti • FIG. *virer, changer de bord* changer d'opinion • *être au bord de* sur le point de.

bordeaux *nm* vin de Bordeaux ◆ *adj inv* rouge foncé tirant sur le violet.

bordel *nm* TFAM. 1. maison de prostitution 2. grand désordre.

border *vt* 1. occuper le bord, la périphérie de : *les maisons qui bordent la route* 2. garnir le bord de : *border de fleurs une terrasse* • *border un lit* replier les draps, les couvertures sous le matelas.

bordereau *nm* relevé récapitulatif d'un compte, d'un document, etc.

bordure *nf* ce qui garnit le bord ou s'étend sur le bord de quelque chose • *en bordure de* le long de.

boréal, e, als ou **aux** *adj* du Nord CONTR. *austral.*

borgne *adj* et *n* qui a perdu un œil ◆ *adj* • *hôtel borgne* mal fréquenté.

borne *nf* 1. pierre, ou autre marque de séparation, division : *borne kilométrique* 2. pierre à l'angle d'un mur, sur les côtés d'une porte, etc., pour préserver du choc des véhicules 3. serre-fil pour établir le contact électrique : *bornes d'une lampe* 4. FAM. kilomètre ◆ **bornes** *nf pl* limites • *dépasser les bornes* aller au-delà de ce qui est permis.

borné, e *adj* limité intellectuellement, d'esprit étroit.

borner *vt* 1. mettre des bornes 2. limiter 3. FIG. modérer ◆ **se borner** *vpr* [à] se contenter de.

bosquet *nm* petit bois.

bosse *nf* 1. grosseur anormale au dos ou à la poitrine 2. protubérance naturelle chez certains animaux : *les bosses du chameau* 3. enflure : *se faire une bosse au front* 4. élévation arrondie sur une surface • FAM. *avoir la bosse des mathématiques, du commerce, etc.* être doué pour cette discipline.

bosseler *vt* (conj 6) déformer par des bosses.

bosser *vi* FAM. travailler.

bossu, e *n* et *adj* qui a une bosse sur le dos ou sur la poitrine • FAM. *rire comme un bossu* rire aux éclats.
bot, e *adj* se dit d'une difformité du pied, de la main : *pied bot.*
botanique *nf* science des végétaux ◆ *adj* relatif à cette science.
botte *nf* assemblage de choses de même nature liées ensemble : *botte d'oignons.*
botte *nf* chaussure qui enferme le pied et la jambe • *être à la botte de quelqu'un* lui être entièrement soumis • *sous la botte* opprimé.
bottier *nm* artisan qui fait des chaussures et des bottes sur mesure.
bottillon *nm* chaussure à tige montante, généralement fourrée.
bottine *nf* chaussure montante.
bouc *nm* 1. mâle de la chèvre 2. barbiche • *bouc émissaire* 1. bouc que les Juifs chargeaient de toutes les iniquités du peuple 2. PAR EXT. celui sur qui on fait retomber les responsabilités.
boucan *nm* FAM. vacarme.
bouche *nf* 1. cavité au bas du visage qui reçoit les aliments et donne passage à la voix (s'applique à certains animaux) 2. FIG. personne à nourrir 3. ouverture : *une bouche de métro* • *bouche à feu* arme à feu non portative • *bouche d'incendie* prise d'eau pour les pompiers • *de bouche à oreille* confidentiellement et à l'insu des autres • *faire la fine bouche* le difficile, le dégoûté • *faire venir l'eau à la bouche* exciter le désir ◆ **bouches** *nf pl* embouchure d'un fleuve : *bouches du Rhône.*
bouché, e *adj* 1. fermé, obstrué 2. sans perspective d'accès : *carrière bouchée* 3. où l'on circule très difficilement : *périphérique bouché* 4. FAM. qui comprend lentement • *cidre bouché* cidre pétillant, gardé dans une bouteille bouchée comme une bouteille de champagne • *temps bouché* temps couvert.
bouche-à-bouche *nm inv* méthode de respiration artificielle.
bouchée *nf* 1. quantité de nourriture portée à la bouche en une fois 2. croûte en pâte feuilletée garnie : *bouchée à la reine* 3. friandise de chocolat fourré • *mettre les bouchées doubles* aller plus vite • *pour une bouchée de pain* pour presque rien • *ne faire qu'une bouchée de* vaincre très facilement.
boucher *vt* 1. fermer une ouverture 2. barrer, obstruer • *boucher la vue* faire écran.
boucher *nm* 1. commerçant qui vend au détail la viande 2. FIG. homme sanguinaire.
bouchère *nf* femme d'un boucher.
boucherie *nf* 1. boutique de boucher 2. commerce de boucher 3. FIG. massacre, carnage.
bouchon *nm* 1. ce qui sert à boucher ; morceau de liège, de verre, de plastique pour boucher une bouteille, un flacon 2. ce qui obstrue, bouche un conduit : *bouchon de cérumen* 3. embouteillage momentané de la circulation 4. poignée de paille tortillée 5. flotteur d'une ligne de pêche 6. jeu d'adresse.
bouchonner *vt* frotter, essuyer un cheval avec un bouchon de paille ◆ *vi* former un embouteillage.
boucle *nf* 1. anneau ou rectangle de métal, avec ardillons : *boucle de ceinture* 2. tout ce qui a la forme d'un anneau 3. bijou pour les oreilles 4. spirale de cheveux frisés 5. grande courbe d'un cours d'eau 6. INFORM partie d'un programme qui ramène à un même point.
boucler *vt* 1. serrer avec une boucle 2. mettre en boucle : *boucler des cheveux* 3. enfermer, encercler : *boucler un quartier* 4. FAM. enfermer étroitement : *boucler un prisonnier dans sa cellule* 5. terminer, mener à bien : *boucler la dernière édition d'un journal* • *boucler son budget* équilibrer les recettes et les dépenses • FAM. *la boucler* se taire ◆ *vi* 1. être en boucles, onduler : *ses cheveux bouclent* 2. INFORM faire une boucle.
bouclier *nm* 1. plaque de métal, de cuir, etc., pour parer les traits ou les coups de l'ennemi 2. FIG. moyen de protection, défense • FIG. *levée de boucliers* protestation générale contre un projet, une mesure.
bouddha *nm* statue ou statuette bouddhique.
bouddhisme *nm* religion fondée par Bouddha.
bouder *vi* témoigner, laisser voir du dépit, de la mauvaise humeur ◆ *vt* montrer son mécontentement ou son indifférence en l'évitant : *bouder quelqu'un, quelque chose.*
boudin *nm* 1. boyau rempli de sang et de graisse de porc assaisonnés 2. spirale d'acier, de fil de fer : *ressort à boudin* 3. saillie interne de la jante des roues sur rails.
boudiné, e *adj* serré dans ses vêtements.
boudoir *nm* 1. petit salon de dame 2. biscuit allongé saupoudré de sucre.
boue *nf* terre ou poussière détrempée d'eau • FIG. *traîner quelqu'un dans la boue* l'accabler de propos infamants.
bouée *nf* 1. corps flottant, indiquant la route en mer, un obstacle, ou servant au sauvetage 2. anneau gonflable permettant de flotter.
boueux, euse *adj* plein de boue.
bouffant, e *adj* qui est comme gonflé.
bouffe *nf* FAM. nourriture.
bouffée *nf* 1. inspiration ou exhalaison : *aspirer une bouffée de tabac* 2. souffle rapide et passager : *bouffée d'air frais* 3. FIG. accès brusque, fugitif : *bouffée de chaleur.*
bouffer *vi* se gonfler, prendre un certain volume ◆ *vt* et *vi* FAM. manger.
bouffon, onne *adj* plaisant, facétieux.
bougeoir *nm* support bas pour bougie.
bougeotte *nf* • FAM. *avoir la bougeotte* la manie de bouger.

bouger *vi* (conj 2) 1. se mouvoir 2. changer ◆ *vt* déplacer.

bougie *nf* 1. chandelle de cire, à mèche tressée 2. AUTOM organe d'allumage d'un moteur.

bougonner *vi* murmurer, gronder entre ses dents.

bouillabaisse *nf* plat provençal, composé de poissons cuits dans de l'eau ou du vin blanc assaisonnés.

bouille *nf* FAM. tête, figure.

bouillie *nf* 1. aliment composé de lait et de farine bouillis ensemble 2. pâte liquide • *en bouillie* écrasé.

bouillir *vi* (conj 31) 1. être en ébullition : *l'eau bout à 100 ° C* 2. plonger dans un liquide qui bout : *faire bouillir des légumes* • *bouillir de colère, d'impatience* être animé d'une violente colère, d'une grande impatience • *faire bouillir quelqu'un* provoquer son irritation, son impatience, l'exaspérer.

bouilloire *nf* récipient en métal pour faire bouillir de l'eau.

bouillon *nm* 1. potage obtenu en faisant bouillir dans l'eau de la viande, des légumes 2. bulle à la surface d'un liquide bouillant : *cuire à gros bouillons* 3. flot tumultueux d'un liquide s'échappant avec force 4. pli bouffant d'une étoffe 5. exemplaires invendus d'un journal • FAM. *boire un bouillon* 1. avaler de l'eau en nageant 2. perdre beaucoup d'argent dans une affaire.

bouillonner *vi* 1. former des bouillons : *torrent qui bouillonne* 2. FIG. s'agiter vivement ou être animé d'un violent sentiment : *esprits qui bouillonnent ; bouillonner d'impatience.*

bouillotte *nf* 1. récipient que l'on remplit d'eau bouillante pour se chauffer 2. VIEILLI. petite bouilloire.

boulanger, ère *n* qui fait et vend du pain.

boulangerie *nf* 1. fabrication du pain 2. boutique du boulanger.

boule *nf* 1. corps sphérique 2. POP. tête • FAM. *se mettre en boule* se mettre en colère • FIG. *faire boule de neige* grossir continuellement ◆ **boules** *nf pl* jeu qui se joue avec des boules.

bouleau *nm* arbre à écorce blanche ; bois de cet arbre.

bouledogue *nm* petit dogue à mâchoires proéminentes.

boulet *nm* 1. projectile sphérique de pierre ou de métal dont on chargeait les canons 2. boule fixée à une chaîne qu'on attachait au pied des forçats 3. FIG. personne, chose qui est une charge, une contrainte 4. jointure de la jambe du cheval au-dessus du paturon 5. aggloméré de charbon, de forme ovoïde • *comme un boulet de canon* très vite • *tirer à boulets rouges sur* critiquer violemment.

boulette *nf* 1. petite boule de pain, de papier, de chair hachée 2. FIG., FAM. bévue.

boulevard *nm* large voie de circulation urbaine • *théâtre de boulevard* comédies légères, représentées dans des théâtres installés sur les Grands Boulevards, à Paris.

bouleversement *nm* trouble violent, grand désordre.

bouleverser *vt* 1. mettre en grand désordre, introduire la confusion : *bouleverser des horaires* 2. FIG. causer à quelqu'un une grande émotion.

boulier *nm* appareil comprenant des tringles de fer sur lesquelles sont enfilées des boules et qui sert à compter.

boulimie *nf* faim maladive.

boulocher *vi* en parlant d'un lainage, former des petites boules pelucheuses à l'usage.

boulon *nm* ensemble constitué par une vis et par l'écrou qui s'y adapte.

boulot *nm* FAM. travail.

boum *nf* FAM. après-midi ou soirée dansante.

bouquet *nm* 1. assemblage de fleurs, d'herbes aromatiques 2. FIG. parfum agréable du vin 3. pièce qui termine un feu d'artifice 4. grosse crevette rose • FAM. *c'est le bouquet !* c'est le comble ! • *bouquet d'arbres* très petit bois.

bouquin *nm* 1. vieux bouc 2. lièvre ou lapin mâle 3. FAM. livre.

bouquiniste *n* vendeur de livres d'occasion.

bourbier *nm* 1. lieu creux plein de boue 2. FIG. situation difficile : *sortir d'un bourbier.*

bourde *nf* FAM. erreur grossière, bévue : *commettre une bourde.*

bourdon *nm* 1. insecte à corps gros et velu, voisin de l'abeille 2. grosse cloche : *sonner le bourdon* 3. bâton de pèlerin 4. un des jeux de l'orgue, qui fait la basse • *faux bourdon* mâle des abeilles.

bourdonnement *nm* 1. bruit que fait le vol des insectes, etc. 2. bruit continuel dans les oreilles 3. FIG. bruit sourd et confus.

bourdonner *vi* faire entendre un bruit sourd et continu.

bourg [bur] *nm* gros village.

bourgade *nf* petit bourg.

bourgeois, e *n* qui appartient à la bourgeoisie ◆ *adj* 1. propre aux bourgeois : *préjugés bourgeois* 2. conformiste • *cuisine bourgeoise* simple et bonne.

bourgeoisie *nf* catégorie sociale comprenant les personnes relativement aisées qui n'exercent pas un métier manuel.

bourgeon *nm* bouton des branches des arbres.

bourgeonner *vi* 1. produire des bourgeons 2. FIG. se couvrir de boutons.

bourguignon, onne *adj* et *n* de la Bourgogne ◆ *adj* et *nm* ragoût de bœuf aux oignons et au vin rouge.

bourrage *nm* action de bourrer • FAM. *bourrage de crâne* action de persuader par une propagande intensive.

bourrasque *nf* coup de vent violent.

bourratif, ive *adj* qui alourdit l'estomac.

bourre *nf* 1. amas de poils, de déchets de tissus qui servent à garnir, à boucher des trous, etc. 2. ce qu'on met par-dessus la charge des armes à feu pour la maintenir 3. partie grossière de la soie, de la laine.

bourré, e *adj* FAM. trop plein, comble.

bourreau *nm* 1. celui qui met à mort les condamnés à la peine capitale 2. FIG. homme cruel • FIG. *bourreau de travail* personne qui travaille beaucoup.

bourrée *nf* danse d'Auvergne.

bourrelet *nm* 1. bande de feutre, de caoutchouc, etc., qui sert à obstruer une ouverture ou à amortir un choc 2. FAM. renflement adipeux : *bourrelets de chair.*

bourrer *vt* 1. garnir de bourre 2. remplir en tassant 3. FAM. gaver 4. surcharger : *bourrer de travail* • *bourrer de coups* frapper à coups répétés • *bourrer le crâne* 1. intoxiquer de propagande 2. en faire accroire ◆ **se bourrer** *vpr* FAM. manger avec excès.

bourriche *nf* panier pour expédier du gibier, du poisson, des huîtres ; son contenu.

bourrique *nf* 1. âne, ânesse 2. FIG., FAM. personne têtue, stupide.

bourru, e *adj* d'un abord rude et renfrogné, peu aimable • *vin bourru* vin blanc nouveau.

bourse *nf* 1. petit sac à argent 2. FIG. l'argent qu'on y met 3. pension accordée pour des études : *bourse de licence* • *sans bourse délier* sans donner d'argent.

Bourse *nf* 1. lieu, édifice où se font les opérations financières sur les valeurs publiques ; marché de ces valeurs 2. milieu des boursiers • *Bourse du travail* lieu de réunion des syndicats ouvriers.

boursier, ère *n* étudiant, élève qui bénéficie d'une bourse.

boursier, ère *n* professionnel qui opère en Bourse ◆ *adj* relatif à la Bourse.

boursouflé, e *adj* 1. enflé, bouffi, gonflé 2. FIG. vaniteux et emphatique : *style boursouflé.*

boursouflure *nf* 1. enflure 2. emphase.

bousculade *nf* 1. désordre d'une foule où l'on se bouscule 2. hâte, précipitation.

bousculer *vt* 1. pousser en tous sens 2. FIG., FAM. presser : *ne me bousculez pas* ◆ **se bousculer** *vpr* se presser et s'agiter en se poussant les uns les autres.

bouse *nf* fiente de bœuf, de vache.

bousiller *vt* FAM. 1. endommager gravement 2. exécuter très mal, bâcler : *bousiller un travail.*

boussole *nf* cadran dont l'aiguille, aimantée, se tourne toujours vers le nord • FAM. *perdre la boussole* perdre la tête, s'affoler.

bout *nm* 1. extrémité : *bout d'un bâton* 2. fin : *voir le bout d'un travail* 3. fragment, morceau : *bout de papier, de gateau* • *bout de* petit : *un bout de jardin* • *à bout portant* à très courte distance • *à tout bout de champ* à tout propos • *au bout de* après une durée de • *au bout du compte* en définitive • *bout à bout* l'un à la suite de l'autre • *bout d'essai* courte scène permettant de connaître les aptitudes d'un acteur avant son engagement • *de bout en bout* d'une extrémité à l'autre • FAM. *en connaître, un bout* être très compétent • *être à bout* 1. être épuisé 2. avoir perdu patience • *être à bout de quelque chose* ne plus en avoir • *pousser à bout* faire perdre patience • FAM. *tenir le bon bout* être dans une bonne situation pour réussir • *venir à bout de* triompher de quelqu'un, terminer quelque chose.

boutade *nf* mot d'esprit, propos paradoxal.

boute-en-train *nm inv* personne qui met les autres en train, en gaieté.

bouteille *nf* 1. récipient à goulot étroit, pour les liquides ; son contenu 2. récipient métallique, de forme plus ou moins allongée : *bouteille d'oxygène, de gaz* • *avoir, prendre de la bouteille* être vieux, vieillir • FAM. *c'est la bouteille à l'encre* une situation confuse, embrouillée.

boutique *nf* magasin où se tient un commerce.

bouton *nm* 1. pousse, bourgeon à fleurs 2. papule sur la peau 3. petite pièce pour attacher les vêtements 4. ce qui a la forme d'un bouton : *bouton de fleuret, de porte* 5. interrupteur d'un appareil électrique, d'une sonnerie, etc.

bouton-d'or (*pl boutons-d'or*) *nm* renoncule jaune.

boutonner *vt* fermer par des boutons.

boutonnière *nf* fente à un vêtement pour passer le bouton.

bouton-pression (*pl boutons-pression*) *nm* ou **pression** *nf* petit bouton qui s'accroche par pression dans un œillet métallique.

bouture *nf* fragment d'un végétal, détaché artificiellement ou naturellement, et susceptible de s'enraciner.

bovidé *nm* mammifère ruminant aux cornes creuses (les bovidés forment une famille).

bovin, e *adj* et *n* de l'espèce du bœuf.

bowling [buliŋ] *nm* jeu de quilles d'origine américaine ; lieu où l'on y joue.

box (*pl boxes* ou *inv*) *nm* loge d'écurie, de garage.

boxe *nf* sport de combat où les deux adversaires s'affrontent à coups de poing.

boxer *vi* pratiquer la boxe ◆ *vt* FAM. frapper à coups de poing.

boxer [bɔksɛr] *nm* chien de garde, voisin du bouledogue.

boxeur *nm* celui qui pratique la boxe.

boyau [bwajo] *nm* 1. intestin d'un animal 2. conduit de cuir, de toile, de caoutchouc, etc. : *boyau de pompe* 3. corde de boyau : *boyaux de raquette* 4. FIG. passage, chemin étroit 5. tranchée enterrée, reliant les ouvrages des assiégeants.

boycottage ou **boycott** *nm* cessation volontaire de toutes relations avec un individu, une entreprise, une nation.

boycotter *vt* pratiquer le boycottage.

bracelet *nm* anneau, petite chaîne que l'on porte au bras.

braconner *vi* chasser ou pêcher sans permis ou à une époque interdite, avec des engins prohibés, en des endroits réservés.

braconnier *nm* celui qui braconne.

brader *vt* FAM. vendre à très bas prix, liquider.

braderie *nf* liquidation de marchandises à bas prix par les commerçants.

braguette *nf* ouverture sur le devant d'un pantalon.

brahmanisme *nm* philosophie de l'Inde, à laquelle est liée une organisation sociale reposant sur une division en castes héréditaires.

braille *nm* écriture en relief à l'usage des aveugles.

brailler *vi* FAM. 1. parler, crier de façon assourdissante 2. chanter mal et fort.

braire *vi* (conj 79 ; seulem. à l'ind. prés. et à l'inf) crier, en parlant de l'âne.

braise *nf* résidu ardent ou éteint de la combustion du bois.

braiser *vt* faire cuire à feu doux, sans évaporation.

bramer *vi* crier, en parlant du cerf.

brancard *nm* 1. civière pour porter des malades, des blessés, etc. 2. chacune des deux prolonges de bois entre lesquelles on attelle le cheval • FIG. *ruer dans les brancards* se rebiffer.

brancardier *nm* porteur de civière.

branchage *nm* ensemble des branches d'un arbre ◆ **branchages** *nm pl* branches coupées.

branche *nf* 1. ramification des tiges d'un arbre ou d'un arbuste 2. PAR EXT. division : *branche d'un fleuve* 3. FIG. ramification : *branche d'un art* 4. activité particulière, spécialité.

branché, e *adj* FAM. au courant, dans le coup, à la mode.

branchement *nm* 1. action de brancher 2. tuyau secondaire aboutissant au tuyau principal.

brancher *vt* 1. rattacher à une canalisation, à une conduite, à un circuit 2. mettre en relation avec une installation afin de faire fonctionner : *brancher un poste de télévision.*

branchies *nf pl* organes respiratoires des poissons ; ouïes.

brandade *nf* préparation de morue à la provençale.

brandir *vt* 1. balancer dans la main avec menace : *brandir un sabre* 2. agiter en l'air 3. FIG. agiter la menace de : *brandir la loi.*

branle-bas *nm inv* • *branle-bas de combat* 1. préparatifs de combat à bord d'un vaisseau 2. FIG. grande agitation, désordre qui précède une action.

branler *vi* chanceler, osciller, vaciller : *une dent qui branle* • FIG., FAM. *branler dans le manche* être en mauvaise posture.

braquer *vt* 1. diriger sur un objectif : *braquer un fusil* 2. AUTOM orienter les roues directrices d'une voiture pour virer 3. FAM. menacer d'une arme à feu 4. provoquer chez quelqu'un une attitude de rejet ◆ *vi* tourner : *une voiture qui braque bien* ◆ **se braquer** *vpr* avoir une réaction de refus.

braquet *nm* rapport entre le pédalier et le pignon arrière d'une bicyclette.

bras *nm* 1. partie du membre supérieur de l'homme, entre l'épaule et le coude ; PAR EXT. le membre supérieur en entier 2. partie du membre antérieur du cheval entre le genou et l'épaule 3. support latéral d'un siège 4. tige qui transmet un mouvement : *bras de levier* 5. division d'un fleuve, d'une mer 6. travailleur manuel : *l'agriculture manque de bras* • *à bout de bras* avec ses seules forces • *à bras raccourcis* avec violence • *à tour de bras* avec force • *avoir le bras long* avoir de l'influence • *avoir quelqu'un sur les bras* l'avoir à sa charge • *baisser les bras* abandonner • *bras dessus, bras dessous* en se donnant le bras • *le bras droit de quelqu'un* son principal assistant • *bras de fer* épreuve de force • *bras d'honneur* geste obscène de mépris • *couper bras et jambes* ôter toute force • *recevoir à bras ouverts* accueillir avec joie • *les bras m'en tombent* cela me stupéfie.

brasier *nm* 1. feu incandescent 2. incendie.

bras-le-corps (à) *loc adv* par le milieu du corps.

brassage *nm* 1. action de brasser 2. FIG. mélange : *le brassage des peuples.*

brassard *nm* bande d'étoffe, ruban que l'on porte au bras comme insigne.

brasse *nf* manière de nager sur le ventre en portant simultanément les deux bras en avant.

brasser *vt* 1. préparer la bière en opérant le mélange du malt avec l'eau 2. remuer, agiter, mêler • FIG. *brasser des affaires* en traiter beaucoup.

brasserie *nf* 1. lieu où l'on brasse la bière 2. type de restaurant.

brassière *nf* vêtement de bébé fermé dans le dos.
brave *adj* et *n* 1. vaillant, courageux : *homme brave* 2. honnête, bon : *brave homme.*
braver *vt* défier, affronter.
bravo *interj* très bien ! ◆ *nm* cri d'approbation, applaudissement.
bravoure *nf* vaillance, intrépidité.
break *nm* voiture qui possède à l'arrière un hayon relevable et une banquette amovible sur un plancher plat.
brebis *nf* mouton femelle • FIG. ***brebis galeuse*** personne dangereuse, indésirable.
brèche *nf* 1. ouverture faite dans un mur, une clôture, etc. 2. brisure au tranchant d'une lame • ***être toujours sur la brèche*** en action • ***battre en brèche*** attaquer vivement.
bredouille *adj* qui a échoué, qui n'a rien pris : *rentrer bredouille.*
bredouiller *vi* et *vt* parler d'une manière précipitée et peu distincte.
bref, ève *adj* de courte durée • ***d'un ton bref*** d'une voix tranchante, brutale • ***voyelle brève*** de peu de durée • ***pour être bref*** pour abréger ◆ *adv* enfin, en un mot : *bref, c'est non.*
brelan *nm* réunion de trois cartes semblables : *brelan d'as.*
breloque *nf* petit bijou attaché à un bracelet ou à une chaîne de montre.
bretelle *nf* 1. courroie pour porter un fardeau, un fusil 2. bande de tissu retenant aux épaules certains vêtements ou sous-vêtements 3. courte voie reliant entre eux deux itinéraires routiers importants.
bretzel *nm* ou *nf* pâtisserie alsacienne salée.
brevet *nm* diplôme délivré par l'État et conférant certains droits • ***brevet (d'invention)*** titre protégeant une invention ou un procédé.
breveter *vt* (conj 7) protéger par un brevet : *breveter une invention.*
bréviaire *nm* livre contenant les prières que les prêtres catholiques doivent lire chaque jour.
briard *nm* chien de berger, à poil long.
bribe *nf* (surtout au pl.) fragment d'un tout : *saisir des bribes d'une conversation.*
bric-à-brac *nm inv* objets disparates, vieux ou en mauvais état.
bricole *nf* FAM. chose sans importance ou sans valeur.
bricoler *vi* s'occuper chez soi à de petits travaux manuels ◆ *vt* FAM. réparer avec des moyens de fortune.
bride *nf* 1. partie du harnais du cheval qui sert à conduire celui-ci 2. COUT boutonnière en points de chaînette 3. lien de fer unissant deux pièces • ***à bride abattue*** très vite • ***lâcher la bride à*** donner toute liberté à.
bridé, e *adj* • ***yeux bridés*** dont les paupières sont étirées en longueur.
brider *vt* 1. mettre la bride à un cheval 2. ficeler une volaille 3. FIG. contenir, réfréner.
bridge *nm* 1. jeu de cartes 2. appareil dentaire formant pont entre deux dents.
brie *nm* fromage de la Brie, à pâte molle.
brièvement *adv* en très peu de mots.
brièveté *nf* courte durée.
brigade *nf* 1. unité militaire 2. corps de police spécialisé : *brigade des mineurs* 3. équipe d'ouvriers.
brigadier *nm* 1. chef d'une brigade de gendarmerie 2. général de brigade.
brigand *nm* 1. qui vole et pille à main armée 2. VIEILLI. vaurien, bandit.
briguer *vt* chercher à obtenir : *briguer un poste, un honneur.*
brillant, e *adj* 1. qui brille par son éclat 2. FIG. qui brille par son intelligence ◆ *nm* 1. éclat : *le brillant de l'or* 2. diamant taillé à facettes.
brillantine *nf* préparation parfumée pour donner du brillant aux cheveux.
briller *vi* 1. émettre de la lumière : *le soleil brille* 2. avoir de l'éclat : *ses yeux brillent de joie* 3. se faire remarquer par quelque chose : *briller par son esprit.*
brimade *nf* 1. épreuve imposée aux nouveaux par les anciens élèves 2. mesure vexatoire et inutile.
brimé, e *adj* qui éprouve un sentiment d'injustice, de frustration.
brin *nm* petite partie d'une chose longue et mince ; petite tige : *un brin d'herbe, de paille* • FAM. ***un brin de*** un peu • ***un beau brin de fille*** une fille grande et bien faite.
brindille *nf* branche menue.
brio *nm* virtuosité.
brioche *nf* 1. pâtisserie en forme de boule 2. FAM. gros ventre.
brique *nf* 1. matériau de construction en forme de parallélépipède rectangle à base de terre argileuse pétrie et moulée et cuite au four 2. FAM. un million de centimes ◆ *adj inv* rougeâtre.
briquer *vt* FAM. nettoyer en frottant vigoureusement.
briquet *nm* petit appareil servant à produire du feu.
brise *nf* petit vent frais et doux.
brise-glace *nm inv* navire muni d'une étrave renforcée pour briser la glace.
briser *vt* 1. rompre, mettre en pièces 2. détruire : *briser une résistance* 3. interrompre : *briser une discussion* ◆ **se briser** *vpr* 1. se casser 2. se diviser en heurtant un obstacle, en parlant des vagues.
brisure *nf* 1. LITT. fente, fêlure dans un objet brisé 2. endroit où un objet formé de deux parties est articulé : *brisure d'un volet.*
britannique *adj* et *n* de Grande-Bretagne.
broc [bro] *nm* grand vase à anse et à bec.
brocante *nf* commerce de brocanteur.

brocanteur, euse *n* qui achète et revend des objets usagés, d'occasion.

broche *nf* 1. tige de fer pour faire rôtir la viande 2. tige recevant les bobines des métiers à tisser 3. tige d'une serrure, pénétrant dans le trou d'une clef 4. bijou de femme muni d'une épingle ◆ **broches** *nf pl* VÉNER défenses du sanglier.

brocher *vt* 1. passer des fils d'or, de soie, etc., dans une étoffe 2. coudre les feuilles d'un livre • SOUT. ***brochant sur le tout*** de plus, pour comble.

brochet *nm* poisson d'eau douce qui peut atteindre 1 m de long.

brochette *nf* petite broche sur laquelle on enfile des morceaux de viande, de poisson, etc., pour les faire griller ; aliments ainsi grillés.

brochure *nf* 1. travail du brocheur 2. livre, ouvrage broché, peu volumineux.

brocoli *nm* chou-fleur vert d'Italie.

brodequin *nm* grosse chaussure montante de marche, lacée sur le cou-de-pied.

broder *vt* 1. orner une étoffe de motifs en relief, à l'aiguille ou à la machine 2. FAM. amplifier un récit, en y ajoutant des détails fantaisistes.

broderie *nf* décoration obtenue en brodant.

brome *nm* CHIM corps simple, liquide, rouge foncé (symb : Br).

bromure *nm* combinaison du brome avec un corps simple.

bronche *nf* chacun des deux conduits par lesquels l'air s'introduit dans les poumons.

broncher *vi* manifester son désaccord, sa mauvaise humeur, par des paroles ou des gestes : *obéir sans broncher.*

bronchite *nf* inflammation des bronches.

bronzage *nm* action de bronzer ; son résultat.

bronze *nm* 1. alliage de cuivre et d'étain 2. statue, objet en bronze.

bronzer *vt* 1. donner la couleur du bronze : *bronzer une statue* 2. brunir : *le soleil bronze la peau* ◆ *vi* devenir brun de peau.

brosse *nf* 1. ustensile de nettoyage à filaments souples fixés sur une monture : *brosse à habits, à dents* 2. sorte de pinceau pour étaler les couleurs • ***cheveux en brosse*** coupés courts et droits.

brosser *vt* nettoyer avec une brosse • FIG. ***brosser un tableau*** faire une description à larges traits, dépeindre.

brou *nm* enveloppe verte des fruits à écale • ***brou de noix*** couleur brune tirée de cette enveloppe.

brouette *nf* petite caisse évasée montée sur une roue et à deux brancards.

brouhaha *nm* FAM. bruit de voix confus et tumultueux.

brouillard *nm* 1. amas de vapeur d'eau formant un nuage près du sol, limitant la visibilité 2. COMM registre sur lequel on inscrit les opérations à leur date.

brouille *nf* FAM. désaccord, mésentente.

brouillé, e *adj* • ***œufs brouillés*** dont le jaune et le blanc mélangés sont constamment remués à la cuisson.

brouiller *vt* 1. mettre en désordre, bouleverser : *brouiller des fiches* 2. mettre de la confusion, embrouiller : *brouiller des idées* 3. mettre en désaccord : *brouiller des personnes* • FAM. ***être brouillé avec quelqu'un*** se trouver en désaccord, être fâché ◆ **se brouiller** *vpr* 1. devenir trouble, confus : *ma vue se brouille* 2. ne plus être ami avec • ***le temps se brouille*** le ciel se couvre de nuages.

brouillon, onne *adj* et *n* qui manque de clarté dans les idées.

brouillon *nm* premier état d'un écrit.

broussaille *nf* épines, ronces entremêlées • ***cheveux, sourcils, barbe en broussaille*** en désordre.

brousse *nf* étendue couverte de buissons et d'arbustes, qui est la végétation habituelle des régions tropicales sèches.

brouter *vt* manger l'herbe, les jeunes pousses en les arrachant ◆ *vi* fonctionner par à-coups (outil, machine, etc.).

broutille *nf* chose de peu d'importance.

broyer [brwaje] *vt* (conj 3) écraser, réduire en poudre : *broyer du sucre* • ***broyer du noir*** avoir des idées sombres.

broyeur *nm* machine à broyer.

bru *nf* femme du fils ; belle-fille.

brugnon *nm* hybride de pêche à peau lisse.

bruine *nf* pluie fine et froide.

bruiner *v. impers* tomber, en parlant de la bruine.

bruissement *nm* bruit faible et confus : *le bruissement des feuilles.*

bruit *nm* 1. mélange confus de sons 2. FIG. nouvelle : *un bruit qui court* 3. retentissement : *nouvelle qui fait grand bruit.*

bruitage *nm* action d'imiter artificiellement des bruits (cinéma, radio, etc.).

brûlant, e *adj* qui brûle, très chaud • FIG. ***terrain, sujet brûlant*** où la discussion est dangereuse, risquée.

brûlé, e *adj* • ***cerveau brûlé, tête brûlée*** individu exalté qui aime le risque.

brûle-pourpoint (à) *loc adv* sans prévenir, brusquement.

brûler *vt* 1. consumer par le feu 2. endommager par le feu ou des produits cliniques 3. causer une douleur vive par le contact du feu, d'un objet très chaud 4. employer comme source d'énergie pour le chauffage, pour l'éclairage : *brûler de l'électricité* 5. franchir un signal d'arrêt : *brûler un feu* • ***brûler la cervelle*** tuer d'un coup de feu à la tête • ***brûler ses vaisseaux*** se mettre dans l'impossibilité de reculer • ***brûler la politesse à quelqu'un*** passer devant lui • ***brûler une étape*** passer outre sans s'y arrêter • FAM. ***être brûlé*** être démasqué ◆ *vi* 1. être détruit, anéanti par le feu : *la maison brûle* 2. désirer ardemment : *il brûle de lui parler* 3. être sur le point de découvrir ce qu'il faut trouver : *tu brûles !*

brûlerie *nf* atelier où l'on distille l'eau-de-vie, où l'on torréfie le café.

brûleur *nm* appareil à combustion : *brûleur à gaz.*

brûlure *nf* 1. lésion produite par le feu, etc. 2. sensation de chaleur, d'irritation : *brûlure d'estomac.*

brume *nf* brouillard léger.

brun, e *adj* d'une couleur intermédiaire entre le jaune et le noir • ***tabac brun*** dont la fermentation a été poussée jusqu'à son terme et qui a subi une opération de torréfaction ◆ *adj* et *n* qui a les cheveux bruns ◆ *nm* couleur brune.

brune *nf* cigarette de tabac brun.

brunir *vt* 1. rendre brun 2. polir un métal ◆ *vi* devenir brun, hâlé ; bronzer.

Brushing [brœʃiŋ] *nm* (nom déposé) mise en forme des cheveux à l'aide d'une brosse et d'un séchoir à main.

brusque *adj* 1. qui agit avec soudaineté et souvent avec violence ; brutal, sec : *geste brusque ; ton brusque* 2. qui arrive de façon soudaine, imprévue ; subit, inattendu : *départ brusque.*

brusquer *vt* 1. traiter d'une manière brusque 2. hâter, précipiter : *brusquer une affaire.*

brusquerie *nf* action ou paroles brusques.

brut, e *adj* 1. qui est resté à l'état de nature, qui n'a pas été façonné, poli 2. non raffiné : *pétrole brut* 3. brutal, sauvage : *force brute* • ***champagne brut*** champagne très sec • ***poids brut*** emballage non défalqué • ***salaire brut*** dont on n'a pas déduit certaines retenues ◆ *adv* sans défalcation de poids ou de frais.

brutal, e, aux *adj* 1. qui fait preuve de violence : *un geste brutal ; un enfant brutal avec ses camarades* 2. FIG. soudain, inattendu : *mort brutale.*

brutaliser *vt* traiter brutalement.

brutalité *nf* 1. caractère de ce qui est brutal 2. acte brutal.

brute *nf* personne d'une violence ou d'une grossièreté excessive.

bruyant, e *adj* 1. qui fait du bruit 2. où il y a du bruit.

bruyère *nf* plante ornementale à fleurs violettes ou roses, poussant sur les sols siliceux • ***terre de bruyère*** produite par la décomposition des feuilles de bruyère • ***coq de bruyère*** tétras.

buanderie *nf* local où se fait la lessive.

bubon *nm* ganglion enflammé.

bubonique *adj* qui présente des bubons : *peste bubonique.*

buccal, e, aux *adj* de la bouche.

bûche *nf* morceau de bois de chauffage • ***bûche de Noël*** pâtisserie en forme de bûche • FAM. ***ramasser, prendre une bûche*** tomber.

bûcher *nm* 1. lieu où l'on range le bois à brûler 2. amas de bois sur lequel on brûle un corps : *condamner au bûcher.*

bûcher *vi* et *vt* FAM. travailler, étudier sans relâche.

bûcheron, onne *n* qui abat du bois dans une forêt.

budget *nm* état de prévision des recettes et des dépenses d'un pays, d'un département, d'une famille, d'un particulier, etc.

budgétaire *adj* du budget.

buée *nf* vapeur d'eau condensée en fines gouttelettes.

buffet *nm* 1. armoire pour renfermer la vaisselle, le service de table, etc. 2. table où sont dressés des mets, vins, etc. 3. restaurant de gare 4. menuiserie de l'orgue.

buffle *nm* espèce de bœuf de l'Europe méridionale, d'Asie et d'Afrique.

building [bildiŋ] *nm* immeuble ayant un grand nombre d'étages.

buis *nm* arbuste toujours vert, à bois dur ; bois de cet arbuste.

buisson *nm* 1. touffe d'arbrisseaux sauvages 2. petit taillis d'arbres 3. CUIS façon de disposer des crustacés en pyramide : *buisson d'écrevisses.*

buissonnier, ère *adj* • ***faire l'école buissonnière*** se promener, au lieu d'aller en classe.

bulbe *nm* 1. oignon de plante 2. ANAT partie renflée, globuleuse • ***bulbe rachidien*** partie supérieure de la moelle épinière.

bulldozer *nm* engin à chenilles pour aplanir le sol.

bulle *nf* 1. globule d'air à la surface d'un liquide 2. petite ampoule sur la peau 3. lettre patente du pape avec le sceau pontifical 4. dans une bande dessinée, élément graphique qui sort de la bouche d'un personnage et qui renferme ses paroles.

bulletin *nm* 1. billet servant à exprimer un vote : *bulletin blanc, nul* 2. information officielle concise : *bulletin de santé ; bulletin météorologique* 3. écrit officiel ayant valeur d'attestation : *bulletin de naissance* 4. rapport scolaire périodique : *bulletin trimestriel.*

bungalow *nm* 1. dans les pays chauds, habitation entourée de vérandas 2. construction légère servant de résidence de vacances dans un ensemble hôtelier, un camping, etc.

bunker [bunkœr] *nm* réduit fortifié.

Bunsen (bec) brûleur à gaz dans les laboratoires.

buraliste *n* 1. qui est préposé à un bureau de paiement, de poste, etc. 2. qui tient un bureau de tabac.

bureau *nm* 1. table munie ou non de tiroirs, pour écrire 2. pièce où se trouve cette table 3. lieu de travail des employés d'une administration, d'une entreprise 4. lieu où se réunissent les commissions d'une assemblée 5. président, vice-président et secrétaires d'une assemblée : *le bureau se réunit* 6. établissement assurant au public des services administratifs, commerciaux, etc. : *bureau de poste.*

bureaucrate *n* employé dans les bureaux d'une administration.

bureaucratie *nf* pouvoir, influence, routine des bureaux.

Bureautique *nf* (nom déposé) ensemble des techniques informatiques visant à l'automatisation des travaux de bureau.

burette *nf* 1. petit flacon à goulot long et étroit 2. boîte de métal munie d'un tube effilé, pour graisser.

burin *nm* 1. ciseau à métaux 2. instrument d'acier pour graver.

buriné, e *adj* marqué de rides : *visage, traits burinés.*

burlesque *adj* d'un comique extravagant : *film, situation burlesque* ◆ *nm* le genre burlesque.

bus *nm* abrév. d'autobus.

buse *nf* 1. genre d'oiseaux rapaces, voisins des faucons 2. FIG. ignorant et sot : *c'est une buse.*

busqué, e *adj* d'une courbure convexe : *nez busqué.*

buste *nm* 1. partie supérieure du corps humain de la taille au cou 2. poitrine de la femme 3. sculpture représentant la tête et le haut du buste d'une personne.

bustier *nm* corsage sans bretelles, découvrant les épaules et le buste.

but [byt, by] *nm* 1. point visé : *toucher le but* 2. terme qu'on s'efforce d'atteindre : *dépasser son but* 3. fin qu'on se propose 4. endroit où l'on cherche à lancer le ballon : *envoyer la balle dans le but* 5. point gagné : *marquer un but* ◆ *loc. adv* • ***de but en blanc*** brusquement.

butane *nm* gaz combustible tiré du pétrole.

buté, e *adj* entêté, obstiné.

buter *vt ind* [contre, sur] 1. heurter un obstacle 2. se trouver arrêté par une difficulté ◆ **se buter** *vpr* s'entêter, se braquer.

butin *nm* 1. ce qu'on enlève à l'ennemi 2. produit d'un vol 3. FIG. ce qu'on amasse.

butiner *vt* et *vi* recueillir le suc des fleurs, en parlant des abeilles.

butoir *nm* 1. obstacle artificiel placé à l'extrémité d'une voie ferrée SYN. *heurtoir* 2. pièce contre laquelle vient buter un mécanisme.

butte *nf* petite colline, tertre : *butte de tir* • FIG. ***être en butte à*** être exposé à.

buvable *adj* que l'on peut boire.

buvard *nm* papier non collé, propre à absorber l'encre fraîche.

buvette *nf* petit local, comptoir où l'on sert à boire (dans une gare, un théâtre, etc.).

buveur, euse *n* qui aime à boire du vin, etc.

C

c *nm* troisième lettre de l'alphabet et la deuxième des consonnes • *C* chiffre romain, valant 100.

ça *pr. dém* FAM. cette chose-là ; cela.

çà *adv. de lieu* • ***çà et là*** de côté et d'autre ◆ *interj* marque l'étonnement, l'impatience : *ah ! çà, répondrez-vous ?*

cabale *nf* menées secrètes, intrigue : *monter une cabale.*

caban *nm* veste croisée en drap épais, comme en portent les matelots.

cabane *nf* 1. petite habitation construite grossièrement ; hutte, baraque, bicoque 2. petite loge pour les animaux.

cabaret *nm* établissement de spectacle où l'on peut consommer des boissons, dîner, danser.

cabas *nm* grand sac souple en paille tressée.

cabillaud *nm* nom commercial de la morue fraîche.

cabine *nf* 1. chambre à bord d'un navire 2. espace aménagé pour le conducteur d'un camion, d'un engin, d'une motrice de chemin de fer, pour le pilote d'un avion, etc. 3. petite construction à usage déterminé : *cabine de douche ; cabine téléphonique.*

cabinet *nm* 1. petite pièce dépendant d'une plus grande : *cabinet de travail* 2. local où s'exerce une profession libérale 3. ensemble des ministres d'un État : *conseil de cabinet* 4. pièce abritant des collections publiques ou privées 5. meuble, coffre à compartiments pour ranger des objets précieux ◆ **cabinets** *pl* toilettes, W.-C.

câble *nm* 1. gros cordage 2. faisceau de fils conducteurs sous enveloppes isolantes : *câble sous-marin* 3. télégramme envoyé par câble.

câbler *vt* 1. tordre plusieurs cordes ensemble pour n'en faire qu'une 2. télégraphier par câble 3. établir les connexions d'un appareil électrique ou électronique.

cabosser *vt* déformer par des bosses ou des creux.

cabrer *vt* 1. faire dresser un cheval sur les membres postérieurs 2. FIG. amener à une attitude d'opposition, de révolte.

cabri *nm* chevreau.
cabriole *nf* saut agile fait en se retournant sur soi-même.
cabriolet *nm* 1. ANC. voiture à cheval à deux roues, munie d'une capote 2. automobile décapotable.
caca *nm* dans le langage enfantin, excrément.
cacahouète ou **cacahuète** *nf* fruit ou graine de l'arachide.
cacao *nm* graine du cacaoyer, d'où l'on extrait des matières grasses telles que le *beurre de cacao* et la poudre de cacao, qui sert à faire le chocolat.
cachalot *nm* grand mammifère cétacé des mers chaudes.
cache *nf* lieu secret pour cacher ◆ *nm* PHOT papier noir pour cacher à la lumière certaines parties d'un cliché photographique.
cache-cache *nm inv* jeu d'enfants.
cachemire *nm* tissu fin en poil de chèvre du Cachemire.
cache-nez *nm inv* longue écharpe de laine pour se protéger du froid.
cacher *vt* 1. soustraire à la vue en plaçant dans un lieu secret, en recouvrant 2. dissimuler : *cacher son jeu.*
cache-sexe *nm inv* triangle de tissu couvrant le sexe.
cachet *nm* 1. petit sceau gravé ; son empreinte : *un cachet de cire* 2. médicament en poudre ou aggloméré en pastille ; comprimé 3. rétribution que perçoit un artiste pour sa participation à un spectacle 4. marque distinctive, originalité : *cette maison a du cachet.*
cacheter *vt* (conj 8) 1. fermer, sceller avec un cachet 2. fermer une enveloppe en la collant • *vin cacheté* vin en bouteille dont le bouchon est recouvert de cire.
cachette *nf* lieu propre à cacher ou à se cacher • *en cachette* en secret, à la dérobée.
cachot *nm* 1. cellule étroite, obscure 2. prison en général.
cachotterie *nf* FAM. mystère sur des choses sans importance.
cachou *nm* substance astringente extraite des fruits de l'arec.
cacophonie *nf* mélange de sons discordants.
cactus [kaktys] *nm* plante grasse et épineuse.
c.-à-d. (abréviation) c'est-à-dire.
cadastre *nm* registre public qui porte le relevé détaillé des propriétés territoriales d'une commune.
cadavre *nm* corps d'un homme ou d'un animal mort.
Caddie *nm* (nom déposé) petit chariot pour transporter les marchandises, les bagages, etc.
cadeau *nm* objet offert pour faire plaisir ; présent.
cadenas *nm* serrure mobile, munie d'un arceau métallique qui se passe dans des pitons fermés.
cadenasser *vt* fermer avec un cadenas.
cadence *nf* 1. répétition de sons ou de mouvements d'une façon régulière ou mesurée 2. rythme de travail.
cadet, ette *adj* et *n* 1. enfant qui vient après l'aîné ou qui est plus jeune qu'un ou plusieurs enfants de la même famille 2. personne moins âgée qu'une autre 3. sportif âgé de treize à seize ans • *branche cadette* lignée, famille issue du cadet des enfants ◆ *nm* élève officier.
cadran *nm* 1. surface portant les chiffres des heures, etc., et sur laquelle se déplacent une, des aiguilles : *cadran d'une horloge* 2. dispositif manuel d'appel d'un téléphone.
cadre *nm* 1. bordure de bois, de métal, etc., qui entoure une glace, un tableau, etc. 2. châssis en général 3. FIG. ce qui entoure un objet, un espace, une scène, une personne 4. ce qui borne l'action de quelqu'un : *sortir du cadre de ses attributions* • *dans le cadre de* dans les limites de.
cadre *n* salarié exerçant une fonction de direction, de conception ou de contrôle dans une entreprise, une administration.
caduc, caduque *adj* qui n'a plus cours, périmé • *feuilles caduques* qui tombent chaque année.
caducée *nm* emblème du corps médical, composé d'un faisceau de baguettes autour duquel s'enroule le serpent d'Épidaure et que surmonte le miroir de la Prudence.
cafard *nm* 1. nom usuel de la *blatte* 2. FAM. idées noires : *avoir le cafard.*
cafardeux, euse *adj* 1. FAM. qui a des idées noires 2. qui donne le cafard.
café *nm* 1. fruit du caféier 2. infusion faite avec ce fruit torréfié 3. établissement où l'on peut consommer des boissons alcoolisées ou non ◆ *adj inv* d'un brun presque noir.
cafétéria *nf* lieu public où l'on sert du café, des repas légers.
cafetier *nm* qui tient un café.
cafetière *nf* appareil ménager qui sert à faire ou à verser le café.
cafouiller *vi* FAM. agir d'une manière désordonnée, confuse ; s'embrouiller.
cafter *vi* et *vt* ARG. SCOL. dénoncer, moucharder.
cage *nf* 1. espace clos par des barreaux ou du grillage, pour enfermer des oiseaux, des animaux 2. espace recevant un escalier, un ascenseur • *cage thoracique* cavité formée par les vertèbres, les côtes et le sternum, contenant le cœur et les poumons.
cageot *nm* emballage léger pour transporter les fruits, les légumes, etc.
cagibi *nm* FAM. pièce exiguë.

cagneux, euse *n* et *adj* qui a les jambes déformées (genoux rapprochés, pieds écartés).

cagnotte *nf* 1. caisse commune des membres d'une association, d'un groupe ; somme recueillie par cette caisse 2. dans certains jeux de hasard, somme d'argent qui s'accumule au fil des tirages et que quelqu'un peut gagner.

cagoule *nf* 1. manteau de moine, sans manches et surmonté d'un capuchon 2. capuchon percé à l'endroit des yeux 3. passe-montagne en laine encadrant de très près le visage et se prolongeant jusqu'au cou.

cahier *nm* assemblage de feuilles de papier réunies ensemble • ***cahier des charges*** conditions imposées à un adjudicataire.

cahin-caha *loc adv* FAM. tant bien que mal.

cahot *nm* secousse causée à un véhicule par l'inégalité du sol.

caïd *nm* FAM. chef de bande.

caille *nf* oiseau voisin de la perdrix.

cailler *vt* figer, coaguler ◆ *vi* FAM. avoir froid.

caillot *nm* petite masse de sang coagulé.

caillou (*pl cailloux*) *nm* pierre de petite dimension.

caisse *nf* 1. coffre de bois, à usages divers 2. meuble où un commerçant range sa recette ; la recette elle-même 3. comptoir d'un magasin où sont payés les achats 4. guichet d'une administration où se font les paiements 5. carrosserie d'un véhicule 6. établissement qui reçoit des fonds pour les administrer : *caisse d'épargne* 7. tambour • ***grosse caisse*** sorte de gros tambour.

caissier, ère *n* qui tient la caisse d'un établissement.

caisson *nm* 1. grande caisse pour établir des fondations sous l'eau 2. compartiment de plafond.

cajoler *vt* entourer d'attentions affectueuses, caresser.

cajou *nm* • ***noix de cajou*** autre nom de l'*anacarde*, fruit oléagineux comestible.

cake [kek] *nm* gâteau garni de raisins de Corinthe et de fruits confits.

cal (*pl cals*) *nm* 1. durillon 2. cicatrice saillante d'un os fracturé.

calamar *nm* › calmar.

calamité *nf* grand malheur public : *la guerre, la peste sont des calamités.*

calandre *nf* 1. machine pour lisser et lustrer les étoffes, glacer les papiers 2. AUTOM garniture placée devant le radiateur.

calanque *nf* petite crique en Méditerranée.

calcaire *adj* qui contient de la chaux ◆ *nm* roche calcaire.

calciner *vt* 1. brûler en ne laissant subsister que des résidus calcaires 2. brûler, carboniser.

calcium *nm* métal dont certains composés sont des matériaux de première utilité pour l'organisme humain.

calcul *nm* 1. opération que l'on fait pour trouver le résultat de la combinaison de plusieurs nombres 2. art de résoudre les problèmes de l'arithmétique 3. FIG. mesure, combinaison, projet 4. MÉD concrétion pierreuse : *calculs biliaires.*

calculatrice *nf* machine qui effectue des opérations numériques.

calculer *vt* 1. faire une opération de calcul 2. FIG. évaluer, combiner : *calculer ses efforts.*

calculette *nf* calculatrice électronique de poche.

cale *nf* objet qu'on place sous un autre pour le mettre d'aplomb.

cale *nf* 1. partie basse dans l'intérieur d'un navire 2. chantier ou bassin *(cale sèche)* où l'on construit ou répare un navire.

calé, e *adj* 1. FAM. instruit, fort : *calé en histoire* 2. FAM. difficile, compliqué.

calèche *nf* ANC. voiture à cheval découverte, suspendue à quatre roues.

caleçon *nm* sous-vêtement masculin en forme de culotte, à jambes longues ou courtes.

calembour *nm* jeu de mots fondé sur une similitude de sons.

calendrier *nm* 1. tableau des jours, des mois, des saisons, des fêtes de l'année 2. programme, emploi du temps.

calepin *nm* petit carnet servant à prendre des notes.

caler *vt* assujettir avec des cales ◆ *vi* 1. s'arrêter brusquement (moteur) 2. FAM. céder, reculer.

calfeutrer *vt* boucher les fentes d'une porte, d'une fenêtre afin d'empêcher l'air de passer ◆ **se calfeutrer** *vpr* se tenir enfermé chez soi.

calibre *nm* 1. diamètre d'un cylindre creux, d'un objet sphérique 2. diamètre d'un projectile 3. pièce servant de mesure, d'étalon • FIG. ***être du même calibre*** se valoir.

calibrer *vt* 1. mettre au calibre 2. classer, trier suivant le calibre.

calice *nm* 1. enveloppe extérieure des fleurs 2. vase sacré, dans lequel on verse le vin à la messe.

calicot *nm* 1. toile de coton 2. bande d'étoffe portant une inscription.

califourchon (à) *loc adv* jambe d'un côté, jambe de l'autre : *s'asseoir à califourchon sur une chaise* SYN. *à cheval.*

câlin, e *adj* et *n* doux et caressant ◆ *nm* geste tendre, caresse affectueuse.

calisson *nm* petit gâteau en pâte d'amandes, à dessus glacé.

calleux, euse *adj* qui présente des callosités.

calligramme *nm* texte dont la disposition typographique évoque le thème.
calligraphie *nf* art de bien former les caractères de l'écriture.
callosité *nf* épaississement et durcissement de l'épiderme.
calmant, e *adj* qui calme ◆ *nm* médicament qui calme la nervosité ou la douleur.
calmar ou **calamar** *nm* mollusque marin voisin de la seiche.
calme *adj* tranquille ◆ *nm* 1. absence d'agitation 2. FIG. tranquillité.
calmer *vt* 1. apaiser 2. atténuer.
calomnie *nf* accusation fausse.
calorie *nf* 1. unité de quantité de chaleur 2. unité de mesure de la valeur énergétique des aliments.
calotte *nf* 1. petit bonnet rond, ne couvrant que le sommet du crâne 2. FAM. tape sur la tête, sur la joue • *calotte glaciaire* masse de neige et de glace constituant le sommet arrondi de certaines montagnes.
calque *nm* 1. copie, reproduction d'un dessin sur papier transparent 2. ce papier lui-même 3. FIG. imitation servile 4. reproduction, représentation fidèle.
calquer *vt* 1. reproduire par calque ; décalquer 2. FIG. imiter exactement ou servilement.
calumet *nm* pipe à long tuyau des Indiens de l'Amérique du Nord.
calvados [-dos] *nm* eau-de-vie de cidre.
calvaire *nm* 1. croix en plein air, commémorant la passion du Christ 2. FIG. longue suite de souffrances morales ou physiques.
calvitie [-si] *nf* état d'une tête chauve.
camaïeu *nm* peinture dans laquelle on n'emploie que les tons d'une même couleur.
camarade *n* 1. compagnon de travail, d'étude, de chambre 2. ami.
cambouis *nm* graisse noircie par le frottement des roues, des organes d'une machine.
cambrer *vt* courber en arc ◆ **se cambrer** *vpr* se redresser en bombant le torse.
cambriolage *nm* vol commis par quelqu'un qui s'est introduit dans un local fermé.
cambrioler *vt* dévaliser une maison, un appartement par effraction.
cambrure *nf* 1. courbure en arc 2. pièce de milieu, dans la semelle d'une chaussure.
camée *nm* pierre fine sculptée en relief, portée comme bijou.
caméléon *nm* sorte de lézard de couleur changeante.
camélia *nm* arbrisseau à belles fleurs, originaire d'Asie.
camelote *nf* FAM. marchandise, produit de mauvaise qualité.
camembert *nm* fromage à pâte molle, fabriqué en Normandie.
caméra *nf* appareil de prise de vues, pour le cinéma ou la télévision.
Caméscope *nm* (nom déposé) caméra portative intégrant un magnétoscope miniaturisé.
camion *nm* grand véhicule automobile pour gros transports.
camionnette *nf* petit camion.
camionneur *nm* 1. qui conduit un camion 2. entrepreneur de camionnage.
camisole *nf* • *camisole de force* blouse emprisonnant les bras le long du corps, utilisée autrefois pour immobiliser certains malades mentaux.
camomille *nf* plante odoriférante vivace, à fleurs jaunes ; infusion de ces fleurs.
camoufler *vt* maquiller, déguiser.
camp *nm* 1. lieu où s'établit une formation militaire ; cette formation 2. lieu où l'on campe ; campement : *camp scout* 3. terrain où des personnes sont regroupées dans des conditions précaires : *camp de réfugiés* 4. parti opposé à un autre • *camp retranché* place forte entourée de forts • *camp volant* provisoire • *lever le camp* s'en aller.
campagnard, e *adj* et *n* qui est de la campagne.
campagne *nf* 1. étendue de pays plat et découvert 2. les régions rurales, les champs : *vivre à la campagne* 3. expédition militaire 4. entreprise politique, économique, etc., de durée déterminée, ayant un but de propagande : *campagne électorale* • *battre la campagne* déraisonner, divaguer • *faire campagne* déployer une activité pour • *se mettre en campagne* partir à la recherche de.
campement *nm* 1. action de camper 2. le lieu où l'on campe 3. troupe campée : *campement de bohémiens.*
camper *vi* 1. établir un camp militaire 2. s'installer de façon provisoire 3. faire du camping ◆ *vt* exprimer, représenter avec vigueur, précision : *camper un personnage* ◆ **se camper** *vpr* prendre une pose fière, décidée : *se camper devant un adversaire.*
campeur, euse *n* qui fait du camping.
camphre *nm* substance aromatique cristallisée, tirée du camphrier.
camping *nm* 1. manière de vivre en plein air en couchant sous une tente 2. terrain aménagé pour camper.
camping-car (*pl camping-cars*) *nm* véhicule aménagé contenant des couchettes et du matériel de cuisine.
campus [kɑ̃pys] *nm* ensemble universitaire regroupant unités d'enseignement et résidences.
canada *nf* variété de pomme.
canadienne *nf* veste doublée de fourrure.
canaille *nf* individu méprisable, sans moralité ◆ *adj* vulgaire, polisson.

canal *nm* 1. conduit artificiel pour l'eau, le gaz, etc. 2. voie navigable creusée par l'homme : *le canal des Deux-Mers* 3. mer resserrée entre deux rivages : *le canal de Mozambique* 4. ANAT vaisseau du corps : *canal médullaire* • *par le canal de* par le moyen, par l'intermédiaire de.

canalisation *nf* 1. action de canaliser un cours d'eau 2. conduite, tuyauterie assurant la circulation d'un fluide.

canaliser *vt* 1. rendre un cours d'eau navigable 2. FIG. acheminer dans une direction, empêcher de se disperser : *canaliser une foule.*

canapé *nm* 1. long siège à dossier 2. tranche de pain de mie sur laquelle on dispose diverses garnitures.

canard *nm* 1. oiseau aquatique palmipède 2. FIG., FAM. fausse nouvelle 3. note fausse 4. morceau de sucre trempé dans le café, l'eau-de-vie, etc. 5. FAM. journal.

canari *nm* serin jaune.

cancan *nm* FAM. bavardage médisant, commérage.

cancer *nm* tumeur maligne formée par la multiplication désordonnée des cellules d'un tissu ou d'un organe.

cancérigène *adj* se dit de ce qui peut provoquer l'apparition d'un cancer.

candeur *nf* innocence naïve, ingénuité : *répondre avec candeur.*

candi *adj.m* • *sucre candi* purifié et cristallisé.

candidat, e *n* 1. aspirant à un emploi, une fonction, un titre 2. personne qui se présente à un examen, à un concours, à une élection.

candidature *nf* qualité de candidat.

cane *nf* femelle du canard.

caneton *nm* jeune canard.

canette *nf* 1. petite cane 2. petite bouteille à bière en verre épais ; son contenu 3. boîte métallique cylindrique contenant une boisson ; son contenu 4. petit cylindre sur lequel est enroulé le fil dans la navette ou le fil d'une machine à coudre.

canevas *nm* 1. grosse toile claire pour faire la tapisserie 2. FIG. plan d'un ouvrage : *canevas de roman.*

caniche *nm* variété de chien barbet à poils frisés.

canicule *nf* période très chaude de l'été.

canif *nm* petit couteau de poche à lame pliante.

canin, e *adj* qui tient du chien.

canine *nf* dent pointue située entre les incisives et les molaires.

caniveau *nm* rigole d'évacuation des eaux le long d'une chaussée, généralement au bord des trottoirs.

cannabis *nm* chanvre indien ; drogue tirée de cette plante, telle que le haschisch ou la marijuana.

canne *nf* 1. nom usuel de plusieurs grands roseaux 2. bâton pour s'appuyer en marchant • *canne blanche* canne d'aveugle • *canne à pêche* bâton flexible au bout duquel on fixe une ligne • *canne à sucre* plante tropicale cultivée pour le sucre extrait de sa tige.

cannelle *nf* poudre aromatique de l'écorce d'un laurier des Indes, le *cannelier.*

cannelloni *nm* pâte alimentaire roulée en cylindre et farcie.

cannibale *adj* et *n* anthropophage.

canoë *nm* embarcation légère, à fond plat, mue à la pagaie simple ; sport pratiqué avec cette embarcation.

canon *nm* 1. pièce d'artillerie non portative servant à lancer des projectiles lourds 2. tube d'une arme à feu par où passe le projectile : *canon de fusil* 3. os de la jambe du cheval 4. partie forée d'une clef.

canon *nm* 1. règle religieuse 2. prières et cérémonies essentielles de la messe 3. MUS composition à plusieurs voix qui chantent chacune, et l'une après l'autre, la même ligne mélodique 4. principe servant de règle ; objet pris comme type idéal : *les canons de la beauté.*

canoniser *vt* mettre au nombre des saints.

canot *nm* embarcation mue à la rame ou au moteur : *canot de sauvetage.*

canotier *nm* chapeau de paille, à bords plats.

cantatrice *nf* chanteuse professionnelle d'opéra ou de chant classique.

cantine *nf* 1. service qui prépare les repas d'une collectivité ; réfectoire où sont pris des repas 2. petite malle.

cantique *nm* chant religieux.

canton *nm* subdivision d'un arrondissement.

cantonade *nf* • *parler, crier à la cantonade* sans paraître s'adresser précisément à quelqu'un.

cantonner *vt* isoler, mettre à l'écart ◆ *vi* s'installer, prendre ses quartiers ◆ **se cantonner** *vpr* se renfermer, se maintenir dans : *se cantonner dans son rôle.*

cantonnier *nm* ouvrier chargé de l'entretien des routes.

canular *nm* FAM. mystification, blague.

canut, use *n* qui tisse la soie.

caoutchouc *nm* 1. substance élastique obtenue par le traitement du latex de diverses plantes tropicales 2. objet en caoutchouc.

cap *nm* pointe de terre qui s'avance dans la mer : *le cap Gris-Nez* • MAR *mettre le cap sur* se diriger vers • FIG. *passer le cap* franchir une étape difficile, décisive.

capable *adj* 1. qui peut faire une chose, atteindre tel ou tel résultat : *capable de lire* 2. qui a les qualités requises par ses fonctions : *directeur très capable.*

capacité *nf* 1. contenance : *mesures de capacité* 2. aptitude d'une personne dans tel ou tel domaine ; compétence.

cape *nf* vêtement de dessus sans manches qui emboîte les épaules et les bras • *rire sous cape* en cachette, sournoisement.

capillaire *adj* relatif aux cheveux • *vaisseaux capillaires* ramifications des artères et des veines.

capitaine *nm* 1. officier des armées de terre et de l'air dont le grade est situé entre ceux de lieutenant et de commandant 2. commandant d'un navire, d'un port, etc. 3. chef d'une équipe sportive.

capital, e, aux *adj* 1. essentiel, fondamental : *point capital* 2. qui entraîne la mort : *peine capitale* • *lettre capitale* majuscule • *sept péchés capitaux* péchés qui sont la source de tous les autres.

capital (*pl capitaux*) *nm* 1. ensemble de biens possédés, par opposition aux revenus qu'ils peuvent produire 2. valeur de ces biens ◆ **capitaux** *pl* ensemble des fonds disponibles ou en circulation.

capitale *nf* 1. ville où siège le gouvernement d'un État 2. principal centre d'une activité industrielle, de services 3. lettre majuscule.

capitaliser *vt* 1. convertir en capital 2. accumuler des choses pour en tirer profit ensuite ◆ *vi* amasser de l'argent.

capitalisme *nm* système de production dont les fondements sont l'entreprise privée et la liberté du marché.

capitonner *vt* rembourrer un siège.

capituler *vi* cesser toute résistance, se reconnaître vaincu, soit militairement, soit dans une discussion, etc.

caporal *nm* militaire du grade immédiatement supérieur à celui de soldat.

capot *nm* couverture métallique du moteur d'une automobile.

capote *nf* 1. couverture amovible d'une voiture, d'un landau d'enfant 2. manteau militaire.

câpre *nf* bouton du câprier, qui sert de condiment.

caprice *nm* décision, volonté subite et irréfléchie ◆ **caprices** *pl* variations soudaines dans le cours des choses : *les caprices de la mode.*

capricieux, euse *n* et *adj* qui agit par caprices ◆ *adj* sujet à des changements imprévus : *temps capricieux.*

capricorne *nm* insecte coléoptère aux longues antennes.

capsule *nf* 1. petit couvercle en métal ou en plastique pour boucher une bouteille 2. enveloppe soluble de certains médicaments 3. BOT enveloppe sèche qui renferme les semences et les graines • *capsule spatiale* véhicule à bord duquel les cosmonautes effectuent leurs voyages dans l'espace.

capter *vt* 1. recevoir au moyen d'appareils radioélectriques : *capter une chaîne de télévision* 2. recueillir une énergie, un fluide, etc., pour l'utiliser : *capter les eaux d'une source* 3. obtenir, gagner par ruse : *capter la confiance de quelqu'un.*

capteur *nm* dispositif recueillant l'énergie calorifique du Soleil, en vue de son utilisation.

captiver *vt* retenir l'attention, l'intérêt ; charmer, passionner : *captiver l'auditoire.*

capturer *vt* s'emparer de.

capuche *nf* sorte de capuchon.

capuchon *nm* 1. partie de vêtement pour la tête pouvant se rabattre en arrière 2. bouchon d'un stylo, d'un tube, etc.

capucine *nf* plante ornementale à feuilles rondes et à fleurs orangées.

caquet *nm* gloussement de la poule • *rabattre le caquet* faire taire, remettre à sa place.

car *conj* marque la preuve, la raison de la proposition avancée.

carabine *nf* fusil court, léger.

caraco *nm* 1. corsage féminin à basques 2. sous-vêtement féminin couvrant le buste.

caractère *nm* 1. élément d'une écriture 2. signe dont on se sert dans l'imprimerie 3. FIG. manière habituelle de réagir propre à chaque personne ; personnalité : *avoir bon caractère* 4. affirmation vigoureuse de la personnalité : *avoir du caractère* 5. trait donnant à quelque chose son originalité : *immeuble sans caractère* 6. signe distinctif, apparence, air : *caractère d'authenticité* 7. ce qui est propre, particulier à : *caractères physiques.*

caractériel, elle *adj* et *n* qui présente des troubles du caractère.

caractériser *vt* 1. définir par un caractère distinctif 2. constituer le caractère essentiel de : *la bonté le caractérise* ◆ **se caractériser** *vpr* [par] avoir pour signe distinctif.

carafe *nf* bouteille à base large et à col étroit ; son contenu : *carafe d'eau.*

carambolage *nm* série de chocs, surtout entre véhicules.

caramboler *vi* au billard, pousser une bille et lui faire du même coup toucher les deux autres ◆ **se caramboler** *vpr* en parlant de véhicules, se heurter en série.

caramel *nm* 1. sucre fondu et roussi par l'action du feu 2. bonbon composé de sucre et d'un corps gras aromatisé ◆ *adj inv* d'une couleur entre le beige et le roux.

caraméliser *vt* 1. réduire le sucre en caramel 2. recouvrir de caramel.

carapace *nf* 1. enveloppe dure protégeant le corps de certains animaux 2. FIG. protection, cuirasse.

carat *nm* 1. quantité d'or fin pesant un vingt-quatrième du poids total d'un alliage

2. unité de poids de 20 centigrammes (diamants, perles, etc.) • FAM. ***dernier carat*** dernier moment.

caravane *nf* 1. troupe de voyageurs réunis pour franchir un désert, une contrée peu sûre, etc 2. groupe 3. remorque de camping.

carbonate *nm* CHIM sel du gaz carbonique : *carbonate de soude.*

carbone *nm* CHIM corps simple, soit cristallisé, soit amorphe • ***papier carbone*** papier utilisé pour exécuter des doubles, notamment à la machine à écrire.

carboniser *vt* brûler complètement, réduire en charbon.

carburant *nm* combustible qui alimente un moteur à explosion.

carburateur *nm* organe d'un moteur à explosion préparant le mélange d'essence et d'air.

carcan *nm* 1. AUTREF. collier de fer pour attacher un criminel au poteau d'exposition 2. FIG. ce qui entrave la liberté, contrainte, sujétion.

carcasse *nf* 1. charpente osseuse d'un animal 2. FAM. le corps humain 3. armature, charpente : *carcasse d'abat-jour.*

carcéral, e, aux *adj* relatif aux prisons, au régime pénitentiaire.

cardan *nm* MÉCAN articulation permettant la transmission d'un mouvement de rotation dans toutes les directions.

cardiaque *adj* relatif au cœur ◆ *adj* et *n* qui a une maladie de cœur.

cardigan *nm* veste de tricot à manches longues, se fermant par-devant.

cardinal, e, aux *adj* • ***points cardinaux*** l'est, le sud, l'ouest et le nord • ***nombre cardinal*** qui exprime la quantité (EX : *un, deux, trois, quatre*).

cardinal *nm* 1. membre du Sacré Collège, électeur et conseiller du pape 2. oiseau au plumage rouge écarlate.

cardiologue *n* spécialiste des maladies du cœur.

cardio-vasculaire (*pl cardio-vasculaires*) *adj* relatif à la fois au cœur et aux vaisseaux.

carême *nm* pour les catholiques et les orthodoxes, temps de pénitence allant du mercredi des Cendres au jour de Pâques.

carence *nf* 1. absence, manque de quelque chose 2. PAR EXT. action de se dérober, de manquer à un engagement : *la carence du pouvoir.*

caresse *nf* attouchement tendre.

caresser *vt* 1. faire des caresses 2. FIG. nourrir (des espérances, un projet, etc.).

car-ferry (*pl car-ferrys* ou *car-ferries*) *nm* navire aménagé pour le transport des automobiles.

cargaison *nf* ensemble des marchandises transportées par un navire, un avion.

cargo *nm* navire pour le transport des marchandises.

cari *nm* › curry.

caricature *nf* 1. dessin, peinture satirique ou grotesque 2. déformation grotesque et outrée de certains traits ou caractéristiques 3. FAM. personne ridicule.

carie *nf* maladie de la dent détruisant ses parties dures.

carier *vt* gâter par l'effet de la carie.

carillon *nm* 1. réunion de cloches accordées à différents tons 2. sonnerie de ces cloches 3. horloge qui sonne les heures 4. PAR EXT. sonnerie vive et précipitée.

carillonner *vi* 1. sonner le carillon 2. FAM. agiter vivement une sonnette à une porte ◆ *vt* faire savoir à grand bruit : *carillonner une nouvelle.*

caritatif, ive *adj* qui a pour objet d'assister ceux qui ont besoin d'aide matérielle ou morale.

carmin *nm* et *adj inv* couleur d'un rouge vif.

carnage *nm* massacre, tuerie.

carnassier, ère *adj* et *n* qui se nourrit de chair crue SYN. *carnivore.*

carnaval (*pl carnavals*) *nm* période de réjouissances allant de l'Épiphanie au mercredi des Cendres ; ces réjouissances (bal, défilé de chars).

carnet *nm* 1. petit cahier servant à inscrire des notes, des adresses, etc. 2. assemblage de tickets, de timbres, etc., détachables.

carnivore *adj* et *n* 1. carnassier 2. qui aime la viande ◆ *nm* mammifère qui se nourrit surtout de viande (chien, chat, ours, etc.) (les carnivores forment un ordre).

carotène *nm* pigment jaune ou rouge des végétaux (carotte) et des animaux.

carotide *nf* chacune des deux artères qui conduisent le sang du cœur à la tête.

carotte *nf* 1. plante cultivée pour sa racine comestible ; racine de cette plante 2. échantillon cylindrique de terrain retiré du sol 3. enseigne des bureaux de tabac • ***la carotte et le bâton*** l'alternance de promesses et de menaces • FAM. ***les carottes sont cuites*** il n'y a plus rien à faire ◆ *adj inv* de couleur rouge tirant sur le roux.

carpaccio [karpatʃjo] *nm* viande de bœuf crue, coupée en fines lamelles et macérée dans de l'huile et du citron.

carpe *nf* poisson d'eau douce.

carpette *nf* tapis de petites dimensions.

carré, e *adj* 1. qui a la forme d'un carré 2. FIG. franc, décidé • ***épaules carrées*** larges.

carré *nm* 1. quadrilatère plan à côtés égaux et quatre angles droits 2. compartiment de jardin, où l'on cultive une même plante 3. sur un navire, salle de repas des officiers 4. réunion de quatre cartes semblables 5. ensemble des côtelettes du mouton, de l'agneau, du porc 6. produit d'un nombre multiplié par lui-même.

carreau *nm* 1. pavé plat, en terre cuite, en pierre, etc. 2. sol pavé de carreaux 3. verre de fenêtre 4. fer de tailleur 5. aux cartes, couleur marquée par des losanges rouges • FAM. ***se tenir à carreau*** être sur ses gardes • ***sur le carreau*** 1. à terre, assommé ou tué 2. éliminé.

carrefour *nm* 1. lieu où se croisent plusieurs chemins ou rues 2. FIG. lieu de rencontre et de confrontation d'idées opposées.

carrelage *nm* 1. action de carreler 2. sol recouvert de carreaux.

carreler *vt* (conj 6) assembler des carreaux pour former un revêtement.

carrément *adv* franchement, sans détours : *déclarer carrément.*

carrière *nf* 1. profession à laquelle on consacre sa vie ; ensemble des étapes de cette profession 2. grand manège d'équitation en terrain découvert • ***la carrière*** la diplomatie.

carrière *nf* terrain d'où l'on extrait la pierre : *carrière de grès.*

carrossable *adj* où les voitures peuvent circuler.

carrosse *nm* voiture de luxe à quatre roues, tirée par des chevaux.

carrosserie *nf* 1. industrie, technique du carrossier 2. caisse d'une voiture.

carrure *nf* largeur du dos, d'une épaule à l'autre.

cartable *nm* sac d'écolier.

carte *nf* 1. carton mince 2. petit carton fin, portant des figures et servant à jouer 3. document prouvant l'identité ou permettant d'exercer certains droits : *carte d'électeur* 4. liste des plats dans un restaurant : *manger à la carte* 5. représentation géographique : *carte murale* • ***à la carte*** selon un libre choix • ***brouiller les cartes*** embrouiller une affaire • ***carte grise*** récépissé de déclaration d'un véhicule à moteur • ***carte postale*** carte dont un des côtés sert à la correspondance et dont l'autre contient une photo, une illustration • ***carte de visite*** petit rectangle de bristol sur lequel sont imprimés le nom, l'adresse, etc. • ***le dessous des cartes*** le secret d'une affaire • ***jouer cartes sur table*** ne rien dissimuler • ***jouer la carte de*** s'engager à fond dans un choix • ***jouer sa dernière carte*** faire une tentative ultime • ***tirer les cartes*** prédire l'avenir par les cartes.

cartilage *nm* tissu blanc, dur et élastique aux extrémités des os.

cartographe *n* qui dresse les cartes de géographie.

cartomancie *nf* art de prédire l'avenir par les cartes à jouer, les tarots.

carton *nm* 1. matière composée de pâte à papier, plus rigide et plus épaisse que le papier 2. boîte en carton 3. portefeuille de dessin 4. modèle dessiné ou peint • FAM. ***faire un carton*** tirer sur.

cartonner *vt* relier un livre en carton.

carton-pâte (*pl cartons-pâtes*) *nm* carton fait de déchets de papier additionnés de colle, et servant à fabriquer des objets par moulage.

cartouche *nf* 1. cylindre renfermant la charge d'un fusil, d'un pistolet, etc. 2. recharge cylindrique d'encre pour un stylo, de gaz pour un briquet 3. emballage groupant plusieurs paquets de cigarettes.

cartouchière *nf* sacoche ou ceinture où l'on met des cartouches de fusil.

cary *nm* ▸ curry.

cas *nm* 1. fait, circonstance : *le cas est rare* 2. situation : *que faire en pareil cas ?* 3. MÉD manifestation d'une maladie ; le malade lui-même • ***au cas où*** supposé que • ***cas de conscience*** fait, situation difficile à juger, à résoudre • ***cas de figure*** situation envisagée par hypothèse • ***en ce cas*** alors • ***en tout cas*** quoi qu'il arrive • ***faire cas, grand cas de*** estimer, prendre en considération.

cas *nm* GRAMM dans les langues à déclinaisons, chacune des formes prises par certains noms, adjectifs, pronoms, participes, suivant leur rôle dans la phrase.

casanier, ère *adj* et *n* qui aime à rester chez soi.

casaque *nf* veste des jockeys • FIG. ***tourner casaque*** changer de parti, d'opinion.

cascade *nf* chute d'eau • FIG. ***en cascade*** en série.

cascadeur, euse *n* 1. artiste spécialisé qui joue les scènes dangereuses dans les films comme doublure des comédiens 2. spécialiste des chutes volontaires, des sauts dangereux.

case *nf* 1. habitation rudimentaire 2. compartiment d'un meuble, d'un tiroir, etc. 3. carré de l'échiquier, du damier, etc.

caser *vt* 1. placer, mettre : *caser des livres* 2. FIG., FAM. procurer un emploi, une situation à.

caserne *nf* bâtiment affecté au logement des militaires.

cash *adv* comptant : *payer cash.*

casier *nm* 1. meuble ou partie de meuble garni de cases 2. nasse : *casier à homards* • ***casier judiciaire*** relevé des condamnations encourues par une personne.

casino *nm* établissement de jeu, de réunion, etc., dans les stations balnéaires.

casque *nm* 1. coiffure qui protège la tête : *casque colonial* 2. appareil d'écoute téléphonique ou radiophonique.

casquette *nf* coiffure à visière.

cassant, e *adj* 1. qui se casse facilement 2. FIG. raide, tranchant : *ton cassant.*

cassation *nf* annulation juridique d'un arrêté, d'une procédure • ***cour de cassation*** cour suprême de justice.

casse *nf* 1. action de casser 2. objets cassés : *payer la casse.*

cassé, e *adj* • *blanc cassé* tirant légèrement sur le gris ou le jaune • *voix cassée* éraillée, tremblante.

casse-cou *nm inv* personne qui prend des risques, qui n'a pas peur du danger • *crier casse-cou* avertir d'un danger.

casse-croûte *nm inv* FAM. repas sommaire.

casse-pieds *n* et *adj inv* FAM. importun.

casser *vt* 1. mettre en morceaux sous l'action d'un choc, d'un coup ; briser 2. mettre hors d'usage un appareil 3. FIG. interrompre le cours de : *casser des relations* 4. FIG. annuler : *casser un arrêt* 5. MIL priver de son grade • FAM. *à tout casser* tout au plus, au maximum • FAM. *casser la tête, les oreilles* fatiguer par du bruit, des paroles • FAM. *ne rien casser* être sans originalité ◆ **se casser** *vpr* • *se casser le nez* échouer, trouver porte close • *se casser la tête* se tourmenter pour trouver une solution.

casserole *nf* ustensile de cuisine à fond plat et à manche.

cassette *nf* 1. petit coffre 2. étui contenant une bande magnétique préenregistrée ou non, un film, etc.

cassis [kasis] *nm* 1. groseillier à fruits noirs ; fruit de cet arbuste 2. liqueur de cassis.

cassis [kasi] *nm* rigole en travers d'une route.

cassolette *nf* 1. brûle-parfum 2. petit récipient pour hors-d'œuvre chaud ou froid 3. plat préparé en cassolette.

cassonade *nf* sucre roux qui n'a été raffiné qu'une fois.

cassoulet *nm* ragoût de haricots blancs et de viandes.

castagnettes *nf pl* double pièce de bois ou d'ivoire qu'on s'attache aux doigts et qu'on fait résonner.

castor *nm* mammifère rongeur qui construit des digues sur les cours d'eau.

castration *nf* ablation des glandes génitales mâles.

castrer *vt* pratiquer la castration ; châtrer.

cataclysme *nm* grand bouleversement destructeur, causé par un cyclone, un tremblement de terre, etc.

catacombes *nf pl* souterrains ayant servi de sépultures ou d'ossuaires.

catalogue *nm* liste par ordre ; ouvrage contenant cette liste.

cataloguer *vt* 1. inscrire par ordre 2. PÉJOR. ranger, classer définitivement dans une catégorie.

catalyseur *nm* 1. CHIM corps qui catalyse 2. FIG. élément qui catalyse.

catamaran *nm* embarcation à voile constituée par deux coques accouplées.

cataplasme *nm* bouillie médicinale épaisse appliquée sur la peau pour combattre une inflammation.

catapulte *nf* 1. ANTIQ machine de guerre pour lancer des pierres 2. appareil pour le lancement des avions sur un navire de guerre.

cataracte *nf* 1. chute d'eau importante sur un fleuve 2. MÉD opacité du cristallin.

catastrophe *nf* événement subit qui cause un bouleversement, des destructions, des morts • *en catastrophe* d'urgence.

catch *nm* lutte dans laquelle on peut pratiquer toutes sortes de prises.

catéchisme *nm* instruction religieuse élémentaire, donnée principalement à des enfants.

catégorie *nf* classe de personnes ou d'objets de même nature.

catégorique *adj* 1. clair, précis, absolu : *refus catégorique* 2. qui juge d'une manière définitive ; affirmatif.

caténaire *nf* câble conducteur servant à l'alimentation en courant des locomotives électriques.

cathédrale *nf* église principale d'un diocèse, où siège l'évêque résidant.

cathode *nf* 1. électrode de sortie du courant dans un appareil à électrolyse 2. électrode qui est la source primaire d'électrons dans un tube.

catholicisme *nm* religion des chrétiens qui reconnaissent l'autorité du pape.

catholique *adj* et *n* qui appartient au catholicisme ◆ *adj* FAM. conforme à la règle, à la morale courante : *ceci n'est pas très catholique.*

catimini (en) *loc adv* FAM. en cachette : *agir en catimini.*

catogan *nm* nœud retenant les cheveux sur la nuque.

cauchemar *nm* 1. rêve pénible et agité 2. FAM. chose ou personne qui importune, tourmente.

causant, e *adj* FAM. qui parle volontiers, communicatif.

cause *nf* 1. ce qui fait qu'une chose existe ; origine, principe : *connaître la cause d'un phénomène* 2. ce pour quoi on fait quelque chose ; motif, raison : *j'ignore la cause de son départ* 3. ensemble d'intérêts, d'idées à soutenir : *la cause d'une œuvre humanitaire* 4. GRAMM expression de la raison ou du motif de l'action • *en tout état de cause* de toute manière • *être en cause* ou *mettre en cause* être concerné, incriminer • *la bonne cause* celle qu'on considère comme juste ◆ **à cause de** *loc prép* en raison de ; par la faute de.

causer *vt* être cause de, occasionner.

causer *vi* s'entretenir familièrement : *causer avec un ami.*

cautériser *vt* MÉD brûler superficiellement.

caution *nf* 1. garantie morale donnée par quelqu'un qui jouit d'un grand crédit 2. somme donnée en garantie d'un engagement 3. engagement de satisfaire à l'obligation contractée par autrui ; la personne même qui s'engage • *sujet à caution* suspect, douteux.

cautionner *vt* 1. se porter garant pour une autre personne 2. approuver, soutenir.

cavalcade *nf* course agitée et bruyante d'un groupe de personnes.

cavale *nf* ARG. évasion • *être en cavale* être en fuite, s'être évadé.

cavalerie *nf* 1. corps d'armée constitué à l'origine par des troupes à cheval, puis motorisées 2. troupes à cheval.

cavalier, ère *n* 1. personne à cheval 2. celui, celle avec qui on forme un couple dans un cortège, une danse • *faire cavalier seul* agir isolément ◆ *nm* 1. militaire servant dans la cavalerie 2. pièce du jeu d'échecs 3. clou en U.

cavalier, ère *adj* 1. destiné aux cavaliers : *allée cavalière* 2. d'une liberté excessive et sans gêne, impertinent.

cave *nf* 1. pièce en sous-sol servant de débarras ou de lieu de conservation pour les vins 2. vins en réserve vieillissant en bouteilles 3. coffret à liqueurs, à cigares 4. fonds d'argent à certains jeux.

caveau *nm* construction souterraine servant de sépulture.

caverne *nf* 1. cavité naturelle assez vaste dans une zone rocheuse 2. MÉD cavité dans un organe malade.

caviar *nm* œufs d'esturgeon.

cavité *nf* 1. creux, vide dans quelque chose : *cavités d'un rocher* 2. partie creuse du corps humain ou d'un de ses organes : *cavité de la bouche.*

C.B. [sibi] *nf* citizen band.

CD *nm* Compact Disc.

CD-I *nm inv* Compact Disc interactif.

ce *pr. dém. neutre sing* cela, la chose ou la personne dont il a été ou dont il va être question.

ce ou **cet** (devant une voyelle ou un *h* muet), **cette** *adj. dém* (pl des deux genres *ces*) détermine la personne ou la chose qu'on désigne.

ceci *pr. dém inv* cette chose-ci.

cécité *nf* état d'une personne aveugle.

céder *vt* (conj 10) 1. laisser, abandonner : *céder sa place* 2. vendre : *céder un fonds de commerce* ◆ *vi* 1. ne pas résister, se rompre : *la porte a cédé sous les coups* 2. cesser d'opposer une résistance : *céder par faiblesse* ◆ *vt ind* [à] 1. se soumettre : *céder à la force* 2. succomber : *céder à la tentation.*

cédille *nf* signe graphique qui, placé sous le *c* devant *a, o, u,* indique le son *s* comme dans « façade ».

cèdre *nm* arbre conifère à branches étalées : *les cèdres du Liban.*

ceinture *nf* 1. bande de cuir, d'étoffe, etc., serrant la taille 2. partie fixe d'un vêtement qui entoure la taille 3. taille : *serré à la ceinture* 4. réseau routier ou ferré concentrique à une agglomération 5. en judo, chacun des grades des pratiquants • *ceinture de sécurité* bande coulissante destinée à maintenir un passager sur son siège • FAM. *se serrer la ceinture* se priver d'une chose.

ceinturon *nm* 1. ceinture portée sur l'uniforme 2. ceinture large en cuir.

cela *pr. dém inv* cette chose-là.

célèbre *adj* connu de tous, renommé : *un écrivain célèbre.*

célébrer *vt* (conj 10) 1. fêter solennellement : *célébrer l'anniversaire de la victoire* 2. accomplir un office liturgique : *célébrer la messe* 3. LITT. faire l'éloge de, glorifier : *célébrer un artiste.*

célébrité *nf* 1. grande réputation, gloire, renom 2. personnage célèbre.

céleri *nm* plante potagère dont on consomme les côtes des pétioles ou la racine • *branches de céleri* ou *céleri en branches* côtes des pétioles du céleri • *céleri-rave* variété de céleri cultivée pour sa racine charnue ; cette racine.

céleste *adj* 1. relatif au ciel 2. divin.

célibataire *adj* et *n* qui n'est pas marié.

celle, celles *pron. dém.f* › celui.

cellier *nm* pièce, lieu frais où l'on entrepose le vin, les fruits, etc.

Cellophane *nf* (nom déposé) pellicule transparente utilisée pour l'emballage.

cellulaire *adj* formé de cellules : *tissu cellulaire* • *régime cellulaire* régime dans lequel les prisonniers sont isolés • *fourgon cellulaire* voiture qui sert à transporter les prisonniers.

cellule *nf* 1. petite chambre d'un religieux 2. local où l'on enferme un détenu 3. alvéole des rayons de cire des abeilles 4. BIOL élément constitutif de tout être vivant 5. élément constitutif fondamental d'un ensemble : *cellule familiale.*

cellulite *nf* envahissement graisseux du tissu cellulaire sous-cutané.

Celluloïd *nm* (nom déposé) matière plastique très inflammable.

cellulose *nf* substance organique formant la membrane des cellules végétales.

celui, celle (*pl ceux, celles*) *pron. dém* se disent des personnes et des choses dont on parle ◆ **celui-ci, celle-ci** *pron. dém* servent à représenter ce qui est le plus proche ◆ **celui-là, celle-là** *pron. dém* ce qui est le plus éloigné.

cendre *nf* résidu de toute combustion ◆ **cendres** *nf pl* restes des morts • *renaître de ses cendres* reprendre une vie nouvelle.

cendré, e *adj* couleur de cendre.

cendrier *nm* petit récipient pour la cendre de tabac.

cène *nf* 1. dernier repas de Jésus-Christ avec ses apôtres, la veille de sa Passion (dans ce sens prend une majuscule) 2. communion sous les deux espèces (pain et vin), chez les protestants.

censé, e *adj* considéré comme, supposé : *nul n'est censé ignorer la loi.*

censeur *nm* 1. fonctionnaire chargé de la discipline dans un lycée 2. membre d'une commission de censure 3. LITT. personne qui s'érige en juge intransigeant d'autrui.

censure *nf* 1. contrôle qu'un gouvernement, une autorité exerce sur des livres, journaux, films, etc., avant d'en autoriser la diffusion 2. commission qui en décide l'autorisation ou l'interdiction • ***motion de censure*** vote hostile à la politique du gouvernement.

censurer *vt* 1. interdire la publication ou la diffusion 2. voter une motion de censure 3. PSYCHAN refouler.

cent *adj. num* (prend un s quand il est multiplié : deux cents francs ; reste invariable quand il est suivi d'un autre nombre ou quand il est employé pour centième : deux cent dix francs, l'an mille neuf cent) 1. dix fois dix 2. centième : *page cent* • ***cent pour cent*** entièrement • ***pour cent*** pour une quantité de cent unités : *dix pour cent.*

centaine *nf* groupe de cent unités ou environ.

centième *adj. ord* et *n* 1. qui occupe un rang marqué par le numéro cent 2. qui se trouve cent fois dans le tout.

centime *nm* centième partie du franc.

central, e, aux *adj* 1. qui est au centre 2. qui constitue le centre ; qui centralise : *pouvoir central* 3. essentiel : *idée centrale.*

central *nm* court principal d'un stade de tennis • ***central téléphonique*** lieu où aboutissent les lignes du réseau public.

centrale *nf* 1. usine génératrice d'électricité ou d'énergie en général 2. confédération nationale de syndicats 3. prison où sont détenus les condamnés à de longues peines.

centraliser *vt* 1. rassembler en un centre unique : *centraliser des fonds* 2. faire dépendre d'un organisme, d'un pouvoir central : *centraliser des services.*

centre *nm* 1. point situé à égale distance de tous les points d'une circonférence, d'une sphère 2. PAR ANAL. point également éloigné des extrémités d'une étendue : *centre d'un tableau* 3. siège principal ou notable d'une activité à l'intérieur d'une ville : *centre des affaires* 4. localité caractérisée par l'importance de sa population et son activité : *centre touristique* 5. point principal, essentiel : *le centre de la question* 6. ensemble des membres d'une assemblée politique qui siègent entre la droite et la gauche • ***centre commercial*** ensemble regroupant des magasins de détail et divers services.

centrer *vt* 1. déterminer l'axe d'une pièce ou fixer une pièce en son centre 2. ramener au centre, équilibrer par rapport au centre : *centrer un paragraphe* 3. donner une orientation précise : *centrer la caméra sur la vedette ; centrer une discussion* 4. au football, lancer le ballon de l'aile vers l'axe du terrain.

centuple *adj* et *nm* qui vaut cent fois autant • ***au centuple*** cent fois plus, beaucoup plus.

cep *nm* pied de vigne.

cépage *nm* plant de vigne.

cèpe *nm* champignon comestible SYN. *bolet.*

cependant *adv* néanmoins, toutefois.

céphalée ou **céphalalgie** *nf* MÉD mal de tête.

céramique *nf* art de fabriquer des poteries et autres objets de terre cuite.

cerceau *nm* 1. cercle de bois ou de fer propre à divers usages : *cerceau de tonneau* 2. cercle léger que les enfants s'amusent à pousser devant eux.

cercle *nm* 1. courbe plane dont tous les points sont à égale distance d'un point fixe appelé centre 2. circonférence d'un cercle : *tracer un cercle au compas* 3. objet en forme de cercle : *cercle d'un tonneau* 4. objets, personnes disposées en rond : *faire un cercle* 5. réunion, assemblée, association ; lieu où elle se tient 6. FIG. étendue de ce qui vous entoure, de ce qu'on peut embrasser par l'esprit : *le cercle des connaissances humaines* • ***cercle vicieux*** 1. raisonnement où l'on donne comme preuve ce qu'il faudrait prouver 2. situation dans laquelle on se trouve enfermé, impasse.

cercueil *nm* coffre où l'on enferme le corps d'un mort SYN. *bière.*

céréale *nf* plante dont les grains, surtout réduits en farine, servent à la nourriture de l'homme et des animaux domestiques (blé, seigle, avoine, orge, riz, etc.).

cérébral, e, aux *adj* qui concerne le cerveau.

cérémonial (*pl cérémonials*) *nm* ensemble des règles qui président aux cérémonies.

cérémonie *nf* 1. acte plus ou moins solennel par lequel on célèbre un culte religieux, un événement de la vie sociale 2. marque extérieure de solennité ; témoignage de politesse excessive • ***sans cérémonie*** en toute simplicité.

cerf [sɛr] *nm* mammifère ruminant à la tête garnie de bois.

cerfeuil *nm* plante aromatique.

cerf-volant (*pl cerfs-volants*) *nm* 1. jouet constitué par un planeur en toile ou en papier retenu au sol par une corde 2. lucane (insecte).

cerise *nf* fruit à noyau du cerisier ◆ *adj inv* rouge vif.

cerne *nm* 1. cercle d'un gris bleuâtre qui entoure parfois les yeux 2. couche concentrique d'un arbre coupé en travers 3. trace d'un produit détachant autour de la partie nettoyée ; auréole.

cerné, e *adj* • *yeux cernés* entourés d'un cerne.

cerner *vt* entourer, encercler • *cerner un problème, une question* en distinguer l'étendue, les limites.

certain, e *adj* 1. sûr, assuré : *chose certaine* 2. qui n'a aucun doute : *être certain de* ◆ *adj. indéf* un, quelque : *certains jours* ◆ **certains** *pron. indéf pl* plusieurs : *certains disent.*

certes *adv* assurément, bien sûr.

certificat *nm* 1. écrit qui atteste un fait 2. nom donné à divers examens ; diplôme les attestant.

certifier *vt* donner, assurer comme certain.

certitude *nf* 1. sentiment qu'on a de la vérité, de l'existence de ; assurance : *j'en ai la certitude* 2. chose sur laquelle on n'a aucun doute ; conviction : *ce n'est pas une hypothèse, c'est une certitude.*

cérumen [serymɛn] *nm* matière jaune et épaisse qui se forme dans l'oreille.

cerveau *nm* 1. ANAT centre nerveux situé dans le crâne 2. ensemble des facultés mentales 3. FAM. personne exceptionnellement intelligente : *c'est un cerveau* 4. centre de direction, d'organisation.

cervelas *nm* grosse saucisse cuite.

cervelle *nf* 1. substance du cerveau 2. cerveau de certains animaux, destiné à l'alimentation • *sans cervelle* étourdi.

cervical, e, aux *adj* du cou.

ces *adj. dém* › ce.

C.E.S. *nm* (sigle) Collège d'Enseignement Secondaire.

césarienne *nf* opération chirurgicale consistant à extraire le fœtus par incision de la paroi abdominale.

cessant, e *adj* • *toutes affaires cessantes* avant toute chose.

cessation *nf* suspension, arrêt.

cesse *nf* • *n'avoir pas (point) de cesse que* ne pas s'arrêter avant que • *sans cesse* sans discontinuer, sans arrêt.

cesser *vt* mettre fin à, interrompre ◆ *vi* prendre fin : *le vent a cessé.*

cessez-le-feu *nm inv* arrêt des hostilités.

cession *nf* action de céder : *la cession d'un droit.*

c'est-à-dire *loc conj* annonce une explication, une rectification.

cet, cette *adj. dém* › ce.

ceux, celles *pron. dém* › celui.

chacal (*pl chacals*) *nm* mammifère carnassier qui se nourrit des restes laissés par les fauves.

chacun, e *pron. indéf* 1. chaque personne ou chaque chose : *ces livres se vendent trente francs chacun* 2. tout le monde : *chacun sait cela.*

chagrin *nm* 1. souffrance morale, tristesse, peine 2. cuir grenu utilisé en reliure • FIG. *peau de chagrin* chose qui se rétrécit, diminue sans cesse.

chagriner *vt* 1. attrister 2. contrarier.

chah ou **shah** *nm* titre des souverains d'Iran.

chahut *nm* agitation, tapage pour gêner, protester.

chaîne *nf* 1. lien composé d'anneaux passés les uns dans les autres : *chaîne d'une ancre* 2. ensemble de maillons métalliques articulés : *chaîne de vélo* 3. fils parallèles disposés dans le sens de la longueur d'un tissu, entre lesquels passe la trame 4. ensemble d'établissements commerciaux faisant partie de la même organisation : *chaîne hôtelière* 5. réseau d'émetteurs de radio ou de télévision diffusant simultanément le même programme 6. appareil de reproduction du son : *chaîne stéréo* • *chaîne de montage* série des opérations coordonnées en vue de la fabrication industrielle d'un produit • *chaîne de montagnes* suite de montagnes qui forment une ligne continue • *faire la chaîne* se placer à la suite les uns des autres pour se passer des objets • *travail à la chaîne* 1. au cours duquel chaque ouvrier exécute une seule et même opération sur chacune des pièces qui circulent devant lui 2. FIG., FAM. travail astreignant, sans un moment de répit ◆ **chaînes** *nf pl* dispositif adapté aux pneus d'une voiture pour rouler sur la neige.

chaînon *nm* 1. anneau de chaîne 2. partie d'une chaîne de montagnes.

chair *nf* 1. substance des muscles de l'homme et des animaux : *la chair et les os* 2. FIG. nature humaine ; instinct sexuel : *la chair est faible* 3. pulpe des fruits : *la chair du melon* 4. préparation de viande hachée : *chair à saucisse* • *en chair et en os* en personne.

chaire *nf* 1. tribune, estrade où un prédicateur, un orateur parle à l'auditoire 2. fonction de professeur : *chaire de philosophie.*

chaise *nf* siège à dossier, sans bras • *chaise longue* fauteuil pliant en toile, sur lequel on peut s'allonger • *chaise à porteurs* siège fermé et couvert, où l'on se faisait porter par deux hommes • FIG. *entre deux chaises* 1. dans une position fausse 2. entre deux solutions.

chaland *nm* bateau à fond plat.

châle *nm* grande pièce de laine, de soie, couvrant les épaules.

chalet *nm* habitation de montagne, généralement en bois.

chaleur *nf* 1. phénomène physique par lequel la température s'élève : *dégagement de chaleur* 2. qualité de ce qui est chaud ; température élevée 3. sensation que produit un corps chaud 4. élévation de la température du corps 5. FIG. ardeur, vivacité, enthousiasme • *être en chaleur* désirer l'approche du mâle, en parlant d'une femelle ◆ **chaleurs** *nf pl* 1. temps chaud : *les grandes chaleurs de l'été* 2. période où les femelles des mammifères sont en chaleur.

chaleureux, euse *adj* qui manifeste de la chaleur, enthousiaste, cordial.

challenge *nm* 1. épreuve sportive, tournoi où est mis en jeu un titre de champion 2. FIG. défi.

chaloupe *nf* grand canot à bord des navires.

chalumeau *nm* appareil produisant un jet de flamme très chaude pour fondre des métaux en vue de leur assemblage par soudage ou de leur découpage.

chalut *nm* filet de pêche traîné sur le fond de la mer par un chalutier.

chalutier *nm* bateau spécialement équipé pour la pêche au chalut.

chamailler (se) *vpr* se quereller.

chambellan *nm* officier chargé de la chambre d'un prince.

chambouler *vt* FAM. bouleverser, mettre sens dessus dessous.

chambranle *nm* encadrement de porte, de fenêtre, etc.

chambre *nf* 1. pièce où l'on couche 2. lieu où se réunissent certaines assemblées ; ensemble des membres de ces assemblées (prend une majuscule) : *la Chambre des députés* 3. section d'un tribunal • *garder la chambre* ne pas sortir • *chambre à air* tube de caoutchouc placé à l'intérieur d'un pneu et gonflé à l'air comprimé • *chambre froide* pièce spécialement équipée pour conserver les denrées périssables.

chambrée *nf* ensemble de soldats couchant dans une même chambre ; cette chambre.

chambrer *vt* • *chambrer une bouteille de vin* la faire séjourner dans une pièce, pour l'amener à la température ambiante.

chameau *nm* 1. mammifère ruminant d'Asie qui a deux bosses sur le dos 2. nom usuel du *dromadaire* 3. FAM. personne méchante, acariâtre.

chamelle *nf* femelle du chameau.

chamois *nm* ruminant à cornes lisses et recourbées, vivant dans les hautes montagnes, où il grimpe et saute avec agilité ; sa peau préparée ◆ *adj inv* couleur jaune clair : *gants chamois.*

champ *nm* 1. étendue de terre cultivable 2. FIG. domaine dans lequel s'exerce une activité, une recherche 3. position de l'espace qu'embrasse l'œil, un objectif, etc. • *à tout bout de champ* à tout propos • *champ de bataille* endroit où se livre un combat • LITT. *champ d'honneur* champ de bataille • *champ de mines* espace où l'on a disposé de nombreuses mines explosives • *champ opératoire* région du corps sur laquelle porte une intervention chirurgicale ; linge qui limite cette région • *champ de tir* terrain pour exercices de tir • *champ de courses* hippodrome • *prendre du champ* prendre du recul ◆ **champs** *nm pl* terres cultivées, prés.

champagne *nm* vin blanc mousseux préparé en Champagne.

champêtre *adj* relatif aux champs, à la campagne.

champignon *nm* 1. végétal sans fleurs et sans chlorophylle : *les moisissures, les bolets, les truffes sont des champignons* • *champignon de couche* ou *de Paris* agaric des champs, cultivé dans des champignonnières 2. FAM. pédale d'accélérateur.

champion, onne *n* 1. vainqueur d'une compétition sportive, d'un jeu 2. défenseur ardent : *se faire le champion de la liberté.*

championnat *nm* compétition sportive, tournoi où le vainqueur est proclamé champion.

chance *nf* 1. sort favorable 2. hasard heureux • *donner sa chance à* donner l'occasion de réussir ◆ **chances** *nf pl* probabilités.

chanceler *vi* (conj 6) 1. vaciller sur ses pieds, sur sa base 2. FIG. manquer de fermeté, faiblir.

chancelier *nm* 1. garde des sceaux dans un corps, un consulat, un ordre 2. en Allemagne et en Autriche, chef du gouvernement.

chandail *nm* tricot de laine qu'on enfile par la tête SYN. *pull.*

Chandeleur *nf* fête de la Purification de la Vierge (2 février).

chandelier *nm* support pour une ou plusieurs chandelles, bougies.

chandelle *nf* 1. flambeau de suif, de résine, etc. 2. figure de voltige aérienne • *devoir une fière chandelle à quelqu'un* lui être redevable de quelque chose de très important • FAM. *en voir trente-six chandelles* éprouver un éblouissement après un coup, un choc • *monter en chandelle* verticalement.

change *nm* 1. opération qui consiste à changer une monnaie contre une autre ; taux auquel se fait cette opération 2. couche pour bébé qui se jette après usage • *donner le change* tromper sur ses intentions • *lettre de change* effet de commerce qui contient l'ordre de payer à une époque dite, à telle ou telle personne, une certaine somme • *perdre, gagner au change* être désavantagé ou avantagé par un changement, un échange.

changeant, e *adj* 1. qui change : *couleur changeante* 2. FIG. qui change souvent d'idée, inconstant.

changement *nm* 1. action de changer 2. modification, transformation, innovation.

changer *vt* (conj 2) 1. remplacer une personne ou une chose par une autre : *changer une ampoule* 2. échanger, convertir une monnaie en une autre : *changer des dollars* 3. rendre différent, modifier : *les vacances l'ont changé* 4. transformer : *changer une chose en une autre* • ***changer un bébé*** lui mettre des couches propres ◆ *vi* passer d'un état à un autre : *le temps change* ◆ *vt ind* [**de**] remplacer par quelqu'un ou quelque chose d'autre • ***changer d'air*** partir • ***changer de visage*** pâlir, rougir, perdre contenance ◆ **se changer** *vpr* FAM. mettre d'autres vêtements.

chanson *nf* composition musicale divisée en couplets et destinée à être chantée • ***chanson de geste*** poème épique du Moyen Âge célébrant les exploits des chevaliers.

chant *nm* 1. suite de sons modulés émis par la voix 2. art consistant à chanter, à cultiver sa voix.

chantage *nm* extorsion d'argent sous la menace de révélations scandaleuses.

chantant, e *adj* 1. qui se chante aisément 2. mélodieux, musical : *accent chantant.*

chanter *vt* et *vi* former avec la voix des sons musicaux • ***faire chanter*** pratiquer un chantage • FAM. ***si ça te (lui, etc.) chante*** si tu (il, etc.) en as envie.

chanteur, euse *n* qui chante, professionnellement ou non • FIG. ***maître chanteur*** qui se livre au chantage.

chantier *nm* 1. lieu où s'effectuent des travaux de construction, de réparation 2. lieu où sont accumulés des matériaux de construction, des combustibles, etc. 3. FAM. lieu en désordre • ***en chantier*** en cours de réalisation • ***mettre en chantier*** commencer.

chantilly *nf* crème fraîche fouettée.

chanvre *nm* plante fournissant une excellente fibre textile ; fibre tirée de cette plante • ***chanvre indien*** chanvre dont on tire le haschich et la marijuana SYN. *cannabis.*

chaos [kao] *nm* grand désordre, confusion générale.

chaparder *vt* FAM. commettre de petits vols.

chapeau *nm* 1. coiffure avec ou sans bord que l'on met pour sortir 2. cône arrondi ou calotte qui forme la partie supérieure d'un champignon • FAM. ***sur les chapeaux de roue*** se dit d'un véhicule qui démarre ou prend un virage à grande vitesse.

chapelet *nm* 1. objet de piété formé d'un ensemble de grains enfilés qu'on fait glisser entre ses doigts en priant 2. FIG. série.

chapelier, ère *n* et *adj* qui fait ou vend des chapeaux d'hommes.

chapelle *nf* 1. petite église 2. toute partie d'une église ayant un autel • ***chapelle ardente*** salle tendue de noir et éclairée de cierges, où l'on dépose un mort avant les obsèques.

chapelure *nf* pain râpé dont on saupoudre certains aliments avant de les faire cuire.

chapiteau *nm* 1. partie sculptée au-dessus d'un fût de colonne 2. tente de cirque.

chapitre *nm* 1. division d'un livre, d'un règlement, d'un rapport, etc. 2. conseil de religieux, de chanoines • ***au chapitre de*** ou ***sur le chapitre de*** en ce qui concerne.

chapon *nm* coq châtré et engraissé.

chaque *adj. indéf* (sans pl) toute chose ou personne, sans exception.

char *nm* 1. ANTIQ voiture à deux roues pour les combats, les jeux, etc. 2. AUJ. voiture décorée pour les fêtes publiques • ***char de combat*** ou ***char d'assaut*** véhicule automoteur blindé et armé, monté sur chenilles.

charabia *nm* FAM. langage inintelligible.

charade *nf* sorte d'énigme.

charbon *nm* combustible solide de couleur noire, d'origine végétale • ***être sur des charbons ardents*** être très impatient ou très inquiet.

charcuter *vt* FAM. opérer de façon maladroite, brutale.

charcuterie *nf* 1. commerce, boutique du charcutier 2. préparation à base de viande de porc.

chardon *nm* plante à feuilles et tiges épineuses.

charge *nf* 1. ce que peut porter un homme, un cheval, une voiture, etc. ; chargement 2. quantité de matières explosives : *charge de plastic* 3. quantité d'électricité portée par un corps 4. attaque à l'arme blanche : *charge de cavalerie* 5. dépense, obligation onéreuse, frais : *charges locatives* 6. rôle, mission dont on a la responsabilité : *s'occuper des enfants dont on a la charge* 7. présomption, preuve de culpabilité : *relever de lourdes charges contre* 8. office ministériel : *charge de notaire* 9. imitation outrée, caricature : *ce film est une charge des mœurs bourgeoises* • ***à charge de*** à condition de • ***être à la charge de quelqu'un*** 1. dépendre de lui pour sa subsistance 2. devoir être payé par lui • ***revenir à la charge*** insister • ***témoin à charge*** dont le témoignage est défavorable à l'accusé.

chargement *nm* 1. action de charger 2. ensemble de choses chargées (sur une voiture, un camion, etc.).

charger *vt* (conj 2) 1. mettre une charge sur : *charger une voiture* 2. couvrir abondamment : *charger une table de mets* 3. déposer contre : *charger un accusé* 4. donner la responsabilité, la mission de : *charger d'un achat* 5. attaquer avec impétuosité : *charger l'ennemi* 6. mettre dans une arme à feu de la poudre, des projectiles 7. munir un appareil de ce qui est nécessaire à son fonctionnement 8. exagérer ◆ **se charger** *vpr* [de] prendre la responsabilité de.

chargeur *nm* 1. dispositif pour charger une arme 2. appareil pour recharger une batterie.

chariot *nm* voiture pour les fardeaux.

charisme [karism] *nm* grand prestige d'une personnalité exceptionnelle, ascendant qu'elle exerce sur les autres.

charité *nf* 1. vertu qui porte à faire ou à désirer le bien d'autrui 2. acte fait par amour du prochain.

charlatan *nm* 1. imposteur qui exploite la crédulité des autres 2. mauvais médecin.

charlotte *nf* entremets à base de fruits et de tranches de pain de mie ou de biscuits.

charme *nm* attrait, séduction • *faire du charme* se mettre en valeur pour séduire • *se porter comme un charme* être en très bonne santé.

charme *nm* arbre à bois dur et blanc ; bois de cet arbre.

charmer *vt* plaire extrêmement, ravir.

charnel, elle *adj* qui a trait aux plaisirs des sens : *amour charnel.*

charnier *nm* fosse où l'on entasse les cadavres en grand nombre.

charnière *nf* articulation formée de deux pièces métalliques assemblées sur un axe commun • *à la charnière de* au point de jonction, de transition.

charpente *nf* 1. assemblage de pièces de bois ou de métal destiné à soutenir la construction 2. ensemble des os ; ossature.

charrette *nf* voiture de charge à deux roues.

charrier *vt* 1. transporter des matériaux 2. emporter dans son cours (fleuve).

charrue *nf* instrument servant à labourer la terre à l'aide d'un soc tranchant.

charte *nf* 1. lois constitutionnelles d'un État 2. PAR EXT. loi, règle fondamentale.

charter [ʃartɛr] *nm* avion affrété par une organisation de tourisme et dont le tarif est inférieur à celui des lignes régulières.

chas [ʃa] *nm* trou d'une aiguille.

chasse *nf* 1. action de chasser 2. terrain réservé pour chasser : *chasse gardée* 3. gibier pris ou tué en chassant 4. action de chercher, de poursuivre : *chasse à l'homme, chasse au trésor* 5. corps de l'aviation destiné à poursuivre les avions ennemis • *chasse d'eau* appareil produisant un rapide écoulement d'eau • *être en chasse* être en chaleur en parlant d'un animal femelle.

chassé-croisé (*pl chassés-croisés*) *nm* mouvement par lequel deux personnes se croisent.

chasselas *nm* raisin blanc de table.

chasse-neige *nm inv* 1. engin spécial pour déblayer la neige sur une voie ferrée, une route 2. position des skis utilisée pour freiner.

chasser *vt* 1. chercher à tuer ou à capturer un animal 2. mettre dehors avec violence 3. repousser : *le vent chasse les nuages* 4. écarter ce qui importune 5. dissiper : *chasser les soucis* ◆ *vi* en parlant d'une voiture, se déporter à droite ou à gauche.

chasseur, euse *n* personne qui chasse le gibier ◆ *nm* 1. soldat de certains corps d'infanterie et de cavalerie 2. appareil de l'aviation de chasse • FAM. *chasseur de têtes* spécialiste en recrutement de cadres de haut niveau.

châssis *nm* 1. encadrement en bois, en fer, soutenant un ensemble : *châssis d'une fenêtre* 2. cadre supportant la caisse d'un véhicule.

chasteté *nf* comportement d'une personne qui s'abstient des plaisirs charnels, jugés contraires à la morale.

chat, chatte *n* petit mammifère carnassier généralement domestique • *il n'y a pas un chat* il n'y a personne • *avoir un chat dans la gorge* être enroué • *acheter chat en poche* sans examiner • *appeler un chat un chat* dire les choses telles qu'elles sont.

châtaigne *nf* fruit comestible du châtaignier.

châtain *adj* et *nm* brun clair : *cheveux châtains.*

château *nm* 1. demeure féodale fortifiée 2. habitation royale ou seigneuriale 3. grande et belle demeure • *château d'eau* réservoir • *château en Espagne* projet chimérique • *vie de château* existence luxueuse et oisive.

châtelain, e *n* propriétaire ou locataire d'un château.

chatière *nf* ouverture au bas d'une porte, pour laisser passer les chats.

châtiment *nm* peine sévère.

chatoiement *nm* reflet brillant et changeant.

chaton *nm* jeune chat.

chatouiller *vt* 1. causer, par des attouchements légers et répétés, un tressaillement qui provoque généralement le rire 2. FIG. flatter agréablement : *chatouiller l'amour-propre.*

chatouilleux, euse *adj* 1. sensible au chatouillement 2. FIG. susceptible.

chatoyer *vi* (conj 3) briller avec des reflets changeants selon l'éclairage.

châtrer *vt* priver des organes de reproduction ; rendre stérile.

chatterton [ʃatɛrtɔn] *nm* ruban adhésif pour isoler les fils électriques.

chaud, e *adj* 1. qui a ou donne de la chaleur : *climat chaud* 2. FIG. vif, animé : *chaude dispute* 3. récent : *nouvelle toute* *chaude* • *pleurer à chaudes larmes* pleurer abondamment ◆ *nm* chaleur • *opérer à chaud* en état de fièvre, de crise ◆ *adv* • *manger, boire chaud* manger un plat chaud, absorber une boisson chaude • FAM. *j'ai eu chaud* j'ai eu peur.

chaudement *adv* 1. de manière à avoir chaud 2. FIG. avec ardeur.

chaudière *nf* appareil destiné à chauffer de l'eau en vue de produire de l'énergie ou de répandre de la chaleur.

chaudron *nm* grand récipient à anse, destiné à aller sur le feu.

chauffage *nm* 1. action, manière de chauffer 2. appareil pour chauffer.

chauffe-biberon (*pl chauffe-biberons*) *nm* appareil électrique qui chauffe les biberons au bain-marie.

chauffe-eau *nm inv* appareil de production d'eau chaude.

chauffer *vt* 1. rendre chaud 2. FIG. exciter, enthousiasmer : *chauffer une salle* ◆ *vi* 1. devenir chaud 2. produire de la chaleur 3. FAM. devenir vif (débat) : *ça va chauffer* ◆ **se chauffer** *vpr* 1. s'exposer à la chaleur 2. chauffer sa maison.

chauffeur *nm* 1. ouvrier chargé d'entretenir une chaudière, un four 2. conducteur d'automobile ou de camion.

chaume *nm* 1. tige de graminées 2. tige des blés coupés qui reste dans les champs, après la moisson 3. paille longue qui sert de toiture.

chaumière *nf* petite maison couverte de chaume.

chaussée *nf* partie de la voie publique aménagée pour la circulation.

chausse-pied (*pl chausse-pieds*) *nm* lame incurvée facilitant l'entrée du pied dans la chaussure.

chausser *vt* 1. mettre des chaussures, des skis, etc. 2. mettre, fournir des chaussures ◆ *vt* et *vi* aller au pied : *ces chaussures vous chaussent bien* ◆ *vi* avoir telle pointure.

chaussette *nf* pièce d'habillement qui s'enfile sur le pied et recouvre le mollet.

chausson *nm* 1. chaussure souple d'intérieur à talon bas 2. chaussure souple et plate pour la danse 3. pâtisserie fourrée de compote.

chaussure *nf* pièce d'habillement qui recouvre et protège le pied.

chauve *adj* et *n* qui n'a plus de cheveux.

chauve-souris (*pl chauves-souris*) *nf* mammifère insectivore volant, à ailes membraneuses.

chauvin, e *adj* et *n* 1. patriote fanatique 2. qui manifeste une admiration exclusive pour sa ville, sa région.

chaux *nf* oxyde de calcium formant la base de nombreuses pierres • *lait de chaux* chaux délayée dans de l'eau et utilisée comme enduit.

chavirer *vi* se renverser sens dessus dessous ◆ *vt* FIG. émouvoir, bouleverser.

check-up [ʃɛkœp] *nm inv* examen médical complet ; bilan de santé.

chef *nm* 1. personne qui commande, qui dirige 2. celui qui dirige la cuisine d'un restaurant 3. FIG. point essentiel, capital : *chef d'accusation* • *de son propre chef* de sa propre autorité.

chef-d'œuvre [ʃɛdœvr] (*pl chefs-d'œuvre*) *nm* œuvre, action parfaite.

chef-lieu (*pl chefs-lieux*) *nm* ville principale d'une division administrative.

cheftaine *nf* jeune fille dirigeant un groupe de jeunes scouts.

chemin *nm* 1. voie de communication locale, en général à la campagne 2. espace à parcourir, itinéraire : *le plus court chemin* 3. FIG. voie qui conduit à un but : *le chemin de la fortune* • *en chemin* pendant le trajet • *faire du chemin* progresser.

chemin de fer (*pl chemins de fer*) *nm* 1. moyen de transport utilisant la voie ferrée 2. administration et exploitation de ce mode de transport.

cheminée *nf* 1. foyer dans lequel on fait du feu 2. partie de la cheminée qui fait saillie dans une pièce 3. conduit par où passe la fumée.

cheminot *nm* employé de chemin de fer.

chemise *nf* 1. vêtement en tissu léger couvrant le buste et les bras, avec col et boutonnage 2. feuille repliée de papier fort ou de carton, dans laquelle on range des papiers 3. enveloppe, revêtement d'une pièce mécanique : *chemise de moteur* • *chemise de nuit* vêtement de nuit en forme de robe.

chemisette *nf* chemise à manches courtes.

chenal *nm* passage resserré entre des terres ou des hauts-fonds, accessible aux navires.

chêne *nm* grand arbre à bois dur, dont le fruit est le gland ; bois de cet arbre.

chenet *nm* barre métallique pour supporter le bois dans le foyer d'une cheminée.

chenil [ʃənil] *nm* lieu où on élève, dresse, loge des chiens.

chenille *nf* 1. larve de papillon 2. passement de soie velouté 3. AUTOM bande métallique articulée, qui équipe les véhicules destinés à circuler sur tous terrains.

cheptel *nm* ensemble du bétail d'une exploitation agricole, d'une région.

chèque *nm* bon de paiement sur un compte : *chèque postal.*

chéquier *nm* carnet de chèques.

cher, ère *adj* 1. tendrement aimé : *un être cher* 2. d'un prix élevé : *un bijou cher* 3. précieux : *cette idée m'est chère* 4. s'emploie comme formule de politesse ou terme d'amitié : *cher monsieur* ◆ *adv* à un prix élevé : *cela coûte cher.*

chercher *vt* 1. s'efforcer de trouver une chose 2. essayer d'atteindre : *chercher à plaire.*

chercheur, euse *adj* et *n* qui cherche ◆ *n* personne qui se consacre à la recherche scientifique.

chère *nf* LITT. nourriture de qualité : *faire bonne chère.*

chéri, e *adj* et *n* tendrement aimé.

chérubin *nm* 1. une des catégories d'anges 2. FIG. charmant enfant.

chétif, ive *adj* de faible constitution, maigre.

cheval *nm* 1. mammifère domestique qui sert à l'homme de monture ou à tirer un attelage ; viande de cet animal 2. équitation : *faire du cheval* • *à cheval* 1. à califourchon ; de chaque côté de : *une propriété à cheval sur deux communes* 2. FIG. ferme, inflexible : *à cheval sur la discipline* • *cheval de frise* pièce de bois hérissée de pointes ◆ **chevaux** *nm pl* désigne un véhicule par sa puissance fiscale (abrév. CV) : *une sept-chevaux* • *monter sur ses grands chevaux* s'emporter, le prendre de haut.

cheval-d'arçons (*pl chevaux-d'arçons* ou *inv*) *nm* ou **cheval-arçons** *nm inv* appareil de gymnastique sur lequel on fait de la voltige.

chevalerie *nf* 1. classe de guerriers nobles au Moyen Âge 2. ordre honorifique.

chevalet *nm* 1. support en bois sur lequel le peintre pose le tableau qu'il exécute 2. support des cordes d'un violon.

chevalier *nm* 1. noble admis dans l'ordre de la chevalerie médiévale 2. premier grade dans certains ordres honorifiques 3. oiseau de l'ordre des échassiers.

chevalière *nf* bague dont le dessus s'orne d'initiales ou d'armoiries gravées.

chevalin, e *adj* relatif au cheval : *race chevaline.*

chevaucher *vi* aller à cheval ◆ *vt* 1. être à califourchon sur 2. recouvrir partiellement.

chevelu, e *adj* qui a des cheveux, en particulier des cheveux longs et touffus.

chevelure *nf* 1. ensemble des cheveux 2. traînée lumineuse d'une comète.

chevet *nm* 1. tête du lit 2. hémicycle terminant le chœur d'une église • *être au chevet d'un malade* le veiller, le soigner • *livre de chevet* livre favori.

cheveu *nm* poil de la tête de l'homme • FAM. *comme un cheveu sur la soupe* à contretemps, mal à propos • *faire dresser les cheveux sur la tête* épouvanter.

cheville *nf* 1. partie en saillie entre la jambe et le pied 2. morceau de bois ou de métal, pour boucher un trou, faire un assemblage, accrocher des objets, pour tendre les cordes d'un instrument de musique, etc. 3. LITTÉR remplissage pour finir un vers • FIG. *cheville ouvrière* personne jouant un rôle essentiel • FAM. *être en cheville avec quelqu'un* être de connivence avec lui • *ne pas arriver à la cheville de* être très inférieur à.

chèvre *nf* ruminant à cornes arquées en arrière, au menton garni d'une barbe • FAM. *devenir chèvre* s'énerver, s'impatienter ◆ *nm* fromage au lait de chèvre.

chevreau *nm* petit de la chèvre ; sa peau : *gants de chevreau.*

chèvrefeuille *nm* liane aux fleurs odorantes.

chevreuil *nm* ruminant des forêts d'Europe et d'Asie, de la famille des cervidés.

chevron *nm* 1. pièce de bois qui soutient les lattes sur la pente d'un toit 2. motif décoratif en forme de V 3. tissu croisé présentant des côtes en zigzag.

chevronné, e *adj* expérimenté.

chevrotine *nf* gros plomb de chasse.

chewing-gum [ʃwiŋgɔm] (*pl chewing-gums*) *nm* gomme à mâcher.

chez *prép* 1. dans le milieu, la famille de : *chez moi* 2. dans le pays de : *chez les Turcs* 3. du temps de : *chez les Romains* 4. dans la personne, l'œuvre de : *c'est chez lui une habitude.*

chic *nm* allure élégante, distinguée • *avoir le chic pour* réussir pleinement ◆ *adj inv* (en genre) 1. élégant et distingué : *des vêtements chics* 2. FAM. généreux, serviable.

chiche *adj* qui répugne à dépenser, avare.

chiche *adj m* • *pois chiche* gros pois gris.

chiche *interj* exprime le défi.

chichi *nm* FAM. façons maniérées ; simagrées : *faire des chichis.*

chicorée *nf* 1. variété de salade 2. poudre de racine de chicorée torréfiée, que l'on mélange au café.

chien, enne *n* 1. mammifère carnivore digitigrade, généralement élevé pour la chasse, l'agrément, la garde, etc. 2. pièce d'une arme à feu qui se rabat sur la capsule pour en déterminer l'explosion • *avoir du chien* avoir de l'élégance, du charme • *avoir un mal de chien pour, à* beaucoup de mal • *entre chien et loup* à la nuit tombante.

chiendent *nm* herbe aux racines très développées et très tenaces, qui nuit aux cultures.

chien-loup (*pl chiens-loups*) *nm* race de chiens domestiques ressemblant au loup.

chiffon *nm* vieux morceau d'étoffe.

chiffonner *vt* 1. froisser 2. FAM. contrarier : *cette histoire me chiffonne.*

chiffre *nm* 1. chacun des caractères qui représentent les nombres 2. montant, valeur d'une chose : *chiffre d'affaires* 3. code secret 4. combinaison d'une serrure, d'un coffre-fort 5. initiales d'un nom enlacées.

chiffré, e *adj* qui utilise un code secret : *langage chiffré.*

chiffrer *vi* atteindre un coût important ◆ *vt* 1. numéroter 2. évaluer le coût d'une opération financière.
chignole *nf* perceuse portative.
chignon *nm* cheveux de derrière la tête relevés sur la nuque.
chimie *nf* science qui étudie la nature et les propriétés des corps simples, l'action moléculaire de ces corps les uns sur les autres et les combinaisons dues à cette action.
chimiothérapie *nf* MÉD traitement par des substances chimiques.
chimpanzé *nm* singe anthropoïde des forêts d'Afrique équatoriale.
chiné, e *adj* de plusieurs couleurs mélangées.
chinois, e *adj* et *n* de Chine ◆ *nm* 1. langue parlée en Chine 2. passoire métallique à fond pointu • FAM. ***c'est du chinois*** c'est incompréhensible.
chiot *nm* jeune chien.
chiper *vt* FAM. dérober.
chipie *nf* FAM. femme ou jeune fille désagréable ou prétentieuse.
chipolata *nf* petite saucisse de porc.
chipoter *vi* 1. FAM. faire des difficultés pour des vétilles 2. FAM. faire le difficile pour manger ◆ *vi* et *vt* contester sur de menues dépenses.
chips [ʃips] *nf* mince rondelle de pomme de terre frite.
chiromancie [kirɔmɑ̃si] *nf* art de prédire l'avenir d'après les lignes de la main.
chiropractie [ki-] ou **chiropraxie** *nf* MÉD traitement par manipulations des vertèbres.
chirurgie *nf* discipline médicale qui comporte l'intervention du praticien sur une partie du corps, un organe, généralement au moyen d'instruments.
chirurgien, enne *n* médecin qui exerce la chirurgie.
chiure *nf* excrément de mouche.
chlorate [klɔ-] *nm* sel de l'acide chlorique : *chlorate de potasse.*
chlore [klɔr] *nm* corps simple de couleur verdâtre, d'une odeur suffocante (symb : Cl).
chlorhydrique [klɔ-] *adj m* • ***acide chlorhydrique*** combinaison de chlore et d'hydrogène.
chloroforme [klɔ-] *nm* liquide incolore d'une odeur éthérée, résultant de l'action du chlore sur l'alcool, longtemps utilisé comme anesthésique.
chlorophylle [klɔ-] *nf* pigment vert des végétaux, qui ne se forme qu'à la lumière.
choc *nm* 1. heurt violent d'un corps contre un autre 2. affrontement, confrontation 3. FIG. émotion violente et brusque.
chocolat *nm* 1. aliment composé de cacao et de sucre 2. bonbon, boisson au chocolat ◆ *adj inv* de couleur brun-rouge.
chœur [kœr] *nm* 1. réunion de personnes exécutant des danses et des chants 2. musiciens qui chantent ensemble 3. composition musicale à plusieurs parties 4. partie de l'église réservée aux cérémonies liturgiques • ***enfant de chœur*** 1. enfant employé au service du culte 2. personne naïve • ***en chœur*** ensemble.
choisi, e *adj* 1. de première qualité 2. distingué : *langage choisi.*
choisir *vt* prendre de préférence.
choix *nm* 1. action de choisir 2. ensemble de choses choisies • ***au choix*** avec liberté de choisir • ***de choix*** excellent.
choléra [kɔlera] *nm* maladie épidémique intestinale.
cholestérol [kɔ-] *nm* substance grasse de l'organisme provenant des aliments.
chômage *nm* situation d'une personne, d'une industrie qui n'a pas de travail ; période, situation qui en résulte.
chômé, e *adj* • ***jour chômé*** jour férié où l'on cesse le travail.
chômer *vi* 1. ne pas travailler par manque d'emploi 2. suspendre le travail pendant les jours fériés • FIG. ***ne pas chômer*** être très actif.
chômeur, euse *n* qui est involontairement sans travail.
chope *nf* grand verre à anse pour boire la bière ; son contenu.
choquer *vt* 1. donner un choc, heurter 2. FIG. offenser, blesser quelqu'un dans ses sentiments ou ses principes.
chorale [kɔral] *nf* groupe de personnes qui chantent ensemble.
chorégraphie [kɔregrafi] *nf* art d'écrire, de diriger des ballets, des danses ; l'œuvre elle-même.
choriste [kɔrist] *n* qui chante dans les chœurs.
chose *nf* toute sorte d'objet matériel ou d'abstraction • ***la chose publique*** l'État ◆ *adj* • FAM. ***être, se sentir tout chose*** bizarre, mal à l'aise, souffrant ◆ **choses** *nf pl* la situation, les événements : *regarder les choses en face.*
chou *adj inv* FAM. gentil, mignon.
chou (*pl choux*) *nm* 1. plante crucifère comprenant plusieurs espèces cultivées pour l'alimentation 2. pâtisserie soufflée et légère : *chou à la crème* 3. terme d'affection : *mon chou* • ***bout de chou*** petit enfant • FAM. ***faire chou blanc*** obtenir un résultat nul.
chouchou, oute *n* FAM. enfant, élève favori.
choucroute *nf* 1. choux hachés et fermentés 2. plat préparé avec ces choux accompagnés de charcuterie.
chouette *nf* oiseau rapace nocturne d'Europe, sans aigrette.
chou-fleur (*pl choux-fleurs*) *nm* variété de chou dont les fleurs naissantes sont comestibles.

chou-rave (*pl choux-raves*) *nm* variété de chou cultivée pour ses racines.
choyer *vt* (conj 39) entourer de tendresse, d'attention.
chrétien, enne *adj* et *n* qui est baptisé et professe la religion du Christ.
christ *nm* objet de piété représentant Jésus-Christ sur la Croix.
christianisme *nm* religion chrétienne.
chrome [krom] *nm* métal inoxydable à l'air et pouvant recevoir un beau poli (symb : Cr) ◆ **chromes** *nm pl* accessoires chromés d'une voiture, d'une bicyclette, etc.
chromosome *nm* élément en forme de bâtonnet du noyau d'une cellule, porteur des facteurs de l'hérédité.
chronique *adj* 1. MÉD qui évolue lentement et se prolonge CONTR. *aigu* 2. qui sévit depuis longtemps, persiste : *chômage chronique.*
chronique *nf* 1. histoire où les faits sont enregistrés dans l'ordre du temps 2. article de journal consacré à l'actualité dans un domaine particulier : *chronique sportive* 3. ensemble des bruits qui circulent : *défrayer la chronique.*
chronologie *nf* 1. science des temps ou des dates historiques 2. ordre de succession des événements.
chronomètre *nm* montre de précision, permettant de mesurer des intervalles de temps en minutes, secondes, fractions de seconde.
chrysanthème *nm* fleur ornementale à grosses boules de couleurs variées.
C.H.U. *nm* (abréviation de Centre Hospitalo-Universitaire) établissement hospitalier où s'effectue l'enseignement des étudiants en médecine.
chuchoter *vi* et *vt* parler, dire à voix basse.
chuinter *vi* 1. crier, en parlant de la chouette 2. faire entendre un son chuintant 3. siffler, en parlant d'un liquide ou d'un gaz qui s'échappe.
chut *interj* silence !
chute *nf* 1. action de choir, de tomber 2. débris de matière (papier, tissu, etc.) perdus après une coupe 3. masse d'eau qui tombe d'une certaine hauteur : *les chutes du Niagara* 4. FIG. action de s'écrouler, ruine, effondrement : *la chute d'un gouvernement* 5. pensée, trait final qui termine un texte • ***chute des reins*** le bas du dos • ***point de chute*** lieu d'arrivée.
chuter *vi* 1. FAM. tomber 2. diminuer : *les ventes ont chuté.*
ci *adv. de lieu* marque la proximité dans l'espace ou dans le temps : *cet homme-ci ; ci-joint ; ceux-ci* ◆ **par-ci par-là** ou **de-ci de-là** *loc adv* de côté et d'autre ◆ *pron. dém* • FAM. ***comme ci comme ça*** ni bien ni mal.
cibiste *n* utilisateur de la citizen band.
cible *nf* 1. objet que l'on vise dans les exercices de tir 2. FIG. but, objectif.
cibler *vt* définir précisément le public qu'on cherche à atteindre.
ciboulette *nf* plante de la même famille que la ciboule, servant de condiment SYN. *civette.*
cicatrice *nf* 1. trace d'une plaie, d'une blessure 2. FIG. trace d'une blessure morale.
cicatriser *vt* 1. fermer une plaie 2. FIG. apaiser, calmer une douleur morale ◆ *vi* ou **se cicatriser** *vpr* se fermer, en parlant d'une plaie.
cidre *nm* boisson faite avec le jus fermenté des pommes.
ciel (*pl cieux*) *nm* 1. espace infini au-dessus de nos têtes 2. (pl ciels) aspect de l'atmosphère selon le temps qu'il fait 3. séjour des bienheureux après la mort 4. FIG. dieu, la Providence • ***à ciel ouvert*** en plein jour, à découvert • ***ciel de lit*** (*pl ciels de lit*) dais placé au-dessus d'un lit pour y suspendre des rideaux ◆ *adj inv* • ***bleu ciel*** bleu clair ◆ *interj* exprime la surprise, la douleur.
cierge *nm* longue chandelle de cire, qu'on brûle dans les églises.
cigale *nf* insecte des régions chaudes, qui fait entendre un bruit strident.
cigare *nm* petit rouleau de feuilles de tabac, que l'on fume.
cigarette *nf* tabac roulé dans du papier très fin.
ci-gît *locverbale* ici est enterré.
cigogne *nf* oiseau échassier migrateur.
ciguë *nf* plante vénéneuse.
ci-joint, e *adj* joint à cet envoi. REM. est invariable avant le nom, variable après le nom.
cil *nm* poil des paupières.
ciller [sije] *vt* et *vi* fermer et rouvrir rapidement les paupières.
cime *nf* sommet d'une montagne, d'un arbre.
ciment *nm* 1. poudre qui, additionnée de sable et d'eau, forme un mortier durcissant au séchage et liant les matériaux de construction 2. FIG. ce qui unit.
cimetière *nm* lieu où on enterre les morts.
ciné *nm* (abréviation) FAM. cinéma.
cinéaste *n* auteur ou réalisateur de films.
cinéma *nm* 1. art de composer et de réaliser des films destinés à être projetés 2. salle destinée à la projection de films • FAM. ***faire du cinéma*** faire des manières, des complications.
cinéphile *n* amateur de cinéma.
cinétique *adj* relatif au mouvement.
cinglant, e *adj* 1. qui cingle, fouette 2. FIG. rude, sévère : *une cinglante leçon.*
cinglé, e *adj* et *n* FAM. fou.
cingler *vt* 1. frapper avec quelque chose de mince et de flexible 2. frapper avec force, fouetter, en parlant du vent, de la pluie, etc. 3. FIG. blesser par des paroles dures.

cinq *adj. num* quatre plus un ◆ *adj. num. ord* cinquième ◆ *nm inv* chiffre, numéro qui représente ce nombre.

cinquantaine *nf* 1. nombre de cinquante ou environ 2. âge d'à peu près cinquante ans.

cinquante *adj. num* et *nm inv* 1. cinq fois dix 2. cinquantième.

cinquantenaire *nm* anniversaire au bout de cinquante ans.

cinquantième *adj. ord* et *n* 1. qui occupe un rang marqué par le numéro cinquante 2. qui se trouve cinquante fois dans le tout.

cinquième *adj. ord* et *n* 1. qui occupe un rang marqué par le numéro cinq 2. qui se trouve cinq fois dans le tout.

cintre *nm* 1. ARCHIT courbure concave et continue d'une voûte ou d'un arc 2. arcade de bois sur laquelle on bâtit les voûtes en pierre 3. support incurvé pour vêtements • *plein cintre* cintre dont la courbe est un demi-cercle ◆ **cintres** *nm pl* THÉÂTR partie supérieure de la cage de scène, où l'on remonte les décors.

cintrer *vt* 1. donner une courbure à 2. resserrer par des pinces un vêtement à la taille.

cirage *nm* 1. action de cirer 2. produit pour cirer les chaussures.

circoncision *nf* excision du prépuce.

circonférence *nf* ligne courbe plane, fermée, limitant une surface.

circonflexe *adj* • *accent circonflexe* signe (^) qui se place en français sur certaines voyelles longues.

circonscription *nf* division administrative, militaire ou religieuse.

circonscrire *vt* (conj 71) 1. tracer des limites autour : *circonscrire une propriété par des murs* 2. empêcher de dépasser certaines limites : *circonscrire un incendie* 3. définir les limites de : *circonscrire son sujet* 4. GÉOM tracer une figure dont les côtés sont tangents à une autre.

circonstance *nf* 1. un des faits particuliers d'un événement 2. conjoncture, situation • *de circonstance* adapté à la situation.

circonstancié, e *adj* détaillé.

circonstanciel, elle *adj* qui dépend des circonstances • GRAMM *complément circonstanciel* celui qui exprime les circonstances dans lesquelles s'accomplit l'action.

circonvolution *nf* enroulement autour d'un axe central • *circonvolutions cérébrales* parties du cerveau déterminées par des sillons.

circuit *nm* 1. trajet à parcourir pour faire le tour d'un lieu 2. parcours touristique ou d'une épreuve sportive avec retour au point de départ 3. jouet constitué d'un parcours fermé sur lequel on fait circuler des trains, des voitures 4. suite de conducteurs électriques • *en circuit fermé* sans communication avec l'extérieur • *être hors circuit* ne pas ou ne plus être impliqué dans une affaire.

circulaire *nf* lettre adressée à plusieurs personnes pour le même objet.

circulaire *adj* 1. qui a la forme d'un cercle 2. qui décrit un cercle : *geste circulaire* 3. qui ramène au point de départ : *raisonnement circulaire.*

circulation *nf* 1. mouvement de ce qui circule : *circulation du sang* 2. déplacement de personnes, de véhicules 3. véhicules qui circulent, trafic.

circuler *vi* 1. se déplacer soit en sens unique, soit en divers sens 2. passer de main en main 3. FIG. se propager, se répandre : *nouvelle qui circule.*

cire *nf* 1. substance sécrétée par les abeilles ouvrières, qui en font les rayons de leurs ruches ; substance analogue, sécrétée par divers végétaux 2. préparation à base de cire d'abeille ou de cire végétale pour l'entretien du bois 3. composition utilisée pour cacheter des lettres, les bouteilles.

ciré, e *adj* • *toile cirée* toile recouverte d'une composition vernissée qui la rend imperméable ◆ *nm* vêtement imperméable.

cirer *vt* enduire, frotter de cire ou de cirage.

cireuse *nf* appareil ménager électrique pour cirer les parquets.

cirque *nm* 1. lieu destiné aux jeux publics, chez les Romains 2. enceinte circulaire où se donnent des spectacles variés 3. entreprise qui donne ces spectacles 4. espace semi-circulaire en haute montagne.

cirrhose *nf* maladie du foie.

cisailles *nf pl* gros ciseaux pour couper les plaques de métal, etc.

ciseau *nm* lame plate de fer ou d'acier tranchant pour travailler les corps durs ◆ **ciseaux** *nm pl* instrument d'acier à deux branches mobiles et tranchantes.

ciseler *vt* (conj 5) sculpter finement.

citadelle *nf* partie fortifiée de certaines villes.

citadin, e *n* qui habite une ville ◆ *adj* de la ville.

citation *nf* 1. passage d'un auteur rapporté exactement 2. DR sommation à comparaître devant la justice 3. récompense honorifique accordée à un militaire pour une action d'éclat.

cité *nf* 1. LITT. ville 2. (prend une majuscule en ce sens) partie la plus ancienne de certaines villes : *la Cité de Londres* 3. groupe d'immeubles ayant même destination : *cité universitaire* • *avoir droit de cité* être admis.

citer *vt* 1. rapporter textuellement 2. désigner avec précision, mentionner 3. DR appeler à comparaître en justice.

citerne *nf* 1. réservoir d'eau de pluie 2. cuve fermée contenant des liquides 3. véhicule pour le transport des liquides.

citizen band ou **C.B.** [sibi] *nf* bande de fréquence radio, utilisée notamment pour communiquer entre véhicules.
citoyen, enne *n* 1. membre d'un État considéré du point de vue de ses devoirs et de ses droits politiques 2. HIST sous la Révolution, titre substitué à « monsieur », « madame ».
citrique *adj* se dit d'un acide extrait du citron ou d'autres fruits.
citron *nm* 1. fruit d'un jaune pâle et plein d'un jus acide 2. FAM. tête ◆ *adj inv* jaune pâle.
citronnade *nf* boisson à base d'eau sucrée et de jus de citron.
citronnelle *nf* plante aromatique, à l'odeur de citron.
citrouille *nf* nom usuel donné à certaines grosses courges et, parfois, au fruit du potiron.
civet *nm* ragoût de lièvre ou d'autre gibier.
civière *nf* brancards réunis par une toile, pour transporter des blessés, des malades.
civil, e *adj* 1. qui concerne les citoyens 2. SOUT. poli, courtois • ***droit civil*** partie du droit privé qui concerne les rapports entre particuliers • ***droits civils*** droits des citoyens dans leur vie privée • ***guerre civile*** entre citoyens • ***liste civile*** somme annuelle allouée au chef de l'État • ***mariage civil*** à la mairie • ***partie civile*** plaideur qui, devant un tribunal, demande réparation d'un dommage.
civil *nm* homme qui n'est ni militaire ni religieux • FAM. ***dans le civil*** en dehors de la vie militaire • ***en civil*** sans uniforme.
civilement *adv* 1. en matière civile 2. sans cérémonie religieuse 3. SOUT. avec politesse.
civilisation *nf* 1. fait de se civiliser 2. ensemble des caractères propres à la vie intellectuelle, artistique, morale et matérielle d'un pays, d'une société.
civiliser *vt* 1. amener à un plus grand développement culturel, matériel 2. rendre quelqu'un plus raffiné dans ses manières.
civilité *nf* respect des bienséances, politesse, courtoisie ◆ **civilités** *pl* SOUT. actes de politesse.
civique *adj* qui concerne le citoyen et son rôle dans la vie politique de son pays.
civisme *nm* dévouement à l'intérêt public : *faire acte de civisme.*
clafoutis *nm* gâteau composé d'une pâte à crêpe contenant des cerises.
clair *nm* • ***clair de lune*** clarté répandue par la Lune • ***en clair*** non chiffré ou non codé • ***le plus clair de*** l'essentiel de • ***tirer au clair*** éclaircir une affaire.
clair, e *adj* 1. qui répand ou reçoit beaucoup de lumière : *salle claire* 2. net, distinct, sonore : *son clair* 3. transparent, limpide : *eau claire* 4. peu foncé : *bleu clair* 5. peu consistant : *sauce claire* 6. FIG. facilement intelligible : *langage clair* 7. évident, manifeste, certain : *clair comme le jour, comme de l'eau de roche* ◆ *adv* • ***il fait clair*** il fait grand jour • ***voir clair*** distinctement.
claire-voie (à) *loc adv* dont les éléments sont espacés, laissant passer la lumière.
clairière *nf* endroit d'une forêt dégarni d'arbres.
clairon *nm* 1. trompette à son aigu et perçant 2. musicien qui joue de cet instrument.
claironner *vt* proclamer partout.
clairsemé, e *adj* 1. semé, planté de manière peu serrée 2. épars, dispersé.
clairvoyance *nf* vue claire et pénétrante des choses ; lucidité, perspicacité.
clamer *vt* manifester, crier avec véhémence : *clamer son innocence.*
clameur *nf* cris, bruit tumultueux.
clan *nm* 1. tribu écossaise ou irlandaise 2. groupe fermé de personnes.
clandestin, e *adj* 1. fait en secret 2. qui se dérobe à la surveillance : *passager clandestin.*
clandestinité *nf* 1. caractère de ce qui est clandestin 2. état d'une personne qui mène une existence clandestine.
clapet *nm* partie mobile d'une soupape.
clapier *nm* cabane à lapins.
clapotement ou **clapotis** *nm* agitation légère des vagues qui s'entrechoquent.
claquage *nm* distension d'un ligament, d'un muscle.
claque *nf* 1. coup donné avec le plat de la main 2. spectateurs payés pour applaudir.
claquer *vi* produire un bruit sec : *faire claquer son fouet* • FAM. ***claquer des dents*** avoir très froid ◆ *vt* 1. donner une claque 2. FAM. fatiguer : *ce travail m'a claqué* • ***claquer la porte*** la fermer avec violence et bruit ◆ **se claquer** *vpr* • ***se claquer un muscle, un tendon*** se faire un claquage.
claquettes *nf pl* danse d'origine américaine, dans laquelle la pointe et le talon de la chaussure, munis de lames métalliques, frappent le sol.
clarifier *vt* 1. rendre clair 2. purifier.
clarinette *nf* instrument à vent, à clefs et anche simple, de la catégorie des bois.
clarté *nf* 1. lumière 2. transparence 3. FIG. caractère de ce qui est clair, intelligible : *parler avec clarté.*
clash [klaʃ] *nm* FAM. rupture, désaccord brutal et violent.
classe *nf* 1. catégorie dans laquelle on range les êtres : *classe sociale* 2. ensemble des jeunes gens atteignant la même année l'âge de faire leur service militaire 3. élèves instruits par un même maître : *faire la classe* 4. salle où se donne l'enseignement 5. enseignement donné 6. SC. NAT grande division d'un règne qui se subdivise en ordres ou en familles • ***en classe*** à l'école.
classement *nm* 1. action de classer 2. rang dans lequel une personne est classée.

classer *vt* ranger par catégories • *classer une affaire* la juger réglée.

classeur *nm* 1. chemise de carton où l'on range des feuilles 2. meuble pour ranger des documents.

classicisme *nm* 1. caractère de ce qui est classique 2. doctrine littéraire et artistique fondée sur le respect de la tradition classique.

classification *nf* distribution systématique en diverses catégories.

classique *adj* 1. qui appartient à l'Antiquité gréco-romaine 2. qui s'inspire des modèles esthétiques de l'Antiquité (auteurs, artistes, œuvres du XVIIe siècle) : *théâtre classique* 3. conforme aux usages établis : *vêtement classique* • *lettres classiques* qui comportent l'étude du grec et du latin • *danse classique* dont les mouvements sont régis par un code très précis (par oppos. à la *danse libre, danse moderne, danse de jazz*) • *musique classique* des grands compositeurs occidentaux (par oppos. à *jazz, variétés*) ◆ *nm* 1. auteur, ouvrage qui peut servir de modèle : *classiques grecs* 2. danse, musique classique.

clause *nf* disposition particulière d'un acte, d'un contrat • *clause de style* 1. clause commune aux actes juridiques de même nature 2. formule consacrée et sans importance.

claustrophobie *nf* angoisse maladive de rester dans un lieu clos.

clavecin *nm* MUS instrument à clavier et à cordes.

clavicule *nf* os long de l'épaule qui joint le sternum à l'omoplate.

clavier *nm* ensemble des touches d'un piano, d'une machine à écrire, etc.

clayette *nf* étagère amovible à claire-voie qui sert de support dans les réfrigérateurs.

clef ou **clé** *nf* 1. pièce métallique servant à ouvrir et fermer une serrure 2. FIG. ce qui permet de comprendre, de résoudre un problème : *la clef d'un mystère* 3. MÉCAN outil pour ouvrir ou fermer, serrer ou détendre des écrous, etc. : *clef anglaise* 4. MUS signe qui permet l'identification des notes : *clef de sol* 5. pièce mobile qui bouche et ouvre les trous d'un instrument de musique à vent 6. SPORTS prise de lutte, de judo • ARCHIT *clef de voûte* 1. pierre en forme de coin, qui occupe la partie centrale d'une voûte ou d'un arceau 2. FIG. principe, base.

clémence *nf* 1. vertu qui consiste à pardonner 2. douceur du climat.

clément, e *adj* 1. qui fait preuve de clémence 2. dont la température est agréable ; doux : *hiver clément.*

clémentine *nf* variété de mandarine.

clenche *nf* pièce du loquet d'une porte qui la tient fermée.

cleptomanie *nf* › kleptomanie.

clerc [klɛr] *nm* 1. qui est entré dans l'état ecclésiastique 2. employé d'une étude de notaire, d'avoué • FIG. *pas de clerc* bévue, faute.

clergé *nm* ensemble des prêtres d'un culte, d'une paroisse, d'un pays.

clérical, e, aux *adj* qui appartient au clergé.

cliché *nm* 1. image photographique négative 2. plaque métallique permettant d'obtenir des épreuves typographiques 3. FIG., FAM. lieu commun, banalité ressassée.

client, e *n* qui se fournit chez un commerçant, qui recourt à une banque, à un avocat, à un médecin, etc.

clientèle *nf* ensemble des clients.

cligner *vt* et *vi* 1. fermer les yeux à demi 2. rapprocher brusquement les paupières • *cligner de l'œil* faire un clin d'œil.

clignotant *nm* dispositif à lumière intermittente, qui, sur un véhicule, sert à signaler un changement de direction.

clignoter *vi* 1. remuer les paupières rapidement 2. s'allumer et s'éteindre par intermittence.

climat *nm* 1. ensemble des circonstances atmosphériques auxquelles est soumis un lieu 2. FIG. ensemble des circonstances dans lesquelles on vit ; ambiance.

climatisation *nf* ensemble des moyens permettant de maintenir l'atmosphère d'un endroit clos à une pression, à un degré d'humidité et à une température donnés.

climatologie *nf* étude du climat.

clin *nm* • *clin d'œil* (*pl clins d'œil*) mouvement des paupières qu'on baisse et qu'on relève rapidement en signe de connivence • *en un clin d'œil* en un temps très court.

clinique *nf* établissement hospitalier privé.

clinique *adj* qui se fait près du lit des malades : *examen clinique* • *signe clinique* signe que le médecin peut observer par la vue, le toucher.

clinquant, e *adj* qui a plus d'éclat extérieur que de valeur ◆ *nm* faux brillant, éclat trompeur.

clip *nm* pince à ressort sur laquelle est monté un bijou.

clip *nm* court métrage cinématographique ou vidéo qui illustre une chanson, qui présente le travail d'un artiste (recomm off : *bande vidéo promotionnelle*).

clique *nf* 1. groupe de personnes qui s'unissent pour intriguer 2. MIL ensemble des tambours et des clairons d'une musique militaire • FAM. *prendre ses cliques et ses claques* s'en aller.

cliquer *vi* actionner la souris d'un micro-ordinateur.

cliquetis *nm* ensemble des bruits produits par des petits chocs.

clitoris [-is] *nm* ANAT petit organe érectile de la vulve.

clivage *nm* 1. action de cliver des minéraux 2. fissure dans une pierre 3. FIG. distinction entre deux groupes selon un certain critère : *clivage social.*

clochard, e *n* personne qui n'a pas de domicile et qui vit de mendicité.

cloche *nf* 1. instrument d'airain, creux, évasé, suspendu, dont on tire des sons par un battant placé au milieu 2. couvercle en verre pour protéger des aliments, des plantes : *cloche à fromage* • ***cloche à plongeur*** récipient en forme de cloche pour travailler sous l'eau • ***chapeau cloche*** chapeau à bords rabattus • ***son de cloche*** opinion d'une ou de plusieurs personnes.

cloche *adj* FAM. bête, stupide.

cloche-pied (à) *loc adv* • ***sauter à cloche-pied*** sur un pied.

clocher *nm* tour d'une église, où sont les cloches • ***querelles de clocher*** qui n'ont qu'un intérêt local.

clocher *vi* FAM. aller de travers, être défectueux.

cloison *nf* 1. paroi légère dans un bâtiment 2. ANAT membrane séparant une cavité 3. FIG. ce qui empêche la communication entre des groupes de personnes.

cloisonner *vt* séparer par des cloisons.

cloître *nm* 1. partie d'un monastère formée de galeries ouvertes entourant une cour ou un jardin 2. partie close d'un monastère.

cloîtrer *vt* 1. enfermer dans un cloître 2. PAR EXT. tenir enfermé ◆ **se cloîtrer** *vpr* vivre retiré, à l'écart des autres.

clone *nm* 1. BIOL individu ou population provenant de la reproduction asexuée d'un individu unique : *clone leucémique* 2. FIG., FAM. individu qui serait la copie conforme d'un autre.

cloporte *nm* petit animal crustacé, qui vit sous les pierres.

cloque *nf* 1. ampoule de la peau 2. boursouflure à la surface de quelque chose.

clore *vt* (conj 81) 1. fermer, boucher 2. entourer 3. mettre un terme à, finir : *clore la discussion.*

clos, e *adj* 1. fermé 2. terminé, achevé • ***champ clos*** autref., terrain entouré de barrières, pour les tournois.

clôture *nf* 1. enceinte de murailles, de haies, etc. : *mur de clôture* 2. action de terminer, de fermer : *clôture d'un scrutin* • ***séance de clôture*** séance finale.

clou *nm* 1. tige métallique, pointue à un bout, aplatie à l'autre, et servant à fixer ou à suspendre 2. FAM. attraction principale : *le clou de la fête* 3. FAM. furoncle 4. mont-de-piété : *mettre au clou* • BOT ***clou de girofle*** bouton du giroflier, employé comme épice ◆ **clous** *nm pl* • ***les clous*** FAM. passage clouté, passage pour piétons.

clouer *vt* 1. fixer avec des clous 2. FIG. fixer, immobiliser : *clouer sur place.*

clouté, e *adj* • ***passage clouté*** passage pour piétons marqué par des clous à large tête sur la chaussée (remplacés aujourd'hui par des bandes peintes).

clown [klun] *nm* 1. comédien de cirque 2. personne qui fait des pitreries.

club [klœb] *nm* 1. assemblée sportive, culturelle, politique, touristique 2. cercle où l'on se réunit pour parler, jouer, lire 3. canne de golf.

coagulation *nf* phénomène par lequel un liquide (sang, lymphe, lait) se prend en une masse solide.

coaguler *vt* figer un liquide, lui donner de la consistance ◆ *vi* ou **se coaguler** *vpr* se figer, en parlant d'un liquide.

coalition *nf* alliance entre personnes, partis, puissances pour une cause commune, contre des adversaires communs.

coasser *vi* pousser son cri, en parlant de la grenouille.

cobalt *nm* métal blanc rougeâtre, dur et cassant (symb : Co).

cobaye [kɔbaj] *nm* 1. petit mammifère rongeur SYN. *cochon d'Inde* 2. FAM. personne sur qui on tente une expérience.

cobra *nm* serpent venimeux du genre naja.

coca *nm* arbrisseau du Pérou qui fournit la cocaïne ◆ *nf* substance extraite des feuilles de cet arbrisseau.

cocaïne *nf* alcaloïde extrait des feuilles de coca.

cocarde *nf* 1. emblème ou insigne circulaire aux couleurs nationales, en tissu plissé ou simplement peint 2. nœud de ruban.

cocasse *adj* FAM. d'une bizarrerie drôle.

coccinelle *nf* petit insecte coléoptère aux élytres orangés ou rouges ornés de points noirs, appelé aussi *bête à bon Dieu.*

coccyx [kɔksis] *nm* petit os à l'extrémité du sacrum.

cocher *nm* conducteur d'une voiture hippomobile : *cocher de fiacre.*

cocher *vt* marquer d'un trait.

cochère *adj f* • ***porte cochère*** grande porte à deux battants pour le passage des voitures.

cochon *nm* mammifère domestique, qui fournit le lard, le saindoux, etc. ; viande de cet animal • ***cochon de lait*** qui tète encore • ***cochon d'Inde*** cobaye.

cochon, onne *adj* et *n* FAM. 1. sale, dégoûtant 2. malfaisant, déloyal ◆ *adj* pornographique, obscène : *film cochon ; histoire cochonne.*

cochonnerie *nf* FAM. 1. objet de mauvaise qualité 2. parole obscène.

cochonnet *nm* 1. petit cochon 2. petite boule servant de but, au jeu de boules.

cocker [kɔkɛr] *nm* chien à poils longs, à oreilles longues et tombantes.

cockpit [kɔkpit] *nm* 1. MAR réduit du barreur sur certains yachts 2. emplacement réservé au pilote d'un avion.

cocktail [kɔktɛl] *nm* 1. boisson obtenue par l'addition de différents alcools, jus de fruits, etc. 2. réunion avec buffet • *cocktail Molotov* bouteille explosive à base d'essence.

coco *nm* 1. fruit du cocotier (on dit aussi : *noix de coco*) 2. FAM., PÉJOR. individu 3. FAM. terme d'affection.

cocon *nm* enveloppe soyeuse de certaines chrysalides, dont le ver à soie.

cocorico *nm* onomatopée, imitant le cri du coq.

cocotier *nm* palmier des régions chaudes dont le fruit est la *noix de coco.*

cocotte *nf* 1. petite marmite en fonte 2. poule, dans le langage enfantin 3. morceau de papier plié, figurant une poule 4. FAM. femme de mœurs légères 5. FAM. terme d'affection.

Cocotte-Minute *nf* (nom déposé) type d'autocuiseur.

cocu, e *n* et *adj* FAM. époux, épouse trompé(e).

codage *nm* transformation d'un message exprimé en langage clair en des groupes de lettres ou de chiffres.

code *nm* 1. recueil de lois, de règlements : *code civil, pénal* 2. système convenu par lequel on transcrit un message, on représente une information, des données : *code barres ; code postal* 3. FIG. ce qui sert de règle : *code de la politesse* • *code de la route* ensemble de la législation concernant la circulation routière.

coder *vt* procéder à un codage.

codicille [kɔdisil] *nm* addition faite à un testament.

codifier *vt* 1. réunir dans un code des dispositions législatives ou réglementaires 2. donner la forme d'un système.

coefficient *nm* 1. nombre placé devant une quantité qu'il multiplie 2. facteur, pourcentage 3. nombre fixant la valeur de chacune des épreuves d'un examen.

cœur *nm* 1. organe creux et musculaire, de forme conique, situé dans la poitrine et actionnant la circulation du sang 2. une des quatre couleurs du jeu de cartes : *as de cœur* 3. FIG. partie centrale, la plus importante de : *le cœur d'une ville ; le cœur d'un problème* 4. partie intérieure : *le cœur d'une salade* 5. siège des sentiments, de l'amour, du courage, de la générosité • *à cœur ouvert* franchement • *aller (droit) au cœur* toucher, émouvoir • *au cœur de* au plus fort de • *avoir le cœur gros* être affligé • *avoir mal au cœur* avoir la nausée • *de bon cœur* volontiers • *de tout cœur* avec zèle • *en avoir le cœur net* s'assurer de la vérité d'une chose • *ouvrir son cœur* découvrir sa pensée • *par cœur* de mémoire • *prendre à cœur* s'intéresser vivement à.

coexistence *nf* fait de coexister • *coexistence pacifique* principe qui permet à deux États d'entretenir des relations pacifiques, malgré leurs systèmes politiques opposés.

coexister *vi* exister en même temps.

coffrage *nm* 1. habillage pour isoler, dissimuler une canalisation, un appareil, etc. 2. charpente pour éviter les éboulements dans les puits 3. planches destinées à contenir du ciment frais jusqu'à son durcissement.

coffre *nm* 1. meuble dont la face supérieure est un couvercle mobile et qui sert de rangement 2. compartiment d'un coffre-fort loué par une banque 3. espace pour le rangement des bagages dans une voiture 4. FAM. poitrine, poumons, voix • *avoir du coffre* du souffle, une voix qui porte.

coffre-fort (*pl coffres-forts*) *nm* coffre d'acier à serrure de sûreté.

coffrer *vt* 1. entourer d'un coffrage 2. FAM. mettre en prison.

coffret *nm* petit coffre.

cogestion *nf* administration exercée avec une ou plusieurs personnes.

cogiter *vi* et *vt* FAM. penser, réfléchir.

cognac *nm* eau-de-vie de vin fabriquée dans la région de Cognac.

cognassier *nm* arbre fruitier produisant les coings.

cogner *vi* et *vt* donner un ou des coups ◆ **se cogner** *vpr* se donner un coup, se heurter.

cohabitation *nf* 1. état de personnes qui habitent ensemble 2. présence simultanée d'un chef de l'État et d'une majorité parlementaire de tendances politiques différentes.

cohérent, e *adj* dont tous les éléments se tiennent et s'harmonisent ou s'organisent logiquement.

cohésion *nf* 1. PHYS force qui unit les molécules d'un corps 2. FIG. qualité d'un groupe, d'un ensemble formant un tout aux parties bien liées.

cohue *nf* 1. grande foule 2. confusion, bousculade.

coiffe *nf* 1. coiffure à l'usage des femmes, portée encore dans certaines provinces 2. enveloppe destinée soit à assurer la protection d'un mécanisme, soit à revêtir l'ogive d'un projectile perforant.

coiffer *vt* 1. couvrir la tête 2. arranger les cheveux 3. être à la tête de : *coiffer plusieurs services* • *coiffer sainte Catherine* dépasser vingt-cinq ans sans être mariée.

coiffeur, euse *n* personne qui a pour profession de couper et de mettre en forme les cheveux.

coiffeuse *nf* table de toilette munie d'une glace.

coiffure *nf* 1. ce qui sert à couvrir la tête 2. arrangement des cheveux 3. action, art de coiffer.

coin *nm* 1. angle formé par deux lignes, deux plans qui se coupent : *le coin d'une rue* 2. petit espace de terrain : *un coin de terre* 3. alentours d'un lieu : *habiter dans le coin* 4. instrument de fer en angle : *enfoncer un coin* 5. morceau d'acier trempé gravé en creux pour frapper monnaies et médailles ; poinçon de garantie des pièces d'orfèvrerie et de bijouterie • ***coins de la bouche, des yeux*** commissures des lèvres, des paupières • ***du coin de l'œil*** sans avoir l'air de regarder • FAM. ***en boucher un coin*** laisser muet de surprise • FAM. ***le petit coin*** les toilettes • ***regard en coin*** oblique • ***sourire en coin*** dissimulé.

coincer *vt* (conj 1) 1. immobiliser en serrant 2. bloquer : *coincer une porte* 3. FAM. mettre dans l'impossibilité de répondre, de s'échapper.

coïncidence *nf* rencontre fortuite de circonstances ; simultanéité de faits.

coïncider *vi* 1. MATH s'ajuster, se superposer 2. FIG. se produire en même temps : *faits qui coïncident* 3. correspondre exactement : *témoignages qui coïncident.*

coing *nm* fruit jaune du cognassier.

coke *nm* combustible provenant de la distillation de la houille.

col *nm* 1. partie de chemise, de vêtement, qui entoure le cou 2. partie rétrécie et cylindrique d'un organe, d'un objet : *col de bouteille* 3. GÉOGR passage étroit • FAM. ***col blanc*** employé de bureau • ***faux col*** col glacé amovible.

colchique *nm* plante vénéneuse des prés.

coléoptère *nm* insecte dont les deux ailes supérieures *(élytres)* sont dures et impropres au vol, tels le hanneton, la coccinelle (Les coléoptères forment un ordre).

colère *nf* irritation, vif mécontentement accompagné de réactions violentes.

coléreux, euse ou **colérique** *adj* prompt à se mettre en colère.

colibri *nm* minuscule oiseau d'Amérique à long bec SYN. *oiseau-mouche.*

colimaçon *nm* escargot • ***en colimaçon*** en spirale : *escalier en colimaçon.*

colin *nm* poisson marin appelé aussi *lieu.*

colin-maillard (*pl colin-maillards*) *nm* jeu où l'un des joueurs a les yeux bandés et poursuit les autres à tâtons.

colique *nf* 1. douleur abdominale 2. FAM. diarrhée.

colis *nm* paquet d'objets, de marchandises, destiné à être transporté.

colite *nf* MÉD inflammation du côlon.

collaboration *nf* action de collaborer.

collaborer *vt ind* travailler avec, coopérer.

collage *nm* 1. action de coller 2. composition artistique faite de diverses matières, et principalement de papier collé.

collant *nm* 1. sous-vêtement féminin associant le slip et les bas en une seule pièce 2. vêtement de tissu extensible couvrant le corps de la taille aux pieds.

collatéral, e, aux *n* et *adj* parent en dehors de la descendance directe.

collation *nf* léger repas.

colle *nf* 1. substance qui permet de faire adhérer par contact un matériau à un autre 2. FAM. question embarrassante, difficulté à résoudre : *poser une colle* 3. ARG SCOL. punition.

collecte *nf* action de réunir, de recueillir de l'argent, des dons, etc.

collecteur, trice *adj* et *n* qui collecte ◆ *adj* et *nm* se dit d'un conduit, d'un tuyau dans lequel se déverse quelque chose : *égout collecteur.*

collectif, ive *adj* 1. formé de plusieurs personnes ou choses 2. fait par plusieurs : *effort collectif.*

collection *nf* 1. réunion d'objets de même nature 2. ensemble d'ouvrages, de publications ayant une unité 3. ensemble de modèles créés et présentés à chaque saison par les couturiers.

collectionner *vt* 1. réunir en collection : *collectionner des timbres* 2. FAM. accumuler : *collectionner les gaffes.*

collectivité *nf* groupe d'individus habitant le même pays, la même agglomération ou ayant des intérêts communs.

collège *nm* 1. établissement du premier cycle de l'enseignement secondaire 2. réunion de personnes ayant la même fonction 3. ensemble des électeurs.

collégial, e, aux *adj* 1. exercé par un organe collectif, un conseil : *direction collégiale* 2. qui appartient à un chapitre de chanoines : *église collégiale.*

collégien, enne *n* élève d'un collège.

collègue *n* qui remplit la même fonction qu'un autre ou qui fait partie du même établissement.

coller *vt* 1. fixer avec de la colle : *coller une affiche* 2. appuyer, placer contre : *coller son oreille à la porte* 3. FAM. mettre dans l'impossibilité de répondre à une question 4. FAM. punir 5. FAM. refuser à un examen ◆ *vi* 1. adhérer : *ce papier colle mal* 2. FAM. s'adapter étroitement : *coller à la réalité.*

collerette *nf* 1. petit col de forme ronde et souvent plissé 2. TECHN objet en forme de couronne.

collet *nm* 1. partie du vêtement qui entoure le cou 2. nœud coulant pour prendre le gibier 3. ligne de séparation entre la racine d'une dent et sa couronne • ***collet monté*** prude, guindé • ***prendre au collet*** 1. saisir par le cou 2. arrêter.

colley *nm* chien de berger écossais.

collier *nm* 1. bijou qui se porte autour du cou 2. cercle de métal ou de cuir au cou d'un animal 3. cercle métallique pour fixer un tuyau 4. barbe courte et étroite sur l'ovale du visage• *donner un coup de collier* fournir un grand effort.

colline *nf* GÉOGR hauteur arrondie.

collision *nf* choc, heurt.

colloque *nm* réunion organisée pour débattre entre spécialistes.

collusion *nf* entente secrète au détriment de quelqu'un.

collutoire *nm* médicament antiseptique qui agit sur le pharynx par pulvérisation.

collyre *nm* médicament liquide pour les yeux.

colmater *vt* 1. boucher, fermer un orifice, une fente 2. AGRIC exhausser les terrains bas grâce aux dépôts vaseux formés par les fleuves ou les mers.

colombe *nf* variété de pigeon ou de tourterelle à plumage blanc ; cet animal considéré comme l'emblême de la douceur, de la pureté, de la paix.

colombier *nm* bâtiment où l'on élève des pigeons.

colombophile *adj* et *n* qui élève ou emploie des pigeons voyageurs.

colon *nm* 1. habitant d'une colonie 2. enfant en colonie de vacances.

côlon *nm* ANAT partie du gros intestin qui commence au cæcum et se termine au rectum.

colonel *nm* grade le plus élevé des officiers supérieurs des armées de terre et de l'air.

colonie *nf* 1. territoire administré par une nation en dehors de ses frontières, et demeurant attaché à la métropole par des liens étroits 2. ensemble d'étrangers originaires d'un même pays et vivant dans la même ville ou la même région 3. réunion de personnes, ou même d'animaux, vivant en commun : *colonie agricole* • *colonie de vacances* groupe d'enfants réunis pour passer les vacances à la campagne, à la mer ou à la montagne.

coloniser *vt* 1. peupler de colons 2. transformer un pays en un territoire dépendant d'une métropole.

colonne *nf* 1. pilier cylindrique, avec base et chapiteau 2. monument commémoratif en forme de colonne : *la colonne Vendôme* 3. portion d'une page divisée verticalement : *colonnes d'un journal* 4. PHYS masse cylindrique verticale : *colonne barométrique* 5. alignement de personnes les unes derrière les autres : *marche en colonne*• *colonne vertébrale* ensemble des vertèbres formant un axe osseux s'étendant de la base du crâne au coccyx.

colorant, e *adj* qui colore ◆ *nm* substance employée pour colorer.

coloration *nf* 1. action de colorer 2. état d'un corps coloré.

colorer *vt* donner une certaine couleur ou une couleur plus vive à.

coloriage *nm* 1. action de colorier ; résultat ainsi obtenu 2. dessin à colorier.

colorier *vt* appliquer des couleurs sur : *colorier un dessin.*

coloris *nm* 1. couleur 2. éclat du teint, des fleurs, etc.

colossal, e, aux *adj* 1. extrêmement grand 2. FIG. énorme, considérable.

colosse *nm* 1. statue d'une grandeur extraordinaire 2. homme très grand, très fort.

colporter *vt* 1. faire le métier de colporteur 2. FIG. répandre, propager des bruits, des nouvelles.

colporteur, euse *n* 1. marchand ambulant 2. FIG. propagateur : *colporteur de fausses nouvelles.*

coltiner *vt* porter sur la tête, les épaules de pesants fardeaux ◆ **se coltiner** *vpr* FAM. se charger d'une tâche pénible et désagréable.

columbarium [kɔlɔ̃barjɔm] *nm* bâtiment où sont conservées les cendres des personnes incinérées.

colvert *nm* canard sauvage.

colza *nm* plante à fleurs jaunes cultivée pour ses graines, qui fournissent de l'huile.

coma *nm* MÉD état caractérisé par la perte de la conscience, de la motricité, de la sensibilité, avec conservation des fonctions végétatives.

comateux, euse *adj* relatif au coma.

combat *nm* 1. lutte armée 2. rencontre opposant deux adversaires 3. FIG. lutte : *la vie est un combat perpétuel.*

combatif, ive *adj* et *n* porté à la lutte, belliqueux, agressif.

combativité *nf* agressivité.

combattant, e *n* qui combat.

combattre *vt* et *vi* (conj 56) soutenir un combat, lutter.

combien *adv* sert à interroger sur une quantité, une grandeur, un nombre, un prix : *combien mesure-t-elle ? ; combien as-tu payé ?*• *combien de* indique un grand nombre, une grande quantité : *combien de fois lui ai-je dit*• *ô combien !* extrêmement.

combinaison *nf* 1. assemblage, arrangement, dans un certain ordre, de choses semblables ou diverses : *combinaison de couleurs* 2. CHIM réunion de corps simples dans un composé 3. mesures prises pour assurer le succès de quelque chose ; calcul : *les combinaisons politiques pour prendre le pouvoir* 4. sous-vêtement féminin d'une seule pièce 5. vêtement d'une seule pièce, à jambes de pantalon, pour le travail, le sport, etc. 6. agencement mécanique d'une serrure de sûreté permettant son ouverture.

combine *nf* FAM. moyen peu scrupuleux pour parvenir à ses fins • FAM. ***être dans la combine*** être au courant d'une intrigue.

combiné *nm* 1. partie mobile d'un téléphone réunissant l'écouteur et le microphone 2. épreuve réunissant plusieurs spécialités d'un sport.

combiner *vt* 1. disposer dans un certain ordre : *combiner des couleurs ; combiner des efforts* 2. organiser en vue d'un but précis, d'une réussite ; préparer 3. CHIM unir divers corps.

comble *nm* 1. faîte d'un bâtiment : *loger sous les combles* 2. FIG. le dernier degré 3. ce qui dépasse la mesure • ***pour comble de*** par surcroît.

comble *adj* très ou trop plein : *salle comble* • ***la mesure est comble*** il est difficile d'en supporter davantage.

combler *vt* 1. remplir entièrement : *combler un fossé* 2. satisfaire pleinement 3. donner à profusion : *combler d'honneurs.*

combustible *adj* qui a la propriété de brûler ◆ *nm* 1. toute matière capable de se consumer, notamment pour fournir du chauffage 2. PHYS matière capable de fournir de l'énergie par fission ou fusion nucléaire.

combustion *nf* action de brûler.

comédie *nf* 1. pièce de théâtre, film destinés à faire rire 2. FIG. simulation hypocrite de sentiments : *jouer la comédie* 3. FAM. complication, situation difficile : *quelle comédie pour arriver jusqu'ici !* • ***comédie musicale*** film, spectacle comportant des scènes dansées et chantées.

comédien, enne *n* 1. acteur, actrice qui joue au théâtre, à la télévision, au cinéma 2. FIG. qui feint des sentiments ; hypocrite.

comestible *adj* propre à la nourriture de l'homme ◆ *nm* produit alimentaire.

comète *nf* astre du système solaire, d'aspect diffus, accompagné d'une traînée de lumière appelée *queue* ou *chevelure.*

comique *adj* 1. qui appartient à la comédie 2. amusant, qui fait rire : *situation comique* ◆ *nm* 1. le genre de la comédie 2. ce qui est comique 3. acteur, auteur comique.

comité *nm* assemblée restreinte de personnes : *comité d'études* • ***en petit comité*** dans l'intimité, en petit nombre.

commandant *nm* 1. officier supérieur dont le grade se situe entre celui de capitaine et celui de lieutenant-colonel 2. officier qui commande un bâtiment de la marine de guerre • ***commandant de bord*** chef de l'équipage d'un avion civil.

commande *nf* 1. demande de marchandises 2. MÉCAN élément d'un mécanisme qui assure le fonctionnement de l'ensemble • ***de commande*** qui n'est pas sincère : *sourire de commande.*

commandement *nm* 1. action de commander 2. ordre : *obéir à un commandement* 3. pouvoir de celui qui commande : *exercer le commandement* 4. loi, précepte 5. ordre signifié par huissier.

commander *vt* 1. ordonner à quelqu'un ce qu'il doit faire 2. avoir autorité sur 3. dominer par sa position : *fort qui commande une vallée* 4. COMM faire une commande ◆ *vi* être le chef ◆ **se commander** *vpr* communiquer, en parlant des pièces d'un appartement • ***ne pas se commander*** être indépendant de la volonté.

commanditer *vt* avancer les fonds nécessaires à une entreprise.

commando *nm* 1. petite formation militaire chargée de missions spéciales 2. petit groupe d'hommes armés qui se livre à des actes de violence.

comme *adv* 1. de même que, autant que 2. tel que : *un homme comme lui* 3. presque, en quelque façon : *il est comme mort* 4. en qualité de : *agir comme délégué* 5. combien, à quel point : *comme il parle !* • ***tout comme*** pareil • ***comme tout*** au plus haut point ◆ *conj* 1. puisque 2. au moment où : *comme il entrait.*

commémorer *vt* rappeler au souvenir : *commémorer une date.*

commencement *nm* début, première partie de.

commencer *vt* (conj 1) 1. faire la première partie de ; entreprendre 2. être au commencement de ; entamer ◆ *vt ind* [à] se mettre à ◆ *vi* débuter.

comment *adv* sert à interroger sur la manière, le moyen : *comment fait-elle ?* ◆ *interj* exprime la surprise, l'indignation : *Comment ! vous voilà ?* • FAM. ***et comment !*** évidemment ; énormément ◆ *nm inv* manière dont une chose s'est faite : *le pourquoi et le comment.*

commentaire *nm* remarque sur un texte, un énoncé, un événement, etc.

commenter *vt* faire des remarques sur un texte, des événements.

commérage *nm* FAM. bavardage indiscret.

commerçant, e *n* qui fait du commerce ◆ *adj* où se fait le commerce : *rue commerçante.*

commerce *nm* 1. achat et vente de marchandises 2. ensemble des commerçants 3. LITT. relations, fréquentation : *personne d'un commerce agréable* • ***tribunal de commerce*** tribunal de commerçants pour juger les contestations commerciales • ***chambre de commerce*** assemblée consultative de notables commerçants • ***livre de commerce*** registre de comptabilité.

commercial, e, aux *adj* 1. qui appartient au commerce 2. PÉJOR. exécuté dans un but purement lucratif : *film commercial* ◆ *n* personne appartenant aux services commerciaux d'une entreprise.

commercialiser *vt* répandre dans le commerce : *commercialiser un produit.*

commère *nf* femme bavarde.

commettre *vt* (conj 57) 1. faire un acte répréhensible ou malencontreux : *commettre une erreur* 2. DR désigner, nommer à une fonction ◆ **se commettre** *vpr* LITT. entretenir des relations compromettantes ou déshonorantes.

commis *nm* employé ; aide.

commissaire *nm* 1. qui est chargé de fonctions temporaires 2. qui vérifie la régularité d'une épreuve sportive • *commissaire de police* fonctionnaire de la police nationale chargé du maintien de l'ordre et de la sécurité publique.

commissaire-priseur (*pl commissaires-priseurs*) *nm* officier ministériel chargé de l'estimation et de la vente dans une vente publique.

commissariat *nm* 1. fonction de commissaire 2. bureau d'un commissaire.

commission *nf* 1. groupe de personnes chargées d'étudier une question, de régler une affaire 2. charge qu'une personne donne à une autre de faire quelque chose à sa place 3. pourcentage qu'on laisse à un intermédiaire ◆ **commissions** *pl* achats quotidiens, courses.

commissure *nf* ANAT point de jonction de certaines parties : *commissure des lèvres.*

commode *adj* 1. bien approprié à l'usage qu'on veut en faire 2. d'un caractère facile, aimable.

commode *nf* meuble à tiroirs.

commodité *nf* qualité de ce qui est commode, pratique, agréable.

commotion *nf* 1. secousse, ébranlement physique : *commotion cérébrale* 2. FIG. émotion violente.

commotionner *vt* frapper d'une commotion ; perturber.

commun, e *adj* 1. qui est pour plusieurs ou pour tous : *salle commune* 2. qui est fait à plusieurs : *œuvre commune* 3. ordinaire, qui se trouve couramment : *expression peu commune* 4. dépourvu de distinction, vulgaire : *manières communes* • *en commun* avec d'autres • GRAMM *nom commun* qui convient à tous les êtres d'une même espèce ◆ *nm* • *le commun des mortels* les gens en général ◆ **communs** *pl* bâtiments réservés au service, dans une grande maison.

communal, e, aux *adj* de la commune : *terrain communal* ◆ *nf* VIEILLI. école communale.

communautaire *adj* relatif à la communauté : *vie communautaire.*

communauté *nf* 1. état de ce qui est commun : *communauté d'idées* 2. DR régime matrimonial dans lequel certains biens sont communs aux époux 3. société religieuse, soumise à une règle.

commune *nf* division territoriale, administrée par un maire.

communicatif, ive *adj* 1. qui se communique, se gagne facilement : *rire communicatif* 2. qui exprime volontiers ses pensées, ses sentiments ; expansif.

communication *nf* 1. action de communiquer 2. avis, renseignement 3. conversation téléphonique 4. moyen de liaison.

communier *vi* 1. recevoir la communion 2. FIG. être en communauté d'esprit, d'idées.

communion *nf* 1. union dans une même foi, dans un même état d'esprit 2. RELIG réception de l'eucharistie.

communiqué *nm* 1. avis officiel 2. avis diffusé par la presse, la radio, la télévision.

communiquer *vt* 1. transmettre 2. donner connaissance, faire partager ◆ *vi* être en relation.

communisme *nm* doctrine tendant à la collectivisation des moyens de production, à la répartition des biens de consommation suivant les besoins de chacun et à la suppression des classes sociales.

commutateur *nm* appareil pour établir ou interrompre le courant électrique dans un circuit.

compact, e *adj* 1. dont les molécules sont fortement liées 2. qui forme une masse épaisse ; dense, serré : *foule compacte.*

Compact Disc *nm* (nom déposé) disque de faible diamètre à lecture optique par laser.

compagne *nf* › compagnon.

compagnie *nf* 1. présence d'une personne, d'un être animé auprès de quelqu'un 2. réunion de personnes : *salut, la compagnie !* 3. société commerciale : *compagnie d'assurances* 4. troupe d'infanterie commandée par un capitaine 5. bande d'animaux de même espèce : *compagnie de perdreaux* • *fausser compagnie* se retirer ou ne pas venir • *la bonne compagnie* les gens bien élevés.

compagnon, compagne *n* 1. qui accompagne quelqu'un 2. qui vit en compagnie de.

compagnonnage *nm* association d'ouvriers dans une même profession.

comparaison *nf* 1. action de comparer 2. parallèle • GRAMM *degrés de comparaison* le positif, le comparatif et le superlatif • *en, par comparaison* relativement à.

comparaître *vi* (conj 64) se présenter par ordre devant un magistrat, un tribunal.

comparatif, ive *adj* qui établit une comparaison ◆ *nm* second degré de signification des adjectifs, qui exprime une qualité égale, supérieure ou inférieure : meilleur *est le comparatif de* bon.

comparer *vt* 1. établir le rapport qui existe entre des personnes ou des choses 2. mettre en parallèle 3. confronter.

compartiment *nm* 1. case, division d'un objet, d'une surface 2. partie d'une voiture de chemin de fer divisée par des cloisons.

comparution *nf* action de comparaître en justice.

compas *nm* 1. instrument à deux branches mobiles pour tracer des circonférences 2. MAR boussole • FAM. ***avoir le compas dans l'œil*** apprécier exactement à l'œil une mesure.

compassion *nf* action de compatir ; pitié.

compatible *adj* qui peut s'accorder avec quelque chose d'autre.

compatir *vt ind* [à] prendre part aux maux d'autrui.

compatriote *n* du même pays.

compensation *nf* 1. action de compenser 2. dédommagement.

compensé, e *adj* • ***semelles compensées*** qui forment un seul bloc avec le talon.

compenser *vt* équilibrer un effet par un autre.

compétence *nf* 1. capacité reconnue en telle ou telle matière 2. DR droit de juger une affaire.

compétitif, ive *adj* susceptible de supporter la concurrence avec d'autres : *prix compétitifs.*

compétition *nf* 1. recherche simultanée par plusieurs personnes d'un même poste, de mêmes avantages 2. épreuve sportive mettant aux prises plusieurs concurrents.

compilation *nf* 1. action de compiler 2. œuvre sans originalité, faite d'emprunts.

compiler *vt* 1. réunir des morceaux de divers auteurs pour en faire un ouvrage : *compiler une anthologie* 2. copier, plagier.

complainte *nf* chanson populaire sur les malheurs d'un personnage légendaire.

complaire (se) *vpr* [à, dans] (conj 77) trouver du plaisir, de l'agrément dans tel ou tel état : *il se complaît dans son ignorance.*

complaisance *nf* 1. désir d'être agréable, de rendre service ; obligeance 2. sentiment de satisfaction que l'on a envers soi-même : *se regarder avec complaisance* • ***certificat de complaisance*** délivré par obligeance à quelqu'un qui n'y a pas droit.

complément *nm* 1. ce qui complète 2. GRAMM mot complétant le sens d'un autre mot : *complément direct.*

complémentaire *adj* qui complète.

complet, ète *adj* 1. qui a tous les éléments nécessaires : *collection complète* 2. absolu, total : *échec complet* 3. qui n'a plus de place ; plein, rempli : *autobus complet* 4. dont toutes les qualités sont développées : *athlète complet* • ***au complet*** en totalité, intégralement.

complet *nm* costume de ville masculin dont toutes les pièces sont de la même étoffe.

complètement *adv* entièrement.

compléter *vt* (conj 10) rendre complet.

complexe *adj* qui contient plusieurs éléments ou parties, qui est difficile à analyser : *question complexe.*

complexe *nm* 1. ensemble d'industries concourant à une production particulière 2. ensemble de bâtiments groupés en fonction de leur utilisation 3. PSYCHAN association de sentiments, de souvenirs inconscients pourvus d'une puissance affective 4. sentiment d'infériorité, conduite timide.

complexé, e *adj* et *n* qui a des complexes, timide.

complexité *nf* état complexe.

complication *nf* 1. état de ce qui est compliqué 2. élément nouveau qui entrave le déroulement de quelque chose.

complice *adj* et *n* qui participe au délit, au crime d'un autre ◆ *adj* qui manifeste un accord secret : *sourire complice.*

complicité *nf* 1. participation à un acte illégal, délictueux 2. connivence, entente.

compliment *nm* 1. paroles élogieuses, félicitations 2. discours à l'occasion d'une fête.

complimenter *vt* adresser des compliments, des félicitations.

compliquer *vt* rendre difficile à comprendre, embrouiller.

complot *nm* résolution concertée en commun et secrètement contre des personnes ou des institutions.

comploter *vt* et *vi* 1. former un complot 2. préparer secrètement.

comportement *nm* manière de se comporter.

comporter *vt* comprendre par nature, contenir ◆ **se comporter** *vpr* se conduire d'une certaine manière.

composant, e *adj* qui entre dans la composition de ◆ *nm* 1. élément constitutif 2. TECHN constituant élémentaire d'un appareil, d'un circuit électronique, etc.

composante *nf* élément constitutif.

composer *vt* 1. former un tout en assemblant plusieurs parties : *composer un bouquet* 2. entrer comme élément constitutif : *le riz compose l'essentiel du menu* 3. former un numéro, un code sur un cadran, un clavier 4. IMPR assembler ou commander l'assemblage de caractères pour former un texte ◆ *vi* 1. faire un exercice scolaire en vue d'un examen : *composer en maths* 2. transiger : *composer avec ses adversaires.*

composite *adj* fait d'éléments très divers ; hétéroclite.

compositeur, trice *n* 1. qui compose de la musique 2. IMPR qui assemble les caractères ; qui travaille sur une photocomposeuse.

composition *nf* 1. action de composer un tout 2. manière dont les parties forment le tout ; structure 3. IMPR assemblage des caractères typographiques 4. art d'assembler les sons musicaux 5. VIEILLI. exercice scolaire en vue d'un classement • *amener à composition* amener à transiger • *être de bonne composition* être accommodant.

compost [kɔ̃pɔst] *nm* mélange de terre, de chaux, etc., qui sert d'engrais.

composter *vt* marquer ou valider au composteur.

composteur *nm* 1. appareil à lettres ou à chiffres interchangeables servant à marquer, dater des documents 2. appareil pour valider un ticket, un billet de transport.

compote *nf* fruits cuits avec du sucre • FAM. *en compote* meurtri.

compréhensible *adj* concevable, intelligible.

compréhensif, ive *adj* qui comprend les autres ; bienveillant, indulgent.

compréhension *nf* 1. aptitude à comprendre 2. bienveillance, indulgence 3. aptitude à être compris.

comprendre *vt* (conj 54) 1. FIG. concevoir, saisir le sens de 2. admettre les raisons d'une chose, les mobiles d'une personne 3. avoir en soi, être formé de ; contenir 4. mettre dans un tout, incorporer.

compresse *nf* pièce de gaze pour le pansement des plaies.

compresseur *adj m* qui comprime • *rouleau compresseur* rouleau pour aplanir le sol ◆ *nm* appareil pour comprimer.

comprimé *nm* pastille pharmaceutique.

comprimer *vt* 1. presser un corps de manière à en réduire le volume 2. FIG. empêcher de se manifester 3. diminuer : *comprimer les dépenses.*

compris, e *adj* • *y compris, non compris* (inv. avant le nom) en y incluant, sans y inclure.

compromettre *vt* (conj 57) 1. mettre en péril 2. nuire à la réputation ◆ **se compromettre** *vpr* risquer sa réputation.

compromis *nm* accord obtenu par des concessions réciproques.

compromission *nf* action de compromettre ou de se compromettre.

comptabiliser *vt* 1. faire apparaître dans une comptabilité 2. PAR EXT. compter, enregistrer.

comptabilité *nf* 1. technique des comptes 2. ensemble des comptes d'une personne, d'une entreprise 3. service chargé des comptes dans une entreprise.

comptable *adj* qui concerne la comptabilité : *pièce comptable* ◆ *n* personne qui tient les comptes.

comptant *adj m* et *nm* payé sur l'heure et en espèces • *prendre pour argent comptant* croire naïvement ce qui est dit ou promis • *vendre au comptant* moyennant paiement immédiat ◆ *adv* • *payer comptant* immédiatement.

compte [kɔ̃t] *nm* 1. action d'évaluer une quantité 2. état de ce qui est dû ou reçu • *à bon compte* à bon marché • *à ce compte-là* dans ces conditions • *au bout du compte, en fin de compte, tout compte fait* tout bien considéré • *être loin du compte* se tromper beaucoup • *rendre compte de* raconter, expliquer, justifier • *se rendre compte de* s'apercevoir de • *tenir compte de* prendre en considération • *trouver son compte à quelque chose* trouver son avantage.

compte-chèque ou **compte-chèques** (*pl comptes-chèques*) *nm* compte bancaire ou postal, fonctionnant au moyen de chèques.

compte-gouttes *nm inv* tube de verre effilé pour compter les gouttes d'un liquide • FAM. *au compte-gouttes* avec parcimonie.

compter *vt* 1. calculer le nombre, la quantité de : *compter de l'argent* 2. mettre au nombre de 3. payer, donner : *compter une somme à quelqu'un* 4. comporter, être constitué de ◆ *vt ind* [sur] se fier à ◆ *vi* 1. entrer dans un calcul 2. effectuer un calcul 3. avoir l'intention de, se proposer : *je compte partir demain* 4. avoir de l'importance : *cela compte beaucoup* • *à compter de* à dater de.

compte rendu (*pl comptes rendus*) ou **compte-rendu** (*pl comptes-rendus*) *nm* rapport sur quelque chose.

compteur *nm* appareil qui mesure ou qui enregistre des distances, des vitesses, des consommations.

comptine [kɔ̃tin] *nf* chanson que chantent les enfants pour déterminer celui qui devra sortir du jeu ou courir après les autres, etc.

comptoir *nm* 1. table longue sur laquelle les marchands étalent ou débitent leurs marchandises 2. table élevée sur laquelle on sert les consommations dans un café 3. agence commerciale à l'étranger.

comte *nm* titre de noblesse entre ceux de marquis et de vicomte.

comté *nm* gruyère fabriqué en Franche-Comté.

comtesse *nf* femme d'un comte.

concasser *vt* broyer une matière en fragments grossiers.

concave *adj* dont la surface est creuse CONTR. *convexe.*

concéder *vt* (conj 10) accorder, octroyer.

concentration *nf* 1. action de concentrer 2. action de se concentrer ; application, tension d'esprit • *camp de concentration* lieu où sont rassemblées, sous surveillance militaire ou policière, des populations civiles de nationalité ennemie, des suspects, des déportés politiques, etc.

concentrationnaire *adj* relatif aux camps de concentration.

concentrer *vt* 1. rassembler, réunir en un même point 2. FIG. fixer son attention, son regard sur ◆ **se concentrer** *vpr* réfléchir profondément.

concentrique *adj* ayant un même centre : *courbes concentriques.*

concept *nm* 1. représentation intellectuelle d'un objet conçu par l'esprit 2. définition des caractères spécifiques.

conception *nf* 1. action par laquelle un enfant est conçu, reçoit l'existence 2. représentation qu'on se fait de quelque chose ; idée, opinion • ***Immaculée Conception*** dogme catholique d'après lequel la Vierge Marie a été préservée du péché originel.

concernant *prép* à propos de.

concerner *vt* avoir rapport à, intéresser • ***en ce qui concerne*** quant à, pour ce qui est de.

concert *nm* 1. séance musicale : *concert classique* 2. manifestation bruyante : *concert d'avertisseurs* • ***de concert*** avec entente, conjointement.

concerter *vt* préparer en commun l'exécution d'un dessein ◆ **se concerter** *vpr* se mettre d'accord pour agir ensemble.

concerto *nm* MUS morceau avec accompagnement de l'orchestre.

concession *nf* 1. privilège, droit que l'on obtient de l'État en vue d'une exploitation 2. contrat par lequel l'administration autorise une personne privée, moyennant une redevance, à réaliser un ouvrage public ou à occuper de manière privative le domaine public 3. abandon de ses droits, de ses prétentions.

concessionnaire *n* et *adj* 1. qui a obtenu une concession de l'État 2. intermédiaire commercial qui a un droit exclusif de vente dans une région donnée.

concevoir *vt* (conj 34) 1. se représenter par la pensée, comprendre 2. imaginer : *concevoir un projet* • ***bien, mal conçu*** bien, mal organisé, élaboré ◆ *vt* et *vi* LITT. devenir enceinte.

concierge *n* gardien d'un immeuble, d'un hôtel.

concilier *vt* (conj 1) 1. trouver un accord entre des choses diverses 2. SOUT. mettre dans des dispositions favorables, rallier : *cette mesure lui a concilié la faveur du public* ◆ **se concilier** *vpr* disposer quelqu'un en sa faveur.

concis, e *adj* bref, laconique.

concitoyen, enne *n* qui est du même pays, de la même ville.

concluant, e *adj* qui apporte une preuve ; probant, décisif.

conclure *vt* (conj 68) 1. régler, terminer : *conclure un marché* 2. donner une conclusion : *conclure son discours par un appel* ◆ *vt* et *vt ind* [à] déduire comme conséquence : *j'en conclus que...*

conclusion *nf* 1. arrangement définitif, réalisation complète 2. partie qui termine un discours, un écrit 3. conséquence d'un raisonnement • ***en conclusion*** en conséquence.

concombre *nm* plante potagère cultivée pour ses fruits allongés que l'on consomme comme légume ou en salade ; ce fruit (famille des cucurbitacées).

concomitance *nf* simultanéité de deux ou plusieurs faits.

concorder *vi* être en conformité avec autre chose ; coïncider.

concourir *vt ind* [à] (conj 29) tendre ensemble au même but, aider à : *concourir au succès de* ◆ *vi* participer à un examen, un concours, une compétition.

concours *nm* 1. action de coopérer, d'aider : *offrir son concours* 2. examen permettant un classement des candidats à une place, une entrée dans une grande école, etc. 3. compétition sportive : *concours hippique* • ***concours de circonstances*** événements survenant en même temps, coïncidence.

concret, ète *adj* 1. qui se rapporte à la réalité, à ce qui est matériel : *application concrète* 2. qui a le sens des réalités : *esprit concret* • ***mot, terme concret*** qui désigne un être ou une chose accessible aux sens CONTR. *abstrait* ◆ *nm* qualité de ce qui est concret.

concrétiser *vt* faire passer du projet à la réalisation ; matérialiser ◆ **se concrétiser** *vpr* devenir réel.

concubin, e *n* qui vit en concubinage.

concubinage *nm* état d'un homme et d'une femme qui vivent ensemble sans être mariés.

concurrence *nf* rivalité d'intérêts provoquant une compétition dans le secteur industriel ou commercial • ***jusqu'à concurrence de*** jusqu'à la somme de.

concurrencer *vt* (conj 1) faire concurrence à.

concurrent, e *adj* et *n* 1. qui participe à un concours, à une compétition 2. qui est en rivalité d'intérêts avec d'autres.

condamnation *nf* décision d'une juridiction prononçant une peine contre l'auteur d'une infraction ; la peine infligée.

condamné, e *n* qui a subi une condamnation ◆ *adj* incurable, perdu : *malade condamné.*

condamner *vt* 1. prononcer une peine par jugement contre : *condamner un criminel* 2. mettre dans l'obligation pénible de ; astreindre, contraindre : *condamner au silence* 3. désapprouver, blâmer : *condamner une opinion* • ***condamner une porte, une ouverture*** en rendre l'usage impossible.

condensateur *nm* PHYS appareil servant à emmagasiner une charge électrique.

condenser *vt* 1. rendre plus dense 2. liquéfier un gaz 3. exprimer avec concision : *condenser sa pensée* ◆ **se condenser** *vpr* se résoudre en liquide.

condescendance *nf* PÉJOR. attitude d'une personne qui accorde quelque chose en faisant sentir sa supériorité.

condescendre *vt ind* [à] (conj 50) PÉJOR. consentir en donnant l'impression d'une faveur.

condiment *nm* substance aromatique qui relève la saveur des aliments.

condition *nf* 1. rang social : *humble condition* 2. état physique ou moral : *en bonne condition* 3. circonstance dont dépend quelque chose : *dans ces conditions* 4. base fondamentale ; qualité nécessaire : *le travail est une condition du succès* 5. convention dont dépend l'exécution d'un marché • *acheter à condition* sous réserve de pouvoir rendre ◆ **à condition de** *loc prép* à charge de ◆ **à condition que** *loc conj* pourvu que.

conditionné, e *adj* 1. soumis à certaines conditions 2. qui a subi un conditionnement : *produit conditionné sous vide* • *air conditionné* air auquel on a donné une température et un degré hygrométrique déterminés.

conditionnement *nm* 1. action de conditionner, d'être conditionné 2. emballage de présentation d'une marchandise.

conditionner *vt* 1. être la condition de : *sa réponse conditionnera la mienne* 2. déterminer quelqu'un à agir, à penser de telle ou telle façon.

condoléances *nf pl* témoignage de regrets, de sympathie devant la douleur d'autrui.

conducteur, trice *n* qui conduit un véhicule • *conducteur de travaux* agent qui, sur un chantier, dirige les travaux et surveille le personnel ◆ *adj* qui conduit : *fil conducteur* ◆ *nm* tout corps capable de transmettre la chaleur, l'électricité.

conductibilité *nf* propriété que possèdent les corps de transmettre la chaleur, l'électricité.

conduire *vt* (conj 70) 1. diriger, assurer la manœuvre de : *conduire une voiture* 2. mener d'un lieu à un autre, accompagner : *conduire un enfant à l'école* 3. avoir la direction, le gouvernement : *conduire une affaire* 4. pousser, entraîner : *conduire au désespoir* 5. avoir pour conséquence, amener à ◆ **se conduire** *vpr* se comporter, agir de telle ou telle façon.

conduit *nm* canal, tuyau.

conduite *nf* 1. action de conduire, de diriger 2. action d'accompagner : *faire la conduite* 3. commandement, direction : *conduite d'une entreprise* 4. manière de se conduire ; attitude, comportement : *bonne conduite* 5. TECHN tuyau.

cône *nm* 1. MATH surface engendrée par une droite mobile, passant par un point fixe et s'appuyant sur une courbe fixe ; solide déterminé par cette surface 2. fruit des conifères ; inflorescence du houblon.

confection *nf* 1. action de confectionner 2. fabrication en série de pièces d'habillement.

confectionner *vt* exécuter quelque chose qui demande plusieurs opérations ; fabriquer.

confédération *nf* 1. union de plusieurs États qui se soumettent à un pouvoir général, tout en conservant leur autonomie 2. groupement d'associations professionnelles, sportives, etc.

conférence *nf* 1. réunion de personnes qui discutent d'un sujet commun 2. exposé oral • *conférence de presse* réunion au cours de laquelle une ou plusieurs personnalités s'adressent aux journalistes et répondent à leurs questions.

conférer *vt* (conj 10) donner, accorder : *conférer un titre* ◆ *vi* s'entretenir d'une affaire, discuter.

confesser *vt* 1. déclarer (ses péchés) en confession 2. entendre en confession 3. avouer, reconnaître : *confesser son ignorance* ◆ **se confesser** *vpr* déclarer ses péchés.

confession *nf* 1. aveu d'un fait 2. aveu de ses péchés à un prêtre 3. appartenance à telle ou telle religion.

confessionnal (*pl confessionnaux*) *nm* lieu, meuble où se met le prêtre pour entendre la confession.

confessionnel, elle *adj* relatif à la foi religieuse.

confetti *nm* rondelle de papier coloré, qu'on se lance dans les fêtes.

confiance *nf* sentiment de sécurité de celui qui se fie à : *avoir confiance en quelqu'un, en l'avenir* • *avoir confiance en soi* être assuré de ses possibilités • *faire confiance à* se fier à.

confiant, e *adj* qui a confiance.

confidence *nf* déclaration faite en secret à • *en confidence* en secret.

confident, e *n* à qui l'on confie ses plus secrètes pensées.

confidentiel, elle *adj* qui se dit, se fait en confidence ; secret.

confier *vt* 1. remettre au soin, à la garde de : *confier une mission* 2. dire en confidence : *confier un secret* ◆ **se confier** *vpr* faire part de ses sentiments intimes, de ses idées.

configuration *nf* forme générale, aspect d'ensemble.

confiner *vt ind* [à] être très proche de : *cet acte confine à la folie* ◆ *vt* tenir enfermé dans un espace étroit ◆ **se confiner** *vpr* 1. s'isoler, se retirer 2. se limiter à : *se confiner dans une activité.*

confirmation *nf* 1. action de confirmer 2. RELIG sacrement de l'Église qui affermit dans la grâce du baptême.

confirmer *vt* 1. affermir quelqu'un dans une croyance, une intention 2. rendre plus sûr, assurer l'exactitude de : *confirmer une nouvelle* 3. RELIG conférer le sacrement de confirmation.

confiscation *nf* action de confisquer.

confiserie *nf* 1. art de travailler le sucre et de le transformer en friandises 2. commerce du confiseur 3. produit vendu ou fabriqué par le confiseur ; sucrerie.

confisquer *vt* déposséder par un acte d'autorité.

confit *nm* morceau de viande cuit et conservé dans la graisse : *confit d'oie.*

confit, e *adj* conservé dans du sucre, du vinaigre, de la graisse, etc. • *confit en dévotion* d'une dévotion excessive.

confiture *nf* préparation constituée de fruits frais et de sucre cuits ensemble.

conflictuel, elle *adj* relatif à un conflit.

conflit *nm* 1. opposition d'opinions, de sentiments 2. opposition d'intérêts entre deux pays, deux États.

confluent *nm* lieu de rencontre de deux cours d'eau.

confondre *vt* (conj 51) 1. prendre une chose, une personne pour une autre, faire une confusion : *confondre des dates, des jumeaux* 2. réduire au silence, mettre hors d'état de se justifier, stupéfier : *confondre un adversaire ; voilà qui me confond* • *être confondu* très étonné ou accablé par ◆ **se confondre** *vpr* être ou devenir indistinct, mêlé • SOUT. *se confondre en remerciements, en excuses* les multiplier.

conforme *adj* 1. qui a la même forme 2. qui convient, qui s'accorde.

conformément à *loc prép* en conformité avec.

conformer *vt* mettre en accord avec ; adapter ◆ **se conformer** *vpr* se régler sur quelque chose : *se conformer au goût du jour.*

conformisme *nm* respect étroit des usages établis, de la morale en usage.

conformité *nf* état de ce qui présente un accord complet, une adaptation totale.

confort *nm* bien-être matériel résultant des commodités dont on dispose.

confortable *adj* 1. qui procure le confort 2. FIG. important : *confortable avance.*

conforter *vt* rendre plus solide, raffermir : *cela me conforte dans mon idée.*

confrère *nm* personne qui exerce la même profession libérale qu'une autre, qui appartient au même corps.

confrontation *nf* action de confronter, de comparer.

confronter *vt* 1. mettre des personnes en présence, pour comparer leurs dires 2. comparer : *confronter des écritures.*

confus, e *adj* 1. embrouillé, incertain, vague 2. FIG. honteux, désolé : *être confus de son erreur.*

confusion *nf* 1. état de ce qui est confus, mêlé, en désordre 2. action de prendre une personne ou une chose pour une autre : *confusion de noms, de dates* 3. embarras que causent la honte, la modestie : *être rouge de confusion.*

congé *nm* 1. autorisation donnée à quelqu'un de cesser son travail ; période de cette cessation 2. courtes vacances • *congés payés* période de vacances payées que la loi accorde à tous les salariés • *prendre congé* faire ses adieux à • *donner congé à un locataire* lui signifier qu'il devra quitter les lieux.

congédier *vt* renvoyer, mettre dehors.

congélateur *nm* appareil pour congeler les produits alimentaires.

congeler *vt* (conj 5) 1. transformer un liquide en solide par le froid 2. soumettre au froid pour conserver : *viandes congelées.*

congénital, e, aux *adj* de naissance.

congère *nf* amas de neige entassée par le vent.

congestion *nf* accumulation anormale de sang dans les vaisseaux d'un organe : *congestion cérébrale.*

congestionner *vt* 1. provoquer une congestion dans une partie du corps 2. encombrer un lieu.

conglomérat *nm* 1. roche formée de débris roulés et agglomérés 2. ÉCON groupe d'entreprises aux productions variées.

congratuler *vt* LITT. féliciter chaleureusement.

congrégation *nf* association de religieux ou de laïques.

congrès *nm* réunion de personnes qui délibèrent sur des études communes.

congressiste *n* membre d'un congrès.

conifère *nm* arbre souvent résineux, à feuillage généralement persistant, aux fruits en forme de cônes, tels le pin, le sapin, le cèdre (les conifères forment un ordre).

conique *adj* en forme de cône.

conjecture *nf* supposition, opinion fondée sur des probabilités.

conjoint, e *n* chacun des époux par rapport à l'autre.

conjonction *nf* 1. LITT. rencontre, réunion 2. GRAMM mot invariable qui sert à lier les mots ou les propositions.

conjonctive *nf* muqueuse de l'intérieur des paupières.

conjonctivite *nf* MÉD inflammation de la conjonctive.

conjoncture *nf* 1. concours de circonstances ; occasion 2. ensemble des éléments qui déterminent la situation économique, sociale, politique à un moment donné.

conjugaison *nf* 1. LITT. réunion, rapprochement : *la conjugaison des efforts* 2. GRAMM ensemble des formes des verbes selon les personnes, les modes, les temps et les types de radicaux ; groupe de verbes dont certaines terminaisons sont identiques.

conjugal, e, aux *adj* qui concerne l'union entre les époux.

conjuguer *vt* 1. unir, joindre en vue d'un résultat : *conjuguer des efforts* 2. GRAMM énumérer toutes les formes d'un verbe dans un ordre déterminé.

conjuration *nf* conspiration, complot pour renverser le pouvoir établi.

conjurer *vt* 1. prier, supplier avec insistance : *conjurer de venir* 2. écarter, éloigner par des pratiques magiques ou religieuses 3. éviter, détourner par un moyen quelconque.

connaissance *nf* 1. activité intellectuelle visant à avoir la compétence de quelque chose ; cette compétence 2. personne que l'on connaît depuis longtemps : *une vieille connaissance* • *à ma connaissance* d'après ce que je sais • *en connaissance de cause* en sachant bien de quoi il s'agit • *faire connaissance* entrer en relation avec • *perdre connaissance* s'évanouir • *prendre connaissance* être informé ◆ **connaissances** *pl* savoir, instruction.

connaisseur, euse *n* et *adj* qui se connaît en quelque chose, expert.

connaître *vt* (conj 64) 1. avoir l'idée, la notion d'une chose : *je ne connais pas son nom* 2. être en relation avec : *connaître beaucoup de monde* 3. être renseigné sur la nature, les défauts ou les qualités de : *connaître un bon restaurant* 4. avoir la pratique, l'expérience de : *connaître son métier* • *ne connaître que* ne considérer que • *se faire connaître* 1. dire son nom 2. acquérir de la réputation ◆ **se connaître** *vpr* avoir une idée juste de soi-même • *ne plus se connaître* être hors de soi • *se connaître, s'y connaître en quelque chose* être habile, expert en quelque chose.

connecter *vt* ÉLECTR établir une connexion.

connexion *nf* 1. LITT. enchaînement, liaison 2. ÉLECTR raccordement d'un appareil électrique à un circuit ou de deux appareils électriques.

connivence *nf* complicité, entente secrète.

connotation *nf* FIG. valeur que prend quelque chose en plus de sa signification première.

connu, e *adj* 1. su de manière certaine ; officiel 2. découvert, exploré par l'homme 3. célèbre, renommé.

conquérant, e *adj* et *n* qui fait ou a fait des conquêtes.

conquérir *vt* (conj 21) 1. se rendre maître par les armes, par la force 2. gagner, acquérir : *conquérir l'estime de* 3. FIG. gagner, captiver.

conquête *nf* 1. action de conquérir ; chose conquise 2. FAM. personne que l'on a séduite.

conquis, e *adj* acquis, vaincu.

consacré, e *adj* 1. qui a reçu la consécration religieuse : *hostie consacrée* 2. qui a reçu la sanction de l'usage : *expression consacrée.*

consacrer *vt* 1. dédier à Dieu 2. faire, à la messe, la consécration du pain et du vin 3. sanctionner, autoriser : *consacrer un usage* 4. FIG. employer : *consacrer son temps à.*

consanguin, e *adj* parent du côté paternel : *frère consanguin.*

conscience *nf* 1. perception, connaissance plus ou moins claire de notre existence, du monde extérieur : *avoir conscience de ce qui se passe* 2. sentiment intérieur de la moralité, du devoir : *obéir à sa conscience* • *avoir bonne, mauvaise conscience* avoir le sentiment qu'on n'a rien ou qu'on a quelque chose à se reprocher • *avoir quelque chose sur la conscience* avoir quelque chose à se reprocher • *conscience professionnelle* soin avec lequel on fait son métier • *en conscience* honnêtement, franchement.

consciencieux, euse *adj* 1. qui remplit avec soin tous ses devoirs 2. fait avec soin.

conscient, e *adj* qui a conscience de ce qu'il fait : *être conscient du risque couru.*

consécration *nf* 1. action de consacrer : *la consécration de l'usage* 2. action par laquelle le prêtre consacre le pain et le vin à la messe.

consécutif, ive *adj* qui se suit : *trois jours consécutifs* • *consécutif à* qui résulte de.

conseil *nm* 1. avis sur ce qu'il convient de faire : *demander conseil* 2. personne dont on prend avis : *ingénieur-conseil, avocat-conseil* 3. assemblée de personnes délibérant : *conseil municipal* • *conseil d'État* juridiction suprême en matière de décrets et de lois • *conseil général* qui délibère sur les affaires départementales • *conseil de famille* qui délibère sur les intérêts d'un mineur • *conseil des ministres* réunion des ministres sous la présidence du chef de l'État.

conseiller *vt* donner un conseil à.

conseiller, ère *n* 1. qui donne un conseil 2. membre d'un conseil.

consensuel, elle *adj* qui repose sur un consensus : *politique consensuelle.*

consensus [kɔ̃sɛ̃sys] *nm* accord de plusieurs personnes, de plusieurs textes.

consentant, e *adj* qui consent.

consentement *nm* action de consentir ; accord.

consentir *vt ind* [à] accepter qu'une chose ait lieu ; approuver.

conséquence *nf* suite qu'une chose peut avoir • *en conséquence* d'une manière appropriée • *sans conséquence* sans suite fâcheuse, sans importance • *ne pas tirer à conséquence* ne pas comporter de suites graves, être sans importance.

conséquent, e *adj* 1. qui agit avec logique 2. FAM. important : *salaire conséquent* ◆ **par conséquent** *loc adv* donc.

conservateur, trice *n* 1. partisan du maintien de l'ordre social et politique établi 2. titre de certains fonctionnaires 3. personne qui a la charge des collections d'un musée, d'une bibliothèque.

conservateur *nm* 1. appareil frigorifique 2. produit qui assure la conservation des denrées alimentaires.

conservation *nf* 1. action de conserver 2. état de ce qui est conservé.

conservatisme *nm* état d'esprit de ceux qui sont hostiles aux innovations politiques et sociales.

conservatoire *nm* école où l'on enseigne la musique, la danse ou l'art dramatique.

conserve *nf* aliment stérilisé et conservé dans un bocal ou une boîte en fer-blanc.

conserver *vt* 1. maintenir en bon état, préserver de l'altération : *conserver de la viande* 2. maintenir durablement, garder : *conserver son calme.*

considérable *adj* grand, important.

considération *nf* 1. raison, motif : *cette considération m'a guidé* 2. égards, estime : *avoir la considération de tous* 3. raisonnement, développement : *se perdre dans des considérations* • ***en considération de*** en tenant compte de • ***prendre en considération*** tenir compte.

considérer *vt* (conj 10) 1. regarder attentivement 2. examiner, peser : *tout bien considéré* 3. être d'avis que, croire, estimer : *je considère qu'il est trop tard.*

consigne *nf* 1. instruction formelle 2. punition par privation de sortie à un militaire, à un élève 3. service d'une gare, d'un aéroport où l'on met en dépôt ses bagages 4. somme perçue en garantie du retour d'un emballage.

consigner *vt* 1. mettre en dépôt 2. priver de sortie un militaire, un élève 3. rapporter, mentionner dans un écrit : *consigner des faits* 4. facturer un emballage sous garantie de remboursement.

consistance *nf* 1. état d'un corps considéré du point de vue de la cohésion de ses parties : *consistance dure, molle* 2. FIG. solidité, réalité : *bruit sans consistance.*

consistant, e *adj* 1. qui a de la consistance, de la solidité 2. copieux, nourrissant : *repas consistant* 3. FIG. solide, fondé.

consister *vt ind* [à, dans, en] 1. être composé, formé de 2. reposer sur, résider en : *en quoi consiste mon erreur ?*

consœur *nf* fém. de *confrère.*

consolation *nf* 1. soulagement, réconfort apportés à la peine de quelqu'un 2. personne, chose qui console.

console *nf* 1. support fixé à un mur ou appuyé contre celui-ci 2. INFORM périphérique ou terminal d'un ordinateur, permettant la communication directe avec l'unité centrale.

consoler *vt* soulager, adoucir les ennuis, la tristesse de quelqu'un.

consolider *vt* rendre plus solide, plus résistant, plus fort.

consommateur, trice *n* 1. qui achète un produit pour son usage 2. qui mange ou boit dans un café, un restaurant, etc.

consommation *nf* 1. action de consommer 2. boisson prise dans un café, un restaurant, etc. • ***société de consommation*** type de société des pays riches au sein duquel se multiplient des achats de biens souvent superflus.

consommer *vt* 1. faire usage de quelque chose comme aliment 2. employer, utiliser pour son fonctionnement : *une voiture qui consomme beaucoup d'essence* ◆ *vi* prendre une boisson dans un café.

consonance *nf* succession, ensemble de sons : *un mot aux consonances harmonieuses.*

consonne *nf* lettre qui ne sonne que par l'adjonction d'une voyelle.

consortium [kɔ̃sɔrsjɔm] *nm* groupement d'entreprises, de banques, en vue d'opérations communes.

conspiration *nf* complot.

constamment *adv* sans cesse.

constance *nf* 1. persévérance dans l'action, les opinions 2. LITT. force morale de celui qui ne se laisse pas abattre 3. qualité de ce qui dure, de ce qui est stable, de ce qui se reproduit : *la constance d'un phénomène.*

constant, e *adj* 1. résolu, persévérant dans ses actes, ses opinions 2. qui dure ou se répète de façon continue.

constat *nm* 1. acte par lequel un huissier ou un agent de la force publique constate un fait intéressant un litige 2. reconnaissance de quelque chose : *constat d'échec.*

constatation *nf* action de constater ; ce qui est constaté.

constater *vt* 1. consigner par écrit 2. remarquer, observer, enregistrer : *constater une absence.*

constellation *nf* groupe d'étoiles.

consternation *nf* stupéfaction, abattement causé par un événement malheureux.

consterner *vt* jeter dans l'abattement, dans la stupeur ; atterrer.

constipation *nf* difficulté d'aller à la selle.

constiper *vt* causer la constipation.

constituant, e *adj* qui constitue ◆ *nm* élément qui entre dans la constitution d'un tout.

constituer *vt* 1. former un tout en rassemblant divers éléments 2. être les éléments d'un tout 3. être l'élément essentiel, la base d'une chose : *présence qui constitue une menace* ◆ **se constituer** *vpr* • *se constituer prisonnier* se livrer à la justice.

constitution *nf* 1. action de constituer, établissement : *constitution d'une société* 2. ensemble des éléments essentiels 3. composition : *constitution de l'air* 4. ensemble des aspects physiques d'un individu : *constitution robuste* 5. loi fondamentale d'une nation.

constitutionnel, elle *adj* 1. soumis à une constitution : *monarchie constitutionnelle* 2. conforme à la constitution : *procédure constitutionnelle.*

constructeur, trice *n* et *adj* qui construit.

constructif, ive *adj* apte, propre à construire, à créer ; positif : *esprit constructif.*

construction *nf* 1. action, art de construire 2. édifice construit 3. GRAMM disposition des mots dans la phrase 4. ensemble des techniques propres à l'industrie aéronautique, automobile, etc.

construire *vt* (conj 70) 1. bâtir, édifier : *construire un immeuble* 2. assembler les différentes parties d'une machine, d'un appareil : *construire un voilier* 3. FIG. élaborer, concevoir.

consul *nm* 1. ancien magistrat romain 2. nom des trois premiers magistrats de la République française, de l'an VIII à l'Empire 3. agent chargé de protéger ses compatriotes à l'étranger • HIST *le Premier consul* Bonaparte.

consulat *nm* 1. charge de consul ; sa durée 2. résidence d'un consul.

consultatif, ive *adj* qui donne des avis, des conseils : *comité consultatif.*

consultation *nf* 1. action de consulter 2. action de donner un avis (en parlant d'un avocat, d'un juriste, d'un médecin) 3. examen d'un malade par un médecin à son cabinet.

consulter *vt* 1. prendre avis, conseil de 2. chercher un renseignement dans : *consulter un dictionnaire* ◆ *vi* recevoir des malades.

consumer *vt* détruire par le feu ◆ **se consumer** *vpr* LITT. dépérir.

contact *nm* 1. état de corps qui se touchent : *certaines maladies se transmettent par simple contact* 2. dispositif permettant l'ouverture et la fermeture d'un circuit électrique : *mettre le contact* 3. rapport de connaissance entre des personnes : *entrer en contact* 4. comportement vis-à-vis des autres : *avoir un contact facile* • *verres de contact* verres correcteurs de la vue qui s'appliquent directement sur la cornée.

contacter *vt* FAM. entrer en relation avec quelqu'un.

contagieux, euse *adj* 1. qui se transmet par contagion 2. qui se communique facilement : *rire contagieux* ◆ *adj* et *n* atteint d'une maladie contagieuse.

contagion *nf* 1. transmission d'une maladie par contact direct ou indirect 2. transmission par imitation involontaire : *la contagion du fou rire.*

container ou **conteneur** *nm* 1. emballage pour le parachutage d'armes, de vivres 2. caisse pour le transport de meubles, de marchandises.

contamination *nf* transmission d'une maladie contagieuse.

contaminer *vt* 1. infecter par une maladie contagieuse 2. FIG. corrompre.

conte *nm* récit, assez court, d'aventures imaginaires.

contemplatif, ive *adj* et *n* qui se plaît dans la contemplation : *vie contemplative.*

contemplation *nf* 1. action de contempler 2. méditation profonde.

contempler *vt* considérer attentivement : *contempler le paysage.*

contemporain, e *adj* et *n* 1. du même temps, de la même époque 2. du temps présent : *problèmes contemporains.*

contenance *nf* quantité que peut contenir quelque chose ; capacité • FIG. *faire bonne contenance* conserver un comportement normal • *perdre contenance* se troubler • *se donner une contenance* dissimuler son trouble, son ennui.

contenant *nm* ce qui contient quelque chose.

conteneur *nm* › container.

contenir *vt* (conj 22) 1. comprendre dans son étendue, dans sa capacité 2. renfermer, avoir en soi : *l'enveloppe contenait une lettre* 3. retenir : *contenir sa colère* ◆ **se contenir** *vpr* maîtriser ses sentiments.

content, e *adj* 1. qui est satisfait 2. qui exprime la joie ; joyeux, heureux : *air content.*

contentement *nm* action de contenter ; joie, plaisir, satisfaction.

contenter *vt* rendre content, satisfaire ◆ **se contenter** *vpr* [de] limiter ses désirs à ; se borner à.

contentieux *nm* litige, conflit.

contenu *nm* 1. ce qui est à l'intérieur d'un récipient 2. idées qui sont exprimées dans un texte, etc.

conter *vt* faire le récit de : *conter des histoires* • *en conter à quelqu'un* le tromper, l'abuser.

contestation *nf* 1. discussion, désaccord sur le bien-fondé de ; différend 2. refus global des structures dans lesquelles on vit.

conteste (sans) *loc adv* incontestablement.

contester *vt* refuser de reconnaître comme fondé, exact : *contester un fait.*

conteur, euse *n* auteur de contes.

contexte *nm* 1. ce qui accompagne, précède ou suit un texte, l'éclaire 2. ensemble des circonstances qui accompagnent un événement.

contigu, ë *adj* qui touche à ; voisin, proche.

continent *nm* vaste étendue de terre formant l'une des parties du monde.

continental, e, aux *adj* relatif aux continents.

contingent *nm* 1. ce qui peut arriver ou non 2. quantité de choses fournie ou reçue 3. ensemble des jeunes gens appelés au service militaire au cours d'une même année.

continu, e *adj* non interrompu.

continuation *nf* action de continuer ; suite, prolongement.

continuel, elle *adj* 1. qui dure sans interruption : *bruit continuel* 2. qui se renouvelle constamment : *pannes continuelles.*

continuer *vt* poursuivre ce qui est commencé ◆ *vt ind* [à] persister : *continuer à fumer* ◆ *vi* ne pas cesser : *la séance continue.*

continuité *nf* 1. suite non interrompue 2. prolongement.

continûment *adv* de façon continue.

contondant, e *adj* qui meurtrit par écrasement sans couper : *instrument contondant.*

contorsion *nf* mouvement acrobatique ou forcé qui donne au corps ou à une partie du corps une posture étrange ou grotesque.

contour *nm* 1. ligne qui marque la limite d'un corps 2. ligne sinueuse, courbe.

contourner *vt* faire le tour de quelque chose, quelqu'un pour l'éviter.

contraceptif, ive *adj* et *nm* se dit de moyens, de produits destinés à empêcher la fécondation.

contraception *nf* ensemble des méthodes destinées à éviter temporairement la fécondation.

contracter *vt* 1. réduire en un moindre volume 2. s'engager juridiquement ou moralement : *contracter une alliance* • *contracter une maladie* l'attraper • *contracter une habitude* l'acquérir • *contracter des dettes* s'endetter ◆ **se contracter** *vpr* 1. diminuer de volume, de longueur 2. se durcir, se raidir.

contractuel, elle *adj* stipulé par contrat ◆ *n* 1. agent public non fonctionnaire 2. auxiliaire de police chargé d'appliquer les règlements de stationnement.

contradiction *nf* action de contredire, de se contredire • *esprit de contradiction* disposition à contredire sans cesse.

contraindre *vt* (conj 55) obliger quelqu'un à faire une chose ; forcer.

contrainte *nf* 1. pression morale ou physique : *obtenir une chose par la contrainte* 2. obligation créée par les règles en usage, par une nécessité, etc. : *ça fait partie des contraintes du métier.*

contraire *adj* 1. opposé, inverse : *sens contraire* 2. non conforme à, qui va à l'encontre de : *contraire au règlement* 3. défavorable, nuisible : *le vin lui est contraire* ◆ *nm* l'opposé : *prouver le contraire* • *au contraire* à l'inverse.

contrairement à *loc prép* en opposition avec.

contrarier *vt* 1. s'opposer, faire obstacle à 2. causer du dépit à, ennuyer : *cela me contrarie.*

contrariété *nf* 1. ennui, dépit causé par l'opposition que l'on rencontre 2. ce qui contrarie : *subir des contrariétés.*

contraste *nm* opposition d'effets, de sentiments, etc. : *contraste de couleurs, d'opinions.*

contraster *vi* être en contraste, s'opposer.

contrat *nm* convention entre deux ou plusieurs personnes ; écrit qui le constate.

contravention *nf* 1. infraction sanctionnée par une amende ; cette amende 2. procès-verbal qui constate une infraction.

contre *prép* 1. qui marque opposition, rencontre, choc : *se heurter contre un mur* 2. proximité : *tout contre sa maison* 3. échange : *donner contre argent comptant* ◆ *nm* l'opposé : *le pour et le contre* • *par contre* en revanche.

contrebalancer *vt* (conj 1) faire équilibre ; compenser.

contrebande *nf* introduction, vente clandestine de marchandises ; ces marchandises.

contrebas (en) *loc adv* à un niveau inférieur.

contrebasse *nf* le plus grand et le plus grave des instruments de musique à archet.

contrecarrer *vt* s'opposer directement à, susciter des obstacles : *contrecarrer un projet.*

contrecœur (à) *loc adv* avec répugnance, malgré soi.

contrecoup *nm* 1. répercussion d'un choc 2. conséquence indirecte d'un acte, d'un événement.

contre-courant (*pl contre-courants*) *nm* 1. courant de direction contraire 2. FIG. sens opposé.

contredire *vt* (conj 72) 1. dire le contraire 2. être en opposition ◆ **se contredire** *vpr* être en contradiction avec soi-même.

contrée *nf* étendue de pays.

contrefaçon *nf* reproduction frauduleuse d'une œuvre, d'un produit, d'une monnaie, etc.

contrefaire *vt* (conj 76) 1. reproduire en imitant frauduleusement 2. imiter les autres pour les tourner en ridicule 3. feindre : *contrefaire la folie* 4. déguiser : *contrefaire sa voix.*

contre-indication (*pl contre-indications*) *nf* MÉD circonstance particulière qui s'oppose à l'emploi d'un médicament, d'un traitement.

contre-jour (*pl contre-jours*) *nm* lumière qui éclaire un objet du côté opposé à celui par lequel on le regarde • *à contre-jour* dans le sens opposé au jour, dans un faux jour.

contremaître, esse *n* qui dirige les ouvriers dans un atelier, etc.

contrepartie *nf* 1. ce que l'on donne en échange d'autre chose 2. compensation, dédommagement : *ce métier a pour contrepartie de longues vacances* 3. opinion contraire • *en contrepartie* 1. en compensation 2. en revanche.

contrepèterie *nf* interversion plaisante de lettres ou de syllabes dans un groupe de mots (EX : trompez, sonnettes, *pour* sonnez, trompettes).

contre-pied (*pl contre-pieds*) *nm* le contraire d'une chose • *prendre le contre-pied de* faire l'inverse pour s'opposer.

contreplaqué *nm* bois assemblé par collage en lames minces à fibres opposées.

contrepoids *nm* 1. poids servant à équilibrer une force, un autre poids 2. balancier d'un équilibriste 3. FIG. ce qui compense un effet.

contrepoison *nm* remède contre le poison ; antidote.

contrer *vt* et *vi* 1. au bridge, parier que l'équipe adverse ne fera pas le nombre de levées annoncé 2. s'opposer efficacement à.

contresens *nm* 1. interprétation erronée d'un mot, d'une phrase 2. ce qui va à l'encontre de la logique, du bon sens • *à contresens* dans un sens contraire.

contresigner *vt* 1. signer après celui dont l'acte émane 2. apposer sa signature sur un acte pour en attester l'authenticité.

contretemps *nm* événement fâcheux, imprévu • *à contretemps* mal à propos.

contrevenir *vt ind* [à] (conj 22 ; auxil : avoir) agir contrairement à ; enfreindre, transgresser : *contrevenir à un règlement.*

contribuable *n* qui paie des contributions.

contribuer *vt ind* [à] 1. payer sa part d'une dépense, d'une charge 2. aider à l'exécution de : *contribuer au succès.*

contribution *nf* part apportée par chacun à une action commune ; concours • *mettre à contribution* avoir recours à ◆ **contributions** *pl* impôt payé à l'État.

contrôle *nm* 1. vérification attentive et minutieuse de la régularité d'un acte, de la validité d'une pièce : *contrôle des billets* 2. vérification, examen minutieux de l'état de : *contrôle d'une machine* 3. endroit où se fait un contrôle 4. maîtrise de sa propre conduite 5. maîtrise de son véhicule 6. exercice scolaire destiné à vérifier les connaissances • *contrôle des naissances* libre choix d'avoir ou non des enfants, par l'utilisation de méthodes anticonceptionnelles.

contrôler *vt* 1. vérifier 2. avoir la maîtrise de ◆ **se contrôler** *vpr* avoir la maîtrise de soi.

contrordre *nm* annulation d'un ordre donné précédemment.

controverse *nf* débat, contestation.

contumace *nf* refus d'un accusé de comparaître en justice.

contusion *nf* meurtrissure produite par un corps dur.

convaincre *vt* (conj 85) amener, par des arguments, à reconnaître l'exactitude ou la nécessité de ; persuader • *convaincre quelqu'un de* apporter des preuves de sa culpabilité.

convalescence *nf* retour progressif à la santé.

convenable *adj* 1. approprié à : *moment convenable* 2. qui respecte les bienséances : *mot qui n'est pas convenable* 3. qui a les qualités requises, sans plus : *logement convenable.*

convenance *nf* • *à votre convenance* selon ce qui vous convient ◆ **convenances** *pl* bons usages, manière d'agir des gens bien élevés : *respecter les convenances* • *convenances personnelles* raisons qui ne sont pas indiquées.

convenir *vt ind* [de, à] (conj 22 ; auxil. avoir dans le sens de « être approprié » ; dans les autres cas, auxil. avoir ou, litt., être) 1. faire un accord, s'arranger à l'amiable 2. avouer, reconnaître comme vrai : *il a convenu de sa faute* 3. être approprié à, agréer : *cette date me convient* ◆ *vimpers* être utile, à propos : *il convient d'attendre.*

convention *nf* accord, pacte • *de convention* qui est admis par accord tacite ◆ **conventions** *pl* règles de la vie en société qu'il est convenu de respecter.

conventionné, e *adj* lié à la Sécurité sociale par une convention de tarifs : *clinique conventionnée.*

conventionnel, elle *adj* 1. qui résulte d'une convention : *signe conventionnel* 2. conforme aux conventions sociales : *morale conventionnelle* • MIL *armes conventionnelles* armes classiques (par oppos. à *armes nucléaires*).

convergence *nf* 1. direction commune vers un même point 2. FIG. tendance vers un résultat commun.

converger *vi* (conj 2) tendre vers le même point ; FIG. tendre vers le même but.

conversation *nf* échange de propos sur un ton généralement familier • *avoir de la conversation* avoir toujours quelque chose à dire.

converser *vi* s'entretenir avec.

conversion *nf* 1. action de se convertir à une croyance et spécialement de changer de religion 2. changement d'opinion 3. changement d'une chose, d'une valeur en une autre : *la conversion des métaux en or.*
convertir *vt* 1. amener quelqu'un à la foi religieuse 2. faire changer de religion, d'opinion, de conduite 3. changer une chose en une autre 4. échanger une monnaie contre une autre ◆ **se convertir** *vpr* changer de religion.
convexe *adj* courbé et saillant à l'extérieur ; bombé CONTR. *concave.*
conviction *nf* croyance ferme.
convier *vt* 1. engager, inciter à 2. LITT. inviter à un repas, à une fête.
convive *n* qui prend part à un repas : *joyeux convive.*
convivial, e, aux *adj* qui traduit des échanges amicaux, chaleureux entre les membres d'un groupe : *atmosphère conviviale.*
convocation *nf* action de convoquer : *répondre à une convocation.*
convoi *nm* 1. suite de véhicules se dirigeant vers un même lieu 2. train 3. cortège funèbre : *suivre un convoi.*
convoiter *vt* désirer avec avidité.
convoitise *nf* désir immodéré de possession ; avidité, cupidité.
convoquer *vt* 1. appeler, inviter à se réunir : *convoquer des candidats à un examen* 2. faire venir auprès de soi : *je suis convoqué chez le directeur.*
convoyer *vt* (conj 3) escorter pour protéger.
convulsion *nf* 1. contraction spasmodique des muscles, des membres 2. FIG. bouleversement, agitation : *convulsions politiques.*
cookie [kuki] *nm* petit gateau sec comportant des éclats de chocolat, de fruits confits, etc.
coopérant *nm* jeune volontaire qui effectue un service civil dans certains pays étrangers pendant la durée de ses obligations militaires.
coopératif, ive *adj* qui participe volontiers à une action commune.
coopération *nf* 1. action de coopérer ; collaboration 2. forme d'aide à certains pays en voie de développement.
coopérative *nf* groupement d'acheteurs, de commerçants ou de producteurs visant à réduire les prix de revient.
coopérer *vt ind* [à] (conj 10) agir conjointement avec, participer à : *coopérer à la rédaction d'un ouvrage.*
coordination *nf* 1. action de coordonner 2. état des choses coordonnées • GRAMM *conjonction de coordination* qui relie des mots ayant le même statut dans la phrase.
coordonnée *nf* MATH élément servant à déterminer la position d'un point sur une surface ou dans l'espace ◆ **coordonnées** *pl* FAM. indications (adresse, téléphone) permettant de joindre quelqu'un.
coordonner *vt* 1. combiner, agencer en vue d'obtenir un ensemble cohérent, un résultat déterminé : *coordonner ses mouvements* 2. GRAMM relier par une conjonction de coordination.
copain, copine *n* FAM. ami.
copeau *nm* parcelle de bois, de métal, enlevée avec un instrument tranchant.
copie *nf* 1. reproduction d'un écrit 2. imitation exacte d'un ouvrage d'art 3. exemplaire d'un film 4. devoir d'élève : *corriger des copies* 5. feuille double de format écolier 6. FAM. sujet d'article de journal : *journaliste en mal de copie.*
copier *vt* 1. reproduire un écrit, un tableau 2. FIG. imiter 3. reproduire frauduleusement le travail d'autrui : *copier sur son voisin.*
copieux, euse *adj* abondant.
copine *nf* › copain.
copropriété *nf* droit de propriété sur une même chose, commun à plusieurs personnes.
copulation *nf* accouplement d'un mâle et d'une femelle.
copyright [kɔpirajt] *nm* droit exclusif de publier un ouvrage littéraire, artistique ou scientifique ; marque de ce droit.
coq *nm* 1. mâle de la poule 2. PAR EXT. mâle du faisan, du héron, etc. 3. cuisinier sur les navires.
coque *nf* 1. enveloppe extérieure de l'œuf 2. enveloppe de certains fruits : *coque de noix* 3. mollusque bivalve comestible vivant dans le sable des plages 4. MAR carcasse d'un navire • *œuf à la coque* œuf légèrement cuit dans l'eau bouillante, mais non durci.
coquelicot *nm* plante des champs à fleurs rouges.
coqueluche *nf* 1. maladie contagieuse, caractérisée par une toux convulsive 2. FIG. personne qui suscite un engouement général : *c'est la coqueluche de la ville.*
coquet, ette *n* qui cherche à plaire par sa toilette, son élégance ◆ *adj* qui a un aspect plaisant, élégant.
coquetier *nm* petit godet creux pour manger les œufs à la coque.
coquetterie *nf* caractère d'une personne coquette ; désir de plaire.
coquillage *nm* 1. mollusque revêtu d'une coquille 2. la coquille même.
coquille *nf* 1. enveloppe dure qui couvre le corps de nombreux mollusques 2. coque vide des œufs et des noix 3. IMPR faute matérielle dans une composition typographique • *coquille de noix* petit bateau • *coquille Saint-Jacques* mollusque bivalve comestible • *rentrer dans sa coquille* se replier sur soi.

coquin, e *n* et *adj* se dit d'un enfant espiègle, malicieux ◆ *adj* canaille, grivois, égrillard : *histoire coquine.*

cor *nm* 1. ramification du bois d'un cerf 2. instrument de musique à vent, contourné en spirale • *à cor et à cri* à grand fracas.

cor *nm* durillon sur les doigts de pied.

corail (*pl coraux*) *nm* 1. animal des mers chaudes, vivant en colonies, polype dont le squelette calcaire forme avec d'autres des polypiers pouvant constituer des récifs 2. partie rouge de la coquille Saint-Jacques, de certains crustacés ◆ *adj inv* de la couleur du corail rouge.

corallien, enne *adj* formé de coraux : *récif corallien.*

coranique *adj* du Coran.

corbeau *nm* 1. grand oiseau passereau, à vastes ailes, au plumage noir 2. pierre ou pièce de bois en saillie pour soutenir une poutre 3. auteur de lettres anonymes.

corbeille *nf* 1. panier de forme évasée ; son contenu 2. à la Bourse, espace circulaire entouré d'une balustrade, où se réunissent les agents de change 3. THÉÂTR balcon, au-dessus de l'orchestre.

corbillard *nm* voiture servant à transporter les morts.

cordage *nm* corde ou câble faisant partie du gréement d'un bateau.

corde *nf* 1. assemblage de fils tordus ou tressés ensemble : *corde à linge, à sauter* 2. fil de boyau, de laiton, etc. : *corde de violon, de raquette* 3. GÉOM ligne droite entre les deux extrémités d'un arc de cercle • *avoir plus d'une corde, plusieurs cordes à son arc* avoir le ou les moyens d'agir autrement • *être, ne pas être dans les cordes de quelqu'un* être, ne pas être de sa compétence • *sur la corde raide* dans une situation difficile • *tenir la corde* dans une course, être le plus près possible de la limite intérieure de la piste ◆ **cordes** *pl* 1. ensemble des instruments de musique à cordes d'un orchestre 2. limites d'un ring : *le boxeur est allé dans les cordes* • *cordes vocales* muscles et ligaments du larynx.

cordée *nf* groupe d'alpinistes reliés par une corde.

cordial, e, aux *adj* 1. chaleureux 2. accueillant, affectueux ◆ *nm* boisson tonique ; remontant.

cordillère *nf* chaîne de montagnes.

cordon *nm* 1. petite corde servant à attacher, à tirer, etc. 2. large ruban servant d'insigne à certaines décorations et à certaines fonctions 3. ligne formée d'une suite de personnes ou de choses • *cordon ombilical* qui relie le fœtus au placenta.

cordon-bleu (*pl cordons-bleus*) *n* très bon cuisinier.

cordonnier, ère *n* qui répare les chaussures.

coriace *adj* 1. dur comme du cuir 2. FIG. dont on peut difficilement vaincre la résistance ; tenace.

coriandre *nf* plante ombellifère utilisée comme condiment.

corinthien, enne *adj* et *nm* se dit d'un ordre architectural grec.

corne *nf* 1. partie dure et conique qui se forme sur la tête de certains ruminants ; cette matière : *peigne de corne* 2. partie dure du pied de certains animaux 3. excroissance charnue sur la tête des escargots, des limaces, etc. 4. callosité de la peau 5. instrument d'appel : *corne de brume* 6. pli fait au coin d'une feuille de papier, d'une page de livre • FAM. *faire les cornes* pointer l'index de chaque main vers quelqu'un, en signe de moquerie.

cornée *nf* partie transparente de la membrane qui enveloppe l'œil.

corneille *nf* passereau voisin du corbeau.

cornemuse *nf* instrument de musique à vent, formé d'une poche de cuir servant de soufflerie sur laquelle sont fixés des tuyaux.

corner *vi* faire entendre un bruit d'avertisseur : *la sirène d'un bateau corne dans la brume* ◆ *vt* faire des plis à l'angle d'une page.

corner [kɔrnɛr] *nm* au football, coup franc accordé à une équipe quand un adversaire a envoyé le ballon derrière sa propre ligne de but.

cornet *nm* 1. papier roulé en cône pouvant contenir différentes choses : *cornet de frites* 2. cône de pâtisserie contenant une glace 3. godet de cuir pour agiter les dés, au jeu • *cornet à pistons* instrument de musique en cuivre, à pistons.

corniche *nf* route en surplomb d'une paroi.

cornichon *nm* 1. petit concombre servi comme condiment 2. FAM. niais, sot.

corollaire *nm* 1. proposition résultant d'une vérité déjà démontrée 2. conséquence nécessaire et évidente.

corolle *nf* ensemble des pétales d'une fleur.

coron *nm* groupe de maisons en pays minier.

coronaire *adj* • *artère coronaire* qui porte le sang dans le cœur.

corporation *nf* ensemble des gens de même profession.

corporel, elle *adj* relatif au corps.

corps *nm* 1. partie matérielle, physique d'un être animé 2. tronc de l'homme, par opposition à la tête et aux membres : *plier le corps en avant* 3. objet matériel : *la loi de la chute des corps* 4. substance considérée dans sa nature physique ou chimique : *le carbone est un corps simple* 5. partie principale de quelque chose : *le corps d'un article* 6. ensemble de personnes exerçant la même profession ou ayant la même fonction : *le corps médical ; le corps électoral* 7. IMPR hauteur d'un caractère typographique • *à corps perdu* de toutes ses forces, sans retenue • *corps à corps* de près, en saisissant directement l'adversaire • *corps et âme* de tout son être, sans réserve • *corps de garde* groupe de soldats assurant la garde d'un bâtiment • *corps mort* ancre solide établie à poste fixe pour tenir une bouée • *esprit de corps* solidarité entre membres d'une même profession • *faire corps* être solidaire • *prendre corps* prendre forme • *perdu corps et biens* se dit d'un navire qui a sombré avec son équipage et sa cargaison.

corps-à-corps *nm inv* combat où on frappe directement l'adversaire ; mêlée.

corpulence *nf* grandeur et volume du corps humain.

corpulent, e *adj* grand et fort.

correct, e *adj* 1. conforme aux règles 2. honnête, régulier 3. exact, juste : *addition correcte.*

correcteur, trice *n* qui corrige les épreuves d'imprimerie.

correctif, ive *adj* fait pour corriger, redresser ◆ *nm* mise au point, rectification.

correction *nf* 1. action de corriger 2. qualité d'une personne ou d'une chose correcte 3. châtiment physique 4. contrôle de la composition d'une épreuve d'imprimerie avec rectification des fautes.

correctionnel, elle *adj* relatif aux délits • *tribunal correctionnel* qui juge les délits et non les crimes ◆ *nf* le tribunal correctionnel.

corrélation *nf* relation réciproque ; rapport causal.

correspondance *nf* 1. rapport de conformité ; harmonie : *correspondance d'idées* 2. concordance d'horaires entre deux moyens de transport ; moyen de transport qui assure la liaison avec un autre 3. échange de lettres : *entretenir une correspondance* ; les lettres échangées : *lire sa correspondance.*

correspondant, e *adj* qui correspond • GÉOM *angles correspondants* angles formés par une sécante et deux parallèles et qui sont, l'un interne, l'autre externe, d'un même côté de la sécante ◆ *n* 1. personne avec qui on est en relation par lettre, par téléphone 2. collaborateur d'un journal en province ou à l'étranger, qui transmet des informations, des articles 3. personne responsable d'un élève pensionnaire hors de l'établissement scolaire.

correspondre *vt ind* [à] (conj 51) 1. être conforme à un état de fait : *cela correspond à la vérité* 2. être l'homologue de : *ce diplôme étranger ne correspond pas au nôtre* 3. être en relation avec : *la pédale qui correspond au frein* ◆ *vi* entretenir des relations épistolaires ou téléphoniques.

corrida *nf* spectacle de combat entre un homme et un taureau.

corridor *nm* passage, couloir.

corriger *vt* (conj 2) 1. faire disparaître les défauts, les erreurs ; réviser, revoir : *corriger son jugement, une épreuve d'imprimerie* 2. punir corporellement • *corriger un devoir* le noter après en avoir relevé les fautes ◆ **se corriger** *vpr* se défaire : *se corriger d'un défaut.*

corroborer *vt* confirmer : *ceci corrobore ses dires.*

corrompre *vt* (conj 53) 1. engager à agir contre son devoir ; soudoyer : *corrompre un juge* 2. rendre impropre à l'utilisation : *la chaleur risque de corrompre les aliments* 3. altérer la pureté, pervertir, dénaturer : *corrompre les mœurs.*

corrosion *nf* destruction lente et progressive d'une matière, d'une surface.

corruption *nf* action de corrompre ; son résultat : *tentative de corruption de fonctionnaire.*

corsage *nm* vêtement féminin qui habille le buste.

corsaire *nm* et *adj* capitaine, marin d'un navire qui, avec l'autorisation de son gouvernement, chassait et tentait de capturer des navires d'autres nationalités ; le navire lui-même.

corsé, e *adj* 1. qui a un goût relevé 2. FIG. scabreux, osé.

corser *vt* donner de la force, de l'intérêt ◆ **se corser** *vpr* se compliquer, s'aggraver.

corset *nm* sous-vêtement à baleines pour maintenir le ventre et la taille.

cortège *nm* 1. ensemble de personnes qui suivent quelqu'un, quelque chose ou défilent sur la voie publique 2. LITT., FIG. suite, accompagnement.

cortisone *nf* hormone anti-inflammatoire.

corvée *nf* 1. HIST travail gratuit dû par le paysan à son seigneur ou à l'État 2. travail pénible ou rebutant imposé à quelqu'un.

cosinus [kɔsinys] *nm* GÉOM sinus du complément d'un angle.

cosmétique *nm* et *adj* tout produit destiné aux soins du corps, des cheveux, à la toilette, à la beauté.

cosmique *adj* relatif à l'univers.

cosmonaute *n* pilote ou passager d'un engin spatial soviétique.

cosmopolite *adj* où se trouvent des personnes de différentes nationalités.

cosmos [kɔsmos] *nm* 1. l'Univers considéré dans son ensemble 2. espace intersidéral.

cosse *nf* 1. enveloppe de certains légumes : *cosse de haricot* 2. garniture métallique de l'extrémité d'un conducteur électrique.

cossu, e *adj* qui dénote la richesse.

costaud *adj* FAM. fort, corpulent.

costume *nm* 1. vêtement typique d'un pays, d'une région ou d'une époque 2. ensemble des différentes pièces d'un habillement : *être en costume de cérémonie* 3. vêtement masculin composé d'un pantalon, d'une veste et éventuellement d'un gilet.

costumé, e *adj* • ***bal costumé*** où l'on est déguisé.

cote *nf* 1. indication chiffrée de la valeur marchande de titres mobiliers, des chances de succès d'un concurrent, etc. : *la cote des actions d'une société* 2. tableau, publication donnant le cours des valeurs, la valeur marchande : *la cote des véhicules d'occasion* 3. indication de l'altitude d'un lieu, du niveau d'un cours d'eau, des dimensions réelles de quelque chose représenté en plan 4. indication de la valeur morale ou intellectuelle de quelqu'un : *sa cote baisse* • FAM. ***avoir la cote*** être très estimé • ***cote d'alerte*** 1. niveau d'un cours d'eau au-dessus duquel il y a inondation 2. point critique d'un processus • ***cote mal taillée*** compromis insatisfaisant.

côte *nf* 1. chacun des os allongés et courbés qui forment la cage thoracique 2. BOUCH morceau d'un animal (bœuf, veau, porc, mouton) découpé dans la région des côtes 3. partie saillante, allongée : *velours à côtes ; les côtes d'un melon* 4. partie en pente d'un chemin, d'une route 5. rivage de la mer • ***côte à côte*** l'un à côté de l'autre • FAM. ***se tenir les côtes*** rire aux éclats.

côté *nm* 1. partie latérale extérieure du tronc de l'homme et des animaux 2. partie latérale, limite extérieure d'une chose : *suivre le côté droit de la route* 3. partie, endroit quelconque par opposition à d'autres : *de l'autre côté du parc* 4. MATH chacune des lignes formant le contour d'une figure 5. FIG. manière dont on envisage quelque chose, aspect sous lequel se présente une chose : *les bons côtés de la vie* 6. ligne de parenté : *côté maternel* • ***à côté*** près • ***de côté*** de biais • ***de mon côté*** quant à moi • ***de tous côtés*** partout • ***laisser de côté*** abandonner • ***mettre de côté*** en réserve • ***point de côté*** douleur à la poitrine ◆ *loc. prép* • ***à côté de*** auprès de • ***du côté de*** 1. dans la direction de 2. aux environs de.

coteau *nm* versant d'un plateau, d'une colline.

côtelé, e *adj* se dit d'un tissu à côtes.

côtelette *nf* côte d'un animal de boucherie.

coter *vt* attribuer une cote, un prix • FIG. ***être coté*** estimé, apprécié.

côtier, ère *adj* de la côte ; qui se pratique sur les côtes : *pêche côtière.*

cotillon *nm* objets divers (confettis, serpentins, etc.) utilisés pour s'amuser dans les fêtes.

cotisation *nf* somme versée en vue de cotiser.

cotiser *vt* 1. payer sa quote-part 2. verser régulièrement de l'argent à une association, un organisme : *cotiser à la Sécurité sociale.*

coton *nm* 1. fibre textile fournie par les graines du cotonnier ; fil ou étoffe que l'on fabrique avec cette matière 2. morceau d'ouate • FAM. ***filer un mauvais coton*** 1. être très malade 2. se trouver dans une situation difficile.

côtoyer *vt* (conj 3) rencontrer fréquemment, fréquenter.

cou *nm* partie du corps qui joint la tête aux épaules.

couchage *nm* action de coucher, de se coucher • ***sac de couchage*** sac de duvet ou de toile, pour dormir.

couchant *adj m* • ***soleil couchant*** prêt à disparaître à l'horizon ◆ *nm* LITT. côté de l'horizon où le soleil se couche.

couche *nf* 1. étendue uniforme d'une substance appliquée sur une autre : *couche de peinture, de neige* 2. planche de terreau, de fumier : *semer sur couche* 3. GÉOL masse de terrain sédimentaire présentant des caractères homogènes 4. linge absorbant ou bande cellulosique jetable placée entre les jambes d'un nourrisson 5. ensemble de personnes appartenant au même milieu : *couche sociale* 6. LITT. lit ◆ **couches** *pl* état d'une femme qui accouche ou qui vient d'accoucher.

couche-culotte (*pl couches-culottes*) *nf* culotte pour bébé en tissu imperméable que l'on garnit d'une couche jetable.

coucher *vt* 1. mettre au lit : *coucher les enfants* 2. étendre sur le sol, sur un support : *coucher un blessé sur un brancard* 3. mettre par écrit, inscrire : *coucher des remarques sur un papier* ◆ *vi* passer la nuit : *coucher à l'hôtel* • FAM. ***coucher avec quelqu'un*** avoir des relations sexuelles avec cette personne ◆ **se coucher** *vpr* 1. se mettre au lit 2. s'allonger : *se coucher sur l'herbe* • ***le soleil se couche*** il disparaît à l'horizon.

coucher *nm* action de se coucher ; fait de se coucher : *coucher de soleil.*

couchette *nf* lit ou banquette de repos, dans un bateau, un train.

coucou *nm* 1. oiseau grimpeur insectivore 2. plante à petites fleurs jaunes 3. pendule.

coude *nm* 1. partie extérieure du bras, à l'endroit où il se plie 2. angle, courbure de quelque chose • ***coude à coude*** de façon solidaire • ***se serrer, se tenir les coudes*** s'entraider • ***sous le coude*** en attente.

cou-de-pied (*pl cous-de-pied*) *nm* partie supérieure du pied.

couder *vt* plier en forme de coude.

coudre *vt* (conj 59) attacher par une suite de points faits avec du fil et une aiguille.

couenne [kwan] *nf* peau épaisse du porc employée en charcuterie.

couette *nf* 1. édredon de plume, de duvet ou de matière synthétique 2. mèches de cheveux rassemblées en queues de chaque côté des oreilles.

couffin *nm* grand panier de vannerie servant de berceau portatif.

couinement *nm* 1. FAM. action de couiner 2. bruit de grincement aigu.

couiner *vi* 1. FAM. pousser des petits cris 2. faire entendre un couinement.

coulée *nf* matière plus ou moins liquide qui se répand : *coulée de lave.*

couler *vi* 1. suivre sa pente, en parlant d'un liquide, d'un cours d'eau 2. s'échapper, se répandre : *le sang coulait* 3. laisser échapper un liquide : *le robinet coule* 4. s'enfoncer dans l'eau ; sombrer ou se noyer : *bateau, nageur qui coule* • ***couler de source*** être évident • ***faire couler de l'encre*** provoquer des commentaires ◆ *vt* 1. verser dans un creux ou sur une surface une matière en fusion, une substance liquide ou pâteuse 2. fabriquer un objet en métal fondu 3. faire aller au fond de l'eau : *couler un bateau* 4. ruiner une affaire, une entreprise : *il a coulé son commerce* 5. discréditer quelqu'un 6. MÉCAN détériorer un organe en mouvement par manque de graissage : *couler une bielle* • ***couler des jours heureux*** mener une vie paisible et heureuse.

couleur *nf* 1. impression que produit sur l'œil la lumière diffusée par les corps 2. matière, substance colorante : *boîte de couleurs* 3. ce qui n'est ni blanc ni noir : *linge de couleur* 4. éclat, style brillant de quelque chose : *spectacle haut en couleur* 5. chacun des quatre attributs qui distinguent les cartes à jouer (pique, cœur, carreau, trèfle) • FAM. ***annoncer la couleur*** faire connaître ses intentions • ***personne de couleur*** qui n'est pas de race blanche • FAM. ***ne pas voir la couleur de quelque chose*** ne pas recevoir une chose due ou promise • ***sous couleur de*** sous prétexte de ◆ **couleurs** *pl* 1. teint du visage : *reprendre des couleurs* 2. drapeau national : *hisser les couleurs* • FAM. ***en voir de toutes les couleurs*** subir toutes sortes d'épreuves.

couleuvre *nf* serpent non venimeux • FIG., FAM. ***avaler des couleuvres*** recevoir des affronts sans protester.

coulis *nm* 1. purée liquide obtenue par la cuisson lente d'un aliment : *coulis de tomates* 2. purée liquide de fruits écrasés : *coulis de framboises.*

coulisse *nf* 1. rainure dans laquelle glisse une pièce mobile 2. partie du théâtre, derrière la scène • ***en coulisse*** caché ◆ **coulisses** *pl* côté secret d'un domaine d'activité : *les coulisses de la politique.*

coulisser *vt* faire glisser sur des coulisses.

couloir *nm* 1. passage de dégagement assurant la communication entre les différentes pièces d'un appartement, les différentes parties d'un lieu : *couloirs de métro* 2. passage étroit • ***couloir aérien*** itinéraire que doivent suivre les avions • ***couloir d'autobus*** partie de la chaussée réservée aux autobus, aux taxis, aux ambulances • ***couloir d'avalanche*** ravin qui entaille un versant montagneux et qui est souvent suivi par les avalanches.

coulure *nf* matière plus ou moins liquide qui coule, se répand.

coup *nm* 1. choc physique donné ou reçu : *en venir aux coups* 2. PAR EXT. émotion violente : *télégramme qui provoque un coup* 3. mouvement rapide réalisé avec un instrument : *biffer d'un coup de crayon* 4. bruit soudain : *coup de fusil* • ***à coup sûr*** certainement • ***après coup*** quand il n'est plus temps • ***à tout coup*** à chaque fois • ***coup sur coup*** sans interruption • ***coup d'État*** prise de pouvoir par des moyens illégaux, souvent violents • ***coup de grâce*** celui qui achève • ***coup de main*** aide, assistance • ***coup de maître*** réussite éclatante • ***coup d'œil*** regard rapide • ***coup de soleil*** insolation • ***coup de téléphone*** appel téléphonique • ***coup de tête*** action inspirée par le caprice, le dépit ou le désespoir • ***coup de théâtre*** événement soudain et imprévu • ***manquer son coup*** échouer • ***sur le coup*** tout de suite • ***tout à coup*** soudainement • ***tout d'un coup*** en une seule fois.

coupable *adj* et *n* qui a commis une faute ; fautif, responsable.

coupe *nf* 1. verre à pied, destiné à recevoir une boisson, un dessert, etc. 2. trophée attribué au vainqueur ou à l'équipe victorieuse d'une épreuve sportive ; la compétition elle-même : *participer à la coupe de France.*

coupe *nf* 1. action ou manière de couper quelque chose : *coupe de cheveux* 2. action, manière de tailler un tissu pour en faire un vêtement 3. séparation d'un paquet de cartes en deux parties 4. étendue d'un bois destinée à être coupée 5. légère pause marquée dans la diction d'un vers 6. représentation graphique d'un bâtiment, d'un objet selon une section verticale • ***coupe sombre*** suppression importante dans un ensemble • FAM. ***être sous la coupe de quelqu'un*** sous sa dépendance.

coupé *nm* voiture fermée à deux portes et à deux places.

coupe-feu *nm inv* dispositif destiné à arrêter la progression d'un incendie.

coupe-gorge *nm inv* lieu où l'on risque de se faire attaquer.

coupelle *nf* petite coupe.

coupe-ongles *nm inv* pince ou ciseaux pour couper les ongles.

coupe-papier (*pl coupe-papiers* ou *inv*) *nm* lame pour couper les feuilles de papier.

couper *vt* 1. diviser avec un instrument tranchant : *couper du pain* 2. faire une entaille, une blessure 3. tailler d'après un patron : *couper une robe* 4. mêler un liquide avec un autre : *couper du vin avec de l'eau* 5. rompre, interrompre : *couper une communication* 6. couper l'eau 7. passer au milieu, au travers de : *route qui en coupe une autre* 8. isoler quelqu'un : *vivre coupé du monde* 9. au tennis, au ping-pong, renvoyer la balle en lui donnant un effet de rotation sur elle-même 10. châtrer : *couper un chat* • FAM. *à couper au couteau* très épais ◆ *vi* être tranchant : *ce couteau coupe bien* ◆ *vt* et *vi* 1. prendre avec un atout une carte de son adversaire 2. faire deux paquets d'un jeu de cartes : *couper les cartes* 3. aller directement : *couper à travers champs* ◆ *vt ind* [à] FAM. échapper à quelque chose ◆ **se couper** *vpr* 1. se faire une coupure 2. FAM. se trahir, se contredire.

couperose *nf* MÉD coloration rouge du visage due à une dilatation des vaisseaux capillaires.

coupe-vent *nm inv* vêtement qui protège de l'air vif, du vent.

couple *nm* 1. homme et femme mariés ou réunis momentanément 2. rapprochement de deux personnes liées par l'amitié, des intérêts communs, etc. : *un couple d'amis* 3. animaux réunis deux à deux : *un couple de pigeons* 4. MÉCAN système de forces égales, parallèles, mais de sens contraires.

coupler *vt* attacher deux à deux.

couplet *nm* strophe d'une chanson.

coupole *nf* intérieur d'un dôme.

coupon *nm* 1. reste d'une pièce d'étoffe 2. titre d'intérêt joint à une valeur mobilière : *détacher des coupons.*

coupure *nf* 1. incision, entaille : *une coupure au doigt* 2. interruption du courant électrique 3. passage supprimé d'un film, d'un ouvrage 4. billet de banque.

cour *nf* 1. espace découvert, clos de murs ou de bâtiments 2. tribunal, juridiction d'une certaine importance : *cour d'appel* 3. ensemble des personnages qui entourent un souverain ; résidence d'un souverain 4. ensemble de personnes empressées de plaire à quelqu'un • *côté cour* au théâtre, côté de la scène à la droite des spectateurs • *faire la cour à quelqu'un* chercher à lui plaire, à gagner ses faveurs.

courage *nm* fermeté en face d'une épreuve physique ou morale ; hardiesse, audace • FIG. *prendre son courage à deux mains* se décider à entreprendre quelque chose.

courageux, euse *adj* et *n* qui a du courage.

couramment *adv* 1. habituellement, communément 2. facilement : *parler anglais couramment.*

courant, e *adj* habituel, ordinaire : *affaires courantes* • *chien courant* qui poursuit le gibier • *eau courante* eau distribuée par les canalisations dans une habitation • *mois courant* celui dans lequel on est.

courant *nm* 1. masse d'eau ou d'air se déplaçant dans tel ou tel sens 2. déplacement de charges électriques dans un conducteur : *couper le courant* 3. FIG. mouvement d'ensemble, tendance : *un courant de sympathie* • *dans le courant du mois, de la semaine* à un moment quelconque de ces périodes de temps • *être au courant de* être renseigné • *mettre au courant* renseigner.

courbatu, e *adj* LITT. courbaturé.

courbature *nf* douleur dans les membres.

courbaturé, e *adj* qui souffre de courbatures.

courbaturer *vt* causer une courbature.

courbe *adj* en forme d'arc : *ligne courbe* ◆ *nf* ligne courbe.

courber *vt* 1. rendre courbe 2. pencher, incliner : *courber les épaules* ◆ *vi* plier, ployer : *courber sous le poids.*

coureur, euse *n* 1. qui participe à une course 2. qui court vite ◆ *adj* et *n* qui recherche les aventures amoureuses.

courge *nf* plante cultivée, aux fruits volumineux consommés comme légumes ; fruit de cette plante.

courgette *nf* petite courge, de forme allongée.

courir *vi* (conj 29) 1. aller vite, se déplacer rapidement 2. prendre part à une épreuve de course 3. FIG. s'écouler 4. circuler, se propager : *le bruit court que* ◆ *vt* 1. poursuivre à la course : *courir un lièvre* 2. parcourir : *courir les champs* 3. fréquenter : *courir les bals* 4. être exposé à : *courir un risque, un danger.*

couronne *nf* 1. objet circulaire qu'on porte sur la tête : *couronne royale ; couronne de fleurs* 2. autorité royale (avec majusc) : *la Couronne d'Angleterre* 3. objet de forme circulaire 4. unité monétaire principale de divers pays • *couronne de la dent* partie visible de la dent, en émail • *couronne dentaire* prothèse fixe reproduisant la forme d'une dent et servant à la protéger, en cas de lésion • *couronne mortuaire* ensemble de fleurs disposées sur un support circulaire offert lors de funérailles.

couronnement *nm* 1. action de couronner 2. cérémonie au cours de laquelle on couronne un souverain 3. FIG. achèvement, apothéose : *le couronnement d'une œuvre.*

couronner *vt* 1. mettre une couronne sur la tête 2. élire comme souverain 3. FIG. honorer, récompenser 4. FIG. constituer l'achèvement parfait de.

courrier *nm* correspondance écrite ou reçue.

courroie *nf* bande de matière souple.

cours *nm* 1. écoulement des eaux d'un fleuve, d'une rivière ; leur longueur 2. FIG.

déroulement, durée : *suivre son cours* 3. promenade plantée d'arbres 4. enseignement : *cours d'histoire* 5. nom donné à certains établissements d'enseignement privé 6. prix actuel d'une marchandise, d'un titre : *les cours de la Bourse* • ***au cours de*** pendant toute la durée de • ***avoir cours*** 1. être reconnu 2. avoir valeur légale • ***cours d'eau*** fleuve, rivière, torrent, etc. • ***donner libre cours à*** laisser se manifester sans retenue • ***suivre son cours*** se développer comme prévu • ***voyage au long cours*** longue traversée d'un bateau.

course *nf* 1. action de courir : *au pas de course* 2. mouvement ou déplacement ; trajet parcouru : *payer la course* 3. épreuve de vitesse : *course cycliste ; course de chevaux* 4. FIG. mouvement vers un but : *course aux armements* • ***à bout de course*** épuisé, fatigué • FAM. ***dans la course*** au courant ◆ **courses** *pl* 1. achats, commissions : *faire les courses* 2. compétition équestre : *jouer aux courses.*

courser *vt* FAM. poursuivre à la course.

coursier *nm* employé chargé de faire des courses en ville pour le compte d'une entreprise, d'un commerçant, etc.

court *nm* terrain de tennis.

court, e *adj* 1. de peu de longueur 2. bref • ***avoir la vue courte*** 1. ne pas voir de loin 2. FIG. avoir l'esprit borné ◆ *adv* • ***à court de quelque chose*** privé ou démuni de quelque chose • ***couper court à quelque chose*** le faire cesser brusquement • SOUT. ***demeurer, rester court*** rester coi • ***tourner court*** cesser brusquement.

court-bouillon (*pl courts-bouillons*) *nm* bouillon épicé, pour faire cuire du poisson, de la viande.

court-circuit (*pl courts-circuits*) *nm* mise en relation directe de deux points dont les potentiels électriques sont différents ; accident qui en résulte.

courtier, ère *n* qui a un rôle d'intermédiaire dans des opérations commerciales, financières, etc.

courtiser *vt* 1. faire sa cour à 2. LITT. flatter par intérêt.

court-métrage (*pl courts-métrage*) ou **court métrage** (*pl courts métrages*) *nm* film de moins de 30 minutes.

courtois, e *adj* qui se conduit avec une parfaite correction, très poli.

courtoisie *nf* civilité, politesse.

couscous [kuskus] *nm* plat d'Afrique du Nord, à base de semoule de blé.

cousin, e *n* personne issue de l'oncle ou de la tante.

coussin *nm* oreiller pour s'appuyer, s'asseoir, etc.

coût *nm* ce qu'une chose coûte.

coûtant *adj m* • ***au prix coûtant*** sans bénéfice pour le vendeur.

couteau *nm* 1. instrument tranchant, composé d'une lame et d'un manche 2. mollusque bivalve.

coutellerie *nf* atelier, commerce ou marchandise du coutelier.

coûter *vi* 1. être au prix de 2. FIG. être cause de quelque effort, de quelque souffrance, etc. : *il me coûte de sortir* • ***coûte que coûte*** à tout prix ◆ *vt* causer, occasionner : *les efforts que ce travail m'a coûtés.*

coutume *nf* habitude, usage.

coutumier, ère *adj* LITT. que l'on fait habituellement • ***être coutumier du fait*** avoir l'habitude de commettre une action déterminée.

couture *nf* 1. art ou action de coudre 2. suite de points cousant des tissus 3. LITT. cicatrice • ***à plate couture*** complètement.

couturier, ère *n* qui confectionne des vêtements.

couvée *nf* ensemble des œufs qu'un oiseau couve en même temps ; les petits qui en proviennent.

couvent *nm* maison de religieux, de religieuses ; ceux qui l'habitent.

couver *vt* 1. s'étendre sur ses œufs pour les faire éclore 2. FIG. entourer de soins exagérés : *couver un enfant* 3. avoir à l'état latent : *couver une maladie* • ***couver des yeux*** regarder avec affection ou convoitise ◆ *vi* être à l'état latent : *colère qui couve.*

couvercle *nm* pièce mobile qui sert à couvrir.

couvert *nm* la cuillère, le couteau et la fourchette • ***à couvert*** à l'abri • ***mettre le couvert*** disposer sur la table ce qui est nécessaire à un repas • ***le vivre et le couvert*** la nourriture et le logement.

couverture *nf* 1. pièce de tissu épais pour se couvrir dans un lit 2. toit d'une maison 3. première page plus ou moins épaisse d'un livre, d'une revue 4. FIN valeurs servant à la garantie d'une opération financière ou commerciale 5. FIG. personne, action qui sert à protéger, à masquer : *se servir de quelqu'un comme couverture* • FAM. ***tirer la couverture à soi*** accaparer égoïstement tout le bénéfice d'une affaire.

couveuse *nf* 1. appareil où l'on fait éclore des œufs 2. appareil dans lequel on maintient les bébés nés avant terme.

couvre-feu (*pl couvre-feux*) *nm* interdiction de sortir de chez soi, à partir d'une certaine heure.

couvreur *nm* ouvrier, entrepreneur qui pose ou répare les toits.

couvrir *vt* (conj 16) 1. mettre sur une personne, une chose, un objet ou une matière pour les protéger : *couvrir chaudement un enfant* 2. mettre un couvercle sur : *couvrir un plat* 3. répandre en grand nombre : *couvrir un tableau d'inscriptions* 4. donner à quelqu'un beaucoup de choses, combler : *couvrir de cadeaux* 5. parcourir : *couvrir* *une distance* 6. compenser, contrebalancer : *les dépenses couvrent les recettes* 7. assumer la responsabilité des actes de quelqu'un 8. fournir une couverture financière 9. s'accoupler à (en parlant d'un animal mâle) • ***couvrir un bruit, des voix*** empêcher qu'on les entende • ***couvrir un risque*** le garantir, en assurer la responsabilité ◆ **se couvrir** *vpr* 1. être gagné par quelque chose qui se répand à la surface : *les arbres se couvrent de fleurs* 2. mettre des vêtements chauds 3. se protéger, se garantir 4. s'obscurcir, en parlant du ciel, du temps.

cow-boy [kawbɔj, kobɔj] (*pl cow-boys*) *nm* gardien de troupeaux en Amérique du Nord.

coyote *nm* mammifère carnivore d'Amérique, voisin du loup et du chacal.

C.Q.F.D. (sigle) ce qu'il fallait démontrer.

crabe *nm* crustacé marin comestible.

crachat *nm* salive ou mucosité qu'on crache.

cracher *vt* 1. rejeter hors de la bouche 2. lancer, projeter 3. FAM. dire : *cracher des injures* • FIG. ***tout craché*** très ressemblant ◆ *vi* rejeter des crachats ◆ *vt ind* [sur] FAM. dédaigner, mépriser.

crachin *nm* pluie très fine.

crachoir *nm* récipient pour cracher.

craie *nf* roche calcaire, tendre et blanche ; petit bâton de cette matière.

craindre *vt* (conj 55) 1. redouter : *je crains qu'il ne parte* 2. être sensible à : *craindre le froid.*

crainte *nf* sentiment de quelqu'un qui craint, qui a peur.

craintif, ive *adj* et *n* porté à la crainte, peureux.

cramer *vi* et *vt* FAM. brûler.

cramoisi, e *adj* 1. rouge foncé 2. qui devient rouge sous l'effet de l'émotion, de la colère, de la honte, etc.

crampe *nf* contraction douloureuse de certains muscles.

crampon *nm* 1. pièce de métal recourbée pour lier, retenir ou saisir fortement 2. FAM. importun.

cramponner (se) *vpr* 1. s'accrocher à 2. FIG. se tenir fermement à quelque chose, malgré les obstacles : *se cramponner à un espoir.*

cran *nm* 1. entaille dans un corps dur, pour accrocher ou arrêter 2. FIG. degré : *monter, baisser d'un cran* 3. FAM. fermeté, courage, audace : *avoir du cran.*

crâne *nm* 1. boîte osseuse qui contient le cerveau 2. FAM. tête ◆ *adj* LITT. décidé, fier.

crâner *vi* FAM. faire l'important.

cranter *vt* faire des crans.

crapaud *nm* 1. batracien à forme lourde et trapue, à peau verruqueuse 2. petit fauteuil bas 3. petit piano à queue.

crapule *nf* individu très malhonnête.

craqueler *vt* (conj 6) fendiller la surface de.

craquelure *nf* fendillement, fissure.

craquement *nm* bruit sec que fait un objet qui craque.

craquer *vi* 1. se déchirer, se briser en produisant un bruit sec 2. produire un bruit sec : *parquet qui craque* 3. FAM. s'effondrer nerveusement ◆ *vt* briser, déchirer • ***craquer une allumette*** l'allumer en la frottant sur une surface rugueuse.

crash (*pl crashs* ou *crashes*) *nm* atterrissage improvisé, souvent brutal.

crasse *nf* 1. couche de saleté 2. FAM. mauvais tour : *faire une crasse* ◆ **crasses** *nf pl* scories d'un métal en fusion ◆ *adj f* • FAM. ***ignorance crasse*** grossière.

crasseux, euse *adj* couvert de crasse.

cratère *nm* 1. ANTIQ vase à deux anses 2. ouverture d'un volcan.

cravache *nf* badine pour stimuler ou corriger un cheval.

cravate *nf* bande d'étoffe qui se noue autour du cou, sous le col de la chemise.

crawl [krol] *nm* nage rapide, consistant en une rotation verticale alternative des bras et un battement continu des pieds.

crayon [krɛjɔ̃] *nm* bâtonnet de bois renfermant une mine de graphite et servant à écrire, à dessiner, etc. • ***coup de crayon*** habileté à dessiner vivement.

crayonner *vt* esquisser avec un crayon.

créance *nf* droit que l'on a d'exiger quelque chose de quelqu'un ; titre qui établit ce droit • ***lettres de créances*** lettres que remet un diplomate au chef de l'État auprès duquel il est accrédité.

créancier, ère *n* personne à qui l'on doit de l'argent.

créateur, trice *n* et *adj* qui crée, qui invente ◆ *nm* • ***Le Créateur*** Dieu.

créatif, ive *adj* et *n* qui a du goût pour la création ; qui la favorise.

création *nf* 1. action de créer ; la ou les œuvres ainsi créées 2. fait de monter une œuvre, de jouer un rôle pour la première fois.

créativité *nf* pouvoir de création, d'invention.

créature *nf* 1. être créé ; en particulier, être humain par rapport à Dieu 2. FAM. femme : *une créature de rêve* 3. PÉJOR. personne dévouée à une autre.

crécelle *nf* moulinet de bois très bruyant • ***voix de crécelle*** criarde, aiguë.

crèche *nf* 1. représentation de l'étable où eut lieu la Nativité du Christ 2. établissement où l'on reçoit dans la journée les enfants en bas âge dont les parents travaillent.

crédibilité *nf* caractère d'une personne ou d'une chose que l'on peut croire.

crédit *nm* 1. réputation de solvabilité 2. délai accordé pour le paiement de quelque chose : *un long crédit* 3. partie d'un compte où est écrit ce qui est dû à quelqu'un 4. FIG. autorité, confiance : *perdre tout crédit* • *à crédit* sans paiement immédiat.

créditer *vt* inscrire au compte de quelqu'un ce qu'on lui doit • *être crédité de* se voir attribuer.

créditeur, trice *n* personne qui a des sommes portées à son crédit ◆ *adj* • *compte créditeur* qui se trouve en crédit CONTR. *débiteur.*

credo [kredo] *nm inv* ce à quoi l'on croit.

crédule *adj* qui croit facilement ce qu'on lui dit.

créer *vt* 1. concevoir, imaginer, faire exister : *créer une robe, une société* 2. FIG. susciter, occasionner : *créer des ennuis* • *créer une pièce, un rôle* la ou le jouer pour la première fois.

crématorium *nm* lieu où l'on incinère les morts.

crème *nf* 1. matière grasse du lait 2. dessert à base de lait et d'œufs 3. PAR EXT. pâte onctueuse pour la toilette, les soins de beauté 4. FAM. ce qu'il y a de meilleur parmi : *la crème des hommes* 5. fromage fondu ou fromage à tartiner : *crème de gruyère* ◆ *adj inv* d'une couleur blanche, légèrement teintée de jaune ◆ *nm* café additionné d'un peu de crème ou de lait.

crémerie *nf* boutique où l'on vend du lait, du beurre, des fromages.

crémeux, euse *adj* qui contient beaucoup de crème.

créneau *nm* 1. maçonnerie dentelée au sommet d'une tour, d'une citadelle 2. FIG. temps disponible dans un emploi du temps • *faire un créneau* se garer entre deux véhicules stationnés.

créole *n* et *adj* personne de race blanche, née dans les anciennes colonies européennes ◆ *nm* langue parlée dans ces territoires.

crêpe *nm* 1. tissu léger de soie ou de laine 2. bande de tissu noir portée en signe de deuil.

crêpe *nf* galette légère de blé ou de sarrasin.

crêper *vt* • *crêper les cheveux* les faire bouffer de façon à les épaissir ◆ **se crêper** *vpr* • FAM. *se crêper le chignon* 1. se disputer 2. se battre physiquement.

crêperie *nf* restaurant où les plats sont à base de crêpes.

crépi *nm* couche de plâtre ou de mortier non lissé.

crépiter *vi* pétiller, faire entendre un bruit sec et fréquent.

crépon *nm* et *adj m* se dit d'un tissu ou d'un papier gaufré.

crépu, e *adj* se dit de cheveux frisés en touffes serrées.

crépuscule *nm* 1. lumière qui suit le soleil couchant jusqu'à la nuit close 2. LITT., FIG. déclin.

cresson [kre-, krəsɔ̃] *nm* plante herbacée comestible qui croît dans l'eau douce.

crête *nf* 1. excroissance charnue, rouge et dentelée sur la tête des gallinacés 2. ligne du sommet d'un mur, d'une vague, etc.

crétin, e *adj* et *n* FAM. idiot, imbécile.

creuser *vt* 1. rendre creux en ôtant de la matière : *creuser la terre* 2. faire une cavité : *creuser un puits* 3. FIG. approfondir : *creuser un problème* 4. FAM. donner de l'appétit : *le grand air creuse* ◆ **se creuser** *vpr* • FAM. *se creuser la cervelle, la tête* faire un effort de réflexion.

creux, euse *adj* 1. dont l'intérieur est vide : *tige creuse* 2. qui présente une concavité : *assiette creuse* 3. FIG. vide d'idées, de sens : *phrase creuse* ◆ *adv* • *objet qui sonne creux* qui rend un son indiquant qu'il est vide ◆ *nm* 1. cavité : *le creux d'un rocher* 2. partie concave : *le creux de la main* 3. profondeur entre deux vagues : *un creux de 2 mètres* 4. FIG. moment de moindre activité : *période de creux* • *au creux de la vague* dans une période d'échec, de dépression • *avoir un creux* avoir faim.

crevaison *nf* éclatement ou déchirure d'un objet gonflé, en particulier d'un pneu.

crevasse *nf* 1. fente à la surface d'un corps ou du sol 2. fente dans un glacier 3. fente peu profonde de la peau.

crever *vt* (conj 9) 1. faire éclater, déchirer, percer : *crever un ballon, un œil* 2. FAM. fatiguer, épuiser : *cette marche m'a crevée* • *crever les yeux* être évident ◆ *vi* 1. éclater, se rompre : *pneu qui crève* 2. être victime d'une crevaison : *le camion a crevé ; j'ai crevé sur l'autoroute* 3. mourir, en parlant d'un animal, d'une plante • *crever de* éprouver au plus haut degré : *crever de faim.*

crevette *nf* petit crustacé marin.

cri *nm* 1. son perçant que lance la voix 2. son propre à chaque animal • FAM. *dernier cri* à la pointe de la mode.

criant, e *adj* 1. manifeste, évident : *vérité criante* 2. révoltant : *injustice criante.*

criard, e *adj* 1. qui crie fort et beaucoup 2. qui a un timbre déplaisant : *voix criarde* • FIG. *couleur criarde* qui choque la vue.

cric [krik] *nm* appareil pour soulever les fardeaux, les automobiles.

cricket [kriket] *nm* jeu de balle anglais.

criée *nf* vente publique aux enchères.

crier *vi* 1. pousser un cri ou des cris 2. parler très haut et avec colère : *discuter sans crier* • *crier au scandale* dénoncer vigoureusement le scandale ◆ *vt* 1. dire d'une voix forte : *crier un ordre* 2. manifester avec passion : *crier son indignation* • *crier famine, misère* se plaindre • *crier vengeance* mériter une vengeance, en parlant d'un acte condamnable.

crime *nm* 1. homicide volontaire 2. DR la plus grave des infractions à la loi : *crime contre la sûreté de l'État* 3. action très blâmable.

criminalité *nf* ensemble des infractions criminelles commises dans un milieu donné, à une époque donnée.

criminel, elle *adj* et *n* coupable d'un crime ◆ *adj* 1. DR relatif au crime 2. contraire aux lois naturelles ou sociales : *acte criminel.*

criminologie *nf* étude scientifique du phénomène criminel.

crin *nm* poil long et rude : *crin de cheval* • *crin végétal* fibre végétale • FIG. *à tous crins* à outrance.

crinière *nf* 1. ensemble des crins du cou d'un cheval, d'un lion 2. FAM. chevelure abondante.

crique *nf* petite baie.

criquet *nm* insecte herbivore qui ressemble à une grosse sauterelle.

crise *nf* 1. manifestation aiguë d'un trouble physique ou moral : *crise de foie ; crise de nerfs* 2. période difficile, situation tendue : *crise politique* 3. dépression économique : *période de crise* 4. pénurie : *crise de main-d'œuvre.*

crisper *vt* 1. causer des contractions : *l'inquiétude crispait son visage* 2. irriter, agacer : *sa lenteur me crispe.*

crisser *vi* produire un bruit aigu, grinçant.

cristal (*pl cristaux*) *nm* 1. substance minérale affectant naturellement une forme géométrique bien définie 2. verre blanc très pur et très limpide ; objet de cette matière.

cristallerie *nf* 1. art de fabriquer des objets en cristal 2. lieu où on les fabrique.

cristalliser *vt* 1. changer en cristaux 2. FIG. donner force et cohérence : *cristalliser les énergies* ◆ *vi* ou **se cristalliser** *vpr* 1. se former en cristaux 2. FIG. se concentrer, se fixer.

critère *nm* ce qui permet de juger, d'apprécier, d'analyser.

critique *adj* 1. qui juge, apprécie : *esprit critique* 2. qui est porté à critiquer : *il est très critique* 3. dangereux, décisif : *instant critique* ◆ *n* personne qui porte son jugement sur des œuvres littéraires ou artistiques ◆ *nf* 1. art de juger une œuvre littéraire ou artistique 2. jugement porté sur une œuvre 3. ensemble de ceux qui font métier de porter un jugement sur des œuvres 4. blâme, reproche : *ne pas supporter les critiques.*

critiquer *vt* 1. analyser les qualités et les défauts des personnes, des choses 2. juger défavorablement.

croassement *nm* cri du corbeau.

croc [kro] *nm* 1. grappin 2. perche armée d'un crochet : *croc de boucherie* 3. chacune des quatre canines des carnivores.

croc-en-jambe [krɔkɑ̃ʒɑ̃b] (*pl crocs-en-jambe*) *nm* action de placer le pied entre les jambes de quelqu'un pour le faire tomber.

croche *nf* MUS note qui vaut la moitié d'une noire.

croche-pied (*pl croche-pieds*) *nm* croc-en-jambe.

crochet *nm* 1. morceau de métal recourbé servant à suspendre, à accrocher : *tableau suspendu par des crochets* 2. tige de fer recourbée pour ouvrir une serrure 3. aiguille à pointe recourbée pour broder ; ouvrage ainsi exécuté : *faire du crochet* 4. signe graphique proche de la parenthèse [ ] 5. détour sur un trajet : *faire un crochet* 6. en boxe, coup de poing • *aux crochets de quelqu'un* à ses dépens.

crochu, e *adj* recourbé en forme de crochet.

crocodile *nm* grand reptile qui vit dans les fleuves des régions chaudes • FIG. *larmes de crocodile* larmes hypocrites.

crocus [krɔkys] *nm* plante herbacée à bulbe.

croire *vt* (conj 74) 1. tenir pour vrai 2. tenir pour sincère 3. estimer probable ou possible 4. considérer comme : *croire habile* • *en croire quelqu'un, quelque chose* s'y fier ◆ *vt ind* [à, en] 1. tenir pour certaine l'existence de 2. avoir confiance en : *croire en quelqu'un* ◆ *vi* avoir la foi religieuse ◆ **se croire** *vpr* être vaniteux.

croisade *nf* 1. HIST expédition en Terre sainte 2. FIG. action collective : *croisade antialcoolique.*

croisé, e *adj* en forme de croix • *veste croisée* qui croise par devant • *rimes croisées* alternées ◆ **croisée** *nf* 1. fenêtre 2. endroit où deux voies se croisent.

croisement *nm* 1. action de croiser 2. endroit où se coupent plusieurs voies : *s'arrêter au croisement* 3. reproduction sexuelle à partir de deux animaux de race différente.

croiser *vt* 1. disposer en croix : *croiser les jambes* 2. traverser en coupant : *route qui en croise une autre* 3. rencontrer : *croiser ses voisins* 4. effectuer le croisement de deux espèces animales • *croiser les bras* rester inactif ◆ *vi* MAR aller et venir dans un même parage, afin d'exercer une surveillance ◆ **se croiser** *vpr* se rencontrer • *lettres qui se croisent* qui sont échangées au même moment.

croisière *nf* voyage touristique en mer.

croisillon *nm* 1. traverse d'une croix, d'une croisée 2. élément en forme de croix : *tissu à croisillons.*

croissance *nf* développement progressif d'un corps organisé.

croissant *nm* pâtisserie feuilletée en forme de demi-cercle • *croissant de lune* forme échancrée de la lune.

croissant, e *adj* qui croît.

croître *vi* (conj 66) 1. grandir, se développer, pousser 2. augmenter.

croix *nf* 1. ancien instrument de supplice formé de deux pièces de bois assemblées transversalement 2. représentation de la croix sur laquelle mourut Jésus-Christ 3. objet en forme de croix 4. signe formé par deux traits qui se coupent en X : *mettre une croix dans la marge* • *croix rouge* insigne des services de santé • *signe de croix* geste de piété des chrétiens • FAM. *faire une croix sur quelque chose* y renoncer définitivement.

croque au sel (à la) *loc adv* cru et sans autre assaisonnement que du sel.

croque-monsieur *nm inv* sandwich chaud composé de deux tranches de pain de mie garnies de fromage et de jambon.

croque-mort (*pl croque-morts*) *nm* FAM. employé des pompes funèbres.

croquer *vt* 1. manger en broyant avec les dents : *croquer un bonbon* 2. FIG. dessiner sur le vif 3. FAM. dilapider : *croquer un héritage* ◆ *vi* faire un bruit sec sous les dents.

croquette *nf* boulette de pâte, de hachis, etc., frite.

croquis *nm* dessin rapide qui ne fait qu'esquisser.

crosse *nf* 1. bâton recourbé, usité dans certains jeux pour chasser une balle 2. partie recourbée : *crosse de l'aorte* 3. partie du fusil que l'on épaule • FIG. *chercher des crosses à quelqu'un* lui chercher querelle.

crotte *nf* 1. excrément de certains animaux, de l'homme 2. bonbon au chocolat.

crotté, e *adj* sali de boue.

crottin *nm* excrément de cheval.

crouler *vi* 1. tomber en s'affaissant, s'effondrer 2. FIG. être écrasé, surchargé : *crouler sous le travail.*

croupe *nf* partie postérieure de certains animaux, qui va des reins à l'origine de la queue • *en croupe* se dit d'un deuxième cavalier, assis derrière le cavalier principal.

croupier *nm* employé d'une maison de jeux qui paie et ramasse l'argent.

croupion *nm* extrémité inférieure de l'épine dorsale d'un oiseau, d'une volaille.

croupir *vi* 1. se corrompre, stagner, en parlant de l'eau 2. FIG. vivre dans un état dégradant.

croustillant, e *adj* 1. qui croustille 2. FIG. grivois, licencieux.

croustiller *vi* croquer sous la dent.

croûte *nf* 1. partie extérieure du pain, du fromage, du pâté, etc., plus dure que l'intérieur 2. couche extérieure durcie, à la surface de quelque chose 3. plaque formée sur la peau par le sang séché 4. FAM. mauvais tableau • FAM. *casser la croûte* manger.

croûton *nm* 1. extrémité d'un pain 2. petit morceau de pain frit.

croyance *nf* 1. action de croire 2. opinion, doctrine.

croyant, e *adj* et *n* qui a la foi religieuse.

C.R.S. *nm* abréviation désignant un membre d'une *Compagnie Républicaine de Sécurité.*

cru *nm* terroir où croît un vin particulier ; ce vin • FIG. *de son cru* de sa propre invention • FAM. *du cru* du pays, de la région dont il est question.

cru, e *adj* 1. qui n'est pas cuit 2. violent, direct : *couleur, lumière crue* 3. FIG. libre, réaliste : *détails crus.*

cruauté *nf* 1. fait d'être cruel 2. (souvent au pl) acte cruel.

cruche *nf* 1. récipient à anse et à bec 2. FAM. personne stupide.

crucial, e, aux *adj* très important ; essentiel, décisif : *choix crucial.*

crucifier *vt* infliger le supplice de la croix.

crucifix [krysifi] *nm inv* croix sur laquelle le Christ est représenté crucifié.

cruciforme *adj* en forme de croix.

cruciverbiste *n* amateur de mots croisés.

crudité *nf* état de ce qui est cru ◆ **crudités** *pl* légumes crus ou cuits servis froids.

crue *nf* augmentation du débit d'un cours d'eau.

cruel, elle *adj* 1. qui se plaît à faire ou à voir souffrir 2. sanguinaire, barbare : *acte cruel* 3. pénible : *décision cruelle.*

crûment *adv* de façon dure, sans ménagement.

crustacé *nm* animal aquatique articulé, à respiration branchiale, à carapace (langouste, crabe, etc.).

crypte *nf* chapelle souterraine dans une église.

cube *nm* 1. corps solide, à six faces carrées égales 2. ARITHM produit de trois nombres égaux ◆ *adj* qui indique la mesure d'un volume : *mètre cube.*

cubisme *nm* courant artistique du début du XXe siècle, se proposant de représenter les objets sous des formes géométriques.

cubitus [-tys] *nm* le plus gros des deux os de l'avant-bras.

cucurbitacée *nf* plante à tige rampante et à gros fruits (melon, courge, etc.) (les cucurbitacées forment une famille).

cueillette *nf* action de cueillir des fruits, des plantes.

cueillir *vt* (conj 24) 1. détacher de leurs tiges des fruits, des fleurs 2. FAM. emmener, prendre au passage 3. FAM. arrêter.

cuillère ou **cuiller** *nf* 1. ustensile de table comprenant un manche et une partie creuse 2. engin de pêche.

cuillerée *nf* contenu d'une cuillère.

cuir *nm* 1. peau épaisse de certains animaux 2. peau tannée, corroyée, etc. 3. FIG. faute de liaison dans la prononciation • *cuir chevelu* la peau de la tête recouverte de cheveux.

cuirasse *nf* armure recouvrant le dos et la poitrine • FIG. ***défaut de la cuirasse*** point vulnérable.

cuire *vt* (conj 70) 1. préparer des aliments sous l'action de la chaleur 2. transformer du plâtre, de la brique, etc., par l'action de la chaleur ◆ *vi* 1. devenir cuit : *la viande cuit* 2. FAM. être accablé de chaleur : *on cuit dans cette pièce* 3. causer une irritation, une sensation de brûlure : *la peau me cuit* • ***il vous en cuira*** vous le paierez.

cuisant, e *adj* 1. âpre, aigu : *douleur cuisante* 2. FIG. qui affecte douloureusement : *échec cuisant.*

cuisine *nf* 1. lieu où l'on prépare les aliments 2. art, action de les préparer : *faire la cuisine* 3. ces aliments mêmes 4. FAM., PÉJOR. manœuvre louche, intrigue, trafic : *cuisine électorale.*

cuisiner *vi* faire la cuisine ◆ *vt* 1. accommoder un plat 2. FAM. interroger insidieusement, chercher à faire avouer.

cuisinier, ère *n* qui fait la cuisine ◆ **cuisinière** *nf* appareil ménager muni de plusieurs foyers et d'un four pour faire cuire les aliments.

cuissarde *nf* botte dont la tige monte jusqu'à la cuisse.

cuisse *nf* partie de la jambe, de la hanche au genou.

cuisson *nf* action, façon de cuire.

cuite *nf* • FAM. ***prendre une cuite*** s'enivrer.

cuivre *nm* métal de couleur rouge-brun (symb : Cu) ; objet de ce métal • ***cuivre jaune*** laiton ◆ **cuivres** *pl* instruments de musique en cuivre.

cul [ky] *nm* 1. POP. derrière, postérieur de l'homme et de divers animaux 2. partie postérieure ou inférieure de certains objets : *cul de bouteille* • FAM. ***être comme cul et chemise*** s'entendre parfaitement.

culasse *nf* 1. fond du canon d'une arme à feu 2. partie supérieure des cylindres d'un moteur à explosion.

culbute *nf* 1. saut fait en roulant sur le dos, les pieds passant par-dessus la tête 2. chute brusque à la renverse • FAM. ***faire la culbute*** 1. faire faillite 2. revendre deux fois plus cher.

culbuter *vt* renverser violemment ◆ *vi* tomber en se renversant.

cul-de-jatte (*pl culs-de-jatte*) *n* amputé de ses membres inférieurs.

cul-de-sac (*pl culs-de-sac*) *nm* rue sans issue ; impasse.

culinaire *adj* relatif à la cuisine.

culminer *vi* atteindre son point ou son degré le plus élevé.

culot *nm* 1. fond métallique d'une cartouche, d'un creuset 2. résidu au fond d'une pipe 3. FAM. audace, effronterie.

culotte *nf* 1. vêtement qui couvre le corps de la ceinture aux genoux 2. sous-vêtement SYN. *slip* 3. FAM. perte au jeu • FAM. ***porter la culotte*** commander, dans un ménage.

culotté, e *adj* FAM. qui a du culot.

culpabiliser *vt* donner le sentiment d'être coupable.

culpabilité *nf* état d'une personne coupable • ***sentiment de culpabilité*** sentiment d'une personne qui se juge coupable.

culte *nm* 1. hommage qu'on rend à une divinité, à une personne ou à une chose qu'on vénère 2. religion : *culte catholique* 3. chez les protestants, office religieux.

cultivateur, trice *n* qui cultive la terre ; agriculteur.

cultivé, e *adj* instruit dans de nombreux domaines.

cultiver *vt* 1. travailler la terre pour la rendre fertile 2. faire pousser une plante 3. FIG. former, développer, perfectionner 4. entretenir soigneusement des relations avec quelqu'un ◆ **se cultiver** *vpr* accroître ses connaissances.

culture *nf* 1. action de cultiver 2. terrain que l'on cultive 3. ensemble des connaissances acquises 4. civilisation : *la culture occidentale* • ***culture physique*** gymnastique.

culturel, elle *adj* relatif à la culture intellectuelle.

culturisme *nm* culture physique destinée à développer les muscles.

cumin *nm* ombellifère aromatique.

cumul *nm* action de cumuler.

cumuler *vt* et *vi* exercer plusieurs emplois en même temps, percevoir plusieurs traitements, avoir en même temps plusieurs titres.

cumulus [kymylys] *nm* nuage blanc de beau temps.

cupidité *nf* LITT. désir excessif d'argent.

curatif, ive *adj* relatif à la guérison d'une maladie : *méthode curative.*

cure *nf* traitement médical : *cure thermale.*

cure *nf* habitation d'un curé.

curé *nm* prêtre catholique chargé de la direction d'une paroisse.

cure-dents *nm inv* ou **cure-dent** (*pl cure-dents*) *nm* petite pointe pour curer les dents.

curer *vt* nettoyer.

curieux, euse *adj* et *n* 1. avide de voir, de connaître, d'apprendre 2. qui cherche à savoir ce qui ne le regarde pas ; indiscret ◆ *adj* propre à exciter l'attention ; singulier, surprenant.

curiosité *nf* 1. caractère d'une personne ou d'une chose curieuse 2. objet curieux ; chose insolite ◆ **curiosités** *pl* choses rares : *amateur de curiosités.*

curiste *n* personne qui fait une cure thermale.

curriculum vitæ [kyrikylɔmvite] *nm inv* ou **curriculum** *nm* document indiquant l'état civil, les études, la carrière professionnelle de quelqu'un (abréviation : *C.V.*).
curry *nm* 1. épice indienne composée de gingembre, piment, etc. 2. plat de viande, volaille ou poisson préparé avec cette épice (on dit aussi : *cari, cary*).
curseur *nm* 1. pointe qui coulisse au milieu d'une règle, d'un compas 2. INFORM marque mobile utilisée pour indiquer la position de ce qui va s'inscrire sur un écran.
cursus [-sys] *nm* 1. filière universitaire 2. carrière professionnelle.
curviligne *adj* à lignes courbes.
cutané, e *adj* de la peau.
cuticule *nf* ANAT petite peau très mince : *la cuticule des ongles.*
cuti-réaction (*pl cuti-réactions*) ou **cuti** (*pl cutis*) *nf* test pour déceler la tuberculose.
cutter [kœtœr] *nm* instrument tranchant à lame pour couper le papier, le carton.
cuve *nf* 1. grand réservoir pour la fermentation du raisin 2. grand récipient : *cuve à mazout.*
cuvée *nf* 1. contenu d'une cuve 2. récolte de toute une vigne.
cuver *vt* • FAM. *cuver (son vin)* dormir après avoir trop bu.
cuvette *nf* 1. récipient portatif large, peu profond 2. partie profonde d'un siège de W.-C. 3. dépression de terrain fermée de tous côtés : *la ville est située au fond d'une cuvette.*
C.V. *nm* (abréviation) curriculum vitae.
cyanogène *nm* CHIM gaz toxique composé de carbone et d'azote.
cyanure *nm* combinaison de cyanogène avec un corps simple.
cybernétique *nf* science qui étudie les mécanismes de communication et de contrôle dans les machines et chez les êtres vivants.
cyclable *adj* • *piste cyclable* réservée aux cyclistes.
cycle *nm* 1. série de phénomènes qui se répètent dans un ordre déterminé 2. suite d'œuvres littéraires ou artistiques 3. division de l'enseignement secondaire et universitaire ◆ **cycles** *pl* ensemble des appareils de locomotion à deux roues.
cyclisme *nm* sport ou pratique de la bicyclette.
cycliste *n* qui pratique le cyclisme ou participe à une course ◆ *adj* relatif au cyclisme.
cyclone *nm* 1. centre de basses pressions atmosphériques 2. ouragan qui se forme sur les mers tropicales.
cygne *nm* oiseau palmipède, à cou très long et flexible • *chant du cygne* dernière œuvre d'un homme de génie.
cylindre *nm* 1. surface engendrée par une droite qui se déplace parallèlement à une direction fixe en rencontrant une courbe plane fixe, dont le plan coupe la direction donnée 2. tube arrondi dans lequel se meut le piston d'une machine à vapeur 3. corps de pompe 4. rouleau pour laminer, lustrer, aplanir.
cylindrée *nf* 1. capacité des cylindres d'un moteur à explosion 2. moto ou voiture envisagée du point de vue de sa puissance.
cymbale *nf* instrument de percussion formé de deux plateaux de cuivre.
cynique *adj* et *n* qui professe des opinions contraires ou provocatrices, en particulier sur des sujets moraux.
cynisme *nm* caractère d'une personne cynique.
cyprès *nm* arbre conifère résineux toujours vert.
cyrillique *adj* se dit de l'alphabet slave, servant à transcrire le russe, le serbe et le bulgare.
cystite *nf* inflammation de la vessie.

D

d *nm* quatrième lettre de l'alphabet • *D* chiffre romain, valant 500 • FAM. *système D* habileté à se débrouiller.
dactylo *n* personne dont la profession est de taper à la machine.
dada *nm* 1. cheval, dans le langage enfantin 2. FIG. idée fixe.
dahlia *nm* plante à fleurs ornementales.
daigner *vt* (part.passé inv.) vouloir bien, condescendre à.
daim *nm* 1. mammifère ruminant, voisin du cerf 2. peau de daim ; cuir de bovin retourné l'imitant : *veste de daim.*
daine *nf* femelle du daim.
dais *nm* tenture dressée au-dessus d'un autel, d'un trône.
dalaï-lama (*pl dalaï-lamas*) *nm* chef du bouddhisme tibétain.
dalle *nf* plaque de pierre, de ciment, etc., pour paver le sol, revêtir une surface.
dalmatien, enne *n* chien blanc à mouchetures noires.
daltonisme *nm* anomalie de la vue entraînant le plus souvent la confusion entre le rouge et le vert.
dame *nf* 1. femme mariée (par oppos. à *demoiselle*) 2. femme (par oppos. à *homme*) 3. figure du jeu de cartes : *dame de pique* SYN. *reine* 4. seconde pièce du jeu d'échecs SYN. *reine* • *jeu de dames* jeu qui se joue à deux avec des pions sur un damier.
damer *vt* 1. doubler un pion au jeu de dames 2. tasser la neige avec des skis • FAM. *damer le pion à quelqu'un* prendre sur lui un avantage décisif.

damier *nm* 1. surface divisée en cases blanches et noires, pour jouer aux dames 2. ornement quadrillé.

damnation [dana-] *nf* condamnation aux souffrances de l'enfer.

damné, e [dane] *adj* et *n* condamné aux peines de l'enfer • ***souffrir comme un damné*** horriblement ◆ *adj* FAM. qu'on maudit, dont on est mécontent : *cette damnée voiture !* • ***âme damnée*** mauvais conseiller.

dan [dan] *nm* chacun des dix degrés de qualification d'une ceinture noire de judo.

dandiner (se) *vpr* donner à son corps un mouvement de balancement un peu ridicule.

danger *nm* situation où l'on a à redouter un inconvénient, un mal quelconque : *affronter un danger.*

dangereux, euse *adj* qui présente un danger : *tournant dangereux.*

dans *prép* marque des rapports de lieu, de temps, de durée, d'état.

danse *nf* 1. suite de pas et de mouvements cadencés exécutée sur de la musique 2. art de s'exprimer en interprétant des compositions chorégraphiques.

danser *vi* 1. mouvoir le corps en cadence, exécuter une danse 2. LITT. exécuter des mouvements rapides : *les flammes dansent dans la cheminée* • FIG. ***ne savoir sur quel pied danser*** ne savoir que décider ◆ *vt* exécuter telle danse : *danser le tango.*

danseur, euse *n* 1. qui danse 2. qui fait profession de danser • ***en danseuse*** position d'un cycliste qui pédale debout.

dard *nm* 1. langue du serpent 2. aiguillon de certains insectes.

dare-dare *loc adv* FAM. en hâte.

darne *nf* tranche de gros poisson.

dartre *nf* croûte ou irritation de la peau.

date *nf* 1. indication du jour et de l'année ; nombre qui l'indique : *mettre la date* 2. événement d'une grande importance historique : *grande date de l'histoire* • ***faire date*** marquer dans l'histoire un moment important • ***prendre date*** fixer un jour pour un rendez-vous.

dater *vt* 1. mettre la date : *dater une lettre* 2. déterminer la date : *dater un tableau* ◆ *vi* 1. remonter à : *cela date d'hier* 2. marquer une date importante : *cela datera dans l'histoire* 3. être vieilli, démodé : *théorie qui date* • ***à dater de*** à partir de.

datte *nf* fruit à pulpe sucrée très nutritive du dattier.

dattier *nm* palmier dont les fruits (dattes) sont groupés en longues grappes, ou *régimes.*

daube *nf* mode de cuisson de certaines viandes à l'étouffée : *bœuf en daube.*

dauphin *nm* mammifère marin vivant en troupes (ordre des cétacés).

dauphin *nm* 1. HIST fils aîné du roi de France 2. FIG. successeur de quelqu'un.

daurade ou **dorade** *nf* poisson de la Méditerranée.

davantage *adv* 1. plus 2. plus longtemps.

D.D.T. *nm* insecticide puissant.

de *prép* 1. marque le point de départ, l'origine : *de Paris* ; l'extraction : *charbon de terre* ; la séparation : *éloigné de sa mère* ; l'objet, la matière : *table de bois* ; les qualités : *homme de génie* 2. avec : *saluer de la main* 3. pendant : *voyager de nuit* 4. par : *aimé de tous* 5. particule nobiliaire.

dé *nm* étui de métal, pour protéger le doigt qui pousse l'aiguille.

dé *nm* 1. petit cube, à faces marquées de un à six, pour jouer 2. petit morceau cubique : *des pommes de terre en dés.*

déambuler *vi* se promener sans but précis.

débâcle *nf* 1. rupture des glaces à la surface d'un fleuve 2. FIG. déroute, effondrement ; fuite.

déballage *nm* 1. action de déballer 2. étalage de marchandises.

déballer *vt* 1. vider le contenu d'une caisse, d'un paquet 2. étaler des marchandises.

débandade *nf* action de se disperser en désordre ; déroute.

débarbouiller *vt* laver le visage.

débarcadère *nm* jetée de débarquement sur la mer ou sur un fleuve.

débardeur *nm* 1. ouvrier employé au chargement et au déchargement des bateaux 2. tricot très échancré, sans manches.

débarquer *vt* faire descendre des personnes, des marchandises d'un navire, d'un bateau, d'un wagon, d'un avion ◆ *vi* 1. quitter un navire, un train, etc. 2. FAM. arriver à l'improviste.

débarras *nm* lieu où l'on met les objets encombrants, inutiles • ***bon débarras*** exprime la satisfaction de se voir délivré de ce qui embarrassait.

débarrasser *vt* 1. enlever ce qui embarrasse : *débarrasser un grenier ; débarrasser la table* 2. dégager de ce qui est une gêne : *débarrasser quelqu'un de son manteau* 3. faire en sorte que quelqu'un soit libéré de : *débarrasser d'une mauvaise habitude* ◆ **se débarasser** *vpr* [de] se défaire de.

débat *nm* échange de vues ; discussion ◆ **débats** *pl* discussions au sein d'une assemblée.

débattre *vt* (conj 56) examiner, mettre en discussion : *débattre un prix* ◆ **se débattre** *vpr* faire des efforts pour résister ou se dégager.

débauche *nf* 1. recherche immodérée des plaisirs sensuels 2. FIG. abondance excessive.

débaucher *vt* 1. licencier, faire perdre son emploi 2. détourner de son travail 3. FAM. détourner de ses occupations 4. inciter à la débauche.

débile *adj* 1. faible, peu résistant 2. FAM. idiot, bête ◆ *n* sujet atteint de débilité mentale.

débilité *nf* • *débilité mentale* forme d'arriération mentale dans laquelle l'âge mental reste très inférieur à l'âge réel du malade.

débit *nm* 1. action de débiter : *marchandise de débit facile* 2. compte des sommes dues ; partie d'un compte où sont portées ces sommes ; crédit 3. endroit où l'on vend au détail : *débit de tabac* 4. quantité de liquide, de gaz, d'électricité, etc., fournie par une source quelconque en un temps donné 5. FIG. manière de parler, de lire : *débit monotone.*

débiter *vt* 1. vendre au détail 2. vendre beaucoup et à bon marché 3. ABSOL. faire du travail en grande quantité 4. découper en morceaux : *débiter du bois* 5. fournir une quantité de liquide, de gaz, etc., en un temps donné e manière monotone : *débiter des vers* 8. exprimer de manière continue : *débiter des sottises.*

débiteur, trice *n* 1. personne qui a une dette d'argent 2. personne qui a une dette morale envers quelqu'un ◆ *adj* en débit : *un compte débiteur.*

déblai *nm* enlèvement de terre pour niveler ou baisser le sol ◆ **déblais** *pl* terre ou gravats qu'on retire d'un chantier.

déblayer [debleje] *vt* (conj 4) débarrasser de ce qui encombre • FIG. *déblayer le terrain* résoudre les difficultés préalables.

débloquer *vt* 1. remettre en mouvement, en circulation, spécialement, de l'argent : *débloquer des crédits* 2. FIG. lever les obstacles qui bloquaient une situation.

déboire *nm* déception, malchance (surtout au pl).

déboîter *vt* ôter de sa place un objet encastré dans un autre ◆ *vi* sortir d'une file, en parlant d'une voiture.

débonnaire *adj* doux, bienveillant.

débordant, e *adj* qui se manifeste avec force : *joie débordante.*

déborder *vi* 1. dépasser le ou les bords 2. se répandre par-dessus bord 3. envahir ◆ *vt* dépasser le bord • *être débordé de travail* en avoir trop.

débouché *nm* 1. issue d'un chemin, d'une route, etc. 2. FIG. possibilité de vente pour les marchandises 3. carrière ouverte à quelqu'un (surtout au pl) : *profession qui offre des débouchés.*

déboucher *vt* ôter ce qui bouche ◆ *vi* arriver dans, aboutir à ◆ *vt ind* [sur] avoir comme effet, comme conséquence.

débouler *vi* rouler de haut en bas ◆ *vt* FAM. descendre rapidement : *débouler un escalier.*

déboulonner *vt* 1. démonter en ôtant les boulons 2. FIG. faire perdre sa place, son prestige.

débourser *vt* 1. dépenser 2. payer.

déboussoler *vt* FAM. désorienter, déconcerter.

debout *adv* 1. dans la position verticale 2. hors du lit, levé 3. en bon état, non détruit • MAR *vent debout* contraire à la direction qu'on veut suivre • FIG. *tenir debout* être crédible.

déboutonner *vt* faire sortir un bouton de sa boutonnière ◆ **se déboutonner** *vpr* FAM. parler à cœur ouvert.

débraillé, e *adj* dont les vêtements sont en désordre ◆ *nm* tenue négligée.

débrancher *vt* supprimer une connexion électrique.

débrayer [debreje] *vt* (conj 4) supprimer la liaison entre l'arbre moteur et un arbre secondaire, une poulie, un outil ◆ *vi* arrêter le travail, se mettre en grève.

débridé, e *adj* sans retenue, effréné : *imagination débridée.*

débris *nm* morceau, fragment d'une chose détruite, brisée.

débrouillard, e *adj* et *n* FAM. qui sait se débrouiller.

débrouiller *vt* 1. démêler, remettre en ordre 2. FIG. éclaircir : *débrouiller une intrigue* ◆ **se débrouiller** *vpr* FAM. se tirer d'affaire en faisant preuve d'ingéniosité.

débroussailler *vt* 1. débarrasser des broussailles 2. commencer à préparer, à étudier.

débusquer *vt* faire sortir de sa retraite, de son refuge : *débusquer l'ennemi.*

début *nm* commencement de quelque chose, d'une action ◆ **débuts** *pl* entrée dans une carrière : *faire ses débuts.*

débuter *vi* 1. commencer : *la séance débute à 14 h* 2. faire ses premiers pas dans une carrière, un emploi.

décacheter *vt* (conj 8) ouvrir ce qui est cacheté : *décacheter une enveloppe, une bouteille.*

décade *nf* 1. période de dix jours, dans le calendrier républicain 2. FAM. période de dix ans ; décennie.

décadence *nf* commencement de la ruine, perte de prestige ; déclin.

décaféiné, e *adj* et *nm* sans caféine.

décalage *nm* 1. action de décaler 2. écart dans le temps : *décalage horaire.*

décalcifier *vt* faire perdre à un organisme le calcium qui lui est nécessaire.

décalcomanie *nf* procédé qui permet de reporter des images coloriées sur un support quelconque ; image ainsi obtenue.

décaler *vt* déplacer dans l'espace ou dans le temps.

décalquer *vt* reproduire un dessin à l'aide d'une feuille de papier transparent.
décamper *vi* FAM. partir précipitamment, s'enfuir.
décanter *vt* débarrasser un liquide de ses impuretés en les laissant tomber au fond ◆ *vi* • FAM. *laisser décanter* attendre, afin qu'une situation s'éclaircisse ◆ **se décanter** *vpr* devenir plus clair : *ses idées se décantent.*
décapant *nm* produit qui décape.
décaper *vt* débarrasser une surface d'une couche de peinture, d'enduit qui y adhère fortement.
décapiter *vt* trancher la tête.
décapotable *nf* et *adj* voiture dont la capote peut être repliée ou enlevée.
décapoter *vt* replier la capote d'une voiture, d'un landau, etc.
décapsuler *vt* ôter la capsule de : *décapsuler une bouteille.*
décapsuleur *nm* petit instrument de métal pour enlever la capsule d'une bouteille.
décarcasser (se) *vpr* FAM. se débrouiller pour, faire en sorte que.
décathlon *nm* épreuve d'athlétisme comprenant dix spécialités.
décéder *vi* (conj 10 ; auxil : être) mourir de mort naturelle.
déceler *vt* (conj 5) 1. parvenir à distinguer d'après des indices ; découvrir, remarquer 2. montrer, révéler : *le ton de sa voix décelait de l'inquiétude.*
décélérer *vi* (conj 10) réduire la vitesse d'un véhicule.
décembre *nm* douzième et dernier mois de l'année.
décemment [desamɑ̃] *adv* 1. de façon décente, correcte 2. honnêtement, raisonnablement.
décennal, e, aux *adj* 1. qui dure dix ans 2. qui revient tous les dix ans.
décennie *nf* période de dix ans.
décent, e *adj* 1. qui respecte les convenances : *tenue décente* 2. convenable, suffisant, correct.
décentraliser *vt* donner une certaine autonomie par rapport à un pouvoir central : *décentraliser des organismes.*
décentrer *vt* déplacer le centre de : *décentrer un objectif.*
déception *nf* 1. action de décevoir ou d'être déçu 2. désillusion.
décerner *vt* attribuer (un prix, une récompense).
décès *nm* mort d'une personne.
décevoir *vt* (conj 34) ne pas répondre aux espoirs, à l'attente.
déchaîné, e *adj* emporté, excité, furieux : *enfant déchaîné ; flots déchaînés.*
déchaîner *vt* donner libre cours à, déclencher : *déchaîner l'hilarité* ◆ **se déchaîner** *vpr* se manifester très violemment, s'emporter.
déchanter *vi* être amené, par une déception, à rabattre de ses espérances.
décharge *nf* 1. projectiles tirés par une ou plusieurs armes à feu 2. PHYS perte de charge d'un corps électrisé 3. lieu où l'on jette les ordures 4. acte par lequel on tient quitte d'une obligation : *signer une décharge* • *à sa décharge* pour diminuer sa responsabilité • *témoin à décharge* celui qui témoigne en faveur de l'accusé.
décharger *vt* (conj 2) 1. ôter la charge, le chargement 2. FIG. soulager : *décharger sa conscience* 3. faire partir une arme à feu 4. soulager quelqu'un d'un travail, d'une responsabilité ◆ **se décharger** *vpr* s'en remettre à quelqu'un pour la surveillance, l'exécution de.
décharné, e *adj* très maigre : *visage décharné.*
déchausser *vt* ôter à quelqu'un sa chaussure ◆ **se déchausser** *vpr* 1. ôter ses chaussures 2. sortir de la gencive, en parlant d'une dent.
dèche *nf* FAM. misère, manque d'argent.
déchéance *nf* fait de se retrouver dans un état physique ou moral plus bas, très bas ; avilissement.
déchet *nm* résidu : *déchets radioactifs.*
déchiffrer *vt* 1. lire un texte illisible ou peu compréhensible 2. lire de la musique à première vue 3. FIG. comprendre, deviner ce qui est obscur : *déchiffrer une énigme.*
déchiqueter *vt* (conj 8) déchirer en petits morceaux ; mettre en lambeaux.
déchirant, e *adj* qui navre, déchire le cœur : *cris déchirants.*
déchirement *nm* 1. action de déchirer ; fait d'être déchiré 2. grande douleur morale ◆ **déchirements** *pl* troubles, dissensions : *déchirements politiques.*
déchirer *vt* 1. rompre, mettre en pièces 2. FIG. causer une vive douleur : *départ qui déchire le cœur* ◆ **se déchirer** *vpr* • *se déchirer un muscle* se rompre ou se distendre des fibres musculaires.
déchirure *nf* rupture faite en déchirant • *déchirure musculaire* distension des tissus.
déchoir *vi* (conj 49) tomber dans une situation plus basse, inférieure • *être déchu de* destitué de (un titre, une fonction).
déchu, e *adj* qui a perdu son autorité, sa dignité.
décibel *nm* unité servant à évaluer l'intensité des sons.
décidé, e *adj* résolu, ferme : *air décidé.*
décidément *adv* en définitive, manifestement.
décider *vt* 1. déterminer, décréter quelque chose : *décider l'envoi de vivres* 2. amener, pousser quelqu'un à agir ◆ *vt ind* [**de**] prendre la décision de : *décider de partir* ◆ *vi* prendre une, des décisions ◆ **se décider** *vpr* se déterminer à.

décilitre *nm* dixième partie du litre.

décimal, e, aux *adj* fondé sur le groupement des unités par dizaines • ***nombre décimal*** qui comporte des sous-multiples de l'unité après la virgule • ***numération décimale*** système de numération qui utilise dix chiffres.

décimale *nf* un des chiffres placés à droite de la virgule dans un nombre décimal.

décimer *vt* faire périr un grand nombre de personnes ou d'animaux.

décimètre *nm* 1. dixième partie du mètre 2. règle divisée en centimètres et millimètres.

décisif, ive *adj* qui conduit à un résultat définitif : *victoire décisive.*

décision *nf* action de décider, de se décider ; chose décidée ; résolution.

déclamer *vt* réciter un texte avec solennité, emphase.

déclaration *nf* action de déclarer, de se déclarer ; parole déclarée • ***faire une déclaration*** dire qu'on est amoureux • ***déclaration de revenus, d'impôts*** communication de ses revenus à l'Administration.

déclarer *vt* 1. faire connaître officiellement : *déclarer ses intentions* 2. fournir certains renseignements : *déclarer des marchandises à la douane* • ***déclarer la guerre*** la signifier officiellement ◆ **se déclarer** *vpr* 1. se manifester : *maladie qui se déclare* 2. ABSOL. faire une déclaration d'amour.

déclasser *vt* 1. déranger des objets classés 2. faire passer dans une condition plus médiocre, dans une catégorie inférieure : *déclasser un hôtel* • ***déclasser un voyageur*** le faire changer de classe.

déclencher *vt* 1. mettre en mouvement : *déclencher un mécanisme* 2. commencer brusquement : *déclencher une grève.*

déclic *nm* 1. pièce destinée à déclencher un mécanisme 2. bruit sec que fait un mécanisme qui se déclenche.

déclin *nm* état de ce qui décline ; période où cela se produit.

déclinaison *nf* 1. GRAMM dans les langues à flexions, modification des désinences, suivant les genres, les nombres et les cas 2. ASTRON distance d'un astre à l'équateur céleste 3. angle que l'aiguille aimantée fait avec le méridien géographique.

décliner *vi* perdre de sa vigueur : *décliner avec l'âge* ◆ *vt* 1. écarter, refuser : *décliner un honneur* 2. dire, énoncer : *décliner son nom* 3. GRAMM faire varier dans sa désinence suivant les genres, nombres et cas 4. DR rejeter la compétence d'un tribunal.

déclivité *nf* état de ce qui est en pente ; pente, inclinaison.

décocher *vt* 1. lancer 2. FIG. dire avec brusquerie : *décocher une critique.*

décoction *nf* action de faire bouillir des plantes dans un liquide ; le liquide obtenu.

décoincer *vt* dégager ce qui est coincé.

décoller *vt* détacher ce qui est collé, ce qui adhère ◆ *vi* quitter le sol, en parlant d'un avion.

décolleté *nm* 1. partie décolletée d'un vêtement de femme 2. partie de la gorge et des épaules laissée à nu par un corsage, une robe.

décolleté, e *adj* 1. dont les épaules et le cou sont découverts 2. qui laisse les épaules et le cou découverts.

décolorer *vt* enlever, altérer, changer la couleur de.

décombres *nm* ou *pl* débris d'un édifice démoli ou écroulé.

décommander *vt* annuler une commande, une invitation, un rendez-vous.

décomposer *vt* séparer en ses éléments : *décomposer l'eau* ◆ **se décomposer** *vpr* FIG. s'altérer, se modifier, en parlant des traits d'un visage.

décomposition *nf* 1. séparation d'un corps en ses constituants 2. désagrégation, putréfaction.

décompresser *vi* FAM. relâcher sa tension nerveuse.

décompte *nm* 1. décomposition d'une somme en ses éléments de détail 2. somme déduite d'un compte.

décompter *vt* soustraire une somme d'un compte, déduire.

déconcerter *vt* troubler profondément, jeter dans l'incertitude, désorienter.

déconfiture *nf* déroute, échec, faillite.

décongeler *vt* (conj 5) ramener un corps congelé à un état ordinaire.

déconseiller *vt* conseiller de ne pas faire.

décontenancer *vt* (conj 1) faire perdre contenance ; troubler, démonter.

décontracter (se) *vpr* se détendre, diminuer sa tension psychique.

déconvenue *nf* déception.

décor *nm* 1. ensemble de ce qui sert à décorer, disposition de certains éléments produisant un effet ornemental 2. ensemble des accessoires utilisés au théâtre ou au cinéma pour figurer le lieu de l'action.

décoratif, ive *adj* relatif, propre à la décoration : *arts décoratifs.*

décoration *nf* 1. action de décorer ; ensemble de ce qui décore 2. art du décorateur 3. insigne d'une distinction honorifique.

décorer *vt* 1. pourvoir d'éléments destinés à embellir : *décorer un appartement* 2. en parlant d'un ornement, être un élément d'embellissement : *les guirlandes qui décorent la salle* 3. conférer une décoration à.

décortiquer *vt* 1. enlever l'écorce 2. FIG. analyser minutieusement un texte, une phrase.

décorum [dekɔrɔm] *nm inv* cérémonial, lors d'une réception.

découler *vt ind* [de] dériver, résulter de.

découpage *nm* 1. action de découper 2. dessin destiné à être découpé.

découper *vt* 1. couper en morceaux, en parts : *découper un gâteau* 2. couper en suivant les contours : *découper une image, un article* ◆ **se découper** *vpr* [sur] se détacher sur un fond.

décourager *vt* (conj 2) 1. ôter le courage, l'envie de 2. dissuader de.

décousu, e *adj* qui manque de suite dans les idées, de logique : *style décousu.*

découvert *nm* FIN prêt à court terme accordé par une banque au titulaire d'un compte : *avoir un découvert de mille francs* • *à découvert* sans rien dissimuler, en toute sincérité • *être à découvert* avoir un découvert sur son compte.

découverte *nf* 1. action de découvrir 2. chose ou personne découverte.

découvrir *vt* (conj 10) 1. ôter ce qui couvre 2. trouver ce qui était inconnu, caché : *découvrir un trésor, un secret* 3. commencer à apercevoir 4. faire une découverte ◆ **se découvrir** *vpr* 1. ôter ce dont on est couvert : *se découvrir dans son lit la nuit* 2. s'éclaircir (temps) 3. ôter son chapeau.

décrépitude *nf* affaiblissement général dû à la vieillesse.

décret *nm* décision du pouvoir gouvernemental dont les effets sont semblables à ceux des lois.

décréter *vt* (conj 10) 1. ordonner par un décret 2. décider, déclarer avec autorité.

décrire *vt* (conj 71) 1. représenter, dépeindre par l'écriture ou la parole 2. tracer ou parcourir une ligne courbe.

décrocher *vt* 1. détacher un objet accroché 2. FIG. obtenir : *décrocher une bourse* ◆ *vi* cesser de s'intéresser à quelque chose.

décrue *nf* baisse de niveau des eaux fluviales.

décrypter *vt* déchiffrer un texte rédigé en un code qu'on ne connaît pas.

déçu, e *adj* qui a éprouvé une déception • *espoir déçu* non réalisé ◆ *n* personne déçue.

déculotter *vt* ôter la culotte, le pantalon.

décupler *vt* 1. rendre dix fois aussi grand 2. FIG. augmenter de façon notable.

dédaigner *vt* 1. traiter ou regarder avec dédain, mépriser 2. refuser, repousser quelque chose : *dédaigner une offre ; dédaigner de répondre.*

dédain *nm* mépris hautain : *air de dédain.*

dédale *nm* 1. ensemble compliqué de rues, de chemins où l'on s'égare 2. ensemble embrouillé et confus : *le dédale des lois.*

dedans *adv* à l'intérieur • *en dedans (de)* à l'intérieur (de) • FAM. *mettre dedans* tromper ◆ *nm* partie intérieure.

dédicace *nf* formule par laquelle un auteur fait hommage de son livre à quelqu'un.

dédier *vt* 1. faire hommage d'un livre ou d'une œuvre artistique à quelqu'un 2. offrir, consacrer : *dédier sa vie au cinéma.*

dédommager *vt* (conj 2) 1. réparer un dommage 2. donner une compensation.

dédoubler *vt* partager en deux • *dédoubler un train* faire partir deux trains au lieu d'un, en raison de l'affluence des voyageurs ◆ **se dédoubler** *vpr* perdre l'unité de sa personnalité.

déductif, ive *adj* qui raisonne par déduction.

déduction *nf* 1. conséquence tirée d'un raisonnement, conclusion 2. action de déduire, de retrancher : *déduction des frais.*

déduire *vt* (conj 70) 1. tirer une conséquence, conclure 2. retrancher : *déduire une somme.*

déesse *nf* divinité féminine.

défaillance *nf* 1. perte momentanée des forces physiques ou morales 2. absence de fonctionnement normal : *l'accident est dû à une défaillance du moteur.*

défaillir *vi* (conj 23) 1. perdre ses forces physiques ou morales 2. faire défaut, manquer : *sa mémoire commence à défaillir.*

défaire *vt* (conj 76) 1. remettre dans l'état premier : *défaire un nœud* 2. modifier l'ordre, l'arrangement de quelque chose : *défaire un lit* 3. LITT. délivrer, débarrasser quelqu'un de ◆ **se défaire** *vpr* [de] se débarrasser de : *se défaire d'un tic.*

défait, e *adj* décomposé, bouleversé : *visage défait.*

défaite *nf* 1. bataille perdue 2. échec, revers : *défaite électorale.*

défaitisme *nm* état d'esprit, attitude de celui qui s'attend à subir une défaite, un échec.

défaut *nm* 1. manque, insuffisance de ce qui est nécessaire : *défaut d'organisation* 2. imperfection physique, matérielle ou morale : *qualités et défauts ; défaut d'un matériel* • *être en défaut* se tromper ; commettre une faute • *faire défaut* manquer • DR *par défaut* pour refus de comparaître en justice ◆ **à défaut de** *loc prép* faute de.

défavorable *adj* non favorable ; hostile, opposé à quelque chose.

défavoriser *vt* désavantager, handicaper.

défectif, ive *adj* GRAMM se dit d'un verbe dont un certain nombre de temps, de modes, de personnes sont inusités, comme *absoudre* ou *frire.*

défection *nf* 1. action d'abandonner un parti, un allié, etc. 2. fait de ne pas se trouver là où on est attendu.

défectueux, euse *adj* imparfait, qui présente un défaut.

défendre *vt* (conj 50) 1. protéger un lieu, un bien contre 2. soutenir une cause, une idée ; plaider en faveur de quelqu'un : *dé-*

fendre un accusé 3. ne pas permettre de faire, interdire : *défendre à quelqu'un de sortir* • *à son corps défendant* à contrecœur ◆ **se défendre** *vpr* 1. résister à une agression, à une attaque 2. refuser l'idée de, nier : *se défendre d'avoir menti* 3. FAM. être apte à faire quelque chose : *il se défend bien dans son métier* 4. tenir debout, se justifier : *sa théorie se défend* • *ne pas pouvoir se défendre de* ne pas pouvoir, s'empêcher, se retenir de.

défenestration *nf* action de jeter quelqu'un par la fenêtre.

défense *nf* 1. action de défendre, de se défendre 2. moyens mis en œuvre pour défendre 3. DR l'accusé et ses avocats 4. interdiction : *défense d'entrer* 5. dent saillante de certains animaux.

défenseur *nm* 1. qui défend, protège 2. avocat chargé de défendre un accusé.

défensif, ive *adj* fait pour la défense ◆ *nf* • *être sur la défensive* être prêt à se défendre contre toute attaque.

déféquer *vi* (conj 10) expulser les matières fécales.

déférer *vt* (conj 10) 1. attribuer à une juridiction : *déférer une cause à une cour* 2. traduire devant un tribunal : *déférer en justice.*

déferler *vi* 1. rouler et se briser avec bruit, en parlant des vagues 2. se précipiter en masse : *la foule déferle dans le stade.*

défi *nm* 1. provocation dans laquelle on juge l'adversaire incapable de faire quelque chose 2. refus de se soumettre : *défi à l'autorité* • *mettre quelqu'un au défi de* parier avec lui qu'il n'est pas capable de.

déficience *nf* insuffisance physique ou intellectuelle ; carence, manque.

déficit [defisit] *nm* ce qui manque aux recettes pour équilibrer les dépenses.

défier *vt* 1. lancer un défi, provoquer : *je te défie de lui parler* 2. soutenir l'épreuve de : *cela défie toute comparaison* 3. affronter, braver : *défier la mort* ◆ **se défier** *vpr* [de] ne pas avoir confiance en, se méfier de.

défigurer *vt* 1. déformer, enlaidir le visage 2. FIG. altérer, déformer.

défilé *nm* 1. passage étroit, resserré 2. marche de personnes, de voitures, etc., disposées en files, en colonnes : *défilé du 14-Juillet.*

défiler *vi* 1. marcher en colonne, en file 2. se succéder régulièrement de façon continue : *faire défiler les images d'un film.*

défini, e *adj* précis, déterminé • *article défini* celui qui ne s'emploie qu'avec un nom désignant un objet individuellement déterminé (*le, la, les, au, aux, du, des*).

définir *vt* 1. donner la définition d'un mot 2. indiquer, établir de manière précise : *définir une stratégie.*

définitif, ive *adj* qui termine, sur quoi on ne peut revenir.

définition *nf* 1. énonciation des caractères essentiels, des qualités propres à un être ou à une chose ; signification du mot qui les désigne 2. TÉLÉV degré de finesse de l'image exprimé par son nombre de lignes.

définitive (en) *adv* tout bien considéré, en fin de compte.

déflagration *nf* explosion violente.

déflation *nf* réduction systématique du volume de la monnaie circulant dans un pays CONTR. *inflation.*

défoncer *vt* (conj 1) 1. VX. faire sauter le fond de : *défoncer un tonneau* 2. briser en enfonçant, éventrer : *défoncer un fauteuil* ◆ **se défoncer** *vpr* FAM. mettre toutes ses forces, toute son énergie dans.

déformer *vt* 1. altérer la forme, l'aspect, le goût, etc. 2. ne pas reproduire exactement : *vous déformez ma pensée.*

défouler (se) *vpr* 1. FAM. donner libre cours à ses sentiments, à ses tendances 2. se dépenser afin de se détendre.

défrayer *vt* (conj 4) prendre les frais de quelqu'un à sa charge • *défrayer la chronique* en être le sujet essentiel.

défricher *vt* 1. rendre propre à la culture 2. FIG. éclaircir, débrouiller : *défricher une question.*

défroqué, e *adj* et *n* qui a quitté l'habit et l'état religieux.

défunt, e *adj* et *n* qui est mort.

dégagé, e *adj* libre, aisé : *ton dégagé* • *ciel dégagé* sans nuages • *route dégagée* sans voitures.

dégager *vt* (conj 2) 1. libérer de ce qui entrave, emprisonne : *dégager des blessés* 2. débarrasser un lieu de ce qui l'encombre : *dégager le passage* 3. mettre en valeur en laissant apparaître : *dégager la nuque* 4. produire, laisser émaner : *dégager une odeur* 5. FIG. tirer d'un ensemble, mettre en évidence : *dégager l'idée essentielle* • *dégager des crédits* les rendre disponibles • *dégager le ballon* l'envoyer le plus loin possible • *dégager sa responsabilité, sa parole* s'en libérer ◆ **se dégager** *vpr* 1. se libérer 2. se répandre, sortir.

dégaine *nf* FAM. attitude, démarche gauche ou étrange.

dégainer *vt* tirer une épée de son fourreau, un revolver de son étui.

dégarnir *vt* enlever ce qui garnit : *dégarnir un mur* ◆ **se dégarnir** *vpr* 1. devenir moins touffu : *les arbres se dégarnissent en automne* 2. se vider : *le réfrigérateur s'est dégarni* 3. perdre ses cheveux : *se dégarnir sur le haut du crâne.*

dégât *nm* dommages, destruction, ravages dus à une cause violente.

dégel *nm* 1. fonte naturelle de la glace, de la neige 2. FIG. apaisement d'une situation critique, d'une tension.

dégeler *vt* (conj 5) 1. faire fondre ce qui était gelé 2. FIG. faire perdre sa timidité à quelqu'un ; mettre de l'ambiance : *dégeler l'atmosphère* ◆ *vi* cesser d'être gelé.
dégénérer *vi* (conj 10) 1. perdre les qualités de sa race, de son espèce, en parlant d'un animal, d'une plante 2. perdre de sa valeur, de ses qualités 3. se transformer en quelque chose de plus mauvais : *dispute qui dégénère en bagarre.*
dégénérescence *nf* 1. fait de dégénérer 2. PATHOL altération de la cellule vivante.
dégivrer *vt* faire fondre le givre qui se dépose sur les glaces d'une auto, les parois d'un réfrigérateur, etc.
déglacer *vt* (conj 1) délayer une sauce en y ajoutant un peu d'eau.
déglinguer *vt* FAM. disloquer, désarticuler.
déglutir *vt* avaler, ingurgiter.
dégonfler *vt* faire disparaître le gonflement, évacuer l'air, le gaz : *dégonfler un pneu* ◆ *vi* devenir moins enflé : *la cheville dégonfle* ◆ **se dégonfler** *vpr* 1. perdre l'air ou le gaz qui gonflait : *le pneu s'est dégonflé* 2. FAM. avoir peur, renoncer à agir.
dégorger *vt* (conj 2) vider, déboucher : *dégorger un conduit* ◆ *vi* • *faire dégorger du poisson, de la viande* les faire tremper dans l'eau froide pour en éliminer les impuretés • *faire dégorger des cornichons* leur faire rendre leur eau.
dégouliner *vi* FAM. couler lentement en traînées.
dégourdi, e *adj* et *n* malin, ingénieux.
dégourdir *vt* 1. faire cesser l'engourdissement de : *se dégourdir les jambes* 2. faire perdre sa gaucherie, sa timidité à.
dégoût *nm* 1. répugnance pour un aliment 2. FIG. aversion, répulsion.
dégoûtant, e *adj* et *n* 1. qui dégoûte ; répugnant 2. très sale.
dégoûter *vt* 1. ôter l'appétit, faire perdre le goût 2. inspirer de la répugnance 3. détourner de : *dégoûter de l'étude.*
dégradé *nm* affaiblissement progressif d'une couleur, de la lumière.
dégrader *vt* 1. endommager, détériorer : *dégrader des locaux* 2. avilir, faire déchoir 3. destituer de son grade 4. couper les cheveux pour modeler la coiffure selon différentes épaisseurs.
dégrafer *vt* défaire les agrafes : *dégrafer une robe.*
dégraisser *vt* 1. ôter l'excédent de graisse 2. ôter les taches de graisse 3. débarrasser d'un excédent.
degré *nm* 1. position occupée par quelqu'un ou quelque chose dans une hiérarchie, un système de valeurs ; niveau, échelon : *enseignement du second degré* 2. division d'une échelle correspondant à un système de mesure : *alcool à 90 degrés* 3. unité de mesure d'angle correspondant à la 360e partie d'une circonférence : *angle de 45 degrés* • *degré de parenté* proximité plus ou moins grande dans la parenté • *degré de juridiction* chacun des tribunaux devant lesquels une affaire peut être successivement portée • GRAMM *degrés de comparaison (d'un adjectif)* le positif, le comparatif et le superlatif ◆ *loc. adv* • *par degrés* progressivement.
dégressif, ive *adj* qui va en diminuant : *tarif dégressif.*
dégriffé, e *adj* et *nm* se dit d'un vêtement soldé sans la griffe d'origine.
dégringoler *vi* 1. FAM. tomber, rouler précipitamment de haut en bas 2. FIG. déchoir rapidement ◆ *vt* • FAM. *dégringoler un escalier* le descendre précipitamment.
dégrossir *vt* 1. donner à un matériau brut un premier façonnage : *dégrossir un bloc de marbre* 2. FIG. commencer à débrouiller un travail, un problème 3. rendre quelqu'un moins grossier, moins ignorant.
déguerpir *vi* fuir, décamper.
déguisement *nm* vêtements avec lesquels on se déguise • FIG. *parler sans déguisement* en toute franchise.
déguiser *vt* 1. habiller quelqu'un de façon à rendre méconnaissable 2. FIG. changer l'apparence de quelque chose : *déguiser son écriture, ses sentiments.*
déguster *vt* apprécier par le goût les qualités d'un aliment, d'un vin.
déhancher (se) *vpr* 1. faire porter le poids du corps sur une seule jambe 2. marcher en accentuant le balancement des hanches.
dehors *adv* à l'extérieur • *mettre dehors* chasser, congédier d'un lieu • *au-dehors* à l'extérieur • *du (ou de) dehors* de l'extérieur • *en dehors* à l'extérieur ◆ **en dehors de** *loc prép* 1. à l'extérieur de 2. sans, indépendamment de ◆ *nm* la partie extérieure ◆ *nm pl* FIG. apparences : *dehors trompeurs.*
déjà *adv* 1. dès ce moment : *c'est déjà fini !* 2. auparavant : *avoir déjà dit plusieurs fois que* 3. marque un degré jugé important, notable : *égaler le record, c'est déjà quelque chose* 4. demande un rappel de ce que l'on a oublié : *c'est où, déjà ?*
déjà-vu *nm inv* FAM. chose banale.
déjection *nf* (surtout au pl) 1. excréments 2. matières que rejettent les volcans.
déjeuner *vi* prendre le repas du matin ou du midi.
déjeuner *nm* repas du matin ou du midi.
déjouer *vt* faire échouer : *déjouer un complot.*
delà *prép* • *deçà delà* › deçà ◆ *loc. prép* • *par-delà* de l'autre côté.
délabré, e *adj* en ruine, en mauvais état.
délabrer *vt* endommager, détériorer ◆ **se délabrer** *vpr* se dégrader, se détériorer.

délacer *vt* desserrer ou dénouer des lacets.

délai *nm* 1. temps accordé pour faire quelque chose 2. temps supplémentaire : *demander un délai* • ***sans délai*** immédiatement • ***dans les délais*** dans les limites du temps accordé.

délaisser *vt* laisser de côté, abandonner : *délaisser son travail, ses amis.*

délasser *vt* ôter la fatigue physique ou morale ◆ **se délasser** *vpr* se reposer.

délation *nf* dénonciation intéressée et méprisable.

délaver *vt* 1. décolorer par l'action de l'eau 2. imbiber d'eau ; détremper : *sol délavé.*

délayer [deleje] *vt* (conj 4) mélanger avec un liquide pour diluer • FIG. ***délayer une idée*** l'exprimer trop longuement.

Delco *nm* (nom déposé) dispositif d'allumage des moteurs à explosion.

délecter (se) *vpr* prendre un vif plaisir.

délégation *nf* 1. action de déléguer 2. groupe de personnes mandatées au nom d'une collectivité.

délégué, e *n* mandataire, représentant : *les délégués du personnel.*

déléguer *vt* 1. envoyer quelqu'un comme représentant d'un groupe, de quelqu'un d'autre, pour une mission précise 2. transmettre, confier : *déléguer ses pouvoirs.*

délestage *nm* action de délester • ***itinéraire de délestage*** déviation routière par des voies secondaires.

délester *vt* 1. alléger de son lest, de sa charge : *délester un ballon* 2. empêcher momentanément l'accès des automobiles sur une voie routière pour y résorber les encombrements.

délibération *nf* 1. débat, discussion 2. réflexion précédant une décision.

délibéré *nm* délibération à huis clos entre juges.

délibéré, e *adj* résolu, décidé, déterminé • ***de propos délibéré*** à dessein, volontairement.

délibérer *vi* (conj 10) 1. examiner, discuter à plusieurs les différents aspects d'une question 2. LITT. réfléchir avant de prendre une décision.

délicat, e *adj* 1. fin, raffiné, exquis : *parfum délicat* 2. fait avec finesse, élégance : *ouvrage délicat* 3. frêle, fragile : *santé délicate* 4. embarrassant, complexe : *cas délicat* 5. fin, sensible aux nuances : *goût délicat* 6. très sensible, scrupuleux : *conscience délicate* ◆ *n* personne difficile à contenter.

délicatesse *nf* qualité de quelqu'un ou de quelque chose de délicat.

délice *nm* très vif plaisir ; enchantement ◆ **délices** *nf pl* plaisir extrême, jouissance.

délicieux, euse *adj* 1. extrêmement agréable 2. qui excite les sens ou l'esprit.

délier *vt* 1. défaire ce qui est lié 2. FIG. dégager, libérer : *délier quelqu'un d'un engagement.*

délimiter *vt* fixer, déterminer les limites d'un lieu, de quelque chose.

délinquance *nf* ensemble des infractions commises considérées sur le plan social : *délinquance juvénile.*

délinquant, e *n* qui a commis un délit.

délirant, e *adj* 1. qui délire 2. FIG., FAM. qui se manifeste avec force : *enthousiasme délirant* 3. FAM. extravagant : *prix délirants.*

délire *nm* 1. trouble psychique caractérisé par la confusion des idées, sans rapport avec la réalité 2. FIG. agitation, exaltation, enthousiasme extrêmes.

délirer *vi* avoir le délire ; déraisonner.

délit *nm* infraction passible de peine correctionnelle • ***corps du délit*** élément matériel de l'infraction • ***prendre en flagrant délit*** sur le fait.

délivrance *nf* 1. action de délivrer 2. dernier stade de l'accouchement.

délivrer *vt* 1. mettre en liberté 2. débarrasser, soulager d'une contrainte 3. livrer, remettre : *délivrer un reçu, des marchandises.*

délocaliser *vt* déplacer les services d'une administration, en particulier dans le cadre de la décentralisation ou installer une entreprise ou certains de ses services dans une autre maison.

déloger *vi* (conj 2) VIEILLI. quitter rapidement un lieu ; décamper ◆ *vt* chasser, expulser.

déloyal, e, aux *adj* 1. qui manque de loyauté 2. perfide, malhonnête.

delta *nm* 1. GÉOGR zone d'accumulation d'alluvions entre les bras d'un fleuve qui se divise près de son embouchure 2. quatrième lettre de l'alphabet grec, correspondant au *d.*

deltaplane *nm* type de planeur ultraléger, pour le vol libre.

déluge *nm* 1. débordement universel des eaux, d'après la Bible (avec majuscule) 2. pluie torrentielle 3. FIG. grande quantité de choses.

déluré, e *adj* 1. vif, dégourdi 2. effronté.

démagogie *nf* attitude qui consiste à flatter le plus grand nombre pour gagner sa faveur ou accroître sa propre popularité.

demain *adv* le jour qui suit immédiatement celui où l'on est.

demande *nf* 1. action de demander ; écrit qui l'exprime 2. chose qu'on désire obtenir 3. ÉCON somme des produits ou des services demandés par les consommateurs : *l'offre et la demande.*

demander *vt* 1. solliciter quelque chose, une réponse de quelqu'un ; exprimer un désir, un besoin : *demander une augmentation* 2. avoir besoin de, exiger, nécessiter : *plante qui demande beaucoup d'eau* 3. s'enquérir de : *demander sa route* 4. DR engager une action en justice • *ne demander qu'à* être tout disposé à • *ne pas demander mieux* consentir volontiers ◆ **se demander** *vpr* être dans l'incertitude à propos de.

demandeur, euse *n* qui demande : *demandeur d'emploi.*

démangeaison *nf* 1. sensation qui provoque le besoin de se gratter 2. FAM., FIG. grande envie de faire quelque chose.

démanger *vt* (conj 2) 1. causer une démangeaison 2. FAM., FIG. avoir très envie de : *ça le démange de parler.*

démanteler *vt* (conj 5) 1. démolir les murailles d'une ville ; détruire une construction 2. FIG. désorganiser.

démarcation *nf* limite qui sépare deux pays, deux régions, ou deux choses abstraites • *ligne de démarcation* ligne qui marque les limites de deux territoires.

démarchage *nm* recherche de clients éventuels à leur domicile.

démarche *nf* 1. manière de marcher 2. manière d'agir ou de penser 3. tentative faite en vue d'obtenir quelque chose : *entreprendre une démarche.*

démarque *nf* action de démarquer des marchandises pour les solder ; son résultat.

démarquer *vt* 1. ôter ou changer la marque 2. solder 3. copier une œuvre littéraire ou artistique en la modifiant pour dissimuler l'emprunt.

démarrer *vt* FAM. commencer, mettre en train ◆ *vi* commencer à se mettre en marche, à fonctionner : *auto qui démarre.*

démarreur *nm* dispositif permettant la mise en marche d'un moteur.

démasquer *vt* 1. enlever son masque à quelqu'un 2. FIG. montrer quelqu'un sous son jour véritable 3. dévoiler quelque chose tenu caché • *démasquer ses batteries* révéler ses projets.

démêlé *nm* querelle, désaccord (surtout au pl.).

démêler *vt* 1. séparer ce qui est emmêlé 2. FIG. débrouiller, éclaircir 3. discerner.

déménagement *nm* action de déménager.

déménager *vt* (conj 2) transporter des meubles, des objets d'un lieu ou d'un logement dans un autre ◆ *vi* 1. changer de domicile, de lieu d'habitation 2. FAM. déraisonner.

déménageur *nm* professionnel qui se charge des déménagements des autres.

démence *nf* 1. trouble mental grave, caractérisé par une détérioration des fonctions intellectuelles 2. FAM. conduite insensée, extravagante.

démener (se) *vpr* (conj 9) 1. s'agiter beaucoup 2. se donner beaucoup de peine.

dément, e *adj* et *n* atteint de démence ◆ *adj* FAM. déraisonnable, fou.

démenti *nm* déclaration qui informe de l'inexactitude d'une nouvelle.

démentiel, elle *adj* qui relève de la démence.

démentir *vt* (conj 19) 1. contredire nettement 2. nier l'existence d'un fait 3. être en contradiction avec.

démesure *nf* 1. manque de mesure 2. outrance, violence des sentiments.

démesuré, e *adj* excessif, déraisonnable.

démettre *vt* (conj 57) 1. déboîter : *sa chute lui a démis une épaule* 2. révoquer, destituer ◆ **se démettre** *vpr* renoncer à une fonction.

demeurant *loc adv* [au] au reste, tout bien considéré : *au demeurant, c'est un bon garçon.*

demeure *nf* 1. domicile, lieu où l'on habite 2. maison d'une certaine importance • *être quelque part à demeure* y être de façon durable, définitive • *mettre quelqu'un en demeure de* l'obliger à remplir son engagement.

demeuré, e *adj* et *n* débile.

demeurer *vi* 1. rester, s'arrêter 2. habiter : *demeurer à Paris* 3. FIG. rester, persister : *cela demeure imprécis* • *en demeurer là* ne pas continuer.

demi, e *adj* 1. qui est la moitié de quelque chose : *un demi-litre ; une demi-pomme* 2. incomplet : *un demi-succès* • *à demi* à moitié, partiellement ou imparfaitement : *maison à demi détruite* REM. demi, adjectif, est invariable et s'écrit avec un trait d'union quand il précède le nom : des demi-journées, une demi-heure. Placé après le nom, il en prend le genre et reste au singulier : deux heures et demie. ◆ *nm* grand verre de bière.

demi-cercle (*pl demi-cercles*) *nm* la moitié d'un cercle.

demi-douzaine (*pl demi-douzaines*) *nf* moitié d'une douzaine.

demie *nf* 1. moitié d'une unité : *une boîte ? - Non, une demie* 2. demi-heure : *arriver à la demie* 3. demi-bouteille : *une demie de champagne.*

demi-finale (*pl demi-finales*) *nf* épreuve qui précède la finale, en sports ou dans un jeu.

demi-frère (*pl demi-frères*) *nm* frère par le père ou par la mère seulement.

demi-gros *nm inv* commerce intermédiaire entre le gros et le détail.

demi-heure (*pl demi-heures*) *nf* moitié d'une heure.

démilitariser *vt* interdire toute présence ou installation militaire dans une région.

demi-mot (à) *loc adv* sans qu'il soit nécessaire de tout dire.

déminer *vt* enlever, déterrer les mines, les engins explosifs.

déminéraliser *vt* faire perdre ses sels minéraux à l'organisme.

demi-pension (*pl demi-pensions*) *nf* 1. régime d'hôtellerie, comportant le prix de la chambre, du petit déjeuner et d'un repas 2. régime des élèves qui prennent le repas de midi dans un établissement scolaire.

demi-sœur (*pl demi-sœurs*) *nf* sœur par le père ou par la mère seulement.

démission *nf* acte par lequel on se démet d'une charge, d'un emploi.

démissionner *vi* 1. renoncer volontairement à un emploi, à une fonction 2. capituler, abdiquer.

demi-tarif (*pl demi-tarifs*) *nm* tarif réduit de moitié.

demi-tour (*pl demi-tours*) *nm* moitié d'un tour • *faire demi-tour* revenir sur ses pas.

démobiliser *vt* 1. renvoyer dans leurs foyers les troupes mobilisées 2. FIG. priver de toute volonté revendicative, de toute combativité.

démocratie *nf* forme de gouvernement dans lequel la souveraineté émane du peuple.

démocratiser *vt* rendre démocratique, populaire.

démoder (se) *vpr* cesser d'être à la mode.

démographie *nf* étude statistique des populations humaines, de leur évolution, de leurs mouvements.

demoiselle *nf* 1. jeune fille ; femme qui n'est pas mariée 2. libellule bleue.

démolir *vt* 1. abattre, détruire : *démolir tout un quartier* 2. FIG. détruire, ruiner : *démolir la renommée de quelqu'un.*

démon *nm* 1. chez les Anciens, génie bon ou mauvais attaché à la destinée d'une personne, d'un État, etc. 2. ange déchu, diable 3. FIG. personne néfaste 4. enfant espiègle.

démonstrateur, trice *n* qui présente un article à la clientèle, en en expliquant le mode d'emploi.

démonstratif, ive *adj* 1. qui démontre ; convaincant 2. qui manifeste, extériorise ses sentiments ◆ *adj* et *nm* GRAMM se dit des adjectifs et des pronoms qui servent à montrer, à préciser l'être ou la chose dont il est question.

démonstration *nf* 1. raisonnement par lequel on établit la vérité d'une proposition 2. action de montrer au public le fonctionnement d'un appareil, l'usage d'un produit 3. manifestation d'un sentiment : *démonstration d'amitié.*

démonter *vt* 1. défaire pièce à pièce un objet, un appareil 2. FIG. déconcerter, troubler • *mer démontée* très agitée.

démontrer *vt* 1. prouver : *je lui ai démontré qu'il avait tort* 2. révéler, indiquer : *ceci démontre son autorité.*

démoraliser *vt* décourager, faire perdre l'énergie, le moral à quelqu'un.

démordre *vt ind* [de] (conj 52) • *ne pas démordre d'une opinion, d'une idée* ne pas vouloir y renoncer.

démotiver *vt* faire perdre à quelqu'un toute motivation, tout intérêt.

démouler *vt* retirer du moule.

démunir *vt* priver de ce qu'on possédait ◆ **se démunir** *vpr* [de] se dessaisir, se priver de.

démystifier *vt* 1. détromper quelqu'un qui a été abusé 2. enlever à quelque chose son caractère mystérieux.

démythifier *vt* ôter son caractère mythique à quelqu'un, à quelque chose.

dénatalité *nf* diminution du nombre des naissances.

dénaturé, e *adj* 1. qui manque des sentiments les plus naturels ; dépravé 2. dont les caractéristiques sont modifiées : *alcool dénaturé.*

dénaturer *vt* 1. altérer la nature, le goût, le sens de 2. mélanger à certaines substances des produits qui les rendent impropres à leur destination ordinaire.

dénicher *vt* 1. enlever d'un nid 2. FIG. découvrir : *dénicher un livre rare.*

denier *nm* 1. ancienne monnaie française, douzième partie d'un sou 2. unité servant à apprécier la finesse des fils et des fibres textiles • *denier du culte* offrande des catholiques pour l'entretien du clergé ◆ **deniers** *nm pl* LITT. ressources financières • *les deniers publics* les revenus de l'État.

dénier *vt* 1. nier : *dénier toute responsabilité* 2. refuser d'accorder : *dénier une autorisation.*

dénigrer *vt* discréditer, décrier.

déniveler *vt* (conj 6) mettre à un niveau différent ; rendre une surface inégale.

dénivellation *nf* ou **dénivellement** *nm* différence de niveau.

dénombrer *vt* faire le compte exact de ; compter, recenser.

dénominateur *nm* MATH terme d'une fraction, qui marque en combien de parties l'unité a été divisée • *dénominateur commun* trait caractéristique commun à.

dénomination *nf* désignation d'une personne ou d'une chose par un nom.

dénommé, e *adj* et *n* appelé : *un dénommé Charles.*

dénommer *vt* appeler, nommer.

dénoncer *vt* (conj 1) 1. signaler comme coupable 2. annuler, rompre un engagement 3. LITT. indiquer, révéler.

dénoter *vt* indiquer, marquer.

dénouement *nm* 1. solution d'une affaire 2. manière dont se termine une action, un film, etc.

dénouer *vt* 1. défaire un nœud 2. FIG. résoudre, démêler une affaire compliquée.

dénoyauter *vt* enlever le noyau d'un fruit.

denrée *nf* marchandise destinée à la consommation : *denrée alimentaire.*

dense *adj* 1. compact, épais : *brouillard dense* 2. serré : *foule dense* 3. lourd par rapport au volume 4. FIG. concis : *style dense.*

densité *nf* 1. qualité de ce qui est dense 2. rapport de la masse d'un certain volume d'un corps à celle du même volume d'eau, ou d'air pour les gaz • ***densité de population*** nombre moyen d'habitants au kilomètre carré.

dent *nf* 1. organe dur implanté dans la mâchoire, formé essentiellement d'ivoire recouvert d'émail et permettant de mastiquer les aliments 2. découpure saillante : *dent d'une roue* 3. sommet pointu d'une montagne • ***coup de dent*** médisance • ***dents de lait*** les dents du premier âge • ***dents de sagesse*** les quatre dernières molaires • ***être sur les dents*** être tendu, ou très occupé • ***montrer les dents*** menacer.

dentaire *adj* relatif aux dents, au dentiste : *cabinet dentaire.*

dentelé, e *adj* découpé en forme de dents.

dentelle *nf* tissu léger et à jours, fait avec du fil, de lin, de soie.

dentier *nm* prothèse dentaire amovible.

dentifrice *nm* et *adj* produit pour nettoyer les dents.

dentiste *n* chirurgien-dentiste.

denture *nf* ensemble des dents.

dénuder *vt* mettre à nu ◆ **se dénuder** *vpr* se mettre nu.

dénué, e *adj* dépourvu, privé de.

dénuement *nm* manque des choses nécessaires ; misère, indigence.

déodorant *adj m* et *nm* se dit d'un produit qui enlève les odeurs corporelles.

déontologie *nf* ensemble des règles et des devoirs qui régissent une profession.

dépanner *vt* 1. réparer une panne ; remettre en état de fonctionner 2. FAM. tirer d'embarras.

dépanneur, euse *n* professionnel qui dépanne les appareils, les véhicules.

dépanneuse *nf* voiture, camion équipés pour dépanner ou remorquer un véhicule.

dépareiller *vt* rendre incomplet un ensemble.

déparer *vt* nuire au bon effet, à l'harmonie d'un ensemble.

départ *nm* action de partir • ***au départ*** à l'origine, au début • ***point de départ*** origine, commencement.

départager *vt* (conj 2) 1. faire cesser l'égalité des voix, des mérites 2. arbitrer un différend.

département *nm* 1. circonscription administrative locale de la France, dirigée par un préfet et par un conseil général 2. branche spécialisée d'une administration, d'un organisme.

dépassé, e *adj* démodé, caduc.

dépasser *vt* 1. aller au-delà de, franchir : *dépasser la ligne d'arrivée* 2. devancer, laisser derrière soi 3. être supérieur à, excéder : *cela dépasse mes forces* 4. FAM. déconcerter, étonner ◆ **se dépasser** *vpr* réussir ce qui paraissait inaccessible.

dépayser *vt* 1. faire changer de pays, de milieu, de cadre 2. FIG. dérouter, déconcerter.

dépecer *vt* (conj 1 et 9) mettre en pièces, découper en morceaux.

dépêche *nf* 1. lettre concernant les affaires publiques 2. VX. télégramme 3. information brève transmise aux organes de presse.

dépêcher *vt* envoyer en hâte ◆ **se dépêcher** *vpr* se presser, se hâter.

dépeindre *vt* (conj 55) décrire, représenter.

dépendance *nf* sujétion, subordination ◆ **dépendances** *nf pl* bâtiment, terrain rattaché à un autre plus important.

dépendant, e *adj* qui n'est pas autonome ; subordonné à quelqu'un ou à quelque chose.

dépendre *vt* (conj 50) détacher ce qui était pendu : *dépendre une enseigne.*

dépendre *vt ind* [de] (conj 50) 1. être sous l'autorité, la dépendance, la juridiction de 2. être subordonné, soumis à une condition ou à la décision de quelqu'un : *cela dépend de vous.*

dépens *nm pl* frais de justice • ***aux dépens de*** 1. à la charge, aux frais de 2. FIG. au détriment de.

dépense *nf* 1. action de dépenser de l'argent ; emploi qu'on en fait 2. montant d'une somme à payer 3. usage qu'on fait d'une chose : *une dépense d'énergie.*

dépenser *vt* 1. employer de l'argent pour un achat 2. FIG. consommer ◆ **se dépenser** *vpr* faire des efforts, se démener.

dépensier, ère *adj* et *n* qui aime la dépense ; qui dépense beaucoup.

dépérir *vi* perdre de sa vitalité, de sa force.

dépêtrer *vt* tirer d'embarras ◆ **se dépêtrer** *vpr* [de] se libérer, se débarrasser de.

dépeupler *vt* 1. dégarnir d'habitants 2. dégarnir, vider des occupants : *dépeupler un étang.*

déphasé, e *adj* FAM. qui a perdu le contact avec la réalité actuelle.

dépiauter *vt* FAM. dépouiller un animal de sa peau.

dépilatoire *adj* et *nm* qui fait tomber les poils : *crème dépilatoire.*

dépistage *nm* 1. action de dépister 2. recherche systématique de certaines maladies.

dépister *vt* 1. CHASS découvrir, suivre la trace d'un gibier 2. FIG. découvrir au terme d'une recherche, d'une enquête : *dépister un cancer ; dépister un voleur.*

dépit *nm* chagrin mêlé de ressentiment dû à une déception • ***en dépit de*** malgré • ***en dépit du bon sens*** sans aucun soin, très mal.
dépiter *vt* causer du dépit.
déplacé, e *adj* inconvenant, incongru.
déplacer *vt* (conj 1) 1. changer quelqu'un, quelque chose de place 2. affecter à un autre poste, muter 3. FIG. donner une autre orientation à un problème 4. MAR avoir un déplacement de.
déplaire *vt ind* [à] (conj 77) 1. ne pas plaire, être désagréable à quelqu'un 2. irriter, fâcher, choquer • ***ne vous en déplaise*** quoi que vous en pensiez ◆ **se déplaire** *vpr* ne pas se trouver bien où l'on est.
déplaisant, e *adj* qui déplaît ; désagréable.
dépliant *nm* prospectus, imprimé qui se déplie.
déplier *vt* étendre une chose qui était pliée.
déplorable *adj* 1. regrettable, affligeant : *un oubli déplorable* 2. FAM. très mauvais : *note déplorable.*
déplorer *vt* trouver fâcheux, regretter.
déployer *vt* (conj 3) 1. étendre largement, ouvrir ce qui était plié, roulé : *déployer ses ailes ; déployer une carte* 2. MIL faire passer une troupe de l'ordre de marche à l'ordre de bataille 3. manifester : *déployer du zèle* • ***rire à gorge déployée*** aux éclats.
dépoli, e *adj* • ***verre dépoli*** dont la surface diffuse la lumière.
dépolir *vt* ôter l'éclat, le poli.
déportation *nf* 1. exil dans un lieu 2. internement dans un camp de concentration.
déporter *vt* 1. condamner à la déportation 2. faire dévier de sa direction, de sa trajectoire.
déposant, e *adj* et *n* 1. DR qui fait une déposition devant le juge 2. qui fait un dépôt d'argent.
déposer *vt* 1. poser une chose que l'on portait 2. laisser quelqu'un quelque part après l'y avoir conduit : *déposer un ami à la gare* 3. mettre en dépôt : *déposer des fonds* 4. remettre : *déposer une plainte* 5. destituer • ***déposer son bilan*** faire faillite • ***déposer un brevet, une marque*** les faire enregistrer pour les protéger des imitations ◆ *vi* DR faire une déposition en justice.
dépositaire *n* personne à qui on a confié un dépôt.
déposition *nf* 1. action de priver quelqu'un de ses pouvoirs 2. DR déclaration d'un témoin, témoignage.
déposséder *vt* (conj 10) enlever à quelqu'un la possession de quelque chose.
dépôt *nm* 1. action de déposer, de placer en lieu sûr 2. chose déposée 3. somme confiée à un organisme bancaire 4. matières solides qui se déposent au fond d'un liquide au repos 5. lieu où l'on dépose, où l'on gare : *dépôt d'autobus* 6. MIL partie d'un régiment qui reste dans la garnison • ***dépôt de bilan*** faillite • ***mandat de dépôt*** ordre du juge d'instruction pour faire incarcérer un prévenu.
dépotoir *nm* endroit où l'on jette les objets de rebut.
dépouille *nf* 1. peau que rejettent certains animaux, tels que le serpent, le ver à soie 2. peau enlevée à un animal ◆ **dépouilles** *nf pl* ce que l'on prend à un ennemi, butin.
dépouiller *vt* 1. arracher, enlever la peau d'un animal : *dépouiller un lièvre* 2. enlever ce qui couvre, garnit, habille 3. voler, priver de ses biens, de ses droits 4. faire l'examen d'un compte, d'un texte, etc. 5. compter les votes d'un scrutin • ***style dépouillé*** sans ornement.
dépourvu, e *adj* privé ◆ *loc. adv* • ***au dépourvu*** à l'improviste.
dépoussiérer *vt* (conj 10) 1. enlever la poussière 2. FIG. renouveler, rajeunir.
dépravé, e *adj* gâté, altéré ◆ *adj* et *n* perverti, corrompu.
déprécier *vt* 1. diminuer, rabaisser la valeur de : *déprécier une monnaie* 2. dénigrer : *déprécier les mérites de quelqu'un.*
dépression *nf* 1. enfoncement, creux 2. baisse de la pression atmosphérique 3. période de ralentissement économique • ***dépression (nerveuse)*** état pathologique de souffrance marqué par une grande chute d'énergie, du pessimisme et un dégoût de la vie.
dépressuriser *vt* faire cesser la pressurisation.
déprimer *vt* abattre physiquement ou moralement ; démoraliser.
dépuceler *vt* (conj 6) FAM. faire perdre son pucelage, sa virginité.
depuis *prép* indique le point de départ dans le temps, dans l'espace, dans une série ; à partir de : *depuis trois jours ; depuis Brest ; depuis le premier jusqu'au dernier* ◆ *adv* à partir de ce moment : *pas de nouvelles depuis* ◆ **depuis que** *loc conj* à partir du moment où.
député *nm* 1. personne envoyée en mission, ambassadeur 2. membre de l'Assemblée législative élu au suffrage universel • ***chambre des députés*** ancien nom de l'Assemblée nationale.
dérailler *vi* 1. sortir des rails 2. FIG., FAM. déraisonner, divaguer.
dérailleur *nm* mécanisme servant à faire passer la chaîne d'une bicyclette d'un pignon sur un autre.
déraisonnable *adj* qui manque de raison, insensé : *projet déraisonnable.*
déraisonner *vi* tenir des discours dénués de raison.
dérangé, e *adj* FAM. un peu fou.
déranger *vt* (conj 2) 1. déplacer, causer du désordre 2. dérégler, détraquer 3. importu-

ner 4. FIG. gêner, contrarier : *déranger des habitudes* ◆ **se déranger** *vpr* 1. se déplacer 2. interrompre ses occupations.

déraper *vi* 1. glisser dans une direction oblique, en parlant d'un véhicule ; glisser involontairement, en parlant de quelqu'un 2. FIG. s'écarter de ce qui est normal, attendu : *les prix ont dérapé en mai ; la conversation a dérapé sur la politique.*

dératiser *vt* débarrasser des rats.

dérèglement *nm* 1. fait d'être déréglé 2. désordre moral ou mental.

dérégler *vt* (conj 10) déranger, détraquer : *dérégler une montre.*

dérider *vt* 1. faire disparaître les rides 2. FIG. égayer, réjouir.

dérision *nf* moquerie railleuse.

dérisoire *adj* 1. qui suscite la dérision : *mesures dérisoires* 2. insignifiant, minime : *prix dérisoire.*

dérivatif *nm* ce qui détourne l'esprit vers d'autres pensées : *la lecture est un dérivatif.*

dérivation *nf* 1. action de détourner les eaux 2. GRAMM formation d'un mot par l'ajout d'un suffixe ou d'un préfixe à un autre mot ou à un radical 3. ÉLECTR communication au moyen d'un second conducteur entre deux points d'un circuit fermé.

dérive *nf* 1. déviation d'un bateau, d'un avion sous l'effet d'un courant, d'un vent 2. aileron vertical immergé pour réduire la déviation d'un navire • *aller à la dérive* 1. ne plus être dirigé 2. FIG. se laisser aller sans réagir.

dériver *vt* détourner de son cours ◆ *vi* 1. MAR s'écarter de sa route 2. aller à la dérive ◆ *vt ind* [**de**] 1. venir, provenir de 2. GRAMM être issu d'un autre mot par dérivation.

dériveur *nm* voilier muni d'une dérive.

dermatologie *nf* étude et traitement des maladies de la peau.

derme *nm* ANAT tissu qui constitue la couche profonde de la peau.

dernier, ère *adj* et *n* qui vient après tous les autres dans le temps, selon le rang, le mérite ◆ *adj* 1. extrême : *c'est de la dernière importance* 2. qui est le plus récent : *l'an dernier ; dernière mode.*

dernièrement *adv* depuis peu ; récemment.

dérobé, e *adj* caché, secret ◆ *loc. adv* • *à la dérobée* en cachette.

dérober *vt* 1. prendre furtivement le bien d'autrui 2. FIG. soustraire à la vue ◆ **se dérober** *vpr* 1. se soustraire 2. refuser de franchir un obstacle, en parlant d'un cheval.

déroger *vt ind* [à] (conj 2) s'écarter de ce qui est établi par une loi, une convention, un principe.

dérouiller *vt* 1. enlever la rouille 2. FIG. dégourdir : *dérouiller ses jambes.*

dérouler *vt* 1. étendre ce qui était enroulé 2. étaler sous le regard, passer en revue : *dérouler ses souvenirs* ◆ **se dérouler** *vpr* avoir lieu, s'écouler, s'enchaîner.

déroute *nf* 1. fuite en désordre d'une troupe vaincue 2. FIG. échec complet.

dérouter *vt* 1. détourner, écarter de sa route, de sa destination 2. FIG. déconcerter, mettre dans l'embarras.

derrière *prép* 1. en arrière de, au dos de : *se cacher derrière un arbre* 2. à la suite de : *se classer derrière les meilleurs* 3. au-delà des apparences : *qu'y a-t-il derrière tout cela ?* ◆ *adv* en arrière, à la suite, au-delà • *par-derrière* 1. par la partie postérieure 2. secrètement • *sens devant derrière* en mettant le devant à la place du derrière ◆ *nm* 1. partie postérieure de quelque chose 2. partie de l'homme ou de l'animal comprenant les fesses.

des *art* 1. contracté pour *de les* 2. indéfini, pluriel de *un, une.*

dès *prép. de temps ou de lieu* 1. depuis 2. à partir de ◆ *loc. adv* • *dès lors* 1. aussitôt 2. en conséquence ◆ *loc. conj* • *dès que* aussitôt que.

désabuser *vt* tirer de ses illusions.

désaccord *nm* 1. manque d'accord, d'entente, d'harmonie 2. contradiction.

désagréable *adj* déplaisant, pénible, fâcheux.

désagréger *vt* (conj 2 et 10) produire la désagrégation ◆ **se désagréger** *vpr* se décomposer, s'effriter.

désaltérer *vt* (conj 10) calmer la soif ◆ **se désaltérer** *vpr* apaiser sa soif en buvant.

désamorcer *vt* (conj 1) 1. ôter l'amorce 2. interrompre le fonctionnement d'un appareil : *désamorcer une pompe* 3. FIG. prévenir le caractère dangereux de quelque chose : *désamorcer un conflit.*

désappointer *vt* tromper l'attente, les espérances de quelqu'un ; décevoir.

désapprouver *vt* ne pas approuver, blâmer : *désapprouver une démarche.*

désarçonner *vt* 1. faire tomber de cheval 2. FIG. déconcerter.

désargenté, e *adj* FAM. démuni d'argent.

désarmant, e *adj* qui laisse sans défense : *question désarmante.*

désarmer *vt* 1. enlever à quelqu'un ses armes, son armure 2. apaiser, calmer, adoucir : *désarmer la colère de quelqu'un* • *désarmer un navire* le dégarnir de son armement, de son équipage ◆ *vi* abandonner une action, un sentiment hostile ou violent.

désarroi *nm* désordre, confusion.

désarticuler *vt* faire sortir de l'articulation ◆ **se désarticuler** *vpr* mouvoir à l'excès ses articulations.

désastre *nm* 1. catastrophe, malheur 2. chose déplorable.

désavantage *nm* ce qui constitue une infériorité, un préjudice, un inconvénient.

désavouer *vt* 1. refuser de reconnaître comme sien une parole ou un acte 2. déclarer qu'on n'a pas autorisé quelqu'un à agir comme il l'a fait 3. FIG. désapprouver.

désaxé, e *adj* et *n* déséquilibré.

descendance *nf* filiation, postérité : *une nombreuse descendance.*

descendant, e *adj* qui descend : *marée descendante* • *garde descendante* celle qui est remplacée ◆ *n* personne qui descend d'une autre ◆ **descendants** *nm pl* descendance.

descendre *vi* (conj 50) 1. aller de haut en bas 2. s'étendre vers le bas, être en pente 3. baisser de niveau : *la marée descend* 4. passer de l'aigu au grave : *descendre d'un ton* 5. FIG. s'arrêter au cours d'un voyage : *descendre à l'hôtel* 6. s'abaisser à ◆ *vt ind* [de] être issu, tirer son origine de ◆ *vt* 1. mettre ou porter plus bas 2. parcourir de haut en bas 3. FAM. tuer.

descente *nf* 1. action de descendre 2. pente, partie descendante : *freinez dans la descente* 3. irruption : *descente de police* 4. tuyau d'écoulement pour les eaux • *descente de lit* petit tapis placé le long d'un lit.

descriptif, ive *adj* qui a pour objet de décrire ◆ *nm* document donnant une description exacte de quelque chose avec plan, schéma.

description *nf* 1. action de décrire ; son résultat 2. développement qui décrit.

désemparé, e *adj* déconcerté, troublé.

désenchanter *vt* faire perdre l'enthousiasme, les illusions ; désillusionner.

désengorger *vt* (conj 2) déboucher ce qui est obstrué, engorgé.

désensibiliser *vt* 1. MÉD faire perdre ou diminuer la sensibilité de l'organisme à l'égard de certaines substances 2. FIG. rendre quelqu'un moins sensible à quelque chose.

déséquilibre *nm* 1. absence d'équilibre 2. FIG. instabilité mentale.

déséquilibré, e *adj* et *n* qui a perdu son équilibre mental.

déséquilibrer *vt* 1. faire perdre l'équilibre 2. FIG. causer un déséquilibre mental.

désert, e *adj* 1. inhabité 2. très peu fréquenté ◆ *nm* région aride et inhabitée • *prêcher dans le désert* parler en vain.

déserter *vt* abandonner, délaisser, quitter ◆ *vi* MIL quitter son corps ou son poste sans autorisation.

déserteur *nm* 1. militaire qui déserte 2. FIG. qui abandonne son parti, une cause.

désertifier (se) *vpr* 1. se transformer en désert 2. se dépeupler.

désertion *nf* action de déserter.

désertique *adj* du désert, caractéristique du désert.

désespéré, e *adj* et *n* qui s'abandonne au désespoir ◆ *adj* 1. qui ne laisse plus d'espoir : *situation désespérée* 2. qui exprime le désespoir : *cri désespéré.*

désespérer *vi* (conj 10) cesser d'espérer ◆ *vt ind* [de] ne plus rien attendre de ◆ *vt* 1. mettre au désespoir, affliger, contrarier 2. décourager.

désespoir *nm* 1. perte de l'espérance, abattement, affliction 2. vif regret 3. ce qui désole, désespère : *être le désespoir de ses amis* • *en désespoir de cause* en dernier ressort.

déshabillé *nm* vêtement d'intérieur.

déshabiller *vt* 1. ôter à quelqu'un ses habits 2. LITT. mettre à nu, démasquer ◆ **se déshabiller** *vpr* ôter ses vêtements.

désherber *vt* enlever les mauvaises herbes.

déshérité, e *n* personne privée de sa part d'héritage ◆ *adj* privé d'avantages naturels, pauvre : *région déshéritée.*

déshériter *vt* 1. priver d'héritage 2. désavantager.

déshonneur *nm* 1. perte de l'honneur 2. honte, indignité.

déshonorer *vt* 1. faire perdre à quelqu'un son honneur, avilir 2. faire du tort à, gâter.

déshydraté, e *adj* dont la teneur en eau a diminué ; desséché : *nourriture, peau déshydratée.*

déshydrater (se) *vpr* perdre de sa teneur en eau : *l'athlète s'est déshydraté.*

desiderata [deziderata] *nm pl* ce que l'on souhaite voir se réaliser ; souhaits, vœux.

design [dizajn] *nm* discipline visant à une harmonisation de l'environnement humain, depuis la création d'objets jusqu'à l'urbanisme ◆ *adj inv* d'un modernisme fonctionnel sur le plan esthétique.

designer [dizajnœr] *nm* créateur spécialisé dans le design.

désigner *vt* 1. indiquer, montrer 2. choisir : *désigner un successeur* 3. représenter, signifier.

désillusion *nf* perte de l'illusion, désenchantement.

désinence *nf* GRAMM partie finale d'un mot.

désinfecter *vt* détruire les germes pathogènes : *désinfecter une plaie, un lieu.*

désinformer *vt* informer à travers les médias en donnant une image déformée ou mensongère de la réalité.

désinsectiser *vt* détruire les insectes nuisibles.

désintégrer *vt* 1. provoquer la destruction complète de quelque chose 2. FIG. détruire l'unité, la cohésion d'un tout ◆ **se désintégrer** *vpr* se désagréger.

désintéresser *vt* faire perdre à quelqu'un tout intérêt pour quelque chose ◆ **se désintéresser** *vpr* [de] ne plus porter d'intérêt à.

désintoxiquer *vt* guérir d'une intoxication.

désinvolte *adj* trop libre, sans-gêne, impertinent : *réponse désinvolte.*

désinvolture *nf* impertinence, sans-gêne.

désir *nm* 1. action de désirer ; envie 2. objet du désir 3. appétit sexuel.

désirer *vt* 1. souhaiter, avoir envie de 2. éprouver un désir physique, sexuel • *laisser à désirer* être défectueux, médiocre • *se faire désirer* se faire attendre.

désister (se) *vpr* renoncer à un droit, à une candidature, etc.

désobéir *vt ind* [à] ne pas obéir.

désobéissance *nf* action de désobéir, tendance à désobéir.

désobligeant, e *adj* désagréable, blessant.

désodoriser *vt* enlever ou masquer les mauvaises odeurs.

désœuvré, e *adj* et *n* qui n'a rien à faire, qui ne sait pas s'occuper.

désœuvrement *nm* état d'une personne désœuvrée.

désolation *nf* peine, affliction extrême.

désolé, e *adj* très affligé, attristé.

désoler *vt* 1. causer une grande affliction 2. navrer, contrarier.

désolidariser (se) *vpr* cesser d'être solidaire de quelqu'un, de quelque chose.

désopilant, e *adj* très drôle.

désordonné, e *adj* 1. qui manque d'ordre 2. déréglé.

désordre *nm* 1. manque d'ordre 2. confusion, manque d'organisation 3. agitation politique ou sociale 4. trouble, manque de discipline.

désorganiser *vt* 1. détruire l'organisation 2. jeter la confusion, le désordre.

désorienter *vt* 1. faire perdre à quelqu'un son chemin, la direction qu'il doit suivre 2. FIG. déconcerter, dérouter.

désormais *adv* dorénavant.

désosser *vt* enlever l'os, les os : *désosser un gigot.*

despote *nm* 1. souverain absolu 2. personne qui exerce une domination absolue sur son entourage.

desquels, desquelles › lequel.

dessaisir *vt* déposséder d'un droit, d'un bien ◆ **se dessaisir** *vpr* [de] renoncer volontairement à quelque chose que l'on possède.

dessaler *vt* 1. rendre moins salé ; débarrasser de son sel 2. FAM. dégourdir, déniaiser ◆ *vi* FAM. chavirer, en parlant d'un voilier.

dessaouler *vt* et *vi* › dessoûler.

dessèchement *nm* 1. action de dessécher 2. état de ce qui est desséché.

dessécher *vt* (conj 10) 1. rendre sec, déshydrater 2. FIG. rendre froid, insensible ◆ **se dessécher** *vpr* devenir sec.

dessein *nm* projet, intention ◆ *loc. adv* • *à dessein* exprès, volontairement.

desserrer *vt* relâcher ce qui est serré • *ne pas desserrer les dents* ne rien dire, se taire.

dessert *nm* 1. dernière partie d'un repas 2. mets sucrés qui la composent.

desserte *nf* 1. petite table pour déposer les plats servis ou desservis 2. action de desservir un lieu : *autocar qui assure la desserte du village.*

desservir *vt* (conj 20) 1. enlever les plats qui ont été servis 2. assurer un service de communication : *desservir une localité* 3. assurer le service d'une paroisse 4. FIG. nuire.

dessin *nm* 1. représentation sur une surface de la forme d'un objet ou d'une figure 2. technique et art qui enseignent les procédés du dessin 3. contour, profil • *dessin à main levée* dessin exécuté sans règle ni compas et traité librement • *dessin animé* suite de dessins qui, filmés, donnent l'apparence du mouvement.

dessiner *vt* 1. représenter par le dessin 2. faire ressortir la forme, le contour 3. former, tracer : *le fleuve dessine une boucle* ◆ **se dessiner** *vpr* FIG. se préciser, prendre tournure.

dessoûler ou **dessaouler** *vt* faire cesser l'ivresse, dégriser ◆ *vi* cesser d'être ivre.

dessous *adv* indique la position par rapport à ce qui est plus haut, à ce qui recouvre : *le libre est dessous, sur la deuxième étagère ; il ne porte rien dessous* • *par-dessous* dans l'espace situé plus bas • *là-dessous* sous ce qui recouvre ou dissimule ◆ *nm* partie inférieure d'une chose • *avoir le dessous* être désavantagé ou inférieur ◆ *nm pl* 1. lingerie, sous-vêtements 2. FIG. aspect secret : *les dessous d'une affaire* ◆ **au-dessous** *loc adv* et *prép* [de] plus bas (que) ◆ **en dessous** *loc adv* et *prép* [de] dans la partie inférieure (de) ; à un niveau inférieur à.

dessous-de-plat *nm inv* support pour poser les plats sur la table.

dessous-de-table *nm inv* somme versée de la main à la main en sus du prix légal d'une tractation.

dessus *adv* indique la position par rapport à ce qui est plus bas, dessous : *pose-le dessus !* • *par-dessus* dans l'espace situé plus haut, sur la face externe • *là-dessus* 1. sur cela 2. à ce sujet 3. sur ces entrefaits ◆ *nm* partie supérieure, haute d'une chose : *le dessus de la main* • *avoir, prendre le dessus* avoir, prendre l'avantage • FAM. *le dessus du panier* ce qu'il y a de mieux ◆ **au-dessus** *loc adv* et *prép* plus haut (que).

déstabiliser *vt* faire perdre sa stabilité à.

destin *nm* 1. puissance supérieure qui réglerait d'avance les événements futurs ; fatalité 2. destinée d'un individu 3. sort, avenir réservé à quelque chose.

destinataire *n* personne à qui s'adresse un envoi, un message.

destination *nf* 1. ce à quoi une chose est destinée 2. lieu vers lequel quelque chose ou quelqu'un se dirige.

destinée *nf* 1. puissance qui règle d'avance ce qui doit être ; destin 2. sort, avenir de quelque chose 3. vie humaine indépendante de la volonté.

destiner *vt* 1. fixer l'usage, l'emploi d'une chose 2. déterminer quelque chose à l'avance pour quelqu'un.

destituer *vt* retirer à quelqu'un sa charge, son emploi.

destruction *nf* action de détruire.

déstructurer *vt* désorganiser.

désuet, ète *adj* 1. qui n'est plus en usage 2. suranné, démodé.

désunir *vt* 1. séparer ce qui était uni, disjoindre 2. FIG. rompre l'harmonie, brouiller.

désynchroniser [-krɔ-] *vt* faire perdre son synchronisme.

détachable *adj* qui peut être détaché ; amovible.

détachant, e *adj* et *nm* se dit d'un produit servant à enlever les taches.

détachement *nm* état d'une personne détachée ; indifférence, désintérêt.

détacher *vt* enlever une tache.

détacher *vt* 1. ôter le lien qui attachait 2. éloigner, écarter : *détacher les bras du corps* 3. envoyer en mission 4. faire ressortir, mettre en valeur 5. FIG. dégager, détourner : *détacher quelqu'un d'une habitude* ◆ **se détacher** *vpr* 1. apparaître distinctement 2. s'éloigner, se séparer.

détail *nm* 1. petit élément accessoire d'un ensemble : *ne négliger aucun détail* 2. vente par petites quantités 3. énumération minutieuse, description circonstanciée : *le détail d'un procès* 4. représentation partielle d'une œuvre d'art • ***au détail*** à l'unité ou par petites quantités • ***en détail*** d'une façon circonstanciée, sans rien omettre.

détaillant, e *adj* et *n* qui vend au détail.

détailler *vt* 1. diviser en parties : *détailler un bœuf* 2. vendre au détail 3. FIG. énumérer, passer en revue les éléments d'un ensemble 4. FAM. regarder avec attention.

détaler *vi* FAM. décamper en hâte.

détecter *vt* déceler, découvrir l'existence de.

détecteur *nm* tout appareil servant à détecter des gaz, des mines explosives, des ondes radioélectriques, etc.

détective *nm* policier privé.

déteindre *vt* (conj 55) faire perdre la couleur à ◆ *vi* perdre sa couleur ◆ *vt ind* [**sur**] influencer.

dételer *vt* (conj 6) détacher des animaux attelés ◆ *vi* FAM. s'arrêter de travailler.

détendre *vt* (conj 50) 1. relâcher ce qui était tendu 2. FIG. faire cesser la tension nerveuse, l'anxiété, la fatigue 3. diminuer la pression d'un gaz ◆ **se détendre** *vpr* 1. se reposer, se distraire 2. devenir moins tendu, se décontracter.

détenir *vt* (conj 22) 1. avoir en sa possession 2. garder en prison.

détente *nf* 1. pièce du ressort d'un fusil, qui le fait partir 2. expansion d'un gaz soumis à une pression 3. FIG. relâche : *détente politique* 4. fait de se détendre • FAM. ***être dur à la détente*** 1. être avare 2. mettre du temps à comprendre.

détention *nf* 1. action de détenir : *détention d'armes* 2. état d'une personne détenue en prison • ***détention criminelle*** peine privative de liberté • ***détention provisoire*** subie avant le jugement.

détenu, e *adj* et *n* qui est en prison ; incarcéré.

détergent, e ou **détersif, ive** *adj* et *nm* se dit d'un produit servant à nettoyer.

détériorer *vt* dégrader, abîmer ◆ **se détériorer** *vpr* s'altérer, se dégrader.

déterminant, e *adj* qui détermine, décide une action ◆ *nm* GRAMM élément placé devant le nom, marquant le genre, le nombre, le caractère déterminé.

détermination *nf* 1. action de déterminer 2. acte de la volonté ; décision, résolution 3. caractère résolu, décidé.

déterminé, e *adj* 1. précisé, fixé 2. résolu, décidé.

déterminer *vt* 1. établir, définir avec précision 2. inspirer une résolution, inciter à agir 3. causer, provoquer 4. GRAMM préciser le sens d'un mot.

déterminisme *nm* système philosophique d'après lequel nos actes sont régis par des lois rigoureuses.

déterrer *vt* 1. sortir de terre 2. exhumer.

détersif, ive *adj* et *nm* › détergent.

détestable *adj* très mauvais, très désagréable.

détester *vt* avoir de l'aversion pour ; avoir en horreur, abhorrer, exécrer.

détonant, e *adj* qui produit une détonation : *mélange détonant.*

détonateur *nm* 1. dispositif qui provoque l'explosion d'un engin 2. FIG. ce qui déclenche une situation.

détonation *nf* bruit produit par une explosion.

détoner *vi* exploser avec bruit.

détonner *vi* 1. MUS sortir du ton 2. FIG. contraster, choquer.

détour *nm* 1. trajet sinueux 2. chemin plus long que la voie directe • ***sans détour*** franchement, simplement.

détourné, e *adj* 1. qui n'est pas direct 2. FIG. secret, caché.

détourner *vt* 1. tourner d'un autre côté : *détourner les yeux* 2. faire changer de direction : *détourner un avion* 3. soustraire frauduleusement : *détourner des fonds* 4. FIG. écarter, éloigner, détacher : *détourner quelqu'un de ses soucis* • FIG. ***détourner la conversation*** l'écarter de son sujet initial 5. dénaturer : *détourner le sens d'un mot.*

détracteur, trice *n* personne qui critique, rabaisse le mérite de quelqu'un, de quelque chose.

détraqué, e *adj* et *n* FAM. atteint de troubles mentaux, déséquilibré.

détraquer *vt* 1. déranger le fonctionnement d'un mécanisme 2. FIG., FAM. nuire à l'état physique ou mental ◆ **se détraquer** *vpr* ne plus fonctionner, mal fonctionner • FAM. ***le temps se détraque*** n'est pas celui qu'il devrait faire ou n'est plus aussi agréable.

détremper *vt* imbiber d'un liquide.

détresse *nf* 1. misère, infortune 2. angoisse, désespoir : *cri de détresse.*

détriment *nm* • ***au détriment de*** en faisant tort à, aux dépens de.

détritus [detrity, detritys] *nm* 1. débris, résidu 2. ordures.

détroit *nm* bras de mer resserré entre deux terres.

détromper *vt* tirer quelqu'un de l'erreur.

détrôner *vt* 1. chasser du trône 2. mettre fin à la supériorité de quelqu'un, de quelque chose.

détruire *vt* (conj 70) 1. mettre à bas, démolir 2. faire périr, supprimer : *détruire les rats* 3. ruiner la santé 4. FIG. réduire à néant.

dette *nf* 1. somme d'argent que l'on doit 2. FIG. obligation morale • ***dette publique*** engagements à la charge d'un État.

deuil *nm* 1. perte, décès de quelqu'un 2. douleur, affliction causée par la mort de quelqu'un 3. signes extérieurs du deuil, vêtements généralement noirs ; temps pendant lequel on les porte 4. VIEILLI. cortège funèbre : *conduire le deuil* • FAM. ***faire son deuil d'une chose*** se résigner à en être privé.

deux *adj. num. card* 1. un plus un 2. deuxième : *tome deux* ◆ *nm* chiffre, numéro qui représente ce nombre.

deuxième *adj. num. ord* et *n* qui occupe le rang marqué par le numéro deux.

deux-pièces *nm inv* 1. maillot de bain composé d'un slip et d'un soutien-gorge 2. appartement de deux pièces.

deux-points *nm inv* signe de ponctuation figuré par deux points (:).

deux-roues *nm inv* véhicule à deux roues, avec ou sans moteur.

dévaler *vt* et *vi* descendre rapidement : *dévaler l'escalier.*

dévaliser *vt* voler, dérober, cambrioler • FAM. ***dévaliser un magasin*** y faire de gros achats.

dévaloriser *vt* 1. dévaluer 2. déprécier, diminuer la valeur, le prestige de.

dévaluer *vt* 1. diminuer le taux de change de la monnaie d'un pays 2. faire perdre de la valeur, du crédit, du prestige à.

devancer *vt* (conj 1) 1. précéder : *devancer le troisième de quelques mètres ; devancer les critiques* 2. FIG. avoir l'avantage sur, surpasser : *devancer la concurrence par ses innovations.*

devant *prép* 1. en face de : *être devant son écran* 2. en avant de : *marcher devant les autres* 3. en présence de : *devant le tribunal* ◆ *adv* en avant ◆ *nm* partie antérieure : *le devant d'une maison* • ***prendre les devants*** 1. partir avant quelqu'un 2. FIG. agir avant quelqu'un ◆ **au-devant de** *loc prép* à la rencontre ◆ **par-devant** *loc adv* par l'avant ; en présence de : *par-devant notaire.*

devanture *nf* partie formant le devant d'une boutique.

dévaster *vt* ravager, ruiner : *dévaster un pays.*

déveine *nf* FAM. malchance.

développement *nm* 1. action de développer ; son résultat 2. croissance : *développement de l'enfant* 3. FIG. essor, expansion 4. exposition détaillée : *développement d'un plan* 5. distance parcourue par une bicyclette pendant un tour du pédalier 6. PHOT action de développer une pellicule sensible.

développer *vt* 1. dérouler, déployer 2. assurer la croissance, l'extension de : *développer l'économie* 3. rendre plus fort : *développer le corps* 4. FIG. exposer en détail 5. PHOT transformer l'image latente en image visible au moyen de procédés chimiques ◆ **se développer** *vpr* 1. croître, grandir : *l'enfant se développe normalement* 2. prendre de l'importance, de l'extension, de l'ampleur : *le secteur, l'intrigue se développe.*

devenir *vi* (conj 22) 1. passer d'un état à un autre 2. avoir tel ou tel sort.

dévergonder (se) *vpr* s'écarter des règles morales, adopter une conduite licencieuse.

déverser *vt* 1. faire couler 2. FIG. répandre, épancher ◆ **se déverser** *vpr* s'épancher, se répandre.

dévêtir *vt* (conj 27) déshabiller ◆ **se dévêtir** *vpr* ôter ses vêtements.

déviant, e *adj* et *n* qui s'écarte de la norme, de la règle.

déviation *nf* 1. action, fait de dévier 2. itinéraire détourné.

dévier *vi* se détourner, s'écarter de sa direction, de son projet, etc ◆ *vt* modifier le trajet, la direction normale de quelque chose.

devin, devineresse *n* personne qui prétend prédire l'avenir.

deviner *vt* 1. prédire, prévoir ce qui doit arriver 2. trouver par conjecture ou par intuition.

devinette *nf* 1. ce que l'on donne à deviner 2. jeu où il faut deviner la réponse à une question.

devis *nm* évaluation détaillée du coût des travaux à exécuter.

dévisager *vt* (conj 2) regarder avec insistance ou indiscrétion.

devise *nf* 1. figure emblématique, avec une courte légende qui l'explique 2. brève formule qui exprime la règle de conduite de quelqu'un ou qui suggère un idéal.

devise *nf* monnaie étrangère.

dévisser *vt* 1. ôter, desserrer les vis 2. séparer les éléments vissés ◆ *vi* tomber, en parlant d'un alpiniste.

dévitaliser *vt* enlever le nerf d'une dent.

dévoiler *vt* 1. ôter le voile de 2. FIG. découvrir, révéler ce qui était caché ou inconnu : *dévoiler un secret.*

devoir *vt* (conj 35) 1. avoir à payer : *devoir un mois de loyer* 2. FIG. être obligé de, tenu à : *devoir assistance* 3. être redevable de : *devoir une découverte à la chance* 4. marque la nécessité, l'obligation : *tu dois obéir* 5. marque l'intention, la possibilité, le futur : *il doit téléphoner ce soir ; l'accident a dû se passer ainsi.*

devoir *nm* 1. ce à quoi on est obligé par la loi, la morale, etc. 2. exercice écrit donné à des élèves • ***se mettre en devoir de*** se préparer à ◆ **devoirs** *nm pl* hommages, marques de civilité • ***derniers devoirs*** honneurs funèbres.

dévorer *vt* 1. manger en déchirant avec les dents 2. manger goulûment 3. FIG. consumer : *le feu dévore tout* 4. dissiper : *dévorer sa fortune* • ***dévorer un livre*** le lire avidement • ***dévorer des yeux*** regarder avec avidité, passion.

dévot, e *adj* et *n* pieux, attaché aux pratiques religieuses.

dévotion *nf* 1. piété, attachement aux pratiques religieuses 2. PAR EXT. attachement, vénération ◆ **dévotions** *nf pl* • ***faire ses dévotions*** accomplir ses devoirs religieux.

dévouement *nm* 1. action de se dévouer 2. disposition à servir.

dévouer (se) *vpr* 1. faire abnégation de soi-même ; se sacrifier 2. se consacrer à.

diabète *nm* MÉD maladie se manifestant par une abondante élimination d'urine et une soif intense • ***diabète sucré*** maladie qui se manifeste par la présence de sucre dans les urines.

diable *nm* 1. démon, esprit malin 2. enfant turbulent, espiègle 3. chariot à deux roues basses, servant au transport des lourds fardeaux • ***au diable*** très loin • ***avoir le diable au corps*** 1. être très remuant 2. être emporté par ses passions • ***c'est bien le diable si...,*** ce serait bien extraordinaire si • ***de tous les diables*** extrême • ***en diable*** fort, extrêmement • ***pauvre diable*** misérable • ***tirer le diable par la queue*** avoir des difficultés d'argent ◆ *interj* marque l'impatience, la désapprobation, la surprise.

diabolo *nm* 1. jouet formé d'une bobine qu'on lance en l'air et qu'on rattrape sur une ficelle tendue 2. boisson faite de limonade et de sirop.

diacre *nm* qui a reçu l'ordre immédiatement inférieur à la prêtrise.

diadème *nm* 1. bandeau royal ; FIG. dignité royale 2. tout objet de parure ou coiffure qui enserre le haut du front.

diagnostic *nm* 1. identification d'une maladie par ses symptômes 2. jugement porté sur une situation, sur un état.

diagnostiquer *vt* déterminer la nature d'une maladie d'après les symptômes.

diagonal, e, aux *adj* qui a le caractère d'une diagonale.

diagonale *nf* droite qui joint deux sommets non consécutifs d'un polygone • FIG. ***en diagonale*** obliquement • FAM. ***lire en diagonale*** d'une façon superficielle.

diagramme *nm* représentation graphique de l'évolution d'un phénomène.

dialecte *nm* variété régionale d'une langue.

dialogue *nm* 1. conversation entre deux ou plusieurs personnes 2. ensemble de paroles échangées entre les acteurs d'un film, d'une pièce de théâtre, d'un récit 3. discussion visant à trouver un terrain d'entente.

dialoguer *vi* 1. s'entretenir, converser 2. engager des négociations.

dialyse *nf* 1. CHIM analyse d'un mélange, fondée sur la propriété que possèdent certains corps de traverser les membranes poreuses 2. MÉD technique d'épuration du sang.

diamant *nm* 1. pierre précieuse constituée de carbone pur cristallisé 2. pointe de lecture d'un électrophone, d'une platine.

diamétralement *adv* dans le sens du diamètre • FIG. ***diamétralement opposé*** en opposition totale.

diamètre *nm* droite qui, passant par le centre d'une circonférence, joint deux points de celle-ci.

diapason *nm* 1. note dont la fréquence sert de référence pour l'accord des instruments de musique et des voix 2. petit instrument d'acier qui donne le *la* • FIG. ***être, se mettre au diapason*** en harmonie, en accord avec les autres.

diaphragme *nm* 1. muscle mince, qui sépare la poitrine de l'abdomen 2. préservatif féminin en caoutchouc 3. PHOT dispositif permettant de régler l'ouverture d'un objectif selon la quantité de lumière qu'on veut admettre.

diapositive *nf* PHOT image positive sur support transparent pour la projection.
diarrhée *nf* selles liquides et fréquentes.
diaspora *nf* dispersion d'un peuple, d'une ethnie à travers le monde.
dictateur *nm* 1. ANTIQ. ROM magistrat investi de l'autorité suprême en cas de crise grave 2. personne qui détient à elle seule tous les pouvoirs, qui commande en maître absolu.
dictature *nf* 1. régime politique où tous les pouvoirs sont réunis entre les mains d'une seule personne ou d'un groupe restreint 2. pouvoir absolu, tyrannie.
dictée *nf* 1. action de dicter 2. exercice scolaire pour apprendre l'orthographe.
dicter *vt* 1. dire ou lire des mots qu'un autre écrit au fur et à mesure 2. FIG. suggérer, inspirer, imposer.
diction *nf* manière de dire des vers, un rôle, etc. ; élocution.
dictionnaire *nm* recueil, par ordre alphabétique, des mots d'une langue, suivis de leur définition ou de leur traduction dans une autre langue.
dicton *nm* maxime, sentence passées en proverbe.
didacticiel *nm* logiciel pour l'enseignement assisté par ordinateur.
didactique *adj* qui a pour objet d'instruire ; pédagogique.
dièse *nm* MUS signe qui hausse d'un demi-ton la note qu'il précède ◆ *adj* affecté d'un dièse : *do dièse.*
diesel *nm* moteur à combustion interne, consommant des huiles lourdes.
diète *nf* 1. abstention totale ou partielle d'aliments 2. régime alimentaire.
diététique *nf* science de l'hygiène alimentaire ◆ *adj* 1. qui concerne la diététique 2. conçu selon les règles de la diététique.
dieu *nm* 1. être suprême, créateur et conservateur de l'univers (avec majuscule) 2. divinité du paganisme (sans majuscule et au féminin *déesse*) 3. FIG. personne, chose qu'on affectionne, qu'on vénère.
diffamation *nf* action de diffamer.
diffamer *vt* porter atteinte à la réputation de quelqu'un, par des paroles ou des écrits.
différé, e *adj* remis à un moment ultérieur ◆ *nm* émission radiophonique ou télévisée transmise après son enregistrement.
différence *nf* 1. absence de similitude, d'identité 2. écart qui sépare deux grandeurs, deux quantités : *différence d'altitude* 3. résultat d'une soustraction.
différencier *vt* établir une différence ◆ **se différencier** *vpr* [de] se distinguer.
différend *nm* désaccord, contestation.
différent, e *adj* 1. qui n'est pas semblable, pas identique 2. qui n'est plus le même 3. (au pluriel) divers, plusieurs.
différer *vt* (conj 10) retarder, remettre à plus tard ◆ *vt ind* [de] 1. être différent 2. n'être pas du même avis.
difficile *adj* 1. qui ne se fait pas facilement, compliqué 2. pénible, douloureux 3. FIG. peu accommodant, exigeant.
difficulté *nf* 1. caractère de ce qui est difficile 2. chose qui embarrasse, empêchement, obstacle : *éprouver des difficultés* ◆ **difficultés** *nf pl* • *faire des difficultés* ne pas accepter facilement quelque chose.
difforme *adj* de forme irrégulière, laid, contrefait.
difformité *nf* malformation du corps, d'une partie du corps.
diffus, e *adj* répandu en tous sens, disséminé : *lumière diffuse ; douleur diffuse.*
diffuser *vt* 1. répandre : *diffuser la lumière* 2. propager, émettre 3. distribuer.
digérer *vt* (conj 10) 1. assimiler par la digestion 2. FIG. assimiler par la pensée : *digérer ses connaissances* 3. FAM. accepter ; endurer, supporter, subir : *digérer un affront.*
digeste *adj* qui se digère facilement : *aliment très digeste.*
digestif, ive *adj* de la digestion : *troubles digestifs* • *appareil digestif* les organes de la digestion ◆ *nm* alcool, liqueur pris après le repas.
digestion *nf* transformation des aliments dans l'appareil digestif.
digital, e, aux *adj* relatif aux doigts.
digne *adj* 1. qui mérite quelque chose par ses qualités ou ses défauts 2. qui est en conformité avec : *fils digne de son père* 3. qui montre une gravité, une retenue qui inspire le respect : *rester digne.*
dignité *nf* 1. respect dû à une personne, à une chose ou à soi-même 2. retenue, gravité dans les manières : *manquer de dignité* 3. fonction éminente, distinction honorifique.
digression *nf* partie d'un discours étrangère au sujet.
digue *nf* 1. chaussée pour contenir des eaux 2. FIG. obstacle.
dilapider *vt* dépenser à tort et à travers ; gaspiller.
dilater *vt* 1. augmenter le volume d'un corps par élévation de sa température 2. agrandir l'ouverture d'un organe ◆ **se dilater** *vpr* 1. augmenter de volume 2. s'ouvrir, s'élargir, en parlant d'un organe.
dilemme *nm* obligation de choisir entre deux partis contradictoires présentant tous deux des inconvénients.
dilettante *n* personne qui s'adonne à un travail, à un art en amateur, pour le plaisir.
diligence *nf* ANC. voiture tirée par des chevaux, qui servait au transport des voyageurs.
diluant *nm* produit qui permet de diluer, en particulier les peintures et les vernis.

diluer *vt* délayer, étendre.
diluvien, enne *adj* relatif au déluge • *pluie diluvienne* pluie très abondante.
dimanche *nm* septième et dernier jour de la semaine.
dimension *nf* 1. étendue mesurable d'un corps dans tel ou tel sens : *objet de petite dimension* 2. mesure : *prendre les dimensions de la pièce* 3. importance : *donner une nouvelle dimension à un sujet.*
diminué, e *adj* dont les facultés physiques ou mentales sont affaiblies.
diminuer *vt* 1. rendre moins grand, moins important ; réduire 2. déprécier, rabaisser ◆ *vi* devenir moindre.
diminutif *nm* mot dérivé d'un autre, qui donne une nuance de petitesse, d'atténuation, d'affection.
diminution *nf* action de diminuer ; son résultat ; baisse, réduction.
dinar *nm* unité monétaire de l'Algérie, de l'Iraq, de la Tunisie, etc.
dinde *nf* femelle du dindon ; viande de cet animal.
dindon *nm* oiseau gallinacé de basse-cour • *être le dindon de la farce* être la victime, la dupe.
dindonneau *nm* jeune dindon ; viande de cet animal.
dîner *vi* prendre le repas du soir.
dîner *nm* repas du soir.
dînette *nf* 1. petit repas d'enfants, vrai ou simulé 2. vaisselle miniature servant de jouet.
dingue *adj* et *n* FAM. fou ◆ *adj* FAM. bizarre, absurde : *il m'est arrivé une histoire dingue.*
dinosaure *nm* reptile fossile (Les dinosaures forment un ordre).
diocèse *nm* territoire placé sous la juridiction d'un évêque.
diode *nf* composant électronique utilisé comme redresseur de courant.
dioxine *nf* sous-produit très toxique de la fabrication d'un dérivé du phénol.
diphtérie *nf* maladie contagieuse, caractérisée par la production de fausses membranes dans la gorge.
diplomate *n* chargé d'une mission diplomatique ◆ *adj* et *n* habile, plein de tact ◆ *nm* sorte de pudding garni de fruits confits.
diplomatie *nf* 1. science pratique des relations internationales 2. corps, carrière diplomatique 3. habileté, tact dans les relations avec autrui.
diplôme *nm* titre délivré par un jury, une autorité pour faire foi des aptitudes ou des mérites de quelqu'un.
dire *vt* (conj 72) 1. exprimer au moyen de la parole ou de l'écrit ; raconter 2. ordonner, conseiller de : *je vous dis de vous taire* 3. signifier, révéler 4. objecter, critiquer : *trouver à dire* • *cela va sans dire* cela est tout naturel • *si le cœur vous en dit* si vous en avez envie • *soit dit en passant* pour ne pas s'appesantir sur ce point.
direct, e *adj* 1. droit, sans détour 2. en relation immédiate avec quelque chose : *lien direct* 3. sans intermédiaire : *vente directe* • *complément d'objet direct* introduit sans l'intermédiaire d'une préposition • *train direct* qui ne s'arrête pas aux stations intermédiaires ◆ *nm* 1. train direct 2. émission de radio ou de télévision diffusée sans enregistrement préalable 3. en boxe, coup droit.
directeur, trice *n* qui est à la tête d'une administration, d'un établissement, etc. ◆ *adj* qui dirige.
directif, ive *adj* qui impose une direction, une orientation, ou des contraintes.
direction *nf* 1. action de diriger ; conduite, administration 2. fonction de directeur, son bureau ; ses services 3. orientation 4. mécanisme permettant de diriger un véhicule.
directionnel, elle *adj* qui émet ou reçoit dans une seule direction.
directive *nf* (surtout au pl) ensemble d'indications générales, instruction.
directoire *nm* organisme chargé de diriger certaines sociétés commerciales ou industrielles.
dirham *nm* unité monétaire principale des Émirats arabes unis et du Maroc.
dirigeable *nm* ballon muni d'hélices propulsives et d'un système de direction.
diriger *vt* (conj 2) 1. conduire, mener, commander : *diriger une affaire, un débat* 2. donner telle ou telle orientation.
discal, e, aux *adj* relatif à un disque intervertébral.
discerner *vt* 1. distinguer par le regard 2. distinguer, comprendre par l'esprit, le jugement.
disciple *n* 1. personne qui reçoit l'enseignement d'un maître 2. personne qui adhère à une doctrine.
disciplinaire *adj* 1. relatif à la discipline 2. qui a pour but d'imposer la discipline.
discipline *nf* 1. ensemble des lois, des règlements qui régissent une collectivité, en vue d'y faire régner l'ordre 2. soumission, obéissance à une règle 3. matière d'enseignement.
discipliner *vt* former à la discipline.
disc-jockey (*pl disc-jockeys*) *n* personne qui choisit et passe des disques à la radio, dans les discothèques.
discographie *nf* répertoire des disques concernant un thème précis, un compositeur ou un interprète.
discontinu, e *adj* 1. qui présente des interruptions : *effort discontinu* 2. qui n'est pas continu dans l'espace.
discontinuer *vi* • *sans discontinuer* sans cesser un moment.

discontinuité *nf* absence de continuité.

discordant, e *adj* qui manque de justesse, d'harmonie, d'accord.

discorde *nf* dissension, division entre deux ou plusieurs personnes.

discothèque *nf* 1. collection de disques 2. établissement où l'on peut écouter des disques et danser.

discount [diskaunt] *nm* rabais sur les prix.

discourir *vi* (conj 29) parler longuement sur un sujet ; pérorer.

discours *nm* 1. développement oratoire, allocution prononcés en public 2. conversation, entretien 3. PÉJOR. développement inutile ; vaines paroles 4. LING énoncé supérieur à la phrase, considéré du point de vue de son enchaînement • *parties du discours* catégories grammaticales.

discourtois, e *adj* LITT. qui manque de courtoisie ; impoli.

discrédit *nm* perte ou diminution de valeur, de prestige, de considération.

discréditer *vt* faire tomber en discrédit ; déconsidérer.

discret, ète *adj* 1. réservé dans ses paroles et ses actions 2. qui sait garder un secret 3. sobre, qui n'attire pas l'attention.

discrétion *nf* 1. retenue, réserve dans les paroles, les actions 2. sobriété • *à discrétion* à volonté • *à la discrétion de quelqu'un* 1. à sa merci 2. en son pouvoir.

discrimination *nf* 1. LITT. faculté, action de discerner, de distinguer 2. fait de traiter différemment quelqu'un ou un groupe, qui se marque par une ségrégation : *discrimination raciale, sociale.*

disculper *vt* reconnaître qu'un accusé n'est pas coupable, innocenter ◆ **se disculper** *vpr* se justifier.

discussion *nf* 1. examen, débat contradictoire 2. différend 3. conversation.

discuter *vt* 1. examiner une question ; débattre 2. mettre en question ; contester ◆ *vt ind* [de] échanger des idées, des points de vue sur tel sujet.

disette *nf* manque de choses nécessaires, et partic. de vivres ; pénurie.

disgrâce *nf* perte de l'estime, de la faveur dont quelqu'un ou quelque chose jouissait.

disgracieux, euse *adj* 1. qui manque de grâce 2. déplaisant, désagréable.

disjoindre *vt* (conj 82) séparer des choses jointes.

disjoncteur *nm* ÉLECTR interrupteur automatique de courant, fonctionnant lors d'une variation anormale de l'intensité ou de la tension.

dislocation *nf* 1. écartement de choses contiguës ou emboîtées 2. démembrement, dispersion.

disloquer *vt* 1. déplacer, démettre, déboîter 2. FIG. disperser les éléments d'un ensemble, les parties d'un tout.

disparaître *vi* (conj 64) 1. cesser d'être visible ou perceptible 2. s'esquiver, s'absenter plus ou moins fortuitement 3. être soustrait, égaré, volé 4. mourir, cesser d'exister.

disparité *nf* différence, inégalité.

disparition *nf* 1. action, fait de disparaître 2. absence 3. mort.

disparu, e *n* et *adj* personne morte ou considérée comme telle.

dispatcher [dispatʃe] *vt* répartir, orienter.

dispensaire *nm* établissement de consultations médicales et de soins, peu coûteux ou gratuit.

dispense *nf* exemption de la règle générale.

dispenser *vt* 1. exempter d'une obligation, autoriser à ne pas faire 2. distribuer, accorder : *dispenser des soins.*

disperser *vt* 1. répandre, jeter çà et là 2. mettre en fuite, envoyer de tous côtés ◆ **se disperser** *vpr* 1. s'en aller de tous les côtés 2. s'adonner à des activités trop différentes.

disponibilité *nf* 1. état de ce qui est disponible 2. fait pour quelqu'un d'être disponible 3. position d'un fonctionnaire ou d'un militaire provisoirement déchargé de ses fonctions ◆ **disponibilités** *nf pl* fonds disponibles.

disponible *adj* 1. dont on peut disposer, qu'on peut utiliser 2. se dit d'une personne qui a du temps pour elle et pour les autres, qui est ouverte.

dispos, e *adj* en bonnes dispositions de santé, de force.

disposé, e *adj* • *bien, mal disposé* de bonne, de mauvaise humeur.

disposer *vt* 1. arranger, mettre dans un certain ordre 2. FIG. préparer 3. inciter, engager quelqu'un à quelque chose ◆ *vt ind* [de] avoir à sa disposition ; pouvoir utiliser ◆ **se disposer** *vpr* [à] se préparer : *se disposer à partir.*

dispositif *nm* 1. DR énoncé d'un jugement, d'un arrêt 2. TECHN ensemble de pièces constituant un appareil ; cet appareil 3. ensemble de mesures, de moyens constituant un plan : *dispositif policier.*

disposition *nf* 1. arrangement, distribution 2. pouvoir d'user à son gré : *avoir la libre disposition de ses biens* 3. état d'esprit à l'égard de quelqu'un 4. penchant, inclination, tendance 5. DR point réglé par une loi, un contrat, un jugement, etc. • *à la disposition de* à la discrétion, au service de ◆ **dispositions** *nf pl* aptitude, penchant, don : *avoir des dispositions pour le dessin* • *prendre des, ses dispositions* se préparer, s'organiser.

disproportion *nf* défaut de proportion, de convenance ; différence.

disproportionné, e *adj* sans proportion ; excessif, démesuré.

dispute *nf* discussion vive, querelle, altercation.

disputer *vt* 1. lutter pour obtenir un succès, une victoire 2. FAM. gronder, réprimander ◆ **se disputer** *vpr* se quereller.

disquaire *n* marchand de disques.

disqualifier *vt* 1. exclure d'une épreuve sportive pour infraction au règlement 2. LITT. discréditer ◆ **se disqualifier** *vpr* perdre tout crédit par sa conduite.

disque *nm* 1. objet plat et circulaire 2. plaque circulaire pour l'enregistrement et la reproduction de sons, d'images, de données informatiques • ANAT *disque intervertébral* cartilage élastique séparant deux vertèbres 3. ASTRON surface circulaire visible d'un astre 4. sorte de palet que lancent les athlètes 5. CH. DE F plaque mobile qui indique, par sa couleur, si la voie est libre ou non.

disquette *nf* INFORM support magnétique d'informations.

dissection *nf* action de disséquer.

disséminer *vt* éparpiller, répandre çà et là.

disséquer *vt* (conj 10) 1. ouvrir un corps organisé pour en faire l'examen anatomique 2. FIG. analyser minutieusement.

dissertation *nf* exercice scolaire portant sur une question littéraire, philosophique, historique.

disserter *vi* et *vt ind* [sur] 1. traiter méthodiquement un sujet 2. discourir longuement.

dissidence *nf* 1. scission 2. divergence idéologique ; groupe de dissidents.

dissident, e *adj* et *n* qui cesse de se soumettre à une autorité établie, ou à un parti dont il était membre.

dissimuler *vt* cacher ; tenir secret, ne pas laisser paraître ses sentiments, ses intentions ◆ **se dissimuler** *vpr* 1. se cacher 2. se faire des illusions sur quelque chose.

dissiper *vt* 1. faire disparaître, chasser 2. faire cesser : *dissiper une inquiétude* 3. dépenser inconsidérément : *dissiper sa fortune* 4. FIG. distraire, détourner de la discipline ◆ **se dissiper** *vpr* 1. disparaître 2. FIG. être agité, turbulent.

dissocier *vt* 1. séparer des éléments associés 2. distinguer, disjoindre.

dissolu, e *adj* déréglé, corrompu.

dissolution *nf* 1. action de dissoudre ; fait de se désagréger 2. LITT. dérèglement : *dissolution des mœurs.*

dissolvant, e *adj* et *nm* se dit d'un produit qui a la propriété de dissoudre.

dissoudre *vt* (conj 60) 1. décomposer les molécules d'un corps solide : *l'eau dissout le sucre* 2. mettre fin légalement à une association, à l'existence d'un parti, etc. : *dissoudre une société* 3. annuler, rompre : *dissoudre un mariage.*

dissuader *vt* détourner quelqu'un d'une résolution.

dissuasion *nf* 1. action de dissuader 2. MIL action stratégique de représailles préparée par un État en vue de décourager un adversaire.

dissymétrie *nf* défaut, absence de symétrie.

distance *nf* 1. intervalle qui sépare deux points 2. FIG. différence • *prendre, garder ses distances* éviter tout engagement, ou toute familiarité avec quelqu'un • *tenir à distance* ne pas laisser approcher.

distancer *vt* (conj 1) devancer, surpasser.

distanciation *nf* recul pris par rapport à un événement.

distant, e *adj* 1. éloigné, écarté 2. FIG. froid, réservé.

distendre *vt* (conj 50) causer une tension excessive ; augmenter les dimensions en étirant ◆ **se distendre** *vpr* s'affaiblir, se relâcher.

distiller [distile] *vt* 1. réduire les liquides en vapeur par la chaleur pour en recueillir certains principes 2. laisser couler goutte à goutte 3. FIG. répandre : *distiller l'ennui.*

distinct, e [distɛ̃, -ɛ̃kt] *adj* 1. différent 2. qui se perçoit ou se conçoit nettement ; clair.

distinctif, ive *adj* qui permet de distinguer.

distinction *nf* 1. action de distinguer, de séparer ; différence : *distinction entre le bien et le mal* 2. marque d'honneur : *recevoir une distinction* 3. élégance, raffinement : *avoir de la distinction.*

distingué, e *adj* 1. SOUT. remarquable, éminent 2. de bon ton, élégant, raffiné.

distinguer *vt* 1. discerner, percevoir par les sens, par l'esprit 2. percevoir, établir la différence entre des personnes ou des choses : *distinguer les sens d'un mot* 3. caractériser ◆ **se distinguer** *vpr* se faire remarquer, s'illustrer.

distorsion *nf* 1. torsion convulsive de certaines parties du corps 2. défaut de tout appareil enregistreur de sons ou d'images, qui les déforme en les reproduisant 3. FIG. déséquilibre : *distorsion entre les salaires.*

distraction *nf* 1. défaut d'attention, étourderie 2. ce qui amuse, délasse l'esprit ; divertissement.

distraire *vt* (conj 79) 1. LITT. séparer une partie d'un tout ; prélever, retrancher 2. DR détourner à son profit 3. FIG. détourner l'esprit de ce qui l'occupe, rendre inattentif 4. récréer, divertir, amuser ◆ **se distraire** *vpr* s'amuser, se détendre.

distribuer *vt* 1. répartir, donner, fournir 2. donner au hasard : *distribuer des coups* 3. assurer la distribution d'un produit, d'un film, etc.

distributeur, trice *n* qui distribue ◆ *nm* appareil servant à distribuer : *distributeur automatique.*

distribution *nf* 1. action de distribuer ; répartition 2. disposition : *distribution d'une maison* 3. répartition des rôles entre les interprètes d'une pièce, d'un film, etc. ; ensemble de ces interprètes 4. MÉCAN ensemble des organes qui règlent l'admission et l'échappement du fluide moteur 5. ÉCON opérations par lesquelles les produits et les services sont diffusés entre les consommateurs dans le cadre national.

district *nm* subdivision administrative territoriale • *district urbain* groupement administratif de communes voisines formant une même agglomération.

dit, e *adj* 1. convenu, fixé : *à l'heure dite* 2. surnommé : *Jean dit le Bon* • *ledit, ladite, dudit, etc.* la personne ou la chose dont on vient de parler.

dithyrambique *adj* très élogieux.

diurétique *adj* et *nm* qui fait uriner.

diurne *adj* 1. qui s'accomplit pendant le jour 2. BOT se dit des fleurs qui s'épanouissent le jour 3. ZOOL se dit des animaux actifs pendant le jour.

diva *nf* cantatrice célèbre.

divaguer *vi* 1. LITT. errer à l'aventure 2. FIG. tenir des propos incohérents, délirer.

divan *nm* 1. canapé sans bras ni dossier 2. HIST conseil du sultan ottoman 3. LITTÉR recueil de poésies orientales.

divergence *nf* 1. action, fait de diverger 2. établissement de la réaction en chaîne dans un réacteur atomique.

diverger *vi* (conj 2) 1. s'écarter l'un de l'autre, en parlant des rayons, des lignes 2. FIG. être en désaccord : *nos opinions divergent beaucoup.*

divers, e *adj* 1. qui prend différents aspects ; changeant, varié 2. (au pluriel) différents, plusieurs, quelques.

diversifier *vt* varier, mettre de la variété dans.

diversion *nf* 1. MIL opération visant à détourner l'ennemi d'un point sur lequel on compte attaquer 2. action de détourner l'esprit, l'attention • *faire diversion* détourner l'attention.

diversité *nf* variété ; pluralité.

divertir *vt* amuser, distraire ◆ **se divertir** *vpr* s'amuser, se distraire.

divertissement *nm* 1. action de divertir, de se divertir ; amusement 2. distraction 3. THÉÂTR intermède de danse et de chant.

dividende *nm* 1. MATH nombre à diviser 2. part de bénéfice qui revient à chaque actionnaire.

divin, e *adj* 1. qui est propre à Dieu ou à une divinité 2. sublime, merveilleux, exquis.

divination *nf* 1. art de deviner, de prévoir l'avenir 2. FIG. intuition.

diviniser *vt* 1. reconnaître pour divin ; déifier 2. LITT., PAR EXT. exalter, vénérer.

divinité *nf* 1. essence, nature divine 2. dieu, être divin : *divinités grecques.*

diviser *vt* 1. séparer, partager en parties 2. désunir, être une occasion de désaccord 3. MATH effectuer une division.

diviseur *nm* nombre par lequel on en divise un autre.

division *nf* 1. action de diviser ; état qui en résulte 2. partie d'un tout divisé 3. MATH opération par laquelle on partage une quantité en un certain nombre de parties égales 4. MIL unité importante rassemblant des formations de toutes armes 5. groupement de plusieurs services sous une même autorité, dans une administration 6. FIG. désunion, discorde.

divorce *nm* 1. dissolution du mariage civil prononcée par un jugement 2. FIG. rupture, opposition, divergence.

divorcer *vi* (conj 1) rompre juridiquement un mariage.

divulguer *vt* rendre public.

dix [dis] devant une pause, [diz] devant une voyelle ou un « h » muet, [di] devant une consonne ou un « h » aspiré *adj. num. card* nombre qui suit neuf dans la série naturelle des entiers ◆ *adj. num. ord* dixième : *Léon X* ◆ *nm inv* chiffre, numéro qui représente ce nombre.

dixième *adj. num. ord* et *n* 1. qui occupe le rang marqué par le numéro dix 2. qui est contenu dix fois dans le tout ◆ *nm* la dixième partie.

dizaine *nf* groupe de dix unités, d'environ dix unités.

do *nm inv* note de musique.

doberman [dɔbɛrman] *nm* chien de garde.

docile *adj* facile à diriger ; soumis, obéissant.

dock *nm* 1. bassin entouré de quais, pour le chargement et le déchargement des navires 2. magasin d'entrepôt construit sur les quais • *dock flottant* bassin de radoub mobile.

docker [dɔkɛr] *nm* ouvrier employé au chargement et au déchargement des navires.

docte *adj* SOUT. savant, érudit.

docteur *nm* 1. personne qui a obtenu un doctorat 2. personne qui, pourvue d'un doctorat, exerce la médecine, la chirurgie dentaire, etc. 3. personne savante, en particulier en matière religieuse • *docteur de la Loi* interprète officiel des livres sacrés des juifs • *docteur de l'Église* père de l'Église.

doctoral, e, aux *adj* PÉJOR. suffisant, pédant.

doctorat *nm* grade le plus élevé conféré par une université.

doctrine *nf* 1. ensemble des croyances ou des principes qui constituent un système d'enseignement philosophique, littéraire, politique, religieux, etc. 2. opinion, prise de position.

document *nm* 1. écrit servant de preuve, d'information 2. objet servant de preuve, de témoignage.

documentaire *adj* qui a le caractère, la valeur d'un document • *à titre documentaire* pour information ◆ *nm* film à caractère didactique ou culturel.

documentation *nf* action de sélectionner, de classer, d'utiliser des documents ; ensemble de ces documents.

documenter *vt* fournir des documents, des renseignements ◆ **se documenter** *vpr* rechercher, se procurer des documents.

dodeliner *vt ind* • *dodeliner de la tête* lui imprimer un balancement lent et régulier.

dodu, e *adj* gras, potelé.

dogmatique *adj* relatif au dogme ◆ *adj* et *n* qui exprime une opinion de manière catégorique, péremptoire : *ton dogmatique* ◆ *nf* RELIG ensemble des dogmes.

dogmatisme *nm* 1. philosophie ou religion qui rejette le doute et la critique 2. intolérance, sectarisme.

dogme *nm* 1. point fondamental de doctrine en religion ou en philosophie 2. opinion imposée comme vérité indiscutable.

dogue *nm* chien de garde à grosse tête, à museau aplati.

doigt [dwa] *nm* chacune des parties mobiles qui terminent les mains et les pieds de l'homme et de quelques animaux • *être à deux doigts de* être sur le point de • *mettre le doigt sur* deviner juste • *savoir sur le bout du doigt* parfaitement • FAM. *se mettre le doigt dans l'œil* s'abuser grossièrement • *un doigt de* un petit peu : *un doigt d'alcool.*

doigté *nm* 1. MUS manière de doigter 2. FIG. tact, savoir-faire.

doléances *nf pl* plaintes, réclamations.

dollar *nm* unité monétaire de quelques pays, notamment des États-Unis, de l'Australie, du Canada.

dolmen [dɔlmɛn] *nm* monument mégalithique, formé d'une grande pierre plate posée sur deux verticales.

domaine *nm* 1. propriété foncière d'une certaine étendue 2. FIG. attribution, fonction, ressort : *c'est de mon domaine* 3. secteur, champ couvert par un art, une science, une technique • *le domaine de l'État* ou *le Domaine* les biens de l'État, l'administration de ces biens.

domanial, e, aux *adj* qui appartient à un domaine, en particulier au domaine de l'État.

dôme *nm* 1. voûte semi-sphérique, qui surmonte un édifice 2. dispositif en forme de coupole : *dôme de verdure.*

domestique *adj* 1. qui concerne la maison, la famille 2. apprivoisé : *animal domestique* ◆ *n* personne employée au service d'une maison, d'un hôtel, etc.

domestiquer *vt* 1. apprivoiser un animal sauvage 2. rendre utilisable par l'homme : *domestiquer le vent.*

domicile *nm* lieu d'habitation • *à domicile* au lieu où habite quelqu'un • *domicile conjugal* domicile commun des époux • *élire domicile* se fixer.

domicilier *vt* • *se faire domicilier quelque part* faire reconnaître un lieu comme son domicile légal.

dominant, e *adj* qui domine ; prédominant.

dominer *vi* 1. exercer sa suprématie 2. l'emporter en nombre, en intensité sur ◆ *vt* 1. être maître de, tenir sous son autorité 2. être au-dessus de, surplomber : *dominer une plaine* 3. FIG. maîtriser : *dominer un sujet.*

dominical, e, aux *adj* 1. du Seigneur 2. du dimanche : *repos dominical.*

domino *nm* 1. chacune des pièces du jeu de dominos 2. costume de bal masqué, vêtement flottant avec capuchon ; personne qui porte ce costume ◆ **dominos** *nm pl* jeu de société consistant à assembler selon des règles des petits rectangles marqués d'un certain nombre de points.

dommage *nm* perte, dégât, préjudice • *c'est dommage* c'est fâcheux, regrettable ◆ **dommages** *nm pl* • DR *dommages et intérêts* ou *dommages-intérêts* indemnité due pour un préjudice.

dompter [dɔ̃te, dɔ̃pte] *vt* 1. soumettre, subjuguer 2. apprivoiser 3. LITT., FIG. maîtriser, surmonter.

dompteur, euse *n* qui dompte des animaux.

don *nm* 1. action de donner ; chose donnée ; cadeau 2. donation 3. qualité naturelle, talent, disposition.

donation *nf* don à titre gratuit.

donc *conj* 1. marque une conclusion, la conséquence 2. marque la reprise d'une pensée interrompue ◆ *adv* renforce une interrogation, une demande : *qu'as-tu donc ?*

donjon *nm* tour maîtresse d'un château fort.

don Juan (*pl dons Juans*) *nm* séducteur.

donnant, e *adj* • *donnant donnant* à condition de recevoir une contrepartie.

donne *nf* JEUX action de distribuer les cartes • *fausse donne* maldonne.

donné, e *adj* déterminé, fixé : *en un temps donné.*

donnée *nf* 1. point incontestable ou admis comme tel : *données chronologiques* 2. idée fondamentale qui sert de point de départ ◆ **données** *nf pl* 1. ensemble des circonstances qui conditionnent un événement 2. MATH quantités connues citées dans l'énoncé et constituant les bases d'un problème.

donner *vt* 1. attribuer, remettre quelque chose à quelqu'un : *donner des bonbons* 2. produire : *cette vigne donne un bon vin* 3. communiquer, informer : *donner un renseignement ; donner l'alerte* 4. exercer une action sur : *donner du courage, du souci* 5. manifester : *donner signe de vie* ◆ *vi* exercer son action : *la musique donne à plein* ◆ *vt ind* [sur] avoir vue : *cette fenêtre donne sur la cour* ◆ **se donner** *vpr* consacrer son activité, son énergie à : *se donner à son travail* • *s'en donner* beaucoup s'amuser • *se donner pour* se faire passer pour.

dont *pron.rel* remplace aux deux genres et aux deux nombres, *de qui, duquel, de quoi.*

dopage ou **doping** [dɔpiŋ] *nm* emploi d'excitants par un concurrent d'une épreuve sportive.

doper *vt* 1. administrer un excitant 2. stimuler ◆ **se doper** *vpr* prendre des stimulants.

dorade *nf* › daurade.

doré, e *adj* jaune, de couleur d'or ◆ *nm* dorure.

dorénavant *adv* à partir de maintenant ; désormais.

dorer *vt* 1. recouvrir d'une couche d'or 2. CUIS couvrir une préparation d'une légère couche de jaune d'œuf.

dorloter *vt* traiter délicatement, entourer de soins attentifs.

dormant, e *adj* • *eau dormante* eau qui n'a pas de courant, stagnante • *châssis dormant* châssis qui ne s'ouvre pas ◆ *nm* partie fixe d'une fenêtre.

dormir *vi* (conj 18) 1. être plongé dans le sommeil 2. FIG. ne manifester aucune activité 3. rester improductif : *capital qui dort* • *dormir sur ses deux oreilles* en toute sécurité • *ne dormir que d'un œil* être sur ses gardes.

dorsal, e, aux *adj* du dos.

dortoir *nm* salle commune où dorment les membres d'une communauté.

dorure *nf* 1. art, action de dorer 2. revêtement doré.

doryphore *nm* insecte coléoptère qui ravage les plants de pommes de terre.

dos *nm* 1. partie postérieure du tronc de l'homme, entre les épaules et le bassin 2. face supérieure du corps des vertébrés 3. partie supérieure convexe d'un objet 4. verso, revers : *au dos d'une lettre* 5. partie opposée au tranchant : *le dos d'un couteau* • *avoir bon dos* 1. être accusé à la place d'un autre 2. être un prétexte commode • *en dos d'âne* qui présente deux inclinaisons opposées.

dos-d'âne *nm inv* relief, bosse sur une voie, une route.

dose *nf* 1. quantité d'un médicament prise en une fois 2. quantité de chaque élément qui entre dans un composé 3. FIG. quantité quelconque.

doser *vt* déterminer une dose, la concentration d'une solution, la quantité d'un constituant.

dossard *nm* pièce d'étoffe reproduisant un numéro d'ordre, que portent les concurrents d'une épreuve sportive.

dossier *nm* 1. partie postérieure d'un siège, contre laquelle s'appuie le dos 2. ensemble des documents concernant une personne, une question quelconque.

dot [dɔt] *nf* biens qu'une femme apporte en se mariant, ou une religieuse en entrant au couvent.

dotation *nf* 1. ensemble des revenus assignés à un établissement d'utilité publique, une communauté, etc. 2. revenus attribués aux membres d'une famille souveraine, au chef de l'État.

doter *vt* 1. donner une dot à 2. assigner un revenu à : *doter un institut* 3. gratifier quelqu'un d'un avantage 4. FIG. équiper, pourvoir.

douane *nf* 1. administration qui perçoit les droits imposés sur les marchandises exportées ou importées 2. siège de cette administration 3. droits, taxes perçus.

douanier, ère *adj* qui concerne la douane : *union douanière* ◆ *nm* agent de la douane.

double *adj* 1. multiplié par deux en quantité ou en nombre, ou répété deux fois 2. fait de deux choses identiques 3. FIG. qui a deux aspects opposés dont l'un est masqué : *phrase à double sens* • *faire double emploi* être superflu, inutile ◆ *nm* 1. quantité égale à deux fois une autre 2. reproduction, copie : *un double au carbone* • *en double* en deux exemplaires ◆ *adv* • *voir double* voir deux choses où il n'y en a qu'une.

double-croche (*pl doubles-croches*) *nf* MUS valeur de note représentant la moitié d'une croche.

doublement *adv* pour deux raisons, à double titre.

doubler *vt* 1. multiplier par deux 2. mettre en double 3. garnir d'une doublure : *doubler un manteau* 4. dépasser : *doubler un vélo* • VIEILLI. *doubler une classe* la recommencer • *doubler un film* en enregistrer les dialogues dans une langue différente de celle d'origine • *doubler un acteur* jouer son rôle, le remplacer ◆ *vi* devenir double.

doublure *nf* 1. étoffe qui garnit l'intérieur d'un vêtement 2. acteur qui en remplace un autre.

doucement *adv* 1. d'une manière douce, sans violence ; délicatement : *à manipuler doucement* 2. sans excès de bruit : *parler doucement* 3. lentement : *avancer doucement* • *aller (tout) doucement* se porter médiocrement ◆ *interj* s'emploie pour engager à la modération.

douceur *nf* qualité, caractère de ce qui est doux • *en douceur* sans heurt, sans éclat ◆ **douceurs** *nf pl* 1. sucreries, friandises 2. FIG. propos aimables, paroles douces.

douche *nf* 1. jet d'eau dirigé sur le corps 2. installation pour se doucher 3. FIG. ce qui met fin à un état d'exaltation, à des illusions : *recevoir une douche* • *douche écossaise* 1. alternativement chaude et froide 2. FIG. alternance de bonnes et de mauvaises nouvelles.

doucher *vt* donner une douche à ◆ **se doucher** *vpr* prendre une douche.

doué, e *adj* qui a des dons naturels, du talent (pour).

douer *vt* pourvoir, gratifier, doter de : *douer de belles qualités.*

douille *nf* 1. partie creuse d'un instrument, d'un outil, qui reçoit le manche 2. cylindre creux qui contient la charge de poudre d'une cartouche 3. pièce dans laquelle se fixe le culot d'une ampoule électrique.

douillet, ette *adj* et *n* 1. doux, moelleux, confortable 2. FIG. sensible à la moindre douleur.

douleur *nf* souffrance physique ou morale.

douloureux, euse *adj* 1. qui cause de la douleur 2. qui marque, exprime la douleur.

doute *nm* 1. incertitude, irrésolution 2. soupçon, méfiance 3. scepticisme : *le doute scientifique* • *mettre en doute* contester • *sans doute* probablement • *sans aucun doute* assurément.

douter *vt ind* [de, que] 1. être dans l'incertitude sur la réalité ou la vérité d'un fait : *je doute qu'il vienne* 2. ne pas avoir confiance en : *douter de quelqu'un* ◆ **se douter** *vpr* [de, que] pressentir.

douteux, euse *adj* 1. qui n'est pas sûr, incertain : *victoire douteuse* 2. équivoque, qui provoque la méfiance ; suspect : *individu douteux.*

doux, douce *adj* 1. d'une saveur agréable 2. qui produit une impression agréable sur les sens : *voix douce* 3. qui cause un sentiment de bien-être, de plaisir : *de doux souvenirs* 4. qui est facile, peu pénible : *vie douce* 5. qui n'est pas brusque, pas brutal : *pente douce* 6. qui n'est pas violent, pas excessif : *lumière, climat doux* 7. bon, affable, tendre, bienveillant • *eau douce* qui ne contient pas de sel ni de calcaire • *vin doux* qui n'a pas encore fermenté ◆ *adv* • *filer doux* obéir sans résistance • *tout doux !* doucement ◆ *nm* ce qui est doux, agréable.

douzaine *nf* 1. ensemble de douze objets, personnes, etc., de même nature 2. douze environ.

douze *adj. num. card* dix et deux ◆ *adj. num. ord* douzième : *page douze* ◆ *nm inv* chiffre, numéro qui représente ce nombre.

douzième *adj. num. ord* et *n* 1. qui occupe le rang marqué par le numéro douze 2. qui est contenu douze fois dans le tout ◆ *nm* la douzième partie.

Dow Jones (indice) [dɔwdʒɔns] (nom déposé) indice calculé à partir du cours de 30 actions américaines.

doyen, enne *n* le plus ancien par l'âge ou l'appartenance à un groupe ◆ *nm* RELIG responsable ecclésiastique.

drachme [drakm] *nf* unité monétaire grecque.

draconien, enne *adj* d'une rigueur, d'une sévérité excessives.

dragée *nf* 1. amande recouverte de sucre durci 2. pilule ou comprimé enrobé de sucre • *tenir la dragée haute à quelqu'un* lui faire attendre, lui faire payer cher ce qu'il désire.

dragéifié, e *adj* qui a l'aspect d'une dragée.

dragon *nm* 1. monstre fabuleux 2. HIST soldat d'un corps de cavalerie 3. FIG. gardien vigilant, farouche 4. personne acariâtre, autoritaire.

drague *nf* 1. machine pour curer les fonds d'un cours d'eau, de la mer 2. dispositif employé pour détruire les mines sous-marines 3. sorte de filet de pêche 4. FAM. action de draguer quelqu'un.

draguer *vt* 1. curer avec la drague 2. détecter des mines sous-marines pour les détruire à la drague 3. FAM. aborder quelqu'un en vue d'une aventure amoureuse.

drainer *vt* 1. débarrasser un sol de son excès d'eau 2. mettre des drains dans un foyer purulent 3. FIG. attirer à soi.

dramatique *adj* 1. qui se rapporte au théâtre 2. qui comporte un danger ; grave, terrible, tragique.

dramatique *nf* émission de caractère théâtral, télévisée ou radiodiffusée.

dramatiser *vt* exagérer la gravité, la violence d'un événement, d'une situation.

dramaturge *n* auteur de pièces de théâtre.

drame *nm* 1. pièce de théâtre où le comique peut se mêler au tragique 2. événement violent ou tragique ; catastrophe.

drap *nm* 1. étoffe de laine 2. pièce de tissu dont on garnit un lit 3. grande serviette en tissu-éponge : *drap de bain* • FAM. *être dans de beaux draps* dans une position fâcheuse.

drapeau *nm* pièce d'étoffe attachée à une hampe, portant les couleurs d'une nation, d'un parti, etc. • FIG. *sous les drapeaux* au service militaire.

draper *vt* 1. couvrir d'une draperie 2. disposer en plis harmonieux ◆ **se draper** *vpr*

1. s'envelopper 2. SOUT., FIG. s'enorgueillir, se prévaloir de : *se draper dans sa dignité.*

drap-housse (*pl draps-housses*) *nm* drap de dessous dont les coins repliés emboîtent le matelas.

drastique *adj* très rigoureux, draconien : *des mesures drastiques.*

dresser *vt* 1. lever, tenir droit, vertical 2. monter, construire : *dresser une tente* 3. disposer, agencer : *dresser la table* 4. établir, rédiger : *dresser un acte* 5. FIG. plier quelqu'un à une discipline stricte 6. dompter un animal 7. exciter : *dresser une personne contre une autre* • FIG. *dresser l'oreille* écouter ◆ **se dresser** *vpr* 1. se lever, se tenir droit 2. FIG. s'insurger contre.

dresseur, euse *n* personne qui dresse des animaux.

dribbler *vi* dans divers sports d'équipe, conduire le ballon par petits coups successifs, pour éviter l'adversaire.

drogue *nf* 1. substance qui modifie l'état de conscience ; stupéfiant 2. PÉJOR. médicament.

droguer *vt* donner trop de médicaments à ◆ **se droguer** *vpr* prendre avec excès des médicaments ou des stupéfiants.

droguerie *nf* commerce de produits d'hygiène, d'entretien ; magasin où se vendent ces produits.

droguiste *n* personne qui tient une droguerie.

droit *nm* 1. faculté reconnue d'agir de telle façon, de jouir de tel avantage : *avoir le droit de vote, de fumer* 2. ce qui donne une autorité morale, une influence, un pouvoir : *avoir des droits sur quelqu'un* 3. impôt, taxe : *droit d'entrée* 4. ensemble des lois et dispositions qui règlent les rapports entre les membres d'une société : *le droit doit primer la force* 5. science qui a pour objet l'étude des lois et des règles de la société : *faire son droit* 6. justice • *droit canon* droit ecclésiastique • *droit civil* règles relatives aux personnes et aux biens • *droit international* droit qui règle les rapports entre nations • *droit pénal* règles qui sanctionnent les infractions et leurs auteurs • *droit privé* règles qui régissent les rapports des individus entre eux • *droit public* règles relatives à l'organisation de l'État et à ses rapports avec les particuliers.

droit, e *adj* 1. qui n'est pas courbe ; rectiligne 2. vertical 3. qui est placé, chez l'homme et chez les animaux, du côté opposé à celui du cœur 4. FIG. honnête, loyal, franc 5. qui raisonne sainement ; sensé, judicieux • *angle droit* dont les côtés sont perpendiculaires ◆ *adv* directement.

droite *nf* 1. côté droit, main droite 2. partie d'une assemblée délibérante formée d'éléments conservateurs 3. MATH ligne droite • *à droite* à main droite, du côté droit • *extrême droite* ensemble des mouvements contre-révolutionnaires, qui récusent le libéralisme et le marxisme.

droitier, ère *n* et *adj* qui se sert surtout de sa main droite.

droiture *nf* loyauté, honnêteté.

drôle *adj* 1. plaisant, gai, amusant 2. bizarre : *drôle d'aventure.*

drôlement *adv* 1. de façon drôle, bizarre 2. FAM. très, extrêmement.

dromadaire *nm* chameau à une seule bosse.

dru, e *adj* épais, serré, touffu ◆ *adv* en grande quantité, serré : *tomber dru.*

du *art* remplace *le* précédé de *de.*

dû *nm* ce qui est dû à quelqu'un : *réclamer son dû.*

dû, due *adj* que l'on doit • DR *en bonne et due forme* 1. selon les règles voulues par la loi 2. FIG. de façon parfaite.

dualisme *nm* tout système religieux ou philosophique qui admet deux principes opposés comme le bien et le mal, la matière et l'esprit, etc.

dubitatif, ive *adj* qui exprime le doute.

duc *nm* 1. souverain d'un duché 2. titre de noblesse, le plus élevé après celui de prince 3. grand oiseau du genre chouette.

duché *nm* HIST terre, seigneurie à laquelle le titre de duc est attaché.

duchesse *nf* 1. femme d'un duc 2. femme qui possède un duché.

dudit (*pl desdits*) *adj* › dit.

duel *nm* combat entre deux adversaires.

duettiste *n* artiste qui chante ou qui joue en duo.

duffel-coat [dœfɔlkot] (*pl duffel-coats*) ou **duffle-coat** (*pl duffle-coats*) *nm* manteau trois-quarts à capuchon.

dûment *adv* selon les formes prescrites.

dumping [dœmpiŋ] *nm* pratique qui consiste à vendre des produits moins chers à l'étranger que sur le marché national, même à perte.

dune *nf* monticule de sable édifié par le vent sur les côtes, dans les déserts.

duo *nm* 1. morceau de musique pour deux voix ou deux instruments 2. FIG. association de deux personnes.

duodécimal, e, aux *adj* qui se compte, se divise par douze.

duodénum [dɥɔdenɔm] *nm* portion de l'intestin grêle, qui succède à l'estomac.

dupe *nf* personne trompée ◆ *adj* • *être dupe* se laisser tromper naïvement.

duper *vt* tromper.

duplex *nm* 1. transmission simultanée dans les deux sens d'une émission téléphonique ou télégraphique 2. appartement sur deux étages réunis par un escalier intérieur.

duplicata (*pl duplicatas* ou *inv*) *nm* double d'un acte, d'un écrit.

duplicité *nf* mauvaise foi, hypocrisie, fausseté.

dupliquer *vt* faire un double, une copie d'un document, d'une bande magnétique.

duquel (*pl desquels*) *pr.rel* remplace *lequel* précédé de *de*.

dur, e *adj* 1. ferme, solide, difficile à entamer : *bois dur* 2. pénible : *vie dure* 3. insensible : *homme, cœur dur* 4. résistant : *être dur à la fatigue* 5. rebelle à la discipline : *cet enfant est dur* 6. intransigeant : *éléments durs d'un parti* • ***être dur d'oreille*** entendre mal ◆ *n* FAM. personne qui ne recule devant rien ◆ *adv* avec force, énergie : *frapper dur ; travailler dur.*

durant *prép* 1. pendant la durée de : *durant une heure* 2. (après le nom) pour insister sur la continuité : *sa vie durant.*

durcir *vt* rendre dur ◆ *vi* devenir dur.

durée *nf* espace de temps que dure une chose.

durer *vi* 1. avoir une durée de : *son discours a duré deux heures* 2. continuer d'être, se prolonger : *la sécheresse dure* 3. résister au temps, à la destruction : *c'est une œuvre qui durera.*

dureté *nf* 1. caractère de ce qui est dur : *la dureté de l'acier, d'un climat ; parler avec dureté* 2. teneur d'une eau en ions calcium et magnésium.

durillon *nm* petite callosité.

Durit [dyrit] *nf* (nom déposé) tuyau en caoutchouc spécial, utilisé pour faire des raccords dans les canalisations des moteurs à explosion.

duvet *nm* 1. plume légère qui garnit le dessous du corps des oiseaux 2. premières plumes des oiseaux nouvellement éclos 3. poils doux et fins sur le corps humain, sur certains végétaux, etc. 4. sac de couchage garni de plumes ou de fibres synthétiques.

dynamique *adj* 1. plein d'entrain, d'activité, d'énergie, entreprenant 2. PHYS relatif à la force, au mouvement 3. qui considère les choses dans leur mouvement (par oppos. à *statique*).

dynamique *nf* partie de la mécanique qui étudie les forces et les mouvements • PSYCHOL ***dynamique de groupe*** ensemble des procédés qui ont pour objet d'étudier le fonctionnement et le comportement d'un groupe humain.

dynamiser *vt* donner du dynamisme, de l'énergie à : *dynamiser une équipe.*

dynamisme *nm* énergie, vitalité.

dynamite *nf* substance explosive.

dynamiter *vt* faire sauter à la dynamite.

dynamo *nf* machine dynamoélectrique.

dynastie *nf* suite de souverains de même famille.

dysenterie *nf* maladie infectieuse ou parasitaire, provoquant une diarrhée douloureuse et sanguinolente.

dysfonctionnement *nm* trouble de fonctionnement d'un organe, d'un système, etc.

dyslexie *nf* difficulté d'apprentissage de la lecture.

E

e *nm* cinquième lettre de l'alphabet et la deuxième des voyelles.

eau *nf* 1. liquide transparent, insipide, inodore 2. masse de ce liquide (lac, rivière, etc.) 3. pluie 4. nom d'un grand nombre de liquides alcooliques : *eau-de-vie ; eau de Cologne* 5. tout liquide organique, urine, salive, sueur, larmes 6. limpidité des pierres précieuses : *diamant de belle eau* ◆ **eaux** *nf pl* 1. eaux thermales ou minérales : *ville d'eaux* 2. liquide amniotique : *perdre les eaux* • ***Eaux et Forêts*** administration chargée de tout ce qui concerne les cours d'eau, les étangs et les forêts de l'État.

eau-de-vie (*pl eaux-de-vie*) *nf* liqueur alcoolique extraite par distillation du vin, du marc, du cidre, du grain, etc.

ébahir *vt* frapper d'étonnement, stupéfier.

ébats *nm pl* mouvements folâtres.

ébattre (s') *vpr* (conj 56) se donner du mouvement pour se détendre.

ébauche *nf* 1. premier stade d'exécution d'un objet, d'un ouvrage, d'une œuvre d'art, esquisse ; forme générale 2. commencement : *l'ébauche d'un sourire.*

ébaucher *vt* 1. dessiner, tracer l'ébauche de 2. commencer, esquisser.

ébène *nf* 1. bois noir, dur et pesant 2. couleur d'un noir éclatant : *cheveux d'ébène.*

ébéniste *n* menuisier qui fait des meubles.

éberlué, e *adj* stupéfait, étonné.

éblouir *vt* 1. troubler la vue par un éclat trop vif 2. FIG. fasciner, émerveiller 3. PÉJOR. aveugler, séduire.

éborgner *vt* rendre borgne.

éboueur *nm* employé chargé d'enlever les ordures ménagères SYN. FAM. *boueux.*

ébouillanter *vt* tremper dans l'eau bouillante ◆ **s'ébouillanter** *vpr* se brûler avec de l'eau bouillante.

éboulement *nm* 1. chute de ce qui s'éboule 2. matériaux éboulés.

éboulis *nm* amas de matériaux éboulés.

ébouriffer *vt* 1. mettre les cheveux en désordre 2. FAM. surprendre, ahurir.

ébranler *vt* 1. faire trembler, osciller, secouer 2. FIG. rendre moins solide, moins sta-

ble 3. FIG. rendre moins sûr, faire douter quelqu'un ◆ **s'ébranler** *vpr* se mettre en mouvement.
ébrécher *vt* (conj 10) 1. endommager le bord de : *ébrécher un verre* 2. FIG. entamer, diminuer : *ébrécher sa fortune.*
ébriété *nf* ivresse.
ébruiter *vt* divulguer, répandre ◆ **s'ébruiter** *vpr* se répandre, se propager.
ébullition *nf* 1. mouvement, état d'un liquide qui bout 2. FIG. effervescence, agitation : *une foule en ébullition.*
écaille *nf* 1. chacune des plaques cornées qui recouvrent le corps des poissons et des reptiles 2. matière première provenant de la carapace de tortue 3. valve d'une coquille bivalve : *écaille d'huître* 4. chacune des lames qui protègent certains organes végétaux 5. ce qui se détache en plaques d'une surface.
écailler *vt* enlever les écailles de : *écailler un poisson, des huîtres* ◆ **s'écailler** *vpr* se détacher en écailles.
écale *nf* enveloppe coriace de certains fruits.
écaler *vt* ôter l'écale, la coquille de.
écarlate *nf* couleur d'un rouge vif ◆ *adj* rouge vif.
écarquiller *vt* • *écarquiller les yeux* les ouvrir tout grands.
écart *nm* 1. action de s'écarter, de se détourner de son chemin, d'une ligne de conduite, d'une norme : *faire un écart ; écart d'humeur, de langage* 2. distance, intervalle, différence : *écarts de température* 3. village séparé du centre communal dont il dépend • *à l'écart* loin, à part • *grand écart* mouvement consistant à écarter les jambes jusqu'à ce que les cuisses touchent le sol.
écartèlement *nm* ANC. supplice par lequel on écartelait un condamné.
écarteler *vt* (conj 5) 1. ANC. faire tirer en sens inverse, par quatre chevaux, les quatre membres d'un condamné 2. FIG. partager, tirailler : *être écartelé entre des désirs contraires.*
écartement *nm* 1. action d'écarter, de s'écarter 2. distance entre deux choses : *l'écartement des rails.*
écarter *vt* 1. mettre une certaine distance entre des choses, des personnes ; éloigner, séparer : *écarter les bras* 2. tenir à distance ; repousser : *écarter des curieux* 3. FIG. faire dévier ; détourner : *écarter du chemin* 4. rejeter, éliminer, exclure : *écarter un soupçon ; écarter un candidat de la compétition* ◆ **s'écarter** *vpr* s'éloigner (d'une personne, d'une chose, d'une direction).
ecchymose [ekimoz] *nf* épanchement formé par l'infiltration du sang dans l'épaisseur de la peau SYN. FAM. *bleu.*
ecclésiastique *adj* qui concerne l'Église, le clergé : *costume ecclésiastique* ◆ *nm* membre du clergé.
écervelé, e *adj* et *n* qui agit sans réflexion ; étourdi.
échafaud *nm* 1. plate-forme sur laquelle on exécutait les condamnés à mort par décapitation 2. peine de mort, exécution.
échafaudage *nm* 1. assemblage provisoire de charpente dressé pour bâtir, réparer des constructions 2. amas d'objets empilés 3. FIG. action d'échafauder : *échafaudage d'un système.*
échafauder *vt* élaborer en combinant des éléments souvent compliqués : *échafauder un plan* ◆ *vi* dresser un échafaudage.
échalote *nf* plante potagère voisine de l'oignon ; bulbe de cette plante.
échancrer *vt* creuser quelque chose en dedans, découper une partie de son bord.
échancrure *nf* partie échancrée.
échange *nm* 1. opération par laquelle on échange 2. BIOL passage et circulation de substances entre une cellule et le milieu extérieur.
échanger *vt* (conj 2) 1. donner une chose et en recevoir une autre en contrepartie : *échanger des timbres* 2. adresser quelque chose à quelqu'un de qui on reçoit quelque chose en réponse : *échanger des lettres, des mots, des sourires.*
échangeur *nm* 1. appareil dans lequel deux fluides échangent de la chaleur 2. dispositif de raccordement de plusieurs routes ou autoroutes sans aucun croisement à niveau.
échantillon *nm* 1. petite quantité d'une marchandise qui donne une idée de l'ensemble 2. spécimen représentatif, exemple 3. fraction représentative d'une population ou d'un ensemble statistique.
échappée *nf* 1. action de distancer ses concurrents 2. escapade 3. espace étroit laissé libre à la vue ou au passage : *échappée sur la mer.*
échappement *nm* 1. expulsion dans l'atmosphère des gaz de combustion d'un moteur ; dispositif permettant cette expulsion 2. mécanisme qui régularise le mouvement d'une horloge.
échapper *vt ind* [à, de] 1. se soustraire à : *échapper à la vue ; échapper à ses gardiens* 2. ne pas être atteint par quelque chose ; éviter de peu : *échapper à l'impôt, à la mort* 3. cesser d'être tenu, retenu : *le plat lui a échappé des mains ; son nom m'échappe ; le pouvoir lui échappe* ◆ *vt* • *l'échapper belle* éviter de peu un danger ◆ **s'échapper** *vpr* 1. s'enfuir, se sauver : *s'échapper de prison* 2. sortir, se répandre : *la vapeur s'échappe par la soupape* 3. se dissiper : *son dernier espoir s'est échappé.*
écharde *nf* petit fragment d'un corps entré dans la chair.
écharpe *nf* 1. bande d'étoffe qui se porte obliquement d'une épaule à la hanche op-

posée, ou bien autour de la taille 2. bande d'étoffe que l'on porte sur les épaules 3. bandage pour soutenir un bras blessé • *en écharpe* 1. de biais 2. en bandoulière.

échasse *nf* long bâton garni d'un étrier, pour marcher à une certaine hauteur audessus du sol.

échauffement *nm* 1. action d'échauffer, de s'échauffer 2. état d'une pièce de frottement ou de roulement dont la température s'élève par défaut de graissage ou de refroidissement 3. FIG. surexcitation, énervement.

échauffer *vt* 1. donner de la chaleur à, élever la température de 2. animer, exciter : *échauffer les esprits* ◆ **s'échauffer** *vpr* 1. s'animer 2. s'entraîner avant un effort physique.

échéance *nf* date de paiement d'une dette, de l'exécution d'une obligation.

échéant, e *adj* • *le cas échéant* si le cas se présente.

échec *nm* insuccès, manque de réussite.

échecs *nm pl* jeu qui se joue sur un échiquier de 64 cases, avec deux séries de 16 pièces, de valeurs diverses.

échelle *nf* 1. dispositif composé de deux montants reliés entre eux par des barreaux 2. suite de degrés, de niveaux classés dans un ordre progressif, hiérarchie : *échelle sociale ; échelle de valeurs* 3. série de divisions sur un instrument de mesure : *échelle thermométrique* 4. rapport entre les distances figurées sur une carte, un plan et les distances réelles sur le terrain : *sur une carte à l'échelle de 1/25 000, un millimètre vaut 25 000 mm sur le terrain, soit 25 m* 5. ordre de grandeur, moyen de comparaison, d'évaluation : *problème à l'échelle mondiale* • *sur une grande échelle* dans des proportions importantes ◆ **échelles** *nf pl* HIST comptoirs commerciaux établis du XVIe au XXe s. par les nations chrétiennes en Méditerranée orientale.

échelon *nm* 1. chacun des barreaux de l'échelle 2. chacun des degrés d'une série, d'une hiérarchie 3. subdivision d'un grade en matière d'avancement administratif.

échelonner *vt* répartir dans le temps ou l'espace : *échelonner des troupes ; échelonner des paiements.*

écheveau *nm* 1. petit faisceau de fils 2. FIG. ensemble serré, compliqué : *l'écheveau d'une intrigue.*

échevelé, e *adj* 1. qui a les cheveux en désordre, ébouriffé 2. FIG. effréné.

échine *nf* colonne vertébrale, dos de l'homme et de certains animaux • FAM. *avoir l'échine souple* être servile • *courber, plier l'échine* céder, se soumettre.

échiner (s') *vpr* se fatiguer, se donner de la peine.

échiquier *nm* 1. plateau carré, divisé en 64 cases, pour jouer aux échecs 2. disposition en carrés égaux et contigus 3. FIG. lieu où s'opposent des partis, des intérêts et qui exige des manœuvres habiles : *échiquier parlementaire.*

écho [eko] *nm* 1. répétition d'un son réfléchi par un obstacle ; lieu où se produit ce phénomène 2. réponse à une sollicitation, accueil : *cette offre est restée sans écho* 3. ce qu'on dit de quelque chose ; anecdote, nouvelle (souvent pl) : *j'ai eu des échos de la réunion ; les échos d'un journal* 4. onde électromagnétique émise par un radar, qui revient à l'appareil après réflexion par un obstacle 5. image perturbatrice en télévision • *se faire l'écho de* accueillir, propager.

échographie [ekɔ-] *nf* MÉD méthode d'exploration utilisant la réflexion (écho) des ultrasons dans les organes.

échouer *vi* 1. ne pas réussir 2. MAR donner sur un écueil, un banc de sable ou un hautfond ◆ *vt* pousser un navire sur un hautfond ◆ **s'échouer** *vpr* toucher le fond et s'arrêter.

éclabousser *vt* 1. faire jaillir de la boue, un liquide sur 2. FIG. salir, compromettre quelqu'un.

éclaboussure *nf* 1. boue, matière quelconque qui a rejailli 2. FIG. contrecoup : *les éclaboussures d'un scandale.*

éclair *nm* 1. éclat subit et passager de lumière produit par la foudre 2. lueur éclatante et brève 3. brusque manifestation : *un éclair de génie* 4. gâteau allongé, à la crème • *comme l'éclair* très vite ◆ *adj inv* très rapide : *guerre éclair.*

éclairage *nm* action, moyen, manière d'éclairer : *éclairage électrique.*

éclaircie *nf* 1. espace clair dans un ciel brumeux 2. courte interruption du mauvais temps 3. espace découvert dans un bois.

éclaircir *vt* 1. rendre plus clair 2. rendre moins épais, moins serré : *éclaircir un bois* 3. FIG. rendre intelligible : *éclaircir une question.*

éclaircissement *nm* explication.

éclairé, e *adj* qui a des connaissances, instruit.

éclairer *vt* 1. répandre de la lumière sur 2. fournir à quelqu'un de la lumière pour qu'il voie 3. rendre compréhensible 4. LITT. instruire 5. MIL reconnaître le terrain ou la mer en avant d'une formation ◆ **s'éclairer** *vpr* 1. devenir lumineux 2. FIG. devenir compréhensible.

éclaireur *nm* soldat, navire éclairant la marche d'une troupe, d'une flotte.

éclat *nm* 1. fragment détaché d'un corps dur 2. bruit soudain et violent : *éclat de voix* 3. lumière vive 4. qualité d'une couleur vive, de ce qui brille 5. FIG. gloire, splendeur : *l'éclat des grandeurs* 6. scandale : *faire un éclat.*

éclatant, e *adj* 1. qui a de l'éclat, qui brille : *poli éclatant* 2. FIG. spectaculaire, magnifique : *victoire éclatante.*

éclater *vi* 1. se briser soudainement sous l'effet de la pression : *pierre qui éclate* 2. produire un bruit subit et violent 3. FIG. se manifester avec force et soudaineté : *scandale qui éclate* 4. livrer cours à ses sentiments : *éclater de rire ; éclater en sanglots.*

éclectique *adj* qui rassemble une grande variété de tendances, qui choisit dans des catégories très diverses : *goût éclectique* ◆ *adj* et *n* qui adopte ce qui lui plaît, qui apprécie des choses très diverses sans esprit exclusif.

éclipse *nf* 1. ASTRON disparition totale ou partielle d'un astre, par l'interposition d'un autre 2. FIG. disparition momentanée : *éclipse de mémoire* 3. baisse de popularité.

éclipser *vt* 1. surpasser par un mérite, un prestige, un éclat plus grand : *éclipser un rival* 2. ASTRON provoquer une éclipse ◆ **s'éclipser** *vpr* disparaître furtivement.

éclopé, e *adj* et *n* boiteux, estropié.

éclore *vi* (conj 81) 1. sortir de l'œuf 2. s'ouvrir, fleurir 3. LITT. paraître.

éclosion *nf* 1. action d'éclore 2. épanouissement 3. FIG. manifestation.

écluse *nf* ouvrage muni de portes et de vannes pour retenir ou lâcher les eaux d'une rivière ou d'un canal.

écœurement *nm* 1. action d'écœurer 2. état d'une personne écœurée.

écœurer *vt* 1. soulever le cœur, dégoûter 2. inspirer de la répugnance, de l'indignation, du découragement.

école *nf* 1. établissement où se donne un enseignement collectif ; cet enseignement 2. ensemble des élèves qui le fréquentent 3. ensemble des partisans d'un maître, d'une doctrine ; cette doctrine : *école rationaliste* 4. ensemble des artistes d'une même nation, d'une même tendance : *école italienne, impressionniste* 5. LITT. source d'enseignement, d'expérience : *être à bonne école* • *faire école* rallier des adeptes ou des imitateurs.

écolier, ère *n* qui fréquente l'école • *le chemin des écoliers* le plus long.

écologie *nf* 1. partie de la biologie qui étudie les rapports des êtres vivants avec le milieu naturel 2. défense du milieu naturel, protection de l'environnement.

écologisme *nm* défense du milieu naturel, protection de l'environnement.

écologiste *n* 1. spécialiste d'écologie 2. adepte de l'écologisme.

éconduire *vt* (conj 70) refuser de recevoir, repousser.

économe *n* personne chargée des dépenses d'un établissement hospitalier ou scolaire, d'une communauté ◆ *adj* qui dépense avec mesure.

économie *nf* 1. qualité d'une personne économe : *vivre avec économie* 2. ce que l'on épargne : *réaliser une économie de temps* 3. ensemble des activités d'une collectivité humaine, relatives à la production, à la distribution et à la consommation des richesses ◆ **économies** *nf pl* somme d'argent épargnée.

économique *adj* 1. relatif à l'économie 2. qui diminue la dépense, avantageux.

économiser *vt* 1. épargner 2. ménager : *économiser ses forces.*

écope *nf* pelle pour vider l'eau d'une embarcation.

écoper *vt* vider l'eau avec une écope ◆ *vt* et *vt ind* [de] FAM. recevoir quelque chose, se voir infliger une peine : *écoper (de) deux ans de prison.*

écorce *nf* 1. partie superficielle et protectrice des troncs, des branches, des tiges des végétaux 2. enveloppe de certains fruits • *écorce terrestre* zone superficielle de la Terre, d'une épaisseur moyenne de 35 km SYN. *croûte terrestre.*

écorcher *vt* 1. dépouiller un animal de sa peau 2. entamer la peau, érafler • FAM., FIG. *écorcher un client* lui faire payer trop cher • *écorcher les oreilles* choquer, être désagréable, en parlant des sons, des mots • *écorcher une langue, un mot* parler, prononcer mal.

écorchure *nf* plaie superficielle, éraflure.

écorner *vt* 1. amputer les cornes d'un animal 2. briser les angles : *écorner un livre* 3. FIG. entamer : *écorner sa fortune.*

écossais, e *adj* et *n* 1. d'Écosse 2. se dit d'un tissu à carreaux de diverses couleurs.

écosser *vt* tirer de la cosse : *écosser des petits pois.*

écosystème *nm* ensemble des êtres vivants et des éléments non vivants d'un milieu qui sont liés vitalement entre eux.

écoulement *nm* mouvement d'un fluide, d'un corps visqueux qui s'écoule.

écouler *vt* 1. vendre : *écouler un stock de marchandises* 2. Se débarrasser en mettant en circulation : *écouler de faux billets* ◆ **s'écouler** *vpr* 1. s'évacuer en coulant 2. FIG. passer : *temps qui s'écoule.*

écourter *vt* diminuer, abréger.

écoute *nf* 1. action d'écouter : *rester à l'écoute* 2. capacité à écouter autrui, à être attentif, réceptif à sa parole • *table d'écoute* dispositif permettant de surveiller des communications téléphoniques • *heure de grande écoute* moment de la journée où les auditeurs de la radio ou de la télévision sont le plus nombreux.

écouter *vt* 1. prêter l'oreille pour entendre 2. tenir compte de, bien accueillir : *écouter un conseil, une demande* 3. céder, obéir ◆ **s'écouter** *vpr* s'occuper trop de sa santé.

écouteur *nm* récepteur d'un appareil téléphonique.

écoutille *nf* ouverture pratiquée dans le pont d'un navire.

écran *nm* 1. dispositif qui arrête la lumière, la chaleur, le son, qui empêche de voir ou qui protège 2. tableau blanc pour projeter des images : *écran de cinéma* • *faire écran* empêcher de voir, de comprendre • *le petit écran* la télévision.

écrasant, e *adj* qui écrase, accable.

écraser *vt* 1. aplatir et briser par compression 2. accabler, peser lourdement sur : *écraser d'impôts* 3. vaincre, anéantir.

écrémer *vt* (conj 10) 1. séparer la crème du lait 2. FIG. prendre ce qu'il y a de meilleur dans.

écrevisse *nf* crustacé d'eau douce.

écrier (s') *vpr* dire en criant.

écrin *nm* coffret pour bijoux.

écrire *vt* (conj 71) 1. figurer sa pensée au moyen de signes convenus 2. rédiger, composer : *écrire un roman* 3. correspondre par lettre : *écrire à ses amis* 4. orthographier.

écrit, e *adj* 1. consigné, noté par l'écriture 2. couvert de signes d'écriture : *feuille écrite* 3. exprimé par le moyen de l'écriture : *épreuves écrites.*

écrit *nm* 1. toute chose écrite 2. acte, convention écrits 3. ensemble des épreuves écrites d'un examen, d'un concours 4. langue écrite CONTR. *oral.*

écriteau *nm* inscription en grosses lettres donnant un renseignement, un avis.

écritoire *nf* petit coffret contenant ce qu'il faut pour écrire.

écriture *nf* 1. représentation de la pensée par des signes de convention 2. manière d'écrire 3. style • *l'Écriture sainte, les saintes Écritures* la Bible ◆ **écritures** *nf pl* comptes, correspondance d'un commerçant.

écrivain *nm* auteur de livres • *écrivain public* celui qui fait profession de rédiger et d'écrire pour ceux qui ne savent pas.

écrou *nm* pièce de métal ou de bois creusée en spirale pour le logement du filet d'une vis.

écrouer *vt* mettre en prison.

écroulement *nm* 1. éboulement d'un mur, d'une montagne, etc. 2. FIG. chute, ruine complète.

écrouler (s') *vpr* 1. tomber en s'affaissant avec fracas, s'effondrer 2. s'anéantir.

écru, e *adj* se dit de matières textiles n'ayant subi ni lavage, ni blanchiment, ni teinture.

écueil [ekœj] *nm* 1. rocher à fleur d'eau 2. FIG. obstacle, danger.

écuelle *nf* assiette creuse sans rebord ; son contenu.

écume *nf* 1. mousse blanchâtre qui se forme sur un liquide 2. bave de quelques animaux 3. sueur du cheval 4. VIEILLI., LITT. partie vile et méprisable d'une population : *l'écume des grandes villes* • *écume de mer* silicate naturel de magnésium hydraté, d'un blanc jaunâtre.

écumer *vt* enlever l'écume de : *écumer une sauce* ◆ *vi* 1. se couvrir d'écume 2. FIG. être furieux.

écumoire *nf* grande cuiller plate, percée de trous, pour écumer.

écureuil *nm* petit rongeur à poil roux, à queue touffue.

écurie *nf* 1. lieu destiné à loger les chevaux 2. ensemble des chevaux de course appartenant à un même propriétaire : *une écurie célèbre* 3. ensemble des écrivains, des artistes, des sportifs bénéficiant du soutien d'un même éditeur, d'une même marque commerciale.

écusson *nm* 1. petit écu d'armoiries 2. cartouche portant des pièces héraldiques, des inscriptions, etc. 3. plaque de métal en forme d'écu, sur une serrure 4. AGRIC morceau d'écorce, portant un bouton, ou un œil, destiné à la greffe.

écuyer, ère *n* 1. personne qui monte à cheval 2. qui fait des exercices d'équitation dans un cirque 3. personne qui enseigne l'équitation.

eczéma *nm* maladie de peau.

edelweiss [edɛlvɛs] *nm* plante cotonneuse poussant dans les Alpes et les Pyrénées au-dessus de 1 000 m.

éden [edɛn] *nm* 1. RELIG (avec une majuscule) paradis terrestre 2. LITT., FIG. lieu de délices.

édenté, e *adj* et *n* qui n'a plus de dents.

édicule *nm* petit édifice élevé sur la voie publique.

édifiant, e *adj* 1. qui porte à la vertu 2. instructif.

édifice *nm* 1. bâtiment considérable 2. FIG. ensemble organisé : *édifice social.*

édifier *vt* 1. construire 2. FIG. combiner, établir 3. porter à la piété, à la vertu par l'exemple 4. instruire, renseigner.

édit *nm* HIST loi, ordonnance émanant du roi.

éditer *vt* publier, mettre en vente l'œuvre d'un écrivain, d'un artiste.

éditeur, trice *adj* et *n* qui édite.

édition *nf* 1. impression et publication des œuvres d'écrivains, de musiciens, etc. 2. collection des exemplaires de cette publication 3. ensemble des exemplaires d'un journal imprimés en une fois : *une édition spéciale* 4. industrie et commerce du livre.

éditorial, e, aux *adj* de l'éditeur, de l'édition ◆ *nm* article émanant de la direction d'un journal, d'une revue.

éditorialiste *n* personne qui écrit l'éditorial d'un journal.

édredon *nm* couvre-pieds garni de duvet.

éducateur, trice *n* qui éduque.

éducatif, ive *adj* 1. qui concerne l'éducation : *système éducatif* 2. propre à éduquer : *jeu éducatif.*

éducation *nf* 1. action, manière d'éduquer 2. formation aux usages, aux bonnes manières • ***Éducation nationale*** ensemble des services chargés de l'organisation, de la direction et de la gestion de l'enseignement public.

édulcorer *vt* 1. ajouter du sucre à une boisson, un médicament pour les rendre moins amers 2. FIG. atténuer les termes, les hardiesses d'un texte.

éduquer *vt* développer les facultés physiques, intellectuelles et morales de quelqu'un ; former, élever.

effacé, e *adj* qui se tient à l'écart, modeste.

effacement *nm* 1. action d'effacer, de s'effacer 2. suppression.

effacer *vt* (conj 1) 1. faire disparaître en frottant, grattant, etc. : *gomme à effacer ; effacer une bande magnétique* 2. faire oublier : *effacer une faute* ◆ **s'effacer** *vpr* 1. tourner le corps un peu de côté, pour tenir moins de place 2. FIG. se tenir à l'écart par modestie.

effarer *vt* troubler, effrayer au point de donner un air hagard.

effaroucher *vt* intimider, effrayer.

effectif, ive *adj* qui existe réellement.

effectivement *adv* en effet, réellement.

effectuer *vt* mettre à exécution, accomplir.

efféminé, e *adj* et *nm* qui ressemble à une femme, qui est exagérément délicat.

effervescence *nf* 1. bouillonnement produit par un dégagement de gaz dans un liquide 2. FIG. agitation, émotion vive : *foule en effervescence.*

effervescent, e *adj* qui est en effervescence.

effet *nm* 1. résultat d'une action, ce qui est produit par quelque chose : *les effets d'un remède* 2. impression produite : *faire bon, mauvais effet* 3. procédé employé pour obtenir un certain résultat : *effet de jambes ; donner de l'effet à une balle* 4. phénomène particulier : *effet Joule* • ***faire de l'effet*** 1. produire une vive impression 2. provoquer une action, une réaction • ***prendre effet*** devenir effectif, applicable • ***effet de commerce*** billet à ordre, papier négociable ◆ *loc. conj* • ***en effet*** car ◆ **effets** *nm pl* vêtements.

effeuiller *vt* 1. ôter les feuilles de 2. arracher les pétales de.

efficace *adj* 1. qui produit l'effet attendu 2. dont l'action aboutit à des résultats utiles.

efficacité *nf* qualité d'une chose, d'une personne efficace.

effigie *nf* représentation, image d'une personne sur une médaille.

effilé, e *adj* mince et allongé.

effiler *vt* 1. défaire un tissu fil à fil, de façon à faire des franges au bord 2. diminuer l'épaisseur des cheveux en amincissant les pointes.

effilocher *vt* déchiqueter un tissu ◆ **s'effilocher** *vpr* s'effiler par usure.

effleurer *vt* 1. toucher à peine, légèrement 2. FIG. examiner superficiellement.

effluve *nm* émanation, exhalaison, odeur.

effondrement *nm* 1. action, fait de s'effondrer 2. FIG. ruine, anéantissement.

effondrer (s') *vpr* 1. crouler sous un poids excessif, s'écrouler 2. FIG. être brusquement anéanti.

efforcer (s') *vpr* [de] (conj 1) faire tous ses efforts pour, s'appliquer à : *s'efforcer de vaincre.*

effort *nm* 1. action énergique du corps ou de l'esprit vers un objectif, un but : *effort de mémoire* 2. PHYS force tendant à déformer un matériau.

effraction *nf* bris de clôture, de serrure : *vol avec effraction.*

effrayant, e *adj* 1. qui effraie 2. FAM. excessif : *chaleur effrayante.*

effrayer *vt* (conj 4) 1. remplir de frayeur 2. rebuter, décourager.

effriter *vt* réduire en poussière, désagréger.

effronté, e *adj* et *n* hardi, impudent.

effroyable *adj* qui inspire de l'effroi, horrible, épouvantable.

effusion *nf* 1. manifestation de tendresse, d'affection 2. action de verser, de répandre : *effusion de sang, de larmes.*

égal, e, aux *adj* 1. semblable, le même en nature, en quantité, en qualité, en valeur 2. qui ne varie pas : *température égale ; humeur égale* 3. LITT. uni, plan : *chemin égal* • FAM. ***ça m'est égal*** ça m'est indifférent ◆ *n* qui est de même rang : *vivre avec ses égaux* • ***à l'égal de*** autant que.

également *adv* 1. de façon égale 2. aussi, de même.

égaler *vt* 1. être égal à 2. atteindre, rivaliser avec.

égaliser *vt* 1. rendre égal 2. rendre uni : *égaliser une surface* ◆ *vi* en sports et dans les jeux, marquer un point rendant le score égal.

égalitaire *adj* et *n* qui vise à l'égalité civile, politique et sociale.

égalité *nf* 1. état de ce qui est égal, équivalent ; état de ce qui est uni, régulier 2. principe selon lequel tous les citoyens peuvent invoquer les mêmes droits.

égard *nm* considération : *faire quelque chose par égard pour quelqu'un* • ***à l'égard de*** en ce qui concerne • ***à tous les égards*** ou ***à tous égards*** sous tous les rapports • ***eu égard à*** en considération de ◆ **égards** *nm pl* marques de respect ; attentions.

égarement *nm* LITT. dérèglement de la conduite, de l'esprit ; folie passagère : *un moment d'égarement.*

égarer *vt* 1. perdre momentanément : *égarer ses clefs* 2. mettre dans une mauvaise direction : *ce témoignage a égaré les enquêteurs* 3. mettre hors de soi : *la colère l'égare* ◆ **s'égarer** *vpr* 1. se perdre 2. faire fausse route.

égayer [egeje] *vt* (conj 4) 1. rendre gai, réjouir 2. rendre attrayant, agrémenter.

églantier *nm* rosier sauvage ; fruit rouge ou noir de ce rosier.

églantine *nf* fleur de l'églantier.

église *nf* édifice où se réunissent les chrétiens pour célébrer leur culte.

Église *nf* société religieuse fondée par Jésus-Christ ; communauté chrétienne.

ego [ego] *nm* 1. PHILOS sujet conscient et pensant 2. PSYCHAN le moi.

égocentrisme *nm* tendance à ramener tout à soi-même.

égoïsme *nm* défaut de l'égoïste.

égoïste *adj* et *n* qui rapporte tout à soi, qui ne considère que ses intérêts.

égorger *vt* (conj 2) tuer en coupant la gorge ◆ **s'égorger** *vpr* s'entre-tuer.

égosiller (s') *vpr* crier fort et longtemps.

égout *nm* conduit souterrain pour l'écoulement des eaux usées : *réseau d'égouts.*

égoutter *vt* débarrasser d'un liquide : *égoutter du linge, des fromages* ◆ *vi* ou **s'égoutter** *vpr* perdre son eau goutte à goutte.

égouttoir *nm* treillis pour faire égoutter la vaisselle, les bouteilles, etc.

égratigner *vt* 1. déchirer légèrement la peau 2. rayer la surface de 3. FIG. blesser par des railleries.

égratignure *nf* 1. blessure superficielle 2. FIG. blessure légère d'amour-propre.

égrener *vt* (conj 9) détacher le grain de l'épi, de la grappe, etc. • ***égrener un chapelet*** en faire passer les grains entre ses doigts ◆ **s'égrener** *vpr* 1. tomber par grains 2. FIG. se succéder les uns derrière les autres.

eh *interj* exclamation d'admiration, de surprise, d'interpellation.

éhonté, e *adj* sans pudeur, cynique.

éjaculer *vt* et *vi* émettre le sperme.

éjecter *vt* 1. projeter au-dehors 2. FAM. expulser quelqu'un.

élaborer *vt* 1. préparer par un long travail 2. rendre assimilable : *l'estomac élabore les aliments.*

élaguer *vt* 1. dépouiller un arbre des branches inutiles ; tailler 2. FIG. retrancher les parties inutiles de : *élaguer un texte.*

élan *nm* 1. mouvement pour s'élancer 2. ardeur impétueuse : *élan du cœur.*

élan *nm* grand cerf des régions boréales.

élancé, e *adj* mince, svelte et de haute taille.

élancement *nm* douleur vive et intermittente.

élancer *vi* et *vt* (conj 1) causer des élancements : *cet abcès lui élance* ou *l'élance* ◆ **s'élancer** *vpr* se jeter en avant ; se précipiter.

élargir *vt* 1. rendre plus large 2. étendre, développer 3. DR mettre en liberté ◆ **s'élargir** *vpr* devenir plus large.

élasticité *nf* 1. propriété qu'ont certains corps de reprendre leur forme après la compression ou l'extension subie 2. FIG. souplesse, mobilité.

élastique *adj* 1. qui a de l'élasticité 2. fait avec une matière élastique 3. que l'on peut interpréter assez librement : *règlement élastique* ◆ *nm* 1. lien en caoutchouc 2. tissu, fil, ruban de caoutchouc.

élastomère *nm* polymère naturel ou synthétique, possédant des propriétés élastiques analogues à celles du caoutchouc.

électeur, trice *n* personne qui a le droit de prendre part à une élection.

élection *nf* choix fait par la voie des suffrages • ***élection de domicile*** choix d'un domicile légal.

électoral, e, aux *adj* relatif aux élections : *collège électoral.*

électorat *nm* 1. ensemble des électeurs d'un pays, d'un parti 2. droit d'être électeur.

électricien, enne *n* spécialiste d'électricité ou d'installations électriques.

électricité *nf* forme d'énergie qui manifeste son action par des phénomènes mécaniques, calorifiques, lumineux, chimiques, etc., et qui sert à des usages domestiques ou industriels, et notamment comme source d'éclairage.

électrifier *vt* doter d'une installation électrique.

électrique *adj* 1. relatif à l'électricité 2. qui fonctionne à l'électricité.

électriser *vt* 1. développer sur un corps des charges électriques 2. FIG. enflammer, enthousiasmer : *électriser un auditoire.*

électrocardiogramme *nm* enregistrement graphique des courants électriques produits par les contractions du cœur.

électrochoc *nm* traitement de certaines maladies mentales par le bref passage d'un courant à travers le cerveau.

électrocuter *vt* 1. exécuter un condamné par une décharge électrique 2. causer une secousse par le passage dans l'organisme d'un courant électrique.

électrode *nf* chacun des conducteurs fixés aux pôles d'un générateur électrique.

électroencéphalogramme *nm* tracé obtenu par l'enregistrement de l'activité électrique existant entre les cellules cérébrales.

électrogène *adj* qui produit de l'électricité • *groupe électrogène* ensemble d'un moteur et d'un système magnétoélectrique ou dynamoélectrique.

électrolyse *nf* décomposition chimique de certaines substances en fusion ou en solution par le passage d'un courant électrique.

électromagnétisme *nm* partie de l'électricité qui étudie les relations entre électricité et magnétisme.

électroménager *adj m* se dit d'appareils électriques à usage domestique (aspirateur, réfrigérateur, etc.) ◆ *nm* ensemble de ces appareils ; leur industrie.

électron *nm* particule élémentaire chargée d'électricité négative, l'un des éléments constitutifs des atomes.

électronicien, enne *n* spécialiste d'électronique.

électronique *nf* partie de la physique et de la technique qui étudie et utilise les variations de grandeurs électriques pour capter, transmettre et exploiter de l'information ◆ *adj* relatif à l'électron, à l'électronique.

électrophone *nm* appareil reproduisant les sons enregistrés sur un disque par des procédés électromécaniques.

électrostatique *nf* partie de la physique qui étudie les phénomènes d'équilibre de l'électricité sur les corps électrisés.

élégance *nf* qualité de ce qui est élégant.

élégant, e *adj* 1. qui se distingue par la grâce, l'aisance, l'agrément de la forme, de la parure, etc. : *personne élégante ; meuble élégant* 2. qui séduit par sa simplicité, sa netteté, sa courtoisie : *style élégant ; procédé élégant* ◆ *n* qui a ou qui affecte de l'élégance.

élément *nm* 1. chaque objet, chaque chose concourant à la formation d'un tout : *les éléments d'un ouvrage ; élément d'un ensemble mathématique ; posséder tous les éléments* 2. personne appartenant à un groupe : *éléments ennemis infiltrés dans une troupe* 3. milieu dans lequel un être est fait pour vivre : *l'eau est l'élément des poissons ; se sentir dans son élément* 4. CHIM principe participant à l'élaboration d'un corps 5. PHYS couple d'une pile voltaïque • *les quatre éléments* l'air, le feu, la terre et l'eau ◆ **éléments** *nm pl* 1. principes fondamentaux : *éléments de physique* 2. LITT. ensemble de forces naturelles : *lutter contre les éléments déchaînés.*

élémentaire *adj* 1. qui sert de base à un ensemble ; très simple : *connaissances élémentaires ; installation élémentaire* 2. CHIM qui concerne l'élément.

éléphant *nm* mammifère ongulé, le plus gros des quadrupèdes, à trompe et à peau rugueuse, pourvu d'incisives supérieures allongées en défenses • *éléphant de mer* phoque à trompe des îles Kerguelen.

élevage *nm* 1. action d'élever les animaux 2. ensemble des animaux d'une même espèce dans une exploitation : *un élevage de truites.*

élévation *nf* 1. action d'élever, de s'élever 2. éminence, hauteur 3. MATH formation d'une puissance d'un nombre ou d'une expression : *élévation au cube* 4. GÉOM représentation d'une face verticale ; cette face elle-même 5. LITURG moment de la messe où le prêtre élève l'hostie et le calice.

élève *n* 1. qui reçoit les leçons d'un maître ; qui fréquente un établissement scolaire 2. AGRIC animal né et soigné chez un éleveur 3. plante ou arbre dont on dirige la croissance.

élevé, e *adj* 1. haut : *arbre, prix élevé* 2. LITT. noble, sublime : *style élevé* • **bien, *mal élevé*** qui a une bonne, une mauvaise éducation.

élever *vt* (conj 9) 1. porter vers le haut, dresser 2. construire : *élever un mur* 3. porter à un niveau supérieur, à un haut rang : *élever un débat* 4. augmenter : *élever les prix* 5. hausser : *élever la voix* 6. nourrir, soigner, former : *élever des enfants, des animaux* ◆ **s'élever** *vpr* 1. atteindre une certaine hauteur, un certain niveau 2. parvenir à un degré supérieur • *s'élever contre* protester contre.

éleveur, euse *n* qui élève des animaux.

éligible *adj* qui peut être élu.

élimer *vt* user un tissu.

éliminatoire *adj* qui élimine ◆ *nf* SPORTS et JEUX épreuve préalable qui élimine les concurrents les plus faibles.

éliminer *vt* 1. écarter, faire disparaître 2. refuser, recaler : *éliminer un candidat* 3. faire sortir de l'organisme : *éliminer les toxines.*

élire *vt* (conj 73) 1. choisir 2. nommer par suffrage.

élite *nf* ce qu'il y a de meilleur, de plus distingué.

élixir *nm* 1. médicament liquide, formé d'une ou de plusieurs substances en dissolution dans l'alcool 2. boisson magique.

elle *pr. pers. f de la 3ᵉ pers.* féminin de *il, lui.*

ellipse *nf* 1. GÉOM courbe fermée dont chaque point est tel que la somme de ses distances à deux points fixes appelés foyers est constante 2. GRAMM omission d'un ou de plusieurs mots qui ne sont pas indispensables pour la compréhension de la phrase : *ellipse du sujet, du verbe.*

elliptique *adj* 1. GÉOM relatif à l'ellipse 2. GRAMM qui renferme une ellipse 3. FIG. qui procède par sous-entendus.

élocution *nf* manière de s'exprimer oralement, d'articuler les mots.

éloge *nm* paroles, écrit à la louange de quelqu'un, quelque chose ; panégyrique.
élogieux, euse *adj* rempli de louanges, flatteur, louangeur.
éloigné, e *adj* loin dans le temps ou dans l'espace • *parent éloigné* qui a des liens de parenté lâches ou indirects.
éloigner *vt* mettre, envoyer plus loin dans l'espace ou le temps ; écarter ◆ **s'éloigner** *vpr* accroître la distance entre soi et quelqu'un, quelque chose.
élongation *nf* allongement accidentel d'un membre ou d'un nerf.
éloquence *nf* art de bien parler, d'émouvoir, de persuader.
éloquent, e *adj* 1. qui a de l'éloquence 2. expressif, significatif, révélateur : *silence éloquent.*
élu, e *n* 1. personne désignée par une élection 2. personne choisie, aimée : *qui est l'heureux élu ?*
élucider *vt* expliquer, éclaircir.
éluder *vt* éviter avec adresse : *éluder une difficulté.*
émacié, e *adj* SOUT. très amaigri : *visage émacié.*
émail (*pl émaux*) *nm* 1. vernis vitreux que l'on applique par fusion sur la faïence, les métaux, etc. 2. ouvrage émaillé 3. matière dure qui revêt les dents (en ce sens, pl. émails).
émanation *nf* 1. senteur, exhalaison qui se dégage d'un corps 2. FIG. ce qui procède de quelqu'un, de quelque chose ; expression, manifestation.
émanciper *vt* 1. affranchir, rendre libre 2. DR mettre hors de tutelle : *émanciper un mineur* ◆ **s'émanciper** *vpr* prendre des libertés, s'affranchir.
émaner *vt ind* [de] 1. se dégager 2. FIG. découler, provenir.
émarger *vt* (conj 2) 1. couper les marges 2. apposer sa signature en marge d'un écrit, pour attester qu'on en a eu connaissance ◆ *vt ind* [à] toucher un traitement, une indemnité ou une subvention.
émaux *nm pl* › émail.
emballage *nm* 1. action d'emballer 2. ce qui sert à emballer (panier, toile, caisse).
emballement *nm* action de s'emballer, de se laisser emporter.
emballer *vt* 1. mettre dans un emballage 2. FAM. enthousiasmer : *cette musique l'a emballé* ◆ **s'emballer** *vpr* 1. se laisser emporter par un sentiment 2. s'emporter, en parlant d'un cheval 3. MÉCAN prendre un régime de marche excessif et dangereux : *moteur qui s'emballe.*
embarcadère *nm* jetée, appontement pour l'embarquement ou le débarquement SYN. *débarcadère.*
embarcation *nf* tout bateau de petite taille.
embardée *nf* écart brusque que fait un véhicule.
embargo *nm* 1. défense faite provisoirement à un navire de quitter un port 2. interdiction de faire circuler librement : *mettre l'embargo sur une marchandise.*
embarquer *vt* 1. mettre à bord d'un navire 2. FAM. emporter avec soi 3. FAM. engager, entraîner : *embarquer quelqu'un dans une affaire* ◆ *vi* 1. monter à bord d'un bateau, d'un avion, d'une voiture 2. en parlant des vagues, pénétrer dans un bateau par-dessus bord.
embarras *nm* 1. obstacle, difficulté : *créer des embarras* 2. situation difficile, gêne : *tirer d'embarras ; embarras financiers* 3. irrésolution, perplexité • *embarras gastrique* inflammation de la muqueuse de l'estomac.
embarrasser *vt* 1. encombrer : *des colis embarrassent le couloir* 2. gêner les mouvements de : *ce manteau m'embarrasse* 3. gêner, déconcerter : *votre question m'embarrasse.*
embauchage *nm* ou **embauche** *nf* 1. action de passer un contrat de travail avec un salarié 2. recrutement des travailleurs.
embaucher *vt* 1. engager quelqu'un comme salarié 2. FAM. entraîner quelqu'un avec soi dans une occupation quelconque : *je t'embauche pour la vaisselle.*
embaumer *vt* 1. traiter un cadavre par des substances qui le préservent du pourrissement 2. parfumer : *la lavande embaume le linge* ; sentir : *embaumer l'anis* ◆ *vi* répandre une odeur agréable.
embellir *vt* rendre ou faire paraître plus beau, orner : *embellir une histoire* ◆ *vi* devenir beau ou plus beau.
embêtement *nm* FAM. ennui.
embêter *vt* FAM. ennuyer, importuner ; contrarier.
emblée (d') *loc adv* du premier coup, tout de suite : *réussir d'emblée.*
emblématique *adj* qui a le caractère d'un emblème ; symbolique.
emblème *nm* 1. figure symbolique, souvent accompagnée d'une devise 2. attribut, symbole : *la colombe, emblème de la paix.*
embobiner *vt* 1. enrouler sur une bobine 2. FAM. tromper, enjôler.
emboîter *vt* enchâsser, mettre une chose dans une autre • *emboîter le pas à quelqu'un* 1. marcher derrière quelqu'un 2. FIG. modeler son attitude sur la sienne.
embolie *nf* MÉD oblitération d'un vaisseau par un caillot de sang ou un corps étranger au sang.
embonpoint *nm* état d'une personne un peu grasse ; corpulence.
embouchure *nf* 1. entrée d'un fleuve dans la mer 2. partie du mors qui entre dans la bouche du cheval 3. MUS partie d'un instrument à vent que l'on porte à la bouche.

embourber *vt* engager dans un bourbier, dans la boue ◆ **s'embourber** *vpr* 1. s'enliser 2. FIG. s'empêtrer dans une mauvaise affaire.
embourgeoiser (s') *vpr* prendre des habitudes bourgeoises.
embout *nm* 1. garniture de métal au bout d'une canne, d'un parapluie, etc. 2. élément permettant l'assemblage avec un autre élément.
embouteillage *nm* 1. mise en bouteilles 2. encombrement de la circulation.
embouteiller *vt* 1. mettre en bouteilles 2. obstruer une voie, gêner la circulation.
emboutir *vt* 1. marteler, comprimer une plaque de métal pour lui donner une forme déterminée 2. défoncer par un choc.
embranchement *nm* 1. division en plusieurs branches du tronc d'un arbre, d'une route, d'une voie ferrée, d'un conduit, etc. ; point de rencontre de ces branches 2. division principale du règne animal ou du règne végétal.
embraser *vt* 1. LITT. mettre en feu 2. illuminer 3. LITT. exalter, enflammer ◆ **s'embraser** *vpr* 1. LITT. prendre feu 2. s'enflammer, s'exalter.
embrassade *nf* (souvent pl) action de deux personnes qui s'embrassent.
embrasser *vt* 1. donner un, des baisers 2. LITT. saisir, appréhender : *embrasser les données d'un problème ; embrasser du regard* 3. contenir : *ce roman embrasse un siècle d'histoire* 4. adopter, choisir : *embrasser une carrière.*
embrasure *nf* ouverture d'une porte, d'une fenêtre.
embrayage [ɑ̃brɛjaʒ] *nm* 1. action d'embrayer 2. mécanisme permettant d'embrayer : *pédale d'embrayage.*
embrayer [ɑ̃brɛje] *vt* établir la communication entre le moteur d'une machine et les organes qu'il commande ◆ *vt ind* [sur] FAM. commencer à parler au sujet de quelque chose, à agir.
embrigader *vt* 1. réunir sous une direction commune 2. faire entrer par contrainte ou persuasion dans une association, un parti, etc.
embringuer *vt* FAM. engager dans une situation fâcheuse : *se laisser embringuer dans une sale histoire.*
embrouille *nf* FAM. désordre destiné à tromper.
embrouiller *vt* 1. mettre en désordre, emmêler 2. compliquer, rendre obscur 3. troubler les idées de quelqu'un ◆ **s'embrouiller** *vpr* perdre le fil de ses idées : *s'embrouiller dans une démonstration.*
embrumer *vt* 1. envelopper de brume 2. FIG. attrister, assombrir.
embruns *nm pl* pluie fine que forment les vagues en se brisant.
embryologie *nf* étude du développement des embryons.
embryon *nm* 1. organisme en voie de développement, depuis l'œuf fécondé jusqu'à la réalisation d'une forme capable de vie autonome et active (larve, poussin, fœtus humain de plus de trois mois) 2. FIG. germe, commencement, ébauche.
embryonnaire *adj* 1. de l'embryon 2. FIG. en germe, inachevé.
embûche *nf* traquenard ; obstacle.
embuer *vt* couvrir de buée.
embuscade *nf* attaque par surprise d'un ennemi en mouvement.
embusquer *vt* mettre en embuscade ◆ **s'embusquer** *vpr* se cacher pour guetter quelqu'un avec des intentions hostiles.
éméché, e *adj* FAM. légèrement ivre.
émeraude *nf* pierre précieuse de couleur verte ◆ *adj inv* et *nm* de couleur vert vif.
émergence *nf* apparition soudaine d'un phénomène, d'une idée, etc.
émerger *vi* (conj 2) 1. sortir d'un milieu liquide et apparaître à la surface 2. se montrer, se manifester 3. sortir, se distinguer d'une masse : *émerger du lot.*
émérite *adj* qui, par sa longue pratique, est d'une grande compétence, d'une remarquable habileté.
émerveiller *vt* étonner, inspirer une vive admiration.
émetteur *nm* poste d'émission radiophonique ou télévisée.
émetteur, trice *adj* qui émet.
émettre *vt* (conj 57) 1. produire, faire sortir de soi (des radiations, des ondes, des sons, etc.) 2. mettre en circulation : *émettre des billets de banque* 3. exprimer, formuler ◆ *vi* procéder à la transmission d'un programme de radio ou de télévision.
émeute *nf* soulèvement populaire.
émietter *vt* 1. réduire en miettes 2. FIG. éparpiller : *émietter son attention.*
émigrant, e *adj* et *n* qui émigre.
émigration *nf* 1. action d'émigrer ; ensemble des émigrés 2. HIST sortie de France des nobles pendant la Révolution 3. ZOOL migration.
émigré, e *n* et *adj* 1. qui a émigré 2. HIST noble émigré pendant la Révolution.
émigrer *vi* 1. quitter son pays pour aller s'établir ailleurs 2. changer de climat : *oiseau qui émigre.*
émincer *vt* (conj 1) couper en tranches minces.
éminence *nf* 1. élévation de terrain 2. ANAT saillie quelconque 3. titre des cardinaux (avec une majusc) • *éminence grise* conseiller qui agit dans l'ombre.
éminent, e *adj* supérieur : *juriste éminent ; rôle éminent.*
émir [emir] *nm* gouverneur, prince dans les pays musulmans.

émirat *nm* 1. état gouverné par un émir 2. dignité d'émir.

émissaire *nm* 1. agent chargé d'une mission 2. canal qui sert à vider un lac, un bassin, etc.

émission *nf* 1. action d'émettre, de livrer à la circulation : *émission de billets* 2. programme de radio ou de télévision.

emmagasiner [ɑ̃ma-] *vt* 1. mettre en magasin 2. accumuler, mettre en réserve : *emmagasiner de l'énergie, des connaissances.*

emmailloter [ɑ̃ma-] *vt* envelopper complètement (dans un tissu, une étoffe).

emmancher [ɑ̃mɑ̃-] *vt* mettre un manche à ◆ **s'emmancher** *vpr* 1. s'ajuster 2. FAM., FIG. commencer, s'engager.

emmanchure *nf* ouverture d'un vêtement où se fixe la manche.

emmêler [ɑ̃mɛ-] *vt* 1. brouiller, enchevêtrer 2. FIG. embrouiller.

emménager [ɑ̃me-] *vi* (conj 2) s'installer dans un nouveau logement.

emmener [ɑ̃mne] *vt* (conj 9) mener avec soi d'un lieu dans un autre.

emmental [emɑ̃-, emɛ̃-] ou **emmenthal** *nm* variété de gruyère fabriquée en Suisse et dans le Jura.

emmitoufler [ɑ̃mi-] *vt* envelopper dans des vêtements chauds.

emmurer [ɑ̃myre] *vt* 1. enfermer en murant 2. bloquer comme avec un mur : *l'éboulement a emmuré des mineurs dans une galerie.*

émollient, e *adj* et *nm* MÉD qui amollit, détend les tissus.

émoluments *nm pl* traitement, salaire attaché à un emploi.

émonder *vt* 1. couper les branches inutiles 2. débarrasser une graine de sa peau, monder : *émonder des amandes.*

émotif, ive *adj* relatif à l'émotion ◆ *adj* et *n* prompt à s'émouvoir.

émotion *nf* trouble passager causé par un sentiment vif de joie, de peur, etc.

émotivité *nf* disposition à s'émouvoir : *émotivité maladive.*

émoulu, e *adj* • *frais émoulu* nouvellement formé, nouvellement sorti d'une école.

émousser *vt* 1. rendre moins tranchant, moins pointu 2. FIG. affaiblir, diminuer.

émouvant, e *adj* qui émeut.

émouvoir *vt* (conj 36) agir sur la sensibilité de ◆ **s'émouvoir** *vpr* se troubler, s'inquiéter.

empailler *vt* 1. garnir de paille : *empailler une chaise, des bouteilles* 2. remplir de paille la peau d'un animal mort, pour lui garder sa forme.

empaler *vt* transpercer d'un pal, d'un pieu ◆ **s'empaler** *vpr* tomber sur un objet pointu qui s'enfonce dans le corps.

empaqueter *vt* (conj 8) mettre en paquet.

emparer (s') *vpr* [de] 1. se saisir de, se rendre maître de 2. gagner quelqu'un : *la colère s'est emparée de lui.*

empâter *vt* 1. rendre pâteux 2. épaissir ; alourdir ◆ **s'empâter** *vpr* devenir gras ; s'épaissir.

empattement *nm* 1. épaisseur de maçonnerie qui sert de pied à un mur 2. distance entre les axes des essieux d'une voiture.

empêché, e *adj* retenu par des obligations.

empêchement *nm* obstacle, entrave.

empêcher *vt* faire obstacle à ◆ **s'empêcher** *vpr* [de] se retenir (de).

empereur *nm* chef, souverain d'un empire.

empesé, e *adj* raide, guindé.

empester *vt* et *vi* 1. infecter d'une mauvaise odeur 2. dégager une mauvaise odeur.

empêtrer *vt* 1. embarrasser, entraver 2. FIG. engager d'une façon malheureuse ◆ **s'empêtrer** *vpr* s'embarrasser, s'embrouiller.

emphase *nf* exagération pompeuse dans le discours ou le ton.

emphatique *adj* qui relève de l'emphase.

empiècement *nm* pièce rapportée dans le haut d'un vêtement.

empiétement *nm* 1. action d'empiéter 2. extension progressive 3. FIG. usurpation.

empiéter *vt ind* [sur] (conj 10) usurper une partie de la propriété ou des droits d'autrui : *empiéter sur son voisin.*

empiffrer (s') *vpr* FAM. se bourrer de nourriture.

empiler *vt* mettre en pile.

empire *nm* 1. régime dans lequel l'autorité politique souveraine est exercée par un empereur ; État ou ensemble d'États ainsi gouvernés 2. ensemble de territoires gouvernés par une autorité unique : *empire colonial* 3. groupe industriel très puissant et très étendu 4. LITT. autorité, influence, ascendant : *agir sous l'empire de la colère.*

empirer *vi* devenir pire, s'aggraver : *son état empire.*

empirique *adj* qui s'appuie uniquement sur l'expérience et non sur une théorie : *une médecine empirique.*

empirisme *nm* 1. méthode empirique 2. PHILOS théorie selon laquelle la connaissance procède de l'expérience, et nos idées des sens.

emplacement *nm* lieu, place occupés par quelque chose ou qui lui sont réservés.

emplâtre *nm* 1. onguent utilisé dans le traitement des affections cutanées 2. FAM. personne sans énergie, sans initiative.

emplette *nf* achat : *faire des emplettes.*

emploi *nm* 1. usage qu'on fait d'une chose 2. travail salarié, fonction, place : *chercher, obtenir un emploi ; emploi lucratif* 3. genre de rôle joué par un acteur • *emploi du temps* distribution des occupations dans la journée, la semaine • *mode d'emploi* notice expliquant la manière d'utiliser un appareil.

employé, e *n* salarié occupant un emploi : *employé de banque* • *employée de maison* domestique.

employer *vt* (conj 3) 1. faire usage de : *employer un mot* 2. faire travailler : *employer des ouvriers* ◆ **s'employer** *vpr* être en usage : *ce mot ne s'emploie plus* • *s'employer à* s'appliquer à.

employeur, euse *n* qui emploie du personnel salarié.

empoignade *nf* altercation, discussion violente.

empoigne *nf* • FAM. *foire d'empoigne* situation où chacun, pour obtenir quelque chose, doit lutter contre les autres.

empoigner *vt* saisir et serrer avec la main ◆ **s'empoigner** *vpr* 1. en venir aux mains 2. se disputer.

empoisonnement *nm* 1. action d'empoisonner ; fait d'être empoisonné 2. FAM. ennui, souci.

empoisonner *vt* 1. faire mourir ou intoxiquer par le poison 2. mettre du poison dans, sur 3. répandre une odeur infecte, polluer : *il nous empoisonne avec son tabac* 4. FAM. importuner vivement, causer du souci à : *il m'empoisonne avec ses récriminations.*

emporté, e *adj* violent, irritable.

emportement *nm* accès de colère.

emporter *vt* 1. prendre avec soi en quittant un lieu 2. enlever, entraîner avec vivacité ou violence, arracher : *le vent a emporté le toit* 3. entraîner à un comportement excessif : *la colère l'emporte* • *l'emporter (sur)* avoir la supériorité (sur) ◆ **s'emporter** *vpr* 1. se laisser aller à la colère 2. prendre le mors aux dents (cheval).

empoté, e *adj* et *n* FAM. maladroit, gauche, lourdaud.

empoter *vt* mettre en pot.

empreindre (s') *vpr* ou **être empreint** *v.passif* [de] porter la marque de : *visage empreint de tristesse.*

empreinte *nf* 1. figure, marque, trace en creux ou en relief 2. marque distinctive : *l'empreinte de l'éducation, du génie* ◆ **empreintes** *nf pl* • *empreintes digitales* marques laissées par les sillons de la peau des doigts.

empressement *nm* zèle, ardeur.

empresser (s') *vpr* 1. montrer de l'ardeur, du zèle, de la prévenance : *s'empresser auprès d'un client* 2. se hâter : *s'empresser de partir.*

emprise *nf* influence, ascendant : *avoir de l'emprise sur quelqu'un.*

emprisonnement *nm* 1. action de mettre en prison 2. peine qui consiste à y demeurer enfermé.

emprisonner *vt* 1. mettre en prison 2. FIG. serrer, enfermer : *col qui emprisonne le cou.*

emprunt *nm* action d'emprunter ; chose, somme empruntée : *rembourser un emprunt ; emprunts à une langue étrangère* • *d'emprunt* qui n'est pas naturel ; supposé, factice : *nom d'emprunt.*

emprunté, e *adj* qui manque d'aisance, de naturel ; embarrassé, gauche.

emprunter *vt* 1. obtenir à titre de prêt : *emprunter de l'argent* 2. prendre, tirer de quelqu'un, de quelque chose : *sujet emprunté à l'actualité ; le français emprunte des mots à l'anglais* • *emprunter une route* la suivre.

ému, e *adj* qui éprouve ou manifeste de l'émotion.

émulation *nf* sentiment qui pousse à égaler ou surpasser quelqu'un.

émulsif, ive ou **émulsifiant, e** ou **émulsionnant, e** *adj* et *nm* se dit d'un produit qui facilite ou stabilise une émulsion.

émulsion *nf* 1. préparation obtenue par division d'un liquide en globules microscopiques au sein d'un autre liquide avec lequel il n'est pas miscible : *le lait est une émulsion de graisse dans l'eau* 2. PHOT préparation sensible à la lumière qui couvre les films et les papiers photographiques.

émulsionner ou **émulsifier** *vt* faire passer à l'état d'émulsion.

en *prép* marque le lieu, le temps, la durée, la situation, la matière, l'état, la manière d'être, la destination.

en *adv de lieu* de là : *j'en viens.*

en *pr. pers* de lui, d'elle, d'eux, d'elles, de cela : *d'eux, il s'en moque ; de cette ville, elle s'en souviendra ; c'est exact, sois-en certain.*

énarque *n* élève ou ancien élève de l'École nationale d'administration.

encadré *nm* texte d'une page mis en valeur par un filet qui le sépare du reste du texte.

encadrement *nm* 1. action d'encadrer 2. ce qui encadre, bordure 3. ensemble des cadres d'une troupe, d'un groupe.

encadrer *vt* 1. mettre dans un cadre : *encadrer un tableau* 2. entourer, faire ressortir : *cheveux noirs qui encadrent un visage* 3. entourer, flanquer : *prisonnier encadré par deux gendarmes* 4. assurer auprès de personnes un rôle de direction, de formation : *encadrer une colonie de vacances.*

encaissé, e *adj* resserré entre des bords, des versants, des parois escarpés : *chemin encaissé.*

encaissement *nm* 1. action d'encaisser de l'argent, des valeurs 2. état d'une rivière, d'une route encaissée.

encaisser *vt* 1. mettre en caisse 2. recevoir, toucher de l'argent 3. FAM. subir, supporter : *encaisser des coups, des critiques.*

encart *nm* feuille volante que l'on insère dans un volume, une revue.

en-cas *nm inv* repas léger préparé en cas de besoin.

encastrer *vt* insérer dans une cavité prévue à cet effet ◆ **s'encastrer** *vpr* s'ajuster très exactement.

encaustique *nf* préparation de cire et d'essence de térébenthine pour faire briller les meubles, les parquets.

enceinte *nf* 1. ce qui entoure un espace fermé, rempart 2. espace clos : *l'enceinte du tribunal* • *enceinte (acoustique)* ensemble de plusieurs haut-parleurs ; baffle.

enceinte *adj f* se dit d'une femme en état de grossesse.

encens *nm* résine aromatique dont l'odeur s'exhale surtout par la combustion.

encenser *vt* 1. agiter l'encensoir devant : *encenser un autel* 2. FIG. flatter, honorer avec des louanges excessives : *la presse l'encense.*

encensoir *nm* cassolette suspendue pour brûler l'encens.

encéphale *nm* ensemble des centres nerveux (cerveau, cervelet, bulbe rachidien) contenus dans la boîte crânienne des vertébrés.

encéphalogramme *nm* électroencéphalogramme.

encercler *vt* 1. entourer 2. enfermer dans un réseau, cerner.

enchaînement *nm* 1. action d'enchaîner 2. suite de choses qui s'enchaînent ; série, succession 3. manière d'enchaîner, de s'enchaîner ; liaison.

enchaîner *vt* 1. lier avec une chaîne 2. FIG. assujettir : *enchaîner les cœurs* 3. lier par un rapport logique ; coordonner : *enchaîner des idées* ◆ *vi* reprendre rapidement la suite d'un discours, d'une action ◆ **s'enchaîner** *vpr* être lié par un rapport de dépendance logique.

enchantement *nm* 1. charme, sortilège : *croire aux enchantements* 2. chose merveilleuse, d'un charme irrésistible 3. émerveillement, ravissement.

enchanter *vt* 1. ensorceler 2. charmer, ravir.

enchanteur, eresse *n* qui a le pouvoir d'enchanter, magicien ◆ *adj* qui charme : *site enchanteur.*

enchère *nf* offre d'un prix supérieur à celui qu'un autre a offert : *vente aux enchères.*

enchérir *vi* 1. mettre, faire une enchère 2. LITT. dépasser, aller plus loin, renchérir.

enchevêtrer *vt* emmêler de façon inextricable ◆ **s'enchevêtrer** *vpr* s'engager les unes dans les autres en parlant de choses ; s'emmêler.

enclave *nf* terrain ou territoire complètement entouré par un autre.

enclaver *vt* 1. enfermer, enclore une chose dans une autre 2. insérer, placer entre.

enclencher *vt* 1. rendre solidaires diverses pièces mécaniques ; mettre en position de marche 2. commencer, démarrer ◆ **s'enclencher** *vpr* 1. se mettre en marche 2. FAM. commencer : *l'affaire s'enclenche mal.*

enclin, e *adj* porté naturellement à, sujet à : *enclin à la paresse.*

enclume *nf* 1. masse d'acier sur laquelle on forge les métaux 2. ANAT osselet de l'oreille moyenne.

encoche *nf* petite entaille servant de marque, de cran.

encoignure [ɑ̃kɔɲyr] *nf* 1. angle intérieur formé par deux murs 2. petit meuble triangulaire qu'on place dans un angle.

encoller *vt* appliquer un apprêt de colle, de gomme, etc., sur.

encolure *nf* 1. partie du corps du cheval qui s'étend depuis la tête jusqu'aux épaules et au poitrail 2. partie d'un vêtement autour du cou 3. mesure du cou.

encombre (sans) *loc adv* sans incident, sans rencontrer d'obstacle.

encombrement *nm* 1. affluence de personnes, amas de matériaux, d'objets : *les encombrements de la circulation* 2. volume pris par un objet.

encombrer *vt* 1. obstruer, embarrasser par accumulation ; occuper à l'excès un lieu, quelque chose 2. prendre trop de place, gêner quelqu'un.

encontre de (à l') *loc prép* • *aller à l'encontre de* être contraire à, en opposition avec.

encore *adv* 1. toujours : *nous sommes encore en vacances* 2. de nouveau : *essayer encore* 3. davantage, de plus : *il fait encore plus chaud ; non seulement..., mais encore...* 4. seulement : *si encore elle était à l'heure !* • *encore !* exclamation qui marque l'étonnement, l'impatience ◆ *loc. conj* • *encore que* bien que, quoique.

encourager *vt* (conj 2) 1. donner du courage à 2. favoriser, stimuler : *encourager l'industrie.*

encourir *vt* (conj 29) LITT. s'exposer à quelque chose de fâcheux : *encourir un reproche.*

encrasser *vt* couvrir de crasse ◆ **s'encrasser** *vpr* devenir crasseux.

encre *nf* 1. liquide coloré, dont on se sert pour écrire ou pour imprimer 2. liquide noir sécrété par certains céphalopodes.

encrer *vt* enduire d'encre.

encrier *nm* récipient destiné à contenir de l'encre.

encroûter *vt* recouvrir d'une croûte ◆ **s'encroûter** *vpr* 1. se couvrir d'une croûte 2. FIG. s'enfermer dans une routine qui appauvrit l'esprit.

encyclique *nf* lettre solennelle adressée par le pape au clergé.

encyclopédie *nf* ouvrage où l'on expose méthodiquement l'ensemble des connaissances universelles ou spécifiques d'un domaine du savoir.

endémique *adj* 1. se dit d'une maladie quasi permanente dans une contrée déterminée 2. qui sévit constamment : *chômage endémique.*

endetter *vt* charger de dettes ◆ **s'endetter** *vpr* contracter des dettes.

endeuiller *vt* plonger dans le deuil, la tristesse.

endiablé, e *adj* 1. d'une vivacité extrême : *rythme endiablé* 2. remuant : *enfant endiablé.*

endiguer *vt* 1. contenir par des digues : *endiguer un fleuve* 2. réfréner : *endiguer la marche du progrès.*

endimanché, e *adj* habillé d'une façon plus soignée que d'habitude.

endive *nf* variété de chicorée.

endocrine *adj* • ANAT *glande endocrine* qui déverse dans le sang son produit de sécrétion CONTR. *exocrine.*

endocrinologie *nf* partie de la biologie et de la médecine qui étudie le développement, les fonctions et les maladies des glandes endocrines.

endoctriner *vt* gagner à ses idées, à ses opinions.

endolorir *vt* rendre douloureux, meurtrir.

endommager *vt* (conj 2) abîmer, détériorer : *endommager un tapis.*

endormi, e *adj* 1. sans vivacité, indolent, mou : *élève endormi* 2. où tout semble dormir, sans animation : *ville endormie.*

endormir *vt* (conj 18) 1. faire dormir, plonger dans un sommeil naturel ou artificiel 2. calmer, apaiser : *endormir la douleur* ; atténuer l'acuité de : *endormir la vigilance de* 3. ennuyer profondément : *ses discours m'endorment* ◆ **s'endormir** *vpr* 1. se laisser aller au sommeil 2. ralentir son activité ; manquer de vigilance.

endos [ɑ̃do] ou **endossement** *nm* DR signature au dos d'un billet à ordre, d'un effet de commerce, pour en transmettre la propriété à un autre.

endoscope *nm* MÉD appareil optique servant à explorer une cavité interne du corps.

endossement *nm* › endos.

endosser *vt* 1. mettre sur son dos : *endosser un manteau* 2. assumer la responsabilité de : *endosser une erreur* 3. DR opérer l'endossement de.

endroit *nm* 1. lieu, place : *elle ne range jamais ses clefs au même endroit* 2. lieu où l'on se trouve, localité : *les gens de l'endroit sont aimables* 3. partie déterminée du corps, de quelque chose : *à quel endroit est-il blessé ?* ; passage d'un discours, d'un texte 4. côté par lequel on doit regarder une chose (par oppos. à *l'envers*) : *l'endroit d'un tissu* • *à l'endroit* du bon côté • LITT. *à l'endroit de* à l'égard de.

enduire *vt* (conj 70) couvrir d'un enduit.

enduit *nm* substance liquide ou pâteuse qu'on étend sur une surface.

endurance *nf* aptitude à résister à la fatigue, à la souffrance.

endurci, e *adj* 1. qui est devenu dur, insensible : *cœur endurci* 2. invétéré, impénitent : *célibataire endurci.*

endurcir *vt* 1. rendre dur : *le gel endurcit le sol* 2. rendre résistant, aguerrir : *le sport l'a endurci* 3. rendre insensible : *ses malheurs l'ont endurci* ◆ **s'endurcir** *vpr* devenir dur, insensible ; s'aguerrir.

endurer *vt* supporter ce qui est dur, pénible : *endurer le froid, la faim.*

énergétique *adj* relatif à l'énergie, aux sources d'énergie • *apport énergétique* apport d'énergie fourni à un organisme par un aliment, une boisson.

énergie *nf* 1. force morale, fermeté, vigueur, détermination : *parler avec énergie ; l'énergie du désespoir* 2. force physique, vitalité : *un être plein d'énergie* 3. PHYS faculté que possède un système de corps de fournir du travail mécanique ou son équivalent • *sources d'énergie* matières premières (charbon, pétrole, etc.) ou phénomènes naturels (soleil, vent, marée, etc.) utilisés pour la production d'énergie.

énergique *adj* qui manifeste de l'énergie : *visage énergique ; protestation énergique.*

énergumène *nm* personne exaltée, qui parle, gesticule avec véhémence.

énervement *nm* état d'une personne énervée ; agacement, surexcitation.

énerver *vt* provoquer de la nervosité ; irriter, agacer, exciter ◆ **s'énerver** *vpr* perdre le contrôle de ses nerfs ; s'impatienter.

enfance *nf* 1. période de la vie depuis la naissance jusqu'à la puberté 2. les enfants : *l'enfance abandonnée* 3. FIG. commencement, origine : *dès l'enfance de l'humanité.*

enfant *n* 1. garçon, fille dans l'enfance 2. fils ou fille, quel que soit l'âge : *père de trois enfants* 3. originaire de : *un enfant du pays* • *enfant légitime* né de parents unis par le mariage • *enfant naturel* né hors du mariage • *faire l'enfant* se montrer puéril • *bon enfant* de bon caractère.

enfantillage *nm* parole, action d'enfant, puérile.

enfantin, e *adj* 1. relatif à l'enfant 2. simple : *idée enfantine.*

enfariné, e *adj* couvert de farine • FAM. *le bec enfariné* avec une confiance niaise.

enfer *nm* 1. lieu destiné au supplice des damnés 2. FIG. lieu, chose, cause de tourments : *cette maison est un enfer* 3. endroit d'une bibliothèque où l'on gardait les livres scandaleux ou licencieux • *d'enfer* 1. très violent, excessif, infernal : *un feu d'enfer* 2. FAM. formidable, extraordinaire : *des vacances d'enfer* ◆ **enfers** *nm pl* • MYTH *les Enfers* séjour des âmes après la mort.

enfermer *vt* 1. mettre en un lieu fermé d'où l'on ne peut sortir 2. mettre en lieu sûr dans un endroit fermé : *enfermer des papiers* 3. placer, maintenir dans d'étroites limites : *enfermer la poésie dans des règles strictes* ◆ **s'enfermer** *vpr* s'isoler.

enfilade *nf* ensemble de choses disposées les unes à la file des autres.

enfiler *vt* 1. passer un fil dans 2. s'engager dans : *enfiler un chemin* 3. passer rapidement : *enfiler son pantalon.*

enfin *adv* 1. marque la conclusion, la fin d'une énumération, la fin d'une attente : *il regarde, s'approche et enfin, salue* 2. introduit une rectification : *c'est un mensonge ; enfin, une vérité incomplète* 3. toutefois : *c'est difficile, enfin, vous pouvez essayer* 4. s'emploie pour rappeler à la raison : *enfin, qu'est-ce qui t'a pris ?*

enflammer *vt* 1. mettre en feu 2. causer l'inflammation de 3. exalter, exciter.

enfler *vt* 1. gonfler en remplissant d'air, de gaz, etc. 2. faire augmenter, grossir ; rendre plus important : *la fonte des neiges enfle les rivières* • *être enflé de* plein, rempli de : *enflé d'orgueil* ◆ *vi* augmenter de volume.

enflure *nf* 1. gonflement, boursouflure 2. FIG. exagération, emphase.

enfoncer *vt* (conj 1) 1. pousser vers le fond, faire pénétrer profondément dans 2. briser, en poussant, en pesant : *enfoncer une porte* 3. FAM. vaincre ; surpasser, accabler : *enfoncer un rival* ◆ *vi* aller vers le fond : *enfoncer dans la boue* ◆ **s'enfoncer** *vpr* 1. s'engager profondément : *s'enfoncer dans l'eau* 2. s'écrouler, s'affaisser : *le sol s'enfonce sous nos pieds* 3. FIG. aggraver sa situation, s'enferrer.

enfouir *vt* 1. mettre, enfoncer en terre 2. mettre en un lieu secret, dissimuler ◆ **s'enfouir** *vpr* s'enfoncer, se blottir.

enfourcher *vt* monter à califourchon : *enfourcher un cheval, une bicyclette* • FAM. *enfourcher son cheval de bataille* reprendre un thème favori.

enfourner *vt* 1. mettre dans le four 2. FAM. ingurgiter, engouffrer par grandes quantités.

enfreindre *vt* (conj 55) LITT. transgresser, violer : *enfreindre un règlement.*

enfuir (s') *vpr* (conj 17) fuir, s'en aller rapidement, se sauver, disparaître.

enfumer *vt* remplir ou environner de fumée : *enfumer des abeilles.*

engageant, e *adj* sympathique, attirant.

engagement *nm* 1. action d'engager, d'embaucher 2. fait de s'engager ; promesse par laquelle on s'engage : *faire honneur à ses engagements* 3. prise de position sur les problèmes politiques ou sociaux 4. SPORTS action de mettre le ballon en jeu 5. MIL bref combat 6. enrôlement volontaire d'un soldat.

engager *vt* (conj 2) 1. mettre en gage 2. lier par une promesse : *engager sa parole* 3. attacher à son service, embaucher : *engager un domestique* 4. enrôler 5. inciter, exhorter : *engager à sortir* 6. commencer, entamer, entreprendre : *engager une partie* 7. faire entrer, introduire : *engager la clef dans la serrure* 8. investir : *engager des capitaux* ◆ **s'engager** *vpr* 1. promettre 2. s'avancer, pénétrer 3. commencer 4. s'inscrire (dans une compétition) 5. prendre publiquement position sur des problèmes sociaux, politiques 6. MIL souscrire un engagement.

engelure *nf* inflammation, crevasse causée par le froid.

engendrer *vt* 1. procréer 2. être à l'origine de, produire.

engin *nm* 1. instrument, machine 2. matériel de guerre : *engin blindé* 3. FAM. objet quelconque ou bizarre.

englober *vt* réunir en un tout, contenir.

engloutir *vt* 1. avaler gloutonnement 2. FIG. absorber, faire disparaître ◆ **s'engloutir** *vpr* disparaître.

engluer *vt* 1. enduire de glu 2. prendre (des oiseaux) à la glu • FIG. *être englué dans quelque chose* pris dans une situation complexe qui paraît sans issue.

engoncer *vt* (conj 1) en parlant d'un vêtement, faire paraître le cou enfoncé dans les épaules.

engorger *vt* (conj 2) 1. obstruer par accumulation de matières : *engorger un tuyau* 2. encombrer, saturer : *l'affluence de véhicules engorge l'autoroute.*

engouement *nm* 1. goût vif et soudain pour quelqu'un, quelque chose 2. MÉD obstruction de l'intestin au niveau d'une hernie.

engouffrer *vt* dévorer, engloutir : *engouffrer de la nourriture* ◆ **s'engouffrer** *vpr* 1. se précipiter avec violence : *le vent s'engouffre par la fenêtre* 2. entrer rapidement, en hâte : *s'engouffrer dans le métro.*

engourdir *vt* rendre insensible, ralentir le mouvement, l'activité de.

engourdissement *nm* 1. paralysie momentanée d'une partie du corps 2. FIG. torpeur.

engrais *nm* matière propre à fertiliser les terres.

engraisser *vt* 1. rendre plus gras 2. fertiliser par l'engrais 3. FAM., FIG. enrichir ◆ *vi* grossir, prendre du poids.

engranger *vt* (conj 2) 1. mettre à l'abri dans une grange 2. accumuler en vue d'une utilisation ultérieure.

engrenage *nm* 1. mécanisme formé de roues dentées en contact, se transmettant un mouvement de rotation 2. FIG. enchaînement inéluctable de faits dont on ne peut se dégager.

enguirlander *vt* 1. entourer de guirlandes 2. FAM. invectiver, faire de vifs reproches à.

enhardir [ɑ̃ardir] *vt* rendre hardi, donner de l'assurance à ◆ **s'enhardir** *vpr* devenir plus hardi.

énième *adj* FAM. qui a un rang indéterminé, mais très grand : *pour la énième fois.*

énigmatique *adj* qui renferme une énigme, qui tient de l'énigme, inexpliqué : *silence énigmatique.*

énigme *nf* 1. jeu d'esprit où l'on donne à deviner une chose en la décrivant en termes obscurs 2. FIG. mystère.

enivrer [ɑ̃ni-] *vt* 1. rendre ivre 2. FIG. exalter : *enivrer de joie.*

enjambée *nf* grand pas : *marcher à grandes enjambées.*

enjambement *nm* rejet au vers suivant d'un ou de plusieurs mots qui complètent le sens du précédent.

enjamber *vt* franchir, passer par-dessus un obstacle en faisant un grand pas : *enjamber un ruisseau.*

enjeu *nm* 1. somme d'argent, objet que l'on risque dans une partie de jeu 2. FIG. ce qu'on peut gagner ou perdre dans une entreprise.

enjoliver *vt* rendre joli ou plus joli en ajoutant des ornements.

enjoliveur *nm* garniture recouvrant les moyeux des roues d'une automobile.

enjoué, e *adj* qui montre de la bonne humeur, de la gaieté.

enlacer *vt* (conj 1) 1. entrecroiser 2. serrer dans ses bras, étreindre.

enlaidir *vt* rendre laid ◆ *vi* devenir laid : *il a enlaidi.*

enlevé, e *adj* exécuté avec rapidité, brio.

enlèvement *nm* 1. action d'enlever, d'emporter 2. rapt.

enlever *vt* (conj 9) 1. retirer pour mettre ailleurs : *enlever des meubles* 2. faire disparaître : *enlever une tache* 3. retirer ce qui était sur soi : *enlever ses chaussures* 4. libérer, soulager : *ça m'enlève un poids de la conscience* 5. soustraire par un rapt : *enlever quelqu'un contre une rançon* 6. exécuter rapidement, brillamment : *enlever un morceau.*

enliser (s') *vpr* 1. s'enfoncer dans les sables mouvants, dans la boue 2. FIG. s'embarrasser dans une situation inextricable.

enluminure *nf* 1. art, action d'enluminer 2. décor et illustration, surtout en couleurs, d'un manuscrit (Moyen Âge).

enneigement [ɑ̃-] *nm* état d'un endroit couvert de neige ; épaisseur de la couche de neige qui s'y trouve : *un bon enneigement.*

enneiger [ɑ̃-] *vt* (conj 2) couvrir, recouvrir de neige.

ennemi, e *n* et *adj* 1. qui hait quelqu'un, qui cherche à lui nuire 2. qui a de l'aversion pour : *ennemi du bruit* 3. pays armé avec lequel on est en guerre 4. ce qui est contraire, s'oppose : *le mieux est l'ennemi du bien.*

ennoblir [ɑ̃-] *vt* donner de la noblesse, élever moralement REM. à distinguer de *anoblir.*

ennui [ɑ̃-] *nm* 1. lassitude morale produite par le désœuvrement, le manque d'intérêt, etc. 2. difficulté, problème, souci : *avoir des ennuis de santé.*

ennuyer [ɑ̃-] *vt* (conj 3) 1. causer de l'ennui 2. importuner, contrarier ◆ **s'ennuyer** *vpr* éprouver de l'ennui.

énoncé *nm* 1. action d'énoncer 2. texte qui exprime un jugement, qui formule un problème, qui pose une question, qui expose un résultat : *l'énoncé d'un théorème.*

énoncer *vt* (conj 1) exprimer par paroles ou par écrit ; formuler.

enorgueillir [ɑ̃-] *vt* rendre orgueilleux ◆ **s'enorgueillir** *vpr* [de] tirer vanité de.

énorme *adj* 1. démesuré, excessif 2. FAM. incroyable, extraordinaire.

énormément *adv* excessivement.

énormité *nf* 1. caractère de ce qui est énorme 2. FAM. parole ou action extravagante.

enquérir (s') *vpr* [de] (conj 21) s'informer sur.

enquête *nf* 1. étude d'une question réunissant des témoignages, des expériences, des documents : *enquête sociologique* 2. recherches ordonnées par une autorité administrative ou judiciaire : *le tribunal a ordonné une enquête.*

enquêter *vi* faire, mener une enquête : *enquêter sur un crime.*

enquêteur, euse ou **trice** *adj* et *n* qui fait une enquête (sociologique, policière, etc.).

enquiquiner *vt* FAM. ennuyer.

enraciner *vt* 1. faire prendre racine à 2. fixer profondément dans le cœur, l'esprit ◆ **s'enraciner** *vpr* 1. prendre racine 2. FIG. se fixer : *les préjugés s'enracinent facilement.*

enragé, e *adj* qui a la rage ◆ *adj* et *n* acharné, fanatique : *joueur enragé ; un enragé de golf.*

enrager *vi* (conj 2) éprouver un violent dépit ; être vexé, furieux • *faire enrager* taquiner, tourmenter.

enrayer [ɑ̃rɛje] *vt* (conj 4) 1. garnir une roue de ses rayons 2. entraver le mouvement des roues d'une voiture ou de tout autre mécanisme 3. FIG. arrêter, juguler : *enrayer une maladie.*

enregistrement *nm* 1. action d'enregistrer ; son résultat 2. diagramme tracé par un appareil enregistreur 3. ensemble des techniques permettant de fixer, de conserver ou de reproduire des sons ou des images ; ces sons ou ces images ainsi enregistrés 4. administration, bureaux où l'on enregistre certains actes.

enregistrer *vt* 1. transcrire un acte, un jugement dans les registres publics, pour en assurer l'authenticité : *enregistrer un contrat* 2. consigner certains faits par écrit ; FIG. prendre mentalement bonne note de 3. constater objectivement : *on a enregistré des chutes de neige* 4. faire noter le dépôt de : *enregistrer des bagages* 5. transcrire et fixer sur un support matériel (une information, une image, un son).

enrhumer *vt* causer un rhume à ◆ **s'enrhumer** *vpr* attraper un rhume.

enrichir *vt* 1. rendre riche ou plus riche 2. augmenter la valeur, l'importance de quelque chose : *enrichir une collection.*

enrichissant, e *adj* qui enrichit l'esprit.

enrobé, e *adj* FAM. grassouillet, rondelet.

enrober *vt* 1. recouvrir d'une enveloppe protectrice : *enrober de sucre* 2. FIG. déguiser, envelopper, notamment pour adoucir : *enrober un reproche.*

enrôler *vt* 1. inscrire sur les rôles des armées 2. inscrire dans un parti, un groupe ◆ **s'enrôler** *vpr* 1. s'engager dans l'armée 2. se faire inscrire dans un parti, un groupe.

enrouer *vt* rendre la voix rauque.

enrouler *vt* rouler une chose autour d'une autre ou sur elle-même.

enrouleur, euse *adj* et *nm* qui sert à enrouler : *ceintures de sécurité à enrouleurs.*

enrubanner *vt* orner de rubans.

ensabler *vt* 1. couvrir, engorger de sable 2. faire échouer un bateau sur le sable 3. immobiliser un véhicule dans le sable.

ensanglanter *vt* 1. tacher, couvrir de sang 2. provoquer des actes sanglants (guerres, meurtres).

enseignant, e *adj* et *n* qui enseigne • ***le corps enseignant*** l'ensemble des professeurs et des instituteurs.

enseigne *nf* 1. marque distinctive placée sur la façade d'une maison de commerce : *enseigne lumineuse* 2. LITT. pavillon, étendard • ***à telle enseigne que*** la preuve en est que • ***être logé à la même enseigne*** être dans le même cas.

enseignement *nm* 1. action, art d'enseigner 2. profession de celui qui enseigne 3. ce qui est enseigné ; leçon donnée par les faits, l'expérience : *tirer les enseignements d'un échec.*

enseigner *vt* 1. faire acquérir la connaissance ou la pratique de : *enseigner la géographie* 2. apprendre, montrer : *l'histoire nous enseigne que tout est recommencement.*

ensemble *adv* 1. l'un avec l'autre, les uns avec les autres 2. en même temps • ***aller ensemble*** s'harmoniser.

ensemble *nm* 1. unité résultant du concours harmonieux des diverses parties d'un tout ; accord : *chanter avec un ensemble parfait* 2. réunion d'éléments qui forment un tout : *l'ensemble du personnel* 3. collection d'éléments harmonisés, assortis : *ensemble mobilier* 4. costume féminin composé de deux ou trois pièces 5. groupe de musiciens, de chanteurs ; formation : *ensemble vocal* 6. MATH collection d'éléments ou de nombres ayant en commun une ou plusieurs propriétés qui les caractérisent : *ensemble fini* • ***ensemble immobilier*** ou ***grand ensemble*** groupe plus ou moins important d'habitations bénéficiant de certains équipements collectifs • ***d'ensemble*** général : *vue d'ensemble* • ***dans l'ensemble*** en général.

ensemencer *vt* (conj 1) répandre la semence sur ou dans : *ensemencer une terre.*

ensevelir *vt* 1. LITT. envelopper un corps mort dans un linceul ou l'enterrer 2. faire disparaître sous un amoncellement : *village enseveli sous la neige.*

ensoleillé, e *adj* 1. exposé au soleil 2. où brille le soleil.

ensommeillé, e *adj* qui reste sous l'effet du sommeil, mal réveillé.

ensorceler *vt* (conj 6) 1. jeter un sort sur 2. FIG. séduire, captiver.

ensorcellement *nm* 1. action d'ensorceler ; son résultat 2. charme irrésistible, séduction.

ensuite *adv* après, à la suite de (dans l'espace et le temps).

ensuivre (s') *vpr* (conj 62 ; seulement à l'infin., et à la 3e pers. du sing. et du pl) suivre, être la conséquence ◆ *v. impers* résulter : *il s'ensuit que.*

entacher *vt* souiller moralement • DR ***acte entaché de nullité*** frappé de nullité.

entaille *nf* 1. coupure avec enlèvement de matière 2. blessure faite avec un instrument tranchant.

entailler *vt* faire une entaille dans.

entame *nf* premier morceau que l'on coupe d'un pain, d'un quartier de viande, etc.

entamer *vt* 1. couper, retrancher le premier morceau de quelque chose 2. entreprendre, commencer : *entamer des négociations* 3. couper, entailler : *entamer la peau* 4. porter atteinte à : *entamer les convictions de quelqu'un.*

entartrer *vt* encrasser de tartre.

entasser *vt* 1. mettre en tas ; amonceler 2. tasser, serrer : *voyageurs entassés* 3. accumuler : *entasser des citations.*

entendement *nm* aptitude à comprendre ; bon sens, jugement : *cela dépasse l'entendement.*

entendre *vt* (conj 50) 1. percevoir par l'ouïe : *entendre un bruit* ; ABSOL. avoir une certaine capacité auditive : *il entend bien,* *mal ; il n'entend pas* 2. prêter attention à, écouter : *entendre des témoins* 3. LITT. comprendre, saisir : *entendre la plaisanterie* 4. vouloir dire, insinuer : *qu'entendez-vous par là ?* 5. LITT. vouloir : *j'entends être obéi* • *donner à entendre* laisser croire ◆ **s'entendre** *vpr* 1. se mettre d'accord 2. sympathiser : *bien s'entendre avec quelqu'un* • *s'y entendre* savoir, être habile (à quelque chose) • SOUT. *cela s'entend* cela va de soi.

entendu, e *adj* 1. convenu, décidé 2. LITT. intelligent, habile, capable • *bien entendu* assurément ◆ *interj* • *entendu !* d'accord !

entente *nf* 1. action de s'entendre, accord 2. convention entre des sociétés, des groupes, des nations 3. relations amicales entre des personnes • *à double entente* qu'on peut comprendre de deux façons.

entériner *vt* 1. DR ratifier, rendre valide 2. consacrer, approuver.

enterrement *nm* 1. action de mettre en terre ; inhumation 2. funérailles, obsèques 3. convoi funèbre 4. FIG. abandon, renonciation.

enterrer *vt* 1. enfouir 2. inhumer 3. survivre à : *vieillard qui enterre ses héritiers* 4. FIG. cesser de s'occuper de, renoncer à : *enterrer un projet* ◆ **s'enterrer** *vpr* se retirer, s'isoler.

en-tête (*pl en-têtes*) *nm* ce qui est imprimé, écrit ou gravé en tête d'une lettre, d'un écrit.

entêtement *nm* attachement obstiné à ses idées, à ses goûts, etc. ; ténacité.

entêter *vt* faire mal à la tête par des vapeurs, des odeurs ◆ **s'entêter** *vpr* [à, dans] s'obstiner avec ténacité.

enthousiasme *nm* 1. admiration passionnée, ardeur : *parler d'un auteur avec enthousiasme* 2. exaltation joyeuse, excitation : *pièce écrite dans l'enthousiasme.*

enthousiasmer *vt* remplir d'enthousiasme ◆ **s'enthousiasmer** *vpr* se passionner, s'enflammer.

enticher (s') *vpr* [de] se prendre d'un attachement passager et excessif pour quelqu'un, quelque chose.

entier *nm* totalité : *lisez-le dans son entier !* • *en entier* complètement.

entier, ère *adj* 1. complet, intégral 2. sans restriction, total, absolu : *une entière liberté* 3. sans changement : *la question reste entière* 4. catégorique, intransigeant : *caractère entier* • MATH *nombre entier* ou *entier nm* l'un quelconque des nombres de la suite 0, 1, 2, 3,... pris positivement (*entier positif*) ou négativement (*entier négatif*).

entièrement *adv* tout à fait ; complètement, intégralement.

entité *nf* 1. abstraction considérée comme une réalité 2. PHILOS ce qui constitue l'essence d'un être.

entomologie *nf* partie de la zoologie qui traite des insectes.

entonner *vt* 1. commencer à chanter : *entonner « la Marseillaise »* 2. FIG. célébrer, chanter : *entonner les louanges de.*

entonnoir *nm* ustensile en forme de cône, servant à transvaser des liquides.

entorse *nf* distorsion brutale d'une articulation avec élongation ou rupture des ligaments • FIG. *faire une entorse à (une loi, un usage, etc.)* ne pas s'y conformer.

entourage *nm* tout ce qui entoure pour orner • *l'entourage de quelqu'un* ses familiers, son milieu.

entourer *vt* 1. disposer autour de 2. être placé autour de : *des murs entourent le jardin* 3. être auprès de quelqu'un, lui témoigner de la sympathie, des soins ◆ **s'entourer** *vpr* [de] mettre, réunir autour de soi : *s'entourer de mystère ; s'entourer de gens compétents.*

entracte *nm* 1. intervalle de temps entre les parties d'un spectacle 2. FIG. temps de répit.

entraide *nf* aide mutuelle.

entraider (s') *vpr* s'aider mutuellement.

entrain *nm* ardeur, animation, enthousiasme : *manquer d'entrain pour travailler.*

entraînement *nm* 1. action d'entraîner ; dispositif, mouvement qui entraîne : *courroie d'entraînement* 2. préparation à un sport, à une compétition, à une activité quelconque.

entraîner *vt* 1. emporter, traîner dans son mouvement : *le fleuve entraîne les troncs d'arbre* 2. amener avec plus ou moins de force : *il l'entraîna vers la sortie* 3. transmettre un mouvement, mettre en action : *moteur qui entraîne une pompe* 4. préparer à un sport, à un exercice, etc. : *entraîner un cheval* 5. avoir pour effet : *entraîner des frais* ◆ **s'entraîner** *vpr* se préparer, s'exercer : *s'entraîner pour une épreuve.*

entraîneur, euse *n* qui entraîne des chevaux, des sportifs, etc.

entraîneuse *nf* femme employée dans un établissement de nuit pour engager les clients à danser et à consommer.

entr'apercevoir *vt* (conj 34) apercevoir d'une manière indistincte ou très rapide.

entrave *nf* 1. lien fixé aux pieds d'un animal 2. FIG. ce qui gêne un mouvement, une action.

entre *prép* marque la place ou le temps intermédiaires, un rapport de relation, la réciprocité, la comparaison.

entrebâiller *vt* entrouvrir légèrement : *entrebâiller une porte.*

entrechoquer (s') *vpr* se heurter l'un contre l'autre.

entrecôte *nf* tranche de viande de bœuf coupée entre deux côtes.

entrecouper *vt* interrompre par intervalles.

entrecroiser *vt* croiser en divers sens.

entrecuisse *nm* espace situé entre les cuisses.

entre-déchirer (s') *vpr* s'attaquer, se déchirer mutuellement.

entre-deux *nm inv* 1. partie située au milieu de deux choses ; état intermédiaire entre deux extrêmes 2. au basket-ball, jet du ballon par l'arbitre entre deux joueurs, pour la reprise du jeu.

entrée *nf* 1. action d'entrer 2. endroit par où l'on entre 3. vestibule d'un appartement 4. faculté d'entrer ; accès : *entrée gratuite* 5. FIG. début : *entrée en fonctions* 6. LITT. commencement : *à l'entrée de l'hiver* 7. droit d'assister, de participer à : *examen d'entrée* 8. plat servi au début d'un repas • ***d'entrée de jeu*** dès le début ◆ **entrées** *nf pl* • ***avoir ses entrées chez quelqu'un, dans un lieu*** y être reçu.

entrefaites *nf pl* • ***sur ces entrefaites*** à ce moment-là.

entrefilet *nm* petit article dans un journal.

entrejambe *nm* partie de la culotte ou du pantalon située entre les jambes.

entrelacer *vt* (conj 1) enlacer l'un dans l'autre : *entrelacer des guirlandes.*

entremets *nm* dessert sucré à base de lait.

entremettre (s') *vpr* (conj 57) intervenir pour mettre en relation des personnes, intervenir dans les affaires d'autrui : *s'entremettre pour obtenir la grâce de quelqu'un.*

entremise *nf* 1. action de s'entremettre 2. médiation • ***par l'entremise de*** grâce à l'intervention de, par l'intermédiaire de.

entreposer *vt* déposer des objets momentanément dans un lieu, dans un entrepôt.

entrepôt *nm* lieu où l'on met des marchandises en dépôt.

entreprenant, e *adj* 1. qui n'hésite pas à entreprendre : *caractère entreprenant* 2. qui cherche très activement à séduire.

entreprendre *vt* (conj 54) 1. commencer l'exécution de : *entreprendre des travaux* 2. FAM. s'efforcer de convaincre, avec insistance.

entrepreneur, euse *n* chef d'une entreprise, et, en particulier, d'une entreprise spécialisée dans la construction ou les travaux publics.

entreprise *nf* 1. ce que quelqu'un entreprend 2. affaire commerciale ou industrielle : *entreprise privée.*

entrer *vi* (auxil : être) 1. passer du dehors au dedans, pénétrer 2. passer dans une situation, un emploi, etc. : *entrer dans la magistrature ; entrer en religion* 3. être contenu : *médicament où il entre du fer ; cela n'entre pas dans mes attributions* • ***entrer dans les détails*** examiner ou déduire avec minutie ◆ *vt* (auxil : avoir) introduire.

entresol *nm* étage entre le rez-de-chaussée et le premier étage.

entre-temps *adv* dans cet intervalle de temps.

entretenir *vt* (conj 22) 1. tenir en bon état 2. pourvoir des choses nécessaires : *entretenir une famille* 3. faire durer : *entretenir le feu* • ***entretenir quelqu'un de*** lui parler de ◆ **s'entretenir** *vpr* parler avec quelqu'un.

entretien *nm* 1. action de tenir en bon état, de fournir ce qui est nécessaire 2. conversation : *solliciter un entretien.*

entre-tuer (s') *vpr* se tuer l'un l'autre, les uns les autres : *adversaires qui s'entretuent.*

entrevoir *vt* (conj 41) 1. voir rapidement ou confusément 2. FIG. deviner, pressentir : *entrevoir la vérité.*

entrevue *nf* rencontre concertée entre des personnes.

entrouvrir *vt* ouvrir partiellement.

énumérer *vt* (conj 10) énoncer successivement les éléments d'une série.

envahir *vt* 1. pénétrer en force et en nombre dans un pays, une région et l'occuper 2. se répandre dans, sur : *la foule envahit la rue* 3. gagner, s'emparer de quelqu'un : *la terreur l'envahit* 4. avoir une présence très importune.

envahisseur *nm* qui envahit, en particulier militairement.

enveloppe *nf* 1. ce qui enveloppe 2. pochette de papier destinée à recevoir une lettre, une carte, etc. 3. somme d'argent ; masse globale de crédit : *enveloppe budgétaire.*

envelopper *vt* 1. couvrir, entourer complètement : *envelopper un objet dans du papier ; membrane qui enveloppe un organe* 2. entourer, encercler : *envelopper l'ennemi* ◆ **s'envelopper** *vpr* s'enrouler, se couvrir : *s'envelopper dans une cape.*

envenimer *vt* ou **s'envenimer** *vpr* 1. infecter ou s'infecter 2. FIG. rendre ou devenir plus grave : *discussion qui s'envenime.*

envergure *nf* 1. distance entre les extrémités des ailes déployées d'un oiseau, des ailes d'un avion, de la voilure d'un navire 2. FIG. ampleur, puissance : *manquer d'envergure.*

envers *prép* à l'égard de • ***envers et contre tout*** en dépit de tout.

envers *nm* 1. l'opposé de l'endroit 2. le contraire • ***à l'envers*** du mauvais côté, sens dessus dessous, dans le sens contraire.

envie *nf* 1. convoitise à la vue du bonheur ou des avantages d'autrui 2. désir, souhait 3. besoin organique soudain 4. tache naturelle sur la peau 5. pellicule de peau autour des ongles.

envier *vt* souhaiter, désirer un avantage que quelqu'un a.

environ *adv* à peu près.

environnement *nm* 1. ce qui entoure 2. ensemble des éléments naturels et artificiels qui entourent les hommes, une espèce animale, etc.
environs *nm pl* alentours.
envisager *vt* (conj 2) 1. examiner, considérer 2. projeter : *envisager de partir.*
envoi *nm* 1. action d'envoyer 2. chose envoyée : *envoi postal* 3. LITTÉR vers placés à la fin d'une ballade, pour en faire hommage à quelqu'un.
envol *nm* action de s'envoler • ***prendre son envol*** s'envoler.
envoler (s') *vpr* 1. prendre son vol 2. décoller 3. FIG. disparaître, s'enfuir.
envoûter *vt* 1. pratiquer un envoûtement 2. FIG. exercer un attrait irrésistible ; ensorceler, fasciner.
envoyé, e *n* personne envoyée quelque part pour une mission.
envoyer *vt* (conj 11) 1. faire partir vers telle ou telle destination : *envoyer les enfants à l'école* 2. faire parvenir, expédier : *envoyer une lettre* 3. jeter, lancer : *envoyer la balle* • FAM. ***envoyer promener*** repousser, renvoyer avec rudesse.
enzyme *nf* CHIM substance organique soluble provoquant ou accélérant une réaction.
éolien, enne *adj* • ***érosion éolienne*** érosion provoquée par le vent, particulier dans les déserts • ***harpe éolienne*** instrument à cordes, vibrant au vent ◆ *nf* moteur actionné par le vent.
épagneul, e *n* chien à long poil et à oreilles pendantes.
épais, aisse *adj* 1. qui a de l'épaisseur, une épaisseur de tant 2. dense, serré : *brouillard épais* 3. compact, consistant : *sauce trop épaisse.*
épaisseur *nf* 1. une des trois dimensions d'un solide, les autres étant la longueur et la largeur 2. qualité de ce qui est dense, serré.
épaissir *vt* rendre plus épais, plus dense ◆ *vi* devenir épais.
épanchement *nm* 1. MÉD accumulation gazeuse ou liquide : *épanchement de sang* 2. FIG. action de se confier, de communiquer ses sentiments.
épancher *vt* laisser déborder ses sentiments avec confiance : *épancher son cœur* ◆ **s'épancher** *vpr* se confier librement, parler sans retenue de ses sentiments.
épandre *vt* jeter çà et là, éparpiller, en particulier un engrais, du fumier.
épanouir *vt* faire que quelqu'un se sente bien ◆ **s'épanouir** *vpr* 1. s'ouvrir en parlant d'une fleur 2. être, se sentir bien physiquement et intellectuellement 3. FIG. se développer dans toutes ses potentialités : *cet enfant s'épanouit.*
épargnant, e *n* personne qui épargne, qui économise.
épargne *nf* 1. action d'épargner 2. économie 3. fraction du revenu individuel ou national qui n'est pas affectée à la consommation • ***Caisse d'épargne*** établissement public qui reçoit en dépôt des sommes portant intérêts.
épargner *vt* 1. économiser, mettre en réserve 2. employer avec ménagement : *épargner ses forces* 3. traiter avec ménagement, laisser la vie sauve : *épargner les vaincus* 4. ne pas endommager, ne pas détruire : *l'orage a épargné les récoltes.*
éparpiller *vt* répandre, disperser de tous côtés : *éparpiller ses affaires* ◆ **s'éparpiller** *vpr* se disperser.
épars, e *adj* répandu çà et là, en désordre.
épatant, e *adj* FAM. admirable, formidable.
épater *vt* FAM. étonner, stupéfier.
épaule *nf* 1. articulation du bras et du tronc ; espace compris entre ces deux articulations 2. partie supérieure du membre supérieur ou antérieur des animaux • ***avoir la tête sur les épaules*** être sensé, réfléchi.
épauler *vt* 1. appuyer contre l'épaule : *épauler son fusil* 2. FIG. prêter son aide à quelqu'un ; appuyer, soutenir.
épaulette *nf* 1. superposition d'ouate ou de tissu qui rembourre les épaules d'un vêtement 2. patte que les militaires portent sur l'épaule et qui indique le grade ; symbole du grade d'officier.
épave *nf* 1. objet abandonné en mer ou après un naufrage 2. voiture accidentée irréparable ou vieille voiture hors d'usage 3. FIG. personne réduite à un état extrême de misère morale ou physique.
épée *nf* arme faite d'une longue lame d'acier pointue • FIG. ***coup d'épée dans l'eau*** effort inutile, action sans résultat.
épeler *vt* (conj 6) nommer successivement les lettres composant un mot.
épépiner *vt* enlever les pépins.
éperdu, e *adj* 1. qui éprouve une vive émotion : *éperdu de joie* 2. extrême, violent : *amour éperdu.*
éperon *nm* 1. tige de métal que le cavalier fixe au talon de sa botte pour stimuler son cheval 2. GÉOGR saillie d'un contrefort montagneux 3. MAR partie saillante en avant de la proue d'un navire.
éperonner *vt* 1. piquer un cheval avec l'éperon 2. LITT., FIG. exciter, stimuler.
épervier *nm* 1. oiseau de proie du genre faucon 2. filet de pêche rond garni de plomb.
éphémère *adj* de courte durée : *gloire éphémère* ◆ *nm* insecte qui ne vit qu'un jour ou deux.
éphéméride *nf* calendrier dont on retire chaque jour une feuille ◆ **éphémérides** *nf pl* tables qui donnent, pour chaque jour, la situation des planètes.

épi *nm* 1. partie terminale de la tige du blé et, en général, de toutes les graminées, portant les graines groupées autour de l'axe 2. mèche de cheveux de direction contraire à celle des autres • *en épi* se dit d'objets, de véhicules disposés obliquement les uns par rapport aux autres.

épice *nf* substance aromatique pour l'assaisonnement des mets.

épicé, e *adj* 1. qui est fortement assaisonné 2. FIG. qui contient des traits égrillards, grivois : *un récit épicé.*

épicéa *nm* conifère voisin du sapin ; bois de cet arbre.

épicentre *nm* point de la surface terrestre où un tremblement de terre a été le plus intense.

épicer *vt* (conj 1) assaisonner avec des épices.

épicerie *nf* ensemble des produits alimentaires de consommation courante ; magasin où on vend ces produits.

épidémie *nf* 1. maladie infectieuse qui atteint en même temps un grand nombre d'individus et se propage par contagion 2. FIG. ce qui atteint un grand nombre de personnes : *une épidémie de suicides.*

épiderme *nm* 1. couche superficielle de la peau 2. BOT pellicule transparente qui recouvre les parties extérieures d'un végétal.

épidermique *adj* de l'épiderme • FIG. *réaction épidermique* vive et immédiate.

épier *vt* 1. observer, surveiller attentivement et en secret 2. guetter : *épier l'occasion.*

épigraphe *nf* 1. inscription sur un édifice 2. citation d'un auteur, en tête d'un livre, d'un chapitre.

épilatoire *adj* qui sert à épiler.

épilepsie *nf* maladie caractérisée par des convulsions et une perte de connaissance.

épiler *vt* arracher, faire tomber les poils.

épilogue *nm* 1. conclusion d'un ouvrage littéraire 2. ce qui termine un fait, une histoire, etc.

épiloguer *vt ind* [sur] faire des commentaires sans fin sur.

épinard *nm* plante potagère, dont on consomme les feuilles ◆ **épinards** *nm pl* feuilles d'épinard • FAM. *mettre du beurre dans les épinards* améliorer ses revenus.

épine *nf* 1. excroissance dure et pointue de certains végétaux 2. PAR EXT. arbrisseau épineux • *épine dorsale* colonne vertébrale • FIG. *tirer une épine du pied* débarrasser d'un souci, d'une difficulté.

épineux, euse *adj* 1. couvert d'épines 2. FIG. plein de difficultés ; délicat : *problème épineux* ◆ *nm* arbuste épineux.

épingle *nf* 1. petite tige métallique, pointue à une extrémité et terminée à l'autre par une tête, pour attacher 2. bijou en forme d'épingle, avec tête ornée • *chercher une épingle dans une botte de foin* chercher une chose introuvable • VIEILLI. *coup d'épingle* critique légère • *épingle à cheveux* épingle recourbée à deux branches, pour maintenir les cheveux • *épingle de sûreté* ou *épingle de nourrice* ou *épingle anglaise* tige recourbée formant ressort dont la pointe est protégée et maintenue par un crochet plat • *monter quelque chose en épingle* lui donner une importance excessive • *tiré à quatre épingles* très soigné • *tirer son épingle du jeu* se tirer adroitement d'affaire • *virage en épingle à cheveux* brusque et très serré.

épingler *vt* 1. attacher, fixer avec des épingles 2. FAM. arrêter, faire prisonnier.

épinglette *nf* recommandation officielle pour *pin's.*

épinière *adj f* • *moelle épinière* centre nerveux situé dans le canal rachidien.

Épiphanie *nf* fête chrétienne rappelant l'arrivée des Mages (appelée aussi : *fête des Rois, jour des Rois*).

épiphénomène *nm* phénomène secondaire lié à un phénomène principal.

épique *adj* 1. propre à l'épopée 2. FIG. extraordinaire, mémorable.

épiscopal, e, aux *adj* propre à l'évêque • *Église épiscopale* Église anglicane.

épisode *nm* 1. division d'un roman, d'un film : *feuilleton en plusieurs épisodes* 2. événement accessoire, se rattachant plus ou moins à un ensemble : *ce voyage a connu un épisode dramatique.*

épisodique *adj* 1. qui constitue un épisode : *incident épisodique* 2. qui ne se produit que de temps en temps : *il fait des apparitions épisodiques au bureau.*

épistémologie *nf* partie de la philosophie qui étudie les principes des sciences.

épistolaire *adj* relatif à la correspondance par lettres : *style épistolaire.*

épitaphe *nf* inscription sur un tombeau.

épithète *nf* 1. GRAMM fonction de l'adjectif qualificatif qui détermine le nom sans l'intermédiaire d'un verbe (par oppos. à *attribut*) 2. mot employé pour qualifier quelqu'un ou quelque chose : *épithète injurieuse.*

épître *nf* 1. LITT. lettre 2. RELIG texte tiré de l'Écriture sainte et surtout des lettres des Apôtres, qui est lu à la messe.

éploré, e *adj* en pleurs, très chagriné.

éplucher *vt* 1. ôter la peau d'un légume, d'un fruit 2. FIG. examiner minutieusement : *éplucher un compte.*

épluchure *nf* déchet enlevé en épluchant : *épluchures de fruits.*

éponge *nf* 1. animal marin dont le squelette est formé d'un tissu fibreux et poreux ; matière tirée de ce squelette qui a la propriété d'absorber les liquides et qu'on emploie à divers usages domestiques et techniques 2. objet spongieux utilisé pour essuyer ou nettoyer : *éponge synthétique,* *métallique* • *passer l'éponge* pardonner • *jeter l'éponge* abandonner le combat, la partie.

éponger *vt* (conj 2) 1. étancher un liquide avec une éponge ou quelque chose de spongieux 2. FIG. résorber un excédent quelconque, combler un retard.

épopée *nf* 1. récit en vers ou en prose d'aventures héroïques 2. FIG. suite d'événements inattendus, héroïques.

époque *nf* 1. moment déterminé de l'histoire, caractérisé par un certain état de choses 2. date où un fait précis s'est déroulé • VIEILLI. *faire époque* laisser un souvenir durable.

épouiller *vt* ôter les poux.

époumoner (s') *vpr* se fatiguer à force de parler, de crier.

épouse *nf* › époux.

épouser *vt* 1. prendre en mariage 2. FIG. s'attacher vivement à, rallier : *épouser les vues de quelqu'un* 3. s'adapter exactement à : *ce coussin épouse la forme des reins.*

épousseter *vt* (conj 8) ôter la poussière.

époustoufler *vt* FAM. surprendre, stupéfier.

épouvantable *adj* 1. qui cause de l'épouvante 2. affreux, très désagréable.

épouvantail *nm* 1. mannequin mis dans les champs pour effrayer les oiseaux 2. FIG. ce qui effraie sans raison.

épouvanter *vt* jeter dans l'épouvante, effrayer.

époux, épouse *n* celui, celle que le mariage unit ◆ *nm pl* le mari et la femme.

éprendre (s') *vpr* [de] (conj 54) SOUT. être pris de passion pour.

épreuve *nf* 1. chagrin, douleur, malheur qui frappe quelqu'un : *ce deuil est une pénible épreuve* 2. expérimentation, essai qu'on fait d'une chose : *faire l'épreuve d'un moteur* 3. composition ou interrogation, à un examen : *épreuve écrite* 4. compétition sportive 5. texte imprimé tel qu'il sort de la composition : *corriger des épreuves* 6. PHOT image obtenue par tirage d'après un cliché • *à l'épreuve de* en état de résister à • *à toute épreuve* capable de résister à tout • *épreuve de force* affrontement • *mettre à l'épreuve* éprouver.

éprouvant, e *adj* pénible à supporter : *un climat éprouvant.*

éprouver *vt* 1. soumettre à des épreuves, des expériences 2. connaître par l'expérience 3. ressentir : *éprouver de la joie* 4. subir, supporter 5. faire souffrir : *cet accident l'a cruellement éprouvé.*

éprouvette *nf* tube de verre fermé à une extrémité et destiné à diverses expériences.

épuisement *nm* 1. action d'épuiser ; fait d'être épuisé 2. fatigue extrême : *mort d'épuisement.*

épuiser *vt* 1. employer en totalité : *épuiser ses munitions* 2. rendre stérile : *épuiser une terre* 3. affaiblir, abattre : *épuiser les forces* 4. FIG. lasser : *épuiser la patience* 5. traiter à fond : *épuiser un sujet* ◆ **s'épuiser** *vpr* 1. être utilisé complètement : *nos réserves s'épuisent* 2. se fatiguer.

épuisette *nf* petit filet de pêche monté sur un cerceau et fixé à un long manche.

épuration *nf* 1. action d'épurer ; son résultat 2. FIG. élimination d'une administration, d'un parti politique, d'un groupement, des membres jugés indignes d'en faire partie.

épurer *vt* 1. rendre pur ou plus pur : *épurer l'huile* 2. FIG. exclure d'un groupe ceux qui en sont jugés indignes.

équateur [-kwa-] *nm* 1. grand cercle imaginaire de la sphère terrestre, perpendiculaire à la ligne des pôles 2. région terrestre qui avoisine ce cercle.

équation [ekwasjɔ̃] *nf* MATH formule d'égalité entre des grandeurs qui dépendent les unes des autres.

équatorial, e, aux [-kwa-] *adj* de l'équateur.

équatorien, enne [-kwa-] *adj* et *n* de l'Équateur.

équerre *nf* 1. instrument pour tracer des angles droits ou tirer des perpendiculaires 2. pièce de fer plate en T ou en L pour consolider des assemblages • *à l'équerre* ou *d'équerre* à angle droit.

équestre [ekɛstr] *adj* 1. relatif à l'équitation 2. qui représente un cavalier : *statue équestre.*

équeuter *vt* enlever la queue d'un fruit.

équidé [ekɥide] ou [ekide] *nm* mammifère ongulé à un seul doigt par patte (les équidés forment une famille comprenant le cheval, le zèbre, l'âne).

équidistant, e [ekɥi-] *adj* qui est à égale distance : *points équidistants.*

équilatéral, e, aux [ekɥi-] *adj* dont les côtés sont égaux : *triangle équilatéral.*

équilibre *nm* 1. état de repos d'un corps sollicité par des forces qui s'annulent 2. position stable du corps humain 3. FIG. juste combinaison de forces, d'éléments : *équilibre budgétaire, économique, psychique.*

équilibré, e *adj* dont les facultés, les qualités sont en harmonie ; sain ; sensé.

équilibrer *vt* mettre en équilibre ◆ **s'équilibrer** *vpr* être équivalent, en équilibre.

équilibriste *n* artiste dont le métier est de faire des tours d'adresse, d'équilibre acrobatique.

équin, e *adj* relatif au cheval.

équinoxe *nm* époque de l'année où les jours sont égaux aux nuits : *équinoxes de printemps et d'automne.*

équipage *nm* ensemble des personnes assurant le service d'un navire, d'un avion, d'un char, etc.

équipe *nf* 1. groupe de personnes travaillant ensemble ou dans le même but 2. ensemble de joueurs formant un même camp • *esprit d'équipe* esprit de solidarité qui unit les membres d'un même groupe • *faire équipe* s'associer avec.

équipement *nm* action d'équiper, de pourvoir du matériel, des installations nécessaires ; ensemble de ce matériel, de ces installations.

équiper *vt* pourvoir de ce qui est nécessaire en vue d'une activité déterminée ◆ **s'équiper** *vpr* se munir du nécessaire.

équipier, ère *n* personne qui fait partie d'une équipe, notamment d'une équipe sportive.

équitable *adj* juste.

équitablement *adv* justement.

équitation *nf* art, action de monter à cheval : *école d'équitation*.

équité [ekite] *nf* sens de la justice, de l'impartialité.

équivalence *nf* qualité de ce qui est équivalent.

équivalent, e *adj* qui équivaut, a la même valeur ◆ *nm* 1. ce qui équivaut, chose équivalente 2. mot qui a à peu près le même sens qu'un autre, synonyme.

équivaloir *vt ind* [à] (conj 40) être de même valeur, de même importance, de même effet.

équivoque *adj* 1. qui a un double sens ; ambigu : *mot équivoque* 2. suspect, qui suscite la méfiance : *attitude équivoque* ◆ *nf* 1. mot, phrase à double sens : *grossière équivoque* 2. incertitude : *dissiper l'équivoque*.

érable *nm* arbre des forêts tempérées, à fruits secs munis d'une aile et dispersés par le vent ; bois de cet arbre.

éradiquer *vt* faire disparaître une maladie, un mal.

érafler *vt* entamer superficiellement, écorcher légèrement, égratigner.

éraflure *nf* écorchure légère.

éraillé, e *adj* • *voix éraillée* rauque.

érailler *vt* 1. relâcher les fils d'un tissu 2. écorcher superficiellement.

ère *nf* 1. époque fixe d'où l'on commence à compter les années 2. époque où s'établit un nouvel ordre de choses : *une ère de prospérité* • *ère géologique* chacune des cinq grandes divisions de l'histoire de la Terre.

érection *nf* 1. LITT. action d'élever, de construire : *l'érection d'un monument* 2. état de gonflement de certains tissus organiques, en particulier du pénis.

éreinter *vt* 1. briser de fatigue 2. FIG. critiquer vivement et avec malveillance.

ergonomie *nf* étude de l'adaptation du travail et des machines aux possibilités de l'homme.

ergot *nm* 1. petit ongle pointu derrière le pied du coq, du chien, etc. 2. saillie à une pièce de bois ou de fer 3. maladie des céréales • FIG. *se dresser sur ses ergots* prendre une attitude hautaine et menaçante.

ergoter *vi* FAM. discuter avec ténacité sur des points de détail ; chicaner.

ergothérapie *nf* thérapeutique par les activités manuelles.

ériger *vt* (conj 2) 1. élever, construire 2. créer, instituer • *ériger en* élever au rang, au rôle de ◆ **s'ériger** *vpr* • *s'ériger en* s'attribuer un droit, se poser en.

ermite *nm* 1. moine qui vit seul 2. personne qui vit loin du monde.

éroder *vt* user par frottement.

érogène *adj* se dit d'une partie du corps susceptible de provoquer une excitation sexuelle.

érosion *nf* dégradation, usure produite sur le relief du sol par diverses causes naturelles : *érosion éolienne, fluviale, glaciaire* • FIG. *érosion monétaire* détérioration lente et continue du pouvoir d'achat présentée par une monnaie.

érotique *adj* relatif à l'amour sexuel, à la sexualité.

érotisme *nm* 1. caractère érotique de quelqu'un ou de quelque chose 2. recherche du plaisir sexuel.

erratum (*pl errata*) *nm* faute, erreur, dans l'impression d'un ouvrage.

errements *nm pl* PÉJOR. manière d'agir considérée comme blâmable.

errer *vi* 1. aller çà et là, à l'aventure 2. FIG. en parlant du regard, de la pensée, passer d'une chose à l'autre.

erreur *nf* 1. action de se tromper ; faute commise en se trompant 2. état de quelqu'un qui se trompe : *être dans l'erreur* 3. action regrettable, maladresse : *c'est une erreur de jeunesse* • *erreur judiciaire* condamnation prononcée à tort contre un innocent • *faire erreur* se tromper.

erroné, e *adj* qui contient des erreurs ; faux, inexact.

ersatz [ɛrzats] *nm* produit de remplacement ; succédané.

éructer *vi* rejeter par la bouche avec bruit les gaz de l'estomac ◆ *vt* FIG. lancer, proférer : *éructer des injures*.

érudition *nf* savoir étendu et approfondi.

éruption *nf* apparition de boutons, de taches, de rougeurs sur la peau • *éruption volcanique* émission violente, hors d'un volcan, de vapeurs, de pierrailles, de cendres et de laves.

ès *prép* en matière de (devant un pl) : *docteurs ès sciences*.

esbroufe *nf* • FAM. *à l'esbroufe* 1. en essayant d'en imposer par son assurance 2. en profitant de la surprise • *faire de l'esbroufe* chercher à en imposer par de grands airs.

escabeau *nm* petite échelle portative.

escadre *nf* groupe important de navires de guerre, d'avions de combat.

escadrille *nf* 1. petite escadre de navires légers 2. groupe d'avions.

escadron *nm* unité de cavalerie ou d'engins blindés correspondant à une ou plusieurs compagnies.

escalade *nf* 1. action de s'élever jusqu'à un point en s'aidant des pieds et des mains 2. MIL accélération inéluctable de l'importance des moyens militaires, à partir du moment où l'emploi d'un armement nucléaire est envisageable 3. FIG. montée rapide, intensification d'un phénomène : *escalade des prix.*

escalader *vt* 1. faire une escalade, grimper : *escalader un rocher* 2. franchir en passant par-dessus : *escalader une grille.*

Escalator *nm* (nom déposé) escalier mécanique.

escale *nf* point et lieu d'arrêt ou de relâche et de ravitaillement pour les bateaux ou les avions ; temps d'arrêt passé dans cet endroit.

escalier *nm* série de marches échelonnées pour monter ou descendre.

escalope *nf* tranche mince de viande, principalement de veau.

escamoter *vt* 1. VIEILLI. faire disparaître habilement : *le prestidigitateur escamote des foulards* 2. dérober, subtiliser : *escamoter un portefeuille* 3. FIG. éluder, éviter ce qui est difficile : *escamoter une question.*

escampette *nf* • FAM. *prendre la poudre d'escampette* s'enfuir, déguerpir.

escapade *nf* action de s'échapper, en trompant la surveillance.

escargot *nm* mollusque gastropode qui porte une coquille en spirale.

escarmouche *nf* 1. accrochage entre les premières lignes de deux armées 2. FIG. paroles hostiles.

escarpé, e *adj* qui a une pente raide, d'accès difficile ; abrupt : *falaise escarpée.*

escarpement *nm* pente raide.

escarpin *nm* chaussure découverte, à semelle très mince, avec ou sans talon.

escarpolette *nf* VIEILLI. siège suspendu à des cordes pour se balancer.

escarre *nf* croûte noirâtre sur la peau, les plaies, par suite de la nécrose des tissus.

escient (à bon) *loc adv* avec discernement.

esclaffer (s') *vpr* rire bruyamment.

esclandre *nm* tumulte qui fait scandale ou qui est causé par un fait scandaleux : *faire un esclandre.*

esclavage *nm* 1. état, condition d'esclave 2. FIG. assujettissement, asservissement.

esclave *adj* et *n* 1. qui est sous la dépendance totale d'un maître 2. qui vit dans la dépendance d'un autre, qui n'a pas un instant de liberté 3. qui subit la domination d'un sentiment, d'un principe : *être esclave de l'argent, de ses passions.*

escompter *vt* 1. payer un effet de commerce avant l'échéance 2. FIG. compter sur, espérer : *escompter un succès.*

escorte *nf* 1. suite de personnes qui accompagnent pour protéger, garder ou honorer 2. formation militaire terrestre, aérienne ou navale, chargée d'escorter • *faire escorte* accompagner.

escorter *vt* accompagner pour protéger, garder ou faire honneur.

escrime *nf* sport opposant deux adversaires au fleuret, à l'épée ou au sabre.

escrimer (s') *vpr* [à] faire tous ses efforts en vue d'un résultat difficile à atteindre ; s'évertuer.

escroc *nm* individu qui agit frauduleusement, qui trompe la confiance des gens.

escroquer *vt* 1. s'emparer de quelque chose par ruse ou par surprise 2. tromper pour voler.

escudo *nm* unité monétaire principale du Portugal.

ésotérique *adj* hermétique, réservé aux initiés.

ésotérisme *nm* 1. ensemble de doctrines secrètes anciennes 2. caractère de ce qui est ésotérique.

espace *nm* 1. étendue indéfinie qui contient tous les objets 2. étendue de l'univers hors de l'atmosphère terrestre : *lancer un satellite dans l'espace* 3. étendue en surface : *espace désertique* 4. distance entre deux points, deux objets : *laisser un espace entre deux mots* 5. PAR EXT. durée qui sépare deux moments : *en l'espace de dix minutes* • *espace vert* surface réservée aux parcs, aux jardins, dans une agglomération • *espace vital* nécessaire au sentiment de son bien-être, de sa survie.

espacement *nm* distance entre des êtres ou des choses.

espacer *vt* (conj 1) séparer par un espace, un intervalle : *espacer des arbres ; espacer ses visites.*

espadrille *nf* chaussure à empeigne de toile et semelle de corde.

espagnolette *nf* tige de fer à poignée, pour fermer une fenêtre • *fermer une fenêtre à l'espagnolette* de façon à la laisser entrouverte.

espalier *nm* 1. rangée d'arbres fruitiers alignés contre un mur, un treillage 2. échelle de bois fixée à un mur pour des exercices de gymnastique.

espèce *nf* 1. ensemble d'êtres animés ou de végétaux qui se distinguent des autres du même genre par des caractères communs 2. catégorie de choses ; sorte, qualité • *cas d'espèce* cas particulier • *en l'espèce* en la circonstance • *une espèce de* quelque chose comme ◆ **espèces** *pl* pièces, billets formant la monnaie : *payer en espèces.*

espérance *nf* attente confiante de quelque chose ; objet de cette attente • *contre toute espérance* alors que personne ne s'y attendait.

espérer *vt* (conj 10) souhaiter, attendre avec confiance ◆ *vt ind* [en] mettre sa confiance en : *nous ne pouvons plus espérer qu'en vous.*

espiègle *adj* et *n* vif, éveillé, malicieux.

espion, onne *n* 1. agent secret chargé d'épier certains personnages, de recueillir des renseignements sur une puissance étrangère 2. personne qui épie autrui.

espionner *vt* épier, surveiller secrètement les actions, les discours d'autrui.

esplanade *nf* terrain plat, uni et découvert, en avant d'une fortification ou devant un édifice.

espoir *nm* 1. état d'attente confiante 2. sentiment qui porte à espérer 3. FIG. objet de ce sentiment.

esprit *nm* 1. principe de la pensée ; activité intellectuelle, intelligence : *avoir l'esprit vif* 2. ABSOL. intelligence vive ; humour, ironie : *avoir de l'esprit* 3. humeur, caractère : *esprit chagrin* 4. manière de pensée ; comportement : *esprit d'entreprise* 5. caractère essentiel de quelque chose : *esprit du siècle, d'une loi* 6. principe immatériel ; âme : *le corps et l'esprit* 7. être incorporel imaginaire : *croire aux esprits* • *avoir bon, mauvais esprit* avoir des dispositions bienveillantes, malveillantes • LITT. *bel esprit* personne qui cherche à se distinguer par son esprit, son intelligence • *esprit rude* signe qui marque l'aspiration en grec d'une voyelle (par oppos. à *esprit doux*) • *faire de l'esprit* plaisanter, faire de l'humour • *perdre l'esprit* devenir fou • *présence d'esprit* promptitude à dire ou à faire ce qui est le plus à propos • *reprendre ses esprits* se remettre d'un grand trouble • *vue de l'esprit* idée chimérique.

esquimau, de *adj* et *n* qui appartient au peuple des Esquimaux.

esquinter *vt* FAM. 1. abîmer, détériorer 2. critiquer violemment, dénigrer : *esquinter un livre.*

esquisse *nf* 1. premier jet d'une œuvre artistique ou littéraire 2. FIG. ébauche, commencement : *esquisse d'un sourire.*

esquisser *vt* 1. faire l'esquisse de : *esquisser un dessin* 2. FIG. commencer : *esquisser un geste.*

esquiver *vt* éviter adroitement ◆ **s'esquiver** *vpr* se retirer furtivement.

essai *nm* 1. épreuve à laquelle on soumet quelqu'un ou quelque chose pour voir s'ils sont aptes à ce qu'on attend 2. au rugby, action de porter le ballon et de le poser par terre derrière la ligne de but adverse 3. livre qui traite librement d'une question sans prétendre épuiser le sujet.

essaim *nm* 1. colonie d'abeilles 2. LITT. multitude, foule.

essaimer *vi* 1. quitter la ruche pour former une colonie nouvelle 2. LITT. se disperser.

essayage *nm* action d'essayer un vêtement.

essayer *vt* (conj 4) 1. faire l'essai de : *essayer une voiture* 2. passer un vêtement sur soi pour voir s'il va bien 3. tâcher de, s'efforcer de, tenter : *essayer de faire au mieux* ◆ **s'essayer** *vpr* [à] s'exercer à.

essayiste *n* LITTÉR auteur d'un essai.

essence *nf* 1. ce qui constitue la nature d'un être, d'une chose 2. espèce, en parlant des arbres forestiers 3. liquide volatil, très inflammable, provenant de la distillation des pétroles bruts et employé comme carburant, comme solvant ou pour divers usages industriels 4. extrait concentré de substances aromatiques ou alimentaires, obtenu par distillation : *essence de roses.*

essentiel, elle *adj* 1. relatif à l'essence d'un être ou d'une chose 2. indispensable, fondamental ◆ *nm* le point capital.

essentiellement *adv* par essence, pardessus tout, principalement.

essieu *nm* axe recevant une roue à chaque extrémité et supportant un véhicule.

essor *nm* 1. action d'un oiseau qui prend son vol 2. FIG. développement, progrès.

essorer *vt* extraire l'eau du linge après le rinçage.

essouffler *vt* mettre hors d'haleine : *l'effort l'a essoufflé* ◆ **s'essouffler** *vpr* 1. perdre, avoir perdu le souffle par un effort excessif 2. FIG. ne plus pouvoir suivre un rythme de développement trop rapide.

essuie-glace (*pl essuie-glaces*) *nm* dispositif, formé d'un balai muni d'une lame de caoutchouc, qui essuie le pare-brise mouillé d'une voiture.

essuie-mains *nm inv* linge pour s'essuyer les mains.

essuyer *vt* (conj 3) 1. sécher, au moyen d'un torchon, d'une serviette, etc. 2. débarrasser de la poussière, en frottant 3. FIG. subir, souffrir : *essuyer un affront* • FAM. *essuyer les plâtres* 1. être le premier à occuper une habitation nouvellement construite 2. être le premier à subir les inconvénients d'une affaire, d'une entreprise.

est [ɛst] *nm* levant, orient, côté de l'horizon où le soleil se lève.

estafilade *nf* longue entaille faite avec un instrument tranchant, surtout au visage.

estampe *nf* 1. image imprimée, après avoir été gravée sur bois, métal, etc., ou dessinée sur support lithographique 2. outil pour estamper.

estamper *vt* 1. imprimer en relief ou en creux sur du métal, du cuir, du carton 2. FAM. escroquer, voler quelqu'un.
estampille *nf* empreinte appliquée sur des brevets, des lettres, des livres, etc., pour attester l'authenticité, la propriété, la provenance.
est-ce que *adv. interr* marque l'interrogation dans les phrases interrogatives directes : *est-ce que tu viens ?*
esthète *n* qui apprécie le beau.
esthéticien, enne *n* 1. spécialiste d'esthétique 2. spécialiste des soins de beauté du visage et du corps (surtout au féminin).
esthétique *nf* 1. partie de la philosophie qui étudie le beau, son histoire, ses principes 2. ensemble des règles et des principes selon lesquels on définit le beau à une époque donnée : *esthétique romantique* ◆ *adj* 1. relatif au beau : *sens esthétique* 2. agréable à voir.
estimation *nf* action d'estimer quelque chose ; évaluation.
estime *nf* appréciation favorable d'une personne ou d'une chose ; considération, respect • *à l'estime* au jugé, approximativement.
estimer *vt* 1. déterminer la valeur d'un objet : *estimer un tableau* 2. calculer approximativement : *estimer une distance* 3. avoir en estime, faire cas de : *estimer un adversaire* 4. juger, être d'avis, considérer : *j'estime que j'ai raison* ◆ **s'estimer** *vpr* se considérer comme : *s'estimer satisfait.*
estival, e, aux *adj* 1. relatif à l'été 2. qui a lieu en été.
estivant, e *n* personne qui passe les vacances d'été dans une station balnéaire, à la campagne, etc.
estomac [-ma] *nm* 1. partie du tube digestif formant une poche, où les aliments, venant de l'œsophage, sont brassés avant de passer dans l'intestin 2. partie de l'extérieur du corps, qui correspond à l'estomac • FIG. *avoir de l'estomac* avoir du cran • *avoir l'estomac dans les talons* être affamé.
estomaquer *vt* FAM. causer une vive surprise ; stupéfier.
estomper *vt* 1. étaler les traits de crayon d'un dessin de façon dégradée 2. FIG. adoucir, voiler ◆ **s'estomper** *vpr* 1. FIG. s'effacer 2. devenir flou 3. devenir moins violent, moins fort.
estrade *nf* plancher surélevé par rapport au sol, au plancher d'une pièce.
estragon *nm* plante aromatique.
estropier *vt* 1. priver de l'usage d'un ou de plusieurs membres 2. FIG. déformer, écorcher en prononçant : *estropier un mot.*
estuaire *nm* embouchure d'un fleuve envahie par la mer.
esturgeon *nm* grand poisson osseux, vivant en mer et dans les estuaires des grands fleuves.
et *conj* indique une liaison entre deux ou plusieurs parties d'un énoncé.
étable *nf* bâtiment destiné au logement des bovins.
établi *nm* table de travail des menuisiers, des serruriers, etc.
établir *vt* 1. fixer, installer dans un lieu, une position : *tablir le quartier générai* 2. mettre en état, en usage, dresser : *établir une liste* 3. FIG. démontrer la réalité de, prouver : *établir un fait* ◆ **s'établir** *vpr* 1. s'installer, prendre place : *cette coutume s'est établie* 2. fixer son domicile, son commerce, son activité : *s'établir à Paris.*
établissement *nm* 1. action d'établir, d'installer, de s'établir quelque part 2. entreprise industrielle ou commerciale • *établissement scolaire* école, lycée, collège.
étage *nm* 1. chacun des intervalles compris entre deux planchers successifs d'un immeuble ou d'une maison 2. chacune des parties superposées d'un ensemble : *les étages géologiques ; une fusée à trois étages* • FIG. *de bas étage* de qualité médiocre.
étagère *nf* meuble formé de tablettes superposées ; chacune de ces tablettes.
étai *nm* 1. grosse pièce de bois pour soutenir provisoirement un mur, un édifice, etc. 2. gros cordage pour soutenir le mât d'un navire.
étain *nm* métal blanc, relativement léger et très malléable ; objet fabriqué dans ce métal.
étal (*pl étaux* ou *étals*) *nm* 1. table où l'on dispose les marchandises dans les marchés 2. table sur laquelle un boucher débite la viande.
étalage *nm* 1. disposition de marchandises à la devanture : *refaire l'étalage* ; ensemble de marchandises exposées : *un bel étalage* 2. FIG. action de montrer avec ostentation : *faire étalage de ses richesses.*
étaler *vt* 1. étendre sur une surface : *étaler de la peinture* 2. exposer pour la vente : *étaler des marchandises* 3. disposer à plat en éparpillant, en déployant : *étaler du linge ; étaler une carte* ; répartir dans le temps : *étaler un paiement ; étaler les vacances* ; montrer avec ostentation : *étaler ses richesses* • *étaler son jeu* montrer toutes ses cartes ◆ **s'étaler** *vpr* 1. FAM. prendre de la place 2. FAM. tomber : *s'étaler par terre.*
étalon *nm* 1. modèle légal d'unité de poids, de mesure 2. métal monétaire légalement adopté : *étalon-or.*
étalon *nm* cheval destiné à la reproduction.
étalonner *vt* 1. vérifier, par comparaison avec un étalon, l'exactitude des indications d'un instrument 2. établir la graduation de.
étamine *nf* BOT organe sexuel mâle des végétaux à fleurs.
étampe *nf* pièce d'acier destinée à produire des empreintes sur métaux.

étanche *adj* 1. qui retient l'eau, ne la laisse pas sortir ou entrer : *les cloisons étanches d'un navire* 2. FIG. qui maintient une séparation absolue.

étanchéité *nf* qualité de ce qui est étanche.

étancher *vt* 1. arrêter l'écoulement d'un liquide 2. rendre étanche • FIG. ***étancher la soif*** l'apaiser en buvant.

étang *nm* étendue d'eau peu profonde, stagnante et sans écoulement, naturelle ou artificielle.

étant donné *loc prép* vu ◆ **étant donné que** *loc prép* puisque.

étape *nf* 1. distance parcourue d'un lieu à un autre 2. enddroit où l'on s'arrête au cours d'un voyage, d'une course, etc. 3. FIG. période, degré : *procéder par étapes.*

état *nm* 1. manière d'être, disposition de quelqu'un ou de quelque chose à un moment donné : *état de santé ; état de marche* 2. liste énumerative, inventaire, compte : *état des dépenses* 3. LITT. condition sociale, profession : *l'état ecclésiastique* • ***en état de*** dans les conditions convenables pour • ***état civil*** situation sociale de quelqu'un (naissance, lien de famille, etc.) • ***état des lieux*** acte qui constate l'état de la chose louée • ***être dans tous ses états*** affolé, hors de soi • ***faire état de*** faire cas de • ***hors d'état de*** incapable de • HIST ***états généraux*** assemblée où siégeaient les représentants de la noblesse, du clergé et du tiers état, sous l'Ancien Régime • ***le tiers état*** le peuple.

État *nm* 1. nation organisée, administrée par un gouvernement : *l'État français* 2. le gouvernement, les pouvoirs publics : *l'État et les collectivités* • ***affaire d'État*** de la plus haute importance • ***coup d'État*** acte qui viole la Constitution • ***secret d'État*** qui ne doit être divulgué à aucun prix.

étatiser *vt* faire administrer par l'État.

état-major (*pl états-majors*) *nm* 1. corps d'officiers, d'où émane la direction d'une armée, d'une division, d'un régiment, etc. ; lieu où se réunit ce corps 2. FIG. personnes les plus influentes d'un groupe organisé : *l'état-major d'un parti.*

étau (*pl étaux*) *nm* instrument pour saisir, serrer fortement un objet qu'on veut travailler.

étayer *vt* (conj 4) 1. soutenir avec des étais 2. FIG. renforcer, soutenir par des arguments : *étayer un raisonnement.*

et cetera [ɛtsetera] ou **et cætera** *loc adv* et tout le reste, et ainsi de suite (s'écrit *etc.*).

été *nm* saison chaude de l'année, du solstice de juin (21 ou 22 juin) à l'équinoxe de septembre (22 ou 23 septembre).

éteignoir *nm* objet en forme de cône pour éteindre les cierges, les bougies.

éteindre *vt* (conj 55) 1. faire cesser de brûler, d'éclairer : *éteindre le feu, les lumières* 2. faire cesser de fonctionner : *éteindre la radio* 3. LITT. mettre un terme : *éteindre une dette.*

éteint, e *adj* qui a perdu sa vivacité, son éclat : *regard éteint.*

étendard *nm* enseigne, drapeau : *un étendard de cavalerie* • LITT. ***lever l'étendard de la révolte*** se révolter.

étendoir *nm* fil ou corde pour étendre le linge.

étendre *vt* (conj 50) 1. développer en longueur, en largeur : *étendre sa propriété* 2. répandre, appliquer sur une surface : *étendre de la peinture, de la paille* 3. déployer en long et en large : *étendre du linge* 4. coucher, allonger : *étendre un malade* 5. additionner un liquide d'eau pour l'allonger : *boire du vin étendu d'eau* 6. FIG. augmenter, agrandir : *étendre son pouvoir* ◆ **s'étendre** *vpr* 1. se coucher, s'allonger 2. FIG. se développer : *le mal s'étend* 3. s'attarder : *s'étendre sur un sujet.*

étendue *nf* 1. dimension en superficie : *vaste étendue d'eau* 2. durée de quelque chose : *étendue de la vie* 3. FIG. importance ; ampleur : *l'étendue d'un désastre.*

éternel, elle *adj* 1. sans commencement ni fin 2. qui n'aura pas de fin : *reconnaissance éternelle* 3. interminable, lassant : *les éternels discours sur l'existence* • ***la Ville éternelle*** Rome.

éterniser *vt* faire durer longtemps, trop longtemps : *éterniser un procès* ◆ **s'éterniser** *vpr* 1. durer trop longtemps 2. FAM. rester trop longtemps dans un lieu, chez quelqu'un.

éternité *nf* 1. durée sans commencement ni fin 2. durée qui paraît très longue • ***de toute éternité*** depuis toujours.

éternuement *nm* contraction subite des muscles expirateurs, chassant l'air par le nez.

étêter *vt* couper la tête, la cime d'un arbre.

éther [etɛr] *nm* 1. CHIM liquide très volatil, provenant de la combinaison d'un acide avec un alcool 2. POÉT. air, espace au-delà de l'atmosphère terrestre.

éthique *adj* qui concerne la morale ◆ *nf* science de la morale.

ethnie *nf* groupement humain de structure familiale, économique et sociale homogène, et de langue et de culture communes.

ethnographie *nf* branche des sciences humaines qui a pour objet l'étude descriptive des ethnies.

ethnologie *nf* branche des sciences humaines qui étudie la structure sociale et économique des ethnies, leur langue et leur culture.

éthylène *nm* gaz incolore, légèrement odorant, obtenu en déshydratant l'alcool par l'acide sulfurique.

éthylique *adj* dérivé de l'éthane : *alcool éthylique* ◆ *adj* et *n* personne alcoolique.

éthylisme *nm* intoxication chronique provoquée par l'absorption d'alcool SYN. *alcoolisme.*

étinceler *vi* (conj 6) 1. jeter des étincelles, briller 2. jeter un vif éclat.

étincelle *nf* 1. parcelle incandescente qui se détache d'un corps enflammé 2. PHYS vive lumière qui jaillit du choc de deux corps durs ou d'un corps électrisé 3. FIG. brillant éclat 4. manifestation fugitive d'une faculté intellectuelle : *une étincelle d'intelligence.*

étioler *vt* causer l'étiolement ◆ **s'étioler** *vpr* s'affaiblir.

étique *adj* LITT. maigre, décharné.

étiqueter *vt* (conj 8) marquer d'une étiquette.

étiquette *nf* 1. fiche indiquant le prix, l'origine, la destination d'un objet 2. cérémonial en usage dans une réception officielle : *observer l'étiquette* • FIG. ***mettre une étiquette à qqn*** le classer selon son appartenance politique, sociale, etc.

étirer *vt* étendre, allonger ◆ **s'étirer** *vpr* allonger ses membres, étendre ses muscles pour se délasser.

étoffe *nf* tissu de matière quelconque, pour l'habillement ou l'ameublement • FIG. ***avoir de l'étoffe*** de la valeur, de grandes qualités.

étoffé, e *adj* riche de matière : *devoir bien étoffé* • ***voix étoffée*** pleine et sonore.

étoffer *vt* 1. garnir d'étoffe 2. FIG. développer, enrichir : *étoffer un roman* ◆ **s'étoffer** *vpr* devenir plus gros, plus fort.

étoile *nf* 1. astre fixe qui brille par sa lumière propre 2. FIG. astre considéré par rapport à son influence sur la destinée des hommes : *être né sous une bonne étoile* 3. objet, ornement, décoration, signe en forme de croix à cinq branches 4. artiste célèbre 5. danseur, danseuse du plus haut échelon • ***à la belle étoile*** en plein air, la nuit • ***étoile filante*** météore lumineux • ***étoile de mer*** animal marin en forme d'étoile à cinq branches • ***étoile du berger*** la planète Vénus.

étoilé, e *adj* 1. semé d'étoiles 2. en forme d'étoile.

étole *nf* 1. ornement sacerdotal, formé d'une large bande élargie en palette à chaque extrémité 2. large bande de fourrure couvrant les épaules.

étonnement *nm* vive surprise, stupéfaction.

étonner *vt* surprendre par quelque chose de singulier, d'inattendu ; abasourdir, stupéfier ◆ **s'étonner** *vpr* [de] être surpris.

étouffée (à l') *loc adv* mode de cuisson à la vapeur, dans un récipient bien clos.

étouffement *nm* 1. action de faire périr par asphyxie 2. grande difficulté à respirer.

étouffer *vt* 1. faire perdre la respiration par asphyxie 2. éteindre en interceptant l'air : *étouffer un feu* 3. FIG. empêcher de se manifester : *étouffer ses sanglots* 4. amortir : *étouffer un bruit* ◆ *vi* respirer avec peine ◆ **s'étouffer** *vpr* perdre la respiration.

étourderie *nf* 1. caractère étourdi 2. acte irréfléchi.

étourdi, e *n* et *adj* qui agit sans réflexion ou qui oublie fréquemment ce qu'il devrait faire.

étourdir *vt* 1. faire plus ou moins perdre conscience 2. fatiguer, importuner : *bruit qui étourdit* 3. causer une sorte de griserie : *le vin l'étourdit* ◆ **s'étourdir** *vpr* se distraire pour ne penser à rien.

étourneau *nm* 1. oiseau de l'ordre des passereaux 2. FIG. jeune étourdi.

étrange *adj* qui a un caractère inhabituel ; extraordinaire, bizarre.

étranger, ère *n* et *adj* 1. qui est d'une autre nation 2. qui n'appartient pas à un groupe, à une famille ◆ *adj* 1. qui est sans relation, sans rapport avec : *détail étranger au sujet* 2. qui n'est pas connu : *visage étranger* • MÉD ***corps étranger*** qui n'appartient pas à l'organisme où il se trouve ◆ *nm* pays étranger.

étrangeté *nf* 1. caractère de ce qui est étrange 2. LITT. chose étrange.

étranglé, e *adj* resserré, rétréci • ***voix étranglée*** à demi étouffée.

étranglement *nm* 1. action d'étrangler 2. resserrement accidentel ou naturel : *l'étranglement d'une vallée* • ***goulet d'étranglement*** ou ***goulot d'étranglement*** secteur de production dont l'insuffisance est une entrave pour l'ensemble du développement économique.

étrangler *vt* 1. faire perdre la respiration en serrant le cou : *l'assassin avait étranglé sa victime* 2. serrer le cou : *col qui étrangle* 3. FIG. empêcher de s'exprimer : *étrangler la presse* ◆ **s'étrangler** *vpr* perdre momentanément la respiration, s'étouffer.

être *vi* exister avec la qualité de : *il est bavard ; la neige est blanche* • ***être à*** 1. appartenir à 2. se trouver en tel lieu • ***être en*** se trouver en tel lieu, dans telle situation • ***être de*** avoir telle origine, telle condition • ***être pour, contre*** partisan de, opposé à • ***être sans*** manquer de • ***n'être plus*** avoir cessé de vivre • ***en être pour sa peine*** avoir perdu son temps, son énergie REM. sert d'auxiliaire dans les temps composés des verbes passifs et réfléchis et de certains verbes intransitifs.

être *nm* 1. ce qui possède une existence : *les êtres humains* 2. personne, individu : *un être merveilleux* 3. le fait d'être, l'existence : *l'être et le non-être* • ***l'Être suprême*** Dieu.

étreindre *vt* (conj 55) 1. serrer fortement dans ses bras 2. FIG. oppresser, tenailler : *émotion qui étreint.*

étreinte *nf* action d'étreindre.

étrenne *nf* (surtout au pl) présent fait à l'occasion du jour de l'an • ***avoir l'étrenne de quelque chose*** en avoir l'usage le premier ou pour la première fois.

étrenner *vt* utiliser une chose pour la première fois.

étrier *nm* 1. anneau en métal suspendu de chaque côté de la selle et sur lequel le cavalier appuie le pied 2. lien de fer pour maintenir une poutre 3. un des osselets de l'oreille interne • ***avoir le pied à l'étrier*** 1. être prêt à partir 2. FIG. être en bonne voie pour réussir • ***vider les étriers*** tomber de cheval.

étriller *vt* 1. frotter avec l'étrille 2. FIG. malmener, battre ; critiquer.

étriper *vt* 1. retirer les tripes de 2. FAM. blesser sauvagement, à mort.

étriqué, e *adj* 1. sans ampleur : *costume étriqué* 2. FIG. mesquin, médiocre : *esprit étriqué.*

étroit, e *adj* 1. qui a peu de largeur 2. FIG. borné, mesquin : *esprit étroit* 3. intime : *étroite amitié* 4. strict, rigoureux : *surveillance étroite* • ***à l'étroit*** trop serré.

étroitement *adv* 1. à l'étroit 2. FIG. intimement.

étroitesse *nf* caractère de ce qui est étroit.

étude *nf* 1. application de l'esprit pour apprendre ou comprendre 2. travail préparatoire, examen de : *étude d'un projet* 3. croquis, esquisse : *étude au fusain* 4. essai, ouvrage didactique : *faire paraître une étude sur l'urbanisme* 5. charge et bureaux d'un notaire, d'un avocat, d'un huissier, etc. 6. dans un établissement scolaire, salle où les élèves font leur travail personnel ; durée de ce travail, études ◆ **études** *pl* ensemble des cours d'enseignement : *faire ses études.*

étudiant, e *n* qui suit des études supérieures ◆ *adj* relatif aux étudiants : *la vie étudiante.*

étudié, e *adj* 1. préparé avec soin : *un discours étudié* 2. qui n'est pas naturel : *des gestes étudiés* • ***prix étudié*** aussi bas que possible.

étudier *vt* 1. chercher à acquérir la connaissance de 2. apprendre : *étudier une leçon* 3. observer avec soin, examiner, analyser : *étudier un projet* ◆ *vi* s'appliquer, travailler pour apprendre quelque chose ◆ **s'étudier** *vpr* s'observer soi-même avec attention.

étui *nm* boîte qui sert à contenir un objet : *étui à lunettes.*

étuve *nf* 1. appareil destiné à stériliser par la chaleur 2. FAM. pièce où il fait très chaud.

eucalyptus [-tys] *nm* grand arbre originaire d'Australie, dont les feuilles sont très odorantes.

eucharistie [-ka-] *nf* sacrement qui, suivant la doctrine catholique, transforme le pain et le vin en corps et sang de Jésus-Christ.

eunuque *nm* homme castré.

euphémisme *nm* choix d'un autre mot pour atténuer un mot trop cru, une expression trop choquante.

euphorie *nf* sensation intense de bien-être, de satisfaction.

eurasien, enne *adj* et *n* métis d'Européen et d'Asiatique.

eurêka *interj* mot grec signifiant *j'ai trouvé* et qui marque la satisfaction d'avoir trouvé la solution à un problème, à une difficulté.

européaniser *vt* donner le caractère européen à.

européen, enne *adj* et *n* de l'Europe : *les pays européens.*

euthanasie *nf* acte consistant à abréger la vie d'un malade incurable dans le but de mettre fin à ses souffrances.

eux *pron. pers* désigne la troisième personne du pluriel et s'emploie comme sujet pour insister, comme complément pour renforcer *les* ou après une préposition : *eux le savent ; eux, je les aime bien ; partir sans eux.*

évacuer *vt* 1. expulser, rejeter à l'extérieur des matières nuisibles ou trop abondantes 2. faire sortir d'un endroit : *évacuer les blessés* 3. vider de ses occupants : *évacuer un théâtre.*

évader (s') *vpr* 1. s'échapper d'un lieu 2. FIG. se soustraire à des contraintes, à des soucis.

évaluation *nf* action d'évaluer.

évaluer *vt* 1. apprécier, fixer la valeur, le prix, l'importance de : *évaluer une maison* 2. déterminer approximativement.

évangélique *adj* 1. de l'Évangile 2. conforme à l'Évangile ◆ *n* qui appartient à une Église protestante.

évangéliser *vt* prêcher l'Évangile.

évangélisme *nm* doctrine de l'Église protestante.

évangile *nm* 1. message de Jésus-Christ ; livre qui le contient (dans ces sens, prend une majuscule) 2. partie des Évangiles lue à la messe • ***parole d'évangile*** vérité absolue.

évanouir (s') *vpr* 1. perdre connaissance 2. FIG. disparaître, se dissiper.

évaporation *nf* transformation lente d'un liquide en vapeur.

évaporer *vt* provoquer l'évaporation de ◆ **s'évaporer** *vpr* 1. se transformer en vapeur par évaporation 2. FIG. disparaître, se dissiper.

évasement *nm* orifice ou sommet élargi.

évaser *vt* élargir une ouverture ◆ **s'évaser** *vpr* 1. s'ouvrir 2. être plus large à une extrémité.

évasif, ive *adj* 1. qui sert à éluder 2. imprécis, vague.

évasion *nf* 1. action de s'évader 2. FIG. distraction, changement.

évêché *nm* 1. territoire soumis à l'autorité d'un évêque 2. siège, palais épiscopal.

éveil *nm* 1. action d'éveiller ou de s'éveiller 2. action de sortir de son repos • ***donner l'éveil*** attirer l'attention • ***en éveil*** sur ses gardes, attentif.

éveillé, e *adj* vif, alerte.

éveiller *vt* 1. LITT. tirer du sommeil 2. FIG. exciter, stimuler, provoquer : *éveiller l'attention.*

événement *nm* 1. ce qui arrive ; ce qui se produit 2. fait historique important • ***heureux événement*** naissance d'un enfant ◆ **événements** *pl* la situation générale, dans ce qu'elle a d'exceptionnel.

éventail (*pl éventails*) *nm* 1. accessoire en tissu ou en papier servant à agiter l'air pour produire de la fraîcheur 2. FIG. ensemble différencié de choses de même catégorie : *l'éventail des salaires.*

éventaire *nm* 1. VIEILLI. plateau que certains marchands ambulants portent devant eux pour présenter leur marchandise 2. étalage de marchandises à l'extérieur d'une boutique.

éventer *vt* • ***éventer un secret, un complot*** le découvrir ◆ **s'éventer** *vpr* 1. se rafraîchir à l'aide d'un éventail 2. perdre de ses qualités par le contact de l'air : *parfum qui s'est éventé.*

éventrer *vt* 1. ouvrir le ventre de 2. défoncer, ouvrir largement : *éventrer un sac de blé.*

éventualité *nf* 1. caractère de ce qui est éventuel 2. fait qui peut se réaliser.

éventuel, elle *adj* qui dépend des circonstances, qui est seulement de l'ordre du possible.

évêque *nm* dignitaire ecclésiastique.

évertuer (s') *vpr* [à] faire des efforts pour, s'efforcer de.

éviction *nf* expulsion par force ou intrigue • ***éviction scolaire*** durée légale pendant laquelle un enfant atteint d'une maladie contagieuse ne peut retourner à l'école.

évidemment [evidamɑ̃] *adv* d'une manière évidente ; certainement, sans aucun doute.

évidence *nf* 1. caractère de ce qui est évident : *se rendre à l'évidence* 2. chose évidente • ***de toute évidence*** ou ***à l'évidence*** sûrement • ***mettre en évidence*** rendre manifeste • ***se mettre en évidence*** se faire remarquer.

évident, e *adj* d'une certitude facile à saisir ; clair, manifeste.

évider *vt* 1. creuser intérieurement 2. tailler à jour, découper, échancrer.

évier *nm* cuve munie d'une alimentation en eau et d'une vidange, et dans laquelle on lave en particulier la vaisselle.

évincer *vt* (conj 1) mettre quelqu'un à l'écart, l'éloigner.

éviter *vt* 1. échapper, passer à côté ; parer à ce qui peut être nuisible, désagréable : *éviter un obstacle ; évitez qu'il ne vous parle* 2. épargner à quelqu'un quelque chose de pénible ou de dangereux : *éviter une corvée à quelqu'un* 3. s'abstenir, se garder de : *éviter de parler ; éviter le sel dans les aliments.*

évocation *nf* action d'évoquer.

évoluer *vi* 1. passer par des phases progressives : *science qui évolue* 2. exécuter des évolutions.

évolutif, ive *adj* qui est susceptible d'évoluer, ou qui produit l'évolution.

évolution *nf* 1. mouvement d'ensemble exécuté par une troupe, des bateaux, des avions, des danseurs, etc. 2. FIG. série de transformations successives 3. MÉD succession des phases d'une maladie • BIOL ***théorie de l'évolution*** des transformations successives qu'ont subies les êtres vivants.

évoquer *vt* 1. rappeler à la mémoire : *évoquer le passé* 2. faire mention, faire allusion : *évoquer une question* 3. avoir quelque ressemblance avec : *ce dessin évoque vaguement un personnage.*

exacerber *vt* rendre plus intense, plus fort : *exacerber la colère, le désir.*

exact, e *adj* 1. conforme à la logique, à la réalité : *prévisions exactes* 2. consciencieux, ponctuel : *employé exact* • ***les sciences exactes*** les mathématiques.

exactement *adv* 1. avec exactitude 2. précisément, rigoureusement.

exaction *nf* LITT. action de celui qui exige plus qu'il n'est dû ◆ **exactions** *pl* actes de violence : *commettre des exactions.*

exactitude *nf* qualité d'une personne ou d'une chose exacte, ponctuelle.

ex aequo [ɛgzeko] *loc adv* et *n inv* sur le même rang, à égalité : *deux ex aequo à une compétition.*

exagérer *vt* (conj 10) outrer, amplifier ◆ *vi* aller au-delà de ce qui est juste, convenable, bienséant ; abuser.

exaltation *nf* fait de s'exalter, d'être exalté ; excitation.

exalter *vt* 1. LITT. porter très haut, célébrer, glorifier 2. exciter, enflammer : *exalter l'imagination* ◆ **s'exalter** *vpr* s'enthousiasmer.

examen *nm* 1. observation attentive : *examen d'un projet ; examen médical* 2. épreuve subie par un candidat • DR ***mise en examen*** acte de procédure par lequel le juge d'instruction fait connaître à quelqu'un les faits qui lui sont reprochés.

examinateur, trice *n* qui est chargé de faire passer un examen à un candidat.

examiner *vt* 1. faire l'examen de : *examiner un malade* 2. observer attentivement : *examiner une affaire.*

exaspération *nf* état de violente irritation.

exaspérer *vt* (conj 10) irriter vivement, énerver fortement.

exaucer *vt* (conj 1) satisfaire quelqu'un en lui accordant ce qu'il demande.

excavateur *nm* ou **excavatrice** *nf* appareil destiné à creuser le sol.

excédent *nm* quantité qui est en plus : *excédent de bagages.*

excéder *vt* (conj 10) 1. dépasser, venir en plus 2. SOUT. aller au-delà de certaines limites, outrepasser : *excéder ses droits* 3. importuner, exaspérer.

excellemment *adv* d'une manière excellente.

excellence *nf* 1. qualité de ce qui est excellent 2. titre honorifique des ambassadeurs, ministres, etc. • *par excellence* au plus haut point.

excellent, e *adj* 1. qui est à un degré éminent dans son genre 2. très bon.

exceller *vi* être supérieur en son genre, l'emporter sur les autres • *exceller à* être très habile à.

excentré, e *adj* loin du centre : *quartier excentré.*

excentrer *vt* MÉCAN déplacer le centre, l'axe : *roue excentrée.*

excentricité *nf* 1. originalité, bizarrerie de caractère, extravagance 2. acte extravagant.

excepté *prép* hormis, à l'exception de, en dehors de : *tous, excepté lui.*

exception *nf* 1. action d'excepter 2. ce qui est exclu de la règle commune • *à l'exception de* excepté • *faire exception* échapper à la règle.

exceptionnel, elle *adj* 1. qui forme exception 2. peu ordinaire, rare, inattendu.

excès *nm* 1. ce qui dépasse la quantité normale, la mesure : *excès d'alcool ; excès de vitesse* 2. dérèglement de conduite, abus • *excès de langage* propos discourtois ou injurieux ◆ *pl* actes de violence, de démesure.

excessif, ive *adj* 1. qui excède la mesure ; exagéré 2. qui pousse les choses à l'excès.

excessivement *adv* 1. avec excès 2. à un très haut degré.

excipient *nm* substance neutre dans laquelle on incorpore un médicament pour permettre son absorption.

exciser *vt* enlever, couper avec un instrument tranchant.

excitant, e *adj* LITT. qui excite ◆ *nm* substance propre à augmenter l'activité organique : *le café est un excitant.*

excitation *nf* 1. action d'exciter 2. activité anormale, excessive de l'organisme 3. encouragement, provocation : *excitation à la violence.*

exciter *vt* 1. provoquer, faire naître : *exciter la colère* 2. stimuler, pousser : *exciter des combattants* ◆ **s'exciter** *vpr* 1. s'énerver 2. s'enthousiasmer pour : *s'exciter sur un projet.*

exclamation *nf* cri de joie, de surprise, d'indignation, etc. • *point d'exclamation* signe de ponctuation (!) placé après une exclamation.

exclamer (s') *vpr* pousser des cris ou des paroles de joie, de surprise, etc.

exclure *vt* (conj 68) 1. renvoyer, mettre dehors : *exclure d'un parti, d'une salle* 2. ne pas compter dans un ensemble : *on a exclu cette hypothèse* 3. être incompatible avec : *cela exclut tout accord* • *il n'est pas exclu que* il est possible que.

exclusif, ive *adj* 1. qui appartient, par privilège spécial, à une ou à plusieurs personnes 2. qui repousse tout ce qui est étranger : *amour exclusif* 3. absolu, de parti pris : *homme exclusif dans ses idées.*

exclusion *nf* action d'exclure • *à l'exclusion de* à l'exception de.

exclusivement *adv* 1. en excluant la partie donnée comme limite 2. uniquement.

exclusivité *nf* 1. caractère exclusif de quelque chose 2. droit exclusif de vendre une marchandise, de projeter un film, de publier un article.

excommunication *nf* 1. censure ecclésiastique, qui retranche de la communion des fidèles 2. PAR EXT. exclusion d'un groupe.

excommunier *vt* 1. rejeter hors de l'Église 2. rejeter hors d'un groupe.

excrément *nm* matière évacuée du corps par les voies naturelles (matières fécales, urine).

excrétion *nf* élimination par l'organisme de certaines substances (urine, bile, sueur, etc.).

excroissance *nf* 1. tumeur externe 2. protubérance qui apparaît à la surface de quelque chose.

excursion *nf* voyage ou promenade d'agrément.

excuse *nf* raison alléguée pour se disculper, ou pour disculper autrui ◆ **excuses** *pl* paroles ou écrits exprimant le regret d'avoir offensé.

excuser *vt* 1. disculper quelqu'un d'une faute 2. pardonner : *excuser un oubli* 3. servir d'excuse ◆ **s'excuser** *vpr* alléguer des raisons pour se justifier.

exécrable *adj* 1. détestable 2. très mauvais.

exécuter *vt* 1. accomplir, réaliser : *exécuter un travail* 2. mener à bien : *exécuter un tableau* 3. jouer : *exécuter une sonate* • *exécuter un condamné* le mettre à mort ◆ **s'exécuter** *vpr* se résoudre à faire quelque chose.

exécuteur, trice *n* qui exécute • *exécuteur testamentaire* celui que le testateur a chargé de l'exécution de son testament • ANC. *exécuteur des hautes œuvres* le bourreau.

exécutif, ive *adj* • *pouvoir exécutif* chargé d'appliquer les lois ◆ *nm* le pouvoir exécutif.

exécution *nf* 1. action, manière d'exécuter, de réaliser 2. manière d'interpréter une œuvre musicale 3. DR accomplissement d'une obligation, d'un jugement • *exécution capitale* mise à mort d'un condamné.

exemplaire *adj* qui peut servir d'exemple, de leçon ◆ *nm* un des objets reproduits en série selon un même type.

exemplarité *nf* caractère de ce qui est exemplaire.

exemple *nm* 1. personne ou chose qui peut servir de modèle : *donner en exemple* 2. ce qui peut servir de leçon, d'avertissement : *que cela serve d'exemple* 3. fait, texte cité à l'appui de : *ceci est un exemple de sa bonté* 4. phrase ou mot qui éclaire une règle, une définition : *les exemples sont en italique* • *par exemple* pour confirmer ce qui vient d'être dit ◆ *interj* • FAM. *par exemple !* marque la surprise.

exempt, e [ɛgzɑ̃, -ɑ̃t] *adj* 1. non assujetti à une obligation : *exempt de service* 2. qui est à l'abri de : *exempt de risques.*

exempter [ɛgzɑ̃te] *vt* rendre exempt, dispenser d'une charge.

exercé, e *adj* devenu habile à la suite d'exercices : *oreille exercée.*

exercer *vt* (conj 1) 1. soumettre à un entraînement méthodique, habituer à : *exercer un enfant au calcul ; exercer sa mémoire* 2. pratiquer, faire usage de : *exercer le pouvoir, une fonction* 3. pratiquer une profession : *exercer la médecine* 4. mettre à l'épreuve : *exercer sa patience* 5. agir, influer sur : *exercer une action bienfaisante* ◆ **s'exercer** *vpr* 1. s'entraîner à : *s'exercer au tir à l'arc* 2. LITT. se manifester, agir : *ses qualités n'ont pas eu la possibilité de s'exercer.*

exercice *nm* 1. action d'exercer, de s'exercer : *l'exercice de la mémoire ; l'exercice de la médecine* 2. travail donné à des élèves en application des cours 3. FIN période comprise entre deux inventaires comptables ou deux budgets • *entrer en exercice* entrer en fonctions.

exergue *nm* inscription mise en bas d'une médaille, en tête d'un ouvrage : *le chapitre porte en exergue deux vers de Baudelaire.*

exhaler *vt* 1. répandre des vapeurs, des odeurs 2. LITT. donner libre cours à, exprimer : *exhaler sa colère* ◆ **s'exhaler** *vpr* se répandre dans l'atmosphère.

exhausser *vt* augmenter en hauteur, rendre plus élevé.

exhaustif, ive *adj* qui traite à fond un sujet ; complet : *une étude exhaustive.*

exhiber *vt* 1. présenter : *exhiber un passeport* 2. FIG. faire étalage de ◆ **s'exhiber** *vpr* se montrer avec ostentation ; s'afficher.

exhibition *nf* 1. action d'exhiber 2. action de faire un étalage impudent de : *exhibition d'un luxe révoltant.*

exhibitionnisme *nm* 1. perversion qui pousse à exhiber ses organes génitaux 2. FIG. fait d'afficher en public des idées, des sentiments ou des actes qu'on devrait tenir secrets.

exhorter *vt* inciter, encourager : *exhorter à la patience.*

exhumer *vt* 1. tirer de la sépulture, déterrer 2. FIG. tirer de l'oubli.

exigeant, e *adj* difficile à contenter.

exigence *nf* 1. ce qu'une personne exige, réclame à une autre 2. caractère d'une personne exigeante 3. nécessité, obligation : *les exigences du métier.*

exiger *vt* (conj 2) 1. demander, réclamer en vertu d'un droit ou par force 2. FIG. nécessiter : *exiger des soins.*

exigu, ë *adj* très petit, très étroit.

exiguïté *nf* petitesse, étroitesse.

exil *nm* 1. expulsion de quelqu'un hors de sa patrie ; lieu où il réside à l'étranger 2. séjour hors de sa région, de sa ville d'origine, en un lieu où l'on se sent comme étranger.

exiler *vt* 1. envoyer en exil, proscrire 2. PAR EXT. éloigner d'un lieu ◆ **s'exiler** *vpr* 1. quitter volontairement sa patrie 2. se retirer pour vivre à l'écart.

existence *nf* 1. le fait d'exister 2. vie humaine ; sa durée 3. manière de vivre 4. durée de quelque chose.

existentiel, elle *adj* relatif à l'existence.

exister *vi* 1. être actuellement, vivre 2. être en réalité, durer : *une nation ne peut exister sans lois* 3. être important, compter : *cet échec n'existait pas pour lui.*

exocrine *adj* • ANAT *glande exocrine* qui déverse son produit de sécrétion sur la peau ou dans une cavité naturelle CONTR. *endocrine.*

exode *nm* départ en grand nombre.

exonérer *vt* (conj 10) dispenser d'une charge, d'une obligation, fiscale en particulier.

exorbitant, e *adj* excessif, abusif : *prix exorbitant.*

exorbité, e *adj* • *yeux exorbités* qui semblent sortir de leur orbite.

exorciser *vt* délivrer quelqu'un du démon par des pratiques religieuses spéciales • *exorciser un mal* le chasser, s'en protéger.

exotique *adj* qui appartient à un pays étranger, qui en provient.

expansé, e *adj* se dit d'une matière à laquelle on a fait subir une augmentation de volume.

expansif, ive *adj* 1. qui peut se dilater 2. FIG. qui aime à s'épancher, à communiquer ses sentiments.

expansion *nf* 1. développement 2. FIG., LITT. tendance à communiquer ses sentiments • *expansion économique* accroissement du revenu national.

expansionnisme *nm* 1. attitude politique visant à l'expansion d'un pays au-delà de ses limites 2. accroissement de la puissance économique d'un pays encouragé par l'État.

expatrier *vt* obliger à quitter sa patrie ◆ **s'expatrier** *vpr* quitter sa patrie.

expectative *nf* attente : *être dans l'expectative.*

expectorer *vt* rejeter par la bouche des substances provenant des bronches et des poumons.

expédient *nm* moyen propre à se tirer momentanément d'embarras, sans résoudre vraiment la difficulté : *vivre d'expédients.*

expédier *vt* 1. envoyer : *expédier une lettre* 2. se débarrasser de : *expédier un importun ; expédier un travail* 3. DR délivrer copie conforme de.

expéditif, ive *adj* 1. qui agit promptement 2. qui permet de faire vite.

expédition *nf* 1. action d'expédier ; chose expédiée 2. voyage scientifique ou touristique 3. opération militaire comportant un envoi de troupes vers un pays éloigné.

expéditionnaire *n* celui ou celle qui est chargé de l'expédition de marchandises ◆ *adj* • *corps expéditionnaire* troupes envoyées en expédition militaire.

expérience *nf* 1. essai, épreuve dans le but de vérifier ou de démontrer quelque chose 2. connaissance acquise par la pratique, par l'observation.

expérimenté, e *adj* instruit par l'expérience.

expérimenter *vt* soumettre à des expériences.

expert, e *adj* qui connaît très bien quelque chose par la pratique ◆ *n* spécialiste chargé d'apprécier, de vérifier.

expert-comptable (*pl experts-comptables*) *nm* personne dont le métier consiste à vérifier, contrôler une comptabilité.

expertise *nf* visite et opération d'un expert ; son rapport.

expiation *nf* action d'expier ; peine, châtiment.

expier *vt* subir une peine, un châtiment, en réparation d'une faute, d'un crime.

expirer *vt* rejeter l'air contenu dans les poumons ◆ *vi* 1. LITT. mourir 2. arriver à son terme, prendre fin.

explétif, ive *adj* et *nm* GRAMM se dit d'un mot, d'une expression qui n'est pas nécessaire au sens de la phrase, mais qui sert parfois à lui donner plus de force.

explication *nf* développement destiné à éclaircir, à faire comprendre, à démontrer quelque chose • *avoir une explication avec quelqu'un* lui demander compte de sa conduite.

explicite *adj* dit clairement, sans équivoque.

expliciter *vt* rendre explicite, éclairer : *expliciter sa pensée.*

expliquer *vt* 1. faire comprendre par un développement parlé ou écrit, ou par des gestes 2. commenter, faire connaître en détail quelque chose 3. être la raison, la cause de ◆ **s'expliquer** *vpr* 1. faire comprendre sa pensée 2. demander compte à quelqu'un de sa conduite 3. comprendre la raison de : *je m'explique mal sa présence ici.*

exploit *nm* action d'éclat, de bravoure.

exploitant, e *n* et *adj* qui met en valeur un terrain de culture ou tout autre bien productif : *exploitant de salle de cinéma.*

exploitation *nf* 1. action d'exploiter, de mettre quelque chose en valeur 2. affaire qu'on exploite : *exploitation commerciale* 3. action d'abuser à son profit : *exploitation de l'homme par l'homme.*

exploiter *vt* 1. faire valoir une chose, en tirer du profit : *exploiter une ferme* 2. tirer parti de : *exploiter la situation* 3. profiter abusivement de quelqu'un.

exploiteur, euse *n* qui exploite, tire du travail d'autrui des produits illégitimes.

explorateur, trice *n* 1. qui fait un voyage de découverte dans un pays lointain, une région inconnue 2. FIG. qui se livre à des recherches dans un domaine.

explorer *vt* 1. parcourir un lieu inconnu ou peu connu 2. FIG. étudier, examiner une question.

exploser *vi* faire explosion, éclater violemment.

explosif, ive *adj* 1. susceptible d'exploser : *mélange explosif* 2. FIG. critique, tendu : *situation explosive* ◆ *nm* substance, corps apte à exploser.

explosion *nf* 1. action d'exploser, d'éclater violemment : *l'explosion d'une bombe* 2. FIG. manifestation soudaine : *explosion de colère.*

exponentiel, elle *adj* FIG. rapide et continu : *croissance exponentielle.*

exportation *nf* action d'exporter ; ce qui est exporté.

exporter *vt* transporter et vendre à l'étranger des produits nationaux.

exposant, e *n* qui présente des œuvres, des produits dans une exposition ◆ *nm* MATH nombre qui indique à quelle puissance est élevée une quantité.

exposé *nm* développement écrit ou oral dans lequel on présente des faits, des idées.

exposer *vt* 1. mettre en vue, placer dans un lieu d'exposition : *exposer des tableaux* 2. orienter, disposer d'une certaine façon :

maison exposée au midi 3. expliquer : *exposer un système* 4. mettre en péril, en danger ◆ **s'exposer** *vpr* courir un risque.

exposition *nf* 1. action d'exposer, de présenter à un public ; lieu où l'on expose : *exposition de peinture* 2. orientation : *exposition au soleil* 3. partie initiale d'une œuvre littéraire ou musicale • PHOT *temps d'exposition* temps de pose.

exprès, esse [ɛksprɛs] *adj* précis, formel : *défense expresse* ◆ *nm* et *adj inv* • *lettre exprès, colis exprès* lettre, colis remis rapidement au destinataire.

exprès [ɛksprɛ] *adv* à dessein, avec intention • *fait exprès* coïncidence plus ou moins fâcheuse.

express [ɛksprɛs] *adj* et *nm* 1. qui assure une liaison rapide : *voie expresse* 2. café concentré.

expressément *adv* en termes clairs et précis.

expressif, ive *adj* 1. qui exprime bien la pensée, le sentiment : *un geste expressif* 2. qui a de l'expression : *regard expressif.*

expression *nf* 1. manifestation de la pensée, du sentiment, du talent, etc. 2. phrase, mot, locution 3. ensemble des signes qui expriment un sentiment sur un visage • *réduire à sa plus simple expression* ramener à très peu de chose ou même supprimer totalement.

expressionnisme *nm* tendance artistique et littéraire du XXe s. qui s'attache à l'intensité de l'expression.

exprimer *vt* manifester par le langage, les actes, les traits du visage, etc. ◆ **s'exprimer** *vpr* formuler sa pensée.

exproprier *vt* retirer la propriété d'un bien par des moyens légaux.

expulser *vt* 1. chasser quelqu'un d'un lieu : *expulser d'une réunion* 2. évacuer, rejeter de l'organisme : *expulser des crachats.*

exquis, e *adj* agréable au goût, à l'œil ou à l'intelligence.

extase *nf* 1. état d'une personne qui se trouve comme transportée hors du monde sensible 2. vive admiration : *être en extase devant un paysage.*

extasier (s') *vpr* manifester son admiration.

extenseur *adj* et *nm* qui sert à étendre : *muscle extenseur* ◆ *nm* appareil de gymnastique pour développer les muscles.

extensible *adj* qui peut être étendu, allongé.

extensif, ive *adj* qui produit une extension • *culture extensive* pratiquée sur de grandes surfaces avec un rendement faible.

extension *nf* 1. action d'étendre, de s'étendre 2. élargissement du sens d'un mot 3. importance, développement.

exténuer *vt* affaiblir à l'extrême.

extérieur, e *adj* 1. qui est au-dehors 2. relatif aux pays étrangers : *commerce extérieur* 3. visible, qui apparaît : *signes extérieurs de richesse* ◆ *nm* 1. ce qui est au-dehors : *l'extérieur d'une maison* 2. apparence 3. pays étrangers.

extérioriser *vt* exprimer, manifester par son comportement : *extérioriser sa joie* ◆ **s'extérioriser** *vpr* manifester ses sentiments, son caractère.

extermination *nf* 1. action d'exterminer 2. anéantissement.

exterminer *vt* massacrer, faire périr entièrement ou en grand nombre.

externat *nm* 1. établissement scolaire qui n'admet que des externes 2. fonction d'externe dans un hôpital.

externe *adj* qui vient du dehors ou qui est pour le dehors : *médicament à usage externe* ◆ *n* 1. élève qui suit les cours d'une école sans y coucher ni y prendre ses repas 2. élève qui assiste les internes dans les hôpitaux.

extincteur, trice *adj* et *nm* se dit d'un appareil qui sert à éteindre les incendies.

extinction *nf* 1. action d'éteindre ; fait de s'éteindre 2. cessation, disparition : *extinction d'une dette* • *extinction des feux* heure à laquelle doivent être éteintes les lumières • *extinction de voix* affaiblissement de la voix.

extirper *vt* 1. arracher avec la racine 2. enlever complètement : *extirper une tumeur* 3. FIG. obtenir difficilement : *extirper des aveux* 4. LITT. faire cesser : *extirper un préjugé.*

extorquer *vt* obtenir par force, menace : *extorquer une signature.*

extorsion *nf* action d'extorquer.

extra *nm inv* ce qu'on fait en dehors de ses habitudes ◆ *n* personne qui fait un service supplémentaire occasionnel : *engager un extra* ◆ *adj inv* FAM. de qualité supérieure : *des fruits extra.*

extraction *nf* 1. action d'extraire : *l'extraction d'une dent* 2. MATH opération qui a pour objet de trouver la racine d'un nombre 3. LITT. origine, naissance : *noble extraction.*

extradition *nf* action de livrer l'auteur d'une infraction à l'État étranger qui le réclame.

extraire *vt* (conj 79) 1. tirer hors de : *extraire une dent* 2. séparer de : *extraire l'alcool du vin* 3. faire sortir : *extraire des victimes des décombres* 4. MATH calculer la racine d'un nombre.

extrait *nm* 1. substance extraite : *extrait de lavande* 2. passage tiré d'un livre 3. copie d'un acte : *un extrait de naissance.*

extralucide *adj* qui prétend posséder le don de voir par télépathie, voyance, divination, etc. : *un médium extralucide.*

extraordinaire *adj* 1. singulier, bizarre : *idées extraordinaires* 2. qui dépasse la mesure ordinaire : *chaleur extraordinaire* 3. imprévu : *dépenses extraordinaires.*

extrapoler *vt* et *vi* déduire à partir de données partielles ; généraliser.

extraterrestre *adj* et *n* qui appartient à une planète autre que la Terre.

extravagant, e *adj* et *n* 1. qui s'écarte du sens commun, déraisonnable 2. qui dépasse exagérément la mesure : *prétentions extravagantes.*

extraverti, e *adj* et *n* qui extériorise ses émotions.

extrême *adj* 1. qui est tout à fait au bout : *extrême limite* 2. qui est au degré le plus intense, au point le plus élevé : *froid extrême* 3. qui dépasse les limites normales ; violent, excessif : *solutions extrêmes* ◆ *nm* • *à l'extrême* au-delà de toute mesure • *d'un extrême à l'autre* d'un excès à l'excès opposé.

extrême-onction (*pl extrêmes-onctions*) *nf* sacrement catholique pour les malades en danger de mort.

extrémisme *nm* tendance à recourir à des moyens extrêmes, violents, notamment dans la lutte politique.

extrémité *nf* 1. la partie qui termine : *extrémité du clocher* 2. attitude, décision extrême : *tomber d'une extrémité à l'autre* • *la dernière extrémité* les derniers moments de la vie ◆ **extrémités** *pl* 1. actes de violence : *en venir à des extrémités* 2. les pieds et les mains : *avoir les extrémités froides.*

exubérant, e *adj* excessif dans ses expressions, son comportement.

exulter *vi* déborder de joie.

exutoire *nm* moyen de se débarrasser de ce qui gêne ; dérivatif.

F

f *nm* sixième lettre de l'alphabet et la quatrième des consonnes.

fa *nm* 1. MUS quatrième note de la gamme 2. signe qui la représente.

fable *nf* 1. récit allégorique, d'où l'on tire une moralité : *fables de La Fontaine* 2. récit faux, imaginaire 3. sujet de la risée publique : *être la fable du quartier.*

fabrication *nf* action, manière de fabriquer : *défaut de fabrication.*

fabrique *nf* établissement où l'on fabrique des produits de consommation.

fabriquer *vt* 1. transformer les matières premières en objets d'usage courant 2. FIG. faire, inventer : *fabriquer un faux.*

fabuleux, euse *adj* 1. imaginaire, mythique : *animal fabuleux* 2. extraordinaire : *gain fabuleux.*

façade *nf* 1. partie antérieure d'un édifice 2. FIG. extérieur, apparence.

face *nf* 1. visage 2. côté d'une pièce de monnaie, qui représente une tête 3. chacun des côtés d'un solide, d'une chose : *un cube a six faces* 4. FIG. aspect, tournure : *examiner un problème sous toutes ses faces* • *de face* du côté où l'on voit toute la face • *en face* 1. vis-à-vis, par-devant 2. fixement 3. FIG. sans crainte • *face à face* en présence l'un de l'autre • *faire face* 1. être vis-à-vis 2. faire front • *faire face à une dépense* y pourvoir.

face-à-face *nm inv* débat public entre deux personnalités.

facette *nf* petite face plane : *les facettes d'un diamant.*

fâcher *vt* 1. mécontenter, mettre en colère 2. contrarier ◆ **se fâcher** *vpr* 1. s'irriter 2. se brouiller avec quelqu'un.

fâcheux, euse *adj* 1. désagréable 2. ennuyeux, contrariant, malencontreux ◆ *n* LITT. personne importune ; gêneur.

facial, e, aux *adj* de la face : *nerf facial.*

faciès [fasjɛs] *nm* aspect du visage, physionomie.

facile *adj* 1. qui se fait sans peine, aisé : *travail facile* 2. qui ne sent pas l'effort, naturel : *style facile* 3. FIG. accommodant : *caractère facile.*

facilité *nf* 1. qualité de ce qui est facile 2. aptitude à faire quelque chose sans effort ; aisance : *écrire avec facilité* 3. moyen de faire quelque chose sans peine ; commodité : *facilités de transport* ◆ **facilités** *pl* délais pour payer.

faciliter *vt* rendre facile.

façon *nf* 1. manière : *s'habiller d'une façon bizarre* 2. main-d'œuvre ; exécution d'un travail : *payer tant pour la façon* • *c'est une façon de parler* il ne faut pas le prendre à la lettre • *sans façon* sans cérémonie • *travail à façon* travail exécuté sans fournir les matériaux ◆ *loc.conj* • *de façon que* ou *de telle façon que* de sorte que ◆ **façons** *pl* 1. politesses affectées 2. manière d'agir, de se comporter : *des façons vulgaires.*

façonner *vt* 1. travailler, donner une forme à : *façonner du métal* 2. fabriquer : *façonner une pièce* 3. FIG. former : *façonner un caractère.*

fac-similé (*pl fac-similés*) *nm* copie, reproduction d'une peinture, d'un dessin, d'un objet d'art, etc.

facteur *nm* 1. fabricant d'instruments de musique : *facteur d'orgues, de pianos* 2. employé de la poste qui distribue le courrier à domicile 3. MATH chacun des nombres qui forment un produit 4. élément qui agit, qui influe : *facteur humain* 5. la chance est un facteur de succès.

factice *adj* artificiel, imité, faux : *diamant factice ; sourire factice.*

faction *nf* 1. service de surveillance ou de garde dont est chargé un militaire : *être de faction* 2. groupe séditieux au sein d'un groupe plus important.

factoriser *vt* MATH transformer une expression en produit de facteurs.

factuel, elle *adj* limité aux faits : *information factuelle.*

facture *nf* 1. note détaillée de marchandises vendues : *garanti sur facture* 2. qualité de l'exécution : *vers de bonne facture.*

facturer *vt* dresser une facture.

facultatif, ive *adj* non obligatoire.

faculté *nf* 1. possibilité physique, intellectuelle ou morale 2. vertu, propriété : *l'aimant a la faculté d'attirer le fer* 3. pouvoir, droit d'agir : *avoir la faculté de vendre ses biens* 4. établissement d'enseignement supérieur (remplacé aujourd'hui par : *université*) ◆ **facultés** *pl* aptitudes, dispositions naturelles.

fadaise *nf* plaisanterie stupide ; niaiserie, ineptie.

fade *adj* 1. insipide, sans saveur 2. FIG. sans caractère, insignifiant.

fadeur *nf* 1. manque de saveur 2. FIG. insignifiance.

fagot *nm* faisceau de menu bois, de branchages • FAM. ***de derrière les fagots*** très bon, mis en réserve pour une grande occasion • ***sentir le fagot*** friser l'hérésie et s'exposer à une condamnation.

fagoter *vt* FAM. habiller sans goût, sans élégance.

Fahrenheit (degré) [farenajt] unité de température anglo-saxonne (symb : °F), équivalant à la 180e partie de l'écart entre la température de la fusion de la glace (32 °F) et celle de l'ébullition de l'eau (212 °F), soit 0 °C et 100 °C.

faible *adj* 1. sans force, sans vigueur : *se sentir faible ; caractère faible* 2. qui manque d'intensité, d'acuité : *vue faible* 3. qui manque d'aptitudes dans une discipline : *faible en français* 4. peu importante, médiocre : *faibles revenus* ◆ *n* 1. personne sans défense 2. personne sans volonté : *c'est un faible* ◆ *nm* penchant pour quelqu'un ou quelque chose • ***avoir un faible pour*** un goût prononcé pour.

faiblesse *nf* 1. manque de force 2. état de ce qui est faible ou de celui qui est faible 3. perte subite des forces : *être pris de faiblesse* 4. trop grande indulgence : *faire preuve de faiblesse* 5. défaut de qualité : *les faiblesses d'un roman.*

faiblir *vi* perdre de ses forces, de sa capacité, de sa fermeté.

faïence *nf* poterie de terre vernissée ou émaillée.

faille *nf* 1. cassure des couches géologiques, accompagnée d'une dénivellation 2. fente, crevasse 3. FIG. point faible, défaut.

faillir *vt ind* [à] (conj 30) LITT. commettre une faute, manquer (à) : *faillir à son devoir* ◆ *vi* (suivi d'un inf.) être sur le point de : *j'ai failli tomber.*

faillite *nf* 1. état d'un commerçant qui cesse ses paiements 2. FIG. insuccès, échec.

faim *nf* 1. besoin de manger 2. famine 3. FIG. désir ardent de quelque chose : *faim de gloire.*

fainéant, e *n* et *adj* paresseux.

faire *vt* (conj 76) 1. fabriquer, composer : *faire une maison, un poème* 2. se livrer à certaines occupations : *n'avoir rien à faire ; faire de l'anglais* 3. pratiquer, accomplir un geste, un acte : *faire son devoir* 4. disposer, arranger, mettre en état : *faire un lit* 5. avoir pour effet ; causer : *faire du bien ; faire peur ; l'argent ne fait pas le bonheur* 6. donner, accorder : *faire un cadeau* 7. jouer le rôle de ; chercher à paraître, contrefaire : *faire le mort* 8. égaler : *deux et deux font quatre* 9. être affecté par : *faire une rougeole* 10. FAM. vendre : *à combien faites-vous cette lampe ?* 11. se substitue à n'importe quel verbe déjà exprimé : *il a gagné, comme l'a fait son ami* • ***faire un enfant*** le concevoir ; l'avoir engendré • ***faire faire*** charger quelqu'un de faire : *faire faire un travail* ◆ *v. impers* indique un état de l'atmosphère : *il fait nuit, il fait beau* ◆ *vi* 1. produire un certain effet : *le gris fait bien avec le rouge* 2. agir : *bien faire* ◆ **se faire** *vpr* 1. devenir : *se faire vieux* 2. s'améliorer : *le cuir se fera* 3. s'habituer : *se faire à la fatigue* 4. embrasser une carrière : *se faire prêtre.*

faire-part *nm inv* lettre, avis annonçant une naissance, un mariage, un décès.

faire-valoir *nm inv* personne dont le rôle est de mettre quelqu'un en valeur.

fair-play [fɛrplɛ] *adj inv* qui accepte loyalement les conditions d'un combat ; beau joueur ◆ *nm inv* comportement loyal et élégant.

faisable [fə-] *adj* qui peut être fait.

faisan [fə-] *nm* oiseau gallinacé au beau plumage et à la chair estimée ; chair de cet oiseau.

faisander [fə-] *vt* faire subir au gibier un commencement de décomposition qui donne du fumet à sa chair.

faisane [fə-] *nf* et *adj f* • ***poule faisane*** femelle du faisan.

faisceau *nm* 1. réunion de choses liées ensemble 2. flux de particules électrisées : *faisceau électronique* 3. FIG. ensemble cohérent de choses qui concourent au même résultat : *faisceau de preuves* • ***faisceau lumineux*** ensemble de rayons lumineux ◆ **faisceaux** *nm pl* ANTIQ verges liées autour d'une hache que portait le licteur romain.

faisselle *nf* récipient à parois perforées pour l'égouttage des fromages frais.

fait *nm* 1. action de faire, chose faite : *le fait de parler* 2. événement : *un fait singulier* 3. ce qui est vrai, réel : *souvent les faits détruisent les théories* • ***hauts faits*** exploits • ***état de fait*** réalité • ***faits et gestes*** actions de quelqu'un • ***voies de fait*** actes de violence • ***au fait*** à propos, à ce sujet • ***mettre au fait*** instruire • ***de fait*** en réalité (opposé à *de droit*) • ***le fait est que...*** la vérité est que... • ***aller au fait*** à l'essentiel • ***prendre sur le fait*** au moment où l'action est commise • ***en fait*** ou ***par le fait*** en réalité, effectivement ◆ *loc. prép* • ***du fait de*** par suite de • ***en fait de*** en matière de.

fait, e *adj* 1. fabriqué, exécuté 2. constitué, formé : *femme bien faite* 3. mûr : *un homme fait* 4. fermenté : *fromage trop fait* • ***fait pour*** destiné à • ***tout fait*** 1. préparé à l'avance 2. sans originalité • ***c'en est fait*** c'est fini.

fait-divers (*pl faits-divers*) ou **fait divers** (*pl faits divers*) *nm* accident, menu scandale sans portée générale ; rubrique de presse qui en fait part.

faîte *nm* 1. comble d'un édifice 2. sommet, cime : *faîte d'un arbre.*

fait-tout *nm inv* ou **faitout** *nm* marmite basse.

fakir *nm* 1. ascète de l'Inde 2. personne qui exécute en public des exercices d'hypnose, de voyance, etc.

falaise *nf* côte escarpée, abrupte.

fallacieux, euse *adj* trompeur.

falloir *v. impers* (conj 48) 1. être obligatoire, nécessaire : *il faut manger pour vivre* 2. être un besoin, une nécessité : *il lui faut du repos* • ***comme il faut*** 1. bien élevé 2. convenablement ◆ **s'en falloir** *vpr impers* être en moins, manquer.

falot *nm* lanterne portative.

falot, e *adj* terne, effacé.

falsifier *vt* 1. altérer, changer, pour tromper 2. contrefaire.

famé, e *adj* • ***mal famé*** › malfamé.

famélique *adj* et *n* affamé ; amaigri par la faim.

fameux, euse *adj* 1. renommé, célèbre : *un écrivain fameux* 2. excellent : *un vin fameux.*

familial, e, aux *adj* qui concerne la famille.

familiariser *vt* rendre familier, habituer ◆ **se familiariser** *vpr* [avec] se rendre une chose familière par la pratique : *se familiariser avec une langue étrangère.*

familiarité *nf* grande intimité ◆ **familiarités** *nf pl* façons familières ; privautés.

familier, ère *adj* 1. qui a des manières libres 2. connu, habituel : *cette chose lui est familière* 3. se dit d'un mot, d'une construction employés dans la conversation courante ◆ *nm* 1. qui vit dans l'intimité de quelqu'un 2. qui fréquente habituellement un lieu.

famille *nf* 1. le père, la mère et les enfants vivant sous le même toit 2. enfants : *avoir une famille nombreuse* 3. ensemble des personnes d'un même sang : *la famille des Montmorency* 4. groupe d'animaux, de végétaux, de minéraux analogues 5. ensemble des mots issus d'une racine commune.

famine *nf* disette générale • ***crier famine*** se plaindre de son dénuement • ***salaire de famine*** salaire trop bas.

fan [fan] *n* FAM. admirateur enthousiaste : *les fans d'un chanteur.*

fanatique *adj* et *n* 1. d'un zèle outré, aveugle : *des fanatiques religieux* 2. qui manifeste une admiration passionnée pour quelqu'un ou quelque chose : *un fanatique du jazz.*

fanatiser *vt* rendre fanatique.

fane *nf* feuille de certaines plantes herbacées : *fanes de radis, de carottes.*

faner *vt* 1. retourner l'herbe fauchée pour la sécher 2. FIG. flétrir, ternir, décolorer ◆ **se faner** *vpr* perdre son éclat.

fanfare *nf* orchestre composé de cuivres.

fanfaron, onne *n* et *adj* vantard ; hâbleur.

fanfaronner *vi* faire le fanfaron.

fanfreluche *nf* ornement de toilette ou d'ameublement, de peu de valeur.

fanion *nm* petit drapeau.

fantaisie *nf* 1. originalité ; imprévu : *manquer de fantaisie* 2. imagination libre ; faculté de création 3. goût, gré : *vivre à sa fantaisie.*

fantaisiste *adj* qui agit à sa guise ; qui manque de sérieux ◆ *n* artiste de music-hall qui chante ou raconte des histoires.

fantasme *nm* représentation imaginaire de désirs plus ou moins conscients.

fantasque *adj* sujet à des caprices, à des fantaisies bizarres : *humeur fantasque.*

fantassin *nm* soldat d'infanterie.

fantastique *adj* 1. créé par la fantaisie, l'imagination : *vision fantastique* 2. où il entre des êtres surnaturels : *contes fantastiques* 3. FAM. incroyable : *luxe fantastique* ◆ *nm* genre fantastique, irrationnel (art, littérature).

fantomatique *adj* qui tient du fantôme, de l'apparition.

fantôme *nm* être fantastique, qu'on croit être la manifestation d'une personne décédée ; apparition ◆ *adj* qui n'existe qu'en apparence : *gouvernement fantôme* • ***membre fantôme*** membre que certains amputés ont l'illusion de posséder encore.

faon [fɑ̃] *nm* petit du cerf.

far *nm* flan breton aux pruneaux.

faramineux, euse *adj* FAM. étonnant, extraordinaire : *prix faramineux.*

farandole *nf* danse de groupe exécutée en se tenant par la main.

farce *nf* hachis de viande, d'herbes, de légumes, etc., dont on farcit une volaille, un poisson, un légume.
farce *nf* 1. pièce de théâtre d'un comique bouffon 2. grosse plaisanterie, blague : *faire une farce.*
farceur, euse *n* qui dit ou fait des farces.
farcir *vt* 1. CUIS remplir de farce : *tomates farcies* 2. FIG. remplir, bourrer de : *farcir de citations.*
fard [far] *nm* 1. maquillage donnant au teint plus d'éclat 2. FIG. dissimulation, feinte : *parler sans fard* • FAM. ***piquer un fard*** rougir.
fardeau *nm* 1. charge pesante 2. FIG. ce qui pèse : *le fardeau des ans.*
farder *vt* 1. mettre du fard 2. LITT. déguiser : *farder sa pensée* ◆ **se farder** *vpr* se mettre du fard sur le visage.
farfelu, e *adj* et *n* FAM. fantasque, extravagant.
farfouiller *vi* FAM. fouiller en mettant du désordre.
farine *nf* poudre obtenue en broyant le grain des céréales, notamment du blé, et de quelques autres espèces végétales.
farineux, euse *adj* 1. qui contient de la farine 2. qui a le goût ou l'aspect de la farine ◆ *nm* végétal, alimentaire, qui peut fournir une farine.
farniente [farnjɛnte] ou [farnjɛ̃t] *nm* FAM. douce oisiveté.
farouche *adj* 1. sauvage, qui fuit quand on l'approche : *bêtes farouches* 2. peu sociable, timide 3. cruel ; violent, dur : *regard, haine farouche.*
fascicule [-si-] *nm* cahier d'un ouvrage publié par fragments.
fascination [-si-] *nf* 1. action de fasciner 2. FIG. attrait irrésistible.
fasciner [-si-] *vt* 1. se rendre maître d'un être vivant par la puissance du regard : *le serpent fascine sa proie* 2. FIG. charmer, éblouir, séduire.
fascisme [faʃism] *nm* 1. régime autoritaire établi en Italie de 1922 à 1945, fondé par Mussolini 2. PAR EXT. autoritarisme excessif.
faste *nm* déploiement de magnificence, de luxe.
faste *adj* • ***jour faste*** jour favorisé par la chance.
fast-food [fastfud] (*pl fast-foods*) *nm* établissement qui propose des repas bon marché, à consommer sur place ou à emporter.
fastidieux, euse *adj* ennuyeux, monotone.
fastueux, euse *adj* qui étale un grand luxe : *vie fastueuse.*
fatal, e, als *adj* 1. fixé par le destin, inévitable 2. qui entraîne la ruine, la mort : *erreur fatale.*
fatalisme *nm* doctrine qui considère tous les événements comme fixés à l'avance.
fatalité *nf* 1. destinée inévitable 2. hasard fâcheux.
fatidique *adj* marqué par le destin.
fatigant, e *adj* 1. qui fatigue 2. importun, ennuyeux.
fatigue *nf* 1. sensation pénible causée par le travail, l'effort 2. tout effort pénible 3. détérioration d'un matériau soumis à des efforts répétés.
fatiguer *vt* 1. causer de la fatigue, de la lassitude 2. importuner : *fatiguer quelqu'un par ses questions* ◆ *vi* 1. éprouver de la fatigue 2. supporter un trop gros effort : *poutre qui fatigue.*
fatras *nm* amas confus.
faubourg *nm* 1. partie d'une ville située à la périphérie 2. nom donné à d'anciens quartiers extérieurs : *le faubourg Saint-Antoine.*
fauche *nf* FAM. vol.
faucher *vt* 1. couper avec la faux 2. FIG. abattre, détruire 3. FAM. dérober, voler.
faucille *nf* petite faux pour couper les herbes.
faucon *nm* oiseau rapace, dressé autrefois pour la chasse.
faufiler *vt* coudre provisoirement à longs points ◆ **se faufiler** *vpr* se glisser adroitement.
faune *nf* 1. ensemble des animaux d'une région 2. PÉJOR. personnes qu'on rencontre dans tel ou tel milieu.
faussaire *n* celui qui commet, fabrique un faux.
faussement *adv* 1. d'une manière fausse 2. hypocritement.
fausser *vt* 1. dénaturer : *fausser la vérité* 2. interpréter faussement 3. altérer : *fausser le jugement* 4. tordre, déformer : *fausser une serrure.*
fausseté *nf* 1. caractère de ce qui est faux : *fausseté d'un acte* 2. hypocrisie.
faute *nf* 1. manquement aux règles, erreur : *faute d'orthographe* 2. manquement à une loi, à la morale : *faute grave* 3. responsabilité de quelqu'un ou de quelque chose • ***ne pas se faire faute de*** ne pas manquer • ***sans faute*** à coup sûr • ***faute de*** à défaut de.
fauteuil *nm* siège à dossier et à bras.
fautif, ive *adj* et *n* qui est en faute, coupable, responsable : *c'est lui le fautif* ◆ *adj* qui contient des fautes : *liste fautive.*
fauve *adj* d'une couleur tirant sur le roux : *pelage fauve* • ***bêtes fauves*** quadrupèdes qui vivent dans les bois (cerf, daim...) ◆ *nm* 1. couleur fauve 2. grand félin : *dompter des fauves* 3. peintre appartenant au fauvisme.
fauvisme *nm* mouvement pictural français du début du XXe siècle.
faux *nf* lame d'acier recourbée à long manche pour faucher.
faux, fausse *adj* 1. contraire à la vérité : *histoire fausse* 2. inexact : *calcul faux* 3. dé-

pourvu de justesse, de rectitude ; altéré : *voix fausse ; esprit faux* 4. qui n'est pas authentique, original ; imité : *fausses dents ; faux nom* 5. qui n'est pas ce qu'il semble être : *faux dévot* 6. qui trompe, hypocrite 7. équivoque : *situation fausse* 8. sans fondement : *fausse alerte* ◆ *nm* 1. ce qui est contraire à la vérité : *distinguer le vrai du faux* 2. imitation sans valeur 3. imitation, altération d'un acte, d'une signature : *faux en matière civile* • FIG. *s'inscrire en faux* nier ◆ *adv* d'une manière fausse : *chanter faux*.

faux-filet (*pl faux-filets*) *nm* BOUCH contre-filet.

faux-fuyant (*pl faux-fuyants*) *nm* moyen détourné, échappatoire.

faux-monnayeur (*pl faux-monnayeurs*) *nm* qui fabrique de la fausse monnaie.

faux-semblant (*pl faux-semblants*) *nm* ruse, prétexte mensonger.

faveur *nf* 1. bienveillance, protection : *la faveur des grands* 2. marque de bienveillance, privilège : *solliciter une faveur* 3. VIEILLI. ruban de soie très étroit • *à la faveur de* en profitant de • *en faveur de* au profit de ◆ **faveurs** *nf pl* marques d'amour qu'une femme donne à un homme : *accorder ses faveurs*.

favorable *adj* 1. propice, bénéfique 2. bienveillant, indulgent.

favori, ite *adj* préféré : *auteur favori* ◆ *adj* et *n* 1. qui jouit de la faveur de quelqu'un 2. gagnant probable dans une compétition.

favoris *nm pl* touffe de barbe de chaque côté du visage.

favoriser *vt* 1. traiter favorablement, accorder une préférence à 2. aider, faciliter : *favoriser la fuite de quelqu'un*.

favorite *nf* maîtresse préférée d'un roi.

favoritisme *nm* tendance à accorder des faveurs injustes.

fax *nm* télécopie.

faxer *vt* envoyer un document par télécopie.

fayot *nm* FAM. 1. haricot sec 2. qui fait du zèle auprès d'un supérieur.

fébrile *adj* 1. qui a de la fièvre 2. nerveux, agité.

fécal, e, aux *adj* • *matières fécales* excréments humains.

fécond, e *adj* fertile, productif.

fécondation *nf* 1. action de féconder 2. union de deux cellules sexuelles, mâle et femelle.

féconder *vt* 1. réaliser la fécondation 2. rendre fécond, fertile.

fécondité *nf* 1. aptitude à la reproduction 2. fertilité : *la fécondité d'une terre* 3. FIG. caractère de celui qui produit beaucoup : *fécondité d'un auteur*.

fécule *nf* partie farineuse, abondante dans certains tubercules (pomme de terre, manioc).

féculent, e *adj* qui contient de la fécule ◆ *nm* légume féculent.

fédéral, e, aux *adj* d'une fédération.

fédération *nf* 1. association de plusieurs pays en un seul État 2. association professionnelle, corporative ou sportive.

fédérer *vt* former, grouper en fédération.

fée *nf* être féminin imaginaire, doué de pouvoirs surnaturels • *conte de fées* histoire merveilleuse • *des doigts de fée* très habiles.

féerie *nf* spectacle d'une merveilleuse beauté ou qui fait intervenir le merveilleux.

feignant, e *adj* et *n* FAM. fainéant.

feindre *vt* (conj 55) simuler pour tromper : *feindre la colère* • *feindre de* faire semblant de.

feinte *nf* 1. SPORTS coup simulé pour tromper l'adversaire 2. FAM. ruse, attrape.

feinter *vt* FAM. surprendre par une ruse ◆ *vi* SPORTS faire une feinte.

fêlé, e *adj* fendu ◆ *adj* et *n* FAM., FIG. un peu fou.

fêler *vt* fendre légèrement.

félicitations *nf pl* 1. éloges 2. compliments ; témoignage de sympathie.

féliciter *vt* complimenter ◆ **se féliciter** *vpr* [de] se réjouir (de).

félidé ou **félin** *nm* mammifère carnassier tel que le chat, le lion, le guépard (les félidés ou félins forment une famille).

félin, e *adj* qui tient du chat : *souplesse féline*.

fellation *nf* excitation buccale du sexe de l'homme.

félonie *nf* HIST, LITT. trahison.

fêlure *nf* fente légère.

femelle *nf* animal du sexe féminin ◆ *adj* 1. du sexe féminin : *hérisson femelle* 2. se dit d'une pièce en creux qui peut en recevoir une autre : *prise femelle* • *fleurs femelles* sans étamines.

féminin, e *adj* propre à la femme, aux femmes : *grâce féminine* • *rime féminine* terminée en syllabe muette ◆ *nm* GRAMM genre féminin.

féminisme *nm* doctrine tendant à étendre les droits de la femme, à améliorer sa situation dans la société.

féminité *nf* 1. caractère féminin 2. ensemble des caractères attribués à la femme.

femme *nf* 1. être humain adulte du sexe féminin 2. personne du sexe féminin qui est ou a été mariée 3. épouse.

fémoral, e, aux *adj* relatif au fémur.

fémur *nm* os de la cuisse.

fenaison *nf* récolte des foins ; époque où elle se fait.

fendiller *vt* produire de petites fentes dans ◆ **se fendiller** *vpr* se craqueler : *émail fendillé*.

fendre *vt* (conj 50) 1. séparer dans le sens de la longueur : *fendre du bois* 2. crevasser :

la sécheresse fend la terre 3. traverser rapidement : *fendre l'air* • FIG. *fendre le cœur* affliger.

fenêtre *nf* 1. ouverture dans un mur pour donner du jour et de l'air 2. cadre vitré de fenêtre • FIG. *jeter son argent par les fenêtres* le dissiper follement.

fenouil *nm* ombellifère aromatique dont on consomme la base des pétioles et les graines ; base des pétioles de cette plante ; graine de cette plante.

fente *nf* 1. ouverture étroite et longue 2. fissure plus ou moins profonde.

féodal, e, aux *adj* relatif aux fiefs, à la féodalité : *château féodal.*

féodalité *nf* organisation politique et sociale du Moyen Âge, fondée sur le fief.

fer *nm* 1. métal tenace et malléable employé dans l'industrie sous forme d'alliages, d'aciers et de fontes (symb : fe) 2. demi-cercle de fer dont on garnit la corne des pieds des chevaux 3. objet, instrument en fer ou en un autre métal : *fer à repasser* 4. épée, fleuret : *croiser le fer* • *de fer* solide, robuste • *âge du fer* période préhistorique où l'homme commença à utiliser le fer pour son outillage ◆ **fers** *nm pl* 1. chaînes avec lesquelles on attachait un prisonnier : *mettre aux fers* 2. LITT., FIG. esclavage.

fer-blanc (*pl fers-blancs*) *nm* tôle mince, recouverte d'étain.

férié, e *adj* se dit d'un jour de repos prescrit par la loi ou la religion.

ferme *adj* 1. solide, stable : *ferme sur ses jambes* 2. compact : *chair ferme* 3. FIG. assuré : *ton ferme* 4. inébranlable : *ferme dans ses résolutions* 5. définitif : *achat ferme* • *terre ferme* continent ◆ *adv* avec assurance : *tenir ferme.*

ferme *nf* 1. contrat par lequel on loue un bien rural : *prendre à ferme* 2. exploitation agricole affermée 3. domaine agricole ; maison d'habitation située sur le domaine.

fermé, e *adj* 1. insensible, inaccessible à 2. où il est difficile de s'introduire, de se faire admettre : *cercle fermé.*

ferment *nm* 1. agent de la fermentation 2. FIG. ce qui excite : *ferment de discorde.*

fermentation *nf* 1. transformation de certaines substances organiques par des enzymes microbiennes 2. LITT., FIG. effervescence.

fermenter *vi* être en fermentation : *le moût fermente.*

fermer *vt* 1. boucher une ouverture 2. enclore : *fermer un jardin* 3. empêcher ou interdire l'accès d'un local, d'un lieu, etc. 4. faire cesser : *fermer une discussion* 5. rapprocher deux parties écartées : *fermer une plaie* 6. arrêter le fonctionnement de : *fermer la radio* • *fermer la marche* marcher le dernier • *fermer boutique* cesser son commerce ◆ *vi* être, rester fermé : *le musée ferme le mardi ; la porte ferme mal.*

fermeté *nf* 1. état de ce qui est ferme, solide 2. énergie morale, détermination.

fermeture *nf* 1. ce qui sert à fermer 2. action, moment de fermer.

fermier, ère *n* agriculteur, propriétaire ou non des terres qu'il cultive • *fermier général* financier, sous l'Ancien Régime, qui prenait à ferme le recouvrement d'un impôt.

fermoir *nm* agrafe pour tenir fermé un sac, un collier, etc.

féroce *adj* 1. sauvage et sanguinaire : *le tigre est féroce* 2. cruel.

férocité *nf* 1. naturel féroce 2. barbarie 3. violence extrême.

ferraille *nf* 1. vieux fers, objets métalliques hors d'usage 2. FAM. menue monnaie.

ferrailler *vi* se battre au sabre ou à l'épée.

ferrailleur *nm* marchand de ferraille.

ferré, e *adj* garni de fer : *bâton ferré* • *voie ferrée* voie de chemin de fer • FIG., FAM. *être ferré sur un sujet* le connaître à fond.

ferrer *vt* 1. garnir de fer 2. mettre des fers à un cheval.

ferreux *adj m* qui contient du fer.

ferronnerie *nf* 1. travail artistique du fer ; ouvrages ainsi réalisés 2. serrurerie d'art.

ferroviaire *adj* relatif au transport par chemin de fer.

ferrugineux, euse *adj* qui contient du fer : *eaux ferrugineuses.*

ferry-boat [fɛribot] (*pl ferry-boats*) ou **ferry** (*pl ferrys* ou *ferries*) *nm* navire spécialement aménagé pour le transport des voitures ou des trains.

fertile *adj* fécond : *sol fertile ; esprit fertile.*

fertiliser *vt* 1. rendre fertile 2. améliorer, bonifier une terre par l'apport d'engrais.

fertilité *nf* fécondité.

féru, e *adj* passionné (d'une science, d'une idée, etc.) : *féru de peinture.*

fervent, e *adj* plein de ferveur ; ardent : *disciple fervent* ◆ *n* passionné de : *un fervent de cinéma.*

ferveur *nf* 1. zèle ardent 2. ardeur passionnée, enthousiasme.

fesse *nf* chacune des deux parties charnues postérieures de l'homme et de certains animaux.

fessée *nf* FAM. correction sur les fesses.

fesser *vt* donner une fessée à.

fessier, ère *adj* des fesses : *muscles fessiers* ◆ *nm* les fesses.

festin *nm* repas somptueux, banquet.

festival (*pl festivals*) *nm* série de représentations artistiques consacrées à un genre donné : *festival de cinéma.*

festivités *nf pl* fêtes, réjouissances.

fêtard, e *n* FAM. qui fait la fête ; noceur.

fête *nf* 1. réjouissance en général : *jour de fête* 2. solennité religieuse ou civile : *la fête nationale* 3. jour de la fête du saint dont on porte le nom • *fêtes mobiles* fêtes chrétiennes qui ne reviennent pas tous les ans au même jour • *faire fête à quelqu'un* bien l'accueillir • *faire la fête* s'amuser.

fêter *vt* 1. célébrer par une fête 2. accueillir avec joie.

fétiche *nm* objet, animal auxquels on attribue des propriétés magiques, bénéfiques.

fétichisme *nm* 1. culte des fétiches 2. vénération outrée, superstitieuse pour quelqu'un, quelque chose.

fétide *adj* d'odeur répugnante.

fétu *nm* brin de paille.

feu *nm* 1. dégagement de chaleur, de lumière et de flammes produit par une combustion : *feu de bois* 2. incendie 3. endroit où l'on fait du feu ; foyer : *veillée au coin du feu* 4. décharge d'arme à poudre : *coup de feu ; arme à feu* 5. signal lumineux ; phare, fanal : *feu rouge* 6. inflammation ; sensation de chaleur qui en résulte : *avoir les joues en feu* 7. ardeur, enthousiasme, fougue, passion : *parler avec feu* • *feu d'artifice* spectacle d'effets lumineux • *prendre feu* s'enflammer • *à petit feu* lentement • *être entre deux feux* attaqué de deux côtés • *être tout feu tout flamme* s'emballer, s'enthousiasmer • *faire long feu* ne pas avoir de succès, rater • *ne pas faire long feu* ne pas durer longtemps • *mettre sa main au feu que* soutenir avec conviction que • *n'y voir que du feu* n'y rien comprendre ◆ *interj* • *feu !* commandement de tirer.

feu, e *adj* LITT. (feu est invariable quand il précède l'art. ou l'adj. possessif) défunt : *la feue reine ; feu la reine.*

feuillage *nm* 1. feuilles d'un arbre 2. branches coupées chargées de feuilles.

feuille *nf* 1. partie terminale d'un végétal, mince et plate, ordinairement verte 2. plaque très mince : *feuille d'or* 3. morceau de papier d'un certain format 4. document, imprimé administratif : *feuille d'impôt.*

feuillet *nm* 1. page (recto et verso) d'un livre, d'un cahier 2. troisième poche de l'estomac des ruminants.

feuilleté, e *adj* constitué de lames minces superposées • CUIS *pâte feuilletée* qui se sépare en feuilles en cuisant ◆ *nm* CUIS pâte feuilletée garnie.

feuilleter *vt* (conj 8) tourner les pages d'un livre ; le parcourir rapidement.

feuilleton *nm* œuvre romanesque paraissant par fragments dans un journal ou diffusée à la radio, à la télévision.

feuillu, e *adj* qui a beaucoup de feuilles.

feulement *nm* cri du tigre, du chat.

feutre *nm* 1. étoffe de laine, de poils foulés 2. chapeau de feutre.

feutré, e *adj* 1. qui a l'aspect du feutre ; qui a perdu sa souplesse : *laine feutrée* 2. FIG. où les bruits sont étouffés ; silencieux : *pas feutrés.*

feutrer *vt* 1. mettre en feutre du poil, de la laine 2. garnir de feutre ◆ *vi* et *vpr* prendre l'aspect du feutre.

feutrine *nf* feutre léger, très serré.

fève *nf* 1. légumineuse dont la graine est comestible ; cette graine 2. petite figurine cachée dans la galette des Rois.

février *nm* deuxième mois de l'année (de 28 jours, mais de 29 dans les années bissextiles).

fiable *adj* 1. qui fonctionne sans défaillance 2. à qui on peut se fier.

fiançailles *nf pl* promesse de mariage.

fiancé, e *n* qui a fait promesse de mariage.

fiancer (se) *vpr* (conj 1) s'engager à épouser quelqu'un.

fiasco *nm* FAM. échec complet.

fibre *nf* 1. filament, cellule filamenteuse : *fibre musculaire, textile* 2. FIG. sensibilité à un sentiment : *fibre paternelle.*

fibrome *nm* MÉD tumeur fibreuse.

ficeler *vt* (conj 6) 1. attacher avec une ficelle : *ficeler un paquet* 2. FAM. élaborer, construire : *scénario bien ficelé* 3. FAM. habiller.

ficelle *nf* 1. corde très mince 2. pain de fantaisie mince 3. FIG. procédé, truc : *connaître les ficelles du métier* • *tenir, tirer les ficelles* faire agir les autres sans être vu.

fiche *nf* 1. carte, feuillet pour écrire des notes à classer ensuite 2. pièce métallique s'adaptant à une autre et utilisée en électricité pour établir un contact.

ficher *vt* 1. inscrire sur une fiche, dans un fichier 2. VIEILLI. piquer, enfoncer : *ficher un pieu en terre.*

ficher ou **fiche** *vt* (p. passé *fichu*) FAM. mettre, jeter : *ficher dehors* ◆ **se ficher** ou **se fiche** *vpr* FAM. se moquer (de).

fichier *nm* 1. meuble, boîte à fiches 2. collection organisée de fiches, d'informations.

fichu *nm* triangle d'étoffe, dont les femmes se couvrent les épaules ou la tête.

fichu, e *adj* 1. FAM. mal fait, mauvais : *un fichu repas* 2. détruit, ruiné • FAM. *fichu de* capable de.

fictif, ive *adj* 1. imaginaire : *personnage fictif* 2. conventionnel : *valeur fictive.*

fiction *nf* création de l'imagination : *œuvre de fiction.*

ficus [fikys] *nm* plante tropicale d'appartement, tels le caoutchouc et le figuier.

fidèle *adj* 1. qui remplit ses engagements : *fidèle à ses promesses* 2. constant dans son attachement, ses relations ; loyal : *ami fidèle* 3. exact, conforme : *mémoire fidèle* ◆ *n* personne qui pratique une religion.

fidéliser *vt* rendre fidèle.

fidélité *nf* qualité d'une personne ou d'une chose fidèle.

fiduciaire *adj* se dit de valeurs fictives, fondées sur la confiance accordée à qui les émet.

fief *nm* 1. domaine qu'un vassal tenait d'un seigneur 2. FIG. possession exclusive : *fief électoral.*

fieffé, e *adj* achevé : *fieffé menteur.*

fiente *nf* excrément d'animaux.

fier, fière *adj* 1. altier, noble, élevé : *âme fière* 2. arrogant, méprisant 3. FAM. fameux, remarquable : *un fier coquin* • *fier de* qui tire satisfaction, orgueil de ◆ *n* orgueilleux : *faire le fier.*

fier (se) *vpr* [à] mettre sa confiance en : *ne vous fiez pas aux flatteurs.*

fierté *nf* caractère fier.

fièvre *nf* 1. élévation anormale de la température du corps 2. FIG. agitation, fébrilité : *la fièvre du départ.*

fiévreux, euse *adj* et *n* 1. qui a ou dénote de la fièvre 2. FIG. inquiet, agité : *attente fiévreuse.*

figer *vt* (conj 2) 1. solidifier par le froid 2. immobiliser : *la peur le figea sur place.*

fignoler *vt* et *vi* FAM. exécuter un travail minutieusement, parfaire.

figue *nf* fruit du figuier • *figue de Barbarie* fruit charnu et sucré du figuier de Barbarie • FAM. *mi-figue, mi-raisin* ambigu, mitigé.

figurant, e *n* 1. personnage accessoire, dans une pièce, un spectacle 2. FIG. personne dont le rôle n'est pas déterminant.

figuratif, ive *adj* qui représente la forme réelle d'une chose • *Art figuratif* celui qui représente des figures reconnaissables (par oppos. à *art abstrait*) ◆ *nm* peintre, sculpteur qui pratique l'art figuratif.

figure *nf* 1. visage 2. air, contenance : *faire bonne figure* 3. forme visible d'un corps : *avoir figure humaine* 4. personnalité marquante : *les grandes figures de l'histoire* 5. représentation peinte ou sculptée d'un être humain, d'un animal 6. symbole, allégorie 7. GÉOM ensemble de points, lignes, surfaces 8. forme donnée à l'expression pour produire un certain effet : *figure de rhétorique* 9. mouvement chorégraphique.

figuré, e *adj* • *sens figuré* signification détournée du sens propre : *la lecture nourrit l'esprit* (sens figuré) ; *le pain nourrit le corps* (sens propre) ◆ *nm* sens figuré : *au propre et au figuré.*

figurer *vt* représenter ◆ *vi* se trouver : *figurer sur une liste* ◆ **se figurer** *vpr* s'imaginer.

figurine *nf* statuette de petite dimension.

fil *nm* 1. brin long et mince de matière textile 2. tout élément filiforme : *le fromage fondu forme des fils* 3. conducteur électrique filiforme : *fil de terre* 4. métal étiré : *fil de fer* 5. tranchant d'un instrument : *le fil d'un rasoir* 6. direction des fibres du bois 7. cours, suite, enchaînement : *aller au fil de l'eau ; le fil de la vie ; perdre le fil de la conversation* • FAM. *coup de fil* coup de téléphone • *de fil en aiguille* de propos en propos • *fil à plomb* fil lesté pour matérialiser la verticale • *fil de la Vierge* filandre • *passer au fil de l'épée* tuer à l'arme blanche.

filament *nm* 1. élément fin et allongé d'un organe animal ou végétal 2. fil très mince 3. fil conducteur porté à l'incandescence dans une ampoule électrique.

filandreux, euse *adj* 1. rempli de fibres longues et coriaces : *viande filandreuse* 2. FIG. enchevêtré, confus.

filasse *nf* amas de filaments de chanvre, de lin, etc. ◆ *adj inv* • *cheveux filasse* d'un jaune très pâle.

filature *nf* 1. établissement où l'on file les matières textiles 2. action de filer quelqu'un.

file *nf* rangée, colonne : *file de voitures* • *à la file* l'un après l'autre • *en file indienne* l'un derrière l'autre.

filer *vt* 1. mettre en fil : *filer la laine* 2. sécréter un fil : *l'araignée file sa toile* 3. suivre en épiant : *filer un voleur* 4. FAM. donner : *file-moi cent balles* • MAR *filer un câble* le laisser glisser • *filer n nœuds* avoir une vitesse de *n* milles marins à l'heure ◆ *vi* 1. couler lentement, en filet 2. FAM. aller vite : *filer à toute allure* 3. FAM. s'en aller, s'échapper • *filer à l'anglaise* s'en aller sans prendre congé • *filer doux* se montrer docile.

filet *nm* objet fait d'un réseau à larges mailles de fibres entrecroisées : *filet de pêche ; filet à cheveux ; filet de volley-ball.*

filet *nm* 1. écoulement fin, peu abondant ; petite quantité de liquide ainsi obtenue : *cuire dans un filet d'huile ; filet d'eau* 2. ornement long et délié 3. saillie en hélice d'une vis 4. BOUCH partie charnue et tendre du bœuf, du veau ou du mouton • *filet de voix* voix très faible.

filet *nm* chaque bande de chair d'un poisson ou d'une volaille levée de part et d'autre de l'arête ou de la colonne vertébrale : *filet de sole.*

filial, e, aux *adj* propre à un enfant à l'égard de ses parents : *amour filial.*

filiale *nf* entreprise dirigée et contrôlée par une société mère.

filiation *nf* 1. lien de parenté qui unit en ligne directe des générations entre elles ; descendance 2. FIG. enchaînement entre des choses : *filiation des idées.*

filière *nf* 1. instrument d'acier pour étirer en fils des métaux, pour fileter les vis 2. organe par lequel certains insectes produisent leur fil 3. FIG. suite de formalités, d'emplois à remplir pour parvenir à un certain résultat : *filière administrative.*

filigrane *nm* 1. ouvrage d'orfèvrerie à jour 2. dessin que l'on aperçoit par transparence sur certains papiers : *filigrane des billets de banque* • FIG. *en filigrane* 1. à l'arrière-plan 2. d'une manière implicite.

filin *nm* MAR cordage.

fille *nf* 1. personne du sexe féminin, par rapport à ses parents (par oppos. à *fils*) 2. personne jeune ou enfant de sexe féminin (par oppos. à *garçon*) : *petite fille* 3. VIEILLI., PÉJOR. femme de mauvaise vie, prostituée : *fille de joie* • *vieille fille* femme célibataire.

fillette *nf* petite fille.

filleul, e *n* celui, celle dont on est le parrain, la marraine.

film *nm* 1. bande pelliculaire traitée chimiquement, employée en photographie et en cinématographie 2. œuvre cinématographique 3. mince pellicule : *film protecteur* 4. FIG. déroulement continu : *le film des événements.*

filmer *vt* enregistrer sur un film cinématographique.

filon *nm* 1. couche d'un minéral contenue entre des couches de nature différente 2. FIG., FAM. situation lucrative et agréable.

filou *nm* FAM. voleur adroit ; fripon, tricheur.

fils [fis] *nm* 1. personne du sexe masculin, par rapport à ses parents (par oppos. à *fille*) 2. descendant 3. LITT. homme considéré par rapport à son ascendance, à ses origines nationales, sociales, etc. : *d'Artagnan, fils de la Gascogne.*

filtre *nm* 1. corps poreux, dispositif à travers lequel on fait passer un fluide pour le débarrasser des particules qui s'y trouvent en suspension 2. dispositif éliminant les fréquences parasites d'un signal électrique 3. écran coloré placé devant un objectif pour intercepter certains rayons du spectre.

filtrer *vt* 1. faire passer à travers un filtre 2. soumettre à un contrôle avant d'admettre : *filtrer des passants* ◆ *vi* pénétrer à travers.

fin *nf* 1. bout, extrémité 2. terme : *toucher à sa fin* 3. but : *en venir à ses fins* ◆ **à la fin** *loc adv* enfin, finalement.

fin, fine *adj* 1. qui a peu d'épaisseur, mince : *tissu fin* 2. délié et menu : *pluie fine* 3. d'une grande acuité, précis : *ouïe fine* 4. délicat, subtil : *goût fin* 5. rusé, habile : *un fin renard* 6. excellent : *vin fin* 7. pur, naturel : *or fin ; perle fine* ◆ *nm* ce qui est fin • FAM. *le fin du fin* ce qu'il y a de mieux ◆ *adv* 1. finement : *moudre fin* 2. complètement : *être fin prêt.*

final, e, als ou **aux** *adj* qui finit, termine : *un point final* • *proposition finale* subordonnée de but.

finale *nf* 1. dernière syllabe ou lettre d'un mot 2. SPORTS et JEUX épreuve décisive d'une compétition.

finalement *adv* pour en finir, en fin de compte.

finaliser *vt* donner un but, une finalité à : *finaliser une recherche.*

finaliste *adj* et *n* SPORTS et JEUX qui est qualifié pour disputer une finale.

finance *nf* ensemble des professions qui ont pour objet l'argent et ses modes de représentation ◆ **finances** *pl* 1. trésor de l'État 2. FAM. ressources pécuniaires.

financer *vt* (conj 1) fournir de l'argent, des capitaux.

finesse *nf* 1. qualité de ce qui est fin 2. subtilité 3. acuité des sens 4. discernement.

fini, e *adj* 1. limité 2. terminé 3. achevé, dont la finition est soignée : *du travail fini* 4. PÉJOR. achevé, parfait en son genre : *escroc fini* ◆ *nm* 1. perfection : *le fini d'un ouvrage* 2. ce qui a des bornes : *le fini et l'infini.*

finir *vt* 1. mener à son terme, achever : *finir un livre* 2. constituer la fin, limiter : *le point finit la phrase* ◆ *vi* 1. se terminer sous telle forme : *finir en pointe* 2. avoir une certaine fin : *cet enfant finira mal* 3. arriver à son terme : *son bail finit* 4. mourir • *en finir avec* se débarrasser de • *finir par* arriver, réussir finalement à.

finition *nf* 1. action de finir avec soin 2. phase d'achèvement d'un travail.

fiole *nf* petit flacon de verre.

fioriture *nf* ornement accessoire.

fioul *nm* combustible liquide provenant du pétrole brut • *fioul domestique* mazout (on écrit aussi fuel).

firme *nf* entreprise industrielle ou commerciale.

fisc *nm* administration chargée de calculer et de percevoir les impôts.

fiscal, e, aux *adj* relatif au fisc.

fiscalité *nf* système de perception des impôts ; ensemble des lois qui s'y rapportent.

fissile *adj* susceptible de subir une fission nucléaire.

fission *nf* éclatement d'un noyau d'atome lourd, libérant une énorme quantité d'énergie.

fissure *nf* petite crevasse, fente légère.

fissurer *vt* crevasser, fendre ◆ *vpr : un mur qui se fissure.*

fiston *nm* FAM. fils.

fixation *nf* 1. action de fixer 2. attache, dispositif servant à fixer : *fixations de ski.*

fixe *adj* 1. qui ne se meut pas : *étoile fixe* 2. immobile : *regard fixe* 3. qui ne varie pas : *beau fixe* 4. réglé, déterminé à l'avance ; régulier : *revenu fixe* • *idée fixe* idée qui obsède l'esprit ◆ *nm* partie invariable d'un salaire.

fixer *vt* 1. rendre fixe, stable 2. rendre inaltérable 3. garder immobile : *fixer les yeux* 4. regarder fixement : *fixer quelqu'un* 5. arrêter : *fixer son choix* 6. établir, préciser : *fixer une date* 7. attirer, captiver : *fixer l'attention* 8. rendre inaltérable par un traitement spécial : *fixer une photo, un pastel* ◆ **se fixer** *vpr* s'établir d'une manière permanente.

flacon *nm* petite bouteille ; son contenu.

flageller *vt* fouetter.

flageoler *vi* trembler de fatigue, d'émotion (surtout en parlant des jambes).

flageolet *nm* 1. flûte à bec percée de six trous 2. petit haricot.

flagrant, ante *adj* évident, incontestable : *inégalité flagrante* • *flagrant délit* délit commis sous les yeux de ceux qui le constatent.

flair *nm* 1. odorat d'un animal 2. FIG. perspicacité, discernement, clairvoyance.

flairer *vt* 1. renifler 2. FIG. pressentir, soupçonner.

flamand, e *adj* et *n* de Flandre ◆ *nm* ensemble des parlers sud-néerlandais usités en Belgique et dans la région de Dunkerque.

flambant, e *adj* qui flambe • *flambant neuf* tout neuf (flambant est inv. dans cette expression).

flambeau *nm* 1. torche, chandelle 2. chandelier 3. FIG. lumière qui guide • *se passer, transmettre le flambeau* continuer la tradition.

flambée *nf* 1. feu clair 2. FIG. brusque augmentation : *flambée des prix.*

flamber *vt* passer à la flamme : *flamber une volaille* ◆ *vi* 1. brûler en faisant une flamme 2. FAM. dépenser beaucoup, gaspiller.

flamboyant, e *adj* 1. qui flamboie 2. ARCHIT style gothique de la dernière période (XVe s.), aux contours lancéolés ◆ *nm* arbre des régions tropicales à fleurs rouges.

flamboyer *vi* (conj 3) 1. jeter une flamme brillante 2. FIG. briller : *des yeux qui flamboient.*

flamenco, ca [flamɛn-] *adj* et *nm* se dit de la musique, de la danse et du chant populaires andalous.

flamiche *nf* tarte aux poireaux.

flamme *nf* 1. gaz incandescent produit par une substance en combustion 2. LITT., FIG. vive ardeur, passion amoureuse 3. petit drapeau triangulaire 4. marque postale apposée sur les lettres à côté du cachet d'oblitération.

flan *nm* 1. tarte à la crème 2. disque de métal préparé pour recevoir une empreinte (d'une monnaie, d'une médaille, etc.) • FAM. *c'est du flan* ce n'est pas sérieux, pas vrai.

flanc *nm* 1. partie latérale du corps depuis les côtes jusqu'aux hanches 2. côté d'une chose : *flancs d'une montagne* 3. partie latérale d'une troupe rangée • FAM. *être sur le flanc* exténué • *prêter le flanc à* donner prise à • FAM., FIG. *se battre les flancs* lutter sans résultat • FAM. *tirer au flanc* se soustraire à une obligation.

flancher *vi* FAM. céder, faiblir.

flanelle *nf* tissu léger en laine ou en coton.

flâner *vi* 1. se promener sans but 2. perdre son temps.

flanquer *vt* FAM. mettre, jeter violemment : *flanquer une gifle ; flanquer quelqu'un dehors, à la porte.*

flaque *nf* petite mare.

flash [flaʃ] (*pl flashes* ou *flashs*) *nm* 1. PHOT dispositif produisant un éclair lumineux ; cet éclair 2. brève information radiophonique, transmise en priorité.

flash-back [flaʃbak] *nm inv* séquence cinématographique retraçant une action passée par rapport à la narration (recomm off : *retour en arrière*).

flasque *adj* mou, sans fermeté.

flatter *vt* 1. louer pour plaire : *les courtisans flattent* 2. embellir, avantager : *ce portrait vous flatte* 3. caresser de la main : *flatter un cheval* 4. LITT. affecter agréablement : *la musique flatte l'oreille* ◆ **se flatter** *vpr* [de] se vanter, prétendre.

flatterie *nf* louange intéressée.

flatulence *nf* MÉD accumulation de gaz dans l'estomac ou l'intestin.

fléau *nm* 1. outil pour battre les céréales 2. tige horizontale d'une balance soutenant les plateaux 3. FIG. calamité publique : *la guerre est un fléau.*

flèche *nf* 1. projectile consistant en une tige de bois armée d'une pointe et qu'on lance avec l'arc ou l'arbalète 2. représentation schématique d'une flèche, servant à indiquer un sens, une direction 3. pointe d'un clocher 4. FIG. raillerie, critique acerbe : *lancer des flèches* • *en flèche* ou *comme une flèche* très rapidement, tout droit : *prix qui montent en flèche.*

flécher *vt* (conj 10) garnir un parcours de panneaux pour indiquer un itinéraire : *déviation fléchée.*

fléchir *vt* 1. ployer, courber : *fléchir le genou* 2. FIG. faire céder, attendrir : *fléchir ses juges* ◆ *vi* 1. se ployer, se courber 2. faiblir, cesser de résister.

flegmatique *adj* calme, impassible.

flegme *nm* calme imperturbable, sang-froid.

flemmarder *vi* FAM. paresser.

flemme [flɛm] *nf* FAM. paresse, envie de ne rien faire.

flétrir *vt* faner, ôter l'éclat, la fraîcheur de • *visage flétri* ridé ◆ **se flétrir** *vpr* se faner ; perdre sa fraîcheur.

fleur *nf* 1. partie d'un végétal qui contient les organes reproducteurs 2. plante qui produit des fleurs : *la culture des fleurs* 3. partie la plus fine, la meilleure : *fleur de farine ; la fine fleur de la société* 4. temps du plein épanouissement, de l'éclat : *être à la fleur de l'âge* • *à fleur de* au ras de ◆ **fleurs** *pl* moisissure.

fleuret *nm* 1. épée à lame très fine, sans pointe, pour la pratique de l'escrime 2. tige d'acier des perforatrices par percussion.

fleurir *vi* 1. produire des fleurs, s'en couvrir 2. (au fig., l'imparfait de l'indicatif fait *je* *florissais,* et le participe présent *florissant*) FIG. prospérer : *le commerce fleurit* ◆ *vt* orner de fleurs.

fleuron *nm* ornement en forme de fleur • FIG. ***le plus beau fleuron*** ce qu'il y a de plus remarquable.

fleuve *nm* 1. cours d'eau qui aboutit à la mer 2. FIG. masse en mouvement : *fleuve de boue.*

flexible *adj* 1. qui plie aisément : *roseau flexible* 2. susceptible de s'adapter aux circonstances, souple : *horaire flexible* ◆ *nm* tuyau souple : *flexible de douche.*

flexion *nf* 1. action de fléchir : *flexion du genou* 2. LING ensemble des désinences d'un mot, caractéristiques de la catégorie grammaticale et de la fonction : *flexion verbale ou conjugaison.*

flic *nm* FAM. agent de police.

flingue *nm* FAM. arme à feu.

flipper [flipœr] *nm* billard électrique.

flirt [flœrt] *nm* 1. action de flirter 2. personne avec qui l'on flirte.

flirter [flœrte] *vi* 1. avoir des relations amoureuses plus ou moins passagères avec quelqu'un 2. FIG. se rapprocher (d'adversaires politiques, par ex.) : *centriste qui flirte avec le socialisme.*

flocon *nm* 1. amas léger de laine, de neige, etc. 2. grains de céréales réduits en lamelles.

flonflon *nm* (généralement au pl) refrain, musique populaire.

flopée *nf* FAM. grande quantité.

floraison *nf* 1. épanouissement de la fleur ; temps de cet épanouissement 2. FIG. épanouissement abondant : *floraison de romans.*

floral, e, aux *adj* relatif à la fleur.

flore *nf* ensemble des espèces végétales d'une région : *flore polaire.*

florilège *nm* 1. recueil de poésies 2. sélection de choses remarquables.

florin *nm* unité monétaire des Pays-Bas.

florissant, e *adj* prospère.

flot *nm* 1. masse d'eau agitée, vague : *les flots de la mer* 2. écoulement abondant : *flot de sang* 3. FIG. masse fluide ; grande quantité : *flot de passants* • ***à flots*** abondamment : *argent qui coule à flots* • ***être à flot*** 1. flotter 2. FIG. cesser d'avoir des difficultés • ***remettre à flot*** renflouer.

flottant, e *adj* 1. qui flotte : *corps flottant* 2. ample, ondoyant : *robe flottante* 3. FIG. irrésolu, instable • ***monnaie flottante*** dont la parité vis-à-vis des autres monnaies n'est pas déterminée par un taux de change fixe.

flotte *nf* 1. ensemble de navires naviguant dans une même zone ou sous une même autorité 2. ensemble des forces navales ou aériennes d'un pays, des navires ou des appareils d'une compagnie.

flotte *nf* FAM. eau, pluie.

flottement *nm* 1. mouvement ondoyant 2. FIG. incertitude, hésitation.

flotter *vi* 1. être porté sur un liquide : *le liège flotte sur l'eau* 2. être en suspension dans l'air, ondoyer : *ses cheveux flottent au vent* 3. avoir un vêtement trop ample : *flotter dans son costume* 4. être indécis, irrésolu ◆ *v impers* FAM. pleuvoir.

flou, e *adj* 1. fondu, vaporeux 2. qui manque de netteté ; imprécis, indécis ◆ *nm* manque de netteté.

fluctuation *nf* 1. oscillation d'un liquide 2. variation continuelle de part et d'autre d'une moyenne : *les fluctuations de la Bourse.*

fluctuer *vi* être fluctuant ; changer.

fluet, ette *adj* mince et délicat.

fluide *adj* 1. se dit d'un corps (liquide, gaz) dont les molécules sont faiblement liées et qui prend la forme du vase qui le contient 2. qui coule, s'écoule aisément : *une encre fluide ; circulation fluide* ◆ *nm* 1. corps fluide 2. FIG. influence mystérieuse qui agit à distance.

fluidifier *vt* rendre fluide, plus fluide.

fluo *adj inv* d'aspect fluorescent : *un jaune fluo ; un maillot de bain fluo.*

fluor *nm* CHIM gaz jaune-vert, à réactions énergiques (symb : F) • VX. ***spath fluor*** fluorine.

fluorescence *nf* propriété de certains corps d'émettre de la lumière lorsqu'ils reçoivent un rayonnement.

flûte *nf* 1. instrument de musique à vent et à embouchure, formé d'un tube creux percé de trous 2. petit pain long 3. verre à pied, étroit et long, pour le champagne • ***flûte de Pan*** instrument de musique composé de tubes d'inégale longueur sur lesquels on promène les lèvres ◆ *interj* FAM. marque l'impatience, la déception ◆ **flûtes** *pl* FAM. jambes.

flûtiste *n* joueur de flûte.

fluvial, e, aux *adj* relatif aux fleuves.

flux [fly] *nm* 1. montée de la mer, due à la marée : *le flux et le reflux* 2. écoulement : *flux de sang* 3. FIG. grande quantité : *flux de paroles* • ***flux lumineux*** débit d'une source lumineuse.

FM *nf* modulation de fréquence.

focal, e, aux *adj* qui concerne le foyer des lentilles.

focaliser *vt* 1. faire converger en un point (un faisceau lumineux, un flux de particules) 2. FIG. concentrer sur un point précis : *focaliser l'attention.*

fœtal, e, aux [fe-] *adj* relatif au fœtus.

fœtus [fetys] *nm* produit de la conception non encore arrivé à terme, mais ayant déjà les formes de l'espèce.

foi *nf* 1. confiance : *témoin digne de foi* 2. croyance en un dogme ; religion : *mourir pour sa foi* 3. fidélité, loyauté, garantie : *sous la foi d'un serment* • ***bonne foi*** intention droite, franchise • *faire foi* prouver • *ma foi* en vérité, en effet • *mauvaise foi* intention coupable • *profession de foi* déclaration de ses opinions • *sans foi ni loi* sans religion ni conscience.

foie *nm* organe contenu dans l'abdomen, qui sécrète la bile • *foie gras* foie d'oie ou de canard engraissés.

foin *nm* 1. herbe fauchée et séchée 2. poils de l'artichaut • FAM. *faire du foin* faire du bruit, du scandale.

foire *nf* 1. grand marché public à époques fixes : *le champ de foire* 2. exposition commerciale périodique 3. fête foraine 4. FAM. désordre, confusion • FAM. *faire la foire* s'amuser, faire la fête.

foirer *vi* TRÈS FAM. échouer, rater.

fois *nf* joint à un nom de nombre, marque la quantité, la multiplication : *deux fois par an* • *à la fois* ensemble, en même temps • *une fois* à une certaine époque • *une fois pour toutes* définitivement • *une fois que* dès que.

foison (à) *loc adv* LITT. abondamment.

foisonner *vi* abonder, pulluler : *les lapins foisonnent.*

fol, folle *adj* et *n* › fou.

folâtrer *vi* jouer, badiner.

folie *nf* 1. dérèglement mental, démence 2. acte déraisonnable, passionné, excessif : *des folies de jeunesse* 3. désir passionné : *avoir la folie des livres* • *aimer à la folie* éperdument • *faire une, des folies* des dépenses excessives.

folklore *nm* traditions, usages et légendes populaires d'un pays, d'une région.

folklorique *adj* 1. relatif au folklore 2. FAM. pittoresque, mais dépourvu de sérieux : *un candidat folklorique.*

folle *adj* et *nf* fém. de *fou.*

foncé, e *adj* sombre, en parlant des couleurs : *bleu foncé.*

foncer *vt* (conj 1) 1. rendre plus foncé 2. mettre un fond à un tonneau, à une cuve 3. creuser verticalement : *foncer un puits* ◆ *vi* 1. devenir foncé 2. se précipiter pour attaquer : *foncer sur l'ennemi* 3. FAM. aller très vite.

foncier, ère *adj* 1. relatif à un bien-fonds : *propriété foncière ; impôt, propriétaire foncier* 2. FIG. qui constitue le fonds ; fondamental, principal : *qualités foncières* ◆ *nm* la propriété foncière et tout ce qui s'y rapporte.

fonction *nf* 1. rôle, utilité d'un élément dans un ensemble : *fonction d'un mot dans une phrase* 2. exercice d'une charge, d'un emploi ; profession 3. activité propre à un appareil, à un ensemble : *la fonction digestive* 4. MATH grandeur dépendant d'une ou de plusieurs variables • *en fonction de* par rapport à • *fonction publique* ensemble des agents de l'État ; leur activité.

fonctionnaire *n* agent d'une administration publique dépendant de l'État.

fonctionnaliser *vt* rendre fonctionnel, pratique.

fonctionnel, elle *adj* 1. relatif aux fonctions organiques, mathématiques, etc. 2. qui répond à une fonction déterminée : *architecture fonctionnelle.*

fonctionnement *nm* manière dont une chose fonctionne.

fonctionner *vi* remplir sa fonction, marcher.

fond *nm* 1. partie la plus basse, la plus profonde : *le fond d'un puits ; le fond de la mer* 2. ce qui reste au fond : *le fond du verre* 3. partie la plus éloignée, la plus retirée : *le fond d'une boutique, d'une province* 4. champ (visuel, sonore, etc.) sur lequel se détache quelque chose ; arrière-plan : *dans ce tableau, les fleurs se détachent sur un fond sombre ; fond sonore* 5. partie essentielle, fondamentale : *le fond d'une question* 6. ce qui fait la matière, l'essence d'une chose ; les idées (par oppos. à la *forme, au, style*) 7. SPORTS discipline pratiquée sur des longues distances (athlétisme, ski) • *à fond* complètement • *au fond* ou *dans le fond* en réalité • *de fond en comble* entièrement.

fondamental, e, aux *adj* qui est à la base, essentiel ; principal : *vérité fondamentale.*

fondation *nf* 1. action de fonder, de créer : *la fondation de Rome* 2. création, par voie de donation ou de legs, d'un établissement d'intérêt général ; cet établissement lui-même ◆ **fondations** *pl* ensemble des parties inférieures d'une construction, cachées dans le sol.

fondé, e *adj* 1. établi solidement, motivé : *accusation fondée* 2. autorisé : *être fondé à parler* ◆ *nm* • *fondé de pouvoir* personne chargée d'agir au nom d'une autre ou d'une société.

fondement *nm* 1. élément essentiel servant de base à qqch : *les fondements d'une théorie* 2. cause, motif : *bruit sans fondement* 3. FAM. fesses, anus.

fonder *vt* 1. établir, créer, poser les statuts, la base, les principes de : *fonder un empire, une théorie* 2. appuyer de raisons, de motifs, de preuves, justifier : *fonder ses soupçons sur un fait.*

fondre *vt* (conj 51) 1. amener à l'état liquide : *le platine est difficile à fondre* 2. dissoudre dans un liquide : *fondre du sucre dans l'eau* 3. couler, mouler : *fondre une cloche* 4. mêler, unir : *fondre les couleurs* ◆ *vi* 1. devenir liquide : *la glace fond* 2. se dissoudre 3. FIG. diminuer, disparaître : *l'argent fond entre ses mains* 4. se précipiter, s'abattre : *l'épervier fond sur sa proie* 5. s'attendrir : *il fond devant sa fille* 6. FAM. maigrir • *fondre en larmes* pleurer abondamment.

fonds *nm* 1. sol d'une terre, d'un champ : *cultiver un fonds* 2. capital : *prêter à fonds perdu* 3. compte spécial : *fonds de solidarité* 4. établissement de commerce : *vendre un fonds* 5. ensemble des qualités physiques, morales et intellectuelles de quelqu'un : *avoir un bon fonds* ◆ *pl* argent disponible : *chercher des fonds* • ***fonds publics*** rentes d'État.

fondue *nf* mets composé de fromage fondu et de vin blanc.

fongicide *adj* et *nm* se dit d'une substance propre à détruire les champignons microscopiques.

fontaine *nf* 1. eau vive qui sort de terre 2. construction destinée à la distribution des eaux.

fonte *nf* 1. action ou fait de fondre : *la fonte des neiges* 2. produit immédiat du traitement des minerais de fer par le charbon ; alliage de fer et de carbone 3. art, travail du fondeur : *fonte d'une statue.*

fonts *nm pl* • ***fonts baptismaux*** bassin pour baptiser.

football [futbol] *nm* sport, jeu de ballon qui se pratique entre 2 équipes de 11 joueurs (abréviation : FAM. *foot*).

footing [futiŋ] *nm* marche, course à pied pratiquée dans un but hygiénique.

forain, e *adj* relatif aux foires • ***fête foraine*** fête publique organisée par des forains • ***marchand forain*** ou ***forain nm*** marchand ambulant qui pratique son commerce sur les marchés, dans les foires ou les fêtes foraines.

forçat *nm* ANC. condamné aux galères, aux travaux forcés.

force *nf* 1. vigueur physique, énergie : *frapper de toute sa force* 2. intensité, efficacité : *force de la voix, d'un remède* 3. violence, contrainte : *céder à la force* 4. puissance : *force d'un État* 5. capacité, habileté, niveau : *joueurs de même force* 6. autorité : *avoir force de loi* 7. PHYS toute cause capable de produire un effet : *force exercée par l'eau* 8. puissance d'impulsion : *force d'une machine* • ***à force de*** par l'action réitérée de • ***à toute force*** à tout prix • ***de force*** ou ***par force*** par la contrainte ou la violence • ***être en force*** 1. en mesure d'attaquer, de se défendre 2. être en nombre • ***force d'âme*** courage, fermeté • ***force de l'âge*** âge où l'on a toute sa vigueur • ***force majeure*** cause à laquelle on ne peut pas résister • ***tour de force*** qui exige beaucoup de vigueur ou d'adresse ◆ **forces** *pl* • ***forces*** ou ***forces armées*** potentiel militaire d'un État.

forcé, e *adj* 1. qui n'est pas naturel, faux : *rire forcé* 2. qui est imposé : *marche forcée* • ***avoir la main forcée*** agir malgré soi • FAM. ***c'est forcé*** c'est inévitable.

forcément *adv* nécessairement, fatalement.

forcené, e *n* et *adj* fou furieux ◆ *adj* acharné.

forceps [fɔrsɛps] *nm* instrument de chirurgie utilisé dans les accouchements difficiles.

forcer *vt* (conj 1) 1. faire céder par force ; briser, enfoncer : *forcer une porte* 2. contraindre, obliger : *forcer quelqu'un à manger* 3. fausser : *forcer une clé* 4. pousser au-delà des limites normales ; exagérer : *forcer un moteur, sa voix* 5. hâter la maturation de 6. passer outre, surmonter ◆ *vi* 1. fournir un effort intense 2. agir avec trop de force ◆ **se forcer** *vpr* se contraindre.

forcir *vi* engraisser.

forer *vt* percer, creuser.

forestier, ère *adj* qui concerne les forêts : *chemin forestier* ◆ *n* et *adj* employé de l'administration forestière.

foret *nm* instrument pour percer.

forêt *nf* grande étendue de terrain plantée d'arbres • ***forêt vierge*** qui a évolué sans l'intervention humaine.

forfait *nm* contrat dans lequel le prix d'une chose ou d'un service est fixé d'avance.

forfait *nm* • ***déclarer forfait*** 1. ne pas se présenter à une épreuve sportive où l'on est engagé 2. FIG. renoncer à quelque chose.

forfaitaire *adj* fixé par forfait : *prix forfaitaire.*

forge *nf* 1. usine où l'on transforme la fonte en acier 2. atelier où l'on travaille les métaux au feu et au marteau sur l'enclume.

forger *vt* (conj 2) 1. donner une forme à un métal, au moyen du feu et du marteau : *fer forgé* 2. FIG. former : *forger un caractère* 3. FIG. inventer : *forger une excuse.*

forgeron *nm* celui qui travaille le fer au marteau et à la forge.

formaliser (se) *vpr* s'offenser, se choquer.

formaliste *adj* très attaché aux formes, à l'étiquette.

formalité *nf* 1. condition nécessaire à la validité d'un acte 2. règle convenue, imposée 3. acte de peu d'importance.

format *nm* dimension d'un objet, d'un livre.

formater *vt* INFORM préparer un support selon un format donné.

formateur, trice *adj* qui développe les facultés, les aptitudes ◆ *n* éducateur.

formation *nf* 1. action de former, de se former 2. développement des organes du corps 3. roches qui constituent le sol : *formations tertiaires* 4. éléments d'une force militaire quelconque : *formation aérienne* 5. éducation, instruction 6. association, groupement de personnes : *formation politique.*

forme *nf* 1. configuration extérieure, apparence 2. manière dont une idée est présentée (par oppos. à *fond*) 3. DR formalité judiciaire : *vice de forme* 4. LING aspect sous lequel se présente un mot, une construction : *forme active, passive d'un verbe* 5. ensemble des moyens propres à un art : *forme littéraire* 6. moule : *forme à chapeaux* 7. condition physique ou intellectuelle : *être en forme* • ***en forme*** ou ***en bonne forme*** ou ***en bonne et due forme*** suivant les règles • ***pour la forme*** selon l'usage ◆ **formes** *pl* 1. contours du corps humain 2. manières conformes à la bienséance ; usages.

formé, e *adj* 1. qui a pris sa forme définitive, achevé son développement 2. pubère, en particulier en parlant d'une jeune fille.

formel, elle *adj* 1. précis, exprès : *ordre formel* 2. qui ne concerne que l'apparence : *politesse formelle.*

former *vt* 1. créer ; organiser, réaliser : *former un gouvernement, un projet* 2. donner une forme : *former des lettres* 3. prendre la forme, l'aspect de : *former un cortège* 4. instruire ; entraîner, exercer : *former des élèves ; former l'esprit* 5. constituer ; composer : *parties qui forment un tout.*

Formica *nm* (nom déposé) matériau stratifié revêtu de résine artificielle.

formidable *adj* FAM. remarquable, extraordinaire.

formol *nm* CHIM solution aqueuse d'aldéhyde formique, employée comme antiseptique.

formulaire *nm* imprimé administratif en forme de questionnaire.

formule *nf* 1. modèle d'après lequel des actes juridiques doivent être rédigés 2. façon de s'exprimer conforme à l'usage : *formule de politesse* 3. manière de concevoir, d'agencer, de présenter quelque chose : *une nouvelle formule de crédit* 4. résultat d'un calcul ; expression d'une loi physique 5. CHIM expression symbolique figurant la composition, la structure d'un corps.

formuler *vt* exprimer de façon précise.

fornication *nf* 1. RELIG péché de la chair 2. FAM. relations sexuelles.

forsythia [fɔrsisja] *nm* arbrisseau à fleurs jaunes.

fort, e *adj* 1. vigoureux, puissant physiquement : *bras fort* 2. épais, robuste, résistant : *papier fort* 3. corpulent : *femme forte* 4. doté de puissants moyens ; solide, fiable : *nation, monnaie forte* 5. fortifié : *ville forte* 6. qui a beaucoup d'intensité, d'énergie : *vent fort ; voix forte* 7. important ; considérable : *forte somme* 8. courageux : *âme forte* 9. qui a de grandes capacités dans un domaine : *fort en maths* 10. efficace, très concentré : *café, alcool forts* 11. FAM. difficile à croire, à supporter : *c'est un peu fort* • ***se faire fort de*** s'engager à ◆ *adv* 1. avec puissance 2. beaucoup • ***de plus en plus fort*** en augmentant toujours ◆ *nm* 1. forteresse 2. homme puissant 3. ce en quoi on excelle : *l'algèbre est son fort* • LITT. ***au fort de*** au plus haut degré, au cœur de • ***fort des Halles*** autrefois, portefaix des Halles de Paris.

forteresse *nf* lieu fortifié.

fortification *nf* 1. art de fortifier : *la fortification des places* 2. (souvent au pl.) ouvrage fortifié.

fortifier *vt* 1. protéger par des ouvrages de défense militaire 2. donner plus de force physique 3. affermir quelqu'un moralement : *cela me fortifie dans ma décision.*

fortuit, e *adj* qui arrive par hasard ; imprévu : *cas fortuit.*

fortune *nf* 1. biens, richesses : *avoir de la fortune ; faire fortune* 2. LITT. hasard, chance heureuse ou malheureuse : *la fortune est aveugle* 3. sort réservé à quelqu'un : *revers de fortune* • ***à la fortune du pot*** se dit d'une invitation impromptue • ***de fortune*** improvisé : *réparation de fortune.*

fortuné, e *adj* riche : *homme fortuné.*

forum [fɔrɔm] *nm* 1. ANTIQ place où le peuple, à Rome, discutait des affaires publiques (en ce sens avec majuscule) 2. FIG. colloque.

fosse *nf* 1. trou plus ou moins profond dans la terre : *fosse de cimetière* 2. creux du fond des océans (6 000 m et plus) 3. ANAT cavité : *fosses nasales* 4. trou creusé pour y placer un cercueil : *fosse commune* • ***fosse d'aisances*** cavité qui reçoit les matières fécales, dans une habitation.

fossé *nm* 1. fosse creusée en long pour clore un espace, défendre une place, écouler des eaux 2. FIG. ce qui sépare : *le fossé s'élargit entre les partis.*

fossette *nf* petit creux au menton, sur la joue.

fossile *nm* et *adj* débris ou empreinte de plantes ou d'animaux conservés dans les couches terrestres anciennes.

fossoyeur [foswajœr] *nm* 1. qui creuse les fosses pour enterrer les morts 2. LITT. celui qui cause la ruine de quelque chose : *les fossoyeurs d'un régime.*

fou ou **fol, folle** *n* et *adj* 1. qui a perdu la raison 2. dont le comportement est extravagant ◆ *adj* 1. qui est hors de soi : *fou de douleur, de joie* 2. contraire à la raison 3. excessif, prodigieux : *dépenser un argent fou ; succès fou* • ***fou de*** passionné par • ***fou rire*** rire dont on n'est pas le maître • ***herbes folles*** qui croissent en abondance et au hasard.

fou *nm* 1. pièce des échecs 2. oiseau palmipède.

fou *nm* HIST bouffon des princes.

foudre *nf* décharge électrique aérienne, accompagnée de tonnerre et d'éclairs • FIG. ***coup de foudre*** amour subit et violent ◆ **foudres** *pl* LITT. grande colère, vifs reproches : *s'attirer les foudres de quelqu'un.*

foudroyant, e *adj* 1. qui frappe d'une mort soudaine et brutale 2. qui cause une émotion violente ; stupéfiant : *nouvelle foudroyante.*

foudroyer [fudrwaje] *vt* (conj 3) 1. frapper de la foudre 2. tuer soudainement 3. FIG. atterrer, confondre • ***foudroyer quelqu'un du regard*** lui lancer un regard chargé de haine, de réprobation.

fouet *nm* 1. corde, lanière attachée à un manche, pour conduire ou dresser les animaux 2. ustensile de cuisine pour battre les œufs, la crème, etc. • FIG. ***coup de fouet*** stimulation dont l'effet est immédiat • ***de plein fouet*** perpendiculairement à la ligne de l'obstacle : *heurter quelque chose de plein fouet.*

fouetter *vt* 1. donner des coups de fouet à 2. battre : *fouetter la crème* 3. frapper, cingler.

fougère *nf* plante cryptogame à feuilles très découpées.

fougue *nf* ardeur, impétuosité, enthousiasme.

fouille *nf* 1. action de fouiller, d'explorer : *les fouilles de Pompéi* 2. inspection minutieuse : *la fouille des bagages.*

fouiller *vt* 1. creuser pour chercher : *fouiller la terre* 2. explorer minutieusement ; perquisitionner : *fouiller un quartier* 3. inspecter les poches, les vêtements de quelqu'un 4. approfondir avec soin et minutie : *étude fouillée* ◆ *vi* chercher en remuant des objets : *fouiller dans une armoire.*

fouillis *nm* accumulation de choses en désordre.

fouine *nf* 1. petit mammifère du genre martre 2. FIG. personne indiscrète, rusée.

fouiner *vi* FAM. 1. se livrer à des recherches indiscrètes 2. fureter.

foulard *nm* carré de soie ou de tissu léger porté autour du cou ou sur la tête.

foule *nf* 1. multitude de personnes ; masse humaine : *fuir la foule* 2. masse, tas : *une foule d'idées* • ***en foule*** en grande quantité.

foulée *nf* 1. manière de prendre appui sur le sol à chaque pas 2. distance couverte par un coureur entre deux appuis des pieds au sol • ***dans la foulée*** à la suite.

fouler *vt* 1. marcher sur : *fouler le sol* 2. presser, écraser : *fouler le raisin ; fouler la laine* 3. faire une foulure • LITT. ***fouler aux pieds*** mépriser ◆ **se fouler** *vpr* se faire une foulure • FAM. ***ne pas se fouler*** ne pas se donner beaucoup de mal.

foulure *nf* entorse.

four *nm* 1. partie fermée d'une cuisinière, ou appareil servant à cuire des aliments en espace clos 2. appareil servant à la cuisson de diverses substances ou à la production de températures élevées : *four à chaux, à céramique* 3. FAM. insuccès, échec • ***petit four*** petite pâtisserie.

fourbe *adj* et *n* qui trompe sournoisement.

fourbi *nm* FAM. ensemble d'ustensiles, de choses variées.

fourbu, e *adj* harassé de fatigue ; éreinté.

fourche *nf* 1. instrument agricole à long manche terminé par de longues dents 2. endroit où un chemin, un arbre se divise en plusieurs branches.

fourchette *nf* 1. ustensile de table servant à piquer la nourriture 2. STATIST écart entre deux chiffres, à l'intérieur duquel on fait une appréciation • FAM. ***avoir un bon coup de fourchette*** avoir un gros appétit.

fourchu, e *adj* qui se divise à l'extrémité.

fourgon *nm* 1. VX. voiture longue et couverte, servant au transport des marchandises 2. wagon à bagages, dans un train • ***fourgon mortuaire*** corbillard.

fourgonnette *nf* petite voiture commerciale s'ouvrant par l'arrière.

fourguer *vt* FAM. vendre, écouler à bas prix.

fourme *nf* fromage de vache • ***fourme d'Ambert*** bleu fabriqué dans le Massif central.

fourmi *nf* insecte hyménoptère vivant sous terre en société • FIG. ***avoir des fourmis dans les mains, dans les jambes, etc.*** des fourmillements.

fourmilière *nf* 1. nid de fourmis ; ensemble des fourmis qui l'habitent 2. FIG. multitude de gens qui s'agitent.

fourmillement *nm* 1. action de fourmiller 2. sensation de picotement.

fourmiller *vi* 1. s'agiter en grand nombre ; grouiller 2. abonder, pulluler 3. être le siège de fourmillement : *les doigts me fourmillent.*

fournaise *nf* 1. feu très ardent 2. lieu très chaud, surchauffé.

fourneau *nm* 1. appareil destiné à la cuisson des aliments 2. four dans lequel on soumet à l'action de la chaleur diverses substances que l'on veut fondre ou calciner.

fournée *nf* 1. quantité de pain qu'on fait cuire à la fois 2. FIG. ensemble de choses faites en même temps ou de personnes appelées à subir le même sort.

fourni, e *adj* 1. épais, dense : *barbe fournie* 2. approvisionné : *magasin bien fourni.*

fournil [furni] *nm* pièce d'une boulangerie où se trouve le four à pain.

fournir *vt* 1. pourvoir, procurer : *fournir de l'argent* 2. produire : *ce vignoble fournit un bon vin ; fournir un effort* 3. approvisionner : *ce commerçant fournit le quartier* 4. présenter, donner : *fournir un alibi* ◆ *vt ind* [à] subvenir : *fournir aux besoins* ◆ **se fournir** *vpr* s'approvisionner.

fournisseur *nm* personne ou établissement qui fournit habituellement une marchandise.

fourniture *nf* 1. provision fournie 2. ce qui est fourni par certains artisans en confectionnant un objet 3. équipement particulier : *fournitures scolaires.*

fourrage *nm* herbe, paille, foin pour l'entretien des bestiaux.

fourragère *adj f* se dit des plantes employées comme fourrage.

fourragère *nf* ornement de l'uniforme militaire.

fourré *nm* endroit touffu d'un bois.

fourré, e *adj* 1. doublé de fourrure : *manteau fourré* 2. garni de confiture, de crème, etc. : *bonbon fourré* • FIG. *coup fourré* coup bas, perfide.

fourreau *nm* 1. gaine, étui allongé : *fourreau de sabre* 2. robe droite ajustée.

fourrer *vt* 1. garnir de fourrure : *fourrer un manteau* 2. remplir d'une garniture : *fourrer des choux* 3. FAM. introduire, faire entrer ; mettre : *fourrer ses clefs dans sa poche* • FAM. *fourrer son nez dans* se mêler indiscrètement de ◆ **se fourrer** *vpr* FAM. se mettre, se placer • FAM. *ne plus savoir où se fourrer* éprouver un vif sentiment de confusion, de honte.

fourre-tout *nm inv* FAM. 1. sac souple sans compartiment 2. FIG. ce qui contient des choses, des idées les plus diverses.

fourrière *nf* lieu de dépôt des animaux, des véhicules, etc., qu'on a saisis pour dégât, dette ou contravention.

fourrure *nf* 1. peau d'animal avec son poil préparée pour faire un vêtement ; ce vêtement 2. peau d'animal touffue : *la fourrure de l'hermine.*

foutoir *nm* FAM. grand désordre.

foutre *vt* TRÈS FAM. 1. jeter violemment ou sans soin 2. faire, travailler : *ne rien foutre* • *ça la fout mal* cela fait mauvais effet ◆ **se foutre** *vpr* [de] se moquer.

foutu, e *adj* FAM. 1. fait : *bien, mal foutu* 2. qui a échoué ; ruiné, perdu.

fox-terrier (*pl fox-terriers*) ou **fox** *nm* chien terrier d'origine anglaise.

foyer *nm* 1. lieu où l'on fait le feu ; le feu même : *éteindre un foyer* 2. lieu où habite une famille ; la famille elle-même : *fonder un foyer* 3. local servant de lieu de réunion ou même d'habitation à certaines catégories de personnes : *foyer d'étudiants* 4. salon où le public se réunit pendant les entractes 5. point d'où partent, où aboutissent des rayons lumineux : *foyer d'une lentille* 6. centre principal d'où provient quelque chose : *foyer d'un incendie ; foyer de rébellion ; foyer d'une maladie* ◆ **foyers** *pl* pays natal, domicile.

fracas *nm* 1. bruit violent 2. tumulte, vacarme.

fracassant, e *adj* qui fait grand bruit.

fracasser *vt* 1. briser avec bruit 2. mettre en pièces.

fraction *nf* 1. division, partie, portion d'un tout : *une fraction du peuple* 2. nombre exprimant une ou plusieurs parties égales de l'unité : *fraction décimale.*

fractionner *vt* diviser en fractions, en parties.

fracture *nf* 1. rupture violente d'un os ou d'un cartilage dur 2. GÉOL cassure de l'écorce terrestre.

fracturer *vt* briser, forcer.

fragile *adj* 1. qui se brise facilement : *verre fragile* 2. de faible constitution : *enfant fragile* 3. précaire, instable : *équilibre fragile.*

fragiliser *vt* rendre plus fragile.

fragment *nm* 1. morceau d'un objet brisé, rompu 2. passage extrait d'un livre, d'un discours.

fragmenter *vt* réduire en fragments, morceler, diviser.

fraîchement *adv* 1. récemment : *fraîchement arrivé* 2. sans enthousiasme, avec froideur.

fraîcheur *nf* caractère, qualité de ce qui est frais.

frais *nm pl* 1. DR dépenses occasionnées par un procès 2. dépenses pour une opération quelconque • *à peu de frais* 1. sans dépenser beaucoup 2. sans peine • *faux frais* petites dépenses imprévues • FAM. *se mettre en frais* 1. dépenser plus que de coutume 2. FIG. prodiguer sa peine, ses efforts : *se mettre en frais d'amabilités.*

frais, fraîche *adj* 1. légèrement froid : *brise fraîche* 2. nouvellement produit ou récolté : *légumes, poisson frais* 3. récent : *nouvelles fraîches* 4. qui n'est pas terni, altéré ; qui n'est pas ou plus fatigué : *teint frais ; troupes fraîches* 5. dépourvu de chaleur humaine, de cordialité : *un accueil plutôt frais* ◆ *nm* froid agréable : *prendre le frais* ◆ *nf* moment du jour où il fait frais : *sortir à la fraîche* ◆ *adv* 1. légèrement froid : *boire frais* 2. (avec un part. passé, s'accorde au féminin) récemment : *fleur fraîche cueillie.*

fraise *nf* fruit du fraisier.

fraise *nf* 1. outil rotatif de coupe 2. outil servant à évider les dents cariées.

fraisier *nm* plante rosacée dont le fruit est la fraise.

framboisier *nm* arbrisseau voisin de la ronce produisant la framboise.

franc *nm* unité monétaire principale de la France, la Belgique, la Suisse, du Luxembourg et de certains pays de l'Afrique francophone.

franc, franche *adj* 1. loyal, sincère : *langage franc* 2. pur, sans mélange, net : *couleur franche* 3. entier : *assigner à huit jours francs* 4. libre, exempt de charges : *franc de port* • *boutique franche* exempte de taxes sur les produits qui y sont commercialisés ◆ *adv* franchement : *parler franc.*

français, e *adj* et *n* de France ◆ *nm* langue française.

franchement *adv* 1. sincèrement, sans hésitation 2. très : *c'est franchement mauvais.*
franchir *vt* 1. passer un obstacle, une limite : *franchir une haie, une ligne* 2. traverser, parcourir : *franchir quelques mètres.*
franchise *nf* 1. sincérité : *parler avec franchise* 2. exonération de certaines taxes : *franchise postale* 3. COMM droit d'exploiter une marque, concédé par une entreprise à une autre.
francilien, enne *adj* et *n* de l'Île-de-France.
franciscain, e *n* et *adj* religieux, religieuse de l'ordre de saint François d'Assise.
franciser *vt* donner un caractère français, une forme française à : *franciser un mot.*
franc-maçonnerie (*pl franc-maçonneries*) *nf* société secrète répandue dans divers pays.
franco *adv* 1. sans frais pour le destinataire 2. FAM. sans hésiter : *y aller franco.*
francophone *adj* et *n* qui parle le français.
francophonie *nf* communauté linguistique constituée par les peuples francophones.
franc-parler *nm sing* franchise de langage : *avoir son franc-parler.*
franc-tireur (*pl francs-tireurs*) *nm* combattant qui ne fait pas partie de l'armée régulière.
frange *nf* 1. cheveux retombant sur le front 2. passementerie composée de fils qui pendent en garniture 3. ce qui forme une bordure : *frange côtière* 4. partie marginale d'une collectivité.
frangin, e *n* FAM. frère, sœur.
frangipane *nf* 1. crème épaisse, parfumée aux amandes 2. pâtisserie garnie de cette crème.
franglais *nm* ensemble des néologismes d'origine anglaise introduits dans la langue française.
franquette (à la bonne) *loc adv* franchement, sans façon.
frappant, e *adj* qui fait une vive impression : *exemple frappant.*
frapper *vt* 1. donner un ou des coups 2. faire impression sur : *cet argument l'a frappé* 3. tomber sur : *la lumière frappe les objets* 4. asséner : *frapper un grand coup* 5. donner une empreinte à : *frapper de la monnaie* 6. dactylographier 7. atteindre par une décision juridique, administrative : *frapper d'un impôt* 8. atteindre, affliger : *être frappé de cécité* 9. plonger dans la glace pour rafraîchir : *frapper du champagne* ◆ **se frapper** *vpr* FAM. s'émouvoir, s'inquiéter.
frasque *nf* écart de conduite.
fraternel, elle *adj* propre à des frères et sœurs ou à des personnes qui se considèrent comme tels.
fraterniser *vi* faire acte de fraternité.
fraternité *nf* 1. lien de parenté entre des frères et sœurs 2. lien de solidarité et d'amitié : *élan de fraternité.*
fratricide *adj* relatif au meurtre d'un frère, d'une sœur ◆ *nm* ce meurtre ◆ *n* qui commet ce crime.
fraude *nf* tromperie, acte de mauvaise foi • *en fraude* frauduleusement.
frauder *vt* et *vi* commettre une fraude : *frauder à un examen ; frauder le fisc.*
frauduleux, euse *adj* entaché de fraude.
frayer [frɛje] *vt* (conj 4) tracer : *frayer un sentier* • *frayer la voie* préparer la tâche ◆ *vi* 1. se reproduire (poissons) 2. LITT., FIG. avoir des relations suivies, fréquenter.
frayeur *nf* grande peur.
fredonner *vt* et *vi* chanter à mi-voix, sans ouvrir la bouche.
free-lance [frilɑ̃s] (*pl free-lances*) *adj inv* et *n* qui exerce sa profession indépendamment d'une agence : *photographe, publicitaire free-lance.*
freezer [frizœr] *nm* compartiment à glace d'un réfrigérateur.
frégate *nf* 1. AUTREF. bâtiment de guerre à trois mâts 2. AUTREF. bâtiment d'escorte anti-sous-marin 3. oiseau palmipède des mers tropicales.
frein *nm* 1. dispositif au moyen duquel on peut ralentir ou arrêter le mouvement d'une machine, d'une voiture, etc. 2. mors, partie de la bride 3. ANAT ce qui bride ou retient un organe : *frein de la langue* 4. FIG. ce qui retient, entrave : *le frein de la loi* • FIG. *ronger son frein* cacher avec difficulté son impatience.
freiner *vi* ralentir ou arrêter la marche d'une machine au moyen d'un frein ◆ *vt* retenir, modérer, ralentir.
frelaté, e *adj* altéré, corrompu.
frêle *adj* fragile, mince, fluet.
frelon *nm* grosse guêpe.
frémir *vi* 1. trembler de crainte, de colère, d'horreur 2. en parlant d'un liquide, être agité d'un léger frissonnement qui précède l'ébullition.
frêne *nm* arbre des forêts tempérées, à bois clair, souple et résistant ; bois de cet arbre (famille des oléacées).
frénésie *nf* exaltation violente ; emportement, furie.
Fréon *nm* (nom déposé) fluide utilisé comme agent frigorifique.
fréquemment *adv* souvent.
fréquence *nf* 1. caractère de ce qui est fréquent 2. nombre de fois où une chose se produit dans un temps donné 3. PHYS nombre de vibrations par unité de temps dans un phénomène périodique.
fréquent, e *adj* qui se produit souvent ; courant.
fréquentation *nf* 1. action de fréquenter 2. personne que l'on fréquente.

fréquenter *vt* 1. aller souvent dans un lieu 2. avoir des relations suivies avec quelqu'un.
frère *nm* 1. né du même père et de la même mère 2. titre donné aux membres de certains ordres religieux 3. nom que se donnent entre eux les membres de certaines confréries ou associations par exemple, les francs-maçons • *faux frère* traître • *frères d'armes* compagnons de guerre ◆ *adj* et *nm* uni par des liens de solidarité : *pays frères.*
fresque *nf* 1. peinture exécutée avec des couleurs trempées dans de l'eau de chaux, sur un mur fraîchement enduit 2. LITT. tableau descriptif d'une époque, d'une société.
fret [frɛ] ou [frɛt] *nm* 1. prix d'un transport de marchandises par air, par mer ou par route 2. cargaison.
frétiller *vi* 1. s'agiter par des mouvements vifs et courts 2. se trémousser : *frétiller de joie.*
fretin *nm* menu poisson • *menu fretin* chose, personne sans valeur, sans importance.
friable *adj* qui peut être aisément réduit en poudre : *terre friable.*
friand, e *adj* amateur gourmand de : *friand de chocolat, de compliments* ◆ *nm* pâté fait d'un feuilleté garni d'un hachis.
friandise *nf* chose délicate à manger ; sucrerie, bonbon.
fric *nm* FAM. argent.
fricassée *nf* ragoût de viande blanche cuite dans un court-bouillon.
friche *nf* terrain non cultivé • *en friche* qui n'est pas cultivé, développé.
fricoter *vi* et *vt* FAM. manigancer.
friction *nf* 1. frottement 2. frottement sec ou humide sur une partie du corps 3. FIG. désaccord, heurt.
frictionner *vt* faire des frictions à : *frictionner un malade.*
Frigidaire *nm* (nom déposé) réfrigérateur.
frigidité *nf* absence d'orgasme chez la femme.
frigo *nm* FAM. réfrigérateur.
frigorifié, e *adj* FAM. qui a très froid.
frigorifique *adj* qui produit le froid : *appareil frigorifique* ◆ *nm* 1. établissement de froid industriel 2. appareil frigorifique.
frileux, euse *adj* et *n* 1. sensible au froid 2. FIG. qui hésite à aller de l'avant, à s'engager.
frime *nf* FAM. apparence trompeuse, destinée à faire impression.
frimer *vi* FAM. prendre des airs importants, bluffer.
frimousse *nf* FAM. jeune visage, minois.
fringale *nf* FAM. faim subite.
fringant, e *adj* vif, alerte.
fringue *nf* (surtout au pluriel) FAM. vêtement.
fripe *nf* (surtout au pluriel) FAM. vêtement usé, d'occasion.
friper *vt* chiffonner, froisser.
friperie *nf* commerce de vêtements d'occasion ; ces vêtements.
fripouille *nf* FAM. canaille, crapule.
frire *vt* (conj 83) faire cuire dans un corps gras bouillant ◆ *vi* cuire dans un corps gras bouillant.
Frisbee [frisbi] *nm* (nom déposé) jeu qui consiste à se renvoyer un disque de plastique ; ce disque.
frise *nf* 1. ARCHIT partie de l'entablement entre l'architrave et la corniche 2. surface plane décorée formant une bande continue 3. THÉÂTR bande de toile, au cintre, figurant le ciel.
frisé, e *adj* bouclé : *cheveux frisés.*
frisée *nf* variété de chicorée.
friser *vt* 1. crêper, mettre en boucles 2. effleurer, frôler 3. approcher de très près : *friser la quarantaine* ◆ *vi* se mettre en boucles : *ses cheveux frisent.*
frisette *nf* petite boucle de cheveux frisés.
frisquet, ette *adj* FAM. légèrement froid : *un temps frisquet.*
frisson *nm* tremblement rapide et involontaire accompagné d'une sensation de froid : *frisson de fièvre, de peur.*
frissonnement *nm* 1. léger frisson 2. bruissement.
frissonner *vi* avoir un, des frissons (à cause du froid, ou d'une vive émotion).
frisure *nf* 1. façon de friser 2. état des cheveux frisés.
frite *nf* bâtonnet de pomme de terre frit.
friteuse *nf* appareil ménager pour faire frire des aliments.
friture *nf* 1. corps gras servant à frire 2. poisson frit : *friture de goujons* 3. bruit parasite dans un appareil de radio, un téléphone.
frivole *adj* vain, léger, futile : *caractère frivole.*
froc *nm* 1. VIEILLI. vêtement de moine 2. état monacal : *prendre le froc* 3. FAM. pantalon • FAM. *jeter le froc aux orties* quitter les ordres.
froid *nm* 1. basse température 2. sensation que fait éprouver l'absence, la perte, la diminution de chaleur : *avoir froid* 3. FIG. absence ou diminution d'affection, de cordialité : *il y a un froid entre eux* • *à froid* 1. sans chauffer 2. FIG. sans émotion apparente • *jeter un froid* faire naître un malaise, une gêne.
froid, e *adj* 1. qui est à basse température : *où la température est basse ; eau froide ; pièce froide* 2. refroidi : *viandes froides* 3. qui donne une impression d'indifférence, d'impassibilité, d'insensibilité : *homme froid ; colère froide* • *couleurs froides* couleurs du spectre autour du bleu.

froidement *adv* 1. avec calme 2. avec réserve 3. sans aucun scrupule.

froideur *nf* absence de sensibilité, indifférence.

froisser *vt* 1. meurtrir par une pression violente : *froisser un muscle* 2. chiffonner, friper : *froisser un papier* 3. offenser, choquer : *froisser l'opinion* ◆ **se froisser** *vpr* 1. se chiffonner 2. se meurtrir : *se froisser un muscle* 3. s'offusquer, se vexer.

frôlement *nm* action de frôler ; bruit léger qui en résulte.

frôler *vt* 1. toucher légèrement 2. passer très près de : *frôler la mort.*

fromage *nm* aliment, produit de la fermentation du lait caillé.

froment *nm* blé tendre.

fronce *nf* pli non aplati.

froncer *vt* (conj 1) 1. rider, en contractant : *froncer les sourcils* 2. resserrer ou orner par des fronces : *froncer une robe.*

fronde *nf* 1. arme de jet constituée d'une pièce de cuir attachée à deux lanières 2. jouet d'enfant servant à lancer des pierres 3. LITT. contestation, opposition.

front *nm* 1. partie supérieure du visage : *un front haut* 2. visage, tête : *montrer un front serein* 3. le devant : *le front d'un bataillon* 4. partie supérieure et antérieure : *le front d'une montagne* 5. hardiesse, impudence : *avoir le front de* 6. ligne, zone de combat : *partir pour le front* • *de front* 1. par-devant, de face 2. ensemble, simultanément : *aller de front* 3. sans ménagement : *heurter de front les opinions de quelqu'un* • *faire front* faire face, tenir tête.

frontalier, ère *adj* et *n* qui habite une région voisine d'une frontière ◆ *adj* situé à la frontière : *ville frontalière.*

frontière *nf* 1. limite qui sépare deux États 2. limite, lisière ◆ *adj* limitrophe : *ville frontière.*

fronton *nm* 1. couronnement triangulaire (d'une façade, d'un meuble, etc.) 2. mur de pelote basque.

frottement *nm* 1. action de deux corps qui se frottent : *le frottement engendre la chaleur* 2. FIG. (souvent au pluriel) heurt, friction.

frotter *vt* 1. passer, en appuyant, un corps sur un autre 2. frictionner 3. astiquer ◆ *vi* produire un frottement ◆ **se frotter** *vpr* [à] FAM. s'attaquer à.

frottis *nm* étalement d'un liquide organique ou de cellules en vue d'un examen au microscope : *frottis vaginal.*

froussard, e *adj* et *n* FAM. peureux, poltron.

frousse *nf* FAM. peur.

fructifier *vi* 1. produire des fruits 2. FIG. produire un bénéfice : *cette somme a fructifié.*

fructose *nm* sucre de fruit.

fructueux, euse *adj* profitable, avantageux.

frugal, e, aux *adj* simple et peu abondant : *nourriture frugale.*

fruit *nm* 1. produit végétal qui succède à la fleur ; ce produit, comestible, consommé comme dessert 2. profit, avantage, résultat : *le fruit de l'expérience* • *fruit défendu* objet dont il n'est pas permis d'user • *fruit sec* 1. fruit sans pulpe (par oppos. à *fruit charnu*) 2. FIG. personne improductive ; raté ◆ **fruits** *pl* 1. productions : *les fruits de la terre* 2. DR revenus d'un fonds • *fruits de mer* nom donné à divers mollusques et crustacés comestibles.

fruité, e *adj* qui a le goût du fruit frais : *huile fruitée.*

fruitier, ère *adj* qui porte des fruits ◆ *n* qui fait le commerce des fruits ◆ *nm* local où l'on conserve les fruits.

fruste *adj* grossier, qui manque de finesse, d'élégance : *garçon fruste.*

frustration *nf* 1. action de frustrer 2. état d'une personne dont une tendance ou un besoin fondamental n'a pu être satisfait et s'est trouvé refoulé.

frustrer *vt* 1. priver quelqu'un de ce qu'il attend 2. décevoir, tromper.

fuel [fjul] ou **fuel-oil** [fjulɔjl] *nm* fioul.

fugace *adj* fugitif : *parfum fugace.*

fugitif, ive *n* et *adj* 1. qui fuit, est en fuite 2. qui ne dure pas : *bonheur fugitif.*

fugue *nf* 1. fait de s'enfuir de son domicile ; escapade : *un enfant qui fait une fugue* 2. MUS forme de composition où différentes parties répètent le même motif.

fuguer *vi* FAM. faire une fugue.

fuir *vi* (conj 17) 1. s'éloigner rapidement pour échapper 2. s'éloigner, s'écouler : *le temps qui fuit* 3. être incliné en arrière : *front qui fuit* 4. laisser échapper son contenu : *ce tonneau fuit* ◆ *vt* chercher à éviter : *fuir le danger.*

fuite *nf* 1. action de fuir 2. échappement d'un liquide, d'un gaz ; fissure par laquelle il s'échappe 3. indiscrétion, divulgation clandestine.

fulgurant, e *adj* 1. qui brille comme l'éclair 2. qui frappe vivement l'esprit 3. très rapide : *réponse fulgurante* • *douleur fulgurante* douleur vive de courte durée.

fumant, e *adj* qui émet de la fumée, de la vapeur • FAM. *un coup fumant* très réussi.

fume-cigare, fume-cigarette *nm inv* petit tuyau auquel on adapte un cigare, une cigarette pour les fumer.

fumée *nf* 1. vapeur exhalée par un liquide chaud 2. mélange de vapeur, de gaz et de particules solides extrêmement ténues qui se dégage d'un corps en combustion • *s'en aller, partir en fumée* disparaître sans résultat ◆ **fumées** *pl* LITT. ivresse : *fumées du vin.*

fumer *vi* émettre de la fumée, des vapeurs ◆ *vt* 1. exposer à la fumée : *fumer des jambons* 2. brûler du tabac en aspirant la fumée.

fumet *nm* 1. arôme des viandes, des vins : *le fumet d'un bordeaux* 2. préparation liquide pour corser une sauce : *fumet de poisson.*

fumeux, euse *adj* 1. qui répand de la fumée : *lampe fumeuse* 2. FIG. peu clair ; confus : *idées fumeuses.*

fumier *nm* mélange de litière et de déjections des animaux, servant d'engrais.

fumigène *adj* qui produit de la fumée.

fumiste *n* et *adj* FAM. personne peu sérieuse ; fantaisiste.

fumoir *nm* 1. local où l'on fume les aliments 2. pièce réservée aux fumeurs.

fumure *nf* engrais.

funambule *n* acrobate marchant sur une corde.

funboard [fœnbɔrd] ou **fun** [fœn] *nm* planche à voile très courte ; sport pratiqué avec cette planche.

funèbre *adj* 1. relatif aux funérailles : *chant funèbre* 2. FIG. lugubre.

funérailles *nf pl* cérémonies qui accompagnent un enterrement ; obsèques.

funéraire *adj* qui concerne les funérailles : *frais funéraires.*

funérarium *nm* lieu où la famille du défunt se réunit avant les obsèques.

funeste *adj* 1. qui apporte le malheur, la mort 2. nuisible, fatal.

funiculaire *nm* chemin de fer à traction par câble ou à crémaillère pour les fortes pentes.

furet *nm* 1. petit mammifère carnivore dressé pour la chasse au lapin 2. personne curieuse.

fur et à mesure (au) *loc adv* 1. progressivement, petit à petit 2. en même temps et proportionnellement.

fureter *vi* (conj 7) fouiller, chercher pour découvrir des choses cachées ou des secrets.

fureur *nf* 1. colère violente 2. violence déchaînée : *fureur des vents* 3. passion démesurée : *fureur du jeu* • *faire fureur* jouir d'une grande vogue.

furibond, e *adj* furieux : *regards furibonds.*

furie *nf* 1. accès de rage, de fureur 2. LITT. violence impétueuse : *mer en furie* 3. femme emportée, déchaînée.

furieux, euse *adj* et *n* 1. emporté par la fureur, par une violente colère 2. LITT. violent, impétueux • *fou furieux* qui a une crise de folie violente.

furoncle *nm* inflammation du tissu cellulaire sous-cutané SYN. FAM. *clou.*

furtif, ive *adj* qui se fait à la dérobée : *regards furtifs.*

fusain *nm* 1. arbrisseau à bois dur 2. charbon fin pour dessiner, fait avec le bois de fusain 3. dessin fait avec ce charbon.

fuseau *nm* 1. petit instrument en bois pour filer la laine, pour faire de la dentelle 2. pantalon de sport dont les jambes vont en se rétrécissant vers le bas • *en fuseau* de forme allongée et aux extrémités fines • *fuseau horaire* chacune des 24 divisions imaginaires de la surface de la Terre et dont tous les points ont la même heure légale.

fusée *nf* 1. pièce d'artifice se propulsant par réaction grâce à la combustion de la poudre 2. engin propulsé par réaction 3. nom de certaines pièces ou objets en forme de fuseau.

fuselage *nm* corps d'un avion.

fuser *vi* 1. brûler sans détoner (poudre) 2. jaillir vivement, retentir : *des rires fusèrent.*

fusible *adj* susceptible de fondre ◆ *nm* fil d'alliage spécial qui, placé dans un circuit électrique, coupe le courant en fondant si l'intensité est trop forte.

fusil [fyzi] *nm* 1. arme à feu portative à tube métallique monté sur un fût en bois 2. le tireur lui-même 3. baguette d'acier pour aiguiser les couteaux • FIG. *changer son fusil d'épaule* changer d'opinion.

fusillade *nf* échange de coups de feu.

fusiller *vt* 1. passer par les armes 2. FAM. détériorer, abîmer • *fusiller quelqu'un du regard* le regarder avec animosité, hostilité.

fusil-mitrailleur (*pl fusils-mitrailleurs*) *nm* arme collective à tir automatique.

fusion *nf* 1. passage d'un corps solide à l'état liquide sous l'action de la chaleur 2. réunion, combinaison étroite : *la fusion des partis.*

fusionner *vt* opérer une fusion, réunir : *fusionner deux entreprises* ◆ *vi* s'unir par fusion, s'associer.

fût [fy] *nm* 1. partie du tronc d'un arbre, sans rameaux 2. monture de bois d'une arme à feu 3. tonneau 4. partie cylindrique d'une colonne.

futaie *nf* forêt dont on exploite les arbres.

futé, e *adj* FAM. fin, rusé.

futile *adj* 1. sans valeur 2. frivole.

futilité *nf* caractère de ce qui est futile ; chose futile.

futon *nm* matelas d'origine japonaise constitué de flocons de coton.

futur, e *adj* qui est à venir : *vie future* ◆ *n* VX. celui, celle qu'on doit épouser ◆ *nm* 1. avenir 2. GRAMM temps du verbe exprimant une action, un état à venir • *futur antérieur* temps indiquant une action future qui aura lieu avant une autre action future.

futurisme *nm* mouvement littéraire et artistique, exaltant le monde moderne, né en Italie vers 1909.

futurologie *nf* ensemble des recherches de prospective visant à prévoir le sens de l'évolution scientifique, politique, sociale, etc.

fuyant, e *adj* 1. LITT. qui paraît s'éloigner par l'effet de la perspective : *horizon fuyant* 2. qui s'incurve vers l'arrière : *front fuyant* 3. qui se dérobe : *regard fuyant.*

G

g *nm* septième lettre de l'alphabet et cinquième consonne.

gabardine *nf* 1. tissu de laine croisée 2. manteau imperméable.

gabarit [-ri] *nm* 1. toute dimension ou forme réglementée 2. FAM. dimension physique ou morale 3. carrure, stature • ***gabarit de chargement*** arceau sous lequel on fait passer les wagons chargés, pour vérifier leur hauteur.

gâche *nf* pièce métallique où s'engage le pêne d'une serrure pour maintenir une porte fermée.

gâcher *vt* 1. tremper et malaxer du ciment, du plâtre avant de maçonner 2. FIG. gaspiller, perdre, par faute de soin, d'ordre • FAM. ***gâcher le métier*** travailler à trop bon marché.

gâchette *nf* 1. mécanisme actionnant la détente d'une arme à feu 2. pièce de la serrure arrêtant le pêne.

gâchis *nm* 1. action de gâcher, de perdre, par manque de soin, d'organisation ; son résultat 2. mortier.

gadget [gadʒɛt] *nm* petit objet nouveau et ingénieux, plus ou moins utile.

gadoue *nf* FAM. boue, terre détrempée.

gaffe *nf* 1. MAR perche à croc, servant à accrocher, aborder, etc. 2. FAM. action, parole maladroite, malencontreuse • FAM. *faire gaffe* faire attention.

gaffer *vi* FAM. faire une gaffe ◆ *vt* MAR accrocher avec une gaffe.

gag [gag] *nm* situation à effet comique.

gage *nm* 1. ce qui garantit le paiement d'un emprunt, d'une dette : *mettre un objet en gage* 2. témoignage, preuve : *gage d'amitié* 3. action que l'on doit accomplir à la fin d'un jeu collectif lorsqu'on a perdu • ***tueur à gages*** homme payé pour assassiner quelqu'un.

gager *vt* (conj 2) 1. ANC. garantir par un gage 2. LITT. parier.

gageure [gaʒyr] *nf* SOUT. action, opinion qui semble impossible à réaliser, à croire.

gagne-pain *nm inv* travail qui permet de gagner sa vie.

gagner *vt* 1. avoir comme gain, comme salaire ou revenu 2. remporter la victoire dans une compétition, une lutte : *gagner la guerre* 3. acquérir un prix, un lot à un jeu, dans une épreuve 4. FIG. mériter : *il a bien gagné ses vacances* 5. atteindre : *gagner la rive à la nage* • FIG. ***gagner du temps*** obtenir un délai ◆ *vi* 1. être vainqueur 2. se propager : *le feu gagne* 3. FIG. tirer un avantage de quelque chose : *il gagne à être connu.*

gai, e *adj* 1. de bonne humeur, joyeux 2. qui exprime la gaieté : *conversation gaie* 3. qui inspire la gaieté, la bonne humeur : *chanson gaie* 4. FAM. un peu ivre.

gaieté *nf* bonne humeur, disposition à rire, à s'amuser • ***de gaieté de cœur*** volontairement et avec plaisir (souvent en tournure négative).

gaillard, e *adj* 1. en bonne santé, plein de vie : *frais et gaillard* 2. grivois, licencieux : *propos gaillards* ◆ *n* personne vigoureuse.

gain *nm* avantage, profit • ***obtenir, avoir gain de cause*** gagner.

gaine *nf* 1. étui qui a la forme de l'objet qu'il protège 2. conduit : *gaine d'aération* 3. sous-vêtement féminin en tissu élastique qui maintient le bassin.

gala *nm* grande fête à caractère officiel, cérémonie.

galactique *adj* d'une galaxie.

galant, e *adj* 1. inspiré par des sentiments amoureux : *rendez-vous galant* 2. prévenant, délicat à l'égard des femmes : *agir en galant homme.*

galanterie *nf* politesse empressée, courtoisie vis-à-vis des femmes.

galantine *nf* pain de viande ou de volaille enrobé de gelée.

galaxie *nf* ensemble d'étoiles formant un système dynamique • ***la Galaxie*** la Voie lactée, à laquelle appartient le Soleil.

galbé, e *adj* 1. dont le profil présente une ligne convexe 2. qui présente un contour harmonieux : *un corps galbé.*

gale *nf* 1. affection contagieuse de la peau 2. FAM. personne méchante, médisante.

galère *nf* 1. AUTREF. navire à voile et à rame 2. FAM. travail pénible, dur • ***vogue la galère*** advienne que pourra ◆ **galères** *pl* HIST peine des criminels condamnés à ramer sur les galères.

galerie *nf* 1. passage, couloir généralement haut, plus long que large, situé à l'extérieur ou à l'intérieur d'un bâtiment 2. couloir de communication creusé dans le sol par certains animaux 3. lieu d'exposition des œuvres d'art 4. balcon d'un théâtre 5. cadre métallique pour transporter des bagages sur le toit d'une voiture • FAM. ***amuser la galerie*** les personnes alentour • ***pour la galerie*** dans le but de plaire ou de se faire remarquer • ***galerie marchande*** passage piétonnier couvert, bordé de boutiques • ***galerie de mine*** couloir souterrain d'une mine.

galet *nm* 1. caillou poli par le frottement des eaux 2. MÉCAN petite roue servant à diminuer le frottement.

galette *nf* 1. préparation culinaire ronde et plate, à base de farine ou de féculents 2. FAM. argent.

galipette *nf* FAM. culbute, cabriole.

gallicanisme *nm* doctrine qui préconisait une certaine indépendance de l'Église de France à l'égard du Saint-Siège.

gallicisme *nm* construction ou emploi propre à la langue française : *« il y a » est un gallicisme.*

gallon *nm* mesure de capacité aux États-Unis (3,78 l), en Grande-Bretagne et au Canada (4,54 l).

gallo-romain, e (*pl gallo-romains, es, es*) *adj* et *n* relatif à la Gaule ◆ *n* habitant de la Gaule romaine.

galoche *nf* FAM. chaussure peu élégante • FAM. *menton en galoche* pointu.

galon *nm* 1. ruban épais 2. MIL signe distinctif des grades • FIG. *prendre du galon* obtenir de l'avancement.

galop *nm* la plus rapide des allures du cheval • FAM. *au galop* très vite.

galopant, e *adj* qui évolue rapidement, qu'on ne peut maîtriser : *inflation galopante.*

galoper *vi* 1. aller au galop 2. courir, marcher très vite.

galvaniser *vt* 1. électriser au moyen d'une pile 2. plonger le fer dans un bain d'oxyde de zinc pour le protéger de l'oxydation 3. FIG. enthousiasmer, exalter.

galvauder *vt* employer mal ou maladroitement ses qualités, son talent.

gamba *nf* grosse crevette.

gambade *nf* petit saut, bond vif.

gambader *vi* faire des gambades, s'ébattre.

gamelle *nf* 1. récipient métallique individuel pour les repas 2. FAM. chute, échec.

gamète *nm* cellule reproductrice, mâle (spermatozoïde) ou femelle (ovule), dont le noyau ne contient qu'un seul chromosome de chaque paire.

gamin, e *n* FAM. enfant, gosse : *gamin de Paris* ◆ *adj* qui a un caractère jeune, espiègle.

gaminerie *nf* action, parole propre à un gamin ; enfantillage.

gamme *nf* 1. MUS série de notes musicales déterminée par le choix d'une note dite sensible, dans l'intervalle d'une octave 2. FIG. série, sélection d'objets à partir d'un critère défini : *gamme de couleurs.*

gammée *adj f* • *croix gammée* croix dont les quatre branches sont coudées à angle droit : *la croix gammée était l'emblème du parti national-socialiste allemand.*

gang [gɑ̃g] *nm* bande organisée de malfaiteurs.

ganglion *nm* renflement que présentent les vaisseaux lymphatiques et certains nerfs.

gangrène *nf* 1. putréfaction d'une partie du corps due à une infection locale des tissus 2. FIG. corruption.

gangrener *vt* (conj 9) 1. causer la gangrène 2. FIG. corrompre ◆ **se gangrener** *vpr* être atteint par la gangrène.

gangster [gɑ̃gstɛr] *nm* bandit, malfaiteur.

ganse *nf* cordonnet, ruban de fil, de soie.

gant *nm* accessoire vestimentaire qui couvre la main : *gants de boxe* • FIG. *aller comme un gant* convenir parfaitement • *gant de toilette* poche de tissu éponge pour se laver • *prendre, mettre des gants* ménager.

ganter *vt* mettre des gants ◆ *vi* avoir comme pointure de gants : *ganter du 6.*

garage *nm* 1. lieu couvert pour abriter les véhicules 2. entreprise de vente, de réparation et d'entretien d'automobiles • *voie de garage* 1. voie secondaire, où l'on gare des wagons de chemin de fer 2. FIG. orientation sans débouché.

garant, e *n* et *adj* qui répond de : *se porter garant d'une dette* ◆ *nm* 1. garantie, caution 2. MAR cordage d'un palan.

garantie *nf* 1. certificat assurant légalement de la qualité de quelque chose ; sa durée : *appareil sous garantie* 2. parole qui engage ◆ **garanties** *pl* gage, caution : *donner des garanties.*

garantir *vt* 1. se porter garant de 2. affirmer, certifier 3. protéger, préserver : *garantir du froid.*

garce *nf* FAM. femme ou fille méchante, désagréable ; chipie.

garçon *nm* 1. enfant de sexe masculin 2. jeune homme, homme : *être joli garçon* 3. célibataire : *enterrer sa vie de garçon* 4. serveur dans un café, un restaurant 5. ouvrier, employé : *garçon boucher.*

garçonnière *nf* petit logement, studio convenant à une personne seule.

garde *nf* 1. action de garder, de surveiller : *faire bonne garde* 2. groupe de soldats qui exercent une surveillance 3. rebord entre la poignée et la lame d'une arme blanche • *de garde* qui assure une permanence : *médecin de garde* • *être sur ses gardes* se méfier • *page de garde* page vierge au commencement et à la fin d'un livre • FIG. *prendre garde* faire attention ◆ **gardes** *pl* pièces de sûreté d'une serrure.

garde *nm* personne qui garde, qui surveille • *garde du corps* personne chargée de protéger la vie de quelqu'un • *garde champêtre* agent communal chargé de l'application des règlements de police • *garde forestier* agent préposé à la conservation des forêts.

garde *nf* femme qui garde un malade, un enfant.

garde-à-vous *nm inv* position prise sur un commandement militaire, prescrivant l'immobilité, talons serrés, bras le long du corps.

garde-boue *nm inv* plaque recourbée protégeant les roues d'un véhicule des projections de boue.

garde-chasse (*pl gardes-chasse* ou *gardes-chasses*) *nm* personne chargée de la protection et de la conservation du gibier.

garde-fou (*pl garde-fous*) *nm* 1. balustrade ou barrière de protection au bord des quais, ponts, terrasses, etc. 2. FIG. avertissement ; ce qui empêche de faire des erreurs.

garde-manger *nm inv* petite armoire garnie de toile métallique, pour conserver les aliments.

garde-meuble (*pl garde-meubles*) ou **garde-meubles** (*inv*) *nm* lieu où l'on entrepose des meubles.

garder *vt* 1. veiller sur, prendre soin de : *garder un malade* 2. surveiller pour empêcher de fuir 3. conserver, maintenir en sa possession : *garder un document, un secret* • FIG. ***garder la chambre*** y rester • ***garder le silence*** se taire • ***garder son sérieux*** rester impassible, s'empêcher de rire ◆ **se garder** *vpr* [de] 1. prendre garde à, se méfier de 2. éviter, s'abstenir de.

garderie *nf* lieu d'accueil des enfants en bas âge en dehors des heures scolaires.

garde-robe (*pl garde-robes*) *nf* 1. placard, armoire où l'on range les vêtements, le linge 2. ensemble des vêtements d'une personne.

gardien, enne *n* 1. qui garde : *gardien de prison* 2. protecteur, défenseur : *gardien des traditions* 3. préposé à la garde d'un immeuble • ***gardien de but*** au football, joueur chargé de défendre le but • ***gardien de la paix*** agent de police.

gare *nf* 1. lieu de départ et d'arrivée des trains : *gare de marchandises* 2. PAR ANAL. gare maritime, routière.

gare *interj* sert à avertir • ***sans crier gare*** sans prévenir.

garenne *nf* lieu où vivent les lapins sauvages ◆ *nm* lapin de garenne.

garer *vt* 1. faire entrer, ranger un véhicule dans un endroit aménagé ou pas à cette intention 2. FAM. mettre hors d'atteinte, en lieu sûr ◆ **se garer** *vpr* 1. ranger sa voiture 2. FAM. se mettre à l'écart, à l'abri.

gargariser (se) *vpr* 1. se rincer la bouche et l'arrière-bouche avec un liquide, sans l'avaler 2. FIG., FAM. se délecter de quelque chose.

gargarisme *nm* liquide pour se gargariser.

gargouille *nf* 1. gouttière saillante en forme d'animal fantastique dont la gueule éjecte les eaux de pluie à distance des murs 2. tuyau pour l'écoulement des eaux.

gargouillement *nm* bruit provoqué par le passage d'un liquide ou d'un gaz dans la gorge, l'estomac, ou dans une canalisation.

garnement *nm* enfant insupportable.

garni, e *adj* 1. muni : *garni de clous* 2. décoré, agrémenté : *gâteau garni de raisins secs* ◆ *nm* VIEILLI. maison, chambre qui se loue meublée.

garnir *vt* 1. occuper, remplir un lieu, un espace 2. orner : *garnir un chapeau* 3. rembourrer un fauteuil ◆ **se garnir** *vpr* se remplir.

garnison *nf* troupes stationnées dans une ville ; cette ville : *changer de garnison.*

garniture *nf* 1. ce qui garnit, complète, orne 2. aliments qui accompagnent un plat 3. assortiment : *garniture de boutons.*

garrigue *nf* végétation composée de chênes verts, de buissons et de plantes herbacées caractéristique des paysages méditerranéens.

garrot *nm* 1. partie saillante de l'encolure d'un quadrupède au-dessus de l'épaule 2. bâton passé dans une corde pour la tendre 3. lien servant à comprimer l'hémorragie d'une artère.

gars [ga] *nm* FAM. garçon, jeune homme.

gasoil [gazwal] ou **gazole** *nm* produit pétrolier liquide, utilisé comme carburant et comme combustible.

gaspiller *vt* 1. dépenser, dissiper de façon irréfléchie : *gaspiller sa fortune* 2. gâcher, galvauder : *gaspiller son talent.*

gastrique *adj* relatif à l'estomac • ***suc gastrique*** sécrété par l'estomac.

gastrite *nf* inflammation de l'estomac.

gastro-entérite (*pl gastro-entérites*) *nf* inflammation de l'estomac et des intestins.

gastronome *n* personne qui apprécie la bonne cuisine.

gastronomie *nf* art de faire une cuisine raffinée ; capacité de l'apprécier.

gâté, e *adj* détérioré, pourri • ***enfant gâté*** élevé avec trop d'indulgence.

gâteau *nm* 1. pâtisserie à base de farine, de beurre, d'œufs et de sucre 2. ce qui a la forme d'un gâteau : *gâteau de miel* • FAM. ***c'est du gâteau*** c'est facile à réaliser • FAM. ***partager le gâteau*** ou ***avoir sa part du gâteau*** partager le profit d'une affaire.

gâter *vt* 1. avarier, putréfier : *gelée qui gâte une récolte* 2. abîmer, endommager : *sucre qui gâte les dents* 3. nuire à, gâcher : *ses réflexions ont gâté la soirée* 4. combler de cadeaux, de choses agréables 5. traiter avec indulgence : *gâter un enfant* ◆ **se gâter** *vpr* se corrompre, prendre une mauvaise tournure.

gâterie *nf* 1. indulgence excessive 2. petit présent, friandise.

gâteux, euse *adj* et *n* FAM. diminué physiquement ou intellectuellement.

gâtisme *nm* état de quelqu'un qui est gâteux.

gauche *adj* 1. situé du côté du cœur (par oppos. à *droite*) 2. qui correspond à ce côté pour celui qui regarde : *l'aile gauche d'un monument* 3. FIG. embarrassé, maladroit : *attitude gauche* ◆ *nm* poing gauche.

gauche *nf* 1. main gauche, côté gauche 2. côté gauche d'une assemblée par rapport au président ; ensemble des personnes et des partis favorables au changement (par oppos. à la *droite conservatrice*) • *à gauche* à main gauche, du côté gauche • *extrême gauche* ensemble de ceux qui professent des idées révolutionnaires.

gaucher, ère *n* et *adj* qui est plus habile de la main gauche que de la main droite.

gaucherie *nf* maladresse.

gauchir *vi* perdre sa forme ◆ *vt* fausser, déformer : *l'humidité a gauchi cette planche.*

gauchisme *nm* courant politique se réclamant de l'extrême gauche.

gaufre *nf* 1. gâteau de cire des abeilles 2. pâtisserie légère cuite entre deux moules quadrillés.

gaufrer *vt* imprimer à chaud des figures sur des étoffes, du cuir.

gaufrette *nf* biscuit, petit gâteau feuilleté.

gaufrier *nm* ustensile pour cuire des gaufres.

gaule *nf* 1. longue perche 2. canne à pêche.

gauler *vt* secouer les branches d'un arbre avec une gaule pour faire tomber les fruits : *gauler un noyer.*

gaullisme *nm* courant politique se réclamant du général de Gaulle.

gaulois, e *adj* et *n* de la Gaule, du peuple qui vivait dans ce pays ◆ *adj* d'une gaieté leste, un peu grasse ◆ *nm* langue parlée autrefois en Gaule.

gaver *vt* 1. faire manger beaucoup et par force : *gaver des oies* 2. faire manger beaucoup : *gaver un enfant de sucreries* 3. FIG. proposer, donner trop de : *gaver de publicité* ◆ **se gaver** *vpr* [de] 1. manger trop 2. FIG. absorber une grande quantité de : *se gaver de films.*

gavroche *nm* VIEILLI. enfant malicieux et effronté.

gay *n* et *adj* homosexuel.

gaz *nm inv* 1. tout corps à l'état de fluide, expansible et compressible 2. produit gazeux, naturel ou manufacturé, employé comme combustible ou carburant : *réchaud à gaz ; gaz de ville* • FAM. *il y a de l'eau dans le gaz* quelque chose ne va pas, il y a un problème.

gaze *nf* 1. étoffe fine et transparente pour agrémenter un vêtement 2. bande d'étoffe légère stérilisée pour les compresses, les pansements.

gazéifier *vt* 1. faire passer à l'état gazeux 2. dissoudre du gaz carbonique dans un liquide pour le rendre gazeux.

gazelle *nf* antilope de petite taille, très rapide.

gazer *vt* soumettre à l'action d'un gaz nocif • FAM. *ça gaze* ça va bien.

gazeux, euse *adj* de la nature du gaz : *fluide gazeux* • *eau gazeuse* qui contient du gaz carbonique dissous.

gazoduc *nm* canalisation pour le transport et la distribution du gaz à longue distance.

gazon *nm* 1. herbe courte et fine, pelouse 2. terrain qui en est couvert.

gazouillement *nm* 1. bruit continu que font les oiseaux en chantant 2. FIG. léger murmure.

gazouillis *nm* gazouillement léger.

géant, e *adj* et *n* 1. de très grande taille 2. d'une importance exceptionnelle • FIG. *à pas de géant* très vite.

geindre *vi* (conj 55) 1. gémir, se plaindre, d'une douleur en particulier 2. FAM. se lamenter à tout propos.

geisha [geʃa] *nf* au Japon, chanteuse et danseuse professionnelle qui, dans les maisons de thé, joue le rôle d'hôtesse ou d'entraîneuse.

gel *nm* 1. gelée des eaux 2. temps où il gèle 3. produit de beauté pour la peau, les cheveux 4. FIG. arrêt, cessation : *le gel des importations.*

gélatine *nf* 1. substance plus ou moins molle et transparente provenant des tissus osseux des animaux 2. cette substance, généralement solidifiée.

gelée *nf* 1. abaissement de la température au-dessous de zéro : *gelées tardives* 2. suc de viande solidifié 3. jus de fruits cuits avec du sucre qui se solidifie par refroidissement • *gelée blanche* rosée congelée.

geler *vt* (conj 5) 1. transformer en glace 2. durcir par le froid : *le froid lui a gelé les pieds* 3. FIG. interrompre une activité, mettre momentanément en réserve : *geler des négociations, des crédits* ◆ *vi* 1. avoir extrêmement froid 2. se transformer en glace ◆ *v impers* • *il gèle* la température est au-dessous de zéro.

gélifier *vt* transformer en gel par addition d'une substance appropriée.

gélule *nf* capsule de matière gélatineuse renfermant un produit médicamenteux.

gémellaire *adj* relatif à des jumeaux.

gémir *vi* 1. faire entendre des sons plaintifs provoqués par la douleur, le chagrin 2. FIG. émettre un bruit évoquant une plainte.

gémissement *nm* 1. plainte inarticulée 2. bruit plaintif.

gemme *nf* 1. pierre précieuse ou fine 2. résine de pin ◆ *adj* • *sel gemme* sel fossile.

gencive *nf* tissu recouvrant et protégeant la racine des dents.

gendarme *nm* 1. militaire appartenant à la gendarmerie 2. personne autoritaire 3. ZOOL punaise des bois.

gendarmer (se) *vpr* FAM. s'emporter, protester contre.

gendarmerie *nf* 1. corps militaire chargé de maintenir la sûreté publique 2. caserne, bâtiments administratifs de ce corps militaire.

gendre *nm* mari de la fille par rapport aux parents de celle-ci.

gène *nm* BIOL élément du chromosome, conditionnant la transmission et la manifestation d'un caractère héréditaire.

gêne *nf* malaise physique, sentiment de contrainte, d'embarras • ***dans la gêne*** sans argent, avec peu d'argent • FAM. ***être sans gêne*** agir, prendre ses aises, sans se préoccuper des autres.

généalogie *nf* 1. suite, dénombrement des membres d'une famille 2. science qui recherche l'origine et la filiation des familles.

généalogique *adj* relatif à la généalogie • ***arbre généalogique*** filiation d'un individu ou d'une famille.

gêner *vt* 1. causer une gêne physique ; serrer, incommoder : *ces chaussures trop étroites me gênent ; la fumée vous gêne ?* 2. entraver, perturber le fonctionnement : *gêner la circulation* 3. mettre à court d'argent 4. causer une impression d'embarras, rendre confus : *son regard me gêne* ◆ **se gêner** *vpr* s'imposer une contrainte par discrétion ou timidité.

général, e, aux *adj* 1. qui s'applique à un ensemble de personnes, de choses : *intérêt général* 2. du plus grand nombre : *consentement général* 3. vague : *parler en termes généraux* 4. dont le domaine englobe toutes les spécialités : *culture, médecine générale* 5. qui coiffe l'ensemble d'un service, d'une administration : *inspecteur général* • ***en général*** le plus souvent • ***d'une manière générale*** ordinairement • ***répétition générale*** dernière répétition avant la représentation d'une pièce de théâtre.

général *nm* 1. officier de l'armée de terre ou de l'air qui commande une brigade, une division, un corps d'armée, une armée 2. supérieur d'un ordre religieux.

généralement *adv* en général.

généraliser *vt* 1. rendre applicable à un ensemble de personnes, de choses : *généraliser une méthode* 2. ABSOL. conclure du particulier au général ◆ **se généraliser** *vpr* devenir général.

généraliste *n* médecin de médecine générale (par oppos. à *spécialiste*).

généralité *nf* 1. qualité de ce qui est général 2. le plus grand nombre : *la généralité des cas* ◆ **généralités** *pl* notions vagues et imprécises sur un sujet : *s'en tenir aux généralités.*

générateur, trice *adj* qui génère ◆ *nm* appareil produisant du courant électrique à partir d'autres sources d'énergie.

génération *nf* 1. reproduction des êtres organisés 2. ensemble des individus, des machines, etc., du même âge, de la même époque 3. espace de temps séparant deux degrés de filiation • ***de génération en génération*** de père en fils, sans interruption.

génératrice *nf* 1. ÉLECTR générateur tournant, du type dynamo ou alternateur 2. GÉOM ligne qui engendre une surface.

générer *vt* (conj 10) être la cause de, produire, induire.

généreux, euse *adj* et *n* qui donne largement ; dévoué, désintéressé : *se montrer généreux* ◆ *adj* abondant, copieux : *repas généreux* • ***vin généreux*** fort, de bonne qualité • ***terre généreuse*** fertile.

générique *adj* qui appartient au genre, qui convient à un ensemble de personnes ou de choses : *caractère générique* ◆ *nm* partie d'un film ou d'une émission de télévision indiquant les noms de ceux qui ont participé à leur réalisation.

genèse *nf* 1. ensemble des faits ou des éléments qui ont concouru à la formation de quelque chose : *la genèse d'un roman* 2. origine 3. création du monde.

génétique *nf* science de l'hérédité fondée sur la théorie des gènes ◆ *adj* relatif à l'objet de cette science • ***maladies génétiques*** maladies transmises héréditairement par suite d'anomalies dans le nombre ou la forme des chromosomes.

gêneur, euse *n* et *adj* importun, fâcheux.

génial, e, aux *adj* qui a du génie, qui dénote du génie.

génie *nm* 1. MYTH être surnaturel 2. aptitude à créer quelque chose de nouveau et de grand : *homme de génie* 3. talent, goût : *le génie des affaires* 4. caractère distinct : *le génie d'une langue* 5. corps de l'armée de terre affecté à l'aménagement des terrains et des voies de communication • ***bon génie, mauvais génie*** être qui a une influence bonne ou mauvaise sur quelqu'un • ***génie civil*** art des constructions civiles.

génisse *nf* jeune vache n'ayant pas encore vêlé.

génital, e, aux *adj* relatif à la reproduction des animaux et de l'homme • ***organes génitaux*** organes sexuels.

géniteur, trice *adj* et *n* qui engendre ◆ **géniteurs** *pl* les parents.

génocide *nm* extermination d'un groupe ethnique, social ou religieux.

génoise *nf* gâteau fait de farine, de sucre, d'œufs et d'amandes.

genou *nm* 1. articulation de la jambe à la cuisse 2. MÉCAN joint articulé • ***à genoux*** les genoux sur le sol • ***être à genoux devant quelqu'un*** être en adoration devant lui • FAM. ***être sur les genoux*** très fatigué.

genouillère *nf* bande de tissu ou de cuir pour maintenir le genou.

genre *nm* 1. groupe d'êtres ou de choses caractérisé par un ou des traits communs : *le genre humain* 2. façon, manière : *genre de vie* 3. catégorie à laquelle appartient une œuvre littéraire ou artistique : *le genre épique* 4. SC. NAT subdivision de la famille, elle-même composée d'espèces : *le loup est une espèce du genre chien* 5. GRAMM caractéristique grammaticale d'un mot : *genre masculin ou féminin.*

gens *nm pl* personnes en nombre indéterminé : *beaucoup de gens sont venus* • *gens de lettres* écrivains • *gens de maison* domestiques • LITT. *gens de robe* magistrats, avocats • *gens du voyage* qui travaillent dans un cirque ambulant REM. avec un adj, *gens* se met au fém. si l'adj. le précède, au masc. s'il le suit : *les vieilles gens, les gens heureux.*

gentil, ille *adj* 1. agréable, qui plaît par sa délicatesse, son charme 2. aimable, complaisant : *sois gentil avec elle.*

gentilhomme [ʒɑ̃tijɔm] (*pl gentilshommes*) *nm* 1. ANC. homme noble 2. LITT. homme distingué, délicat.

gentillesse *nf* 1. qualité de quelqu'un de gentil, de doux 2. parole gracieuse ; action, geste aimable.

génuflexion *nf* action de fléchir le ou les genoux en signe de respect, de soumission.

géode *nf* pierre ou roche creuse, tapissée intérieurement de cristaux.

géographie *nf* 1. science qui a pour objet la description de la Terre : *géographie physique, économique, humaine* 2. ensemble des caractères physiques et humains d'une région, d'un pays : *la géographie de la France.*

geôlier, ère *n* LITT. gardien, gardienne d'une prison.

géologie *nf* science qui a pour objet la description des matériaux constituant le globe terrestre, l'étude des transformations actuelles et passées subies par la Terre, ainsi que l'étude des fossiles.

géomètre *n* 1. spécialiste de géométrie 2. spécialiste des opérations de levés de terrains.

géométrie *nf* discipline mathématique ayant pour objet l'étude rigoureuse de l'espace et des formes (figures et corps).

géopolitique *nf* étude des rapports entre les données géographiques naturelles et la politique des États.

gérance *nf* fonction du gérant ; durée de cette fonction.

géranium *nm* plante ornementale aux fleurs rouges.

gérant, e *n* 1. personne qui dirige une affaire commerciale dont il n'est pas le propriétaire 2. personne responsable de l'administration d'immeubles.

gerbe *nf* 1. botte de céréales liées et coupées 2. PAR EXT. bouquet de fleurs coupées 3. FIG. ce qui évoque la forme d'un faisceau : *gerbe d'eau.*

gercer *vt* (conj 1) faire de petites crevasses ◆ *vi* ou **se gercer** *vpr* se couvrir de petites crevasses : *la peau (se) gerce à l'air.*

gerçure *nf* fente, fissure de la peau provoquée par le froid.

gérer *vt* (conj 10) 1. administrer en tant que gérant : *gérer une tutelle* 2. administrer ses affaires.

gériatrie *nf* partie de la médecine qui étudie les maladies dues au vieillissement.

germain, e *adj* • *cousin germain* issu du frère ou de la sœur du père ou de la mère • *cousin issu de germains* né de cousins germains.

germanique *adj* relatif à la Germanie, à l'Allemagne, en particulier à sa langue ◆ *nm* langue parlée autrefois en Allemagne.

germanophone *adj* et *n* de langue allemande.

germe *nm* 1. élément primitif d'où dérive tout être vivant (œuf, jeune embryon, plantule, spore, etc.) 2. FIG. principe, origine de quelque chose : *le germe d'une maladie, d'une erreur.*

germer *vi* 1. commencer à pousser 2. FIG. se profiler, apparaître : *idée qui germe.*

gérondif *nm* GRAMM forme verbale en *-ant* précédée de la préposition *en* (EX : *en se promenant*).

gérontologie *nf* étude des phénomènes de vieillissement.

gésier *nm* dernière poche de l'estomac des oiseaux.

gésir *vi* (conj 32) LITT. être couché : *il gisait sur le sol* • LITT. *ci-gît* ici repose (formule d'épitaphe).

gestation *nf* 1. grossesse 2. FIG. période d'élaboration d'une œuvre intellectuelle ou artistique.

geste *nm* mouvement du corps ou d'une partie du corps • FIG. *faire un geste* une bonne action • *joindre le geste à la parole* faire de suite ce qu'on vient de dire.

gesticuler *vi* faire beaucoup de gestes, s'agiter.

gestion [ʒɛstjɔ̃] *nf* action de gérer, d'administrer : *gestion habile.*

gestionnaire *adj* relatif à une gestion ◆ *n* gérant.

gestuel, elle *adj* réalisé avec des gestes : *langage gestuel* ◆ *nf* ensemble des gestes considérés sur le plan de leur signification.

geyser [ʒɛzɛr] *nm* source jaillissante d'eau chaude.

ghetto [gɛto] *nm* 1. AUTREF. quartier d'une ville où les Juifs étaient tenus de résider 2. lieu où une minorité vit séparée du reste de la société 3. FIG. milieu refermé sur lui-même : *ghetto culturel.*

G.I. [dʒiaj] *nm inv* (abréviation de Government Issue) soldat de l'armée américaine.

gibecière *nf* sacoche que l'on porte en bandoulière.

gibet *nm* potence.

gibier *nm* 1. animal que l'on chasse afin de le manger : *gibier à poil, à plume* 2. viande de l'animal chassé : *adorer le gibier* 3. personne poursuivie ou recherchée • FIG. *gibier de potence* personne peu recommandable.

giboulée *nf* pluie soudaine et de peu de durée.

giclée *nf* jet d'un liquide qui gicle.

gicler *vi* jaillir en éclaboussant : *l'eau gicle du robinet.*

gicleur *nm* pièce d'un carburateur servant à limiter l'arrivée d'essence dans un moteur.

gifle *nf* coup donné avec la main ouverte, sur la joue.

gifler *vt* donner une gifle.

gigantesque *adj* 1. de géant ; extrêmement grand 2. FIG. qui dépasse la mesure : *erreur gigantesque.*

gigantisme *nm* développement excessif de la taille humaine.

gigogne *adj* se dit d'objets qui s'emboîtent les uns dans les autres : *des lits gigognes.*

gigolo *nm* FAM. homme jeune se faisant entretenir par une personne plus âgée que lui.

gigot *nm* cuisse de mouton, d'agneau ou de chevreuil, préparée pour la table • *manche gigot* dont la partie supérieure est bouffante.

gigoter *vi* FAM. remuer les jambes, s'agiter beaucoup.

gilet *nm* 1. vêtement court et sans manches, boutonné sur le devant 2. tricot ouvert devant et à manches longues SYN. *cardigan.*

gin [dʒin] *nm* eau-de-vie de grain anglaise.

gingembre *nm* plante aromatique originaire d'Asie ; rhizome de cette plante.

gingival, e, aux *adj* des gencives.

gingivite *nf* inflammation des gencives.

girafe *nf* mammifère ruminant d'Afrique, au cou très long.

giratoire *adj* se dit d'un mouvement circulaire • *sens giratoire* sens obligatoire des véhicules autour d'un rond-point.

girofle *nm* • *clou de girofle* bouton desséché du giroflier, utilisé comme condiment.

girolle *nf* champignon comestible à chapeau jaune d'or SYN. *chanterelle.*

giron *nm* VX. partie qui s'étend de la ceinture aux genoux, quand on est assis • FIG. *dans le giron de* au sein de, sous la protection de.

girouette *nf* 1. plaque mobile autour d'un axe vertical pour indiquer la direction du vent 2. bande d'étamine au haut d'un mât 3. FIG. personne versatile dans ses choix, ses opinions.

gisant *nm* statue funéraire représentant un mort couché.

gisement *nm* accumulation de minéraux susceptible d'être exploitée : *gisement d'uranium.*

gitan, e *n* et *adj* tsigane ◆ *adj* qui appartient aux gitans.

gîte *nm* 1. LITT. lieu où l'on demeure, où l'on loge : *rentrer à son gîte* 2. abri du lièvre 3. BOUCH morceau de cuisse de bœuf.

givre *nm* condensation de brouillard en couches de glace sur les arbres, les fils électriques, etc.

givrer *vt* couvrir de givre.

glabre *adj* SOUT. sans poils, sans barbe.

glaçage *nm* action de glacer ; son résultat.

glace *nf* 1. eau congelée 2. crème sucrée, aromatisée et congelée : *glace au café* 3. FIG. froideur, retenue : *rompre la glace* • *sucre glace* très fin.

glace *nf* 1. plaque de verre poli transparente ; vitre 2. plaque de verre rendue réfléchissante par le dépôt d'une couche de tain ; miroir ainsi obtenu.

glacer *vt* (conj 1) 1. solidifier un liquide par le froid ; abaisser beaucoup la température de 2. causer une impression de froid : *le vent m'a glacé* 3. FIG. paralyser, intimider : *son aspect me glace* 4. couvrir d'une couche de sucre : *glacer des marrons.*

glaciaire *adj* des glaciers : *érosion glaciaire* • *période glaciaire* période géologique caractérisée par le développement des glaciers.

glacial, e, als ou **aux** *adj* très froid.

glacier *nm* 1. amas de glace dans les montagnes 2. marchand de glaces.

glacière *nf* 1. garde-manger refroidi par de la glace 2. FIG., FAM. lieu très froid.

glaçon *nm* 1. morceau de glace 2. FAM. personne froide et distante.

gladiateur *nm* ANTIQ. ROM celui qui combattait dans les jeux du cirque.

glaïeul [glajœl] *nm* plante à bulbe, à fleurs ornementales.

glaire *nf* 1. matière blanchâtre et gluante, sécrétée sur les muqueuses 2. blanc d'œuf cru.

glaise *nf* terre argileuse dont on fait les tuiles et la poterie.

glaive *nm* épée tranchante • FIG. *le glaive et la balance* la justice et ses exécutants.

gland *nm* 1. fruit du chêne 2. passementerie en forme de gland 3. extrémité de la verge.

glande *nf* 1. organe dont la fonction est de produire une sécrétion 2. FAM. ganglion lymphatique.

glandulaire, euse ou **glanduleux** *adj* qui a l'aspect d'une glande.

glaner *vt* ramasser les épis qui restent sur le sol après la moisson.

glapir *vi* 1. pousser des cris aigus et brefs, en parlant du renard ou du petit chien 2. FIG. crier d'une voix aiguë.

glas [glɑ] *nm* LITT. tintement d'une cloche qui annonce la mort ou les obsèques de quelqu'un.

glaucome *nm* MÉD durcissement du globe de l'œil.

glauque *adj* 1. d'un vert tirant sur le bleu 2. FAM. lugubre, sinistre 3. FAM. louche.

glissade *nf* action de glisser.

glisse *nf* capacité d'un matériel ou d'un sportif à glisser sur une surface • *sports de glisse* sports où l'on glisse sur la neige, sur la glace ou sur l'eau.

glissement *nm* 1. action de glisser 2. mouvement de ce qui glisse : *glissement de terrain* 3. FIG. passage progressif d'un état à un autre.

glisser *vi* 1. se déplacer d'un mouvement continu sur une surface lisse 2. perdre l'équilibre, déraper : *glisser sur du verglas* • FIG. *glisser des mains* échapper des mains • *glisser sur les détails* ne pas s'attarder dessus ◆ *vt* introduire : *glisser une lettre sous la porte* ◆ **se glisser** *vpr* s'introduire subrepticement.

glissière *nf* rainure de glissement : *fermeture à glissière.*

global, e, aux *adj* considéré dans sa totalité, dans son ensemble : *prix global ; vue globale.*

globe *nm* 1. corps sphérique : *globe oculaire* 2. enveloppe en verre de forme sphérique • *le globe terrestre* la Terre • *globe terrestre, céleste* sphère sur laquelle est dessinée une carte de la Terre, du ciel • FIG. *mettre sous globe* protéger, mettre à l'abri.

globe-trotter [glɔbtrɔtœr] (*pl globe-trotters*) *n* voyageur qui parcourt le monde.

globulaire *adj* • *numération globulaire* dénombrement des globules rouges et blancs du sang.

globule *nm* cellule du sang et de la lymphe.

globuleux, euse *adj* • *yeux globuleux* dont le globe est très saillant.

gloire *nf* 1. renommée éclatante, célébrité : *chercher la gloire* 2. mérite : *la gloire en revient aux sauveteurs* • *pour la gloire* sans profit matériel.

glorieux, euse *adj* 1. qui s'est acquis de la gloire : *glorieux soldats* 2. qui procure de la gloire : *victoire glorieuse.*

glorifier *vt* honorer, rendre gloire : *on glorifie le succès* ◆ **se glorifier** *vpr* [de] se faire gloire de, se vanter de.

glose *nf* explication, commentaire d'un texte.

gloser *vt ind* [sur] commenter, critiquer quelqu'un, quelque chose ◆ *vt* éclaircir (un texte) par une glose, un commentaire.

glossaire *nm* dictionnaire, lexique de mots peu connus, en fin d'ouvrage.

glotte *nf* orifice du larynx.

glousser *vi* 1. appeler ses petits, en parlant d'une poule 2. FAM. rire à petits cris : *enfants qui gloussent.*

glouton, onne *adj* et *n* qui mange avec avidité ◆ *nm* mammifère carnivore des pays froids.

glu *nf* colle végétale qui sert à prendre les oiseaux.

gluant, e *adj* 1. qui a la consistance, l'aspect de la glu 2. visqueux, collant.

glucide *nm* substance organique (appelée aussi : *hydrate de carbone, sucre*) : *le principal trouble du métabolisme des glucides est le diabète.*

glucose *nm* sucre contenu dans certains fruits (raisin) et entrant dans la composition de presque tous les glucides.

gluten [glytɛn] *nm* matière visqueuse azotée de la farine des céréales.

glycémie *nf* présence de sucre dans le sang.

glycérine *nf* liquide incolore, sirupeux, extrait des corps gras.

glycine *nf* plante grimpante aux longues grappes de fleurs mauves.

G.M.T. (sigle de Greenwich Mean Time) heure moyenne par rapport à la ville de Greenwich (Grande-Bretagne).

gnocchi [ɲɔki] *nm* boulette à base de semoule ou de pommes de terre, pochée, gratinée dans une sauce au fromage ou servie avec une sauce tomate.

gnôle [ɲol] ou **gniole** *nf* FAM. eau-de-vie.

gnon [ɲɔ̃] *nm* FAM. coup.

gnou [gnu] *nm* antilope d'Afrique.

goal [gol] *nm* gardien de but, au football, au polo, etc.

gobelet *nm* verre de forme évasée, sans pied.

gober *vt* 1. avaler sans mâcher 2. FIG. croire naïvement • FAM. *ne pas (pouvoir) gober quelqu'un* ne pas pouvoir le supporter.

godasse *nf* FAM. chaussure.

godet *nm* petit récipient servant à divers usages : *godet à peinture* • *à godets* qui forme des plis : *jupe à godets.*

godiche *adj* et *n* FAM. benêt, maladroit.

godillot *nm* FAM. grosse chaussure peu élégante.

goéland *nm* oiseau palmipède des littoraux.

goélette *nf* voilier rapide et léger à deux mâts.

gogo *nm* FAM. personne facile à duper, crédule.

gogo (à) *loc adv* FAM. à discrétion, abondamment.

goguenard, e *adj* et *n* moqueur, ironique.

goï *adj* et *n* › goy.

goinfre *n* et *adj* FAM. qui mange beaucoup, avidement.

goinfrer (se) *vpr* FAM. manger comme un goinfre.

goitre *nm* hypertrophie de la glande thyroïde.

golden [gɔldɛn] *nf* pomme à chair farineuse et à peau jaune.

golf *nm* 1. jeu qui consiste à envoyer une balle dans une série de trous répartis sur un terrain 2. terrain de golf.

golfe *nm* vaste avancée de mer à l'intérieur des terres.

gomme *nf* petit bloc de caoutchouc servant à effacer l'encre, le crayon, etc. • FAM. ***à la gomme*** inintéressant, sans valeur • ***gomme arabique*** substance végétale utilisée pour coller • FAM. ***mettre toute la gomme*** se dépêcher, forcer l'allure.

gommé, e *adj* enduit d'une couche de gomme adhésive qu'on mouille pour fermer ou coller : *enveloppe, papier gommés.*

gommer *vt* 1. effacer avec une gomme 2. FIG. atténuer, tendre à faire disparaître.

gommette *nf* petite pastille de couleur, en papier gommé, pour décorer.

gond *nm* pièce sur laquelle pivote un battant de porte ou de fenêtre • FAM. ***sortir de ses gonds*** s'emporter.

gondole *nf* long bateau plat, à un seul aviron, en usage à Venise.

gondoler *vi* se gonfler, se bomber : *plancher qui gondole* ◆ **se gondoler** *vpr* FAM. se tordre de rire.

gonflé, e *adj* 1. empli : *gonflé d'air* 2. enflé, boursouflé : *main gonflée* 3. FAM. téméraire, culotté • ***gonflé à bloc*** remonté.

gonfler *vt* 1. distendre, faire enfler : *gonfler un ballon* 2. grossir le volume de : *la pluie a gonflé le torrent* 3. FIG. grossir à dessein, exagérer : *gonfler des chiffres* ◆ *vi* augmenter de volume, enfler : *genou qui gonfle* ◆ **se gonfler** *vpr* 1. se remplir, augmenter de volume : *ballon qui se gonfle* 2. FIG. s'emplir : *cœur qui se gonfle de tristesse.*

gong [gɔ̃g] *nm* disque de métal ou de bronze que l'on fait vibrer à l'aide d'un maillet.

goret *nm* 1. jeune porc 2. FAM. enfant, personne malpropre.

gorge *nf* 1. partie antérieure du cou : *couper la gorge* 2. LITT. buste, poitrine d'une femme 3. partie intérieure du cou, gosier : *avoir mal à la gorge* 4. passage escarpé entre deux montagnes • FIG. ***faire des gorges chaudes*** se moquer • ***faire rendre gorge*** obliger à rendre ce qu'on a obtenu par des moyens douteux ou illicites • ***faire rentrer les mots dans la gorge*** forcer à rétracter des paroles • FIG. ***prendre à la gorge*** avoir à sa merci • ***rire à gorge déployée*** bruyamment, sans retenue.

gorgé, e *adj* qui contient trop de quelque chose, qui déborde : *sol gorgé d'eau.*

gorgée *nf* petite quantité de liquide qu'on peut avaler en une seule fois : *gorgée de vin.*

gorgonzola *nm* fromage italien à moisissures.

gorille *nm* singe anthropoïde de grande taille, originaire de l'Afrique équatoriale.

gosier *nm* 1. partie interne du cou comprenant le pharynx et l'entrée de l'œsophage et du larynx 2. FAM. gorge : *chanter à plein gosier ; avoir le gosier serré.*

gospel *nm* chant religieux des Noirs d'Amérique du Nord.

gosse *n* FAM. enfant.

gothique *adj* BX-ARTS caractérisé par l'usage rationnel de la croisée d'ogives, l'élévation des voûtes et l'agrandissement des ouvertures ; propre à ce style : *architecture gothique ou ogivale ; église gothique* ◆ *nm* art, architecture de ce style, de cette époque (du XIIe siècle à la Renaissance).

gouache *nf* peinture à l'eau : *portrait à la gouache.*

gouda *nm* fromage de Hollande.

goudron *nm* résidu de la distillation du charbon, utilisé pour le revêtement des routes.

goudronner *vt* enduire, recouvrir de goudron.

gouffre *nm* 1. abîme, trou très profond 2. FIG. ce qui engloutit de grandes sommes d'argent : *ce procès est un véritable gouffre.*

gougère *nf* pâtisserie en pâte à chou salée additionnée d'œuf et de gruyère et cuite au four.

goujat *nm* homme grossier, mal élevé.

goujon *nm* petit poisson de rivière : *friture de goujons.*

goulache [gulaʃ] ou **goulasch** *nm* ragoût de bœuf d'origine hongroise, assaisonné au paprika.

goulag *nm* HIST camp de travail forcé, en U.R.S.S.

goulet *nm* entrée étroite d'un port, d'une rade : *le goulet de Brest.*

gouleyant, e *adj* • ***vin gouleyant*** frais et léger.

goulot *nm* 1. col étroit d'un vase, d'une bouteille 2. FIG. lieu de passage encombré de personnes, de véhicules.

goulu, e *adj* et *n* qui mange avec avidité, glouton, goinfre.

goulûment *adv* de façon goulue.

goupille *nf* cheville ou broche métallique.

goupiller *vt* 1. fixer avec des goupilles : *goupiller un axe* 2. FAM. arranger quelque chose, combiner.

goupillon *nm* 1. brosse cylindrique à long manche, pour nettoyer les bouteilles, les biberons 2. instrument liturgique pour asperger d'eau bénite • FAM. ***le sabre et le goupillon*** l'Armée et l'Église.

gourde *nf* récipient portatif pour conserver la boisson ◆ *adj* et *n* FAM. niais, sot.
gourde *nf* unité monétaire d'Haïti.
gourdin *nm* gros bâton court.
gourer (se) *vpr* FAM. se tromper.
gourmand, e *adj* et *n* qui aime manger de bonnes choses et en grande quantité.
gourmandise *nf* 1. comportement du gourmand 2. sucrerie, friandise : *aimer les gourmandises.*
gourmet *nm* qui apprécie les vins, la bonne cuisine.
gourmette *nf* bracelet à mailles plus ou moins larges.
gourou *nm* maître spirituel.
gousse *nf* fruit des légumineuses, formé de deux cosses et de graines : *gousse de petits pois* • *gousse d'ail* tête ou partie de tête d'ail.
gousset *nm* 1. petite poche placée dans la ceinture d'un pantalon 2. poche du gilet • FIG. *avoir le gousset vide* être sans argent.
goût *nm* 1. sens qui permet de discerner les saveurs : *la langue est l'organe du goût* 2. saveur d'un aliment, d'une boisson : *un goût sucré* 3. élégance, raffinement : *être habillé avec goût* 4. sentiment de ce qui est beau, esthétique : *homme de goût* 5. attirance, penchant pour une activité : *avoir du goût pour la musique* • *au goût du jour* en accord avec la mode • FAM. *dans ce goût-là* de cette sorte • *de bon goût* raffiné • *de mauvais goût* grossier.
goûter *vt* 1. apprécier par le goût : *goûter un plat* 2. FIG., LITT. aimer, apprécier : *goûter le silence* ◆ *vt ind* [à] 1. manger une petite quantité d'un plat afin de juger de son goût 2. essayer, expérimenter : *goûter aux joies du ski* ◆ *vi* faire un léger repas dans l'après-midi.
goûter *nm* collation dans l'après-midi.
goutte *nf* 1. très petite quantité d'un liquide qui se détache avec une forme sphérique : *gouttes de pluie* 2. très petite quantité d'une boisson : *une goutte de café* 3. FAM. eau-de-vie • *goutte à goutte* petit à petit • FIG. *se ressembler comme deux gouttes d'eau* être identiques.
goutte *nf* affection caractérisée par des troubles articulaires, due à l'accumulation de l'acide urique dans l'organisme.
goutte-à-goutte *nm inv* appareil médical permettant de régler le débit des injections lentes, ou perfusions.
goutter *vi* laisser tomber des gouttes : *toit qui goutte.*
gouttière *nf* 1. conduite placée à la base du toit pour recueillir les eaux de pluie 2. appareil pour immobiliser et soutenir un membre fracturé • *chat de gouttière* sans race déterminée.
gouvernail *nm* appareil à l'arrière d'un navire, d'un avion, d'un ballon et qui sert à le gouverner, à le diriger.
gouvernant, e *adj* qui gouverne ◆ **gouvernants** *nm pl* ceux qui gouvernent un État : *changer de gouvernants.*
gouvernante *nf* 1. femme chargée de l'éducation d'un enfant 2. femme qui a soin du ménage d'une personne seule.
gouvernement *nm* 1. action de gouverner, d'administrer 2. constitution politique : *gouvernement républicain* 3. ensemble de ceux qui gouvernent un État.
gouverner *vt* 1. exercer l'autorité politique : *gouverner un pays* 2. administrer, commander 3. diriger un bateau ◆ *vi* MAR obéir au gouvernail.
gouverneur *nm* haut fonctionnaire chargé de gouverner un territoire, une province, etc.
goy (*pl goys* ou *goyin*) ou **goï** (*pl goïs* ou *goïm*) *n* et *adj* qui n'est pas de culture juive.
goyave *nf* fruit du goyavier.
grabataire *n* malade qui ne peut plus quitter son lit.
grabuge *nm* FAM. dispute bruyante ; dégâts qui en résultent.
grâce *nf* 1. élégance dans les gestes, dans la démarche, charme : *avoir de la grâce* 2. faveur : *faites-lui la grâce d'accepter* 3. remise de peine : *obtenir sa grâce* 4. RELIG aide accordée par Dieu en vue du salut • *coup de grâce* coup fatal • *de bonne grâce* spontanément, de bon cœur • *de mauvaise grâce* avec de la mauvaise volonté • *être dans les bonnes grâces de quelqu'un* jouir de sa faveur • *faire grâce de* dispenser de • *grâce à Dieu* heureusement, par chance ◆ *interj* pitié !
gracier *vt* faire grâce, remettre la peine d'un condamné.
gracieusement *adv* 1. avec grâce 2. gratuitement.
gracieux, euse *adj* 1. qui a de la grâce : *pose gracieuse* 2. aimable, agréable : *accueil gracieux* 3. gratuit : *à titre gracieux.*
gradation *nf* passage progressif et par degrés d'une chose à une autre.
grade *nm* 1. degré d'une hiérarchie 2. unité de mesure des angles.
gradé, e *adj* et *n* qui a un grade dans l'armée.
gradin *nm* marche d'un amphithéâtre.
graduation *nf* 1. action de graduer 2. chacune des divisions établies en graduant ; ensemble de ces divisions.
gradué, e *adj* 1. divisé en degrés : *échelle graduée* 2. dont la difficulté croît progressivement : *exercices gradués.*
graduel, elle *adj* qui va par degrés : *diminution graduelle.*
graduer *vt* 1. diviser en degrés 2. FIG. augmenter progressivement : *savoir graduer son effort.*
graffiti *nm* inscription, dessin griffonné sur un mur.
grain *nm* 1. fruit ou semence d'une céréale : *grains de blé* 2. texture légèrement

granuleuse : *grain du cuir* 3. objet de petite taille et de forme sphérique : *grain de sable* 4. averse subite, coup de vent • FAM. ***avoir un grain*** être un peu fou • FAM. ***mettre son grain de sel*** s'immiscer dans une conversation • FIG. ***veiller au grain*** surveiller, prendre garde à.

graine *nf* semence d'une plante • FAM. ***en prendre de la graine*** prendre modèle, exemple sur • FIG. ***graine de (voyou, etc.)*** futur (voyou, etc.) • ***mauvaise graine*** personne dont il y a peu à attendre.

grainetier, ère *n* qui vend des graines.

graisse *nf* 1. substance lipidique onctueuse qui se trouve dans les tissus de l'homme et des animaux 2. corps gras d'origine végétale ou minérale utilisé dans la cuisine, l'industrie, etc.

graisser *vt* 1. enduire de graisse 2. tacher de graisse • FIG., FAM. ***graisser la patte*** donner de l'argent à quelqu'un pour en obtenir un service, corrompre.

graisseux, euse *adj* 1. qui contient de la graisse 2. taché de graisse.

grammaire *nf* 1. ensemble des règles morphologiques et syntaxiques d'une langue ; étude de ces règles 2. livre qui contient ces règles.

grammatical, e, aux *adj* relatif à la grammaire.

gramme *nm* unité de masse valant un millième de kilogramme.

grand, e *adj* 1. de dimensions importantes : *un grand appartement* 2. de taille élevée : *un enfant très grand pour son âge* 3. qui a beaucoup de talent, dont le talent est reconnu : *un grand romancier ; les grands hommes* 4. qui a atteint une certaine maturité : *tu es grand maintenant* • ***grand air*** air qu'on respire dans la nature • ***grand frère, grande sœur*** frère, sœur aînés • ***grand jour*** pleine lumière • FIG. ***au grand jour*** sans rien dissimuler • ***monter sur ses grands chevaux*** se mettre en colère, s'indigner ◆ *adv* • ***voir grand*** avoir de grands projets ◆ *n* personne adulte : *spectacle pour les petits et les grands* ◆ *nm* personne importante : *les grands de ce monde.*

grand-chose *pron. indéf* • ***pas grand-chose*** presque rien : *il n'y a pas grand-chose à faire ici* ◆ *n inv* • FAM. ***un, une pas-grand-chose*** personne de peu de valeur.

grandement *adv* 1. généreusement : *faire les choses grandement* 2. beaucoup : *se tromper grandement* 3. largement, amplement : *en avoir grandement assez.*

grandeur *nf* 1. qualité de ce qui est grand 2. étendue en hauteur, longueur, largeur : *la grandeur d'une maison* 3. importance, puissance : *la grandeur d'un pays* • ***avoir la folie des grandeurs*** avoir une ambition démesurée • FIG. ***grandeur d'âme*** générosité • ***grandeur nature*** selon les dimensions réelles.

grandiloquent, e *adj* emphatique, pompeux.

grandiose *adj* d'une grandeur imposante : *un spectacle grandiose.*

grandir *vi* devenir grand, plus grand ◆ *vt* faire paraître plus grand.

grand-mère (*pl grand-mères* ou *grands-mères*) *nf* mère du père ou de la mère.

grand-peine (à) *loc adv* avec difficulté.

grand-père (*pl grands-pères*) *nm* père du père ou de la mère.

grands-parents *nm pl* le grand-père et la grand-mère.

grange *nf* bâtiment rural pour abriter la paille, le foin, les récoltes.

granit [granit] ou **granite** *nm* roche cristalline formée de quartz, de mica et de feldspath.

granny-smith *nf inv* pomme d'une variété à peau verte et à chair ferme.

granule *nm* grain ou pilule de petite taille.

granulé, e *adj* qui présente des granulations : *superficie granulée* ◆ *nm* médicament sous forme de petits grains.

granuleux, euse *adj* dont l'aspect évoque des petits grains.

graphie *nf* manière dont un mot est écrit.

graphique *adj* relatif aux procédés d'impression : *les arts graphiques* ◆ *nm* courbe ou tracé représentant les variations d'une grandeur mesurable.

graphisme *nm* 1. caractère particulier d'une écriture 2. manière de tracer un trait, un dessin.

graphologie *nf* étude de la personnalité de quelqu'un d'après son écriture, son graphisme.

grappe *nf* ensemble des fleurs ou des fruits poussant sur une tige commune (raisin, groseille, etc.).

grappiller *vt* et *vi* 1. cueillir ici et là sur une grappe, sur une branche 2. FIG. recueillir un peu partout, de façon éparse 3. FAM. réaliser de petits gains.

grappin *nm* 1. petite ancre à plusieurs pointes 2. crochet d'abordage • FAM. ***mettre le grappin sur quelqu'un*** l'accaparer.

gras, grasse *adj* 1. formé de graisse ou qui en contient : *corps gras ; foie gras* 2. taché de graisse : *des doigts gras* 3. épais, large : *caractères d'imprimerie gras* 4. grossier : *plaisanterie grasse* • ***crayon gras*** qui forme des traits épais • ***toux grasse*** qui vient des bronches • ***plantes grasses*** à feuilles épaisses et charnues • FIG. ***faire la grasse matinée*** se lever tard ◆ *nm* partie grasse d'une viande.

gras-double (*pl gras-doubles*) *nm* membrane comestible de l'estomac du bœuf.

grassement *adv* largement, généreusement : *payer grassement* • ***rire grassement*** de façon bruyante.

grassouillet, ette *adj* potelé, dodu.

gratifiant, e *adj* qui procure une satisfaction psychologique.

gratification *nf* somme d'argent versée accordée en plus de la somme convenue.

gratifier *vt* accorder une récompense, une faveur.

gratin *nm* plat cuisiné recouvert de chapelure ou de fromage et doré au four • FAM. *le gratin* les personnes les plus en vue d'un groupe, l'élite.

gratinée *nf* soupe à l'oignon saupoudrée de fromage râpé et cuite au four.

gratiner *vt* accommoder au gratin ◆ *vi* former une croûte dorée, croustillante.

gratis [gratis] *adv* FAM. gratuitement.

gratitude *nf* reconnaissance.

gratte-ciel *nm inv* bâtiment, immeuble très élevé.

gratter *vt* 1. frotter, racler une surface, avec l'ongle, un instrument, etc. : *gratter une inscription, un mot ; gratter le dos* 2. FAM. prélever de petites sommes d'argent ◆ *vi* • *gratter à la porte* frapper discrètement ◆ **se gratter** *vpr* se frotter avec les ongles.

grattoir *nm* surface enduite de soufre d'une boîte d'allumettes.

gratuit, e *adj* 1. qu'on donne sans faire payer ou qu'on reçoit sans payer 2. FIG. sans motif : *méchanceté gratuite.*

gratuité *nf* caractère de ce qui est gratuit : *la gratuité de l'enseignement.*

gravats *nm pl* décombres, débris provenant d'une démolition.

grave *adj* 1. sérieux, austère : *homme grave* 2. important, dangereux : *maladie grave* 3. bas : *voix grave* • *accent grave* descendant de gauche à droite.

graver *vt* 1. tracer une figure, des caractères sur une matière dure 2. FIG. inscrire, rendre durable : *graver dans sa mémoire.*

graveur, euse *n* 1. artiste qui réalise des gravures 2. professionnel dont le métier est de graver.

gravier *nm* petits cailloux dont on recouvre les allées, les chaussées.

gravillon *nm* gravier fin employé dans le revêtement des routes.

gravir *vt* et *vi* monter avec effort • FIG. *gravir les échelons (d'une hiérarchie)* progresser dans une hiérarchie, une carrière.

gravitation *nf* force par laquelle tous les corps s'attirent réciproquement en raison directe de leur masse et en raison inverse du carré de leur distance.

gravité *nf* 1. comportement grave 2. caractère d'une chose importante ou dangereuse 3. pesanteur • PHYS *centre de gravité* point sur lequel un corps se tient en équilibre dans toutes ses positions.

graviter *vi* 1. décrire une trajectoire autour d'un point central, en vertu de la gravitation 2. évoluer autour de quelqu'un.

gravure *nf* 1. art de graver ; l'image ainsi réalisée : *gravure sur bois, sur cuivre* 2. image, illustration : *un livre avec des gravures.*

gré *nm* • *au gré de* selon la volonté, le goût, la force de • *de gré à gré* à l'amiable • *de gré ou de force* ou *bon gré mal gré* volontairement ou par contrainte • *de bon gré* ou *de son plein gré* en acceptant volontiers • LITT. *savoir bon gré, mauvais gré* être satisfait ou mécontent.

grec, grecque *adj* et *n* de Grèce • *église grecque* église d'Orient, non soumise au pape ◆ *nm* langue grecque : *grec ancien, moderne.*

gréco-romain, e (*pl gréco-romains, es*) *adj* commun aux Grecs et aux Romains.

green [grin] *nm* espace gazonné ménagé autour de chaque trou du parcours d'un golf.

gréer *vt* garnir un bateau, un mât de voiles, poulies, cordages.

greffe *nm* lieu d'un tribunal où sont déposées les minutes des jugements, où se font les déclarations de procédure.

greffe *nf* 1. opération consistant à insérer une partie d'une plante appelée greffon, dont on désire développer les caractères ; greffon ainsi inséré 2. opération chirurgicale consistant à transférer sur un individu (homme ou animal) des parties prélevées sur lui-même ou sur un autre individu.

greffer *vt* faire une greffe.

greffier, ère *n* fonctionnaire préposé au greffe.

greffon *nm* bourgeon, jeune rameau ou tissu animal utilisé pour réaliser une greffe.

grégaire [gregɛr] *adj* qui vit en groupe • *instinct grégaire* qui pousse les hommes ou les animaux à s'assembler.

grêle *adj* 1. long et menu : *jambes grêles* 2. aigu et faible : *voix grêle* • *intestin grêle* portion étroite de l'intestin.

grêle *nf* 1. pluie congelée en grains 2. FIG. chute abondante : *grêle de pierres.*

grêler *v. impers* tomber, en parlant de la grêle.

grêlon *nm* grain de grêle.

grelot *nm* boule métallique creuse contenant un morceau de métal qui la fait résonner.

grelotter *vi* trembler de froid.

grenade *nf* 1. fruit du grenadier à la saveur aigrelette 2. projectile explosif, qu'on lance à la main ou au fusil.

grenadine *nf* sirop de couleur rouge.

grenaille *nf* métal en grains : *grenaille de plomb.*

grenat *nm* pierre fine de couleur rouge sombre ◆ *adj inv* d'un rouge sombre : *des robes grenat.*

grenier *nm* 1. partie d'un bâtiment rural destinée à conserver les grains, le foin, etc.

2. partie supérieure d'une maison, d'un bâtiment, sous les combles 3. FIG. pays, région fertile.

grenouille *nf* batracien sauteur et nageur • FAM. ***faire sauter, manger, bouffer la grenouille*** s'approprier le fonds commun • FAM. ***grenouille de bénitier*** femme dévote.

grenouillère *nf* pyjama très enveloppant, pour les nourrissons.

grès *nm* 1. roche très dure formée de grains de sable agglomérés : *pavé en grès* 2. céramique, poterie très dure.

grésil [grezil] *nm* grêle très fine.

grésiller *vi* produire de petits crépitements : *huile chaude qui grésille.*

grève *nf* 1. plage de sable et de gravier 2. interruption collective et concertée du travail par des salariés : *se mettre en grève ; faire grève.*

grever *vt* (conj 9) soumettre à de lourdes charges : *grever son budget.*

gréviste *n* qui participe à une grève.

gribouillage ou **gribouillis** *nm* écriture ou peinture réalisée sans application, sans soin.

gribouiller *vi* et *vt* faire un, des gribouillages.

grief *nm* plainte : *formuler ses griefs* • ***faire grief de*** reprocher.

grièvement *adv* gravement : *grièvement blessé.*

griffe *nf* 1. ongle crochu de certains animaux 2. signature : *apposer sa griffe* 3. nom, marque ou sigle propre à un créateur : *la griffe des grands couturiers* • ***montrer les griffes*** menacer • FIG. ***sous la griffe de*** au pouvoir de.

griffer *vt* égratigner : *griffer le visage.*

griffon *nm* chien d'arrêt, à poil long et rude.

griffonner *vt* écrire peu lisiblement.

griffure *nf* coup de griffe.

grignoter *vt* 1. manger par petites quantités 2. FIG. consommer, détruire peu à peu : *grignoter son capital.*

gri-gri (*pl gris-gris*) ou **grigri** (*pl grigris*) *nm* amulette, porte-bonheur.

gril [gril] *nm* ustensile de cuisine ou élément d'un four permettant de griller (la viande, le poisson) • FAM. ***être sur le gril*** anxieux ou impatient.

grillade *nf* viande grillée.

grillage *nm* treillis ou clôture de fil de fer.

grille *nf* 1. clôture ou séparation constituée de barreaux assemblés : *la grille d'un parc* 2. élément du four, pour les grillades 3. moyen de décoder ou d'interpréter un message plus ou moins secret • ***grille des programmes*** ensemble des programmes • ***grille des salaires*** étagement des salaires, du plus bas au plus élevé.

grille-pain *nm inv* appareil pour griller des tranches de pain.

griller *vt* 1. cuire, rôtir sur le gril 2. dessécher par un excès de chaleur ou de froid • FAM. ***être grillé*** reconnu, démasqué • FAM. ***griller une cigarette*** la fumer • FAM. ***griller un feu rouge*** ne pas s'y arrêter ◆ *vi* être exposé à une forte chaleur • ***griller de*** (suivi d'un inf.) avoir très envie de.

grillon *nm* insecte sauteur, de l'ordre des orthoptères.

grimace *nf* déformation volontaire des traits du visage, afin d'amuser ou d'exprimer un sentiment • FIG. ***faire la grimace*** exprimer sa désapprobation, son refus, son mécontentement, etc.

grimacer *vi* (conj 1) faire une, des grimaces.

grimer *vt* maquiller afin de travestir.

grimper *vi* 1. gravir en s'agrippant 2. monter : *voiture qui grimpe* 3. FIG. s'élever rapidement : *valeurs boursières qui grimpent* ◆ *vt* gravir, monter : *grimper une côte.*

grimpeur *nm* 1. coureur cycliste qui excelle à monter les côtes 2. oiseau arboricole (pic, perroquet, etc.) (les grimpeurs forment un ordre).

grincer *vi* (conj 1) produire un bruit strident • ***grincer des dents*** les frotter avec bruit, les unes contre les autres.

grincheux, euse *adj* et *n* hargneux, de mauvaise humeur.

gringalet *nm* FAM. homme chétif.

griotte *nf* cerise aigre à courte queue.

grippal, e, aux *adj* relatif à la grippe.

grippe *nf* maladie contagieuse due à un virus • FIG. ***prendre en grippe*** éprouver de l'antipathie pour quelqu'un ou quelque chose.

gripper *vi* adhérer fortement au point de ne plus fonctionner : *mécanisme qui grippe.*

gris, e *adj* 1. d'une couleur intermédiaire entre le blanc et le noir 2. FIG. plus ou moins ivre • FAM. ***matière grise*** le cerveau • ***temps gris*** couvert ◆ *nm* couleur grise.

grisaille *nf* 1. peinture en tons gris 2. atmosphère triste, maussade : *la grisaille du quotidien.*

griser *vt* 1. enivrer 2. FIG. exalter, enthousiasmer.

griserie *nf* exaltation, excitation : *la griserie du succès.*

grisonner *vi* devenir gris, en parlant des cheveux.

grive *nf* oiseau du genre merle, au plumage mêlé de blanc et de brun.

grivèlerie *nf* délit qui consiste à consommer dans un café, un restaurant, etc., sans avoir de quoi payer.

grivois, e *adj* licencieux, leste : *chanson grivoise.*

grizzli *nm* ours de grande taille, des montagnes Rocheuses.

grog *nm* boisson composée de rhum, d'eau chaude sucrée et de citron.

groggy *adj inv* qui a perdu conscience pendant quelques instants, sans être knock-out, en parlant d'un boxeur ; PAR EXT. étourdi, assommé par un choc physique ou moral.

grognement *nm* 1. cri du cochon, du sanglier, de l'ours, etc. 2. FIG. murmure de mécontentement.

grogner *vi* émettre un bruit de ronflement menaçant, en parlant d'un animal ◆ *vi* et *vt* exprimer son mécontentement d'une voix sourde et confuse.

grognon, onne *adj* et *n* qui grogne ; bougon, maussade (le féminin est rare).

groin *nm* museau du cochon, du sanglier.

grommeler *vi* (conj 6) se plaindre en murmurant des paroles indistinctes.

grondement *nm* bruit sourd et prolongé.

gronder *vi* faire entendre un bruit sourd et prolongé : *l'orage gronde* • FIG. menacer, être sur le point d'éclater : *colère qui gronde* ◆ *vt* réprimander, faire des reproches à.

groom [grum] *nm* employé, généralement en livrée, préposé à l'accueil des clients, dans un hôtel, un restaurant.

gros, grosse *adj* 1. qui a des dimensions importantes en volume, en épaisseur, en taille, en quantité, en intensité : *un gros arbre ; une grosse somme ; une grosse fièvre* 2. qui n'est pas fin ; grossier : *gros drap* • *avoir le cœur gros* avoir du chagrin • *faire les gros yeux* menacer silencieusement • *grosse mer* mer agitée • *grosse voix* voix menaçante ◆ *adv* beaucoup : *gagner gros* • *écrire gros* en gros caractères • *en gros* 1. par grandes quantités : *acheter en gros* 2. sans entrer dans le détail : *voilà en gros ce qui a été dit* • *en avoir gros sur le cœur* avoir beaucoup de peine ou de ressentiment ◆ *n* personne grosse ◆ *nm* 1. la partie la plus considérable, le principal : *le gros de la troupe* 2. vente ou achat par grandes quantités : *commerce de gros* • *pêche au gros* au gros poisson.

groseille *nf* petit fruit, rouge ou blanc, qui pousse par grappes • *groseille à maquereau* variété de grosse groseille ◆ *adj inv* de couleur rouge clair.

groseillier *nm* arbrisseau qui porte les groseilles.

grossesse *nf* état d'une femme enceinte, entre la fécondation et l'accouchement.

grosseur *nf* 1. taille, dimension, en parlant d'un volume 2. enflure d'une partie du corps.

grossier, ère *adj* 1. peu raffiné, de mauvaise qualité : *raccommodage grossier* 2. impoli, indélicat : *des plaisanteries grossières* 3. qui dénote un manque d'intelligence, d'attention : *une faute grossière* 4. rudimentaire, sommaire : *description grossière.*

grossièreté *nf* parole ou action grossière.

grossir *vt* rendre ou faire paraître plus gros, plus important : *la loupe grossit les objets ; imagination qui grossit les dangers* ◆ *vi* devenir ou paraître plus gros : *il a grossi de 5 kilos.*

grossiste *n* qui vend en gros ou en demi-gros.

grosso modo *loc adv* sans entrer dans le détail.

grotesque *adj* ridicule, extravagant.

grotte *nf* caverne, excavation.

grouillement *nm* mouvement et bruit de ce qui grouille.

grouiller *vi* fourmiller : *grouiller de monde* ◆ **se grouiller** *vpr* FAM. se hâter.

groupe *nm* 1. ensemble de personnes assemblées : *un groupe de curieux* 2. ensemble de personnes qui partagent les mêmes opinions, la même activité : *groupe politique ; groupe de travail* 3. ensemble de choses : *un groupe de maisons* • *groupe scolaire* ensemble des bâtiments d'une ou plusieurs écoles • *groupe industriel* ensemble d'entreprises liées par une direction ou une production commune • *groupe sanguin* ensemble d'individus entre lesquels le sang peut être transfusé sans agglutination des hématies.

groupement *nm* groupe, organisation qui réunit un grand nombre de personnes : *groupement syndical.*

grouper *vt* mettre en groupe, rassembler, réunir.

groupie *n* PÉJOR. partisan, admirateur inconditionnel d'un musicien, d'un chanteur, d'un parti, etc.

groupuscule *nm* PÉJOR. petit groupe de personnes de même tendance politique.

grue *nf* 1. gros oiseau échassier 2. machine pour soulever ou déplacer de lourdes charges • FIG. *faire le pied de grue* attendre longtemps.

gruger *vt* (conj 2) LITT. duper, tromper en affaires.

grumeau *nm* petite portion de matière coagulée, agglutinée.

grumeleux, euse *adj* 1. qui contient des grumeaux 2. qui a l'aspect de grumeaux.

grutier *nm* conducteur de grue.

gruyère *nm* fromage fabriqué dans la Gruyère (Suisse), dans le Jura, les Vosges et le Doubs (France).

guano [gwano] *nm* engrais à base d'excréments d'oiseaux de mer.

gué *nm* endroit d'une rivière où l'on peut passer sans perdre pied.
guenille *nf* vêtement déchiré, haillon.
guenon *nf* femelle du singe.
guépard *nm* mammifère carnassier d'Afrique et d'Asie, très rapide.
guêpe *nf* insecte social à abdomen annelé de jaune et de noir et à aiguillon • FIG. ***taille de guêpe*** très fine.
guêpier *nm* 1. nid de guêpes 2. piège, situation inextricable : *tomber dans un guêpier.*
guère *adv* (avec la négation *ne*) 1. peu : *il n'est guère actif* 2. presque exclusivement, pratiquement : *il n'y a guère que lui pour s'en souvenir.*
guéridon *nm* table ronde à pied central.
guérilla [gerija] *nf* guerre de harcèlement, d'embuscade.
guérillero [gerijero] *nm* combattant de guérilla.
guérir *vt* délivrer d'une maladie, d'un état ou d'un comportement qui handicape : *guérir un ulcère ; guérir quelqu'un de sa timidité* ◆ *vi* recouvrer la santé.
guérison *nf* action de guérir ; son résultat.
guérisseur, euse *n* personne qui soigne par des méthodes non reconnues par la médecine légale.
guérite *nf* petit abri pour une sentinelle, un gardien.
guerre *nf* 1. lutte armée et organisée entre des États, des peuples, etc. 2. lutte menée par des moyens autres que les armes : *guerre psychologique* • ***guerre civile*** entre des groupes d'une même nation • ***guerre sainte*** au nom d'un idéal religieux • ***faire la guerre à*** combattre : *faire la guerre à l'alcoolisme* • FIG. ***de bonne guerre*** légitime • ***de guerre lasse*** par lassitude.
guerrier, ère *adj* 1. relatif à la guerre 2. qui se plaît à faire la guerre : *nation guerrière* ◆ *nm* soldat, combattant.
guet [gɛ] *nm* • ***faire le guet*** guetter.
guet-apens [gɛtapɑ̃] (*pl guets-apens*) *nm* embûche, traquenard.
guetter *vt* épier.
gueule *nf* 1. bouche d'un animal 2. T.FAM. bouche, visage 3. FIG. ouverture béante de certains objets • T.FAM. ***avoir de la gueule*** de l'allure • T.FAM. ***avoir la gueule de bois*** avoir la langue pâteuse, la tête lourde après des excès de boisson • T.FAM. ***fine gueule*** gourmet.
gueule-de-loup (*pl gueules-de-loup*) *nf* plante ornementale (appelée aussi : *muflier*).
gueuler *vi* T.FAM. parler beaucoup et fort, crier.
gueuleton *nm* FAM. repas copieux.
gueux, euse *n* LITT. mendiant, vagabond.
gui *nm* plante parasite de certains arbres.
guichet *nm* 1. VX. ouverture pratiquée dans une porte, un mur, afin de communiquer 2. le comptoir d'un lieu public (poste, banque, etc.) • ***jouer à guichets fermés*** en ayant vendu tous les billets (avant un match, une représentation).
guichetier, ère *n* personne qui travaille derrière un guichet.
guide *n* 1. personne qui accompagne pour montrer le chemin, pour faire visiter : *guide de haute montagne* 2. FIG. personne qui conseille, qui apporte une aide morale : *guide spirituel* ◆ *nm* ouvrage qui renseigne sur un sujet quelconque : *guide touristique.*
guide *nf* lanière de cuir attachée au mors d'un cheval pour le diriger.
guider *vt* 1. accompagner pour montrer le chemin, diriger : *guider un aveugle* 2. mener, pousser : *son instinct le guide.*
guidon *nm* barre commandant la direction d'une bicyclette, d'une moto.
guigne *nf* FAM. malchance.
guigner *vt* 1. regarder à la dérobée 2. FAM. convoiter.
guignol *nm* 1. marionnette d'origine lyonnaise 2. théâtre de marionnettes à gaine 3. FIG. personne ridicule, qui fait le clown.
guillemet *nm* signe typographique double (« , ») qu'on emploie pour mettre un mot en valeur ou signaler une citation.
guilleret, ette *adj* vif et gai.
guillotine *nf* 1. instrument qui servait à décapiter les condamnés à mort 2. peine de mort • ***fenêtre à guillotine*** à châssis glissant verticalement.
guillotiner *vt* décapiter au moyen de la guillotine.
guimauve *nf* 1. mauve à racine émolliente ; racine de cette plante 2. sentimental et mièvre • ***pâte de guimauve*** confiserie molle et très sucrée.
guindé, e *adj* qui manque de naturel, qui témoigne d'une certaine raideur ; affecté, pompeux.
guingois (de) *loc adv* FAM. de travers.
guinguette *nf* bistrot, restaurant de quartier où l'on pouvait, autrefois, danser.
guirlande *nf* ornement, décoration en forme de ruban : *guirlandes de Noël.*
guise *nf* • ***à ma (ta...) guise*** comme je (tu...) veux • ***en guise de*** à la place de.
guitare *nf* instrument de musique à cordes qu'on pince avec les doigts.
guitariste *n* joueur de guitare.
gustatif, ive *adj* relatif au goût : *papilles gustatives.*
guttural, e, aux *adj* • ***voix gutturale*** qui vient de la gorge ◆ *nf* et *adj* consonne qui se prononce de la gorge (comme *g, k, q*).
gymnase *nm* salle couverte où l'on pratique un sport, la gymnastique.
gymnaste *n* qui exécute des figures ou des exercices de gymnastique.

gymnastique *nf* 1. ensemble d'exercices physiques destinés à assouplir et à fortifier le corps 2. FIG. effort intellectuel pour résoudre un problème, une difficulté.

gymnique *adj* de gymnastique : *exercices gymniques.*

gynécologie *nf* spécialité médicale consacrée à l'organisme de la femme et à son appareil génital.

gypse *nm* roche utilisée pour fabriquer le plâtre.

gyrophare *nm* phare rotatif équipant les ambulances, les voitures de police, etc.

H

h *nm* huitième lettre de l'alphabet : *h muet ; h aspiré* • *heure H* heure fixée à l'avance pour un rendez-vous ou une action quelconque REM. si l'*h* est muet, il y a élision ou liaison : *l'homme, les hommes* ; si l'*h* est aspiré (le mot est précédé d'un astérisque dans le dictionnaire), il n'y a ni élision ni liaison : *le héros, les héros.*

***ha** *interj* marque la surprise, le soulagement.

habile *adj* qui agit avec adresse, avec ingéniosité ou avec ruse ; qui dénote ces qualités : *un artisan habile ; un scénario habile* • *habile à* qui excelle à.

habileté *nf* qualité d'une personne habile ; adresse, dextérité.

habiliter *vt* DR rendre apte à accomplir un acte juridique.

habillé, e *adj* 1. vêtu 2. élégant, chic : *robe habillée.*

habillement *nm* ensemble des vêtements.

habiller *vt* 1. vêtir quelqu'un, lui fournir des vêtements 2. aller bien, convenir, être seyant : *robe qui habille bien* 3. recouvrir, envelopper : *habiller un fauteuil d'une housse* ◆ **s'habiller** *vpr* 1. mettre ses vêtements sur soi 2. se fournir en vêtements 3. revêtir une toilette élégante : *s'habiller pour une soirée.*

habit *nm* 1. pièce de l'habillement 2. vêtement masculin de cérémonie 3. vêtement ecclésiastique : *prendre l'habit* • *habit vert* celui des académiciens ◆ **habits** *nm pl* ensemble des pièces de l'habillement ; vêtements.

habitacle *nm* partie d'un avion, d'un engin spatial réservée à l'équipage.

habitant, e *n* qui habite en un lieu.

habitat *nm* 1. ensemble des conditions relatives à l'habitation : *amélioration de l'habitat* 2. lieu habité par une plante, un animal à l'état sauvage.

habitation *nf* lieu, maison où l'on habite : *habitation isolée.*

habiter *vt* et *vi* 1. demeurer : *habiter à Paris* 2. avoir pour domicile : *habiter un pavillon.*

habitude *nf* manière d'être ; coutume : *contracter de bonnes habitudes* • *d'habitude* ordinairement, habituellement.

habitué, e *n* qui fréquente habituellement un lieu : *habitués d'un café.*

habituer *vt* faire prendre l'habitude de, accoutumer à.

***hache** *nf* instrument tranchant pour fendre, couper le bois, etc.

***hacher** *vt* 1. couper en petits morceaux ; déchiqueter 2. FIG. séparer les syllabes d'un mot, d'une phrase.

***hachis** *nm* préparation culinaire à base d'aliments hachés.

***hachisch** ou ***haschisch** *nm* produit narcotique tiré du chanvre indien.

***hachoir** *nm* 1. table ou planche pour hacher des aliments 2. ustensile pour hacher.

***hachure** *nf* chacun des traits formant les ombres, les reliefs d'une carte, d'une gravure, etc.

***haddock** *nm* églefin fumé.

***hagard, e** *adj* hébété, effaré.

***haie** *nf* 1. clôture d'épines, de branchages 2. rangée de choses ou de personnes : *faire une haie d'honneur* 3. obstacle artificiel employé dans certaines courses • *haie vive* haie d'arbustes ou d'autres plantes qui ont pris racine.

***haillon** *nm* vêtement qui tombe en lambeaux ; guenille.

***haine** *nf* sentiment de forte animosité ou de vive répugnance.

***haineux, euse** *adj* 1. porté à la haine 2. inspiré par la haine.

***haïr** *vt* (conj 13) 1. vouloir du mal à quelqu'un ; détester, exécrer 2. avoir de la répugnance pour quelque chose.

***haïssable** *adj* qui mérite la haine.

***halage** *nm* action de haler • *chemin de halage* chemin réservé le long des cours d'eau et des canaux pour remorquer un bateau.

***hâle** *nm* brunissement provoqué par le soleil, le grand air.

haleine *nf* 1. air qui sort des poumons 2. respiration, souffle : *perdre haleine* • FIG. *ouvrage de longue haleine* qui demande beaucoup de temps • *reprendre haleine* s'arrêter pour retrouver une respiration régulière • *tenir en haleine* retenir l'attention.

***haler** *vt* 1. tirer pour amener à soi ou élever, en général avec effort 2. remorquer un bateau à l'aide d'un câble à partir du rivage.

***hâler** *vt* brunir le teint.

***halètement** *nm* respiration forte et saccadée.

***haleter** *vi* (conj 7) respirer avec difficulté.

***hall** [ɔl] *nm* 1. salle de vastes dimensions : *le hall d'une gare* 2. vestibule.

***halle** *nf* lieu où se tient un marché en gros : *halle au blé, aux vins.*

hallucinant, e *adj* extraordinaire, incroyable : *une ressemblance hallucinante.*

halluciné, e *n* et *adj* qui a des hallucinations.

hallucinogène *nm* et *adj* se dit d'une substance qui crée artificiellement des hallucinations.

***halo** *nm* 1. zone circulaire diffuse autour d'un corps lumineux 2. FIG. rayonnement, aura : *un halo de gloire.*

halogène *nm* et *adj* 1. corps de la famille du chlore (le fluor, le brome, l'iode) 2. lampe à incandescence contenant un halogène.

***halte** *nf* 1. moment d'arrêt pendant une marche : *faire halte* 2. lieu où l'on s'arrête, étape.

***halte-garderie** (*pl haltes-garderies*) *nf* lieu d'accueil de courte durée pour des enfants en bas âge.

haltère *nm* instrument de gymnastique formé de deux masses réunies par une barre.

haltérophilie *nf* sport des poids et haltères.

***hamac** *nm* toile ou filet suspendu, servant de lit.

***hamburger** [ɑ̃burgœr] *nm* bifteck haché, souvent servi entre deux tranches de pain.

***hameau** *nm* groupe de maisons situé en dehors de l'agglomération principale d'une commune.

hameçon *nm* petit crochet pointu fixé à une ligne pour prendre du poisson • FIG. *mordre à l'hameçon* se laisser tenter, séduire.

***hammam** [amam] *nm* établissement où l'on prend des bains de vapeur.

***hamster** [amstɛr] *nm* petit rongeur que l'on peut domestiquer.

***hanche** *nf* articulation de la jambe et du tronc.

***handball** [ɑ̃dbal] *nm* sport d'équipe qui se joue avec un ballon rond et uniquement avec les mains.

***handicap** *nm* 1. épreuve sportive dans laquelle on avantage certains concurrents pour égaliser les chances 2. désavantage de poids, de distance, etc., imposé à un concurrent 3. désavantage quelconque 4. infirmité ou déficience, congénitale ou acquise, des capacités physiques ou mentales : *handicap moteur.*

***handicapé, e** *n* et *adj* personne atteinte d'un handicap physique ou mental.

***handicaper** *vt* 1. équilibrer les chances des concurrents dans un handicap 2. FIG. désavantager.

***hangar** *nm* abri ouvert sur les côtés et servant à divers usages : *hangar pour avions.*

***hanneton** *nm* insecte coléoptère commun en Europe.

hanter** *vt* obséder, occuper l'esprit de quelqu'un : *hanté par le remords* • ***lieu hanté habité par l'idée de quelque chose ou de quelqu'un.

***hantise** *nf* obsession, peur maladive.

***happer** *vt* 1. saisir brusquement avec la gueule, le bec, en parlant d'un animal 2. accrocher, agripper : *happer un piéton.*

***hara-kiri** (*pl hara-kiris*) *nm* au Japon, mode de suicide qui consiste à s'ouvrir le ventre avec un sabre.

***harangue** *nf* discours prononcé devant une assemblée.

***haras** [ara] *nm* établissement où l'on élève des étalons et des juments.

***harasser** *vt* fatiguer à l'excès ; exténuer.

***harcèlement** *nm* action de harceler.

***harceler** *vt* (conj 5) 1. soumettre à des attaques répétées 2. FIG. importuner par des demandes ou des critiques continuelles.

***harde** *nf* troupe de bêtes sauvages : *harde de cerfs.*

***hardi, e** *adj* 1. courageux, audacieux : *alpiniste hardi* 2. LITT. effronté, insolent 3. conçu, exécuté avec audace, imagination : *projet hardi.*

***hardiesse** *nf* caractère d'une personne ou d'une chose hardie.

***harem** [arɛm] *nm* appartement des femmes, dans les pays musulmans ; ensemble des femmes du harem.

hareng** [arɑ̃] *nm* poisson des mers tempérées • ***hareng saur fumé.

***hargne** *nf* mauvaise humeur, irritation accompagnée d'agressivité.

***hargneux, euse** *adj* d'humeur méchante, agressive.

haricot** *nm* plante légumineuse cultivée pour ses fruits comestibles ; fruit de cette plante en gousse ou en grain : *haricots verts, blancs, rouges* • ***haricot de mouton ragoût fait avec du mouton, des navets et des pommes de terre • FAM. ***la fin des haricots*** la fin de tout, la catastrophe finale • FAM. ***pour des haricots*** pour rien.

***harissa** *nf* sauce forte à base de piment.

harmonica *nm* instrument de musique composé de lames de métal qu'on fait vibrer en soufflant.

harmonie *nf* 1. accord ou suite de sons agréables à l'oreille 2. science de la formation et de la succession des accords 3. orchestre composé d'instruments à vent et de percussions 4. accord entre différents éléments : *harmonie des couleurs* 5. entente entre des personnes.

harmonieux, euse *adj* 1. agréable à l'oreille : *mélodie harmonieuse* 2. dont l'équilibre produit un effet agréable : *architecture harmonieuse.*

harmoniser *vt* 1. mettre en harmonie, en accord 2. MUS composer une harmonie sur.

harmonium *nm* petit orgue portatif.

***harnachement** *nm* 1. action de harnacher 2. ensemble des pièces composant le harnais 3. FIG., FAM. accoutrement ridicule.

***harnacher** *vt* 1. mettre le harnais 2. FIG., FAM. accoutrer de façon ridicule.

***harnais** *nm* 1. ensemble de l'équipement d'un cheval de trait ou de selle 2. ensemble des sangles entourant le torse de quelqu'un pour le protéger contre les chutes.

***haro** *nm* • LITT. *crier haro sur* s'élever contre.

***harpe** *nf* instrument de musique triangulaire à cordes inégales, que l'on pince des deux mains.

***harpiste** *n* qui joue de la harpe.

***harpon** *nm* instrument muni d'un crochet recourbé, pour la pêche des gros poissons.

***harponner** *vt* 1. accrocher avec un harpon 2. FIG., FAM. saisir, arrêter quelqu'un au passage.

hasard** *nm* 1. événement heureux ou malheureux dû à une suite de circonstances imprévues : *le hasard d'une rencontre* 2. sort, chance : *jeu de hasard ; s'en remettre au hasard* • ***à tout hasard en prévision d'un événement possible • ***au hasard*** à l'aventure : *marcher dans les rues au hasard* • ***par hasard*** fortuitement.

***hasarder** *vt* 1. LITT. aventurer, risquer 2. tenter, entreprendre témérairement : *hasarder une démarche, une opinion* ◆ **se hasarder** *vpr* se résoudre à faire quelque chose qui présente des risques.

***haschisch** *nm* › hachisch.

***hase** *nf* femelle du lièvre.

hâte** *nf* empressement, rapidité • ***en hâte ou ***à la hâte*** promptement, avec précipitation.

***hâter** *vt* presser, accélérer : *hâter le pas.*

***hausse** *nf* 1. augmentation de quantité, de valeur, de degré, de prix : *la hausse des loyers* 2. appareil pour le pointage des armes à feu.

haussement** *nm* • ***haussement d'épaules mouvement des épaules pour marquer le mépris, l'indifférence.

hausser** *vt* 1. rendre plus haut ; mettre dans une position plus élevée : *hausser un mur ; hausser un meuble* 2. augmenter, majorer : *hausser les prix* • ***hausser le ton, la voix les rendre plus forts, plus aigus • ***hausser les épaules*** les lever en signe de mépris, d'indifférence.

haut, e** *adj* 1. qui a une certaine dimension dans le sens vertical : *immeuble haut de dix étages* 2. qui a une grande dimension dans le sens vertical, élevé : *hautes branches ; la rivière est haute* 3. qui a beaucoup d'intensité ; fort, élevé : *parler à voix haute ; hautes températures* 4. aigu : *note haute* 5. supérieur : *la haute bourgeoisie* 6. reculé dans le temps : *la haute antiquité* 7. se dit d'une région située plus loin de la mer, d'un cours d'eau situé plus près de la source : *la haute Loire ; la haute Normandie* • ***crime de haute trahison relatif à la sûreté de l'État • ***haut en couleur*** coloré • ***la haute mer*** la pleine mer ◆ *adv* 1. à haute altitude 2. à un degré élevé 3. à haute voix : *parler haut et fort* ◆ *nm* 1. partie haute, sommet : *le haut d'un arbre* 2. hauteur, élévation : *dix mètres de haut* • ***de haut*** 1. d'un endroit élevé 2. FIG. avec mépris, insolence • ***en haut*** sur un lieu élevé, à l'étage supérieur • ***tomber de (tout) son haut*** 1. de toute sa hauteur 2. FIG. être très surpris.

***hautain, e** *adj* fier, méprisant.

***hautbois** *nm* instrument de musique à trous et à clefs.

***haut-de-forme** (*pl hauts-de-forme*) *nm* chapeau haut et cylindrique.

***haute-fidélité** (*pl hautes-fidélités*) *nf* technique de reproduction du son de grande qualité (abréviation : *hi-fi*).

hauteur** *nf* 1. dimension de la base au sommet : *hauteur d'un arbre* 2. élévation relative d'un corps : *hauteur d'un astre* 3. MATH perpendiculaire abaissée du sommet à la base d'un triangle 4. lieu élevé : *grimper sur une hauteur* 5. degré d'acuité ou de gravité d'un son 6. FIG. élévation : *hauteur d'âme* 7. fierté, mépris : *parler avec hauteur* • ***à la hauteur de au niveau de : *à la hauteur de la boulangerie* • ***être à la hauteur*** avoir les capacités nécessaires.

***haut-fourneau** (*pl hauts-fourneaux*) *nm* construction destinée à effectuer la fusion et la réduction des minerais de fer en vue d'élaborer la fonte.

***haut-le-cœur** *nm inv* nausée.

***haut-parleur** (*pl haut-parleurs*) *nm* appareil de transmission et d'amplification des sons.

***havane** *nm* tabac ou cigare de La Havane ◆ *adj inv* couleur marron clair : *toile havane.*

***havre** *nm* 1. port abrité 2. LITT. refuge contre l'adversité : *un havre de paix.*

hayon [ajɔ̃] *nm* partie mobile à l'arrière d'un véhicule, s'ouvrant de bas en haut.

hebdomadaire *adj* de la semaine, de chaque semaine : *travail hebdomadaire* ◆ *nm* périodique qui paraît chaque semaine.

hébergement *nm* action d'héberger, de loger.

héberger *vt* (conj 2) recevoir, loger : *héberger des amis.*

hébété, e *adj* ahuri, qui est ou paraît stupide.

hébétement *nm* état de celui qui est hébété.
hébraïque *adj* relatif aux Hébreux, à leur langue.
hébreu *adj m* relatif au peuple juif REM. au féminin, on dit seulement hébraïque ◆ *nm* langue des Hébreux, parlée aujourd'hui en Israël • FAM. ***c'est de l'hébreu*** une chose incompréhensible.
hécatombe *nf* 1. massacre d'un grand nombre de personnes ou d'animaux 2. grand nombre de personnes atteintes ou éliminées.
hectare *nm* mesure de superficie valant 100 ares, ou 10 000 mètres carrés.
hectolitre *nm* volume de 100 litres.
hégémonie *nf* suprématie, supériorité politique, sociale, etc.
***hélas** *interj* exprime le regret, une plainte.
***héler** *vt* (conj 10) appeler, interpeller de loin : *héler un taxi.*
hélice *nf* appareil de propulsion, de traction ou de sustentation d'un bateau, d'un avion, etc.
hélicoïdal, e, aux *adj* en forme d'hélice.
hélicoptère *nm* appareil d'aviation capable de s'élever verticalement au moyen d'hélices horizontales.
héliport *nm* aéroport pour hélicoptères.
hélium *nm* gaz léger qui existe en petite quantité dans l'air (symb : He).
hellénique *adj* relatif à la Grèce.
hellénistique *adj* se dit de la période de la civilisation grecque allant de la conquête d'Alexandre (IVe s. av. J.-C.) à la conquête romaine (IIe s. av. J. -C.).
helvète ou **helvétique** *adj* et *n* de la Suisse.
hématie [-si] *nf* globule rouge du sang coloré par l'hémoglobine.
hématologie *nf* étude scientifique du sang.
hématome *nm* épanchement de sang dans une cavité naturelle ou sous la peau.
hémicycle *nm* 1. tout espace disposé en demi-cercle 2. amphithéâtre semi-circulaire.
hémiplégie *nf* paralysie d'une moitié du corps.
hémisphère *nm* 1. moitié d'une sphère, en particulier chacune des deux moitiés du globe terrestre ou de la sphère céleste, séparées par l'équateur 2. chacune des deux moitiés du cerveau.
hémoglobine *nf* pigment rouge du sang.
hémophilie *nf* maladie héréditaire caractérisée par un retard ou une absence de coagulation du sang.
hémorragie *nf* 1. MÉD écoulement de sang important 2. FIG. fuite, perte : *une hémorragie de devises.*
hémorroïde *nf* varice des veines de l'anus.
***henné** *nm* plante d'Arabie dont les feuilles fournissent une teinture rouge pour les cheveux ; cette teinture.
***hennir** *vi* pousser un cri, en parlant du cheval.
hépatique *adj* relatif au foie.
hépatite *nf* inflammation du foie SYN. *jaunisse.*
heptagonal, e, aux *adj* à sept côtés.
héraldique *nf* étude des blasons et des armoiries ◆ *adj* relatif au blason, aux armoiries.
herbacé, e *adj* qui a l'aspect, qui est de la nature de l'herbe : *plante herbacée.*
herbage *nm* pâturage permanent.
herbe *nf* 1. plante dont la tige verte et molle meurt chaque année : *herbes médicinales ; fines herbes* 2. végétation naturelle composée de plantes herbacées : *s'allonger dans l'herbe* • FIG. ***couper l'herbe sous les pieds de quelqu'un*** le devancer, le supplanter • ***en herbe*** en puissance : *artiste en herbe* • ***fines herbes*** plantes employées comme assaisonnement • ***mauvaise herbe*** 1. nuisible aux cultures 2. FIG. personne jeune dont on ne peut rien attendre de bon.
herbicide *adj* et *nm* qui détruit les mauvaises herbes.
herbier *nm* collection de plantes desséchées et conservées entre des feuilles de papier.
herbivore *nm* et *adj* qui se nourrit d'herbe : *les ruminants sont tous des herbivores.*
herboriste *n* qui vend des herbes à usage médicinal.
héréditaire *adj* transmis par hérédité.
hérédité *nf* 1. transmission par succession 2. transmission des caractères génétiques d'une génération aux suivantes.
hérésie *nf* doctrine en opposition avec une doctrine officielle ou les opinions communément admises.
hérétique *adj* qui tient de l'hérésie ◆ *n* qui professe une hérésie.
hérissé, e** *adj* 1. dressé : *cheveux hérissés* 2. qui présente des pointes, des piquants • FIG. ***hérissé de rempli de : *hérissé de difficultés.*
***hérisser** *vt* garnir de pointes, de piquants : *hérisser de clous* ◆ **se hérisser** *vpr* 1. se dresser, en parlant des cheveux, du poil 2. FIG. s'indigner, se révolter.
***hérisson** *nm* 1. mammifère insectivore au corps couvert de piquants 2. brosse métallique sphérique pour ramoner les cheminées.
héritage *nm* 1. bien ou ensemble de biens transmis par succession 2. FIG. ce qui est transmis par les parents, par les générations précédentes : *l'héritage culturel.*
hériter *vt* et *vt ind* [de] recevoir par héritage.
héritier, ère *n* qui hérite ou doit hériter.

hermaphrodite *n* et *adj* qui présente les organes reproducteurs des deux sexes SYN. *bissexué.*

hermétique *adj* 1. qui ferme parfaitement : *couvercle hermétique* 2. difficile à comprendre : *tenir un discours hermétique.*

hermétisme *nm* caractère de ce qui est hermétique, difficile à comprendre.

hermine *nf* mammifère carnassier dont le pelage, fauve l'été, devient blanc l'hiver.

***hernie** *nf* sortie d'un organe ou d'une partie d'organe hors de sa cavité naturelle : *hernie ombilicale.*

héroïne *nf* › héros.

héroïne *nf* stupéfiant dérivé de la morphine.

héroïnomane *n* toxicomane à l'héroïne.

héroïque *adj* 1. qui se conduit en héros : *soldat héroïque* 2. qui dénote de l'héroïsme : *action héroïque* 3. téméraire, hardi : *une résolution héroïque* • *temps héroïques* qui se rapporte au début, aux premiers temps de quelque chose : *les temps héroïques du début de l'aviation.*

héroïsme *nm* 1. caractère héroïque d'une personne, d'une action 2. courage exceptionnel.

***héron** *nm* oiseau échassier à long bec, au cou long et grêle.

***héros** *nm* MYTH demi-dieu.

***héros, héroïne** *n* 1. personnage principal d'une œuvre de fiction ; personne qui tient l'un des rôles les plus importants dans une action réelle 2. personne qui se distingue par ses actions éclatantes, son courage face au danger.

herpès [-pɛs] *nm* éruption cutanée d'origine virale.

***herse** *nf* 1. AGRIC instrument comprenant plusieurs rangées de dents, pour travailler le sol en surface 2. HIST grille armée de pointes qu'on abaissait pour fermer les portes d'une place forte, d'un château.

hertz *nm* unité de mesure de fréquence.

hertzien, enne *adj* relatif aux ondes et aux phénomènes radioélectriques.

hésitation *nf* action d'hésiter.

hésiter *vi* 1. être indécis, irrésolu : *hésiter avant d'accepter* 2. marquer son indécision, son embarras.

hétéroclite *adj* composé d'éléments disparates.

hétérogène *adj* composé d'éléments de nature différente.

hétérosexuel, elle *adj* et *n* que sa sexualité attire vers le sexe opposé.

***hêtre** *nm* grand arbre à bois blanc dont les fruits sont les faines ; bois de cet arbre.

heure *nf* 1. vingt-quatrième partie du jour : *il part dans deux heures ; en avion, Paris est à une heure de Londres ; être payé à l'heure* 2. moment déterminé du jour : *il est trois heures ; être à l'heure* 3. moment du jour déterminé par une activité quelconque : *l'heure du dîner, du départ* • *à cette heure* en ce moment précis • *à la bonne heure* soit, c'est bien • *à toute heure* continuellement • *de bonne heure* tôt • FAM. *passer un mauvais quart d'heure* un moment désagréable • FAM. *remettre les pendules à l'heure* faire le point • *sur l'heure* à l'instant même • *tout à l'heure* dans un moment.

heureusement *adv* 1. par bonheur 2. de manière avantageuse, favorable.

heureux, euse *adj* 1. qui jouit du bonheur, favorisé par le sort : *joueur heureux* 2. qui traduit le bonheur, le succès : *une issue heureuse* 3. juste, adéquat : *une heureuse décision* ◆ *n* personne heureuse.

***heurt** [œr] *nm* 1. choc, cahot 2. FIG. désaccord.

***heurter** *vt* 1. choquer rudement 2. FIG. contrarier, déplaire.

***heurtoir** *nm* 1. marteau de porte 2. CH. DE F butoir d'une voie en cul-de-sac.

hévéa *nm* arbre à caoutchouc.

hexagonal, e, aux *adj* à six côtés.

hexagone *nm* polygone à six angles.

hiatus [jatys] *nm* 1. juxtaposition de deux voyelles, à l'intérieur d'un mot (EX : *aorte*) ou entre deux mots (EX : *il alla à Amiens*) 2. FIG. discontinuité, interruption, décalage entre deux faits.

hibernal, e, aux *adj* qui a lieu en hiver.

hiberner *vi* 1. passer l'hiver dans l'engourdissement, en parlant de certains animaux (marmotte, loir, etc.) 2. FIG. rester chez soi sans voir personne ; être dans un état d'inertie, d'improductivité.

***hibou** (*pl hiboux*) *nm* oiseau de proie nocturne.

***hic** *nm inv* FAM. nœud de la question, difficulté : *voilà le hic.*

***hideux, euse** *adj* 1. horrible à voir 2. ignoble, repoussant.

hier [ijɛr] *adv* 1. le jour précédent celui où l'on est 2. dans un passé récent • FAM. *ne pas dater d'hier* être ancien • FAM. *ne pas être né d'hier* avoir de l'expérience, savoir à quoi s'en tenir.

***hiérarchie** *nf* ordre, classement à l'intérieur d'un groupe, d'un ensemble.

***hiérarchiser** *vt* régler d'après un ordre hiérarchique.

hiératique *adj* LITT. d'une raideur solennelle, figée : *attitude hiératique.*

hiéroglyphe *nm* 1. caractère de l'écriture des anciens Égyptiens 2. FIG. écriture difficile à déchiffrer.

***hi-fi** *nf inv* abrév. de *haute-fidélité.*

hilarant, e *adj* qui provoque le rire, l'hilarité • CHIM *gaz hilarant* protoxyde d'azote.

hilare *adj* qui rit beaucoup, d'une grande gaieté.

hilarité *nf* explosion de rire.

hindou, e *adj* relatif à l'hindouisme ◆ *n* adepte de l'hindouisme.

hindouisme *nm* religion polythéiste de l'Inde.
hippie (*pl hippies*) *n* et *adj* qui prône la non-violence, la vie en communauté, le retour à la nature, en réaction contre la société de consommation.
hippique *adj* relatif à l'équitation.
hippisme *nm* sport hippique.
hippodrome *nm* champ de courses hippiques.
hippopotame *nm* 1. mammifère pachyderme vivant dans les fleuves d'Afrique 2. FAM. personne énorme.
hirondelle *nf* oiseau passereau migrateur, à bec large, à queue fourchue, aux ailes longues • *hirondelle de mer* sterne.
hirsute *adj* dont les cheveux ou la barbe sont en désordre.
hispanique *adj* de l'Espagne.
hispanophone *adj* et *n* de langue espagnole.
***hisser** *vt* tirer vers le haut.
histoire *nf* 1. ensemble des faits et des événements passés : *aimer l'histoire* 2. étude, récit du passé relatif à une période, à un thème ou à une personne en particulier : *histoire de l'aéronautique ; histoire des ducs de Rohan* 3. science qui étudie le passé 4. récit de faits réels ou fictifs : *histoire triste, drôle* ◆ **histoires** *nf pl* • FAM. *faire des histoires* chercher des complications, faire des embarras.
historien, enne *n* spécialiste d'histoire, auteur d'ouvrages d'histoire.
historiographe *nm* écrivain chargé d'écrire l'histoire de son temps ou d'un souverain.
historique *adj* qui appartient à l'histoire ; attesté par l'histoire ◆ *nm* narration, exposé chronologique : *faire un historique.*
***hit-parade** (*pl hit-parades*) *nm* palmarès, cote de popularité obtenu par une chanson, une vedette, etc.
hiver *nm* la plus froide des quatre saisons de l'année (22 déc-21 mars, dans l'hémisphère Nord).
hivernage *nm* 1. saison des pluies, dans les régions tropicales 2. temps de relâche pour les navires, en hiver 3. séjour des troupeaux à l'étable pendant l'hiver.
hivernal, e, aux *adj* de l'hiver.
hivernale *nf* ascension en haute montagne durant l'hiver.
hiverner *vi* passer la mauvaise saison à l'abri.
H.L.M. *nm* ou *nf* (sigle de Habitation à Loyer Modéré) immeuble construit sous l'impulsion des pouvoirs publics et dont les logements sont destinés à des familles aux revenus modestes.
***hobby** [ɔbi] (*pl hobbys* ou *hobbies*) *nm* activité que l'on pratique pour son seul plaisir ; passe-temps.
***hochement** *nm* action de hocher la tête ; ce mouvement.
***hocher** *vt* • *hocher la tête* la secouer de bas en haut ou de droite à gauche.
***hochet** *nm* petit jouet à grelot, pour les bébés.
***hockey** [ɔkɛ] *nm* jeu de balle collectif à la crosse • *hockey sur glace* jeu analogue pratiqué sur la glace par des patineurs.
***holà** *interj* sert pour appeler, pour arrêter, etc. ◆ *nm inv* • *mettre le holà* faire cesser quelque chose, rétablir l'ordre.
***holding** [ɔldiŋ] *nm* ou *nf* société anonyme qui contrôle, grâce à ses participations financières, un groupe d'entreprises de même nature.
***hold-up** [ɔldœp] *nm inv* attaque à main armée, organisée en vue de dévaliser une banque, un bureau de poste, etc.
***hollandais, e** *adj* et *n* de la Hollande ◆ *nm* dialecte néerlandais parlé en Hollande.
holocauste *nm* 1. massacre d'un grand nombre de personnes, génocide 2. SPÉCIAL. extermination des juifs par les nazis entre 1939 et 1945.
hologramme *nm* image obtenue par holographie.
holographie *nf* méthode de photographie en relief utilisant les interférences produites par deux faisceaux lasers.
***homard** *nm* crustacé à chair très appréciée, à grosses pinces.
homélie *nf* 1. RELIG sermon, au cours de la messe 2. LITT. discours moralisateur.
homéopathie *nf* système thérapeutique qui consiste à traiter les malades à l'aide d'agents qui déterminent une affection analogue à celle qu'on veut combattre CONTR. *allopathie.*
homicide *nm* acte de celui qui tue un être humain : *homicide par imprudence* ◆ *adj* et *n* qui tue quelqu'un ou qui cherche à le tuer : *intentions homicides.*
hommage *nm* marque de courtoisie ou de respect • *rendre hommage à (quelqu'un* ou *quelque chose)* témoigner son estime à ◆ **hommages** *nm pl* • *présenter ses hommages* saluer avec civilité.
homme *nm* 1. l'être humain (par oppos. aux *animaux*) : *le rire est le propre de l'homme* 2. personne de sexe masculin (par oppos. aux *femmes*) : *profession autrefois réservée aux hommes* 3. adulte de sexe masculin (par oppos. aux *enfants, adolescents*) : *tu deviendras un homme, mon fils* 4. individu d'un groupe : *une armée de dix mille hommes* 5. personne de sexe masculin considérée du point de vue de ses qualités, de celles attribuées à son sexe ou de ses caractéristiques sociales ou professionnelles : *un brave homme ; vas-y, si tu es un homme ; homme d'affaires* • *d'homme à homme* en toute franchise : *parlons d'homme à homme*

• *grand homme* dont la vie et les actions provoquent l'admiration, le respect (à ne pas confondre avec un *homme grand*, de grande taille) • *homme de lettres* écrivain • *homme de loi* magistrat, avocat, etc. • *homme de main* qui agit pour le compte d'un autre • *homme de paille* prête-nom dans une affaire malhonnête.

homme-grenouille (*pl hommes-grenouilles*) *nm* nageur équipé d'un appareil lui permettant de respirer et de travailler un certain temps sous l'eau.

homme-orchestre (*pl hommes-orchestres*) *nm* personne aux compétences multiples.

homme-sandwich (*pl hommes-sandwichs*) *nm* homme qui promène sur lui un ou des panneaux publicitaires.

homogène *adj* formé d'éléments de même nature.

homogénéiser *vt* rendre homogène.

homologue *adj* 1. qui correspond à ; équivalent 2. CHIM se dit de corps organiques remplissant les mêmes fonctions ◆ *n* personne qui est dans les mêmes conditions de vie, de travail qu'une autre.

homologuer *vt* confirmer, enregistrer officiellement.

homonyme *adj* et *nm* GRAMM se dit d'un mot qui a la même prononciation qu'un autre mais dont l'orthographe diffère. (EX : *saint, sein, seing, ceint*) ◆ *n* qui porte le même nom qu'un autre.

homosexuel, elle *adj* et *n* qui éprouve une affinité sexuelle pour les personnes de son sexe.

honnête *adj* 1. probe, juste, intègre : *un commerçant honnête* 2. correct, convenable : *un prix honnête.*

honnêteté *nf* qualité d'une personne honnête.

honneur *nm* 1. sentiment que l'on a de sa propre dignité : *sauver son honneur ; c'est tout à ton honneur* 2. personne ou chose dont on est fier : *c'est l'honneur de sa famille* 3. démonstration d'estime, de respect : *donner une fête en l'honneur de quelqu'un* • *affaire d'honneur* qui met en cause la réputation de quelqu'un • *demoiselle, garçon d'honneur* qui accompagne un cortège nuptial • FAM. *faire honneur à (une boisson, un mets)* les déguster avec plaisir • *légion d'honneur* ordre national français • *parole d'honneur* qui engage solennellement • *point d'honneur* sur lequel on joue sa réputation • *rendre honneur à* honorer, rendre hommage • *tomber au champ d'honneur* mourir lors d'un combat militaire ◆ **honneurs** *nm pl* marques d'intérêt ou de distinction : *aspirer aux honneurs ; avoir les honneurs de la presse.*

honorable *adj* 1. digne d'être honoré ; estimable : *fortune honorable* 2. convenable, suffisant 3. qui fait honneur, qui attire la considération.

honoraire *adj* qui porte un titre honorifique sans en exercer les fonctions ◆ **honoraires** *nm pl* rétribution des professions libérales : *honoraires d'un médecin.*

honorer *vt* 1. témoigner de l'estime, de l'admiration pour quelqu'un ou quelque chose 2. provoquer l'estime, l'admiration de quelqu'un ou quelque chose 3. être présent à, participer : *honorer une réunion* • FIG. *honorer un chèque* le payer • *honorer sa signature* remplir ses engagements financiers.

honorifique *adj* qui procure des honneurs : *fonctions honorifiques.*

***honoris causa** *loc adj inv* conféré à titre honorifique, en parlant d'un grade universitaire.

***honte** *nf* 1. sentiment de culpabilité, d'humiliation éprouvé à la suite d'une action ou d'une attitude répréhensible, malhonnête, etc. 2. chose ou personne qui provoque ce sentiment.

***honteux, euse** *adj* 1. qui éprouve de la honte 2. qui cause de la honte.

hôpital *nm* établissement public ou privé où se pratiquent des actes médicaux et chirurgicaux.

***hoquet** *nm* contraction brusque du diaphragme.

horaire *adj* 1. relatif à l'heure 2. par heure : *fiche, salaire horaire* ◆ *nm* 1. tableau, document indiquant des heures d'arrivée et de départ 2. répartition des heures de travail ; emploi du temps.

***horde** *nf* LITT. bande, groupe : *horde de brigands.*

horizon *nm* 1. ligne circulaire dont l'observateur est le centre et où le ciel et la terre semblent se joindre ; partie du ciel, de la terre que borne cette ligne 2. FIG. perspective : *horizon social ; ouvrir de nouveaux horizons.*

horizontal, e, aux *adj* perpendiculaire à un plan vertical donné ◆ *nf* ligne horizontale.

horloge *nf* appareil, avec ou sans sonnerie, qui marque les heures.

horloger, ère *adj* de l'horlogerie ◆ *n* qui fabrique, vend, répare des horloges, des montres, etc.

horlogerie *nf* 1. magasin, commerce, industrie de l'horloger 2. ouvrage de l'horloger.

***hormis** *prép* SOUT. à l'exception de : *hormis deux ou trois.*

hormonal, e, aux *adj* relatif aux hormones : *insuffisance hormonale.*

hormone *nf* substance sécrétée par une glande et qui, transportée par le sang, agit sur les organes ou intervient dans des processus biochimiques.

horodateur, trice *adj* et *nm* se dit d'un appareil qui enregistre la date et l'heure.

horoscope *nm* ensemble des prédictions déduites de la date et de l'heure de naissance de quelqu'un.

horreur *nf* 1. violente impression de répulsion, d'effroi, causée par quelque chose d'affreux 2. caractère de ce qui inspire ce sentiment : *l'horreur d'un crime* 3. ce qui inspire le dégoût : *cet article de journal est une horreur* • ***avoir horreur de*** détester • ***faire horreur*** dégoûter ◆ **horreurs** *nf pl* paroles, écrits obscènes, orduriers : *dire des horreurs.*

horrible *adj* 1. qui provoque un sentiment d'horreur 2. PAR EXT. extrême, excessif : *bruit horrible* 3. très mauvais : *temps horrible.*

horrifier *vt* remplir d'horreur ou d'effroi.

horripiler *vt* agacer, irriter : *ses manies m'horripilent.*

hors** *prép* 1. à l'extérieur de, au-delà : *demeurer hors la ville* 2. SOUT. sauf, excepté : *hors cela* ◆ **hors** *loc prép* [**de**] à l'extérieur, à l'écart de • ***être hors de combat ne plus pouvoir combattre, être éliminé • ***hors de soi*** dans un état de violente agitation.

***hors-bord** *nm inv* bateau propulsé par un moteur placé hors de la coque.

***hors-d'œuvre** *nm inv* 1. plat servi au début d'un repas 2. FIG. ce qui annonce, donne une idée de ce qui va suivre.

***hors-jeu** *nm inv* au football, au rugby, faute commise par un joueur, entraînant une sanction.

***hors-la-loi** *n inv* personne qui se met en dehors des lois ; bandit.

***hors-piste** ou ***hors-pistes** *nm inv* ski pratiqué en dehors des pistes balisées.

hortensia *nm* plante à fleurs en boules blanches, bleues ou roses.

horticole *adj* relatif à l'horticulture.

horticulture *nf* culture des fruits, des légumes, des plantes d'ornement.

hospice *nm* établissement qui accueille les vieillards.

hospitalier, ère *adj* 1. propre à un hôpital : *services hospitaliers* 2. qui exerce l'hospitalité, qui accueille volontiers ◆ *adj* et *n* personne employée dans un hôpital.

hospitaliser *vt* admettre dans un hôpital.

hospitalité *nf* action d'accueillir, de recevoir chez soi avec bienveillance et cordialité.

hospitalo-universitaire (*pl hospitalo-universitaires*) *adj* • ***centre hospitalo-universitaire*** établissement hospitalier où s'effectue l'enseignement des étudiants en médecine (abréviation : *C.H.U.*).

hostie *nf* pastille de pain sans levain que le prêtre consacre à la messe.

hostile *adj* 1. agressif 2. défavorable à : *se montrer hostile au progrès.*

hostilité *nf* agressivité ; malveillance ◆ **hostilités** *nf pl* opérations de guerre.

***hot dog** [ɔtdɔg] (*pl hot dogs*) *nm* morceau de pain fourré d'une saucisse chaude.

hôte *nm* personne qui reçoit l'hospitalité ; invité.

hôte, hôtesse *n* personne qui donne l'hospitalité, qui reçoit quelqu'un chez elle.

hôtel *nm* maison meublée où on loge des voyageurs • ***hôtel particulier*** en ville, maison occupée par un particulier et sa famille • ***hôtel de ville*** siège de l'autorité municipale • ***maître d'hôtel*** chef du service de la table dans une grande maison, un restaurant.

hôtelier, ère *n* qui tient une hôtellerie, un hôtel ◆ *adj* relatif à l'hôtellerie : *école hôtelière.*

hôtellerie *nf* 1. hôtel, restaurant élégant 2. métier, profession des hôteliers.

hôtesse *nf* jeune femme chargée d'accueillir ou d'informer les visiteurs ou les clients : *hôtesse d'accueil* • ***hôtesse de l'air*** jeune femme qui, dans un avion, accueille les passagers et veille à leur confort et à leur sécurité.

hôtesse *nf* › hôte.

***hotte** *nf* 1. panier d'osier, long et large, porté sur le dos 2. manteau de cheminée 3. dispositif destiné à recueillir l'air chargé de vapeurs grasses dans une cuisine.

***houblon** *nm* plante grimpante dont les cônes sont employés pour aromatiser la bière.

***houe** *nf* pioche à large fer pour ameublir le sol.

houille** *nf* charbon naturel fossile utilisé comme combustible • VIEILLI. ***houille blanche énergie obtenue par les chutes d'eau.

***houillère** *nf* mine de houille.

***houle** *nf* mouvement ondulatoire de la mer.

***houleux, euse** *adj* 1. agité par la houle 2. FIG. agité de sentiments contraires, mouvementé : *débat houleux.*

***houppe** *nf* 1. touffe de brins de laine, de soie, de duvet 2. touffe de cheveux.

***hourra** *interj* et *nm* acclamation : *pousser des hourras.*

***housse** *nf* enveloppe qui sert à recouvrir, à protéger des meubles, des vêtements, etc.

***houx** *nm* arbuste toujours vert, aux feuilles luisantes et armées de piquants.

***hublot** *nm* fenêtre ronde dans la coque d'un navire.

***huche** *nf* coffre en bois qu'on utilisait autrefois pour pétrir la pâte et conserver le pain.

***hue** *interj* s'emploie pour faire avancer les chevaux • *tirer à hue et à dia* agir de façon désordonnée.

***huée** *nf* (surtout au pl) cri hostile.

***huer** *vt* accueillir par des huées ; conspuer ◆ *vi* crier, en parlant du hibou.

huile *nf* liquide gras qu'on extrait de diverses substances végétales ou animales • *faire tache d'huile* se propager progressivement • *huiles minérales* hydrocarbures liquides (pétrole) • FIG. *jeter de l'huile sur le feu* envenimer une querelle • *mer d'huile* très calme • *peinture à l'huile* avec des couleurs délayées à l'huile • *les saintes huiles* huiles utilisées pour les sacrements.

huiler *vt* enduire avec de l'huile : *huiler une poêle.*

huileux, euse *adj* 1. de la nature de l'huile ; qui en contient 2. gras : *peau huileuse.*

***huis clos** *nm* séance à laquelle le public n'est pas admis, dans un tribunal.

huissier *nm* 1. qui a la charge d'annoncer, d'introduire, etc. 2. employé chargé du service dans les assemblées, les administrations • *huissier audiencier* qui assiste les magistrats • *huissier (de justice)* officier ministériel chargé de signifier les actes de justice, de mettre à exécution les jugements, etc.

***huit** [ɥit] ou [ɥi] devant une consonne *adj. num. card* 1. sept plus un 2. huitième : *Charles VIII* • *lundi, mardi, etc., en huit* de la semaine prochaine ◆ *nm inv* chiffre, numéro, etc., qui représente ce nombre.

***huitaine** *nf* 1. espace de huit jours 2. groupe de huit unités ou environ : *une huitaine de francs.*

***huitième** *adj num. ord* et *n* 1. qui occupe un rang marqué par le numéro huit 2. qui se trouve huit fois dans le tout.

huître *nf* mollusque comestible à double coquille • *huître perlière* qui fournit les perles.

***hululer** *vi* › ululer.

humain, e *adj* 1. qui concerne l'homme : *corps humain* 2. sensible, compatissant, compréhensif : *se montrer humain* • *le genre humain* l'ensemble des hommes ◆ **humains** *nm pl* • *les humains* les hommes.

humaniser *vt* rendre humain.

humanisme *nm* morale qui place la personne humaine et ses valeurs au-dessus de toute autre valeur.

humanitaire *adj* qui intéresse l'humanité : *problème humanitaire* ◆ *n* et *adj* qui s'efforce de venir en aide aux hommes : *organisation humanitaire.*

humanité *nf* 1. l'ensemble des êtres humains, la race humaine 2. caractère de ce qui est humain 3. bonté, bienveillance.

humble *adj* 1. modeste, réservé 2. sans importance, sans éclat : *d'humbles travaux.*

humecter *vt* rendre humide, mouiller légèrement.

***humer** *vt* respirer, aspirer par le nez.

humérus [-rys] *nm* os du bras articulé à l'épaule et au coude.

humeur *nf* 1. disposition d'esprit naturelle ou passagère : *bonne humeur* 2. mauvaise humeur : *mouvement d'humeur* • *être d'humeur à* disposé à.

humide *adj* chargé d'eau ou de vapeur : *temps humide.*

humidifier *vt* rendre humide.

humidité *nf* état de ce qui est humide : *l'humidité de l'air.*

humiliation *nf* 1. action d'humilier ; fait d'être humilié 2. affront : *subir une humiliation.*

humilier *vt* abaisser, avilir.

humilité *nf* caractère d'une personne ou d'une chose humble.

humoriste *n* et *adj* auteur de dessins ou d'écrits drôles, satiriques.

humoristique *adj* drôle, amusant : *dessins humoristiques.*

humour *nm* tournure d'esprit porté à l'ironie, à la raillerie sous une apparence sérieuse ou impassible • *humour noir* humour grinçant porté jusqu'à l'absurde.

humus [ymys] *nm* terre végétale.

***huppe** *nf* oiseau passereau portant une touffe de plumes sur la tête ; cette touffe.

***huppé, e** *adj* 1. qui a une huppe 2. FAM. riche.

***hure** *nf* 1. tête coupée de sanglier, de saumon, de brochet, etc. 2. préparation culinaire à base de tête de porc.

***hurlement** *nm* cri aigu et prolongé d'un homme ou d'un animal.

***hurler** *vi* faire entendre des hurlements ◆ *vt* dire, chanter en criant très fort.

hurluberlu, e *n* personne fantaisiste, extravagante.

***hussard** *nm* AUTREF. soldat de cavalerie légère.

***hutte** *nf* cabane faite de branchages, de paille, de terre, etc.

hybride *n* et *adj* animal ou plante provenant de deux espèces différentes ◆ *adj* 1. composé d'éléments différents 2. d'une nature composite, mal définie : *solution hybride.*

hydrater *vt* introduire de l'eau dans les tissus, dans un corps quelconque : *hydrater la peau.*

hydraulique *nf* science qui étudie l'écoulement des liquides et les problèmes posés par l'utilisation de l'eau ◆ *adj* qui fonctionne grâce à l'eau : *presse hydraulique.*

hydravion *nm* avion muni de flotteurs, conçu pour prendre son départ sur l'eau et s'y poser.

hydrocarbure *nm* hydrogène carboné : *le pétrole et le gaz naturel sont des hydrocarbures.*

hydrocution *nf* syncope provoquée par le contact avec une eau froide et pouvant entraîner la mort par noyade.

hydroélectricité *nf* énergie électrique obtenue par l'utilisation de la houille blanche.

hydrogène *nm* corps simple, gazeux, qui avec l'oxygène forme l'eau : *l'hydrogène est quatorze fois plus léger que l'air.*

hydroglisseur *nm* bateau à propulsion aérienne, glissant sur l'eau.

hydrographie *nf* 1. étude scientifique des eaux marines et fluviales 2. topographie maritime 3. ensemble des eaux d'une région 4. étude du régime des eaux.

hydrolyse *nf* dédoublement de certains composés par action de l'eau.

hydromel *nm* boisson obtenue par fermentation du miel dans de l'eau.

hydrophile *adj* qui absorbe l'eau : *coton hydrophile.*

hyène *nf* mammifère carnassier d'Asie et d'Afrique.

hygiène *nf* ensemble de règles et de pratiques relatives à la conservation de la santé, à la propreté, etc.

hygromètre *nm* instrument mesurant l'humidité de l'air.

hymen [imɛn] *nm* membrane qui obstrue le vagin d'une jeune fille vierge.

hymne *nm* chant en l'honneur d'un dieu, d'un héros, etc. • ***hymne national*** chant national.

hyperbole *nf* 1. procédé rhétorique qui consiste à exagérer l'expression pour produire une forte impression 2. MATH ensemble des points d'un plan dont la différence des distances à deux points fixes est constante.

hypermarché *nm* magasin exploité en libre-service et présentant une superficie consacrée à la vente supérieure à 2 500 mètres carrés.

hypermétrope *adj* et *n* qui voit mal les objets rapprochés CONTR. *myope.*

hypersensible *adj* très sensible.

hypersonique *adj* AÉRON se dit de la vitesse et des avions eux-mêmes qui dépassent 6 000 km/h.

hypertension *nf* MÉD tension artérielle excessive.

hypertexte *nm* système qui permet de consulter une base documentaire de textes en sautant d'un document à un autre.

hypertrophie *nf* MÉD accroissement anormal du tissu d'un organe.

hypnose *nf* sommeil artificiel provoqué par suggestion.

hypnotiser *vt* endormir par les procédés de l'hypnotisme.

hypocondriaque *adj* et *n* 1. atteint d'une anxiété permanente quant à sa santé 2. FIG. inquiet, angoissé.

hypocrite *n* et *adj* qui affecte des sentiments, des opinions qu'il n'a pas ◆ *adj* qui dénote le manque de sincérité : *air hypocrite.*

hypodermique *adj* sous-cutané : *injection hypodermique.*

hypoglycémie *nf* MÉD insuffisance du taux de glucose dans le sang.

hypophyse *nf* organe glandulaire à la base du crâne.

hypotension *nf* MÉD tension artérielle insuffisante.

hypoténuse *nf* côté opposé à l'angle droit dans un triangle rectangle : *le carré de l'hypoténuse est égal à la somme des carrés des deux autres côtés.*

hypothèque *nf* 1. droit dont est grevé un immeuble ou tout autre bien, en garantie d'une créance 2. FIG. ce qui entrave, ce qui cause préjudice.

hypothéquer *vt* (conj 10) 1. grever d'une hypothèque 2. garantir par une hypothèque 3. FIG. engager, lier de façon souvent imprudente : *hypothéquer l'avenir.*

hypothèse *nf* 1. proposition initiale à partir de laquelle on construit un raisonnement 2. supposition, éventualité.

hystérie *nf* 1. névrose caractérisée par des troubles divers de la sensibilité et un comportement très extraverti 2. folie.

I

i *nm* neuvième lettre et troisième voyelle de l'alphabet • ***droit comme un i*** très droit • ***mettre les points sur les i*** préciser pour éviter les ambiguïtés.

ibère, ibérique *adj* et *n* relatif à l'Espagne et au Portugal.

ibidem *adv* au même endroit (on écrit par abréviation : ibid. ou ib.).

iceberg [isbɛrg] ou [ajsbɛrg] *nm* masse de glace flottante détachée d'un glacier polaire.

ici *adv* 1. dans le lieu où l'on se trouve 2. au moment présent : *d'ici à demain* • ***ici-bas*** dans ce bas monde • ***par ici*** de ce côté-ci.

icône *nf* image du Christ, de la Vierge et des saints dans les Églises d'Orient de tradition byzantine.

iconoclaste *n* et *adj* 1. membre d'une secte religieuse du VIIIe s. qui proscrivait le culte des images 2. LITT. qui est sans respect pour les traditions, qui cherche à détruire tout ce qui se rattache au passé.

iconographie *nf* 1. étude des sujets représentés dans les œuvres d'art 2. ensemble de l'illustration d'une publication (livre, revue, etc.).

idéal, e, aux *adj* 1. qui n'existe que dans l'esprit : *monde idéal* 2. qui possède la suprême perfection : *beauté idéale* ◆ (*pl idéals* ou *idéaux*) *nm* 1. perfection conçue par l'esprit 2. ce à quoi l'on aspire : *réaliser son idéal.*

idéaliser *vt* donner un caractère, une perfection idéale à une personne, une chose.

idéalisme *nm* 1. philosophie qui réduit la réalité à l'être et l'être à la pensée : *idéalisme hégélien* 2. attitude d'esprit de celui qui aspire à un idéal, souvent utopique.

idée *nf* 1. représentation abstraite d'un objet, d'un rapport : *idée du beau, du bien* 2. manière de voir, opinion, appréciation : *idées politiques* 3. conception de l'esprit, inspiration : *une idée de génie* 4. pensée, esprit : *cela m'est venu à l'idée* ◆ **idées** *pl* • *se faire des idées* imaginer des choses fausses.

idem *adv* de même (abréviation : *id.*).

identification *nf* 1. action d'identifier 2. fait de s'identifier.

identifier *vt* 1. déterminer la nature d'une chose : *identifier une plante* 2. établir l'identité de : *identifier un nom, un criminel* 3. assimiler à autre chose : *identifier Hitler au nazisme* ◆ **s'identifier** *vpr* [à, avec] se pénétrer des sentiments d'un autre, s'assimiler.

identique *adj* qui est parfaitement semblable à un autre : *deux vases identiques.*

identité *nf* 1. caractère de ce qui est identique 2. caractère permanent et fondamental d'une personne, d'un groupe : *crise d'identité* 3. signalement exact d'une personne : *vérifier l'identité de quelqu'un.*

idéogramme *nm* signe graphique qui représente le sens du mot et non les sons : *les idéogrammes chinois.*

idéologie *nf* 1. ensemble d'idées qui constitue une doctrine 2. ensemble des idées, des croyances, des doctrines, propres à une époque, une société ou une classe sociale : *idéologie bourgeoise, révolutionnaire* 3. PÉJOR. doctrine préconisant un idéal irréalisable.

idiot, e *adj* et *n* stupide, dépourvu d'intelligence, de bon sens.

idiotie [idjɔsi] *nf* 1. absence d'intelligence 2. acte, parole qui dénote un esprit borné ; action inconsidérée : *faire, dire des idioties.*

idolâtre *adj* et *n* 1. qui adore les idoles 2. FIG. qui aime avec excès.

idolâtrer *vt* adorer, aimer avec passion.

idole *nf* 1. figure représentant une divinité 2. FIG. personne que l'on admire avec une sorte de culte.

idylle [idil] *nf* 1. amour tendre et naïf 2. LITT. petit poème du genre bucolique ou pastoral.

idyllique *adj* merveilleux, idéal et naïf : *description idyllique.*

if *nm* arbre conifère à feuillage persistant.

igloo [iglu] *nm* habitation faite de blocs de neige : *certains Esquimaux habitent dans des igloos.*

ignare *adj* très ignorant.

ignifuger [igni-] ou [iɲi-] *vt* (conj 2) rendre ininflammable : *décors de théâtre ignifugés.*

ignoble *adj* 1. bas, vil, infâme : *conduite ignoble* 2. très laid, très mauvais ou très sale : *des bibelots ignobles ; nourriture ignoble ; un pull ignoble.*

ignominie *nf* 1. LITT. grand déshonneur ; infamie 2. action, parole infamante : *dire des ignominies.*

ignorance *nf* 1. défaut, manque général de connaissance, de savoir, d'instruction 2. défaut de connaissance d'une chose déterminée.

ignorer *vt* 1. ne pas savoir, ne pas connaître 2. ne pas avoir l'expérience de : *ignorer la peur* 3. ne pas tenir compte de.

iguane [igwan] *nm* reptile saurien de grande taille.

il, ils *pron. pers.* désigne la 3e pers. du masc. en fonction de sujet.

île *nf* terre entourée d'eau de tous côtés : *l'Irlande est une île.*

iliaque *adj* des flancs • *os iliaque* os de la hanche.

îlien, enne *n* et *adj* habitant d'une île.

illégal, e, aux *adj* contraire à la loi : *ordonnance illégale.*

illégalité *nf* 1. caractère de ce qui est illégal 2. acte illégal.

illégitime *adj* 1. qui se situe hors des institutions établies par la loi 2. qui n'est pas fondé, justifié.

illettré, e *n* et *adj* personne qui ne sait ni lire ni écrire.

illicite *adj* interdit par la morale ou par la loi.

illico *adv* FAM. sur-le-champ.

illimité, e *adj* sans limites : *pouvoirs illimités.*

illisible *adj* 1. non lisible, indéchiffrable : *écriture illisible* 2. de lecture incompréhensible ou insupportable.

illogique *adj* qui n'est pas logique : *conclusion illogique ; esprit illogique.*

illumination *nf* 1. action d'illuminer ; vif éclairage 2. ensemble de lumières décoratives : *les illuminations d'une fête* 3. inspiration, idée soudaine, trait de génie.

illuminé, e *adj* et *n* visionnaire.

illuminer *vt* 1. éclairer d'une vive lumière 2. FIG. donner un vif éclat à : *un sourire illumina son visage.*

illusion *nf* 1. erreur de perception ou de l'esprit, qui fait prendre l'apparence pour la réalité : *le mirage est une illusion de la* *vue* 2. pensée chimérique, idée erronée : *se nourrir d'illusions* • *faire illusion* tromper • *se faire des illusions* s'abuser.

illusionniste *n* prestidigitateur.

illusoire *adj* trompeur.

illustrateur, trice *n* artiste qui dessine des illustrations.

illustration *nf* 1. action d'illustrer, de rendre clair : *ceci peut servir d'illustration à sa thèse* 2. image figurant dans le texte d'un livre, d'un journal.

illustre *adj* d'un renom éclatant ; célèbre : *écrivain illustre.*

illustré *nm* journal, revue composés de récits accompagnés de dessins.

illustrer *vt* 1. orner un livre de gravures, d'images, de photographies 2. rendre plus clair : *exemple qui illustre une définition* 3. LITT. rendre illustre : *le village d'Illiers qu'a illustré Marcel Proust* ◆ **s'illustrer** *vpr* LITT. se distinguer.

îlot *nm* 1. petite île 2. groupe de maisons dans une ville : *îlot insalubre.*

image *nf* 1. représentation d'un être ou d'une chose par les arts graphiques, la photographie, le film, etc. : *livre d'images* 2. reproduction visuelle d'un objet par un miroir, un instrument d'optique 3. représentation mentale : *cette image me poursuit* 4. ce qui imite, reproduit, évoque : *cet enfant est l'image de son père ; il est l'image du désespoir* 5. symbole, figure : *l'image de la guerre* 6. métaphore : *langage rempli d'images.*

imaginaire *adj* sans réalité, fictif • *malade imaginaire* qui se croit malade sans l'être ◆ *nm* domaine de l'imagination, des choses imaginaires.

imaginatif, ive *adj* qui imagine aisément, inventif : *esprit imaginatif.*

imagination *nf* 1. faculté de se représenter par la pensée des objets ou des faits : *revoir en imagination la maison de son enfance* 2. faculté d'inventer, de créer, de concevoir : *avec de l'imagination, on trouve des solutions* 3. chose imaginaire : *ce n'est que pure imagination.*

imaginer *vt* 1. se représenter dans l'esprit 2. inventer : *Torricelli imagina le baromètre* ◆ **s'imaginer** *vpr* 1. se représenter, concevoir 2. croire sans fondement, se figurer : *s'imaginer qu'on est malade.*

imam *nm* chef religieux musulman.

imbattable *adj* 1. qui ne peut être surpassé : *un champion imbattable* 2. très avantageux : *prix imbattables.*

imbécile *adj* et *n* dépourvu d'intelligence ; sot, stupide.

imbécillité *nf* sottise, stupidité, bêtise : *dire des imbécillités.*

imberbe *adj* sans barbe.

imbiber *vt* mouiller, pénétrer d'un liquide : *imbiber d'eau une éponge.*

imbriquer *vt* engager l'un dans l'autre, les uns dans les autres ◆ **s'imbriquer** *vpr* être lié, mêlé d'une manière étroite.

imbroglio [ɛ̃brɔljo] ou [-glijo] *nm* situation confuse, embrouillement.

imbu, e *adj* rempli, pénétré : *imbu de préjugés* • *être imbu de soi-même* être vaniteux, prétentieux ; se croire supérieur aux autres.

imbuvable *adj* 1. qui n'est pas buvable : *l'eau de mer est imbuvable* 2. FAM. insupportable : *un acteur, un livre imbuvable.*

imitateur, trice *n* et *adj* qui imite.

imitation *nf* 1. action d'imiter ; chose produite en imitant 2. PÉJOR. contrefaçon 3. matière qui en simule une plus riche : *bijoux en imitation.*

imiter *vt* 1. faire ou s'efforcer de faire ce que fait une personne : *imiter ses camarades* 2. prendre pour modèle : *imiter ses parents* 3. reproduire exactement, copier, contrefaire : *imiter une signature* 4. avoir le même aspect que : *le cuivre doré imite l'or.*

immaculé, e *adj* 1. sans tache 2. FIG. sans souillure morale : *innocence immaculée* • THÉOL *Immaculée Conception* dogme catholique selon lequel la Vierge Marie a été préservée du péché originel.

immanent, e *adj* qui est contenu dans un être, qui résulte de la nature même de cet être (par oppos. à *transcendant*) • *justice immanente* qui découle naturellement des actes accomplis et se manifeste tôt ou tard.

immangeable [ɛ̃mɑ̃ʒabl] *adj* qui ne peut être mangé, très mauvais : *un rôti immangeable.*

immanquable [ɛ̃mɑ̃kabl] *adj* qui ne peut manquer d'arriver.

immatériel, elle *adj* sans consistance matérielle.

immatriculation *nf* action d'immatriculer ; fait d'être immatriculé ; numéro ainsi attribué.

immatriculer *vt* inscrire sur un registre public.

immature *adj* qui n'a pas encore atteint la maturité : *fruit immature ; adulte immature.*

immédiat, e *adj* 1. qui précède ou qui suit directement, sans intermédiaire : *successeur immédiat* 2. instantané : *soulagement immédiat* ◆ *nm* • *dans l'immédiat* pour le moment.

immémorial, e, aux *adj* LITT. qui remonte à une époque très ancienne : *temps immémoriaux ; usage immémorial.*

immense *adj* d'une étendue, d'une grandeur, d'une importance, d'une valeur considérable : *un lac immense ; des pieds immenses ; un succès immense.*

immensité *nf* caractère de ce qui est immense.

immerger *vt* (conj 2) plonger entièrement dans un liquide.

immersion *nf* action d'immerger.

immettable [ɛ̃mɛ-] *adj* qui n'est pas mettable : *costume immettable.*

immeuble *nm* et *adj* DR bien qui ne peut être déplacé *(immeuble par nature)* ou que la loi considère comme tel *(immeuble par destination).*

immeuble *nm* bâtiment à plusieurs étages : *immeuble divisé en appartements.*

immigrer *vi* venir dans un pays pour s'y fixer CONTR. *émigrer.*

imminent, e *adj* qui est sur le point de se produire : *ruine imminente.*

immiscer (s') *vpr* (conj 1) intervenir indiscrètement, se mêler : *s'immiscer dans les affaires d'autrui.*

immobile *adj* qui ne se meut pas, qui demeure fixe.

immobilier, ère *adj* 1. composé de biens immeubles : *patrimoine immobilier ; saisie immobilière* 2. relatif à un, des immeubles, qui a pour objet un immeuble.

immobiliser *vt* 1. empêcher d'agir, de bouger 2. investir des disponibilités : *immobiliser des capitaux.*

immobilité *nf* état d'une personne, d'une chose qui ne bouge pas.

immodéré, e *adj* excessif.

immodeste *adj* LITT. qui manque de modestie, de pudeur.

immoler *vt* 1. offrir en sacrifice 2. LITT. tuer, massacrer : *la guerre immole d'innombrables victimes* 3. LITT. sacrifier.

immonde *adj* 1. d'une saleté qui soulève le dégoût : *taudis immonde* 2. d'une bassesse ignoble : *propos immondes.*

immondices *nf pl* ordures, saletés.

immoral, e, aux *adj* contraire à la morale, aux bonnes mœurs.

immortaliser *vt* rendre immortel dans la mémoire des hommes.

immortalité *nf* 1. qualité, état de ce qui est immortel : *l'immortalité de l'âme* 2. survivance éternelle dans la mémoire des hommes : *aspirer à l'immortalité.*

immortel, elle *adj* 1. qui n'est pas sujet à la mort 2. qui semble devoir durer toujours 3. qui vivra toujours dans la mémoire des hommes : *chef-d'œuvre immortel* ◆ *n* FAM. membre de l'Académie française.

immortelle *nf* plante dont les fleurs, à capitules serrés, persistent longtemps ; fleur coupée de cette plante.

immuable *adj* qui n'est pas sujet à changer.

immuniser *vt* 1. rendre réfractaire à une maladie 2. FIG. soustraire à une influence nocive.

immunitaire *adj* relatif à l'immunité d'un organisme.

immunité *nf* 1. résistance naturelle ou acquise d'un organisme vivant à un agent infectieux (microbe) ou toxique (venin, par ex.) 2. droit de ne pas être soumis à la loi commune ; privilège : *immunité parlementaire.*

immunodéficience *nf* MÉD déficience des mécanismes immunitaires.

immunologie *nf* partie de la biologie et de la médecine qui étudie les phénomènes d'immunité.

impact *nm* 1. collision de deux ou plusieurs corps 2. effet produit par quelque chose ; influence : *impact de la publicité* • *point d'impact* où frappe un projectile.

impair, e *adj* 1. non divisible exactement par deux 2. exprimé par un nombre impair : *chiffre impair.*

impair *nm* maladresse, gaffe : *commettre un impair.*

impalpable *adj* si fin, si ténu qu'on ne le sent pas au toucher : *poudre impalpable.*

imparfait, e *adj* qui a des défauts.

imparfait *nm* GRAMM temps passé du verbe, qui indique la répétition, l'habitude, ou qui marque une action qui n'était pas achevée quand une autre a eu lieu (EX : *je lisais quand vous êtes entré*).

impartial, e, aux *adj* non partial ; équitable, objectif.

impartialité *nf* caractère impartial : *juger avec impartialité.*

impasse *nf* 1. rue sans issue 2. FIG. situation sans issue favorable.

impassible *adj* qui ne manifeste aucun trouble, aucune émotion, aucun sentiment ; imperturbable.

impatiemment *adv* avec impatience.

impatience *nf* manque de patience ; incapacité à supporter quelqu'un, quelque chose, à se contraindre ou à attendre.

impatient, e *adj* qui manque de patience ; qui désire avec un empressement inquiet : *être impatient de partir.*

impatienter *vt* faire perdre patience ◆ **s'impatienter** *vpr* perdre patience.

impayable *adj* FAM. incroyablement comique : *aventure impayable.*

impayé, e *adj* qui n'a pas été payé ◆ *nm* dette.

impeccable *adj* sans défaut, irréprochable, parfait.

impénétrable *adj* 1. qui ne peut être pénétré, traversé : *forêt impénétrable* 2. FIG. inexplicable : *mystère impénétrable* 3. dont on ne peut deviner les sentiments : *personne impénétrable.*

impénitent, e *adj* qui persiste dans ses habitudes : *buveur impénitent.*

impensable *adj* qu'il est impossible d'imaginer, d'envisager ; extraordinaire.

impératif, ive *adj* 1. qui a le caractère du commandement ; qui exprime un ordre absolu : *ton impératif* 2. qui s'impose comme une nécessité absolue : *besoin impératif*

◆ *nm* 1. nécessité absolue 2. GRAMM mode et temps du verbe exprimant le commandement, l'exhortation, la prière.

impératrice *nf* 1. femme d'un empereur 2. souveraine d'un empire : *Catherine II, impératrice de Russie.*

imperceptible *adj* qui échappe à nos sens, à notre attention : *progrès imperceptible.*

imperfection *nf* caractère, détail imparfait ; défaut.

impérial, e, aux *adj* 1. qui appartient à un empereur ou à un empire : *couronne impériale* 2. majestueux : *allure impériale.*

impériale *nf* étage supérieur d'un wagon, d'un autobus, d'une diligence.

impérialisme *nm* politique d'expansion d'un État, visant à mettre d'autres États sous sa dépendance politique, économique, culturelle, militaire, etc.

impérieux, euse *adj* 1. qui commande avec énergie, autoritaire 2. pressant, irrésistible : *nécessité impérieuse.*

impérissable *adj* qui ne saurait périr, qui dure très longtemps : *souvenir impérissable.*

imperméabiliser *vt* rendre imperméable : *tissu imperméabilisé.*

imperméable *adj* qui ne se laisse pas traverser par l'eau : *l'argile est imperméable ; toile imperméable* • ***imperméable à*** inaccessible, indifférent à : *être imperméable à l'art abstrait* ◆ *nm* manteau de pluie en tissu imperméable (abréviation : *imper*).

impersonnel, elle *adj* 1. qui n'appartient à personne en propre : *la loi est impersonnelle* 2. peu original ; banal : *style impersonnel* 3. GRAMM se dit d'un verbe qui ne se conjugue qu'à la 3e personne du singulier, comme *il pleut, il neige* • ***modes impersonnels*** l'infinitif et le participe.

impertinence *nf* 1. manière irrespectueuse de parler, d'agir 2. parole, action offensante.

impertinent, e *adj* et *n* qui parle, agit d'une manière blessante, par irrespect ou familiarité ; effronté, déplacé, insolent.

imperturbable *adj* que rien ne peut troubler, émouvoir : *calme imperturbable.*

impétueux, euse *adj* 1. qui se manifeste avec violence et rapidité : *torrent, vent impétueux* 2. FIG. fougueux, bouillant, ardent.

impie *adj* et *n* LITT. qui méprise la religion ; athée, incroyant.

impitoyable *adj* sans pitié.

implacable *adj* SOUT. qui ne peut être apaisé, modéré : *haine implacable.*

implant *nm* MÉD pastille chargée de médicament, que l'on place dans le tissu cellulaire sous-cutané où elle se résorbe lentement • ***implant dentaire*** infrastructure métallique destinée à soutenir une prothèse dentaire.

implantation *nf* 1. action d'implanter, de s'implanter 2. manière dont les cheveux sont plantés.

implanter *vt* 1. installer, établir : *implanter une industrie dans une région ; implanter un usage* 2. introduire, fixer dans : *l'arbre implante profondément ses racines* ◆ **s'implanter** *vpr* se fixer, s'installer.

implication *nf* 1. action d'impliquer, fait d'être impliqué 2. ce qui est impliqué, contenu dans quelque chose ; conséquence.

implicite *adj* contenu dans une proposition, dans un fait, sans être exprimé : *clause, condition implicite.*

impliquer *vt* 1. engager dans une affaire fâcheuse, compromettre, mettre en cause : *être impliqué dans une escroquerie* 2. avoir pour conséquence logique et inéluctable : *cela implique notre acceptation* ◆ **s'impliquer** *vpr* s'engager à fond.

implorer *vt* demander humblement : *implorer une grâce.*

imploser *vi* faire implosion.

implosion *nf* irruption brutale d'un fluide dans une enceinte qui se trouve à une pression beaucoup plus faible que la pression du milieu extérieur.

impoli, e *n* et *adj* qui manque de politesse, discourtois : *visiteur impoli.*

impolitesse *nf* 1. manque de politesse 2. action, parole impolie.

impondérable *adj* SOUT. difficile à évaluer, à prévoir ◆ *nm* SOUT. élément, circonstance imprévisible : *se méfier des impondérables.*

impopulaire *adj* qui n'est pas conforme aux désirs de la population, du plus grand nombre : *loi impopulaire.*

importance *nf* 1. caractère de ce qui est important, considérable ; intérêt, portée 2. autorité, crédit • LITT. ***d'importance*** considérable.

important, e *adj* 1. qui importe, est de conséquence : *avis, investissement important* 2. qui a de l'influence, du crédit, de l'autorité : *une découverte importante* ◆ *adj* et *n* suffisant : *air important ; faire l'important* ◆ *nm* ce qui est essentiel : *l'important, c'est de guérir.*

importation *nf* action d'importer ◆ **importations** *pl* marchandises importées.

importer *vt* 1. introduire dans un pays des produits étrangers 2. FIG. introduire (quelque chose qui vient d'ailleurs) : *importer une théorie.*

importer *vi* et *vt ind* [à] (ne s'emploie qu'à l'infinitif et aux troisièmes personnes) avoir de l'importance, présenter de l'intérêt : *son âge importe peu* • ***n'importe où, quand, comment*** en un lieu, un temps, d'une manière quelconque • ***n'importe qui, quoi, le-***

quel une personne ou chose quelconque • *peu importe, qu'importe ?* cela n'a aucune importance.

import-export (*pl imports-exports*) *nm* commerce des marchandises importées et exportées.

importun, e *n* et *adj* qui arrive ou intervient mal à propos.

importuner *vt* fatiguer, incommoder, ennuyer : *importuner quelqu'un par ses questions.*

imposable *adj* soumis à l'impôt : *revenu imposable.*

imposant, e *adj* qui impressionne par la grandeur, le nombre, la force.

imposer *vt* 1. frapper d'un impôt, taxer : *imposer les contribuables ; imposer les alcools* 2. obliger à quelque chose : *imposer de dures conditions* • LITURG *imposer les mains* mettre les mains sur quelqu'un pour bénir, conférer un sacrement • IMPR *imposer une page* en faire l'imposition • *imposer silence* faire taire ◆ *vt ind* • *en imposer* inspirer le respect, la crainte ◆ **s'imposer** *vpr* 1. s'obliger à 2. se faire accepter par sa valeur, par le respect qu'on inspire 3. se faire accepter de force 4. être nécessaire, obligatoire.

imposition *nf* 1. contribution, impôt 2. IMPR disposition des pages d'une feuille imprimée.

impossibilité *nf* caractère de ce qui est impossible ; chose impossible.

impossible *adj* 1. qui ne peut se produire, être fait 2. FAM. bizarre, extravagant 3. pénible, désagréable ; insupportable : *enfant impossible* ◆ *nm* ce qui est impossible ou presque : *tenter l'impossible.*

imposteur *nm* personne qui trompe par de fausses apparences, qui se fait passer pour ce qu'il n'est pas.

impôt *nm* contribution exigée par l'État, par les collectivités locales.

impotent, e *n* et *adj* qui se meut très difficilement : *vieillard impotent.*

impraticable *adj* 1. irréalisable : *projet impraticable* 2. où l'on ne peut pas passer : *chemin impraticable.*

imprécis, e *adj* sans précision, vague.

imprécision *nf* manque de précision.

imprégnation *nf* action d'imprégner ; son résultat.

imprégner *vt* (conj 10) 1. faire pénétrer une substance dans un corps : *imprégner d'huile un chiffon ; vêtement imprégné d'un parfum* 2. FIG. pénétrer profondément, marquer : *être imprégné d'une culture.*

imprésario *nm* personne qui s'occupe des intérêts d'un artiste.

impression *nf* 1. action d'imprimer : *l'impression d'un livre* 2. marque, empreinte 3. effet produit sur les organes par une action extérieure, sensation : *impression de froid* 4. effet produit sur le cœur, l'esprit, sentiment : *ressentir une vive impression.*

impressionner *vt* 1. produire une vive impression ; émouvoir, frapper 2. PHOT laisser une trace sur un support sensible.

impressionnisme *nm* tendance picturale qui consiste à traduire les impressions ressenties plutôt que l'aspect stable et conceptuel des choses.

imprévu, e *adj* et *nm* qui arrive sans avoir été prévu et qui déconcerte ; inattendu : *incident imprévu ; faire face aux imprévus.*

imprimante *nf* organe périphérique d'un ordinateur qui édite sur papier les résultats d'un traitement.

imprimé *nm* 1. livre, papier imprimé 2. étoffe imprimée.

imprimer *vt* 1. reporter sur un papier, un tissu, etc., des caractères ou des dessins : *imprimer un livre ; imprimer des motifs, une lithographie* 2. faire paraître, publier : *un journal ne peut pas tout imprimer* 3. communiquer : *imprimer un mouvement* 4. LITT. faire, laisser une empreinte : *imprimer ses pas dans la neige* 5. LITT. faire impression dans l'esprit, dans le cœur, inspirer : *imprimer le respect.*

imprimerie *nf* 1. ensemble des techniques et métiers qui concourent à la fabrication d'ouvrages imprimés 2. établissement où l'on imprime.

imprimeur *nm* 1. personne qui dirige une imprimerie 2. personne qui travaille dans une imprimerie.

improbable *adj* qui a peu de chances de se réaliser.

improductif, ive *adj* qui ne produit rien ; stérile : *terres improductives.*

impromptu, e *adj* fait sur-le-champ ; improvisé : *festin impromptu* ◆ *adv* à l'improviste ; sans préparation : *parler impromptu* ◆ *nm* petite pièce de vers improvisée.

impropre *adj* qui ne convient pas, inadéquat : *terme impropre.*

improvisation *nf* 1. action, art d'improviser 2. ce qu'on improvise.

improviser *vt* et *vi* faire sans préparation : *improviser des vers.*

improviste (à l') *loc adv* d'une façon inattendue : *arriver à l'improviste.*

imprudence *nf* 1. manque de prudence 2. action imprudente : *commettre une imprudence.*

imprudent, e *n* et *adj* qui manque de prudence : *enfant imprudent* ◆ *adj* qui dénote l'absence de prudence.

impudent, e *adj* et *n* d'une insolence poussée jusqu'au cynisme.

impudeur *nf* manque de pudeur, de retenue ; indécence.

impudique *n* et *adj* qui blesse la pudeur ; indécent.
impuissance *nf* 1. manque de force, de moyens pour faire une chose 2. incapacité physique à accomplir l'acte sexuel, pour l'homme.
impuissant, e *adj* qui manque du pouvoir, de la force nécessaire pour faire quelque chose : *il a été impuissant à me persuader* ◆ *adj* et *nm* qui ne peut accomplir l'acte sexuel.
impulsif, ive *adj* et *n* qui cède à ses impulsions.
impulsion *nf* 1. force, penchant qui pousse à agir : *céder à une impulsion violente* 2. force, poussée qui provoque le mouvement d'un corps ; ce mouvement.
impunément *adv* sans être puni.
impuni, e *adj* qui demeure sans punition : *coupable, crime impunis.*
impunité *nf* absence de punition • *en toute impunité* impunément.
impur, e *adj* 1. qui n'est pas pur, qui est altéré par un mélange : *eau impure* 2. LITT. contraire à la chasteté : *désirs impurs.*
impureté *nf* 1. état de ce qui est impur, souillé, altéré, pollué : *l'impureté de l'air* 2. ce qui salit, altère quelque chose.
imputer *vt* 1. attribuer à quelqu'un, quelque chose, la responsabilité de : *imputer un vol à quelqu'un* 2. faire entrer dans le compte de : *imputer une dépense sur un chapitre du budget.*
inabordable *adj* 1. que l'on ne peut aborder ; inaccessible : *côte inabordable ; personne inabordable* 2. d'un prix excessif.
inaccessible *adj* 1. d'accès impossible : *cime inaccessible* 2. qu'on ne peut comprendre, connaître : *poème inaccessible* 3. insensible : *inaccessible à la pitié.*
inaccoutumé, e *adj* inhabituel, insolite : *zèle inaccoutumé.*
inactif, ive *adj* qui n'a pas d'activité ; désœuvré, oisif : *rester inactif* ◆ *n* personne n'appartenant pas à la population active.
inactivité *nf* absence d'activité.
inadapté, e *adj* qui n'est pas adapté • *enfance inadaptée* ensemble des enfants qui présentent des handicaps physiques ou intellectuels.
inadvertance *nf* • *par inadvertance* par inattention, par mégarde.
inaliénable *adj* qu'on ne peut vendre ou hypothéquer : *des propriétés inaliénables.*
inamovible *adj* 1. qui ne peut être destitué 2. dont on ne peut être destitué : *fonction inamovible.*
inanimé, e *adj* 1. qui n'est pas doué de vie : *objets inanimés* 2. qui a perdu la vie ou semble privé de vie, inerte : *tomber inanimé* ◆ *adj* et *nm* GRAMM se dit des noms désignant des choses.
inanition *nf* privation de nourriture : *mourir d'inanition.*
inaperçu, e *adj* • *passer inaperçu* échapper à l'attention, aux regards.
inapplicable *adj* qui ne peut être appliqué : *loi inapplicable.*
inappréciable *adj* dont on ne saurait estimer la valeur ; inestimable, précieux.
inapte *adj* qui n'est pas apte à une activité : *personne inapte aux affaires.*
inaptitude *nf* défaut d'aptitude ; incapacité.
inattendu, e *adj* qu'on n'attendait pas, imprévu : *visite inattendue.*
inattention *nf* manque d'attention ; distraction.
inaudible *adj* qui ne peut être perçu par l'ouïe.
inauguration *nf* cérémonie par laquelle on procède officiellement à la mise en service d'un bâtiment, à l'ouverture d'une exposition, etc. : *discours d'inauguration.*
inaugurer *vt* 1. procéder à l'inauguration de : *inaugurer un théâtre* 2. marquer le début de : *événement qui inaugure une ère de troubles.*
inavoué, e *adj* non avoué ; secret.
incalculable *adj* 1. impossible à calculer : *le nombre des étoiles est incalculable* 2. difficile ou impossible à apprécier : *difficultés incalculables.*
incandescence *nf* état d'un corps qu'une température élevée rend lumineux.
incantation *nf* formule magique chantée ou récitée pour obtenir un effet surnaturel.
incantatoire *adj* relatif à l'incantation : *formule incantatoire.*
incapable *n* et *adj* 1. qui n'est pas capable de : *incapable de gouverner* 2. ABSOL. qui manque de capacité, d'aptitude : *c'est un incapable* 3. DR qui est frappé d'incapacité : *certains malades mentaux sont des incapables.*
incapacité *nf* 1. manque de capacité ; incompétence 2. DR inaptitude à jouir d'un droit ou à l'exercer.
incarcération *nf* emprisonnement.
incarcérer *vt* (conj 10) mettre en prison.
incarnation *nf* 1. action de s'incarner 2. représentation concrète d'une réalité abstraite ; image, personnification : *il est l'incarnation du mal.*
incarné *adj m* • *ongle incarné* qui s'enfonce dans la chair.
incarner *vt* 1. personnifier une réalité abstraite : *magistrat qui incarne la justice ; cette femme est la jalousie incarnée* 2. interpréter le rôle d'un personnage à la scène, à l'écran ◆ **s'incarner** *vpr* prendre un corps de chair, en parlant d'une divinité, d'un être spirituel.
incendiaire *n* auteur volontaire d'un incendie ◆ *adj* 1. destiné à provoquer un incendie : *obus incendiaire* 2. FIG. propre à enflammer les esprits ; virulent : *écrit incendiaire.*

incendie *nm* grand feu qui se propage en faisant des ravages.
incendier *vt* brûler, consumer par le feu.
incertain, e *adj* 1. qui n'est pas certain ; indéterminé, douteux, vague : *fait incertain* 2. variable : *temps incertain.*
incertitude *nf* 1. état d'une personne, caractère d'une chose incertaine : *être dans l'incertitude* 2. ce qui ne peut être établi avec exactitude, ce qui laisse place au doute : *un avenir plein d'incertitudes.*
incessamment *adv* sans délai, très bientôt : *il doit arriver incessamment.*
incessant, e *adj* qui ne cesse pas ; continuel, ininterrompu.
inceste *nm* relations sexuelles entre proches parents.
incestueux, euse *adj* et *n* coupable d'inceste ◆ *adj* 1. entaché d'inceste 2. issu d'un inceste.
incidence *nf* répercussion, conséquence : *les incidences de la hausse du pétrole.*
incident, e *adj* 1. PHYS qui tombe sur une surface réfléchissante ou réfringente : *rayon incident* 2. qui se produit par hasard ; accessoire, occasionnel : *remarque incidente* • GRAMM ***proposition incidente*** incise.
incinérateur *nm* appareil servant à incinérer.
incinérer *vt* 1. réduire en cendres, détruire par le feu 2. faire brûler un cadavre.
incise *nf* GRAMM courte proposition insérée dans une autre (EX : l'homme, *dit-on,* est raisonnable).
inciser *vt* faire une incision.
incisif, ive *adj* qui va droit au but ; pénétrant, tranchant, mordant : *critique incisive.*
incision *nf* coupure allongée, fente, entaille faite avec un instrument tranchant.
incisive *nf* chacune des dents de devant : *l'homme a huit incisives.*
inciter *vt* pousser : *inciter à la révolte.*
inclinaison *nf* état de ce qui est incliné ; pente : *inclinaison d'un plan* • ***inclinaison magnétique*** angle que forme une aiguille aimantée avec le plan horizontal.
inclination *nf* 1. action d'incliner, de pencher la tête ou le corps 2. penchant, tendance naturelle, disposition, goût : *inclination à la paresse.*
incliner *vt* pencher, baisser : *incliner la tête* ◆ *vt ind* [à] avoir du penchant pour, être enclin à : *incliner à la sévérité, à penser que...* ◆ **s'incliner** *vpr* 1. se pencher, se courber 2. renoncer à la lutte en s'avouant vaincu 3. être dominé dans une compétition ; perdre.
inclure *vt* (conj 68) renfermer, insérer : *inclure une note dans une lettre.*
inclus, e *adj* enfermé, contenu • ***dent incluse*** qui reste contenue dans le maxillaire ou dans les tissus environnants.
inclusion *nf* 1. action d'inclure 2. état d'une chose incluse.
incognito [ɛ̃kɔɲito] *adv* sans se faire connaître : *voyager incognito* ◆ *nm* situation d'une personne qui garde son identité secrète : *garder l'incognito.*
incohérent, e *adj* 1. qui manque de liaison : *assemblage incohérent* 2. qui manque de suite, de logique ; décousu : *paroles incohérentes.*
incollable *adj* 1. qui ne colle pas pendant la cuisson : *un riz incollable* 2. FAM. qui peut répondre à toutes sortes de questions.
incolore *adj* 1. qui n'est pas coloré 2. FIG. sans éclat : *style incolore.*
incommode *adj* 1. qu'on ne peut utiliser avec facilité : *outil incommode* 2. qui cause de la gêne, du désagrément : *horaire incommode.*
incommoder *vt* gêner, causer un malaise physique : *être incommodé par la fumée.*
incompétence *nf* 1. manque de connaissances suffisantes 2. DR inaptitude d'un juge, d'un tribunal à traiter une affaire.
incompétent, e *adj* 1. qui n'a pas les connaissances voulues : *un critique incompétent* 2. qui n'a pas qualité pour apprécier : *tribunal incompétent.*
incompris, e *n* et *adj* qui n'est pas compris, apprécié à sa juste valeur.
inconditionnel, elle *adj* qui n'admet aucune condition ◆ *adj* et *n* qui obéit sans discussion aux ordres d'un parti, d'un homme.
incongru, e *adj* contraire à la bienséance ; déplacé.
incongruité *nf* 1. caractère de ce qui est incongru 2. action ou parole incongrue.
inconnu, e *adj* 1. qui n'est pas connu, étranger 2. qui n'a pas de notoriété : *artiste inconnu* 3. pas encore éprouvé : *sensations inconnues* ◆ *n* personne inconnue ◆ *nm* ce qu'on ignore : *affronter l'inconnu.*
inconnue *nf* MATH quantité cherchée dans un problème.
inconscience *nf* 1. perte momentanée de la conscience 2. caractère des phénomènes psychiques inconscients 3. absence de jugement, légèreté extrême.
inconscient, e *adj* et *n* 1. qui n'est pas conscient 2. qui n'a pas conscience de ses actes ◆ *adj* dont on n'a pas conscience : *acte inconscient* ◆ *nm* ensemble des phénomènes psychiques qui échappent à la conscience.
inconséquent, e *adj* 1. qui parle, agit à la légère ; irréfléchi 2. fait ou dit à la légère ; déraisonnable : *démarche inconséquente.*
inconsidéré, e *adj* fait ou dit sans réflexion ; irréfléchi.
inconstant, e *adj* et *n* sujet à changer, instable : *inconstant dans ses amitiés.*

incontinence *nf* 1. VX. manque de modération, de retenue : *incontinence verbale* 2. MÉD émission involontaire d'urine ou de matières fécales.
inconvenant, e *adj* qui blesse les convenances ; déplacé, indécent : *propos inconvenants.*
inconvénient *nm* 1. désavantage, défaut 2. conséquence fâcheuse.
incorporer *vt* 1. faire entrer dans un tout, mêler intimement, intégrer 2. faire entrer dans un corps de troupes.
incorrect, e *adj* 1. qui n'est pas correct ; fautif 2. qui manque aux règles de la politesse ; grossier.
incorrection *nf* 1. manquement aux règles de la correction, de la bienséance 2. faute de grammaire.
incorruptible *adj* 1. qui ne se corrompt pas ; imputrescible 2. qui ne se laisse pas corrompre, acheter : *juge incorruptible.*
incrédule *adj* 1. qui se laisse difficilement convaincre ; sceptique 2. incroyant, libre penseur.
increvable *adj* 1. qui ne peut être crevé : *pneu increvable* 2. FAM. résistant, infatigable.
incriminer *vt* mettre en cause, rendre responsable d'un acte blâmable.
incroyable *adj* 1. impossible ou difficile à croire : *histoire incroyable* 2. étonnant ; extraordinaire.
incroyant, e *adj* et *n* non croyant.
incrustation *nf* 1. action d'incruster 2. ouvrage incrusté 3. dépôt que laisse une eau calcaire.
incruster *vt* 1. insérer dans une matière des fragments de matière différente, pour former un ornement : *incruster de la nacre dans l'ébène* 2. couvrir d'un dépôt pierreux ◆ **s'incruster** *vpr* 1. se graver 2. FAM. s'imposer durablement de façon importune.
incubateur *nm* couveuse.
incubation *nf* 1. action de couver 2. MÉD temps pendant lequel couve une maladie • *incubation artificielle* action de faire éclore des œufs par des procédés artificiels.
inculpation *nf* action d'inculper.
inculpé, e *n* accusé.
inculper *vt* ouvrir une procédure d'instruction contre une personne présumée coupable d'un crime ou d'un délit.
inculquer *vt* faire entrer durablement quelque chose dans l'esprit de quelqu'un : *inculquer les bonnes manières à quelqu'un.*
inculte *adj* 1. non cultivé : *terre inculte* 2. qui n'a aucune culture intellectuelle : *esprit inculte.*
inculture *nf* manque total de culture intellectuelle ; ignorance.
incurable *adj* inguérissable.
incursion *nf* 1. invasion en pays ennemi 2. arrivée soudaine dans un lieu.
incurver *vt* courber de dehors en dedans.
indécent, e *adj* 1. contraire à la décence, à la bienséance, à la pudeur 2. déplacé, scandaleux : *gaspillage indécent.*
indécis, e *adj* et *n* qui ne sait pas se décider, irrésolu ◆ *adj* 1. douteux, incertain : *victoire indécise* 2. vague : *formes indécises.*
indécision *nf* état, caractère d'une personne indécise ; incertitude, irrésolution.
indéfectible *adj* qui ne peut défaillir ou cesser d'être : *amitié indéfectible.*
indéfini, e *adj* 1. dont on ne peut assigner les limites : *espace indéfini* 2. qu'on ne peut définir ; vague 3. indéterminé : *sensation indéfinie* • ***article indéfini*** qui présente l'être ou la chose en la distinguant de façon indéterminée du reste du groupe *(un, une, des)* • ***adjectifs indéfinis*** ceux qui déterminent les noms d'une manière vague, générale, comme *aucun, autre, certain, chaque, maint, même, nul, plusieurs, quel, quelconque, quelque, tel, tout* • ***pronoms indéfinis*** ceux qui représentent les noms d'une manière générale, comme *on, chacun, personne, quiconque, quelqu'un, rien, autrui, l'un, l'autre, l'un* et *l'autre.*
indélébile *adj* ineffaçable : *encre, souvenir indélébile.*
indélicat, e *adj* 1. malhonnête 2. grossier.
indélicatesse *nf* 1. manque de délicatesse 2. acte, procédé indélicat.
indemne *adj* qui n'a pas éprouvé de dommage à la suite d'un accident, d'une épreuve.
indemnisation *nf* dédommagement.
indemniser *vt* dédommager.
indemnité *nf* 1. somme allouée pour dédommager d'un préjudice 2. allocation accordée en compensation de certains frais : *indemnité de déplacement* • ***indemnité parlementaire*** émoluments des députés et des sénateurs.
indéniable *adj* qu'on ne peut dénier ; certain, incontestable : *preuve indéniable.*
indépendamment *adv* de façon indépendante : *travailler indépendamment* ◆ **indépendamment de** *loc prép* 1. en faisant abstraction de 2. outre, en plus de : *étudier ce fait indépendamment des circonstances ; indépendamment de ceci.*
indépendance *nf* 1. état d'une personne indépendante 2. caractère indépendant 3. autonomie politique, souveraineté nationale.
indépendant, e *adj* 1. qui ne dépend d'aucune autorité ; libre, autonome 2. qui refuse toute sujétion : *esprit indépendant* 3. qui n'a aucun rapport avec autre chose, qui n'est pas solidaire de quelque chose.
indescriptible *adj* qui ne peut être décrit, exprimé.
indésirable *adj* et *n* qu'on n'accepte pas dans un milieu, un pays : *expulser un indésirable ; sa présence est indésirable.*

indéterminé, e *adj* qui n'est pas déterminé, précisé, fixé.

index *nm* 1. doigt le plus proche du pouce 2. table alphabétique d'un livre 3. aiguille mobile d'un cadran • *Index* catalogue des livres dont l'autorité pontificale défendait la lecture • FIG. *mettre à l'index* exclure, signaler comme dangereux.

indexer *vt* 1. introduire dans un index ; établir l'index de 2. rattacher les variations d'une valeur à celles d'un élément de référence déterminé : *indexer une retraite sur le coût de la vie.*

indicateur, trice *adj* qui indique, fait connaître ◆ *nm* 1. livre qui sert de guide : *l'indicateur des rues de Paris* 2. appareil servant à indiquer 3. individu qui renseigne la police.

indicatif *nm* 1. GRAMM celui des cinq modes du verbe qui présente l'état, l'action comme une réalité 2. musique annonçant telle ou telle émission de radio ou de télévision régulière.

indicatif, ive *adj* qui indique, annonce.

indication *nf* 1. action d'indiquer 2. renseignement : *fausse indication.*

indice *nm* 1. signe apparent et probable qu'une chose existe 2. nombre exprimant un rapport entre deux grandeurs 3. rapport entre des quantités ou des prix, qui en montre l'évolution : *indice des prix.*

indiciel, elle *adj* qui a valeur d'indice : *courbe indicielle.*

indifféremment *adv* sans faire de différence ; indistinctement.

indifférence *nf* état d'une personne indifférente ; détachement, froideur, insensibilité.

indifférencié, e *adj* se dit d'une chose dans laquelle aucune différence n'est constatée.

indifférent, e *adj* 1. qui ne présente aucun motif de préférence : *choix indifférent* 2. sans intérêt, peu important : *parler de choses indifférentes* ◆ *adj* et *n* que rien ne touche ni n'émeut.

indifférer *vt* (conj 10) être indifférent à : *cela m'indiffère.*

indigène *adj* et *n* 1. originaire du pays : *plante indigène* CONTR. *exotique* 2. né dans le pays qu'il habite ; autochtone, aborigène.

indigent, e *adj* et *n* très pauvre.

indigeste *adj* 1. difficile à digérer 2. FIG. difficile à assimiler par l'esprit : *roman indigeste.*

indigestion *nf* indisposition provenant d'une mauvaise digestion • FAM. *avoir une indigestion de quelque chose* en avoir trop, au point d'en être dégoûté.

indignation *nf* sentiment de colère ou de révolte que suscite un outrage, une action injuste.

indigne *adj* 1. qui n'est pas digne de, qui ne mérite pas : *indigne de confiance* 2. qui révolte, inspire la colère, le mépris : *conduite indigne.*

indigner *vt* exciter, provoquer l'indignation ◆ **s'indigner** *vpr* éprouver de l'indignation.

indignité *nf* 1. caractère d'une personne, d'une chose indigne 2. action indigne, odieuse.

indigo *nm* colorant bleu violacé fourni par l'indigotier ◆ *adj inv* de couleur bleu violacé.

indiquer *vt* 1. montrer, désigner 2. faire connaître à quelqu'un ce qu'il cherche : *indiquer une rue* 3. dénoter, révéler : *cela indique du talent.*

indirect, e *adj* qui n'est pas direct ; détourné : *chemin indirect ; critique indirecte* • GRAMM *complément indirect* introduit par une préposition • *verbe transitif indirect* verbe suivi d'un complément d'objet indirect • *discours, style indirect, interrogation indirecte* rapportant les paroles de quelqu'un dans une proposition subordonnée (EX : *je dis qu'il viendra ; je demande s'il viendra*).

indiscipline *nf* manque de discipline ; désobéissance.

indiscipliné, e *adj* rebelle à toute discipline.

indiscret, ète *adj* 1. qui manque de discrétion : *question indiscrète* 2. qui révèle ce qu'on devrait taire : *parole indiscrète ; ami indiscret.*

indiscrétion *nf* 1. manque de discrétion 2. révélation d'un secret.

indispensable *adj* dont on ne peut se passer : *outil indispensable.*

indisposé, e *adj* 1. légèrement malade 2. se dit d'une femme qui a ses règles.

indisposer *vt* 1. rendre un peu malade, incommoder 2. rendre peu favorable, prévenir contre : *on l'a indisposé contre moi.*

indistinct, e *adj* qui manque de netteté, confus.

individu *nm* 1. tout être formant une unité distincte dans son espèce 2. personne considérée isolément, par rapport à une collectivité 3. FAM. homme quelconque ou dont on parle avec mépris.

individualiser *vt* rendre distinct des autres par des caractères propres.

individualisme *nm* 1. tendance à s'affirmer indépendamment des autres 2. tendance à privilégier la valeur et les droits de l'individu sur ceux de la société.

individualité *nf* 1. ce qui constitue l'individu 2. originalité propre à une personne 3. personne qui a une forte personnalité et se distingue des autres.

individuel, elle *adj* 1. qui appartient à l'individu ; personnel : *caractère individuel*

2. qui concerne une seule personne CONTR. *collectif* ◆ *n* concurrent n'appartenant à aucun club, à aucune équipe.

indivis, e *adj* 1. DR qui n'est pas divisé : *succession indivise* ; possédé par plusieurs 2. qui possède en commun avec d'autres : *héritiers indivis* • ***par indivis*** en commun.

indivisible *adj* qui n'est pas divisible.

indocile *adj* qui ne se laisse pas diriger ; rebelle.

indo-européen, enne (*pl indo-européens, ennes*) *adj* et *nm* se dit d'un groupe de langues parlées actuellement en Europe et dans une partie des autres continents, auquel les linguistes ont donné une origine commune.

indolence *nf* nonchalance, indifférence, mollesse : *vivre dans l'indolence.*

indolent, e *adj* nonchalant, apathique.

indolore *adj* qui ne cause aucune douleur : *piqûre indolore.*

indu, e *adj* • ***heure indue*** heure à laquelle il ne convient pas de faire quelque chose ◆ *nm* DR ce qui n'est pas dû : *restitution de l'indu.*

indubitable *adj* dont on ne peut douter ; certain, incontestable.

inducteur, trice *adj* et *nm* PHYS qui induit : *courant inducteur* ◆ *nm* aimant ou électroaimant destiné à fournir le champ magnétique créateur de l'induction.

induction *nf* 1. raisonnement qui va du particulier au général, des faits à la loi 2. ÉLECTR production d'un courant dans un circuit, sous l'influence d'un aimant ou d'un autre courant.

induire *vt* (conj 70) 1. amener, conduire, pousser à : *induire en erreur* 2. établir par voie de conséquence, conclure : *de là j'induis que* 3. ÉLECTR produire une induction.

indulgence *nf* 1. facilité à pardonner, à excuser 2. THÉOL rémission des peines dues aux péchés.

indulgent, e *adj* porté à l'indulgence ; clément : *se montrer indulgent.*

indûment *adv* de manière indue, illégitime.

industrialisation *nf* action d'industrialiser ; son résultat.

industrialiser *vt* 1. exploiter sous forme industrielle : *industrialiser l'agriculture* 2. équiper en usines, en industries : *industrialiser une région.*

industrie *nf* 1. ensemble des activités, des métiers qui produisent des richesses par la mise en œuvre des matières premières, par l'exploitation des mines, des sources d'énergie 2. toute activité économique organisée sur une grande échelle • ***industrie légère*** celle qui transforme les produits de l'*industrie lourde*, issus des matières premières.

industriel, elle *adj* qui concerne l'industrie : *richesse industrielle ; centre industriel* ◆ *nm* chef d'entreprise transformant des matières premières.

inédit, e *adj* et *nm* 1. qui n'a pas été publié : *poème inédit* 2. nouveau, original : *spectacle inédit.*

ineffable *adj* LITT. qui ne peut être exprimé ; indicible.

inégal, e, aux *adj* 1. qui n'est pas égal à autre chose : *segments inégaux* 2. qui n'est pas uni, raboteux : *terrain inégal* 3. qui n'est pas régulier : *mouvement inégal* 4. qui n'est pas constant ; changeant : *style inégal ; humeur inégale.*

inégalité *nf* 1. caractère de ce qui est inégal 2. MATH relation algébrique entre deux grandeurs inégales séparées par le signe > (plus grand que) ou < (plus petit que).

inéluctable *adj* qu'on ne peut éviter : *malheur inéluctable.*

inénarrable *adj* d'une bizarrerie, d'un comique extraordinaire : *aventure inénarrable.*

inepte *adj* sot, stupide : *réflexion inepte.*

ineptie [-psi] *nf* absurdité, sottise.

inéquation *nf* inégalité entre deux expressions algébriques contenant des variables et qui n'est satisfaite que pour certaines valeurs de ces variables.

inerte *adj* 1. sans mouvement, immobile : *corps inerte* 2. sans activité propre : *matière inerte* 3. sans énergie, sans réaction, apathique.

inertie [inɛrsi] *nf* 1. état de ce qui est inerte 2. manque d'activité, d'énergie : *tirer quelqu'un de son inertie* • ***force d'inertie*** 1. résistance que les corps opposent au mouvement et qui résulte de leur masse 2. FIG. résistance passive, de quelqu'un qui refuse d'obéir, de se soumettre.

inespéré, e *adj* qu'on n'espérait pas ; inattendu.

inestimable *adj* dont on ne peut estimer la valeur : *trésor, chance inestimable.*

inexact, e *adj* 1. qui contient des erreurs ; faux : *calcul inexact* 2. LITT. qui manque de ponctualité.

inexactitude *nf* 1. manque de ponctualité 2. faute, erreur.

inexistant, e *adj* 1. qui n'existe pas 2. sans valeur, qui ne compte pas : *rôle inexistant.*

inexorable *adj* qu'on ne peut fléchir, d'une fermeté implacable : *juge inexorable ; volonté inexorable.*

inexpérience *nf* manque d'expérience.

inexpérimenté, e *adj* qui n'a pas d'expérience : *ouvrier inexpérimenté.*

inexpugnable *adj* qu'on ne peut prendre par la force : *forteresse inexpugnable ; vertu inexpugnable.*

in extenso [inɛkstɛ̃so] *loc adv* en entier : *publier un discours in extenso.*

inextinguible *adj* 1. qu'on ne peut éteindre 2. FIG. qu'on ne peut arrêter : *rire inextinguible.*

in extremis [inekstremis] *loc adv* au dernier moment, à la dernière limite.

inextricable *adj* qui ne peut être démêlé, très embrouillé.

infaillible *adj* 1. qui ne peut se tromper : *nul n'est infaillible* 2. qui produit les résultats attendus, qui ne peut manquer d'arriver : *remède, succès infaillibles.*

infamant, e *adj* qui déshonore : *peine infamante.*

infâme *adj* 1. avilissant, honteux : *acte infâme* 2. répugnant, sale : *infâme taudis.*

infamie *nf* 1. caractère de ce qui est infâme 2. LITT. grand déshonneur 3. action, propos vils, honteux : *commettre une infamie ; écrire des infamies.*

infant, e *n* titre des enfants puînés des rois d'Espagne et de Portugal.

infanterie *nf* ensemble des troupes qui combattent à pied.

infanticide *nm* meurtre d'un enfant et, en particulier, d'un nouveau-né ◆ *adj* et *n* coupable du meurtre d'un nouveau-né.

infantile *adj* 1. relatif à l'enfant en bas âge : *maladies infantiles* 2. PÉJOR. comparable à un enfant, puéril : *comportement, mentalité infantile.*

infantiliser *vt* maintenir chez un adulte un état infantile.

infantilisme *nm* 1. absence de maturité, comportement infantile ; puérilité 2. MÉD arrêt du développement d'un individu.

infarctus [ɛ̃farktys] *nm* MÉD accident dû à l'oblitération d'un vaisseau • *infarctus du myocarde* lésion du cœur consécutive à l'oblitération d'une artère coronaire.

infatigable *adj* que rien ne fatigue : *travailleur infatigable.*

infect, e *adj* 1. qui exhale de mauvaises odeurs 2. répugnant 3. FAM. très mauvais.

infecter *vt* 1. contaminer par des germes infectieux 2. LITT. remplir d'émanations puantes et malsaines ; empester ◆ **s'infecter** *vpr* être contaminé par des germes.

infectieux, euse *adj* 1. qui produit ou communique l'infection 2. qui résulte ou s'accompagne d'infection : *maladie infectieuse.*

infection *nf* 1. pénétration et développement dans un organisme de microbes pathogènes (dits *agents infectieux*), produisant des troubles d'intensité et de gravité variables 2. grande puanteur.

inférieur, e *adj* 1. placé au-dessous : *mâchoire inférieure* 2. moindre en dignité, en valeur, etc. : *rang inférieur* ◆ *n* subordonné.

inférioriser *vt* rendre inférieur ; sous-estimer la valeur de.

infériorité *nf* désavantage dans le rang, la force, le mérite, etc.

infernal, e, aux *adj* 1. LITT. de l'enfer 2. FIG. pervers, diabolique : *ruse infernale* 3. FAM. insupportable : *enfant infernal* • *machine infernale* engin explosif.

infester *vt* envahir, abonder dans un lieu en parlant d'animaux ou de plantes nuisibles : *les moustiques infestent la région.*

infidèle *adj* 1. qui manque à ses promesses, en particulier dans le mariage 2. inexact : *récit infidèle* ◆ *n* celui qui ne professe pas la religion considérée comme vraie.

infidélité *nf* manque de fidélité.

infiltrer (s') *vpr* 1. passer à travers les pores d'un corps solide 2. FIG. pénétrer furtivement, s'insinuer.

infime *adj* très petit.

infini, e *adj* 1. sans limites : *l'Univers est infini* 2. très grand, considérable : *temps infini* ◆ *nm* ce qui est sans limites • *à l'infini* sans fin.

infinité *nf* 1. très grand nombre 2. LITT. caractère de ce qui est infini.

infinitésimal, e, aux *adj* extrêmement petit : *quantité infinitésimale.*

infinitif, ive *adj* GRAMM caractérisé par l'emploi de l'infinitif • *proposition infinitive* ou *infinitive* subordonnée complétive dont le verbe est à l'infinitif ◆ *nf* ou *nm* mode du verbe qui exprime l'état ou l'action d'une manière indéterminée ; forme nominale du verbe.

infirme *adj* et *n* atteint d'une infirmité.

infirmer *vt* 1. détruire la force, l'autorité de quelque chose ; démentir : *infirmer un témoignage* 2. DR déclarer nul.

infirmerie *nf* local destiné aux malades, aux blessés, dans un établissement scolaire ou militaire, une entreprise, etc.

infirmier, ère *n* personne diplômée qui donne les soins prescrits par le médecin.

infirmité *nf* 1. affection particulière qui atteint d'une manière chronique quelque partie du corps 2. incapacité de l'organisme à remplir telle ou telle fonction.

inflammable *adj* qui s'enflamme facilement.

inflammation *nf* 1. action par laquelle une matière combustible s'enflamme 2. MÉD réaction consécutive à une agression traumatique, chimique ou microbienne de l'organisme et caractérisée par certains symptômes (chaleur, rougeur, douleur, tuméfaction) ; ces symptômes.

inflammatoire *adj* caractérisé par une inflammation : *maladie inflammatoire.*

inflation *nf* 1. émission excessive de papier-monnaie, accompagnée d'une forte hausse des prix 2. augmentation excessive : *inflation verbale.*

inflationniste *adj* qui est cause ou signe d'inflation : *politique inflationniste.*

infléchir *vt* courber, incliner ◆ **s'infléchir** *vpr* se courber, dévier.

inflexible *adj* que rien ne peut fléchir, ébranler, émouvoir ; intraitable : *homme, caractère inflexible.*

inflexion *nf* 1. action de plier, d'incliner : *inflexion du corps* 2. changement, modification ; modulation : *inflexion de voix.*

infliger *vt* (conj 2) imposer, faire subir quelque chose de pénible.

influence *nf* 1. action qu'une chose exerce sur une personne, sur une autre chose : *l'influence de l'alcool sur l'organisme* 2. ascendant, autorité.

influencer *vt* (conj 1) exercer une influence sur, agir sur : *influencer un juge.*

influent, e *adj* qui a de l'influence, de l'autorité.

influer *vt ind* [sur] exercer une action : *le climat influe sur la santé.*

influx [ɛ̃fly] *nm* • ***influx nerveux*** phénomène par lequel l'excitation d'une fibre nerveuse se propage dans le nerf.

Infographie *nf* (nom déposé) application de l'informatique au traitement de l'image.

informateur, trice *n* qui donne des informations.

informaticien, enne *n* spécialiste d'informatique.

information *nf* 1. action d'informer, de s'informer 2. renseignement 3. nouvelle donnée par un journal, la radio, la télévision, etc. 4. INFORM élément de connaissance susceptible d'être codé pour être conservé, traité ou communiqué 5. DR instruction d'un procès criminel ◆ **informations** *nf pl* bulletin d'information radio-diffusé ou télévisé.

informatique *nf* science du traitement automatique de l'information ◆ *adj* relatif à l'informatique.

informatiser *vt* doter de moyens informatiques.

informe *adj* 1. sans forme déterminée : *masse informe* 2. imparfait, incomplet ; laid : *ouvrage informe.*

informel, elle *adj* qui n'a pas de formes, de règles précises.

informer *vt* avertir, renseigner, instruire ◆ *vi* DR faire une information : *informer contre quelqu'un* ◆ **s'informer** *vpr* [de] interroger ; recueillir des renseignements.

infraction *nf* violation d'une loi, d'un ordre, etc.

infrarouge *adj* et *nm* se dit des radiations calorifiques obscures, moins réfrangibles que le rouge.

infrastructure *nf* 1. ensemble des travaux relatifs à tout ce qui nécessite, pour un ouvrage (route, voie ferrée, etc.), des fondations 2. base matérielle d'une société (situation géographique, économique, etc.) (par oppos. à *superstructure*).

infuser *vt* 1. faire macérer dans un liquide bouillant : *infuser du thé* 2. LITT. communiquer (du courage, de l'ardeur, etc.) ◆ *vi* communiquer à un liquide chaud ses sucs aromatiques : *attendre que le thé infuse.*

infusion *nf* 1. action d'infuser ; son résultat : *infusion de tilleul* 2. tisane : *boire une infusion.*

ingénier (s') *vpr* [à] chercher le moyen de, s'efforcer de : *s'ingénier à plaire.*

ingénierie [ɛ̃ʒeniri] *nf* ensemble des études faites pour déterminer le meilleur mode de réalisation d'un projet industriel SYN. *engineering.*

ingénieur *nm* personne apte à élaborer, organiser ou diriger des plans, des recherches ou des travaux techniques.

ingénieux, euse *adj* plein d'esprit d'invention, d'adresse ; subtil, habile.

ingéniosité *nf* qualité de celui ou de ce qui est ingénieux.

ingénu, e *adj* et *n* d'une innocence franche ; candide, naïf : *air ingénu.*

ingénue *nf* THÉÂTR rôle de jeune fille naïve.

ingénuité *nf* 1. candeur, simplicité, naïveté 2. parole, action ingénue.

ingérence *nf* action de s'ingérer.

ingérer *vt* (conj 10) introduire dans l'estomac : *ingérer les aliments* ◆ **s'ingérer** *vpr* s'immiscer : *s'ingérer dans une affaire.*

ingestion *nf* action d'ingérer.

ingrat, e *n* et *adj* qui n'est pas reconnaissant : *fils ingrat* ◆ *adj* 1. qui manque de grâce : *visage ingrat* 2. qui ne répond pas aux efforts ; infructueux, décevant : *travail ingrat* • ***âge ingrat*** début de l'adolescence.

ingratitude *nf* manque de reconnaissance.

ingrédient *nm* ce qui entre dans la composition d'un mélange.

ingurgiter *vt* 1. avaler 2. FIG. acquérir massivement des connaissances, sans les assimiler.

inhabité, e *adj* qui n'est pas habité.

inhabituel, elle *adj* qui n'est pas habituel.

inhalation *nf* absorption par les voies respiratoires d'un gaz, d'une vapeur ou d'un aérosol.

inhaler *vt* aspirer par inhalation.

inhérent, e *adj* lié nécessairement à : *responsabilité inhérente à une fonction.*

inhiber *vt* supprimer ou ralentir une réaction, une activité.

inhibition *nf* phénomène d'arrêt, de blocage, de ralentissement d'un processus chimique, psychologique ou physiologique.

inhumain, e *adj* 1. qui ne semble pas appartenir à la nature, à l'espèce humaine : *cri inhumain* 2. qui manque d'humanité, de générosité ; barbare, cruel.

inhumation *nf* action d'inhumer.

inhumer *vt* mettre un mort en terre avec certaines cérémonies.

ininflammable *adj* qui ne peut pas s'enflammer : *liquide ininflammable.*

initial, e, aux [-sjal, -sjo] *adj* qui est au commencement : *lettre initiale.*

initiale *nf* première lettre d'un mot, d'un nom.

initiation *nf* action d'initier.

initiatique *adj* qui relève de l'initiation, de pratiques secrètes : *rite initiatique.*

initiative *nf* 1. action de celui qui propose ou fait le premier une chose : *prendre l'initiative d'une mesure* 2. qualité de celui qui sait prendre les décisions nécessaires.

initier [inisje] *vt* 1. admettre à la connaissance ou au culte d'un mystère religieux, aux pratiques d'une secte, etc. 2. donner les premiers rudiments d'une science, d'un art, etc., à ◆ **s'initier** *vpr* [à] commencer à s'instruire dans.

injecté, e *adj* coloré par l'afflux du sang : *yeux injectés.*

injecter *vt* introduire sous pression un liquide, un gaz dans un corps.

injection *nf* 1. action d'injecter 2. introduction d'un liquide ou d'un gaz dans l'organisme ; piqûre ; liquide ainsi introduit : *injection de morphine.*

injonction *nf* ordre formel.

injure *nf* offense, insulte.

injurier *vt* offenser par des injures ; insulter.

injurieux, euse *adj* outrageant, offensant : *article injurieux.*

injuste *adj* 1. qui n'est pas conforme à la justice, à l'équité : *société injuste ; soupçon injuste* 2. qui n'agit pas avec équité.

injustice *nf* 1. caractère de ce qui est injuste 2. acte injuste : *réparer une injustice.*

inlassablement *adv* sans se lasser.

inné, e *adj* 1. qui existe dès la naissance : *un don inné* 2. qui appartient au caractère fondamental de quelqu'un : *avoir le sens inné des affaires.*

innocence *nf* 1. absence de culpabilité 2. pureté de celui qui ignore le mal 3. naïveté, candeur.

innocent, e *adj* et *n* 1. qui n'est pas coupable 2. qui ignore le mal ; pur et candide 3. naïf, crédule ◆ *adj* bénin, inoffensif : *manie innocente.*

innocenter *vt* déclarer innocent, établir l'innocence de.

innommable *adj* trop vil, trop détestable pour être nommé ; inqualifiable : *crime innommable.*

innovation *nf* 1. action d'innover 2. nouveauté, changement : *heureuse innovation.*

innover *vt* et *vi* introduire du nouveau dans un domaine.

inoccupé, e *adj* 1. sans occupation, oisif 2. qui n'est pas habité : *logement inoccupé.*

inoculation *nf* introduction dans l'organisme d'un germe, d'un virus.

inoculer *vt* communiquer par inoculation.

inodore *adj* sans odeur.

inoffensif, ive *adj* incapable de nuire, sans danger : *animal inoffensif.*

inondation *nf* 1. débordement des eaux recouvrant une étendue de pays 2. présence anormale d'une grosse quantité d'eau dans un local, due à une fuite, un incident.

inonder *vt* 1. couvrir d'eau : *inonder un terrain* 2. mouiller beaucoup, tremper : *visage inondé de larmes* 3. FIG. envahir, répandre dans : *inonder un pays de produits étrangers.*

inopérant, e *adj* sans effet, inefficace.

inopiné, e *adj* imprévu ; inattendu.

inouï, e *adj* tel qu'on n'a jamais entendu rien de pareil ; incroyable, extraordinaire.

Inox *nm* (nom déposé) acier, métal inoxydable.

inoxydable *adj* qui résiste à l'oxydation.

inqualifiable *adj* que l'on ne peut qualifier ; indigne : *inqualifiable agression.*

inquiet, ète *adj* et *n* agité par la crainte, l'incertitude, l'appréhension de l'avenir ◆ *adj* qui marque l'appréhension, la crainte, l'incertitude : *regard inquiet.*

inquiéter *vt* (conj 10) 1. rendre inquiet, alarmer : *cette nouvelle m'inquiète* 2. troubler, tracasser : *être inquiété par la police* ◆ **s'inquiéter** *vpr* se préoccuper, se soucier ; s'alarmer.

inquiétude *nf* trouble, état pénible causé par la crainte, l'appréhension ; souci.

inquisiteur, trice *adj* qui cherche à découvrir ce qui est caché, qui marque une curiosité indiscrète : *regard inquisiteur* ◆ *nm* juge de l'Inquisition.

inquisition *nf* recherche, perquisition, enquête arbitraire • HIST *l'Inquisition* tribunal ecclésiastique chargé de réprimer l'hérésie.

insaisissable *adj* 1. qui ne peut être saisi : *biens insaisissables* 2. imperceptible : *nuance insaisissable.*

insanité *nf* parole, action déraisonnable ; sottise : *dire des insanités.*

insatiable [-sjabl] *adj* qui ne peut être rassasié, assouvi.

inscription *nf* 1. caractères gravés ou peints sur la pierre, le métal, etc. : *déchiffrer une inscription* 2. action d'inscrire, de s'inscrire sur une liste, sur un registre : *inscription à l'université.*

inscrire *vt* (conj 71) 1. porter sur une liste, sur un registre 2. écrire, graver sur le métal, la pierre, etc. 3. noter, écrire : *inscrire une adresse* ◆ **s'inscrire** *vpr* 1. écrire, faire enregistrer son nom 2. entrer dans un groupe, un organisme, etc. 3. se situer : *les négociations s'inscrivent dans le cadre de la diplomatie* • *s'inscrire en faux* soutenir qu'une chose est fausse.

inscrit, e *adj* MATH se dit du polygone dont les sommets sont sur la circonférence d'un cercle qui l'entoure ◆ *n* personne dont le nom est inscrit sur une liste, qui s'est inscrite dans une organisation.
insécable *adj* qui ne peut être coupé ou partagé.
insecte *nm* animal invertébré à trois paires de pattes respirant par des trachées et subissant des métamorphoses.
insecticide *adj* et *nm* se dit d'un produit qui détruit les insectes.
insécurité *nf* manque de sécurité.
insémination *nf* dépôt de la semence du mâle dans les voies génitales de la femelle.
insensé, e *n* et *adj* 1. qui a perdu la raison 2. extravagant, fou.
insensibiliser *vt* rendre insensible : *insensibiliser un malade.*
insensible *adj* 1. qui n'a pas de sensibilité physique : *insensible au froid, à la chaleur* 2. qui n'est pas accessible à la pitié ; indifférent, dur 3. imperceptible : *progrès insensible.*
insérer *vt* (conj 10) 1. introduire, faire entrer : *insérer une annonce dans un journal* 2. intercaler, intégrer : *insérer une feuille dans un livre* ◆ **s'insérer** *vpr* 1. trouver place, se situer : *la fiction s'insère parfois dans la réalité* 2. s'introduire, s'intégrer : *les nouveaux se sont bien insérés.*
insertion *nf* 1. action d'insérer, d'intégrer : *insertion d'une annonce* 2. action, manière de s'insérer dans un groupe : *l'insertion des immigrés* 3. attache d'une partie sur une autre : *insertion des feuilles sur la tige.*
insidieux, euse *adj* 1. qui constitue un piège, qui trompe : *question insidieuse* 2. qui se répand sournoisement : *maladie insidieuse.*
insigne *nm* marque distinctive d'un grade, d'une dignité, de l'appartenance à un groupe.
insignifiant, e *adj* sans importance, sans valeur : *homme insignifiant.*
insinuer *vt* faire entendre d'une manière détournée, adroitement, sans le dire expressément : *insinuer une calomnie* ◆ **s'insinuer** *vpr* 1. s'introduire avec adresse : *s'insinuer dans les bonnes grâces de quelqu'un* 2. s'infiltrer, pénétrer doucement.
insipide *adj* 1. sans saveur : *mets insipide* 2. FIG. sans agrément : *style insipide.*
insistance *nf* action d'insister.
insister *vi* persévérer à demander ◆ *vt ind* [sur] appuyer : *insister sur un point.*
insolation *nf* 1. exposition aux rayons du soleil 2. état pathologique provoqué par une longue exposition au soleil 3. exposition d'une substance photographique à la lumière.
insolence *nf* 1. effronterie 2. manque de respect 3. parole, action insolente.
insolent, e *adj* et *n* qui montre de l'insolence ◆ *adj* provocant : *chance insolente.*
insolite *adj* contraire à l'usage, qui surprend ; étrange, bizarre.
insoluble *adj* 1. qui ne peut être dissous 2. FIG. qu'on ne peut résoudre.
insolvable *adj* qui n'a pas de quoi payer : *débiteur insolvable.*
insomniaque *adj* et *n* qui souffre d'insomnie.
insomnie *nf* impossibilité de dormir.
insonoriser *vt* protéger des bruits extérieurs.
insouciance *nf* caractère insouciant : *insouciance d'enfant.*
insouciant, e *adj* et *n* qui ne se soucie, ne s'affecte de rien.
insoumis, e *adj* qui refuse de se soumettre ; rebelle ◆ *adj* et *nm* MIL personne qui refuse de satisfaire à ses obligations militaires.
insoumission *nf* 1. refus de soumission 2. MIL état d'une personne insoumise.
insoutenable *adj* qu'on ne peut soutenir, maintenir, supporter.
inspecter *vt* 1. examiner, observer 2. surveiller, contrôler.
inspecteur, trice *n* agent chargé de certaines fonctions de surveillance et de contrôle.
inspection *nf* 1. action d'inspecter 2. fonction d'inspecteur 3. corps d'inspecteurs.
inspirateur, trice *adj* et *n* qui inspire, suggère ; instigateur.
inspiration *nf* 1. aspiration pulmonaire 2. influence révélatrice : *inspiration divine* 3. enthousiasme créateur ; idée : *poète sans inspiration.*
inspiré, e *adj* sous l'influence d'une inspiration : *poète inspiré* • FAM. ***bien, mal inspiré*** bien, mal avisé de faire quelque chose.
inspirer *vt* 1. faire pénétrer dans les poumons : *inspirer de l'air* 2. faire naître une pensée, un sentiment chez autrui : *inspirer de la pitié* 3. provoquer l'enthousiasme créateur : *la Muse inspire les poètes* ◆ **s'inspirer** *vpr* [de] prendre, tirer des idées : *s'inspirer des Anciens.*
instabilité *nf* caractère de ce qui est instable.
instable *adj* qui n'est pas stable ; changeant, variable ◆ *adj* et *n* qui n'a pas de suite dans les idées.
installation *nf* 1. action d'installer, de s'installer ; son résultat 2. mise en place d'un appareil, d'un réseau d'appareils ; ces appareils : *installation électrique.*
installer *vt* 1. mettre en possession d'une dignité, d'un emploi 2. mettre en place, disposer, aménager : *installer une machine, un appartement* ◆ **s'installer** *vpr* s'établir.

instance *nf* 1. prière, demande pressante : *céder aux instances de quelqu'un* 2. organisme, service qui a un pouvoir de décision : *instances dirigeantes d'un parti* 3. DR série des actes de procédure depuis la demande jusqu'au jugement.

instant *nm* moment très court • ***à chaque instant*** continuellement • ***à l'instant*** à l'heure même, tout de suite • ***dans un instant*** bientôt.

instantané, e *adj* qui se produit en un instant ; immédiat • ***café instantané*** fait avec de la poudre de café soluble ◆ *nm* cliché photographique obtenu par une exposition très brève.

instaurer *vt* établir les bases de, fonder.

instigateur, trice *n* personne qui pousse à ; protagoniste : *l'instigateur d'un complot.*

instigation *nf* incitation : *agir à l'instigation de quelqu'un.*

instinct [ɛ̃stɛ̃] *nm* impulsion naturelle, intuition, sentiment spontané : *agir d'instinct, par instinct.*

instinctif, ive *adj* qui naît de l'instinct ; irréfléchi : *geste instinctif* ◆ *adj* et *n* qui est poussé par l'instinct.

instituer *vt* 1. établir, fonder, instaurer : *Richelieu institua l'Académie française* 2. nommer (un héritier) par testament.

institut *nm* établissement de recherche scientifique, d'enseignement, etc. : *Institut Pasteur* • ***institut de beauté*** établissement de soins esthétiques.

instituteur, trice *n* enseignant en maternelle ou dans les écoles primaires.

institution *nf* 1. établissement d'enseignement privé 2. ensemble des règles établies en vue de la satisfaction d'intérêts collectifs ; organisme visant à les maintenir ◆ **institutions** *pl* lois fondamentales d'un État : *ne pas respecter les institutions.*

institutionnaliser *vt* donner le caractère d'une institution à.

instructeur *adj* et *nm* militaire chargé de l'instruction des jeunes soldats : *sergent instructeur.*

instructif, ive *adj* qui instruit, apporte des connaissances : *lecture instructive.*

instruction *nf* 1. action d'instruire ; éducation, enseignement : *instruction primaire* 2. savoir, connaissances, culture : *avoir de l'instruction* • DR ***instruction judiciaire*** procédure qui met une affaire en état d'être jugée • ***juge d'instruction*** juge qui instruit une cause ◆ **instructions** *pl* ordres, explications pour la conduite de quelque chose : *laisser des instructions.*

instruire *vt* (conj 70) 1. donner des connaissances nouvelles, former l'esprit 2. informer : *instruisez-moi de ce qui se passe* • DR ***instruire une affaire*** la mettre en état d'être jugée ◆ **s'instruire** *vpr* développer ses connaissances, étudier.

instrument *nm* 1. outil, machine, appareil servant à un travail 2. MUS appareil propre à produire des sons : *instrument à vent* 3. FIG. ce qui permet d'atteindre un résultat, moyen : *être l'instrument du destin.*

instrumentiste *n* 1. musicien qui joue d'un instrument 2. infirmier qui prépare et présente au chirurgien les instruments nécessaires pour une intervention.

insu de (à l') *loc prép* sans qu'on le sache : *il est sorti à mon insu.*

insubmersible *adj* qui ne peut pas couler.

insubordination *nf* refus d'obéir.

insuccès *nm* échec.

insuffisance *nf* 1. manque de la quantité nécessaire, carence 2. incapacité 3. MÉD diminution du fonctionnement d'un organe.

insuffisant, e *adj* qui ne suffit pas : *salaire insuffisant.*

insuffler *vt* 1. souffler de l'air, un gaz dans les poumons, une cavité du corps 2. communiquer, transmettre : *insuffler du courage à ses troupes.*

insulaire *adj* et *n* qui vit sur une île ◆ *adj* relatif à une île.

insuline *nf* hormone sécrétée par le pancréas et utilisée contre le diabète.

insulte *nf* outrage en actes ou en paroles.

insupportable *adj* 1. intolérable 2. très turbulent : *enfant insupportable.*

insurger (s') *vpr* [contre] (conj 2) se révolter, se soulever contre une autorité, un pouvoir.

insurrection *nf* soulèvement en armes contre le pouvoir établi.

insurrectionnel, elle *adj* qui tient de l'insurrection.

intact, e *adj* 1. à quoi l'on n'a pas touché 2. qui n'a souffert aucune atteinte.

intangible *adj* qui doit rester intact, inviolable : *droit intangible.*

intarissable *adj* 1. qui ne peut être tari 2. FIG. qui ne cesse pas de parler.

intégral, e, aux *adj* entier, complet.

intégrale *nf* 1. édition complète des œuvres d'un écrivain, d'un musicien 2. MATH fonction, solution d'une équation différentielle.

intégralité *nf* état de ce qui est intégral : *l'intégralité d'une somme.*

intégrant, e *adj* • ***partie intégrante (de)*** qui fait partie d'un tout.

intègre *adj* d'une probité absolue ; incorruptible.

intégrer *vt* (conj 10) faire entrer dans un ensemble, dans un groupe plus vaste ; assimiler ◆ **s'intégrer** *vpr* s'assimiler à un groupe.

intégrisme *nm* attitude de certains croyants qui, au nom d'un respect intransigeant de la tradition, se refusent à toute évolution.

intégrité *nf* 1. état d'une chose complète, qui n'a pas subi d'altération 2. FIG. qualité d'une personne intègre.

intellect *nm* faculté de penser ; intelligence, entendement.

intellectualiser *vt* donner un caractère intellectuel, abstrait à.

intellectuel, elle *adj* qui appartient à l'intelligence, à l'activité de l'esprit ◆ *n* et *adj* qui a un goût affirmé pour les activités de l'esprit, qui s'occupe de ce domaine.

intelligence *nf* 1. faculté de connaître, de comprendre : *l'intelligence distingue l'homme de l'animal* 2. aptitude à s'adapter ; capacité dans un domaine : *intelligence des affaires* 3. compréhension : *pour l'intelligence de ce qui va suivre* 4. accord de sentiments, connivence : *vivre en bonne intelligence avec ses voisins* ◆ **intelligences** *pl* entente, relations secrètes.

intelligent, e *adj* 1. doué d'intelligence 2. qui dénote l'intelligence : *regard intelligent.*

intelligible *adj* qui peut être facilement entendu ou compris : *parler à haute et intelligible voix.*

intempérie *nf* mauvais temps, rigueur du climat : *redouter les intempéries.*

intempestif, ive *adj* qui est fait à contretemps ; inopportun.

intemporel, elle *adj* qui échappe au temps ; éternel.

intenable *adj* 1. que l'on ne peut tenir : *position intenable* 2. insupportable : *chaleur intenable.*

intendance *nf* 1. administration financière d'un établissement public ou d'enseignement ; économat 2. administration qui pourvoit aux besoins de l'armée.

intendant, e *n* 1. personne chargée d'un service d'intendance 2. personne chargée de régir des biens, une maison.

intense *adj* d'une grande puissance, très fort.

intensif, ive *adj* qui met en œuvre des moyens importants • AGRIC *culture intensive* qui a des rendements élevés CONTR. *extensif.*

intensifier *vt* rendre plus intense.

intensité *nf* 1. degré d'activité, de puissance : *intensité d'un feu* 2. quantité d'électricité que débite un courant pendant l'unité de temps.

intenter *vt* DR entreprendre contre quelqu'un : *intenter un procès.*

intention *nf* dessein délibéré, volonté : *intention de nuire* • *à l'intention de quelqu'un* spécialement pour lui.

intentionné, e *adj* • *bien, mal intentionné* qui a de bonnes, de mauvaises intentions.

intentionnel, elle *adj* qui est fait avec intention.

interactif, ive *adj* 1. se dit de phénomènes qui agissent les uns sur les autres 2. INFORM doué d'interactivité ; conversationnel.

interaction *nf* influence réciproque.

interactivité *nf* INFORM faculté d'échange entre l'utilisateur d'un système informatique et la machine, par l'intermédiaire d'un terminal.

intercalaire *adj* inséré, ajouté • *jour intercalaire* qui s'ajoute dans les années bissextiles (29 février) ◆ *nm* feuille, feuillet intercalaire.

intercaler *vt* insérer parmi d'autres choses, dans un ensemble : *intercaler un mot dans un texte.*

intercéder *vi* (conj 10) intervenir : *intercéder en faveur de quelqu'un.*

intercepter *vt* 1. arrêter au passage 2. s'emparer d'une chose destinée à autrui : *intercepter une lettre.*

interchangeable *adj* se dit de choses qui peuvent être mises à la place les unes des autres.

interclasse *nm* intervalle qui sépare deux heures de cours.

intercostal, e, aux *adj* qui est entre les côtes : *douleur intercostale.*

interdépendant, e *adj* se dit des choses qui dépendent les unes des autres.

interdiction *nf* 1. défense, prohibition 2. privation de l'exercice d'un droit, d'une fonction : *être frappé d'interdiction.*

interdire *vt* (conj 72) 1. défendre, empêcher de faire, d'utiliser : *le médecin lui a interdit l'alcool* 2. frapper d'interdiction : *interdire un prêtre.*

interdit, e *adj* 1. sous le coup d'une interdiction 2. FIG. déconcerté : *demeurer interdit.*

interdit *nm* impératif institué par un groupe ou une société, qui prohibe un acte ou un comportement : *transgresser un interdit* • *lever un interdit* supprimer une censure, une interdiction.

intéressant, e *adj* 1. qui présente de l'intérêt ; captivante 2. avantageux.

intéressé, e *adj* et *n* qui est concerné par une chose : *intéressé à une affaire ; prévenir les intéressés* ◆ *adj* 1. qui s'intéresse 2. qui ne cherche que son intérêt ; inspiré par l'intérêt : *service intéressé.*

intéressement *nm* participation aux bénéfices d'une entreprise.

intéresser *vt* 1. inspirer de l'intérêt, de la curiosité, de l'attention 2. concerner, toucher, atteindre : *loi qui intéresse les industriels ; blessure qui intéresse le poumon* 3. donner un intéressement à ◆ **s'intéresser** *vpr* [à] avoir de l'intérêt pour.

intérêt *nm* 1. curiosité, attention, sollicitude : *avoir de l'intérêt pour quelqu'un ; suivre un événement avec intérêt* 2. originalité, importance : *nouvelle d'un grand intérêt* 3. ce qui est important, utile, avantageux : *agir dans l'intérêt d'un ami* 4. souci exclusif de ce qui est avantageux pour soi, désir de gain : *seul l'intérêt le guide* 5. participation à un gain éventuel 6. bénéfice tiré de l'argent prêté.

interférer *vi* (conj 10) 1. se superposer en créant des renforcements ou des oppositions 2. produire des interférences.

intérieur, e *adj* 1. qui est au-dedans : *cour intérieure* 2. relatif à l'esprit, à la vie morale, psychologique de l'homme : *sentiment intérieur* 3. qui concerne un pays, un territoire : *politique intérieure* CONTR. *extérieur, étranger* ◆ *nm* 1. la partie intérieure, le dedans 2. partie centrale d'un pays 3. domicile privé : *intérieur coquet* • ***femme, homme d'intérieur*** qui aime s'occuper de sa maison • ***ministère de l'Intérieur*** chargé de la tutelle des collectivités locales, de la police d'un pays.

intérim *nm* 1. temps pendant lequel une fonction est remplie par un autre que par le titulaire 2. activité des salariés intérimaires : *agence d'intérim* • ***par intérim*** provisoirement.

intérimaire *adj* qui a lieu par intérim : *fonctions intérimaires* ◆ *n* et *adj* 1. se dit d'une personne qui assure un intérim 2. se dit d'un salarié d'une entreprise de travail temporaire, mis à la disposition d'une autre entreprise pour occuper momentanément un emploi.

intérioriser *vt* 1. garder pour soi, contenir : *intérioriser ses réactions* 2. assimiler, faire siennes des opinions, des règles de conduite.

interjection *nf* mot qui exprime vivement un sentiment, un ordre, comme *hélas !, chut !*

interligne *nm* espace entre deux lignes écrites.

interlocuteur, trice *n* 1. personne à qui ou avec qui on parle 2. personne avec laquelle on engage des négociations, des pourparlers.

interloquer *vt* décontenancer ; surprendre : *cette réponse l'a interloqué.*

interlude *nm* divertissement entre deux parties d'un spectacle, d'une émission.

intermède *nm* 1. divertissement entre deux parties d'une représentation théâtrale 2. temps d'interruption.

intermédiaire *adj* qui est entre deux choses : *espace intermédiaire* ◆ *n* 1. personne qui sert de lien entre deux autres 2. personne qui intervient dans un circuit de distribution commerciale ◆ *nm* entremise, voie : *par l'intermédiaire de.*

interminable *adj* qui dure très longtemps.

intermittence *nf* caractère de ce qui est intermittent • ***par intermittence*** de façon discontinue.

intermittent, e *adj* qui s'arrête et reprend par intervalles ; discontinu, irrégulier.

internat *nm* 1. situation d'un élève interne 2. école où les élèves sont internes 3. MÉD fonction d'interne dans un hôpital, accessible par concours ; ce concours.

international, e, aux *adj* qui a lieu entre nations : *droit international* ◆ *n* sportif qui représente son pays à des épreuves internationales.

Internationale *nf* association d'ouvriers de divers pays, pour la défense de leurs intérêts.

internationaliser *vt* rendre international ; porter sur le plan international.

interne *adj* qui est au-dedans, concerne le dedans de quelque chose ; intérieur : *problème interne à l'entreprise* • ***médicament à usage interne*** à introduire dans l'organisme ◆ *n* élève logé et nourri dans un établissement scolaire • ***interne des hôpitaux*** étudiant(e) en médecine reçu(e) au concours de l'internat, qui seconde le chef de service dans un hôpital.

interné, e *adj* et *n* 1. enfermé dans un camp de concentration, une prison : *les internés politiques* 2. placé dans un hôpital psychiatrique.

interner *vt* 1. enfermer dans un camp, une prison 2. placer dans un hôpital psychiatrique.

interpellation *nf* 1. action d'interpeller 2. DR sommation, de dire, de faire quelque chose 3. demande d'explication adressée à un ministre par un membre du Parlement.

interpeller [-pɛle] *vt* 1. adresser la parole à quelqu'un pour demander quelque chose 2. sommer quelqu'un de répondre, de s'expliquer sur un fait ; vérifier son identité, l'arrêter 3. contraindre quelqu'un à regarder en face une situation, s'imposer à lui : *la misère du monde nous interpelle.*

interpénétration *nf* pénétration mutuelle.

Interphone *nm* (nom déposé) téléphone permettant les communications à l'intérieur du même bâtiment.

interposer *vt* placer entre ◆ **s'interposer** *vpr* intervenir, s'entremettre.

interprétation *nf* 1. action d'interpréter 2. façon dont une œuvre dramatique, musicale ou chorégraphique est jouée.

interprète *n* 1. personne qui traduit oralement une langue dans une autre 2. personne qui parle au nom d'une autre 3. personne qui interprète une œuvre artistique.

interpréter *vt* (conj 10) 1. rendre compréhensible, traduire, donner un certain sens à : *interpréter une loi, un rêve ; mal interpréter une intention* 2. jouer un rôle, exécuter un morceau de musique, danser une œuvre chorégraphique.

interrogatif, ive *adj* qui exprime une interrogation : *phrase interrogative* ◆ *nf* phrase interrogative.

interrogation *nf* question, demande • *point d'interrogation* qui marque l'interrogation (?).

interrogatoire *nm* questions qu'on adresse à un accusé, à un prévenu.

interroger *vt* (conj 2) 1. adresser, poser des questions à, questionner : *interroger un inculpé, un candidat* 2. examiner avec attention : *interroger l'histoire.*

interrompre *vt* (conj 53) 1. rompre la continuité de : *interrompre un courant* 2. couper la parole à ◆ **s'interrompre** *vpr* cesser de faire quelque chose ; s'arrêter au cours d'une action.

interrupteur *nm* dispositif pour interrompre ou rétablir un courant électrique ; commutateur.

interruption *nf* 1. action d'interrompre ; suspension, arrêt 2. paroles pour interrompre • *interruption volontaire de grossesse* avortement légal (abréviation : *I.V.G.*).

intersection *nf* endroit où deux lignes, deux plans, deux solides se coupent.

intersidéral, e, aux *adj* ASTRON situé entre les astres.

interstice *nm* petit intervalle entre les parties d'un tout.

intersyndical, e, aux *adj* établi entre divers syndicats : *groupement intersyndical* ◆ *nf* association constituée par plusieurs syndicats pour défendre certains objectifs communs.

intervalle *nm* 1. espace, distance (dans l'espace ou le temps) : *intervalle entre deux murs ; à six mois d'intervalle* 2. MATH ensemble des nombres *x* compris entre deux nombres *a* et *b* 3. MUS distance qui sépare deux sons • *par intervalles* de temps à autre.

intervenant, e *adj* et *n* qui intervient dans un procès, un débat, etc.

intervenir *vi* (conj 22 ; auxil : être) 1. prendre part volontairement à une action afin d'en modifier le cours : *intervenir dans une querelle* 2. se produire, avoir lieu : *un jugement est intervenu* 3. prendre la parole dans une assemblée.

intervention *nf* 1. action d'intervenir 2. action d'un État s'ingérant dans la sphère de compétence d'un autre État 3. MÉD opération : *intervention chirurgicale.*

interventionnisme *nm* 1. doctrine préconisant l'intervention de l'État dans les affaires économiques 2. doctrine préconisant l'intervention d'un État dans un conflit entre d'autres États.

intervertir *vt* renverser l'ordre naturel ou habituel de : *intervertir les rôles.*

interview [ɛ̃tɛrvju] *nf* ou *nm* entretien avec une personne pour l'interroger sur ses actes, ses idées, etc.

intestin *nm* ANAT viscère creux allant de l'estomac à l'anus • *gros intestin* partie de l'intestin comprenant le cæcum, le côlon et le rectum et qui prolonge l'intestin grêle • *intestin grêle* partie de l'intestin comprenant le duodénum, l'iléon et le jéjunum.

intime *adj* 1. LITT. intérieur et profond : *la nature intime d'un être* 2. qui existe au plus profond de nous : *conviction intime* 3. qui est tout à fait privé, personnel ; qui se passe entre amis : *journal intime ; dîner intime* ◆ *adj* et *n* à qui on est lié par des liens profonds ; proche.

intimer *vt* 1. signifier avec autorité 2. DR assigner en appel.

intimidation *nf* action d'intimider ; menace, pression.

intimider *vt* inspirer de la crainte à.

intimité *nf* 1. LITT. caractère de ce qui est intime, secret 2. relations étroites 3. vie privée.

intitulé *nm* titre (d'un livre, d'un chapitre, d'une loi, etc.).

intituler *vt* désigner par un titre ◆ **s'intituler** *vpr* avoir pour titre.

intolérance *nf* 1. attitude agressive à l'égard de ceux dont on ne partage pas les opinions 2. MÉD impossibilité, pour un organisme, de supporter certains médicaments ou aliments.

intonation *nf* ton varié de la voix, que l'on prend en parlant.

intouchable *n* et *adj* 1. en Inde, membre des castes les plus basses 2. FAM. qui ne peut faire l'objet d'aucune critique, d'aucune sanction.

intox *nf* FAM. action, fait d'intoxiquer les esprits.

intoxication *nf* action d'intoxiquer ; empoisonnement.

intoxiquer *vt* 1. empoisonner 2. FIG. influencer en faisant perdre tout sens critique.

intraitable *adj* qui n'accepte aucun compromis ; intransigeant.

intra-muros [ɛ̃tramyrɔs] *loc adv* et *adj inv* dans les murs, dans l'intérieur de la ville.

intransigeant, e *adj* et *n* qui ne fait aucune concession, n'admet aucun compromis.

intransitif, ive *adj* GRAMM se dit des verbes qui ne sont pas suivis d'un complément d'objet direct ou indirect (EX : *devenir, dormir, dîner*).

intra-utérin, e (*pl intra-utérins, es*) *adj* qui est situé ou qui a lieu à l'intérieur de l'utérus.

intraveineux, euse *adj* qui est ou se fait à l'intérieur des veines.

intrépide *adj* 1. qui ne craint pas le danger 2. FAM. décidé, tenace.

intrigant, e *adj* et *n* qui recourt à l'intrigue pour parvenir à ses fins.

intrigue *nf* 1. manœuvre secrète ou déloyale 2. trame d'une pièce de théâtre, d'un roman, d'un film 3. liaison amoureuse passagère.

intriguer *vi* se livrer à des intrigues ◆ *vt* embarrasser, donner à penser : *cela m'intrigue.*

introductif, ive *adj* qui sert à introduire, à commencer.

introduction *nf* 1. action d'introduire 2. ce qui introduit à la connaissance d'une science : *introduction à la chimie* 3. texte, discours préliminaire, entrée en matière.

introduire *vt* (conj 70) 1. faire entrer : *introduire un visiteur* 2. faire entrer une chose dans une autre 3. FIG. faire adopter, admettre : *introduire une mode ; introduire un ami dans la famille* ◆ **s'introduire** *vpr* entrer, pénétrer.

introniser *vt* 1. installer sur le trône 2. FIG. faire régner, établir : *introniser une mode.*

introspection *nf* étude de la conscience par elle-même, du sujet par lui-même.

introversion *nf* PSYCHOL fait d'être attentif à soi plus qu'au monde extérieur.

introverti, e *adj* et *n* qui est porté à l'introversion.

intrus, e *n* et *adj* qui s'introduit quelque part sans avoir la qualité requise.

intrusion *nf* action de s'introduire sans droit dans un lieu, un groupe.

intuitif, ive *adj* qui procède de l'intuition ◆ *adj* et *n* doué d'intuition.

intuition *nf* 1. connaissance directe, immédiate, sans intervention du raisonnement 2. pressentiment.

inusité, e *adj* qui n'est pas ou plus usité.

inutile *adj* qui ne sert à rien.

invalide *adj* et *n* non valide, infirme ◆ *nm* soldat devenu incapable de servir et entretenu aux frais de l'État ◆ *adj* DR non valable, légalement nul.

invalider *vt* déclarer nul ou non valable : *invalider un testament, une élection.*

invalidité *nf* 1. état d'une personne invalide 2. DR manque de validité entraînant la nullité.

invariable *adj* qui ne change pas.

invasion *nf* 1. irruption faite dans un pays par une force militaire 2. arrivée soudaine et massive (d'êtres, de choses, d'idées, etc., jugés négatifs) : *une invasion de sauterelles, de touristes ; l'invasion en français de mots anglo-saxons.*

invective *nf* parole violente, injurieuse : *lancer des invectives contre quelqu'un.*

invectiver *vi* et *vt* dire des invectives, injurier : *invectiver contre quelqu'un ; invectiver quelqu'un.*

inventaire *nm* 1. état des biens, meubles, titres d'une personne ou d'une collectivité 2. évaluation des marchandises en magasin et des valeurs d'un commerçant.

inventer *vt* 1. trouver, créer le premier quelque chose de nouveau : *Gutenberg inventa l'imprimerie* 2. imaginer, donner comme réel : *inventer un mensonge.*

invention *nf* 1. action d'inventer, de créer ; chose inventée : *l'invention de la roue* 2. faculté d'inventer ; imagination : *être à court d'invention* 3. mensonge 4. DR découverte de choses cachées.

inventorier *vt* faire l'inventaire de.

inverse *adj* opposé, contraire à la direction actuelle ou naturelle : *sens, ordre inverse* • MATH ***nombres inverses l'un de l'autre*** dont le produit est égal à l'unité • ***en raison inverse*** se dit d'une comparaison entre objets qui varient en proportion inverse l'un de l'autre ◆ *nm* 1. le contraire : *soutenir l'inverse* 2. MATH élément ou nombre inverse d'un autre.

inverser *vt* renverser, changer le sens de.

inversion *nf* 1. action d'inverser, fait de s'inverser 2. GRAMM construction où l'on donne aux mots un autre ordre que l'ordre direct 3. MÉD déviation d'un organe.

invertébré, e *adj* et *n* se dit des animaux sans colonne vertébrale.

investigation *nf* recherche attentive et suivie.

investir *vt* 1. mettre en possession d'un pouvoir, d'une autorité 2. encercler une ville en coupant ses communications 3. placer des capitaux dans une entreprise ◆ *vi* ou **s'investir** *vpr* PSYCHOL mettre toute son énergie dans une action, une activité.

investissement *nm* 1. action d'investir 2. placement de fonds.

investiture *nf* mise en possession d'une dignité, d'un pouvoir.

invétéré, e *adj* 1. fortifié, enraciné par le temps : *mal invétéré* 2. impénitent, endurci : *buveur invétéré.*

invincible *adj* 1. qu'on ne saurait vaincre 2. FIG. qu'on ne peut réfuter : *argument invincible.*

inviolable *adj* 1. qu'on ne doit jamais enfreindre : *serment inviolable* 2. à l'abri de toute poursuite.

invisible *adj* 1. non visible : *invisible à l'œil nu* 2. qu'on ne peut voir, rencontrer.

invitation *nf* action d'inviter ; son résultat : *refuser une invitation.*

invite *nf* ce qui invite à faire quelque chose ; appel indirect, adroit.

inviter *vt* 1. convier, prier de venir, d'assister à : *inviter à dîner* 2. FIG. engager, inciter : *inviter à la rêverie* ◆ **s'inviter** *vpr* FAM. venir sans être invité.

in vitro [invitro] *loc adv* et *adj inv* qui se fait en dehors de l'organisme (dans des tubes, des éprouvettes, etc.) : *fécondation in vitro* CONTR. *in vivo.*

invivable *adj* très difficile à supporter.

in vivo [invivo] *loc adv* et *adj inv* qui se fait dans l'organisme CONTR. *in vitro.*

invocation *nf* action d'invoquer.

involontaire *adj* 1. qui échappe à la volonté : *erreur involontaire* 2. qui agit sans le vouloir : *témoin involontaire.*

invoquer *vt* 1. appeler à son secours par une prière 2. FIG. en appeler à : *invoquer un témoignage.*

invraisemblable *adj* 1. qui n'est pas vraisemblable : *conte invraisemblable* 2. bizarre, extraordinaire.

invraisemblance *nf* 1. manque de vraisemblance 2. chose, fait invraisemblable.

invulnérable *adj* qui ne peut être blessé ; qui résiste à toute atteinte.

iode *nm* corps simple d'un gris bleuâtre (symb : I) : *la teinture d'iode est une dissolution d'iode dans l'alcool.*

iodé, e *adj* qui contient de l'iode.

ion *nm* particule électrisée formée d'un atome ou d'un groupe d'atomes ayant gagné ou perdu un ou plusieurs électrons.

iota *nm inv* lettre grecque équivalant à notre *i* • FIG. ***pas un iota*** rien du tout.

ipso facto *loc adv* par le fait même.

irascible *adj* porté à la colère, irritable.

iris [iris] *nm* 1. membrane colorée de l'œil 2. plante à fleurs ornementales 3. poudre parfumée tirée du rhizome de cette plante.

irisé, e *adj* qui a les couleurs de l'arc-en-ciel : *reflets irisés.*

ironie *nf* 1. raillerie qui consiste à dire le contraire de ce qu'on veut faire entendre 2. contraste entre une réalité cruelle et ce qu'on pouvait attendre : *l'ironie du sort.*

ironiser *vi* et *vt ind* [sur] faire de l'ironie, railler.

irradiation *nf* action d'irradier ; fait d'être irradié.

irradié, e *adj* qui a subi les effets néfastes de la radioactivité.

irradier *vi* ou **s'irradier** *vpr* se propager en rayonnant : *lumière qui irradie de tous côtés* ◆ *vt* exposer à certaines radiations (radiations ionisantes en particulier).

irrationnel, elle *adj* 1. contraire à la raison 2. MATH se dit d'un nombre qui n'est pas le quotient de deux nombres entiers.

irrecevable *adj* qui ne peut être pris en considération ; inacceptable : *demande irrecevable.*

irréductible *adj* 1. qui ne peut être réduit, simplifié 2. FIG. qui ne transige pas.

irréel, elle *adj* qui n'est pas réel : *image irréelle.*

irréfléchi, e *adj* qui n'est pas réfléchi : *homme irréfléchi ; action irréfléchie.*

irrégularité *nf* 1. manque de régularité 2. caractère de ce qui n'est pas régulier, réglementaire ; chose, action irrégulière 3. surface irrégulière.

irrégulier, ère *adj* 1. qui n'est pas régulier, uniforme, symétrique : *résultats irréguliers ; polygone irrégulier* 2. non conforme à l'usage, à la norme, à la loi : *situation, procédure irrégulière ; pluriel irrégulier.*

irrémédiable *adj* à quoi on ne peut remédier ; irréparable.

irremplaçable *adj* qui ne peut être remplacé.

irréparable *adj* qui ne peut être réparé.

irréprochable *adj* auquel on ne peut faire nul reproche.

irrésistible *adj* à qui ou à quoi l'on ne peut résister : *force irrésistible.*

irrésolu, e *adj* et *n* qui a du mal à se décider, à prendre parti ◆ *adj* qui n'a pas reçu de solution.

irrespect *nm* manque de respect.

irrespirable *adj* 1. qui n'est pas respirable 2. difficile à supporter : *ambiance irrespirable.*

irresponsabilité *nf* 1. état de celui qui n'est pas responsable de ses actes 2. caractère de quelqu'un qui agit à la légère.

irresponsable *adj* et *n* 1. qui n'est pas responsable de ses actes 2. qui agit avec une légèreté coupable.

irréversible *adj* 1. qui n'est pas réversible : *mouvement irréversible* 2. qu'on ne peut suivre que dans une seule direction : *le temps est irréversible.*

irrévocable *adj* 1. qui n'est pas révocable : *donation irrévocable* 2. sur quoi il est impossible de revenir : *décision irrévocable.*

irrigation *nf* 1. technique qui consiste, dans les régions sèches, à amener de l'eau par des procédés divers 2. PHYSIOL apport du sang dans les tissus par les vaisseaux sanguins.

irriguer *vt* arroser par irrigation.

irritable *adj* 1. qui se met facilement en colère, irascible 2. MÉD se dit d'un tissu, d'un organe qui s'irrite facilement : *gorge irritable.*

irritation *nf* 1. état de quelqu'un qui est irrité, en colère 2. MÉD inflammation légère d'un tissu, d'un organe.

irriter *vt* 1. mettre en colère, énerver 2. MÉD causer de la douleur, de l'inflammation dans un organe.

irruption *nf* entrée soudaine et violente.

isard *nm* chamois des Pyrénées.

islam *nm* religion musulmane • ***l'Islam*** le monde musulman, la civilisation musulmane.

isocèle *adj* GÉOM qui a deux côtés égaux : *triangle isocèle.*

isolant, e *adj* et *nm* qui isole, qui est mauvais conducteur de la chaleur, de l'électricité ou du son.

isolation *nf* action de réaliser un isolement électrique, thermique ou acoustique.

isolé, e *adj* 1. seul, séparé des autres, à l'écart : *se sentir isolé ; maison isolée ; endroit isolé* 2. pris à part, individuel, unique : *cas isolé* 3. protégé de tout corps conducteur de l'électricité, de la chaleur ou du son.

isolement *nm* 1. état d'une personne, d'un groupe isolé, seul, à l'écart 2. état d'un corps isolé du point de vue électrique, thermique ou phonique.

isoler *vt* 1. séparer, mettre à l'écart : *les inondations ont isolé le village ; isoler un malade contagieux* 2. FIG. abstraire, considérer à part 3. protéger contre les influences thermiques ou phoniques 4. empêcher la conduction électrique ; déconnecter 5. CHIM dégager de ses combinaisons : *isoler un métal* ◆ **s'isoler** *vpr* se mettre à l'écart : *s'isoler pour réfléchir.*

isoloir *nm* cabine où l'électeur prépare son bulletin de vote sans être vu.

isotherme *nf* ligne qui joint les points de température moyenne identique pour une période donnée.

isotherme *adj* 1. de même température 2. qui a lieu ou qui se maintient à une température constante : *camion isotherme.*

israélien, enne *adj* et *n* de l'État d'Israël.

israélite *adj* de religion juive ◆ *n* juif.

issu, e *adj* venu, né de : *issu d'une famille riche.*

issue *nf* 1. ouverture, passage par où l'on peut sortir, s'échapper 2. FIG. moyen de sortir d'embarras : *se ménager une issue* 3. conclusion, résultat • *à l'issue de* au sortir de.

italien, enne *adj* et *n* d'Italie.

italique *adj* relatif à l'Italie ancienne ◆ *nm* et *adj* IMPR caractère d'imprimerie penché.

item *adv* en outre, de plus (s'emploie dans les comptes, les énumérations) ◆ *nm* 1. question d'un test 2. élément d'un ensemble grammatical, lexical, etc.

itinéraire *nm* route à suivre, parcours, trajet ◆ *adj* • *mesure itinéraire* évaluation d'une distance.

itinérant, e *adj* et *n* qui se déplace dans l'exercice de ses fonctions, de son métier : *comédiens itinérants.*

I.U.T. *nm* (sigle de institut universitaire de technologie) établissement d'enseignement assurant la formation de techniciens supérieurs.

I.V.G. *nf* (sigle) interruption volontaire de grossesse.

ivoire *nm* 1. substance osseuse qui constitue la plus grande partie des dents, les défenses d'éléphant, etc. 2. objet sculpté en ivoire.

ivre *adj* 1. qui a le cerveau troublé par l'alcool 2. exalté par une passion, un sentiment : *ivre de joie* • *ivre mort* ivre au point d'avoir perdu connaissance.

ivresse *nf* 1. état d'une personne ivre ; ébriété 2. transport, excitation : *l'ivresse du plaisir.*

ivrogne, esse *n* qui s'enivre souvent.

J

j *nm* dixième lettre et septième consonne de l'alphabet.

jacasser *vi* 1. crier, en parlant de la pie 2. FAM. bavarder.

jachère *nf* état d'une terre cultivable laissée temporairement au repos ; cette terre.

jacinthe *nf* liliacée à fleurs ornementales.

jacquard *nm* 1. métier à tisser, inventé par Jacquard 2. tricot qui présente des dessins géométriques sur un fond de couleur différente.

jacquet *nm* jeu analogue au trictrac.

jade *nm* pierre dure de couleur verdâtre ; objet sculpté dans cette matière : *les jades de Chine.*

jadis [ʒadis] *adv* autrefois, dans le passé.

jaguar [ʒagwar] *nm* mammifère carnassier d'Amérique du Sud, à taches noires.

jaillir *vi* 1. sortir impétueusement (liquides, lumière) 2. LITT. se manifester soudainement.

jaillissement *nm* action de jaillir.

jais *nm* minerai solide, d'un noir luisant.

jalon *nm* 1. piquet pour prendre des alignements 2. FIG. marque, point de repère : *poser les jalons d'un travail.*

jalonner *vi* planter des jalons pour indiquer un tracé ◆ *vt* 1. déterminer la direction, les limites de : *bouées qui jalonnent un chenal* 2. se succéder le long de : *succès qui jalonnent une carrière.*

jalouser *vt* être jaloux de.

jalousie *nf* 1. dépit envieux ressenti à la vue des avantages d'autrui 2. amour exclusif provoquant la crainte douloureuse d'une éventuelle infidélité.

jalousie *nf* persienne à lamelles mobiles.

jaloux, ouse *adj* et *n* 1. envieux 2. qui éprouve de la jalousie en amour ◆ *adj* très attaché à, désireux de : *jaloux de sa liberté.*

jamais *adv* 1. (avec *ne*) en aucun temps : *cela ne s'est jamais vu* 2. (sans *ne*) à une époque quelconque : *si jamais je le revois* • *à jamais* ou *pour jamais* toujours.

jambe *nf* 1. partie du membre inférieur entre le genou et le pied 2. le membre inférieur tout entier 3. chacune des deux parties d'un vêtement qui recouvrent les jambes • ***courir à toutes jambes*** très vite • ***prendre ses jambes à son cou*** s'enfuir.

jambon *nm* cuisse ou épaule salée ou fumée de cochon, de sanglier, consommée crue ou cuite.

jambonneau *nm* partie inférieure de la jambe du porc.

jante *nf* cercle qui constitue la périphérie d'une roue de véhicule.

janvier *nm* premier mois de l'année.

japonais, e *adj* et *n* du Japon.

japper *vi* aboyer, en parlant des petits chiens, du chacal.

jaquette *nf* 1. vêtement masculin de cérémonie à longs pans 2. veste de femme 3. chemise de protection d'un livre.

jardin *nm* 1. lieu, ordinairement enclos, où l'on cultive des fleurs *(parterre)*, des légumes *(potager)*, des arbres *(fruitier* ou *verger)*, etc. 2. LITT. pays fertile • ***côté jardin*** THÉÂTR côté de la scène à droite de l'acteur CONTR. *côté cour* • ***jardin d'enfants*** établissement ou partie d'un établissement privé, correspondant à l'école maternelle dans le public.

jardiner *vi* faire du jardinage.

jardinier, ère *n* qui cultive les jardins.

jardinière *nf* 1. meuble, bac contenant des fleurs, des plantes en pots 2. assortiment de légumes cuits • ***jardinière d'enfants*** personne qui s'occupe de jeunes enfants dans un jardin d'enfants.

jargon *nm* 1. langage formé d'éléments disparates, de mots altérés ; charabia 2. langage particulier à une profession, à une activité et inconnu du profane.

jarre *nf* grand vase de grès.

jarret *nm* 1. partie de la jambe derrière le genou 2. pli de la jambe de derrière des quadrupèdes.

jarretelle *nf* ruban pour maintenir tendu le bas.

jarretière *nf* 1. lien pour maintenir les bas 2. ordre de chevalerie en Angleterre.

jars *nm* mâle de l'oie.

jaser *vi* 1. bavarder sans fin pour le plaisir de parler ou de dire des médisances : *sa conduite fait jaser* 2. trahir un secret, en bavardant 3. gazouiller, en parlant d'un bébé.

jasmin *nm* arbuste à fleurs odoriférantes ; son parfum.

jatte *nf* vase rond et sans rebord ; son contenu : *jatte de lait.*

jauge *nf* 1. règle graduée pour mesurer la capacité d'un réservoir, d'un récipient 2. capacité d'un récipient propre à mesurer un liquide ou des grains 3. MAR capacité d'un bateau exprimée en tonneaux.

jauger *vt* (conj 2) 1. mesurer la capacité d'un tonneau, d'un navire, etc. 2. FIG. apprécier la valeur de quelqu'un ◆ *vi* avoir la capacité de.

jaune *adj* qui est d'une couleur entre le vert et l'orangé • ***fièvre jaune*** affection gastro-intestinale infectieuse ◆ *adj* et *n* se dit d'une race humaine de l'Asie orientale qui présente une coloration jaune de la peau ◆ *nm* 1. couleur jaune 2. matière qui teint en jaune : *jaune de chrome* • ***jaune d'œuf*** partie centrale de l'œuf des oiseaux ◆ *adv* • ***rire jaune*** avec contrainte.

jaunir *vt* teindre en jaune ; rendre jaune ◆ *vi* devenir jaune.

jaunisse *nf* affection hépatique aiguë caractérisée par la coloration jaune de la peau SYN. *ictère.*

java *nf* danse populaire à trois temps • FAM. ***faire la java*** faire la fête.

Javel (eau de Javel) *nf* mélange d'hypochlorite et de chlorure de potassium, utilisé comme désinfectant et décolorant.

javelliser *vt* stériliser l'eau par addition d'eau de Javel.

javelot *nm* instrument de lancer employé en athlétisme.

jazz [dʒaz] *nm* musique d'origine américaine, dont la mélodie syncopée contraste avec la permanence rythmique de la batterie.

je *pron. pers* désigne la première personne du singulier représentant celui, celle qui parle, en fonction de sujet.

jean [dʒin] ou **jeans** [dʒins] *nm* tissu de coton très serré ; pantalon taillé dans ce tissu.

Jeep [dʒip] *nf* (nom déposé) voiture tout terrain.

jérémiade *nf* FAM. plainte, lamentation importune.

jerez *nm* › xérès.

jéroboam *nm* grosse bouteille de champagne d'une contenance de quatre bouteilles (soit plus de trois litres).

jerrican [ʒerikan] ou **jerricane** *nm* bidon de 20 litres environ : *jerrican d'essence.*

jersey *nm* 1. tissu à mailles : *jersey de laine, de soie* 2. point de tricot obtenu en alternant un rang à l'endroit et un rang à l'envers.

jésuite *nm* membre de la Compagnie de Jésus ◆ *adj* et *n* PÉJOR. hypocrite.

jet *nm* 1. action de jeter, de lancer : *arme de jet* 2. mouvement imprimé à un corps en le jetant 3. distance parcourue par une chose jetée : *à un jet de pierre* 4. émission vive d'un fluide, jaillissement : *jet de vapeur* 5. BOT poussée droite d'un végétal 6. TECHN coulée de matière en fusion dans le moule • ***à jet continu*** sans interruption • ***d'un seul jet*** d'un seul coup • ***jet d'eau*** gerbe d'eau qui jaillit d'une fontaine et retombe dans le bassin • ***premier jet*** ébauche, esquisse.

jet [dʒɛt] *nm* avion à réaction.

jetable *adj* destiné à être jeté après usage : *mouchoir, briquet jetable.*

jeté *nm* 1. saut lancé exécuté d'une jambe sur l'autre 2. en haltérophilie, mouvement amenant la barre de l'épaule au bout des bras tendus verticalement • *jeté de lit* couvre-lit.

jetée *nf* digue qui s'avance dans la mer pour protéger un port.

jeter *vt* (conj 8) 1. envoyer loin en lançant : *jeter une pierre* 2. pousser avec violence, précipiter : *jeter par terre ; jeter dans l'embarras* 3. lancer hors de soi, émettre : *jeter un cri* 4. mettre rapidement : *jeter un châle sur ses épaules ; jeter un coup d'œil* 5. établir, poser : *jeter des fondements, un pont* 6. répandre, susciter : *jeter le trouble dans les esprits* 7. se débarrasser de : *jeter des fruits gâtés* ◆ **se jeter** *vpr* 1. se précipiter 2. en parlant d'un cours d'eau, déverser ses eaux.

jeton *nm* 1. disque ou plaquette pour marquer, pour constater une présence, etc. 2. FAM. coup ◆ **jetons** *nm pl* • FAM. *avoir les jetons* avoir peur.

jeu *nm* 1. activité physique ou intellectuelle visant au plaisir, à la distraction ; divertissement, récréation 2. ce qui sert à jouer : *acheter un jeu de dames* 3. divertissement où l'on risque de l'argent ; somme risquée : *dettes de jeu ; jouer gros jeu* 4. ensemble des cartes d'un joueur : *avoir un beau jeu* 5. divertissement public composé d'exercices sportifs : *les jeux Olympiques* 6. manière de jouer d'un instrument, d'interpréter un rôle : *jeu brillant* 7. rôle, comédie que l'on joue : *être pris à son propre jeu* 8. fonctionnement régulier : *le jeu d'une pompe ; le jeu des institutions* 9. facilité de se mouvoir ; manque de serrage : *donner du jeu à une porte ; cet axe a du jeu* 10. série d'objets de même nature : *jeu de clés* • *avoir beau jeu de* être dans des conditions favorables pour • *faire le jeu de quelqu'un* agir dans son sens • *jeu de mots* plaisanterie fondée sur la ressemblance des mots • *jeu d'enfant* chose très facile.

jeudi *nm* quatrième jour de la semaine.

jeun (à) *loc adv* • *être à jeun* n'avoir rien mangé depuis le réveil.

jeune [ʒœn] *adj* 1. peu avancé en âge 2. qui a encore la vigueur et le charme de la jeunesse : *des traits jeunes* 3. nouveau, récent : *pays jeune* 4. qui manque de maturité : *il sera toujours jeune* 5. qui appartient à la jeunesse : *jeune âge* 6. moins âgé ; cadet : *c'est sa jeune sœur* ◆ *n* 1. personne jeune 2. animal non encore adulte ◆ *adv* à la manière des jeunes : *s'habiller jeune.*

jeûne [ʒøn] *nm* abstinence d'aliments ; temps qu'elle dure.

jeûner *vi* 1. s'abstenir d'aliments 2. observer un jeûne religieux.

jeunesse *nf* 1. partie de la vie de l'homme entre l'enfance et l'âge mûr : *l'éclat de la jeunesse* 2. fait d'être jeune ; ensemble des caractères physiques et moraux d'une personne jeune : *jeunesse de cœur, d'esprit* 3. ensemble des personnes jeunes 4. premier temps des choses.

jingle [dʒingœl] *nm* bref thème musical destiné à introduire une émission ou un message publicitaire (recomm off : *sonal*).

joaillier, ère *n* et *adj* qui travaille des joyaux, qui en vend.

job [dʒɔb] *nm* FAM. emploi rémunéré, souvent provisoire.

jockey *n* professionnel qui monte les chevaux de course.

jogging [dʒɔgiŋ] *nm* 1. course à pied pratiquée dans un but hygiénique 2. survêtement.

joie *nf* 1. sentiment de bonheur, de plénitude éprouvé par une personne dont une aspiration, un désir est satisfait 2. manifestation de gaieté, de bonne humeur • *feu de joie* feu allumé dans les réjouissances publiques • *s'en donner à cœur joie* profiter pleinement de l'agrément qui se présente ◆ **joies** *nf pl* plaisirs, agréments ; IRON. ennuis, désagréments : *les joies du mariage.*

joindre *vt* (conj 82) 1. rapprocher deux choses de manière qu'elles se touchent ; unir : *joindre les mains* 2. relier : *rue qui joint deux avenues* 3. ajouter, allier : *joindre l'utile à l'agréable* 4. entrer en rapport, en communication avec : *joindre quelqu'un par téléphone* • *joindre les deux bouts* équilibrer son budget ◆ *vi* être en contact étroit : *ces fenêtres ne joignent pas* ◆ **se joindre** *vpr* s'unir, s'associer, participer.

joint *nm* 1. surface, ligne d'assemblage de deux éléments fixes 2. garniture assurant l'étanchéité d'un assemblage 3. articulation entre deux pièces 4. intermédiaire, liaison : *faire le joint entre deux personnes* 5. FAM. moyen de résoudre une difficulté : *chercher, trouver un joint* 6. ARG. cigarette de haschisch.

joint, e *adj* uni, lié, en contact : *sauter à pieds joints.*

joker [ʒɔkɛr] *nm* dans certains jeux, carte qui prend la valeur que lui donne celui qui la possède.

joli, e *adj* 1. agréable à voir : *jolie fille* 2. avantageux : *toucher une jolie somme* ◆ *nm* • FAM., IRON. *c'est du joli !* c'est mal.

joliment *adv* 1. d'une manière agréable, spirituelle 2. FAM. beaucoup.

jonc *nm* 1. plante aquatique à tiges droites et flexibles 2. canne faite d'un jonc d'Inde 3. bague dont le cercle est partout de même grosseur.

joncher *vt* 1. couvrir, être épars sur : *des feuilles jonchent le sol* 2. étendre sur : *joncher la terre de cadavres.*

jonction *nf* action de joindre, de se joindre ; réunion, union : *point de jonction.*

jongler *vi* 1. lancer en l'air, les uns après les autres, des objets que l'on relance à mesure qu'on les reçoit 2. manier avec dextérité.

jongleur, euse *n* 1. personne qui pratique l'art de jongler 2. HIST poète-musicien ambulant du Moyen Âge, ménestrel.

jonquille *nf* plante du genre narcisse ; sa fleur ◆ *nm* et *adj inv* couleur jaune clair.

joue *nf* partie latérale du visage, de la tête d'un animal • *mettre en joue* viser.

jouer *vi* 1. se divertir, s'amuser ; se livrer à un jeu : *les enfants jouent dehors ; jouer à la balle, aux échecs* 2. tirer des sons d'un instrument de musique : *jouer du violon* 3. fonctionner : *la clef joue dans la serrure* 4. ne plus joindre exactement : *boiserie qui a joué* 5. manier : *jouer du bâton* • *jouer de malheur, de malchance* avoir une malchance persistante • *jouer sur les mots* user de mots à double sens ◆ *vt* 1. faire une partie de jeu ; lancer, avancer : *jouer une carte* 2. mettre comme enjeu, hasarder 3. exécuter : *jouer une valse* 4. représenter, interpréter au théâtre, au cinéma : *jouer la tragédie* 5. remplir une fonction : *jouer un rôle* ◆ **se jouer** *vpr* [de] 1. se moquer : *se jouer de quelqu'un* 2. ignorer : *se jouer des difficultés.*

jouet *nm* objet destiné à amuser un enfant • *être le jouet de* être victime, être l'instrument de quelqu'un, d'une force supérieure, etc.

joueur, euse *n* 1. qui joue à un jeu 2. qui a la passion du jeu 3. qui joue d'un instrument • *beau joueur* qui sait reconnaître sa défaite avec élégance ◆ *adj* qui aime s'amuser.

joufflu, e *adj* qui a de grosses joues.

joug [ʒu] *nm* 1. pièce de bois qu'on place sur la tête des bœufs pour les atteler 2. fléau d'une balance 3. LITT. sujétion, contrainte.

jouir *vt ind* [de] 1. tirer un vif plaisir de : *jouir de sa victoire* 2. avoir la possession avantageuse de : *jouir d'une bonne santé* ◆ *vi* atteindre l'orgasme.

jouissance *nf* 1. plaisir intense 2. libre usage, possession d'une chose.

jouisseur, euse *n* qui recherche les plaisirs matériels ou sensuels.

joujou (*pl joujoux*) *nm* dans le langage enfantin, petit jouet • *faire joujou* jouer.

joule *nm* PHYS unité de mesure de travail, d'énergie et de quantité de chaleur (symb : J).

jour *nm* 1. clarté, lumière du soleil : *le jour brille à peine* 2. temps pendant lequel le soleil éclaire l'horizon 3. espace de temps réglé par la rotation de la Terre ; espace de vingt-quatre heures : *l'année dure trois cent soixante-cinq jours un quart* 4. époque, circonstance : *il attend le jour où il pourra se venger* 5. manière dont les objets sont éclairés : *faux jour* 6. ouverture, vide : *les jours d'une façade ; draps à jours brodés* • *à jour* en règle jusqu'au jour où l'on se trouve • *au jour le jour* en se limitant au jour présent, sans se soucier de l'avenir • *de jour* pendant le jour • *du jour* d'aujourd'hui, de notre époque ◆ **jours** *nm pl* LITT. vie humaine : *sauver les jours de quelqu'un* • *de nos jours* dans le temps où nous vivons.

journal *nm* 1. écrit où l'on relate les faits jour par jour 2. publication périodique 3. registre sur lequel un commerçant écrit ses opérations jour par jour.

journalier, ère *adj* qui se fait chaque jour ◆ *nm* travailleur payé à la journée.

journalisme *nm* 1. profession du journaliste 2. ensemble des journaux, des journalistes.

journaliste *n* professionnel qui travaille dans la presse écrite ou audiovisuelle.

journée *nf* 1. espace de temps qui s'écoule depuis le lever jusqu'au coucher du soleil 2. travail qu'on fait pendant un jour ; salaire de ce travail 3. jour marqué par quelque événement : *la journée des Barricades.*

journellement *adv* 1. chaque jour 2. de façon fréquente, continue.

joute *nf* 1. HIST combat courtois à cheval, d'homme à homme, avec la lance 2. LITT. lutte spectaculaire où l'on rivalise de talent : *joute oratoire.*

jovial, e, als ou **aux** *adj* d'une gaieté franche, simple.

joyau [ʒwajo] *nm* bijou qui comporte des pierres précieuses.

joyeux, euse *adj* qui a de la joie, qui l'inspire : *mine joyeuse.*

jubilation *nf* joie vive et expansive.

jubilé *nm* 1. indulgence plénière accordée par le pape en certaines occasions 2. cinquantième année de mariage, d'exercice d'une fonction, etc.

jubiler *vi* FAM. éprouver une joie vive.

judaïsme *nm* religion des juifs.

judas *nm* 1. petite ouverture dans un plancher, une porte, pour voir sans être vu 2. LITT. traître.

judéo-chrétien, enne (*pl judéo-chrétiens, ennes*) *adj* et *n* se dit des valeurs morales communes au judaïsme et au christianisme.

judiciaire *adj* 1. relatif à la justice : *débats judiciaires* 2. fait par autorité de justice : *vente judiciaire.*

judicieux, euse *adj* 1. qui a le jugement bon, sain 2. qui manifeste un bon jugement.

judo *nm* sport de combat d'origine japonaise.

judoka *n* personne qui pratique le judo.

juge *nm* 1. magistrat chargé de rendre la justice 2. personne prise pour arbitre 3. officiel chargé d'assurer la régularité d'un sport, d'une compétition.

jugé *nm* › juger.

jugement *nm* 1. faculté de raisonner : *avoir le jugement sain* 2. qualité de quelqu'un qui juge bien, qui a des opinions justes : *avoir du jugement* 3. opinion, sentiment : *je m'en rapporte à votre jugement* 4. décision, sentence émanant d'un tribunal : *prononcer un jugement* • *jugement dernier* jugement de l'humanité par le Christ à la fin du monde.

jugeote *nf* FAM. jugement, bon sens.

juger *vt* (conj 2) 1. décider, trancher en qualité de juge ou d'arbitre 2. énoncer une opinion sur : *juger un livre* 3. être d'avis, penser, estimer : *juger nécessaire* ◆ *vt ind* [de] 1. apprécier, avoir telle opinion, porter tel jugement sur : *juger de la distance ; juger d'une personne* 2. se faire une idée de : *vous pouvez juger de ma joie.*

juger ou **jugé** *nm* • *au juger* ou *au jugé* d'après une estimation sommaire : *tirer au jugé.*

jugulaire *nf* 1. grosse veine du cou 2. courroie qui maintient le casque.

jugulaire *adj* qui concerne la gorge : *veine jugulaire.*

juguler *vt* arrêter dans son développement.

juif, ive *n* 1. (avec une majuscule) personne appartenant au peuple juif : *un Juif polonais* 2. qui professe la religion judaïque ; israélite ◆ *adj* relatif aux juifs : *religion juive.*

juillet *nm* septième mois de l'année.

juin *nm* sixième mois de l'année.

juke-box [dʒykbɔks] (*pl juke-boxes* ou *inv*) *nm* électrophone automatique qui fonctionne avec des pièces de monnaie.

julienne *nf* 1. potage de légumes variés coupés en bâtonnets 2. poisson de mer (appelé aussi : *lingue*).

jumeau, elle *adj* et *n* 1. se dit de deux enfants nés d'un même accouchement 2. se dit de deux objets semblables.

jumelage *nm* action de jumeler.

jumeler *vt* (conj 6) 1. accoupler : *jumeler des poutres* 2. associer par des liens, des échanges culturels : *jumeler des villes.*

jumelle *nf* instrument d'optique : *jumelle marine* ◆ **jumelles** *nf pl* instrument d'optique formé de deux lunettes identiques.

jument *nf* femelle du cheval.

jungle [ʒœ̃gl] *nf* 1. dans les pays de mousson, végétation très épaisse et exubérante 2. FIG. société humaine où règne la loi du plus fort.

junior *adj inv* 1. cadet : *Durand junior* 2. qui concerne les jeunes, qui leur est destiné : *mode junior* ◆ *adj* et *n* SPORTS et JEUX se dit d'une catégorie intermédiaire entre senior et cadet (16-20 ans).

jupe *nf* 1. vêtement féminin qui part de la taille et descend jusqu'aux jambes 2. TECHN surface latérale d'un piston.

jupe-culotte (*pl jupes-culottes*) *nf* pantalon très ample ayant l'allure d'une jupe.

jupon *nm* jupe de dessous.

juré *nm* membre d'un jury.

juré, e *adj* qui a prêté serment : *expert juré* • *ennemi juré* adversaire acharné.

jurer *vt* 1. promettre par serment : *jurer fidélité à quelqu'un* 2. affirmer avec vigueur 3. LITT. prendre à témoin : *jurer ses grands dieux* ◆ *vi* blasphémer, prononcer des jurons ◆ *vt ind* être mal assorti avec : *le vert jure avec le jaune.*

juridiction *nf* 1. pouvoir de juger ; territoire où s'exerce ce pouvoir 2. tribunal ; ensemble des tribunaux de même nature.

juridictionnel, elle *adj* relatif à une juridiction.

juridique *adj* relatif au droit, à la justice.

jurisprudence *nf* ensemble des décisions des tribunaux • *faire jurisprudence* faire autorité.

juriste *n* spécialiste du droit.

juron *nm* exclamation grossière ou blasphématoire.

jury *nm* 1. commission de simples citoyens (jurés) appelés à titre temporaire à participer à l'exercice de la justice en cour d'assises 2. commission d'examinateurs : *jury d'exposition, de baccalauréat.*

jus *nm* 1. liquide tiré d'une substance animale ou végétale : *jus de viande, de citron* 2. FAM. courant électrique 3. FAM. café noir.

jusqu'au-boutiste (*pl jusqu'au-boutistes*) *n* partisan des solutions extrêmes.

jusque *prép* indique une limite spatiale ou temporelle, un point limite, un degré extrême : *de Paris jusqu'à Rome ; il est allé jusqu'à le frapper ; aimer jusqu'à ses ennemis* ◆ *loc. conj* • *jusqu'à ce que* jusqu'au moment où ◆ *loc. adv* • *jusque-là, jusqu'ici* jusqu'à ce lieu, jusqu'à ce moment REM. l'*e* de *jusque* s'élide devant une voyelle. *Jusque* s'écrit aussi *jusques* en poésie : *jusques à quand ?*

justaucorps *nm* maillot collant d'une seule pièce pour la danse et certains sports.

juste *adj* 1. conforme à l'équité : *sentence juste* 2. conforme à la raison, à la vérité, à la réalité : *raisonnement juste* 3. qui est tel qu'il doit être ; qui fonctionne avec précision : *note juste ; balance juste* 4. qui suffit à peine : *deux minutes, ce sera juste* 5. étroit, court : *des chaussures un peu justes* ◆ *adj* et *n* qui juge et agit selon l'équité en respectant les règles de la morale ou de la religion : *dormir du sommeil du juste* ◆ *nm* ce qui est juste • *au juste* exactement, précisément ◆ *adv* 1. avec justesse : *chanter juste* 2. précisément : *le café est juste au coin* 3. de façon insuffisante : *calculer trop juste* 4. seulement : *j'ai juste mangé une pomme* • FAM. *comme de juste* comme il se doit.

justement *adv* 1. légitimement 2. précisément, par coïncidence 3. d'une manière exacte.

justesse *nf* qualité de ce qui est juste, exact, tel qu'il doit être : *chanter avec justesse* • *de justesse* de très peu.

justice *nf* 1. vertu qui inspire le respect absolu du droit d'autrui 2. caractère de ce qui est juste, équitable, conforme au droit, à la loi morale ou religieuse 3. pouvoir de rendre le droit à chacun ; exercice de ce pouvoir 4. ensemble des tribunaux, des magistrats : *la justice française* • *rendre justice à quelqu'un* reconnaître ses droits, ses mérites • *se faire justice* se venger, se punir soi-même.

justicier, ère *n* et *adj* qui agit en redresseur de torts.

justificatif, ive *adj* qui sert à justifier : *pièce justificative* ◆ *nm* document servant à justifier.

justification *nf* 1. action de justifier, de se justifier 2. preuve 3. IMPR longueur d'une ligne pleine.

justifier *vt* 1. prouver l'innocence, mettre hors de cause : *justifier sa conduite* 2. rendre légitime : *rien ne justifie ses craintes* ◆ *vt ind* [de] fournir la preuve : *justifier d'un paiement* ◆ **se justifier** *vpr* dégager sa responsabilité.

jute *nm* toile à sacs faite avec les fibres d'une plante cultivée en Inde et au Bangladesh ; cette plante.

juteux, euse *adj* qui a du jus.

juvénile *adj* qui appartient à la jeunesse : *ardeur juvénile.*

juxtaposer *vt* poser une chose à côté d'une autre chose.

K

k *nm* onzième lettre et huitième consonne de l'alphabet.

kaki *adj inv* d'une couleur brun-jaune : *des robes kaki.*

kaléidoscope *nm* 1. tube garni de plusieurs miroirs où de petits objets colorés produisent des dessins mobiles et variés 2. suite rapide de sensations vives et variées.

kamikaze [kamikaz] *nm* 1. pilote japonais volontaire pour écraser son avion bourré d'explosifs sur un objectif ennemi ; cet avion 2. personne téméraire qui se sacrifie pour une cause.

kangourou *nm* grand mammifère marsupial sauteur d'Australie.

karaté *nm* méthode de combat d'origine japonaise.

karatéka *n* personne qui pratique le karaté.

karité *nm* arbre de l'Afrique tropicale, qui fournit une matière grasse.

kart [kart] *nm* petite automobile de compétition, à embrayage automatique, sans boîte de vitesses, ni carrosserie, ni suspension.

karting [kartiŋ] *nm* sport pratiqué avec le kart.

kasher [kaʃɛr] ou **casher** ou **cacher** *adj inv* se dit d'un aliment conforme aux prescriptions rituelles de la loi juive, ainsi que du lieu où il est préparé ou vendu.

kayak *nm* embarcation étanche et légère, manœuvrée à la pagaie double.

képi *nm* coiffure militaire à légère visière.

kératine *nf* substance fondamentale des cheveux, des poils, des ongles, etc.

kermesse *nf* 1. fête de charité en plein air 2. dans les Flandres, fête patronale et foire annuelle.

kérosène *nm* liquide pétrolier intermédiaire entre l'essence et le gasoil.

khâgne *nf* ARG. classe préparatoire à l'École normale supérieure (lettres).

khan *nm* titre princier turco-mongol.

khôl ou **kohol** *nm* substance noirâtre dont les Orientaux frottent leurs sourcils et leurs paupières.

kibboutz (*pl kibboutzim*) *nm* ferme collective en Israël.

kick *nm* dispositif de mise en marche d'un moteur de motocyclette, à l'aide du pied.

kidnapper *vt* enlever quelqu'un pour obtenir une rançon.

kif-kif *adj inv* • FAM. *c'est kif-kif* c'est pareil.

kilo *nm* kilogramme.

kilogramme *nm* unité de mesure de masse égale à 1 000 grammes (symb : kg) (abréviation : *kilo*).

kilomètre *nm* unité pratique de distance valant 1 000 mètres (symb : km).

kilométrer *vt* (conj 10) marquer les distances kilométriques.

kilowatt *nm* unité de puissance égale à 1 000 watts (symb : kW).

kilt *nm* jupe courte des Écossais.

kimono *nm* tunique japonaise croisée devant et maintenue par une large ceinture ◆ *adj inv* • *manche kimono* manche ample taillée d'une seule pièce avec le corsage.

kinésithérapeute *n* praticien exerçant la kinésithérapie.

kinésithérapie *nf* manipulation et massage des membres pour leur rendre force et souplesse.

kiosque *nm* 1. abri pour la vente des journaux, des fleurs, etc., sur la voie publique 2. pavillon ouvert de tous côtés, dans un jardin, un lieu public 3. abri sur la passerelle d'un sous-marin.

kippa *nf* calotte portée par les juifs pratiquants.
kir *nm* boisson constituée de liqueur de cassis et de vin blanc.
kirsch *nm* eau-de-vie de cerise.
kit [kit] *nm* ensemble d'éléments à monter soi-même (recomm off : *prêt-à-monter*).
kitchenette *nf* petite cuisine intégrée à une salle de séjour.
kitsch [kitʃ] *adj inv* se dit d'une œuvre d'art, d'un décor au mauvais goût provocant.
kiwi [kiwi] *nm* 1. fruit comestible d'un arbuste, à peau marron couverte de poils soyeux 2. aptéryx (oiseau).
Klaxon *nm* (nom déposé) avertisseur sonore pour autos et navires.
klaxonner *vi* et *vt* se servir d'un Klaxon.
kleptomanie ou **cleptomanie** *nf* impulsion qui pousse certaines personnes à voler.
knock-out [nɔkawt] *nm inv* mise hors de combat d'un boxeur ◆ *adj inv* assommé (abréviation : *K. -O.*).
koala *nm* mammifère marsupial grimpeur d'Australie.
Koch (bacille de) bacille de la tuberculose.
kohol *nm* ▸ khôl.
kola ou **cola** *nm* arbre d'Afrique ; fruit de cet arbre *(noix de kola)*, aux propriétés stimulantes.
kopeck *nm* unité monétaire divisionnaire de la Russie, le centième du rouble.
kouglof *nm* gâteau alsacien en forme de couronne.
krach [krak] *nm* débâcle financière.
kraft *nm* papier d'emballage résistant.
kung-fu [kungfu] *nm* sport de combat d'origine chinoise.
kurde *adj* et *n* du Kurdistan ◆ *nm* langue du groupe iranien parlée par les Kurdes.
kyrielle *nf* longue suite : *une kyrielle d'injures.*
kyste *nm* tumeur dont le contenu est liquide.

L

l *nm* douzième lettre et neuvième consonne de l'alphabet.
la *art f sing* et *pron f sing* ▸ le.
la *nm inv* sixième note de la gamme.
là *adv* 1. indique un lieu autre que celui où on se trouve (par oppos. à *ici*) ; un lieu ; quelconque ; un moment imprécis du temps ; un renforcement : *vous dites là des choses importantes* 2. se met à la suite des pronoms démonstratifs et des substantifs, pour préciser : *cet homme-là* 3. se met aussi avant quelques adverbes de lieu : *là-dessus ; là-bas* • *çà et là* de tous côtés • *de là* 1. de cet endroit 2. pour cette raison • *par là* 1. par ce lieu 2. dans les environs 3. par ce moyen • *par-ci, par-là* 1. de côté et d'autre 2. de temps en temps.
là-bas *adv* en un lieu situé plus loin ou plus bas.
label *nm* marque apposée par certains syndicats professionnels sur un produit destiné à la vente.
labeur *nm* LITT. travail pénible et long.
labial, e, aux *adj* relatif aux lèvres.
laborantin, e *n* assistant, assistante de laboratoire.
laboratoire *nm* local équipé pour faire des recherches scientifiques, des analyses biologiques, des essais industriels, des travaux photographiques, etc.
laborieux, euse *adj* 1. qui travaille beaucoup : *homme laborieux* 2. long et difficile : *recherches laborieuses.*
labour *nm* façon donnée aux terres en les labourant ◆ **labours** *pl* terres labourées.
labourer *vt* 1. ouvrir et retourner la terre avec la charrue, la bêche, etc. 2. creuser, écorcher : *la balle lui a labouré le visage.*
laboureur *nm* celui qui laboure.
labrador *nm* race de grands chiens d'arrêt à poil ras.
labyrinthe *nm* 1. édifice légendaire, composé d'un grand nombre de pièces disposées de telle manière qu'on n'en trouvait que très difficilement l'issue 2. réseau compliqué 3. FIG. complication inextricable 4. ANAT oreille interne.
lac *nm* grande étendue d'eau entourée de terres.
lacer *vt* (conj 1) serrer, fermer avec un lacet.
lacérer *vt* (conj 10) déchirer, mettre en pièces.
lacet *nm* 1. cordon passé dans des œillets, pour serrer un vêtement, les chaussures 2. série de zigzags : *route en lacet* 3. nœud coulant pour prendre le gibier.
lâche *adj* 1. qui n'est pas tendu, pas serré : *corde lâche* 2. LITT. qui manque de précision, de densité : *style lâche.*
lâche *adj* et *n* 1. qui manque de courage, d'énergie ; peureux, poltron : *soldat lâche* 2. qui manifeste de la cruauté, de la bassesse en sachant qu'il n'en sera pas puni ; méprisable.
lâchement *adv* sans courage ; avec bassesse.
lâcher *vt* 1. détendre, desserrer : *lâcher un lien* 2. cesser de tenir, de retenir : *lâcher sa proie* 3. laisser échapper ; lancer : *lâcher un coup de fusil ; lâcher une sottise* 4. FAM. quitter brusquement, abandonner : *lâcher ses amis* ◆ *vi* céder, faire défaut : *la corde a lâché.*

lâcher *nm* action de laisser partir : *lâcher de ballons.*

lâcheté *nf* 1. manque de courage 2. action basse, indigne : *commettre une lâcheté.*

laconique *adj* concis, bref : *réponse laconique.*

lacrymal, e, aux *adj* relatif aux larmes.

lacrymogène *adj* qui fait pleurer : *gaz lacrymogène.*

lacté, e *adj* 1. relatif au lait : *sécrétion lactée* 2. qui ressemble au lait : *suc lacté* 3. qui consiste en lait : *régime lacté* 4. qui contient du lait : *farine lactée* • ASTRON *voie lactée* bande blanchâtre dans le ciel, due aux étoiles qui constituent notre Galaxie.

lactique *adj* se dit d'un acide qui se trouve dans le petit-lait • *ferments lactiques* bactéries que renferme le lait non stérilisé.

lactose *nm* sucre contenu dans le lait.

lacunaire *adj* qui présente des lacunes, des vides.

lacune *nf* 1. espace vide dans l'intérieur d'un corps 2. interruption dans un texte : *les lacunes d'un vers* 3. ce qui manque à une chose ; insuffisance : *les lacunes d'une éducation.*

lacustre *adj* qui vit sur les bords ou dans les eaux d'un lac : *plante lacustre* • *cités lacustres* villages préhistoriques bâtis sur pilotis en bordure des lacs.

ladite (*pl lesdites*) *adj* › dit.

lagon *nm* étendue d'eau à l'intérieur d'un atoll.

lagune *nf* étendue d'eau marine retenue derrière un cordon littoral.

là-haut *adv* 1. en un lieu plus haut, au-dessus 2. au ciel (par oppos. à *ici-bas*).

laïc [laik] *n* et *adj* › laïque.

laïcité *nf* 1. caractère laïque 2. système qui exclut les Églises de l'exercice du pouvoir politique ou administratif, et notamment de l'organisation de l'enseignement.

laid, e *adj* 1. désagréable à la vue 2. FIG. contraire à la bienséance, au devoir : *il est laid de mentir.*

laideur *nf* état de ce qui est laid.

laie *nf* femelle du sanglier.

lainage *nm* 1. étoffe de laine 2. vêtement en laine 3. toison des moutons.

laine *nf* 1. fibre épaisse provenant de la toison du mouton et d'autres ruminants 2. vêtement de laine • *laine de verre* fibre de verre utilisée comme isolant thermique.

laineux, euse *adj* 1. fourni de laine 2. qui rappelle la laine : *poil laineux.*

laïque ou **laïc, ïque** *n* et *adj* qui n'appartient pas au clergé ◆ *adj* indépendant de toute opinion confessionnelle : *école laïque.*

laisse *nf* corde pour mener un chien.

laissé-pour-compte (*pl laissés-pour-compte*) *nm* marchandise refusée ◆ **laissé(e)-pour-compte** (*pl laissés-pour-compte, laissées-pour-compte*) *n* personne rejetée par un groupe social.

laisser *vt* 1. ne pas prendre (ce dont on pourrait disposer) 2. ne pas emmener, ne pas emporter ; oublier ; quitter, abandonner : *laisser son fils à la maison ; laisser ses gants ; laisser sa famille, son pays* 3. abandonner derrière soi (quelque chose qui subsiste) ; léguer : *laisser une trace ; laisser une grosse fortune* 4. perdre : *y laisser sa vie* 5. abandonner, réserver, confier : *laisser un pourboire ; je vous laisse ce soin* 6. maintenir dans le même état, la même situation, la même position : *laisser quelqu'un dehors ; laisser un champ en friche* 7. ne pas empêcher de, permettre : *laisser tomber un vase ; laisser dire* • FAM. *laisser tomber* abandonner • *laisser à penser* donner à réfléchir • LITT. *ne pas laisser de* ne pas cesser, ne pas manquer de ◆ **se laisser** *vpr* • *se laisser aller* ou *se laisser vivre* se relâcher • *se laisser dire* entendre dire • *se laisser faire* ne pas opposer de résistance.

laisser-aller *nm inv* négligence dans la tenue, les manières.

laissez-passer *nm inv* permission écrite de passer, de circuler ; sauf-conduit.

lait *nm* 1. liquide blanc d'une saveur douce, fourni par les femelles des mammifères 2. tout ce qui ressemble au lait : *lait d'amande.*

laitage *nm* aliment à base de lait.

laiterie *nf* 1. industrie, commerce du lait 2. usine, lieu où l'on traite le lait pour la consommation et la fabrication des produits dérivés.

laiteux, euse *adj* qui a l'aspect du lait.

laitier, ère *adj* relatif au lait et à ses dérivés • *vache laitière* ou *laitière nf* élevée pour la production du lait ◆ *n* commerçant en produits laitiers.

laiton *nm* alliage de cuivre et de zinc.

laitue *nf* plante composée qui se mange en salade ; salade de cette plante.

laïus [lajys] *nm* FAM. discours.

laize *nf* largeur d'une étoffe SYN. *lé.*

lama *nm* moine bouddhiste tibétain • *grand lama* ou *dalaï-lama* titre porté par le chef suprême du lamaïsme.

lama *nm* mammifère ruminant des Andes.

lambeau *nm* 1. morceau de chair, d'étoffe, arraché 2. FIG. fragment, partie : *les lambeaux d'un empire.*

lambin, e *adj* et *n* FAM. qui agit avec lenteur.

lambiner *vi* FAM. agir lentement, perdre son temps.

lambris *nm* revêtement en bois des parois d'une pièce, d'un plafond, d'une voûte.

lambrisser *vt* revêtir de lambris.

lame *nf* 1. fer d'un instrument coupant : *lame de couteau, de rasoir* 2. morceau de métal ou d'une autre matière dure, plat et très mince : *lame de plomb ; lame de verre* 3. vague de la mer.

lamé, e *adj* et *nm* se dit d'un tissu de fils de métal ou orné de lames métalliques : *lamé or, argent.*

lamelle *nf* petite lame.

lamentable *adj* navrant, pitoyable : *situation lamentable.*

lamentation *nf* plainte, gémissement.

lamenter (se) *vpr* se plaindre, gémir.

laminer *vt* 1. modifier la forme d'un métal par compression entre deux rouleaux 2. FIG. écraser, éprouver durement : *être laminé par les difficultés.*

laminoir *nm* machine à laminer composée de cylindres d'acier tournant en sens inverse.

lampadaire *nm* support vertical qui porte un appareil d'éclairage.

lampant, e *adj* se dit d'une huile éclairante : *pétrole lampant.*

lampe *nf* 1. appareil producteur de lumière : *lampe à huile, électrique* 2. ampoule électrique 3. appareil produisant une flamme et utilisé comme source de chaleur : *lampe à souder.*

lampée *nf* FAM. grande gorgée de liquide : *une lampée de vin.*

lampion *nm* 1. récipient contenant une matière combustible, utilisé pour les illuminations 2. lanterne vénitienne.

lance *nf* 1. arme offensive à long manche et à fer pointu 2. tube métallique à l'extrémité d'un tuyau de pompe et servant à diriger le jet.

lancée *nf* • *sur sa lancée* en profitant du mouvement donné par l'élan initial.

lancement *nm* 1. action de lancer 2. mise à l'eau d'un navire.

lance-pierre (*pl lance-pierres*) ou **lance-pierres** *nm* jouet pour lancer des cailloux SYN. *fronde.*

lancer *vt* (conj 1) 1. jeter avec force : *lancer des pierres* 2. faire mouvoir rapidement une partie du corps : *lancer la jambe en avant* 3. émettre vivement : *lancer un cri, un appel, un ultimatum* 4. mettre en train, en action : *lancer un moteur ; lancer une affaire* 5. faire parler quelqu'un de quelque chose qu'il aime : *lancer quelqu'un sur son sujet favori* 6. faire connaître d'un large public : *lancer un artiste, un produit* 7. MAR mettre à l'eau : *lancer un bateau* ◆ **se lancer** *vpr* 1. se précipiter 2. s'engager avec hardiesse, avec fougue.

lancer *nm* SPORTS épreuve d'athlétisme consistant à projeter un poids, un disque, un javelot ou un marteau • *pêche au lancer* mode de pêche qui consiste à envoyer l'appât au loin au moyen d'une canne.

lancinant, e *adj* qui lancine : *douleur lancinante ; souvenir lancinant.*

lancinement *nm* élancement.

benciner *vi* et *vt* 1. faire souffrir par des élancements répétés 2. FIG. tourmenter de façon continue, obséder.

Land (*pl Länder*) *nm* État de la République fédérale d'Allemagne ; province d'Autriche.

landau (*pl landaus*) *nm* 1. voiture hippomobile à quatre roues et à double capotage mobile 2. voiture d'enfant.

lande *nf* formation végétale de bruyères, de genêts et d'ajoncs.

langage *nm* 1. faculté propre à l'homme d'exprimer ou de communiquer sa pensée par un système de signes vocaux (parole) ou graphiques (écriture) 2. tout système permettant de communiquer ; mode d'expression (symboles, formes artistiques, etc.) 3. manière de parler propre à un groupe social ou professionnel, à une discipline, à un individu : *le langage administratif* 4. mode de transmission de l'information chez certains animaux 5. contenu du discours : *parler un double langage* 6. INFORM ensemble des règles permettant d'assembler des instructions élémentaires pour programmer un ordinateur.

langagier, ère *adj* relatif au langage.

lange *nm* carré de tissu pour emmailloter un nourrisson.

langer *vt* (conj 2) envelopper dans un lange ou dans des couches.

langoureux, euse *adj* qui marque de la langueur ; alangui : *une pose langoureuse.*

langouste *nf* crustacé décapode comestible vivant sur les fonds rocheux des mers.

langoustine *nf* petit crustacé voisin du homard.

langue *nf* 1. organe charnu, mobile, situé dans la bouche et servant à la déglutition et à la parole 2. système de signes verbaux propre à une communauté d'individus : *langue française* 3. manière particulière de s'exprimer, langage : *la langue des poètes* • *donner sa langue au chat* renoncer à deviner • *langue de bois* manière stéréotypée de s'exprimer, reflétant une position dogmatique, particulièrement en politique • *langue maternelle* celle du pays où on est né • *langue morte* langue qui n'est plus parlée • *langue de terre* péninsule étroite • *langue verte* argot • *langue de vipère* ou *mauvaise langue* personne médisante • *langue vivante* actuellement parlée • *se mordre la langue* s'arrêter au moment de parler, se repentir d'avoir parlé • *tenir sa langue* garder un secret.

langue-de-chat (*pl langues-de-chat*) *nf* biscuit long et plat.

languette *nf* 1. objet en forme de petite langue 2. lame mobile vibrante d'un instrument à anche 3. tenon d'une planche, qui entre dans une rainure.

langueur *nf* 1. abattement physique ou moral, manque d'énergie, de dynamisme 2. mélancolie douce et rêveuse.

languir *vi* 1. LITT. se morfondre, dépérir 2. traîner en longueur, manquer d'animation : *la conversation languit* 3. attendre vainement : *ne me fais pas languir* ◆ **se languir** *vpr* s'ennuyer.

languissant, e *adj* qui languit.

lanière *nf* courroie étroite.

lanoline *nf* graisse tirée du suint du mouton et employée comme excipient pour de nombreuses pommades.

lanterne *nf* boîte à parois transparentes où l'on met une lumière à l'abri du vent • ***éclairer la lanterne de quelqu'un*** le renseigner • ***lanterne magique*** instrument d'optique pour projeter des images • ***lanterne rouge*** le dernier d'un classement ◆ **lanternes** *pl* feux de position d'un véhicule SYN. *veilleuses.*

lanterner *vi* flâner, perdre son temps • ***faire lanterner*** faire attendre.

lapalissade *nf* vérité d'une évidence niaise.

laper *vt* et *vi* boire avec la langue : *le chien lape l'eau.*

lapereau *nm* jeune lapin.

lapidaire *nm* qui taille les pierres précieuses ; qui en fait le commerce ◆ *adj* 1. relatif aux pierres précieuses, aux objets de pierre, aux inscriptions gravées sur la pierre 2. bref et concis : *formule lapidaire.*

lapider *vt* tuer, attaquer, poursuivre à coups de pierres.

lapin, e *n* mammifère rongeur sauvage *(lapin de garenne)* ou domestique (élevé pour sa chair ou pour sa fourrure) ; chair, fourrure de cet animal • FAM. ***coup du lapin*** coup brutal sur la nuque • FAM. ***poser un lapin*** ne pas venir à un rendez-vous.

lapis [lapis] ou **lapis-lazuli** *nm inv* pierre fine opaque d'un bleu intense.

laps [laps] *nm* • ***laps de temps*** espace de temps.

lapsus [lapsys] *nm* faute commise en parlant *(lapsus linguae)* ou en écrivant *(lapsus calami)* et qui consiste à substituer au terme attendu un autre mot.

laquais *nm* 1. valet en livrée 2. LITT. homme d'un caractère servile.

laque *nf* 1. gomme-résine rouge-brun de certains arbres de l'Inde ; vernis noir ou rouge préparé, en Chine surtout, avec cette résine 2. matière qui contient de l'alumine, employée en peinture 3. produit que l'on vaporise sur les cheveux pour maintenir la coiffure.

laqué, e *adj* se dit d'une volaille enduite, entre deux cuissons, d'une sauce aigre-douce.

larcin *nm* petit vol.

lard *nm* tissu adipeux de certains animaux (en particulier du porc).

larder *vt* 1. piquer une viande de lardons 2. LITT. percer de coups, blesser ; cribler.

lardon *nm* petit morceau de lard.

large *adj* 1. étendu dans le sens opposé à la longueur 2. qui n'est pas serré ; ample : *vêtement large* 3. étendu, important, considérable : *larges concessions* 4. qui n'est pas borné, sans préjugés : *esprit large* 5. généreux : *se montrer large* ◆ *adv* • ***voir large*** voir grand ◆ *nm* 1. largeur : *un mètre de large* 2. pleine mer : *gagner le large* • ***être au large*** à l'aise • ***prendre le large*** s'enfuir.

largement *adv* 1. abondamment 2. au minimum : *il est largement onze heures.*

largesse *nf* libéralité, générosité ◆ **largesses** *pl* dons généreux.

largeur *nf* 1. dimension opposée à la longueur 2. caractère de ce qui n'est pas étroit, mesquin : *largeur de vues.*

larguer *vt* 1. lâcher, laisser tomber 2. FAM. abandonner • FAM. ***être largué*** être perdu, ne plus comprendre.

larme *nf* 1. humeur liquide sécrétée par l'œil : *ému jusqu'aux larmes* 2. petite quantité d'un liquide.

larmoiement *nm* 1. écoulement involontaire de larmes 2. (surtout au pluriel) plainte, pleurnicherie.

larmoyant, e *adj* 1. dont les yeux sont humides de larmes 2. qui cherche à attendrir : *ton larmoyant.*

larmoyer [larmwaje] *vi* (conj 3) 1. être atteint de larmoiement 2. pleurnicher, se lamenter.

larsen [larsɛn] *nm* sifflement parasite dû à une interférence entre un micro et un haut-parleur.

larve *nf* premier état des insectes, crustacés, batraciens, à leur sortie de l'œuf.

larvé, e *adj* 1. se dit d'une maladie qui se présente sous une forme anormale 2. latent : *opposition larvée.*

laryngite *nf* inflammation du larynx.

larynx *nm* organe de la phonation situé entre le pharynx et la trachée.

las, lasse *adj* 1. LITT. fatigué 2. ennuyé, dégoûté.

lasagne *nf* pâte alimentaire en rubans larges.

lascar *nm* FAM. individu rusé.

lascif, ive *adj* 1. enclin aux plaisirs sexuels 2. qui les évoque ; sensuel : *danse lascive.*

laser [lazɛr] *nm* source lumineuse pouvant produire des éclairs très intenses.

lasser *vt* rendre las.

lassitude *nf* 1. fatigue physique 2. ennui, découragement.

lasso *nm* forte corde terminée par un nœud coulant, utilisée pour capturer les animaux sauvages.

latent, e *adj* qui n'est pas apparent, qui ne se manifeste pas au-dehors.

latéral, e, aux *adj* de côté, sur le côté, relatif au côté de quelque chose.

latéralement *adv* sur le côté.

latéralisé, e *adj* • *bien, mal latéralisé* dont l'activité motrice correspond bien ou mal à la dominance d'un hémisphère cérébral sur l'autre.

latex *nm* suc de certains végétaux, d'aspect laiteux : *le caoutchouc est tiré du latex de l'hévéa.*

latin, e *adj* et *n* 1. du Latium 2. d'un pays dont la langue a pour origine le latin : *Amérique latine* ◆ *adj* 1. relatif au latin 2. relatif à l'Église romaine d'Occident : *rite latin* ◆ *nm* langue des Latins • FAM. *y perdre son latin* n'y rien comprendre.

latiniste *n* spécialiste de la langue et de la littérature latines.

latino-américain, e (*pl latino-américains, es*) *adj* et *n* de l'Amérique latine.

latitude *nf* 1. position d'un lieu par rapport à sa distance de l'équateur 2. lieu considéré sous le rapport du climat : *sous toutes les latitudes* 3. FIG. liberté d'agir.

latte *nf* planche de bois, longue et mince.

laudatif, ive *adj* qui loue.

lauréat, e *adj* et *n* qui a réussi un examen, a remporté un prix.

laurier *nm* arbuste à feuilles persistantes utilisées comme condiment ; feuille de cet arbuste SYN. *laurier-sauce* ◆ **lauriers** *pl* gloire, succès : *se couvrir de lauriers.*

laurier-sauce (*pl lauriers-sauce*) *nm* laurier utilisé en cuisine.

lavabo *nm* 1. (surtout pluriel) appareil sanitaire en forme de cuvette et alimenté en eau 2. toilettes, dans un lieu public 3. LITURG prière du prêtre en lavant ses doigts pendant la messe.

lavallière *nf* cravate souple nouée en deux boucles.

lavande *nf* 1. plante aromatique à fleurs bleues en épi ; fleurs séchées de cette plante 2. essence obtenue à partir de ces fleurs.

lave *nf* matière visqueuse émise par un volcan et formant une roche volcanique en se refroidissant.

lave-linge *nm inv* machine à laver le linge.

lavement *nm* injection liquide dans l'intestin.

laver *vt* 1. nettoyer avec un liquide 2. disculper : *laver d'une accusation* ◆ **se laver** *vpr* laver son corps • *se laver les mains de* décliner toute responsabilité.

laverie *nf* blanchisserie équipée de machines à laver individuelles.

lavette *nf* 1. morceau de linge ou balai pour laver la vaisselle 2. FAM. personne veule.

lave-vaisselle *nm inv* machine à laver la vaisselle.

lavoir *nm* lieu public destiné au lavage du linge.

laxatif, ive *adj* et *nm* purgatif léger.

laxisme *nm* indulgence, tolérance excessives.

layette [lɛjɛt] *nf* vêtements d'un nouveau-né.

le, la, les *art défini* détermine les noms dont il indique le genre et le nombre ◆ *pron. pers* désigne la troisième personne représentant une personne, un animal ou une chose, en fonction de complément d'objet direct.

lé *nm* largeur d'une étoffe SYN. *laize.*

leader [lidœr] *nm* 1. chef d'un parti politique 2. SPORTS concurrent, équipe en tête dans une compétition.

leasing [liziŋ] *nm* contrat de louage d'un bien, assorti d'une promesse unilatérale de vente en fin de contrat.

lèchefrite *nf* ustensile placé sous la broche, pour recevoir la graisse.

lécher *vt* (conj 10) 1. passer la langue sur, enlever avec la langue : *lécher un plat* 2. effleurer : *léché par les flammes* 3. finir avec un soin excessif • FAM. *lécher les bottes à quelqu'un* le flatter servilement.

lèche-vitrines *nm inv* • FAM. *faire du lèche-vitrines* flâner en regardant les vitrines des magasins.

leçon *nf* 1. séance d'enseignement 2. ce que le maître donne à apprendre par cœur : *réciter sa leçon* 3. enseignement tiré d'une faute, d'un événement : *les leçons de l'expérience* 4. avertissement, réprimande : *faire la leçon.*

lecteur *nm* appareil qui transforme en impulsions électriques les signaux ou les données enregistrés sur un ruban magnétique, un disque, etc. : *lecteur de cassettes.*

lecteur, trice *n* 1. qui lit 2. professeur étranger chargé de travaux pratiques sur sa propre langue.

lecture *nf* 1. action de lire 2. fait de savoir lire 3. ce qu'on lit 4. analyse, interprétation d'un texte, d'une partition, etc. 5. restitution, par un lecteur, de signaux enregistrés 6. discussion et vote d'un texte par une assemblée législative.

ledit (*pl lesdits*) *adj* › dit.

légal, e, aux *adj* conforme à la loi.

légaliser *vt* 1. rendre légal 2. certifier l'authenticité de.

légalité *nf* 1. caractère de ce qui est légal 2. situation conforme à la loi.

légataire *n* bénéficiaire d'un legs.

légation *nf* représentation diplomatique d'un gouvernement auprès d'un État où il n'y a pas d'ambassade.

légendaire *adj* de la nature des légendes : *aventures légendaires.*

légende *nf* 1. récit merveilleux où les faits historiques sont transformés par l'imagination populaire ou l'invention poétique 2. explication jointe à un dessin, à une carte, à une photographie, etc.

léger, ère *adj* 1. qui a peu de poids, de densité, d'épaisseur : *métal léger* 2. qui a peu de force, de consistance : *dîner léger ; sommeil léger* 3. vif, délicat, agile, peu appuyé : *danse légère ; touche légère* 4. peu important, peu grave : *légère différence ; blessure légère* 5. libre de tout souci : *avoir le cœur léger* 6. qui manque de sérieux, de profondeur : *femme légère ; propos léger* • *à la légère* inconsidérément.

légèrement *adv* 1. de façon légère : *s'habiller légèrement* 2. un peu : *il est légèrement blessé* 3. inconsidérément : *se conduire légèrement.*

légèreté *nf* propriété, caractère de ce qui est léger.

légiférer *vi* (conj 10) faire des lois.

légion *nf* 1. HIST corps de troupes romaines 2. appellation de certaines unités militaires 3. grand nombre d'êtres vivants • *être légion* être très nombreux • *légion étrangère* formation militaire française composée de volontaires étrangers • *Légion d'honneur* ordre honorifique français.

légionnaire *nm* 1. soldat d'une légion 2. membre de l'ordre de la Légion d'honneur.

législateur, trice *n* et *adj* qui légifère ◆ *nm* • *le législateur* la loi.

législatif, ive *adj* relatif à la loi, au pouvoir de légiférer : *pouvoir législatif* • *élections législatives* pour élire les députés de l'Assemblée nationale.

législation *nf* ensemble des lois concernant un pays ou un domaine particulier.

légiste *nm* spécialiste des lois ◆ *adj* • *médecin légiste* chargé d'expertises en matière légale.

légitime *adj* 1. consacré, reconnu, admis par la loi : *union légitime* 2. juste, fondé : *demande légitime.*

légitimer *vt* 1. reconnaître pour légitime 2. justifier 3. conférer la légitimité à un enfant naturel.

legs [lɛ] ou [lɛg] *nm* 1. don par testament : *recevoir un legs* 2. LITT. héritage.

léguer *vt* (conj 10) 1. donner par testament 2. FIG. transmettre : *léguer son nom.*

légume *nm* plante potagère dont les graines, les feuilles, les tiges ou les racines entrent dans l'alimentation : *légumes verts et légumes secs.*

légumier, ère *adj* relatif aux légumes ◆ *nm* plat pour légumes.

légumineuse *nf* plante dont le fruit est une gousse (pois, fève, haricot, etc.) (les légumineuses forment un ordre).

leitmotiv [lajtmɔtif] ou [lɛtmɔtif] (*pl leitmotivs* ou *leitmotive*) *nm* 1. phrase, formule qui revient à plusieurs reprises dans une œuvre littéraire, dans un discours, etc. 2. MUS motif musical conducteur.

lendemain *nm* 1. jour qui suit celui où l'on est, ou celui dont on parle 2. avenir plus ou moins immédiat • *du jour au lendemain* dans un court espace de temps.

lénifier *vt* adoucir, apaiser.

lent, e *adj* 1. qui manque de rapidité : *marche lente ; esprit lent* 2. qui tarde à agir, à s'accomplir : *poison lent ; mort lente.*

lente *nf* œuf de pou.

lenteur *nf* manque de rapidité, d'activité, de vivacité : *marcher avec lenteur ; lenteur d'esprit.*

lentille *nf* 1. plante annuelle cultivée pour sa graine consommée comme légume sec 2. disque de verre taillé servant, dans les instruments d'optique, à grossir les images • *lentille cornéenne* verre de contact.

léopard *nm* mammifère carnassier d'Afrique au pelage tacheté.

lèpre *nf* 1. maladie infectieuse qui couvre la peau de pustules et d'écailles 2. LITT. vice qui s'étend comme la lèpre.

lépreux, euse *adj* et *n* qui a la lèpre ◆ *adj* dont la surface est abîmée, sale : *murs lépreux.*

lequel, laquelle, lesquels, lesquelles *pron. rel* et *pron. interr.* 1. qui, que, dont 2. quel (se contracte avec *à*, *de* pour donner *auquel, duquel, auxquels, auxquelles, desquels, desquelles*).

les *art* et *pron pl* › le.

lès *prép* › lez.

lesbienne *nf* femme homosexuelle.

léser *vt* (conj 10) 1. faire tort à 2. produire une lésion à.

lésiner *vi* agir avec une économie excessive • *ne pas lésiner sur* ne pas hésiter à utiliser abondamment.

lésion *nf* 1. plaie, contusion, atteinte morbide d'un organe, d'un tissu 2. DR préjudice dans un contrat.

lessive *nf* 1. solution alcaline servant à laver, à nettoyer ; produit détersif 2. action de laver le linge : *faire la lessive* 3. linge lavé ou à laver 4. FAM. épuration.

lessiver *vt* 1. nettoyer avec de la lessive 2. FAM. éliminer d'un groupe, d'une fonction ; dépouiller, ruiner • FAM. *être lessivé* épuisé.

lest *nm* matière pesante qui charge un navire, un ballon • FIG. *jeter, lâcher du lest* faire un sacrifice dans une situation compromise.

leste *adj* 1. léger, agile, souple 2. trop libre, grivois : *propos leste.*

lester *vt* charger de lest.

let [lɛt] *adj inv* se dit d'une balle de service qui touche le filet.

léthargie *nf* 1. sommeil profond, anormalement continu, avec relâchement musculaire complet 2. FIG. torpeur.

lettre *nf* 1. chacun des signes graphiques constituant l'alphabet ; ce signe, considéré dans sa forme, sa taille, etc. 2. caractère d'imprimerie 3. sens étroit et strict : *préférer l'esprit à la lettre* 4. message écrit ; épître, missive : *poster une lettre* 5. document officiel ou privé : *lettre de change* • *à la lettre* ou *au pied de la lettre* au sens propre des mots, ponctuellement • *en toutes lettres* avec des mots, sans abréviation ni chiffres • *rester lettre morte* sans effet ◆ **lettres** *pl* ensemble des connaissances et des études littéraires : *licence ès lettres* • *homme, femme de lettres* écrivain.

lettré, e *adj* et *n* qui a du savoir, de la culture littéraire.

lettrine *nf* grande initiale, ornée ou non, au début d'un chapitre, d'un paragraphe.

leu *nm* • FAM. *à la queue leu leu* à la file.

leucémie *nf* maladie marquée par une augmentation du nombre des globules blancs du sang.

leucocyte *nm* globule blanc du sang.

leur *adj. poss* à eux, à elles, qui appartient à eux, à elles ◆ *pron. pers inv* désigne la 3e pers. du pluriel ; à eux, à elles ◆ *pron. poss* • *le leur, la leur, les leurs* celui, celle(s), ceux qui sont à eux, à elles • *les leurs* leurs parents, leurs amis, leurs proches.

leurre *nm* 1. appât factice pour la pêche 2. FIG. artifice, moyen d'attirer et de tromper : *ce projet merveilleux n'est qu'un leurre.*

leurrer *vt* attirer par une espérance trompeuse ◆ **se leurrer** *vpr* s'illusionner.

levain *nm* 1. substance propre à produire la fermentation dans un corps 2. LITT. germe d'une passion, d'un sentiment, etc.

levant *nm* est, orient ◆ *adj m* • *soleil levant* soleil qui se lève.

levée *nf* 1. action de lever, d'enlever 2. perception, collecte : *levée des impôts ; levée du courrier* 3. enrôlement : *levée des troupes* 4. clôture, fin : *levée d'une séance* 5. cartes prises au jeu par une carte supérieure 6. digue, chaussée.

lever *vt* (conj 9) 1. mettre plus haut, soulever : *lever un poids* 2. redresser, diriger vers le haut : *lever la tête* 3. relever : *lever un pont-levis* 4. ôter, supprimer : *lever les scellés* 5. prélever : *lever les filets d'un poisson* 6. enrôler, recruter : *lever une armée* 7. percevoir : *lever des impôts* 8. dessiner : *lever un plan* 9. faire sortir un animal de son gîte • *lever le siège* 1. mettre fin au siège 2. FIG. s'en aller • *lever la séance* la clore ◆ *vi* 1. commencer à pousser : *les blés lèvent* 2. commencer à fermenter : *la pâte lève* ◆ **se lever** *vpr* 1. se mettre debout, sortir du lit 2. apparaître : *le soleil se lève ; le vent se lève.*

lever *nm* 1. moment où on se lève 2. moment où un astre se lève • *lever de rideau* 1. moment où on lève le rideau d'une scène théâtrale 2. petite pièce en un acte commençant une soirée théâtrale 3. match préliminaire dans une réunion sportive • *lever* ou *levé d'un plan* sa représentation sur le papier.

levier *nm* 1. barre basculant autour d'un point d'appui et servant à soulever des fardeaux 2. tige de commande d'un mécanisme 3. FIG. moyen d'action.

lévitation *nf* état d'un corps maintenu en équilibre au-dessus du sol sans appui matériel.

levraut *nm* jeune lièvre.

lèvre *nf* chacune des parties externes de la bouche qui couvrent les dents • *du bout des lèvres* 1. sans appétit 2. avec dédain ◆ **lèvres** *pl* bords d'une plaie.

levrette *nf* femelle du lévrier.

lévrier *nm* chien propre à la chasse du lièvre, à la course.

levure *nf* champignon provoquant la fermentation alcoolique des solutions sucrées ou qui fait lever les pâtes farineuses.

lexical, e, aux *adj* qui concerne le lexique, le vocabulaire.

lexique *nm* 1. ensemble des mots formant la langue d'une communauté 2. dictionnaire spécialisé 3. dictionnaire succinct, glossaire.

lézard *nm* 1. reptile commun près des vieux murs 2. peau tannée des grands lézards tropicaux • FAM. *faire le lézard* se chauffer paresseusement au soleil.

lézarde *nf* crevasse dans un mur.

lézarder *vt* crevasser ◆ *vi* FAM. faire le lézard ◆ **se lézarder** *vpr* se crevasser.

liaison *nf* 1. union, jonction de plusieurs corps 2. enchaînement des parties d'un tout : *liaison dans les idées ; mots de liaison* 3. relation, contact, communication entre des personnes, des troupes, des services, etc. : *agent de liaison ; rester en liaison* 4. communication assurée entre des points du globe : *liaison aérienne* 5. attachement, union : *liaison d'amitié* 6. relation amoureuse suivie 7. CUIS ingrédients pour lier, épaissir les sauces 8. MUS signe indiquant que l'on ne doit pas détacher les notes les unes des autres 9. GRAMM prononciation qui consiste à faire entendre la dernière consonne d'un mot avec la voyelle initiale du mot suivant (EX : *les oiseaux* [lezwazo]) 10. CHIM interaction entre des éléments (ions, atomes, molécules) responsable de la cohésion et de la structure des corps composés.

liane *nf* plante à tige grimpante des forêts tropicales.

liant *nm* matière ajoutée à une autre pour en agglomérer les parties composantes.

liant, e *adj* qui se lie facilement, sociable : *caractère liant.*

liasse *nf* paquet de papiers liés ensemble.

libellé *nm* termes dans lesquels est rédigé un texte.
libeller *vt* rédiger dans les formes légales ou requises.
libellule *nf* insecte à quatre longues ailes.
libéral, e, aux *adj* et *n* 1. favorable aux libertés individuelles, à la liberté de penser, à la liberté politique 2. relatif au libéralisme économique ou politique ; qui en est partisan ◆ *adj* indulgent, tolérant, permissif : *éducation libérale* • *profession libérale* profession indépendante, d'ordre intellectuel (avocats, médecins, etc.).
libéraliser *vt* rendre plus libre, plus libéral.
libéralisme *nm* 1. doctrine économique des partisans de la libre entreprise 2. doctrine politique visant à limiter les pouvoirs de l'État au regard des libertés individuelles 3. fait d'être libéral, tolérant.
libération *nf* action de libérer.
libérer *vt* (conj 10) 1. mettre en liberté ; laisser partir 2. débarrasser de ce qui entrave, d'une contrainte : *libérer quelqu'un de ses liens, d'un souci ; libérer les prix* 3. délivrer de la domination, de l'occupation étrangère : *libérer un pays* 4. décharger d'une obligation : *libérer d'une dette* 5. rendre libre un mécanisme : *libérer le cran de sûreté* 6. dégager de ce qui obstrue : *libérer le passage* 7. rendre un lieu libre, disponible : *libérer un appartement* 8. PHYS dégager (une énergie, une substance) ◆ **se libérer** *vpr* 1. se rendre libre 2. s'affranchir.
liberté *nf* 1. pouvoir d'agir ou de ne pas agir, de choisir 2. état opposé à la captivité : *mettre en liberté ; rendre la liberté à un peuple ; parler en toute liberté ;* à la servitude : *rendre la liberté à un peuple ;* à la contrainte : *parler en toute liberté* 3. état d'une personne qui n'est liée par aucun engagement professionnel, conjugal, etc. 4. état de l'homme qui se gouverne selon sa raison en l'absence de tout déterminisme ◆ **libertés** *pl* 1. immunités, franchises : *libertés municipales* 2. manières d'agir trop libres, trop hardies : *prendre des libertés.*
libertin, e *n* et *adj* 1. déréglé dans sa conduite 2. HIST, LITT. libre-penseur, au XVIIe siècle.
libido *nf* PSYCHAN énergie de la pulsion sexuelle.
libraire *n* personne qui vend des livres, qui tient une librairie.
librairie *nf* 1. commerce des livres 2. magasin où l'on vend des livres.
libre *adj* 1. qui peut aller et venir à sa guise, qui n'est pas prisonnier : *l'accusé est libre* 2. qui a le pouvoir d'agir, de se déterminer à sa guise : *vous êtes libre de refuser* 3. qui ne subit pas de domination, qui jouit de la liberté politique : *pays libre* 4. qui est sans contrainte, sans souci des règles : *on est libre dans cette maison* 5. qui n'est pas lié par un engagement : *je suis libre ce soir* 6. qui n'est pas occupé, retenu : *le taxi est libre* ; dégagé : *la voie est libre* 7. qui n'est pas limité par une autorité, une règle : *presse libre ; libre de tous préjugés.*
libre-échange *nm sing* commerce sans prohibitions ni droits de douane (par oppos. à *protectionnisme*).
librement *adv* en toute liberté.
libre-penseur (*pl libres-penseurs*) *nm* qui s'est affranchi de toute sujétion religieuse, de toute croyance.
libre-service (*pl libres-services*) *nm* magasin où le client se sert lui-même.
licence *nf* 1. LITT. liberté excessive qui tend au dérèglement moral : *licence des mœurs* 2. liberté que prend un écrivain, un poète avec les règles de la grammaire : *licence poétique* 3. permis d'exercer une certaine activité : *licence d'exploitation* 4. diplôme, grade universitaire : *licence ès lettres.*
licencié, e *n* et *adj* 1. titulaire d'une licence universitaire 2. qui a été congédié, privé de son emploi.
licenciement *nm* action de licencier.
licencier *vt* priver d'emploi ; congédier, renvoyer.
licencieux, euse *adj* contraire à la décence, à la pudeur : *conduite licencieuse.*
lichen [likɛn] *nm* végétal vivant sur le sol, les arbres, les pierres, formé d'un thalle où vivent associés un champignon et une algue.
lichette *nf* FAM. petite quantité d'un aliment.
licite *adj* permis par la loi.
lie *nf* 1. dépôt qui se forme dans un liquide 2. LITT. rebut, racaille : *la lie de la société.*
lie-de-vin *adj inv* rouge violacé.
liège *nm* tissu épais et léger de l'écorce de certains arbres, en particulier du chêne-liège.
liégeois *adj m* • *café, chocolat liégeois* glace au café ou au chocolat servie avec de la crème Chantilly.
lien *nm* 1. ce qui sert à lier 2. relation, rapport.
lier *vt* 1. attacher : *lier une gerbe* 2. joindre, assembler, unir : *lier des notes ; le ciment lie les pierres* 3. unir par un intérêt, un goût, un rapport quelconque : *l'intérêt les lie* 4. attacher par un engagement, enchaîner : *être lié par une promesse* 5. engager avec quelqu'un, nouer : *lier amitié, conversation* ◆ **se lier** *vpr* s'unir par un lien d'affection.
lierre *nm* plante à feuilles persistantes vivant fixée aux murs, aux arbres par des racines crampons.
liesse *nf* LITT. joie, réjouissance collective : *une foule en liesse.*
lieu (*pl lieux*) *nm* 1. partie déterminée de l'espace ; localité, pays, contrée : *un lieu charmant* 2. endroit, édifice, local, etc.,

considéré du point de vue de sa destination, de son usage : *lieu de travail* • *au lieu de* à la place de, plutôt que de • *au lieu que* (+ subj.) plutôt que • *avoir lieu* arriver, se produire, se dérouler • *avoir lieu de* avoir des bonnes raisons pour • *donner lieu à* fournir l'occasion de • *en dernier lieu* enfin, finalement • *en premier lieu* d'abord • *en temps et lieu* au moment et à l'endroit qu'il convient • *lieu public* où le public a accès librement • *tenir lieu de* remplacer ◆ **lieux** *pl* locaux, propriété : *état des lieux* • VIEILLI. *lieux d'aisances* cabinets, toilettes.

lieu (*pl lieus*) *nm* poisson marin commun de la Manche et de la Méditerranée ; chair de ce poisson (par oppos. à *colin*).

lieu-dit (*pl lieux-dits*) *nm* lieu qui porte un nom particulier.

lieuse *nf* dispositif d'une moissonneuse, pour lier les gerbes.

lieutenant *nm* 1. celui qui seconde et remplace le chef 2. officier au-dessous du capitaine.

lieutenant-colonel (*pl lieutenants-colonels*) *nm* officier au-dessous du colonel.

lièvre *nm* mammifère rongeur à longues pattes postérieures et à longues oreilles ; chair de cet animal • FIG. *lever un lièvre* soulever une difficulté.

liftier *nm* garçon d'ascenseur.

lifting [liftiŋ] *nm* intervention chirurgicale consistant à tendre la peau pour effacer les rides (recomm off : *lissage*).

ligament *nm* faisceau fibreux qui unit les os, les viscères.

ligature *nf* 1. action de serrer un lien, une bande, etc., autour d'une partie du corps ou d'objets divers ; le lien lui-même 2. ensemble de lettres liées qui forment un caractère unique (EX : œ).

ligaturer *vt* serrer, lier avec une ligature : *ligaturer une artère.*

lignage *nm* ensemble de personnes issues d'un ancêtre commun • *de haut lignage* de haute noblesse.

ligne *nf* 1. trait fin et continu 2. ce qui forme une limite, une séparation : *ligne de démarcation* 3. forme, contour, dessin, silhouette : *ligne d'une voiture* 4. direction suivie : *aller en droite ligne* 5. règle de vie, orientation : *ligne de conduite* 6. suite, série continue, alignement, rangée : *ligne d'arbres ; ligne de mots* 7. service de transport, de communication entre deux points : *ligne télégraphique ; ligne de métro* 8. disposition d'une armée prête à combattre 9. générations qui se succèdent : *en ligne directe ; descendre en ligne de* 10. fil terminé par un hameçon : *pêche à la ligne* • FAM. *avoir, garder la ligne* avoir un corps mince, svelte • *entrer en ligne de compte* être important • *hors ligne* extraordinaire.

lignée *nf* descendance.

ligoter *vt* 1. attacher étroitement 2. priver quelqu'un de sa liberté d'action, d'expression.

ligue *nf* 1. HIST union formée entre plusieurs princes ; confédération 2. association fondée dans un but déterminé : *ligue des droits de l'homme.*

liguer *vt* unir dans une même alliance ◆ **se liguer** *vpr* unir ses efforts (contre).

lilas *nm* arbuste dont les fleurs forment des grappes ; la fleur elle-même ◆ *adj inv* d'une couleur mauve rosé.

lilliputien, enne [lilipysjɛ̃, lilipysjɛn] *adj* et *n* très petit.

limace *nf* mollusque gastéropode sans coquille extérieure.

limande *nf* poisson plat dissymétrique, comestible, de la Manche et de l'Atlantique.

limbe *nm* 1. bord extérieur et gradué d'un instrument de mesure 2. ASTRON bord d'un astre 3. BOT partie élargie de la feuille ; partie étalée d'un pétale ou d'un sépale ◆ **limbes** *pl* THÉOL lieu où vont les âmes des enfants morts sans baptême.

lime *nf* outil d'acier couvert d'entailles utilisé pour tailler, polir une matière par frottement.

limer *vt* travailler avec la lime.

limier *nm* 1. chien de chasse 2. FAM. policier : *fin limier.*

liminaire *adj* qui est au début d'un ouvrage, d'un débat.

limitation *nf* détermination de limites ; restriction : *limitation des armements, de vitesse.*

limite *nf* 1. ligne séparant deux États, deux territoires contigus 2. ce qui marque le début ou la fin d'une étendue, d'une période ; partie extrême : *limites d'une zone d'influence ; limite d'âge ; la dernière limite* 3. borne, point au-delà desquels ne peuvent aller ou s'étendre une action, une influence, un état : *ma patience a des limites* • *à la limite* si on envisage le cas extrême ◆ *adj* qu'on ne peut dépasser, extrême : *date limite.*

limité, e *adj* 1. restreint : *confiance limitée* 2. FAM. sans grands moyens intellectuels.

limiter *vt* 1. enfermer, constituer la limite de : *clôture qui limite un champ* 2. restreindre : *limiter ses dépenses.*

limitrophe *adj* situé à la frontière d'un pays, d'une région : *pays limitrophe.*

limoger *vt* (conj 2) priver un officier, un fonctionnaire de son emploi.

limon *nm* roche sédimentaire détritique, constituant des sols légers et fertiles.

limonade *nf* 1. boisson gazeuse acidulée 2. FAM. commerce des cafetiers.

limousine *nf* grande automobile à quatre portes et six glaces latérales.

limpide *adj* 1. clair et transparent : *eau limpide* 2. FIG. facile à comprendre : *explication limpide.*

lin *nm* plante textile et oléagineuse à fleurs bleues ; étoffe faite avec les fibres de cette plante.

linceul *nm* toile dans laquelle on ensevelit un mort SYN. *suaire.*

linéaire *adj* 1. relatif aux lignes 2. qui a l'aspect continu d'une ligne 3. MATH dont la variation peut être représentée par une ligne droite.

linge *nm* 1. ensemble des objets de tissu à usage vestimentaire ou domestique : linge de corps : *linge de maison* 2. morceau d'étoffe, de toile.

lingère *nf* personne chargée de l'entretien du linge dans un hôtel, un hôpital.

lingerie *nf* 1. fabrication et commerce du linge 2. pièce réservée à l'entretien du linge 3. sous-vêtements féminins.

lingot *nm* 1. masse de métal ou d'alliage ayant conservé la forme du moule dans lequel elle a été coulée 2. masse coulée d'un kilogramme d'or fin.

lingual, e, aux [lɛ̃gwal, o] *adj* relatif à la langue : *muscles linguaux* ◆ *adj* et *nf* se dit d'une consonne articulée avec la langue (*d, t, k, l, n, r*).

linguiste [lɛ̃gɥist] *n* spécialiste de linguistique.

linguistique [lɛ̃gɥi-] *nf* science qui étudie le langage et les langues ◆ *adj* 1. qui concerne la langue comme moyen de communication 2. relatif à l'apprentissage d'une langue étrangère : *séjour linguistique* 3. relatif à la linguistique.

linoléum [linɔleɔm] *nm* revêtement de sol imperméable (abréviation : FAM. *lino*).

linotte *nf* passereau à plumage gris • FAM. *tête de linotte* étourdi.

linteau *nm* traverse au-dessus d'une porte ou d'une fenêtre.

lion, onne *n* grand mammifère carnassier de la famille des félidés à pelage fauve • *lion de mer* phoque à crinière • *la part du lion* la plus considérable.

lionceau *nm* petit du lion.

lipide *nm* substance organique grasse.

lippu, e *adj* qui a de grosses lèvres.

liquéfaction *nf* transformation en liquide : *la liquéfaction d'un gaz.*

liquéfier *vt* rendre liquide ◆ **se liquéfier** *vpr* devenir liquide.

liqueur *nf* boisson à base d'alcool et de sirop.

liquidation *nf* 1. vente à bas prix de marchandises en vue d'un écoulement rapide 2. opération qui a pour objet de régler des comptes financiers : *liquidation d'un impôt* 3. DR ensemble des opérations préliminaires à un partage de biens communautaires : *liquidation de société, de succession ; en liquidation judicaire* 4. FAM. assassinat.

liquide *adj* 1. qui coule ou tend à couler 2. se dit d'un état présenté par les corps sans forme propre mais dont le volume est invariable ◆ *nm* 1. corps qui est à l'état liquide à la température et à la pression ordinaires (par oppos. à *solide, gaz*) 2. aliment ou boisson liquide.

liquide *adj* et *nm* • *le liquide, l'argent liquide* l'argent disponible immédiatement, en espèces.

liquider *vt* 1. régler, fixer : *liquider un compte, une affaire* 2. vendre à bas prix 3. FAM. consommer complètement un aliment, un repas, vider un contenant : *liquider les restes, son assiette* 4. FAM. éliminer : *liquider un témoin gênant.*

liquidités *nf pl* argent liquide.

liquoreux, euse *adj* se dit d'une boisson alcoolisée sucrée, de saveur douce.

lire *nf* unité monétaire italienne.

lire *vt* (conj 73) 1. identifier et assembler des lettres, former mentalement ou à voix haute les sons qu'elles représentent et leur associer un sens : *apprendre à lire* 2. prendre connaissance du contenu d'un texte : *lire un journal* 3. énoncer à voix haute un texte écrit : *lire un conte à un enfant* 4. déchiffrer, comprendre : *lire une partition musicale, un graphique* 5. discerner, reconnaître : *lire de la tristesse dans un visage* 6. procéder à la lecture d'un signal, de données enregistrées ou stockées.

lis [lis] ou **lys** *nm* liliacée à fleurs blanches et odorantes ; sa fleur • *fleur de lis* emblème héraldique de la royauté en France.

liseré ou **liséré** *nm* 1. ruban étroit dont on borde une étoffe 2. bordure.

liseron *nm* plante grimpante appelée aussi *volubilis.*

liseur, euse *n* qui aime à lire.

liseuse *nf* 1. coupe-papier servant de signet 2. couvre-livre 3. vêtement féminin qui couvre le buste et les bras.

lisible *adj* 1. facile à lire, à déchiffrer 2. qui peut être lu sans fatigue, sans ennui.

lisière *nf* 1. bord qui termine de chaque côté la largeur d'une étoffe 2. limite, bord : *lisière d'un champ.*

lisse *adj* uni et poli : *peau lisse.*

lisser *vt* rendre lisse.

listage *nm* 1. action de lister 2. listing.

liste *nf* suite de noms, de signes numériques, etc., énumération : *liste d'invités* • *liste civile* somme allouée pour les dépenses personnelles du chef de l'État.

lister *vt* 1. mettre en liste 2. imprimer des informations traitées par un ordinateur.

listing *nm* sortie sur une imprimante du résultat d'un traitement par ordinateur (recomm off : *listage* [opération], *liste* [résultat]).

lit *nm* 1. meuble sur lequel on se couche 2. tout lieu où l'on peut se coucher : *lit de gazon* 3. PAR EXT. mariage : *enfant du premier lit* 4. couche de matière ou d'objets quelconques : *lit de sable* 5. chenal creusé par un cours d'eau et dans lequel il s'écoule.

litanie *nf* FAM. longue et ennuyeuse énumération : *litanie de réclamations* ◆ **litanies** *pl* suite d'invocations à Dieu, à la Vierge, aux saints.

litchi ou **lychee** *nm* arbre de Chine à fruit comestible ; ce fruit.

literie *nf* ce qui compose l'équipement d'un lit.

lithium *nm* métal alcalin léger (symb : Li).

lithographie *nf* 1. impression de dessins tracés sur une pierre calcaire 2. estampe imprimée par ce procédé (abréviation : FAM. *litho*).

litière *nf* 1. paille sur laquelle se couchent les animaux 2. lit couvert porté à l'aide de brancards 3. mélange de particules absorbantes pour recueillir les déjections des chats.

litige *nm* 1. contestation en justice 2. discussion : *point de litige.*

litote *nf* expression qui consiste à dire moins pour faire entendre plus (EX : *je ne vous hais pas* pour signifier *je vous aime beaucoup*).

litre *nm* 1. unité de mesure de volume, valant 1 décimètre cube 2. bouteille, récipient contenant un litre (symb : l).

littéraire *adj* 1. relatif à la littérature, qui en a les qualités : *journal littéraire* 2. relatif aux lettres, par opposition aux sciences ◆ *adj* et *n* qui a des aptitudes pour les lettres plutôt que pour les sciences.

littéral, e, aux *adj* selon le sens strict des mots : *traduction littérale.*

littéralement *adv* 1. à la lettre 2. FAM. absolument : *il est littéralement épuisé.*

littérature *nf* 1. ensemble des œuvres écrites ou orales auxquelles on reconnaît une valeur esthétique 2. les productions littéraires d'un pays, d'une époque, d'un genre : *la littérature latine ; la littérature du Moyen Âge ; la littérature policière* 3. activité, travail de l'écrivain • PÉJOR. *c'est de la littérature, n'être que littérature* un discours inutile.

littoral, e, aux *adj* du bord de la mer : *montagnes littorales* ◆ *nm* étendue de pays qui borde la mer.

liturgie *nf* ensemble des règles fixant le déroulement des actes du culte.

livide *adj* de couleur plombée ; blême, blafard : *teint livide.*

living-room [liviŋrum] (*pl living-rooms*) ou **living** (*pl livings*) *nm* pièce de séjour dans un appartement.

livraison *nf* 1. action de livrer 2. chose livrée.

livre *nm* 1. feuilles imprimées et réunies en un volume 2. ouvrage en prose ou en vers de quelque étendue : *livre bien écrit* 3. registre sur lequel un commerçant inscrit ses opérations 4. division d'un ouvrage : *les douze livres de « l'Énéide »* • *à livre ouvert* sans préparation, à la première lecture : *traduire à livre ouvert* • *grand(-)livre* livre de commerce où l'on établit tous les comptes de l'entreprise • *livres sacrés* les Écritures saintes.

livre *nf* 1. unité monétaire de divers États, dont la Grande-Bretagne *(livre sterling)* 2. ancienne unité de poids, de valeur variable 3. demi-kilogramme 4. mesure de masse anglaise valant 453,592 g (symb : lb).

livrer *vt* 1. remettre quelqu'un au pouvoir de ; trahir, dénoncer : *livrer des malfaiteurs à la police ; livrer son complice* 2. abandonner à l'action de : *livrer une ville au pillage* 3. remettre à un acheteur : *livrer une commande* 4. apporter une marchandise à : *livrer un client* ◆ **se livrer** *vpr* [à] 1. s'abandonner 2. se constituer prisonnier 3. se confier.

livret *nm* 1. petit livre, carnet : *livret de caisse d'épargne* 2. texte mis en musique pour le théâtre SYN. *libretto* • *livret de famille* destiné à recevoir les actes de l'état civil d'une famille • *livret militaire* où sont inscrits les services du titulaire • *livret scolaire* livret mentionnant les notes et places d'un élève.

livreur, euse *n* et *adj* employé qui porte chez l'acheteur la marchandise vendue.

lob *nm* SPORTS coup qui consiste à faire passer la balle ou le ballon au-dessus de l'adversaire, assez haut pour qu'il ne puisse pas l'intercepter.

lobby (*pl lobbys* ou *lobbies*) *nm* groupe de pression.

lobe *nm* 1. ANAT partie arrondie d'un organe : *lobe du cerveau ; lobe de l'oreille* 2. BOT division profonde, arrondie, des feuilles ou des fleurs 3. ARCHIT ornement formé de fragments de cercle.

local, e, aux *adj* 1. qui est particulier à un lieu (par oppos. à *national, général*) : *journal local ; coutumes locales* 2. qui n'affecte qu'une partie du corps : *anesthésie locale* • *couleur locale* 1. traits caractéristiques d'un pays, d'une époque 2. leur représentation pittoresque.

local *nm* lieu, partie d'un bâtiment qui a une destination déterminée.

localiser *vt* 1. déterminer la place de : *localiser une maladie* 2. limiter, circonscrire : *localiser un incendie.*

localité *nf* petite ville, bourg, village.

locataire *n* qui prend à loyer un appartement, une maison, etc.

location *nf* 1. action de donner ou de prendre à loyer : *location d'un logement* 2. action de retenir à l'avance une place d'avion, de théâtre, etc.

location-vente (*pl locations-ventes*) *nf* contrat selon lequel un bien est loué à une personne qui, à l'expiration d'un délai fixé, peut en devenir propriétaire.

locomoteur, trice *adj* 1. qui sert à la locomotion 2. relatif à la marche : *troubles locomoteurs.*
locomotion *nf* action de se transporter d'un lieu dans un autre ; fonction qui assure ce mouvement : *moyen de locomotion.*
locomotive *nf* machine pour remorquer des wagons sur une voie ferrée.
loden [lɔdɛn] *nm* lainage feutré ; manteau de ce tissu.
loft *nm* logement, atelier aménagé dans un ancien local à usage professionnel.
logarithme *nm* • MATH *logarithme de base a (réel strictement différent de 1) d'un nombre réel strictement positif* exposant de la puissance à laquelle il faut élever *a* pour retrouver le nombre considéré.
loge *nf* 1. logement destiné au concierge ou au gardien d'un immeuble 2. dans une salle de spectacle, compartiment cloisonné à plusieurs places 3. pièce des coulisses où se préparent les artistes 4. réunion de francs-maçons ; lieu où ils s'assemblent • FAM. *être aux premières loges* être bien placé pour assister à quelque chose.
logement *nm* 1. action de loger ; fait de se loger 2. lieu d'habitation ; appartement 3. lieu, cavité où se place une pièce mobile d'un mécanisme.
loger *vi* (conj 2) habiter, avoir pour logement ◆ *vt* 1. donner un logement : *loger des amis* 2. faire entrer, faire pénétrer : *loger une balle dans la cible.*
logeur, euse *n* personne qui loue des chambres meublées.
loggia [lɔdʒja] *nf* 1. grand balcon fermé sur les côtés 2. mezzanine.
logiciel *nm* programme ou ensemble de programmes conçus pour le traitement informatique de données.
logique *nf* 1. manière de raisonner de façon juste, cohérente : *faire preuve de logique* 2. cohérence, méthode de quelqu'un ou de quelque chose : *la logique d'un système* ◆ *adj* conforme à la logique ; qui fait preuve de logique.
logistique *nf* ensemble des problèmes militaires relatifs aux transports et au ravitaillement ◆ *adj* relatif à la logistique.
logo *nm* représentation graphique propre à une marque industrielle ou commerciale.
loi *nf* 1. règle ou ensemble de règles établies par une autorité souveraine : *promulguer une loi* 2. acte voté par cette autorité 3. convention, obligation sociale : *les lois de l'hospitalité* 4. énoncé d'une propriété d'un objet ou d'un phénomène physique : *loi de la gravitation universelle* • *sans foi ni loi* qui ne respecte rien.
loin *adv* 1. à une grande distance dans l'espace ou dans le temps 2. indique une grande différence de valeur : *il y a loin entre ses dires et ses actes* • *aller loin* 1. avoir des conséquences importantes 2. avoir un bel avenir, en parlant de quelqu'un (au futur) • *au loin* à une grande distance • *de loin* 1. d'une grande distance 2. longtemps à l'avance 3. de beaucoup • *de loin en loin* à de grands intervalles • *voir loin* être doué d'une grande prévoyance ◆ **loin de** *loc prép* 1. à une grande distance de : *habiter loin de Lille* 2. indique une négation renforcée : *être loin d'en vouloir à quelqu'un* • *loin de là* bien au contraire.
lointain, e *adj* éloigné dans l'espace ou dans le temps ◆ *nm* • *au lointain* ou *dans le lointain* au loin, à l'horizon ◆ **lointains** *pl* • *les lointains* 1. les parties éloignées mais visibles d'un paysage 2. arrière-plan dans un tableau.
loir *nm* mammifère rongeur qui hiberne • *dormir comme un loir* longtemps et profondément.
loisir *nm* (souvent au pluriel) distraction, activité pratiquée en dehors de son temps de travail • *à loisir* ou *tout à loisir* en prenant tout son temps • *avoir le loisir de* avoir le temps disponible, la possibilité de.
lombago *nm* › lumbago.
lombaire *adj* relatif aux lombes : *douleurs lombaires.*
lombes *nm pl* régions symétriques en arrière de l'abdomen, de chaque côté de la colonne vertébrale.
lombric *nm* ver de terre.
long, longue *adj* 1. étendu dans l'espace ou dans le temps : *une longue file de voitures ; un long voyage* 2. qui a telle mesure d'une extrémité à l'autre : *rue longue de 50 mètres* • PHON *syllabe, voyelle longue* longue ◆ *nm* longueur : *dix mètres de long* • *au long* ou *tout au long* complètement, en entier • *de long en large* en tous sens • *en long et en large* sous tous les angles, de toutes les manières • *tomber de tout son long* de toute sa longueur ◆ *adv* • *en savoir long* être parfaitement au courant de quelque chose • *à la longue* avec le temps • *en dire long* être éloquent, significatif : *son visage en dit long.*
long-courrier (*pl long-courriers*) *adj* et *nm* avion, bateau qui fait des voyages sur de longues distances.
longe *nf* courroie pour attacher ou conduire un cheval.
longe *nf* moitié de l'échine d'un veau, d'un chevreuil, d'un porc.
longer *vt* (conj 2) s'étendre ou marcher le long de : *longer une côte.*
longévité *nf* 1. longue durée de vie 2. durée de la vie, en général.
longiligne *adj* dont les membres sont longs et minces, en parlant d'une personne élancée.
longitude *nf* angle que fait le plan méridien d'un point à la surface du globe avec un plan méridien d'origine.

long-métrage (*pl longs-métrages*) *nm* film dont la durée dépasse une heure.

longtemps *adv* pendant un long espace de temps.

longuement *adv* pendant une longue durée.

longueur *nf* 1. dimension d'un objet d'une extrémité à l'autre 2. durée, étendue 3. SPORTS unité qui sépare les concurrents d'une course à l'arrivée • *à longueur de* pendant toute la durée de • *en longueur* dans le sens de la longueur • *tirer, traîner en longueur* durer longtemps ◆ **longueurs** *pl* développements longs et inutiles.

longue-vue (*pl longues-vues*) *nf* lunette d'approche.

look [luk] *nm* FAM. apparence, style de quelqu'un ou de quelque chose.

looping [lupiŋ] *nm* tour complet dans un plan vertical, exécuté par un avion.

lopin *nm* lopin de terre : *petite parcelle de terrain.*

loquace [lɔkas] *adj* qui parle beaucoup ; bavard.

loque *nf* 1. (surtout au pluriel) lambeau d'une étoffe 2. FIG. personne incapable de réagir, sans énergie.

loquet *nm* lame métallique qui s'abaisse sur une pièce fixée au chambranle d'une porte et la ferme.

lord [lɔrd] *nm* pair britannique.

lorgner *vt* 1. regarder du coin de l'œil 2. FIG. convoiter secrètement.

lorgnette *nf* petite lunette d'approche portative • *regarder par le petit bout de la lorgnette* ne voir que les détails, que l'aspect accessoire d'une chose.

lorgnon *nm* lunettes sans branches qu'on tient à la main ou qu'un ressort fait tenir sur le nez.

lors *adv* • *dès lors* dès ce temps-là, par conséquent • *pour lors* en ce cas ◆ **lors de** *loc prép* au moment de : *lors de son arrivée.*

lorsque *conj* quand, au moment où : *lorsqu'il est en colère ; nous en parlerons lorsque vous viendrez.*

losange *nm* parallélogramme dont les quatre côtés sont égaux.

lot *nm* 1. portion qui revient à chaque personne dans un partage 2. ce qui revient, dans une loterie, à chaque gagnant : *lot de consolation ; gagner le gros lot* 3. ensemble d'articles, d'objets assortis vendus ensemble : *verres par lot de cinq* 4. FIG., LITT. ce qui échoit à chacun par le sort : *la misère est son lot.*

loterie *nf* 1. jeu de hasard où, après distribution de billets numérotés, un tirage au sort désigne les billets qui ont droit à un lot, un prix, etc. 2. FIG. ce qui est régi par le hasard.

loti, e *adj* • *être bien, mal loti* favorisé, défavorisé par le sort.

lotion *nf* produit de toilette liquide : *lotion capillaire.*

lotir *vt* partager en lots : *lotir un terrain.*

lotissement *nm* parcelle de terrain vendue en vue de construire une ou des habitations.

loto *nm* jeu de hasard qui se joue avec des cartons numérotés et des numéros • *loto (national)* jeu de hasard fondé sur des combinaisons de numéros tirés au sort.

lotte *nf* poisson d'eau douce • *lotte de mer* baudroie.

louable *adj* dont on peut faire l'éloge.

louange *nf* action de louer ◆ **louanges** *pl* paroles, discours, qui font l'éloge de quelqu'un, quelque chose.

loubard ou **loubar** *nm* FAM. jeune voyou.

louche *adj* équivoque, suspect : *conduite louche.*

louche *nf* grande cuiller à long manche.

loucher *vi* être atteint de strabisme ◆ *vt ind* [sur] FAM. convoiter, regarder avec envie.

louer *vt* faire l'éloge, vanter les mérites de quelqu'un, de quelque chose ◆ **se louer** *vpr* [de] se montrer satisfait de.

louer *vt* 1. donner ou prendre à loyer : *louer une maison* 2. réserver, retenir à l'avance : *louer une place de théâtre.*

loueur, euse *n* qui donne en location : *loueur de voitures.*

loufoque *adj* et *n* FAM. extravagant, original, un peu fou.

louis *nm* pièce d'or française de 20 francs SYN. *napoléon.*

loukoum *nm* confiserie orientale faite de pâte sucrée parfumée aux amandes, à la pistache etc.

loup *nm* 1. mammifère carnivore à pelage gris jaunâtre, vivant en meutes dans les forêts (famille des canidés) 2. demi-masque de velours ou de satin noir 3. nom donné à plusieurs poissons voraces, tel le bar • *à pas de loup* sans bruit, pour surprendre • *avoir une faim de loup* très faim • *être connu comme le loup blanc* être connu de tous • *froid de loup* très rigoureux • FIG. *vieux loup de mer* marin qui a beaucoup navigué.

loupe *nf* 1. lentille de verre biconvexe qui grossit les objets 2. kyste sébacé de la peau 3. BOT excroissance ligneuse sur le tronc de certains arbres • FIG. *à la loupe* en détail, avec minutie.

louper *vt* 1. FAM. mal exécuter 2. manquer.

loup-garou (*pl loups-garous*) *nm* être imaginaire se transformant la nuit en loup afin de commettre des méfaits.

lourd, e *adj* 1. dont le poids est élevé, pesant : *lourd fardeau* 2. qui met en œuvre des moyens techniques importants : *industrie lourde* 3. FIG. difficile à faire, à supporter : *de lourdes responsabilités* 4. qui manque de finesse, d'élégance : *style lourd*

• *sommeil lourd* profond • *temps lourd* orageux ◆ *adv* • *peser lourd (dans la balance)* être d'une grande importance.

lourdement *adv* 1. pesamment 2. FIG. grossièrement : *se tromper lourdement.*

lourdeur *nf* caractère de ce qui est lourd.

loustic *nm* FAM. individu en qui on n'a pas confiance.

loutre *nf* mammifère carnivore aquatique, à fourrure soyeuse, mangeur de poissons ; fourrure de cet animal et d'animaux à pelage semblable, comme l'ondatra ou l'otarie.

louve *nf* femelle du loup.

louveteau *nm* 1. petit loup 2. jeune scout.

louvoyer *vi* (conj 3) 1. naviguer contre le vent, tantôt sur un bord, tantôt sur l'autre 2. FIG. avoir une attitude peu nette ; manœuvrer, tergiverser.

lover *vt* MAR enrouler en spirale : *lover un cordage* ◆ **se lover** *vpr* s'enrouler sur soi-même.

loyal, e, aux *adj* sincère, franc, honnête.

loyauté *nf* probité, droiture, honnêteté.

loyer *nm* prix auquel on loue quelque chose, en particulier un logement.

L.S.D. *nm* (sigle) hallucinogène puissant.

lubie *nf* FAM. caprice, fantaisie soudaine.

lubrifier *vt* graisser un mécanisme.

lubrique *adj* qui a ou qui manifeste un penchant excessif pour les plaisirs sexuels, pour la luxure.

lucarne *nf* ouverture dans le toit d'une maison.

lucide *adj* en pleine possession de ses facultés intellectuelles ; perspicace, clairvoyant.

lucidité *nf* caractère, qualité d'une personne lucide.

luciole *nf* insecte lumineux.

lucratif, ive *adv* qui rapporte de l'argent, du profit : *emploi lucratif.*

ludique *adj* relatif au jeu : *activité ludique.*

ludothèque *nf* lieu, établissement mettant des jouets à la disposition des enfants.

luette *nf* appendice charnu et contractile à l'entrée du gosier.

lueur *nf* 1. clarté faible ou éphémère 2. éclat fugitif du regard : *lueur de colère* 3. manifestation vive et soudaine d'un sentiment, d'une faculté : *lueur d'intelligence.*

luge *nf* petit traîneau pour glisser sur la neige.

lugubre *adj* qui exprime ou provoque une grande tristesse ; sinistre, funèbre.

lui *pron. pers* 1. désigne la 3e pers. du sing., en fonction de complément d'objet indirect : *invite-la pour lui parler* 2. s'emploie au masculin, comme sujet pour renforcer *il*, comme complément d'objet direct pour renforcer *le* ou après une préposition : *lui, peut le faire ; aide-le, lui ; derrière lui.*

luire *vi* (conj 69) 1. briller 2. FIG. apparaître, se manifester comme une lueur.

lumbago ou **lombago** *nm* douleur lombaire.

lumière *nf* 1. ce qui éclaire, naturellement ou artificiellement, les objets et les rend visibles ; source d'éclairage : *lumière du jour ; lumières électriques* 2. LITT. ce qui éclaire l'esprit, aide à comprendre : *la lumière de la raison* 3. personne brillante, intelligente • *à la lumière de* en se référant à • *faire la lumière sur quelque chose* en dévoiler tous les éléments • *mettre en lumière* signaler, faire ressortir • *trait de lumière* intuition soudaine.

luminaire *nm* appareil d'éclairage.

lumineux, euse *adj* 1. qui émet de la lumière : *corps lumineux* 2. FIG. clair, lucide : *esprit lumineux ; idée lumineuse.*

luminosité *nf* caractère de ce qui est lumineux.

lump [lœp] *nm* poisson des mers froides apprécié pour ses œufs, qui ressemblent au caviar.

lunaire *adj* de la Lune.

lunatique *adj* et *n* dont l'humeur est changeante, imprévisible.

lunch [lœʃ] ou [lœntʃ] (*pl lunchs* ou *lunches*) *nm* repas léger servi en buffet à l'occasion d'une réception.

lundi *nm* premier jour de la semaine.

lune *nf* corps céleste tournant autour de la Terre et recevant la lumière du Soleil, qu'il reflète sur la Terre • *clair de lune* clarté que la Lune envoie à la Terre • *demander la lune* demander l'impossible • *être dans la lune* être distrait, étourdi, rêveur • *lune de miel* premier mois de mariage.

luné, e *adj* • FAM. *bien, mal luné* bien, mal disposé.

lunetier *nm* fabricant, marchand de lunettes.

lunette *nf* 1. instrument d'optique pour voir plus distinctement les objets éloignés 2. ouverture de la cuvette des W. -C ◆ **lunettes** *pl* paire de verres enchâssés dans une monture disposée de façon à être placée sur le nez, devant les yeux • *serpent à lunettes* naja.

lurette *nf* • FAM. *il y a belle lurette* il y a bien longtemps.

luron, onne *n* personne joyeuse, hardie et sans souci.

lusitanien, enne *adj* et *n* de Lusitanie, du Portugal.

lusophone *adj* et *n* de langue portugaise.

lustre *nm* 1. appareil d'éclairage suspendu au plafond 2. FIG. éclat, relief.

lustre *nm* LITT. espace de cinq ans ◆ **lustres** *pl* FAM. longue période : *absent depuis des lustres.*

lustrer *vt* rendre brillant.

luth [lyt] *nm* instrument de musique à cordes.

lutherie *nf* métier, commerce du luthier.

luthier *nm* qui fabrique des instruments de musique à cordes.

lutin *nm* petit génie malicieux.

lutrin *nm* pupitre placé dans le chœur d'une église, pour porter les livres de chant liturgique.

lutte *nf* 1. combat, affrontement entre deux personnes ou deux groupes : *lutte des classes* 2. sport de combat 3. FIG. conflit, antagonisme • ***de haute lutte*** par la force, l'autorité.

lutter *vi* 1. combattre à la lutte 2. FIG. être en conflit, entrer en lutte avec quelqu'un, quelque chose 3. rivaliser : *lutter d'ardeur.*

luxe *nm* somptuosité excessive ; faste, richesse • ***de luxe*** de grand confort • ***un luxe de*** beaucoup de.

luxer *vt* provoquer une luxation ◆ **se luxer** *vpr* disloquer une de ses articulations.

luxueux, euse *adj* caractérisé par le luxe ; somptueux.

luxure *nf* LITT. recherche sans retenue des plaisirs sensuels.

luxuriant, e *adj* qui pousse avec abondance : *végétation luxuriante.*

luzerne *nf* légumineuse fourragère.

lycée *nm* établissement d'enseignement du second cycle du second degré.

lycéen, enne *n* élève d'un lycée.

lychee *nm* ➤ litchi.

lymphatique *adj* relatif à la lymphe • ***vaisseaux lymphatiques*** où circule la lymphe ◆ *adj* et *n* qui est mou, nonchalant.

lymphe *nf* liquide organique formé de plasma et de globules blancs.

lymphocyte *nm* globule blanc de petite taille.

lyncher [lɛ̃ʃe] *vt* 1. exécuter sommairement, sans jugement 2. faire subir des violences, des sévices.

lynx *nm* mammifère carnassier félidé • ***yeux de lynx*** très perçants.

lyophiliser *vt* déshydrater une substance afin de la conserver : *café lyophilisé.*

lyre *nf* instrument de musique à cordes pincées.

lyrique *adj* 1. se dit d'une œuvre littéraire, poétique ou artistique où s'expriment avec une certaine passion les sentiments personnels de l'auteur 2. qui est mis en scène et chanté : *théâtre lyrique* 3. FIG. plein d'enthousiasme, d'exaltation : *quand il parle de cinéma, il devient lyrique* • ***artiste lyrique*** chanteur d'opéra ou d'opéra-comique.

lyrisme *nm* expression poétique ou exaltée de sentiments personnels, d'émotions, de passions.

lys [lis] ➤ lis.

M

m *nm* treizième lettre et dixième consonne de l'alphabet • *M* chiffre romain, vaut 1 000.

ma *adj. poss. f* ➤ mon.

macabre *adj* funèbre, sinistre.

macadam [-dam] *nm* revêtement d'une chaussée à base de pierre concassée agglomérée.

macaron *nm* 1. gâteau rond, à base de pâte d'amandes, de blancs d'œufs et de sucre 2. décoration ou insigne de forme ronde 3. natte de cheveux roulée sur l'oreille.

macaroni *nm* pâte alimentaire de semoule de blé dur moulée en tubes.

macédoine *nf* mélange de plusieurs fruits ou légumes, coupés en morceaux.

macérer *vt* et *vi* faire ou laisser tremper une substance dans un liquide, de l'alcool.

mâche *nf* plante potagère que l'on mange en salade.

mâcher *vt* broyer avec les dents • FIG. ***mâcher la besogne, le travail*** l'expliquer mot à mot, le préparer avec soin • ***ne pas mâcher ses mots*** parler sans complaisance, brutalement.

machette *nf* coutelas à lame épaisse.

machiavélique [-kja-] *adj* perfide, déloyal, cynique.

machin *nm* personne ou chose dont on ignore le nom ou qu'on ne cherche pas à dénommer.

machinal, e, aux *adj* accompli sans l'intervention de la volonté : *geste machinal.*

machination *nf* intrigues, menées secrètes réalisées dans l'action de nuire.

machine *nf* 1. appareil capable de réaliser certaines tâches, de remplir une fonction donnée : *machine à laver ; machine à air comprimé* 2. véhicule quelconque 3. ABSOL. machine à écrire ; ordinateur 4. FIG. organisation complexe et structurée : *la machine administrative* 5. personne en apparence déshumanisée, qui agit par automatismes • ***faire machine arrière*** revenir sur ce qu'on a dit.

machine-outil (*pl machines-outils*) *nf* machine destinée à façonner une matière et mue mécaniquement.

machiner *vt* préparer en secret, combiner, manigancer : *machiner une conspiration.*

machiniste *n* 1. personne chargée des accessoires et des décors, au théâtre et au cinéma 2. conducteur de métro, d'autobus.

machisme [matʃism] *nm* idéologie et comportement du macho.

macho *nm* et *adj* homme persuadé de sa supériorité sur les femmes ; phallocrate.

mâchoire *nf* 1. pièce osseuse qui supporte les dents 2. TECHN pièce dont on peut rapprocher les parties pour saisir, maintenir.

mâchonner *vt* triturer avec les dents.

mâchouiller *vt* FAM. mâchonner.

maçon *nm* entrepreneur ou ouvrier qui réalise une construction en gros œuvre, ou de légers ouvrages d'enduits, de ravalement, etc.

maçonnerie *nf* 1. ouvrage composé de pierres ou de briques unies par du mortier, du plâtre ou du ciment ; partie des travaux d'un bâtiment qui s'y rapporte 2. abrév. de *franc-maçonnerie.*

maçonnique *adj* qui appartient à la franc-maçonnerie : *loge maçonnique.*

macrobiotique *nf* régime végétarien à base de céréales, de fruits et de légumes ◆ *adj* qui s'y rapporte : *restaurant macrobiotique.*

macroscopique *adj* qu'on voit à l'œil nu (par oppos. à *microscopique*).

maculer *vt* couvrir de taches.

madame (*pl mesdames*) *nf* titre donné à une femme mariée ; PAR EXT. à toute femme.

madeleine *nf* gâteau en forme de coquille, fait de sucre, œufs, farine, etc.

mademoiselle (*pl mesdemoiselles*) *nf* titre donné aux jeunes filles et aux femmes non mariées.

madère *nm* vin de l'île de Madère • *sauce madère* à laquelle est incorporé du madère.

madone *nf* image de la Vierge.

madras [madras] *nm* 1. étoffe légère de soie et de coton 2. foulard de cette étoffe.

maestria [maɛstrija] *nf* maîtrise et vivacité dans l'exécution ou la réalisation de quelque chose ; brio, virtuosité.

maestro [maɛstro] *nm* compositeur de musique ou chef d'orchestre célèbre.

mafia ou **maffia** *nf* 1. association secrète de malfaiteurs 2. FAM., PÉJOR. groupe de gens unis par des intérêts communs.

mafioso (*pl mafiosi* ou *maffiosi*) ou **maffioso** (*pl maffiosi*) *nm* membre d'une mafia.

magasin *nm* 1. établissement de commerce plus ou moins important : *magasin d'alimentation* 2. local préparé pour recevoir des marchandises, des provisions 3. partie d'une arme à répétition contenant l'approvisionnement en cartouches.

magasinier, ère *n* personne chargée de garder et de gérer les stocks d'un magasin.

magazine *nm* 1. périodique, généralement illustré 2. émission périodique radiodiffusée ou télévisée sur un sujet choisi.

mage *nm* celui qui est versé dans les sciences occultes, la magie ◆ *adj m* • ***les Rois mages*** personnages qui vinrent, guidés par une étoile, adorer Jésus à Bethléem.

magenta [-ʒɛ̃-] *nm* et *adj inv* rouge violacé, une des trois couleurs primaires.

magicien, enne *n* 1. qui pratique la magie 2. qui réalise des choses étonnantes, extraordinaires.

magie *nf* 1. ensemble des pratiques fondées sur la croyance en des forces surnaturelles 2. tour d'adresse, de prestidigitation 3. puissance de séduction : *la magie du style.*

magique *adj* 1. qui tient de la magie : *pouvoir magique* 2. FIG. merveilleux.

magistral, e, aux *adj* 1. qui tient du maître ; imposant : *ton magistral* 2. qui porte la marque de la supériorité, de l'éminence : *démonstration magistrale* 3. donné par un maître, en chaire : *cours magistral* 4. d'une force remarquable : *magistrale correction.*

magistrat *nm* officier civil, revêtu d'une autorité judiciaire, administrative ou politique.

magistrature *nf* 1. dignité, charge du magistrat ; durée de cette charge 2. corps des magistrats.

magma *nm* 1. masse fondue de température élevée qui, en refroidissant, forme les roches éruptives 2. mélange confus.

magnanime *adj* qui a ou qui manifeste de la générosité, de la grandeur d'âme.

magnat [magna] *nm* personne importante, très puissante dans l'industrie, la finance, etc.

magner (se) *vpr* FAM. se dépêcher.

magnésium *nm* métal solide très léger, blanc d'argent, brûlant à l'air avec une flamme éblouissante (symb : Mg).

magnétique *adj* 1. doué des propriétés de l'aimant : *corps magnétique* 2. qui concerne le magnétisme : *champ magnétique* 3. FIG. qui a une influence puissante et mystérieuse : *regard magnétique.*

magnétiser *vt* 1. communiquer les propriétés de l'aimant 2. FIG. exercer une action puissante et mystérieuse sur : *orateur qui magnétise les foules.*

magnétiseur, euse *n* personne qui possède un fluide particulier, notamment pour guérir.

magnétisme *nm* 1. ensemble des phénomènes que présentent les matériaux aimantés 2. partie de la physique dans laquelle on étudie les propriétés des aimants 3. FIG. attraction exercée pour quelqu'un sur son entourage.

magnétophone *nm* appareil d'enregistrement et de restitution des sons, par aimantation rémanente d'une bande magnétique.

magnétoscope *nm* appareil d'enregistrement et de lecture des images et du son sur bande magnétique.

magnificence *nf* 1. qualité de ce qui est magnifique ; éclat, splendeur 2. LITT. générosité, prodigalité.

magnifier *vt* glorifier, exalter.

magnifique *adj* 1. qui a de l'éclat, de la beauté, de la grandeur : *spectacle magnifique* 2. très beau, très fort : *de magnifiques athlètes.*

magnitude *nf* ASTRON quantité caractérisant l'éclat apparent ou réel d'un astre.

magnolia *nm* arbre à belles et grandes fleurs à odeur suave.

magnum [magnɔm] *nm* bouteille contenant environ 1,5 l.

magot *nm* 1. FAM. argent caché 2. somme d'argent importante.

magouille *nf* FAM. combine, procédé douteux, louche.

magouiller *vi* FAM. se livrer à des magouilles.

magret *nm* CUIS filet de canard.

maharaja ou **maharadjah** *nm* titre donné aux princes de l'Inde.

mahatma *nm* personnalité spirituelle en Inde : *le mahatma Gandhi.*

mah-jong [maʒɔ̃] ou [maʒɔ̃g] *nm* jeu chinois qui s'apparente aux dominos.

mai *nm* cinquième mois de l'année.

maigre *adj* et *n* qui a très peu de graisse, qui n'est pas gros : *enfant maigre* ◆ *adj* 1. qui contient peu ou pas de matières grasses : *fromage maigre* 2. peu abondant : *un maigre repas* 3. peu important, médiocre : *maigre salaire* ◆ *nm* partie maigre d'une viande • *faire maigre* ne pas manger de viande.

maigreur *nf* état de quelqu'un, d'un animal qui est maigre.

maigrir *vi* devenir maigre ◆ *vt* faire devenir maigre ; faire paraître maigre.

mailing [meliŋ] *nm* prospection d'un marché et vente par voie postale.

maille *nf* chacune des boucles dont l'ensemble forme un tricot ou un filet.

maille *nf* • *avoir maille à partir avec quelqu'un* avoir un démêlé, une dispute avec lui.

maillet *nm* marteau à deux têtes, en bois très dur.

maillon *nm* anneau d'une chaîne • *être un maillon de la chaîne* un élément d'un système organisé.

maillot *nm* 1. vêtement en tissu souple couvrant le buste ou la totalité du corps et se portant à même la peau 2. vêtement de bain.

main *nf* 1. partie du corps humain, du poignet à l'extrémité des doigts 2. FIG. (suivi d'un adj.) symbole de l'aide, de la puissance, etc. : *main secourable, sacrilège* • *à main armée* les armes à la main • *à pleines mains* largement, abondamment • *avoir la haute main sur* commander • *changer de main(s)* passer d'un possesseur à un autre • *coup de main* aide apportée à quelqu'un • *de longue main* depuis longtemps • *de main de maître* avec habileté • *de première main* directement, sans intermédiaire • *en un tour de main* en un instant • *en venir aux mains* engager le combat • *faire main basse* piller, s'emparer de • *forcer la main* contraindre • *haut la main* sans difficulté, avec brio • *mettre la main sur quelqu'un* l'arrêter • *mettre la main sur quelque chose* le découvrir, le retrouver • *ne pas y aller de main morte* agir avec rudesse ou violence • *passer la main* renoncer à ses pouvoirs, les transmettre • *perdre la main* perdre l'habitude de faire quelque chose • *prendre quelque chose, quelqu'un en main* s'en charger, s'en occuper • *reprendre en main* redresser une situation compromise • *se laver les mains d'une chose* en refuser toute responsabilité • *sous la main* à la disposition immédiate.

mainate *nm* oiseau noir, au bec orangé, qui peut imiter la parole humaine.

main-d'œuvre (*pl mains-d'œuvre*) *nf* 1. travail de l'ouvrier dans la confection d'un ouvrage 2. ensemble des salariés d'une entreprise, d'un pays, etc. : *la main-d'œuvre immigrée.*

main-forte *nf sing* • *prêter main-forte à quelqu'un* lui venir en aide.

mainmise *nf* action de mettre la main sur, d'avoir une influence exclusive sur.

maint, e *adj* LITT. un grand nombre indéterminé de.

maintenance *nf* entretien d'un matériel.

maintenant *adv* à présent ◆ *loc. conj* • *maintenant que* à présent que, dès lors que.

maintenir *vt* (conj 22) 1. tenir stable, dans la même position ou le même état 2. affirmer avec persévérance, avec force : *maintenir une déclaration* ◆ **se maintenir** *vpr* rester dans le même état, la même situation.

maintien *nm* 1. action de maintenir, de faire durer : *maintien des prix* 2. contenance, attitude, tenue, allure : *maintien élégant.*

maire *nm* membre du conseil municipal élu pour diriger les affaires de la commune.

mairie *nf* 1. fonction de maire 2. bâtiment où s'administrent les affaires de la commune 3. administration municipale.

mais *conj* 1. indique l'opposition ou la différence entre deux idées : *ce n'est pas vert mais bleu* 2. introduit une restriction, une objection, une précision, une simple transition : *mais parlons d'autre chose ; bon, mais un peu sec* 3. renforce une réponse, une exclamation : *mais bien sûr.*

maïs [mais] *nm* céréale cultivée pour ses gros grains en épis ; grain de cette céréale.

maison *nf* 1. bâtiment, logement où l'on habite 2. membres d'une même famille 3. famille noble : *maison d'Autriche* 4. établissement servant à un usage particulier : *maison d'arrêt ; maison de retraite* 5. entreprise commerciale ou industrielle ◆ *adj inv* fait à la maison, selon une recette traditionnelle : *tarte maison.*

maître *nm* 1. titre donné aux avocats, notaires, huissiers, et aux personnes revêtues de certaines charges : *maître des requêtes* 2. personne dont on est le disciple, qui est prise comme modèle • ***maître d'hôtel*** qui préside au service de table d'un restaurant ou d'une grande maison • ***maître d'œuvre*** personne ou organisme qui conçoit ou dirige la construction d'un édifice.

maître, maîtresse *n* 1. personne qui exerce un pouvoir, une autorité sur quelqu'un ou sur quelque chose 2. personne qui enseigne ; professeur, instituteur.

maître, maîtresse *adj* qui a un rôle important, essentiel : *atout maître ; idée maîtresse* • ***être maître de quelque chose, de faire quelque chose*** 1. en disposer librement 2. être libre de faire quelque chose • ***maîtresse femme*** qui agit avec énergie et détermination.

maître-chien (*pl maîtres-chiens*) *nm* responsable de l'emploi et du dressage d'un chien.

maîtresse *nf* femme avec laquelle un homme a des relations sexuelles en dehors du mariage.

maîtrise *nf* 1. ensemble des cadres, des contremaîtres et des chefs d'équipe 2. école où l'on forme les enfants au chant ; l'ensemble de ces enfants 3. grade universitaire de l'enseignement supérieur 4. FIG. supériorité, excellence 5. domination de soi, sang-froid.

maîtriser *vt* 1. se rendre maître d'éléments difficilement contrôlables : *maîtriser un incendie* 2. soumettre, contenir par la force : *maîtriser un animal* 3. dominer un sentiment, une passion.

majesté *nf* 1. grandeur, dignité, noblesse 2. titre particulier des empereurs et des rois : *Sa Majesté* (en abrégé *S.M.*).

majestueux, euse *adj* qui a de la majesté : *démarche majestueuse.*

majeur, e *adj* 1. plus grand par le nombre, l'étendue, etc. 2. d'une grande importance : *affaire majeure* 3. qui a atteint l'âge de la majorité : *fille majeure* • ***cas de force majeure*** événement qui empêche de faire quelque chose et dont on n'est pas responsable • ***en majeure partie*** pour la plus grande partie ◆ *nm* doigt du milieu de la main SYN. *médius.*

major *nm* 1. officier chargé de l'administration d'un corps de troupes 2. grade le plus élevé des sous-officiers des armées 3. ARG. SCOL. premier d'un concours, d'une promotion.

majoration *nf* augmentation de prix.

majordome *nm* maître d'hôtel de grande maison.

majorer *vt* augmenter un prix ; porter à un prix plus élevé.

majorette *nf* jeune fille en uniforme qui parade dans les défilés.

majoritaire *adj* qui appartient ou qui s'appuie sur une majorité (par oppos. à *minoritaire*).

majorité *nf* 1. âge auquel une personne acquiert la pleine capacité d'exercer ses droits ou est reconnue responsable de ses actes 2. le plus grand nombre, la plus grande partie : *la majorité des hommes* 3. groupement de voix donnant à une personne, un gouvernement ou un parti la supériorité sur ses concurrents 4. parti qui l'emporte par le nombre dans une assemblée.

majuscule *nf* et *adj* lettre plus grande que les autres et de forme différente (par oppos. à *minuscule*).

mal (*pl maux*) *nm* 1. souffrance, douleur physique : *mal de gorge ; mal de mer* 2. dommage matériel, moral 3. ce qui exige de la peine, du travail : *avoir du mal à courir* 4. ce qui est contraire à la morale, à l'ordre, au bien • ***avoir mal*** souffrir • ***être en mal de quelque chose*** souffrir de son absence • ***mettre à mal*** abîmer • ***mal du pays*** nostalgie • ***prendre mal*** attraper une maladie, attraper froid ◆ *adj inv* mauvais, funeste : *bon an, mal an ; bon gré, mal gré* • ***ne pas être mal*** être assez beau, assez agréable, assez satisfaisant ◆ *adv* d'une manière qui n'est pas satisfaisante : *être mal payé* • ***au plus mal*** très malade • ***être mal avec quelqu'un*** être brouillé avec lui • ***prendre mal*** juger de façon négative • ***se sentir, se trouver mal*** avoir un malaise.

malabar *nm* FAM. homme grand et fort.

malachite [malakit] *nf* carbonate de cuivre, d'un beau vert.

malade *n* et *adj* dont la santé est altérée ◆ *adj* 1. dont l'état, le fonctionnement est déréglé : *industrie malade* 2. FAM. un peu dérangé intellectuellement.

maladie *nf* trouble, dérangement de la santé physique, du comportement, etc.

maladif, ive *adj* 1. sujet à être malade : *tempérament maladif* 2. qui manifeste un état de maladie : *pâleur maladive* 3. morbide : *curiosité maladive.*

maladresse *nf* 1. manque d'adresse 2. action, parole maladroite.

maladroit, e *adj* et *n* qui manque d'adresse, d'habileté, de diplomatie.

mal-aimé, e (*pl mal-aimés, es*) *n* personne qui souffre du rejet des autres.

malaise *nm* 1. trouble physiologique 2. FIG. état d'inquiétude, de trouble ; début de crise.

malaisé, e *adj* difficile, pénible.

malappris, e *adj* et *n* grossier, mal élevé.

malaxer *vt* 1. pétrir pour ramollir : *malaxer du beurre* 2. masser.

malchance *nf* manque de chance ; suite de malheurs ; mésaventure.

maldonne *nf* erreur dans la distribution des cartes ; fausse donne • FAM. ***il y a maldonne*** il y a malentendu.

mâle *adj* 1. qui appartient, qui est propre au sexe fécondant (par oppos. à *femelle*) 2. du sexe masculin 3. qui a ou qui évoque des qualités considérées comme masculines : *voix mâle* 4. TECHN se dit de la partie d'un instrument, d'un organe qui entre dans une autre : *prise mâle* • ***fleur mâle*** qui ne porte que des étamines ◆ *nm* 1. animal ou végétal qui ne porte que les organes du sexe mâle 2. individu du sexe masculin (par oppos. à *femme*).

malédiction *nf* 1. action de maudire 2. paroles par lesquelles on maudit 3. FIG. malheur, fatalité.

maléfique *adj* LITT. qui a une influence mauvaise, négative.

malencontreux, euse *adj* fâcheux, inopportun.

mal-en-point *adj inv* en mauvais état.

malentendant, e *adj* et *n* qui entend mal ou pas du tout.

malentendu *nm* parole, action mal interprétée ; méprise.

malfaçon *nf* défaut, défectuosité dans un ouvrage.

malfaisant, e *adj* nuisible, qui cause du mal.

malfaiteur *nm* individu qui commet des vols, des crimes.

malfamé, e *adj* de mauvaise réputation : *maison malfamée* REM. on écrit aussi mal famé, e.

malfrat *nm* LITT. malfaiteur, truand.

malgache *adj* et *n* de Madagascar ◆ *nm* langue de Madagascar.

malgré *prép* 1. contre le gré, la volonté de 2. en dépit de : *malgré la pluie.*

malheur *nm* 1. événement fâcheux, pénible 2. sort douloureux, funeste (par oppos. à *bonheur*) • FAM. ***faire un malheur*** 1. agir avec violence 2. remporter un grand succès • ***jouer de malheur*** être très malchanceux • ***oiseau de malheur*** personne qui apporte la malchance • ***par malheur*** malheureusement • ***porter malheur*** avoir une influence néfaste, fatale.

malheureux, euse *adj* et *n* qui est dans une situation pénible, douloureuse : *de malheureux réfugiés* ◆ *adj* 1. qui exprime le malheur : *air malheureux* 2. qui manque de chance : *entreprise malheureuse* 3. sans valeur : *un malheureux coin de terre.*

malhonnête *adj* et *n* 1. qui enfreint les règles de la probité, de l'honnêteté 2. qui choque la décence, la pudeur.

malhonnêteté *nf* caractère, action malhonnête.

malice *nf* action ou parole ironique, moqueuse.

malicieux, euse *adj* et *n* qui a de la malice ; malin, taquin : *enfant malicieux.*

malin, igne *adj* 1. astucieux, débrouillard 2. malicieux, espiègle 3. pernicieux, dangereux : *fièvre maligne* ◆ *n* rusé, astucieux.

malingre *adj* chétif, faible.

malintentionné, e *adj* et *n* qui a de mauvaises intentions.

malle *nf* coffre servant pour le voyage.

malléable *adj* 1. TECHN susceptible d'être réduit en feuilles : *l'or est malléable* 2. FIG. docile, influençable : *esprit malléable.*

mallette *nf* petite valise.

mal-logé, e (*pl mal-logés, es*) *n* personne dont les conditions d'habitation ne sont pas satisfaisantes.

malmener *vt* (conj 5) 1. traiter brutalement 2. faire essuyer un échec.

malnutrition *nf* alimentation insuffisante et inadaptée.

malodorant, e *adj* qui a une mauvaise odeur.

malpropre *adj* et *n* 1. qui manque de propreté, sale 2. FIG. indécent, immoral.

malsain, e *adj* nuisible à la santé physique ou morale ; dangereux.

malt *nm* orge germée utilisée dans la fabrication de la bière.

maltaise *nf* variété d'orange sucrée.

maltraiter *vt* traiter durement, avec violence.

malus *nm inv* majoration d'une prime d'assurance automobile en fonction des accidents dont l'assuré a été responsable CONTR. *bonus.*

malveillance *nf* 1. caractère d'une personne malveillante 2. acte accompli dans l'intention de nuire.

malveillant, e *adj* et *n* porté à vouloir, à souhaiter du mal à autrui ; qui a des intentions hostiles.

malvenu, e *adj* • LITT. ***être malvenu à, de*** peu fondé à, peu qualifié pour (on écrit aussi mal venu).

malversation *nf* détournement de fonds dans l'exercice d'une charge.

malvoyant, e *n* qui voit mal ou pas du tout.

maman *nf* mère, dans le langage affectif et enfantin.

mamelle *nf* organe de la sécrétion du lait chez les mammifères femelles.

mamelon *nm* 1. bout de la mamelle 2. éminence, colline arrondie.
mamie ou **mamy** *nf* grand-mère, dans le langage affectif et enfantin.
mammaire *adj* relatif aux seins, aux mamelles : *glande mammaire.*
mammifère *nm* animal vertébré caractérisé par la présence de mamelles.
mammographie *nf* radiographie de la glande mammaire.
mammouth [mamut] *nm* éléphant fossile du quaternaire.
mamy *nf* › mamie.
management [manaʒmɑ̃] *nm* technique de direction et de gestion de l'entreprise.
manager [manadʒɛr] ou [-dʒœr] *nm* 1. spécialiste du management ; dirigeant d'entreprise 2. personne qui gère les intérêts d'un sportif, qui entraîne une équipe.
manche *nm* 1. partie d'un outil, d'un instrument par laquelle on le tient 2. os apparent des côtelettes et des gigots.
manche *nf* 1. partie du vêtement qui couvre le bras 2. au jeu, une des parties liées que l'on est convenu de jouer • ***manche à air*** tube en toile qui, en haut d'un mât, indique la direction du vent.
manche *nf* • FAM. *faire la manche* mendier.
manchette *nf* 1. bande aux poignets d'une chemise 2. coup donné avec l'avant-bras 3. titre de journal en gros caractères.
manchon *nm* 1. fourrure en forme de rouleau creux, pour les mains 2. cylindre pour abouter deux tuyaux.
manchot, e *adj* et *n* privé ou estropié d'une main ou d'un bras ◆ *nm* palmipède qui utilise ses membres antérieurs comme nageoires.
mandarin *nm* 1. HIST haut fonctionnaire de la Chine impériale 2. PÉJOR. personnage important et influent dans son milieu 3. LING le plus important dialecte chinois.
mandarine *nf* fruit du mandarinier.
mandarinier *nm* oranger d'une variété de petite taille.
mandat *nm* 1. pouvoir qu'une personne donne à une autre d'agir en son nom : *s'acquitter de son mandat* 2. fonction et obligations d'un membre élu d'une assemblée : *mandat de député* 3. ADMIN ordre donné de comparaître, d'arrêter, etc. 4. titre reçu par le service des postes pour faire parvenir une somme à un correspondant 5. effet de commerce invitant une personne à verser une certaine somme d'argent à une autre.
mandataire *n* qui a mandat pour agir.
mandater *vt* 1. payer une somme par mandat 2. investir quelqu'un d'un mandat.
mandibule *nf* 1. maxillaire inférieur de l'homme et des vertébrés 2. pièce buccale paire des crustacés, des insectes.
mandoline *nf* instrument de musique à cordes de la famille du luth.
manège *nm* 1. lieu où l'on dresse les chevaux, où l'on apprend l'équitation 2. jeu pour les enfants formé d'un plateau animé d'un mouvement circulaire sur lequel sont figurés des animaux, des véhicules, etc. 3. FIG. conduite rusée : *je me méfie de son manège.*
manette *nf* levier, clef ou poignée qu'on manœuvre à la main.
manganèse *nm* métal grisâtre employé pour la fabrication d'aciers spéciaux.
mange-disque (*pl mange-disques*) *nm* électrophone portatif comportant une fente dans laquelle on glisse les disques.
mangeoire *nf* auge où mangent les animaux.
manger *vt* (conj 2) 1. mâcher et avaler afin de se nourrir 2. détruire, abîmer en rongeant : *vêtement mangé aux mites* 3. faire disparaître en absorbant, en utilisant, etc. : *moteur qui mange trop d'huile* • ***manger des yeux*** regarder avidement ◆ *vi* 1. absorber des aliments : *manger peu* 2. prendre un repas : *manger au restaurant* ◆ *nm* FAM. ce qu'on mange : *on peut apporter son manger.*
mange-tout ou **mangetout** *nm inv* et *adj m inv* haricot ou pois dont la cosse se mange.
mangue *nf* fruit comestible du manguier.
manguier *nm* arbre des régions tropicales.
maniable *adj* 1. aisé à manier, à manœuvrer 2. FIG. souple : *caractère maniable.*
maniaco-dépressif, ive *adj* se dit d'une psychose caractérisée par une alternance d'accès maniaques et de dépressions mélancoliques ◆ *adj* et *n* malade ainsi atteint.
maniaque *adj* et *n* qui a une manie, une idée fixe.
manichéisme [-keism] *nm* attitude fondée sur l'opposition sans nuance du bien et du mal.
manie *nf* 1. habitude, goût bizarre 2. idée fixe, obsession.
maniement *nm* action ou manière de manier.
manier *vt* 1. prendre quelque chose dans ses mains pour l'examiner ; manipuler : *objet à manier avec précaution* 2. utiliser un véhicule, un instrument avec adresse • ***manier des fonds*** les gérer • ***manier des idées, un groupe*** les manœuvrer, les utiliser habilement.
manière *nf* façon particulière d'agir ou de se comporter : *une curieuse manière de parler* • ***une manière de*** une sorte de ◆ *loc. prép* • ***à la manière de*** 1. selon les habitudes de 2. à l'imitation de ◆ *loc. conj* • ***de manière que*** de façon à ◆ **manières** *nf pl* 1. façon habituelle d'agir, de parler 2. ai-

sance et politesse dans la tenue • *faire des manières* adopter un comportement affecté • *sans manières* en toute simplicité.

maniéré, e *adj* affecté, précieux.

maniérisme *nm* affectation et manque de naturel, en particulier dans le domaine artistique ou littéraire.

manifestant, e *n* qui prend part à une manifestation.

manifestation *nf* 1. rassemblement destiné à exprimer publiquement une opinion politique, une revendication sociale, etc. 2. action de manifester un sentiment ; fait de se manifester : *manifestation de tendresse* 3. événement organisé dans un but culturel, commercial, etc.

manifeste *adj* évident : *erreur manifeste.*

manifeste *nm* déclaration collective écrite.

manifester *vt* rendre manifeste, faire connaître, révéler ◆ *vi* faire une démonstration collective publique ; y participer ◆ **se manifester** *vpr* apparaître au grand jour ; donner des signes de son existence.

manigance *nf* manœuvre secrète qui a pour but de tromper, de cacher quelque chose.

manigancer *vt* FAM. tramer, ourdir.

manille *nf* jeu de cartes où l'as et le dix sont les cartes maîtresses ; le dix de chaque couleur, à ce jeu.

manioc *nm* plante tropicale dont la racine fournit une fécule qui sert à faire le tapioca.

manipuler *vt* 1. remuer, déplacer, faire fonctionner avec la main : *manipuler un appareil photo* 2. modifier, transformer quelque chose de façon suspecte : *manipuler des statistiques* 3. amener quelqu'un à agir dans le sens que l'on souhaite, s'en servir comme moyen pour arriver à ses fins ; manœuvrer.

manitou *nm* FAM. personne puissante ou qui fait autorité dans un domaine.

manivelle *nf* pièce coudée pour tourner une roue, faire démarrer un moteur, etc.

manne *nf* LITT. aubaine, chose providentielle, avantage inespéré.

mannequin *nm* 1. forme humaine utilisée en couture pour les essayages ou les étalages, statue humaine articulée à l'usage des peintres et des sculpteurs 2. personne chargée de présenter les modèles d'une maison de couture.

manœuvre *nf* 1. manière ou action de régler la marche d'une machine, d'un appareil, d'un véhicule : *manœuvre d'une pompe* 2. exercice que l'on fait faire aux soldats : *grandes manœuvres* 3. FIG. intrigue : *manœuvres frauduleuses* • *fausse manœuvre* opération mal appropriée ou mal exécutée ◆ *nm* ouvrier affecté à des tâches non spécialisées.

manœuvrer *vt* 1. faire exécuter des manœuvres, des mouvements 2. manipuler quelqu'un ◆ *vi* 1. exécuter une, des manœuvres militaires 2. FIG. agir de façon à obtenir quelque chose.

manoir *nm* habitation de caractère d'une certaine importance, entourée de terres.

manque *nm* défaut, absence • *manque à gagner* perte portant sur un bénéfice manqué ◆ *loc. prép* • *par manque de* faute de.

manquement *nm* 1. défaut 2. infraction : *manquement à la discipline.*

manquer *vi* 1. échouer, ne pas réussir : *l'attentat a manqué* 2. être en quantité insuffisante, faire défaut : *les vivres manquent* 3. être absent : *trois élèves manquent* ◆ *vt ind* [de] ne pas avoir en quantité suffisante : *manquer d'argent* • *ne pas manquer de* ne pas omettre, ne pas négliger de ◆ *vt ind* [à] 1. faire défaut : *les forces lui manquent* 2. se soustraire à, ne pas respecter : *manquer à sa parole* ◆ *vt* 1. ne pas réussir : *l'attentat a manqué* ; laisser échapper : *manquer une affaire, une occasion* 2. ne pas atteindre : *manquer un lièvre, son but* 3. ne pas rencontrer quelqu'un comme prévu ; arriver trop tard pour prendre un moyen de transport.

mansarde *nf* pièce située sous un comble et dont un mur est en pente.

manteau *nm* 1. vêtement de dessus ample et à manches longues 2. partie d'une cheminée en saillie au-dessus du foyer • FIG. *sous le manteau* clandestinement.

manucure *n* personne chargée des soins esthétiques des mains, et en particulier des ongles.

manuel, elle *adj* qui se fait avec la main : *travail manuel* ◆ *adj* et *n* qui travaille avec ses mains ◆ *nm* petit livre renfermant les notions essentielles d'une technique, d'une science.

manuellement *adv* avec la main.

manufacture *nf* vaste établissement industriel : *manufacture de tabac.*

manu militari *loc adv* par la force des armes.

manuscrit, e *adj* écrit à la main : *lettre manuscrite* ◆ *nm* 1. ouvrage écrit à la main 2. texte original d'un ouvrage destiné à l'impression.

manutention *nf* action de manipuler des marchandises ; lieu où cette opération s'effectue.

maoïsme *nm* doctrine qui s'inspire de la pensée de Mao Zedong.

mappemonde *nf* carte du globe divisé en deux hémisphères.

maquereau *nm* poisson de mer aux vives couleurs et à chair estimée.

maquette *nf* 1. reproduction à échelle réduite d'un décor, d'une construction, d'un appareil 2. représentation schématique ou précise des divers éléments d'un imprimé, d'une mise en pages.

maquillage *nm* 1. action, manière de maquiller, de se maquiller 2. ensemble des produits de beauté et de soin du visage 3. FIG. action de maquiller pour falsifier.

maquiller *vt* 1. modifier l'aspect du visage à l'aide de produits cosmétiques 2. FIG. déguiser, truquer : *maquiller un meurtre en suicide.*

maquis *nm* 1. terrain broussailleux des régions méditerranéennes 2. lieu retiré, sauvage où s'organise la résistance à une occupation militaire étrangère 3. FIG. réseau complexe, inextricable.

maquisard *nm* résistant d'un maquis.

marabout *nm* 1. oiseau échassier au bec énorme 2. saint religieux musulman.

maraîcher, ère *adj* relatif à la culture des légumes ◆ *n* cultivateur qui se livre à la production en grand des légumes, des primeurs.

marais *nm* région où s'accumulent des eaux stagnantes • *marais salant* terrain où l'on fait évaporer l'eau de la mer pour recueillir le sel.

marasme *nm* arrêt de l'activité dans un domaine quelconque.

marasquin *nm* liqueur de cerise.

marathon *nm* 1. course à pied de grand fond (42,195 km) 2. FIG. négociations longues et difficiles.

marâtre *nf* 1. seconde épouse du père, par rapport aux enfants nés d'un premier mariage 2. PAR EXT. mère dénaturée, méchante.

maraudage *nm* ou **maraude** *nf* vol de récoltes, de fruits, de légumes encore sur pied • *taxi en maraude* qui circule à vide en quête de clients, au lieu de stationner.

marbre *nm* 1. calcaire à grain fin, compact et dur 2. objet de marbre.

marbrier, ère *adj* relatif au marbre, à son industrie ◆ *nm* ouvrier qui travaille le marbre.

marbrure *nf* imitation des veines du marbre.

marc [mar] *nm* 1. résidu d'une substance que l'on fait infuser, bouillir, etc. : *marc de café* 2. eau-de-vie obtenue en distillant le résidu des grains de raisin pressés pour en extraire le jus.

marcassin *nm* jeune sanglier.

marchand, e *n* qui fait profession d'acheter et de vendre ◆ *adj* • *valeur marchande d'un objet* sa valeur dans le commerce • *marine marchande* qui assure le transport des marchandises.

marchander *vt* débattre le prix de : *marchander un tableau.*

marchandise *nf* ce qui se vend et s'achète : *marchandise de luxe.*

marche *nf* 1. action de marcher 2. allure d'une personne qui marche 3. distance parcourue en marchant : *une longue marche* 4. mouvement régulier, réglé, d'un corps, d'un mécanisme 5. cortège, défilé : *marche pour la paix* 6. musique destinée à régler le pas : *jouer une marche nuptiale* 7. FIG. cours, développement : *la marche d'une affaire* • *être en marche* se développer, fonctionner • *marche à suivre* ensemble des démarches, des actions pour arriver à un but • *mettre en marche* faire fonctionner • *monter, descendre en marche* monter, descendre d'un véhicule alors qu'il roule.

marche *nf* chacune des surfaces planes sur lesquelles on pose le pied pour monter ou descendre un escalier.

marché *nm* 1. lieu public où l'on vend certaines marchandises : *marché couvert, en plein air* 2. ville, région où se font principalement certaines transactions 3. débouché économique 4. convention d'achat et de vente : *rompre un marché* 5. état de l'offre et de la demande : *le marché de l'emploi* • *bon marché* peu cher • *faire bon marché de* reconnaître peu de valeur à • *faire son marché* aller acheter ses provisions • *par-dessus le marché* en plus, en outre.

marchepied *nm* 1. marche pour monter : *marchepied de train* 2. FIG. moyen de s'élever.

marcher *vi* 1. changer de place en déplaçant ses pieds, avancer : *marcher vite* 2. mettre le pied sur : *tu m'as marché sur le doigt* 3. fonctionner : *montre qui marche* 4. prospérer : *affaire qui marche* 5. tendre progressivement vers : *marcher à sa ruine* 6. FAM. consentir : *marcher dans la combine* 7. croire naïvement à : *il n'a pas marché dans cette histoire* • FAM. *faire marcher quelqu'un* le tromper.

marcheur, euse *n* qui marche, qui aime marcher.

mardi *nm* deuxième jour de la semaine • *Mardi gras* dernier jour du carnaval.

mare *nf* 1. étendue d'eau dormante 2. PAR EXT. flaque : *une mare de sang.*

marécage *nm* terrain humide couvert de marais.

maréchal *nm* • *maréchal de France* officier général titulaire d'une dignité d'État, conférée à certains commandants en chef victorieux • *maréchal des logis* sous-officier de cavalerie, d'artillerie.

maréchal-ferrant (*pl maréchaux-ferrants*) *nm* artisan dont le métier est de ferrer les chevaux.

marée *nf* 1. mouvement périodique des eaux de la mer : *marée montante, descendante* 2. toute espèce de poisson de mer frais destiné à la consommation 3. FIG. masse considérable : *une marée humaine* • *marée noire* arrivée sur le rivage de nappes de pétrole provenant d'un navire.

marelle *nf* jeu d'enfant qui consiste à pousser à cloche-pied un palet dans les cases d'une figure tracée sur le sol.

marémoteur, trice *adj* qui utilise la force motrice des marées.
mareyeur, euse *n* marchand de poissons, de coquillages et de crustacés en gros.
margarine *nf* corps gras comestible extrait d'huiles essentiellement végétales.
marge *nf* 1. espace blanc autour d'une page imprimée ou écrite 2. intervalle de temps ou d'espace dont on dispose 3. différence entre le prix de vente et le prix d'achat d'une marchandise, évaluée en pourcentage du prix de vente : *marge bénéficiaire* • *en marge (de)* en dehors, à l'écart.
margelle *nf* rebord d'un puits.
marginal, e, aux *adj* 1. écrit en marge : *notes marginales* 2. accessoire, secondaire : *occupation marginale* ◆ *n* et *adj* qui vit en marge de la société.
marginaliser *vt* rendre marginal.
marginalité *nf* caractère d'une personne marginale.
marguerite *nf* plante commune à fleurs blanches et à cœur jaune (famille des composées).
mari *nm* homme uni à une femme par le mariage.
mariage *nm* 1. union légale d'un homme et d'une femme ; sa célébration 2. FIG. réunion, association harmonieuse.
marier *vt* 1. unir par le lien conjugal 2. donner en mariage : *marier sa fille* 3. FIG. joindre, unir, associer à 4. assortir : *marier les couleurs* ◆ **se marier** *vpr* contracter mariage.
marihuana [marirwana] ou **marijuana** [mariʒɥana] *nf* stupéfiant voisin du chanvre indien.
marin, e *adj* 1. qui appartient à la mer : *plante marine* 2. qui sert à la navigation sur la mer : *carte marine* ◆ *nm* 1. membre du personnel d'un navire 2. homme habile dans l'art de la navigation.
marinade *nf* saumure pour la conservation des viandes, poissons, etc.
marine *nf* 1. ensemble des marins et des navires effectuant des transports commerciaux ou destinés à la guerre 2. administration maritime 3. ensemble des navires d'un pays : *marine militaire, marchande* 4. navigation maritime : *vocabulaire de la marine* 5. tableau qui représente une scène maritime ◆ *adj inv* • *bleu marine* bleu foncé.
mariner *vt* tremper dans une marinade ◆ *vi* FAM. attendre longtemps.
marinier, ère *n* qui fait le transport des marchandises à bord d'une péniche.
marinière *nf* blouse très ample, qui se passe par la tête • *moules (à la) marinière* cuites dans leur jus et aromatisées au vin blanc.
marionnette *nf* 1. figurine articulée que l'on actionne à l'aide de fils ou de ses mains 2. FIG. personne sans caractère.
maritalement *adv* comme des époux : *vivre maritalement.*
maritime *adj* relatif à la mer, fait par mer ; qui est près de la mer.
marjolaine *nf* plante aromatique.
mark *nm* unité monétaire de l'Allemagne.
marketing [marketiŋ] *nm* ensemble des techniques destinées à promouvoir et à diffuser un produit.
marmaille *nf* FAM. troupe d'enfants.
marmelade *nf* compote de fruits écrasés et cuits avec du sucre • FIG. *en marmelade* broyé, en bouillie.
marmite *nf* récipient de grande taille où l'on fait cuire les aliments ; son contenu.
marmiton *nm* jeune apprenti de cuisine.
marmonner *vt* parler entre ses dents, de façon indistincte.
marmot *nm* FAM. petit enfant.
marmotte *nf* mammifère rongeur des Alpes, qui hiberne plusieurs mois.
marocain, e *n* et *adj* du Maroc.
maroquin *nm* cuir de chèvre tanné ; objet dans cette matière.
maroquinerie *nf* fabrication et commerce des articles de cuir.
marotte *nf* FAM. idée fixe, manie.
marquant, e *adj* inoubliable, important : *événement marquant.*
marque *nf* 1. empreinte ou signe servant à reconnaître, à distinguer : *faire une marque sur un livre* 2. trace laissée par quelque chose : *des marques de doigts sur un verre ; marques de coups* 3. preuve, témoignage : *donner des marques d'affection* 4. signe distinctif d'une entreprise commerciale : *une grande marque de vêtements* 5. repère placé par un athlète pour faciliter un saut, un élan 6. décompte des points au cours d'une partie, d'un match : *quelle est la marque ?* • *de marque* 1. important : *champagne de marque* 2. de qualité : *invité de marque.*
marquer *vt* 1. mettre une marque : *marquer du linge* 2. noter, inscrire : *marquer ses dépenses* 3. FIG. être le signe de : *voilà qui marque de la méchanceté* 4. signaler, souligner : *marquer sa désapprobation* ◆ *vi* 1. laisser une marque 2. FIG. laisser son empreinte : *ces événements ont marqué dans sa vie.*
marqueter *vt* (conj 8) orner de pièces de marqueterie.
marqueterie *nf* placage de pièces en bois, en marbre, en nacre, formant des dessins variés.
marqueur *nm* crayon-feutre épais.
marquis *nm* titre de noblesse entre celui de duc et celui de comte.
marquise *nf* 1. femme d'un marquis 2. auvent vitré au-dessus d'une porte.
marraine *nf* femme qui présente un enfant au baptême ou qui donne un nom à quelque chose : *la marraine d'un navire.*
marrant, e *adj* et *n* FAM. drôle, amusant.

marre *adv* • FAM. *en avoir marre* en avoir assez, être excédé.
marrer (se) *vpr* FAM. rire.
marron *nm* variété cultivée de la châtaigne• *marron d'Inde* fruit non comestible du marronnier d'Inde, utilisé en pharmacie • *tirer les marrons du feu* courir des risques sans profit personnel ◆ *adj inv* de couleur rouge-brun.
marronnier *nm* châtaignier qui produit le marron • *marronnier d'Inde* grand arbre ornemental.
mars *nm* troisième mois de l'année.
marteau *nm* 1. outil de métal, à manche, propre à cogner, à forger 2. un des osselets de l'oreille 3. pièce qui frappe les cordes du piano 4. heurtoir d'une porte 5. sphère métallique que lancent les athlètes • *marteau piqueur, pneumatique* appareil dans lequel se meut un piston qui frappe l'outil (fleuret, burin ou aiguille) sous l'effet d'un choc pneumatique, hydraulique ou électrique.
marteau-pilon (*pl marteaux-pilons*) *nm* gros marteau de forge à vapeur, à air comprimé, hydraulique, etc.
martel *nm* • FIG. *se mettre martel en tête* se faire du souci.
martèlement *nm* 1. bruit d'un marteau 2. bruit cadencé.
marteler *vt* (conj 5) 1. frapper à coups de marteau 2. frapper fort et à coups redoublés 3. détacher les syllabes : *marteler les mots.*
martial, e, aux [marsjal, -sjo] *adj* décidé, volontaire, prêt au combat : *air martial* • *cour martiale* tribunal militaire • *loi martiale* qui autorise l'intervention de la force armée dans certains cas • *arts martiaux* sports de combat d'origine japonaise (aïkido, judo, etc.).
martinet *nm* fouet formé de plusieurs brins.
martingale *nf* 1. demi-ceinture placée à la taille, dans le dos d'un vêtement 2. procédé basé sur le calcul des probabilités qui prétend assurer un bénéfice, dans les jeux de hasard.
martyr, e *n* qui souffre, qui meurt pour ses croyances religieuses, politiques ◆ *adj* et *n* qui souffre de mauvais traitements systématiques : *enfant martyr.*
martyre *nm* 1. tourments, mort endurés pour la foi 2. PAR EXT. grande douleur : *il souffre le martyre.*
martyriser *vt* faire souffrir.
marxisme *nm* doctrine philosophique, politique et économique issue de Marx, fondée sur le matérialisme et la lutte des classes.
mas [ma] ou [mas] *nm* maison de campagne, ferme dans le midi de la France.
mascara *nm* produit de maquillage pour les cils.
mascarade *nf* mise en scène trompeuse, hypocrite.
mascotte *nf* FAM. objet, animal fétiche.
masculin, e *adj* 1. propre à l'homme, au mâle (par oppos. à *féminin*) 2. composé d'hommes : *assemblée masculine* • GRAMM *genre masculin* qui désigne un être mâle ou tout objet regardé comme tel • *rime masculine* qui ne finit pas par un *e* muet ou une syllabe muette ◆ *nm* le genre masculin.
masochisme *nm* perversion qui fait rechercher le plaisir dans la douleur.
masque *nm* 1. objet dont on se couvre le visage pour le dissimuler ou le protéger : *masque de carnaval ; masque à gaz* 2. moulage du visage 3. PAR EXT. expression, physionomie de quelqu'un 4. FIG. apparence trompeuse.
masqué, e *adj* qui porte un masque : *visage masqué* • *bal masqué* où l'on va déguisé.
masquer *vt* cacher, dissimuler : *masquer une fenêtre ; masquer ses projets.*
massacrant, e *adj* • FAM. *humeur massacrante* très désagréable, insupportable.
massacre *nm* 1. carnage, tuerie de personnes ou d'animaux : *le massacre de la Saint-Barthélemy* 2. travail exécuté maladroitement • *jeu de massacre* jeu consistant à renverser avec des balles des figures à bascule.
massacrer *vt* 1. tuer en masse : *massacrer du gibier* 2. abîmer, défigurer par une exécution défectueuse : *massacrer un travail.*
massage *nm* action de masser le corps.
masse *nf* 1. corps solide, compact : *masse de rocher, de plomb* 2. PAR EXT. grande quantité : *masse d'air froid* 3. grand groupe humain : *masses paysannes* 4. silhouette massive : *la masse d'un navire* • *de masse* qui concerne ou qui s'adresse au plus grand nombre : *la culture de masse* • *en masse* en grand nombre • *masse d'un corps* rapport de la force appliquée à ce corps à l'accélération qu'elle lui communique • *une masse de* une grande quantité de, un grand nombre.
masse *nf* gros marteau.
massepain *nm* gâteau, biscuit de pâte d'amandes.
masser *vt* 1. pétrir avec la main une partie du corps : *masser le cou* 2. grouper, réunir : *masser des troupes* ◆ **se masser** *vpr* se réunir en masse, se grouper.
masseur, euse *n* personne qui masse.
massicot *nm* machine à rogner, à couper le papier.
massif *nm* 1. ensemble de hauteurs présentant un caractère montagneux : *le massif du Mont-Blanc* 2. ensemble de fleurs, d'arbustes groupés sur un espace de terre.
massif, ive *adj* 1. épais, pesant : *corps massif* 2. ni creux ni plaqué : *or massif* 3. en grande quantité : *dose massive de médicament.*

massue *nf* bâton noueux avec une extrémité plus grosse que l'autre • FIG. *coup de massue* 1. événement imprévu et accablant 2. facture très élevée.
mastic *nm* composition pâteuse pour boucher des trous, fixer les vitres, etc.
mastication *nf* action de mâcher.
mastiquer *vt* coller avec du mastic : *mastiquer des carreaux.*
mastiquer *vt* mâcher.
mastoc *adj inv* FAM. lourd, épais.
mastodonte *nm* 1. grand mammifère fossile voisin de l'éléphant 2. FAM. personne d'une énorme corpulence, chose d'un énorme volume.
masturber (se) *vpr* obtenir une jouissance sexuelle par l'excitation manuelle des parties génitales.
masure *nf* vieille maison délabrée.
mat [mat] *nm* au jeu d'échecs, position du roi qui ne peut se soustraire à l'échec ◆ *adj inv* se dit du joueur qui a perdu.
mat, e [mat] *adj* 1. sans éclat, sans poli 2. sans résonance : *bruit mat.*
mât [mɑ] *nm* longue pièce de bois qui porte la voile d'un navire.
matador *nm* celui qui, dans les courses de taureaux, est chargé de tuer l'animal.
match (*pl matches* ou *matchs*) *nm* épreuve sportive disputée entre deux concurrents ou deux équipes • *faire match nul* terminer à égalité.
matelas *nm* 1. pièce de literie rembourrée de laine, à ressort ou en mousse, sur laquelle on s'étend 2. épaisse couche : *matelas de feuilles* • *matelas pneumatique* enveloppe de plastique ou de toile caoutchoutée gonflable, utilisée pour le camping, la plage, etc.
matelasser *vt* garnir de laine, d'étoffe, etc. ; rembourrer.
matelot *nm* homme de l'équipage d'un navire qui participe à sa manœuvre.
mater *vt* soumettre, dompter.
matérialiser *vt* rendre matériel, concret, effectif.
matérialité *nf* caractère de ce qui est matériel, réel : *établir la matérialité des faits.*
matériau (*pl matériaux*) *nm* matière entrant dans la construction ◆ **matériaux** *pl* 1. ensemble des matières qui entrent dans la construction d'un bâtiment, d'une machine, etc. 2. FIG. documents réunis pour la composition d'un ouvrage littéraire.
matériel, elle *adj* 1. formé de matière (par oppos. à *spirituel*) 2. de la matière : *force matérielle* 3. relatif au corps, à la vie quotidienne, etc. : *besoins matériels* ◆ *nm* ensemble de l'équipement nécessaire à un travail, à l'exploitation de quelque chose : *matériel agricole.*
maternel, elle *adj* 1. propre à une mère : *tendresse maternelle* 2. du côté de la mère : *parents maternels* • *école maternelle* ou *maternelle nf* école pour les enfants de deux à six ans • *langue maternelle* du pays où l'on est né.
materner *vt* protéger, entourer de soins.
maternité *nf* 1. état, qualité de mère 2. établissement hospitalier où s'effectuent les accouchements.
math ou **maths** *nf pl* (abréviation) FAM. mathématiques.
mathématique *adj* 1. relatif aux mathématiques 2. FIG. rigoureux : *précision mathématique* ◆ *nf* (s'emploie aussi au pluriel) science qui étudie les propriétés des êtres abstraits (nombres, figures géométriques, etc.).
matière *nf* 1. substance qui constitue les corps 2. ce dont une chose est faite : *la matière d'une statue* 3. FIG. sujet d'un ouvrage, d'un discours 4. discipline enseignée • *en matière (de)* en ce qui concerne • *entrer en matière* aborder son sujet • *être, donner matière à* être l'occasion de • *matière première* produit destiné à être transformé • *table des matières* liste indiquant ce qui a été traité dans un ouvrage.
matin *nm* temps entre minuit et midi, et, couramment, entre le lever du soleil et midi • *de bon, de grand matin* de très bonne heure • *un beau matin* un jour indéterminé ◆ *adv* 1. dans la matinée : *tous les dimanches matin* 2. LITT. de bonne heure : *se lever matin.*
matinal, e, aux *adj* 1. propre au matin 2. qui se lève tôt.
mâtiné, e *adj* 1. qui n'est pas de race pure : *épagneul mâtiné de dogue* 2. mêlé à.
matinée *nf* 1. temps depuis le point du jour jusqu'à midi 2. spectacle qui a lieu dans l'après-midi • *faire la grasse matinée* se lever tard.
matou *nm* FAM. chat mâle.
matraque *nf* bâton de bois ou de caoutchouc dur servant d'arme.
matraquer *vt* 1. frapper avec une matraque 2. FAM. faire payer un prix excessif 3. répéter avec insistance un slogan, une image publicitaire.
matriarcat *nm* société dans laquelle les femmes donnent leur nom aux enfants et exercent une autorité prépondérante dans la famille.
matrice *nf* 1. moule en creux ou en relief servant à reproduire les objets 2. VX. utérus.
matricule *nf* 1. registre, rôle où sont inscrits ceux qui entrent dans une collectivité, un organisme, etc. 2. inscription sur ce registre 3. extrait de cette inscription ◆ *nm* numéro d'inscription ◆ *adj* qui relève du matricule : *numéro matricule.*
matrimonial, e, aux *adj* relatif au mariage.
maturation *nf* action de mûrir.
mature *adj* arrivé à maturité.

maturité *nf* 1. état de ce qui est mûr 2. FIG. état de ce qui est parvenu à son complet développement 3. période de la vie comprise entre la jeunesse et la vieillesse ; ensemble des qualités attribuées à cet âge.

maudire *vt* (conj 15) 1. prononcer une malédiction contre quelqu'un ou quelque chose 2. détester, s'emporter contre.

maudit, e *adj* et *n* 1. frappé d'une malédiction 2. très mauvais, désagréable : *maudit métier.*

mausolée *nm* monument funéraire.

maussade *adj* chagrin, hargneux • ***temps maussade*** gris et pluvieux.

mauvais, e *adj* 1. qui présente un défaut, une imperfection : *une mauvaise route* 2. sans valeur, sans intérêt : *un mauvais livre* 3. dangereux, nuisible : *mauvaise influence* 4. qui n'a pas les qualités qu'il devrait avoir : *mauvais conducteur* 5. méchant, qui fait du mal : *personne mauvaise* • FAM. ***la trouver mauvaise*** être vexé de quelque chose • ***mauvaise mine*** visage fatigué • ***mauvaise tête*** personne qui n'a pas bon caractère • ***mer mauvaise*** très agitée • ***trouver mauvais que*** considérer comme néfaste ◆ *adv* • ***il fait mauvais*** le temps n'est pas beau • ***sentir mauvais*** exhaler une odeur désagréable.

mauve *nf* plante à fleurs roses ou violacées ◆ *adj* violet pâle ◆ *nm* la couleur mauve.

mauviette *nf* FAM. personne fragile, chétive.

maxillaire *adj* des mâchoires ◆ *nm* os des mâchoires.

maximal, e, aux *adj* à son plus haut degré : *une température maximale.*

maxime *nf* formule énonçant une règle de morale.

maximiser ou **maximaliser** *vt* porter au maximum.

maximum (*pl maximums* ou *maxima*) *nm* le plus haut degré qu'une chose puisse atteindre : *maximum des prix* • ***au maximum*** au plus haut degré ◆ *adj* maximal.

mayonnaise *nf* sauce à base de jaune d'œuf et d'huile battus ensemble.

mazagran *nm* récipient épais en forme de verre à pied pour servir le café.

mazout [mazut] *nm* résidu combustible de la distillation des pétroles.

me *pron. pers* désigne la 1re pers. du singulier représentant celui, celle qui parle en fonction de complément d'objet ou de complément d'attribution : *je m'inquiète ; il me semble.*

mea culpa [meakylpa] *nm inv* • ***faire son mea culpa*** avouer sa faute, son erreur.

méandre *nm* 1. sinuosité d'un cours d'eau 2. FIG. détour, ruse.

mec *nm* FAM. homme, individu.

mécanicien, enne *n* personne qui construit, répare ou conduit une machine, une locomotive, etc.

mécanique *adj* 1. relatif aux lois du mouvement et de l'équilibre 2. mis en mouvement par une machine, par un mécanisme : *escalier mécanique* 3. machinal : *geste mécanique.*

mécanique *nf* 1. science qui a pour objet l'étude des forces et de leurs actions 2. étude des machines, de leur construction et de leur fonctionnement 3. combinaison d'organes propres à produire ou à transmettre des mouvements : *la mécanique d'une montre.*

mécaniser *vt* introduire l'emploi de machines : *mécaniser l'agriculture.*

mécanisme *nm* 1. combinaison d'organes ou de pièces destinés à assurer un fonctionnement : *le mécanisme d'une montre* 2. mode de fonctionnement ; processus : *mécanisme du raisonnement, du langage.*

mécano *nm* FAM. mécanicien.

mécénat *nm* protection, subvention accordée aux lettres, aux sciences, aux arts.

mécène *n* qui pratique le mécénat.

méchamment *adv* avec méchanceté.

méchanceté *nf* 1. caractère d'une personne méchante 2. action ou parole qui vise à nuire.

méchant, e *adj* 1. qui fait le mal, porté au mal : *chien méchant* 2. qui exprime l'agressivité : *regard méchant* 3. qui occasionne des ennuis, des problèmes : *une méchante affaire* ◆ *n* personne méchante.

mèche *nf* 1. touffe de cheveux 2. tresse de coton, de fil, imprégnée de combustible et placée dans une lampe, une bougie, etc. 3. gaine de poudre noire pour mettre le feu à un explosif 4. extrémité d'une perceuse, d'une vrille, etc., pour percer des trous 5. pièce de gaze qui, introduite dans une plaie, permet l'écoulement du pus • FAM. ***éventer, vendre la mèche*** livrer un secret.

mèche *nf* • FAM. ***être de mèche avec quelqu'un*** être son complice dans une affaire louche.

méchoui *nm* mouton entier cuit à la broche, généralement en plein air.

méconnaissable *adj* difficile, impossible à reconnaître.

méconnaître *vt* (conj 64) ne pas estimer quelqu'un ou quelque chose à sa juste valeur.

méconnu, e *adj* et *n* qui n'est pas apprécié selon son mérite : *un écrivain méconnu.*

mécontent, e *adj* et *n* qui n'est pas content.

mécontentement *nm* manque de satisfaction.

mécontenter *vt* rendre mécontent.

médaille *nf* 1. pièce de métal frappée en mémoire d'une action mémorable ou d'un personnage illustre 2. pièce de métal donnée en prix 3. pièce de métal représentant des sujets divers ou sur laquelle sont gravés des renseignements • *le revers de la médaille* le côté déplaisant de quelque chose.

médaillon *nm* 1. bijou de forme circulaire, où l'on place un portrait, des cheveux, etc. 2. bas-relief circulaire 3. préparation culinaire de forme ronde ou ovale : *médaillon de foie gras.*

médecin *nm* titulaire du diplôme de docteur en médecine, qui exerce la médecine.

médecine *nf* 1. science qui a pour but la conservation et le rétablissement de la santé : *docteur en médecine* 2. profession du médecin : *l'exercice de la médecine.*

média (*pl médias*) *nm* support de diffusion de l'information, tel que la radio, la télévision, la presse.

médian, e *adj* placé au milieu.

médiane *nf* dans un triangle, droite qui joint un sommet du triangle au milieu du côté opposé.

médiateur, trice *n* qui s'entremet pour amener un accord.

médiathèque *nf* centre conservant des documents se rapportant à la communication.

médiation *nf* entremise.

médiatiser *vt* diffuser, faire connaître par les médias.

médiatrice *nf* MATH perpendiculaire élevée sur le milieu d'un segment de droite.

médical, e, aux *adj* qui concerne la médecine.

médicament *nm* substance employée pour combattre une maladie.

médication *nf* choix de moyens thérapeutiques, de médicaments pour combattre une maladie déterminée.

médicinal, e, aux *adj* qui sert de remède : *plante médicinale.*

médiéval, e, aux *adj* du Moyen Âge.

médiocre *adj* moyen, sans intérêt particulier : *livre médiocre* ◆ *adj* et *n* de peu de valeur : *un élève médiocre.*

médiocrité *nf* caractère, état de ce qui est médiocre.

médire *vi* (conj 72) dire du mal de.

médisance *nf* 1. action de médire 2. propos de celui qui médit.

méditation *nf* action de méditer, profonde réflexion.

méditer *vt* 1. soumettre à une profonde réflexion, à un examen : *méditer une vérité* 2. projeter, combiner : *méditer une évasion* ◆ *vi* réfléchir profondément.

méditerranéen, enne *adj* de la Méditerranée • *climat méditerranéen* climat aux étés chauds et secs et aux hivers doux et humides ◆ *n* originaire ou habitant des régions qui bordent la Méditerranée.

médium [medjɔm] *nm* 1. personne prétendant servir d'intermédiaire entre les hommes et les esprits 2. MUS étendue vocale entre le grave et l'aigu.

médius [medjys] *nm* doigt du milieu de la main SYN. *majeur.*

méduse *nf* animal marin à corps gélatineux.

méduser *vt* frapper de stupeur.

meeting [mitiŋ] *nm* réunion de caractère politique, syndicaliste, sportif, etc.

méfait *nm* 1. action nuisible, mauvaise ; délit 2. dégât : *les méfaits de la grêle.*

méfiance *nf* manque de confiance.

méfiant, e *adj* et *n* qui se méfie.

méfier (se) *vpr* 1. ne pas se fier à 2. se tenir sur ses gardes.

mégalithe *nm* monument préhistorique formé d'un ou de plusieurs blocs de pierre (menhir, dolmen, etc.).

mégalomanie *nf* surestimation de sa valeur, de sa puissance ; délire, folie des grandeurs.

mégalopole *nf* grande agglomération urbaine.

mégaphone *nm* amplificateur de son ; porte-voix.

mégarde (par) *loc adv* par erreur, par inadvertance.

mégère *nf* FAM. femme hargneuse, acariâtre.

mégot *nm* FAM. bout de cigarette ou de cigare que l'on a fini de fumer.

mégoter *vt ind* [sur] FAM. lésiner.

meilleur, e *adj* 1. plus favorable, plus clément, plus généreux : *le temps est meilleur qu'hier* 2. qui a un haut degré de qualité, de bonté : *les dix meilleurs films* 3. très bon, excellent : *mes meilleurs vœux* ◆ *n* personne ou chose excellente, de grande qualité.

mélancolie *nf* état de dépression, de tristesse vague.

mélange *nm* 1. action de mêler, de mélanger 2. ensemble de choses différentes mêlées • *sans mélange* pur : *joie sans mélange.*

mélanger *vt* (conj 2) 1. mettre ensemble, réunir des choses ou des personnes diverses 2. mettre en désordre ou dans un ordre différent.

mélangeur *nm* appareil pour mélanger : *mélangeur de gaz.*

mélasse *nf* matière sirupeuse, résidu du raffinage du sucre.

mêlée *nf* 1. combat confus et acharné au corps à corps entre deux ou plusieurs individus 2. FIG. lutte, conflit d'intérêts, de passions 3. groupement formé au cours d'une partie de rugby par plusieurs joueurs de chaque équipe, pour la possession du ballon introduit au milieu d'eux.

mêler *vt* 1. mettre ensemble des choses diverses : *mêler de l'eau avec du vin* 2. emmêler, embrouiller : *mêler une bobine de fil* 3. impliquer : *mêler quelqu'un à une affaire* ◆ **se mêler** *vpr* 1. se confondre, se joindre : *se mêler au cortège* 2. FIG. participer à : *se mêler d'une affaire.*

méli-mélo (*pl mélis-mélos*) *nm* FAM. mélange confus, désordonné.

mélodie *nf* 1. suite de sons formant un air 2. FIG. ce qui est agréable à l'oreille 3. composition pour voix seule avec accompagnement.

mélodieux, euse *adj* dont la sonorité est agréable à l'oreille : *chant mélodieux.*

mélodrame *nm* drame où sont accumulées des situations pathétiques et des péripéties imprévues.

mélomane *n* et *adj* amateur de musique.

melon *nm* plante dont le fruit, arrondi, possède une chair juteuse et sucrée, orangée ou vert clair ; ce fruit • ***chapeau melon*** ou ***melon nm*** chapeau rond et bombé • ***melon d'eau*** pastèque.

membrane *nf* tissu mince et souple qui forme, enveloppe ou tapisse les organes.

membre *nm* 1. partie du corps des vertébrés servant à la locomotion *(jambes, pattes)* ou à la préhension *(bras)* 2. GRAMM division d'une phrase 3. MATH chacune des expressions d'une égalité ou d'une inégalité 4. FIG. personne, pays, etc., faisant partie d'un ensemble organisé : *les membres de l'Assemblée nationale* • ***membre viril*** pénis.

même *adj* 1. exprime l'identité ou la parité : *ils ont les mêmes goûts* 2. placé immédiatement après les noms ou les pronoms, marque plus expressément la personne, l'objet dont on parle : *moi-même* ◆ *adv* • ***à même*** directement : *boire à même la bouteille* • ***être à même de*** en état de, libre de • ***de même*** de la même manière • FAM. ***tout de même*** malgré tout, néanmoins ◆ *loc conj* • ***de même que*** ainsi que, comme.

mémento [memẽto] (*pl mémentos*) *nm* 1. agenda où l'on inscrit ce dont on veut se rappeler 2. ouvrage résumant l'essentiel d'une ou de plusieurs matières.

mémoire *nf* 1. aptitude à se souvenir 2. souvenir : *j'ai perdu la mémoire de ce fait* 3. INFORM dispositif d'un ordinateur qui enregistre, conserve et restitue l'information nécessaire à l'exécution d'un programme • ***de mémoire*** en s'aidant de la mémoire, par cœur • ***de mémoire d'homme*** du plus loin qu'on se souvienne • ***pour mémoire*** à titre de renseignement.

mémoire *nm* 1. relevé de sommes dues à un fournisseur 2. dissertation, exposé ◆ **Mémoires** *pl* (avec majusc) souvenirs écrits par une personne sur sa vie publique ou privée.

mémorable *adj* digne de mémoire.

mémorandum [memɔrɑ̃dɔm] (*pl mémorandums*) *nm* 1. note diplomatique 2. carnet de notes, mémento.

mémorial (*pl mémoriaux*) *nm* 1. recueil de faits mémorables 2. monument commémoratif.

mémoriser *vt* 1. fixer dans sa mémoire 2. INFORM conserver une information dans une mémoire.

menace *nf* 1. parole, geste marquant l'intention de nuire 2. signe qui fait craindre quelque chose : *menace d'orage.*

menacer *vt* (conj 1) 1. faire des menaces, chercher à intimider par des menaces 2. mettre en danger : *menacer la vie de quelqu'un* 3. laisser craindre, laisser présager : *la neige menace de tomber.*

ménage *nm* 1. entretien de la maison, travaux domestiques : *les soins du ménage* 2. couple vivant en commun : *un jeune ménage* • ***faire bon ménage*** s'accorder, bien s'entendre.

ménagement *nm* égards, circonspection envers quelqu'un.

ménager *vt* (conj 2) 1. traiter avec respect, avec délicatesse : *ménager un malade* 2. user, employer avec économie : *ménager son temps, ses paroles* 3. organiser, préparer avec soin : *ménager un entretien* ◆ **se ménager** *vpr* prendre soin de soi, de sa santé.

ménager, ère *adj* qui concerne le ménage, l'entretien d'une maison : *enseignement ménager.*

ménagère *nf* 1. femme qui s'occupe de son ménage, de son intérieur 2. service de couverts de table dans un coffret.

ménagerie *nf* lieu où sont rassemblés des animaux sauvages ou rares.

mendiant, e *n* qui mendie.

mendicité *nf* 1. action de mendier 2. condition de celui qui mendie.

mendier *vt* 1. demander comme une aumône : *mendier son pain* 2. FIG. rechercher avec empressement et bassesse : *mendier des approbations* ◆ *vi* demander l'aumône, la charité.

mener *vt* (conj 9) 1. conduire quelque part : *mener un enfant ; mener en prison* 2. transporter, servir de voie de communication : *route qui mène au village* 3. faire arriver à un certain état, à une certaine situation : *entreprise qui mène à la ruine* 4. assurer le déroulement de : *mener une enquête* 5. être en tête, diriger : *mener la partie* • ***mener à bien*** faire réussir • ***mener loin*** avoir de graves conséquences • FAM. ***ne pas en mener large*** 1. avoir peur 2. être inquiet.

menhir [menir] *nm* monument mégalithique dressé verticalement.

méninge *nf* chacune des trois membranes enveloppant le cerveau et la moelle épinière.

méningite *nf* inflammation des méninges.

ménisque *nm* 1. verre convexe d'un côté et concave de l'autre : *ménisque divergent,* *convergent* 2. lame de cartilage située entre les os, dans certaines articulations : *les ménisques du genou.*

ménopause *nf* cessation de l'ovulation chez la femme, caractérisée par l'arrêt de la menstruation.

menotte *nf* FAM. main d'enfant ◆ **menottes** *pl* bracelets métalliques avec lesquels on attache les poignets des prisonniers.

mensonge *nm* parole contraire à la vérité.

mensonger, ère *adj* faux, trompeur.

menstruation *nf* phénomène physiologique caractérisé par un écoulement sanguin périodique, propre à la femme, de la puberté à la ménopause.

menstruel, elle *adj* relatif à la menstruation.

mensualiser *vt* 1. rendre mensuel 2. payer au mois ; faire passer à une rémunération mensuelle.

mensualité *nf* somme versée mensuellement.

mensuel, elle *adj* 1. qu'on fait tous les mois : *rapport mensuel* 2. qui paraît tous les mois : *magazine mensuel* ◆ *nm* revue, magazine qui paraît chaque mois.

mensuration *nf* mesure des dimensions caractéristiques du corps humain, chez un individu ◆ **mensurations** *pl* ces dimensions.

mental, e, aux *adj* relatif au fonctionnement psychique : *maladie mentale* • ***calcul mental*** par la pensée.

mentalité *nf* 1. état d'esprit, comportement moral 2. ensemble des croyances, des habitudes, des comportements caractéristiques d'un groupe, d'une société.

menteur, euse *n* et *adj* qui ment ; qui a l'habitude de mentir.

menthe *nf* plante herbacée odorante ; essence de cette plante.

menthol [mɛ̃tɔl] ou [mɑ̃tɔl] *nm* alcool extrait de l'essence de menthe.

mention *nf* 1. indication, renseignement donnés sur quelque chose 2. appréciation élogieuse donnée à la suite de certains examens • ***faire mention de*** signaler ; citer.

mentionner *vt* faire mention de ; citer.

mentir *vi* (conj 19) affirmer le faux ou nier le vrai • ***sans mentir*** en vérité, sans exagérer.

menton *nm* partie saillante du visage, au-dessous de la bouche.

menu *nm* 1. liste des plats composant un repas 2. repas à prix fixe servi dans un restaurant 3. INFORM liste d'actions exécutables par un ordinateur exploité en mode interactif.

menu, e *adj* 1. mince, petit, frêle : *menues branches* 2. de peu d'importance : *la menue monnaie* ◆ *adv* en petits morceaux : *hacher menu* ◆ *nm* • ***par le menu*** en détail : *raconter par le menu.*

menuiserie *nf* métier, ouvrage, atelier du menuisier.

menuisier *nm* artisan qui fait des meubles et autres ouvrages de bois.

méprendre (se) *vpr* (conj 54) prendre une personne ou une chose pour une autre • ***à s'y méprendre*** au point de se tromper.

mépris *nm* action de mépriser • ***au mépris de*** sans tenir compte de.

méprise *nf* erreur de celui qui se méprend.

mépriser *vt* 1. juger indigne de considération, d'estime, d'attention, etc. 2. ne pas craindre, ne pas redouter, négliger : *mépriser le danger.*

mer *nf* 1. vaste étendue d'eau salée qui couvre en partie le globe 2. portion définie de cette étendue : *la mer Méditerranée* 3. vaste superficie : *une mer de sable.*

mercantile *adj* qui est préoccupé de réaliser des bénéfices, des gains.

mercenaire *n* et *adj* soldat qui sert un gouvernement étranger pour de l'argent.

mercerie *nf* commerce, marchandises, boutique de mercier.

merci *nm* parole de remerciement : *un grand merci* ◆ *interj* s'emploie pour remercier.

merci *nf* • ***être à la merci de*** dépendre de • ***sans merci*** sans pitié.

mercier, ère *n* personne qui vend des articles de couture.

mercredi *nm* troisième jour de la semaine.

mercure *nm* métal liquide et d'un blanc d'argent (symb : Hg) (nommé aussi : *vif-argent*).

merde *nf* TRÈS FAM. 1. excrément 2. être ou chose méprisable, sans valeur.

mère *nf* 1. femme qui a mis au monde un ou plusieurs enfants 2. femelle d'un animal : *la mère nourrit ses petits* 3. supérieure de couvent 4. FIG. source, cause, origine ◆ *adj* • ***idée mère*** idée principale • ***maison mère*** établissement principal dont dépendent des succursales.

merguez *nf inv* saucisse pimentée.

méridien *nm* grand cercle imaginaire de la surface terrestre ou de la sphère céleste passant par la ligne des pôles et dont le plan est perpendiculaire à celui de l'équateur • ***premier méridien*** ou ***méridien origine*** méridien par rapport auquel on compte les degrés de longitude • ***méridien magnétique*** plan vertical qui contient la direction de l'aiguille aimantée ◆ *adj* ASTRON se dit du plan qui, en un lieu, comprend la verticale de ce lieu et l'axe du monde ◆ *nf* • ***méridienne d'un lieu*** intersection du plan méridien du lieu avec l'horizon.

méridional, e, aux *adj* situé au sud ◆ *n* et *adj* du midi de la France.

meringue *nf* pâtisserie à base de sucre et de blancs d'œufs battus.

merisier *nm* cerisier sauvage ; bois de cet arbre.

mérite *nm* 1. ce qui rend digne de récompense, d'estime : *le mérite de l'affaire lui en revient* 2. qualité louable de quelqu'un ou de quelque chose : *un homme de mérite.*

mériter *vt* 1. être digne ou passible de : *mériter des éloges, une punition* 2. avoir droit à : *cela mérite une réponse* ◆ *vt ind.* [de] • ***bien mériter de sa patrie*** s'illustrer en la servant.

merlan *nm* poisson comestible des mers d'Europe.

merle *nm* oiseau à plumage sombre, voisin de la grive • FIG. ***merle blanc*** personne ou objet introuvable.

merlu *nm* poisson commercialisé sous le nom de *colin.*

merveille *nf* chose, personne qui inspire l'admiration • ***à merveille*** très bien.

merveilleux, euse *adj* admirable, surprenant : *adresse merveilleuse* ◆ *nm* ce qui paraît merveilleux, surnaturel.

mes *adj poss pl* › mon.

mésange *nf* petit passereau insectivore.

mésaventure *nf* aventure fâcheuse, désagréable.

mesclun [mɛsklœ̃] *nm* mélange de jeunes plants de salades et de plantes aromatiques.

mesdames *f pl* › madame.

mesdemoiselles *nf pl* › mademoiselle.

mésentente *nf* manque d'entente, désaccord.

mésestimer *vt* ne pas apprécier à sa juste valeur.

mesquin, e *adj* qui manque de grandeur, de noblesse, de générosité : *un procédé mesquin.*

mesquinerie *nf* caractère ou acte mesquin.

mess [mɛs] *nm* salle où mangent en commun les officiers ou les sous-officiers d'un régiment.

message *nm* 1. communication, nouvelle transmise à quelqu'un : *porter un message* 2. FIG. signification, contenu transmis par quelqu'un ou par quelque chose : *le message d'un poète.*

messager, ère *n* personne chargée de transmettre un message.

messagerie *nf* transport rapide par chemin de fer, par bateau, etc. : *messageries maritimes.*

messe *nf* 1. RELIG célébration catholique qui commémore le sacrifice de Jésus-Christ sur la croix 2. musique composée pour une grand-messe • FIG. ***messe basse*** entretien, aparté entre deux personnes.

messie *nm* 1. (avec une majusc) dans le judaïsme, envoyé de Dieu, rédempteur et libérateur futur d'Israël 2. (avec une majusc) chez les chrétiens, le Christ 3. celui dont on attend le salut 4. personnage providentiel.

messieurs *nm* › monsieur.

mesure *nf* 1. évaluation d'une grandeur par comparaison avec une autre de la même espèce prise pour unité ; grandeur, quantité ainsi déterminée 2. unité servant à l'évaluation d'une grandeur : *le mètre est la mesure de longueur* 3. MUS division de la durée d'un air en partie égales : *battre la mesure* 4. modération, retenue : *avoir le sens de la mesure* 5. moyen d'action, disposition : *prendre des mesures* • ***à mesure (que)*** en même temps (que) et dans la même proportion (que) • ***au fur et à mesure*** successivement et en proportion de • ***être en mesure de*** en état de • ***outre mesure*** avec excès • ***passer, dépasser la mesure*** aller au-delà de ce qui est permis ou convenable.

mesuré, e *adj* modéré : *une proposition mesurée.*

mesurer *vt* 1. évaluer par rapport à une unité : *mesurer du blé* 2. déterminer la valeur de 3. régler avec modération ou parcimonie : *mesurer ses paroles* ◆ *vi* avoir comme mesure : *cet arbre mesure dix mètres* ◆ **se mesurer** *vpr* • ***se mesurer avec, à quelqu'un*** lutter, se battre avec lui.

métabolisme *nm* ensemble des transformations subies dans un organisme vivant par les substances qu'il absorbe.

métacarpe *nm* partie du squelette de la main entre le carpe et les phalanges.

métal *nm* corps simple doué d'un éclat particulier, en général bon conducteur de la chaleur et de l'électricité, et qui possède en outre la propriété de donner des oxydes avec l'oxygène.

métallique *adj* 1. constitué par du métal 2. qui a le caractère ou l'apparence du métal : *éclat métallique.*

métallurgie *nf* ensemble des procédés et des techniques d'extraction et de traitement des métaux.

métamorphose *nf* transformation, changement de forme ou de structure.

métamorphoser *vt* transformer, modifier.

métaphore *nf* procédé d'expression qui consiste à donner à un mot la valeur d'un autre présentant avec le premier une analogie (EX : *une pluie de balles, la lumière d'un visage*).

métaphysique *nf* 1. connaissance des causes premières et des premiers principes 2. toute spéculation sur le sens du monde et la place de l'homme dans le monde ◆ *adj* qui appartient à la métaphysique.

métastase *nf* apparition, en un point de l'organisme, d'un phénomène pathologique déjà présent ailleurs.

métatarse *nm* partie du squelette du pied comprise entre le tarse et les orteils.

météore *nm* 1. phénomène lumineux qui résulte de l'entrée d'un corps solide dans l'atmosphère terrestre SYN. *étoile filante* 2. FIG. personne ou chose qui brille d'un éclat vif mais passager.

météorite *nf* objet solide provenant de l'espace et qui atteint la surface de la Terre.

météorologie *nf* étude des phénomènes atmosphériques, notamment en vue de la prévision du temps ; organisme chargé de cette étude.

métèque *nm* PÉJOR. étranger établi dans un autre pays que le sien.

méthane *nm* gaz incolore brûlant avec une flamme bleue.

méthode *nf* 1. démarche organisée et rationnelle de l'esprit pour arriver à un certain résultat : *travailler avec méthode* 2. ouvrage qui contient les éléments d'une science, d'un art, etc. : *méthode de piano.*

méthodique *adj* 1. qui a de la méthode, de l'ordre 2. qui procède d'une méthode : *classement méthodique.*

méthodisme *nm* mouvement religieux protestant.

méthodologie *nf* 1. étude des méthodes propres à une science 2. manière de faire, de procéder ; méthode.

méthylène *nm* alcool méthylique • ***bleu de méthylène*** colorant et désinfectant.

méticuleux, euse *adj* qui a ou qui manifeste beaucoup de soin, de minutie.

métier *nm* 1. travail dont on tire ses moyens d'existence : *exercer un métier manuel, intellectuel* 2. expérience acquise, grande habileté : *avoir du métier* • ***métier (à tisser)*** machine pour la confection des tissus.

métis, isse *adj* et *n* qui est issu de l'union de deux personnes de couleur de peau différente • ***toile métisse*** ou ***métis nm*** toile dont la trame est en lin et la chaîne en coton.

métonymie *nf* procédé d'expression par lequel on exprime le tout par la partie, l'effet par la cause, le contenu par le contenant, etc. (EX : *une fine lame* pour désigner un escrimeur).

métrage *nm* 1. action de mesurer au mètre 2. longueur en mètres d'un tissu, d'un film, etc.

mètre *nm* 1. unité de mesure de longueur (symb : m) 2. objet servant à mesurer et ayant la longueur de un mètre • ***mètre carré*** unité de superficie équivalant à l'aire d'un carré de un mètre de côté • ***mètre cube*** unité de volume équivalant au volume d'un cube de un mètre de côté.

mètre *nm* 1. dans la prosodie grecque et latine, groupe de syllabes comprenant deux temps marqués 2. forme rythmique d'une poésie ; vers.

métrique *adj* • ***système métrique*** ensemble des mesures ayant pour base le mètre.

métrique *adj* relatif à la mesure des vers ◆ *nf* science qui étudie les éléments dont sont formés les vers ; versification.

métro *nm* chemin de fer urbain souterrain ou aérien.

métronome *nm* instrument pour marquer et contrôler le rythme d'exécution d'un morceau de musique.

métropole *nf* 1. État, considéré par rapport à ses colonies, à ses territoires extérieurs 2. capitale politique ou économique d'une région, d'un État.

mets *nm* tout aliment préparé pour entrer dans la composition d'un repas.

mettre *vt* (conj 57) 1. poser, placer quelque part : *mettre ses clés dans son sac* 2. placer dans une certaine position, une certaine situation : *on l'a mis à la tête d'un groupe* 3. revêtir, porter un vêtement, un accessoire : *mettre son manteau, ses lunettes* 4. utiliser, employer : *mettre cent francs dans un achat ; mettre deux heures pour arriver ; mettre toute son énergie dans son travail* 5. faire naître, provoquer : *mettre du désordre* • ***y mettre du sien*** faire des concessions ◆ **se mettre** *vpr* 1. se placer : *se mettre à table, debout* 2. s'habiller : *se mettre en uniforme* • ***se mettre à*** commencer à : *se mettre à pleuvoir ; se mettre au travail* • ***se mettre en tête*** 1. s'imaginer 2. vouloir absolument.

meuble *adj* 1. qui se laboure facilement : *terre meuble* 2. friable • DR ***bien meuble*** susceptible d'être déplacé ◆ *nm* objet mobile servant à l'usage ou à la décoration d'une maison.

meublé, e *adj* garni de meubles ◆ *nm* appartement loué avec le mobilier.

meubler *vt* 1. garnir, équiper de meubles 2. FIG. remplir un vide ; occuper une période de temps.

meugler *vi* beugler.

meule *nf* 1. corps solide cylindrique servant à broyer, ou à aiguiser, à polir 2. tas de foin, de blé, etc., de forme généralement conique 3. grande pièce cylindrique de fromage.

meunier, ère *n* personne qui exploite un moulin à blé, une meunerie.

meunière *nf* et *adj* • ***(à la) meunière*** se dit d'un poisson fariné et cuit au beurre à la poêle.

meurtre *nm* action de tuer volontairement un être humain.

meurtrier, ère *adj* et *n* qui commet un meurtre, assassin ◆ *adj* qui cause la mort de beaucoup de personnes : *épidémie meurtrière.*

meurtrière *nf* fente dans les murs d'un ouvrage fortifié pour lancer des projectiles.

meurtrir *vt* 1. gâter des fruits par choc ou par contact 2. contusionner, blesser physiquement ou moralement.

meute *nf* 1. troupe de chiens courants dressés pour la chasse 2. FIG. troupe acharnée contre quelqu'un.
mévente *nf* forte chute des ventes : *la mévente du vin.*
mezzanine [mɛdzanin] *nf* niveau intermédiaire ménagé dans une pièce haute de plafond.
mi *nm inv* note de musique, troisième degré de la gamme de do.
miasme *nm* émanation pestilentielle provenant de substances en décomposition.
miauler *vi* émettre des miaulements.
mi-bas *nm inv* bas ou longue chaussette s'arrêtant au-dessous du genou.
mica *nm* minéral brillant et feuilleté.
miche *nf* gros pain rond.
micheline *nf* autorail.
mi-chemin (à) *loc adv* 1. vers le milieu du chemin 2. entre deux choses, à une étape intermédiaire.
micmac *nm* FAM. situation suspecte et embrouillée ; imbroglio.
mi-course (à) *loc adv* vers le milieu du trajet.
micro *nm* 1. instrument qui enregistre et transmet le son en l'amplifiant 2. FAM. micro-ordinateur.
micro *nf* FAM. micro-informatique.
microbe *nm* organisme microscopique, cause des fermentations et des maladies infectieuses.
microchirurgie *nf* chirurgie effectuée sous le contrôle du microscope, avec des instruments miniaturisés.
microclimat *nm* ensemble des conditions climatiques particulières à un petit espace homogène de faible étendue.
microcosme *nm* image réduite du monde, de la société.
microfibre *nf* fibre textile synthétique très fine utilisée pour sa légèreté et sa solidité.
microfiche *nf* photographie reproduisant sur une surface très réduite un document d'archives.
microfilm *nm* film composé d'une série d'images de dimensions très réduites.
micro-informatique (*pl micro-informatiques*) *nf* domaine de l'informatique relatif à la fabrication et à l'utilisation des micro-ordinateurs.
micron *nm* VX. micromètre, unité de mesure de longueur.
micro-ondes *nm inv* four à ondes électromagnétiques permettant une cuisson très rapide.
micro-ordinateur (*pl micro-ordinateurs*) *nm* petit ordinateur dont l'unité centrale de traitement est constituée d'un microprocesseur.
micro-organisme (*pl micro-organismes*) *nm* organisme microscopique, animal ou végétal.
microprocesseur *nm* organe de traitement de l'information constitué de circuits électroniques intégrés.
microscope *nm* instrument d'optique pour l'observation d'objets très petits.
microscopique *adj* 1. qui se fait au microscope : *étude microscopique* 2. qui ne peut être vu qu'avec le microscope : *particules microscopiques* 3. très petit, minuscule.
midi *nm* 1. milieu du jour 2. la direction sud du Soleil : *appartement exposé au midi* 3. (avec majuscule) région sud de la France : *aller dans le Midi* • *chercher midi à quatorze heures* chercher des difficultés là où il n'y en a pas • *démon de midi* tentations, désirs sexuels qui s'emparent des êtres vers le milieu de leur vie.
mie *nf* partie intérieure du pain.
miel *nm* substance sucrée que les abeilles préparent avec les matières recueillies dans les fleurs • FIG. *être tout miel* d'une affabilité hypocrite.
mielleux, euse *adj* d'une douceur hypocrite : *paroles mielleuses.*
mien, enne *pron. poss* • *le mien, la mienne, mes miens, les miennes* désigne ce qui est à moi, celui, celle(s), ceux, qui me sont proches affectivement : *c'est votre opinion, ce n'est pas la mienne* ◆ **miens** *pl* • *les miens* ma famille, mes proches ◆ *adj. poss* LITT. qui est à moi : *un mien parent.*
miette *nf* 1. petit fragment qui tombe du pain quand on le coupe 2. parcelle, débris de quelque chose.
mieux *adv* de façon meilleure, plus convenable, plus avantageuse, plus favorable • *aimer mieux* préférer • *aller, être mieux* 1. être en meilleure santé 2. être dans un état plus favorable • *à qui mieux mieux* à l'envi ◆ *nm* 1. ce qui est préférable, le plus avantageux 2. amélioration, progrès : *il y a un léger mieux* • *au mieux* aussi bien que possible • *de son mieux* aussi bien que l'on peut.
mièvre *adj* d'une grâce affectée et fade ; qui manque de vigueur.
mignon, onne *adj* délicat ; gentil, aimable • *péché mignon* petit défaut auquel on s'abandonne volontiers ◆ *n* terme de tendresse ◆ *nm* HIST nom donné aux favoris d'Henri III, très efféminés.
migraine *nf* douleur violente qui n'affecte qu'un côté de la tête ; PAR EXT. mal de tête.
migrateur, trice *adj* et *nm* qui effectue des migrations (animal) : *oiseaux migrateurs.*
migration *nf* 1. déplacement en masse d'un peuple d'un pays dans un autre 2. déplacements périodiques de certains animaux.
migrer *vi* effectuer une migration.
mi-jambe (à) *loc adv* à la hauteur du milieu de la jambe.

mijaurée *nf* femme, jeune fille qui a des manières affectées et ridicules.

mijoter *vt* 1. faire cuire lentement et à petit feu 2. FIG. préparer de longue main et secrètement : *mijoter un complot* ◆ *vi* cuire lentement.

mil *adj num* › mille.

mil *nm* › millet.

mile [majl] *nm* mesure anglo-saxonne valant 1 609 m.

milice *nf* 1. HIST avant 1789, troupe levée dans les communes pour renforcer l'armée régulière 2. AUJ. police auxiliaire paramilitaire, dans certains pays.

milicien *nm* membre d'une milice.

milieu *nm* 1. lieu, point également éloigné des deux termes d'un espace ou d'un temps, d'un commencement et d'une fin : *le milieu d'une place, de la nuit, d'un volume* 2. sphère sociale ; cadre, entourage : *un milieu bourgeois* 3. circonstances, environnement physique, géographique, biologique qui entourent un être vivant et le conditionnent • ***au milieu de*** parmi • ***le milieu*** le monde de la pègre.

militaire *adj* 1. qui concerne l'armée, la guerre 2. fondé sur la force armée : *coup d'État militaire* ◆ *n* membre des forces armées.

militant, e *adj* et *n* qui lutte, combat pour une idée, un parti, une cause, etc.

militantisme *nm* attitude, activité du militant.

militariser *vt* 1. donner une organisation, une structure militaire 2. pourvoir de forces armées.

militer *vi* avoir une activité politique, syndicale, etc.

milk-shake [milkʃɛk] (*pl milk-shakes*) *nm* boisson frappée à base de lait aromatisé.

mille *adj num card inv* 1. dix fois cent 2. nombre indéterminé, considérable : *courir mille dangers* ◆ *nm inv* nombre composé de mille unités • FAM. ***des mille et des cents*** des sommes considérables • ***taper dans le mille*** 1. deviner juste 2. atteindre son objectif REM. dans les dates, on utilise indifféremment les termes *mille* ou *mil* : *l'an mil [ou mille] huit cent.*

mille *nm* 1. mesure itinéraire des Romains, qui valait mille doubles pas, soit 1481,5 m 2. unité de mesure internationale pour les distances en navigation aérienne ou maritime : *le mille marin (ou mille nautique) vaut 1 852 mètres.*

mille-feuille (*pl mille-feuilles*) *nf* plante aux feuilles très découpées ◆ *nm* gâteau de pâte feuilletée garnie de crème pâtissière.

millénaire *adj* qui a mille ans au moins : *arbre millénaire* ◆ *nm* dix siècles ou mille ans.

mille-pattes *nm inv* arthropode terrestre.

millésime *nm* chiffres indiquant l'année d'émission d'une monnaie, d'un timbre, d'une récolte de vin, etc.

millet [mijɛ] ou **mil** [mil] *nm* nom usuel de plusieurs graminées ; graines de ces plantes.

milliard *nm* 1. mille millions 2. nombre extrêmement grand.

milliardaire *n* et *adj* qui possède des milliards, une fortune colossale.

millième *adj. num. ord* et *n* 1. qui occupe un rang marqué par le numéro mille 2. qui se trouve mille fois dans le tout ◆ *nm* partie d'un tout divisé en mille parties égales.

millier *nm* 1. mille, environ mille 2. un très grand nombre : *des milliers d'étoiles.*

millimètre *nm* millième partie du mètre (symb : mm).

million *nm* 1. mille fois mille 2. mille fois mille francs 3. nombre considérable.

millionième *adj num ord* et *n* 1. qui se trouve un million de fois dans le tout 2. qui occupe un rang marqué par le nombre d'un million.

millionnaire *adj* et *n* se dit d'une personne dont les revenus dépassent un million.

mime *nm* genre de comédie où l'acteur ne représente que par des gestes l'action ou les sentiments ◆ *n* l'acteur lui-même.

mimer *vt* 1. exprimer par le geste des sentiments, une action 2. imiter, singer.

mimétisme *nm* 1. ressemblance que prennent certains êtres vivants soit avec le milieu où ils vivent, soit avec les espèces mieux protégées 2. reproduction machinale des gestes, des sentiments d'autrui.

mimique *adj* qui s'exprime par le geste : *langage mimique* ◆ *nf* expression de la pensée par le geste, les jeux de physionomie.

mimosa *nm* 1. plante légumineuse, dont les feuilles se replient au moindre contact 2. espèce d'acacia aux fleurs jaunes très odorantes.

minable *adj* misérable, pitoyable, médiocre.

minaret *nm* tour d'une mosquée.

mince *adj* 1. peu épais ; fin : *tranche mince* 2. qui a la taille fine ; svelte : *jeune fille mince* 3. FIG. de peu d'importance ; insuffisant ◆ *interj* FAM. marque la surprise ou le mécontentement.

minceur *nf* état d'une personne, d'une chose mince.

mincir *vi* devenir plus mince ◆ *vt* amincir.

mine *nf* 1. aspect de la physionomie indiquant certains sentiments ou l'état de santé : *mine réjouie ; avoir bonne, mauvaise mine* 2. apparence, aspect extérieur : *juger quelqu'un sur la mine* • ***faire bonne, mau-***

vaise, grise mine bon, mauvais accueil • *faire mine de* faire semblant de ◆ **mines** *pl* • *faire des mines* minauder.

mine *nf* 1. gisement de substance minérale ou fossile : *mine de fer, de charbon* 2. cavité creusée dans le sol pour extraire le minerai ou le charbon : *descendre dans la mine* 3. ensemble des installations pour l'exploitation d'un gisement 4. petit bâton de graphite 5. FIG. fonds très riche : *une mine de renseignements* 6. engin explosif, charge explosive, souterrains ou immergés.

miner *vt* 1. creuser lentement : *l'eau mine la pierre* 2. poser des mines, des charges explosives : *miner un pont* 3. FIG. consumer peu à peu : *le chagrin le mine.*

minerai *nm* roche contenant beaucoup de minéraux utiles, qui demandent une élaboration pour être utilisés dans l'industrie.

minéral (*pl minéraux*) *nm* corps inorganique, solide, constituant les roches de l'écorce terrestre.

minéral, e, aux *adj* constitué de matière non vivante • *eau minérale* qui contient des minéraux en dissolution • *règne minéral* ensemble des minéraux.

minéralogie *nf* GÉOL science qui traite des minéraux.

minerve *nf* appareil orthopédique pour maintenir la tête en cas de lésions des vertèbres cervicales.

minet, ette *n* 1. FAM. chat, chatte 2. jeune homme, jeune fille à la mode, d'allure affectée.

mineur *nm* ouvrier qui travaille à la mine.

mineur, e *adj* 1. d'une importance, d'un intérêt moindre ; secondaire 2. MUS se dit d'un accord, d'une gamme, d'un intervalle et d'un mode dont la tierce se compose d'un ton et d'un demi-ton ◆ *adj* et *n* qui n'a pas atteint l'âge de la majorité.

miniature *nf* 1. lettre ornementale peinte au minium sur les manuscrits enluminés 2. petite peinture de facture délicate, servant d'illustration ou de décoration ; art de cette peinture • FIG. *en miniature* en réduction, en tout petit.

miniaturiser *vt* donner de très petites dimensions à.

minimal, e, aux *adj* qui a atteint son minimum : *température minimale.*

minime *adj* très petit, très peu important : *somme minime.*

minimiser *vt* réduire au minimum l'importance de quelque chose.

minimum (*pl minimums* ou *minima*) *nm* le plus petit degré auquel une chose puisse être réduite • *au minimum* pour le moins.

ministère *nm* 1. RELIG fonction, charge exercée par un prêtre 2. fonction, charge de ministre 3. ensemble des ministres qui composent le gouvernement d'un État 4. administration dépendant d'un ministre ; bâtiment où se trouvent ses services : *ministère de l'Intérieur* • *ministère public* magistrature requérant l'exécution des lois.

ministériel, elle *adj* relatif au ministre ou au ministère.

ministre *nm* 1. homme d'État chargé de la direction d'un ensemble de services publics 2. pasteur du culte réformé : *ministre du culte* • *ministre plénipotentiaire* agent diplomatique de rang inférieur à celui d'ambassadeur.

Minitel *nm* (nom déposé) terminal d'interrogation diffusé par l'administration des Postes et Télécommunications.

minium [minjɔm] *nm* oxyde rouge de plomb.

minorer *vt* réduire la valeur ou l'importance d'une chose.

minoritaire *adj* et *n* qui appartient à la minorité.

minorité *nf* 1. état d'une personne qui n'a pas atteint l'âge de la majorité ; période qui y correspond 2. groupe qui a le moins de voix dans une élection, un vote 3. personnes qui se différencient au sein d'un groupe, d'un courant politique, etc. • *minorité nationale* groupe de même langue ou de même religion qui appartient à un État dans lequel la majorité de la population est de langue ou de religion différente.

minuit *nm* instant marqué par la vingt-quatrième heure de la journée, ou zéro heure.

minuscule *adj* tout petit.

minuscule *nf* petite lettre CONTR. *majuscule.*

minute *nf* 1. soixantième partie d'une heure 2. soixantième partie de chaque degré d'angle 3. FIG. court espace de temps ◆ *interj* attendez ! ; doucement !

minuter *vt* fixer de façon précise la durée d'un spectacle, d'un discours, etc.

minuterie *nf* 1. partie d'un mouvement d'horloge qui sert à marquer les divisions de l'heure 2. appareil électrique destiné à assurer un contact pendant un temps déterminé.

minutie [minysi] *nf* soin donné aux menus détails.

minutieux, euse *adj* qui s'attache aux détails ; pointilleux : *examen minutieux.*

mirabelle *nf* petite prune jaune ; eau-de-vie faite avec ce fruit.

miracle *nm* 1. effet dont la cause échappe à la raison humaine et qu'on attribue au surnaturel : *les miracles de la nature* 2. chose extraordinaire, chance exceptionnelle : *échapper par miracle à la mort.*

miraculeux, euse *adj* 1. qui tient du miracle : *apparition miraculeuse* 2. étonnant, extraordinaire par ses effets.

mirador *nm* tour de surveillance ou d'observation.

mirage *nm* 1. phénomène optique dans les pays chauds, consistant en ce que les objets éloignés semblent reflétés dans une nappe d'eau 2. FIG. illusion, apparence trompeuse.

mire *nf* 1. règle graduée ou signal fixe utilisés dans le nivellement 2. à la télévision, images géométriques très simples permettant de mettre au point l'appareil • *cran de mire* échancrure dans la hausse d'une arme à feu • *ligne de mire* ligne droite imaginaire déterminée par l'œil du tireur, le cran de mire et le guidon de l'arme • *point de mire* 1. but visé 2. personne sur laquelle convergent les regards.

mirer *vt* examiner un œuf à la lumière par transparence, pour voir s'il est frais ◆ **se mirer** *vpr* 1. LITT. se refléter 2. se regarder dans une surface réfléchissante.

mirobolant, e *adj* FAM. trop beau pour être réalisable : *promesses mirobolantes.*

miroir *nm* 1. surface polie qui réfléchit la lumière et l'image des objets 2. FIG. ce qui est l'image, la représentation, le reflet d'une chose : *le visage est le miroir de l'âme* • *miroir aux alouettes* 1. instrument tournant garni de petits morceaux de miroir, qu'on expose au soleil pour attirer les oiseaux 2. FIG. ce qui fascine mais qui est trompeur.

miroiter *vi* jeter des reflets ondoyants, réfléchir la lumière avec scintillement • *faire, laisser miroiter quelque chose* faire entrevoir comme possible, pour séduire.

miroiterie *nf* commerce, fabrique de miroirs, de glaces.

misanthrope *adj* et *n* qui est peu sociable, qui aime la solitude.

mise *nf* 1. action de mettre : *mise en vente* 2. somme d'argent que l'on met au jeu, dans une affaire 3. manière de s'habiller : *mise élégante* • *mise en pages* assemblage des compositions et des clichés d'un livre, d'un journal en vue de l'impression • *mise en scène* réalisation scénique ou cinématographique d'une œuvre, d'un scénario • *ne pas être de mise* n'être pas opportun, n'être pas convenable.

miser *vt* déposer une mise ; parier ◆ *vt ind* [sur] 1. parier sur quelqu'un, quelque chose 2. compter sur la réussite de quelqu'un, sur l'existence de quelque chose.

misérabilisme *nm* tendance à représenter systématiquement la réalité humaine sous ses aspects les plus misérables.

misérable *adj* 1. très pauvre 2. triste ; déplorable : *une fin misérable* 3. très faible : *un salaire misérable* 4. vil ; méprisable ◆ *n* 1. personne pauvre, indigente 2. personne vile, méprisable.

misère *nf* 1. état d'extrême pauvreté, de faiblesse, d'impuissance 2. événement douloureux, pénible 3. FAM. chose sans importance : *se fâcher pour une misère* • *faire des misères* taquiner ; tracasser.

miséricorde *nf* pitié qui pousse à pardonner ; pardon accordé par pure bonté ◆ *interj* exprime la surprise, l'effroi.

misogyne *adj* et *n* qui est hostile ou méprisant à l'égard des femmes.

missel *nm* livre qui contient les prières de la messe.

missile *nm* projectile à propulsion automatique, guidé sur tout ou partie de sa trajectoire.

mission *nf* 1. pouvoir, charge donnés à quelqu'un d'accomplir une chose définie 2. fonction temporaire et déterminée ; ensemble des personnes ayant reçu cette fonction : *mission diplomatique, scientifique* 3. devoir essentiel que l'on se propose ; rôle, fonction, vocation 4. RELIG établissement de missionnaires.

missionnaire *n* prêtre, religieux, pasteur, etc., envoyés pour évangéliser des populations non chrétiennes.

mistral (*pl mistrals*) *nm* vent violent froid et sec qui descend la vallée du Rhône vers le sud-est de la France.

mitaine *nf* gant ne couvrant que la première phalange des doigts.

mite *nf* insecte dont la larve ronge les tissus.

mi-temps *loc adv* • *à mi-temps* pendant la moitié de la durée normale du travail ◆ *nm inv* travail à mi-temps.

mi-temps *nf inv* chacune des deux parties d'égale durée dans certains sports d'équipe ; temps d'arrêt entre ces deux parties.

miteux, euse *adj* pitoyable ; misérable.

mitigé, e *adj* 1. plutôt défavorable : *recevoir un accueil mitigé* 2. FAM. mélangé ; mêlé : *des éloges mitigés de critiques.*

mitigeur *nm* appareil de robinetterie permettant un réglage de la température de l'eau.

mitonner *vi* cuire doucement et longtemps ◆ *vt* FIG. préparer lentement, soigneusement.

mitoyen, enne *adj* qui appartient à deux personnes et sépare leurs propriétés : *mur mitoyen.*

mitraille *nf* 1. ferraille dont on chargeait les canons, les obus 2. décharge d'obus, de balles 3. FAM. menue monnaie.

mitrailler *vt* 1. tirer par rafales 2. FAM. photographier ou filmer sans arrêt et de tous côtés.

mitraillette *nf* pistolet-mitrailleur.

mitrailleuse *nf* arme automatique à tir rapide, montée sur un affût.

mitre *nf* coiffure liturgique des officiants dans les cérémonies pontificales.

mitron *nm* apprenti boulanger ou pâtissier.

mi-voix (à) *loc adv* en émettant un faible son de voix.
mixage *nm* mélange de plusieurs bandes de signaux sonores ; adaptation de ces bandes magnétiques à un film, une émission de radio ou de télévision.
mixer *vt* 1. procéder au mixage 2. passer un aliment au mixeur.
mixer [miksœr] ou **mixeur** *nm* appareil servant à broyer, à mélanger des denrées alimentaires.
mixité *nf* caractère d'un enseignement, d'une activité partagés entre garçons et filles, hommes et femmes.
mixte *adj* 1. formé d'éléments différents : *commission mixte* 2. qui comprend des personnes des deux sexes, ou appartenant à des origines ou à des formations différentes : *école mixte ; mariage mixte.*
mixture *nf* 1. mélange de drogues pharmaceutiques, de solutions alcooliques 2. mélange quelconque, au goût plutôt désagréable.
mnémotechnique *adj* qui aide la mémoire par des associations mentales : *procédés mnémotechniques.*
mobile *adj* 1. qui peut se mouvoir, être mû : *pont mobile* 2. dont la date ou la valeur peut varier : *fête mobile ; échelle mobile des salaires* ◆ *nm* 1. corps en mouvement 2. objet d'art dont les éléments entrent en mouvement sous l'action de l'air, du vent 3. FIG. impulsion qui pousse à agir : *l'intérêt est le mobile de ses actions.*
mobilier, ère *adj* DR qui concerne les biens meubles : *effets mobiliers* • *saisie mobilière* par laquelle on saisit les meubles • *vente mobilière* vente de meubles par autorité de justice ◆ *nm* ensemble des meubles.
mobilisation *nf* action de mobiliser : *décréter la mobilisation.*
mobiliser *vt* 1. mettre les forces militaires sur le pied de guerre 2. mettre en état d'alerte, requérir quelqu'un pour une action collective : *mobiliser les militants* 3. faire appel à quelque chose : *mobiliser les bonnes volontés* ◆ **se mobiliser** *vpr* se concentrer ; se préparer à l'action.
mobilité *nf* 1. facilité à se mouvoir, à se déplacer 2. inconstance ; instabilité.
Mobylette *nf* (nom déposé) cyclomoteur.
mocassin *nm* chaussure basse sans lacet.
moche *adj* FAM. 1. laid 2. mauvais.
modal, e, aux *adj* 1. GRAMM relatif aux modes du verbe 2. MUS se dit d'une musique utilisant d'autres modes que le majeur et le mineur.
modalité *nf* 1. circonstance, condition, particularité qui accompagne un fait, un acte 2. MUS échelle modale d'un morceau.
mode *nf* 1. manière passagère de vivre, d'agir, de penser, etc. 2. manière de s'habiller : *la mode parisienne* 3. industrie, commerce de l'habillement • *à la mode* en vogue • *neveu, nièce à la mode de Bretagne* enfant d'un cousin germain, d'une cousine germaine.
mode *nm* 1. manière générale dont un phénomène se présente, dont une action se fait : *mode de vie* 2. GRAMM manière dont le verbe exprime l'état ou l'action (indicatif, conditionnel, impératif, subjonctif, infinitif, participe) 3. MUS disposition des intervalles (tons et demi-tons) sur une octave : *le mode majeur et le mode mineur.*
modèle *nm* 1. ce qui sert d'objet d'imitation 2. personne qui pose pour un artiste 3. personne ou chose qui possède à la perfection certaines caractéristiques : *un modèle de classicisme* 4. prototype d'un objet • *modèle réduit* reproduction à petite échelle d'une machine, d'un véhicule, etc. ◆ *adj* parfait en son genre : *un écolier modèle.*
modeler *vt* (conj 5) 1. pétrir de la terre, de la cire, etc., pour obtenir une certaine forme 2. donner une forme, un relief particuliers : *relief modelé par l'érosion.*
modélisme *nm* activité de celui qui fabrique des modèles réduits.
modéliste *n* 1. dessinateur de mode 2. personne qui fabrique des modèles réduits.
modem *nm* appareil électronique utilisé dans les installations de traitement de l'information à distance.
modérateur, trice *n* qui modère, freine, retient ◆ *adj* • *ticket modérateur* quote-part du coût de soins à la charge de l'assuré social.
modération *nf* 1. qualité qui éloigne de tout excès ; sagesse, retenue 2. réduction : *modération d'un impôt.*
modéré, e *adj* 1. éloigné de tout excès 2. qui n'est pas exagéré ou excessif : *prix modéré* ◆ *adj* et *n* partisan d'une politique conservatrice éloignée des solutions extrêmes.
modérer *vt* (conj 10) tempérer ; diminuer, freiner, contenir : *modérer sa colère* ◆ **se modérer** *vpr* se contenir.
moderne *adj* qui appartient ou convient au temps présent ou à une époque récente • *histoire moderne* de la prise de Constantinople (1453) à la Révolution française (1789) ◆ *nm* 1. ce qui est moderne 2. écrivain, artiste contemporains.
moderniser *vt* rajeunir, rendre plus moderne, mieux adapté aux techniques présentes.
modernité *nf* caractère moderne.
modeste *adj* 1. qui pense ou parle de soi sans orgueil : *savant modeste* 2. qui manifeste cette absence d'orgueil : *un air modeste* 3. modéré : *modeste dans ses prétentions* 4. simple, sans faste : *repas modeste.*

modestie *nf* caractère modeste.
modification *nf* 1. action de modifier 2. son résultat.
modifier *vt* 1. changer la forme, la qualité, etc. : *modifier une loi* 2. GRAMM déterminer ou préciser le sens de : *l'adverbe modifie le verbe et l'adjectif.*
modique *adj* de peu d'importance, de faible valeur.
modiste *nf* personne qui confectionne ou vend des chapeaux de femme.
modulation *nf* 1. inflexion variée de la voix 2. MUS passage d'un ton à un autre 3. adaptation aux circonstances : *modulation des tarifs* • *modulation de fréquence* variation de la fréquence d'une oscillation électrique.
module *nm* 1. ARCHIT unité de convention pour régler les proportions des parties d'un édifice 2. composant élémentaire permettant de réaliser un ensemble par juxtaposition ou combinaison 3. élément autonome d'un vaisseau spatial.
moduler *vt* 1. exécuter avec des inflexions variées : *moduler un chant* 2. FIG. adapter d'une manière souple aux circonstances ◆ *vi* MUS passer d'un ton à un autre.
moelle [mwal] *nf* substance molle et graisseuse renfermée dans l'intérieur des os • *moelle épinière* partie du système cérébrospinal contenue dans le canal vertébral • *jusqu'à la moelle* très profondément.
moelleux, euse *adj* 1. doux, agréable au toucher : *un lit moelleux* 2. agréable à goûter, à entendre, etc. • *vin moelleux* ni très doux ni très sec.
mœurs [mœr] ou [mœrs] *nf pl* 1. habitudes de vie, comportement habituel ; pratiques morales 2. pratiques sociales, usages communs à un groupe, un peuple, une époque, etc. 3. habitudes particulières à chaque espèce animale : *les mœurs des abeilles.*
mohair *nm* poil de la chèvre angora ; laine et étoffe faites avec ce poil.
moi *pron. pers* désigne la 1re pers. du sing. représentant celui, celle qui parle, en fonction de sujet pour renforcer *je*, comme complément après une préposition ou une impération, comme attribut • *à moi !* au secours ! • *de vous à moi* entre nous ◆ *nm inv* 1. ce qui constitue l'individualité 2. égoïsme : *le moi est haïssable.*
moignon *nm* 1. ce qui reste d'un membre coupé 2. membre rudimentaire 3. ce qui reste d'une branche cassée.
moindre *adj* 1. plus petit 2. (avec l'art. le, la ou les) le plus petit, le moins important.
moine *nm* 1. membre d'une communauté religieuse d'hommes 2. récipient servant à chauffer un lit.
moineau *nm* petit oiseau passereau très commun en France.
moins *adv* indique une infériorité de qualité, de quantité, de prix • *à moins* 1. pour un prix inférieur 2. pour un motif d'importance inférieure • *à moins de* (suivi d'un nom) au-dessous de • *à moins de, que* indiquent une hypothèse restrictive • *au moins* si ce n'est davantage • *au moins* ou *du moins* expriment une restriction • *de moins en moins* indique une diminution graduelle • *le moins* au moindre degré, aussi peu que possible • *un(e) moins que rien* une personne méprisable • *rien de moins que* véritablement : *il n'est rien de moins qu'un héros* ◆ *prép* avec soustraction de : *15 moins 8 égale 7* ◆ *nm* tiret horizontal (-) indiquant une soustraction ou une quantité négative.
mois *nm* 1. chacune de douze divisions de l'année civile 2. espace de temps d'environ trente jours 3. unité de travail et de salaire correspondant à un mois légal ; ce salaire : *toucher son mois* 4. somme due pour un mois de location, de services, etc.
moisir *vi* 1. se couvrir de moisissure : *les confitures moisissent* 2. FAM. attendre, rester longtemps au même endroit.
moisissure *nf* champignons de très petite taille qui se développent à la surface des substances organiques en décomposition.
moisson *nf* 1. récolte des céréales ; céréales récoltées ou à récolter : *rentrer la moisson* 2. époque où se fait cette récolte 3. FIG. grande quantité de.
moissonner *vt* 1. faire la moisson 2. LITT. recueillir, amasser en quantité.
moissonneuse-batteuse (*pl moissonneuses-batteuses*) *nf* machine qui coupe les céréales, bat et trie les grains.
moite *adj* légèrement humide.
moitié *nf* 1. une des deux parties égales d'un tout 2. une bonne partie : *la moitié du temps* • *à moitié* en partie • *de moitié* dans la proportion de un à deux • *être pour moitié dans quelque chose* en être responsable pour une part • *moitié..., moitié...* en partie..., en partie...
moka *nm* 1. variété de café ; infusion de ce café : *une tasse de moka* 2. gâteau fourré d'une crème parfumée au café.
mol, molle *adj* › mou.
molaire *nf* grosse dent latérale qui sert à broyer.
molécule *nf* groupement d'atomes qui représente, pour un corps pur, la plus petite quantité de matière existant à l'état libre.
moleskine *nf* toile vernie, imitant le cuir.
molette *nf* 1. TECHN outil muni d'un petit disque dur, servant à couper, broyer, travailler les corps durs, etc. 2. rondelle de l'éperon, garnie de pointes pour piquer le cheval 3. roulette striée servant à actionner un mécanisme mobile.
mollement *adv* 1. avec nonchalance 2. sans conviction.

mollesse *nf* 1. état, nature de ce qui est mou 2. FIG. faiblesse, manque de fermeté, de vigueur, d'énergie.

mollet *nm* saillie des muscles de la partie postérieure de la jambe.

mollet *adj m* • *œuf mollet* œuf cuit dans sa coque de telle sorte que le blanc est coagulé et le jaune à peine solidifié.

molleton *nm* étoffe moelleuse de laine ou de coton.

mollir *vi* devenir mou, perdre de sa force, de son énergie.

mollusque *nm* animal invertébré à corps mou, souvent recouvert d'une coquille, comme l'escargot ou l'huître (les mollusques forment un embranchement).

môme *n* FAM. enfant ◆ *nf* FAM. fille, jeune femme.

moment *nm* 1. espace de temps ; instant plus ou moins bref : *je reviens dans un moment* 2. occasion ; circonstance : *le moment favorable* 3. temps présent : *la mode du moment* • ***à tout moment*** sans cesse • ***d'un moment à l'autre*** très prochainement • ***en un moment*** en très peu de temps • ***en ce moment*** ou ***pour le moment*** actuellement • ***par moments*** par intervalles • ***sur le moment*** sur le coup • ***un moment !*** attendez ! ; écoutez ! ◆ *loc prép* • ***au moment de*** indique la simultanéité, la coïncidence ◆ *loc conj* • ***au moment où*** lorsque • ***du moment que*** dès que ; puisque.

momentané, e *adj* qui ne dure qu'un moment : *effort momentané.*

momie *nf* cadavre embaumé : *les momies égyptiennes.*

momifier *vt* transformer en momie ◆ **se momifier** *vpr* se dessécher.

mon, ma, mes *adj poss masc sing* qui est à moi, qui vient de moi, qui me concerne.

monacal, e, aux *adj* des moines : *vie monacale.*

monarchie *nf* 1. gouvernement d'un seul chef 2. régime politique dans lequel le chef de l'État est un roi héréditaire ; État ainsi gouverné.

monarque *nm* chef de l'État dans une monarchie ; roi.

monastère *nm* édifice habité par des moines ou des moniales.

monastique *adj* relatif aux moines ou aux moniales.

mondain, e *adj* relatif à la vie, aux habitudes sociales des gens riches ou en vue ◆ *adj* et *n* qui aime les mondanités.

mondanité *nf* caractère mondain ◆ **mondanités** *pl* habitudes de vie propres aux gens du monde ; politesses conventionnelles.

monde *nm* 1. ensemble de tout ce qui existe ; univers 2. la Terre, le globe terrestre : *faire le tour du monde* 3. ensemble des êtres humains vivant sur la terre 4. milieu, groupe social déterminé : *le monde du spectacle* 5. grand nombre ou nombre indéterminé de personnes : *il y a beaucoup de monde* 6. ensemble des personnes constituant les classes sociales les plus aisées, la haute société, qui se distingue par son luxe : *les gens du monde* 7. ensemble de choses ou d'êtres considérés comme formant un univers 8. LITT. vie séculière, profane : *se retirer du monde* 9. écart important, différence : *il y a un monde entre eux* • ***l'Ancien Monde*** l'Asie, l'Europe, l'Afrique • ***au bout du monde*** très loin • ***courir le monde*** voyager beaucoup • ***le grand monde*** la haute société • ***homme, femme du monde*** qui vit dans la bonne société • ***mettre au monde*** donner naissance à • ***le Nouveau Monde*** l'Amérique et l'Océanie • ***passer dans l'autre monde*** mourir • ***pour rien au monde*** en aucun cas • ***venir au monde*** naître.

mondial, e, aux *adj* qui concerne le monde entier : *politique mondiale.*

mondialiser *vt* répandre dans le monde entier.

monétaire *adj* relatif aux monnaies : *système monétaire.*

mongol, e *adj* et *n* de Mongolie.

mongolien, enne *adj* et *n* atteint de mongolisme.

mongolisme *nm* maladie congénitale due à une aberration chromosomique associant des modifications morphologiques et un déficit intellectuel.

moniteur *nm* 1. MÉD appareil électronique permettant l'enregistrement permanent des phénomènes physiologiques 2. INFORM écran associé à un micro-ordinateur ; programme de contrôle permettant de surveiller l'exécution de plusieurs programmes.

moniteur, trice *n* personne chargée d'enseigner ou de faire pratiquer certains sports, certaines activités : *moniteur de ski.*

monnaie *nf* 1. pièce de métal frappée pour servir aux échanges 2. équivalent de la valeur d'un billet ou d'une pièce en billets ou pièces de moindre valeur : *faire de la monnaie* 3. pièces de faible valeur : *ne pas avoir de monnaie* 4. différence entre la somme payée en espèces et la somme exacte due : *rendre la monnaie* • ***battre monnaie*** fabriquer de la monnaie • ***c'est monnaie courante*** c'est fréquent • ***payer en monnaie de singe*** faire des plaisanteries au lieu de payer • ***rendre à quelqu'un la monnaie de sa pièce*** user de représailles • ***servir de monnaie d'échange*** servir de moyen d'échange dans une négociation.

monnayer [mɔnɛje] *vt* (conj 4) 1. convertir en monnaie un métal 2. tirer un profit, un avantage, de l'argent de quelque chose.

monocle *nm* verre correcteur que l'on insère dans l'arcade sourcilière.

monocorde *adj* qui est émis sur une seule note et ne varie pas ; monotone.

monogamie *nf* système dans lequel l'homme ne peut être l'époux de plus d'une femme à la fois et la femme l'épouse de plus d'un homme à la fois.

monogramme *nm* 1. chiffre composé des principales lettres d'un nom 2. marque ou signature abrégée.

monolithe *nm* et *adj* ouvrage formé d'un seul bloc de pierre : *les obélisques sont des monolithes.*

monolithique *adj* 1. d'un seul bloc 2. FIG. d'un dogmatisme inébranlable ; rigide.

monologue *nm* scène où un personnage de théâtre est seul et se parle à lui-même.

monologuer *vi* parler seul.

monôme *nm* 1. expression algébrique formée d'un seul terme 2. défilé de lycéens, d'étudiants, organisé notamment à la fin des examens.

mononucléaire *nm* et *adj* globule blanc du sang.

mononucléose *nf* excès de mononucléaires dans le sang.

monoparental, e, aux *adj* d'un seul des deux parents ; où il n'y a que le père ou la mère pour élever l'enfant ou les enfants.

monopole *nm* 1. privilège exclusif de fabriquer ou de vendre certaines choses, d'occuper certaines charges, etc. 2. FIG. possession exclusive de quelque chose.

monopoliser *vt* 1. soumettre au régime du monopole 2. FIG. accaparer.

monoski *nm* ski nautique ou ski de neige sur lequel on pose les deux pieds ; sport pratiqué avec ce type de ski.

monothéisme *nm* doctrine, religion qui n'admet qu'un seul Dieu.

monotone *adj* 1. qui est sur le même ton : *chant monotone* 2. FIG. qui ennuie par le peu de variété, la répétition, l'uniformité.

monozygote *adj* se dit de jumeaux issus d'un même œuf.

monseigneur (*pl messeigneurs*) *nm* titre d'honneur donné aux princes, aux prélats.

monsieur (*pl messieurs*) *nm* 1. titre donné, par civilité, à tout homme à qui l'on parle ou à qui l'on écrit 2. appellation respectueuse donnée au maître de maison, à un client, etc. 3. (avec majuscule) titre qu'on donnait autrefois en France au frère cadet du roi.

monstre *nm* 1. être présentant une malformation importante 2. être fantastique de la mythologie, de légendes 3. personne d'une laideur repoussante 4. objet, animal énorme, effrayant : *monstre marin* 5. FIG. personne dont les sentiments inhumains, pervers provoquent l'horreur • ***monstre sacré*** 1. comédien très célèbre 2. personnage hors du commun ◆ *adj* FAM. prodigieux, colossal : *un chahut monstre.*

monstrueux, euse *adj* 1. qui est atteint de graves malformations 2. excessivement laid 3. horrible, effroyable : *crime monstrueux* 4. FIG. prodigieux, excessif.

monstruosité *nf* 1. caractère monstrueux 2. chose monstrueuse.

mont *nm* élévation naturelle au-dessus du sol : *le mont Blanc* • ***par monts et par vaux*** de tous côtés • ***promettre monts et merveilles*** faire des promesses exagérées.

montage *nm* 1. action de porter de bas en haut 2. action d'assembler les éléments d'un ensemble 3. choix et assemblage des scènes tournées pour un film, des bandes enregistrées pour une émission de radio, etc.

montagnard, e *n* et *adj* qui habite une région de montagnes.

montagne *nf* 1. élévation du sol naturelle et très considérable 2. région de forte altitude 3. FIG. amoncellement : *montagne de livres* • ***se faire une montagne de quelque chose*** en exagérer l'importance, les difficultés.

montant *nm* 1. pièce posée verticalement et servant de soutien 2. chacune des deux pièces latérales tenant les barreaux d'une échelle 3. total d'un compte : *le montant des dépenses.*

monté, e *adj* 1. pourvu : *être bien monté en vaisselle* 2. à cheval : *soldat monté* 3. irrité, en colère : *être monté contre quelqu'un* • ***coup monté*** préparé à l'avance et en secret.

montée *nf* 1. action de monter 2. chemin montant ; pente.

monter *vi* (auxil : *avoir* ou *être* suivant qu'on exprime l'action ou l'état) 1. se transporter dans un lieu plus élevé : *monter sur un arbre* 2. accroître son niveau, gagner en hauteur : *le fleuve monte* 3. se placer dans, sur : *monter à cheval, en voiture* 4. s'élever en pente : *le chemin monte* 5. FIG. s'élever dans la hiérarchie : *monter en grade* 6. augmenter de prix : *le dollar monte* 7. atteindre telle grandeur, telle valeur : *les frais montent à* ◆ *vt* 1. gravir, parcourir de bas en haut : *monter l'escalier* 2. transporter dans un lieu plus élevé : *monter une valise* 3. fournir du nécessaire : *monter son ménage* 4. assembler les parties d'un objet : *monter une machine* 5. créer, organiser : *monter une affaire* 6. exciter, exalter 7. effectuer le montage d'un film, d'une émission • ***monter un animal*** l'utiliser comme monture ◆ **se monter** *vpr* [à] s'élever à un total de.

montgolfière *nf* aérostat gonflé à l'air chaud.

monticule *nm* petit mont ; colline.

montre *nf* instrument portatif qui sert à indiquer l'heure • ***faire montre de quelque chose*** le montrer, le manifester.

montrer *vt* 1. faire voir : *montrer ses papiers* 2. manifester : *montrer du courage* 3. prouver, démontrer 4. indiquer, désigner.

monture *nf* 1. bête sur laquelle on monte 2. partie d'un objet qui sert à fixer, à assembler l'élément principal : *monture de lunettes, d'une bague.*

monument *nm* 1. ouvrage d'architecture ou de sculpture destiné à perpétuer le souvenir d'un personnage, d'un événement 2. grand ouvrage d'architecture 3. œuvre remarquable, digne de durer.

monumental, e, aux *adj* 1. qui a les proportions imposantes d'un monument 2. grandiose, remarquable 3. FAM. énorme : *une erreur monumentale.*

moquer (se) *vpr* [de] 1. railler, tourner en ridicule 2. ne faire aucun cas de : *se moquer des réprimandes* 3. prendre quelqu'un pour un sot.

moquerie *nf* parole ou action moqueuse.

moquette *nf* étoffe épaisse servant à recouvrir uniformément le sol d'une pièce.

moqueur, euse *n* et *adj* qui se moque, aime à se moquer ◆ *adj* qui manifeste de la raillerie : *sourire moqueur.*

moral, e, aux *adj* 1. qui concerne les règles de conduite en usage dans une société 2. conforme à ces règles, admis comme honnête, juste, édifiant : *un livre moral* 3. intellectuel, spirituel (par oppos. à *physique, matériel*) : *les facultés morales* ◆ *nm* 1. ensemble des facultés mentales 2. état psychologique : *avoir bon moral.*

morale *nf* 1. ensemble des règles d'action et des valeurs qui fonctionnent comme normes dans une société 2. conclusion morale d'une fable, d'un récit • *faire la morale à quelqu'un* le réprimander.

moralement *adv* 1. conformément aux règles de la morale 2. du point de vue des sentiments, de la morale : *être moralement responsable* 3. quant au moral.

moralisateur, trice *adj* et *n* PÉJOR. qui donne des leçons de morale : *discours moralisateur.*

moraliser *vt* 1. rendre moral 2. faire la morale à : *moraliser un enfant* ◆ *vi* faire des réflexions morales.

moralité *nf* 1. rapport, conformité à la morale : *moralité douteuse* 2. attitude, conduite morale, principes : *homme sans moralité* 3. conclusion, enseignement moral que suggère une histoire.

morbide *adj* 1. maladif : *état morbide* 2. qui a un caractère malsain, anormal : *curiosité morbide.*

morceau *nm* 1. partie d'un corps, d'un aliment, d'un tout, d'une matière : *morceau de bois, de pain* 2. fragment d'une œuvre écrite ou musicale • FAM. *manger, cracher, lâcher le morceau* parler, avouer.

morceler *vt* (conj 6) diviser en morceaux, en parties.

morcellement *nm* action de morceler ; fait d'être morcelé.

mordant, e *adj* 1. qui entame en rongeant 2. FIG. incisif, caustique, satirique ◆ *nm* 1. vivacité, énergie dans l'attaque 2. FIG. causticité.

mordiller *vt* mordre légèrement et à plusieurs reprises.

mordre *vt* (conj 52) 1. saisir, entamer ou blesser avec les dents 2. entamer, pénétrer dans quelque chose : *la lime mord l'acier* 3. s'accrocher, trouver prise 4. empiéter sur : *la balle a mordu la ligne* ◆ *vt ind* [à] prendre goût à ◆ **se mordre** *vpr* • *se mordre les doigts de quelque chose* s'en repentir.

mordu, e *adj* et *n* FAM. passionné : *un mordu de cinéma.*

morfondre (se) *vpr* s'ennuyer à attendre.

morgue *nf* 1. lieu où l'on dépose les cadavres non identifiés 2. salle où, dans un hôpital, on garde momentanément les morts.

moribond, e *adj* et *n* qui est près de mourir ; agonisant.

morille *nf* champignon comestible délicat, à chapeau alvéolé.

mormon, e *adj* et *n* membre d'une secte religieuse américaine qui pratiqua la polygamie.

morne *adj* 1. triste 2. qui, par sa monotonie, inspire la tristesse : *une vie morne* 3. sans éclat, sans intérêt ; terne.

morose *adj* d'humeur maussade ; triste, sombre : *vieillard, air morose.*

morphine *nf* alcaloïde de l'opium, analgésique et hypnotique puissant.

morphologie *nf* 1. étude de la forme et de la structure des êtres vivants 2. aspect général du corps humain 3. LING étude de la forme des mots.

mors [mɔr] *nm* levier de la bride qui passe dans la bouche du cheval et qui sert à le gouverner • *prendre le mors aux dents* s'emporter.

morse *nm* gros mammifère marin des régions arctiques.

morse *nm* code télégraphique utilisant un alphabet fait de points et de traits.

morsure *nf* 1. action de mordre 2. plaie, marque faite en mordant.

mort *nf* 1. cessation définitive de la vie : *mort violente* 2. cessation complète d'activité : *la mort du petit commerce* • *à mort* 1. mortellement 2. FAM. de toutes ses forces • *à la vie et à la mort* pour toujours • *la mort dans l'âme* à regret • DR *peine de mort* condamnation à la peine capitale.

mort, e *adj* 1. qui a cessé de vivre 2. privé d'animation, d'activité : *ville morte* 3. hors d'usage : *le moteur est mort* 4. qui éprouve une sensation ou un sentiment violents : *mort de faim, de peur* 5. qui a cessé d'être actuel, utilisable : *langue morte* • *eau morte* stagnante • *nature morte* peinture d'objets non animés • *temps mort* moment où il n'y a pas d'action ◆ *n* personne décédée ; cadavre • *faire le mort* ne donner aucun signe de vie.

mortadelle *nf* gros saucisson d'Italie.

mortaise *nf* entaille pratiquée dans l'épaisseur d'une pièce, pour recevoir le tenon.

mortalité *nf* nombre de décès survenus dans une population durant une période donnée.

mort-aux-rats [mɔrora] *nf inv* préparation empoisonnée, destinée à détruire les rats, les rongeurs.

mortel, elle *adj* 1. sujet à la mort : *nous sommes mortels* 2. qui cause la mort : *maladie mortelle* 3. ennuyeux, pénible : *soirée mortelle* • FIG. *ennemi mortel* que l'on hait profondément ◆ *n* être humain.

mortellement *adv* 1. à mort 2. FIG. extrêmement : *mortellement ennuyeux.*

mortier *nm* 1. mélange de chaux, de sable et d'eau pour lier les pierres d'une construction ou faire des enduits 2. récipient où l'on broie les aliments, des drogues etc. 3. canon à tir courbe.

mortification *nf* 1. action de mortifier son corps 2. FIG. blessure d'amour-propre ; humiliation 3. MÉD nécrose 4. commencement de décomposition du gibier.

mortifier *vt* 1. infliger à son corps une souffrance physique dans un but d'ascèse 2. FIG. humilier, froisser.

mort-né, e (*pl mort-nés, mort-nées*) *adj* et *n* mort en venant au monde ◆ *adj* FIG. qui échoue dès le début : *projet mort-né.*

mortuaire *adj* relatif aux décès, aux cérémonies funèbres.

morue *nf* gros poisson des mers arctiques.

morve *nf* 1. maladie contagieuse des chevaux 2. sécrétion des muqueuses du nez.

morveux, euse *adj* 1. qui est atteint de la morve 2. qui a la morve au nez : *enfant morveux* ◆ *n* FAM. jeune vaniteux et prétentieux.

mosaïque *nf* 1. assemblage de petits fragments multicolores incrustés dans un ciment et formant un dessin ; art de cet assemblage 2. FIG. ensemble d'éléments nombreux et disparates.

mosquée *nf* édifice cultuel de l'islam.

mot *nm* 1. son ou groupe de sons ou de lettres formant une unité autonome, susceptibles d'être utilisés dans les divers énoncés d'une langue 2. ce qu'on dit, ce qu'on écrit brièvement : *dire un mot à l'oreille* 3. sentence, parole mémorable • *avoir le dernier mot* l'emporter dans une discussion • *avoir des mots avec quelqu'un* avoir une querelle • *avoir son mot à dire* être en droit de donner son avis • *au bas mot* en évaluant au plus bas • *bon mot* ou *mot d'esprit* parole spirituelle • *en un mot* brièvement • *le fin mot (de l'histoire)* le sens caché • *grand mot* terme emphatique • *gros mot* parole grossière • *jouer sur les mots* employer des termes équivoques • *mot à mot* ou *mot pour mot* 1. littéralement, sans rien changer 2. en rendant chaque mot d'une langue par un mot équivalent dans une autre • *mot d'ordre* consigne d'action • *ne dire, ne souffler mot* garder le silence • *prendre quelqu'un au mot* accepter sur-le-champ sa proposition • *se donner le mot* se mettre d'accord, s'entendre pour une action • *se payer de mots* parler au lieu d'agir.

motard, e *n* personne qui fait de la moto ◆ *nm* agent de police, gendarme qui fait son service à moto.

motel *nm* hôtel situé à proximité d'un grand itinéraire routier.

moteur, trice *adj* qui produit ou transmet le mouvement ◆ *nm* 1. appareil qui transforme en énergie mécanique d'autres formes d'énergie 2. FIG. instigateur : *être le moteur d'une entreprise* 3. FIG. cause, motif déterminant : *le moteur de l'expansion.*

motif *nm* 1. raison d'ordre intellectuel, affectif, qui porte à faire une chose : *se fâcher sans motif* 2. BX-ARTS sujet, modèle de composition ; ornement de décoration, le plus souvent répété 3. MUS phrase musicale qui se reproduit dans un morceau.

motion *nf* proposition faite dans une assemblée.

motivation *nf* ce qui motive.

motiver *vt* 1. fournir des motifs, des justifications d'un acte : *motiver un retard* 2. provoquer quelque chose en le justifiant 3. pousser à agir ; stimuler.

moto *nf* véhicule à deux roues actionné par un moteur à explosion de plus de 125 cm^3.

motocross *nm* course à moto sur un terrain très accidenté.

motoculteur *nm* machine automotrice conduite à l'aide de mancherons, servant au jardinage, aux labours superficiels.

motocycliste *n* personne qui conduit une moto.

motorisé, e *adj* qui a une automobile à sa disposition pour se déplacer.

motoriser *vt* doter de moyens de transport automobiles, de moyens mécaniques : *motoriser l'agriculture.*

motte *nf* 1. masse de terre compacte 2. masse de beurre pour la vente au détail : *du beurre en motte.*

motus [mɔtys] *interj* FAM. silence ! : *motus et bouche cousue.*

mou *nm* poumon de certains animaux de boucherie.

mou, molle ou **mol** *adj* 1. qui cède facilement au toucher, qui manque de fermeté : *cire molle* 2. doux, souple : *un lit trop mou* 3. FIG. qui manque de vivacité, de vigueur, d'énergie ◆ *n* FAM. personne sans énergie.

mouchard, e *nm* FAM. dénonciateur, délateur ◆ *nm* appareil de contrôle, de surveillance.

moucharder *vt* et *vi* FAM. dénoncer.

mouche *nf* 1. nom de divers insectes diptères 2. petite rondelle de taffetas noir que les femmes se collaient sur le visage 3. point noir au centre d'une cible 4. morceau de cuir dont on garnit la pointe du fleuret • *comme des mouches* en grand nombre • *faire mouche* atteindre son but • *fine mouche* personne rusée • *la mouche du coche* personne qui s'agite beaucoup mais qui n'est pas efficace • *pattes de mouche* écriture fine et peu lisible • *prendre la mouche* se fâcher.

moucher *vt* 1. débarrasser le nez de ses mucosités 2. ôter le bout du lumignon d'une chandelle 3. FAM. réprimander ◆ **se moucher** *vpr* moucher son nez.

moucheron *nm* petite mouche.

moucheté, e *adj* 1. tacheté, en parlant des animaux 2. garni d'une mouche, en parlant d'un fleuret.

mouchoir *nm* pièce de tissu ou de papier pour se moucher.

moudre *vt* (conj 58) broyer, réduire en poudre avec un moulin.

moue *nf* grimace de mécontentement.

mouette *nf* oiseau palmipède vivant sur les côtes.

moufle *nf* 1. gant où il n'y a de séparation que pour le pouce 2. assemblage de poulies pour élever des fardeaux.

mouflet, ette *n* FAM. enfant.

mouillage *nm* 1. action de mouiller 2. action d'ajouter de l'eau aux boissons dans une intention frauduleuse 3. MAR manœuvre pour jeter l'ancre ; plan d'eau côtier favorable à l'ancrage des bateaux ; lieu où l'on jette l'ancre.

mouiller *vt* 1. rendre humide, imbiber d'eau ou d'un autre liquide 2. étendre d'eau : *mouiller du vin* 3. ajouter un liquide à une préparation en cours de cuisson 4. immerger : *mouiller des mines, une ancre* 5. FAM. compromettre ◆ *vi* jeter l'ancre : *mouiller dans une crique* ◆ **se mouiller** *vpr* se compromettre, prendre des risques.

mouillette *nf* morceau de pain qu'on trempe dans l'œuf à la coque.

mouise *nf* FAM. misère.

moulant, e *adj* qui moule le corps.

moule *nm* 1. objet creusé pour donner une forme à une matière fondue 2. ustensile servant à la confection ou à la cuisson de certains plats 3. FIG. type, modèle imposé.

moule *nf* 1. mollusque lamellibranche comestible 2. FAM. personne sans énergie.

mouler *vt* 1. exécuter le moulage de : *mouler un buste* 2. prendre l'empreinte de 3. suivre exactement les contours du corps, d'une partie du corps.

moulin *nm* 1. machine à moudre le grain des céréales 2. bâtiment où cette machine est installée : *moulin à vent* 3. appareil servant à moudre des aliments : *moulin à café, à poivre, à légumes* • FIG. *moulin à paroles* personne très bavarde.

mouliner *vt* écraser un aliment.

moulinet *nm* 1. tourniquet 2. bobine fixée au manche d'une canne à pêche, sur laquelle s'enroule la ligne.

moulu, e *adj* 1. réduit en poudre 2. FIG., FAM. rompu de fatigue.

moulure *nf* ornement en relief ou en creux.

moumoute *nf* FAM. 1. perruque 2. veste en peau de mouton.

mourant, e *adj* et *n* qui se meurt, qui va mourir ◆ *adj* 1. qui s'affaiblit, va disparaître 2. FIG. languissant : *voix mourante.*

mourir *vi* (conj 25) 1. cesser de vivre 2. souffrir beaucoup de : *mourir de faim, de peur* 3. s'affaiblir progressivement, s'éteindre doucement : *laisser mourir un feu* 4. dépérir : *plante qui meurt* 5. disparaître, cesser d'exister • *mourir de rire* rire aux éclats ◆ **se mourir** *vpr* être près de mourir : *le malade se meurt.*

mouron *nm* petite plante à fleurs rouges ou bleues • POP. *se faire du mouron* se faire du souci.

mousquetaire *nm* 1. AUTREF. soldat armé d'un mousquet 2. gentilhomme d'une compagnie à cheval de la maison du roi.

mousqueton *nm* 1. fusil court 2. crochet maintenu fermé par un ressort.

moussant, e *adj* qui mousse : *bain moussant.*

mousse *nm* très jeune marin.

mousse *nf* 1. écume à la surface de certains liquides 2. crème fouettée 3. petite plante verte qui se développe en touffes ou en tapis sur le sol, les pierres, les arbres.

mousseline *nf* tissu peu serré, souple, léger et transparent ◆ *adj inv* • *pommes mousseline* purée de pommes de terre très légère.

mousser *vi* produire de la mousse • FAM. *faire mousser quelqu'un* le faire valoir.

mousseux, euse *adj* qui produit de la mousse : *vin mousseux* ◆ *nm* vin mousseux autre que le champagne.

mousson *nf* dans l'Asie du Sud-Est, vent saisonnier qui souffle alternativement en hiver vers la mer et en été vers la terre, apportant alors de fortes pluies.

moussu, e *adj* couvert de mousse : *pierre moussue.*

moustache *nf* poils qu'on laisse pousser au-dessus de la lèvre supérieure ◆ *pl* poils de la gueule de certains animaux : *moustaches du chat.*

moustiquaire *nf* 1. rideau de mousseline pour se préserver des moustiques 2. châssis en toile métallique placé aux fenêtres pour le même usage.

moustique *nm* insecte diptère, dont la femelle pique la peau de l'homme et des animaux pour se nourrir de leur sang.

moût *nm* jus de raisin ou de pomme non fermenté.

moutarde *nf* 1. plante crucifère qui fournit le condiment du même nom ; graine de cette plante : *farine de moutarde* 2. condiment préparé avec des moutardes broyées avec de l'eau, du vinaigre • FAM. ***la moutarde lui monte au nez*** il commence à se fâcher ◆ *adj inv* jaune verdâtre.

mouton *nm* 1. mammifère ruminant porteur d'une épaisse toison bouclée, qui fournit la laine ; viande, cuir, fourrure de cet animal 2. FIG. personne douce ou crédule • ***revenons à nos moutons*** revenons à notre sujet ◆ **moutons** *pl* 1. petits nuages floconneux 2. écume sur la crête des vagues 3. FAM. amas de poussière.

mouture *nf* 1. action ou manière de moudre ; produit ainsi obtenu 2. FIG. nouvelle présentation d'un sujet déjà traité.

mouvance *nf* 1. sphère d'influence 2. caractère de ce qui est fluctuant, changeant.

mouvant, e *adj* dont le fond n'est pas stable, où l'on s'enfonce : *sables mouvants.*

mouvement *nm* 1. déplacement d'un corps : *le mouvement des astres* 2. action ou manière de se mouvoir : *mouvements gracieux* 3. circulation, déplacement : *le mouvement de la foule* 4. fluctuation ; variation : *mouvement des valeurs, des idées* 5. animation ; agitation : *quartier plein de mouvement* 6. action collective visant à un changement : *mouvement de grève* 7. organisation politique, sociale, syndicale, etc. 8. sentiment intérieur : *mouvement de colère* 9. inspiration ; impulsion : *de son propre mouvement* 10. MUS degré de vitesse de la mesure : *accélérer le mouvement* 11. partie d'une œuvre musicale ; pièce motrice d'un appareil : *mouvement de montre* • FAM. ***être dans le mouvement*** ou ***suivre le mouvement*** suivre l'actualité, les nouveautés • ***mouvement de terrain*** accident du sol.

mouvementé, e *adj* troublé ou agité par des événements subits ; animé.

mouvoir *vt* (conj 36) 1. mettre en mouvement ; bouger 2. FIG. exciter ; pousser : *mû par l'intérêt* ◆ **se mouvoir** *vpr* se déplacer ; bouger.

moyen, enne *adj* 1. qui se situe entre deux extrêmes : *taille moyenne* 2. ni bon ni mauvais : *élève moyen* 3. commun ; ordinaire : *le Français moyen* 4. calculé en moyenne : *température moyenne.*

moyen [mwajɛ̃] *nm* 1. procédé qui permet de parvenir à une fin 2. ce qui permet de faire quelque chose ◆ *loc prép* • ***au moyen de*** ou ***par le moyen de*** en faisant usage de, par l'entremise de ◆ **moyens** *pl* 1. ressources : *vivre selon ses moyens* 2. capacités physiques, intellectuelles.

Moyen Âge *nm* période comprise entre le début du Ve s. et le milieu ou la fin du XVe s.

moyenâgeux, euse *adj* du Moyen Âge ou qui évoque cette période.

moyen-courrier (*pl moyen-courriers*) *nm* et *adj* avion de transport destiné à voler sur des distances moyennes.

moyennant *prép* par le moyen de ; grâce à : *moyennant cette somme* • ***moyennant quoi*** en échange de quoi.

moyenne *nf* 1. chose, quantité, état qui tient le milieu entre plusieurs autres 2. note égale à la moitié de la note maximale : *avoir la moyenne en histoire* 3. nombre indiquant le quotient d'une somme par le nombre de ses parties • ***en moyenne*** 1. en évaluant la moyenne 2. en compensant les différences en sens opposés.

moyeu [mwaj] *nm* partie centrale de la roue d'une voiture.

M.S.T. *nf* maladie sexuellement transmissible.

mucosité *nf* sécrétion des muqueuses.

mue *nf* 1. changement dans le plumage, le poil, la peau chez les animaux à certaines époques ; époque de ce changement 2. changement dans le timbre de la voix au moment de la puberté, surtout chez les garçons.

muer *vi* 1. perdre périodiquement sa peau, son poil, son plumage, en parlant de certains animaux 2. avoir la voix qui change, en parlant d'un garçon au moment de la puberté ◆ **se muer** *vpr* [en] se transformer, se changer.

muet, ette *adj* et *n* qui n'a pas ou plus l'usage de la parole ◆ *adj* 1. qui refuse de parler 2. qui ne peut proférer aucune parole : *muet de terreur* 3. qui ne se manifeste pas par des paroles : *douleur muette* 4. GRAMM se dit d'une lettre, d'une syllabe qu'on ne prononce pas.

mufle *nm* extrémité du museau de certains mammifères ◆ *adj* et *n* FAM. individu grossier ; malotru.

mugir *vi* 1. pousser son cri, en parlant des bovidés 2. FIG. produire un bruit prolongé et sourd : *le vent mugit.*

mugissement *nm* 1. cri sourd et prolongé du bœuf, de la vache 2. FIG. bruit qui ressemble à ce cri : *le mugissement des flots.*

muguet *nm* 1. liliacée à petites fleurs blanches d'une odeur douce 2. maladie des muqueuses due à un champignon, surtout chez l'enfant.

mule *nf* hybride femelle produit par l'accouplement de l'âne et de la jument • FAM. *tête de mule* personne têtue, obstinée • *têtu comme une mule* très entêté.

mule *nf* pantoufle.

mulet *nm* hybride mâle, stérile, produit par l'accouplement d'un âne et d'une jument.

mulot *nm* petit rat des champs.

multicolore *adj* qui présente un grand nombre de couleurs : *vêtement multicolore.*

multilatéral, e, aux *adj* qui engage toutes les parties : *accord multilatéral.*

multinational, e, aux *adj* relatif à plusieurs États ◆ *nf* groupe dont les activités et les capitaux se répartissent entre divers États.

multiple *adj* 1. nombreux 2. composé de plusieurs parties ◆ *nm* nombre qui en contient un autre plusieurs fois.

multiplex *adj inv* et *nm inv* se dit d'un programme retransmis simultanément par plusieurs studios.

multiplication *nf* 1. augmentation en nombre 2. MATH opération qui a pour but, étant donné deux nombres, l'un appelé *multiplicande*, l'autre *multiplicateur*, d'en obtenir un troisième appelé *produit* • *table de multiplication* ou *de Pythagore* tableau donnant les produits l'un par l'autre des dix premiers nombres.

multiplicité *nf* grand nombre.

multiplier *vt* 1. augmenter une quantité, un nombre 2. MATH faire une multiplication ◆ **se multiplier** *vpr* 1. s'accroître en nombre, en quantité 2. se reproduire.

multipropriété *nf* formule de copropriété d'une résidence secondaire.

multitude *nf* très grand nombre : *une multitude de personnes.*

municipal, e, aux *adj* relatif à l'administration d'une commune : *officiers municipaux* • *élections municipales* ou *municipales nf pl* élections du conseil municipal au suffrage universel.

municipalité *nf* 1. ville soumise à l'organisation municipale 2. ensemble formé par le maire et ses adjoints.

munir *vt* pourvoir de ce qui est nécessaire ou utile ◆ **se munir** *vpr* [de] prendre avec soi.

munitions *nf pl* ce qui est nécessaire au chargement des armes à feu.

munster [mœ̃stɛr] *nm* fromage de vache fabriqué en Alsace.

muqueuse *nf* membrane tapissant une cavité du corps humain et humectée de mucus.

mur *nm* 1. ouvrage de maçonnerie ou d'une autre matière pour enclore un espace, constituer les côtés ou les divisions d'un bâtiment, etc. 2. ce qui fait office de cloison, de séparation 3. FIG. ce qui constitue un obstacle ◆ **murs** *pl* limites d'une ville, d'un immeuble ; lieu circonscrit par ces limites.

mûr, e *adj* 1. se dit d'un fruit, d'une graine qui a atteint son complet développement 2. se dit d'un bouton, d'un abcès près de percer 3. qui a atteint son plein développement intellectuel : *l'âge mûr* 4. se dit de ce qui, après avoir été bien médité, est amené à se réaliser : *projet mûr.*

muraille *nf* 1. mur épais, assez élevé, servant souvent de fortification 2. surface verticale abrupte.

mural, e, aux *adj* fixé, appliqué ou fait sur un mur : *carte, peinture murale.*

mûre *nf* fruit du mûrier ou de la ronce.

mûrement *adv* après de longues réflexions.

murer *vt* 1. boucher par un mur : *murer une porte* 2. enfermer dans un lieu dont les issues sont bouchées : *l'éboulement a muré les mineurs* ◆ **se murer** *vpr* s'enfermer, rester à l'écart des autres.

mûrier *nm* arbre dont les feuilles servent à nourrir le ver à soie.

mûrir *vt* 1. rendre mûr 2. FIG. rendre sage, expérimenté 3. méditer, préparer longuement : *mûrir un projet* ◆ *vi* 1. devenir mûr 2. FIG. évoluer ; se développer 3. acquérir de l'expérience, de la sagesse.

murmure *nm* 1. bruit sourd et confus de voix humaines 2. FIG. plainte de gens mécontents 3. LITT. bruissement léger : *murmure des eaux, du vent.*

murmurer *vi* faire entendre un murmure ◆ *vt* dire à voix basse : *murmurer un secret.*

musaraigne *nf* petit mammifère insectivore.

musarder *vi* perdre son temps, s'amuser à des riens ; flâner.

musc *nm* substance très odorante produite par certains mammifères, et utilisée en parfumerie.

muscade *nf* 1. fruit du muscadier dont la graine [*noix (de) muscade*] est utilisée comme condiment 2. petite boule dont se servent les prestidigitateurs • *passez muscade* le tour est joué.

muscat *nm* et *adj* 1. raisin à saveur musquée 2. vin qu'on en extrait.

muscle *nm* 1. organe fibreux dont la contraction produit le mouvement 2. FIG. force ; vigueur, énergie.

musclé, e *adj* 1. qui a les muscles très développés 2. FAM. énergique ou autoritaire : *politique musclée.*

muscler *vt* développer les muscles.

musculation *nf* ensemble d'exercices visant à développer la musculature.

musculature *nf* ensemble des muscles du corps humain.

muse *nf* 1. (avec majuscule) chacune des neuf déesses grecques qui présidaient aux arts libéraux 2. LITT. inspiratrice d'un artiste, d'un écrivain.

museau *nm* 1. partie saillante de la face de certains animaux 2. FAM. visage.

musée *nm* lieu, établissement où sont rassemblées et présentées au public des collections d'œuvres d'art, de biens scientifiques ou techniques • ***pièce de musée*** objet rare et précieux.

museler *vt* (conj 6) 1. mettre une muselière 2. FIG. réduire au silence.

musellement *nm* action de museler : *le musellement de la presse.*

muser *vi* s'amuser à des riens ; flâner.

musette *nf* 1. instrument de musique champêtre 2. sac de toile porté en bandoulière • ***bal musette*** où l'on danse au son de l'accordéon.

muséum [myzeɔm] *nm* musée consacré aux sciences naturelles.

musical, e, aux *adj* 1. relatif à la musique 2. qui comporte de la musique : *comédie musicale* 3. harmonieux ; mélodieux.

music-hall [myzikol] (*pl music-halls*) *nm* 1. genre de spectacle de variétés composé de chansons, de divertissements, etc. 2. établissement spécialisé dans ce genre.

musicien, enne *n* personne qui compose ou exécute de la musique ◆ *adj* et *n* qui a du goût, des aptitudes pour la musique.

musicologie *nf* science de l'histoire de la musique.

musique *nf* 1. art de combiner les sons ; productions de cet art 2. théorie de cet art 3. notation écrite d'airs musicaux 4. compagnie de musiciens : *musique de régiment* • ***musique de chambre*** écrite pour un petit nombre d'instruments • FAM. ***connaître la musique*** savoir de quoi il s'agit.

musulman, e *adj* et *n* qui appartient à l'islam, qui professe la religion islamique.

mutant, e *adj* et *n* 1. animal ou végétal présentant des caractères nouveaux 2. dans la science-fiction, être qui présente des qualités extraordinaires.

mutation *nf* 1. changement radical 2. DR transfert d'un bien ou d'un droit d'une personne à une autre 3. changement d'affectation d'un fonctionnaire.

muter *vt* changer d'affectation, de poste.

mutiler *vt* 1. retrancher un membre ou un organe 2. détériorer, détruire partiellement ; dégrader.

mutin *nm* personne en révolte contre une autorité établie.

mutiner (se) *vpr* se révolter collectivement contre l'autorité.

mutinerie *nf* révolte, rébellion contre l'autorité.

mutisme *nm* absence de langage, de parole, volontaire ou non.

mutualiste *adj* • ***société mutualiste*** organisation de droit privé offrant à ses adhérents un système d'assurance et de protection sociale ◆ *n* membre d'une société mutualiste.

mutuel, elle *adj* réciproque • ***assurance mutuelle*** société d'assurance à but non lucratif.

mutuelle *nf* société mutualiste ; assurance mutuelle.

mycologie *nf* étude scientifique des champignons.

mycose *nf* MÉD affection parasitaire provoquée par des champignons.

mygale *nf* grosse araignée.

myocarde *nm* muscle du cœur.

myopathie *nf* atrophie musculaire grave.

myope *adj* et *n* qui voit troubles les objets éloignés.

myosotis [mjɔzɔtis] *nm* plante à petites fleurs bleues.

myriade *nf* grand nombre, quantité innombrable : *des myriades d'étoiles.*

myrtille *nf* baie noire comestible produite par un sous-arbrisseau de montagne ; cet arbrisseau.

mystère *nm* 1. ensemble de doctrines ou de pratiques religieuses que seuls doivent connaître les initiés : *les mystères d'Éleusis* 2. dogme religieux inaccessible à la raison : *le mystère de la Trinité* 3. ce qui est obscur, inconnu, caché ; secret 4. question difficile ; énigme 5. LITT. au Moyen Âge, pièce de théâtre à sujet religieux.

mystérieux, euse *adj* 1. incompréhensible ; inexplicable 2. gardé secret 3. dont l'identité est inconnue, ou dont le rôle est ambigu : *un mystérieux visiteur.*

mysticisme *nm* 1. doctrine religieuse selon laquelle l'homme peut communiquer directement avec Dieu 2. comportement dominé par des sentiments religieux.

mystification *nf* 1. action de mystifier, de tromper 2. chose vaine, trompeuse ; imposture.

mystifier *vt* abuser de la crédulité de quelqu'un, le tromper.

mystique *adj* 1. qui a trait aux mystères divins 2. relatif au mysticisme : *expérience mystique* ◆ *adj* et *n* 1. en proie au mysticisme 2. qui défend un idéal avec exaltation.

mythe *nm* 1. récit mettant en scène des êtres surnaturels, des actions imaginaires, des fantasmes collectifs 2. allégorie philosophique 3. construction de l'esprit dénuée de réalité 4. représentation symbolique : *le mythe du progrès.*

mythifier *vt* considérer comme un mythe.

mythique *adj* propre aux mythes ; légendaire.

mythologie *nf* 1. ensemble des mythes et des légendes propres à un peuple, à une civilisation 2. étude des mythes.

mythomanie *nf* tendance pathologique à altérer la vérité, à fabuler.

mytiliculture *nf* élevage des moules.

N

n *nm* quatorzième lettre de l'alphabet et la onzième des consonnes.

nabot, e *n* PÉJOR. personne naine.

nacelle *nf* 1. petite barque sans mât ni voile 2. panier suspendu à un ballon où prennent place les aéronautes.

nacre *nf* substance dure, irisée, qui tapisse les coquilles de certains mollusques.

nage *nf* action, manière de nager • ***à la nage*** 1. en nageant 2. mode de préparation de certains crustacés cuits dans un court-bouillon • ***être en nage*** couvert de sueur.

nageoire *nf* organe locomoteur de nombreux animaux aquatiques.

nager *vi* (conj 2) 1. se déplacer sur ou dans l'eau par des mouvements appropriés 2. flotter : *le bois nage sur l'eau* 3. FAM. ne pas comprendre : *nager dans un dossier* 4. être plongé dans un sentiment, un état : *nager dans le bonheur* 5. MAR ramer • FAM. ***nager dans un vêtement*** y être très au large ◆ *vt* pratiquer tel type de nage : *nager le crawl.*

nageur, euse *n* qui nage, qui sait nager • ***maître nageur*** professeur de natation.

naïf, naïve *adj* 1. naturel ; spontané, sincère : *gaieté naïve* 2. qui retrace la vérité, la nature : *style naïf* ◆ *adj* et *n* 1. confiant, ingénu, par inexpérience ou par nature 2. trop crédule, trop candide ; niais.

nain, naine *n* et *adj* de taille très inférieure à la moyenne.

naissance *nf* 1. venue au monde ; mise au monde 2. endroit ou moment où commence une chose : *la naissance d'un fleuve ; naissance du jour* 3. FIG. fait d'apparaître ; origine : *naissance d'une idée* • ***contrôle des naissances*** limitation volontaire des naissances.

naître *vi* (conj 65 ; auxil : être) 1. venir au monde 2. commencer à pousser : *les fleurs naissent au printemps* 3. FIG. commencer à exister ; apparaître : *voir naître une industrie* • ***faire naître*** provoquer, causer.

naïveté *nf* 1. ingénuité ; candeur : *naïveté d'enfant* 2. excès de crédulité 3. propos naïf.

nantir *vt* 1. DR affecter un bien en garantie d'une dette 2. LITT. munir ; pourvoir : *nantir d'argent* ◆ **se nantir** *vpr* [de] prendre avec soi.

napalm *nm* essence gélifiée, utilisée dans les projectiles incendiaires.

naphtaline *nf* carbure tiré du goudron de houille, utilisé comme antimite.

napoléon *nm* ancienne pièce d'or de 20 francs, à l'effigie de Napoléon.

nappe *nf* 1. linge dont on couvre la table pour les repas 2. vaste étendue plane : *nappe d'eau.*

napper *vt* recouvrir un mets d'une sauce d'accompagnement.

napperon *nm* petite nappe.

narcisse *nm* 1. plante bulbeuse à fleurs blanches ou jaunes 2. LITT. homme amoureux de lui-même.

narcissisme *nm* admiration de soi-même.

narcotique *adj* et *nm* se dit d'une substance qui endort.

narcotrafiquant, e *n* trafiquant de drogue.

narguer *vt* FAM. braver avec insolence : *narguer l'ennemi.*

narine *nf* chacune des deux ouvertures du nez.

narrateur, trice *n* personne qui raconte.

narration *nf* 1. récit, exposé détaillé d'une suite de faits 2. exercice scolaire de rédaction.

narrer *vt* exposer ; raconter : *narrer une bataille.*

nasal, e, aux *adj* du nez : *fosses nasales.*

nasaliser *vt* prononcer avec un timbre nasal : *lettre nasalisée.*

naseau *nm* narine de certains animaux.

nasillard, e *adj* qui vient du nez : *voix nasillarde.*

nasse *nf* 1. panier pour prendre du poisson 2. filet pour prendre les oiseaux.

natal, e (*pl natals*) *adj* où l'on est né : *pays natal.*

natalité *nf* rapport entre le nombre des naissances et la population d'un pays, d'une région pendant un temps donné.

natation *nf* action de nager.

natif, ive *adj* et *n* né dans un lieu déterminé : *natif de Paris* ◆ *adj* naturel ; inné : *peur native des serpents.*

nation *nf* ensemble des êtres humains habitant un même territoire, ayant une communauté d'origine, d'histoire, de culture, de traditions, le plus souvent de langue, et constituant une entité politique.

national, e, aux *adj* 1. d'une nation 2. qui intéresse le pays tout entier • ***route nationale*** ou ***nationale*** *nf* route construite et entretenue par l'État.

nationalisation *nf* transfert à la collectivité de la propriété de certains moyens de production appartenant à des particuliers.

nationalité *nf* 1. groupement d'individus de même origine 2. appartenance juridique d'une personne à un État.

national-socialisme *nm sing* doctrine nationaliste et raciste de Hitler SYN. *nazisme.*

nativité *nf* fête de la naissance de Jésus-Christ, de la Vierge et de Jean-Baptiste • *fête de la Nativité* Noël.

natte *nf* 1. tissu de paille, de jonc entrelacés 2. tresse de cheveux.

naturaliser *vt* 1. donner à un étranger le statut juridique et les droits attachés à une nationalité déterminée 2. empailler : *naturaliser des oiseaux.*

nature *nf* 1. ensemble de ce qui existe ; monde physique ; réalité : *les trois règnes de la nature* 2. cet ensemble en tant que régi par des lois ; la force qui le dirige : *les caprices de la nature* 3. ensemble des caractères fondamentaux propres à un être ou à une chose : *la nature d'une réforme* 4. tempérament : *nature enjouée* 5. modèle naturel : *peindre d'après nature* • *de nature à* 1. susceptible de 2. propre à • *nature morte* peinture de choses inanimées • *payer en nature* en objets réels et non en argent ◆ *adj inv* 1. au naturel, sans addition ni mélange 2. FAM. spontané, naturel • *grandeur nature* dont les dimensions sont celles du modèle.

naturel, elle *adj* 1. relatif, propre à la nature : *lois naturelles* 2. issu de la nature : *gaz naturel* 3. qui appartient à la nature physique de l'homme : *besoins naturels* 4. inné : *dons naturels* 5. conforme à l'usage, à la raison : *il est naturel que* 6. sans recherche : *langage naturel* 7. spontané ; sincère : *rester naturel* 8. non falsifié : *vin naturel* • *enfant naturel* né hors du mariage ◆ *nm* 1. caractère ; nature, tempérament 2. absence d'affectation • *au naturel* sans apprêt ◆ *n* autochtone.

naturisme *nm* 1. tendance à suivre de près la nature 2. pratique du nudisme.

naufrage *nm* 1. perte d'un bâtiment en mer 2. FIG. ruine complète • *faire naufrage* couler.

nauséabond, e *adj* qui cause des nausées ; fétide.

nausée *nf* 1. envie de vomir 2. FIG. dégoût profond ; répugnance.

nauséeux, euse *adj* 1. qui provoque des nausées 2. qui souffre de nausées.

nautique *adj* qui relève de la navigation, des sports de l'eau : *ski nautique.*

nautisme *nm* ensemble des sports nautiques, en particulier la navigation de plaisance.

naval, e, als *adj* 1. qui concerne la navigation : *chantier naval* 2. relatif à la marine de guerre : *combat naval.*

navet *nm* 1. plante potagère dont la racine est comestible ; racine de cette plante 2. FAM. œuvre sans intérêt, sans valeur.

navette *nf* 1. instrument de tisserand pour faire passer les fils de la trame entre les fils de la chaîne 2. véhicule à court parcours et à trajet répété • *faire la navette* aller et venir de façon continuelle • *navette spatiale* véhicule spatial récupérable.

navigant, e *adj* et *n* qui navigue • *personnel navigant* équipage d'un avion.

navigateur, trice *n* 1. qui navigue, fait de longs voyages sur mer 2. membre de l'équipage d'un navire ou d'un avion chargé de déterminer la position et la route à suivre.

naviguer *vi* 1. voyager sur l'eau ou dans les airs 2. faire suivre à un navire ou un avion une route déterminée 3. se comporter à la mer : *bateau qui navigue bien.*

navire *nm* bateau d'assez fort tonnage, pour la navigation en haute mer.

navrant, e *adj* attristant ; déplorable, lamentable.

navrer *vt* causer une grande peine ; désoler : *cette mort m'a navré.*

nazisme *nm* national-socialisme.

ne *adv* indique une négation dans le groupe verbal.

né, e *adj* 1. venu au monde 2. issu de • *bien né* de famille honorable.

néanmoins *adv* marque une opposition ; pourtant.

néant *nm* 1. ce qui n'existe pas 2. absence de notoriété : *œuvre tombée dans le néant* • *réduire à néant* détruire, anéantir • *tirer du néant* créer.

nébuleux, euse *adj* 1. obscurci par les nuages : *ciel nébuleux* 2. FIG. peu clair ; vague, confus : *philosophie nébuleuse.*

nécessaire *adj* 1. dont on a absolument besoin ; indispensable : *la respiration est nécessaire à la vie* 2. inévitable ; obligatoire : *conséquence nécessaire* 3. exigé pour que quelque chose se produise ou réussisse : *moyens nécessaires au projet* 4. très utile : *se rendre nécessaire* ◆ *nm* 1. ce qui est indispensable pour les besoins de la vie : *manquer du nécessaire* 2. ce qui est essentiel, important 3. boîte qui renferme des objets utiles ou commodes : *nécessaire de toilette.*

nécessairement *adv* 1. absolument, forcément 2. par une conséquence rigoureuse.

nécessité *nf* 1. caractère de ce qui est nécessaire : *l'eau est de première nécessité* 2. besoin impérieux ; exigence • *par nécessité* par l'effet d'une contrainte.

nécessiter *vt* rendre nécessaire ; exiger, réclamer.

nécessiteux, euse *adj* et *n* qui manque du nécessaire ; indigent.

nec plus ultra *nm inv* ce qu'il y a de mieux.

nécrologie *nf* 1. liste des personnes décédées au cours d'un certain espace de temps 2. écrit consacré à un défunt 3. avis de certains décès dans un journal ; rubrique correspondante.

nécropole *nf* 1. groupe de sépultures, dans l'Antiquité 2. grand cimetière.

nectar *nm* 1. MYTH breuvage des dieux 2. LITT. boisson délicieuse 3. BOT liquide sucré que sécrètent les nectaires.

nectarine *nf* variété de pêche.

nef *nf* partie d'une église, du portail au chœur.

néfaste *adj* fatal ; funeste, nuisible.

négatif, ive *adj* 1. qui marque la négation, le refus 2. dépourvu d'éléments constructifs : *attitude négative* ◆ *nm* PHOT cliché sur film où les valeurs des tons sont inversées.

négation *nf* 1. action de nier 2. LING mot ou groupe de mots qui sert à nier *(ne, non).*

négative *nf* • *répondre par la négative* par un refus.

négligé *nm* 1. absence d'apprêt, de recherche ; laisser-aller 2. léger vêtement d'intérieur.

négligeable *adj* peu important.

négligemment *adv* 1. avec négligence 2. avec indifférence : *répondre négligemment.*

négligence *nf* 1. manque de soin, d'application ou de vigilance 2. faute légère, manque de précision.

négligent, e *n* et *adj* qui montre de la négligence.

négliger *vt* (conj 2) 1. ne pas prendre soin de : *négliger sa tenue* 2. ne pas cultiver : *négliger ses talents* 3. ne pas tenir compte de : *négliger les conseils* 4. omettre ; oublier : *négliger de répondre à une lettre* 5. délaisser : *négliger ses amis* ◆ **se négliger** *vpr* ne pas prendre soin de sa personne.

négociant, e *n* personne qui fait le commerce en gros.

négociateur, trice *n* 1. agent diplomatique 2. intermédiaire dans une affaire.

négocier *vt* 1. traiter, discuter en vue d'un accord 2. monnayer un titre, une valeur.

nègre, négresse *n* 1. AUTREF. esclave noir 2. terme péjoratif et raciste désignant une personne de race noire ◆ *nm* FAM. collaborateur occulte et anonyme d'un écrivain, d'un artiste, etc. • *travailler comme un nègre* sans relâche ◆ *adj* de la race noire : *art nègre.*

neige *nf* eau congelée qui tombe en flocons blancs • *neige carbonique* gaz carbonique solidifié.

neiger *v. impers* (conj 2) tomber, en parlant de la neige.

nénuphar *nm* plante aquatique aux larges feuilles et à fleurs blanches, jaunes ou rouges.

néologisme *nm* mot de création récente ; acception nouvelle d'un mot existant déjà.

néon *nm* gaz rare employé dans l'éclairage par tubes.

néophyte *n* 1. chrétien nouvellement baptisé 2. adepte récent d'une doctrine, d'un parti.

néphrétique *adj* qui concerne les reins.

néphrite *nf* inflammation du rein.

népotisme *nm* 1. attitude de certains papes qui accordaient des faveurs particulières à leurs parents 2. PAR EXT. abus qu'un homme en place fait de son influence en faveur de sa famille.

nerf [nɛr] *nm* 1. cordon blanchâtre conducteur des incitations du cerveau aux divers organes, et réciproquement 2. FAM. tendon, ligament : *viande pleine de nerfs* 3. force, vigueur : *il a du nerf* 4. ficelle au dos d'un livre relié • *nerf de bœuf* matraque, cravache faite d'un ligament cervical du bœuf et du cheval desséché industriellement • *le nerf de la guerre* l'argent ◆ **nerfs** *nm pl* système nerveux • *à bout de nerfs* épuisé • *être sur les nerfs* dans un état de tension permanente • *avoir ses nerfs* ou *avoir les nerfs en boule* être agacé • FAM. *donner, taper, porter sur les nerfs* agacer • *guerre des nerfs* période de forte tension entre des nations ou des coalitions adverses.

nerveux, euse *adj* 1. relatif aux nerfs et au système nerveux : *maladie, cellule nerveuse* 2. qui a de la vigueur, de la vivacité 3. FIG. ferme, concis : *style nerveux* • *système nerveux* ensemble des nerfs, ganglions et centres nerveux qui assurent la commande et la coordination des fonctions vitales ◆ *adj* et *n* qui a les nerfs irritables, qui est très émotif.

nervosité *nf* irritabilité, tension intérieure.

nervure *nf* 1. saillie des nerfs au dos d'un livre 2. ARCHIT moulure sur les arêtes d'une voûte gothique 3. filet saillant sur la surface des feuilles, sur l'aile des insectes.

n'est-ce pas *adv interr* introduit une phrase interrogative avec valeur insistante ou appelle l'approbation de l'interlocuteur.

net, nette *adj* 1. propre, sans tache 2. exempt de flou : *photo nette* 3. bien marqué, bien distinct : *cassure nette* 4. sensible, important : *une différence très nette* 5. précis : *idées nettes* 6. sans équivoque, qui ne prête à aucun doute ; clair : *réponse nette* 7. dont on a déduit tout élément étranger : *prix, salaire net* 8. exempt de : *intérêts nets d'impôts* • *en avoir le cœur net* s'assurer d'un fait ◆ *nm* • *mettre au net* sous une forme définitive et propre ◆ *adv* 1. brutalement, tout d'un coup : *question tranchée net* 2. franchement : *refuser net.*

nettoyer *vt* (conj 3) 1. rendre net, propre : *nettoyer une bouteille* 2. débarrasser un lieu d'éléments indésirables.

neuf *adj num inv* 1. huit et un 2. neuvième : *Louis neuf* ◆ *nm inv* chiffre ou nombre neuf.

neuf, neuve *adj* 1. fait depuis peu et qui n'a pas ou presque pas servi : *maison neuve* 2. qui n'a pas encore été dit ou traité : *sujet neuf* 3. qui n'est pas influencé par l'expérience antérieure : *regard neuf* ◆ *nm* ce qui est neuf, nouveau • *à neuf* comme neuf : *refaire une pièce à neuf* • *de neuf* avec des choses neuves : *être habillé de neuf.*

neurasthénie *nf* état d'abattement et de tristesse.

neuroleptique *adj* et *nm* se dit de certaines substances ayant un effet sédatif sur le système nerveux.

neurologie *nf* 1. science qui traite du système nerveux 2. MÉD spécialité qui s'occupe des maladies du système nerveux.

neurone *nm* cellule nerveuse.

neutraliser *vt* 1. CHIM rendre neutre : *neutraliser un acide* 2. empêcher d'agir ; annihiler : *neutraliser la concurrence* 3. atténuer la force, l'effet de : *neutraliser l'action d'un médicament* 4. déclarer neutre un territoire, une ville, etc. 5. arrêter momentanément la circulation.

neutralité *nf* 1. état de celui qui reste neutre 2. situation d'un État qui reste à l'écart d'un conflit international.

neutre *adj* 1. qui ne prend pas parti dans un conflit entre des puissances belligérantes, entre des personnes opposées 2. qui n'est marqué par aucun accent, aucun sentiment : *ton neutre* 3. objectif, impartial 4. CHIM ni acide ni basique 5. PHYS qui ne présente aucun phénomène électrique 6. GRAMM dans certaines langues, genre qui n'est ni masculin ni féminin ◆ *nm* GRAMM genre neutre.

neutron *nm* particule électriquement neutre, constituant, avec les protons, les noyaux des atomes.

neuvième *adj num ord* et *n* 1. qui occupe le rang marqué par le numéro neuf 2. qui se trouve neuf fois dans le tout.

neveu *nm* fils du frère ou de la sœur.

névralgie *nf* douleur vive, sur le trajet d'un nerf.

névrose *nf* maladie mentale caractérisée par des troubles nerveux.

nez *nm* 1. partie saillante du visage, entre la bouche et le front, organe de l'odorat 2. odorat, flair : *avoir du nez* 3. tête, visage : *mettre le nez à la fenêtre* 4. GÉOGR cap, promontoire 5. avant d'un navire, d'un avion, d'une fusée : *piquer du nez* • FAM. *à vue de nez* approximativement • *avoir du nez* ou *avoir le nez fin* être clairvoyant, perspicace • *mettre le nez dehors* sortir • *mettre, fourrer son nez quelque part* se mêler indiscrètement de • *pied de nez* geste de moquerie, fait en appuyant sur le bout de son nez le pouce d'une main, les doigts écartés.

ni *conj* exprimant la négation.

niais, e *adj* et *n* simple, sot, naïf.

niche *nf* 1. enfoncement pratiqué dans un mur pour y placer un objet, un meuble, etc. 2. cabane pour chien.

nicher *vi* 1. faire son nid 2. FAM. habiter, loger ◆ **se nicher** *vpr* s'installer, se cacher.

nickel *nm* métal blanc grisâtre, brillant, à cassure fibreuse (symb : Ni) ◆ *adj inv* FAM. propre, impeccable.

nicotine *nf* alcaloïde du tabac.

nid *nm* 1. petit abri que se font les oiseaux, certains insectes et poissons pour pondre leurs œufs, les couver et élever leurs petits 2. habitation de certains animaux : *nid de guêpes* 3. habitation, logement 4. repaire : *un nid de brigands* • *nid d'abeilles* cloisonnement en forme d'alvéoles.

nid-de-poule (*pl nids-de-poule*) *nm* trou dans une route défoncée.

nidifier *vi* construire son nid.

nièce *nf* fille du frère ou de la sœur.

nier *vt* dire qu'une chose n'existe pas, n'est pas vraie, rejeter comme faux.

nigaud, e *n* et *adj* sot, niais.

nigérian, e *adj* et *n* du Nigeria.

nigérien, enne *adj* et *n* du Niger.

night-club [najtklœb] (*pl night-clubs*) *nm* établissement de spectacle ouvert la nuit.

nihilisme *nm* 1. tendance révolutionnaire de l'intelligentsia russe à la fin du XIXe s., qui avait pour but la destruction radicale des structures sociales 2. négation des valeurs, refus de l'idéal collectif communs à un groupe social.

nipper *vt* FAM. habiller.

nique *nf* • FAM. *faire la nique à quelqu'un* lui faire un signe de mépris ou le braver.

nitrate *nm* sel de l'acide nitrique.

nitrique *adj* • *acide nitrique* composé oxygéné dérivant de l'azote, utilisé par les graveurs sous le nom d'eau-forte.

nitroglycérine *nf* explosif puissant dérivé de la glycérine, entrant dans la composition de la dynamite.

niveau *nm* 1. instrument pour vérifier ou établir l'horizontalité d'une surface 2. hauteur d'un point, degré d'élévation par rapport à un plan de référence : *le niveau des eaux* 3. étage d'un bâtiment 4. FIG. valeur de quelque chose, de quelqu'un, degré atteint dans un domaine : *niveau scolaire* • ***courbe de niveau*** sur une carte, ligne joignant les points situés à une même altitude • ***niveau de langue*** chacun des registres d'une langue (littéraire, familier, populaire, etc.) que l'on peut employer en fonction de la situation ou des personnes à qui l'on s'adresse • ***niveau de vie*** évaluation du mode d'existence moyen d'une nation, d'un groupe social.

niveler *vt* (conj 6) 1. rendre horizontal : *niveler un terrain* 2. FIG. rendre égal : *niveler les salaires.*

nivellement *nm* action de niveler ; fait d'être nivelé.

noble *adj* et *n* qui appartient à une classe de personnes jouissant de titres ou de privilèges héréditaires concédés par un souverain ◆ *adj* 1. propre à la noblesse : *sang noble* 2. FIG. qui indique de la grandeur, des qualités morales ou intellectuelles 3. qui commande le respect par sa majesté.

noblesse *nf* 1. condition de noble 2. classe sociale des nobles : *la noblesse de l'Empire* 3. FIG. grandeur, élévation, distinction 4. majesté.

noce *nf* festin et réjouissances qui accompagnent un mariage : *aller à la noce* ; tous ceux qui s'y trouvent • FAM. ***faire la noce*** faire la fête.

nocif, ive *adj* nuisible.

noctambule *n* et *adj* qui aime sortir tard le soir, se divertir la nuit.

nocturne *adj* 1. qui a lieu pendant la nuit : *tapage nocturne* 2. qui veille la nuit et dort le jour : *oiseau nocturne* ◆ *nm* morceau musical d'un caractère tendre et mélancolique.

nocturne *nf* ouverture en soirée d'un magasin.

nodule *nm* 1. petit nœud 2. GÉOL concrétion arrondie dans une roche de nature différente.

Noël *nm* 1. fête de la nativité du Christ, célébrée le 25 décembre 2. (avec une minuscule) cantique de Noël : *un noël.*

nœud *nm* 1. enlacement serré de ruban, fil, corde, etc. : *faire un nœud* 2. ornement en forme de nœud 3. ANAT amas tissulaire globuleux 4. excroissance dure d'un arbre : *les nœuds du sapin* 5. point de la tige où s'insère une feuille 6. ce qui constitue la difficulté d'un problème 7. moment d'une pièce de théâtre où l'intrigue est arrivée à son point essentiel 8. croisement de plusieurs voies de communication 9. MAR unité de vitesse équivalant à 1 852 m/h • FAM. ***sac de nœuds*** affaire très embrouillée.

noir, e *adj* 1. d'une couleur foncée analogue à celle du charbon : *de l'encre noire ; des yeux noirs* 2. sombre, obscur : *nuit noire* 3. FIG. triste, sombre : *humeur noire* 4. hostile, haineux : *regard noir* 5. clandestin, illégal, secret : *marché noir ; travail noir* ◆ *adj* qui appartient à une race caractérisée par une pigmentation très foncée de la peau ; qui s'y rapporte : *l'Afrique noire* ◆ *n* (avec majuscule) personne de race noire ◆ *nm* 1. couleur noire : *un noir de jais* 2. étoffe noire, vêtement de deuil 3. obscurité • ***broyer du noir*** être déprimé • ***voir tout en noir*** être très pessimiste.

noirceur *nf* 1. qualité, état de ce qui est noir 2. FIG. perfidie, méchanceté : *noirceur de l'âme.*

noircir *vt* 1. rendre noir 2. peindre sous des couleurs inquiétantes : *noircir la situation* ◆ *vi* et *vpr* devenir noir : *le ciel (se) noircit.*

noire *nf* MUS note qui vaut la moitié d'une blanche.

noise *nf* • ***chercher noise, des noises à quelqu'un*** lui chercher querelle.

noisetier *nm* arbre dont le fruit est la noisette.

noisette *nf* 1. fruit du noisetier 2. petite quantité d'une matière, de la grosseur d'une noisette ◆ *adj inv* marron clair tirant sur le roux : *des yeux noisette.*

noix *nf* 1. fruit du noyer 2. fruit de divers arbres à enveloppe ligneuse : *noix de coco ; noix de muscade* • ***noix de veau*** partie charnue placée sur le dessus de la cuisse de l'animal • ***noix de beurre*** petite quantité de beurre de la grosseur d'une noix • FAM. ***à la noix*** sans valeur.

nom *nm* mot qui sert à désigner une personne, une chose • ***appeler les choses par leur nom*** s'exprimer clairement, sans détour • ***au nom de*** 1. en lieu et place de 2. en considération de • ***de nom*** par le nom seulement • ***nom commun*** qui convient à tous les êtres de la même espèce • ***nom propre*** nom particulier d'un être • ***petit nom*** prénom usuel.

nomade *adj* et *n* 1. qui n'a pas d'habitation fixe 2. qui se déplace fréquemment.

nombre *nm* 1. unité, réunion de plusieurs unités ou fraction d'unité 2. collection, ensemble de personnes ou de choses 3. GRAMM catégorie grammaticale qui permet l'opposition entre le singulier et le pluriel • ***au nombre de*** parmi • ***en nombre*** ou ***sans nombre*** en grande quantité • ***le grand nombre*** ou ***le plus grand nombre*** la majorité • ***nombre de*** ou ***bon nombre de*** beaucoup.

nombreux, euse *adj* 1. en grand nombre 2. qui comprend un grand nombre d'éléments : *famille nombreuse.*

nombril [nɔ̃bri] ou [nɔ̃bril] *nm* cicatrice du cordon ombilical, au milieu du ventre SYN. *ombilic.*

nombrilisme *nm* FAM. attitude de quelqu'un qui ramène tout à soi.

nomenclature *nf* 1. ensemble des termes propres à une science ou à une technique 2. ensemble des entrées d'un dictionnaire.

nominal, e, aux *adj* 1. qui sert à nommer ; relatif au nom 2. qui n'existe que de nom : *chef nominal* • *valeur nominale* inscrite sur une monnaie, un effet de commerce, etc.

nominatif, ive *adj* qui comporte des noms : *état nominatif des employés.*

nomination *nf* action de nommer à un emploi ; fait d'être nommé.

nommé, e *adj* appelé • *à point nommé* à propos ◆ *n* la personne qui porte le nom de : *le nommé Jean.*

nommément *adv* en désignant ou en étant désigné par le nom.

nommer *vt* 1. désigner quelqu'un ou quelque chose par un nom, les qualifier d'un nom : *nommer un enfant* 2. dire ou écrire le nom de : *nommer ses complices* 3. choisir, désigner, élire : *nommer un maire* ◆ **se nommer** *vpr* 1. avoir pour nom 2. se faire connaître par son nom.

non *adv* 1. équivaut à une proposition négative : *viendrez-vous ? - Non ; il part, moi non* 2. précède l'adjectif ou le nom pour en constituer la négation, le contraire : *non solvable ; non-réussite* 3. n'est-ce pas ? : *c'est ce qu'il demande, non ?* 4. marque l'étonnement : *il n'est pas arrivé. - Non ? ; ah, non ! Vous ne sortez pas !* • *non plus* pas plus, pas davantage • *non moins* pas moins, tout autant • *non seulement* pas seulement cela • *non que* ou *non pas que* ce n'est pas que ◆ *nm inv* refus net : *un non ferme.*

nonagénaire *adj* et *n* agé de quatre-vingt-dix à quatre-vingt-dix-neuf ans.

non-alignement *nm* attitude des pays qui refusent de suivre systématiquement la politique de l'un des deux grands blocs politiques.

nonchalant, e *adj* et *n* qui manque d'ardeur, de vivacité.

non-lieu *nm* DR ordonnance constatant qu'il n'y a pas lieu à poursuivre.

nonne *nf* religieuse.

nonobstant *prép* malgré : *nonobstant les remontrances.*

non-recevoir *nm* • *fin de non-recevoir* refus catégorique.

non-retour *nm* • *point de non-retour* moment à partir duquel on ne peut plus revenir sur une décision.

nord *nm inv* et *adj inv* un des quatre points cardinaux : *l'aiguille aimantée se tourne vers le nord* • FAM. *perdre le nord* ne plus savoir où l'on est.

nord-est [nɔrɛst] ou [nɔrdɛst] *nm inv* et *adj inv* point de l'horizon entre le nord et l'est.

nordique *adj* relatif aux peuples du nord de l'Europe.

nord-ouest [nɔrwɛst] ou [nɔrdwɛst] *nm inv* et *adj inv* point de l'horizon entre le nord et l'ouest.

normal, e, aux *adj* conforme à la norme ; ordinaire, régulier : *état normal* • ANC. *École normale* école de formation des instituteurs • *École normale supérieure* école de formation des professeurs de l'enseignement secondaire et de l'enseignement supérieur.

normale *nf* état habituel : *retour à la normale.*

normalien, enne *n* élève d'une école normale.

normaliser *vt* 1. soumettre à une norme 2. faire revenir à une situation normale.

normalité *nf* caractère de ce qui est normal.

normatif, ive *adj* dont on dégage des règles ou des préceptes ; qui établit une norme.

norme *nf* 1. type, modèle : *rester dans la norme* 2. règle, principe : *normes de fabrication* 3. critère auquel on se réfère.

nos *adj poss* › notre.

nostalgie *nf* 1. mal du pays 2. tristesse, mélancolie.

nota ou **nota bene** [nɔtabene] *nm inv* note mise dans la marge ou au bas d'un écrit.

notable *adj* digne d'être noté, remarqué ; important ◆ *n* personne qui a une situation sociale de premier rang dans une ville, une région.

notaire *nm* officier ministériel qui reçoit et rédige les actes, les contrats, pour les rendre authentiques.

notamment *adv* spécialement, entre autres.

notarié, e *adj* passé devant notaire : *acte notarié.*

notation *nf* action ou manière de noter : *notation algébrique.*

note *nf* 1. remarque écrite, commentaire rédigé : *note de l'auteur* 2. observation écrite : *prendre des notes* 3. communication écrite faite dans un service, une entreprise, etc. : *note de service* 4. appréciation chiffrée de quelqu'un ou de quelque chose : *avoir de bonnes notes* 5. détail d'un compte à payer : *demander la note d'hôtel* 6. MUS signe figurant un son et sa durée ; ce son lui-même 7. marque distinctive ; nuance : *donner une note personnelle* • *donner la note* indiquer le ton • *être dans la note* en accord avec le style de quelqu'un ou de quelque chose • *forcer la note* exagérer.

noter *vt* 1. faire une marque sur ce qu'on veut retenir 2. mettre par écrit : *noter un rendez-vous* 3. prendre garde à : *notez bien ce que je vous dis* 4. apprécier le travail, la valeur de quelqu'un 5. écrire de la musique avec des notes : *noter un air.*

notice *nf* écrit succinct sur un sujet : *notice explicative.*

notifier *vt* 1. DR faire savoir dans les formes légales : *notifier un acte* 2. informer, faire part de.

notion *nf* 1. idée qu'on a d'une chose 2. (surtout au pluriel) connaissance élémentaire.

notoire *adj* connu de tous ; célèbre.

notoriété *nf* caractère d'une personne ou d'un fait notoire.

notre (*pl nos*) *adj poss* qui nous concerne, qui est à nous : *notre quartier.*

nôtre *pron. poss* (précédé de l'art. défini) qui est à nous : *cette maison est la nôtre* ◆ **nôtres** *pl* • *les nôtres* 1. nos parents 2. nos amis, nos alliés.

nouer *vt* 1. lier, serrer avec un nœud 2. faire un nœud à : *nouer une cravate* 3. FIG. former : *nouer une intrigue* • *nouer la conversation* l'engager.

noueux, euse *adj* qui a des nodosités ou des nœuds : *bâton noueux.*

nougat *nm* confiserie faite d'amandes et de caramel ou de miel.

nougatine *nf* nougat dur, fait d'amandes broyées et de caramel.

nouille *nf* pâte alimentaire à base de semoule de blé dur, découpée en lanières.

nounou *nf* FAM. nourrice.

nourrice *nf* femme qui garde des enfants à son domicile contre rémunération.

nourrir *vt* 1. servir à la nutrition : *le sang nourrit le corps* 2. fournir des aliments ; faire vivre en donnant des aliments : *nourrir des bestiaux, un enfant* 3. FIG. former : *la lecture nourrit l'esprit* 4. entretenir, faire durer : *nourrir l'espoir* ◆ **se nourrir** *vpr* absorber des aliments.

nourrisson *nm* enfant en bas âge.

nourriture *nf* 1. action de nourrir un être vivant 2. toute substance qui sert à l'alimentation 3. FIG. ce qui nourrit l'esprit.

nous *pron. pers* 1. désigne la 1re pers. du pluriel représentant un groupe dont fait partie la personne qui parle 2. remplace *je* dans le style officiel.

nouveau, elle ou **nouvel** (devant une voyelle ou un *h* muet), **nouvelle** *adj* 1. qui n'existe que depuis peu de temps : *livre nouveau* 2. qui vient après quelqu'un ou quelque chose de même espèce : *la saison nouvelle* 3. original, jamais vu auparavant 4. qui est tel depuis peu de temps : *nouveaux riches* • *le Nouveau Monde* l'Amérique • *le Nouveau Testament* les livres saints propres au christianisme ◆ *n* personne nouvelle dans un groupe ◆ *nm* ce qui est original, inattendu • *à nouveau* ou *de nouveau* une fois de plus, en recommençant.

nouveau-né, e (*pl nouveau-nés, es*) *n* et *adj* qui vient de naître.

nouveauté *nf* 1. caractère, qualité de ce qui est nouveau 2. chose nouvelle : *lire les nouveautés.*

nouvelle *nf* 1. annonce d'une chose, d'un événement arrivé récemment 2. court récit ou roman ◆ **nouvelles** *nf pl* 1. renseignements fournis sur quelqu'un ou quelque chose : *demander des nouvelles* 2. informations diffusées par les médias.

novateur, trice *adj* et *n* qui innove.

novembre *nm* onzième mois de l'année.

novice *adj* et *n* qui débute dans un métier, une activité ◆ *n* RELIG personne qui, avant de prononcer ses vœux, s'initie à la vie religieuse.

noyade *nf* action de noyer, de se noyer.

noyau *nm* 1. partie dure qui renferme l'amande, dans certains fruits 2. BIOL partie centrale d'une cellule 3. PHYS partie centrale d'un atome 4. FIG. premiers éléments ou éléments principaux d'un groupe, d'un ensemble.

noyauter *vt* introduire une ou des personnes dans un groupement afin de le désorganiser, d'en perturber le fonctionnement, etc.

noyer *vt* (conj 3) 1. asphyxier par immersion 2. recouvrir d'eau ; mouiller abondamment : *noyer un feu ; yeux noyés de larmes* 3. FIG. plonger dans la confusion : *il vous noie dans les détails* ◆ **se noyer** *vpr* mourir asphyxié dans l'eau • FIG. *se noyer dans un verre d'eau* éprouver de grandes difficultés devant un très petit obstacle.

noyer *nm* arbre au bois dur qui porte les noix ; bois de cet arbre.

nu, e *adj* 1. non vêtu, sans vêtements 2. dépourvu d'ornements : *murs nus* • *dire la vérité toute nue* sans artifice, sans déguisement • *mettre à nu* 1. dénuder 2. FIG. dévoiler ◆ *nm* représentation artistique d'un corps humain nu.

nuage *nm* 1. masse de vapeur d'eau suspendue dans l'air 2. masse de matière quelconque qui empêche de voir : *nuage de poussière* 3. FIG. ce qui obscurcit, qui trouble : *avenir chargé de nuages* • *être dans les nuages* distrait.

nuance *nf* 1. degré d'une couleur 2. degré de quelque chose : *des nuances d'un parfum* 3. FIG. différence légère, subtile : *saisir toutes les nuances d'un raisonnement.*

nuancer *vt* (conj 1) exprimer quelque chose en tenant compte des nuances : *nuancer son jugement.*

nubuck *nm* cuir de bovin d'aspect velouté semblable au daim.
nucléaire *adj* relatif au noyau de l'atome et à l'énergie qui en est issue • *arme nucléaire* qui utilise l'énergie nucléaire ◆ *nm* ensemble des techniques, des industries qui concourent à la mise en œuvre de l'énergie nucléaire.
nucléique *adj* • *acides nucléiques* constituants fondamentaux du noyau de la cellule.
nudisme *nm* pratique de la vie au grand air et dans un état de nudité complète SYN. *naturisme.*
nudité *nf* état d'une personne, d'une chose nue.
nuée *nf* 1. gros nuage : *nuée chargée de grêle* 2. FIG. multitude : *nuée d'oiseaux.*
nues *nf pl* • *tomber des nues* être très surpris • *mettre, porter aux nues* louer excessivement.
nuire *vt ind* [à] (conj 69) 1. faire du tort 2. constituer un danger, un obstacle.
nuisance *nf* élément de gêne, d'inconfort, danger pour la santé, l'environnement : *le bruit, la fumée, la pollution sont des nuisances.*
nuisible *adj* qui nuit ; nocif.
nuit *nf* 1. temps qui s'écoule entre le coucher et le lever du soleil 2. obscurité : *il fait nuit* • *de nuit* pendant la nuit • *la nuit des temps* les temps très reculés • *nuit blanche* passée sans dormir • *nuit et jour* sans arrêt, continuellement.
nul, nulle *adj. indéf* aucun, pas un ◆ *adj* 1. sans mérite, sans valeur : *un homme nul* 2. qui n'a pas d'effet légal : *arrêt nul* ◆ *pron. indéf* personne : *nul n'est prophète en son pays.*
nullement *adv* aucunement.
nullité *nf* 1. caractère de ce qui est nul, sans valeur 2. personne sans mérite : *c'est une nullité.*
numéraire *nm* toute monnaie ayant un cours légal.
numérique *adj* 1. qui se fait sur des nombres donnés : *calcul numérique* 2. évalué par le nombre : *force numérique.*
numéro *nm* 1. chiffre, nombre qui indique la place d'un objet dans une série 2. billet portant un nombre et qui donne droit au tirage d'une loterie 3. partie d'un ouvrage périodique 4. partie du programme d'un spectacle 5. FAM. personne singulière • FIG. *faire son numéro* se faire remarquer volontairement.
numéroter *vt* mettre un numéro d'ordre : *numéroter des objets.*
numerus clausus [nymerysklozys] *nm inv* quantité limitée de personnes admises à une fonction, à un examen, etc.
numismatique *nf* science des monnaies et des médailles.
nu-pieds *nm inv* chaussure à semelle mince retenue au pied par des courroies.
nuptial, e, aux *adj* relatif au mariage : *bénédiction nuptiale.*
nuque *nf* partie postérieure du cou, au-dessous de l'occiput.
nutritif, ive *adj* 1. qui nourrit 2. de la nutrition : *appareil nutritif.*
nutrition *nf* fonction de l'organisme qui assure la digestion et l'assimilation des aliments.
Nylon *nm* (nom déposé) fibre textile artificielle.
nymphomanie *nf* exagération des besoins sexuels chez la femme.

O

o *nm* quinzième lettre et quatrième voyelle de l'alphabet.
ô *interj* exprime l'apostrophe, l'invocation.
oasis [ɔazis] *nf* 1. terrain rendu fertile par la présence d'un point d'eau, dans un désert 2. FIG. lieu de repos physique ou moral.
obéir *vt ind* [à] 1. se soumettre à la volonté de quelqu'un, à un règlement 2. céder à : *obéir à ses instincts* 3. être soumis à : *les corps obéissent à la pesanteur.*
obéissance *nf* action d'obéir.
obélisque *nm* monument quadrangulaire, en forme d'aiguille.
obèse *adj* et *n* atteint d'obésité.
obésité *nf* excès de poids.
objecter *vt* opposer une objection.
objecteur *nm* • *objecteur de conscience* celui qui refuse d'accomplir le service militaire pour des motifs philosophiques ou religieux.
objectif *nm* 1. but à atteindre 2. PHOT système optique permettant de former l'image sur un support sensible.
objectif, ive *adj* 1. qui existe hors de l'esprit (par oppos. à *subjectif*) 2. sans parti pris ; impartial.
objection *nf* argument opposé à une affirmation.
objectivité *nf* qualité de quelqu'un ou de ce qui est objectif, impartial.
objet *nm* 1. chose concrète perceptible par les sens : *objets personnels* 2. but, matière d'une activité, d'une action : *objet d'une discussion* • *sans objet* sans fondement réel.
obligation *nf* 1. devoir ; engagement : *avoir de nombreuses obligations* 2. sentiment ou devoir de reconnaissance envers quelqu'un 3. titre représentant un prêt de capitaux donnant droit à intérêts.
obligatoire *adj* imposé, auquel on ne peut échapper ni déroger.

obligé, e *adj* nécessaire : *conséquence obligée* • FAM. *c'est obligé* c'est forcé, obligatoire ◆ *adj* et *n* redevable ; reconnaissant : *je vous serais très obligé de.*
obligeant, e *adj* 1. qui aime à faire plaisir, à rendre service 2. aimable : *paroles obligeantes.*
obliger *vt* (conj 2) 1. imposer l'obligation de 2. contraindre, forcer à 3. LITT. rendre service à : *obliger ses amis.*
oblique *adj* incliné, de biais par rapport à une ligne, à un plan ◆ *nf* ligne oblique.
oblitérer *vt* (conj 10) 1. marquer d'une empreinte : *oblitérer un timbre* 2. MÉD obstruer : *veine oblitérée.*
oblong, gue *adj* de forme allongée : *un visage oblong.*
obnubiler *vt* obséder : *être obnubilé par la mort.*
obole *nf* petite offrande en argent.
obscène *adj* qui choque la pudeur.
obscénité *nf* caractère de ce qui est obscène ; parole, image, action obscènes.
obscur, e *adj* 1. sombre : *cave obscure* 2. FIG. peu clair ; inintelligible : *style obscur* 3. caché, sans éclat : *vie obscure.*
obscurcir *vt* rendre obscur ◆ **s'obscurcir** *vpr* devenir obscur.
obscurité *nf* 1. caractère, état de ce qui est obscur 2. phrase, pensée obscure.
obsédé, e *adj* et *n* dont l'esprit est dominé par une idée fixe.
obséder *vt* (conj 10) occuper totalement l'esprit.
obsèques *nf pl* cérémonie des funérailles.
obséquieux, euse *adj* poli, empressé avec excès ; servile.
observance *nf* action d'observer une règle, de s'y conformer.
observateur, trice *n* 1. personne qui regarde, qui observe quelque chose sans y participer : *assister en simple observateur* 2. personne qui observe les phénomènes d'un point de vue scientifique ◆ *adj* qui sait regarder avec attention : *esprit observateur.*
observation *nf* 1. action d'observer 2. objection ; réprimande : *faire une observation à quelqu'un.*
observatoire *nm* 1. établissement pour les observations astronomiques et météorologiques 2. lieu quelconque d'où l'on observe.
observer *vt* 1. suivre les prescriptions d'une règle, d'un usage, etc. 2. considérer avec attention, scientifiquement : *observer le cours des astres* 3. épier 4. remarquer ; constater.
obsession *nf* idée fixe.
obstacle *nm* 1. ce qui empêche d'avancer 2. FIG. ce qui empêche ou retarde une action 3. difficulté qu'on place sur la piste pour les courses de haies ou les steeple-chases.
obstétricien, enne *n* et *adj* spécialiste d'obstétrique.
obstétrique *nf* partie de la médecine relative aux accouchements.
obstination *nf* ténacité ; acharnement.
obstiné, e *adj* et *n* 1. opiniâtre ; entêté 2. assidu ; acharné : *travail obstiné.*
obstiner (s') *vpr* s'attacher avec ténacité ; s'entêter : *s'obstiner dans un projet.*
obstruction *nf* 1. MÉD engorgement d'un conduit 2. tactique d'une minorité qui, dans une assemblée, une réunion, etc., entrave la marche des travaux.
obstruer *vt* boucher par un obstacle.
obtempérer *vi* (conj 10) obéir : *obtempérer à un ordre.*
obtenir *vt* (conj 22) 1. recevoir ce qu'on désire 2. atteindre un but, un résultat.
obtention *nf* action d'obtenir ; fait d'être obtenu.
obturateur, trice *adj* qui sert à obturer ◆ *nm* dispositif mécanique qui sert à obturer : *obturateur photographique.*
obturer *vt* 1. boucher hermétiquement 2. combler avec un amalgame les cavités d'une dent cariée.
obtus, e *adj*, FIG. qui manque de finesse ; borné • GÉOM *angle obtus* plus grand qu'un angle droit.
obus *nm* projectile creux, rempli d'une substance explosive, lancé par une bouche à feu.
occasion *nf* 1. circonstance et, en particulier, circonstance qui vient à propos : *occasion favorable* 2. cause ; sujet : *occasion de procès* 3. objet qui n'est pas neuf • *à l'occasion* si l'occasion se présente • *d'occasion* qui n'est pas neuf.
occasionnel, elle *adj* qui se produit par hasard.
occasionner *vt* causer ; provoquer, entraîner.
occident *nm* 1. côté de l'horizon où le soleil se couche ; ouest, couchant 2. (avec une majuscule) ensemble des États du pacte de l'Atlantique Nord.
occidental, e, aux *adj* et *n* de l'Occident.
occipital, e, aux *adj* de l'occiput ◆ *nm* os postérieur du crâne.
occiput [ɔksipyt] *nm* partie inférieure et postérieure de la tête.
occlusion *nf* MÉD fermeture pathologique d'un conduit, d'un orifice : *occlusion intestinale.*
occulte *adj* caché ; secret, mystérieux : *cause occulte* • *sciences occultes* l'alchimie, la magie, la nécromancie, etc.
occulter *vt* passer sous silence ; dissimuler.
occupation *nf* 1. action de s'occuper ; ce à quoi on occupe son temps : *avoir de nombreuses occupations* 2. action de s'établir dans : *occupation d'un pays* • HIST *l'Occupa-*

tion période (1940-1944) pendant laquelle la France a été occupée par les troupes allemandes.

occuper *vt* 1. remplir un espace, une durée 2. habiter : *occuper un studio* 3. s'emparer militairement, par la force de : *occuper un pays* 4. remplir ; exercer : *occuper un emploi* 5. consacrer : *occuper ses loisirs à* 6. donner une activité : *occuper un enfant* 7. donner du travail ; employer : *l'usine occupe une centaine d'ouvriers* ◆ **s'occuper** *vpr* travailler, consacrer son temps à.

occurrence *nf* LING apparition d'un élément de la langue dans un texte • *en l'occurrence* ou *en pareille occurrence* dans la circonstance présente.

océan *nm* 1. vaste étendue d'eau salée qui couvre la plus grande partie du globe terrestre 2. ABSOL. (avec majuscule) l'océan Atlantique : *les plages de l'Océan* 3. PAR EXT. vaste étendue : *océan de verdure.*

océanique *adj* de l'océan • *climat océanique* doux et humide en hiver, relativement frais en été.

océanographie ou **océanologie** *nf* étude scientifique du milieu marin et de la vie dans les océans.

ocre *nf* argile jaune ou rouge utilisée comme colorant ◆ *adj inv* jaune-brun ou jaune-rouge.

octaèdre *nm* solide à huit faces.

octane *nm* hydrocarbure saturé existant dans l'essence de pétrole.

octave *nf* MUS intervalle de huit degrés.

octet *nm* INFORM groupe comprenant huit éléments binaires.

octobre *nm* dixième mois de l'année.

octogénaire *n* et *adj* qui a entre quatre-vingts et quatre-vingt-dix ans.

octogone *nm* et *adj* polygone qui a huit angles.

octroi *nm* 1. action d'octroyer, d'accorder 2. droit que payaient certaines denrées à leur entrée en ville 3. administration percevant ce droit.

octroyer *vt* (conj 3) concéder ; accorder.

oculaire *adj* de l'œil : *nerf oculaire* • FIG. *témoin oculaire* qui a vu ce dont il témoigne ◆ *nm* système, dans un instrument d'optique, devant lequel se place l'œil.

oculiste *n* médecin spécialisé dans les troubles de la vision SYN. *ophtalmologiste.*

ode *nf* petit poème lyrique divisé en strophes semblables entre elles.

odeur *nf* émanation qui affecte l'odorat • *ne pas être en odeur de sainteté* être peu apprécié, mal vu.

odieux, euse *adj* 1. qui excite la haine, l'indignation 2. très désagréable ; exécrable, insupportable.

odontologie *nf* étude des dents, de leurs maladies et du traitement de celles-ci.

odorant, e *adj* qui répand une odeur, généralement agréable.

odorat *nm* sens qui perçoit les odeurs.

odyssée *nf* voyage riche en aventures, en péripéties.

œcuménisme [e-] *nm* tendance à l'union de toutes les Églises chrétiennes en une seule.

œdème [edɛm] *nm* gonflement pathologique de certains tissus ou organes.

œil (*pl yeux*) *nm* 1. organe de la vue 2. cet organe considéré comme indice des sentiments : *avoir l'œil méchant* 3. attention : *avoir l'œil à tout* 4. trou rond 5. lentille de graisse à la surface du bouillon • FAM. *à l'œil* gratuitement • *avoir l'œil* veiller, prendre garde • *coup d'œil* regard • *entre quatre yeux* en tête à tête.

œil-de-bœuf (*pl œils-de-bœuf*) *nm* lucarne à fenêtre ronde ou ovale.

œillade *nf* clin d'œil amoureux.

œillère *nf* pièce de la bride qui empêche un cheval de voir de côté ◆ **œillères** *nf pl* • FIG. *avoir des œillères* ne pas voir ou refuser de voir quelque chose.

œillet *nm* plante à fleurs odorantes ; la fleur même.

œillet *nm* trou de forme circulaire, destiné à recevoir un lacet, un cordage.

œnologie [enɔlɔʒi] *nf* science qui traite de la fabrication et de la conservation des vins.

œsophage [ezɔfaʒ] *nm* canal qui conduit les aliments dans l'estomac.

œuf [œf], pl. [ø] *nm* 1. corps arrondi, protégé par une coquille, que produisent les femelles des oiseaux et qui, s'il est fécondé, donne naissance à un jeune ; produit de la ponte des femelles des reptiles, des insectes, des poissons, des batraciens 2. cellule initiale d'un être vivant et, en particulier, d'un être humain, avant la formation d'un embryon • *dans l'œuf* dès l'origine, au début • *marcher sur des œufs* agir, parler avec précaution.

œuvre *nf* travail ; activité ; leur résultat : *faire œuvre utile* • *mettre en œuvre* employer, mettre en action ◆ *nm* ensemble de la production d'un artiste, d'un écrivain : *l'œuvre complet de Rembrandt* • *gros œuvre* fondations d'un bâtiment.

œuvrer *vi* travailler : *œuvrer pour le bien public.*

offense *nf* parole ou action blessante.

offenser *vt* blesser par des paroles ou des actes ◆ **s'offenser** *vpr* [de] se vexer.

offensif, ive *adj* qui sert à attaquer : *arme offensive.*

offensive *nf* action entreprise en vue d'attaquer : *prendre l'offensive.*

office *nm* 1. charge ; fonction : *faire office de secrétaire* 2. charge civile (avoué, notaire, commissaire-priseur, etc.) 3. bureau ; agence : *office du tourisme* 4. service liturgique : *office des morts* 5. envoi périodique de livres par un éditeur aux libraires 6. pièce attenante à la cuisine, où l'on dispose ce qui sert au service de la table • *bons offices* assistance occasionnelle prêtée par quelqu'un • *d'office* sans que cela ait été demandé par l'intéressé : *commis d'office.*

officiel, elle *adj* 1. qui émane du gouvernement, d'une autorité : *texte officiel* 2. qui concerne une cérémonie publique : *voiture officielle* ◆ *nm* personne qui a une autorité reconnue, publique.

officier *vi* célébrer un office religieux.

officier *nm* 1. titulaire d'une charge : *officier de justice* 2. militaire de grade au moins égal à celui de sous-lieutenant 3. grade de certains ordres : *officier de la Légion d'honneur* • *officier ministériel* notaire, huissier, commissaire-priseur, etc.

officieux, euse *adj* non officiel.

officinal, e, aux *adj* utilisé en pharmacie : *plantes officinales.*

offrande *nf* 1. don offert à Dieu 2. présent ; cadeau.

offrant *nm* • *au plus offrant* à l'acheteur qui propose le prix le plus élevé.

offre *nf* 1. action d'offrir : *l'offre et la demande* 2. la chose offerte • *offre publique d'achat (O.P.A.)* offre par laquelle une société fait connaître au public son intention d'acheter des titres d'une autre société.

offrir *vt* 1. donner en cadeau : *offrir un bouquet* 2. proposer : *offrir ses services* 3. présenter ; comporter : *offrir de nombreux avantages.*

offset [ɔfsɛt] *nm inv* procédé d'impression par transfert au moyen d'un rouleau de caoutchouc.

offusquer *vt* choquer ; déplaire.

ogive *nf* 1. arc ou voûte formés de deux courbes qui se coupent en formant un angle 2. ce qui présente la forme d'une ogive : *ogive d'obus.*

ogre, ogresse *n* dans les contes de fées, géant qui mange les enfants.

oh *interj* marque la surprise.

ohm *nm* unité de résistance électrique.

oie *nf* oiseau palmipède sauvage ou domestique • FIG. *oie blanche* jeune fille sotte et naïve.

oignon [ɔɲɔ̃] *nm* 1. plante potagère à bulbe comestible ; ce bulbe : *soupe à l'oignon* 2. bulbe de certaines plantes : *oignon de tulipe* 3. callosité du pied 4. grosse montre bombée de gousset • FAM. *en rang d'oignons* sur une seule ligne.

oint, e *n* et *adj* qui a été consacré par l'onction.

oiseau *nm* vertébré ovipare, couvert de plumes, dont les membres postérieurs servent à la marche, et les membres antérieurs, ou *ailes,* au vol • FIG. *à vol d'oiseau* en ligne droite • *oiseau rare* personne aux qualités peu communes • FAM. *un drôle d'oiseau* un individu bizarre.

oiselier, ère *n* personne qui élève et vend des oiseaux.

oisif, ive *adj* et *n* qui ne travaille pas ou qui a beaucoup de loisirs ◆ *adj* caractérisé par le désœuvrement : *mener une vie oisive.*

oisillon *nm* petit oiseau.

oisiveté *nf* état d'une personne oisive.

oison *nm* petit de l'oie.

oléagineux, euse *adj* 1. de la nature de l'huile : *liquide oléagineux* 2. dont on tire de l'huile : *plante oléagineuse* ◆ *nm* plante oléagineuse.

oléifère *adj* dont on extrait de l'huile : *fruits oléifères.*

oléoduc *nm* pipe-line.

olfactif, ive *adj* qui a trait à l'odorat : *sens olfactif.*

oligarchie *nf* pouvoir, de nature souvent politique, exercé par un petit nombre de personnes.

oligoélément *nm* élément chimique nécessaire en petite quantité au fonctionnement des organismes vivants.

olive *nf* 1. fruit à noyau, dont on tire l'huile d'olive 2. objet ou ornement en forme d'olive ◆ *adj inv* vert clair jaunâtre.

olivette *nf* 1. variété de tomate à fruit allongé, oblong 2. variété de raisin de table.

olivier *nm* arbre des pays méditerranéens qui fournit l'olive.

olympiade *nf* espace de 4 ans entre deux jeux Olympiques ◆ **olyimpiades** *nf pl* jeux Olympiques.

olympique *adj* • *jeux Olympiques* épreuves sportives internationales qui se disputent tous les quatre ans ; relatif à ces jeux : *piscine olympique.*

ombilic *nm* ANAT nombril.

ombilical, e, aux *adj* de l'ombilic.

ombrager *vt* (conj 2) donner de l'ombre.

ombrageux, euse *adj* méfiant ; susceptible : *caractère ombrageux.*

ombre *nf* obscurité produite par un corps qui intercepte la lumière : *l'ombre d'un arbre* • *ombre chinoise* silhouette fortement éclairée par-derrière et apparaissant sur un écran transparent • *terre d'ombre* ou *ombre nf* ocre brune et rougeâtre utilisée en peinture SYN. *terre de Sienne.*

ombrelle *nf* petit parasol portatif.

ombrer *vt* mettre des ombres à un dessin, un tableau.

omelette *nf* œufs battus et cuits dans une poêle.

omettre *vt* (conj 57) négliger de faire ou de dire quelque chose.

omission *nf* action d'omettre ; la chose omise.

omnibus [-bys] *nm* et *adj* train qui dessert toutes les stations.

omniprésent, e *adj* dont la présence se fait sentir en tous lieux.

omniscient, e *adj* qui sait tout.

omnisports *adj inv* où l'on pratique plusieurs sports : *club omnisports.*

omnivore *adj* qui se nourrit indifféremment d'animaux et de végétaux.

omoplate *nf* 1. os plat de l'épaule 2. le plat de l'épaule.

on *pron. indéf* désigne d'une manière vague une ou plusieurs personnes.

once *nf* • FAM. ***une once de*** une petite quantité de.

oncle *nm* frère du père ou de la mère.

onction *nf* 1. action d'oindre 2. cérémonie qui consiste à appliquer de l'huile sainte sur une personne pour la consacrer 3. FIG. douceur hypocrite.

onctueux, euse *adj* 1. velouté, crémeux 2. FIG. d'une douceur excessive ; hypocrite.

onde *nf* 1. mouvement de la surface de l'eau formant des rides concentriques 2. PHYS mouvement vibratoire à fonction périodique • FAM. ***être sur la même longueur d'onde*** se comprendre, parler le même langage • ***sur les ondes*** à la radio.

ondée *nf* pluie subite et passagère.

on-dit *nm inv* rumeur, nouvelle qui se propage.

ondoyer *vi* (conj 3) flotter par ondes ; onduler : *ses cheveux ondoyaient au vent.*

ondulation *nf* 1. mouvement d'un liquide qui s'abaisse et s'élève alternativement 2. mouvement qui rappelle celui des ondes 3. mouvement souple des cheveux qui frisent.

onduler *vi* avoir un mouvement sinueux ◆ *vt* rendre ondulé : *onduler les cheveux.*

one-man-show [wanmanʃo] *nm inv* spectacle de variétés où un artiste est seul en scène.

onéreux, euse *adj* qui occasionne des dépenses, des frais • ***à titre onéreux*** en payant (par oppos. à *titre gracieux*).

ongle *nm* 1. partie cornée qui couvre le dessus des doigts 2. griffe de certains animaux • FIG. ***jusqu'au bout des ongles*** à la perfection.

onglée *nf* engourdissement douloureux au bout des doigts, causé par le froid.

onglet *nm* 1. petite rainure à la surface d'un objet permettant de l'ouvrir avec l'ongle 2. TECHN extrémité d'une pièce de bois formant un angle de 45 degrés 3. morceau de bœuf de boucherie constitué par les muscles du diaphragme.

onguent *nm* pommade à base de corps gras.

onirique *adj* relatif au rêve ; inspiré par le rêve.

onomatopée *nf* mot dont le son imite celui de la chose qu'il représente (EX : *tic-tac* pour une horloge ; *teuf-teuf* pour un train).

onyx *nm* agate d'une variété caractérisée par des zones concentriques de diverses couleurs.

onze *adj num card* 1. dix et un 2. onzième : *Louis onze* ◆ *nm inv* 1. chiffre, numéro représentant le nombre onze 2. au football, équipe de onze joueurs.

onzième *adj num ord* et *n* 1. qui occupe un rang marqué par le numéro onze 2. qui se trouve onze fois dans le tout.

O.P.A. *nf* (sigle) FIN offre publique d'achat.

opacifier *vt* rendre opaque.

opale *nf* pierre fine à reflets irisés, d'un blanc laiteux.

opalin, e *adj* qui tient de l'opale : *reflets opalins.*

opaline *nf* verre opalin blanc ou coloré ; objet fait avec cette matière.

opaque *adj* 1. qui ne se laisse pas traverser par la lumière : *corps opaque* 2. FIG. dont on ne peut pénétrer le sens : *texte opaque.*

open [ɔpœn, ɔpɛn] *adj inv* se dit d'une compétition qui réunit amateurs et professionnels • ***billet (d'avion, etc.) open*** non daté.

opéra *nm* œuvre dramatique mise en musique et chantée ; théâtre où on la joue • ***opéra bouffe*** dont l'action est entièrement comique.

opéra-comique (*pl opéras-comiques*) *nm* opéra dans lequel le chant alterne avec le dialogue parlé.

opérateur, trice *n* 1. personne qui fait fonctionner des appareils 2. CIN technicien responsable de la prise de vues ; cadreur.

opération *nf* 1. action d'opérer 2. série de mesures pour obtenir un résultat : *opération financière* 3. intervention chirurgicale 4. manœuvre, combat, etc. : *opération militaire* 5. processus mathématique de nature définie, permettant de trouver un nombre nouveau à partir de nombres constants : *opération arithmétique.*

opérationnel, elle *adj* 1. qui permet d'effectuer certaines opérations 2. qui peut immédiatement entrer en action ou en fonction.

opératoire *adj* relatif à une opération chirurgicale : *choc opératoire.*

opérer *vt* (conj 10) 1. produire un effet : *opérer un changement* 2. soumettre à une intervention chirurgicale : *opérer un malade* 3. accomplir une action : *opérer des prises de vues* ◆ *vi* 1. agir d'une certaine manière : *opérer avec méthode* 2. produire un effet : *son charme a opéré* ◆ **s'opérer** *vpr* se produire, avoir lieu.

opérette *nf* œuvre théâtrale de caractère léger où se mêlent des parties chantées et parlées.

ophtalmique *adj* des yeux.

ophtalmologie *nf* partie de la médecine qui étudie et traite les maladies des yeux.

opiacé, e *adj* qui contient de l'opium.

opiner *vi* donner son avis • FAM. ***opiner de la tête, du bonnet*** acquiescer en hochant la tête.

opiniâtre *adj* tenace, obstiné.

opiniâtreté *nf* volonté tenace.

opinion *nf* avis, manière de penser : *donner son opinion* • *l'opinion publique* la façon de penser la plus répandue dans une société donnée.

opium [ɔpjɔm] *nm* 1. suc de pavot qui a une propriété narcotique 2. FIG. cause d'engourdissement moral et intellectuel.

opportun, e *adj* qui arrive à propos : *secours opportun.*

opportunisme *nm* attitude de celui qui cherche à tirer le meilleur parti des circonstances en transigeant avec ses principes.

opportunité *nf* 1. qualité de ce qui est opportun 2. occasion favorable.

opposant, e *adj* et *n* qui s'oppose.

opposé, e *adj* 1. placé vis-à-vis 2. contradictoire, de nature différente : *intérêts opposés* ◆ *nm* chose contraire ; inverse : *le bien est l'opposé du mal* • *à l'opposé (de)* 1. du côté opposé (à) 2. au contraire (de).

opposer *vt* 1. placer de manière à faire obstacle : *opposer une digue aux flots* 2. mettre vis-à-vis : *opposer deux ornements* 3. mettre en parallèle, faire s'affronter : *opposer deux théories* 4. objecter ◆ **s'opposer** *vpr* 1. être contraire, faire obstacle à 2. contraster.

opposition *nf* 1. contraste : *opposition de couleurs* 2. différence extrême, contradiction 3. obstacle légal mis à une chose : *faire opposition à un jugement, à un paiement* 4. fait de faire obstacle, de lutter contre 5. ensemble des adversaires d'un gouvernement : *membre de l'opposition.*

oppresser *vt* 1. gêner la respiration 2. FIG. tourmenter, accabler : *ce souvenir l'oppresse.*

oppresseur *nm* celui qui opprime.

oppression *nf* 1. gêne respiratoire 2. FIG. action d'opprimer ; fait d'être opprimé : *l'oppression d'un peuple.*

opprimer *vt* accabler par violence, par abus d'autorité.

opter *vi* choisir entre plusieurs solutions.

opticien, enne *n* fabricant ou marchand d'instruments d'optique, en particulier de lunettes.

optimal, e, aux *adj* se dit de l'état le plus favorable.

optimaliser ou **optimiser** *vt* donner à quelque chose le rendement optimal.

optimisme *nm* 1. attitude de ceux qui ont tendance à prendre les choses du bon côté 2. confiance dans l'avenir.

option *nf* 1. faculté, action d'opter ; chose choisie 2. droit de choisir entre plusieurs situations juridiques 3. promesse d'achat ou de vente.

optionnel, elle *adj* qui donne lieu à un choix, à une option : *crédits optionnels.*

optique *adj* relatif à l'œil, à la vision : *nerf optique.*

optique *nf* 1. partie de la physique qui traite de la lumière et de la vision 2. FIG. point de vue, manière de voir.

opulent, e *adj* 1. très riche 2. dont les formes corporelles sont développées : *poitrine opulente.*

opuscule *nm* petit ouvrage de science ou de littérature.

or *nm* 1. métal précieux d'une couleur jaune et brillante 2. monnaie d'or • *une affaire en or* excellente • *âge d'or* époque de prospérité, de bonheur • *c'est de l'or en barre* c'est une valeur sûre • *l'or noir* le pétrole • *règle d'or* principe qu'il convient de respecter absolument • *rouler sur l'or* être très riche.

or *conj* marque une transition d'une idée à une autre ; introduit une circonstance particulière dans un récit.

orage *nm* 1. perturbation atmosphérique violente, accompagnée d'averses, de tonnerre, d'éclairs 2. FIG. lutte, agitation entre des personnes ou des groupes humains.

orageux, euse *adj* 1. qui caractérise l'orage : *temps orageux* 2. FIG. agité, violent : *vie, discussion orageuse.*

oraison *nf* prière religieuse • *oraison funèbre* discours en l'honneur d'un personnage décédé.

oral, e, aux *adj* 1. qui concerne la bouche 2. de vive voix ◆ *nm* partie orale d'un examen ou d'un concours (par oppos. à *écrit*).

orange *nf* fruit de l'oranger ◆ *adj inv* et *nm* d'une couleur jaune mêlée de rouge.

orangé, e *adj* qui tire sur la couleur orange ◆ *nm* couleur orangée.

orangeade *nf* jus d'orange additionné de sucre et d'eau.

oranger *nm* arbre du genre citronnier qui produit les oranges.

orateur, trice *n* 1. qui prononce un discours devant une assemblée, un groupe 2. personne éloquente.

orbital, e, aux *adj* relatif à une orbite • *station orbitale* station spatiale placée sur orbite.

orbite *nf* 1. courbe d'une planète, d'une comète autour du Soleil, d'un satellite autour de la planète 2. cavité de l'œil 3. FIG. zone d'action, sphère d'influence.

orchestration *nf* 1. répartition des différentes parties d'une composition musicale entre les instruments de l'orchestre 2. FIG. action d'organiser quelque chose en vue de.

orchestre [ɔrkɛstr] *nm* 1. groupe de musiciens qui exécutent une œuvre 2. au théâtre, espace entre la scène et le public, où se placent les instrumentistes 3. places au rez-de-chaussée d'une salle de spectacle.

orchestrer *vt* 1. combiner pour l'orchestre les diverses parties d'une composition musicale 2. FIG. diriger, organiser en vue d'obtenir un certain résultat.

orchidée *nf* plante à fleurs ornementales de la famille des orchidacées.

ordinaire *adj* 1. qui se fait, qui a lieu habituellement : *événement très ordinaire* 2. commun, répandu, médiocre : *esprit ordinaire* ◆ *nm* 1. ce qui se fait habituellement 2. menu habituel : *cela améliore l'ordinaire* • *d'ordinaire* généralement, le plus souvent.

ordinal, e, aux *adj* • *adjectif numéral ordinal* qui marque le rang, l'ordre • *nombre ordinal* nombre entier qui indique l'ordre.

ordinateur *nm* machine automatique de traitement de l'information, obéissant à des programmes formés par des suites d'opérations arithmétiques et logiques.

ordination *nf* acte par lequel est administré le sacrement de l'ordre.

ordonnance *nf* 1. arrangement, ordre, disposition 2. loi, règlement : *ordonnance de police* 3. prescription médicale : *rédiger une ordonnance* • *officier d'ordonnance* officier qui remplit les fonctions d'aide de camp.

ordonnancer *vt* (conj 1) disposer dans un certain ordre, agencer.

ordonné, e *adj* qui a de l'ordre.

ordonnée *nf* coordonnée verticale caractérisant un point dans un plan (par oppos. à *abscisse*).

ordonner *vt* 1. mettre en ordre 2. conférer le sacrement de l'ordre 3. prescrire comme ordonnance 4. commander, donner l'ordre de.

ordre *nm* 1. manière dont les éléments d'un ensemble sont placés les uns par rapport aux autres : *ordre alphabétique* 2. action, fait de ranger, d'être rangé : *mettre de l'ordre dans une pièce* 3. catégorie, rang, classe : *ordre d'idées ; de premier ordre* 4. SC. NAT groupe de plantes, d'animaux entre la classe et la famille : *l'ordre des orthoptères* 5. stabilité d'une société, absence de troubles : *le maintien de l'ordre* 6. association professionnelle : *l'ordre des médecins* 7. HIST chacune des trois classes (clergé, noblesse, tiers état) qui composaient la société sous l'Ancien Régime 8. compagnie religieuse : *ordre monastique* 9. institution par laquelle l'État reconnaît le mérite de quelqu'un : *l'ordre de la Légion d'honneur* 10. sacrement qui confère le pouvoir d'exercer les fonctions ecclésiastiques 11. endossement d'un effet de commerce : *billet à ordre* 12. commandement : *recevoir un ordre* 13. style architectural antique : *ordre dorique* • *entrer dans les ordres* se faire prêtre, religieux ou religieuse • *mot d'ordre* consigne donnée en vue d'une action précise • *ordre du jour* liste des questions qu'une assemblée doit examiner tour à tour.

ordure *nf* 1. propos, écrit obscène 2. FAM. personne abjecte ◆ **ordures** *pl* déchets, saletés • *boîte à ordures* poubelle.

oreille *nf* 1. organe de l'ouïe ; partie externe de cet organe, placée de chaque côté de la tête 2. ouïe : *avoir l'oreille fine, avoir de l'oreille* 3. objet ayant quelque ressemblance avec l'oreille, partie saillante de certains objets • *échauffer les oreilles* irriter • *faire la sourde oreille* faire semblant de ne pas entendre • *prêter, dresser l'oreille* être attentif • *se faire tirer l'oreille* céder avec peine.

oreiller *nm* coussin pour soutenir la tête quand on est couché.

oreillette *nf* chacune des deux cavités supérieures du cœur.

oreillons *nm pl* maladie contagieuse qui se manifeste par un gonflement et une inflammation des glandes parotides.

ores *adv* • *d'ores et déjà* dès maintenant.

orfèvre *n* qui fait ou vend des ouvrages d'or et d'argent • *être orfèvre en la matière* être expert dans un domaine.

organe *nm* 1. partie d'un corps vivant qui remplit une fonction nécessaire ou utile à la vie : *l'œil est l'organe de la vue* 2. la voix humaine : *avoir un bel organe* 3. porte-parole, représentant officiel 4. chacun des éléments essentiels d'un appareil, d'une machine, etc. 5. FIG. ce qui sert d'intermédiaire, d'instrument : *les organes politiques.*

organique *adj* 1. relatif aux organes ou aux êtres organisés : *la vie organique* 2. qui provient de tissus vivants : *engrais organique* (par oppos. à *chimique*) • *chimie organique* partie de la chimie qui étudie le carbone et ses composés.

organisateur, trice *n* et *adj* qui organise.

organisation *nf* 1. action d'organiser, d'arranger 2. manière dont un ensemble ou un groupe sont structurés, agencés 3. association qui se propose des buts déterminés : *organisation syndicale.*

organiser *vt* 1. préparer dans un but et selon un plan précis : *organiser un voyage* 2. donner une structure en vue de faire fonctionner : *organiser un service* ◆ **s'organiser** *vpr* 1. arranger son travail, ses affaires de façon efficace 2. prendre forme.

organisme *nm* 1. ensemble des organes qui constituent un être vivant 2. être vivant doté ou non d'organes : *organisme pluricellulaire* 3. ensemble, groupe organisé : *organisme semi-public.*

organiste *n* personne qui joue de l'orgue.

orgasme *nm* point culminant du plaisir sexuel.

orge *nf* céréale dont les épis portent de longues barbes ; graine de cette céréale • *sucre d'orge* sucre cuit avec une décoction d'orge et coloré.

orgeat *nm* sirop préparé avec une émulsion d'amandes.

orgie *nf* 1. débauche 2. LITT. surabondance, profusion : *une orgie de couleurs.*

orgue *nm* instrument de musique à vent et à tuyaux, à claviers et pédales • *orgue de Barbarie* orgue mécanique à manivelle • *point d'orgue* repos plus ou moins long sur une note quelconque REM. *orgue* est masc. au sing. ainsi qu'au pl. s'il désigne plusieurs instruments ; il est fém. au pl. quand il désigne un seul instrument : *un bel orgue* ; *de belles orgues.*

orgueil *nm* 1. estime excessive de soi 2. sentiment élevé de sa propre dignité.

orgueilleux, euse *adj* et *n* qui a de l'orgueil, qui le manifeste.

orient *nm* 1. l'un des points cardinaux, où le soleil se lève ; levant, est 2. ensemble des pays d'Asie par rapport à l'Europe (avec une majuscule) • *Grand Orient* loge maçonnique centrale.

oriental, e, aux *adj* qui se situe à l'est : *côte orientale* ◆ *adj* et *n* de l'Orient.

orientation *nf* 1. action d'orienter, de s'orienter 2. position par rapport aux points cardinaux 3. FIG. direction, tendance donnée à quelqu'un ou à quelque chose.

orienté, e *adj* qui a une tendance doctrinale ou politique nettement marquée.

orienter *vt* 1. disposer par rapport aux points cardinaux : *orienter une maison* 2. FIG. guider, diriger : *orienter vers une carrière* ◆ **s'orienter** *vpr* 1. reconnaître sa position par rapport aux points cardinaux 2. se diriger.

orifice *nm* ouverture, trou.

oriflamme *nf* drapeau ou bannière d'apparat.

origan *nm* plante aromatique (appelée aussi : *marjolaine*).

originaire *adj* qui vient de, qui tire son origine de : *originaire d'Afrique.*

original, e, aux *adj* 1. qui émane directement de l'auteur, de la source : *texte original* 2. unique en son genre, qui ne ressemble à rien d'autre : *modèle original* 3. singulier, bizarre : *décor original* ◆ *nm* texte, ouvrage, modèle primitif : copie conforme à l'original ◆ *n* personne excentrique, singulière.

originalité *nf* 1. caractère de ce qui est original 2. bizarrerie, nouveauté, excentricité.

origine *nf* 1. commencement, début : *l'origine du monde* 2. provenance, extraction : *d'origine anglaise* • *à l'origine* au début.

originel, elle *adj* qui remonte à l'origine • *péché originel* celui que tous les hommes, dans la croyance chrétienne, ont contracté en la personne d'Adam.

O.R.L. *n* (sigle) oto-rhino-laryngologiste.

ornement *nm* 1. ce qui orne, décore 2. détail destiné à la décoration, à l'embellissement de quelque chose • *d'ornement* purement décoratif.

ornemental, e, aux *adj* qui concerne les ornements ; qui sert à l'ornement.

orner *vt* parer, décorer.

ornière *nf* trace creusée dans le sol par les roues des voitures • *sortir de l'ornière* 1. se dégager de la routine 2. sortir d'une situation difficile.

ornithologie *nf* partie de la zoologie qui traite des oiseaux.

orpailleur *nm* homme qui recherche les paillettes d'or dans le lit de certains cours d'eau.

orphelin, e *n* et *adj* se dit d'un enfant qui a perdu son père et sa mère, ou l'un d'eux.

orphelinat *nm* établissement où l'on élève les enfants orphelins.

orteil *nm* doigt du pied.

orthodontie [-si] *nf* correction des anomalies de position des dents.

orthodoxe *adj* conforme à un dogme religieux, à une doctrine, à ce qui est considéré comme vrai ◆ *adj* et *n* qui concerne les Églises chrétiennes d'Orient.

orthodoxie *nf* caractère de ce qui est orthodoxe.

orthogonal, e, aux *adj* à angle droit.

orthographe *nf* manière d'écrire correctement les mots.

orthographier *vt* écrire suivant les règles de l'orthographe.

orthopédie *nf* traitement des affections du squelette et des articulations.

orthophonie *nf* rééducation du langage écrit et oral.

orthoptie [-si] *nf* branche de l'ophtalmologie qui traite les défauts de la vue par la gymnastique oculaire.

ortie *nf* plante couverte de poils irritants • *ortie blanche* lamier blanc.

ortolan *nm* espèce de bruant de l'Europe à la chair délicate.

orvet *nm* reptile proche des lézards, sans pattes.

os [ɔs], pl. [o] *nm* partie dure et solide de la charpente du corps de l'homme et des animaux vertébrés • FIG. *en chair et en os* en personne • FAM. *tomber sur un os* sur une difficulté imprévue.

O.S. *n* (sigle) ouvrier, ouvrière spécialisé(e).

oscar *nm* haute récompense cinématographique attribuée chaque année à Hollywood.

oscillation *nf* 1. mouvement d'un corps qui va et vient de part et d'autre de sa position d'équilibre : *les oscillations du pendule* 2. FIG. fluctuation, changement.

osciller [ɔsile] *vi* 1. exécuter des oscillations 2. FIG. varier, hésiter.

oseille *nf* 1. plante potagère d'un goût acide 2. FAM. argent.

oser *vt* avoir la hardiesse, le courage de : *ne pas oser se plaindre.*

osier *nm* rameau flexible d'une sorte de saule ; saule donnant ces rameaux.

osmose *nf* 1. phénomène de diffusion d'une solution à travers une membrane semi-perméable 2. FIG. pénétration, influence réciproque.

ossature *nf* 1. l'ensemble des os 2. FIG. armature, charpente : *ossature d'une voûte, d'un roman.*

osselet *nm* petit os, en particulier de l'oreille ◆ **osselets** *pl* • *jouer aux osselets* lancer et rattraper sur le dos de la main de petits objets de matière quelconque en forme de petits os.

ossements *nm pl* os décharnés.

osseux, euse *adj* 1. de la nature de l'os 2. dont les os sont saillants.

ossuaire *nm* lieu où sont conservés des ossements humains.

ostensoir *nm* pièce d'orfèvrerie où l'on expose l'hostie consacrée.

ostentation *nf* affectation qu'on apporte à faire ou à montrer quelque chose : *agir avec ostentation.*

ostéopathe *n* personne qui soigne par des manipulations articulaires.

ostréiculture *nf* élevage des huîtres.

otage *nm* personne prise ou livrée en garantie de l'exécution de certaines promesses ou conventions.

otarie *nf* mammifère marin voisin du phoque ; peau, fourrure de ce mammifère.

ôté *prép* en ôtant, si l'on ôte, excepté.

ôter *vt* 1. tirer, enlever quelqu'un, quelque chose de l'endroit où il est 2. enlever, se débarrasser de : *ôter son manteau* 3. retirer, déposséder de : *ôter ses illusions à quelqu'un* 4. retrancher, soustraire : *ôter deux de quatre.*

otite *nf* inflammation de l'oreille.

oto-rhino-laryngologie *nf* étude des maladies des oreilles, du nez et de la gorge.

oto-rhino-laryngologiste ou **oto-rhino** *n* spécialiste d'oto-rhino-laryngologie (abréviation : *O.R.L.*).

ou *conj* 1. marque l'alternative : *vaincre ou mourir* 2. indique l'équivalence : *Constantinople ou Istanbul.*

où *adv* 1. en quel endroit : *où est-il ?* 2. à quoi ? : *à quoi où cela nous mènera-t-il ?* 3. auquel, sur lequel : *le rang où je suis* • *d'où* de quel endroit, de quelle origine • *là où* au lieu dans lequel • *par où* par quel endroit.

ouate *nf* coton étalé en nappe et préparé pour servir de doublure à un vêtement ou de pansement : *ouate hydrophile* REM. on dit aussi bien de *l'ouate* que de *la ouate.*

oubli *nm* 1. perte du souvenir 2. défaillance ponctuelle de la mémoire ou de l'attention 3. manquement à des règles ou à des convenances.

oublier *vt* 1. perdre le souvenir de : *oublier une date* 2. laisser par inadvertance : *oublier ses gants* 3. laisser passer oublier l'heure 4. ne plus se préoccuper de quelqu'un ou de quelque chose : *oublier ses amis, ses soucis* 5. pardonner : *oublier une injure* • FAM. ***se faire oublier*** éviter de se mettre en valeur.

oubliette *nf* cachot souterrain où l'on jetait les prisonniers condamnés à la détention perpétuelle.

oued [wɛd] *nm* rivière, en Afrique du Nord ou dans les régions arides.

ouest *nm* 1. partie de l'horizon où le soleil se couche ; couchant, occident 2. pays ou région situés de ce côté : *l'ouest de la France.*

oui *adv* marque une réponse affirmative (par oppos. à *non*).

ouï-dire *nm inv* ce qu'on sait par la rumeur publique.

ouïe *nf* sens par lequel on perçoit les sons ◆ **ouïes** *pl* 1. branchies des poissons 2. ouvertures en forme d'S pratiquées à la table supérieure d'un violon.

ouistiti *nm* singe d'Amérique de petite taille.

ouragan *nm* 1. tempête violente 2. FIG. déchaînement impétueux : *ouragan politique.*

ourler *vt* faire un ourlet.

ourlet *nm* repli cousu au bord d'une étoffe.

ours *nm* 1. grand mammifère carnivore, lourd, à fourrure épaisse 2. FIG. homme bourru, peu communicatif 3. jouet en peluche ressemblant à un ourson.

ourse *nf* femelle de l'ours.

oursin *nm* animal marin couvert de piquants mobiles, et dont les glandes reproductrices sont comestibles.

ourson *nm* petit de l'ours.

outil [uti] *nm* 1. instrument manuel de travail : *outil de coupe* 2. tout instrument de travail : *ce livre est un bon outil.*

outillé, e *adj* muni des outils nécessaires à un travail.

outrage *nm* injure, offense.

outrager *vt* (conj 2) offenser gravement.

outrance *nf* excès, exagération • *à outrance* à l'excès.

outre *nf* sac en peau de bouc pour conserver et transporter des liquides.

outre *prép* en plus de • *outre mesure* à l'excès ◆ *adv* • *en outre* de plus • *passer outre* ne pas tenir compte de ◆ *loc conj* • *outre que* en plus du fait que.

outré, e *adj* 1. exagéré : *paroles outrées* 2. indigné : *j'en suis outré.*

outre-Atlantique *adv* de l'autre côté de l'Atlantique par rapport à l'Europe, c'est-à-dire aux États-Unis.

outre-Manche *adv* au-delà de la Manche, par rapport à la France.

outremer *nm* pierre fine d'un beau bleu ◆ *adj inv* et *nm* de la couleur de cette pierre.

outre-mer *loc adv* au-delà des mers, par rapport à la France : *départements et territoires d'outre-mer.*
outrepasser *vt* aller au-delà de : *outrepasser ses droits.*
outrer *vt* 1. exagérer : *outrer la vérité* 2. FIG. irriter, indigner : *outrer quelqu'un.*
outre-Rhin *loc adv* au-delà du Rhin.
outsider [awtsajdœr] *nm* concurrent dont les chances de gagner sont faibles.
ouvert, e *adj* 1. qui n'est pas fermé : *ouvert au public* 2. franc, sincère, accueillant : *caractère ouvert.*
ouvertement *adv* sans cacher ses intentions.
ouverture *nf* 1. action d'ouvrir 2. fente, trou, orifice : *faire une ouverture* 3. MUS préface instrumentale d'un opéra 4. début officiel d'une manifestation, d'une séance 5. proposition, première négociation : *faire des ouvertures de paix.*
ouvrable *adj* • *jour ouvrable* jour de travail (par oppos. à *jour férié*).
ouvrage *nm* 1. travail : *avoir de l'ouvrage* 2. objet produit par un travail quelconque : *ouvrage de couture* 3. livre : *publier un ouvrage.*
ouvre-boîtes *nm inv* instrument pour ouvrir les boîtes de conserve.
ouvre-bouteilles *nm inv* instrument pour décapsuler les bouteilles.
ouvrer *vt* travailler, façonner.
ouvreur, euse *n* (surtout au féminin) personne chargée de placer les spectateurs dans un cinéma, un théâtre.
ouvrier, ère *n* salarié qui effectue un travail manuel ou mécanique pour gagner sa vie ◆ *adj* relatif aux ouvriers : *classe ouvrière.*
ouvrir *vt* (conj 16) 1. défaire une fermeture : *ouvrir une fenêtre* 2. permettre un accès : *ouvrir une route, les frontières* 3. déplier : *ouvrir le journal, les bras* 4. allumer, faire fonctionner : *ouvrir la radio* 5. commencer : *ouvrir des négociations* ◆ *vi* 1. être ouvert : *magasin qui ouvre le dimanche* 2. donner accès : *ouvrir sur un jardin.*
ovaire *nm* 1. glande génitale femelle où se forment les ovules 2. BOT partie inférieure du pistil.
ovale *adj* qui a la forme d'une courbe fermée et allongée comme l'ellipse ◆ *nm* figure ovale : *tracer un ovale.*
ovation *nf* acclamation.
ovationner *vt* saluer par une ovation.
overdose [ɔvœrdoz] *nf* 1. dose mortelle de drogue ; surdose 2. quantité excessive de quelque chose.
ovin, e *adj* qui concerne les moutons et les brebis.
ovipare *adj* et *n* qui se reproduit par des œufs.
OVNI *nm* (sigle de objet volant non identifié) objet ou phénomène fugitif observé dans l'atmosphère dont la nature n'est pas identifiée.
ovoïde *adj* dont la forme ressemble à celle d'un œuf.
ovule *nm* 1. cellule femelle destinée à être fécondée 2. petit solide ovoïde médicamenteux.
oxyde *nm* composé résultant de la combinaison d'un corps simple avec l'oxygène.
oxyder *vt* convertir en oxyde ◆ **s'oxyder** *vpr* se couvrir d'oxyde.
oxygène *nm* corps simple gazeux, formant la partie respirable de l'air (symb : O).
oxygéné, e *adj* • *eau oxygénée* solution aqueuse employée comme antiseptique.
oxygéner *vt* (conj 10) combiner avec l'oxygène ◆ **s'oxygéner** *vpr* respirer de l'air pur : *s'oxygéner à la campagne.*
ozone *nm* corps simple gazeux dont la molécule est formée de trois atomes d'oxygène.

P

p *nm* seizième lettre de l'alphabet, et la douzième des consonnes.
pacemaker [pɛsmekœr] *nm* stimulateur cardiaque.
pacha *nm* 1. chef de province dans l'Empire ottoman 2. FAM. homme qui aime ses aises et se laisser servir.
pacifique *adj* 1. qui désire vivre en paix 2. qui est fait dans une intention de paix.
pacifisme *nm* tendance à rechercher la paix par tous les moyens.
pack *nm* emballage qui réunit plusieurs bouteilles ou pots pour en faciliter le stockage et le transport.
packaging [pakedʒiŋ] *nm* technique de l'emballage et du conditionnement des produits commerciaux.
pacotille *nf* objet de peu de valeur.
pacte *nm* convention, accord solennel.
pactiser *vi* 1. faire un pacte 2. FIG. transiger : *pactiser avec sa conscience.*
paella [paelja] ou [paela] *nf* plat espagnol à base de riz mélangé avec de la viande, des crustacés, du poisson, du chorizo, des légumes, etc.
pagaie *nf* aviron court qu'on manie sans le fixer sur l'embarcation.
pagaille ou **pagaïe** *nf* FAM. précipitation, désordre • *en pagaille* en grande quantité.
pagayer [pagɛje] *vi* (conj 4) conduire à la pagaie.
page *nf* 1. côté d'un feuillet de papier 2. ce qui est tracé, imprimé sur la page : *copier*

une page 3. FIG. passage d'une œuvre littéraire ou musicale • FAM. *à la page* au courant.

pagination *nf* numérotation des pages d'un livre, des feuillets d'un manuscrit, etc.

pagne *nm* morceau d'étoffe drapé autour de la taille et qui couvre le corps de la ceinture aux genoux.

pagode *nf* édifice religieux bouddhique en Extrême-Orient.

paie [pɛ] ou **paye** [pɛj] *nf* 1. action de payer : *jour de paie* 2. salaire, somme touchée : *dépenser toute sa paie.*

paiement [pɛmɑ̃] ou **payement** *nm* 1. action de payer : *suspendre ses paiements* 2. somme payée.

païen, enne [pajɛ̃, -ɛn] *adj* et *n* adepte d'une religion polythéiste.

paillasse *nf* 1. sac de paille, de feuilles de maïs, etc., servant de matelas rudimentaire 2. partie de l'évier sur laquelle on peut égoutter la vaisselle.

paillasson *nm* natte en fibres dures posée au seuil d'un lieu quelconque et destinée à s'essuyer les pieds.

paille *nf* 1. tige de céréale dépouillée de son grain 2. tige creuse servant à aspirer un liquide • *paille de fer* copeaux métalliques en forme de filaments, servant à nettoyer les parquets • *sur la paille* ruiné • *tirer à la courte paille* tirer au sort avec des brins de paille de longueurs différentes ◆ *adj inv* qui a la couleur jaune de la paille.

paillette *nf* 1. parcelle d'or mêlée au sable de certains cours d'eau 2. lamelle de matière brillante qu'on applique sur une étoffe • *savon, lessive en paillettes* en petites lamelles.

pain *nm* 1. aliment fait de farine pétrie, fermentée et cuite au four 2. aliment où entrent de la farine ou de la mie de pain : *pain d'épice, pain de poisson* 3. masse de matière de forme allongée : *pain de sucre* • *arbre à pain* jaquier, arbre des pays chauds • *avoir du pain sur la planche* beaucoup de travail • *gagner son pain* gagner sa vie, pourvoir à ses besoins • *long comme un jour sans pain* très long • *retirer, enlever le pain de la bouche de quelqu'un* lui ôter les moyens de gagner sa vie.

pair *nm* membre de la Chambre des lords, en Angleterre.

pair, e *adj* exactement divisible par deux : *nombre pair* ◆ *nm* 1. égal d'une personne : *être jugé par ses pairs* 2. taux nominal ou de remboursement d'une valeur • *au pair* logé et nourri en échange de certains services • *de pair* sur le même rang • *hors pair* sans rival, exceptionnel.

paire *nf* 1. couple de personnes, d'animaux, d'objets 2. objet composé de deux parties : *paire de ciseaux.*

paisible *adj* tranquille, pacifique, calme : *mener une vie paisible.*

paître *vt* (conj 80) manger en broutant : paître l'herbe ◆ *vi* manger de l'herbe en broutant : *faire paître les troupeaux* • FAM. *envoyer paître* congédier, éconduire.

paix *nf* 1. situation d'un pays, d'un peuple qui n'est pas en guerre 2. traité mettant fin à l'état de guerre : signer la paix 3. calme, quiétude : *la paix des champs* 4. tranquillité, sérénité : *en paix avec sa conscience* • *faire la paix* se réconcilier.

palabrer *vi* parler, discuter longuement.

palace *nm* hôtel de grand luxe.

palais *nm* 1. résidence d'un chef d'État, d'une personne importante, etc. 2. édifice abritant un musée, une assemblée, etc. • *palais de justice* affecté aux services de la justice.

palais *nm* 1. ANAT partie supérieure du dedans de la bouche 2. FIG. sens du goût : *palais délicat.*

pale *nf* 1. partie d'un aviron, d'une roue à aubes, qui entre dans l'eau 2. branche d'une hélice.

pâle *adj* 1. blême, blafard, sans couleurs : *pâle comme un linge* 2. d'une tonalité atténuée : *bleu pâle* 3. FIG. terne, sans éclat : *un pâle imitateur.*

paléographie *nf* science du déchiffrement des écritures anciennes.

paléontologie *nf* science des fossiles.

palet *nm* disque qu'on jette le plus près possible d'un but.

paletot *nm* gilet ou veste qu'on porte pardessus les autres vêtements.

palette *nf* 1. plaque de bois sur laquelle les peintres étalent et mélangent leurs couleurs 2. FIG. ensemble des couleurs propres à un peintre 3. FIG. gamme, éventail : *toute la palette de son génie* 4. petit instrument de forme analogue servant à divers usages 5. plateau conçu pour permettre la manutention des marchandises par chariots élévateurs ; charge de ce plateau 6. omoplate de mouton, de porc.

pâleur *nf* état, aspect de ce qui est pâle : *la pâleur d'un visage.*

palier *nm* 1. plate-forme ménagée à chaque étage, dans un escalier 2. portion horizontale d'une route, d'une voie ferrée 3. FIG. étape, tranche : *dégrèvement par paliers* 4. MÉCAN organe supportant et guidant un arbre de transmission.

pâlir *vi* 1. devenir pâle : *pâlir de colère* 2. s'affaiblir, perdre de son éclat : *couleur qui pâlit* ◆ *vt* LITT. rendre pâle.

palissade *nf* barrière de pieux ou de planches : *franchir une palissade.*

palliatif, ive *adj* et *nm* qui n'a qu'une efficacité incomplète, momentanée : *remède palliatif* ◆ *nm* moyen provisoire, expédient pour détourner un danger ou écarter un obstacle.

pallier *vt* atténuer : *pallier un défaut.*

palmarès [-rɛs] *nm* 1. liste des lauréats d'un concours, d'une compétition, etc. 2. liste des victoires remportées par quelqu'un, par un club sportif, etc. 3. liste de chansons à succès.

palme *nf* 1. feuille de palmier : *huile de palme* 2. insigne, décoration en forme de palme : *palmes académiques* 3. LITT. symbole de la victoire, de la réussite : *remporter la palme* 4. nageoire en caoutchouc qui s'adapte au pied d'un nageur • ***vin de palme*** boisson fermentée obtenue à partir de la sève de certains palmiers.

palmé, e *adj* 1. BOT semblable à une main ouverte : *feuille palmée* 2. ZOOL dont les doigts sont réunis par une membrane (oie, canard, etc.).

palmier *nm* 1. arbre dont le tronc est couronné par un bouquet de feuilles et dont certaines espèces portent des fruits (noix de coco, dattes) 2. gâteau sec plat, en pâte feuilletée.

palourde *nf* mollusque comestible.

palper *vt* 1. toucher avec la main afin d'examiner 2. FIG., FAM. toucher, recevoir de l'argent.

palpitant, e *adj* 1. qui palpite 2. FIG. passionnant : *roman palpitant.*

palpitation *nf* (souvent au pluriel) mouvement violent et déréglé du cœur.

palpiter *vi* 1. battre, avoir des mouvements brusques, convulsifs, en parlant du cœur 2. frémir convulsivement, en parlant de la chair d'un animal qui vient d'être tué.

paludisme *nm* fièvre qui se contracte dans les pays marécageux.

pamphlet *nm* écrit satirique et violent : *pamphlet politique.*

pamplemousse *nm* fruit du *pamplemoussier*, baie à goût acide, de couleur jaune, plus grosse que les oranges.

pan *nm* 1. partie tombante d'un vêtement, d'une tenture 2. partie d'un mur 3. face d'un corps polyédrique : *écrou à six pans* 4. LITT. partie de quelque chose : *tout un pan de vie* • ***pan coupé*** surface qui remplace l'angle à la rencontre de deux murs.

panacée *nf* remède prétendu universel contre tous les maux.

panache *nm* 1. plumes flottantes servant d'ornement ; tout ce qui ondoie comme ces plumes : *panache de fumée* 2. FIG. éclat, brio.

panaché, e *adj* 1. orné d'un panache 2. de diverses couleurs 3. FAM. composé d'éléments différents : *style panaché* • ***demi panaché*** ou ***panaché nm*** mélange de bière et de limonade.

panacher *vt* 1. orner de couleurs variées 2. composer d'éléments divers 3. mettre sur un même bulletin de vote les noms de candidats appartenant à des listes différentes.

panade *nf* • FAM. ***être, tomber dans la panade*** dans la misère.

panama *nm* chapeau très souple, tressé avec la feuille d'un arbuste d'Amérique centrale.

panaris [-ri] *nm* inflammation du doigt.

pancarte *nf* panneau, plaque portant une inscription ou un avis destinés au public.

pancréas [pɑ̃kreas] *nm* glande située en arrière de l'estomac, dans l'abdomen.

panda *nm* mammifère proche de l'ours, qui habite l'Himalaya.

panel *nm* groupe de personnes régulièrement interrogées pour des enquêtes, des études de marché.

paner *vt* couvrir de chapelure avant de faire frire : *poisson pané.*

panier *nm* objet fait d'osier, de jonc, etc., pour transporter ou contenir des provisions, des objets, etc. ; ce qu'il contient : *panier de fruits* • ***le dessus du panier*** le meilleur • FAM. ***panier de crabes*** groupement de personnes qui cherchent à se nuire les unes aux autres • ***panier percé*** personne dépensière.

panification *nf* conversion des matières farineuses en pain.

panique *nf* terreur subite de caractère collectif ◆ *adj* • ***peur panique*** effroi violent, peur soudaine et irraisonnée.

paniquer *vi* ou **se paniquer** *vpr* FAM. prendre peur, être affolé ◆ *vt* FAM. affoler.

panne *nf* arrêt accidentel d'une machine quelconque : *tomber en panne* • FAM. ***être en panne de quelque chose*** en manquer.

panneau *nm* 1. plaque de bois ou de métal servant de support à des inscriptions 2. surface pleine et unie encadrée ou ornée de moulures • FIG. ***tomber dans le panneau*** se laisser prendre au piège.

panonceau *nm* enseigne, plaque qui signale une raison sociale.

panoplie *nf* 1. déguisement pour enfant présenté sur un carton fort : *panoplie de cow-boy* 2. collection d'armes disposées sur un panneau 3. ensemble d'outils, d'accessoires nécessaires à une activité quelconque.

panorama *nm* 1. vaste paysage qu'on voit d'une hauteur 2. FIG. vue d'ensemble.

panoramique *adj* qui offre l'aspect d'un panorama : *vue panoramique* ◆ *nm* CIN procédé qui consiste à faire pivoter la caméra pendant la prise de vues.

panse *nf* 1. première poche de l'estomac des ruminants 2. partie renflée d'un récipient 3. FAM. ventre.

pansement *nm* action de panser une plaie ; ce qui est appliqué sur la plaie.

panser *vt* 1. appliquer une compresse, un coton, etc., sur une plaie 2. brosser, étriller, etc., un animal domestique.

pansu, e *adj* 1. qui est renflé 2. qui a un gros ventre.

pantalon *nm* vêtement qui va de la ceinture aux pieds et qui enveloppe chaque jambe séparément.
pantelant, e *adj* qui respire avec peine.
panthéon *nm* 1. ensemble des dieux d'une religion 2. édifice consacré aux grands hommes d'un pays.
panthère *nf* mammifère carnivore d'Asie, au pelage jaune tacheté de noir.
pantin *nm* 1. jouet composé d'une figure burlesque dont on agite les membres à l'aide de fils 2. FIG. personne sans volonté personnelle, influençable et versatile.
pantouflard, e *adj* et *n* FAM. casanier.
pantoufle *nf* chaussure d'intérieur.
panure *nf* chapelure.
paon [pɑ̃] *nm* oiseau gallinacé au plumage magnifique • FIG. ***se parer des plumes du paon*** tirer vanité des mérites d'autrui • ***se rengorger comme un paon*** faire le vaniteux.
paonne [pan] *nf* femelle du paon.
papa *nm* père, dans le langage affectif et enfantin • FAM. ***à la papa*** sans hâte, tranquillement : *conduite à la papa.*
papal, e, aux *adj* du pape.
papauté *nf* fonction, administration d'un pape.
papaye [papaj] *nf* fruit comestible du papayer.
pape *nm* chef de l'Église catholique romaine.
paperasse *nf* papier sans valeur, inutile ; écrits administratifs.
paperasserie *nf* grande quantité de papiers administratifs.
papeterie *nf* 1. fabrique de papier 2. magasin où l'on vend du papier, des articles de bureau, etc.
papetier, ère *n* et *adj* 1. qui fabrique du papier 2. qui tient une papeterie.
papier *nm* 1. feuille sèche et mince, faite de substances végétales réduites en pâte, pour écrire, imprimer, envelopper, etc. : *papier à lettres ; papier peint* 2. feuille écrite ou imprimée ; article de journal • ***papier de verre*** papier enduit d'une substance abrasive et servant à polir ◆ **papiers** *pl* documents, pièces d'identité • FIG. ***être dans les petits papiers de quelqu'un*** être bien vu de lui.
papier-calque (*pl papiers-calque*) *nm* papier translucide permettant de recopier un dessin.
papier-émeri (*pl papiers-émeri*) *nm* papier recouvert d'une couche de produit abrasif.
papille *nf* petite éminence sur la peau, en particulier sur la langue.
papillon *nm* 1. insecte aux ailes couvertes de fines écailles souvent colorées : *le papillon provient de la métamorphose d'une chenille* 2. petite feuille de papier contenant un avis, en particulier une contravention 3. écrou à ailettes qu'on peut desserrer à la main ◆ *adj* qui évoque la forme d'un papillon : *nœud papillon* • ***brasse papillon*** style de brasse dans laquelle les bras sont ramenés en avant au-dessus de l'eau.
papillote *nf* 1. papier roulé pour envelopper un bonbon 2. ornement de papier dont on entoure le manche d'un gigot, de côtelettes 3. papier ou feuille d'aluminium dont on enveloppe certains aliments pour la cuisson au four ou à la vapeur.
papilloter *vi* 1. clignoter, en parlant des yeux 2. miroiter : *une surface qui papillote.*
papoter *vi* FAM. bavarder, parler de choses sans importance.
paprika *nm* piment rouge en poudre.
papyrus [papirys] *nm* 1. plante des bords du Nil 2. feuille faite à partir de la tige du papyrus, qui servait de papier aux Égyptiens ; le manuscrit lui-même : *déchiffrer un papyrus.*
pâque *nf* fête annuelle des juifs, en mémoire de leur sortie d'Égypte : *célébrer la pâque.*
paquebot *nm* navire qui transporte des passagers.
pâquerette *nf* petite marguerite blanche • FAM. ***au ras des pâquerettes*** à un niveau très élémentaire, bassement matériel.
pâques *nf pl* la fête de pâques : *joyeuses pâques* • ***faire ses pâques*** son devoir pascal ◆ **Pâques** *nm* fête annuelle mobile des chrétiens qui commémore la résurrection du Christ.
paquet *nm* réunion de choses enveloppées ou attachées ensemble • FAM. ***faire ses paquets*** s'en aller • FAM. ***mettre le paquet*** fournir un gros effort • ***un paquet de*** beaucoup de.
paquetage *nm* ensemble des effets et objets militaires d'un soldat.
par *prép* indique le lieu par où l'on passe, les circonstances, le moyen, la cause, l'agent, la distribution • ***de par*** du fait de, par l'ordre de • ***par conséquent*** en conséquence.
parabole *nf* 1. comparaison, allégorie développée dans un récit écrit ou oral 2. GÉOM ligne courbe, dont chacun des points est équidistant d'un point fixe appelé foyer et d'une droite fixe appelée *directrice.*
parachever *vt* (conj 9) mener à son achèvement complet avec le plus grand soin.
parachute *nm* appareil destiné à ralentir la chute de quelqu'un ou de quelque chose tombant d'une grande hauteur.
parachuter *vt* 1. lancer par parachute 2. FAM. désigner brusquement pour une fonction, envoyer dans un lieu à l'improviste.
parachutiste *n* qui pratique le parachutisme.
parade *nf* 1. geste, action par lesquels on se défend d'une agression physique, d'une accusation, etc. : *trouver la parade* 2. revue

de troupes, évolution militaire 3. défilé des artistes d'un cirque, d'un spectacle de music-hall, etc. • *de parade* destiné à être vu, à servir d'ornement : *habit de parade* • *faire parade de* étaler, montrer avec ostentation.

parader *vi* 1. se pavaner, se mettre en valeur 2. manœuvrer, défiler, en parlant de troupes.

paradis *nm* 1. RELIG lieu de séjour des âmes des justes après la mort 2. FIG. lieu enchanteur 3. galerie supérieure d'un théâtre • *oiseau de paradis* paradisier • *paradis terrestre* jardin de délices où Dieu plaça Adam et Ève.

paradoxal, e, aux *adj* qui tient du paradoxe ; singulier, bizarre.

paradoxe *nm* opinion, fait contraire à la logique ou à la raison.

parafe *nm* › paraphe.

parafer *vt* › parapher.

paraffine *nf* substance solide blanche, utilisée dans la fabrication des bougies.

parages *nm pl* MAR zone maritime proche de la côte • *dans les parages* aux alentours, dans le voisinage immédiat.

paragraphe *nm* subdivision d'un texte en prose marquée par un retour à la ligne au début et à la fin ; signe typographique (§) indiquant cette division.

paraître *vi* (conj 64 ; auxil : avoir) 1. sembler, avoir l'apparence de : *paraître heureux, souffrant* 2. apparaître, se présenter à la vue : *sourire qui paraît sur le visage* 3. se montrer avec vanité : *désir de paraître* 4. être publié : *livre qui paraît à la rentrée* ◆ *v impers* • *il paraît que* il semble que • *sans qu'il y paraisse* sans que cela se voie.

parallèle *adj* 1. se dit de deux lignes ou de deux surfaces également distantes l'une de l'autre sur toute leur longueur 2. FIG. qui se développe dans la même direction ou en même temps ◆ *nf* ligne parallèle à une autre ◆ *nm* 1. cercle parallèle à l'équateur 2. FIG. comparaison : *parallèle entre deux écrivains.*

parallélépipède *nm* volume à six faces parallèles deux à deux.

parallélisme *nm* 1. état de deux lignes, de deux plans parallèles 2. FIG. ressemblance de faits, de choses que l'on compare.

parallélogramme *nm* quadrilatère dont les côtés sont parallèles deux à deux.

paralyser *vt* 1. frapper de paralysie 2. FIG. arrêter, neutraliser : *paralyser toute initiative.*

paralysie *nf* 1. privation ou diminution considérable de la fonction motrice 2. FIG. impossibilité d'agir ; arrêt complet : *paralysie de l'économie.*

paramédical, e, aux *adj* qui est en rapport avec les activités relatives à la santé (orthophonie, kinésithérapie, par ex.) sans faire partie des professions médicales : *professions, disciplines paramédicales.*

paramètre *nm* 1. grandeur mesurable permettant de présenter de façon simple les caractéristiques d'un ensemble statistique 2. FIG. élément constant à prendre en compte dans une opération intellectuelle quelconque.

paramilitaire *adj* qui imite la structure et la discipline de l'armée : *formation paramilitaire.*

paranoïa *nf* maladie mentale caractérisée par la méfiance vis-à-vis des autres, la surestimation de soi et la tendance au délire de persécution.

paranoïaque *adj* et *n* atteint de paranoïa.

paranormal, e, aux *adj* qui est en marge de la normalité.

parapente *nm* parachute conçu pour s'élancer d'une hauteur.

parapet *nm* mur à hauteur d'appui, pour servir de garde-fou, d'abri : *le parapet d'un pont.*

paraphe ou **parafe** *nm* 1. signature plus ou moins stylisée ou schématique 2. trait soulignant une signature.

parapher ou **parafer** *vt* signer d'un paraphe.

paraphrase *nf* 1. développement explicatif d'un texte 2. PÉJOR. développement verbeux et diffus 3. énoncé ayant le même sens qu'un autre moins long.

paraplégie *nf* paralysie des membres inférieurs.

parapluie *nm* accessoire portatif formé d'un manche et d'une étoffe fixée sur une armature, pour se protéger de la pluie.

parapsychologie *nf* étude des phénomènes paranormaux ayant une origine psychique.

parascolaire *adj* qui est parallèle à l'école, aux activités scolaires proprement dites.

parasite *nm* et *adj* se dit d'un animal, d'une plante qui vit aux dépens d'un autre animal, d'une autre plante ◆ **parasites** *nm pl* se dit de perturbations dans la réception radiophonique ou télévisuelle.

parasiter *vt* 1. vivre en parasite au détriment, aux dépens de 2. perturber par des bruits parasites.

parasol [parasɔl] *nm* objet en forme de parapluie destiné à protéger du soleil.

paratonnerre *nm* appareil destiné à préserver de la foudre.

paravent *nm* meuble composé de panneaux verticaux articulés, servant à isoler.

parc *nm* 1. enclos boisé, d'une certaine étendue, pour la promenade, la chasse, etc. 2. grand jardin public 3. lieu clos où sont entreposés des munitions, du matériel militaire 4. ensemble des machines, des véhicules d'une entreprise, d'un pays : *parc automobile* • *parc naturel régional* où la faune et la flore sont protégées • *parc à huîtres* bassin pour l'élevage des huîtres.

parcelle *nf* 1. petite partie de quelque chose 2. terrain constituant une unité cadastrale.

parce que *loc conj* étant donné que, puisque.

parchemin *nm* peau d'animal préparée pour l'écriture ou la reliure.

parcimonie *nf* • *avec parcimonie* avec une économie rigoureuse et mesquine.

parcmètre *nm* appareil mesurant le temps de stationnement autorisé pour un véhicule.

parcourir *vt* (conj 29) 1. traverser, visiter dans toute son étendue ou dans tous les sens : *parcourir un pays* 2. accomplir un trajet dans un temps déterminé 3. FIG. examiner, lire rapidement : *parcourir un roman.*

parcours *nm* 1. trajet suivi par quelqu'un, par un véhicule, etc. 2. ensemble des dix-huit trous au golf.

pardessus *nm* manteau d'homme.

pardon *nm* 1. fait de ne pas tenir rigueur d'une faute, d'une offense : *refuser son pardon* 2. pèlerinage et fête populaire en Bretagne 3. formule de politesse employée quand on dérange quelqu'un.

pardonner *vt* faire rémission de, excuser : *pardonner une faute* ◆ *vt ind* [à] cesser d'entretenir à l'égard de quelqu'un de la rancune ou de l'hostilité pour ses fautes : *pardonner à ses ennemis* ◆ *vi* • *ne pas pardonner* avoir des conséquences fatales.

pare-balles *nm inv* et *adj inv* dispositif ou vêtement protégeant des projectiles.

pare-brise *nm inv* plaque de verre à l'avant d'un véhicule.

pare-chocs *nm inv* lame de protection à l'avant et à l'arrière d'un véhicule.

pareil, eille *adj* 1. qui présente une ressemblance ou une similitude : *des robes pareilles* 2. tel, semblable : *une pareille fatigue* ◆ *n* personne égale, semblable : *vous et vos pareils* • *n'avoir pas son pareil pour* être seul capable de • *sans pareil* exceptionnel ◆ *adv* FAM. de la même façon.

pareille *nf* • *rendre la pareille à quelqu'un* lui faire subir le traitement qu'on a reçu de lui.

parent *n* et *adj* personne qui a des liens familiaux plus ou moins étroits avec quelqu'un ◆ *nm* le père ou la mère ◆ *adj* qui a des traits communs avec quelqu'un, quelque chose d'autre ◆ **parents** *pl* 1. le père et la mère 2. LITT. les ancêtres.

parenté *nf* 1. lien de consanguinité ou d'alliance 2. ensemble des parents 3. FIG. ressemblance, analogie, affinité : *parenté de deux opinions.*

parenthèse *nf* 1. remarque incidente insérée dans une phrase 2. signe () qui indique l'intercalation d'un élément dans une phrase 3. FIG., FAM. digression : *ouvrir une parenthèse* • *entre parenthèses* ou *par parenthèse* incidemment.

paréo *nm* pagne tahitien.

parer *vt* 1. orner, embellir : *parer un autel* 2. CUIS préparer pour la cuisson : *parer une volaille* 3. détourner, éviter : *parer un coup* ◆ *vt ind* [à] remédier à : *parer à un défaut* ◆ **se parer** *vpr* [de] LITT. s'attribuer de façon plus ou moins méritée.

pare-soleil *nm inv* dispositif de protection contre le soleil.

paresse *nf* 1. répugnance à l'effort, au travail ; goût pour l'inaction 2. MÉD lenteur anormale dans le fonctionnement d'un organe.

paresser *vi* se laisser aller à la paresse.

paresseux, euse *adj* et *n* qui montre, manifeste de la paresse ◆ *nm* mammifère édenté de l'Amérique du Sud, aux mouvements très lents.

parfaire *vt* (conj 76) achever, compléter, mener à la perfection.

parfait, e *adj* 1. sans défaut, excellent : *bonheur parfait ; vin parfait* 2. accompli, qui représente un modèle du genre : *un parfait imbécile* ◆ *nm* 1. crème glacée : *parfait au café* 2. GRAMM temps du verbe qui marque un état présent résultant d'une action passée.

parfaitement *adv* 1. de façon parfaite : *parfaitement réussi* 2. oui, certainement.

parfois *adv* quelquefois, de temps à autre.

parfum *nm* 1. odeur agréable 2. produit de toilette odorant 3. arôme donné à certains aliments 4. FIG. impression agréable, souvenir : *un parfum de déjà vu* • ARG. *au parfum* au courant d'un secret.

parfumer *vt* 1. remplir, imprégner de parfum 2. aromatiser.

parfumerie *nf* 1. ensemble des produits de toilette 2. commerce, industrie du parfumeur.

pari *nm* action de parier ; chose, somme pariée • *pari mutuel urbain (P.M.U.)* organisme qui a le monopole d'organiser et d'enregistrer les paris sur les courses de chevaux.

paria *nm* homme méprisé, mis au ban d'un groupe.

parier *vt* convenir d'un enjeu que gagnera celui qui aura raison dans une chose discutée.

pariétal, e, aux *adj* • *os pariétal* chacun des deux os qui forment les côtés et la voûte du crâne • *peinture pariétale* gravée ou peinte sur les parois et les voûtes des grottes préhistoriques.

parieur, euse *n* qui parie.

paritaire *adj* où toutes les parties sont également représentées : *commission paritaire.*

parjurer (se) *vpr* commettre un parjure, violer son serment.

parka *nm* ou *nf* manteau court à capuche, en tissu imperméable.

parking [parkiŋ] *nm* parc de stationnement automobile.

parlant, e *adj* 1. expressif, suggestif : *portrait parlant* 2. convaincant 3. accompagné de paroles : *cinéma parlant.*

parlement *nm* (avec majuscule) assemblée exerçant le pouvoir législatif : *le Parlement français se compose du Sénat et de l'Assemblée nationale.*

parlementaire *adj* relatif au Parlement : *usages parlementaires* • ***régime parlementaire*** régime politique dans lequel les ministres sont responsables devant le Parlement ◆ *n* 1. membre d'un Parlement 2. personne chargée, en temps de guerre, d'ouvrir ou de poursuivre des négociations avec le camp adverse.

parlementer *vi* 1. discuter longuement en vue d'un accommodement 2. entrer en pourparlers avec un adversaire.

parler *vi* 1. articuler des paroles : *parler à voix haute* 2. s'exprimer, par la parole ou de toute autre façon : *parler par gestes* 3. prononcer un discours, une allocution : *parler en public* 4. avouer : *l'accusé a parlé* ◆ *vt* 1. s'exprimer dans une langue : *parler anglais* 2. s'entretenir de : *parler affaires.*

parler *nm* 1. langage, manière de s'exprimer : *un parler truculent* 2. langue particulière à une région : *le parler wallon.*

parleur, euse *n* PÉJOR. • ***beau parleur*** qui s'exprime de façon séduisante.

parloir *nm* salle où l'on reçoit les visiteurs, dans certains établissements.

parme *adj inv* et *nm* d'un mauve soutenu.

parmesan *nm* fromage italien à pâte dure, granuleuse.

parmi *prép* 1. au milieu de 2. au nombre de.

parodie *nf* 1. imitation plaisante d'une œuvre artistique ou littéraire 2. imitation grossière : *une parodie de procès.*

parodier *vt* 1. faire la parodie de 2. imiter, contrefaire.

paroi *nf* 1. surface latérale, face interne de quelque chose : *les parois d'un tuyau* 2. cloison de séparation 3. surface de rocher presque verticale.

paroisse *nf* territoire soumis à la juridiction spirituelle d'un curé ; église principale de ce territoire.

paroissien, enne *n* fidèle d'une paroisse • FAM. ***drôle de paroissien*** drôle d'individu.

parole *nf* 1. faculté de parler 2. mot prononcé, phrase : *des paroles mémorables* 3. assurance donnée, engagement : *donner sa parole* • ***sur parole*** sur une promesse formelle : *croire sur parole* ◆ **paroles** *pl* texte d'une chanson : *la musique et les paroles.*

parolier, ère *n* auteur des paroles d'une chanson.

paroxysme *nm* extrême intensité, le plus haut degré d'un sentiment, d'une douleur.

parpaing [parpɛ̃] *nm* aggloméré utilisé en maçonnerie.

parquer *vt* 1. mettre dans un lieu clos ou un espace étroit 2. mettre en stationnement, garer.

parquet *nm* 1. assemblage de lames de bois formant le plancher d'une pièce 2. DR ensemble des magistrats du ministère public.

parqueter *vt* (conj 8) garnir d'un parquet : *parqueter une chambre.*

parrain *nm* 1. celui qui présente un enfant au baptême et se porte garant de sa fidélité 2. celui qui présente quelqu'un dans un club, une société, etc., pour l'y faire entrer 3. chef d'une mafia, d'une bande de malfaiteurs.

parricide *n* et *adj* qui tue son père, sa mère ou tout autre ascendant légitime ◆ *nm* crime de parricide.

parsemer *vt* (conj 9) 1. répandre çà et là : *parsemer un chemin de fleurs* 2. LITT. être répandu sur.

part *nf* portion d'un tout divisé entre plusieurs personnes : *faire des parts égales* • ***à part*** 1. excepté 2. séparément • ***à part moi*** en moi-même • ***avoir part à*** profiter de, participer à • ***de part en part*** en traversant • ***de part et d'autre*** des deux côtés • ***faire part*** communiquer, informer • ***pour ma part*** quant à moi • ***prendre en bonne, en mauvaise part*** interpréter bien ou mal • ***prendre part*** s'intéresser à, collaborer.

partage *nm* action de diviser en parts : *faire le partage d'une succession* • ***sans partage*** exclusif, sans réserve.

partager *vt* (conj 2) 1. diviser en parts : *partager un gâteau entre les invités* 2. avoir en commun : *partager un sentiment, la responsabilité d'un accident avec l'autre conducteur* • ***être partagé*** animé de tendances contradictoires.

partance (en) *loc adv* sur le point de partir.

partant, e *adj* • FAM. ***être partant (pour)*** être disposé, prêt à ◆ *nm* concurrent qui se présente à une course.

partenaire *n* personne avec qui l'on est associé dans une action quelconque.

partenariat *nm* système associant des partenaires sociaux ou économiques.

parterre *nm* 1. partie d'un jardin ornée de gazon, de fleurs 2. partie d'une salle de théâtre située derrière les fauteuils d'orchestre ; ensemble des spectateurs qui y sont placés.

parti *nm* 1. groupe de personnes réunies par une communauté d'opinions ou d'intérêts : *parti politique* 2. ensemble de personnes ayant des tendances, des affinités communes : *le parti des mécontents* 3. solution, résolution adoptée : *hésiter entre deux partis* • *esprit de parti* aveuglement dans le choix d'une opinion, sectarisme • *faire un mauvais parti à quelqu'un* le malmener, le maltraiter • *parti pris* opinion préconçue • *prendre son parti de* se résigner à • *tirer parti de* tirer profit, avantage de.

partial, e, aux [parsjal, -sjo] *adj* qui fait preuve d'un parti pris injuste.

participant, e *adj* et *n* qui participe.

participation *nf* action, fait de participer : *participation à une loterie.*

participe *nm* forme adjective du verbe qui a le rôle tantôt d'un adjectif (variable), tantôt d'un verbe (invariable) : *participe présent, passé.*

participer *vt ind* [à] avoir part, prendre part à : *participer à une opération* • LITT. *participer de* présenter les caractères de.

particulariser *vt* différencier par des caractères particuliers.

particularisme *nm* tendance d'un groupe à revendiquer et à chercher à préserver ses traits particuliers.

particularité *nf* caractère particulier de quelqu'un ou de quelque chose.

particule *nf* 1. petite partie, parcelle 2. petit mot invariable qui ne peut s'employer seul : *particule négative, affirmative* 3. préposition *de* précédant certains noms propres (dans la noblesse en particulier) : *nom à particule.*

particulier, ère *adj* 1. propre à certaines personnes, à certaines choses (par oppos. à *général*) 2. qui concerne spécialement un individu : *l'intérêt général et les intérêts particuliers ; leçon particulière* 3. SPÉCIAL caractéristique : *avoir un talent particulier* ◆ *nm* 1. caractéristique d'un élément, détail 2. personne privée • *en particulier* 1. à part, séparément 2. spécialement, notamment.

partie *nf* 1. portion, élément d'un tout : *les différentes parties d'un roman* 2. MUS chacune des mélodies d'une composition musicale 3. DR chacune des personnes qui plaident l'une contre l'autre 4. totalité des coups qu'il faut jouer pour gagner : *partie de cartes* 5. activité de loisir en commun : *partie de campagne, de pêche* 6. FAM. spécialité, profession : *être fort dans sa partie* • *en partie* pas totalement, partiellement • *faire partie de* appartenir à • *prendre à partie* attaquer, physiquement ou verbalement.

partiel, elle [parsjɛl] *adj* qui ne constitue qu'une partie d'un tout ; incomplet : *résultats partiels.*

partir *vi* (conj 26 ; auxil : être) 1. s'en aller, quitter un lieu 2. prendre le départ : *partir au signal* 3. avoir son origine : *les nerfs partent du cerveau* • *à partir de* à dater de, en commençant à.

partisan, e *adj* 1. favorable à : *elle est partisane de ce projet* 2. de parti pris, peu objectif : *des querelles partisanes* ◆ *nm* personne attachée à une cause, à un parti, etc.

partitif, ive *nm* et *adj* article qui désigne une partie d'un tout (EX : *du chocolat, de la confiture*).

partition *nf* 1. division, séparation : *la partition de l'Allemagne* 2. ensemble des parties formant une composition musicale ; feuille ou cahier où est imprimée une œuvre musicale.

partout *adv* en tout lieu, n'importe où.

parure *nf* 1. ce qui pare, embellit 2. ensemble de bijoux assortis.

parution *nf* publication d'un ouvrage, d'une revue, etc. ; date, moment de cette publication.

parvenir *vi* (conj 22 ; auxil : être) 1. arriver, venir à 2. FIG. atteindre, réussir à.

parvenu, e *n* PÉJOR. personne arrivée à une condition supérieure à sa condition première, sans avoir acquis les manières, la culture qui conviendraient à sa nouvelle position.

parvis *nm* place devant l'entrée principale d'une église, d'un grand bâtiment public.

pas *nm* 1. mouvement des pieds pour marcher, se déplacer : *entendre un bruit de pas ; avancer pas à pas* 2. longueur d'une enjambée : *à deux pas d'ici* 3. manière de marcher : *accélérer, ralentir le pas* 4. FIG. progrès, cheminement • *de ce pas* à l'instant • *faire un faux pas* trébucher • *mauvais pas* situation critique • *pas de porte* seuil de la porte • *pas de vis, d'écrou* distance entre deux filets d'une vis, d'un écrou • *prendre, avoir le pas sur* prendre, avoir la prééminence sur.

pas *adv* 1. s'emploie familièrement avec ou sans *ne* pour indiquer une négation dans le groupe : *je ne veux pas* 2. indique une négation dans une réponse, une exclamation, devant un adjectif ou une absence devant un nom : *pas si vite.*

pas-de-porte *nm inv* somme que paie un commerçant afin d'obtenir la jouissance d'un local.

passable *adj* acceptable, d'une qualité moyenne : *notes passables.*

passade *nf* 1. caprice, goût passager 2. aventure amoureuse de courte durée.

passage *nm* 1. action de passer : *attendre le passage du train* 2. lieu où l'on passe : *marcher sur le passage clouté ; laisser, obstruer le passage* 3. traversée d'un voyageur sur un navire ; droit payé 4. galerie couverte pour les piétons : *passage Choiseul* 5. court fragment d'une œuvre littéraire ou musicale 6. FIG. transition, étape intermédiaire : passage de l'enfance à l'adolescence • *passage à niveau* endroit où une voie ferrée est coupée par une route au même niveau.

passager, ère *adj* 1. qui ne fait que passer : *hôte passager* 2. de peu de durée : *beauté passagère* ◆ *n* personne qui emprunte un moyen de transport sans en assurer la marche.

passant *nm* bande étroite de tissu fixée à un vêtement pour y glisser une ceinture.

passant, e *adj* où il passe beaucoup de monde : *rue passante* ◆ *n* personne qui passe dans un lieu, une rue : *arrêter les passants.*

passation *nf* DR action de conclure un acte ou de transmettre ses pouvoirs.

passe *nf* 1. action de passer le ballon à un partenaire dans un jeu d'équipe : *faire une passe* 2. chenal étroit ouvert à la navigation • *en bonne, en mauvaise passe* en bonne, en mauvaise situation • *en passe de* en situation de, sur le point de • *maison, hôtel de passe* de prostitution • *mot de passe* de reconnaissance.

passé, e *adj* 1. relatif à un temps écoulé : *événements passés* 2. qui a perdu son éclat : *couleurs passées* ◆ *nm* 1. temps écoulé : *songer au passé* 2. événements de ce temps 3. GRAMM temps du verbe représentant l'action dans un temps écoulé : *passé simple, composé.*

passe-droit (*pl passe-droits*) *nm* faveur accordée contre le droit.

passementerie *nf* 1. ensemble des articles tissés ou tressés 2. commerce, industrie du passementier.

passe-montagne (*pl passe-montagnes*) *nm* bonnet, cagoule qui couvre le cou et les oreilles.

passe-partout *nm inv* clef qui peut ouvrir plusieurs serrures ◆ *adj inv* d'un emploi très large, très étendu : *réponse passe-partout.*

passe-passe *nm inv* • *tour de passe-passe* 1. tour d'adresse des prestidigitateurs 2. FIG. tromperie adroite.

passeport *nm* document délivré à ses ressortissants par une autorité administrative nationale en vue de certifier leur identité au regard des autorités étrangères.

passer *vi* 1. aller d'un lieu à un autre 2. traverser : *passer par Toulouse* 3. devenir : *passer capitaine* 4. mourir, disparaître : *beauté qui passe* 5. transmettre : *passer à un successeur* ◆ *vt* 1. traverser : *passer la rivière* 2. donner : *passez-moi le sel !* 3. introduire : *passer de la contrebande* 4. filtrer, tamiser : *passer le café* 5. inscrire : *passer un article en compte* 6. dépasser, devancer : *passer le but, un concurrent* 7. employer : *passer son temps* 8. subir : *passer un examen* 9. omettre : *passer un fait* • *en passant* incidemment • *en passer par* se résigner • *passer outre* continuer • *passer par les armes* fusiller • *passer pour* être considéré comme • *passer sur* ne pas tenir compte ◆ **se passer** *vpr* 1. avoir lieu : *la scène se passe à Rome* 2. s'écouler : *un mois s'est passé* 3. s'abstenir : *se passer de vin.*

passerelle *nf* 1. pont étroit réservé aux piétons 2. plan incliné, escalier permettant l'accès à un avion, à un bateau.

passe-temps *nm inv* activité qui distrait, détend.

passeur, euse *n* 1. personne qui conduit un bateau pour passer un cours d'eau 2. celui qui fait passer illégalement une frontière ou qui passe quelque chose en fraude.

passible *adj* • *passible de* qui mérite (une peine).

passif, ive *adj* qui subit quelque chose sans réagir ; qui assiste à quelque chose sans y participer : *rester passif devant un événement* • GRAMM *forme passive* forme que prend le verbe quand il exprime une action subie par le sujet (EX : *être aimé, être averti*) ◆ *nm* 1. ensemble des dettes, charges et obligations 2. GRAMM forme passive.

passion *nf* 1. forte inclination, intérêt très vif ; objet de cet intérêt : *la passion du jeu ; écrire avec passion* 2. inclination d'ordre affectif ou amoureux • RELIG *passion du Christ* ses souffrances et son supplice.

passionnel, elle *adj* inspiré par la passion amoureuse : *crime passionnel.*

passionner *vt* 1. inspirer de la passion 2. intéresser vivement : *roman qui passionne* ◆ **se passionner** *vpr* [pour] s'enthousiasmer pour : *se passionner pour l'étude.*

passoire *nf* ustensile percé de trous pour passer, filtrer.

pastel *nm* 1. crayon fait d'une pâte colorée 2. dessin au pastel ◆ *adj inv* • *teintes, tons pastel* doux et assez clairs.

pastèque *nf* plante des régions chaudes cultivée pour son gros fruit à pulpe rouge très juteux ; ce fruit SYN. *melon d'eau.*

pasteur *nm* 1. LITT. berger 2. ministre du culte protestant • *le Bon Pasteur* Jésus-Christ.

pasteuriser *vt* porter un liquide ou un produit alimentaire à haute température afin d'en détruire les microbes et de le conserver.

pastille *nf* 1. petit morceau de pâte à sucer, de forme généralement ronde, en confiserie ou en pharmacie 2. petit motif décoratif de forme ronde.

pastis [pastis] *nm* 1. boisson alcoolisée, parfumée à l'anis 2. FAM. situation embrouillée, confuse.

patate *nf* FAM. pomme de terre • *patate douce* plante cultivée dans les pays chauds pour ses tubercules comestibles.

patatras [patatra] *interj* évoque une chute bruyante.

Pataugas *nm* (nom déposé) chaussure montante, pour la marche, la randonnée.

patauger *vi* (conj 2) 1. jouer, s'amuser dans peu d'eau 2. marcher dans la boue, dans un sol détrempé 3. FIG. ne pas comprendre quelque chose 4. ne pas avancer ; s'enliser : *l'enquête patauge.*

patchouli *nm* parfum extrait d'une plante aromatique d'Asie et d'Océanie.

patchwork [patʃwœrk] *nm* 1. ouvrage fait de morceaux de tissu disparates : *une couverture en patchwork* 2. FIG. assemblage hétérogène.

pâte *nf* 1. préparation culinaire à base de farine délayée avec de l'eau ou du lait et pétrie : *pâte sablée, feuilletée* 2. produit alimentaire à base de semoule de blé : *manger des pâtes* 3. amalgame plus ou moins consistant de matières quelconques : *pâte d'amandes ; pâte à papier ; fromage à pâte molle* 4. FIG., FAM. constitution, caractère : *une bonne pâte* • ***comme un coq en pâte*** heureux, à l'aise • ***mettre la main à la pâte*** aider matériellement à la réalisation de quelque chose.

pâté *nm* 1. hachis de viande ou de poisson cuit dans une pâte feuilletée ou en terrine 2. FIG. tache d'encre sur du papier • ***pâté de maisons*** groupe de maisons formant un bloc • ***pâté de sable*** tas de sable humide moulé dans un seau.

pâtée *nf* aliments réduits en bouillie pour nourrir ou engraisser les animaux • FAM. ***perdre la pâtée*** se faire battre largement.

patelin *nm* FAM. petite ville, village.

patent, e *adj* évident, manifeste : *vérité patente.*

patente *nf* taxe annuelle payée autrefois par les commerçants, les industriels, remplacée aujourd'hui par la taxe professionnelle.

patenté, e *adj* 1. AUTREF. qui payait une patente 2. attitré, confirmé : *défenseur patenté.*

patère *nf* support fixé à un mur pour accrocher notamment des vêtements.

paternel, elle *adj* 1. du père 2. du côté du père : *grand-mère paternelle* 3. bon, indulgent.

paternité *nf* 1. état, qualité de père 2. qualité d'auteur, de créateur, d'inventeur.

pâteux, euse *adj* qui a la consistance d'une pâte • ***bouche, langue pâteuse*** lourde, empâtée.

pathétique *adj* qui émeut, bouleverse.

pathogène *adj* qui provoque les maladies : *microbe pathogène.*

pathologie *nf* étude des causes et des symptômes des maladies.

patibulaire *adj* • ***mine, air patibulaire*** qui suscite la crainte, la méfiance.

patiemment *adv* avec patience.

patience [pasjɑ̃s] *nf* 1. qualité de celui qui supporte une situation avec calme, modération : *perdre patience* 2. persévérance, obstination dans l'action 3. jeu de cartes, pour une personne seule, consistant à combiner toutes les cartes dans un ordre déterminé SYN. *réussite* • FIG. ***prendre son mal en patience*** attendre, supporter sans se plaindre.

patient, e *adj* qui a ou manifeste de la patience ◆ *n* personne qui subit des soins médicaux, une opération chirurgicale, etc.

patienter *vi* prendre patience, attendre calmement.

patin *nm* pièce qui frotte sur une surface, sur un élément pour freiner un mécanisme • ***patin à glace*** chaussure sous laquelle est fixée une lame de fer pour glisser sur la glace • ***patin à roulettes*** semelle munie de roulettes pour glisser sur un sol uni.

patine *nf* coloration, aspect que prennent certains objets avec le temps.

patiner *vi* 1. glisser avec des patins 2. glisser par manque d'adhérence, en parlant d'un véhicule ◆ **se patiner** *vpr* se couvrir de patine.

patinette *nf* trottinette.

patinoire *nf* 1. lieu aménagé pour patiner sur la glace 2. endroit glissant.

patio [patjo] ou [pasjo] *nm* cour intérieure d'une maison.

pâtisserie *nf* 1. préparation de pâte sucrée, garnie de façons diverses et cuite au four 2. profession, commerce, boutique du pâtissier.

pâtissier, ère *n* et *adj* qui fait ou vend de la pâtisserie • ***crème pâtissière*** crème cuite, assez épaisse, pour garnir certains gâteaux.

patois *nm* parler propre à une région.

patraque *adj* FAM. fatigué, souffrant.

patriarcat *nm* organisation familiale caractérisée par la prédominance du père.

patriarche *nm* chef de famille, généralement âgé, entouré de sa descendance.

patrie *nf* 1. pays où l'on est né, dont on est citoyen 2. ville, village, région dont on est originaire.

patrimoine *nm* 1. ensemble des biens hérités du père et de la mère 2. héritage commun d'un groupe, d'une collectivité : *patrimoine artistique.*

patriote *n* et *adj* qui aime sa patrie.

patron *nm* modèle d'après lequel on fabrique un objet, un vêtement.

patron, onne *n* 1. chef d'une entreprise industrielle ou commerciale 2. supérieur hiérarchique, en général 3. saint, sainte dont on porte le nom, à qui une église est dédiée, etc.

patronage *nm* 1. appui, soutien accordé par un personnage influent, une organisation, etc. 2. organisation destinée à accueillir les jeunes pendant les jours de congé.

patronat *nm* ensemble des patrons, des chefs d'entreprise.

patronner *vt* apporter le soutien de son autorité, de son influence.

patronyme *nm* nom de famille (par oppos. au *prénom*).

patrouille *nf* petit détachement militaire ou policier de surveillance ; cette mission de surveillance.

patrouiller *vi* effectuer une patrouille.

patte *nf* 1. membre articulé du corps des animaux, assurant la marche, la préhension 2. FAM. jambe, pied de l'homme ; main 3. style personnel, original d'un artiste, d'un créateur 4. pièce longue et plate servant à fixer, à maintenir 5. languette de cuir, d'étoffe servant à fermer, à maintenir un vêtement • ***coup de patte*** petite critique ironique, malveillante • ***montrer patte blanche*** présenter toutes les garanties nécessaires pour entrer dans un lieu, dans une fonction ◆ **pattes** *nf pl* cheveux qui descendent sur les tempes et le long des oreilles • ***pattes de mouche*** écriture très fine, souvent illisible • ***tirer dans les pattes de quelqu'un*** lui causer des ennuis, des difficultés.

patte-d'oie (*pl pattes-d'oie*) *nf* 1. point de réunion de plusieurs routes 2. ride à l'angle extérieur de l'œil.

pattemouille *nf* linge mouillé utilisé pour repasser à la vapeur.

paume *nf* 1. creux de la main 2. jeu où l'on se renvoie une balle contre un mur avec une raquette.

paumer *vt* FAM. perdre, égarer.

paupière *nf* voile membraneux, au-devant du globe oculaire.

paupiette *nf* tranche de viande de veau roulée et farcie.

pause *nf* 1. suspension momentanée d'une action 2. MUS silence équivalant à une mesure.

pauvre *adj* et *n* qui a peu de ressources, peu de biens ◆ *adj* 1. dépourvu de biens, de ressources : *pays pauvre* 2. qui produit peu, qui est peu fécond : *sol pauvre* 3. qui dénote la pauvreté : *de pauvres habits* 4. médiocre, insuffisant : *vocabulaire pauvre* 5. qui provoque la pitié : *un pauvre homme* • ***pauvre en*** qui manque de.

pauvreté *nf* état d'une personne ou d'une chose pauvre.

pavaner (se) *vpr* se montrer de façon ostensible, faire l'important.

pavé *nm* 1. bloc de pierre dure dont on garnit les chaussées 2. partie pavée d'une rue 3. FAM. livre très épais 4. texte isolé par un encadré, dans un journal, une revue : *pavé publicitaire* 5. bifteck très épais : *pavé aux herbes* • ***être sur le pavé*** sans domicile, sans emploi • ***jeter un pavé dans la mare*** annoncer quelque chose d'inattendu, qui perturbe • ***tenir le haut du pavé*** bénéficier d'une situation avantageuse.

paver *vt* couvrir un sol de pavés : *paver une rue.*

pavillon *nm* 1. maison particulière de petite ou de moyenne dimension 2. ANAT oreille externe 3. extrémité évasée d'un instrument à vent 4. MAR drapeau indiquant la nationalité d'un bateau • FIG. ***baisser pavillon*** céder, capituler.

pavoiser *vt* garnir de pavillons, de drapeaux : *pavoiser un monument* ◆ *vi* FAM. manifester sa fierté par une grande joie.

pavot *nm* plante voisine du coquelicot dont on extrait l'opium.

paye [pɛ] *nf* → paie.

payement *nm* → paiement.

payer *vt* (conj 4) 1. donner l'argent dû : *payer ses ouvriers* 2. acquitter une dette, un droit, un impôt 3. récompenser : *payer un service* 4. expier : *payer cher un crime* • ***payer d'audace, d'effronterie*** faire preuve d'audace, d'effronterie • ***payer de sa personne*** s'engager personnellement • ***payer de retour*** 1. rendre la pareille 2. recevoir ce qu'on mérite ◆ *vi* FAM. être profitable, rentable.

pays *nm* 1. territoire d'une nation 2. région, contrée : *un pays montagneux* 3. patrie, lieu de naissance : *avoir le mal du pays* • FAM. ***en pays de connaissance*** au milieu de gens que l'on connaît.

paysage *nm* 1. vue d'ensemble d'une région, d'un site 2. tableau représentant un site champêtre 3. FIG. aspect d'ensemble, situation : *paysage politique.*

paysagiste *n* et *adj* 1. artiste qui fait des paysages 2. architecte ou jardinier qui établit les plans de parcs, de jardins.

paysan, anne *n* homme, femme de la campagne, qui vit du travail de la terre ◆ *adj* de la campagne, des gens qui y travaillent : *vie paysanne.*

PC *nm* (sigle) ordinateur individuel de capacité relativement réduite.

P.-D.G. *nm* (sigle) président-directeur général.

péage *nm* droit payé pour emprunter un pont, une autoroute ; lieu où est perçu ce droit.

peau *nf* 1. membrane qui recouvre le corps de l'homme et de beaucoup d'animaux 2. cuir de l'animal 3. enveloppe de fruits : *peau d'orange* 4. FAM. la vie de quelqu'un : *défendre sa peau* • ***faire peau neuve*** changer complètement de conduite, d'opinion, etc.

peaufiner *vt* mettre au point dans les moindres détails : *peaufiner un travail.*

peccadille *nf* faute légère, sans gravité.

pêche *nf* fruit du pêcher • FAM. ***avoir la pêche*** avoir de l'énergie, du dynamisme.

pêche *nf* 1. action de pêcher 2. poisson pêché 3. endroit où l'on pêche.

péché *nm* RELIG transgression de la loi divine : *péché véniel, mortel* • *péché mignon* petit défaut auquel on s'abandonne volontiers.

pécher *vi* (conj 10) 1. RELIG commettre un péché 2. commettre une faute : *pécher par ignorance* 3. présenter un défaut : *devoir qui pèche par sa longueur.*

pêcher *nm* arbre dont le fruit est la pêche.

pêcher *vt* 1. prendre ou chercher à prendre du poisson : *pêcher le gardon* 2. FAM. trouver, dénicher.

pécheur, eresse *n* et *adj* qui commet des péchés, qui est en état de péché : *pécheur impénitent.*

pêcheur, euse *n* qui pêche ou qui fait profession de pêcher.

pectine *nf* substance gélifiante contenue dans les fruits.

pectoral, e, aux *adj* 1. de la poitrine : *muscles pectoraux* 2. contre la toux : *sirop pectoral* ◆ **pectoraux** *nm pl* muscles de la poitrine.

pécule *nm* somme d'argent économisée peu à peu.

pécuniaire *adj* 1. relatif à l'argent : *embarras pécuniaire* 2. qui consiste en argent : *aide pécuniaire.*

pédagogie *nf* science ou méthode d'éducation et d'instruction des enfants.

pédagogue *n* enseignant, éducateur ◆ *adj* qui a le sens, le don de l'enseignement.

pédale *nf* 1. organe de transmission ou de commande d'une machine, d'un véhicule, etc., que l'on actionne avec le pied : *pédale du frein* • FAM. *perdre les pédales* perdre le fil de son discours, perdre son sang-froid 2. TRÈS FAM., INJUR. homosexuel.

pédaler *vi* 1. actionner la pédale d'une bicyclette 2. rouler à bicyclette.

pédalier *nm* ensemble des pédales et du grand pignon d'un cycle.

Pédalo *nm* (nom déposé) embarcation légère mue par des pédales.

pédant, e *n* et *adj* qui fait étalage de sa science, de son savoir ◆ *adj* prétentieux, suffisant : *discours pédant.*

pédérastie *nf* 1. attirance sexuelle d'un homme pour les jeunes garçons 2. homosexualité masculine.

pédestre *adj* qui se fait à pied : *randonnée pédestre.*

pédiatrie *nf* spécialité médicale consacrée aux maladies infantiles.

pédicure *n* auxiliaire médical qui soigne les pieds et les ongles des pieds.

pedigree [pedigre] *nm* généalogie d'un animal de race.

pédologie *nf* science qui étudie les caractères physiques, chimiques et biologiques des sols.

pédophile *adj* et *n* qui éprouve une attirance sexuelle pour les enfants.

peeling [piliŋ] *nm* intervention dermatologique qui consiste à faire desquamer la peau du visage.

P.E.G.C. *n* (sigle) professeur d'enseignement général de collège.

pègre *nf* milieu des voleurs, des escrocs.

peigne *nm* 1. instrument denté, qui sert à démêler ou à maintenir les cheveux 2. instrument pour apprêter la laine, le chanvre, etc.

peigner *vt* et *pr* démêler, coiffer avec un peigne ◆ *vpr : se peigner après un shampooing.*

peignoir *nm* 1. vêtement en tissu-éponge qu'on met lorsqu'on sort du bain 2. robe de chambre.

peinard, e *adj* FAM. 1. tranquille 2. sans fatigue : *travail peinard.*

peindre *vt* (conj 55) 1. représenter quelque chose par des lignes, des couleurs : *peindre un paysage* 2. couvrir de peinture : *peindre un mur* 3. FIG. décrire.

peine *nf* 1. punition légale infligée à quelqu'un : *purger une peine de prison* 2. douleur morale, tristesse, chagrin : *avoir de la peine* 3. effort pour venir à bout d'un travail, d'une difficulté : *se donner de la peine* • *à grand-peine* avec beaucoup de mal • *à peine* 1. presque pas 2. depuis peu.

peiner *vt* causer du chagrin ; attrister, désoler ◆ *vi* éprouver de la difficulté ou de la fatigue : *peiner à la tâche.*

peintre *nm* 1. artiste qui fait des tableaux 2. professionnel qui peint les murs, les plafonds : *peintre en bâtiment.*

peinture *nf* 1. matière colorante liquide propre à recouvrir une surface 2. action de recouvrir une surface avec cette matière ; surface recouverte 3. art et technique du peintre 4. œuvre réalisée par un peintre 5. ensemble des œuvres picturales d'un peintre, d'une époque, d'un pays 6. FIG. description écrite.

péjoratif, ive *adj* qui comporte une idée défavorable, qui déprécie.

pelade *nf* maladie qui provoque la chute des poils et des cheveux.

pelage *nm* ensemble des poils d'un animal.

pelé, e *adj* 1. qui a perdu ses poils, ses cheveux 2. dont on a enlevé la peau : *fruits pelés* 3. FIG. sans végétation : *campagne pelée.*

pêle-mêle *loc adv* confusément, sans ordre, en vrac.

peler *vt* (conj 5) ôter la peau d'un fruit, d'un légume ◆ *vi* perdre sa peau par plaques.

pèlerin *nm* 1. personne qui accomplit un pèlerinage 2. requin inoffensif pour l'homme 3. faucon au vol très rapide, employé pour la fauconnerie.

pèlerinage *nm* voyage, visite entrepris pour des raisons religieuses, affectives, etc.

pèlerine *nf* manteau sans manches.

pélican *nm* oiseau palmipède des régions chaudes, à large bec doté d'une poche extensible.

pelisse *nf* manteau garni de fourrure.

pelle *nf* outil à plaque ajustée au bout d'un manche, servant notamment à creuser • FAM. ***ramasser une pelle*** 1. tomber 2. échouer.

pelletée *nf* contenu d'une pelle.

pelleter *vt* (conj 8) remuer ou déplacer à la pelle.

pelleteuse *nf* pelle mécanique pour évacuer des matériaux.

pellicule *nf* 1. bande de film sensible utilisée en photographie, en cinématographie 2. lamelle de peau qui se détache du cuir chevelu 3. mince couche d'une matière solide : *pellicule de givre.*

pelotari *nm* joueur de pelote basque.

pelote *nf* 1. boule de fil, de laine, etc., roulés sur eux-mêmes 2. balle du jeu de pelote basque 3. petit coussinet pour piquer des aiguilles, des épingles • ***pelote basque*** sport traditionnel du Pays basque dans lequel le pelotari lance la balle contre un fronton.

peloton *nm* 1. petite unité militaire 2. SPORTS groupe compact de concurrents, dans une course 3. petite pelote.

pelotonner *vt* mettre en pelote, en peloton ◆ **se pelotonner** *vpr* se recroqueviller.

pelouse *nf* 1. terrain couvert d'une herbe épaisse et courte 2. partie gazonnée d'un stade, d'un champ de courses.

peluche *nf* étoffe à poils longs ; jouet imitant souvent la forme d'un animal, confectionné dans cette étoffe.

pelucher *vi* avoir des poils relevés du fait de l'usure, en parlant d'un tissu.

pelure *nf* peau des fruits, légumes, etc. : *pelure d'oignon.*

pénal, e, aux *adj* relatif aux infractions et aux peines : *le Code pénal.*

pénalisation *nf* 1. SPORTS désavantage infligé à un concurrent qui a commis une faute 2. sanction.

pénalité *nf* peine, sanction.

penalty [penalti] (*pl penaltys* ou *penalties*) *nm* au football, sanction prise contre une équipe pour une faute commise par un de ses membres dans la surface de réparation.

penaud, e *adj* embarrassé, honteux : *rester tout penaud.*

pence [pɛns] *nm pl* › penny.

penchant *nm* inclination, tendance : *les mauvais penchants.*

pencher *vt* incliner : *pencher la tête* ◆ *vi* ne pas être d'aplomb : *ce mur penche* • FIG. ***pencher pour, vers*** préférer.

pendaison *nf* action de pendre quelqu'un ou quelque chose : *condamné à la pendaison ; pendaison de la crémaillère* ; action de se pendre.

pendant, e *adj* qui pend.

pendant *prép* durant : *pendant l'été, le voyage, la semaine* ◆ **pendant que** *loc conj* tandis que : *se taire pendant que l'autre parle* ; puisque : *pendant que j'y pense.*

pendentif *nm* bijou en sautoir.

penderie *nf* meuble, pièce où l'on pend les vêtements.

pendre *vt* 1. fixer en haut, la partie inférieure restant libre 2. faire mourir en suspendant par le cou : *pendre un assassin* • ***dire pis que pendre de quelqu'un*** en dire le plus grand mal ◆ *vi* 1. être suspendu : *les fruits pendent aux arbres* 2. tomber trop bas : *robe qui pend d'un côté* • FAM. ***cela lui pend au nez*** cela le menace ◆ **se pendre** *vpr* 1. se suicider en se suspendant par le cou 2. s'accrocher : *il se pend à la branche pour secouer l'arbre.*

pendule *nm* corps suspendu à un point fixe et oscillant régulièrement.

pendule *nf* petite horloge d'appartement.

pêne *nm* pièce d'une serrure qui entre dans la gâche.

pénétrer *vt* (conj 10) 1. entrer dans : *balle qui pénètre les chairs* 2. FIG. découvrir, percer : *pénétrer un secret* 3. toucher profondément : *aveu qui pénètre le cœur* ◆ *vi* entrer, s'introduire dans : *pénétrer dans la forêt* ◆ **se pénétrer** *vpr* s'imprégner profondément de : *se pénétrer d'une vérité.*

pénible *adj* 1. qui fatigue : *travail pénible* 2. qui afflige : *nouvelle pénible* 3. difficile à supporter : *enfant pénible.*

péniche *nf* bateau de transport fluvial à fond plat.

pénicilline *nf* antibiotique puissant.

péninsule *nf* presqu'île, terre qui s'avance dans la mer.

pénis [-nis] *nm* organe mâle de la copulation SYN. *verge.*

pénitence *nf* RELIG peine, châtiment, punition infligés en expiation d'une faute : *faire pénitence.*

pénitent, e *n* personne qui confesse ses péchés à un prêtre.

pénitentiaire *adj* relatif aux prisons ou aux détenus.

penny [peni] (*pl pence* ou *pennies*) *nm* monnaie anglaise valant le centième de la livre.

pénombre *nf* lumière faible, demi-jour.

pense-bête (*pl pense-bêtes*) *nm* liste, indication quelconque rappelant une tâche à accomplir.

pensée *nf* 1. action, faculté de penser 2. idée, réflexion sur un objet particulier : *s'absorber dans ses pensées* 3. jugement porté sur quelqu'un ou sur quelque chose : *déguiser sa pensée* 4. esprit : *chasser une idée de sa pensée.*

pensée *nf* fleur ornementale rose, jaune ou violette, voisine de la violette.

penser *vi* 1. former des idées dans son esprit 2. avoir telle ou telle opinion ◆ *vt* 1. avoir dans l'esprit, avoir pour opinion : *dire ce qu'on pense* 2. croire : *penser qu'il va pleuvoir* 3. avoir l'intention de : *il pense partir* 4. concevoir pour la réalisation : *penser l'architecture d'un bâtiment* ◆ *vt ind* [à] 1. avoir comme objet de réflexion : *penser à autre chose* 2. se souvenir à temps de 3. prendre en considération, envisager : *penser à l'avenir.*

pensif, ive *adj* absorbé dans ses pensées.

pension *nf* 1. somme d'argent versée à quelqu'un par un organisme, un particulier, l'État, pour subvenir à ses besoins, l'indemniser, etc. : *toucher une pension* 2. internat, dans un établissement public ou privé : *être en pension ; mettre un enfant en pension* 3. somme que l'on verse pour être logé, nourri ; fait d'être logé, nourri en échange d'un paiement : *prendre pension ; pension complète.*

pensionnaire *n* 1. interne dans un établissement scolaire 2. personne qui paie une pension dans un hôtel, chez un particulier, etc. 3. acteur qui reçoit un traitement fixe.

pensionnat *nm* internat ; ensemble de ses élèves.

pensionner *vt* verser une pension à.

pensum [pɛ̃sɔm] (*pl pensums*) *nm* 1. travail imposé en punition, à un élève 2. travail ennuyeux.

pentagone [pɛ̃tagɔn] *nm* polygone à cinq angles et cinq côtés.

pentathlon [pɛ̃tatlɔ̃] *nm* 1. ensemble de cinq épreuves d'athlétisme (lutte, course, saut, disque et javelot) 2. discipline olympique associant l'équitation, l'escrime, le tir, la natation et le cross.

pente *nf* inclinaison d'une surface par rapport à l'horizontale ; surface ainsi inclinée • FIG. ***être sur la mauvaise pente*** se laisser aller à des tendances jugées mauvaises ou fâcheuses.

Pentecôte *nf* 1. fête juive en mémoire du jour où Dieu remit à Moïse les tables de la Loi 2. fête chrétienne en mémoire de la descente du Saint-Esprit sur les Apôtres.

pénultième *nf* et *adj* avant-dernière syllabe d'un mot, d'un vers ◆ *n* et *adj* avant-dernier.

pénurie *nf* manque de ce qui est nécessaire : *pénurie de main-d'œuvre.*

pépier *vi* crier, en parlant des petits oiseaux.

pépin *nm* 1. graine de certains fruits : *pépins d'une pomme* 2. FAM. désagrément, ennui : *avoir un pépin.*

pépinière *nf* lieu où l'on cultive de jeunes arbres destinés à être transplantés • FIG. *une pépinière de* un lieu qui fournit des personnes propres à une profession, à une activité.

pépite *nf* masse de métal natif, notamment d'or.

perçant, e *adj* 1. qui pénètre profondément : *froid perçant* 2. d'une grande acuité : *yeux perçants* 3. aigu : *voix perçante.*

percée *nf* 1. ouverture, dégagement 2. franchissement de la défense adverse, dans les sports collectifs 3. FIG. avancée rapide : *percée technologique.*

percepteur *nm* fonctionnaire du Trésor chargé de recouvrer les impôts directs.

perceptible *adj* qui peut être perçu, saisi : *perceptible à l'œil nu.*

perception *nf* 1. action, faculté de percevoir par les sens, par l'esprit 2. action de percevoir, de recouvrer les impôts ; bureau du percepteur.

percer *vt* (conj 1) 1. faire un trou dans : *percer un mur* 2. pratiquer une ouverture : *percer une rue* 3. traverser, passer au travers : *percer la foule* 4. FIG. découvrir : *percer un mystère* ◆ *vi* 1. apparaître, être perceptible : *soleil qui perce* 2. se manifester : *la haine perce dans ses écrits* 3. se faire connaître, acquérir de la notoriété : *auteur qui perce.*

percevoir *vt* (conj 34) 1. saisir par les sens ou par l'esprit : *percevoir un son* 2. toucher, encaisser une somme d'argent.

perche *nf* 1. bâton long et mince 2. SPORTS longue tige qui aide à franchir une haute barre horizontale, en athlétisme 3. CIN et TÉLÉV support mobile auquel est suspendu le micro 4. FAM. personne très grande et mince • ***tendre la perche à quelqu'un*** lui venir en aide.

percher *vi* et *vpr* se poser sur une branche ◆ *vt* placer à un endroit élevé.

perchiste *n* 1. sauteur à la perche 2. CIN et TÉLÉV technicien chargé du maniement de la perche.

perchoir *nm* lieu où perchent les volailles, les oiseaux.

percolateur *nm* appareil cylindrique servant à faire du café en grande quantité.

percussion *nf* • ***arme à percussion*** où la charge est enflammée par le choc sur une capsule détonante • MUS ***instruments à percussion*** dont on joue en les frappant.

percuter *vt* frapper, heurter avec force.

perdant, e *n* et *adj* qui perd à un jeu, à une loterie, etc.

perdition *nf* • ***en perdition*** 1. en danger de faire naufrage (bateau) 2. sur le point de faire faillite, d'être ruiné.

perdre *vt* 1. cesser d'avoir : *perdre sa place ; perdre la raison* 2. être séparé par la mort : *perdre ses parents* 3. avoir le désavantage : *perdre la partie, une bataille* 4. ne pas profiter de : *perdre son temps* 5. abandonner : *perdre une habitude* 6. égarer : *perdre son mouchoir* • *perdre la tête* la raison, son sang-froid • *perdre la vie* mourir • *perdre de vue* oublier, négliger ◆ *vi* 1. avoir moins de valeur 2. faire une perte : *perdre dans une vente* ◆ **se perdre** *vpr* 1. s'égarer 2. disparaître : *coutume qui se perd.*

perdrix *nf* oiseau au plumage roux ou gris, recherché comme gibier.

perdu, e *adj* 1. égaré : *objet perdu* 2. devenu inutile ou inutilisable : *temps perdu* 3. éloigné, isolé : *un village perdu* 4. dont le cas est désespéré : *malade perdu* • *à corps perdu* avec impétuosité.

père *nm* 1. celui qui a un ou plusieurs enfants : *père de famille* 2. créateur d'une œuvre, initiateur d'une doctrine, d'un courant d'idées 3. religieux, prêtre : *un père dominicain* • *de père en fils* par transmission du père aux enfants • *les Pères de l'Église* les écrivains de l'Antiquité chrétienne dont les écrits font règle, en matière de foi • *le Saint-Père* le pape.

péremption *nf* état de ce qui est périmé.

perfectible *adj* qui peut être perfectionné ou se perfectionner.

perfection *nf* 1. qualité, état de ce qui est parfait 2. personne ou chose parfaite • *à la perfection* d'une manière parfaite.

perfectionnement *nm* action de (se) perfectionner ; son résultat.

perfectionner *vt* rapprocher de la perfection, améliorer : *perfectionner une invention* ◆ **se perfectionner** *vpr* progresser, améliorer ses performances.

perfectionnisme *nm* recherche excessive de la perfection en toute chose.

perfide *adj* déloyal, trompeur : *ami perfide ; paroles perfides.*

perfidie *nf* déloyauté, trahison.

perforer *vt* percer en traversant.

performance *nf* 1. résultat obtenu par un sportif, un acteur, etc. 2. exploit.

performant, e *adj* compétitif.

perfusion *nf* introduction lente d'une substance médicamenteuse ou de sang dans un organisme.

péricliter *vi* décliner, être en péril : *entreprise qui périclite.*

péridurale *nf* anesthésie locale du bassin, pratiquée surtout en obstétrique.

péril [peril] *nm* danger, risque • *au péril de* au risque de • *à ses risques et périls* en étant responsable de tout.

périlleux, euse *adj* où il y a du péril ; dangereux : *entreprise périlleuse.*

périmer (se) *vpr* ou **être périmé** *vpassif* perdre sa valeur, sa validité, passé un certain délai.

périmètre *nm* 1. ligne qui délimite un espace 2. zone proche, alentours.

période *nf* 1. espace de temps plus ou moins long ; époque : *période révolutionnaire* 2. temps nécessaire à la révolution d'une planète 3. phase d'une maladie : *période d'incubation.*

périodicité *nf* caractère de ce qui est périodique ; fréquence.

périodique *adj* qui revient à intervalles réguliers : *fièvre périodique* ◆ *nm* journal, revue qui paraît à des époques déterminées.

péripétie [peripesi] *nf* événement imprévu, rebondissement dans une action quelconque.

périphérie *nf* ensemble des quartiers situés sur le pourtour d'une ville.

périphérique *adj* situé dans la périphérie : *un quartier périphérique* • *boulevard périphérique* ou *périphérique (nm)* voie rapide entourant une ville ◆ *adj* et *nm* INFORM se dit d'un système informatique qui n'appartient ni à l'unité de traitement ni à la mémoire centrale.

périphrase *nf* expression, groupe de mots équivalant à un mot simple (EX : *la Ville Lumière*, pour « Paris »).

périple *nm* voyage, randonnée.

périr *vi* 1. mourir 2. disparaître, tomber en ruine.

périscope *nm* tube équipé d'un système optique, qui permet à un sous-marin en plongée d'observer à la surface de l'eau.

périssable *adj* sujet à s'altérer, à se corrompre : *denrées périssables.*

Péritel (prise) (nom déposé) prise permettant de relier un téléviseur à un magnétoscope, un jeu vidéo ou un micro-ordinateur.

perle *nf* 1. corps brillant nacré et rond, qui se forme dans l'intérieur de certains coquillages 2. petite boule de verre, de métal, etc., percée d'un trou 3. goutte de liquide limpide : *les perles de la rosée* 4. personne ou chose remarquable, parfaite : *la perle des maris* 5. FAM. faute, erreur grossière.

perler *vi* se former en gouttelettes.

permanence *nf* 1. caractère de ce qui est permanent 2. service permanent ; lieu où il se tient : *permanence électorale* 3. salle où sont rassemblés et surveillés les élèves qui n'ont pas classe • *en permanence* sans interruption.

permanent, e *adj* 1. qui dure sans discontinuer ni changer : *un souci permanent* 2. qui ne cesse pas : *spectacle permanent* ◆ *n* membre d'un groupe quelconque, rémunéré pour se consacrer à son administration.

permanente *nf* traitement que l'on fait subir aux cheveux pour les onduler de façon durable.

perméable *adj* 1. qui se laisse traverser par : *verre perméable à la lumière* 2. qui se laisse influencer par : *perméable aux influences.*

permettre *vt* (conj 57) 1. donner la liberté, le pouvoir, le droit de faire, de dire, d'employer 2. donner le moyen, le loisir, l'occasion de ◆ **se permettre** *vpr* prendre la liberté de, oser : *se permettre une critique.*

permis *nm* autorisation officielle écrite : *permis de chasse, de conduire.*

permissif, ive *adj* qui tolère facilement, qui laisse libre.

permission *nf* 1. autorisation 2. congé de courte durée accordé à un militaire.

permuter *vt* et *vi* échanger ; intervertir.

pernicieux, euse *adj* très nuisible, dangereux : *fièvre pernicieuse.*

péroné *nm* os long de la jambe.

pérorer *vi* PÉJOR. discourir longuement, avec emphase.

perpendiculaire *adj* qui fait un angle droit avec : *droite perpendiculaire à une autre* ◆ *nf* ligne perpendiculaire.

perpétrer *vt* (conj 10) commettre, exécuter un acte criminel.

perpétuel, elle *adj* 1. continuel : *mouvement perpétuel* 2. qui dure toute la vie 3. très fréquent, habituel : *combats perpétuels.*

perpétuer *vt* LITT. faire durer : *perpétuer un souvenir* ◆ **se perpétuer** *vpr* LITT. continuer, durer.

perpétuité *nf* • *à perpétuité* pour toujours.

perplexe *adj* embarrassé, indécis.

perquisition *nf* recherche faite par la police dans un lieu déterminé dans le but de trouver des documents utiles à la découverte de la vérité.

perquisitionner *vi* faire une perquisition ◆ *vt* fouiller au cours d'une perquisition.

perron *nm* escalier en saillie sur une façade.

perroquet *nm* 1. oiseau de la famille des psittacidés, qui peut répéter des sons articulés 2. FIG. personne qui répète, parle sans réfléchir, sans comprendre 3. MAR mât, voile, vergue qui se grée au-dessus d'un mât de hune.

perruche *nf* 1. femelle du perroquet 2. petit perroquet à longue queue pointue 3. MAR gréement supérieur de l'artimon.

perruque *nf* coiffure, postiche de faux cheveux.

pers, e *adj* d'une couleur entre le vert et le bleu : *étoffe perse ; yeux pers.*

persécuter *vt* 1. poursuivre, tourmenter, opprimer par des traitements cruels, injustes, tyranniques 2. importuner, harceler : *être persécuté par des créanciers.*

persévérer *vi* (conj 10) persister, demeurer ferme et constant.

persienne *nf* châssis de bois à lames en abat-jour, qui s'ouvre comme un contrevent.

persil [pɛrsi] *nm* plante potagère aromatique.

persillade *nf* accommodement culinaire à base de persil haché.

persistance *nf* 1. action de persister ; obstination, opiniâtreté 2. fait de persister, de durer : *la persistance du beau temps.*

persister *vi* 1. continuer d'exister : *froid qui persiste* 2. s'obstiner, persévérer.

personnage *nm* 1. personne importante, illustre 2. personne considérée du point de vue de son comportement : *un triste personnage* 3. personne mise en action dans une œuvre littéraire, dans un film, etc. ; rôle joué par un acteur.

personnaliser *vt* donner un caractère personnel original à quelque chose.

personnalité *nf* 1. ensemble des traits de caractère, des comportements, des aptitudes, etc., qui individualisent quelqu'un : *respecter la personnalité humaine* 2. caractère, originalité propre à quelqu'un : *forte personnalité* 3. personne connue ou influente.

personne *nf* 1. être humain en général : *rencontrer de nombreuses personnes* 2. individu considéré en lui-même : *être content de sa personne* 3. DR entité représentant une ou plusieurs personnes, à qui la capacité d'être sujet de droit est reconnue : *personne civile, juridique, morale* 4. GRAMM forme du verbe et du pronom qui permet de distinguer la ou les personnes qui parlent, à qui on parle, dont on parle ◆ *pron. indéf* (avec la négation *ne*) 1. nul, aucun : *personne ne le sait* 2. quelqu'un : *il est parti sans que personne s'en aperçoive.*

personnel, elle *adj* 1. propre à quelqu'un, à une personne : *voiture personnelle* 2. qui porte la marque de quelqu'un : *des goûts très personnels* 3. GRAMM relatif aux personnes grammaticales : *pronom personnel ; mode personnel* ◆ *nm* ensemble des personnes employées par une entreprise, un service public ou un particulier.

personnification *nf* action de personnifier ; incarnation, modèle.

personnifier *vt* représenter une notion abstraite ou une chose sous les traits d'une personne.

perspective *nf* 1. art de représenter sur une surface plane les objets tels qu'ils apparaissent à une certaine distance et dans une position donnée : *lois de la perspective* 2. aspect que présentent les objets vus de loin ou considérés comme un tout : *une riante perspective* 3. FIG. espérance ou crainte d'une chose probable • *en perspective* dans l'avenir.

perspicace *adj* doué d'un esprit pénétrant et subtil.

persuader *vt* porter à croire, à faire ; convaincre ◆ **se persuader** *vpr* croire, s'imaginer : *ils se sont persuadé(s) qu'on les trompait.*

persuasif, ive *adj* qui persuade : *éloquence persuasive.*
persuasion *nf* action de persuader ; fait d'être persuadé, conviction.
perte *nf* 1. privation, action de perdre : *perte de sang ; perte de cheveux* 2. ce qui est perdu : *subir une grosse perte d'argent* 3. gaspillage, mauvais emploi de quelque chose : *perte de temps* 4. mort de quelqu'un : *perte d'un proche* • ***à perte*** en perdant • ***à perte de vue*** très loin • ***en pure perte*** inutilement.
pertinemment [-namɑ̃] *adv* d'une façon pertinente • ***savoir pertinemment*** savoir parfaitement.
pertinent, e *adj* qui s'applique tout à fait à ce dont il est question : *réponse pertinente.*
perturbation *nf* 1. action de perturber ; ce qui en résulte 2. modification de l'état de l'atmosphère caractérisée par des pluies, du vent.
perturber *vt* empêcher le déroulement normal ; troubler.
pervers, e *adj* et *n* qui se plaît à accomplir des actes cruels ou immoraux, spécialement dans le domaine sexuel ◆ *adj* fait par perversité : *crime pervers.*
perversion *nf* caractère d'une personne perverse ou d'une chose pervertie.
perversité *nf* 1. tendance à vouloir faire le mal, souvent avec un certain plaisir 2. action perverse.
pervertir *vt* 1. corrompre, porter au mal 2. dénaturer, altérer : *pervertir le goût.*
pesage *nm* 1. action de peser 2. endroit où l'on pèse les jockeys, avant et après chaque course.
pesant, e *adj* 1. lourd : *pesant fardeau* 2. FIG. sans grâce : *démarche pesante* ◆ *nm* • ***valoir son pesant d'or*** avoir une grande valeur.
pesanteur *nf* 1. force qui attire les corps vers le centre de la Terre 2. état de ce qui est lourd, pesant.
pesée *nf* 1. action de peser ; ce qu'on a pesé en une fois 2. effort fait sur un levier.
pèse-personne (*pl pèse-personnes* ou *inv*) *nm* petite balance automatique pour peser les personnes.
peser *vt* (conj 9) 1. déterminer le poids de : *peser un pain* 2. FIG. examiner attentivement, évaluer, mesurer : *peser le pour et le contre* ◆ *vi* 1. avoir un certain poids : *le platine pèse plus que l'or* 2. FIG. être difficile à supporter : *leur absence lui pèse* ◆ *vt ind* [**sur**] exercer une pression sur ; FIG. concerner, influer sur.
peseta [peseta] ou [pezeta] *nf* unité monétaire espagnole.
peso [peso] *nm* unité monétaire de plusieurs pays d'Amérique latine.
pessimisme *nm* tendance à considérer les choses sous leur aspect le plus fâcheux.
peste *nf* 1. maladie infectieuse et contagieuse 2. FIG. personne, chose pernicieuse.
pester *vi* manifester son irritation, sa mauvaise humeur contre quelqu'un ou quelque chose.
pesticide *nm* et *adj* produit destiné à lutter contre les parasites animaux et végétaux des cultures.
pet [pɛ] *nm* FAM. gaz intestinal qui sort de l'anus avec bruit.
pétale *nm* chacune des pièces de la corolle d'une fleur.
pétanque *nf* jeu de boules originaire du midi de la France.
pétarade *nf* suite de détonations.
pétard *nm* 1. engin explosif destiné à détruire un obstacle 2. pièce d'artifice qui éclate avec bruit 3. FAM. tapage, bruit, scandale 4. FAM. pistolet.
péter *vi* FAM. (conj 10) 1. faire un, des pets 2. faire entendre un bruit sec et bref 3. se casser, se rompre ◆ *vt* FAM. briser, casser.
pète-sec *n* et *adj inv* FAM. personne autoritaire, qui commande sèchement.
pétiller [petije] *vi* 1. éclater avec des petits bruits secs, répétés 2. FAM. briller d'un vif éclat : *des yeux qui pétillent* 3. dégager des bulles de gaz : *le champagne pétille.*
petit, e *adj* 1. de faibles dimensions : *petit jardin* 2. très jeune : *quand j'étais petit* 3. FIG. de peu d'importance, de peu de valeur : *petit fonctionnaire ; petit capital* 4. mesquin, borné • ***en petit*** sur une petite échelle • ***petit à petit*** peu à peu ◆ *n* petit enfant ◆ **petits** *nm pl* 1. les enfants les plus jeunes, dans un groupe, une collectivité 2. progéniture des animaux.
petit(-)déjeuner (*pl petits-déjeuners* ou *petits déjeuners*) *nm* premier repas pris le matin.
petitesse *nf* caractère d'une personne ou d'une chose petite.
petite-fille (*pl petites-filles*) *nf* fille du fils ou de la fille par rapport au grand-père, à la grand-mère.
petit-fils (*pl petits-fils*) *nm* fils du fils ou de la fille par rapport au grand-père, à la grand-mère.
pétition [petisjɔ̃] *nf* écrit adressé à une autorité pour formuler une plainte ou une demande • ***pétition de principe*** raisonnement qui consiste à supposer vrai ce qui est en question.
petit-lait (*pl petits-laits*) *nm* liquide qui se sépare du lait caillé.
petits-enfants *nm pl* les enfants du fils ou de la fille.
petit-suisse (*pl petits-suisses*) *nm* fromage frais, de lait de vache, moulé en forme de petit cylindre.
peton *nm* FAM. petit pied.
pétrifier *vt* 1. changer en pierre 2. FIG. stupéfier, paralyser de peur, d'étonnement, etc.

pétrin *nm* 1. appareil destiné à pétrir la pâte à pain 2. FAM. embarras, situation pénible : *être dans le pétrin.*

pétrir *vt* 1. malaxer de la farine avec de l'eau pour obtenir une pâte 2. presser une matière quelconque pour lui donner une forme : *pétrir de l'argile* • FIG. *être pétri d'orgueil, de contradictions, etc.* en être rempli.

pétrochimie *nf* chimie des produits dérivés du pétrole.

pétrole *nm* huile minérale naturelle combustible, de couleur très foncée, formée d'hydrocarbures ◆ *adj inv* • *bleu pétrole* bleu tirant légèrement sur le vert.

pétrolier, ère *adj* relatif au pétrole : *industrie pétrolière* ◆ *nm* navire pour le transport du pétrole.

pétrolifère *adj* qui contient du pétrole.

pétulant, e *adj* vif, dynamique.

pétunia *nm* plante ornementale aux fleurs blanches, violettes ou mauves.

peu *adv* pas beaucoup : *travailler peu ; manger peu* • *à peu près* presque, environ • *depuis peu* récemment • *peu à peu* lentement ◆ *nm* • *un peu (de)* une petite quantité, un petit nombre de.

peuplade *nf* groupement humain de petite ou moyenne importance, ne constituant pas une société structurée.

peuple *nm* 1. ensemble des hommes formant une communauté nationale ou culturelle : *le peuple français ; les peuples hispanophones* 2. FAM. foule • *le peuple* la masse de ceux qui ne jouissent d'aucun privilège et ne vivent que de leur travail.

peuplé, e *adj* où vit une population plus ou moins nombreuse.

peuplement *nm* 1. action de peupler 2. état de ce qui est peuplé : *le peuplement d'une colonie.*

peupler *vt* 1. établir, installer des hommes, une espèce animale ou végétale dans un lieu 2. occuper un lieu, y vivre en grand nombre.

peuplier *nm* arbre des régions tempérées et humides, au tronc long et étroit et dont le bois est utilisé en menuiserie et en papeterie ; bois de cet arbre.

peur *nf* sentiment d'inquiétude, en présence ou à la pensée du danger • *avoir peur* craindre • *de peur de, de peur que* dans la crainte de, dans la crainte que.

peureux, euse *adj* et *n* qui a souvent peur, qui manque de courage.

peut-être *adv* marque la possibilité, le doute : *il viendra peut-être.*

pfennig (*pl pfennigs* ou *pfennige*) *nm* unité monétaire allemande équivalant au centième du mark.

pH *nm* CHIM coefficient caractérisant l'acidité ou la basicité d'un milieu.

phalange *nf* 1. ANAT chacun des petits os qui composent les doigts et les orteils 2. ANTIQ. GR formation de combat 3. HIST groupement politique et paramilitaire d'inspiration souvent fasciste : *la Phalange espagnole.*

phallique *adj* relatif au phallus.

phallocrate *nm* et *adj* qui considère l'homme comme supérieur à la femme.

phallocratie *nf* attitude dominatrice de l'homme par rapport à la femme.

phallus [falys] *nm* membre viril.

pharaon *nm* souverain de l'Égypte ancienne.

phare *nm* 1. tour portant un puissant foyer lumineux, établie le long des côtes pour guider les navires 2. dispositif d'éclairage placé à l'avant d'un véhicule ◆ **phares** *nm pl* position où ce dispositif éclaire le plus.

pharmaceutique *adj* qui relève de la pharmacie.

pharmacie *nf* 1. technique de préparation des médicaments 2. profession de pharmacien ; laboratoire, boutique du pharmacien 3. petit meuble ou petite trousse portative pour ranger les médicaments.

pharmacien, enne *n* qui exerce la pharmacie.

pharmacologie *nf* science des médicaments et de leur emploi.

pharmacopée *nf* 1. ensemble des médicaments 2. (avec majuscule) recueil officiel contenant la nomenclature des médicaments, leur composition, leurs effets.

pharyngite *nf* inflammation du pharynx.

pharynx *nm* gosier, arrière-gorge.

phase *nf* chacun des changements, des aspects successifs d'un phénomène, d'une action en évolution.

phénoménal, e, aux *adj* prodigieux, extraordinaire.

phénomène *nm* 1. ce qui est perçu par les sens ou par la conscience 2. fait naturel qui frappe l'imagination 3. chose ou être extraordinaire.

philanthrope *adj* et *n* d'une générosité désintéressée.

philatélie *nf* 1. étude, collection des timbres-poste 2. commerce des timbres-poste.

philologie *nf* 1. étude d'une langue d'après ses documents écrits : *philologie grecque, latine* 2. étude des textes et de leur transmission.

philosophale *adj f* • *pierre philosophale* 1. pierre qui, d'après les alchimistes, changeait les métaux en or 2. FIG. ce qui est impossible à trouver.

philosophe *n* spécialiste de philosophie ◆ *adj* et *n* qui fait preuve de calme et de sagesse ; qui prend la vie du bon côté.

philosopher *vi* (souvent péjor.) raisonner, argumenter sur un sujet quelconque.

philosophie *nf* 1. science qui étudie les êtres, les principes et les causes d'un point de vue général, abstrait 2. système d'un philosophe, d'une école, d'une époque, etc. 3. fermeté, calme devant des événements imprévus.

phlébite *nf* inflammation de la membrane interne des veines.

phlegmon *nm* inflammation du tissu cellulaire sous-cutané.

phobie *nf* peur, aversion instinctive et souvent angoissante.

phonation *nf* production des sons de la parole, chez l'homme.

phonétique *adj* qui concerne les sons du langage : *transcription phonétique* • *écriture phonétique* où les signes graphiques correspondent à des sons du langage ◆ *nf* étude des sons composant le langage humain.

phonique *adj* relatif au son ou à la voix.

phonologie *nf* étude scientifique des systèmes de sons, ainsi que des principes ou règles qui les déterminent dans telle ou telle langue naturelle.

phoque *nm* mammifère des régions polaires.

phosphate *nm* sel de l'acide phosphorique utilisé comme engrais.

phosphore *nm* corps chimique employé en particulier dans la fabrication des allumettes.

phosphorescence *nf* propriété qu'ont certains corps d'émettre de la lumière dans l'obscurité.

phosphorique *adj m* • *anhydride phosphorique* combinaison de phosphore et d'oxygène, formée par combustion vive • *acide phosphorique* acide du phosphore.

photo *nf* photographie ◆ *adj inv* photographique : *appareil photo.*

photocomposition *nf* IMPR procédé de composition fournissant directement des textes sur films photographiques.

photocopie *nf* reproduction d'un document par le développement instantané d'un négatif photographique ; le document ainsi obtenu.

photocopieur *nm* ou **photocopieuse** *nf* appareil de photocopie.

photoélectrique *adj* qui produit de l'électricité sous l'action de la lumière.

photogénique *adj* dont le visage, l'aspect se prêtent bien à la photographie, au cinéma.

photographe *n* 1. personne qui prend des photos, en amateur ou à titre professionnel 2. artisan, commerçant qui développe, tire des clichés.

photographie *nf* 1. technique permettant de fixer sur une surface sensible à la lumière les images obtenues à l'aide d'une chambre noire 2. image obtenue par cette technique.

photographier *vt* obtenir une image par la photographie.

photogravure *nf* ensemble des procédés photographiques et chimiques qui permettent d'obtenir des clichés d'impression.

photosynthèse *nf* processus par lequel une plante verte, sous l'action de la lumière, élabore des matières organiques en absorbant le gaz carbonique de l'eau et en rejetant l'oxygène SYN. *assimilation chlorophyllienne.*

phrase *nf* 1. groupe de mots formant un message complet 2. MUS suite de notes formant une unité mélodique expressive • FIG. *faire des phrases* parler d'une manière prétentieuse.

phraséologie *nf* PÉJOR. discours formé de formules pompeuses.

phréatique *adj* • *nappe phréatique* nappe d'eau située à l'intérieur du sol et alimentant des sources.

phylloxéra *nm* 1. insecte hémiptère dont une espèce s'attaque à la vigne 2. maladie de la vigne causée par ce parasite.

physicien, enne *n* spécialiste de physique.

physiologie *nf* science qui a pour objet l'étude du fonctionnement des organismes vivants.

physionomie *nf* 1. ensemble des traits du visage 2. FIG. caractère, aspect particulier de quelqu'un ou de quelque chose.

physionomiste *adj* et *n* qui est capable de reconnaître immédiatement une personne déjà rencontrée.

physique *nf* science qui a pour objet l'étude des propriétés des corps et des lois qui tendent à modifier leur état ou leur mouvement sans modifier leur nature.

physique *adj* 1. qui appartient à la nature, à la matière : *propriétés physiques d'un corps* 2. qui concerne le corps humain : *exercices physiques* ◆ *nm* 1. aspect général de quelqu'un 2. constitution du corps, état de santé.

phytothérapie *nf* traitement des maladies par les plantes.

piaffer *vi* 1. frapper le sol des pieds de devant, en parlant du cheval 2. FIG. s'agiter, trépigner : *piaffer d'impatience.*

piailler *vi* 1. pousser des cris aigus, en parlant d'un oiseau 2. crier sans cesse, d'une voix aiguë.

pianiste *n* personne qui joue du piano.

piano *nm* instrument de musique, à clavier et à cordes.

pianoter *vi* 1. jouer du piano maladroitement 2. tapoter sur quelque chose avec les doigts.

piaule *nf* FAM. chambre.

pic *nm* 1. instrument de fer courbé, pointu et à long manche, pour creuser la terre 2. montagne élevée, isolée et pointue ; le sommet de cette montagne : *le pic du Midi* ◆ *loc adv* • *à pic* 1. verticalement : *couler à pic* 2. FAM. à propos : *cela tombe à pic.*

picaresque *adj* se dit d'une œuvre littéraire dont l'action se situe dans le milieu des voleurs et des truands.

pichet *nm* petit broc à vin, à eau, etc.

pickpocket [pikpɔkɛt] *nm* voleur à la tire.

picoler *vi* et *vt* FAM. boire du vin, de l'alcool.

picorer *vi* saisir de la nourriture avec le bec en parlant des oiseaux ◆ *vt* prendre çà et là des aliments.

picotement *nm* sensation de piqûre légère sur la peau.

pictographique *adj* • *écriture pictographique* où les concepts sont représentés par des scènes figurées ou par des symboles complexes.

pictural, e, aux *adj* qui se rapporte à l'art de la peinture.

pic-vert (*pl pics-verts*) *nm* → pivert.

pie *nf* 1. oiseau passereau à plumage blanc et noir 2. FAM. personne bavarde ◆ *adj inv* se dit du poil ou du plumage blanc et noir : *cheval pie.*

pièce *nf* 1. chaque partie, chaque élément séparé d'un tout : *les pièces d'une collection ; une pièce détachée* 2. morceau de tissu réparant une déchirure, un accroc, etc. 3. morceau de métal plat servant de monnaie 4. chacun des espaces habitables d'un logement 5. ouvrage dramatique : *pièce en cinq actes* 6. document écrit servant à établir un droit, la réalité d'un fait, etc. : *pièces d'identité* • ***à la pièce*** ou ***aux pièces*** en proportion du travail fait • ***de toutes pièces*** entièrement, sans utiliser d'éléments existant auparavant • ***mettre en pièces*** 1. détruire 2. mettre en déroute • ***tout d'une pièce*** d'un bloc, sans détour.

pied *nm* 1. extrémité de la jambe, qui sert pour marcher 2. partie d'un objet servant de support : *pied d'une lampe* 3. partie inférieure : *pied d'une montagne, d'un mur* 4. arbre, plante : *un pied de vigne* 5. syllabe d'un vers • ***à pied d'œuvre*** prêt à agir • ***au petit pied*** en raccourci • ***de pied en cap*** des pieds à la tête • ***de pied ferme*** sans reculer, avec résolution • ***être sur pied*** être debout, remis d'une maladie • ***lâcher pied*** reculer • ***mettre à pied*** licencier • ***mettre sur pied*** organiser • ***sur pied*** avant la récolte.

pied-à-terre [pjetatɛr] *nm inv* petit logement qu'on n'occupe qu'occasionnellement.

pied-de-biche (*pl pieds-de-biche*) *nm* petit levier à tête fendue.

pied-de-poule (*pl pieds-de-poule*) *nm* et *adj inv* tissu formé de deux couleurs en damier.

piédestal *nm* support isolé sur lequel on place un objet • FIG. ***mettre quelqu'un sur un piédestal*** lui vouer une grande admiration.

pied-noir (*pl pieds-noirs*) *n* et *adj* FAM. français d'origine européenne installé en Afrique du Nord, en particulier en Algérie, jusqu'à l'époque de l'indépendance.

piège *nm* 1. dispositif pour attirer ou prendre les animaux 2. FIG. embûche, traquenard : *tomber dans le piège.*

piéger *vt* (conj 2) 1. prendre des animaux au piège 2. dissimuler un engin explosif en un endroit 3. FIG. prendre quelqu'un au piège.

pierre *nf* 1. corps minéral, dur et solide : *pierre à chaux* 2. morceau de cette matière, façonné ou non : *pierre de taille ; lancer une pierre* • ***la pierre*** l'immobilier : *investir dans la pierre* • ***pierre fine*** toute pierre utilisée en bijouterie, autre que les pierres précieuses (topaze, améthyste, etc.) • ***pierre à fusil*** silex • ***pierre levée*** menhir • ***pierre à plâtre*** gypse • ***pierre ponce*** pierre volcanique poreuse • ***pierre précieuse*** pierre utilisée en joaillerie (diamant, rubis, émeraude et saphir) • FIG. ***pierre de touche*** moyen d'éprouver quelque chose ou quelqu'un.

pierreries *nf pl* pierres fines, pierres précieuses taillées.

pierrot *nm* 1. homme déguisé en Pierrot, personnage des pantomimes habillé de blanc 2. FAM. moineau.

pietà [pjeta] *nf* peinture ou sculpture représentant la Vierge portant le Christ sur ses genoux après la descente de la croix.

piété *nf* dévotion religieuse • ***piété filiale*** attachement à ses parents.

piétiner *vt* fouler avec les pieds : *piétiner le sol* ◆ *vi* 1. remuer les pieds 2. trépigner : *piétiner de rage* 3. FIG. ne faire aucun progrès, ne pas avancer.

piéton, onne *n* qui circule à pied ◆ *adj* piétonnier : *voie piétonne.*

piétonnier, ère *adj* réservé aux piétons : *rues piétonnières.*

pieu *nm* pièce de bois pointue.

pieu *nm* FAM. lit.

pieuvre *nf* poulpe.

pieux, euse *adj* 1. qui a de la piété ; qui marque la piété 2. qui marque un sentiment tendre et respectueux : *pieux souvenir.*

pif *nm* FAM. nez • FAM. ***au pif*** au hasard, en suivant son intuition.

pige *nf* pour un journaliste, rémunération à l'article • FAM. ***faire la pige à quelqu'un*** aller plus vite, faire mieux que lui.

pigeon *nm* 1. oiseau dont plusieurs espèces sont domestiques 2. FAM. naïf qui se laisse tromper, voler • ***pigeon voyageur*** dressé à porter des messages au loin.

pigeonnier *nm* 1. petit bâtiment destiné aux pigeons domestiques 2. FAM. habitation élevée.

piger *vt* FAM. comprendre : *ne rien piger.*

pigiste *n* personne payée à la pige.

pigment *nm* 1. substance colorée produite par un organisme vivant 2. couleur en poudre.

pigmentation *nf* 1. formation de pigments, en particulier dans la peau 2. coloration par un pigment.

pigmenter *vt* colorer avec un pigment.

pignon *nm* 1. partie supérieure et triangulaire d'un mur 2. roue dentée s'engrenant sur une plus grande 3. graine de pomme de pin ; pin méditérranéen fournissant ces graines • FIG. ***avoir pignon sur rue*** une situation bien établie.

pilaf *nm* riz au gras assaisonné, accompagné de viande, de coquillages, etc.

pile *nf* 1. amas d'objets entassés les uns sur les autres : *pile de bois* 2. massif de maçonnerie formant pilier : *pile de pont* 3. PHYS appareil transformant en courant électrique l'énergie développée dans une réaction chimique : *pile de Volta.*

pile *nf* côté d'une pièce de monnaie opposé à la face.

pile *adv* FAM. très exactement, de façon précise : *neuf heures pile* • ***s'arrêter pile*** brusquement • ***tomber pile*** survenir au bon moment.

piler *vt* broyer, réduire en fragments.

piler *vi* FAM. freiner brutalement.

pileux, euse *adj* relatif aux poils ; qui contient des poils, qui en est couvert.

pilier *nm* 1. massif de maçonnerie ou colonne servant de support 2. FIG. personne, chose qui assure la stabilité de quelque chose : *c'est un des piliers du syndicat* • FAM. ***pilier de*** personne qui ne bouge guère d'un endroit : *pilier de bar.*

pillage *nm* action de piller ; dégât qui en résulte.

piller *vt* 1. dépouiller, voler : *piller un magasin* 2. FIG. s'approprier par plagiat : *piller un auteur.*

pilon *nm* 1. instrument pour piler 2. FAM. partie inférieure d'une cuisse de volaille cuite • ***mettre au pilon*** détruire les exemplaires invendus d'un livre, d'une revue.

pilonner *vt* 1. soumettre à un bombardement intensif 2. mettre un livre au pilon.

pilori *nm* • ***mettre, clouer au pilori*** signaler à l'indignation, à la réprobation de tous.

pilote *nm* 1. personne qui conduit un navire, un avion, une voiture, etc. : *pilote de ligne, d'essai* 2. LITT. guide 3. petit poisson des mers chaudes qui suit les navires 4. première émission d'une série, destinée à servir de test ◆ *adj* qui sert d'exemple, de modèle : *classes(-)pilotes.*

piloter *vt* 1. conduire un navire, un avion, etc. 2. FAM. guider quelqu'un dans un lieu.

pilotis *nm* ensemble de pieux pouvant soutenir une construction.

pilule *nf* 1. médicament en forme de petite boule 2. médicament anticonceptionnel • FAM. ***dorer la pilule*** présenter une chose fâcheuse sous un aspect favorable.

piment *nm* 1. plante cultivée pour ses fruits, le piment rouge et le piment doux ou poivron ; fruit de cette plante 2. FIG. ce qui ajoute une note piquante à quelque chose.

pimenter *vt* 1. assaisonner de piment : *pimenter une sauce* 2. FIG. rendre piquant, excitant : *pimenter un récit d'anecdotes.*

pimpant, e *adj* élégant, gracieux.

pin *nm* conifère à feuillage persistant et à feuilles en aiguilles ; bois de cet arbre.

pinailler *vi* FAM. ergoter ; s'appesantir sur des détails.

pinard *nm* FAM. vin.

pince *nf* 1. outil à branches articulées pour saisir, tenir 2. dispositif à deux branches pour pincer : *pince à linge, à cheveux* 3. barre métallique qui sert de levier 4. extrémité des grosses pattes de certains crustacés 5. FAM. main 6. pli cousu sur l'envers d'un vêtement, pour l'ajuster.

pincé, e *adj* qui manifeste du dédain, de la froideur.

pinceau *nm* instrument fait de poils attachés à un manche pour peindre, coller.

pincée *nf* quantité qu'on peut prendre avec deux ou trois doigts : *pincée de sel.*

pince-monseigneur (*pl pinces-monseigneur*) *nf* levier court dont se servent les cambrioleurs pour forcer les portes.

pincer *vt* (conj 1) 1. serrer avec les doigts, avec une pince, etc. 2. serrer étroitement, coincer : *pincer son doigt dans une porte* 3. FIG., FAM. saisir, arrêter, surprendre : *pincer un voleur* 4. MUS faire vibrer avec les doigts : *pincer les cordes d'une guitare* ◆ *vi* • FAM. ***ça pince*** il fait froid.

pince-sans-rire *n inv* qui raille en gardant son sérieux.

pincettes *nf pl* longue pince pour arranger le feu.

pinède *nf* bois de pins.

pingouin *nm* oiseau palmipède à ailes très courtes des régions arctiques.

ping-pong [piŋpɔ̃g] (*pl ping-pongs*) *nm* sport voisin du tennis, où le court est remplacé par une table SYN. *tennis de table.*

pin's *nm* petite broche portée comme un badge (recomm off : *épinglette*).

pinson *nm* oiseau passereau, bon chanteur • ***gai comme un pinson*** très gai.

pintade *nf* oiseau de basse-cour élevé pour sa chair ; chair de cet oiseau.

pinte *nf* unité de mesure anglo-saxonne de capacité.

pin-up [pinœp] *nf inv* jolie fille au charme sensuel.

pioche *nf* outil formé d'un manche de bois et d'un fer à une ou deux pointes pour creuser la terre.

piocher *vt* 1. creuser avec une pioche 2. prendre au hasard dans un tas.

piolet *nm* canne d'alpiniste ferrée à un bout et munie d'un petit fer de pioche à l'autre.

pion *nm* 1. chacune des huit petites pièces d'un jeu d'échecs 2. pièce du jeu de dames.

pion, pionne *n* FAM. surveillant dans un établissement d'enseignement.

pionnier, ère *n* qui s'engage dans une voie nouvelle, qui effectue les premières recherches.

pipe *nf* appareil formé d'un fourneau et d'un tuyau, pour fumer : *pipe de bruyère.*

pipe-line [piplin] ou [pajplajn] (*pl pipe-lines*) ou **pipeline** *nm* canalisation pour le transport du gaz, du pétrole.

piper *vt* FAM. • *ne pas piper (mot)* ne rien dire, garder le silence • *piper les dés, les cartes* les préparer pour tricher.

piperade [piperad] *nf* spécialité basque composée de tomates, de piments cuits et d'œufs battus en omelette.

pipette *nf* tube à transvaser les liquides.

pipi *nm* FAM. urine • *faire pipi* uriner.

piquant, e *adj* 1. qui pique 2. très vif : *froid piquant* 3. FIG. mordant : *mots piquants* ◆ *nm* 1. aiguillon, épine 2. FIG. ce qu'il y a de curieux, d'intéressant, de cocasse dans quelque chose.

pique *nf* 1. arme formée d'une hampe terminée par une pointe de fer 2. FIG. parole blessante, moqueuse ◆ *nm* une des deux couleurs noires, aux cartes ; carte de cette figure.

pique-assiette (*pl pique-assiettes* ou *inv*) *n* FAM. personne qui a l'habitude de prendre ses repas aux frais des autres.

pique-nique (*pl pique-niques*) *nm* repas pris en plein air.

piquer *vt* 1. percer d'un ou de plusieurs petits trous 2. faire une injection : *piquer un malade* 3. injecter du venin : *une guêpe m'a piqué* 4. coudre l'une sur l'autre les parties d'un tissu, d'un vêtement 5. éveiller, intéresser : *piquer la curiosité de quelqu'un* 6. FAM. voler ◆ **se piquer** *vpr* • *se piquer de* se flatter de.

piquet *nm* 1. petit pieu : *piquet de tente* 2. petit nombre de personnes affecté à une tâche spécifique : *piquet de grève, d'incendie* • *mettre au piquet* au coin, en punition.

piquette *nf* FAM. vin de qualité médiocre.

piqûre *nf* 1. petite blessure faite par un instrument aigu ou par certains insectes : *piqûre de guêpe* 2. injection médicamenteuse 3. série de points serrés réunissant deux tissus.

pirate *nm* bandit qui parcourait les mers pour piller • *pirate de l'air* personne qui, sous la menace, détourne un avion en vol.

pirater *vt* 1. reproduire une œuvre sans payer les droits de reproduction 2. imiter frauduleusement.

pire *adj* plus mauvais, plus nuisible ◆ *nm* ce qui est le plus mauvais.

pirogue *nf* embarcation légère et de forme allongée.

pirouetter *vi* faire une pirouette, tourner.

pis *nm* mamelle de la vache, de la brebis, de la chèvre, etc.

pis *adv* et *adj inv* plus mal, plus mauvais : *pis que jamais* • *de mal en pis* de plus en plus mal.

pis-aller [pizale] *nm inv* chose à laquelle on se résout faute de mieux.

pisciculture *nf* élevage des poissons.

piscine *nf* grand bassin artificiel pour la natation.

pissenlit *nm* plante vivace à feuilles dentelées qui se mange en salade ; feuille de cette plante.

pisser *vt* et *vi* TRÈS FAM. uriner.

pisseux, euse *adj* 1. imprégné, sali d'urine 2. FAM. de couleur terne, jaunie.

pissotière *nf* FAM. urinoir public.

pistache *nf* graine du pistachier, utilisée en confiserie et en cuisine ◆ *adj inv* d'une couleur vert clair.

piste *nf* 1. trace laissée par un animal, par quelqu'un 2. chemin dans un bois, une région quelconque : *piste cavalière, cyclable* 3. direction prise par quelqu'un : *suivre une piste.*

pister *vt* suivre à la piste.

pistil [pistil] *nm* organe femelle des plantes à fleurs.

pistolet *nm* 1. arme à feu de petite dimension, qui se tire d'une main 2. pulvérisateur de peinture, de vernis, etc.

piston *nm* 1. cylindre mobile qui entre à frottement dans le corps d'une pompe ou dans le cylindre d'un moteur 2. MUS cornet à pistons 3. FAM. recommandation, protection, appui.

pistonner *vt* FAM. recommander, appuyer quelqu'un.

pistou *nm* soupe provençale de légumes, liée avec de l'ail et du basilic pilés.

pitance *nf* FAM. nourriture, repas.

piteux, euse *adj* 1. triste, confus : *mine piteuse* 2. minable, misérable : *en piteux état.*

pitié *nf* sentiment qui porte à plaindre, à compatir.

piton *nm* 1. anneau ou crochet muni d'une queue à vis 2. pointe d'une montagne élevée.

pitre *nm* personne qui fait des facéties, des bouffonneries.

pitrerie *nf* farce, facétie.

pittoresque *adj* 1. qui frappe l'attention par ses qualités particulières : *village pittoresque* 2. original, vivant : *récit pittoresque.*

pivert ou **pic-vert** (*pl pics-verts*) *nm* oiseau à plumage jaune et vert, du genre des pics.

pivoine *nf* plante à bulbe qui donne de grosses fleurs rouges, roses ou blanches.
pivot *nm* 1. pièce arrondie qui s'enfonce dans une autre et sur laquelle tourne un corps solide 2. support d'une dent artificielle, enfoncé dans la racine 3. FIG. base, soutien : *pivot d'une action.*
pivoter *vi* tourner sur un pivot, un axe.
pizza [pidza] *nf* tarte en pâte à pain garnie de tomates, d'anchois, d'olives, de fromage, etc. (spécialité italienne).
pizzeria [pidzerja] *nf* restaurant où l'on sert des pizzas.
placard *nm* 1. armoire ménagée dans ou contre un mur 2. affiche, avis 3. IMPR épreuve en colonnes, pour les corrections.
placarder *vt* afficher sur les murs.
place *nf* 1. espace occupé par quelqu'un ou par quelque chose 2. emplacement occupé par un voyageur 3. rang obtenu dans un classement 4. charge, fonction occupée : *perdre sa place* 5. large espace découvert dans une agglomération • ***faire place à*** être remplacé par • ***faire place nette*** débarrasser de • ***remettre quelqu'un à sa place*** le rappeler aux égards qu'il doit • ***tenir sa place*** remplir convenablement son rôle, sa fonction.
placebo [plasebo] *nm* substance inactive substituée à un médicament.
placement *nm* action de placer de l'argent ou de procurer un emploi.
placenta [plasɛ̃ta] *nm* 1. organe reliant l'embryon à l'utérus maternel pendant la gestation 2. BOT région de l'ovaire où sont fixés les ovules.
placer *vt* (conj 1) 1. mettre à une certaine place, à un endroit déterminé : *placer des invités* 2. procurer un emploi à quelqu'un 3. FIG. introduire en disant : *placer une anecdote* • ***placer de l'argent*** l'investir pour le faire fructifier.
placide *adj* calme, paisible, serein.
plafond *nm* 1. surface plane, qui forme la partie supérieure d'un lieu couvert 2. limite supérieure d'une vitesse, d'un salaire, etc.
plafonnement *nm* état de ce qui a atteint son maximum.
plafonner *vi* atteindre sa hauteur, sa valeur, sa vitesse maximale.
plafonnier *nm* appareil d'éclairage fixé au plafond.
plage *nf* 1. rivage de mer plat et découvert 2. station balnéaire 3. surface délimitée d'un objet, d'un lieu 4. laps de temps. durée limitée.
plagier *vt* piller les ouvrages d'auteurs en donnant pour siennes les parties copiées.
plaid [plɛd] *nm* couverture de voyage à carreaux.
plaider *vi* 1. défendre sa cause ou celle d'une partie devant les juges 2. témoigner, parler en faveur de : *son passé plaide pour lui* ◆ *vt* défendre en justice : *plaider une cause.*
plaidoirie *nf* exposé oral visant à défendre un accusé, à soutenir une cause.
plaidoyer *nm* 1. discours prononcé au tribunal pour défendre une cause 2. défense en faveur de.
plaie *nf* 1. déchirure des chairs causée par une blessure, une brûlure, un abcès 2. FIG. peine, affliction.
plaignant, e *adj* et *n* qui porte plainte en justice.
plaindre *vt* (conj 55) avoir, témoigner de la compassion pour quelqu'un ◆ **se plaindre** *vpr* 1. gémir, exprimer sa souffrance 2. manifester son mécontentement : *se plaindre du bruit.*
plaine *nf* étendue de pays plat.
plain-pied (de) *loc adv* au même niveau.
plainte *nf* 1. gémissement, lamentation : *pousser des plaintes* 2. déclaration en justice pour se plaindre : *déposer une plainte.*
plaintif, ive *adj* qui exprime une plainte : *ton plaintif.*
plaire *vi* et *vt ind* [à] (conj 77) être agréable, flatter l'esprit ou les sens ◆ *v impers* être conforme au souhait, au désir de • ***s'il te plaît*** ou ***s'il vous plaît*** formule de politesse pour demander quelque chose ◆ **se plaire** *vpr* 1. prendre plaisir à : *se plaire à faire le mal* 2. se trouver bien quelque part.
plaisance *nf* • ***de plaisance*** que l'on utilise ou que l'on pratique pour l'agrément : *bateau, navigation de plaisance.*
plaisancier, ère *n* qui pratique la navigation de plaisance.
plaisant, e *adj* 1. amusant : *conte plaisant* 2. agréable : *site plaisant* ◆ *nm* le côté amusant d'une chose • ***mauvais plaisant*** personne qui aime jouer de mauvais tours.
plaisanter *vi* 1. dire ou faire une chose pour s'amuser 2. ne pas parler sérieusement : *je dis cela pour plaisanter* ◆ *vt* se moquer gentiment : *plaisanter un ami.*
plaisanterie *nf* chose dite ou faite pour plaisanter.
plaisir *nm* 1. sensation, sentiment agréable, joie, contentement 2. ce qui plaît, divertit 3. satisfaction sexuelle, jouissance • ***à plaisir*** sans motif sérieux • ***avec plaisir*** volontiers • ***bon plaisir*** volonté arbitraire • ***faire plaisir à quelqu'un*** lui être agréable.
plan *nm* 1. surface plane 2. représentation d'un objet par sa projection : *le plan d'une ville, d'une maison* 3. éloignement relatif des diverses parties d'une scène, d'un tableau : *mettre au premier plan ; un gros plan* 4. projet : *dresser des plans* • FAM. ***laisser en plan*** en suspens.
plan, e *adj* plat, uni : *surface plane.*
planche *nf* 1. pièce de bois longue, large et peu épaisse 2. page de dessins, d'illustrations, dans un livre • ***planche à voile*** flotteur plat muni d'une voile fixée à un mât articulé pour glisser sur l'eau ; sport ainsi pra-

tiqué • FIG. *planche de salut* dernière ressource, moyen de salut ◆ **planches** *nf pl* le théâtre, la scène.

plancher *nm* 1. assemblage de planches sur solives séparant les étages d'une maison 2. face supérieure de cette séparation, constituant le sol d'un étage 3. FIG. niveau minimal, seuil inférieur.

plancher *vt ind* [sur] FAM. travailler sur, réfléchir à quelque chose.

plané, e *adj* • FAM. *vol plané* chute.

planer *vi* 1. se soutenir dans l'air sans mouvement apparent 2. flotter dans l'air 3. FIG. voir de haut, dominer 4. FIG. s'exercer, peser d'une manière plus ou moins menaçante : *danger qui plane* 5. FAM. être dans un état euphorique, rêver.

planétaire *adj* des planètes : *système planétaire.*

planétarium [planetarjɔm] *nm* installation représentant les mouvements des corps célestes sur une voûte.

planète *nf* corps céleste, qui gravite autour du Soleil.

planeur *nm* avion sans moteur qui évolue dans les airs en utilisant les courants atmosphériques.

planifier *vt* organiser, diriger suivant un plan déterminé : *économie planifiée.*

planisphère *nm* carte où les deux moitiés du globe céleste ou terrestre sont représentées en plan.

planning [planiŋ] *nm* plan de travail détaillé ; fonction ou service de préparation du travail • *planning familial* contrôle des naissances.

planque *nf* FAM. 1. cachette 2. situation bien rémunérée et où le travail est facile.

planquer *vt* FAM. mettre à l'abri en cachant.

plant *nm* jeune tige nouvellement plantée ou propre à être plantée ou repiquée : *plants de laitues.*

plantaire *adj* de la plante du pied : *verrue plantaire.*

plantation *nf* 1. action de planter 2. ensemble de végétaux plantés ; lieu où on les a plantés 3. grande exploitation agricole dans les pays tropicaux.

plante *nf* tout végétal fixé au sol par des racines.

plante *nf* face intérieure du pied de l'homme et des animaux.

planter *vt* 1. mettre une plante en terre pour qu'elle prenne racine 2. enfoncer dans une surface quelconque : *planter une borne* 3. garnir un lieu de végétaux 4. dresser, installer : *planter une tente* • FAM. *planter là quelqu'un* le quitter brusquement ◆ **se planter** *vpr* 1. rester immobile et debout 2. FAM. se tromper 3. FAM. subir un échec.

plantoir *nm* outil pour planter.

plantureux, euse *adj* 1. abondant, copieux : *repas plantureux* 2. fertile : *terre plantureuse* 3. bien en chair : *formes plantureuses.*

plaque *nf* 1. feuille d'une matière rigide : *plaque de cuivre, de cheminée* 2. objet de cette forme, de cet aspect : *plaque d'égout, de chocolat* 3. couche peu épaisse de quelque chose : *plaque de verglas* 4. pièce de métal gravée portant certaines indications 5. insigne des hauts grades de certains ordres • *plaque dentaire* substance visqueuse et collante à la surface des dents • *plaque tournante* centre important qui détermine une situation.

plaquer *vt* 1. appliquer quelque chose ou quelqu'un sur ou contre quelque chose : *plaquer de l'or sur du cuivre ; plaquer quelqu'un au sol* 2. FIG. appliquer, émettre : *plaquer des accords* 3. FAM. abandonner.

plaquette *nf* 1. petite plaque 2. petit livre peu épais : *plaquette de vers* 3. conditionnement d'une substance : *plaquette de pilules* • *plaquette sanguine* élément du sang, intervenant dans sa coagulation.

plasma *nm* liquide clair où baignent les globules du sang et de la lymphe.

plastic ou **plastique** *nm* explosif d'une consistance proche de celle du mastic de vitrier, qui ne détone qu'avec un dispositif d'amorçage.

plasticien, enne *n* et *adj* 1. artiste qui se consacre aux arts plastiques 2. spécialiste de la chirurgie plastique.

plastifier *vt* recouvrir d'une pellicule de matière plastique transparente.

plastique *adj* 1. propre à être modelé : *argile plastique* 2. qui a une belle forme • *arts plastiques* la sculpture et la peinture • *chirurgie plastique* destinée à restaurer les formes normales en cas d'accident, de malformation, etc. ◆ *nf* art de modeler des figures.

plastique *adj* • *matière plastique* ou *plastique nm* substance d'origine organique ou synthétique susceptible d'être modelée ou moulée à chaud et sous pression.

plastiquer *vt* faire sauter avec du plastic.

plat, e *adj* 1. plan, uni, sans relief : *pays plat* 2. calme : *mer plate* 3. peu élevé : *talons plats* 4. FIG. sans élégance, sans attrait : *style plat* • *à plat* sur la surface large • *eau plate* eau non gazeuse ◆ *nm* 1. partie plate de quelque chose : *plat de la main* 2. pièce de vaisselle plus grande que l'assiette ; son contenu : *un plat garni* 3. chacun des éléments d'un repas, d'un menu • FAM. *faire du plat à quelqu'un* flatter.

platane *nm* arbre ornemental à larges feuilles et à écorce mince.

plateau *nm* 1. support plat pour transporter les aliments, la vaisselle 2. partie d'une balance recevant les poids ou les matières à peser 3. scène d'un studio de cinéma, de télévision, d'un théâtre 4. étendue de terrain peu accidentée, mais élevée par rapport aux régions environnantes.

plateau-repas (*pl plateaux-repas*) *nm* plateau compartimenté pouvant recevoir les différents éléments d'un repas.

plate-bande (*pl plates-bandes*) *nf* bordure d'un parterre destinée à recevoir des fleurs • FAM. *marcher sur les plates-bandes de quelqu'un* empiéter sur ses attributions.

plate-forme (*pl plates-formes*) *nf* 1. support plat destiné à recevoir différents matériels 2. installation de forage du pétrole en mer 3. partie d'un autobus où les voyageurs sont debout 4. FIG. ensemble d'idées sur lesquelles on appuie un raisonnement, un programme politique, etc. : *plate-forme électorale.*

platine *nf* plaque sur laquelle sont fixées les pièces d'un mécanisme : *platine de fusil, de montre ; platine d'électrophone.*

platine *nm* métal précieux, blanc, le plus lourd et le plus inaltérable de tous les métaux (symb : Pt).

platitude *nf* 1. absence d'originalité, d'imprévu ; banalité 2. parole sans originalité : *dire des platitudes.*

platonique *adj* 1. purement idéal, pur de toute sensualité : *amour platonique* 2. sans effet : *protestation platonique.*

plâtre *nm* 1. gypse cuit et réduit en poudre, servant de matériau de construction 2. ouvrage moulé en plâtre ; sculpture en plâtre 3. CHIR appareil d'immobilisation des membres fracturés ◆ **plâtres** *nm pl* • FIG. *essuyer les plâtres* subir les inconvénients d'une nouveauté.

plâtrer *vt* 1. couvrir, enduire de plâtre 2. CHIR immobiliser avec un plâtre.

plâtrier *nm* qui prépare, vend, ou travaille le plâtre.

plausible *adj* qui peut passer pour vrai, admissible : *excuse plausible.*

play-back [plɛbak] *nm inv* interprétation mimée accompagnant la diffusion d'un enregistrement sonore effectué préalablement.

play-boy [plɛbɔj] (*pl play-boys*) *nm* homme élégant, au physique avantageux, qui recherche les succès féminins et la vie facile.

plébiscite *nm* vote du peuple par oui ou par non sur une question.

pléiade *nf* grand nombre de personnes, généralement célèbres : *une pléiade d'artistes.*

plein, e *adj* 1. tout à fait rempli 2. sans cavité ni vide : *mur plein* 3. qui contient en grande quantité : *plein de fautes* 4. entier, complet : *pleins pouvoirs* 5. rond, gras : *visage plein* 6. se dit d'une femelle qui porte des petits • *en plein jour, en pleine rue* dans le jour, dans la rue ◆ *nm* 1. espace complètement occupé par la matière 2. partie forte et large d'une lettre calligraphiée 3. contenu total d'un réservoir • *battre son plein* être en pleine activité, en plein éclat • *faire le plein de quelque chose* atteindre le maximum ◆ *prép* et *adv* FAM. indique une grande quantité : *avoir des idées plein la tête ; il y avait plein de monde* • FAM. *en avoir plein le dos* être fatigué ou excédé • FAM. *tout plein* très, beaucoup.

pleinement *adv* entièrement.

plein-temps (*pl pleins-temps*) *nm* activité professionnelle absorbant la totalité du temps de travail.

plénier, ère *adj* où tous les membres sont convoqués : *assemblée, réunion plénière.*

plénipotentiaire *nm* et *adj* agent diplomatique, muni de pleins pouvoirs.

pléonasme *nm* emploi simultané de deux termes ayant le même sens (EX : *monter en haut*).

pléthore *nf* surabondance.

pleur *nm* LITT. (surtout pluriel) larme : *répandre des pleurs.*

pleurer *vi* 1. verser des larmes 2. se lamenter, s'apitoyer sur : *pleurer sur son sort* ◆ *vt* déplorer la disparition, la perte de : *pleurer un ami.*

pleurésie *nf* inflammation de la plèvre.

pleurnicher *vi* 1. FAM. pleurer souvent et sans raison 2. se lamenter d'un ton larmoyant.

pleuvoir *v. impers* (conj 47) tomber, en parlant de la pluie ◆ *vi* tomber en abondance.

plèvre *nf* membrane séreuse qui tapisse le thorax et enveloppe les poumons.

Plexiglas *nm* (nom déposé) résine synthétique ayant la transparence du verre.

plexus [plɛksys] *nm* réseau de filets nerveux ou vasculaires.

pli *nm* 1. partie repliée d'une étoffe, d'un papier, etc. 2. marque qui résulte d'une pliure 3. enveloppe de lettre ; lettre : *pli chargé* 4. ride : *les plis du front* 5. au jeu de cartes, levée 6. GÉOL ondulation des couches de terrain dont la partie en saillie est appelée *anticlinal*, et la partie en creux *synclinal* 7. FIG. habitude : *prendre un mauvais pli.*

pliage *nm* action, manière de plier.

pliant, e *adj* se dit d'un objet qui peut se replier sur soi : *lit pliant* ◆ *nm* siège pliant.

plie *nf* poisson plat à chair estimée.

plier *vt* 1. mettre en double une ou plusieurs fois : *plier du linge* 2. rapprocher, rassembler les éléments d'un objet articulé : *plier une tente, un éventail* 3. courber, fléchir : *plier les genoux* 4. FIG. assujettir : *plier à la discipline* ◆ *vi* 1. se courber : *le roseau plie* 2. FIG. céder, reculer.

plinthe *nf* bande, saillie au bas d'un mur, à la base d'une colonne.

plisser *vt* marquer de plis ◆ *vi* présenter ou faire des plis.

pliure *nf* 1. marque d'une chose pliée 2. action ou manière de plier les feuilles d'un livre.

plomb *nm* 1. métal dense, d'un gris bleuâtre 2. projectile de plomb pour armes à feu 3. petit sceau de plomb, que l'on fixe aux attaches d'un colis 4. caractère, composition d'imprimerie 5. fil de plomb servant de fusible électrique • ***à plomb*** perpendiculairement • ***mine de plomb*** plombagine.

plombage *nm* 1. action de plomber 2. amalgame qui sert à obturer une dent.

plomber *vt* 1. garnir de plomb 2. attacher un sceau de plomb à un colis, à un wagon 3. obturer une dent cariée.

plomberie *nf* 1. métier, ouvrage du plombier 2. ensemble d'installations et de canalisations d'eau et de gaz.

plombier *nm* entrepreneur, ouvrier qui installe, entretient et répare les canalisations de distribution d'eau et de gaz.

plombières *nf* glace aux fruits confits.

plonge *nf* • ***faire la plonge*** laver la vaisselle dans un restaurant, un café.

plongée *nf* 1. action de plonger 2. point de vue de haut en bas ; vue plongeante • ***plongée sous-marine*** activité consistant à descendre sous la surface de l'eau, muni d'appareils divers.

plongeoir *nm* plate-forme, tremplin d'où l'on plonge.

plongeon *nm* action de plonger • FAM. ***faire le plongeon*** subir un échec ou faire faillite.

plonger *vt* (conj 2) 1. immerger dans un liquide 2. enfoncer, introduire : *plonger un poignard dans le cœur* 3. mettre quelqu'un dans un certain état, d'une manière complète ou brutale : *plonger quelqu'un dans l'embarras* ◆ *vi* 1. s'enfoncer entièrement dans l'eau 2. sauter dans l'eau, la tête et les bras en avant 3. avoir une direction de haut en bas, descendre brusquement 4. pénétrer profondément : *racines qui plongent dans le sol* ◆ **se plonger** *vpr* s'adonner entièrement, s'absorber : *se plonger dans la lecture.*

plongeur, euse *n* 1. personne qui plonge ou pratique la plongée sous-marine 2. laveur de vaisselle dans un restaurant, un café.

ployer [plwaje] *vt* (conj 3) courber : *ployer une branche* ◆ *vi* 1. fléchir, plier 2. FIG. céder.

pluches *nf pl* FAM. épluchures de légumes.

pluie *nf* 1. eau qui tombe du ciel par gouttes : *pluie d'orage* 2. chute d'objets, de matières 3. ce qui est répandu en abondance ; avalanche : *pluie de cadeaux* • ***faire la pluie et le beau temps*** être influent, puissant • ***parler de la pluie et du beau temps*** dire des banalités • ***pluies acides*** pluies chargées d'ions acides d'origine industrielle, très nuisibles aux forêts.

plumage *nm* ensemble des plumes d'un oiseau.

plume *nf* 1. tige garnie de duvet, qui couvre le corps des oiseaux 2. plume d'oiseau dont on se servait pour écrire 3. morceau de métal taillé en bec et qui, adapté à un porte-plume, à un stylo, sert à écrire • ***prendre la plume*** écrire • FAM. ***voler dans les plumes*** attaquer brusquement.

plumeau *nm* ustensile de ménage fait de plumes assemblées, pour épousseter.

plumer *vt* 1. arracher les plumes 2. FIG., FAM. voler, dépouiller de son argent.

plumet *nm* bouquet de plumes qui orne un chapeau.

plumier *nm* boîte pour ranger porte-plume, crayons, etc.

plupart *nf* • ***la plupart*** la plus grande partie, le plus grand nombre.

pluralité *nf* fait d'être plusieurs.

pluriel, elle *adj* qui marque la pluralité ◆ *nm* GRAMM forme particulière d'un mot indiquant un nombre supérieur à l'unité.

plus [plys] ou [ply] ; [plyz] devant une voyelle ou un *h* muet *adv* 1. en plus grande quantité, à un degré supérieur 2. en outre, en sus : *je donne ceci, plus cela* • ***au plus*** ou ***tout au plus*** au maximum • ***bien plus*** ou ***de plus*** en outre • ***d'autant plus*** à plus forte raison • ***de plus en plus*** toujours davantage • ***le plus*** ou ***la plus*** marque un superlatif relatif : *elle est la plus belle* • ***plus d'un*** un certain nombre : *plus d'un village a été détruit* • ***plus ou moins*** à peu près • ***tant et plus*** abondamment.

plus [ply] *adv de négation* 1. avec la négation *ne*, indique la cessation d'un état ou d'une action : *cela ne marche plus* 2. avec ou sans *ne*, indique la cessation, la privation : *plus de place* 3. avec *ne...que*, indique la restriction : *il ne manque plus que lui.*

plus [plys] *nm* 1. la plus grande quantité, le plus grand nombre : *qui peut le plus peut le moins* 2. MATH signe de l'addition (+).

plusieurs *adj* et *pron. indéf pl* un nombre indéterminé de personnes ou de choses.

plus-que-parfait *nm* temps du verbe qui exprime une action passée antérieure à une autre action passée (EX : j'*avais fini* quand il vint).

plus-value (*pl plus-values*) *nf* augmentation de valeur d'un bien, de prix, etc.

plutonium [plytɔnjɔm] *nm* métal très toxique, obtenu dans les réacteurs nucléaires à uranium (symb : Pu).

plutôt *adv* 1. de préférence 2. assez, passablement : *il est plutôt bavard.*

pluvial, e, aux *adj* qui provient de la pluie • ***régime pluvial*** régime des cours d'eau où domine l'alimentation par les pluies.

pluvieux, euse *adj* caractérisé par l'abondance des pluies.

pneu (*pl pneus*) *nm* bandage déformable et élastique fixé à la jante des roues de certains véhicules, qui enveloppe et protège la chambre à air.

pneumatique *adj* 1. qui fonctionne à l'air comprimé 2. qui prend sa forme quand on le gonfle d'air : *canot pneumatique* ◆ *nm* VX. pneu.

pneumologie *nf* partie de la médecine qui traite des maladies du poumon.

pneumonie *nf* inflammation aiguë du poumon.

poche *nf* 1. fente pratiquée dans un vêtement et prolongée par un petit sac de toile à l'intérieur 2. fluide contenu dans une cavité souterraine : *poche de gaz* 3. cavité de l'organisme, normale ou pathologique 4. boursouflure sous les yeux.

pocher *vt* 1. exécuter rapidement une peinture 2. cuire un aliment dans un liquide frissonnant • *pocher l'œil à quelqu'un* lui faire une contusion près de l'œil par un coup violent.

pochette *nf* 1. enveloppe servant d'emballage léger 2. mouchoir de fantaisie 3. sac à main plat et sans poignée.

pochoir *nm* feuille de carton ou de métal découpée permettant de dessiner la forme évidée.

pochotèque *nf* librairie ou rayon de librairie où l'on vend des livres de poche.

podium [pɔdjɔm] *nm* 1. ANTIQ. ROM mur qui séparait l'arène des gradins 2. plate-forme où se placent les vainqueurs d'une épreuve sportive, les participants à un jeu, à un récital ; estrade.

podologie *nf* étude de la physiologie et de la pathologie du pied.

poêle [pwal] *nm* appareil de chauffage.

poêle [pwal] *nf* ustensile de cuisine peu profond, à long manche, pour frire.

poêlon *nm* ustensile de cuisine en matériau épais, à bord haut.

poème *nm* ouvrage en vers ou en prose, de caractère poétique.

poésie *nf* 1. art d'évoquer, de suggérer les sensations, les impressions, les émotions par un emploi particulier de la langue, par l'union intense des sons, des rythmes, des harmonies, des images, etc. 2. genre poétique : *poésie lyrique* 3. FIG. ce qui touche la sensibilité, l'imagination, l'âme : *la poésie de la mer* 4. œuvre, poème en vers : *réciter une poésie.*

poète *adj* et *n* 1. qui écrit, s'exprime en vers 2. personne sensible à ce qui est beau, émouvant 3. rêveur, idéaliste.

poétique *adj* 1. propre à la poésie : *style poétique* 2. plein de poésie ; qui touche, émeut ◆ *nf* art de la poésie.

pognon *nm* FAM. argent.

poids *nm* 1. caractère, effet d'un corps pesant 2. résultante de l'action de la pesanteur sur un corps 3. morceau de métal de masse déterminée, servant à peser d'autres corps 4. corps pesant suspendu aux chaînes d'une horloge, pour lui donner le mouvement 5. en athlétisme, sphère métallique qu'on lance d'un bras le plus loin possible 6. FIG. force, importance, influence : *donner du poids à un argument* 7. ce qui fatigue, oppresse, accable • FAM. *faire le poids* avoir les qualités requises • *poids lourd* camion.

poignant, e *adj* 1. qui cause une vive douleur 2. qui émeut fortement, déchirant : *adieux poignants.*

poignard *nm* arme courte, pointue et tranchante.

poignarder *vt* frapper avec un poignard.

poigne *nf* 1. force de la main, du poignet 2. FIG. énergie mise à se faire obéir : *homme à poigne.*

poignée *nf* 1. quantité de matière que la main fermée peut contenir : *poignée de sel* 2. partie d'un objet par laquelle on le saisit : *poignée de valise* 3. FIG. petit nombre : *une poignée de spectateurs.*

poignet *nm* 1. articulation qui joint la main et l'avant-bras 2. extrémité de la manche d'un vêtement.

poil *nm* 1. production filiforme sur la peau des animaux et de l'homme 2. pelage 3. partie velue des étoffes 4. BOT filament • FAM. *à poil* tout nu.

poilu, e *adj* couvert de poils ◆ *nm* surnom donné au soldat français pendant la Première Guerre mondiale.

poinçon *nm* 1. tige d'acier pointue, pour percer ou graver 2. morceau d'acier gravé pour frapper des monnaies et des médailles 3. marque qu'on applique sur les ouvrages d'or et d'argent pour en garantir le titre.

poinçonner *vt* 1. marquer ou percer au poinçon 2. perforer un titre de transport.

poindre *vi* (conj 82) commencer à paraître (en parlant du jour), à pousser (en parlant des plantes).

poing *nm* main fermée : *recevoir un coup de poing* • *dormir à poings fermés* profondément.

point *nm* 1. piqûre dans une étoffe : *coudre à petits points* 2. nom de divers travaux d'aiguille : *point d'Alençon* 3. signe de l'écriture ou de ponctuation : *mettre un point sur un « i » ; point-virgule ; points d'interrogation, d'exclamation, de suspension* 4. unité de compte dans un match, un jeu 5. unité de notation d'un travail scolaire, d'une épreuve, etc. 6. endroit déterminé : *point de départ* 7. état, situation : *en être au même point* 8. niveau, seuil, degré où quelque chose change d'état : *point d'ébullition* 9. question, sujet : *point litigieux* • *à point* 1. à propos 2. au degré de cuisson convenable • *à point nommé* à l'instant fixé • *au point* prêt à fonctionner • *de point en point* exactement • *en tout point* entièrement • *faire le point* 1. déterminer la position d'un bateau, d'un avion 2. régler un appareil optique pour que l'image soit nette 3. FIG. chercher à savoir où l'on en est • ***marquer un point*** prendre un avantage • ***mettre au point*** régler, préparer, arranger • ***point de départ*** commencement • ***point du jour*** aube • ***point de côté*** douleur au côté • ***point d'honneur*** question d'honneur ◆ *loc. prép* • ***sur le point de*** près de ◆ *loc. conj* • ***au point que*** ou ***à tel point que*** tellement que.

point *adv* LITT. pas : *je n'en veux point.*

point de vue (*pl points de vue*) *nm* 1. endroit d'où l'on domine un paysage 2. FIG. manière d'envisager, de voir, de juger une chose.

pointe *nf* 1. bout aigu, piquant : *pointe d'aiguille* 2. petit clou mince 3. extrémité fine, pointue : *la pointe d'un clocher* 4. petite quantité de : *une pointe d'ail* 5. FIG. allusion ironique, pique : *lancer des pointes à quelqu'un* 6. moment où une activité, un phénomène atteint son maximum d'intensité, d'évolution : *heure de pointe ; vitesse de pointe ; industrie de pointe* • ***en pointe*** dont l'extrémité va en s'amincissant • ***être à la pointe de*** être très avancé par rapport aux autres • ***pointe d'asperge*** bourgeon terminal de l'asperge • ***pointe des pieds*** les orteils • ***pointe sèche*** outil de graveur ◆ **pointes** *nf pl* attitude d'une danseuse dressée en équilibre sur l'extrémité de ses chaussons.

pointer *vt* 1. marquer d'un point 2. vérifier, contrôler 3. diriger dans une direction ; braquer : *pointer une arme* 4. dresser en pointe : *pointer les oreilles* ◆ *vi* 1. enregistrer son heure d'arrivée ou de départ sur une pointeuse 2. à la pétanque, lancer sa boule aussi près que possible du cochonnet 3. se dresser : *clocher qui pointe* 4. commencer à pousser, à paraître : *blé, jour qui pointe* ◆ **se pointer** *vpr* FAM. arriver, se présenter à un endroit.

pointeuse *nf* machine servant à enregistrer l'heure d'arrivée et de départ d'un salarié.

pointillé *nm* alignement de petits points formant une ligne.

pointilleux, euse *adj* susceptible, exigeant.

pointu, e *adj* 1. qui se termine en pointe : *poignard pointu* 2. FIG. qui présente un degré très élevé, très poussé de spécialisation : *formation pointue.*

pointure *nf* dimension des chaussures, des gants, des chapeaux.

point-virgule (*pl points-virgules*) *nm* signe de ponctuation (;) indiquant une pause entre la virgule et le point.

poire *nf* 1. fruit du poirier ; alcool fait avec ce fruit 2. objet en forme de poire 3. FAM. personne naïve, dupe.

poireau *nm* plante potagère formée de longues feuilles vertes et d'un cylindre blanc enterré ; pied de cette plante • FAM. ***faire le poireau*** poireauter.

poireauter *vi* FAM. attendre longtemps.

poirier *nm* arbre fruitier dont le fruit est la poire ; bois rouge de cet arbre.

pois *nm* 1. plante grimpante cultivée pour ses graines ; graine de cette plante 2. motif en forme de disque • ***pois chiche*** → chiche • ***pois de senteur*** plante grimpante ornementale.

poison *nm* 1. substance qui détruit ou altère les fonctions vitales 2. boisson ou aliment de très mauvaise qualité ou pernicieux 3. FIG. tout ce qui est pernicieux, dangereux 4. FAM. personne méchante ou insupportable.

poisse *nf* FAM. malchance.

poisser *vt* 1. enduire de poix 2. salir, coller, en parlant d'une matière gluante : *les bonbons poissent les mains.*

poisseux, euse *adj* qui poisse ; collant.

poisson *nm* vertébré aquatique, à corps fuselé couvert d'écailles, se déplaçant dans l'eau à l'aide de nageoires.

poissonnerie *nf* lieu où l'on vend le poisson et les produits de la mer.

poissonnier, ère *n* qui vend du poisson.

poissonnière *nf* récipient pour faire cuire le poisson au court-bouillon.

poitrail *nm* 1. devant du corps du cheval 2. partie du harnais du cheval placé sur le poitrail 3. FAM. buste, torse.

poitrine *nf* 1. partie du tronc, entre le cou et l'abdomen 2. seins d'une femme 3. BOUCH partie inférieure de la cage thoracique (les côtes avec leur chair).

poivre *nm* condiment piquant, fruit du poivrier ◆ *adj inv* • ***poivre et sel*** grisonnant.

poivrier *nm* 1. arbuste grimpant des régions tropicales qui produit le poivre 2. ustensile de table pour le poivre.

poivron *nm* fruit du piment doux.

poker [pɔkɛr] *nm* jeu de cartes • ***coup de poker*** tentative hasardeuse • ***poker d'as*** jeu de dés.

polaire *adj* 1. relatif à un pôle, aux pôles, aux régions proches des pôles 2. ÉLECTR relatif aux pôles d'un aimant ou d'un électroaimant • ***cercle polaire*** cercle parallèle à l'équateur, qui marque la limite des zones polaires.

polar *nm* FAM. film, roman policier.

polarisation *nf* 1. propriété particulière que présente un rayon lumineux réfléchi ou réfracté dans certaines conditions 2. FIG. action de polariser, d'être polarisé.

polariser *vt* 1. causer la polarisation 2. FIG. attirer, concentrer l'attention : *ce scandale polarise l'opinion* • FAM. ***être polarisé sur quelque chose*** être intéressé, préoccupé par ce seul sujet.

polarité *nf* propriété qu'a un corps de présenter deux pôles opposés.

polder [pɔldɛr] *nm* terre gagnée sur la mer, drainée et mise en valeur.

pôle *nm* 1. chacune des deux extrémités de l'axe imaginaire autour duquel la sphère céleste semble tourner 2. chacun des deux points de la surface terrestre situés sur l'axe de rotation de la Terre 3. ÉLECTR point d'un générateur servant de départ (*pôle positif*) ou d'arrivée (*pôle négatif*) au courant 4. FIG. chose en opposition avec une autre • ***pôles d'un aimant*** extrémités de l'aimant où la force d'attraction est à son maximum • ***pôle magnétique*** lieu du globe terrestre où l'inclinaison magnétique est de 90° • FIG. ***pôle d'attraction*** ce qui attire, retient l'attention, l'intérêt.

polémique *nf* discussion vive, débat plus ou moins violent ◆ *adj* qui relève de la polémique.

polémiquer *vi* faire de la polémique.

polenta [pɔlɛnta] *nf* bouillie de farine de maïs, ou de châtaignes.

poli, e *adj* qui observe les règles de la politesse ; affable, courtois.

police *nf* 1. ensemble des règlements qui maintiennent la sécurité publique 2. administration, force publique qui veille à leur observation 3. ensemble des agents de cette administration • ***tribunal de police*** tribunal qui ne connaît que des contraventions.

police *nf* contrat d'assurance.

policé, e *adj* LITT. parvenu à un certain degré de civilité, d'éducation.

policier, ère *adj* 1. qui relève de la police 2. qui s'appuie sur la police : *régime policier* • ***film, roman policier*** dont l'intrigue repose sur une enquête criminelle ◆ *nm* membre de la police.

policlinique *nf* établissement où l'on traite les malades sans les hospitaliser.

poliomyélite *nf* maladie virale de la moelle épinière, provoquant des paralysies.

polir *vt* 1. rendre uni, lisse, luisant : *polir un métal* 2. FIG. parachever avec soin ; parfaire.

polisson, onne *n* enfant espiègle, désobéissant ◆ *adj* licencieux, grivois : *chanson polissonne.*

politesse *nf* ensemble des règles de courtoisie, de bienséance ; respect de ces règles.

politicien, enne *n* personne qui fait de la politique.

politique *nf* 1. science et art de gouverner un État 2. ensemble des affaires d'un État ; manière de les conduire : *politique extérieure* 3. manière de diriger une affaire 4. FIG. manière prudente, habile d'agir ; stratégie.

politique *adj* 1. relatif à l'organisation et à l'exercice du pouvoir dans l'État 2. qui s'occupe des affaires de l'État : *homme politique* ◆ *nm* homme politique.

politiser *vt* 1. donner un caractère politique : *politiser un débat* 2. donner une conscience politique, entraîner dans une action politique.

politologue *n* spécialiste des problèmes politiques.

pollen [pɔlɛn] *nm* poussière fécondante des fleurs.

polluer *vt* dégrader, rendre malsain ou dangereux : *polluer une rivière.*

pollueur, euse *n* qui pollue, contribue à accroître la pollution.

pollution *nf* action de polluer ; son résultat.

polo *nm* 1. sport de balle, qui se pratique à cheval, avec un maillet 2. chemise de sport en tricot à col rabattu.

polochon *nm* FAM. traversin.

polonaise *nf* danse nationale des Polonais.

poltron, onne *adj* et *n* sujet à la peur ; qui manque de courage.

polyamide *nm* composé chimique utilisé dans la fabrication des fibres textiles.

polyclinique *nf* clinique où l'on soigne des maladies diverses.

polycopie *nf* procédé de reproduction en plusieurs exemplaires d'un texte écrit.

polycopier *vt* reproduire par polycopie.

polyèdre *nm* solide à plusieurs faces.

polyester [pɔliɛstɛr] *nm* matière synthétique.

polygame *adj* et *nm* se dit d'un homme simultanément marié à plusieurs femmes ◆ *adj* 1. se dit des plantes qui portent sur le même pied des fleurs mâles et femelles 2. se dit d'une société qui autorise ses membres à plusieurs conjoints à la fois.

polygamie *nf* état d'une personne ou d'une plante polygame.

polyglotte *adj* et *n* qui parle plusieurs langues.

polygone *nm* surface plane, limitée par des lignes droites.

polype *nm* 1. forme fixée des cœlentérés, composée d'un corps cylindrique à deux parois, creusé d'une cavité digestive 2. MÉD tumeur bénigne, molle dans les cavités d'une muqueuse.

polyphonie *nf* MUS assemblage de voix ou d'instruments.

polysémie *nf* propriété d'un mot qui présente plusieurs sens.

polystyrène *nm* matière plastique.

polytechnique *adj* qui concerne plusieurs sciences • ***École polytechnique*** ou ***Polytechnique*** *nf* école supérieure formant des ingénieurs.

polythéisme *nm* religion qui admet l'existence de plusieurs dieux.

polyuréthanne *nm* matière plastique employée dans l'industrie des peintures et des vernis, ou servant à faire des mousses.

polyvalent, e *adj* qui a plusieurs fonctions différentes : *vaccin polyvalent ; salle polyvalente* ◆ *n* agent du fisc chargé de vérifier les bilans et comptes d'exploitation des entreprises.

pomelo *nm* pamplemousse.

pommade *nf* corps gras médicamenteux, destiné à être appliqué sur la peau ou les muqueuses • FAM. *passer de la pommade à quelqu'un* le flatter.

pomme *nf* 1. fruit du pommier 2. ornement, objet de forme arrondie : *la pomme d'une canne* • *pomme d'arrosoir* renflement percé de trous qui termine le tuyau d'un arrosoir • *pomme d'Adam* saillie à la partie antérieure du cou de l'homme, formée par le cartilage thyroïde • *pomme de pin* fruit du pin • FIG. *pomme de discorde* sujet de division • FAM. *tomber dans les pommes* s'évanouir.

pommeau *nm* 1. petite boule au bout de la poignée d'une épée, d'un sabre, d'un parapluie, etc. 2. partie antérieure de l'arçon d'une selle.

pomme de terre (*pl pommes de terre*) *nf* plante à tubercules alimentaires riches en amidon ; tubercule de cette plante.

pommelé, e *adj* 1. marqué de gris et de blanc : *cheval pommelé* 2. couvert de petits nuages : *ciel pommelé.*

pommette *nf* partie saillante de la joue, sous l'œil.

pommier *nm* arbre fruitier de la famille des rosacées produisant la pomme.

pompe *nf* LITT. cérémonial somptueux, déploiement de faste • *en grande pompe* avec beaucoup d'éclat ◆ **pompes** *pl* • *service des pompes funèbres* service chargé de l'organisation des funérailles.

pompe *nf* appareil pour aspirer, comprimer ou refouler un liquide ou un fluide : *pompe à incendie* • FAM. *à toute pompe* très vite ◆ **pompes** *pl* FAM. chaussures.

pomper *vt* 1. puiser avec une pompe : *pomper de l'eau* 2. absorber 3. FAM. fatiguer, épuiser 4. ARG SCOL. copier.

pompeux, euse *adj* empreint d'une solennité excessive ou déplacée : *discours pompeux.*

pompier *nm* homme qui fait partie d'un corps organisé pour combattre les incendies et intervenir en cas de sinistres.

pompiste *n* préposé au fonctionnement d'un appareil de distribution de carburant.

pompon *nm* petite houppe qui sert d'ornement dans le costume et l'ameublement • FAM. *avoir, tenir le pompon* l'emporter sur les autres.

pomponner *vt* arranger la toilette avec beaucoup de soin ◆ **se pomponner** *vpr* s'apprêter, se parer avec soin.

ponce *nf* et *adj* • *pierre ponce* ou *ponce* roche volcanique, légère, très poreuse et très dure, utilisée pour polir.

poncer *vt* (conj 1) polir, lisser avec la pierre ponce ou une substance abrasive.

ponceuse *nf* machine à poncer.

poncho *nm* manteau fait d'une couverture fendue au milieu pour passer la tête.

poncif *nm* formule banale, sans originalité ; cliché, lieu commun.

ponction *nf* 1. CHIR introduction d'une aiguille dans une cavité, un organe, pour l'explorer, y faire un prélèvement ou en évacuer un liquide 2. prélèvement d'argent.

ponctualité *nf* qualité d'une personne ponctuelle.

ponctuation *nf* art, manière de ponctuer • *signes de ponctuation* signes graphiques servant à noter les pauses entre phrases ou éléments de phrases, ainsi que les rapports syntaxiques.

ponctuel, elle *adj* 1. qui arrive à l'heure ; exact 2. qui exécute à point nommé ce qu'il doit faire 3. qui porte sur un détail, un point, un moment.

ponctuer *vt* 1. marquer des signes de ponctuation : *ponctuer une phrase* 2. marquer, accentuer d'un geste, d'une exclamation.

pondéral, e, aux *adj* relatif au poids.

pondéré, e *adj* bien équilibré, calme, modéré.

pondre *vt* (conj 51) 1. produire des œufs 2. FAM. écrire, produire : *pondre un article.*

poney *nm* petit cheval.

pongiste *n* joueur de ping-pong.

pont *nm* 1. construction faisant communiquer deux points séparés par un cours d'eau ou une dépression de terrain 2. MAR plancher qui ferme la cavité de la coque d'un bateau 3. essieu arrière d'une automobile 4. jour chômé entre deux jours fériés • FIG. *couper les ponts* rompre avec quelqu'un • *pont tournant* qui tourne sur un pivot • *pont suspendu* dont le tablier est retenu par des chaînes ou des câbles ◆ **ponts** *pl* • *ponts et chaussées* corps d'ingénieurs chargés de tous les travaux qui se rapportent aux routes, aux ponts et aux canaux.

ponte *nm* FAM. personnage important.

ponte *nf* 1. action de pondre 2. saison où les oiseaux pondent 3. quantité d'œufs pondus.

pont-levis (*pl ponts-levis*) *nm* pont qui protégeait les châteaux forts en se levant et se rabaissant.

ponton *nm* plate-forme flottante, ou fixée sur pilotis.

pop-corn *nm inv* grains de maïs soufflés et éclatés.

pope *nm* prêtre de l'Église orthodoxe.

popeline *nf* étoffe dont la chaîne est de soie et la trame de laine, de lin ou de coton.

popote *nf* FAM. cuisine : *faire la popote* ◆ *adj* FAM. terre à terre, prosaïque, pantouflard.

populace *nf* PÉJOR. le bas peuple.
populaire *adj* 1. relatif au peuple : *éducation populaire* 2. propre au peuple : *expression populaire* 3. qui a la faveur du plus grand nombre 4. qui s'adresse au peuple, au public le plus nombreux.
populariser *vt* rendre populaire.
popularité *nf* fait d'être connu, aimé du plus grand nombre.
population *nf* 1. ensemble des habitants d'un pays 2. ensemble d'êtres d'une catégorie particulière : *la population scolaire.*
porc [pɔr] *nm* 1. mammifère omnivore au museau terminé par un groin : *porc domestique ou cochon ; porc sauvage ou sanglier* 2. viande, peau tannée du porc 3. FIG. homme sale, grossier, débauché.
porcelaine *nf* 1. produit céramique à pâte fine, translucide 2. objet de porcelaine.
porcelet *nm* jeune porc.
porc-épic [pɔrkepik] (*pl porcs-épics*) *nm* mammifère rongeur au corps armé de piquants.
porche *nm* espace couvert en avant de l'entrée d'un édifice.
porcherie *nf* 1. bâtiment où on élève les porcs 2. FAM. local très sale.
porcin, e *adj* relatif au porc ◆ *nm* ongulé à quatre doigts par patte (les porcins forment un groupe).
pore *nm* 1. interstice qui sépare les molécules d'une matière solide 2. très petite ouverture à la surface de la peau.
poreux, euse *adj* qui a des pores : *l'argile sèche est poreuse.*
pornographie *nf* représentation complaisante de scènes obscènes, dans une œuvre littéraire, artistique ou cinématographique.
porosité *nf* état de ce qui est poreux.
port *nm* 1. abri naturel ou artificiel pour les navires 2. ville bâtie auprès : *habiter un port de mer* 3. LITT. refuge • *arriver à bon port* sans accident.
port *nm* 1. action de porter 2. fait de porter sur soi : *port de la barbe* 3. manière de se tenir, maintien habituel : *port de tête* 4. prix de transport d'une lettre, d'un colis • MAR *port en lourd* maximum de charge d'un navire • *port d'armes* 1. action ou droit de porter des armes 2. attitude du soldat qui présente les armes.
portail *nm* entrée monumentale d'une église, d'un édifice, à une ou plusieurs portes.
portant, e *adj* TECHN qui soutient, supporte : *mur portant* • *bien, mal portant* en bonne, en mauvaise santé.
portatif, ive *adj* conçu pour être transporté avec soi.
porte *nf* 1. ouverture pour entrer et sortir 2. ce qui clôt cette ouverture : *porte de fer* 3. lieu situé à la périphérie d'une ville.
porté, e *adj* • *porté à* enclin à • *porté sur* qui a un goût très vif pour.
porte-à-faux *nm inv* partie d'ouvrage qui n'est pas à l'aplomb • FIG. *en porte à faux* dans une situation fausse, périlleuse.
porte-à-porte *nm inv* démarche à domicile : *faire du porte-à-porte.*
porte-avions *nm inv* navire servant de base aux avions de combat.
porte-bagages *nm inv* dispositif pour fixer des bagages sur un véhicule.
porte-bonheur *nm inv* objet censé porter chance.
porte-clefs ou **porte-clés** *nm inv* anneau ou étui pour porter les clefs.
porte-document (*pl porte-documents*) ou **porte-documents** (*pl inv*) *nm* grande pochette plate.
porte-drapeau (*pl porte-drapeaux* ou *inv*) *nm* 1. celui qui porte le drapeau 2. chef actif et reconnu d'une doctrine, d'un mouvement.
portée *nf* 1. totalité des petits qu'une femelle met bas en une fois 2. distance à laquelle une arme peut lancer un projectile 3. endroit jusqu'où la main, la vue, la voix, l'ouïe peuvent arriver 4. FIG. capacité intellectuelle : *c'est hors de ma portée* 5. force, efficacité, importance de quelque chose 6. distance séparant les points d'appui consécutifs d'une construction 7. lignes parallèles pour écrire la musique.
porte-fenêtre (*pl portes-fenêtres*) *nf* fenêtre qui descend jusqu'au niveau du sol et sert en même temps de porte.
portefeuille *nm* 1. étui muni de compartiments où l'on met ses billets de banque, ses papiers, etc. 2. FIG. titre, fonction de ministre ; département ministériel 3. ensemble des effets de commerce, des valeurs mobilières appartenant à une personne ou à une entreprise.
porte-malheur *nm inv* personne, objet censés porter malheur.
portemanteau *nm* support auquel on suspend les vêtements.
portemine *nm* tube de métal contenant une mine de crayon.
porte-monnaie *nm inv* étui, pochette pour les pièces de monnaie.
porte-parole *nm inv* 1. personne qui parle au nom des autres 2. journal qui se fait l'interprète de quelqu'un, d'un groupe.
porter *vt* 1. soutenir un poids, une charge : *porter une valise* 2. transporter : *porter à domicile* 3. avoir sur soi comme vêtement, comme ornement : *porter une montre, des lunettes* 4. tenir une partie du corps de telle ou telle manière : *porter la tête haute* 5. diriger : *porter son regard sur* 6. produire : *arbre qui porte beaucoup de fruits* 7. avoir en gestation : *la chatte porte trois chatons* 8. inciter, pousser à : *porter au mal* 9. causer : *porter malheur* 10. suppor-

ter : *porter le poids d'une faute* • *porter la main sur* frapper • *porter les armes, la robe, la soutane* être soldat, magistrat, prêtre ◆ *vi* 1. atteindre son objectif 2. avoir telle portée : *cette arme porte loin* ◆ *vt ind* 1. reposer sur : *poids qui porte sur une jambe* 2. avoir pour objet : *sur quoi porte ce projet ?* • *porter à faux* ne pas être d'aplomb • *porter sur les nerfs* énerver • *porter à la tête* étourdir ◆ **se porter** *vpr* 1. aller, se diriger : *se porter au-devant de quelqu'un* 2. avoir tel état de santé : *je me porte bien* 3. se présenter, se constituer : *se porter candidat, volontaire.*

porteur, euse *adj* qui porte ou supporte quelque chose : *mur porteur* ◆ *n* 1. dont le métier est de porter, en particulier les bagages 2. celui qui est chargé de remettre une lettre, un télégramme 3. celui qui présente un effet de commerce : *payable au porteur* 4. détenteur d'une valeur mobilière.

portier *nm* personne qui garde l'entrée d'un hôtel, d'un établissement public.

portière *nf* porte d'une automobile, d'un wagon.

portion *nf* 1. partie d'un tout : *portion d'héritage* 2. quantité, part de nourriture servie à quelqu'un.

portique *nm* 1. galerie à voûte soutenue par des colonnes 2. poutre horizontale à laquelle on accroche les agrès de gymnastique.

portrait *nm* 1. image d'une personne reproduite par la peinture, le dessin, la photographie, etc. 2. FIG. description orale ou écrite d'une personne • *être le portrait de quelqu'un* lui ressembler fortement.

portrait-robot (*pl portraits-robots*) *nm* portrait d'une personne recherchée par la police, effectué d'après la description de témoins.

portuaire *adj* relatif à un port.

pose *nf* 1. action de poser : *la pose d'une moquette* 2. attitude du corps : *une pose indolente* 3. action de poser pour un artiste : *séance de pose* 4. durée d'exposition d'une photographie.

posé, e *adj* calme, mesuré : *homme posé.*

poser *vt* 1. placer, mettre : *poser un livre sur la table* 2. installer : *poser des rideaux* 3. établir : *poser les fondements de* 4. écrire un chiffre selon les règles de l'arithmétique 5. mettre en valeur : *ce succès le pose* 6. adresser, formuler : *poser une question* ◆ *vi* 1. prendre appui sur 2. prendre une attitude : *poser pour un peintre* 3. se comporter de façon affectée 4. PHOT observer un temps de pose ◆ **se poser** *vpr* 1. se donner pour : *se poser en justicier* 2. atterrir : *l'avion s'est posé* 3. exister : *le problème se pose.*

positif, ive *adj* 1. certain, réel, qui relève de l'expérience concrète : *fait positif* 2. qui fait preuve de réalisme, qui a le sens pratique : *esprit positif* 3. qui a un effet favorable, qui marque un progrès • *électricité positive* celle que l'on obtient en frottant un morceau de verre • PHOT *épreuve positive* épreuve tirée d'un négatif, après développement et tirage • MATH *nombre positif* supérieur ou égal à 0 • *réponse positive* affirmative ◆ *nm* 1. ce qui est sûr, concret, positif 2. PHOT épreuve positive.

position *nf* 1. situation d'une chose dans l'espace : *la position d'un navire* 2. orientation 3. attitude, position du corps 4. MIL terrain occupé par des troupes 5. FIG. emploi, situation sociale : *avoir une position élevée* 6. circonstances dans lesquelles on se trouve : *être en position difficile* 7. opinion, parti adoptés sur un problème donné : *avoir une position nette* • *rester sur ses positions* ne pas changer d'avis.

positionner *vt* 1. indiquer les coordonnées géographiques d'un navire, l'emplacement exact d'une troupe, etc. 2. déterminer la situation d'un produit sur le marché.

posologie *nf* 1. quantité et rythme d'administration d'un médicament prescrit 2. étude du dosage et des modalités d'administration des médicaments.

possédé, e *n* personne en proie à une puissance démoniaque.

posséder *vt* (conj 10) 1. avoir à soi, comme bien : *posséder une maison* 2. avoir à sa disposition : *posséder une armée puissante* 3. FIG. connaître parfaitement : *posséder l'anglais* 4. FAM. tromper, duper.

possessif, ive *adj* et *nm* GRAMM se dit des mots qui expriment la possession, l'appartenance : *adjectif, pronom possessif* ◆ *adj* qui éprouve un besoin de possession, de domination.

possession *nf* 1. fait de posséder 2. chose possédée 3. état d'une personne possédée par une force démoniaque.

possibilité *nf* qualité de ce qui est possible ; chose possible ◆ **possibilités** *pl* moyens dont on dispose.

possible *adj* qui peut exister, se produire : *une erreur est possible* ◆ *adj inv* renforce un superlatif : *le moins de fautes possible* ◆ *nm* ce que l'on peut : *faire son possible* • *au possible* extrêmement : *avare au possible.*

postal, e, aux *adj* de la poste.

postdater *vt* dater d'une date postérieure à la date réelle.

poste *nf* 1. AUTREF. relais de chevaux pour le service des voyageurs ; distance entre deux relais 2. administration chargée du transport du courrier, des télécommunications, d'opérations financières, etc. 3. bureau, local où s'effectuent ces opérations.

poste *nm* 1. endroit où se trouvent des soldats : *poste de combat* 2. local, lieu affecté à une destination particulière : *poste* *de douane* 3. emplacement aménagé pour recevoir certaines installations techniques : *poste d'essence, d'incendie* 4. emploi, fonction : *occuper un poste élevé* 5. appareil récepteur de radio, de télévision, de téléphone • *poste (de police)* locaux d'un commissariat.

poster *vt* placer à un poste : *poster des chasseurs.*

poster *vt* mettre à la poste : *poster son courrier.*

poster [pɔstɛr] *nm* affiche illustrée ou photo de grand format.

postérieur, e *adj* 1. qui vient après : *fait postérieur* 2. placé derrière : *partie postérieure du cou* ◆ *nm* FAM. derrière, fesses.

postériorité *nf* état d'une chose postérieure à une autre.

postérité *nf* 1. descendance 2. ensemble des générations à venir.

postface *nf* avertissement à la fin d'un livre.

posthume *adj* 1. né après la mort de son père 2. publié après le décès de l'auteur 3. qui n'existe qu'après la mort de la personne : *gloire posthume.*

postiche *adj* 1. fait et ajouté après coup 2. qui remplace artificiellement la nature : *cheveux postiches* ◆ *nm* 1. faux cheveux 2. fausse barbe, fausse moustache.

postier, ère *n* employé de la poste.

postillon *nm* 1. AUTREF. conducteur des chevaux d'une voiture de poste 2. FAM. goutte de salive lancée en parlant.

postillonner *vi* FAM. projeter des postillons en parlant.

postnatal, e, aux *adj* qui suit immédiatement la naissance.

post-scriptum [pɔstskriptɔm] *nm inv* ajout fait à une lettre après la signature (abréviation : *P.-S.*).

postulat *nm* principe dont l'admission est nécessaire pour établir une démonstration : *le postulat d'Euclide.*

postuler *vt* demander, solliciter : *postuler une place.*

posture *nf* 1. attitude, maintien 2. FIG. situation : *être en bonne posture.*

pot *nm* 1. récipient de terre, de métal, etc. : *pot de fleurs* 2. FAM. boisson quelconque ; réunion où on boit, cocktail 3. FAM. chance : *avoir du pot* • *à la fortune du pot* sans cérémonie • *le pot aux roses* le secret d'une affaire • FAM. *payer les pots cassés* réparer les dommages causés.

potable *adj* 1. qui peut être bu sans danger : *eau potable* 2. FAM. dont on peut se contenter, passable : *vin potable.*

potage *nm* préparation plus ou moins épaisse dans laquelle on a mis des légumes, de la viande, etc.

potager, ère *adj* se dit des plantes utilisées pour la cuisine ◆ *nm* jardin où l'on cultive des légumes.

potasser *vt* FAM. étudier avec application.

potassium [pɔtasjɔm] *nm* corps simple métallique, extrait de la potasse (symb : K).

pot-de-vin (*pl pots-de-vin*) *nm* somme payée en sus du prix convenu, cadeau offert pour obtenir un marché, pour gagner l'influence de quelqu'un.

poteau *nm* 1. pièce de charpente fixée verticalement 2. pièce fixée verticalement dans le sol, servant de repère, de signalisation, de support.

potée *nf* plat composé de légumes accompagnés de viande bouillie et de charcuterie.

potelé, e *adj* qui a des formes rondes et pleines ; dodu.

potence *nf* instrument de supplice servant à la pendaison ; ce supplice.

potentiel, elle *adj* qui exprime virtuellement, en puissance : *qualité potentielle* ◆ *nm* 1. PHYS différence de niveau électrique entre deux conducteurs 2. force, puissance, ressources dont on peut disposer : *le potentiel militaire d'un État* 3. LING forme verbale indiquant l'action qui se réaliserait dans l'avenir si telle condition était remplie.

poterie *nf* 1. fabrication de vases, d'ustensiles divers en grès, en terre cuite 2. objets en terre cuite 3. art du potier.

potiche *nf* 1. récipient en terre, en grès, etc., de formes et d'usages divers 2. FIG. personne qui a un rôle de représentation, sans pouvoir réel.

potier, ère *n* personne qui fabrique ou vend de la poterie.

potin *nm* FAM. 1. petit commérage 2. tapage, vacarme.

potion *nf* remède à boire.

potiron *nm* plante potagère voisine de la courge ; gros fruit à chair orangée de cette plante.

pot-pourri (*pl pots-pourris*) *nm* 1. composition musicale ou littéraire formée de morceaux divers 2. mélange de choses diverses.

pou (*pl poux*) *nm* insecte qui vit en parasite sur le corps de l'homme et de certains animaux.

poubelle *nf* boîte à ordures.

pouce *nm* 1. le plus gros et le plus court des doigts de la main 2. gros orteil 3. ancienne mesure de longueur (0,027 m) 4. FIG. très petite quantité • *manger sur le pouce* à la hâte • *mettre les pouces* céder après avoir longtemps résisté • *se tourner les pouces* rester sans rien faire.

poudre *nf* 1. substance pulvérisée : *sucre en poudre* 2. mélange de produits minéraux, utilisé comme fard 3. substance explosive solide pouvant être utilisée au lancement d'un projectile par une arme à feu ou à la propulsion d'un engin • FIG. *jeter de la poudre aux yeux* chercher à faire illusion • *mettre le feu aux poudres* déclencher un conflit • *n'avoir pas inventé la poudre* n'être pas intelligent • *poudre à canon* mélange inflammable de salpêtre, de charbon et de soufre • *se répandre comme une traînée de poudre* se propager très rapidement.

poudrer *vt* couvrir de poudre.

poudreux, euse *adj* qui a l'aspect ou la consistance de la poudre : *neige poudreuse.*

poudrier *nm* boîte à poudre pour maquillage.

pouf *nm* siège bas, rembourré.

pouffer *vi* éclater de rire.

poulailler *nm* 1. bâtiment où on élève les poules, les poulets 2. galerie la plus élevée d'un théâtre.

poulain *nm* 1. jeune cheval de moins de trente mois 2. assemblage de madriers pour descendre des tonneaux 3. débutant à carrière prometteuse, appuyé par une personnalité influente.

poule *nf* 1. femelle du coq 2. femelle de divers oiseaux : *poule faisane* • *avoir la chair de poule* avoir le frisson, trembler de froid ou de peur • *mère poule* mère qui couve trop ses enfants • *poule d'eau* oiseau aquatique • FAM. *poule mouillée* personne pusillanime.

poule *nf* épreuve sportive dans laquelle chaque concurrent, chaque équipe rencontre chacun de ses adversaires.

poulet *nm* 1. petit de la poule 2. poule ou coq non encore adulte élevé pour sa viande 3. viande de poulet 4. FAM. policier.

pouliche *nf* jument non adulte.

poulie *nf* roue tournant sur un axe, et dont le tour, creusé d'une gorge, reçoit un lien flexible pour élever les fardeaux.

poulpe *nm* grand mollusque céphalopode à longs tentacules SYN. *pieuvre.*

pouls [pu] *nm* battement des artères • *prendre le pouls* compter le nombre de pulsations • FIG. *tâter le pouls* sonder les intentions de quelqu'un, ou la façon dont quelque chose se présente.

poumon *nm* viscère contenu dans le thorax et qui est le principal organe de la respiration.

poupe *nf* arrière d'un navire • FIG. *avoir le vent en poupe* être dans une période favorable.

poupée *nf* 1. figurine humaine qui sert de jouet aux enfants 2. mannequin des modistes et des tailleurs 3. chacune des deux pièces qui servent à maintenir le morceau de bois que travaille le tourneur 4. FAM. pansement entourant un doigt • *de poupée* très petit : *maison de poupée.*

poupin, e *adj* qui a les traits rebondis, le visage rond.

poupon *nm* 1. bébé 2. poupée représentant un bébé.

pouponnière *nf* établissement public accueillant des nourrissons.

pour *prép* 1. au profit de : *quêter pour les pauvres* 2. à la place de : *signez pour moi* 3. à destination de, en direction de : *partir pour Paris* 4. destiné à : *un instrument pour couper* 5. dans le but de : *pour s'instruire* 6. envers : *son amour pour ses enfants* 7. comme : *laisser pour mort* 8. à cause de : *condamné pour vol* 9. par rapport à : *il est grand pour son âge* 10. pendant : *pour deux ans* 11. fixé à : *c'est pour demain* 12. quant à : *pour moi, je n'y crois pas* ◆ *loc. conj* • *pour que* afin que • *pour peu que* si peu que ◆ *nm* • *le pour et le contre* les avantages et les inconvénients.

pourboire *nm* gratification donnée par un client à un garçon de café, un chauffeur de taxi, etc.

pourcentage *nm* proportion d'une quantité, d'une grandeur par rapport à une autre, évaluée en général sur la centaine.

pourchasser *vt* poursuivre, rechercher avec ardeur et obstination.

pourlécher (se) *vpr* (conj 10) passer sa langue sur ses lèvres.

pourparlers *nm pl* discussions, entretiens : *engager des pourparlers.*

pourpre *nf* 1. matière colorante rouge foncé, que les Anciens tiraient d'un coquillage 2. étoffe teinte en pourpre 3. LITT. dignité souveraine dont le pourpre était la marque 4. dignité de cardinal ◆ *nm* rouge foncé tirant sur le violet ◆ *adj* rouge foncé.

pourquoi *adv. interr* pour quelle raison : *pourquoi partez-vous ? ; se fâcher sans savoir pourquoi* ◆ *nm inv* 1. cause, raison : *nous ne connaissons pas le pourquoi de sa décision* 2. question : *répondre à tous les pourquoi.*

pourri, e *adj* 1. gâté, avarié : *fruit pourri* 2. corrompu : *milieu pourri* • *temps pourri* mauvais temps ◆ *nm* ce qui est pourri.

pourrir *vi* 1. se gâter par la décomposition : *fruits qui pourrissent* 2. se détériorer, se dégrader 3. FIG. rester (trop) longtemps : *pourrir en prison* ◆ *vt* corrompre, gâter.

pourriture *nf* 1. état d'un corps en décomposition 2. FIG. corruption morale.

poursuite *nf* 1. action de poursuivre 2. DR procédure pour se faire rendre justice : *poursuites contre un débiteur.*

poursuivre *vt* (conj 62) 1. courir après pour atteindre : *poursuivre l'ennemi* 2. FIG. chercher à obtenir, à réaliser : *poursuivre un idéal* 3. continuer ce que l'on a commencé : *poursuivre une entreprise, un exposé* 4. DR agir en justice contre quelqu'un : *poursuivre un débiteur* 5. tourmenter, obséder : *le remords le poursuit.*

pourtant *adv* cependant, toutefois.

pourtour *nm* ligne qui fait le tour d'un lieu, d'un objet.

pourvoi *nm* DR attaque devant une juridiction supérieure de la décision d'un tribunal • *pourvoi en grâce* demande au chef de l'État pour remise de peine.

pourvoir *vt ind* [à] (conj 43) fournir à quelqu'un ce qui est nécessaire : *pourvoir aux besoins de ses enfants* ◆ *vt* munir, garnir ◆ **se pourvoir** *vpr* 1. se munir : *se pourvoir d'argent* 2. DR former un pourvoi : *se pourvoir en cassation.*

pourvu que *loc conj* 1. à condition que 2. en tête de phrase, indique un souhait : *pourvu qu'il fasse beau !*

pousse *nf* 1. développement de graines et bourgeons des végétaux 2. jeune branche ou jeune plante : *pousse de bambou* 3. développement, croissance : *la pousse des cheveux* 4. maladie des chevaux, caractérisée par une sorte d'essoufflement.

poussé, e *adj* porté à un certain degré d'achèvement : *recherches très poussées.*

pousse-café *nm inv* FAM. petit verre d'alcool après le café.

poussée *nf* 1. action de pousser ; son résultat 2. MÉD manifestation brusque d'un mal : *poussée de fièvre.*

pousse-pousse *nm inv* en Extrême-Orient, voiture légère tirée par un homme.

pousser *vt* 1. déplacer avec effort, ou en exerçant une pression : *pousser une voiture* 2. faire avancer : *pousser son cheval* 3. stimuler : *pousser un élève* 4. faire fonctionner vivement : *pousser un moteur* 5. faire agir, exhorter, inciter : *l'intérêt le pousse* 6. émettre, faire entendre : *pousser des cris* ◆ *vi* 1. poursuivre son chemin : *pousser jusqu'à Rome* 2. croître, se développer : *fleurs qui poussent* 3. FAM. exagérer ◆ **se pousser** *vpr* se déplacer pour laisser la place.

poussette *nf* voiture d'enfant que l'on pousse devant soi.

poussière *nf* 1. terre ou toute autre matière réduite en poudre fine 2. très petite particule de matière : *avoir une poussière dans l'œil* • *et des poussières* et un peu plus • LITT. *mordre la poussière* être jeté à terre, dans un combat.

poussif, ive *adj* 1. malade de la pousse : *cheval poussif* 2. qui manque de souffle 3. FAM. se dit d'un véhicule qui a du mal à avancer 4. FAM. qui se fait sans élan, sans respiration.

poussin *nm* poulet nouvellement éclos.

poussoir *nm* bouton qu'on pousse pour actionner un mécanisme.

poutre *nf* 1. pièce de charpente horizontale, en bois, en métal ou en béton armé, supportant une construction 2. agrès de gymnastique.

poutrelle *nf* petite poutre.

pouvoir *vt* (conj 38) 1. avoir la faculté, le moyen, le droit, la permission, la possibilité de 2. indique l'éventualité, la probabilité : *il peut pleuvoir demain* ◆ **se pouvoir** *vpr impers* être possible : *il se peut qu'il vienne.*

pouvoir *nm* 1. autorité, puissance, gouvernement d'un pays : *parvenir au pouvoir* 2. crédit, influence, possibilité d'action : *abuser de son pouvoir* 3. mandat, procuration : *donner un pouvoir à quelqu'un* 4. propriété d'une substance, d'un instrument 5. personnes investies d'une autorité : *pouvoir législatif* ◆ **pouvoirs** *pl* droit d'exercer certaines fonctions : *les pouvoirs d'un ambassadeur* • *pouvoirs publics* ensemble des autorités qui détiennent le pouvoir dans l'État.

pragmatisme *nm* 1. doctrine qui prend pour critère de la vérité la valeur pratique 2. attitude de quelqu'un orienté vers l'action pratique.

prairie *nf* terrain qui produit de l'herbe ou du foin • *prairie artificielle* prairie où l'on a semé du trèfle, du sainfoin, de la luzerne, etc.

praline *nf* amande enveloppée de sucre.

praliné *nm* mélange de chocolat et de pralines écrasées.

pratiquant, e *adj* et *n* 1. qui observe les pratiques de sa religion 2. qui pratique habituellement un sport, une activité.

pratique *adj* 1. qui s'attache à la réalité, aux faits, à l'action : *avoir le sens pratique* 2. commode, efficace : *instrument pratique.*

pratique *nf* 1. application, mise en action des règles et des principes d'un art ou d'une science (par oppos. à *théorie*) 2. expérience, habitude approfondie : *avoir la pratique des affaires* 3. usage, coutume 4. observation des devoirs d'une religion • *mettre en pratique* appliquer, exécuter ◆ **pratiques** *pl* actes de piété.

pratiquer *vt* 1. mettre en pratique, exercer : *pratiquer la médecine* 2. exécuter, faire : *pratiquer un trou* ◆ *vi* observer les prescriptions, les rites d'une religion.

pré *nm* petite prairie.

préalable *adj* qui doit être fait, dit, examiné d'abord • *au préalable* auparavant.

préambule *nm* exorde, avant-propos.

préau *nm* 1. cour du cloître d'un couvent 2. cour d'une prison 3. partie couverte de la cour d'une école.

préavis *nm* avertissement préalable.

précaire *adj* 1. instable, mal assuré : *santé précaire* 2. incertain, provisoire : *emploi précaire.*

précarité *nf* caractère précaire.

précaution *nf* 1. disposition prise par prévoyance : *prenez vos précautions* 2. circonspection, prudence : *agir avec précaution.*

précautionneux, euse *adj* LITT. qui prend des précautions : *voyageur précautionneux.*

précédemment *adv* auparavant.

précédent, e *adj* qui est immédiatement avant : *le jour précédent* ◆ *nm* fait, acte antérieur : *s'appuyer sur un précédent.*

précéder *vt* (conj 10) 1. marcher devant 2. être placé, situé avant dans l'espace ou dans le temps : *l'exemple qui précède* 3. arriver, se trouver en un lieu avant quelqu'un.

précepte *nm* règle de conduite, enseignement.

précepteur, trice *n* qui est chargé de l'éducation d'un enfant à domicile.

préchauffer *vt* chauffer à l'avance.

prêcher *vt* 1. annoncer la parole de Dieu sous la forme de sermon 2. recommander : *prêcher la patience* ◆ *vi* prononcer un, des sermons.

précieux, euse *adj* 1. de grand prix : *meubles précieux* 2. très utile : *conseils précieux* ◆ *adj* et *n* affecté dans son langage, ses manières.

préciosité *nf* affectation dans les manières, le langage, le style.

précipice *nm* lieu profond et escarpé, gouffre, ravin.

précipitamment *adv* avec précipitation.

précipitation *nf* 1. extrême vitesse 2. trop grand empressement 3. CHIM phénomène par lequel un corps se sépare du liquide où il était dissous ◆ **précipitations** *pl* chute de pluie, de neige, de grêle, etc.

précipiter *vt* 1. jeter d'un lieu élevé : *précipiter dans un ravin* 2. accélérer : *précipiter sa marche* 3. pousser, faire tomber : *précipiter un pays dans le chaos* ◆ *vi* CHIM former un précipité ◆ **se précipiter** *vpr* 1. se jeter du haut de quelque chose 2. s'élancer vivement 3. s'accélérer : *les événements se précipitent.*

précis, e *adj* 1. net, exact, juste : *idée précise* 2. fixé, déterminé rigoureusement : *heure précise* 3. qui fait preuve d'exactitude ; ponctuel 4. adroit : *geste, tireur précis* 5. formel : *ordre précis* 6. concis : *style précis* ◆ *nm* abrégé : *précis de chimie.*

précisément *adv* 1. avec précision 2. exactement, justement.

préciser *vt* déterminer, définir d'une manière précise : *préciser un fait.*

précision *nf* 1. qualité de ce qui est précis, exact 2. détail précis, information complémentaire.

précoce *adj* 1. mûr avant la saison : *fruit précoce* 2. qui survient plus tôt que normalement ou d'ordinaire : *calvitie précoce* 3. dont le développement physique ou intellectuel correspond à un âge supérieur : *enfant précoce.*

précocité *nf* caractère d'une personne ou d'une chose précoce.

préconçu, e *adj* imaginé, pensé sans examen critique : *idée préconçue.*

préconiser *vt* recommander vivement : *préconiser un remède.*

précurseur *adj.m* qui annonce ; avant-coureur : *signes précurseurs* ◆ *nm* personne qui, par son action, ouvre la voie à des idées, un mouvement, etc.

prédateur, trice *adj* et *nm* 1. qui vit de proies animales ou végétales 2. homme préhistorique qui vivait de la chasse et de la cueillette.

prédécesseur *nm* celui qui a précédé quelqu'un dans une fonction, un emploi.

prédestiné, e *adj* et *n* 1. que Dieu a destiné à la gloire éternelle 2. dont le destin est fixé à l'avance.

prédicateur, trice *n* personne qui prêche.

prédication *nf* action de prêcher ; sermon.

prédiction *nf* 1. action de prédire 2. chose prédite.

prédilection *nf* préférence.

prédire *vt* (conj 72) annoncer d'avance ce qui doit arriver : *prédire l'avenir.*

prédisposer *vt* mettre par avance dans certaines dispositions : *prédisposer à la maladie.*

prédisposition *nf* aptitude, tendance, disposition naturelle.

prédominance *nf* caractère prédominant.

prédominer *vi* 1. avoir le plus d'influence, prévaloir : *son avis prédomine* 2. être en plus grande quantité.

prééminence *nf* supériorité, suprématie.

préfabriqué, e *adj* 1. fabriqué à l'avance et destiné à être assemblé sur place 2. composé par un assemblage d'éléments préfabriqués : *maison préfabriquée* ◆ *nm* construction préfabriquée.

préface *nf* texte préliminaire en tête d'un livre.

préfecture *nf* 1. HIST fonction de préfet dans l'Empire romain 2. en France, circonscription administrative d'un préfet 3. fonction de préfet ; sa durée 4. édifice et ensemble des services de l'administration préfectorale 5. ville où réside un préfet.

préférence *nf* 1. fait de préférer ; prédilection 2. ce que l'on préfère • *de préférence* plutôt.

préférentiel, elle *adj* qui établit une préférence : *tarif préférentiel.*

préférer *vt* (conj 10) aimer mieux, estimer davantage.

préfet *nm* 1. HIST à Rome, haut fonctionnaire qui exerçait une charge dans l'armée ou l'administration 2. en France, représentant de l'État dans le département • *préfet de police* magistrat chargé de la police, en particulier à Paris.

préfète *nf* 1. femme d'un préfet 2. femme préfet.

préfiguration *nf* ce qui préfigure, annonce.

préfigurer *vt* présenter les caractères d'une chose future, annoncer par avance.

préfixe *nm* GRAMM élément qui se place à l'initiale d'un mot et en modifie le sens.

préhensile *adj* qui a la faculté de saisir : *patte préhensile.*

préhension *nf* action de saisir.

préhistoire *nf* période chronologique de la vie de l'humanité depuis l'apparition de l'homme jusqu'à celle de l'écriture.

préjudice *nm* atteinte aux droits, aux intérêts de quelqu'un ; tort, dommage.

préjudiciable *adj* qui porte ou peut porter préjudice : *préjudiciable à la santé.*

préjugé *nm* opinion préconçue, jugement porté par avance.

préjuger *vt* (conj 2) LITT. juger d'avance, avant d'avoir tous les éléments nécessaires : *il ne faut rien préjuger* ◆ *vt ind* [**de**] prévoir par conjecture : *préjuger de l'avenir.*

prélasser (se) *vpr* se reposer, s'abandonner nonchalamment.

prélat *nm* dignitaire ecclésiastique.

prélavage *nm* lavage préliminaire, dans le cycle d'une machine.

prélèvement *nm* 1. action de prélever ; quantité, somme prélevée 2. matière prélevée.

prélever *vt* (conj 9) 1. prendre préalablement une certaine portion sur un total : *prélever une taxe* 2. extraire une partie d'un tout, en particulier pour l'analyser : *prélever du sang.*

préliminaire *adj* qui précède : *discours préliminaire* ◆ **préliminaires** *nm pl* négociations qui préparent un accord, un traité, etc.

prélude *nm* 1. introduction à une œuvre musicale 2. FIG. ce qui fait présager.

prématuré, e *adj* et *n* né viable avant terme : *un enfant prématuré* ◆ *adj* 1. qui se fait avant le temps convenable : *démarche prématurée* 2. qui vient, se manifeste avant le temps normal : *vieillesse prématurée.*

préméditer *vt* préparer avec soin et calcul : *préméditer un crime.*

premier, ère *adj* 1. qui précède les autres dans le temps ou l'espace : *le premier homme ; le premier jour* 2. qui est classé avant les autres pour son importance, sa valeur : *être premier en classe* 3. originel, primitif : *l'état premier d'un manuscrit* • ***en premier*** d'abord • ***matières premières*** non encore travaillées • MATH ***nombre premier*** divisible seulement par lui-même ou par l'unité ◆ *nm* premier étage ◆ *n* • ***jeune premier, jeune première*** acteurs qui jouent les rôles d'amoureux.

première *nf* 1. première représentation d'une pièce 2. classe qui précède la terminale 3. place de la catégorie la plus chère dans un moyen de transport 4. performance nouvelle 5. en montagne, première ascension ou premier parcours d'un itinéraire nouveau 6. vitesse la plus démultipliée, sur une automobile.

premièrement *adv* en premier lieu.

prémolaire *nf* dent située entre la canine et les molaires.

prémonition *nf* intuition qu'un événement, généralement malheureux, va se produire.

prémunir *vt* protéger, mettre à l'abri d'un mal, d'un danger ◆ **se prémunir** *vpr* [**contre**] se garantir contre.

prenant, e *adj* 1. qui prend ; qui émeut 2. qui occupe beaucoup.

prénatal, e, als ou **aux** *adj* qui précède la naissance.

prendre *vt* (conj 54) 1. saisir, attraper, tenir : *prendre un livre* 2. emporter avec soi, se munir de : *prendre ses papiers* 3. s'emparer de : *prendre une ville* 4. aller chercher : *j'irai vous prendre* 5. engager : *prendre une secrétaire* 6. accepter : *prenez ce qu'on vous offre* 7. choisir : *prendre le premier sujet* 8. acheter, se procurer : *prendre de l'essence* 9. emprunter ou voler : *on lui a pris tous ses bijoux* 10. recevoir : *prendre des coups* 11. recueillir : *prendre des renseignements* 12. faire usage de : *prendre l'avion* 13. manger, boire : *prendre un apéritif* 14. demander : *prendre cher* ◆ *vi* 1. s'enraciner, croître : *cet arbre prend* 2. suivre telle direction : *prendre à gauche* 3. FIG. réussir : *le vaccin a pris* 4. épaissir, se figer : *la confiture prend* 5. s'enflammer : *le feu prend* ◆ **se prendre** *vpr* 1. s'accrocher : *se prendre à un clou* 2. LITT. se mettre à : *se prendre à espérer* • ***se prendre d'amitié*** concevoir de l'amitié • ***s'y prendre bien*** ou ***mal*** être plus ou moins adroit • ***s'en prendre à quelqu'un*** s'attaquer à lui • ***se prendre pour*** se croire.

preneur, euse *n* personne qui offre d'acheter : *trouver preneur* • ***preneur de son*** technicien chargé de la prise de son.

prénom *nm* nom joint au patronyme.

prénommer *vt* donner un prénom.

prénuptial, e, aux *adj* qui précède le mariage.

préoccupation *nf* inquiétude, souci.

préoccuper *vt* occuper fortement l'esprit ; causer du souci, inquiéter, tourmenter ◆ **se préoccuper** *vpr* [**de**] s'inquiéter.

préparateur, trice *n* personne qui prépare quelque chose • ***préparateur en pharmacie*** personne qui aide le pharmacien dans son officine.

préparatif *nm* (surtout pluriel) mesure, disposition prise pour préparer quelque chose.

préparation *nf* 1. action, manière de préparer, de se préparer 2. chose préparée : *une préparation chimique.*

préparatoire *adj* qui prépare à quelque chose : *classe préparatoire.*

préparer *vt* 1. disposer, apprêter : *préparer un repas* 2. méditer, réfléchir à : *préparer sa réponse* 3. étudier, travailler : *préparer un examen* 4. entraîner : *préparer un élève au baccalauréat* 5. ménager, réserver : *préparer une surprise* 6. amener avec ménagement : *préparer quelqu'un à une mauvaise nouvelle* ◆ **se préparer** *vpr* 1. s'apprêter, se disposer à 2. être imminent.

prépondérant, e *adj* qui a plus de poids, d'importance, d'autorité ; capital, primordial.

préposé, e *n* 1. personne chargée d'une fonction spéciale : *les préposés de la douane* 2. facteur.

préposer *vt* placer quelqu'un à la garde, à la surveillance, à la direction de quelque chose.

préposition *nf* GRAMM mot invariable qui en unit d'autres en exprimant le rapport qui les unit (EX. : *à, de, par, en, chez, sur,* etc.).

préretraite *nf* retraite anticipée.

prérogative *nf* avantage, privilège attachés à certaines fonctions, à certains titres.

près *adv* à une faible distance, non loin, dans l'espace et dans le temps • *à beaucoup près* il s'en faut de beaucoup • *à cela près* excepté cela • *à peu de chose près* ou *à peu près* presque • *de près* 1. à une faible distance 2. à peu de temps d'intervalle 3. à ras : *rasé de près* 4. avec grand soin : *surveiller de près* ◆ *prép* DR auprès de : *près les tribunaux* ◆ *loc. prép* • *près de* 1. dans le voisinage de 2. sur le point de : *près de finir* 3. presque : *près de cent francs.*

présage *nm* 1. signe d'après lequel on préjuge l'avenir 2. signe avant-coureur d'un événement.

presbyte *n* et *adj* atteint de presbytie.

presbytère *nm* habitation du curé.

presbytie [prɛsbisi] *nf* inaptitude à distinguer nettement les objets rapprochés.

prescription *nf* 1. ordre formel et détaillé 2. ordonnance d'un médecin 3. DR délai au terme duquel une situation de fait prolongée devient source de droit 4. délai au terme duquel l'action publique s'éteint en matière de poursuites ou de sanctions pénales.

prescrire *vt* (conj 71) 1. ordonner 2. préconiser un traitement médical 3. DR acquérir ou libérer par prescription ◆ **se prescrire** *vpr* DR se perdre par prescription.

préséance *nf* droit d'être placé avant les autres ou de les précéder dans l'ordre honorifique.

présence *nf* 1. fait, pour une personne, une chose, de se trouver dans un lieu : *faire acte de présence* 2. fait de s'imposer par son talent, sa personnalité : *avoir de la présence* • *en présence (de quelqu'un, quelque chose)* ceux-ci étant présents • *présence d'esprit* promptitude à dire ou à faire ce qu'il faut.

présent, e *adj* 1. qui est dans le lieu dont on parle : *être présent à une réunion* 2. qui se situe, existe dans le temps où l'on parle ; actuel : *le moment présent* 3. que l'on tient, que l'on montre : *le présent ouvrage* ◆ *nm* 1. le temps actuel : *ne songer qu'au présent* 2. GRAMM temps du verbe qui indique que l'action se passe au moment actuel • *à présent* maintenant ◆ *nf* lettre qu'on est en train d'écrire : *par la présente.*

présentateur, trice *n* 1. personne qui présente au public un programme, une émission, un spectacle 2. journaliste chargé du journal télévisé.

présentation *nf* action, manière de présenter, de se présenter.

présenter *vt* 1. tendre, offrir : *présenter un bouquet* 2. introduire, faire connaître une personne auprès d'une autre 3. montrer, laisser voir : *présenter des symptômes graves* 4. offrir, comporter : *présenter des ressources* ◆ **se présenter** *vpr* 1. paraître devant quelqu'un et se faire connaître 2. apparaître, survenir : *une difficulté se présente* 3. se mettre sur les rangs, être candidat.

présentoir *nm* dans un magasin, dispositif mettant en valeur un produit.

préservatif *nm* dispositif en matière souple utilisé comme contraceptif et dans un but prophylactique.

préserver *vt* garantir, mettre à l'abri de, protéger : *préserver du froid.*

présidence *nf* 1. fonction de président 2. temps pendant lequel on l'exerce 3. bureaux, résidence d'un président.

président, e *n* 1. personne qui préside une assemblée 2. chef de l'État, dans une république.

présidentiel, elle *adj* du président ◆ **présidentielles** *nf pl* élections désignant le président de la République.

présider *vt* 1. être à la tête de, diriger : *présider une assemblée* 2. occuper la place d'honneur d'un repas ◆ *vt ind* [à] diriger : *présider aux préparatifs.*

présomption *nf* 1. jugement fondé sur de simples indices ; supposition 2. opinion trop favorable de soi-même ; prétention.

presque *adv* à peu près, pas tout à fait.

presqu'île *nf* portion de terre entourée d'eau sauf à un endroit qui la relie au continent.

pressant, e *adj* 1. qui insiste vivement 2. urgent.

presse *nf* 1. machine destinée à opérer une compression : *presse hydraulique* 2. machine à imprimer : *ouvrage sous presse* 3. ensemble des journaux, activité, monde du journalisme : *la liberté de la presse* • *avoir bonne, mauvaise presse* avoir bonne, mauvaise réputation • *dossier de*

presse dossier regroupant les articles parus dans la presse sur une personne, un sujet donné, etc.
presse-citron (*pl presse-citrons* ou *inv*) *nm* appareil pour extraire le jus des citrons et autres agrumes.
pressentiment *nm* sentiment vague, instinctif de ce qui doit arriver.
pressentir *vt* 1. avoir un pressentiment 2. sonder les dispositions de quelqu'un avant de l'affecter à certaines fonctions.
presse-papiers *nm inv* objet lourd pour maintenir des papiers.
presse-purée *nm inv* ustensile pour réduire des légumes en purée.
presser *vt* 1. comprimer, serrer avec plus ou moins de force : *presser une éponge ; presser quelqu'un dans ses bras* 2. LITT. poursuivre : *presser l'ennemi* 3. hâter, accélérer : *presser son départ* ◆ *vi* être urgent ◆ **se presser** *vpr* 1. se dépêcher 2. venir en grand nombre.
pressing [presiŋ] *nm* 1. repassage à la vapeur 2. établissement où s'exécute ce travail, où se fait le nettoyage du linge, des vêtements.
pression *nf* 1. action de presser 2. force exercée par un corps sur une surface ; mesure de cette force 3. FIG. influence qui contraint • *pression artérielle* poussée produite par le sang sur la paroi des artères • *pression atmosphérique* pression que l'air exerce au niveau du sol.
pressoir *nm* machine pour presser certains fruits ; lieu où se trouve cette machine.
pressurer *vt* 1. soumettre à l'action du pressoir 2. FIG. tirer de quelqu'un tout l'argent qu'il peut fournir.
pressuriser *vt* maintenir une pression atmosphérique normale à l'intérieur d'un avion volant à haute altitude.
prestance *nf* maintien fier et élégant.
prestataire *n* 1. bénéficiaire d'une prestation 2. personne qui fournit une prestation.
prestation *nf* 1. service fourni ; fourniture 2. action de se produire en public, pour un acteur, un chanteur, un sportif, etc. 3. somme versée au titre d'une législation sociale : *prestations familiales* • *prestation de serment* action de prêter serment.
prestidigitateur, trice *n* personne qui fait des tours de prestidigitation.
prestidigitation *nf* art de produire des illusions par des manipulations, des artifices, des trucages.
prestige *nm* charme, attrait, séduction, éclat, crédit.
prestigieux, euse *adj* qui a de l'éclat, du prestige : *orateur prestigieux.*
présumer *vt* conjecturer, supposer ◆ *vt ind* [de] avoir trop bonne opinion de : *présumer de son talent.*
présure *nf* lait aigri extrait de l'estomac des jeunes ruminants et qui sert à faire cailler le lait.
prêt *nm* 1. action de prêter 2. chose, somme prêtée 3. solde des sous-officiers et des soldats.
prêt, e *adj* 1. disposé à, en état de, décidé à : *prêt à partir* 2. dont la préparation est terminée ; disponible.
prêt-à-porter (*pl prêts-à-porter*) *nm* ensemble des vêtements coupés selon des mesures normalisées ; fabrication de ces vêtements.
prétendant, e *n* personne qui prétend avoir des droits à un trône ◆ *nm* celui qui veut épouser une femme.
prétendre *vt* (conj 50) 1. vouloir, exiger, avoir l'intention de : *que prétendez-vous faire ?* 2. affirmer, soutenir : *je prétends que oui* ◆ *vt ind* [à] LITT. aspirer à : *prétendre aux honneurs.*
prétendu, e *adj* supposé : *un prétendu médecin.*
prête-nom (*pl prête-noms*) *nm* celui qui figure dans un contrat à la place du véritable contractant.
prétentieux, euse *adj* et *n* qui cherche à en imposer, à se mettre en valeur pour des qualités qu'il n'a pas.
prétention *nf* 1. exigence, revendication 2. complaisance vaniteuse envers soi-même • *sans prétention* modeste, modestement.
prêter *vt* 1. céder pour un temps 2. accorder, offrir spontanément : *prêter secours* 3. attribuer : *prêter un sentiment à quelqu'un* • *prêter attention* être attentif • *prêter la main* aider • *prêter l'oreille* écouter • *prêter serment* jurer • *prêter le flanc à* donner prise à : *prêter le flanc aux citoyens* ◆ *vt ind* [à] donner matière à ◆ **se prêter** *vpr* [à] consentir à : *se prêter à un jeu.*
prétexte *nm* raison apparente pour cacher le vrai motif • *sous prétexte de, que* en prenant pour prétexte.
prétoire *nm* 1. ANTIQ. ROM tribunal du préteur 2. salle d'audience d'un tribunal.
prêtre *nm* 1. ministre d'un culte religieux 2. celui qui a reçu le sacrement de l'ordre.
preuve *nf* 1. ce qui démontre la vérité d'une chose 2. marque, témoignage : *preuve d'affection* 3. vérification de l'exactitude d'un calcul • *faire preuve de* montrer • *faire ses preuves* manifester sa valeur.
prévaloir *vi* (conj 40) avoir, remporter l'avantage : *son opinion a prévalu* ◆ **se prévaloir** *vpr* [de] s'enorgueillir, tirer avantage de : *se prévaloir de sa naissance.*
prévenance *nf* qualité, attitude ou action de celui qui est prévenant.
prévenant, e *adj* plein de sollicitude, d'attention à l'égard de quelqu'un.
prévenir *vt* (conj 22) 1. aller au-devant de quelque chose, prendre des dispositions

pour l'empêcher de se produire : *prévenir un malheur* 2. satisfaire par avance : *prévenir un désir* 3. avertir, informer : *prévenir les pompiers* • *être prévenu contre quelqu'un* être mal disposé à son égard.

préventif, ive *adj* qui prévient, empêche un événement fâcheux.

prévention *nf* 1. opinion préconçue 2. ensemble des dispositions prises pour prévenir un danger 3. DR incarcération précédant un jugement.

prévenu, e *n* personne qui doit répondre d'une infraction devant la justice pénale.

prévision *nf* 1. action de prévoir 2. ce que l'on prévoit ; hypothèse.

prévisionnel, elle *adj* qui fait l'objet d'un calcul antérieur à un événement.

prévoir *vt* (conj 42) 1. concevoir, envisager par avance : *prévoir un événement* 2. organiser à l'avance : *prévoir un repas froid.*

prévoyance *nf* qualité de quelqu'un qui sait prévoir.

prie-Dieu *nm inv* meuble sur lequel on s'agenouille pour prier.

prier *vt* 1. conjurer ou honorer Dieu, une divinité par des paroles ; supplier : *prier Dieu* 2. demander avec instance ou avec humilité ; inviter, convier : *je vous prie de me laisser* • *se faire prier* faire des manières.

prière *nf* 1. supplication adressée à Dieu, à une divinité 2. demande instante • *prière de* il est demandé de.

primaire *adj* 1. qui appartient à l'enseignement du premier degré : *école primaire* 2. PÉJOR. simpliste, peu cultivé : *raisonnement primaire* • *ère primaire* deuxième division des temps géologiques, succédant au précambrien • ÉCON *secteur primaire* ensemble des activités productrices de matières premières ◆ *nm* enseignement, secteur, ère primaire.

primate *nm* mammifère tel que les singes et l'homme (les primates forment un ordre).

prime *nf* 1. somme donnée pour prix d'une assurance 2. somme versée à un salarié en plus de son salaire 3. somme, objet, avantage alloués à titre d'encouragement, de récompense, d'incitation.

prime *adj* 1. LITT. premier : *de prime abord ; prime jeunesse* 2. MATH se dit d'une lettre affectée d'un accent : *« b' » s'énonce « b prime ».*

primer *vt* et *vt ind* [sur] l'emporter, surpasser, dominer : *la qualité prime (sur) la quantité.*

primer *vt* accorder un prix, une récompense : *film primé au festival.*

primeur *nf* caractère de ce qui est nouveau • *avoir la primeur de quelque chose* être le premier à le connaître ou à en jouir ◆ **primeurs** *nf pl* fruits, légumes obtenus avant l'époque normale de leur maturité.

primevère *nf* plante à fleurs dont l'éclosion se produit au printemps.

primitif, ive *adj* 1. qui appartient au premier état des choses ; initial, originel : *forme primitive* 2. grossier, fruste, rudimentaire 3. se dit des sociétés restées à l'écart de la civilisation moderne et industrielle ◆ *nm* peintre ou sculpteur qui a précédé la Renaissance.

primordial, e, aux *adj* capital, fondamental.

prince *nm* 1. celui qui possède une souveraineté, ou qui appartient à une famille souveraine 2. titre de noblesse le plus élevé 3. LITT. le premier par son talent : *prince des poètes* • *être bon prince* se montrer accommodant • *fait du prince* acte arbitraire • *princes de l'Église* les cardinaux et les évêques.

prince-de-galles *nm inv* et *adj inv* tissu à fines raies croisées.

princesse *nf* 1. fille ou femme de prince, de roi 2. souveraine d'un pays.

principal, e, aux *adj* qui est le plus important ; essentiel • GRAMM *proposition principale* ou *principale* proposition qui a sous sa dépendance une ou plusieurs subordonnées ◆ *nf* ou *nm* 1. ce qu'il y a de plus important 2. capital d'une dette : *principal et intérêts* 3. directeur d'un collège 4. premier clerc d'une étude.

principauté *nf* petit État indépendant dont le chef a le titre de prince : *la principauté de Monaco.*

principe *nm* 1. LITT. origine, cause première 2. élément constitutif de quelque chose 3. règle générale théorique qui guide la conduite : *fidèle à ses principes* 4. loi à caractère général : *principe d'Archimède* 5. proposition admise comme base d'une science, d'un art ou d'un raisonnement • *en principe* théoriquement.

printanier, ère *adj* du printemps.

printemps *nm* 1. la première saison de l'année (21 mars-21 juin) 2. LITT. jeunesse 3. LITT. année : *avoir seize printemps.*

prioritaire *adj* et *n* qui jouit d'une priorité sur les autres.

priorité *nf* 1. antériorité : *priorité de date* 2. droit de passer avant les autres : *avoir priorité dans le métro* 3. préférence : *donner la priorité à la lutte contre le chômage* • *en priorité* avant toute chose.

prise *nf* 1. action de prendre, de s'emparer de 2. chose, personne prise 3. aspérité, creux qui sert de point d'appui : *n'avoir pas de prise* 4. manière de saisir : *prise de judo* 5. pincée de tabac inspiré par le nez 6. quantité de médicament administrée en une seule fois 7. coagulation, solidification : *la prise du ciment* 8. dérivation, conducteur : *prise de courant, d'eau* 9. MÉCAN engrenage : *prise directe* • FIG. *donner prise à* s'exposer à • *être aux prises avec* lutter contre • *prise*

de possession entrée en possession • *prise de son, prise de vues* enregistrement du son sur bande, des images sur film.
priser *vt* aspirer par le nez : *priser du tabac.*
prisme *nm* 1. polyèdre dont les bases sont deux polygones égaux à côtés parallèles, les faces latérales étant des parallélogrammes 2. PHYS prisme en cristal, qui décompose la lumière.
prison *nf* 1. lieu où l'on détient les personnes condamnées ou en instance de jugement 2. emprisonnement 3. FIG. lieu ou situation où l'on se sent séquestré, enfermé.
prisonnier, ère *n* et *adj* 1. qui est détenu en prison 2. privé de liberté : *prisonnier de guerre* ◆ *adj* dont la liberté est entravée par une habitude, un vice, etc.
privation *nf* fait d'être privé, de se priver de ◆ **privations** *nf pl* pénurie des choses nécessaires.
privatisation *nf* action de faire tomber dans le domaine de l'entreprise privée ce qui était du ressort de l'État.
privé, e *adj* 1. qui ne dépend pas de l'État, qui n'appartient pas à la collectivité : *école privée ; secteur privé* 2. qui n'est pas ouvert à tout public : *projection privée* 3. strictement personnel, intime : *la vie privée* ◆ *nm* 1. vie intime 2. secteur privé.
priver *vt* ôter, refuser à quelqu'un la possession, la jouissance de quelque chose ◆ **se priver** *vpr* 1. s'abstenir de 2. s'imposer des privations.
privilège *nm* droit, avantage personnel, exclusif.
privilégier *vt* accorder un privilège, avantager, favoriser.
prix [pri] *nm* 1. valeur d'une chose, exprimée en monnaie : *baisser les prix* 2. récompense : *recevoir un prix* 3. ce qu'il en coûte pour obtenir quelque chose : *le prix de la liberté* 4. personne qui a obtenu un prix : *le prix Nobel* • *à prix d'or* très cher • *à tout prix* coûte que coûte.
probabilité *nf* caractère de ce qui est probable, vraisemblable.
probable *adj* vraisemblable, qui a des chances de se produire.
probant, e *adj* qui convainc ; concluant.
probité *nf* honnêteté scrupuleuse, rigoureuse.
problématique *adj* douteux, hasardeux, incertain : *succès problématique* ◆ *nf* ensemble des questions posées par une branche de la connaissance.
problème *nm* 1. question à résoudre par des procédés scientifiques : *problème d'algèbre* 2. ce qui est difficile à expliquer, à résoudre.
procédé *nm* 1. manière d'agir, de se conduire avec les autres 2. méthode à suivre pour une opération : *simplifier un procédé.*
procéder *vi* (conj 10) agir de telle ou telle façon : *procéder avec ordre* ◆ *vt ind* [à] faire quelque chose, l'exécuter selon un certain ordre : *procéder au recensement* ◆ *vt ind* [de] LITT. provenir, tirer son origine de.
procédure *nf* 1. méthode utilisée pour obtenir un certain résultat 2. formalités, règles judiciaires : *Code de procédure civile.*
procès *nm* instance en justice : *gagner son procès.*
processeur *nm* INFORM organe capable d'assurer le traitement complet d'une série d'informations.
procession *nf* 1. marche solennelle d'un caractère religieux, accompagnée de chants et de prières 2. FAM. longue suite de personnes, de véhicules ; défilé.
processus [prɔsesys] *nm* 1. marche, progrès, développement 2. mécanisme, procédé technique.
procès-verbal (*pl procès-verbaux*) *nm* 1. acte d'un officier de justice, d'un agent assermenté, constatant un fait, un délit 2. compte rendu d'une délibération.
prochain *nm* tout homme ou l'ensemble des hommes, par rapport à l'un d'entre eux.
prochain, e *adj* proche dans le temps ou l'espace : *semaine prochaine ; le prochain village.*
proche *adj* 1. qui est près, qui n'est pas éloigné dans l'espace ou dans le temps : *proche voisin ; l'heure est proche* 2. peu différent, approchant : *proche de la vérité* 3. qui a d'étroites relations de parenté, ou d'amitié : *proche parent* ◆ *nm* proche parent, ami intime.
proclamation *nf* 1. action de proclamer 2. texte proclamé.
proclamer *vt* 1. faire connaître publiquement, avec solennité 2. divulguer, révéler : *proclamer la vérité.*
procréer *vt* engendrer, donner la vie.
procuration *nf* pouvoir qu'une personne donne à une autre pour agir en son nom.
procurer *vt* 1. faire obtenir : *procurer un emploi* 2. apporter, occasionner : *procurer beaucoup de bonheur.*
procureur *nm* DR • *procureur général* magistrat qui exerce les fonctions du ministère public près la Cour de cassation, la Cour des comptes et les cours d'appel • *procureur de la République* qui exerce les fonctions du ministère public près les tribunaux.
prodige *nm* 1. événement extraordinaire, de caractère magique ou surnaturel 2. chose ou personne surprenante ◆ *adj* et *n* personne exceptionnellement douée : *enfant prodige.*
prodigieux, euse *adj* extraordinaire, remarquable.
prodigue *adj* et *n* 1. qui fait des dépenses excessives, inconsidérées 2. qui donne sans

compter : *prodigue de son temps* • *enfant, fils prodigue* qui revient au domicile paternel après avoir dissipé son bien.

prodiguer *vt* donner généreusement : *prodiguer des éloges.*

producteur, trice *n* et *adj* 1. qui produit des biens, des services : *pays producteur de pétrole* 2. CIN personne qui finance un film et rassemble les éléments nécessaires à sa réalisation 3. personne qui conçoit une émission et, éventuellement, la réalise.

productif, ive *adj* qui produit, rapporte : *terre productive.*

production *nf* 1. action de produire ; fait de se produire 2. bien produit : *les productions du sol* 3. création d'un film, d'une émission, leur réalisation matérielle ; le film, l'émission eux-mêmes.

productivité *nf* 1. caractère de ce qui est productif 2. quantité produite en considération du travail fourni et des dépenses engagées.

produire *vt* (conj 70) 1. fournir certains biens ou services : *région qui produit du vin* 2. porter : *les arbres produisent des fruits* 3. rapporter, donner du profit 4. provoquer, causer : *produire de bons résultats* 5. présenter, montrer : *produire des titres* 6. donner naissance, créer : *produire des romans* 7. être le producteur d'un film, d'une émission ◆ **se produire** *vpr* 1. se montrer, se faire connaître 2. arriver, survenir.

produit *nm* 1. richesse, bien économique issus de la production 2. objet, article manufacturé 3. bénéfice, résultat 4. MATH résultat de la multiplication.

proéminent, e *adj* en relief par rapport à ce qui est autour ; saillant.

profane *n* et *adj* 1. personne étrangère à une religion, non initiée à un culte 2. personne qui ignore les usages, les règles de quelque chose : *être profane en la matière* ◆ *nm* choses qui ne relèvent pas de la religion, qui ne sont pas sacrées.

profaner *vt* violer le caractère sacré d'un lieu, d'un objet de culte, etc. : *profaner une tombe.*

proférer *vt* (conj 10) prononcer : *proférer des injures.*

professer *vt* déclarer ouvertement : *professer une opinion.*

professeur *nm* 1. personne qui enseigne une matière, une discipline, un art 2. enseignant du second degré ou du supérieur.

profession *nf* 1. activité, métier, emploi : *exercer une profession* 2. ensemble de ceux qui exercent le même métier • *de profession* 1. par état 2. par habitude • *faire profession de* déclarer ouvertement une opinion personnelle.

professionnalisme *nm* qualité d'une personne qui fait une chose par métier.

professionnel, elle *adj* relatif à une profession : *enseignement professionnel* ◆ *adj* et *n* 1. qui exerce régulièrement un métier 2. qui a une expérience particulière dans un métier, une activité 3. sportif de profession CONTR. *amateur.*

profil *nm* 1. contour, aspect du visage vu de côté 2. aspect extérieur de quelque chose vu de côté 3. ligne que dessine la section perpendiculaire d'un objet ; coupe 4. ensemble des traits qui caractérisent quelqu'un par rapport à son aptitude à un emploi • *de profil* vu de côté.

profiler (se) *vpr* 1. se présenter de profil, en silhouette : *nuages qui se profilent à l'horizon* 2. s'ébaucher, apparaître.

profit *nm* 1. gain, bénéfice 2. avantage, bénéfice intellectuel ou moral • *au profit de* au bénéfice de • *mettre à profit* employer utilement.

profiter *vt ind* [de] tirer profit de : *profiter des circonstances* ◆ *vt ind* [à] être utile à : *vos conseils lui ont profité* ◆ *vi* FAM. croître, se développer.

profiterole *nf* petit chou fourré de glace, nappé de chocolat chaud.

profond, e *adj* 1. dont la profondeur est grande : *puits profond* 2. qui pénètre loin : *racines profondes* 3. intense, extrême : *profonde douleur* 4. caché, difficile à atteindre : *profond mystère* ◆ *adv* à une grande profondeur : *creuser profond.*

profondément *adv* 1. à une grande profondeur 2. extrêmement.

profondeur *nf* 1. distance du fond à la surface, à l'orifice : *profondeur d'un gouffre, d'une boîte* 2. FIG. pénétration d'esprit : *profondeur de vues.*

profusion *nf* grande abondance.

programmateur, trice *n* personne qui établit un programme de cinéma, de radio, etc. ◆ *nm* dispositif qui commande automatiquement l'exécution des différentes opérations à effectuer.

programme *nm* 1. annonce des détails d'une fête, d'un spectacle, des émissions diffusées, des matières d'un cours, d'un examen, etc. 2. projet, intention d'action 3. ensemble d'instructions nécessaires à l'exécution d'une suite d'opérations demandées à un ordinateur, à un appareillage automatique.

programmer *vt* 1. établir le programme d'un cinéma, de la radio, etc. 2. préparer un ordinateur pour l'exécution d'un programme 3. établir à l'avance, planifier.

programmeur, euse *n* spécialiste chargé de la mise au point de programmes d'ordinateurs.

progrès *nm* 1. évolution, progression 2. développement de la civilisation : *croire au progrès.*

progresser *vi* 1. faire des progrès, aller de l'avant 2. se développer, s'amplifier : *le feu progresse.*

progression *nf* 1. mouvement, marche en avant 2. développement, accroissement 3. MATH suite de nombres tels que chacun d'eux est égal au précédent, augmenté ou diminué *(progression arithmétique)* d'un nombre constant appelé *raison*, ou multiplié ou divisé *(progression géométrique)* par ce nombre constant.

progressiste *n* et *adj* qui a ou manifeste des idées politiques et sociales avancées.

progressivement *adv* peu à peu.

prohiber *vt* interdire légalement.

prohibitif, ive *adj* 1. qui interdit : *une loi prohibitive* 2. trop élevé, excessif : *prix prohibitifs.*

proie *nf* 1. être vivant capturé par un animal 2. ce dont on s'empare avec rapacité, par la violence 3. victime : *être la proie d'un escroc* • *en proie à* victime de, sujet à • *être la proie de* être détruit, ravagé par : *la maison était la proie des flammes* • *oiseau de proie* oiseau carnassier.

projecteur *nm* appareil pour projeter un faisceau lumineux, des images sur un écran.

projectile *nm* tout corps lancé.

projection *nf* 1. action de projeter, de lancer 2. action de projeter un film ; image projetée 3. GÉOM représentation plane d'un corps suivant certaines règles.

projet *nm* 1. ce que l'on projette de faire : *projet hardi* 2. première rédaction d'un texte : *projet de loi* 3. étude d'une construction avec dessins et devis.

projeter *vt* (conj 8) 1. lancer, jeter : *projeter une pierre* 2. émettre : *projeter une ombre* 3. GÉOM effectuer une projection 4. former le dessein de : *projeter de venir* 5. faire apparaître sur un écran un film, des photos, grâce à un dispositif lumineux.

prolétaire *n* et *adj* personne qui n'a pour vivre que le produit de son travail.

prolétariat *nm* classe des prolétaires.

proliférer *vi* 1. se reproduire en grand nombre 2. FIG. foisonner, se multiplier.

prolifique *adj* 1. qui se multiplie vite, fécond : *le lapin est prolifique* 2. qui produit beaucoup, en parlant d'un écrivain, d'un artiste.

prologue *nm* 1. avant-propos d'un roman, d'un texte 2. FIG. préliminaire, prélude.

prolongateur *nm* rallonge électrique.

prolongation *nf* action de prolonger ; délai accordé.

prolongement *nm* extension ◆ **prolongements** *nm pl* suites, conséquences.

prolonger *vt* (conj 2) accroître la longueur, la durée.

promenade *nf* 1. action de se promener 2. lieu où l'on se promène.

promener *vt* (conj 9) 1. conduire en divers lieux pour l'agrément, le plaisir, donner de l'exercice 2. FIG. porter, diriger sans but précis : *promener son regard* ◆ **se promener** *vpr* aller çà et là pour se distraire, prendre de l'exercice.

promeneur, euse *n* personne qui se promène.

promesse *nf* assurance donnée.

promettre *vt* (conj 57) 1. s'engager à faire, à donner : *promettre de payer* 2. FIG. annoncer, prédire : *le temps promet de la pluie* ◆ *vi* donner des espérances : *enfant qui promet* ◆ **se promettre** *vpr* [de] prendre la ferme résolution de : *se promettre de travailler.*

promiscuité *nf* proximité choquante, voisinage désagréable.

promontoire *nm* cap élevé.

promoteur, trice *n* LITT. personne qui donne la première impulsion à quelque chose ; initiateur : *le promoteur d'une réforme* ◆ *nm* personne ou société qui finance et organise la construction d'immeubles.

promotion *nf* 1. nomination, élévation à un grade, à une dignité supérieurs ; ensemble des personnes bénéficiant en même temps d'une telle nomination 2. ensemble des élèves entrés la même année dans une école 3. accession à un niveau de vie supérieur • *en promotion* en réclame • *promotion des ventes* technique propre à accroître le chiffre d'affaires d'une entreprise.

promotionnel, elle *adj* qui favorise l'accroissement des ventes.

promouvoir *vt* (conj 36) 1. élever à une dignité supérieure 2. FIG. mettre en action, favoriser le développement, la diffusion de quelque chose.

prompt, e [prɔ̃, prɔ̃t] *adj* 1. LITT. qui ne tarde pas : *prompte guérison* 2. qui va, agit vite : *esprit prompt.*

promu, e *n* et *adj* personne qui a reçu une promotion.

promulguer *vt* rendre applicable une loi régulièrement adoptée.

prôner *vt* vanter, louer, recommander : *prôner la modération.*

pronom *nm* mot qui tient la place du nom (il y a six sortes de pronoms : personnels, possessifs, démonstratifs, relatifs, interrogatifs, indéfinis).

pronominal, e, aux *adj* propre au pronom • *verbe pronominal* verbe qui se conjugue avec deux pronoms de la même personne (EX : *nous nous avançons*) ◆ *nm* verbe pronominal.

prononcé, e *adj* marqué, accentué : *traits prononcés* ◆ *nm* DR décision d'un tribunal.

prononcer *vt* (conj 1) 1. articuler : *prononcer les mots* 2. dire, débiter : *prononcer un discours* 3. déclarer avec autorité : *prononcer un arrêt* ◆ *vi* rendre un arrêt, un jugement ◆ **se prononcer** *vpr* 1. manifester sa pensée 2. prendre parti.

prononciation *nf* action, manière de prononcer.

pronostic *nm* 1. prévision 2. MÉD jugement porté sur l'évolution d'une maladie.

propagande *nf* tout ce qu'on fait pour répandre une opinion, une doctrine.

propager *vt* (conj 2) répandre, diffuser dans le public ◆ **se propager** *vpr* se répandre, s'étendre : *l'incendie se propage.*

propane *nm* hydrocarbure gazeux, employé comme combustible.

propension *nf* tendance naturelle ; penchant : *propension à la paresse.*

prophète *nm* 1. dans la Bible, homme qui parle au nom de Dieu 2. personne qui annonce un événement futur • *le Prophète* Mahomet.

prophétie [prɔfesi] *nf* prédiction.

prophylaxie *nf* ensemble des moyens propres à prévenir les maladies.

propice *adj* 1. qui convient bien ; opportun : *le moment propice* 2. favorable : *les dieux nous sont propices.*

proportion *nf* 1. rapport des parties entre elles et avec l'ensemble 2. MATH égalité de deux rapports ◆ **proportions** *pl* 1. dimensions 2. importance, étendue.

proportionné, e *adj* de proportions harmonieuses.

proportionnel, elle *adj* en proportion avec d'autres quantités, avec d'autres grandeurs • *représentation proportionnelle* ou *proportionnelle nf* système électoral accordant aux divers partis des représentants proportionnellement aux suffrages obtenus.

propos *nm* 1. résolution, intention : *ferme propos* 2. discours tenu dans la conversation : *propos de table* • *à propos !* marque une transition dans un dialogue, entre deux idées différentes • *à propos* opportunément • *à propos de* à l'occasion, au sujet de • *à tout propos* à chaque instant • *hors de propos* ou *mal à propos* à contretemps.

proposer *vt* 1. présenter, offrir au choix, à l'appréciation : *proposer un avis, un candidat* 2. offrir comme prix ◆ **se proposer** *vpr* 1. offrir ses services 2. avoir l'intention de : *se proposer de sortir.*

proposition *nf* 1. action de proposer 2. chose proposée : *proposition de paix* 3. GRAMM unité syntaxique élémentaire de la phrase composée en général d'un verbe et d'un ou plusieurs groupes nominaux.

propre *adj* 1. qui appartient exclusivement à : *caractère propre* 2. de la personne même : *de sa propre main* 3. sans changement : *ses propres paroles* 4. juste, exact, approprié : *employer le mot propre* 5. convenable, soigné : *travail propre* 6. FIG. honnête 7. qui n'est pas sali, taché 8. qui se lave souvent • DR *bien propre* bien qui fait partie du patrimoine personnel d'un des époux • *sens propre* sens primitif (par oppos. à *sens figuré*) ◆ *nm* qualité particulière : *le propre de l'homme est de penser* • *en propre* en propriété particulière.

proprement *adv* 1. avec propreté 2. exactement, précisément.

propreté *nf* 1. qualité de ce qui est propre 2. qualité de quelqu'un qui est propre.

propriétaire *n* 1. personne à qui une chose appartient 2. bailleur d'immeuble (par oppos. à *locataire*).

propriété *nf* 1. possession en propre, exclusive 2. bien, terrain, domaine, maison : *une propriété plantée d'arbres* 3. caractère, qualité propre : *les propriétés d'un corps* 4. convenance exacte d'un mot à l'idée à exprimer.

propulser *vt* 1. faire avancer à l'aide d'un propulseur 2. FAM. projeter en avant.

prorata *nm inv* • *au prorata de* en proportion de.

proroger *vt* (conj 2) prolonger ou reporter à une date ultérieure : *proroger une échéance.*

prosaïque *adj* qui manque de noblesse, d'idéal ; terre à terre ; vulgaire, banal : *goûts prosaïques.*

proscrire *vt* 1. LITT. condamner au bannissement, à l'exil 2. FIG. rejeter, interdire.

prose *nf* forme ordinaire du discours, non assujetti à un rythme ni à une mesure régulière.

prosodie *nf* LITTÉR ensemble des règles relatives à la métrique.

prospecter *vt* 1. examiner un terrain pour y rechercher des richesses minérales 2. étudier les possibilités d'extension d'une clientèle.

prospectif, ive *adj* orienté vers l'avenir.

prospectus [prɔspɛktys] *nm* imprimé diffusé à des fins publicitaires.

prospère *adj* qui est dans une période de réussite, de succès.

prospérer *vi* (conj 10) 1. avoir du succès 2. devenir florissant.

prospérité *nf* état prospère.

prostate *nf* corps glandulaire propre au sexe masculin, qui entoure le col vésical et une partie de l'urètre.

prosterner (se) *vpr* se courber jusqu'à terre en signe d'adoration, de respect, d'humilité.

prostituer *vt* 1. livrer à la prostitution 2. LITT. dégrader, avilir : *prostituer son talent* ◆ **se prostituer** *vpr* se livrer à la prostitution.

prostitution *nf* 1. acte par lequel une personne consent à des rapports sexuels contre de l'argent 2. LITT. avilissement.

prostration *nf* abattement profond.

prostré, e *adj* abattu, sans force.

protagoniste *n* 1. personnage important d'une pièce, d'un film, d'un roman 2. personne qui joue le rôle principal dans une affaire.

protecteur, trice *adj* et *n* 1. qui protège 2. qui marque un désir de protection condescendante.

protection *nf* 1. action de protéger 2. ce qui protège.

protectionnisme *nm* système consistant à protéger l'économie d'un pays contre la concurrence étrangère CONTR. *libre-échange.*

protectorat *nm* situation juridique qui place un État sous la dépendance d'un autre ; cet État lui-même.

protéger *vt* (conj 2 et 10) 1. mettre à l'abri d'un dommage, d'un danger 2. appuyer, patronner 3. encourager, favoriser.

protéine *nf* CHIM substance du groupe des protides.

protestant, e *adj* et *n* qui appartient au protestantisme.

protestantisme *nm* ensemble des Églises et des communautés chrétiennes issues de la Réforme ; leur doctrine.

protestation *nf* action de protester.

protester *vi* s'élever contre : *protester contre une injustice* ◆ *vt ind* [de] LITT. donner l'assurance de : *protester de son innocence.*

prothèse *nf* remplacement chirurgical d'un organe ; la pièce ou l'appareil de remplacement : *prothèse dentaire.*

protide *nm* nom générique des substances organiques azotées.

protocolaire *adj* conforme au protocole.

protocole *nm* 1. procès-verbal relatant les résolutions d'une assemblée 2. DR formulaire pour la rédaction des actes publics 3. ensemble des règles établies en matière d'étiquette, d'honneur et de préséances dans les cérémonies officielles.

proton *nm* particule élémentaire chargée d'électricité positive entrant avec le neutron dans la composition des noyaux.

prototype *nm* 1. modèle original 2. premier exemplaire.

protubérance *nf* saillie, excroissance.

proue *nf* partie avant d'un navire (par oppos. à la *poupe*).

prouesse *nf* 1. action d'éclat ; exploit : *prouesse sportive* 2. LITT. acte d'héroïsme.

prouver *vt* 1. établir indéniablement la vérité de quelque chose 2. témoigner, dénoter 3. indiquer, révéler.

provenance *nf* origine : *marchandises de provenance étrangère.*

provenir *vt ind* [de] (conj 22) 1. venir de 2. FIG. résulter, tirer son origine de.

proverbe *nm* maxime brève devenue populaire.

proverbial, e, aux *adj* 1. qui tient du proverbe : *expression proverbiale* 2. cité comme exemple, connu de tous.

providence *nf* 1. THÉOL dieu (en ce sens, prend une majuscule) 2. FIG. personne qui veille, qui protège 3. action constante de la sagesse divine 4. chance, bonheur inespérés.

providentiel, elle *adj* 1. envoyé par la Providence 2. qui arrive par un heureux hasard.

province *nf* 1. division territoriale 2. ensemble de toutes les régions de France, à l'exception de Paris.

provincial, e, aux *adj* qui a les caractères de la province : *accent provincial* ◆ *n* habitant de la province.

proviseur *nm* fonctionnaire chargé de l'administration d'un lycée.

provision *nf* 1. ensemble de choses nécessaires ou utiles : *provision de blé* 2. somme qu'un tribunal attribue provisoirement ou qu'un client dépose à titre d'acompte : *verser une provision* 3. somme déposée en banque destinée à couvrir des paiements ultérieurs : *chèque sans provision.*

provisionnel, elle *adj* qui constitue une provision : *acompte provisionnel.*

provisoire *adj* 1. temporaire 2. prononcé en attendant : *jugement provisoire* ◆ *nm* ce qui est provisoire, solution d'attente.

provocation *nf* action de provoquer ; fait ou geste destiné à provoquer : *répondre à une provocation.*

provoquer *vt* 1. inciter quelqu'un, le défier de façon à obtenir une réaction violente 2. produire, occasionner : *provoquer une catastrophe* 3. exciter le désir sexuel.

proxénétisme *nm* activité délictueuse consistant à favoriser la prostitution ou à en tirer profit.

proximité *nf* voisinage • *à proximité de* près de.

prude *adj* et *nf* d'une pudeur affectée.

prudemment [prydamɑ̃] *adv* avec prudence.

prudence *nf* attitude qui consiste à agir de manière à éviter tout danger, toute erreur, tout risque inutile.

prudent, e *adj* et *n* qui agit avec prudence, qui dénote de la prudence ; sage, avisé : *réponse prudente.*

prud'homme *nm* membre d'un tribunal électif (*conseil de prud'hommes*), composé paritairement de représentants des salariés et des employeurs, en vue de trancher les conflits professionnels.

prune *nf* fruit du prunier à pulpe molle, juteuse et sucrée ; eau-de-vie faite avec ce fruit ◆ *adj inv* d'une couleur violet foncé.

pruneau *nm* prune séchée.

prunelle *nf* pupille de l'œil • *tenir à quelque chose comme à la prunelle de ses yeux* y être attaché par-dessus tout.

prunier *nm* arbre cultivé pour son fruit comestible, la prune.

psaume *nm* chant sacré, cantique de la liturgie chrétienne et juive.

pseudonyme *nm* nom d'emprunt choisi par un auteur, un artiste, etc.

psoriasis [psɔrjazis] *nm* affection cutanée.

psychanalyse [psikanaliz] *nf* investigation psychologique ayant pour but de ramener à la conscience des sentiments obscurs ou refoulés.

psyché [psiʃe] *nf* grand miroir mobile sur châssis, qu'on peut incliner à volonté.

psychiatre [psikjatr] *n* médecin spécialiste des maladies mentales.

psychiatrie *nf* étude et traitement des maladies mentales.

psychique [psiʃik] *adj* qui concerne la conscience, la vie mentale : *phénomène psychique.*

psychisme *nm* ensemble des caractères psychiques d'une personne.

psychologie [-kɔ-] *nf* 1. étude scientifique des faits psychiques : *psychologie de l'enfant* 2. ensemble des sentiments, des façons de penser ou d'agir ; caractère : *psychologie des héros de bande dessinée* 3. intuition : *manquer de psychologie.*

psychologue *n* et *adj* 1. spécialiste de psychologie 2. personne qui comprend intuitivement les autres : *il n'est pas très psychologue.*

psychopathe *n* malade mental.

psychose [psikoz] *nf* 1. maladie mentale caractérisée par la perte du contact avec la réalité 2. obsession provoquée par un traumatisme d'origine sociale : *psychose de guerre.*

psychosomatique *adj* qui concerne à la fois le corps et l'esprit.

psychothérapie *nf* traitement par des méthodes psychologiques.

puant, e *adj* 1. qui exhale une odeur fétide 2. FAM. d'une grande fatuité ; prétentieux.

puanteur *nf* odeur très désagréable.

pubère *adj* et *n* qui a atteint l'âge de la puberté.

puberté *nf* période de la vie humaine, entre l'enfance et l'adolescence, caractérisée par le début de l'activité des glandes reproductrices.

pubien, enne *adj* relatif au pubis.

pubis [pybis] *nm* partie inférieure du ventre.

public, ique *adj* 1. commun à un groupe, à un grand nombre de personnes : *opinion publique* 2. accessible à tous : *école publique* 3. notoire, connu de tous 4. qui relève de l'État, de l'administration d'un pays : *fonction publique ; autorité publique* ◆ *nm* 1. les gens en général, la population : *s'adresser au public* 2. ensemble des personnes qui lisent un livre, assistent à un spectacle, etc. : *un public de connaisseurs* • *le public* la fonction publique : *les postes dans le public* • *en public* en présence de nombreuses personnes.

publication *nf* action de publier ; ouvrage publié.

publicitaire *adj* relatif à la publicité ◆ *n* personne travaillant dans la publicité.

publicité *nf* 1. secteur professionnel ayant pour but de faire connaître un produit et d'en accroître la vente ; message écrit ou visuel conçu à cet effet (abréviation : *pub*) 2. caractère de ce qui est public : *la publicité des débats.*

publier *vt* 1. faire paraître un ouvrage, le mettre en vente : *publier un roman* 2. rendre public : *publier une loi.*

puce *nf* 1. insecte parasite sauteur 2. dans un circuit électronique, petite surface supportant un microprocesseur • *marché aux puces* où l'on vend des objets d'occasion • FAM. *mettre la puce à l'oreille* éveiller les doutes ◆ *adj inv* d'un rouge brun.

puceau *nm* et *adj m* FAM. garçon vierge.

pucelle *nf* et *adj f* FAM. fille vierge.

puceron *nm* insecte qui vit en parasite sur les plantes.

pudeur *nf* attitude de réserve, de délicatesse qui empêche de dire ou de faire ce qui peut blesser la décence, spécialement en ce qui concerne les questions sexuelles.

pudique *adj* qui manifeste de la pudeur.

puer *vi* sentir très mauvais ◆ *vt* exhaler (l'odeur désagréable de).

puériculture *nf* ensemble des connaissances et des techniques nécessaires aux soins des tout-petits.

puéril, e *adj* 1. qui appartient à l'enfance 2. enfantin ; naïf.

pugilat *nm* combat, rixe à coups de poing.

puîné, e *adj* né après, par rapport à un autre : *frère puîné.*

puis *adv* ensuite ; après • *et puis* après cela, d'ailleurs, au reste.

puiser *vt* 1. prendre un liquide avec un récipient 2. FIG. prendre : *puiser dans la cagnotte.*

puisque *conj* comme, attendu que.

puissamment *adv* fortement : *puissamment aidé.*

puissance *nf* 1. autorité, pouvoir de commander, de dominer : *puissance militaire* 2. État souverain : *les grandes puissances* 3. qualité de ce qui peut fournir de l'énergie : *puissance d'un moteur* 4. MATH nombre de fois qu'un nombre est multiplié par lui-même : *le cube est la puissance trois* • *en puissance* virtuellement.

puissant, e *adj* 1. qui a de l'influence, du pouvoir 2. d'une grande force physique ◆ *nm* personne haut placée, influente.

puits *nm* trou profond en terre pour tirer de l'eau, pour exploiter une mine • FIG. *puits de science* personne très savante.

pull-over [pylɔvɛr] (*pl pull-overs*) ou **pull** *nm* tricot, avec ou sans manches, qu'on enfile par la tête.

pulluler *vi* 1. se multiplier vite 2. FIG. se répandre avec profusion, être en grand nombre.

pulmonaire *adj* du poumon.

pulpe *nf* 1. partie charnue des fruits 2. tissu mou de la cavité dentaire.

pulsation *nf* battement du cœur, des artères.

pulsion *nf* mouvement instinctif qui pousse à faire certaines actions.

pulvérisateur *nm* instrument pour projeter un liquide en fines gouttelettes.

pulvériser *vt* 1. projeter un liquide en fines gouttelettes 2. réduire en poudre, en menus morceaux 3. FIG. détruire, anéantir • FIG. *pulvériser un record* le battre.

puma *nm* mammifère carnassier d'Amérique.

punaise *nf* 1. insecte plat, malodorant, qui pique l'homme pour se nourrir de son sang 2. petit clou à tête large, à pointe courte et très fine.

punaiser *vt* fixer à l'aide de punaises.

punch [pɔ̃ʃ] (*pl punchs*) *nm* boisson à base de rhum, de sucre et de citron.

punch [pœnʃ] *nm inv* efficacité, dynamisme : *avoir du punch.*

puni, e *adj* et *n* qui subit une punition.

punir *vt* infliger une peine, frapper d'une sanction.

punitif, ive *adj* qui a pour objet de punir : *expédition punitive.*

punition *nf* action de punir ; peine infligée.

punk [pœk] *adj inv* et *n* se dit d'un mouvement caractérisé par une attitude de provocation et de dérision à l'égard de la société ; adepte de ce mouvement.

pupille *n* orphelin mineur, placé sous la direction d'un tuteur.

pupille *nf* orifice central de l'iris de l'œil.

pupitre *nm* 1. petit meuble pour poser un livre, une partition, etc. 2. INFORM organe d'un ordinateur qui réunit toutes les commandes manuelles de fonctionnement.

pur, e *adj* 1. sans élément étranger : *air pur ; ciel pur* 2. FIG. sans mélange : *joie pure* 3. droit, sans défaut moral : *cœur pur* 4. limité à son objet : *sciences pures* (par oppos. aux *sciences appliquées*) 5. (avant le nom) qui est seulement, totalement tel : *un pur hasard* • *en pure perte* sans résultat • *pur et simple* sans condition.

purée *nf* préparation culinaire à base de légumes cuits à l'eau et écrasés • FAM. *purée de pois* brouillard.

purement *adv* uniquement • *purement et simplement* sans réserve ni condition.

pureté *nf* 1. qualité de ce qui est pur : *la pureté d'un liquide* 2. qualité d'une personne chez qui rien de corrompu n'altère les qualités morales.

purgatif, ive *adj* et *nm* se dit d'un remède qui purge ; laxatif.

purgatoire *nm* 1. RELIG lieu où les âmes des morts achèvent d'expier leurs fautes 2. FIG. période d'épreuve transitoire.

purger *vt* (conj 2) 1. MÉD traiter par un purgatif 2. nettoyer en vidant, en vidangeant 3. FIG. procéder à une purge • *purger les hypothèques* remplir les formalités nécessaires pour qu'un bien ne soit plus hypothéqué • *purger une peine de prison* la subir.

purifier *vt* rendre pur.

purin *nm* liquide du fumier.

purisme *nm* souci exagéré de la pureté du langage.

puritain, e *adj* et *n* d'une moralité sévère, rigide.

pur-sang *nm inv* cheval de race pure, issu de race anglaise, arabe ou anglo-arabe.

purulent, e *adj* qui contient ou produit du pus.

pus [py] *nm* liquide jaunâtre qui se forme aux points d'infection de l'organisme.

putain ou **pute** *nf* TRÈS FAM. prostituée.

putois *nm* petit mammifère carnassier, du groupe des belettes.

putréfaction *nf* décomposition des corps organisés après la mort.

putréfier *vt* corrompre ; pourrir.

putrescible *adj* sujet à la putréfaction.

putride *adj* produit par la putréfaction.

putsch [putʃ] *nm* coup d'État ou soulèvement organisé par un groupe armé en vue de s'emparer du pouvoir.

puzzle [pœzl] *nm* 1. jeu de patience fait de fragments découpés qu'il faut rassembler pour reconstituer une image 2. FIG. problème compliqué, situation confuse.

pyjama *nm* vêtement de nuit, composé d'un pantalon et d'une veste.

pylône *nm* poteau en ciment ou support métallique destiné à porter des câbles électriques aériens, des antennes, etc.

pyralène *nm* composé organique liquide, dont la décomposition accidentelle provoque des dégagements toxiques de dioxine.

pyramide *nf* 1. polyèdre qui a pour base un polygone et pour faces latérales des triangles réunis en un point appelé sommet 2. grand monument ayant la forme d'une pyramide : *les pyramides d'Égypte* 3. entassement d'objets ou objet ayant cette forme.

Pyrex *nm* (nom déposé) verre peu fusible et résistant.

pyrogravure *nf* décoration du bois, du cuir, à l'aide d'une pointe métallique portée au rouge vif.

pyromane *n* personne poussée, par une impulsion irrépressible, à allumer des incendies.

pyrotechnie [-tɛkni] *nf* fabrication et emploi des pièces explosives servant dans les feux d'artifice.

python *nm* serpent non venimeux de grande taille.

Q

q *nm* dix-septième lettre de l'alphabet et treizième consonne.

Q.I. *nm inv* (abréviation) quotient intellectuel.

quadragénaire [kwa-] *adj* et *n* qui a entre quarante et cinquante ans.

quadrilatère [ka-] ou [kwa-] *nm* GÉOM polygone à quatre côtés.

quadrillage *nm* 1. disposition en carrés contigus 2. opération militaire ou policière ayant pour objet de s'assurer le contrôle d'une zone limitée.

quadriller *vt* 1. diviser au moyen d'un quadrillage 2. procéder à un quadrillage militaire ou policier.

quadruple [ka-] ou [kwa-] *adj* et *nm* qui vaut quatre fois autant.

quadruplés, ées *n pl* enfants nés au nombre de quatre d'un même accouchement.

quai *nm* 1. ouvrage en maçonnerie qui, le long d'un cours d'eau, empêche les inondations, et dans un port permet le chargement et le déchargement des bateaux 2. trottoir ou plate-forme dans les gares, le long des voies.

qualificatif, ive *adj* qui qualifie : *épreuve qualificative* • *adjectif qualificatif* qui indique une qualité ◆ *nm* mot qui exprime une qualité, bonne ou mauvaise, dont on se sert pour caractériser quelqu'un.

qualification *nf* 1. attribution d'une qualité, d'un titre ; fait d'être qualifié : *qualification professionnelle* 2. conditions requises pour pouvoir participer à une épreuve, à la phase ultérieure d'une compétition.

qualifier *vt* 1. exprimer la qualité de ; attribuer une qualité à 2. donner à un concurrent, une équipe le droit de participer à une autre épreuve ◆ **se qualifier** *vpr* obtenir sa qualification.

qualité *nf* 1. manière d'être, bonne ou mauvaise, de quelque chose : *la qualité d'une étoffe, d'une terre* 2. supériorité, excellence en quelque chose 3. talent, disposition heureuse de quelqu'un : *cet enfant a des qualités* 4. condition sociale, juridique, etc. : *agir en qualité de maire.*

quand *adv* à quelle époque : *quand partez-vous ?* ◆ *conj* 1. lorsque, au moment où : *quand vous serez vieux* 2. encore que, quoique, alors que, même si : *quand vous me haïriez.*

quant (à) [kɑ̃ta] *loc prép* à l'égard de ; pour ce qui est de : *quant à moi.*

quantifier *vt* 1. déterminer la quantité de 2. PHYS appliquer à un phénomène la théorie des quanta.

quantité *nf* 1. propriété de ce qui peut être mesuré ou compté 2. poids, volume, nombre ainsi déterminés 3. un grand nombre : *quantité de gens disent...* • *en quantité* en grand nombre.

quarantaine *nf* 1. nombre de quarante ou d'environ quarante 2. âge d'environ quarante ans 3. isolement imposé à des personnes, des animaux ou des marchandises en provenance d'une région où règne une épidémie • FIG. *mettre en quarantaine* exclure d'un groupe.

quarante *adj. num. card* 1. quatre fois dix 2. quarantième : *page quarante* ◆ *nm inv* chiffre, numéro qui représente ce nombre.

quarantième *adj. num. ord* et *n* 1. qui occupe un rang marqué par le numéro quarante 2. qui se trouve quarante fois dans le tout.

quart *nm* 1. la quatrième partie d'une unité 2. MAR service de veille à bord, de quatre heures consécutives 3. petit gobelet de fer blanc, contenant environ un quart de litre 4. quantité correspondant à 125 grammes ; volume correspondant à un quart de litre • *au quart de tour* immédiatement • *aux trois quarts* presque complètement • FAM. *passer un mauvais quart d'heure* éprouver, dans un court espace de temps, quelque chose de fâcheux • *quart d'heure* quatrième partie d'une heure, soit quinze minutes.

quarté *nm* pari dans lequel il faut prévoir les quatre premiers arrivants d'une course hippique.

quartette [kwartɛt] *nm* groupe de quatre musiciens.

quartier *nm* 1. portion d'un objet divisé en quatre ou plus de quatre parties : *quartier de pomme* 2. chacune des phases de la Lune : *premier, dernier quartier* 3. masse importante détachée d'un ensemble : *quartier de viande* 4. division administrative ; partie d'une ville : *quartier commerçant* 5. casernement ou cantonnement militaire • *avoir quartier libre* être libre de faire ce que l'on veut • *ne pas faire de quartier* n'épargner personne • *quartier général* 1. poste de commandement d'une armée 2. FAM. lieu habituel de réunion (abréviation : Q.G.).

quart(-)monde (*pl quarts[-]mondes*) *nm* partie la plus défavorisée du tiers-monde, d'une population.
quartz [kwarts] *nm* silice cristallisée.
quasi ou **quasiment** *adv* LITT. presque : *quasi mort* (précédant un nom, il se lie à ce dernier par un trait d'union : *quasi-cécité*).
quaternaire [kwa-] *nm* et *adj* ère géologique actuelle.
quatorze *adj. num inv* et *nm inv* 1. treize plus un 2. quatorzième.
quatorzième *adj. num. ord* et *n* 1. qui occupe un rang marqué par le numéro quatorze 2. qui se trouve quatorze fois dans le tout.
quatrain *nm* strophe ou petite poésie de quatre vers.
quatre *adj. num. card* 1. trois plus un 2. quatrième : *Henri quatre* ◆ *nm inv* chiffre, numéro qui représente ce nombre • *comme quatre* beaucoup : *manger comme quatre* • FIG. *se mettre en quatre* faire beaucoup d'efforts.
quatre-quarts *nm inv* gâteau dans lequel la farine, le beurre, le sucre, les œufs sont à poids égal.
quatre-quatre *nf inv* ou *nm inv* voiture à quatre roues motrices.
quatre-vingts ou **quatre-vingt** (quand il est suivi d'un autre nombre) *adj. num* et *nm inv* quatre fois vingt : *quatre-vingts ans ; quatre-vingt-deux.*
quatre-vingt-dix *adj. num* et *nm inv* quatre-vingts plus dix.
quatrième *adj. num. ord* et *n* 1. qui occupe un rang marqué par le numéro quatre 2. qui se trouve quatre fois dans le tout.
quatuor [kwatɥɔr] *nm* morceau de musique à quatre parties ; groupe de quatre musiciens ou de quatre chanteurs.
que *pron. relat* lequel, laquelle, etc. : *la leçon que j'étudie* ◆ *pron. interr* quelle chose ? : *que dit-il ?*
que *conj* 1. sert à unir deux membres de phrase pour marquer que le second est subordonné au premier : *je veux que vous veniez* 2. marque le souhait, l'imprécation : *qu'il parte à l'instant* 3. s'emploie pour *pourquoi, si ce n'est, comme, quand, puisque, si* 4. sert de corrélatif à *tel, quel, même,* et aux comparatifs • *ne... que* seulement ◆ *adv* combien : *que c'est bon !*
quel, quelle *adj* 1. interroge sur la nature ou l'identité d'une personne ou d'une chose, sur le degré, la mesure d'une chose : *quelle heure est-il ? ; savoir à quel chapitre on en est* 2. en exclamative, exprime l'intensité de la qualité, l'admiration ou l'indignation : *quel malheur !* ◆ **quel que, quelle que** *adj. rel* de quelque nature que ; si grand que.
quelconque *adj. indéf* 1. n'importe quel : *une raison quelconque* 2. FAM. tout à fait médiocre, sans valeur : *un livre quelconque.*
quelque *adj. indéf* indique une quantité, une durée, une valeur, un degré indéterminés : *quelques livres ; il a quelque mérite* ◆ **quelques** *adj. indéf pl* indique un petit nombre, une petite quantité : *il y a quelques mois, quelques personnes.*
quelque *adv* 1. environ, à peu près : *il y a quelque trois ans* 2. si : *quelque habiles que vous soyez.*
quelque chose *pron. indéf* indique une chose d'une manière vague.
quelquefois *adv* parfois.
quelques-uns, quelques-unes *pron. indéf pl* indique un petit nombre indéterminé dans un groupe : *quelques-uns de ces vases, des membres* ; certains : *quelques-uns riaient.*
quelqu'un *pron. indéf masc* 1. une personne : *quelqu'un m'a dit* 2. la personne en question : *c'est quelqu'un de bien* 3. une personne importante : *se croire quelqu'un.*
qu'en dira-t-on *nm inv* FAM. propos tenus sur quelqu'un : *opinion des gens.*
quenelle *nf* rouleau de poisson ou de viande hachés, lié à l'œuf.
querelle *nf* contestation, dispute, démêlé : *chercher querelle.*
quereller *vt* réprimander, faire des reproches à quelqu'un ◆ **se quereller** *vpr* se disputer.
question *nf* 1. demande, interrogation : *question indiscrète* 2. point à discuter, difficulté à résoudre : *question philosophique* • *en question* dont il s'agit, dont on parle • *faire question* être discutable, douteux.
questionnaire *nm* liste de questions auxquelles on doit répondre.
quête *nf* 1. action de quêter, de rechercher 2. action de demander ou de recueillir des aumônes ; somme recueillie • *en quête de* à la recherche de.
quêter *vt* rechercher, demander : *quêter des compliments* ◆ *vi* recueillir des aumônes.
quetsche [kwɛtʃ] *nf* grosse prune ovale et violette ; eau-de-vie faite avec cette prune.
queue *nf* 1. appendice terminal du tronc de quelques animaux : *queue de chien, de poisson* 2. pédoncule de fleur, de fruit 3. partie d'un objet servant à le saisir : *queue de poêle* 4. partie d'un vêtement qui traîne : *queue d'une robe* 5. bâton servant à jouer au billard 6. ce qui est à la fin, au bout de quelque chose : *la queue du cortège* 7. suite de personnes qui attendent : *faire la queue* • *à la queue leu leu* l'un derrière l'autre • *en queue* à l'arrière • *finir en queue de poisson* se terminer piteusement • FAM. *sans queue ni tête* incohérent.
queue-de-cheval (*pl queues-de-cheval*) *nf* coiffure aux cheveux resserrés en arrière par un nœud ou une barrette et retombant sur la nuque.

queue-de-pie (*pl queues-de-pie*) *nf* FAM. habit de cérémonie aux basques en pointe.

qui *pron. relat* 1. lequel, laquelle 2. celui qui, quiconque : *aimez qui vous aime* • *qui..., qui...* l'un..., l'autre... ◆ *interr* quelle personne ? : *qui est là ?* ◆ *pron. relat* • *qui... que* quel que soit l'homme que.

quiche *nf* tarte salée garnie de petits morceaux de lard que l'on recouvre d'un mélange de crème et d'œufs battus.

quiconque *pron. relat. indéf* toute personne qui ◆ *pron. indéf* n'importe qui.

quidam [kidam] *nm* personne dont on ignore ou dont on ne dit pas le nom.

quignon *nm* morceau de pain.

quille *nf* 1. morceau de bois long et rond, posé sur le sol verticalement, et que l'on doit abattre avec une boule 2. ARG. fin du service militaire.

quille *nf* partie inférieure de la coque d'un navire, sur laquelle repose toute la charpente.

quincaillerie *nf* ensemble d'ustensiles, d'objets en métal servant au ménage, à l'outillage, etc. ; commerce de ces objets ; magasin où on les vend.

quincaillier, ère *n* marchand ou fabricant de quincaillerie.

quinconce [kɛ̃kɔ̃s] *nm* • *en quinconce* disposé en groupe de cinq (quatre en carré et un au milieu).

quinine *nf* substance contenue dans l'écorce de quinquina et employée contre la fièvre, le paludisme.

quinquagénaire [kɛ̃ka-] ou [kɥɛ̃kwa] *n* et *adj* qui a entre cinquante et soixante ans.

quinquennal, e, aux *adj* qui dure cinq ans ; qui revient tous les cinq ans.

quinquennat *nm* durée d'un mandat de cinq ans.

quintal (*pl quintaux*) *nm* unité de mesure de masse, correspondant à 100 kilogrammes.

quinte *nf* 1. MUS intervalle de cinq notes consécutives 2. série de cinq cartes de même couleur • *quinte de toux* accès de toux violent.

quintuple *adj* cinq fois plus grand ◆ *nm* nombre quintuple.

quintuplés, quintuplées *n pl* enfants nés au nombre de cinq d'un même accouchement.

quinzaine *nf* 1. groupe de quinze ou d'environ quinze 2. deux semaines.

quinze *adj. num inv* 1. quatorze plus un 2. quinzième : *Louis quinze* ◆ *nm inv* chiffre, numéro qui représente ce nombre.

quinzième *adj. num. ord* et *n* 1. qui occupe un rang marqué par le numéro quinze 2. qui se trouve quinze fois dans le tout.

quiproquo *nm* méprise qui fait prendre une personne, une chose pour une autre.

quittance *nf* écrit par lequel un créancier déclare un débiteur quitte envers lui : *quittance de loyer.*

quitte *adj* libéré d'une obligation morale, d'une dette pécuniaire • *en être quitte pour* n'avoir à subir que l'inconvénient de • *jouer à quitte ou double* le tout pour le tout • *quitte à* au risque de • *tenir quitte* dispenser.

quitter *vt* 1. se séparer de quelqu'un : *quitter ceux qu'on aime* 2. abandonner un lieu, une activité : *quitter ses fonctions ; quitter Paris* 3. ôter : *quitter ses habits* • *ne pas quitter des yeux* 1. avoir toujours le regard fixé sur 2. surveiller étroitement.

qui-vive *nm inv* • *sur le qui-vive* sur ses gardes.

quoi *pron. interr* quelle chose ? : *à quoi pensez-vous ?* ◆ *pron. relat* • *quoi que* quelle que soit la chose que : *quoi que vous fassiez* • *quoi qu'il en soit* en tout état de cause • *sans quoi* ou sinon.

quoique *conj* encore que, bien que : *quoiqu'il se taise.*

quota [kɔ-] ou [kwɔ-] *nm* pourcentage déterminé au préalable.

quote-part (*pl quotes-parts*) *nf* part que chacun doit payer ou recevoir, dans une répartition.

quotidien, enne *adj* qui se fait ou revient tous les jours ◆ *nm* journal qui paraît chaque jour.

quotient *nm* MATH résultat de la division • *quotient intellectuel* rapport de l'âge mental de quelqu'un à son âge réel (abréviation : *Q.I.*).

R

r *nm* dix-huitième lettre de l'alphabet et la quatorzième des consonnes.

rabâcher *vt* et *vi* FAM. redire sans cesse et de manière lassante la même chose.

rabais *nm* diminution faite sur le prix d'une marchandise, le montant d'une facture • *travailler au rabais* à bon marché.

rabaisser *vt* 1. mettre plus bas ; diminuer l'autorité, l'influence de 2. FIG. déprécier.

rabat *nm* 1. partie d'un objet qui se rabat, se replie 2. morceau d'étoffe blanche, noire ou bleue, que portent au cou les magistrats, les avocats, etc.

rabat-joie *n inv* et *adj inv* personne qui trouble la joie des autres par son attitude chagrine.

rabattre *vt* (conj 56) 1. ramener à un niveau plus bas : *rabattre une balle au tennis* 2. aplatir, replier contre : *rabattre son col* 3. retrancher du prix d'une chose 4. rassembler le gibier à l'endroit où sont les chasseurs 5. FIG. rabaisser : *rabattre l'orgueil* • *en rabattre* diminuer ses prétentions ◆ **se rabattre** *vpr* quitter brusquement une direction pour en prendre une autre • FIG. *se rabattre sur quelqu'un, quelque chose* les choisir faute de mieux.

rabbin *nm* chef spirituel d'une communauté israélite.

rabioter *vt* FAM. prendre sur la part d'autrui ou en supplément.

rabique *adj* de la rage : *virus rabique.*

râble *nm* partie du lièvre et du lapin qui va du bas des épaules à la queue.

râblé, e *adj* 1. qui a le râble épais 2. trapu, de forte carrure, en parlant de quelqu'un.

rabot *nm* outil de menuisier pour aplanir le bois ou le moulurer.

raboter *vt* aplanir avec un rabot.

rabougri, e *adj* petit, chétif : *arbuste rabougri.*

rabrouer *vt* traiter, repousser avec rudesse : *rabrouer un insolent.*

raccommoder *vt* 1. réparer en cousant, à l'aide d'une aiguille 2. FIG. réconcilier : *raccommoder des amis.*

raccompagner *vt* reconduire : *raccompagner à la porte.*

raccord *nm* 1. accord, ajustement de deux parties d'un ouvrage 2. pièce destinée à ajuster deux tuyaux.

raccordement *nm* 1. action d'unir par un raccord 2. voie reliant deux voies ferrées distinctes.

raccorder *vt* 1. joindre par un raccord 2. servir de raccord.

raccourci *nm* chemin plus court • *en raccourci* en abrégé, en petit ◆ *adj* • *à bras raccourcis* de toutes ses forces.

raccourcir *vt* rendre plus court ◆ *vi* devenir plus court, diminuer.

raccrocher *vt* 1. accrocher de nouveau, relier une chose à une autre 2. arrêter quelqu'un au passage ◆ *vi* interrompre une conversation téléphonique ◆ **se raccrocher** *vpr* [à] se cramponner à quelqu'un ou à quelque chose pour se sauver d'un danger.

race *nf* 1. chacune des grandes subdivisions de l'espèce humaine : *race jaune* 2. subdivision d'une espèce animale : *race bovine* 3. LITT. ensemble des ascendants et des descendants d'une famille 4. catégorie de gens ayant une profession, des caractères communs.

racé, e *adj* 1. qui possède les qualités propres à sa race, en parlant d'un animal 2. distingué, élégant.

rachat *nm* action de racheter.

racheter *vt* (conj 7) 1. acheter ce qu'on a vendu : *racheter un objet* 2. acheter de nouveau : *racheter du pain* 3. se libérer à prix d'argent de : *racheter une rente* 4. FIG. compenser, faire oublier : *racheter ses défauts* 5. obtenir le pardon : *racheter ses péchés.*

rachitisme *nm* maladie de la croissance, caractérisée par la déformation du système osseux.

racial, e, aux *adj* relatif à la race : *haine raciale.*

racine *nf* 1. partie d'un végétal par laquelle il tient au sol et se nourrit 2. partie par laquelle un organe est implanté dans un tissu : *racine des cheveux* 3. FIG. lien, attache à un groupe, à un lieu, etc. 4. FIG. principe, origine 5. GRAMM partie d'un mot qu'on détermine en enlevant les désinences, les préfixes et les suffixes • MATH *racine carrée, cubique d'un nombre* nombre qui, élevé au carré, au cube, reproduit le nombre proposé • *prendre racine* s'installer quelque part sans en bouger.

racisme *nm* idéologie qui attribue une supériorité à une race, à un groupe ethnique ; comportement qui en résulte.

raciste *adj* et *n* partisan du racisme ; qui relève du racisme : *crime raciste.*

racket [rakɛt] *nm* extorsion d'argent par intimidation et violence.

raclée *nf* FAM. volée de coups.

racler *vt* enlever les aspérités d'une surface en grattant • FAM. *racler les fonds de tiroirs* rassembler ses dernières économies ◆ **se racler** *vpr* • *se racler la gorge* s'éclaircir la voix.

raclette *nf* fondue faite avec un morceau de fromage dont on racle la partie ramollie à la flamme ; fromage qui sert à cette préparation.

raclette *nf* ou **racloir** *nm* outil servant à racler.

racoler *vt* 1. attirer par des moyens plus ou moins honnêtes 2. accoster dans un but de prostitution.

racontar *nm* bavardage, cancan.

raconter *vt* faire le récit de.

radar *nm* dispositif permettant de déterminer la position et la distance d'un obstacle (avion, navire, etc.) par réflexion d'ondes radioélectriques.

rade *nf* grand bassin naturel ou artificiel ayant issue libre vers la mer : *la rade de Cherbourg* • FAM. *être en rade* en panne • FAM. *laisser en rade* laisser tomber, abandonner.

radeau *nm* assemblage de pièces de bois ou de métal flottant sur l'eau.

radian *nm* angle de 57° 17' 44" (360° divisé par 2 π).

radiateur *nm* appareil servant au chauffage des appartements, au refroidissement des moteurs.

radiation *nf* 1. action de radier, de rayer d'une liste 2. rayonnement de lumière ou de chaleur.

radical, e, aux *adj* 1. qui concerne la nature profonde de quelqu'un ou de quelque chose : *changement radical* 2. énergique, d'une efficacité certaine : *prendre des me-*

sures radicales ◆ *adj* et *n* partisan du radicalisme, qui appartient au parti radical ◆ *nm* 1. GRAMM partie invariable d'un mot (par oppos. à la *terminaison*) 2. CHIM groupement d'atomes qui se comporte comme un corps simple dans les combinaisons 3. MATH signe (√) indiquant une extraction de racine.

radicalisme *nm* 1. courant politique qui prône la transformation des institutions d'un pays 2. attitude d'esprit d'une intransigeance absolue.

radier *vt* rayer sur un registre, une liste.

radiesthésie *nf* sensibilité hypothétique des êtres vivants à certaines radiations connues ou inconnues.

radieux, euse *adj* 1. brillant, lumineux 2. FIG. heureux, rayonnant de joie.

radin, e *adj* et *n* FAM. avare.

radio *nf* (abréviation) radiorécepteur ; radiodiffusion ; radioscopie ; radiographie.

radioactivité *nf* propriété de certains éléments chimiques (radium, uranium, etc.) de se transformer spontanément en d'autres éléments, avec émission de divers rayonnements.

radioamateur *nm* personne qui pratique l'émission et la réception sur ondes courtes.

radiocommunication *nf* télécommunication effectuée à l'aide d'ondes électromagnétiques.

radiodiffusion *nf* transmission par ondes hertziennes.

radiographie *nf* utilisation médicale de la propriété qu'ont les rayons X d'impressionner une pellicule sensible ; image ainsi obtenue.

radiologie *nf* application médicale des rayons X et des radiations lumineuses et calorifiques.

radiologue ou **radiologiste** *n* spécialiste de radiologie.

radiophonie *nf* système de transmission des sons utilisant les propriétés des ondes électromagnétiques.

radiophonique *adj* relatif à la radiophonie, à la radiodiffusion : *jeux radiophoniques.*

radiorécepteur *nm* poste récepteur de radiocommunication.

radioréveil *nm* appareil de radio associé à un réveil électronique.

radioscopie *nf* examen d'un objet ou d'un organe d'après leur ombre portée sur une surface fluorescente au moyen des rayons X.

radiothérapie *nf* traitement médical par les rayons X.

radis *nm* plante potagère cultivée pour sa racine comestible.

radius [-djys] *nm* le plus externe des deux os de l'avant-bras.

radoter *vi* tenir des propos dénués de sens ; se répéter.

radoucir *vt* rendre plus doux ◆ **se radoucir** *vpr* devenir plus doux : *le temps se radoucit.*

rafale *nf* 1. coup de vent violent 2. succession rapide de coups de feu.

raffermir *vt* rendre plus ferme, plus stable : *raffermir le courage* ◆ **se raffermir** *vpr* devenir plus stable.

raffiné, e *adj* 1. débarrassé de ses impuretés : *sucre raffiné* 2. délicat, fin, subtil ◆ *adj* et *n* d'une grande finesse et délicatesse de goût, d'esprit.

raffinement *nm* 1. caractère d'une personne ou d'une chose raffinée, délicate 2. subtilité excessive.

raffiner *vt* rendre plus fin, plus pur ◆ *vi* chercher des subtilités : *inutile de raffiner !*

raffoler *vt ind* [de] aimer beaucoup, être passionné par : *raffoler de musique.*

raffut *nm* FAM. vacarme, bruit.

rafistoler *vt* FAM. raccommoder, réparer tant bien que mal.

rafle *nf* 1. action de rafler, de tout emporter 2. arrestation massive faite à l'improviste par la police.

rafler *vt* emporter rapidement tout ce que l'on trouve.

rafraîchir *vt* 1. rendre frais ou plus frais 2. réparer, remettre en état : *rafraîchir des peintures* 3. FIG. raviver, activer : *rafraîchir la mémoire* ◆ *vi* devenir frais : *le vin rafraîchit* ◆ **se rafraîchir** *vpr* 1. devenir plus frais 2. boire une boisson rafraîchissante, se désaltérer.

rafraîchissement *nm* 1. action de rendre ou fait de devenir plus frais 2. ce qui rafraîchit 3. boisson fraîche servie dans une fête, une réunion, etc.

rage *nf* 1. maladie virale, transmissible des animaux à l'homme 2. douleur violente : *rage de dents* 3. FIG. mouvement violent de colère, d'irritation • *faire rage* se déchaîner, atteindre une grande violence.

rageur, euse *adj* et *n* sujet à des accès de colère ; qui dénote cet état : *ton rageur.*

raglan *nm* vêtement à manches droites, dont l'épaulement remonte jusqu'à l'encolure par des coutures en biais.

ragot *nm* FAM. commérage malveillant.

ragoût *nm* plat de viande, de légumes ou de poisson, coupés en morceaux et cuits dans une sauce : *ragoût de mouton.*

rahat-loukoum *nm* → loukoum.

raid [rɛd] *nm* 1. incursion rapide en territoire ennemi 2. vol à longue distance destiné à tester la résistance du matériel et l'endurance des hommes.

raide *adj* 1. rigide, difficile à plier : *jambe raide* 2. difficile à monter ou à descendre : *escalier raide* 3. sans souplesse : *attitude* *raide* 4. FIG. peu accommodant ; inflexible : *caractère raide* ◆ *adv* tout d'un coup : *tomber raide mort.*

raideur *nf* 1. état d'une chose raide 2. manque de souplesse : *sauter avec raideur.*

raidillon *nm* court chemin en pente raide.

raidir *vt* rendre raide, tendre avec force ◆ **se raidir** *vpr* 1. devenir raide 2. FIG. montrer de la fermeté, du courage : *se raidir contre les difficultés.*

raie *nf* 1. ligne tracée sur une surface avec une substance colorante ou un instrument 2. ligne ou bande étroite quelconque 3. séparation des cheveux 4. entre-deux des sillons d'un champ.

raie *nf* poisson de mer plat et cartilagineux.

rail [raj] *nm* 1. barre d'acier servant à supporter et à guider les roues d'un train 2. transport par voie ferrée : *le rail et la route.*

rainure *nf* entaille longue et étroite.

raisin *nm* 1. fruit de la vigne 2. format de papier (50 x 64 cm).

raison *nf* 1. faculté de connaître, de juger 2. faculté intellectuelle opposée à l'intuition, aux sentiments : *se laisser guider par la raison* 3. argument : *raison convaincante* 4. cause, motif : *avoir ses raisons pour* • ***âge de raison*** où l'on est censé avoir conscience de ses actes • ***avoir raison*** être dans le vrai • ***comme de raison*** comme il est juste • ***demander raison*** demander réparation • ***plus que de raison*** plus qu'il n'est raisonnable • ***raison sociale*** nom adopté par une société commerciale • ***se faire une raison*** se résigner.

raisonnable *adj* 1. doué de raison 2. conforme à la raison, à la sagesse 3. convenable, suffisant.

raisonnement *nm* 1. faculté, manière de raisonner : *raisonnement bien fondé* 2. suite de propositions déduites les unes des autres ; argumentation.

raisonner *vi* 1. se servir de sa raison pour connaître, pour juger : *raisonner juste* 2. discuter afin de convaincre 3. alléguer des raisons, répliquer ◆ *vt* chercher à faire entendre raison, à convaincre : *raisonner un enfant.*

rajeunir *vt* 1. ramener à l'état de jeunesse 2. faire paraître plus jeune : *coiffure qui rajeunit* 3. recruter un personnel plus jeune ◆ *vi* retrouver la vigueur, la force ◆ **se rajeunir** *vpr* se prétendre plus jeune qu'on ne l'est.

rajout *nm* action de rajouter ; chose rajoutée.

rajouter *vt* ajouter de nouveau.

rajuster ou **réajuster** *vt* 1. ajuster de nouveau ; remettre en état, en ordre 2. FIG. modifier, relever : *rajuster les prix.*

râle *nm* 1. bruit anormal perçu à l'auscultation des poumons 2. respiration des agonisants.

ralenti *nm* 1. faible régime de rotation d'un moteur 2. artifice de prise de vues, donnant l'illusion de mouvements plus lents que dans la réalité • ***au ralenti*** en diminuant la vitesse, l'énergie, le rythme.

ralentir *vt* rendre plus lent ◆ *vi* aller plus lentement.

ralentissement *nm* diminution de mouvement, de vitesse, d'activité.

râler *vi* 1. faire entendre un bruit rauque en respirant, en particulier au moment de l'agonie 2. FAM. grogner, protester.

ralliement *nm* fait de se rallier • ***point de ralliement*** lieu où des personnes doivent se retrouver.

rallier *vt* 1. rassembler, réunir des personnes dispersées : *rallier ses troupes* 2. rejoindre : *rallier son poste* 3. FIG. faire adhérer à une cause, à une opinion : *rallier tous les suffrages* 4. mettre d'accord ◆ **se rallier** *vpr* [à] donner son adhésion.

rallonge *nf* 1. pièce mobile qu'on ajoute à un objet pour en augmenter la longueur : *table à rallonges* 2. conducteur souple permettant le raccordement d'un appareil électrique à une prise de courant trop éloignée 3. FAM. augmentation, accroissement d'un salaire, d'un crédit, etc.

rallonger *vt* (conj 2) rendre plus long ◆ *vi* devenir plus long.

rallye *nm* 1. compétition où les concurrents motorisés doivent rallier un point déterminé après certaines épreuves 2. course automobile comportant des épreuves chronométrées sur routes fermées.

ramadan *nm* neuvième mois lunaire du calendrier islamique, période de jeûne et de privations.

ramage *nm* 1. chant des oiseaux 2. (surtout pluriel) motif de broderie formant arabesque.

ramassage *nm* action de ramasser • ***ramassage scolaire*** transport d'écoliers de leur domicile à leur école et vice-versa.

ramasse-miettes *nm inv* ustensile pour ramasser les miettes laissées sur une table.

ramasser *vt* 1. rassembler ce qui est épars : *ramasser du bois mort* 2. relever ce qui est à terre, recueillir 3. condenser, résumer • ***ramasser ses forces*** les réunir pour un effort • FAM. ***se faire ramasser*** subir un échec.

ramassis *nm* réunion de choses de peu de valeur, de personnes peu estimables.

rambarde *nf* rampe légère formant un garde-fou.

rame *nf* pièce de bois aplatie à une extrémité pour faire avancer et diriger une barque.

rame *nf* 1. réunion de cinq cents feuilles de papier ou vingt mains 2. convoi de wagons : *rame de métro.*

rameau *nm* 1. petite branche d'arbre 2. subdivision d'une artère, d'une veine, d'un nerf, d'une chose qui se partage • *dimanche des Rameaux* dernier dimanche du carême.

ramener *vt* (conj 9) 1. amener de nouveau dans un endroit 2. reconduire, raccompagner 3. remettre en place, dans une certaine position 4. FIG. faire revenir à un certain état : *ramener à la raison.*

ramequin *nm* récipient en porcelaine ou en verre, utilisé pour la cuisson au four.

ramer *vi* 1. manœuvrer les rames pour faire avancer une embarcation 2. FIG., FAM. avoir beaucoup de mal à faire quelque chose.

rameuter *vt* rassembler, regrouper.

ramification *nf* 1. division d'une branche de végétal, d'une artère, d'une veine, etc., en parties plus petites 2. FIG. subdivision de ce qui se partage dans des directions différentes, souvent secondaires.

ramifier *vt* diviser en rameaux ◆ **se ramifier** *vpr* se partager en plusieurs branches ; se diviser et se subdiviser.

ramollir *vt* rendre mou ◆ **se ramollir** *vpr* 1. devenir mou 2. FAM. perdre peu à peu ses facultés mentales.

ramoner *vt* nettoyer l'intérieur d'une cheminée.

ramoneur *nm* personne dont le métier est de ramoner les cheminées.

rampe *nf* 1. balustrade qui longe un escalier pour empêcher de tomber et pour servir d'appui 2. plan incliné par lequel on monte et on descend 3. THÉÂTR rangée de lumières sur le devant de la scène • *passer la rampe* toucher le public • *rampe de lancement* dispositif destiné au lancement de certains projectiles autopropulsés, missiles, etc.

ramper *vi* 1. progresser par des mouvements du corps qui prend appui par sa face ventrale ou inférieure, en parlant de certains animaux 2. avancer en se traînant sur le ventre, en parlant de quelqu'un 3. FIG. s'abaisser, se soumettre : *ramper devant un supérieur.*

rance *adj* se dit d'un corps gras qui a contracté une odeur forte et une saveur âcre ◆ *nm* odeur rance.

ranch [rɑ̃ʃ] ou [rœtʃ] (*pl ranchs* ou *ranches*) *nm* grande ferme d'élevage de la Prairie américaine.

rancir *vi* devenir rance.

rancœur *nf* rancune, ressentiment, amertume.

rançon *nf* 1. somme d'argent exigée pour la libération d'un otage, d'un captif 2. FIG. contrepartie, inconvénient : *la rançon de la gloire.*

rançonner *vt* exiger de force ce qui n'est pas dû.

rancune *nf* ressentiment tenace.

rancunier, ère *adj* et *n* qui garde rancune.

randonnée *nf* promenade assez longue à pied, à cheval, etc.

randonneur, euse *n* personne qui fait une randonnée.

rang *nm* 1. suite de personnes ou de choses disposées sur une même ligne : *rang de spectateurs ; rang de perles* 2. place, position dans un classement ordonné ou hiérarchisé • *être, se mettre sur les rangs* parmi ceux qui sollicitent quelque chose • *rentrer dans le rang* renoncer à ses prérogatives.

rangée *nf* suite de personnes, de choses, disposées sur une ligne.

rangement *nm* 1. action de ranger 2. endroit où l'on range.

ranger *vt* (conj 2) 1. mettre en rang 2. mettre en ordre ◆ **se ranger** *vpr* 1. se placer en ordre, en rang ; se disposer 2. s'écarter pour faire de la place 3. FAM. s'assagir • FIG. *se ranger à un avis* l'adopter.

ranimer ou **réanimer** *vt* 1. faire revenir à soi, à la vie 2. rendre la force, le courage.

rap *nm* musique soutenant un chant scandé sur un rythme très martelé.

rapace *nm* oiseau de proie ◆ *adj* FIG. avide de gain, cupide : *usurier rapace.*

rapatrier *vt* ramener dans son pays d'origine.

râpe *nf* 1. ustensile culinaire pour réduire en poudre, en petits morceaux 2. lime à grosses entailles.

râpé, e *adj* 1. pulvérisé, réduit en miettes : *gruyère râpé* 2. usé jusqu'à la corde : *vêtement râpé* 3. FAM. • *c'est râpé* c'est raté ◆ *nm* fromage râpé.

râper *vt* 1. réduire en poudre, en petits morceaux avec une râpe 2. user une surface à la râpe : *râper du bois.*

rapetisser *vt* rendre ou faire paraître plus petit ◆ *vi* devenir plus petit : *tissu qui rapetisse.*

râpeux, euse *adj* 1. rude au toucher : *langue râpeuse* 2. qui a une saveur âpre : *vin râpeux.*

rapide *adj* 1. qui parcourt beaucoup d'espace en peu de temps 2. qui s'accomplit très vite : *guérison rapide* 3. où l'on circule rapidement : *voie rapide* 4. très incliné : *pente rapide* 5. FIG. vif, qui comprend très vite : *esprit rapide* ◆ *nm* 1. partie d'un fleuve où le courant est très rapide 2. train ne s'arrêtant qu'à quelques gares importantes.

rapidité *nf* caractère de ce qui est rapide ; célérité, vitesse.

rapiécer *vt* (conj 1 et 10) raccommoder au moyen d'une pièce.

rappel *nm* 1. action de rappeler 2. paiement d'une portion d'appointements demeurée en suspens 3. nouvelle injection d'un vaccin 4. ALP procédé de descente d'une paroi verticale à l'aide d'une corde double • *battre le rappel* rassembler, réunir les personnes, les ressources nécessaires.

rappeler *vt* 1. appeler de nouveau 2. faire revenir : *rappeler un ambassadeur* 3. faire revenir à la mémoire : *rappeler un souvenir* 4. présenter une ressemblance avec • *rappeler quelqu'un à la vie* lui faire reprendre connaissance • *rappeler à l'ordre* réprimander ◆ **se rappeler** *vpr* se souvenir : *se rappeler une chose ; je me le rappelle.*

rapport *nm* 1. revenu, produit : *rapport d'une terre ; terre en plein rapport* 2. compte rendu : *rapport fidèle* 3. analogie : *rapports entre deux couleurs* 4. coït 5. MATH quotient de deux grandeurs divisées l'une par l'autre • *mettre en rapport* en communication • *par rapport à* en proportion de ◆ **rapports** *pl* relations : *entretenir de bons rapports.*

rapporter *vt* 1. apporter de nouveau 2. apporter avec soi en revenant d'un lieu : *rapporter des souvenirs* 3. ajouter pour compléter : *rapporter un morceau à une planche* 4. procurer un gain, un bénéfice : *terre qui rapporte* 5. raconter : *rapporter des faits* 6. redire par malice, intérêt ou indiscrétion : *enfant qui rapporte tout* 7. annuler : *rapporter un décret* 8. apporter un objet lancé, le gibier tué en parlant d'un chien ◆ **se rapporter** *vpr* [à] avoir rapport à • *s'en rapporter à quelqu'un* s'en remettre à sa décision.

rapporteur, euse *n* personne qui rapporte, répète ◆ *nm* 1. personne qui fait un rapport : *rapporteur du budget* 2. demi-cercle gradué, pour mesurer les angles.

rapprochement *nm* 1. action de rapprocher 2. réconciliation 3. comparaison : *rapprochement de textes.*

rapprocher *vt* 1. mettre, faire venir plus près 2. rendre plus proche dans l'espace ou dans le temps 3. réunir, réconcilier 4. comparer ◆ **se rapprocher** *vpr* 1. venir plus près 2. avoir des relations plus étroites 3. avoir certaines ressemblances avec quelqu'un, quelque chose.

rapt *nm* enlèvement illégal d'une personne.

raquette *nf* 1. cadre ovale garni de cordes tendues et terminé par un manche pour jouer notamment au tennis 2. lame de bois pour jouer au ping-pong 3. large semelle pour marcher sur la neige molle.

rare *adj* 1. qui se rencontre peu souvent 2. peu fréquent 3. peu commun 4. clairsemé : *cheveux rares* 5. FIG. de grand mérite : *un homme rare.*

raréfier *vt* rendre rare ◆ **se raréfier** *vpr* devenir plus rare, moins dense, moins fréquent.

rareté *nf* caractère de ce qui est rare ; chose rare.

rarissime *adj* très rare.

ras, e *adj* 1. coupé jusqu'à la racine 2. très court : *poil ras* • *faire table rase* négliger tout ce qui précède • *rase campagne* pays plat et découvert ◆ *adv* de très près : *couper ras* ◆ *nm* • *à, au ras de* au niveau de, au plus près de.

rasade *nf* contenu d'un verre plein jusqu'au bord.

raser *vt* 1. couper au rasoir la barbe, les cheveux 2. abattre à ras de terre : *raser un édifice* 3. passer tout près : *raser les murs* 4. FAM. importuner, ennuyer ◆ **se raser** *vpr* 1. se couper la barbe, les poils 2. FAM. s'ennuyer.

ras-le-bol *nm inv* FAM. exaspération.

rasoir *nm* instrument tranchant dont on se sert pour raser, se raser : *rasoir mécanique, électrique* ◆ *adj* FAM. ennuyeux : *film rasoir.*

rassasier *vt* 1. apaiser, contenter la faim 2. satisfaire complètement.

rassemblement *nm* 1. action de rassembler 2. attroupement : *interdire les rassemblements* 3. union de groupements politiques.

rassembler *vt* 1. réunir, mettre ensemble des personnes ou des choses 2. FIG. concentrer : *rassembler ses idées* ◆ **se rassembler** *vpr* se réunir, se grouper.

rasséréner *vt* (conj 10) rendre la sérénité, le calme ◆ **se rasséréner** *vpr* retrouver son calme.

rassis, e *adj* • *pain rassis* qui n'est plus frais • FIG. *esprit rassis* calme, posé, réfléchi.

rassurer *vt* rendre la confiance, la tranquillité ; dissiper les craintes.

rat *nm* 1. petit mammifère rongeur 2. FIG. jeune danseur ou danseuse de l'Opéra • FAM. *rat de bibliothèque* personne qui passe son temps à compulser des livres • *rat d'hôtel* voleur qui dévalise les hôtels.

ratatiner (se) *vpr* se tasser, se recroqueviller.

ratatouille *nf* FAM. ragoût peu appétissant • *ratatouille niçoise* mélange d'aubergines, de courgettes et de tomates, cuites dans l'huile d'olive.

rate *nf* glande située en arrière de l'estomac • FAM. *dilater la rate* faire rire.

rate *nf* femelle du rat.

raté *nm* 1. fonctionnement défectueux de quelque chose 2. légère détonation qui se produit à l'échappement d'un moteur à explosion lorsque l'allumage est défectueux.

raté, e *n* et *adj* FAM. personne qui n'a pas réussi dans sa vie, dans sa carrière.

râteau *nm* instrument de jardinage à long manche muni de dents.

râtelier *nm* 1. assemblage à claire-voie de barres de bois pour mettre le fourrage qu'on donne aux animaux 2. FAM. dentier • FAM. *manger à tous les râteliers* tirer profit de toutes situations, même opposées.

rater *vi* 1. ne pas partir, en parlant du coup d'une arme à feu 2. FIG. échouer ◆ *vt* manquer : *rater un train, un rendez-vous* • FIG. *ne pas en rater une* commettre toutes les gaffes possibles.

ratiboiser *vt* 1. FAM. couper ras les cheveux de quelqu'un 2. FAM. ruiner, détruire.

ratification *nf* action de ratifier ; acte qui ratifie.

ratifier *vt* 1. DR confirmer ce qui a été fait ou promis 2. approuver, reconnaître comme vrai.

ration *nf* 1. quantité de nourriture donnée à un homme, à un animal, pour une durée déterminée : *ration quotidienne* 2. FAM. ce qui est donné par le sort à quelqu'un.

rationaliser *vt* 1. rendre rationnel 2. organiser une production, une technique, etc., de façon à les rendre plus efficaces, plus rentables.

rationalisme *nm* philosophie fondée sur la raison : *le rationalisme cartésien.*

rationnel, elle *adj* 1. fondé sur la seule raison ; déduit par le raisonnement 2. conforme à la raison, à la logique, au bon sens.

rationner *vt* réduire la consommation de quelqu'un ou de quelque chose : *rationner l'essence.*

ratisser *vt* 1. nettoyer avec un râteau 2. fouiller méthodiquement un lieu pour rechercher une ou plusieurs personnes ◆ *vi* • FAM. *ratisser large* chercher à rassembler le plus grand nombre de personnes ou de choses, sans véritable sélection.

raton *nm* petit rat • *raton laveur* mammifère carnassier d'Amérique.

rattacher *vt* 1. attacher de nouveau 2. faire dépendre une chose d'une autre ; établir un lien entre : *rattacher une commune à un département* ◆ **se rattacher** *vpr* [à] être lié à.

rattraper *vt* 1. attraper de nouveau 2. saisir pour empêcher de tomber 3. atténuer, compenser.

rature *nf* trait tracé sur ce qu'on a écrit pour le rayer.

raturer *vt* effacer par une rature : *raturer un mot.*

rauque *adj* rude, guttural : *voix rauque.*

ravage *nm* (surtout au pluriel) 1. violent dommage, grand dégât : *ravages de la guerre* 2. FIG. effet désastreux : *ravages de l'alcoolisme* • FAM. *faire des ravages* provoquer des passions amoureuses.

ravager *vt* (conj 2) causer des destructions, des troubles.

ravalement *nm* remise à neuf de la façade d'une construction, d'un immeuble.

ravaler *vt* 1. avaler de nouveau 2. faire le ravalement d'une construction : *ravaler un immeuble* 3. FIG. déprécier : *ravaler le mérite d'autrui.*

ravi, e *adj* très content, enchanté ; radieux.

ravier *nm* petit plat dans lequel on sert des hors-d'œuvre.

ravigoter *vt* FAM. redonner de la vigueur, de la force.

ravin *nm* 1. terrain creusé profondément par un torrent 2. vallée profonde et encaissée.

ravine *nf* rigole creusée par les eaux de ruissellement.

ravioli (*pl raviolis* ou *inv*) *nm* petit carré de pâte farci de viande hachée, de légumes, etc.

ravir *vt* 1. LITT. enlever de force : *ravir le bien d'autrui* 2. LITT. arracher quelqu'un à l'affection de ses proches 3. enchanter, procurer un vif plaisir : *ce chant me ravit.*

raviser (se) *vpr* changer d'avis, revenir sur une résolution.

ravissant, e *adj* très joli, charmant.

ravissement *nm* charme, enchantement.

ravisseur, euse *n* personne qui a commis un rapt.

ravitaillement *nm* action de ravitailler ; denrées nécessaires à la consommation.

ravitailler *vt* munir de vivres, de munitions, etc. : *ravitailler des troupes.*

raviver *vt* 1. rendre plus vif : *raviver le feu* 2. redonner de l'éclat, de la fraîcheur : *raviver un tissu.*

rayer *vt* (conj 4) 1. faire des rayures : *rayer du verre* 2. effacer, raturer : *rayer un mot* 3. FIG. éliminer, exclure : *rayer quelqu'un d'une liste.*

rayon *nm* 1. trait, ligne qui part d'un centre lumineux : *rayons du soleil* 2. ligne allant du centre d'un cercle à la circonférence 3. pièce de bois ou de métal qui relie le moyeu à la jante d'une roue : *rayons de bicyclette* 4. FIG. ce qui fait naître l'espoir, la joie : *rayon d'espoir* • *rayon d'action* zone d'influence, d'activité.

rayon *nm* 1. tablette de bibliothèque, d'armoire 2. ensemble des comptoirs d'un magasin affectés à un même type de marchandises.

rayonnage *nm* ensemble de rayons d'une armoire, d'une bibliothèque, etc.

rayonnement *nm* 1. ensemble des radiations émises par un corps 2. influence, renommée de quelqu'un ou de quelque chose : *rayonnement culturel.*

rayonner *vi* 1. émettre des rayons 2. être disposé en forme de rayons 3. se déplacer à partir d'un lieu donné 4. FIG. faire sentir son action au loin 5. s'éclairer sous l'effet du bonheur : *visage qui rayonne.*

rayure *nf* 1. ligne, bande tracée sur une surface : *étoffe à rayures* 2. trace laissée sur un objet par un corps pointu ou coupant.

raz(-)de(-)marée *nm inv* 1. soulèvement soudain des eaux de mer dû à un tremblement de terre ou à une éruption volcanique 2. FIG. phénomène brutal et massif.

razzia [razja] ou [radzja] *nf* action d'emporter quelque chose par surprise ou par violence.

ré *nm inv* seconde note de la gamme.

réacteur *nm* propulseur aérien fonctionnant par réaction directe sans entraîner d'hélice • *réacteur nucléaire* partie d'une centrale nucléaire dans laquelle l'énergie est libérée par fission du combustible.

réaction *nf* 1. force qu'exerce en retour un corps soumis à l'action d'un autre corps 2. CHIM transformation se produisant entre des corps chimiques mis en contact et donnant naissance à de nouvelles substances 3. attitude d'une personne, d'un groupe en réponse à une situation, à un événement, etc. 4. mouvement d'opinion qui s'oppose à celui qui l'a précédé 5. tendance politique qui s'oppose au progrès social • *avion à réaction* propulsé par un moteur éjectant un flux de gaz à très grande réaction *(moteur à réaction)*.

réactionnaire *adj* et *n* qui s'oppose à tout progrès politique ou social.

réactualiser *vt* remettre à jour.

réadapter *vt* adapter à une nouvelle situation, à un nouvel état ◆ **se réadapter** *vpr* s'adapter de nouveau.

réagir *vi* 1. se modifier en fonction d'un effet extérieur 2. CHIM entrer en réaction 3. manifester un changement d'attitude, de comportement 4. s'opposer à, lutter contre.

réajuster *vt* → rajuster.

réalisateur, trice *n* 1. personne qui réalise ce qu'elle a conçu 2. personne qui assure la réalisation d'un film ou le montage et la direction d'une émission de radio, de télévision.

réalisation *nf* 1. action de réaliser, de concrétiser ; son résultat 2. DR transformation de valeurs diverses en capitaux 3. ensemble des opérations nécessaires pour faire un film, une émission ; film, émission ainsi réalisés.

réaliser *vt* 1. procéder à la réalisation de quelque chose : *réaliser un barrage, un film* 2. rendre réel et effectif : *réaliser ses promesses* 3. convertir un bien en argent liquide 4. comprendre, se rendre compte de.

réalisme *nm* 1. disposition à voir les choses comme elles sont et à agir en conséquence 2. tendance littéraire et artistique à représenter la nature et la vie telles qu'elles sont.

réalité *nf* 1. caractère de ce qui est réel 2. ce qui est réel, qui a une existence effective (par opposition à ce qui est imaginé, rêvé) • *en réalité* réellement, en fait.

réanimation *nf* ensemble des techniques propres à rétablir les fonctions vitales.

réanimer *vt* → ranimer.

réapparaître *vi* (conj 64) apparaître de nouveau.

rébarbatif, ive *adj* dur ; rebutant, ennuyeux : *mine, émission rébarbative.*

rebattre *vt* (conj 56) battre de nouveau : *rebattre les cartes* • FIG. *rebattre les oreilles* répéter d'une manière ennuyeuse.

rebelle *adj* et *n* 1. qui refuse d'obéir à l'autorité 2. qui résiste ; indocile ◆ *adj* difficile à guérir : *maladie rebelle.*

rebeller (se) *vpr* refuser de se soumettre ; se révolter, résister.

rébellion *nf* 1. révolte violente 2. ensemble des rebelles.

rebiffer (se) *vpr* FAM. refuser d'obéir avec brusquerie.

reboiser *vt* planter de nouveau des arbres sur un terrain déboisé.

rebond *nm* fait de rebondir.

rebondi, e *adj* arrondi, en parlant d'une partie du corps : *joues rebondies.*

rebondir *vi* 1. faire un ou plusieurs bonds 2. FIG. avoir des conséquences imprévues, des développements nouveaux.

rebondissement *nm* 1. fait de rebondir 2. développement nouveau et imprévu.

rebord *nm* 1. bord en saillie : *le rebord d'une fenêtre* 2. bord replié : *le rebord de l'oreille.*

rebours (à) *loc adv* à contre-pied, à contresens • *compte à rebours* horaire des opérations de lancement qui précèdent la mise à feu d'un engin spatial.

rebouteux, euse *n* FAM. personne qui fait métier de guérir les fractures, foulures, etc., par des moyens empiriques.

rebrousse-poil (à) *loc adv* 1. dans le sens opposé à la direction des poils 2. FIG. à contresens.

rebrousser *vt* relever en sens contraire du sens naturel • FIG. *rebrousser chemin* retourner en arrière.

rébus [rebys] *nm* 1. jeu d'esprit, qui consiste à exprimer des mots ou des phrases par des figures dont le nom offre une analogie phonétique avec ce qu'on veut faire entendre (EX : *Ga* [ʒegrɑ̃apœti] pour *j'ai grand appétit*) 2. chose difficile à comprendre.

rebut *nm* ce qui est rejeté, laissé de côté • *mettre au rebut* se débarrasser d'une chose sans valeur ou inutilisable.

rebuter *vt* 1. décourager ; lasser : *la moindre chose le rebute* 2. choquer ; répugner.

récalcitrant, e *adj* et *n* qui résiste avec opiniâtreté.

recaler *vt* FAM. refuser à un examen.

récapitulatif, ive *adj* qui récapitule : *tableau récapitulatif.*

récapituler *vt* 1. résumer ; redire 2. rappeler.

recel *nm* action de receler.

receler *vt* (conj 5) 1. garder et cacher une chose volée par un autre : *receler des bijoux* 2. cacher quelqu'un pour le soustraire à la justice 3. LITT. renfermer ; contenir.

récemment *adv* depuis peu ; à une époque récente.

recensement *nm* 1. action de recenser ; son résultat 2. dénombrement, effectué par les mairies, des jeunes gens atteignant l'âge du service militaire l'année suivante.

recenser *vt* 1. faire le dénombrement de la population d'un État, d'une ville, des suffrages d'un vote, etc. 2. dénombrer ; inventorier.

récent, e *adj* nouvellement fait ou arrivé : *livre récent.*

recentrer *vt* déplacer vers le centre.

récépissé *nm* écrit par lequel on reconnaît avoir reçu quelque chose.

réceptacle *nm* 1. lieu où sont rassemblées des choses, des personnes 2. BOT extrémité du pédoncule d'une fleur.

récepteur, trice *adj* propre à recevoir un courant, un signal : *poste récepteur* ◆ *nm* appareil recevant un signal de télécommunication et le transformant en sons, en images.

réceptif, ive *adj* susceptible de recevoir des impressions.

réception *nf* 1. action de recevoir : *accuser réception* 2. réunion mondaine : *donner une réception* 3. manière d'accueillir quelqu'un ou quelque chose : *réception glaciale* 4. action d'admettre quelqu'un : *discours de réception* 5. service d'un hôtel, d'une entreprise, etc., où l'on accueille les voyageurs, les visiteurs 6. manière de retomber au sol après un saut ou de recevoir un ballon, une balle.

réceptionner *vt* vérifier une livraison lors de sa réception.

réceptionniste *n* personne chargée d'accueillir les voyageurs, dans un hôtel.

récession *nf* ralentissement de l'activité économique.

recette *nf* 1. ce qui est reçu en argent : *recettes et dépenses* 2. fonction du receveur des contributions ; local où il exerce son emploi 3. description de la préparation d'un plat culinaire 4. procédé pour réussir quelque chose • *faire recette* 1. rapporter beaucoup d'argent 2. FIG. avoir du succès.

recevable *adj* qui peut être reçu, admis.

receveur, euse *n* 1. personne chargée du recouvrement des recettes publiques : *receveur des contributions* 2. administrateur d'un bureau de poste.

recevoir *vt* (conj 28) 1. accepter ce qui est donné, ce qui est dû : *recevoir de l'argent* 2. accueillir : *recevoir un ami* 3. laisser entrer ; recueillir : *recevoir les eaux de pluie* 4. admettre : *recevoir un candidat* 5. subir : *recevoir un bon accueil* ◆ *vi* avoir des visites ; donner des repas, des soirées : *aimer recevoir.*

rechange (de) *loc adj* 1. qui peut remplacer un autre objet semblable : *roue de rechange* 2. que l'on peut adopter en remplacement : *solution de rechange.*

réchapper *vi* et *vt ind* [**de, à**] échapper par chance à un danger, à un accident, etc.

recharge *nf* 1. remise en état de fonctionnement : *recharge d'une batterie d'accumulateurs* 2. ce qui permet de recharger : *recharge de stylo.*

recharger *vt* (conj 2) 1. charger de nouveau 2. approvisionner de nouveau pour mettre en état de fonctionner.

réchaud *nm* petit fourneau portatif.

réchauffer *vt* 1. chauffer de nouveau 2. FIG. ranimer ; raviver : *réchauffer l'ambiance* ◆ **se réchauffer** *vpr* 1. réchauffer son corps 2. devenir plus chaud.

rêche *adj* 1. rude au toucher 2. âpre au goût : *vin rêche.*

recherche *nf* 1. action de rechercher 2. travail scientifique 3. élégance ; raffinement : *recherche dans le style.*

recherché, e *adj* 1. peu commun ; rare 2. PÉJOR. qui manque de naturel ; affecté.

rechercher *vt* 1. chercher avec soin : *rechercher la cause d'un phénomène* 2. tenter de retrouver par une enquête 3. chercher à fréquenter : *rechercher des amitiés.*

rechigner *vi* et *vt ind* [**à**] montrer de la répugnance à faire quelque chose.

rechute *nf* réapparition d'une maladie.

récidive *nf* 1. action de commettre un délit, un crime pour lequel on a déjà été condamné 2. réapparition d'une maladie, d'un mal.

récif *nm* rocher ou groupe de rochers à fleur d'eau.

récipient *nm* ustensile creux pour recevoir, contenir un liquide, un fluide.

réciprocité *nf* caractère de ce qui est réciproque.

réciproque *adj* qui marque une action équivalente à celle qui est reçue : *amitié réciproque* ◆ *nf* • *la réciproque* la pareille : *rendre la réciproque.*

récit *nm* relation, narration d'un fait : *récit touchant.*

récital (*pl récitals*) *nm* concert, spectacle donné par un seul artiste, un seul groupe, ou consacré à un seul genre.

récitation *nf* 1. action, manière de réciter 2. texte à apprendre par cœur et à réciter.

réciter *vt* dire par cœur.

réclamation *nf* action de réclamer : *élever des réclamations.*

réclame *nf* VIEILLI. publicité commerciale par voie d'affiche, de prospectus, etc. : *faire de la réclame* • *en réclame* vendu à prix réduit.

réclamer *vt* 1. demander avec insistance 2. revendiquer : *réclamer un droit* 3. FIG. demander, avoir besoin de : *réclamer des soins* ◆ *vi* protester, s'élever contre : *réclamer contre une injustice* ◆ **se réclamer** *vpr* [de] invoquer la caution de.

reclasser *vt* 1. classer de nouveau 2. rétablir les traitements, les salaires, par référence à ceux d'autres catégories 3. placer dans une activité nouvelle des personnes qui ont dû abandonner leur précédente activité.

reclus, e *adj* et *n* enfermé, isolé du monde : *vivre comme un reclus.*

réclusion *nf* état de quelqu'un qui vit reclus • DR *réclusion criminelle* peine consistant dans une privation de la liberté avec assujettissement au travail.

recoin *nm* 1. coin caché, retiré 2. FIG. partie cachée, secrète.

récolte *nf* 1. action de recueillir les produits de la terre ; ces produits : *faire une bonne récolte* 2. FIG. ce qu'on recueille à la suite de recherches : *récolte de documents.*

récolter *vt* 1. faire une récolte : *récolter du blé* 2. FIG. recueillir : *récolter des informations.*

recommandation *nf* 1. action de recommander quelqu'un 2. conseil ; avis : *recommandation paternelle* 3. opération par laquelle la poste assure la remise en main propre d'une lettre, d'un paquet moyennant une taxe spéciale.

recommandé, e *adj* et *nm* qui a fait l'objet d'une recommandation postale.

recommander *vt* 1. exhorter, conseiller vivement : *recommander la prudence* 2. signaler à l'attention, à la bienveillance de : *recommander un candidat* 3. poster une lettre, un paquet sous recommandation.

récompense *nf* ce qui est donné à quelqu'un ou reçu par lui, pour un service rendu, une bonne action, etc.

récompenser *vt* accorder une récompense à : *récompenser un bon élève.*

réconcilier *vt* 1. remettre d'accord des personnes fâchées 2. faire revenir sur une opinion défavorable : *ce film me réconcilie avec le cinéma* ◆ **se réconcilier** *vpr* se remettre d'accord avec quelqu'un.

reconduction *nf* renouvellement d'une location, d'un bail, etc. • *tacite reconduction* qui se fait sans formalité.

reconduire *vt* (conj 70) 1. accompagner quelqu'un dont on a reçu la visite 2. continuer ce qui a été entrepris, établi : *reconduire une option politique, un crédit* 3. renouveler : *reconduire un bail.*

réconfort *nm* consolation, soutien.

réconforter *vt* 1. redonner de la force 2. redonner du courage, de l'espoir.

reconnaissance *nf* 1. action de reconnaître comme vrai, comme légitime, comme sien 2. sentiment qui incite à se considérer comme redevable envers la personne de qui on a reçu un bienfait ; gratitude 3. DR acte déclarant l'existence d'une chose : *reconnaissance de dette* 4. exploration militaire : *partir en reconnaissance.*

reconnaître *vt* (conj 64) 1. se rappeler ; identifier : *reconnaître un ami ; reconnaître à la voix* 2. avouer ; confesser : *reconnaître ses torts* 3. avoir de la gratitude : *reconnaître un bienfait* 4. admettre comme légitime : *reconnaître un État* 5. explorer : *reconnaître le terrain* • *reconnaître un enfant* s'en déclarer le père ou la mère ◆ **se reconnaître** *vpr* 1. se retrouver : *se reconnaître dans ses enfants* 2. s'avouer : *se reconnaître coupable.*

reconnu, e *adj* que l'on reconnaît comme vrai, comme ayant une vraie valeur.

reconsidérer *vt* reprendre l'examen d'une question en vue d'une nouvelle décision.

reconstituer *vt* 1. constituer, former de nouveau 2. rétablir la chronologie des faits au moyen de renseignements.

reconstruire *vt* (conj 70) 1. construire de nouveau 2. rétablir, reconstituer.

reconvertir *vt* 1. adapter un secteur économique à de nouveaux besoins 2. affecter à un nouvel emploi, donner une nouvelle formation à ◆ **se reconvertir** *vpr* changer d'activité, de profession.

recopier *vt* copier un texte déjà écrit.

record *nm* performance, niveau surpassant ce qui a été atteint antérieurement : *record sportif.*

recoudre *vt* (conj 59) coudre ce qui est décousu.

recoupement *nm* vérification d'un fait au moyen de sources différentes.

recourber *vt* 1. courber de nouveau 2. ployer par le bout : *recourber une branche.*

recourir *vt* et *vi* (conj 29) courir de nouveau ◆ *vt ind* [à] faire appel, avoir recours à.

recours *nm* 1. action de recourir à quelqu'un ou à quelque chose ; personne ou chose à laquelle on recourt 2. DR action en garantie contre quelqu'un 3. DR pourvoi : *recours en cassation, en grâce.*

recouvrement *nm* 1. action de recouvrer ce qui était perdu : *recouvrement de l'ouïe* 2. perception de sommes dues.

recouvrer *vt* 1. retrouver, rentrer en possession de : *recouvrer la vue* 2. percevoir une somme due.

recouvrir *vt* (conj 16) couvrir de nouveau ou complètement.

recracher *vt* et *vi* cracher ce qu'on a mis dans la bouche.

récréatif, ive *adj* qui récrée, divertit.

récréation *nf* 1. détente, délassement 2. temps accordé pour se détendre.

récrier (se) *vpr* LITT. protester, s'offusquer.
récrimination *nf* critique amère ; réclamation.
recroqueviller (se) *vpr* 1. se rétracter, se replier sous l'action de la chaleur, du froid, etc. 2. se replier sur soi ; se ramasser.
recrudescence *nf* réapparition et augmentation d'intensité de quelque chose : *recrudescence de la guerre.*
recrue *nf* 1. jeune homme qui vient d'être appelé au service militaire 2. nouveau membre d'un groupe, d'une société.
recrutement *nm* action de recruter.
recruter *vt* 1. appeler des recrues 2. engager du personnel 3. attirer dans une société, dans un parti : *recruter des associés.*
rectal, e, aux *adj* du rectum.
rectangle *nm* quadrilatère dont les angles sont droits ◆ *adj* • *triangle rectangle* qui a un angle droit.
rectangulaire *adj* 1. qui a la forme d'un rectangle 2. qui forme un angle droit.
recteur *nm* fonctionnaire de l'Éducation nationale placé à la tête d'une académie.
rectificatif, ive *adj* qui rectifie ◆ *nm* document apportant une rectification.
rectifier *vt* 1. redresser ; corriger : *rectifier le tracé d'une route ; rectifier une phrase* 2. rendre exact, correct : *rectifier une erreur.*
rectiligne *adj* en ligne droite.
recto *nm* première page d'un feuillet CONTR. *verso.*
rectorat *nm* charge de recteur ; bureaux du recteur.
rectum [rɛktɔm] *nm* dernière partie du côlon, qui aboutit à l'anus.
reçu *nm* écrit par lequel on reconnaît avoir reçu quelque chose.
reçu, e *adj* admis ; reconnu : *opinion reçue* ◆ *n* admis à un examen.
recueil *nm* ouvrage où sont réunis des écrits, des documents, etc.
recueillement *nm* état de quelqu'un qui se recueille.
recueillir *vt* (conj 24) 1. rassembler ; réunir 2. obtenir : *recueillir le fruit de son travail* 3. acquérir par héritage : *recueillir une succession* 4. donner l'hospitalité à, accueillir chez soi ◆ **se recueillir** *vpr* réfléchir, méditer.
recul *nm* 1. mouvement en arrière 2. espace nécessaire pour reculer 3. FIG. éloignement dans l'espace ou dans le temps pour juger d'un événement : *prendre, avoir du recul.*
reculé, e *adj* éloigné.
reculer *vt* 1. tirer, pousser en arrière : *reculer sa chaise* 2. reporter plus loin ; ajourner, retarder : *reculer une échéance* ◆ *vi* 1. se porter en arrière 2. FIG. renoncer, céder devant une difficulté.
reculons (à) *loc adv* en reculant.
récupérer *vt* (conj 10) 1. rentrer en possession de : *récupérer de l'argent* 2. recueillir des matériaux usagés : *récupérer de la ferraille* 3. reprendre des idées, un mouvement en les détournant de leur but premier 4. fournir un temps de travail en remplacement de celui qui a été perdu ◆ *vi* retrouver ses forces.
récurer *vt* nettoyer en frottant.
récurrent, e *adj* qui réapparaît, se reproduit.
récuser *vt* refuser de reconnaître la compétence, la valeur de : *récuser un juge, un témoignage* ◆ **se récuser** *vpr* se déclarer incompétent pour décider d'une question.
recyclage *nm* 1. formation complémentaire donnée à des travailleurs pour leur permettre de s'adapter aux progrès industriels et scientifiques 2. action de réutiliser tout ou partie d'un produit industriel : *recyclage du verre, du papier.*
recycler *vt* effectuer un recyclage ◆ **se recycler** *vpr* acquérir une formation complémentaire.
rédacteur, trice *n* personne qui rédige un texte, qui participe à la rédaction d'un journal, d'un livre.
rédaction *nf* 1. action de rédiger ; texte rédigé 2. ensemble des rédacteurs d'un journal, d'une maison d'édition, etc. ; locaux où ils travaillent.
reddition *nf* action de se rendre, de capituler : *reddition d'une ville.*
rédemption *nf* RELIG rachat du genre humain par Jésus-Christ.
redevable *adj* qui n'a pas tout payé, qui reste débiteur envers quelqu'un.
redevance *nf* taxe, charge que l'on acquitte à termes fixes.
rédhibitoire *adj* qui constitue un obstacle radical : *un prix rédhibitoire* • *vice rédhibitoire* défaut irrémédiable qui peut motiver l'annulation d'une vente.
rédiger *vt* (conj 2) écrire un texte selon une forme et un ordre voulus : *rédiger un article de journal.*
redingote *nf* 1. manteau de femme ajusté à la taille 2. ANC. vêtement d'homme à longues basques.
redire *vt* (conj 72) répéter ce qui a déjà été dit • *avoir, trouver à redire à* avoir, trouver à blâmer.
redistribuer *vt* distribuer de nouveau, ou selon des principes nouveaux, plus équitables : *redistribuer les richesses.*
redondance *nf* répétition inutile de phrases, de mots dans un texte.
redonner *vt* 1. donner de nouveau la même chose 2. rendre, procurer de nouveau : *redonner des forces.*
redoubler *vt* 1. rendre double 2. accroître en quantité, en intensité : *redoubler ses cris* 3. faire une seconde année dans la même classe ◆ *vt ind* [de] apporter, montrer

beaucoup plus de : *redoubler de prudence* ◆ *vi* augmenter, s'accroître : *froid qui redouble.*

redoutable *adj* qui est à redouter.

redouter *vt* craindre vivement.

redoux *nm* radoucissement de la température au cours de la saison froide.

redresser *vt* 1. remettre droit, debout 2. remettre dans la bonne voie, dans un état satisfaisant : *redresser une situation* ◆ **se redresser** *vpr* 1. se remettre droit, debout 2. FIG. prendre une attitude fière 3. reprendre son essor, son développement.

redresseur *nm* • *redresseur de torts* personne qui prétend réparer les injustices, qui se pose en justicier.

réduction *nf* 1. action de réduire 2. copie réduite : *réduction d'un dessin* 3. ARITHM conversion d'une quantité en une autre équivalente : *réduction d'une fraction* 4. CHIR action de remettre à leur place les os fracturés.

réduire *vt* (conj 70) 1. diminuer, rendre moindre : *réduire ses dépenses* 2. reproduire en plus petit : *réduire une carte* 3. ramener à un état, à une forme plus simple : *réduire en poudre* 4. concentrer par ébullition : *réduire une sauce* 5. ARITHM transformer, simplifier : *réduire une fraction* 6. CHIR remettre en place un os fracturé 7. contraindre, obliger : *réduire au silence* 8. vaincre, anéantir ◆ *vi* diminuer de volume à la cuisson.

réduit *nm* pièce de petites dimensions.

rééditer *vt* 1. faire une nouvelle édition : *rééditer un ouvrage* 2. FIG. recommencer : *rééditer un exploit.*

rééduquer *vt* 1. soumettre une partie du corps à un nouvel apprentissage afin de lui rendre sa fonction, son état primitif 2. réadapter socialement.

réel, elle *adj* 1. qui existe effectivement : *besoins réels* 2. authentique, véritable ◆ *nm* ce qui existe effectivement : *perdre le contact avec le réel* SYN. *réalité.*

réellement *adv* effectivement, véritablement.

refaire *vt* (conj 76) 1. faire à nouveau ce qu'on a déjà fait : *refaire un voyage* 2. FAM. tromper, duper ◆ **se refaire** *vpr* FAM. rétablir sa situation financière.

réfection *nf* action de remettre à neuf.

réfectoire *nm* lieu où l'on prend des repas en commun.

référence *nf* 1. texte auquel on se réfère 2. indication placée en tête d'une lettre, à rappeler dans la réponse ◆ **références** *pl* attestation servant de recommandation.

référendum [referɛ̃dɔm] *nm* 1. consultation directe des citoyens sur une question d'intérêt général 2. consultation des membres d'un groupe, d'une collectivité.

référer *vt ind* [à] (conj 10) faire rapport, en appeler à : *il faut en référer aux supérieurs* ◆ **se référer** *vpr* [à] s'en rapporter à quelqu'un, à quelque chose.

refiler *vt* FAM. donner, vendre, écouler quelque chose dont on veut se débarrasser.

réfléchi, e *adj* 1. fait ou dit avec réflexion 2. qui agit avec réflexion • GRAMM *verbes, pronoms réfléchis* indiquant qu'une action concerne le sujet de la proposition.

réfléchir *vt* renvoyer dans une autre direction la lumière, le son, etc. ◆ *vi* penser, méditer : *réfléchir avant d'agir* ◆ **se réfléchir** *vpr* donner une image par réflexion.

réflecteur *nm* appareil qui réfléchit la lumière, la chaleur, les ondes.

reflet *nm* 1. rayon lumineux ou image d'un corps apparaissant sur une surface réfléchissante 2. teinte lumineuse changeant selon l'éclairage 3. FIG. ce qui reproduit l'image de quelqu'un, d'un groupe.

refléter *vt* (conj 10) 1. renvoyer la lumière, la couleur sur un corps voisin 2. FIG. reproduire, exprimer ◆ **se refléter** *vpr* se réfléchir.

reflex *adj inv* PHOT se dit d'un système de visée caractérisé par le renvoi de l'image sur un verre dépoli au moyen d'un miroir incliné à 45° ◆ *nm inv* appareil muni de ce système.

réflexe *nm* 1. PHYSIOL réaction nerveuse involontaire 2. réaction rapide en présence d'un événement soudain : *avoir de bons réflexes.*

réflexion *nf* 1. changement de direction des ondes lumineuses ou sonores qui tombent sur une surface réfléchissante 2. FIG. action de réfléchir, de méditer ; pensée, parole qui en résulte.

refluer *vi* revenir vers le point de départ ; reculer.

reflux [rəfly] *nm* 1. mouvement de la mer qui s'éloigne du rivage 2. FIG. mouvement en arrière.

réformateur, trice *n* personne qui propose une, des réformes ◆ *adj* qui vise à réformer.

réforme *nf* changement en vue d'une amélioration : *réforme de l'enseignement.*

réformé, e *adj* et *n* protestant • *religion réformée* protestantisme ◆ *nm* militaire qui a été réformé.

réformer *vt* 1. changer en mieux ; corriger : *réformer les institutions* 2. déclarer inapte à servir dans l'armée.

refouler *vt* 1. faire reculer, empêcher de passer 2. empêcher de se manifester, de s'extérioriser 3. PSYCHAN soumettre au refoulement.

réfractaire *adj* 1. qui résiste à certaines influences physiques ou chimiques 2. qui ne fond qu'à très haute température ◆ *n* et *adj* qui refuse de se soumettre, d'obéir.

réfraction *nf* déviation de la lumière passant d'un milieu dans un autre.
refrain *nm* 1. phrase répétée à la fin de chaque couplet d'une chanson 2. FIG. paroles sans cesse répétées par quelqu'un ; rengaine.
refréner ou **réfréner** *vt* (conj 10) mettre un frein ; retenir : *refréner sa colère.*
réfrigérateur *nm* appareil de conservation par le froid.
réfrigération *nf* abaissement artificiel de la température.
refroidir *vt* 1. rendre froid ou plus froid 2. FIG. diminuer l'ardeur, l'activité de ◆ *vi* devenir froid ou plus froid ◆ **se refroidir** *vpr* 1. devenir plus froid 2. prendre froid 3. diminuer d'ardeur, d'intérêt.
refroidissement *nm* 1. abaissement de la température 2. indisposition causée par le froid 3. FIG. diminution de vivacité, d'ardeur, d'affection.
refuge *nm* 1. lieu pour se mettre à l'abri 2. abri en haute montagne.
réfugié, e *adj* et *n* qui a quitté son pays pour éviter des persécutions, une condamnation, etc.
réfugier (se) *vpr* 1. se retirer en un lieu pour y être en sûreté 2. FIG. avoir recours à : *se réfugier dans le travail.*
refus *nm* action de refuser.
refuser *vt* 1. ne pas accepter : *refuser un présent* 2. ne pas accorder : *refuser une grâce* 3. ne pas laisser entrer : *refuser du monde* 4. ne pas recevoir à un examen : *refuser un candidat* 5. ne pas reconnaître : *refuser une qualité à quelqu'un* ◆ **se refuser** *vpr* 1. se priver de : *se refuser le nécessaire* 2. ne pas consentir : *se refuser à parler.*
réfuter *vt* démontrer la fausseté d'une affirmation.
regagner *vt* 1. retrouver ce qu'on avait perdu 2. rejoindre, revenir vers : *regagner son pays* • FIG. *regagner du terrain* reprendre le dessus, l'avantage.
regain *nm* 1. herbe qui repousse après la fauche 2. FIG. retour, renouveau : *regain d'intérêt.*
régal (*pl régals*) *nm* 1. mets qui plaît beaucoup 2. FIG. vif plaisir.
régaler *vt* offrir un bon repas à quelqu'un ◆ **se régaler** *vpr* 1. prendre un vif plaisir à boire ou à manger 2. éprouver un grand plaisir.
regard *nm* 1. action ou manière de regarder : *regard distrait* 2. TECHN ouverture pour faciliter la visite d'un conduit • *au regard de* en comparaison de, par rapport à • *droit de regard* possibilité d'exercer un contrôle • *en regard* vis-à-vis, en face.
regardant, e *adj* qui a peur de trop dépenser.
regarder *vt* 1. porter la vue sur : *regarder les gens qui passent* 2. FIG. être exposé, tourné vers : *maison qui regarde le sud* ◆ *vt ind* [à] donner toute son attention à • *regarder à la dépense* ne dépenser qu'avec regret • *y regarder à deux fois* réfléchir à ce qu'on va faire ◆ **se regarder** *vpr* 1. examiner ses propres traits 2. être en face l'un de l'autre.
régate *nf* course de bateaux à voile.
régence *nf* fonction de régent ; durée de cette fonction ◆ *adj inv* qui rappelle les mœurs, le style de la régence de Philippe d'Orléans.
régénérer *vt* (conj 10) 1. rétablir ce qui était détruit 2. rendre à une substance ses propriétés initiales.
régent, e *n* chef du gouvernement pendant la minorité, l'absence ou la maladie du souverain.
reggae [rege] *nm* musique d'origine jamaïquaine, au rythme syncopé.
régicide *n* assassin d'un roi ◆ *nm* assassinat d'un roi.
régie *nf* 1. administration chargée de la perception de certaines taxes 2. entreprise industrielle ou commerciale de caractère public : *Régie autonome des transports parisiens (R.A.T.P.)* ; organisation matérielle d'un spectacle, d'une production audiovisuelle, etc. ; local d'un studio de radio ou de télévision où est supervisée la réalisation d'une émission.
régime *nm* 1. forme de gouvernement d'un État : *régime parlementaire* 2. ensemble des dispositions légales concernant l'administration de certains établissements : *le régime des prisons* 3. ensemble de prescriptions concernant l'alimentation : *suivre un régime* 4. vitesse de rotation d'un moteur 5. mode de fonctionnement normal d'une machine 6. variation du débit d'un fluide 7. grappe de certains fruits : *régime de bananes* • *Ancien Régime* gouvernement qui existait en France avant 1789 • *régime matrimonial* statut réglant les intérêts pécuniaires des époux.
régiment *nm* 1. unité militaire composée de plusieurs formations 2. FIG. grand nombre.
région *nf* 1. étendue de pays qui doit son unité à des causes physiques (climat, relief, etc.) ou humaines (économie, par ex.) 2. étendue de pays autour d'une ville : *la région bordelaise* 3. (avec majuscule) en France, collectivité territoriale 4. zone, partie du corps : *la région du cœur.*
régionalisation *nf* action de transférer aux régions des compétences qui appartenaient au pouvoir central.
régionalisme *nm* 1. doctrine qui affirme l'existence d'entités régionales et revendique leur reconnaissance 2. mot, tournure propres à une région.
régir *vt* 1. déterminer le mouvement, l'organisation, l'action de : *les lois qui régissent la chute des corps* 2. commander, gouverner.

régisseur *nm* 1. personne qui gère, qui administre : *régisseur d'une propriété* 2. personne chargée de la régie d'un spectacle, d'un film, etc.

registre *nm* 1. tout livre public ou particulier où l'on inscrit certains faits dont on veut conserver le souvenir 2. étendue de l'échelle musicale ou vocale 3. FIG. compétence, talent propre à quelqu'un 4. ton, caractère particulier d'une œuvre, d'un discours.

réglage *nm* action de régler.

règle *nf* 1. instrument droit et plat, pour tracer des lignes : *règle graduée* 2. principe de conduite ; exemple, modèle : *les règles de la politesse* 3. principe, convention propre à un enseignement, à une discipline : *règle grammaticale ; règle de trois* 4. ensemble des statuts d'un ordre religieux • ***en bonne règle*** suivant l'usage • ***en règle*** ou ***dans les règles*** suivant la conformité ou les prescriptions légales • ***en règle générale*** dans la plupart des cas ◆ **règles** *pl* écoulement sanguin qui se produit chaque mois chez la femme ; SYN. *menstrues.*

règlement *nm* 1. action de régler, de fixer de manière définitive : *le règlement d'un conflit* 2. action d'acquitter, de payer une somme due : *règlement par chèque* 3. ensemble des prescriptions, des règles relatives à un groupe • ***règlement de comptes*** action de faire justice soi-même.

réglementaire *adj* 1. qui concerne le règlement 2. conforme au règlement.

réglementation *nf* action de fixer par des règlements ; ensemble de ces règlements.

réglementer *vt* soumettre à un règlement.

régler *vt* (conj 10) 1. tirer à la règle des lignes sur du papier 2. donner une solution, mettre en ordre : *régler un différend ; régler une affaire* 3. payer : *régler une facture* 4. mettre au point le fonctionnement d'une machine : *régler un moteur* • FAM. ***régler son compte à quelqu'un*** 1. le punir sévèrement 2. le tuer par vengeance.

réglisse *nf* plante dont la racine est utilisée en pharmacie, en confiserie.

règne *nm* 1. gouvernement d'un souverain : *règne glorieux* 2. domination, influence de quelqu'un ou de quelque chose : *le règne de la mode* 3. grande division de la nature : *règne végétal.*

régner *vi* (conj 10) 1. gouverner comme roi 2. dominer : *la mode qui règne aujourd'hui* 3. s'établir, s'imposer : *le silence règne* ◆ *v. impers* exister : *il règne un bon esprit.*

regorger *vt ind* [de] (conj 2) avoir en abondance : *regorger de biens.*

régresser *vi* subir une régression ; reculer.

régression *nf* retour en arrière ; recul, diminution.

regret *nm* peine causée par la perte de quelqu'un, l'absence de quelque chose • ***à regret*** à contrecœur.

regretter *vt* être affligé de ne pas avoir ou de ne plus avoir, d'avoir fait ou de ne pas avoir fait une chose : *regretter une erreur.*

regrouper *vt* grouper, rassembler ce qui était dispersé.

régulariser *vt* 1. rendre régulier 2. rendre conforme aux règles.

régularité *nf* caractère de ce qui est régulier, de ce qui est conforme aux règles.

régulation *nf* action de régler, d'assurer un rythme régulier.

régulier, ère *adj* 1. conforme aux règles, aux conventions : *gouvernement régulier ; vie régulière* 2. qui respecte les règles, les usages, les conventions : *associé régulier* 3. qui a lieu à intervalles, à dates fixes : *horaire régulier* 4. exact, ponctuel 5. conforme aux règles de la grammaire : *verbe régulier* 6. qui a des proportions symétriques, harmonieuses.

régurgiter *vt* faire revenir dans la bouche ce qui a été avalé involontairement.

réhabiliter *vt* 1. rétablir dans son premier état, dans ses droits : *réhabiliter un condamné* 2. aider à la réinsertion sociale d'un individu 3. FIG. rétablir dans l'estime d'autrui 4. remettre en état un immeuble délabré ; réaménager un vieux quartier.

rein *nm* organe qui sécrète l'urine ◆ **reins** *pl* partie inférieure de l'épine dorsale ; lombes • FIG. ***avoir les reins solides*** pouvoir résister à une épreuve • FIG. ***casser les reins à quelqu'un*** l'écraser, l'anéantir.

réincarner (se) *vpr* revivre sous une autre forme, sous une nouvelle apparence.

reine *nf* 1. femme d'un roi 2. souveraine d'un royaume 3. FIG. la première, la plus belle : *la reine du bal* 4. aux échecs et aux cartes, pièce, carte la plus importante après le roi 5. femelle féconde, chez les insectes sociaux.

reine-claude (*pl reines-claudes*) *nf* prune à peau vert-jaune.

reinette *nf* pomme dont il existe plusieurs variétés.

réinsérer *vt* (conj 10) réintroduire dans un groupe social, professionnel.

réintégrer *vt* (conj 10) 1. DR rendre la possession intégrale de ses droits à : *réintégrer un salarié dans une entreprise* 2. revenir dans un lieu après l'avoir quitté : *réintégrer son domicile.*

rejaillir *vi* 1. jaillir avec force 2. FIG. retomber sur, atteindre en retour.

rejet *nm* 1. action de rejeter 2. AGRIC nouvelle pousse ; rejeton 3. MÉD après une greffe d'organe, réaction de défense des organes anticorps qui détruisent le greffon 4. LITTÉR enjambement.

rejeter *vt* (conj 8) 1. renvoyer 2. jeter hors de : *débris rejetés par la mer* 3. FIG. faire retomber : *rejeter la faute sur autrui* 4. repousser, refuser : *rejeter un avis* ◆ *vi* AGRIC produire de nouvelles pousses.

rejeton *nm* 1. nouvelle pousse au pied d'une plante 2. FAM. enfant.

rejoindre *vt* (conj 82) 1. réunir des parties séparées 2. aller retrouver 3. aboutir à un endroit.

réjouir *vt* donner de la joie ◆ **se réjouir** *vpr* éprouver de la joie.

réjouissance *nf* amusement, divertissement ◆ **réjouissances** *pl* fêtes publiques.

relâche *nf* 1. LITT. interruption dans un travail, un exercice : *prendre un peu de relâche* 2. suspension momentanée des représentations d'une salle de spectacle 3. MAR action de relâcher ; lieu où l'on relâche • *sans relâche* sans interruption.

relâchement *nm* 1. distension 2. diminution d'activité, d'effort : *relâchement dans le travail.*

relâcher *vt* 1. détendre : *relâcher une corde* 2. libérer : *relâcher un prisonnier* 3. rendre moins rigoureux : *relâcher la discipline* ◆ *vi* MAR faire escale ◆ **se relâcher** *vpr* 1. se détendre 2. perdre de son zèle, de sa rigueur.

relais *nm* 1. ce qui sert d'intermédiaire, d'étape 2. dispositif émetteur servant à transmettre, à relayer • *course de relais* ou *relais* épreuve sportive dans laquelle les coureurs d'une même équipe se remplacent alternativement • *prendre le relais* assurer la continuation de quelque chose.

relance *nf* action de donner une nouvelle activité, une nouvelle vigueur à quelque chose : *relance de l'économie.*

relancer *vt* (conj 1) 1. lancer de nouveau 2. donner un nouvel essor • FAM. *relancer quelqu'un* l'importuner pour obtenir quelque chose de lui.

relater *vt* raconter d'une manière précise, en détail.

relatif, ive *adj* 1. qui se rapporte à : *études relatives à l'histoire* 2. qui n'a rien d'absolu, qui dépend d'autre chose ; incomplet : *toute connaissance humaine est relative* ◆ *adj* et *n* GRAMM se dit d'un mot qui établit une relation entre un nom ou un pronom qu'il représente *(antécédent)* et une proposition dite *subordonnée relative.*

relation *nf* 1. rapport, lien : *relation de cause à effet* 2. personne avec laquelle on est en rapport : *avoir de nombreuses relations* 3. action de relater ; récit.

relativiser *vt* considérer par rapport à un ensemble ; faire perdre son caractère absolu à.

relativité *nf* caractère relatif • PHYS *théorie de la relativité* théorie d'Einstein selon laquelle l'écoulement du temps n'est pas le même pour deux observateurs qui se déplacent l'un par rapport à l'autre.

relaxe *nf* DR décision d'un tribunal déclarant un prévenu non coupable.

relaxer *vt* 1. détendre, décontracter, reposer 2. DR libérer un détenu ◆ **se relaxer** *vpr* FAM. détendre ses muscles, son esprit.

relayer *vt* (conj 4) 1. remplacer, prendre le relais de : *relayer un collègue, un coéquipier* 2. retransmettre une émission, un programme par émetteur, par satellite.

reléguer *vt* (conj 10) mettre à l'écart ; éloigner.

relent *nm* 1. mauvaise odeur qui persiste : *un relent de moisi* 2. LITT. trace, reste : *un relent de jansénisme.*

relève *nf* remplacement d'une troupe, d'une équipe par une autre ; cette équipe, cette troupe.

relevé *nm* action de relever, de noter par écrit ou par un dessin ; son résultat : *relevé d'un compte ; relevé d'identité bancaire.*

relever *vt* (conj 9) 1. remettre debout 2. rétablir : *relever une industrie* 3. diriger vers le haut, remettre plus haut : *relever la tête ; relever les manches* 4. augmenter : *relever les prix* 5. donner plus de goût à ; rehausser : *relever une sauce* 6. consigner, noter par écrit une position, une date, etc. : *relever un croquis, une cote, un compteur* 7. remarquer ou faire remarquer : *relever une faute ; ne pas relever une impertinence* 8. ramasser, collecter : *relever des exemples* 9. remplacer : *relever la garde* 10. délier d'un engagement : *relever d'un vœu* 11. révoquer : *relever quelqu'un de ses fonctions* ◆ *vt ind* [**de**] 1. dépendre : *cela relève de sa compétence* 2. sortir de : *relever de maladie* ◆ **se relever** *vpr* 1. se remettre debout 2. se rétablir.

relief *nm* 1. ce qui fait saillie 2. ensemble des inégalités de la surface terrestre, d'un pays : *relief accidenté* 3. sculpture dont le motif se détache en saillie sur un fond 4. éclat né du contraste • *mettre en relief* en évidence ◆ **reliefs** *pl* LITT. restes d'un repas.

relier *vt* 1. lier, réunir, joindre : *relier des points* 2. établir un lien entre ; unir : *relier le passé au présent* 3. faire communiquer : *pont qui relie deux rives* 4. coudre ensemble les feuillets d'un livre et y mettre une couverture rigide.

religieuse *nf* gâteau à la crème.

religieux, euse *adj* 1. qui concerne la religion : *chant religieux* 2. qui se fait selon les rites d'une religion : *mariage religieux* 3. pieux : *sentiments religieux* 4. empreint de gravité, de respect : *silence religieux* ◆ *n* membre d'un ordre, d'une congrégation ou d'un institut religieux.

religion *nf* 1. ensemble de dogmes et de pratiques établissant les rapports de l'homme avec la divinité ou le sacré 2. foi, croyance : *homme sans religion* 3. culte à l'égard de certaines valeurs : *la religion de la science, du progrès.*

reliquaire *nm* boîte, coffret destiné à contenir des reliques.

reliquat [rəlika] *nm* 1. ce qui reste 2. DR ce qui reste dû après un arrêté de comptes.

relique *nf* 1. ce qui reste du corps d'un martyr, d'un saint, conservé dans un but de vénération 2. FAM. vieil objet sans valeur.

reliure *nf* art de relier un livre ; couverture d'un livre relié.

reluire *vi* (conj 69) briller.

reluisant, e *adj* qui reluit • *peu reluisant* médiocre.

remâcher *vt* 1. mâcher une seconde fois, en parlant des ruminants 2. FIG. repasser dans son esprit des sentiments d'amertume, de colère : *remâcher un échec.*

remake [rimɛk] *nm* nouvelle version d'un film, d'une œuvre, d'un thème.

remarquable *adj* digne d'être remarqué ; extraordinaire, éminent.

remarque *nf* 1. observation : *remarque judicieuse* 2. note, observation écrite.

remarquer *vt* 1. observer, constater : *tu ne remarques rien ?* 2. distinguer parmi d'autres • *se faire remarquer* se singulariser.

remblai *nm* masse de terre rapportée pour surélever un terrain ou combler un creux.

remblayer *vt* (conj 4) remettre des matériaux pour hausser ou combler.

rembobiner *vt* remettre sur la bobine ; enrouler de nouveau.

remboîter *vt* remettre en place ce qui est déboîté.

rembourrer *vt* garnir de bourre, de crin, de laine : *rembourrer un fauteuil.*

remboursement *nm* action de rembourser ; paiement d'une somme due • *envoi contre remboursement* envoi d'une marchandise délivrable contre paiement de sa valeur.

rembourser *vt* rendre à quelqu'un l'argent qu'il a déboursé ou avancé.

remède *nm* 1. VX. médicament 2. moyen, mesure propre à combattre un inconvénient, à résoudre une difficulté.

remédier *vt ind* [à] apporter un remède à.

remembrement *nm* réunion, regroupement de parcelles pour mettre fin au morcellement excessif de la propriété rurale.

remémorer *vt* LITT. remettre en mémoire, rappeler.

remerciement *nm* 1. action de remercier 2. paroles par lesquelles on remercie.

remercier *vt* 1. exprimer sa gratitude à quelqu'un pour quelque chose : *je vous remercie de ; pour vos conseils* 2. congédier, renvoyer : *remercier un employé* • *je vous remercie* expression de refus poli.

remettre *vt* (conj 57) 1. mettre de nouveau : *remettre un manteau ; remettre en usage* 2. replacer : *remettre en place* 3. donner, confier, mettre en dépôt : *remettre une lettre ; je remets mon sort entre vos mains ; remettre des fonds à un banquier* 4. rétablir la santé de : *l'air de la campagne l'a remis* 5. reconnaître : *je ne vous remets pas* 6. pardonner : *remettre les péchés* 7. différer : *remettre au lendemain* • FAM. *en remettre* exagérer • FAM. *remettre ça* recommencer • FAM. *remettre à sa place* rappeler aux convenances ◆ **se remettre** *vpr* 1. se replacer : *se remettre à table* 2. recommencer : *se remettre à jouer* 3. revenir à un meilleur état de santé, de calme : *se remettre d'une émotion* • *s'en remettre à quelqu'un* s'en rapporter à lui, lui faire confiance.

réminiscence *nf* souvenir imprécis.

remise *nf* 1. action de remettre, de livrer, de déposer 2. rabais accordé par un commerçant ; réduction 3. délai, renvoi à plus tard : *remise d'une audience* 4. local servant d'abri à des véhicules, du matériel • *remise de peine* grâce accordée à un condamné de tout ou partie de sa peine.

remiser *vt* 1. placer dans une remise 2. mettre à sa place habituelle, ranger.

rémission *nf* 1. pardon : *rémission des péchés* 2. MÉD atténuation momentanée d'un mal • *sans rémission* sans indulgence, implacablement.

remontant *nm* aliment, boisson, médicament qui redonne des forces.

remontée *nf* action de remonter • *remontée mécanique* toute installation utilisée par les skieurs pour remonter les pentes.

remonte-pente (*pl remonte-pentes*) *nm* appareil à câble permettant aux skieurs de gagner un point élevé sans quitter leurs skis SYN. *téléski.*

remonter *vi* 1. monter de nouveau 2. s'élever, faire un mouvement de bas en haut 3. augmenter de valeur après une baisse 4. aller vers la source ; retourner plus au nord : *remonter vers Paris* 5. se reporter au début, à la cause : *remonter aux origines* ◆ *vt* 1. gravir de nouveau 2. relever : *remonter un mur, son col* 3. aller vers l'amont, à contre-courant 4. retendre un ressort, un mécanisme : *remonter une montre* 5. redonner de l'énergie 6. remettre des éléments en place : *remonter un moteur* ◆ **se remonter** *vpr* reprendre des forces.

remontrance *nf* avertissement, reproche.

remontrer *vt* montrer de nouveau • *en remontrer à quelqu'un* lui prouver qu'on est supérieur, lui faire la leçon.

remords *nm* douleur morale causée par la conscience d'avoir mal agi.

remorque *nf* 1. traction exercée par un véhicule sur un autre véhicule : *prendre en remorque* 2. véhicule sans moteur remorqué par un autre 3. câble servant au remorquage • *être à la remorque de quelqu'un* le suivre aveuglément.

remorquer *vt* traîner à sa suite une voiture, un bateau, etc.

remorqueur, euse *adj* qui remorque ◆ *nm* bâtiment de navigation conçu pour remorquer d'autres bâtiments.

rémoulade *nf* mayonnaise additionnée de fines herbes et de moutarde : *céleri rémoulade.*

rémouleur *nm* personne qui aiguise les couteaux et les instruments tranchants.

remous *nm* 1. tourbillon qui se forme à l'arrière d'un bateau en marche 2. tourbillon provoqué par le refoulement de l'eau au contact d'un obstacle 3. mouvement, agitation : *les remous de la foule.*

rempailler *vt* garnir de paille le siège des chaises, des fauteuils, etc.

rempart *nm* 1. levée de terre ou forte muraille entourant un château fort ou une ville fortifiée 2. LITT. ce qui sert de défense : faire à quelqu'un un rempart de son corps.

remplaçant, e *n* personne qui en remplace une autre.

remplacement *nm* action de remplacer ; substitution.

remplacer *vt* (conj 1) 1. mettre à la place de : *remplacer de vieux meubles* 2. prendre la place de quelqu'un ou de quelque chose d'une manière temporaire ou définitive ; succéder à, relayer : il a été remplacé par une collègue.

remplir *vt* 1. mettre dans un contenant, le rendre plein : *remplir une bouteille* 2. occuper entièrement : *ce fait divers remplit les journaux ; cela remplit mon temps* 3. accomplir, effectuer, réaliser : *remplir un devoir, une fonction, une promesse* 4. répondre à : *remplir l'attente* 5. combler : cette nouvelle me remplit de joie 6. compléter : *remplir une fiche.*

remplissage *nm* 1. action de remplir 2. FIG. développement inutile ou étranger au sujet : *il n'y a que du remplissage dans cette dissertation* 3. CONSTR matériau non portant.

remporter *vt* 1. reprendre, emporter ce qu'on avait apporté 2. gagner, obtenir : *remporter une victoire.*

rempoter *vt* changer de pot : *rempoter des fleurs.*

remuant, e *adj* qui remue beaucoup ; turbulent : *enfant remuant.*

remue-ménage *nm inv* 1. déplacement bruyant de meubles, d'objets divers 2. agitation bruyante et confuse.

remuer *vt* 1. mouvoir, déplacer : *remuer un meuble* 2. agiter : *remuer la tête* 3. FIG. émouvoir • *remuer ciel et terre* mettre tout en œuvre pour réussir ◆ *vi* 1. changer de place, bouger 2. être ébranlé : *dent qui remue* ◆ **se remuer** *vpr* 1. se mouvoir 2. se donner de la peine pour réussir.

rémunération *nf* prix d'un travail, d'un service rendu.

rémunérer *vt* (conj 10) rétribuer, payer.

renaissance *nf* action de renaître ; renouvellement, retour : *la renaissance des lettres, des arts* ◆ *adj inv* qui appartient à la Renaissance : *décor Renaissance.*

renaître *vi* (conj 65) 1. naître de nouveau ; repousser : *les fleurs renaissent au printemps* 2. reparaître, recouvrer sa force, sa vigueur : *l'espoir renaît* ◆ *vt ind* [à] LITT. être rendu à, animé de nouveau par.

rénal, e, aux *adj* relatif aux reins.

renard *nm* 1. mammifère carnivore à queue velue et à museau pointu ; fourrure de cet animal 2. FIG. homme rusé.

renarde *nf* femelle du renard.

renchérir *vi* 1. faire une enchère supérieure 2. devenir plus cher 3. aller plus loin que d'autres en actes ou en paroles : *renchérir sur une histoire inventée.*

rencontre *nf* 1. fait de se trouver en présence, en contact : *rencontre fortuite ; rencontre entre chefs d'État* 2. compétition sportive : *rencontre amicale* • *aller à la rencontre de* au-devant de • *de rencontre* de hasard.

rencontrer *vt* 1. se trouver en présence de quelqu'un, de quelque chose 2. faire la connaissance de quelqu'un, entrer en relation avec lui 3. affronter en compétition 4. GÉOM avoir une intersection avec ◆ **se rencontrer** *vpr* 1. se trouver en même temps au même endroit 2. faire connaissance : ils se sont rencontrés en avril 3. exister : *cela ne se rencontre guère.*

rendement *nm* 1. production, rapport : *le rendement d'une terre* 2. quantité de travail fourni en un temps déterminé.

rendez-vous *nm inv* 1. convention passée entre deux ou plusieurs personnes de se trouver à la même heure en un même lieu ; lieu où l'on doit se trouver 2. lieu où l'on a l'habitude de se réunir.

rendre *vt* (conj 50) 1. restituer : *rendre un livre* 2. faire recouvrer : *rendre la vue* 3. renvoyer, rapporter : *rendre un cadeau* 4. donner en échange, en retour : *rendre la monnaie* 5. FAM. rejeter, vomir : *rendre son repas* 6. exprimer, traduire : *cela ne rend pas ma pensée* 7. prononcer : *rendre un arrêt* 8. faire entendre : *rendre un son* 9. faire devenir : *rendre un chemin praticable* ◆ *vi* rapporter, produire : *ce champ rend beaucoup* ◆ **se rendre** *vpr* 1. se transporter ; aller : *se rendre chez quelqu'un* 2. se soumettre, capituler ; admettre : *se rendre à l'évidence* 3. agir de façon à être, à devenir tel : *se rendre utile* • *se rendre maître de quelque chose, de quelqu'un* s'en emparer.

rendu, e *adj* arrivé à destination : *nous voilà rendus* ◆ *nm* 1. FAM. action de rendre la pareille : *un prêté pour un rendu* 2. qualité expressive de l'exécution dans une œuvre d'art.

rêne *nf* courroie fixée au mors du cheval, et que le cavalier tient pour le guider • FIG. *tenir les rênes de* diriger.

renégat, e *n* 1. personne qui a renié sa religion 2. personne qui abjure ses opinions, trahit son parti, etc.

renfermé *nm* odeur désagréable d'une pièce longtemps fermée : *cette chambre sent le renfermé.*

renfermé, e *adj* FAM. peu communicatif.

renfermer *vt* 1. enfermer de nouveau : *renfermer un prisonnier évadé* 2. contenir : *ce livre renferme de grandes vérités* ◆ **se renfermer** *vpr* se concentrer, se dissimuler : *se renfermer dans le silence* • *se renfermer en, sur soi-même* se replier sur soi.

renflé, e *adj* dont le diamètre est plus grand vers la partie médiane.

renflement *nm* 1. état de ce qui est renflé 2. partie renflée.

renflouer *vt* remettre à flot • *renflouer une entreprise* lui fournir les fonds nécessaires pour rétablir sa situation.

renfoncement *nm* partie en creux, en retrait.

renforcer *vt* (conj 1) rendre plus fort, plus intense.

renfort *nm* 1. effectif ou matériel supplémentaire destiné à renforcer 2. ce qui sert à renforcer, à consolider • *à grand renfort de* au moyen d'une grande quantité de.

renfrogner (se) *vpr* manifester son mécontentement par une expression maussade.

rengaine *nf* 1. FAM. refrain populaire 2. paroles répétées à tout propos.

reniement *nm* action de renier.

renier *vt* 1. déclarer mensongèrement qu'on ne connaît pas 2. désavouer : *renier sa famille* 3. abjurer : *renier sa religion.*

renifler *vi* aspirer fortement par le nez en faisant du bruit ◆ *vt* 1. sentir 2. FAM. flairer : *renifler une bonne affaire.*

renne *nm* ruminant de la famille des cervidés, vivant dans les régions froides.

renom *nm* célébrité, réputation.

renommé, e *adj* célèbre, réputé.

renommée *nf* renom, réputation, célébrité.

renoncer *vt ind* [à] (conj 1) 1. abandonner la possession de : *renoncer à une succession* 2. quitter, abandonner : *renoncer au monde* 3. cesser d'envisager, de considérer comme possible : *je renonce à la convaincre* ◆ *vi* au jeu, mettre une carte d'une couleur autre que la couleur demandée.

renouer *vt* 1. nouer une chose dénouée 2. reprendre après une interruption : *renouer la conversation* ◆ *vi* se lier de nouveau : *renouer avec quelqu'un.*

renouveau *nm* 1. renouvellement 2. LITT. retour du printemps.

renouveler *vt* (conj 6) 1. substituer une personne ou une chose à une autre qui ne convient plus : *renouveler sa garde-robe* 2. refaire, recommencer : *renouveler un bail, une promesse* 3. rendre nouveau en transformant : *renouveler une mode* ◆ **se renouveler** *vpr* 1. changer, être remplacé 2. recommencer 3. prendre une forme nouvelle.

renouvellement *nm* action de renouveler ; fait de se renouveler.

rénovation *nf* changement en mieux, transformation, modernisation.

rénover *vt* 1. remettre à neuf 2. donner une nouvelle forme, une nouvelle existence.

renseignement *nm* 1. indication, information, éclaircissement 2. (souvent au pluriel) connaissances de tous ordres sur un adversaire potentiel, utiles aux pouvoirs publics et au commandement militaire ◆ **renseignements** *pl* bureau, service chargé d'informer le public.

renseigner *vt* donner un, des renseignements à : *renseigner un passant* ◆ **se renseigner** *vpr* s'informer, obtenir des renseignements.

rentabiliser *vt* rendre rentable.

rentable *adj* qui procure un bénéfice, un revenu satisfaisant ; fructueux.

rente *nf* 1. revenu fourni par un capital : *vivre de ses rentes* 2. somme d'argent versée périodiquement à quelqu'un 3. emprunt de l'État, représenté par un titre qui donne droit à un intérêt.

rentier, ère *n* personne qui a des rentes, qui vit de revenus non professionnels.

rentrant, e *adj* • *angle rentrant* angle supérieur à 180° CONTR. *saillant.*

rentrée *nf* 1. action de rentrer 2. action de reprendre ses fonctions, ses activités après des vacances ; période de retour après les vacances 3. recouvrement de fonds ; somme recouvrée.

rentrer *vi* 1. entrer de nouveau 2. s'emboîter 3. percuter : *rentrer dans un arbre* 4. être compris dans : *rentrer dans une énumération* 5. reprendre ses fonctions : *les tribunaux sont rentrés* 6. être perçu, payé : *fonds qui rentrent mal* 7. recouvrer : *rentrer dans ses fonds, dans ses droits* • *rentrer en soi-même* faire un retour sur soi, réfléchir ◆ *vt* 1. porter à l'intérieur, à l'abri : *rentrer les foins* 2. cacher, refouler : *rentrer ses larmes.*

renverse *nf* • *à la renverse* sur le dos, en arrière.

renverser *vt* 1. mettre à l'envers, sens dessus dessous ; inverser : *renverser un sablier ; renverser la vapeur* 2. faire tomber : *renverser un verre ; se faire renverser par une voiture* 3. éliminer : *renverser des obstacles* 4. provoquer la chute de : *renverser le gouvernement* 5. étonner profondément ◆ **se renverser** *vpr* 1. pencher le corps en arrière 2. se retourner.

renvoi *nm* 1. action de renvoyer 2. indication par laquelle le lecteur est invité à se reporter à un autre endroit du texte, du livre 3. ajournement : *renvoi d'un procès* 4. émission par la bouche de gaz provenant de l'estomac.

renvoyer *vt* (conj 11) 1. envoyer de nouveau ou en retour, faire retourner : *renvoyer la balle, un compliment* 2. ne pas accepter : *renvoyer un présent* 3. congédier, destituer : *renvoyer un domestique* 4. répercuter, réfléchir : *renvoyer le son, la lumière* 5. ajourner : *renvoyer à demain* 6. inviter quelqu'un à consulter quelqu'un, quelque chose : *renvoyer à des notes en bas de page.*

réouverture *nf* action de rouvrir.

repaire *nm* lieu de refuge des bêtes sauvages, des brigands.

répandre *vt* (conj 50) 1. verser, laisser couler : *répandre du vin ; répandre des larmes* 2. produire, dégager, émettre : *le soleil répand sa lumière ; répandre une odeur* 3. donner, distribuer avec profusion : *répandre des bienfaits* ◆ **se répandre** *vpr* 1. s'écouler 2. se propager • *se répandre en...* en dire beaucoup.

répandu, e *adj* communément admis : *opinion répandue.*

réparateur, trice *adj* et *n* 1. qui répare 2. qui redonne des forces : *sommeil réparateur.*

réparation *nf* action de réparer ; son résultat : *réparation d'un pont ; demander la réparation d'une offense* • *surface de réparation* au football, aire rectangulaire devant la ligne de but.

réparer *vt* 1. remettre en bon état de fonctionnement : *réparer une montre* 2. corriger ; effacer, expier : *réparer une négligence, une offense.*

repartie [rəparti] ou [reparti] *nf* réplique vive et spirituelle.

repartir *vi* (conj 26 ; auxil : être) partir de nouveau.

répartir *vt* partager, distribuer selon certaines règles.

répartition *nf* partage, distribution.

repas *nm* nourriture prise chaque jour à certaines heures.

repasser *vi* passer de nouveau, revenir ◆ *vt* 1. passer, franchir de nouveau : *repasser un col* 2. aiguiser : *repasser un couteau* 3. défriper avec un fer chaud : *repasser du linge* 4. remettre en mémoire ; relire, redire : *repasser ses leçons.*

repêcher *vt* retirer de l'eau ce qui y est tombé • FAM. *repêcher un candidat* lui donner une chance supplémentaire.

repentir *nm* 1. vif regret d'avoir fait ou de n'avoir pas fait quelque chose 2. BX-ARTS trace d'un changement apporté à une œuvre durant son exécution.

repentir (se) *vpr* (conj 19) regretter : *se repentir de ses fautes.*

repérage *nm* 1. action de repérer 2. reconnaissance des lieux en vue du tournage d'un film en décors naturels.

répercussion *nf* 1. action de répercuter ; fait de se répercuter 2. conséquence : *les répercussions d'un scandale.*

répercuter *vt* 1. réfléchir, renvoyer : *répercuter un son* 2. faire en sorte que quelque chose soit transmis : *répercuter les consignes* 3. faire supporter par d'autres personnes la charge d'un impôt, d'une taxe, etc. ◆ **se répercuter** *vpr* avoir des conséquences directes.

repère *nm* 1. tout ce qui permet de retrouver quelque chose dans un ensemble 2. marque faite pour indiquer ou retrouver un alignement, un niveau, une hauteur, etc. • *point de repère* 1. marque, objet ou endroit déterminé qui permet de s'orienter 2. tout indice qui permet de situer un événement dans le temps.

repérer *vt* (conj 10) 1. marquer de repères 2. localiser : *repérer un sous-marin* 3. apercevoir, distinguer parmi d'autres : *repérer un ami dans la foule.*

répertoire *nm* 1. table, recueil où les matières sont rangées en ordre : *répertoire alphabétique* 2. liste des œuvres qui forment le fonds d'un théâtre, d'une compagnie de ballet 3. ensemble des œuvres habituellement interprétées par un comédien, un musicien, etc. 4. ensemble de connaissances, d'anecdotes, etc. : *un vaste répertoire d'injures.*

répertorier *vt* inscrire dans un répertoire.

répéter *vt* (conj 10) 1. redire ce qu'on a déjà dit ou ce qu'un autre a dit 2. refaire, recommencer : *répéter une expérience* 3. reproduire : *répéter un motif* ◆ *vt* et *vi* étudier une pièce, un morceau de musique, etc., en vue de son exécution, de sa représentation en public ◆ **se répéter** *vpr* 1. redire les mêmes choses sans nécessité 2. se reproduire.

répétition *nf* 1. retour de la même idée, du même mot ; redite : *évitez les répétitions inutiles* 2. réitération d'une même action 3. séance de travail, de mise au point d'une œuvre musicale, dramatique, etc., destinée à être présentée au public 4. VX. leçon particulière.

repeupler *vt* 1. peupler une région dépeuplée 2. regarnir un lieu d'espèces animales ou végétales.

repiquer *vt* 1. piquer de nouveau 2. copier un enregistrement 3. AGRIC transplanter des jeunes plants provenant de semis : *repiquer des salades.*
répit *nm* arrêt momentané de quelque chose qui accable ; temps de repos, de détente • *sans répit* sans cesse.
replâtrer *vt* 1. recouvrir de plâtre : *replâtrer un mur* 2. FAM. réparer d'une manière précaire.
replet, ète *adj* qui a de l'embonpoint.
repli *nm* 1. double pli 2. fait de revenir à une position, à une valeur qui marque une régression : *repli des valeurs boursières* 3. MIL retraite volontaire d'une troupe ◆ **replis** *pl* 1. sinuosités, ondulations : *replis d'un terrain* 2. ce qu'il y a de plus caché, de plus intime : *les replis du cœur humain.*
replier *vt* plier de nouveau ◆ **se replier** *vpr* 1. se plier, se courber une ou plusieurs fois 2. reculer en bon ordre : *l'armée se replie* • *se replier sur soi-même* s'isoler du monde extérieur.
réplique *nf* 1. réponse vive ; objection 2. partie d'un dialogue théâtral dite par un acteur 3. copie d'une œuvre d'art • *donner la réplique* servir de partenaire à.
répliquer *vt* et *vi* répondre avec vivacité, en s'opposant.
répondant, e *n* caution, garant : *être le répondant de quelqu'un* ◆ *nm* • FAM. *avoir du répondant* avoir des capitaux servant de garantie.
répondeur *nm* dispositif relié à un téléphone, qui permet de communiquer un message aux correspondants • *répondeur-enregistreur* répondeur permettant aussi d'enregistrer les appels et les messages.
répondre *vt* et *vi* dire ou écrire en réponse ◆ *vt ind* [à] 1. fournir la ou les réponses demandées 2. envoyer une lettre en réponse à une autre 3. apporter des raisons contre : *répondre à une objection* 4. être conforme à, correspondre : *le résultat répond à l'effort* 5. produire l'effet attendu : *les freins ne répondent plus* 6. payer de retour : *répondre à une politesse* ◆ *vt ind* [de] être garant, responsable : *répondre de quelqu'un.*
réponse *nf* 1. ce qu'on dit ou écrit à la suite d'une question 2. explication, solution apportée à une question 3. réaction : *réponse à un stimulus.*
report *nm* 1. action de reporter ; total, somme reportés 2. action de remettre à un autre moment : *le report d'une question.*
reportage *nm* enquête retransmise par la presse, la radio ou la télévision sur un sujet précis.
reporter [rəpɔrtɛr] *n* journaliste chargé d'un reportage.
reporter *vt* 1. porter une chose au lieu où elle était auparavant 2. réinscrire ailleurs 3. appliquer quelque chose à une autre destination : *reporter ses voix sur un autre candidat* ◆ **se reporter** *vpr* 1. se transporter en pensée : *se reporter en arrière* 2. se référer à.
repos *nm* 1. absence de mouvement : *se tenir en repos* 2. fait de cesser son activité : *prenez un peu de repos* 3. sommeil 4. tranquillité, quiétude : *avoir la conscience en repos* • *de tout repos* qui procure une complète tranquillité • *repos !* commandement militaire indiquant l'abandon de la position du garde-à-vous.
reposé, e *adj* qui ne présente plus de traces de fatigue • *à tête reposée* à loisir, avec réflexion.
reposer *vt* 1. poser de nouveau ; remettre en place : *reposer une serrure* 2. délasser, soulager : *reposer ses membres fatigués ; reposer l'esprit* ◆ *vt ind* [sur] 1. être posé sur : *le plancher repose sur des poutres* 2. être établi, fondé sur : *sur quoi repose votre soupçon ?* ◆ *vi* être étendu, enterré : *ici repose X* • *laisser reposer* laisser au repos, sans mouvement : *laisser reposer une pâte, la terre* ◆ **se reposer** *vpr* 1. se poser de nouveau 2. cesser de travailler pour éliminer la fatigue • *se reposer sur quelqu'un* s'en remettre à lui.
repoussant, e *adj* qui inspire du dégoût, de la répulsion.
repousser *vt* 1. pousser en arrière, faire reculer : *repousser l'ennemi* 2. ne pas céder, résister à : *repousser la tentation* 3. ne pas accepter : *repousser une proposition* 4. réaliser à froid une forme en métal ◆ *vi* pousser de nouveau : *sa barbe repousse.*
reprendre *vt* (conj 54) 1. prendre de nouveau : *reprendre du pain, du personnel, des forces* 2. rentrer en possession de ce qui avait été perdu ou donné : *reprendre un cadeau* 3. chercher : *je viendrai vous reprendre* 4. continuer une chose interrompue : *reprendre un travail* 5. redire, répéter : *reprendre les mêmes arguments* 6. apporter des modifications à : *reprendre le projet d'un article ; reprendre un vêtement* 7. réprimander : *reprendre un enfant* ◆ *vi* 1. se rétablir, retrouver sa vigueur, son activité : *cet arbre reprend bien ; les affaires reprennent* 2. se manifester à nouveau, recommencer : *le froid reprend* ◆ **se reprendre** *vpr* 1. redevenir maître de soi, se ressaisir 2. se rétracter, rectifier ses propos : *il se reprit à temps.*
représailles *nf pl* mesures répressives infligées à un adversaire pour se venger du mal qu'il a causé.
représentant, e *n* personne qui représente une autre personne ou un groupe et qui agit en son nom • *représentant de commerce* commis voyageur, courtier.
représentatif, ive *adj* 1. qui représente une collectivité et peut parler en son nom : *syndicat représentatif* 2. considéré comme

le modèle, le type d'une catégorie : *échantillon représentatif* • *gouvernement représentatif* où le peuple délègue à ses représentants l'exercice du pouvoir législatif.

représentation *nf* 1. action de représenter 2. idée que nous nous faisons du monde ou d'un objet donné 3. image graphique, picturale, etc., d'un phénomène, d'une idée 4. action de représenter par le moyen de l'art ; œuvre artistique figurant quelque chose, quelqu'un 5. action de donner un spectacle devant un public ; ce spectacle 6. action de représenter une personne ou une collectivité ; personnes qui en sont chargées 7. action de traiter des affaires pour le compte d'une maison de commerce.

représenter *vt* 1. présenter de nouveau 2. faire apparaître d'une manière concrète ; correspondre à : *ceci représente le progrès* 3. figurer par un moyen artistique, par le langage ; décrire, évoquer : *représenter un naufrage* 4. jouer en public une pièce de théâtre 5. tenir la place de quelqu'un, d'un groupe, agir en son nom : *les ambassadeurs représentent les chefs d'État ; représenter une société* 6. être le symbole, l'incarnation, le type de : *ils représentent la classe moyenne* 7. LITT. faire observer : *représenter les inconvénients d'une action* ◆ **se représenter** *vpr* 1. se présenter de nouveau 2. se figurer, imaginer.

répressif, ive *adj* qui réprime.

répression *nf* action de réprimer.

réprimande *nf* blâme exprimé avec autorité.

réprimer *vt* 1. contenir, refouler : *réprimer un mouvement de colère* 2. empêcher par la force le développement d'une action jugée dangereuse : *réprimer une révolte.*

repris *nm* • *repris de justice* personne qui a déjà été condamnée.

reprise *nf* 1. action de reprendre : *la reprise des hostilités* 2. nouvel essor : *la reprise économique* 3. fait de jouer de nouveau une pièce, un film 4. continuation d'une chose interrompue : *la reprise du travail* 5. raccommodage : *faire une reprise à un drap* 6. rachat d'un objet, d'un matériel usagé 7. SPORTS chacune des parties d'un assaut d'escrime, d'un combat de boxe 8. ÉQUIT ensemble de figures exécutées par un cavalier 9. MUS répétition d'une partie d'un morceau, d'un air 10. TECHNOL dans un moteur, passage rapide d'un bas régime à un régime supérieur ◆ **reprises** *pl* DR ce que chacun des époux a le droit de prélever, avant partage, sur la masse des biens de la communauté • *à plusieurs reprises* plusieurs fois.

repriser *vt* faire une reprise, raccommoder : *repriser des chaussettes.*

réprobation *nf* action de réprouver, de rejeter ; blâme.

reproche *nm* blâme que l'on adresse à quelqu'un pour lui exprimer son mécontentement ou pour lui faire honte.

reprocher *vt* 1. faire des reproches à quelqu'un au sujet de quelque chose : *reprocher sa paresse à un écolier* 2. rappeler avec aigreur 3. trouver un défaut à quelque chose, critiquer ◆ **se reprocher** *vpr* se blâmer, se considérer comme responsable de quelque chose : *se reprocher sa faiblesse.*

reproduction *nf* 1. fonction par laquelle les êtres vivants perpétuent leur espèce 2. action de reproduire un texte, une illustration, des sons : *autoriser la reproduction d'un article* 3. copie ou imitation d'une œuvre artistique : *acheter une reproduction de Chardin.*

reproduire *vt* (conj 70) 1. restituer un phénomène aussi fidèlement que possible, imiter : *reproduire les sons avec un magnétophone ; artiste qui reproduit la nature* 2. publier de nouveau : *reproduire un article de journal* ◆ **se reproduire** *vpr* 1. se produire de nouveau 2. donner naissance à des êtres de son espèce.

reprographie *nf* ensemble des techniques permettant de reproduire un document.

réprouver *vt* 1. rejeter en condamnant, désapprouver 2. THÉOL condamner aux peines éternelles.

reptile *nm* vertébré rampant, avec ou sans pattes, comme le serpent, le lézard ou la tortue (les reptiles forment une classe).

repu, e *adj* rassasié.

républicain, e *adj* qui appartient à une république ou à la république ◆ *adj* et *n* partisan de la république.

république *nf* gouvernement dans lequel le peuple exerce la souveraineté directement ou par l'intermédiaire de délégués élus.

répudier *vt* 1. renvoyer sa femme suivant les formalités légales 2. FIG. rejeter, repousser : *répudier une croyance.*

répugnance *nf* aversion pour quelqu'un ou quelque chose ; dégoût, répulsion.

répugner *vt ind* [à] 1. éprouver de l'aversion, du dégoût pour ; rechigner, renâcler : *répugner à mentir* 2. inspirer de la répugnance : *cet homme me répugne.*

répulsion *nf* 1. vive répugnance, aversion, dégoût 2. PHYS force en vertu de laquelle certains corps se repoussent mutuellement.

réputation *nf* 1. opinion publique favorable ou défavorable : *avoir une bonne réputation* 2. manière d'être considéré : *il a la réputation d'être honnête* • *de réputation* seulement d'après ce qu'on en dit : *je le connais de réputation.*

requérir *vt* (conj 21) 1. demander en justice 2. réclamer en vertu d'un droit légal 3. FIG. en parlant d'une chose, demander, nécessiter : *cela requiert un effort.*

requête *nf* 1. demande écrite ou verbale, supplique : *présenter une requête* 2. DR demande effectuée auprès d'une autorité ayant pouvoir de décision • *maître des requêtes* magistrat qui fait office de rapporteur au Conseil d'État.

requiem [rekɥijɛm] *nm inv* 1. prière de l'Église catholique pour les morts 2. musique composée sur ce texte.

requin *nm* 1. grand poisson marin appelé aussi squale, dont certaines espèces sont carnivores 2. FIG. homme d'affaires impitoyable, sans scrupule.

requinquer *vt* FAM. redonner des forces, de l'entrain.

requis, e *adj* exigé, nécessaire ◆ *nm* civil mobilisé pour un travail obligatoire.

réquisition *nf* procédure qui autorise l'Administration à contraindre un particulier à lui céder un bien ou à effectuer une prestation ◆ **réquisitions** *pl* DR réquisitoire.

réquisitionner *vt* se procurer quelque chose, utiliser les services de quelqu'un par acte de réquisition.

réquisitoire *nm* 1. DR discours par lequel le procureur de la République (ou son substitut) demande au juge d'appliquer la loi à un inculpé 2. accusations, reproches violents.

rescapé, e *adj* et *n* sorti sain et sauf d'un accident, d'une catastrophe.

rescousse (à la) *loc adv* à l'aide.

réseau *nm* 1. ensemble de lignes, de fils entrecroisés, entrelacés 2. ensemble de voies ferrées, de lignes téléphoniques, de postes radiophoniques, etc. 3. ensemble de personnes en liaison les unes avec les autres pour une action clandestine : *réseau de résistance.*

réservation *nf* action de retenir une place dans un avion, sur un bateau, etc.

réserve *nf* 1. action de mettre de côté 2. chose réservée : *faire des réserves de sucre* 3. local où l'on entrepose des marchandises 4. prudence, retenue dans les actes et les propos : *parler avec réserve* 5. restriction : *l'amitié n'admet point de réserve* 6. MIL troupe maintenue disponible pour être envoyée en renfort ; période faisant suite au service actif • *en réserve* à part, de côté : *mettre en réserve* • *réserve naturelle* territoire réglementé pour la sauvegarde des espèces animales et végétales qui y ont élu domicile • *sans réserve* sans restriction • *sous toute réserve* sans garantie, sans engagement formel ◆ **réserves** *pl* DR clauses restrictives • *faire, émettre des réserves* ne pas donner son approbation entière.

réserver *vt* 1. mettre à part, de côté 2. destiner exclusivement à 3. faire la réservation de ◆ **se réserver** *vpr* 1. garder quelque chose pour soi 2. attendre : *se réserver pour la fin.*

réserviste *nm* MIL homme qui appartient à la réserve des forces armées.

réservoir *nm* 1. récipient destiné à recevoir un liquide : *réservoir d'essence* 2. lieu aménagé pour y tenir certaines choses en réserve.

résidence *nf* 1. demeure habituelle en un lieu déterminé 2. séjour effectif et obligatoire au lieu où l'on exerce une fonction 3. groupe d'habitations d'un certain confort • *résidence secondaire* maison de vacances ou de week-end.

résident, e *n* personne qui réside dans un autre endroit que son pays d'origine.

résidentiel, elle *adj* 1. réservé aux habitations privées 2. qui offre un haut niveau de confort, de luxe.

résider *vi* 1. demeurer, être établi en un lieu 2. être, consister en : *là réside la difficulté.*

résidu *nm* 1. ce qui subsiste après une opération physique ou chimique 2. rebut, déchet.

résiduel, elle *adj* qui provient d'un reste • *relief résiduel* massif qui a été préservé de l'érosion.

résigner *vt* DR renoncer volontairement à une charge, une fonction ◆ **se résigner** *vpr* se soumettre sans protestation.

résilier *vt* mettre fin à une convention, un contrat : *résilier un bail.*

résine *nf* substance visqueuse produite par certains végétaux.

résistance *nf* 1. action de résister, de s'opposer à quelqu'un, à une autorité 2. capacité à résister à une épreuve physique ou morale 3. propriété d'un corps de résister aux effets d'un agent extérieur ; solidité 4. PHYS force qui s'oppose au mouvement d'un corps dans un fluide 5. ÉLECTR difficulté plus ou moins grande qu'un conducteur oppose au passage d'un courant (mesurée en *ohms*) ; conducteur dans lequel l'énergie du courant électrique est transformée en chaleur • *plat de résistance* mets principal d'un repas.

résistant, e *adj* qui supporte bien les épreuves physiques ; robuste ◆ *adj* et *n* qui s'oppose à une occupation ennemie ; membre de la Résistance pendant la Seconde Guerre mondiale.

résister *vt ind* [à] 1. ne pas céder sous l'action d'un choc, d'une force 2. lutter contre ce qui attire, ce qui est dangereux : *résister à un désir* 3. supporter sans faiblir : *résister à la fatigue.*

résolu, e *adj* ferme dans ses projets, déterminé.

résolution *nf* 1. fait de se résoudre, de se réduire 2. moyen par lequel on tranche un cas douteux, un problème 3. décision prise avec la volonté de s'y tenir 4. DR dissolution d'un contrat pour inexécution des engagements 5. MÉD disparition progressive d'une tumeur.

résonance *nf* 1. propriété d'accroître la durée ou l'intensité du son : *la résonance d'une salle* 2. effet produit dans l'esprit, le cœur : *ce poème éveille des résonances profondes.*

résonnant, e ou **résonant, e** *adj* qui résonne.

résonner *vi* 1. renvoyer le son en augmentant sa durée ou son intensité 2. produire un son.

résorber *vt* 1. faire disparaître peu à peu 2. MÉD faire se réduire ou disparaître une tumeur, un abcès, etc. ◆ **se résorber** *vpr* disparaître progressivement.

résoudre *vt* (conj 61) 1. décomposer un corps en ses éléments constituants 2. prendre une décision : *il a résolu d'agir* 3. trouver la solution de : *résoudre un problème* 4. DR annuler 5. MÉD résorber, faire disparaître ◆ **se résoudre** *vpr* [à] 1. se décider à : *se résoudre à partir* 2. consister en, se réduire à : *tout ceci se résout à presque rien.*

respect *nm* sentiment qui porte à traiter quelqu'un, quelque chose avec égard, à ne pas porter atteinte à quelque chose : *respect filial ; respect des lois* • *respect humain* crainte du jugement d'autrui • *tenir quelqu'un en respect* 1. le contenir, lui en imposer 2. le menacer avec une arme ◆ **respects** *pl* hommages, civilités : *présenter ses respects.*

respectable *adj* 1. digne de respect 2. qui mérite d'être pris en compte : *une somme respectable.*

respecter *vt* 1. traiter avec respect, déférence 2. ne pas porter atteinte à quelque chose ; ne pas troubler ◆ **se respecter** *vpr* se comporter avec la décence qui convient.

respectif, ive *adj* qui concerne chaque personne, chaque chose, par rapport aux autres.

respectueux, euse *adj* qui témoigne, qui marque du respect : *ton respectueux.*

respiration *nf* fonction commune à tous les êtres vivants, qui consiste à absorber de l'oxygène et à rejeter du gaz carbonique ou de l'eau • *respiration artificielle* manœuvres destinées à suppléer, à rétablir chez un asphyxié la respiration naturelle.

respiratoire *adj* relatif à la respiration ; qui sert à respirer : *appareil respiratoire.*

respirer *vi* 1. absorber et rejeter l'air destiné à entretenir la vie : *les végétaux respirent* 2. vivre : *il respire encore* 3. prendre un moment de répit : *laissez-moi respirer !* ◆ *vt* 1. absorber en aspirant : *respirer de l'air* 2. manifester, exprimer : *respirer la santé, la joie.*

resplendir *vi* briller avec un grand éclat.

responsabiliser *vt* rendre responsable.

responsabilité *nf* 1. obligation de réparer une faute, de remplir une charge, un engagement 2. capacité de prendre une décision sans en référer préalablement à une autorité supérieure.

responsable *adj* 1. qui doit répondre de ses actes ou de ceux des personnes dont il a la charge 2. qui pèse les conséquences de ses actes ; réfléchi : *agir en homme responsable* ◆ *adj* et *n* 1. qui est à l'origine d'un mal, d'une erreur : *être responsable d'un accident ; le vrai responsable, c'est l'alcool* 2. qui a un pouvoir de décision.

resquiller *vt* et *vi* 1. FAM. s'attribuer un avantage auquel on n'a pas droit 2. entrer sans payer (spectacles, transports, etc.).

ressaisir *vt* saisir de nouveau ◆ **se ressaisir** *vpr* redevenir maître de soi.

ressasser *vt* répéter sans cesse.

ressemblance *nf* conformité, analogie de forme, de physionomie, etc.

ressembler *vt ind* [à] avoir des traits communs avec quelqu'un, quelque chose ◆ **se ressembler** *vpr* offrir une ressemblance mutuelle.

ressemeler *vt* (conj 6) mettre une semelle neuve à.

ressentir *vt* (conj 19) sentir, éprouver : *ressentir une douleur* ◆ **se ressentir** *vpr* [de] éprouver les suites de : *se ressentir d'une maladie.*

resserrer *vt* 1. serrer davantage : *resserrer un cordon* 2. rendre plus étroit : *resserrer des liens d'amitié* ◆ **se resserrer** *vpr* devenir plus étroit.

ressort *nm* 1. organe élastique qui reprend sa forme après avoir été plié ou comprimé 2. LITT. ce qui meut, qui fait agir : *l'argent est le ressort de bien des conflits* 3. force, énergie : *avoir du ressort.*

ressort *nm* 1. DR étendue, limite d'une juridiction 2. pouvoir, compétence : *ce n'est pas de son ressort* • *en dernier ressort* sans appel.

ressortir *vi* (conj 28 ; auxil : être) 1. sortir de nouveau 2. apparaître par contraste : *faire ressortir des défauts* ◆ *v. impers* résulter : *il ressort de ses déclarations que...*

ressortissant, e *n* personne protégée par les représentants diplomatiques ou consulaires d'un pays donné, lorsqu'elle réside dans un autre pays.

ressource *nf* ce qui peut fournir un moyen de se tirer d'embarras ◆ **ressources** *pl* 1. moyens d'existence d'une personne ; éléments de la richesse ou de la puissance d'une nation : *ressources naturelles* 2. moyens dont on dispose, possibilités d'action.

ressourcer (se) *vpr* revenir à ses sources, à ses racines.

ressusciter *vt* 1. ramener de la mort à la vie 2. produire un effet énergique : *ce médicament l'a ressuscité* 3. faire réapparaître : *ressusciter une mode* ◆ *vi* (auxil : être) revenir de la mort à la vie.

restant, e *adj* qui reste • ***poste restante*** mention indiquant qu'une lettre doit rester au bureau de poste où son destinataire viendra la réclamer ◆ *nm* ce qui reste.

restaurant *nm* établissement public où l'on sert des repas moyennant paiement.

restaurateur, trice *n* 1. personne qui restaure une œuvre d'art 2. personne qui tient un restaurant.

restauration *nf* 1. réparation, réfection : *restauration d'un tableau* 2. métier de restaurateur ; ensemble des restaurants et de leur administration 3. nouvelle vigueur, rétablissement 4. rétablissement sur le trône d'une dynastie déchue : *restauration des Bourbons* • ***restauration rapide*** fast-food.

restaurer *vt* 1. réparer, remettre en bon état 2. LITT. remettre en vigueur, en honneur 3. remettre sur le trône ◆ **se restaurer** *vpr* prendre de la nourriture.

reste *nm* 1. ce qui demeure d'un tout dont on a retranché une partie 2. ce qui est encore à faire ou à dire 3. petite quantité, trace : *un reste d'espoir* 4. différence entre deux quantités • ***au reste*** ou ***du reste*** au surplus, d'ailleurs • ***être en reste avec quelqu'un*** lui devoir quelque chose • ***ne pas demander son reste*** se retirer rapidement, sans insister ◆ **restes** *pl* 1. ce qui reste d'un plat, d'un repas 2. cadavre, ossements 3. vestiges.

rester *vi* (auxil : être) 1. subsister : *voilà ce qui reste de sa fortune* 2. continuer à être dans un lieu, demeurer 3. se maintenir dans un état : *rester jeune* • ***en rester là*** ne pas aller plus avant, se borner à • ***il n'en reste pas moins que*** il est indéniable que, toujours est-il que.

restituer *vt* 1. rendre ce qui a été pris ou ce qui est possédé indûment : *restituer un objet volé* 2. rétablir, remettre en son premier état : *restituer un texte* 3. reproduire un son enregistré.

restreindre *vt* (conj 55) réduire, limiter ◆ **se restreindre** *vpr* réduire ses dépenses.

restriction *nf* 1. condition qui restreint ; réserve : *cette mesure a été adoptée sans restriction* 2. action de réduire la quantité, l'importance de : *restriction des crédits* ◆ **restrictions** *pl* mesures de rationnement en période de pénurie.

résultat *nm* ce qui résulte d'une action, d'un fait, d'un principe, d'un calcul : *le résultat d'une soustraction, d'une démarche, d'un examen* ◆ **résultats** *pl* 1. réalisations concrètes : *obtenir des résultats* 2. bénéfices ou pertes ; bilan : *les résultats d'une entreprise.*

résulter *vi* et *v.impers* (auxil : être ou avoir) s'ensuivre, être la conséquence logique de.

résumé *nm* abrégé, sommaire • ***en résumé*** 1. en résumant, en récapitulant 2. en bref.

résumer *vt* rendre en peu de mots : *résumer un texte* ◆ **se résumer** *vpr* reprendre brièvement ce qu'on a dit • ***se résumer à*** consister essentiellement en.

résurrection *nf* 1. retour de la mort à la vie 2. FIG. retour inattendu à la santé 3. renaissance, réapparition.

rétablir *vt* 1. remettre en son premier état ou en meilleur état ; redresser : *rétablir la situation* 2. ramener, remettre en vigueur : *rétablir l'ordre* 3. redonner des forces à, guérir : *rétablir sa santé* ◆ **se rétablir** *vpr* recouvrer la santé.

rétablissement *nm* 1. action de rétablir 2. retour à la santé 3. mouvement consistant à se redresser en prenant appui sur les poignets.

retaper *vt* 1. FAM. réparer sommairement 2. FAM. remettre quelqu'un d'aplomb, en bonne santé • ***retaper un lit*** le faire superficiellement.

retard *nm* 1. fait d'arriver, d'agir trop tard : *être en retard ; avoir du retard* 2. ralentissement du mouvement d'une horloge 3. état de quelqu'un, de quelque chose qui n'est pas aussi développé, avancé qu'il devrait : *retard de croissance.*

retardataire *adj* et *n* qui est en retard.

retardé, e *adj* et *n* FAM. qui est en retard dans son développement intellectuel.

retardement (à) *loc adv* quand il est trop tard • ***bombe à retardement*** munie d'un dispositif qui en retarde l'explosion jusqu'à un moment déterminé.

retarder *vt* 1. différer : *retarder un paiement* 2. mettre en retard : *la pluie nous a retardés* 3. ralentir : *retarder la guérison* ◆ *vi* 1. marquer une heure moins avancée que l'heure réelle : *ta montre retarde* 2. FAM. ignorer une nouvelle que tout le monde connaît.

retenir *vt* (conj 22) 1. garder par devers soi 2. maintenir, contenir, empêcher d'aller, d'agir, etc. : *retenir un cheval ; retenir ses larmes* 3. garder dans sa mémoire 4. réserver : *retenir sa place* 5. prélever, déduire 6. ARITHM reporter une retenue ◆ **se retenir** *vpr* 1. s'accrocher à quelque chose 2. se contenir.

rétention *nf* 1. action de retenir 2. MÉD accumulation excessive dans l'organisme de produits devant normalement être éliminés.

retentir *vi* 1. produire, renvoyer un son éclatant 2. avoir des répercussions.

retentissant, e *adj* qui retentit : *son retentissant ; scandale retentissant.*

retentissement *nm* répercussion : *cette nouvelle a eu un grand retentissement.*

retenue *nf* 1. somme qu'un employeur retient sur le salaire de ses employés : *retenue pour la Sécurité sociale* 2. ARITHM dans une opération, chiffre reporté 3. privation de récréation ou de sortie, dans les établissements scolaires 4. modération, discrétion : *manquer de retenue* • *retenue d'eau* eau emmagasinée derrière un barrage, dans un réservoir, un bief.

réticence *nf* 1. omission volontaire de ce qu'on devrait ou pourrait dire : *parler sans réticence* 2. hésitation à dire, à faire quelque chose.

rétine *nf* membrane située au fond de l'œil, sur laquelle se forment les images des objets.

retiré, e *adj* 1. peu fréquenté 2. qui a cessé toute activité professionnelle.

retirer *vt* 1. tirer à soi, ramener en arrière : *retirer sa main* 2. faire sortir quelqu'un, quelque chose de l'endroit où il était 3. reprendre, ôter : *retirer à quelqu'un sa place* 4. obtenir : *retirer un bénéfice* 5. dégager, renoncer à : *retirer sa parole* ◆ **se retirer** *vpr* 1. s'en aller, s'éloigner ; rentrer chez soi 2. quitter ; prendre sa retraite : *se retirer du monde* 3. être dans son reflux (mer).

retombée *nf* ce qui retombe : *des retombées radioactives* ◆ **retombées** *pl* conséquences, répercussions : *les retombées politiques d'un scandale.*

retomber *vi* (auxil : être) 1. tomber de nouveau ; tomber après avoir été élevé ou s'être élevé : *la vapeur retombe en pluie* 2. se trouver de nouveau dans une situation : *retomber malade* 3. rejaillir : *cela retombera sur lui.*

rétorquer *vt* répondre vivement, répliquer.

rétorsion *nf* • *mesure de rétorsion* acte qui consiste, pour quelqu'un, un État, à employer à l'égard d'un autre les mesures dont ce dernier s'est servi contre lui ; représailles.

retoucher *vt* corriger, perfectionner, rectifier : *retoucher un ouvrage, une photo, un vêtement.*

retour *nm* 1. action de revenir : *le retour des hirondelles ; retour au calme ; retour en arrière* 2. répétition : *retour d'une phrase musicale* 3. échange, réciprocité : *payer en retour* 4. fait de rendre, de renvoyer ; chose rendue 5. coude, angle d'une ligne, d'une surface 6. mouvement imprévu en sens opposé ; changement brusque : *retour de manivelle ; les retours de la fortune* • *en retour* en échange • *être sur le retour* 1. être sur le point de repartir 2. commencer à vieillir • *par retour du courrier* aussitôt après l'avoir reçu • *sans retour* pour toujours.

retournement *nm* changement brusque et complet : *retournement de la situation.*

retourner *vt* 1. tourner dans un autre sens ; mettre à l'envers 2. renvoyer : *retourner une lettre* 3. examiner en tous sens : *retourner un problème* 4. faire changer d'avis 5. troubler : *il est tout retourné* ◆ *vi* (auxil : être) aller de nouveau ◆ *vt ind* [à] 1. revenir dans un état, une situation antérieurs : *retourner à l'état sauvage* 2. être restitué : *retourner à son propriétaire* ◆ **se retourner** *vpr* 1. se tourner dans un autre sens ; regarder derrière soi 2. se renverser • *s'en retourner* repartir vers le point de départ • *se retourner contre quelqu'un* lui devenir hostile ◆ *v. impers* • *de quoi retourne-t-il ?* de quoi s'agit-il ?

retracer *vt* (conj 1) 1. tracer de nouveau 2. raconter, exposer : *retracer un événement.*

rétracter *vt* 1. tirer en arrière, contracter : *l'escargot rétracte ses cornes* 2. LITT. retirer, désavouer : *rétracter ce qu'on a dit* ◆ **se rétracter** *vpr* 1. se contracter 2. se dédire, revenir sur ce qu'on a dit.

retrait *nm* 1. action de retirer : *retrait bancaire* 2. fait de se retirer : *retrait des troupes* 3. TECHN diminution de volume • *en retrait* en arrière.

retraite *nf* 1. action de se retirer 2. marche en arrière d'une armée 3. état d'une personne qui a cessé son activité professionnelle et reçoit une pension ; cette pension 4. éloignement momentané de la société pour se recueillir, pour se préparer à un acte religieux ; lieu où l'on se retire.

retraité, e *adj* et *n* qui est à la retraite.

retraitement *nm* traitement chimique du combustible nucléaire irradié.

retraiter *vt* pratiquer le retraitement de.

retrancher *vt* ôter quelque chose d'un tout ◆ **se retrancher** *vpr* se mettre à l'abri derrière des défenses • *se retrancher derrière quelque chose* l'invoquer comme moyen de défense, comme excuse.

retransmettre *vt* (conj 57) 1. transmettre de nouveau ou à d'autres 2. diffuser une émission radiophonique ou télévisée : *retransmettre un concert.*

retransmission *nf* 1. action de retransmettre 2. émission retransmise.

rétrécir *vt* rendre plus étroit ◆ *vi* ou **se rétrécir** *vpr* devenir plus étroit : *ce drap a rétréci.*

rétribuer *vt* payer pour un travail : *rétribuer un employé ; rétribuer un service.*

rétribution *nf* somme d'argent donnée en échange d'un travail, d'un service.

rétro *adj inv* et *nm* FAM. se dit d'une mode, d'un style s'inspirant d'un passé récent (en particulier des années 1920 à 1960).

rétroactif, ive *adj* qui agit sur le passé : *effet rétroactif.*

rétrograde *adj* 1. qui va en arrière : *marche rétrograde* 2. opposé au progrès, réactionnaire : *esprit rétrograde.*

rétrograder *vi* 1. revenir en arrière 2. régresser 3. AUTOM passer la vitesse inférieure ◆ *vt* MIL placer à un grade inférieur.

rétrospectif, ive *adj* 1. qui se rapporte au passé 2. qui se manifeste après coup : *une peur rétrospective.*

rétrospective *nf* exposition présentant de façon récapitulative les œuvres d'un artiste, d'une époque, etc.

retrousser *vt* relever : *retrousser ses manches.*

retrouvailles *nf pl* fait de retrouver des personnes dont on était séparé.

retrouver *vt* 1. trouver de nouveau ; trouver ce qui avait disparu, qui était égaré, oublié : *retrouver ses lunettes* 2. rejoindre : *j'irai vous retrouver* ◆ **se retrouver** *vpr* 1. se trouver de nouveau réunis après une séparation 2. être soudainement ou finalement dans telle situation : *se retrouver seul* 3. s'orienter • FAM. *s'y retrouver* 1. équilibrer ses dépenses et ses recettes 2. faire un profit.

rétroviseur *nm* petit miroir qui permet au conducteur d'un véhicule de voir ce qui se passe derrière lui.

réunification *nf* action de réunifier.

réunifier *vt* rétablir l'unité d'un pays, d'un parti, etc.

réunion *nf* 1. action de réunir des choses 2. fait de rassembler des personnes ; groupe de personnes rassemblées 3. temps pendant lequel on se réunit.

réunir *vt* 1. rassembler, grouper : *réunir des papiers ; réunir des amis* 2. rapprocher, rejoindre ce qui était séparé 3. faire communiquer : *couloir réunissant deux appartements* ◆ **se réunir** *vpr* s'assembler.

réussir *vi* 1. avoir un résultat heureux : *il réussit en tout* 2. s'acclimater : *la vigne ne réussit pas ici* ◆ *vt ind* [à] 1. parvenir : *j'ai réussi à le voir* 2. être bénéfique : *l'air de la mer lui réussit* ◆ *vt* faire avec succès : *réussir un portrait.*

réussite *nf* 1. résultat favorable 2. œuvre parfaite en son genre : *ce film est une réussite* 3. jeu de cartes auquel ne participe qu'une personne SYN. *patience.*

revaloriser *vt* rendre son ancienne valeur ou une valeur plus grande à : *revaloriser une monnaie, la fonction publique.*

revanche *nf* 1. action de rendre la pareille pour un mal que l'on a subi : *j'aurai ma revanche* 2. seconde partie que l'on joue après avoir perdu la première • *en revanche* 1. en retour 2. au contraire.

rêvasser *vi* se laisser aller à la rêverie.

rêve *nm* 1. suite d'images qui se présentent à l'esprit pendant le sommeil : *faire de beaux rêves* 2. idée plus ou moins chimérique que poursuivie dans l'espoir de réussir : *réaliser un rêve* • *de rêve* idéal.

rêvé, e *adj* qui convient tout à fait, idéal.

réveil *nm* 1. passage de l'état de sommeil à l'état de veille 2. FIG. retour à l'activité : *le printemps marque le réveil de la nature* 3. petite pendule à sonnerie, pour réveiller à une heure déterminée d'avance 4. sonnerie de clairon pour éveiller les soldats.

réveiller *vt* 1. tirer du sommeil 2. susciter de nouveau, faire renaître : *réveiller l'appétit.*

réveillon *nm* repas qui se fait au cours de la nuit de Noël ou du jour de l'an.

révélateur, trice *adj* qui indique, révèle ◆ *nm* 1. ce qui révèle, indique, manifeste 2. composition chimique qui transforme l'image latente d'une photographie en image visible.

révélation *nf* 1. action de révéler ; ce qui est révélé : *révélation d'un secret ; faire des révélations* 2. personne qui manifeste tout à coup un grand talent 3. RELIG manifestation d'un mystère ou dévoilement d'une vérité par Dieu ou par quelqu'un inspiré de Dieu.

révéler *vt* (conj 10) 1. découvrir, faire connaître ce qui était inconnu 2. être la marque de : *ce roman révèle un grand talent* 3. RELIG faire connaître par révélation ◆ **se révéler** *vpr* se manifester : *son génie se révéla tout à coup.*

revenant, e *n* 1. esprit, âme d'un mort qu'on suppose revenir de l'autre monde 2. FAM. personne qui revient après une longue absence.

revendication *nf* action de revendiquer ; réclamation.

revendiquer *vt* 1. réclamer ce qui nous appartient et dont on est privé : *revendiquer un héritage* 2. demander comme un dû : *revendiquer une augmentation de salaire* 3. assumer : *revendiquer la responsabilité de ses actes.*

revendre *vt* (conj 50) 1. vendre ce qu'on a acheté 2. vendre de nouveau • FAM. *à revendre* en abondance.

revenir *vi* (conj 22 ; auxil : être) 1. venir de nouveau 2. se rendre au lieu d'où l'on était parti : *revenir à Paris* 3. reparaître, se produire de nouveau 4. se représenter à la mémoire : *son nom ne me revient pas* 5. se livrer de nouveau à : *revenir à ses études* 6. passer de nouveau à un état antérieur : *revenir à soi, à la vie* 7. quitter un état : *revenir d'une erreur* 8. échoir, appartenir : *cela lui revient de droit* 9. coûter : *cela revient cher* 10. équivaloir, aboutir : *cela revient au même* 11. FAM. plaire, inspirer confiance : *sa tête ne me revient pas* • FAM. *ne pas en revenir* être très étonné • *revenir de loin* avoir échappé à un grand danger.

revenu *nm* somme annuelle perçue par une personne ou une collectivité soit à titre de rente, soit à titre de rémunération de son activité • *impôt sur le revenu* impôt calculé d'après le revenu des contribuables.

rêver *vi* 1. faire des rêves 2. laisser aller son imagination 3. dire des choses déraisonnables : *vous rêvez !* ◆ *vt ind* [à] songer à, méditer sur ◆ *vt ind* [de] voir en rêve : *j'ai rêvé de vous* ◆ *vt* 1. voir en rêve : *je rêve toutes les nuits la même chose* 2. imaginer, désirer : *il n'a pas la situation qu'il avait rêvée.*

réverbère *nm* appareil destiné à l'éclairage des rues.

réverbérer *vt* (conj 10) réfléchir, renvoyer la lumière, la chaleur, le son.

révérence *nf* 1. LITT. respect, vénération 2. mouvement du corps pour saluer • FAM. *tirer sa révérence* s'en aller.

révérend, e *adj* et *n* 1. titre d'honneur donné aux religieux et aux religieuses 2. titre des pasteurs anglicans.

rêverie *nf* état de l'esprit qui s'abandonne à des idées, des images vagues.

revers *nm* 1. côté d'une chose opposé au côté principal 2. côté d'une médaille, d'une pièce, opposé à l'*avers* 3. partie repliée d'un vêtement 4. retournement fâcheux de situation ; échec 5. SPORTS coup de raquette effectué à gauche par un droitier et vice versa • *à revers* par derrière • *revers de la main* dos de la main • *revers de la médaille* mauvais côté d'une chose, inconvénient.

réversible *adj* 1. qui peut revenir en arrière, en sens inverse : *l'histoire n'est pas réversible* 2. se dit d'un phénomène dans lequel l'effet et la cause peuvent être intervertis 3. se dit d'un vêtement qui peut être porté à l'envers comme à l'endroit.

revêtement *nm* tout ce qui sert à recouvrir pour protéger, garnir, consolider : *revêtement de sol, de chaussée, de façade.*

revêtir *vt* (conj 27) 1. mettre sur soi un vêtement : *revêtir l'uniforme* 2. prendre tel ou tel aspect : *revêtir une allure officielle* 3. recouvrir, enduire d'un revêtement : *revêtir de plâtre.*

rêveur, euse *adj* et *n* qui se laisse aller à la rêverie.

revient *nm* • *prix de revient* coût de fabrication et de distribution d'un produit.

revigorer *vt* redonner de la vigueur.

revirement *nm* changement brusque et complet : *revirement d'opinion.*

réviser *vt* 1. revoir, examiner de nouveau, pour modifier s'il y a lieu : *réviser son jugement* 2. remettre en bon état de marche, vérifier : *réviser un moteur* 3. revoir, étudier de nouveau : *réviser ses leçons.*

révision *nf* 1. action de réviser 2. action de revoir un sujet, un programme en vue d'un examen.

révisionnisme *nm* attitude de ceux qui remettent en cause les bases fondamentales d'une doctrine, d'une constitution.

revivre *vi* (conj 63) 1. revenir à la vie 2. reprendre des forces 3. renaître, se renouveler ◆ *vt* vivre de nouveau : *revivre une époque.*

révocation *nf* action de révoquer.

revoir *vt* (conj 41) 1. voir de nouveau : *revoir un ami* 2. revenir auprès de : *revoir sa patrie* 3. examiner de nouveau, réviser : *revoir un manuscrit* ◆ **se revoir** *vpr* être de nouveau en présence l'un de l'autre.

revoir *nm* • *au revoir* formule de politesse pour prendre congé.

révolte *nf* 1. rébellion, soulèvement 2. refus d'obéissance, opposition à une autorité.

révolter *vt* indigner ◆ **se révolter** *vpr* se soulever contre une autorité.

révolu, e *adj* 1. achevé, complet : *avoir vingt ans révolus* 2. qui n'existe plus : *une époque révolue.*

révolution *nf* 1. rotation périodique d'un mobile autour d'un corps central ou de son axe : *la révolution de la Terre autour du Soleil* 2. changement brusque et violent dans la structure sociale ou politique d'un État, souvent d'origine populaire 3. bouleversement profond 4. FAM. effervescence.

révolutionnaire *adj* 1. relatif à la révolution : *idées révolutionnaires* 2. radicalement nouveau : *découverte révolutionnaire* ◆ *adj* et *n* partisan d'une révolution.

révolutionner *vt* 1. modifier profondément 2. FAM. troubler, bouleverser.

revolver [revɔlvɛr] *nm* arme à feu de poing, à répétition, approvisionnée par un barillet.

révoquer *vt* 1. destituer 2. DR déclarer nul, annuler : *révoquer un ordre.*

revue *nf* 1. inspection, examen détaillé : *passer en revue* 2. parade militaire 3. publication périodique : *revue scientifique* 4. spectacle de music-hall, à grand déploiement de mise en scène.

rez-de-chaussée *nm inv* partie d'un bâtiment située au niveau du sol.

rhabiller *vt* 1. habiller de nouveau 2. réparer : *rhabiller une montre* ◆ **se rhabiller** *vpr* remettre ses vêtements.

rhapsodie *nf* composition musicale de forme libre.

rhésus [rezys] *adj inv* et *nm* • *facteur Rhésus* ou *Rhésus* antigène des globules rouges qui détermine deux groupes sanguins incompatibles appelés *Rhésus* + et *Rhésus* -.

rhétorique *nf* 1. ensemble de procédés constituant l'art de bien parler 2. PÉJOR. affectation d'éloquence • *figure de rhétorique* tournure de style qui rend plus vive l'expression de la pensée.

rhinite *nf* MÉD inflammation de la muqueuse nasale.

rhinocéros [-rɔs] *nm* grand mammifère des régions chaudes, portant une ou deux cornes sur la face.
rhino-pharyngite (*pl rhino-pharyngites*) *nf* MÉD inflammation du rhino-pharynx ; rhume.
rhino-pharynx *nm inv* ANAT partie du pharynx située en arrière des fosses nasales.
rhodanien, enne *adj* du Rhône.
rhododendron [rɔdɔdɛ̃drɔ̃] *nm* arbrisseau de montagne, cultivé pour ses fleurs ornementales.
rhubarbe *nf* plante vivace à racines et à tige comestible.
rhum [rɔm] *nm* eau-de-vie obtenue à partir de la canne à sucre ou des mélasses.
rhumatisme *nm* maladie caractérisée par des douleurs dans les muscles ou les articulations.
rhumatologie *nf* partie de la médecine qui traite des rhumatismes.
rhume *nm* nom usuel du catarrhe de la muqueuse nasale et des affections qui produisent la toux • ***rhume de cerveau*** coryza • ***rhume des foins*** irritation de la muqueuse des yeux et du nez, d'origine allergique.
riant, e *adj* 1. qui exprime la gaieté : *visage riant* 2. agréable : *campagne riante.*
ribambelle *nf* FAM. grande quantité ; longue suite : *une ribambelle d'enfants.*
ribonucléique *adj* • ***acide ribonucléique*** *(A.R.N.)* acide jouant un grand rôle dans la synthèse des protéines.
ricaner *vi* rire à demi, sottement ou avec une intention moqueuse.
riche *adj* et *n* qui possède des biens importants, de la fortune, des richesses : *riche propriétaire ; pays riches ; un nouveau riche* ◆ *adj* 1. qui a des ressources abondantes et variées ; fertile, fécond : *sol riche ; langue riche* 2. abondamment pourvu : *minerai riche en argent ; expérience riche d'enseignements* • ***rimes riches*** rimes qui ont trois éléments communs.
richesse *nf* 1. abondance de biens, fortune : *vivre dans la richesse* 2. fertilité : *la richesse du sol* 3. éclat, magnificence ◆ **richesses** *pl* 1. ressources naturelles d'un pays 2. produits de l'activité économique d'une collectivité.
ricin *nm* • ***huile de ricin*** huile aux vertus laxatives.
ricocher *vi* faire des ricochets : *pierre qui ricoche.*
ricochet *nm* rebond que fait une pierre jetée obliquement sur la surface de l'eau, ou un projectile rencontrant un obstacle • ***par ricochet*** indirectement, par contrecoup.
rictus [riktys] *nm* contraction de la bouche qui donne au visage l'expression d'un rire forcé.
ride *nf* 1. pli de la peau qui est ordinairement l'effet de l'âge 2. ondulation sur une surface.
rideau *nm* 1. voile, draperie destinés à intercepter le jour, à masquer, à couvrir quelque chose 2. ligne d'objets formant un obstacle à la vue : *rideau de peupliers* 3. grande draperie placée devant la scène d'une salle de spectacle.
rider *vt* marquer de rides ◆ **se rider** *vpr* se couvrir de rides.
ridicule *adj* 1. propre à exciter le rire, la moquerie 2. insignifiant, minime : *une somme ridicule* ◆ *nm* ce qui est ridicule : *tomber dans le ridicule* • ***tourner en ridicule*** se moquer de.
ridiculiser *vt* tourner en ridicule.
ridule *nf* petite ride.
rien *pron. indéf* 1. (avec la particule négative *ne*) aucune chose : *il ne fait rien ; rien de plus* 2. (sans *ne*) quelque chose : *est-il rien de plus stupide ?* • ***cela ne fait rien*** cela importe peu • ***cela n'est rien*** c'est peu de chose • ***comme si de rien n'était*** comme si la chose n'était pas arrivée • ***de rien*** ou ***de rien du tout*** sans importance • ***pour rien*** 1. inutilement 2. gratuitement • ***rien que*** seulement ◆ *nm* chose sans importance, bagatelle : *un rien lui fait peur* • ***en un rien de temps*** en très peu de temps • ***un rien de*** un petit peu de.
rieur, euse *n* et *adj* qui rit ou aime à rire.
rigide *adj* raide, inflexible : *barre de fer rigide ; morale rigide.*
rigidité *nf* 1. raideur 2. sévérité, rigueur.
rigolade *nf* FAM. 1. plaisanterie, amusement 2. propos peu sérieux 3. chose faite sans effort, comme par jeu.
rigole *nf* 1. canal étroit et en pente pour l'écoulement des eaux 2. petite tranchée.
rigoler *vi* FAM. 1. s'amuser, rire 2. ne pas parler sérieusement.
rigolo, ote *adj* et *n* FAM. plaisant, amusant.
rigoureux, euse *adj* 1. sévère : *moraliste rigoureux* 2. dur, difficile à supporter : *châtiment rigoureux* 3. rude : *froid rigoureux* 4. précis, exact, strict : *examen rigoureux.*
rigueur *nf* 1. sévérité, dureté 2. violence, âpreté : *rigueur du froid* 3. grande exactitude : *la rigueur d'une démonstration* • ***à la rigueur*** au pis aller • ***de rigueur*** imposé par les usages, les règlements • ***tenir rigueur à quelqu'un de quelque chose*** ne pas le lui pardonner.
rikiki *adj inv* → riquiqui.
rillettes *nf pl* viande de porc ou d'oie hachée menu et cuite dans la graisse.
rime *nf* retour du même son à la fin de deux ou plusieurs vers • ***n'avoir ni rime ni raison*** n'avoir pas de sens.
rimer *vi* se terminer par une rime, en parlant des finales des mots • ***ne rimer à rien*** être dépourvu de sens ◆ *vt* mettre en vers.

Rimmel *nm* (nom déposé) fard pour les cils.

rince-doigts *nm inv* bol d'eau tiède pour rincer les doigts à table.

rincer *vt* (conj 1) 1. nettoyer en lavant et en frottant : *rincer un verre* 2. passer dans une eau nouvelle ce qui a déjà été lavé, pour retirer toute trace des produits de lavage ◆ **se rincer** *vpr* • *se rincer la bouche* se laver la bouche avec un liquide que l'on recrache • FAM. *se rincer l'œil* regarder avec plaisir une personne attrayante, un spectacle érotique.

ring [riŋ] *nm* estrade entourée de cordes pour les combats de boxe, de catch ou de lutte.

ringard, e *adj* et *n* FAM. bon à rien ◆ *adj* FAM. médiocre, dépassé, démodé.

riper *vt* MAR faire glisser ◆ *vi* déraper, glisser.

riposte *nf* 1. repartie prompte 2. contre-attaque vigoureuse 3. ESCR attaque qui suit une parade.

riposter *vt* et *vi* 1. répondre vivement 2. ESCR faire une riposte, contre-attaquer.

riquiqui ou **rikiki** *adj inv* FAM. petit, étriqué.

rire *vi* (conj 67) 1. marquer un sentiment de gaieté soudaine par un mouvement des lèvres, de la bouche, accompagné de sons plus ou moins saccadés et bruyants 2. prendre une expression de gaieté : *yeux qui rient* 3. s'amuser, prendre du bon temps 4. agir, parler sans intention sérieuse : *j'ai dit cela pour rire* ◆ *vt ind* ou **se rire** *vpr* [de] SOUT. se moquer ; ne pas tenir compte de : *se rire des critiques.*

rire *nm* action de rire ; hilarité.

ris *nm* thymus du veau et de l'agneau.

risée *nf* 1. moquerie collective : *s'exposer à la risée du public* 2. MAR petite brise subite et passagère • *être la risée de* être un objet de moquerie.

risible *adj* qui provoque le rire ou la moquerie.

risotto *nm* plat italien à base de riz au gras, d'oignons et de bouillon.

risque *nm* 1. danger, inconvénient possible 2. préjudice, sinistre éventuel : *assurance tous risques* • *à ses risques et périls* en assumant la responsabilité de • *au risque de* en s'exposant à.

risquer *vt* 1. hasarder, exposer à un risque : *risquer sa vie* 2. s'exposer à : *risquer la mort* 3. tenter : *risquer une démarche* • *risquer le coup* tenter une entreprise hasardeuse ◆ *vt ind* [de] être exposé à ◆ **se risquer** *vpr* [à] se hasarder (à).

rissoler *vt* et *vi* cuire en dorant.

ristourne *nf* remise, avantage pécuniaire consentis par un commerçant.

rite *nm* 1. ensemble des règles qui fixent le déroulement d'une cérémonie, d'un culte religieux : *le rite de l'Église romaine* 2. cérémonial quelconque 3. ce qui se fait, s'accomplit selon une coutume immuable.

rituel *nm* 1. livre contenant les rites, les cérémonies d'un culte 2. ensemble de règles, d'habitudes immuables : *le rituel monotone de la vie quotidienne.*

rituel, elle *adj* conforme aux rites, réglé par un rite.

rivage *nm* bande de terre qui borde une étendue d'eau marine.

rival, e, aux *adj* et *n* qui dispute quelque chose à un autre, qui désire l'égaler ou le surpasser.

rivaliser *vi* chercher à égaler ou à surpasser : *rivaliser d'efforts avec quelqu'un.*

rivalité *nf* concurrence de personnes qui prétendent à la même chose ; antagonisme.

rive *nf* 1. bord d'un fleuve, d'un étang, d'un lac 2. quartier d'une ville qui borde un fleuve : *habiter rive gauche.*

riverain, e *adj* et *n* qui habite, qui est situé le long d'une rivière, d'une forêt, d'une route, etc.

rivière *nf* cours d'eau naturel qui se jette dans un autre cours d'eau • *rivière de diamants* collier sur lequel sont enchâssés des diamants.

rixe *nf* querelle accompagnée d'injures et de coups ; bagarre.

riz *nm* graminée cultivée dans les terrains humides des pays chauds, et dont le grain farineux est un aliment nutritif ; grain de cette plante • *poudre de riz* poudre fine parfumée pour le maquillage.

rizière *nf* champ de riz.

R.M.I. *nm* (sigle) revenu minimum d'insertion alloué aux personnes les plus démunies et destiné à faciliter leur insertion sociale.

robe *nf* 1. vêtement féminin composé d'un corsage et d'une jupe d'un seul tenant 2. vêtement long et ample que portent les juges, les avocats dans l'exercice de leurs fonctions ; LITT. la magistrature 3. enveloppe : *robe d'une fève, d'un oignon* 4. pelage du cheval, des bovins, considéré du point de vue de sa couleur : *robe isabelle* 5. couleur d'un vin • *robe de chambre* vêtement d'intérieur tombant jusqu'aux pieds.

robinet *nm* appareil placé sur le tuyau d'une canalisation et qui permet d'établir ou de suspendre l'écoulement d'un liquide ou d'un gaz ; la clé de cet appareil : *tourner le robinet.*

robinetterie *nf* 1. ensemble des robinets d'une installation 2. industrie, commerce des robinets.

robot *nm* 1. appareil automatique pouvant se substituer à l'homme pour exécuter diverses actions 2. homme agissant comme un automate.

robotique *nf* science et technique de la conception et de la construction des robots.

robotiser *vt* 1. introduire l'emploi de robots industriels dans 2. réduire un travail à une tâche automatique.

robuste *adj* solidement constitué ; fort, résistant.

roc *nm* masse de pierre très dure • *solide comme un roc* inébranlable.

rocade *nf* voie de communication destinée à détourner la circulation, ou qui relie deux voies principales.

roche *nf* masse minérale présentant la même composition, la même structure et la même origine • *clair comme de l'eau de roche* extrêmement clair ; évident • *il y a anguille sous roche* il y a quelque chose de secret dont on soupçonne l'existence.

rocher *nm* 1. grande masse de pierre dure, souvent escarpée 2. ANAT partie massive de l'os temporal.

rocheux, euse *adj* couvert, formé de roches, de rochers.

rock ou **rock and roll** [rɔkɛnrɔl] *nm* 1. style musical rythmé, d'origine américaine, très en vogue dans les années 1950 2. danse sur cette musique.

rocker [rɔkœr] ou **rockeur, euse** *nm* chanteur de rock.

rocket *nf* → roquette.

rocking-chair [rɔkiŋtʃɛr] (*pl rocking-chairs*) *nm* fauteuil à bascule.

rodéo *nm* 1. fête donnée à l'occasion du marquage des bêtes, dans certaines régions d'Amérique 2. jeu américain qui consiste, pour un cavalier, à maîtriser un cheval sauvage 3. FAM. course bruyante de voitures, de motos.

roder *vt* 1. faire fonctionner un moteur neuf à vitesse réduite, de telle manière que les pièces puissent s'ajuster les unes aux autres 2. FAM. mettre progressivement au point : *roder une équipe, une méthode de travail* • *être rodé* avoir acquis de l'expérience, être au point.

rôder *vi* errer çà et là, souvent avec de mauvaises intentions.

rogatoire *adj* DR qui concerne une demande • *commission rogatoire* commission qu'un tribunal adresse à un autre pour le charger d'un acte de procédure ou d'instruction qu'il ne peut faire lui-même.

rogne *nf* FAM. colère, mauvaise humeur : *être en rogne.*

rogner *vt* 1. retrancher sur les bords 2. diminuer légèrement pour faire un petit profit : *rogner le traitement de quelqu'un* ◆ *vt ind* [sur] prendre sur : *rogner sur ses loisirs.*

rognon *nm* CUIS rein de certains animaux.

roi *nm* 1. détenteur du pouvoir exécutif dans un État monarchique 2. le plus grand dans un domaine particulier, celui qui domine : *le lion est le roi des animaux ; le roi des imbéciles* 3. principale pièce aux échecs 4. première figure de chaque couleur d'un jeu de cartes • *le jour des Rois* l'Épiphanie.

rôle *nm* 1. ce que doit dire et faire un acteur, un danseur ; le personnage ainsi représenté : *savoir son rôle ; tenir le premier rôle* 2. fonction, influence que l'on exerce : *avoir un rôle important dans une affaire* 3. fonction assumée par un organisme, une force, un élément quelconque : *le rôle du verbe dans la phrase* 4. liste, catalogue : *inscrire sur un rôle* 5. DR feuillet sur lequel sont transcrits certains actes juridiques 6. cahiers portant le nom des contribuables d'une commune, avec mention du montant de leur impôt • *à tour de rôle* chacun à son tour • *avoir le beau rôle* 1. se montrer à son avantage 2. avoir la tâche facile • *jouer un rôle* tenir tel ou tel rang, tel ou tel emploi.

rollmops [rɔlmɔps] *nm* hareng cru roulé autour d'un cornichon et mariné dans du vinaigre.

romain, e *adj* et *n* 1. qui appartient à l'ancienne Rome : *art romain* 2. qui appartient à la Rome actuelle : *les commerçants romains* 3. se dit d'un caractère d'imprimerie droit CONTR. *italique* • *chiffres romains* lettres numérales I, V, X, L, C, D, M, qui valent respectivement 1, 5, 10, 50, 100, 500, 1 000, et qui, diversement combinées, servaient aux Romains à former tous les nombres • *l'Église romaine* l'Église catholique.

roman *nm* 1. AUTREF. récit en langue romane : *le « Roman de la Rose »* 2. œuvre d'imagination en prose dont l'intérêt réside dans la narration d'aventures, l'étude de mœurs ou de caractères, l'analyse de sentiments ou de passions 3. récit invraisemblable, mensonger.

roman, e *adj* 1. se dit des langues dérivées du latin 2. se dit de l'art qui s'est épanoui en Europe aux XIe et XIIe s. ◆ *nm* 1. langue dérivée du latin, qui a précédé historiquement le français 2. art ou style roman.

romancier, ère *n* auteur de romans.

romanesque *adj* 1. propre au roman ; qui tient du roman 2. exalté, rêveur : *esprit romanesque.*

romanichel, elle *n* PÉJOR. 1. tsigane nomade 2. vagabond.

roman-photo (*pl romans-photos*) *nm* intrigue romanesque racontée sous forme de photos accompagnées de textes.

romantisme *nm* 1. école littéraire et artistique du début du XIXe siècle, qui fit prévaloir le sentiment et l'imagination sur la raison et l'analyse critique 2. caractère, comportement d'une personne sentimentale et rêveuse.

romarin *nm* arbuste aromatique de la Méditerranée, à fleurs bleues ; jeune pousse, fleur de cet arbuste.

rompre *vt* (conj 53) 1. LITT. briser, casser 2. faire céder sous l'effet d'une forte pression : *le fleuve a rompu ses digues* 3. faire cesser, mettre fin à : *rompre le silence, le combat ; rompre un marché, une liaison* • *à* *tout rompre* très fort, à grand bruit • *rompre la glace* mettre fin à la gêne du premier contact ◆ *vi* 1. LITT. se briser 2. mettre fin à une relation amoureuse, se séparer : *ils ont rompu* ◆ *vt ind* [avec] renoncer à ; s'opposer à : *rompre avec la tradition* ◆ **se rompre** *vpr* LITT. se briser.

romsteck ou **rumsteck** [rɔmstɛk] *nm* BOUCH partie du bœuf correspondant à la croupe.

ronce *nf* 1. arbuste épineux aux baies noires (mûres) 2. partie de certains bois aux veines enchevêtrées : *ronce de noyer.*

ronchonner *vi* FAM. manifester sa mauvaise humeur, son mécontentement par des murmures.

rond *nm* 1. cercle, figure circulaire 2. anneau : *rond de serviette* 3. FAM. sou, argent • *en rond* circulairement • FIG. *tourner en rond* ne pas progresser.

rond, e *adj* 1. qui a la forme d'un cercle, d'une sphère, d'un cylindre 2. arrondi, courbe : *dos rond* 3. charnu, bien rempli : *joues rondes* 4. FAM. court et corpulent : *fillette toute ronde* 5. franc et décidé : *rond en affaires* 6. se dit d'une quantité qui ne comporte pas de fraction : *chiffre, compte rond* 7. TRÈS FAM. ivre ◆ *adv* • *avaler tout rond* sans mâcher • FAM. *tourner rond* tourner, fonctionner régulièrement, correctement.

ronde *nf* 1. inspection pour s'assurer que tout est en ordre 2. danse où les danseurs se tiennent par la main et tournent en rond ; air, chanson sur lesquels elle s'exécute 3. écriture en caractères ronds, gras et verticaux 4. MUS note qui vaut deux blanches • *à la ronde* 1. alentour : *à dix lieues à la ronde* 2. chacun à son tour : *boire à la ronde.*

rondelet, ette *adj* FAM. qui présente un certain embonpoint • *somme rondelette* assez importante.

rondelle *nf* 1. petite tranche mince et ronde : *rondelle de saucisson* 2. petit disque percé au milieu : *rondelle d'écrou.*

rondement *adv* promptement : *affaire rondement menée.*

rondeur *nf* 1. état de ce qui est rond, sphérique : *la rondeur d'une pomme* 2. chose, forme ronde, arrondie : *avoir des rondeurs.*

rond-point (*pl ronds-points*) *nm* carrefour, place circulaire ou semi-circulaire.

ronflant, e *adj* 1. sonore, bruyant 2. emphatique et creux : *phrases ronflantes.*

ronflement *nm* 1. bruit qu'on fait en ronflant 2. sonorité sourde et prolongée : *le ronflement d'un moteur.*

ronfler *vi* 1. faire un certain bruit en respirant pendant le sommeil 2. produire un bruit sourd et prolongé : *moteur qui ronfle.*

ronger *vt* (conj 2) 1. couper, manger progressivement avec les dents ou le bec 2. user lentement, corroder, attaquer : *la rouille ronge le fer* 3. miner, tourmenter : *rongé par le remords* • *ronger son frein* supporter avec impatience l'attente, la contrainte, etc.

rongeur, euse *adj* qui ronge ◆ *nm* mammifère à dents incisives, sans canines (rat, écureuil, lièvre) (les rongeurs forment un ordre).

ronron *nm* 1. ronflement du chat qui manifeste son contentement 2. FAM. bruit sourd et continu 3. monotonie, routine : *le ronron quotidien.*

ronronner *vi* 1. faire entendre des ronrons 2. émettre un bruit sourd et régulier : *le moteur ronronne.*

roquefort *nm* fromage à moisissures internes fabriqué avec du lait de brebis.

roquet *nm* 1. petit chien qui aboie sans cesse 2. FAM., PÉJOR. individu hargneux.

roquette ou **rocket** *nf* projectile employé par les armes antichars et les avions de combat.

rosace *nf* 1. ARCHIT ornement en forme de rose ou d'étoile 2. grand vitrail rond.

rosbif [rɔsbif] *nm* pièce de bœuf destinée à être rôtie.

rose *nf* 1. fleur du rosier 2. diamant taillé plat en dessous 3. ARCHIT vitrail circulaire d'église SYN. *rosace* • *rose des sables* agglomération de cristaux de gypse • MAR *rose des vents* figure circulaire collée sur le cadran du compas et marquée de trente-deux divisions • *rose trémière* plante (guimauve) à tige élevée et grandes fleurs colorées (appelée aussi : *primerose, passerose*).

rose *adj* d'une couleur rouge pâle semblable à celle de la rose commune ◆ *nm* la couleur rose : *aimer le rose.*

rosé, e *adj* teinté de rose ◆ *nm* vin de couleur rosée.

roseau *nm* plante du bord des étangs.

rosée *nf* condensation de la vapeur d'eau atmosphérique qui se dépose en fines gouttelettes.

rosier *nm* arbuste épineux de la famille des rosacées cultivé pour ses fleurs.

rosir *vt* donner une teinte rose à ◆ *vi* devenir rose.

rosser *vt* FAM. battre violemment, rouer de coups.

rossignol *nm* 1. oiseau passereau dont le mâle est un chanteur remarquable 2. crochet pour ouvrir toutes sortes de serrures 3. FAM. objet sans valeur ou démodé.

rot [ro] *nm* FAM. émission par la bouche, et avec un bruit rauque, de gaz stomacaux.

rotation *nf* 1. mouvement d'un corps autour d'un axe fixe, matériel ou non 2. emploi méthodique et successif de matériel, de procédés, etc. ; alternance périodique d'activités, de fonctions, de services 3. succession de diverses cultures sur un sol SYN. *assolement* 4. fréquence des voyages effectués par un moyen de transport affecté à une ligne régulière.

rotative *nf* presse à imprimer cylindrique.

roter *vi* FAM. éructer.

rôti *nm* viande rôtie.

rotin *nm* tige de rotang servant à faire des cannes, des sièges, etc.

rôtir *vt* faire cuire à sec, à la broche, sur le gril ou au four ◆ *vi* ou **se rôtir** *vpr* FAM. être exposé à une grande chaleur, au soleil.

rôtisserie *nf* 1. boutique du rôtisseur 2. restaurant où l'on fait rôtir les viandes.

rôtissoire *nf* ustensile pour rôtir la viande.

rotonde *nf* bâtiment de forme ronde.

rotor *nm* partie mobile d'un moteur, d'une turbine.

rotule *nf* 1. os mobile du genou 2. MÉCAN articulation de forme sphérique.

roturier, ère *adj* et *n* non noble.

rouage *nm* 1. chacune des roues d'un mécanisme 2. FIG. chaque élément d'un organisme, considéré dans sa participation au fonctionnement de l'ensemble : *les rouages de l'Administration.*

rouble *nm* unité monétaire principale de la Russie.

roucouler *vi* 1. faire entendre un roucoulement 2. tenir des propos tendres et langoureux ◆ *vt* dire ou chanter langoureusement : *roucouler un air.*

roue *nf* 1. organe circulaire tournant autour d'un axe passant par son centre : *roue de voiture ; roue hydraulique* 2. supplice qui consistait à rompre les membres d'un condamné sur une roue et à le laisser mourir.

rouer *vt* • *rouer de coups* battre violemment.

rouet *nm* instrument à roue qui servait à filer.

rouge *adj* 1. de la couleur du sang, l'une des sept couleurs du spectre 2. qui a le visage coloré par l'émotion, l'effort, le froid 3. qui a été chauffé et porté à l'incandescence : *fer rouge* • *vin rouge* obtenu à partir de cépages rouges ◆ *adj* et *n* se dit des partisans de l'action révolutionnaire et des groupements politiques de gauche ◆ *adv* • *se fâcher tout rouge* très violemment • *voir rouge* avoir un vif accès de colère ◆ *nm* 1. couleur rouge 2. matière colorante rouge 3. fard rouge : *rouge à lèvres* 4. incandescence 5. couleur caractéristique des signaux d'arrêt ou de danger : *passer au rouge* 6. rougeur due à la honte, la confusion : *le rouge lui monte au visage* 7. FAM. vin rouge.

rougeaud, e *adj* et *n* FAM. qui a le visage rouge.

rouge-gorge (*pl rouges-gorges*) *nm* oiseau passereau à la gorge rouge.

rougeole *nf* MÉD maladie contagieuse caractérisée par une éruption de taches rouges sur la peau.

rouget *nm* nom de deux poissons marins de couleur rouge : le *rouget barbet* et le *rouget grondin.*

rougeur *nf* 1. couleur rouge 2. teinte rouge passagère du visage, qui révèle une émotion ◆ **rougeurs** *nf pl* taches rouges sur la peau.

rougir *vt* rendre rouge : *fer rougi au feu* ◆ *vi* 1. devenir rouge 2. éprouver de la honte, de la confusion 3. devenir rouge sous l'effet d'une émotion, d'un sentiment.

rouille *nf* 1. oxyde de fer, d'un rouge foncé, qui altère les métaux ferreux exposés à l'humidité 2. BOT maladie des céréales 3. CUIS aïoli relevé de piments rouges ◆ *adj inv* de la couleur de la rouille.

rouiller *vt* 1. produire de la rouille sur 2. FIG. émousser, faute d'exercice : *la paresse rouille l'esprit* ◆ *vi* ou **se rouiller** *vpr* 1. se couvrir de rouille 2. FIG. perdre sa force, son efficacité par manque d'exercice.

roulé, e *adj* enroulé, mis en rond : *col roulé* • TRÈS FAM. ***personne bien roulée*** bien proportionnée ◆ *nm* gâteau roulé en forme de bûche.

rouleau *nm* 1. objet cylindrique : *rouleau de papier* 2. cylindre destiné à rouler sur une surface pour étendre, écraser : *rouleau compresseur ; peinture au rouleau* 3. vague déferlante 4. bigoudi 5. SPORTS saut en hauteur exécuté en passant la barre sur le ventre • FAM. ***être au bout du rouleau*** 1. avoir épuisé tous ses moyens 2. être à bout de forces 3. être près de mourir.

roulement *nm* 1. mouvement de ce qui roule 2. mécanisme qui facilite ce mouvement : *roulement à billes* 3. bruit, son sourd et continu évoquant un objet, un véhicule qui roule : *roulement de tambour, de tonnerre* 4. remplacement successif : *le roulement des équipes* 5. circulation et utilisation de l'argent pour les paiements, les transactions : *fonds de roulement.*

rouler *vt* 1. déplacer quelque chose en le faisant tourner sur lui-même : *rouler un fût* 2. plier en rouleau : *rouler un papier* 3. enrouler, envelopper : *rouler quelqu'un dans une couverture* 4. faire tourner : *rouler les yeux* 5. aplanir à l'aide d'un rouleau : *rouler le gazon* 6. FAM. duper : *rouler un client* ◆ *vi* 1. avancer en tournant sur soi-même 2. se déplacer sur des roues 3. MAR avoir un mouvement de roulis • FAM. ***ça roule*** tout va bien • ***rouler sur l'or*** être très riche ◆ **se rouler** *vpr* se tourner ; s'enrouler.

roulette *nf* 1. petite roue 2. jeu de hasard 3. FAM. fraise de dentiste • FAM. ***aller comme sur des roulettes*** ne rencontrer aucun obstacle.

roulis *nm* mouvement d'oscillation latérale d'un véhicule, et en particulier d'un bateau.

roulotte *nf* grande voiture des forains, des nomades, etc. • FAM. ***vol à la roulotte*** dans une voiture en stationnement.

round [rawnd] ou [rund] *nm* (mot angl.) reprise, dans un combat de boxe.

roupie *nf* unité monétaire principale de l'Inde, du Népal et du Pakistan.

roupiller *vi* FAM. dormir.

rouquin, e *adj* et *n* FAM. roux.

rouspéter *vi* FAM. protester.

rousseur *nf* couleur rousse • ***tache de rousseur*** petite tache à la surface de la peau.

roussi *nm* odeur d'une chose brûlée superficiellement • FAM. ***sentir le roussi*** prendre une mauvaise tournure.

roussir *vt* et *vi* 1. rendre, devenir roux 2. brûler superficiellement.

routage *nm* triage d'imprimés, de journaux, de prospectus, etc., par destination.

routard, e *n* FAM. personne qui voyage à pied ou en auto-stop à peu de frais.

route *nf* 1. voie carrossable aménagée hors agglomération ; moyen de communication utilisant ce genre de voie : *transport par route* 2. direction qu'on suit, itinéraire : *changer de route* 3. ligne de conduite, direction de vie • ***faire fausse route*** se tromper.

routier *nm* 1. conducteur de camion sur longues distances 2. cycliste qui dispute des épreuves sur route 3. scout âgé de plus de seize ans • FAM. ***vieux routier*** homme devenu habile par une longue pratique.

routine *nf* ce qui est fait par habitude, toujours de la même manière.

rouvrir *vt* (conj 16) ouvrir de nouveau • FIG. ***rouvrir une blessure*** ranimer une douleur ◆ *vi* être de nouveau ouvert.

roux, rousse *adj* et *n* 1. d'une couleur entre le jaune et le rouge 2. qui a les cheveux, les poils roux ◆ *nm* 1. couleur rousse 2. sauce de farine et de beurre roussis.

royal, e, aux *adj* 1. du roi : *palais royal ; ordonnance royale* 2. digne d'un roi ; magnifique, grandiose • ***tigre, aigle royal*** de la plus grande espèce • ***voie royale*** moyen le plus glorieux pour parvenir à quelque chose.

royaliste *adj* et *n* partisan du roi, de la royauté.

royaume *nm* État gouverné par un roi • ***royaume des cieux*** paradis.

royauté *nf* 1. dignité de roi 2. régime monarchique.

ruade *nf* action de ruer.

ruban *nm* 1. bande de tissu mince et étroite 2. fragment plat et long comme un ruban : *ruban d'acier* 3. bout de ruban qui sert d'insigne ; décoration.

rubéole *nf* MÉD maladie virale éruptive et contagieuse.

rubis *nm* 1. pierre précieuse, variété d'alumine d'un rouge vif 2. pierre dure servant de support à un pivot de rouage d'horlogerie • ***payer rubis sur l'ongle*** payer immédiatement et complètement ce qu'on doit.

rubrique *nf* 1. indication de la matière dont traite un article, un développement : *sous la rubrique « Histoire »* 2. dans un journal, article paraissant régulièrement et traitant d'un sujet précis : *la rubrique gastronomique.*

ruche *nf* 1. habitation préparée pour les abeilles ; essaim qui l'habite 2. LITT. endroit où règne une grande activité 3. ornement plissé de tulle ou de dentelle.

rude *adj* 1. dur au toucher : *peau rude* 2. qui manque de finesse, de délicatesse : *voix rude ; manières rudes* 3. pénible, dur à supporter, à vaincre : *rude métier ; hiver rude ; rude adversaire* 4. sévère et brutal : *se montrer rude avec quelqu'un* 5. FAM. remarquable en son genre : *un rude appétit.*

rudesse *nf* 1. caractère de ce qui est dur à supporter : *rudesse d'un climat* 2. caractère de ce qui manque de délicatesse : *rudesse de langage* 3. dureté : *traiter avec rudesse.*

rudiment *nm* organe animal ou végétal inachevé ◆ **rudiments** *nm pl* notions élémentaires : *rudiments de la grammaire.*

rudimentaire *adj* élémentaire, peu développé : *connaissances, organe rudimentaires.*

rue *nf* voie publique aménagée dans une agglomération • ***être à la rue*** sans abri • ***l'homme de la rue*** le citoyen moyen.

ruée *nf* action de se ruer ; mouvement impétueux d'une foule.

ruelle *nf* 1. petite rue étroite 2. espace entre le lit et le mur 3. au XVIe et au XVIIe s., partie de la chambre à coucher où les dames recevaient leurs visiteurs.

ruer *vi* jeter en l'air avec force les pieds de derrière (cheval, âne, etc.) ◆ **se ruer** *vpr* [sur, vers] se jeter avec violence ; se précipiter en masse.

rugby [rygbi] *nm* sport qui se joue à la main et au pied avec un ballon ovale.

rugir *vi* 1. pousser des rugissements : *le lion rugit* 2. FIG. pousser des cris de fureur.

rugissement *nm* 1. cri du lion et de certains animaux féroces 2. cri, bruit violent : *les rugissements de la tempête.*

rugueux, euse *adj* qui a des aspérités : *écorce rugueuse.*

ruine *nf* 1. écroulement, destruction d'un bâtiment ; bâtiment délabré : *tomber en ruine* 2. chute, destruction : *la ruine d'un empire* 3. effondrement : *la ruine d'une théorie* 4. perte de la fortune 5. personne usée physiquement ou intellectuellement ◆ **ruines** *nf pl* débris, décombres.

ruiner *vt* 1. causer la ruine, la perte de la fortune de quelqu'un : *le jeu l'a ruiné* 2. infirmer, détruire : *ruiner un raisonnement* ◆ **se ruiner** *vpr* 1. perdre sa fortune 2. dépenser trop.

ruisseau *nm* 1. petit cours d'eau 2. ANC. caniveau 3. LITT. ce qui coule en abondance : *des ruisseaux de larmes.*

ruisseler *vi* (conj 6) 1. couler sans arrêt : *l'eau ruisselle le long du mur* 2. être inondé : *ruisseler de sueur.*

ruissellement *nm* 1. fait de ruisseler 2. écoulement des eaux après une averse.

rumeur *nf* 1. bruit de voix confus 2. nouvelle qui se répand dans la population : *rumeur publique.*

ruminant, e *adj* qui rumine ◆ *nm* mammifère ongulé muni d'un estomac à trois ou quatre poches et pratiquant la rumination (les ruminants forment un très important sous-ordre).

ruminer *vt* et *vi* 1. remâcher les aliments ramenés de la panse dans la bouche : *la brebis, le chameau ruminent* 2. FIG. retourner une chose dans son esprit : *ruminer un projet.*

rumsteck *nm* › romsteck.

rupestre *adj* 1. qui croît dans les rochers : *plante rupestre* 2. réalisé sur des rochers ; taillé dans la roche : *art rupestre ; temples rupestres.*

rupture *nf* 1. action de rompre ; fait de se rompre : *rupture d'une digue ; rupture des relations diplomatiques, d'un contrat* 2. séparation brutale entre des personnes qui étaient liées • ***rupture de stock*** niveau d'un stock de marchandises devenu insuffisant pour satisfaire la demande.

rural, e, aux *adj* relatif aux champs, à la campagne ◆ **ruraux** *nm pl* habitants de la campagne.

ruse *nf* 1. artifice pour tromper 2. habileté à tromper.

ruser *vi* agir avec ruse.

rush [rœʃ] (*pl rushs* ou *rushes*) *nm* 1. effort final impétueux, assaut 2. afflux d'une foule : *le rush des vacanciers.*

rushes [rœʃ] *nm pl* prises de vues cinématographiques telles qu'elles apparaissent avant le montage.

Rustine *nf* (nom déposé) rondelle de caoutchouc pour réparer une chambre à air de bicyclette.

rustique *adj* 1. de la campagne : *travaux rustiques* 2. simple : *outils, meubles rustiques* 3. AGRIC qui résiste aux intempéries.

rustre *adj* et *n* grossier, qui manque d'éducation.

rut [ryt] *nm* période d'activité sexuelle des mammifères mâles.

rutiler *vi* briller d'un vif éclat.

rythme *nm* 1. cadence, mouvement régulier d'une phrase poétique, musicale 2. fréquence d'un phénomène physiologique périodique : *rythme cardiaque* 3. cadence, allure : *film au rythme trépidant ; rythme de production.*

rythmer *vt* donner du rythme à.

S

s *nm* dix-neuvième lettre de l'alphabet et quinzième des consonnes.

sa *adj. poss. f* › son.

sabbat *nm* 1. repos sacré hebdomadaire que les juifs observent du vendredi soir au samedi soir 2. assemblée nocturne de sorciers et sorcières, suivant une superstition populaire.

sabbatique *adj* relatif au sabbat • ***année sabbatique*** année de congé.

sable *nm* roche sédimentaire meuble formée de menus grains souvent quartzeux • FAM. ***être sur le sable*** être sans argent, sans travail • ***sables mouvants*** sables qui s'enfoncent sous le pied ◆ *adj inv* d'une couleur beige clair.

sablé, e *adj* couvert de sable • ***pâte sablée*** pâte dans laquelle il entre une forte proportion de beurre ◆ *nm* gâteau sec fait avec de la pâte sablée.

sabler *vt* couvrir de sable • ***sabler le champagne*** boire du champagne à l'occasion d'une réjouissance.

sableuse *nf* 1. appareil tracté pour sabler les chaussées 2. machine à décaper, à dépolir par projection de sable.

sablier *nm* appareil mesurant le temps par l'écoulement du sable d'un petit compartiment dans un autre.

sabordage *nm* action de saborder.

saborder *vt* 1. percer un navire au-dessous de la flottaison pour le faire couler 2. FIG. ruiner, détruire volontairement une entreprise, un projet.

sabot *nm* 1. chaussure de bois 2. corne du pied de plusieurs animaux 3. partie d'un frein qui presse sur le bandage d'une roue • ***baignoire sabot*** conçue pour être utilisée en position assise • ***sabot de Denver*** dispositif, utilisé par la police, bloquant une roue d'un véhicule en stationnement illicite.

saboter *vt* 1. exécuter vite et mal 2. détériorer ou détruire volontairement : *saboter un avion, une entreprise.*

sabre *nm* arme blanche ne tranchant que d'un côté.

sabrer *vt* 1. frapper à coups de sabre 2. faire de larges coupures dans : *sabrer un manuscrit* 3. FAM. bâcler un travail 4. FAM. refuser à un poste, à un examen, etc.

sac *nm* 1. contenant ouvert par le haut : *un sac en toile ; sac de voyage ; sac à main* 2. contenu d'un sac : *sac de blé* 3. enveloppe en forme de sac : *sac de couchage* 4. ANAT cavité entourée d'une membrane : *sac lacrymal* • *prendre quelqu'un la main dans le sac* sur le fait • FAM. *vider son sac* dire ce qu'on a sur le cœur.

sac *nm* pillage : *le sac de Rome* • *mettre à sac* piller, dévaster.

saccade *nf* secousse, mouvement brusque et irrégulier • *par saccades* par à-coups.

saccadé, e *adj* brusque, irrégulier : *mouvements saccadés.*

saccager *vt* (conj 2) 1. mettre à sac, au pillage : *saccager une ville* 2. FAM. dévaster, mettre en désordre.

saccharine [-ka-] *nf* substance blanche utilisée comme succédané du sucre.

saccharose [-ka-] *nm* glucide tiré de la canne à sucre et de la betterave.

sacerdoce *nm* 1. dignité et fonctions des ministres d'un culte 2. fonction qui présente un caractère respectable en raison du dévouement qu'elle exige.

sachet *nm* petit sac.

sacoche *nf* sac de toile ou de cuir de formes diverses : *sacoche de bicyclette.*

sacquer ou **saquer** *vt* FAM. chasser, renvoyer ; punir sévèrement • *ne pas pouvoir saquer quelqu'un* le détester.

sacre *nm* cérémonie par laquelle on consacre un roi, un évêque.

sacré, e *adj* 1. qui a rapport au religieux, au divin (par oppos. à *profane*) : *les vases sacrés* 2. qui doit inspirer un respect absolu, inviolable : *un engagement sacré* 3. FAM. renforce un terme injurieux ou admiratif : *sacré menteur !* • *art sacré* art religieux • *feu sacré* 1. sentiment exalté, passionné 2. inspiration • *livres sacrés* l'Ancien et le Nouveau Testament • *ordres sacrés* la prêtrise, le diaconat et le sous-diaconat • *le Sacré Collège* le collège des cardinaux ◆ *nm* ce qui est sacré : *le sacré et le profane.*

sacrement *nm* RELIG acte rituel sacré institué par Jésus-Christ pour donner ou affermir la grâce • *le saint sacrement* l'eucharistie • *les sept sacrements* le baptême, la confirmation, l'eucharistie, la pénitence, l'extrême-onction, l'ordre et le mariage.

sacrément *adv* FAM. extrêmement.

sacrer *vt* conférer un caractère sacré au moyen de cérémonies religieuses.

sacrifice *nm* 1. offrande faite à une divinité 2. renoncement volontaire ou forcé • *le saint sacrifice* la messe ◆ **sacrifices** *pl* privations : *s'imposer de lourds sacrifices.*

sacrifier *vt* 1. offrir en sacrifice 2. faire le sacrifice de : *sacrifier ses intérêts* ◆ *vt ind* [à] 1. offrir un sacrifice : *sacrifier aux dieux* 2. se conformer aveuglément : *sacrifier à la mode* ◆ **se sacrifier** *vpr* faire le sacrifice de sa vie, de ses intérêts.

sacrilège *nm* 1. profanation de personnes, de lieux ou de choses sacrés 2. action qui porte atteinte à quelqu'un, quelque chose de respectable, de vénérable ◆ *adj* et *n* qui commet un sacrilège ; qui a le caractère d'un sacrilège.

sacristie *nf* partie annexe d'une église, où l'on conserve les objets du culte.

sacro-saint, e (*pl sacro-saints, es*) *adj* IRON. qui est l'objet d'un respect quasi religieux.

sacrum [sakrɔm] *nm* os placé au bas de la colonne vertébrale.

sadique *adj* qui a le caractère du sadisme ◆ *adj* et *n* qui se plaît à faire souffrir.

sadisme *nm* plaisir malsain à voir ou à faire souffrir autrui.

sadomasochisme *nm* PSYCHAN perversion sexuelle qui associe des pulsions sadiques et masochistes.

safari *nm* en Afrique noire, expédition de chasse.

safran *nm* crocus cultivé pour ses fleurs, dont le stigmate fournit une teinture jaune et une poudre qui sert d'assaisonnement ; teinture, poudre tirées de cette plante ◆ *adj* et *nm inv* jaune-orangé.

saga *nf* 1. ancien récit ou légende scandinaves 2. épopée familiale se déroulant sur plusieurs générations.

sagacité *nf* perspicacité, finesse d'esprit.

sage *adj* et *n* prudent, circonspect : *agir en homme sage ; c'est un sage* ◆ *adj* 1. qui n'est pas turbulent ; calme, docile : *enfant sage* 2. pudique, chaste 3. conforme à la raison, à la morale : *une sage décision* ◆ *nm* 1. homme dont la vie repose sur l'application d'une philosophie 2. conseiller appelé par un gouvernement pour examiner une question.

sage-femme (*pl sages-femmes*) *nf* praticienne spécialisée dans le diagnostic, la surveillance de la grossesse et l'accouchement.

sagesse *nf* 1. caractère de ce qui est sage 2. conduite réfléchie et modérée, prudence, circonspection : *agir avec sagesse* 3. docilité, en parlant des enfants 4. PHILOS connaissance spéculative du monde, qui cherche à en expliquer l'ordre.

saharienne *nf* veste de toile.

saignée *nf* 1. ouverture d'une veine pour tirer du sang ; sang ainsi tiré : *abondante saignée* 2. pli du bras avec l'avant-bras 3. rigole d'écoulement dans un terrain humide 4. entaille, rainure 5. FIG. sacrifice d'argent 6. LITT. pertes humaines importantes au cours d'une guerre.

saignement *nm* écoulement de sang.

saigner *vt* 1. évacuer du sang à des fins thérapeutiques 2. tuer par effusion de sang : *saigner un poulet* 3. exiger de quelqu'un des sommes importantes ; rançonner ◆ *vi* perdre du sang : *saigner du nez* ◆ **se saigner** *vpr* FAM. s'imposer des sacrifices.

saillant, e *adj* 1. qui avance, qui sort : *corniche saillante* 2. vif, brillant : *trait saillant* • *angle saillant* inférieur à 180° CONTR. *rentrant* ◆ *nm* partie en saillie.

saillie *nf* 1. partie qui avance : *toit en saillie* 2. LITT. trait d'esprit vif, brillant et imprévu.

saillie *nf* accouplement des animaux domestiques.

saillir *vt* (se conjugue comme finir) couvrir, s'accoupler à.

sain, e *adj* 1. en bonne santé, qui fonctionne normalement : *un esprit sain dans un corps sain ; économie saine* 2. non gâté, non altéré : *ce bois est encore sain* 3. salubre, salutaire, bon pour la santé : *air sain* 4. conforme à la raison, à la morale ; sensé, juste : *jugement sain* • *sain et sauf* sorti indemne d'un danger, d'un accident.

saindoux *nm* graisse de porc fondue.

saint, e *adj* et *n* 1. souverainement pur, parfait : *Dieu est sain* 2. personne dont la vie exemplaire a été jugée digne, par la canonisation, d'un culte public universel : *les saints martyrs* 3. qui mène une vie exemplaire : *un saint homme* ◆ *adj* 1. conforme à la loi divine : *vie sainte* 2. qui appartient à la religion 3. se dit des jours et de la semaine qui précèdent le dimanche de Pâques : *vendredi saint ; semaine sainte.*

saint-bernard *nm inv* chien de montagne dont les qualités de sauveteur sont légendaires.

Saint-Esprit *nm* troisième personne de la Trinité.

sainteté *nf* qualité de celui ou de ce qui est saint • *Sa Sainteté* titre donné au pape.

saint-glinglin (à la) *loc adv* FAM. à une date indéterminée ; jamais.

saint-honoré *nm inv* gâteau à la crème.

saint-père (*pl saints-pères*) *nm* nom par lequel on désigne le pape.

Saint-Siège *nm* siège, gouvernement du chef de l'Église catholique.

saisi, e *adj* frappé subitement d'étonnement, d'effroi, etc.

saisie *nf* 1. DR mesure par laquelle l'administration fiscale ou la justice retire à une personne l'usage ou la possibilité de disposer d'un bien dont elle est propriétaire : *pratiquer une saisie immobilière* 2. INFORM enregistrement d'une information en vue de son traitement ou de sa mémorisation.

saisir *vt* 1. prendre et retenir fermement : *saisir quelqu'un au collet* 2. prendre quelque chose en main pour le déplacer, s'en servir : *saisir son manteau* 3. mettre à profit quelque chose qui se présente : *saisir l'occasion* 4. s'emparer brusquement de quelqu'un ; surprendre : *le froid l'a saisi* 5. comprendre, discerner : *saisir une allusion* 6. DR opérer la saisie de 7. porter un litige devant une juridiction 8. INFORM effectuer une saisie 9. faire cuire un aliment à un feu vif : *saisir une viande* ◆ **se saisir** *vpr* [de] s'emparer : *se saisir du pouvoir.*

saisissant, e *adj* 1. qui surprend : *un froid saisissant* 2. FIG. qui émeut vivement : *spectacle saisissant.*

saisissement *nm* impression subite et violente, vive surprise : *être muet de saisissement.*

saison *nf* 1. chacune des quatre grandes divisions de l'année ; activité de la nature correspondante : *la saison des pluies* 2. période correspondant au maximum d'activité d'un secteur donné : *saison théâtrale, touristique* • *être de saison* venir à propos • *hors de saison* déplacé.

saisonnier, ère *adj* propre à une saison ; qui ne dure qu'une saison ◆ *nm* ouvrier qui loue ses services pour des travaux saisonniers.

saké *nm* boisson japonaise alcoolisée à base de riz fermenté.

salade *nf* 1. plat composé de légumes crus ou cuits, assaisonnés avec une vinaigrette 2. plante potagère feuillue • *salade de fruits* assortiment de fruits coupés ◆ **salades** *pl* FAM. mensonges, histoires.

saladier *nm* récipient où l'on prépare et sert la salade ; son contenu.

salaire *nm* 1. rémunération d'un travail, d'un service, versée régulièrement en vertu d'un contrat de travail 2. FIG. récompense : *toute peine mérite salaire.*

salaison *nf* action de saler certains aliments pour assurer leur conservation ◆ **salaisons** *pl* denrées conservées dans du sel et du nitrate ou dans du nitrate de calcium.

salami *nm* gros saucisson sec.

salant *adj m* qui produit ou contient du sel : *marais salant.*

salarié, e *adj* et *n* qui reçoit un salaire.

salaud *nm* TRÈS FAM., INJUR. personne déloyale, malhonnête.

sale *adj* 1. malpropre, souillé : *du linge sale* 2. qui n'est pas soigneux 3. qui salit : *travail sale* 4. se dit d'une couleur qui manque d'éclat : *jaune sale* 5. contraire à l'honneur, à la délicatesse 6. FAM. (avant le nom) très désagréable, détestable : *sale temps ; sale coup.*

salé *nm* chair de porc salée.

salé, e *adj* 1. saupoudré de sel 2. qui a le goût du sel 3. FAM. grivois : *conte salé* 4. FAM. exagéré, excessif : *des prix salés.*

saler *vt* 1. assaisonner avec du sel : *saler un ragoût* 2. imprégner une denrée de sel pour la conserver : *saler du porc* 3. FAM. demander un prix excessif.

saleté *nf* 1. état de ce qui est sale 2. chose malpropre : *enlever une saleté* 3. FAM. parole obscène : *raconter des saletés.*

salière *nf* 1. petit récipient pour présenter le sel sur la table 2. FAM. creux en arrière des clavicules chez les personnes maigres.

salin, e *adj* qui contient du sel ◆ *nm* marais salant.

salir *vt* 1. rendre sale 2. FIG. déshonorer, porter atteinte à : *salir la réputation de quelqu'un.*

salissant, e *adj* 1. qui se salit facilement : *couleur salissante* 2. qui salit : *travail salissant.*

salive *nf* liquide qui humecte la bouche • FAM. ***dépenser beaucoup de salive (pour rien)*** parler beaucoup (en vain).

saliver *vi* sécréter de la salive.

salle *nf* 1. pièce d'une habitation destinée à un usage particulier : *salle à manger ; salle de bains* 2. lieu couvert destiné à un usage collectif : *salle de classe ; salle des fêtes* 3. public qui remplit une salle : *toute la salle applaudit.*

salmonellose *nf* maladie infectieuse, due à la salmonelle (bactérie), responsable d'intoxications alimentaires.

salon *nm* 1. pièce d'une habitation destinée à recevoir des visiteurs 2. salle de certains établissements commerciaux : *salon de coiffure* 3. (avec une majuscule) exposition annuelle d'œuvres d'artistes vivants : *Salon d'automne* 4. (avec une majuscule) manifestation commerciale périodique : *Salon de l'agriculture* 5. LITT. société mondaine : *fréquenter les salons.*

saloper *vt* TRÈS FAM. 1. faire très mal un travail 2. salir, couvrir de taches.

saloperie *nf* TRÈS FAM. 1. saleté 2. chose de très mauvaise qualité 3. action ou parole basse et vile.

salopette *nf* vêtement constitué d'un pantalon et d'une bavette à bretelles.

salpêtre *nm* nitrate de potassium.

salsifis *nm* plante potagère à longue racine charnue comestible ; racine de cette plante.

saltimbanque *nm* personne exécutant des tours d'adresse, des acrobaties sur les places publiques, dans les foires.

salubrité *nf* caractère de ce qui est sain • ***salubrité publique*** mesures d'hygiène prises par l'Administration.

saluer *vt* 1. donner une marque extérieure d'attention, de respect : *saluer un ami* 2. acclamer, rendre hommage à : *saluer le courage de quelqu'un* 3. accueillir : *saluer par des sifflets.*

salut *nm* 1. fait d'échapper à un danger, à un mal 2. action ou manière de saluer 3. RELIG accession à la vie éternelle : *travailler à son salut* • ***Armée du salut*** association protestante charitable ◆ *interj* FAM. formule dont on se sert pour aborder quelqu'un ou le quitter.

salutaire *adj* utile pour conserver la santé physique ou morale.

salutation *nf* (surtout au pluriel) action de saluer ; geste ou parole de salut.

salve *nf* décharge simultanée d'armes à feu • ***salve d'applaudissements*** applaudissements qui éclatent tous en même temps.

samedi *nm* sixième jour de la semaine.

samouraï *nm* guerrier japonais, à l'époque des shogouns.

samovar *nm* bouilloire russe.

S.A.M.U. *nm* (sigle) service d'aide médicale d'urgence.

sanatorium [-rjɔm] *nm* établissement de cure pour les tuberculeux (abréviation : *sana*).

sanctifier *vt* 1. rendre saint 2. révérer comme saint : *que votre nom soit sanctifié* 3. célébrer suivant la loi religieuse : *sanctifier le dimanche.*

sanction *nf* 1. mesure répressive : *prendre des sanctions ; sanction économique* 2. conséquence, bonne ou mauvaise, d'un acte 3. approbation, confirmation : *la sanction de l'usage.*

sanctuaire *nm* 1. édifice consacré aux cérémonies d'une religion 2. FIG. lieu d'asile inviolable.

sandale *nf* chaussure formée d'une simple semelle retenue par des courroies ou des lacets.

sandwich [sɑ̃dwitʃ] (*pl sandwiches* ou *sandwichs*) *nm* tranches de pain entre lesquelles on met du fromage, du jambon, etc. • FIG. ***en sandwich*** étroitement serré entre deux personnes ou deux choses.

sang *nm* 1. liquide rouge qui circule dans les veines et les artères 2. race, famille, extraction • ***avoir le sang chaud*** être ardent, dynamique • ***avoir quelque chose dans le sang*** être très doué ou passionné pour quelque chose • ***liens du sang*** liens entre personnes de la même famille • ***se faire du mauvais sang*** s'inquiéter.

sang-froid *nm inv* maîtrise de soi, calme : *perdre son sang-froid* • ***de sang-froid*** consciemment, de façon délibérée.

sanglant, e *adj* 1. taché, souillé de sang 2. où il y a beaucoup de sang répandu : *combat sanglant* 3. FIG. très offensant : *affront sanglant.*

sangle *nf* bande large et plate, qui sert à ceindre, à serrer, etc.

sanglier *nm* porc sauvage ; chair de cet animal (la femelle du sanglier est la laie et le petit le marcassin).

sanglot *nm* contraction spasmodique du diaphragme, sous l'effet de la douleur ou de la peine : *éclater en sanglots.*

sangria [sɑ̃grija] *nf* boisson d'origine espagnole faite de vin sucré où macèrent des morceaux d'agrumes et de fruits.

sangsue [sɑ̃sy] *nf* 1. ver vivant en eau douce, et dont le corps est terminé par une ventouse à chaque extrémité 2. FIG. personne avide.

sanguin, e *adj* relatif au sang : *vaisseau sanguin* ◆ *nm* personne au tempérament impulsif.

sanitaire *adj* relatif à la santé, à l'hygiène : *règlement sanitaire* ◆ **sanitaires** *nm pl* ensemble des installations de propreté (lavabos, W.-C., etc.) d'un local, d'un camping, etc.

sans *prép* marque la privation, l'exclusion • *non sans* avec • *sans cela, sans quoi* autrement, sinon • *sans plus* et pas plus • *sans que* (+ subj) indique une circonstance non réalisée.

sans-abri *n inv* personne qui n'a pas de logement ; sans-logis.

sans-faute *nm inv* épreuve réalisée sans faute, sans erreur.

sans-gêne *nm inv* manière d'agir sans politesse ◆ *n inv* personne qui agit de cette manière.

santé *nf* 1. état de quelqu'un dont l'organisme fonctionne normalement : *ménager sa santé* 2. état de l'organisme, bon ou mauvais : *être de santé délicate* 3. état sanitaire d'une collectivité.

saoul, e [su, sul] *adj* → soûl.

saouler [sule] *vt* → soûler.

sape *nf* tranchée creusée sous un mur, un ouvrage, etc., pour le faire tomber • FIG. *travail de sape* activité secrète pour détruire ◆ **sapes** *pl* FAM. vêtements.

saper *vt* 1. détruire en creusant une sape 2. FIG. détruire, ébranler : *saper le moral de quelqu'un* ◆ **se saper** *vpr* FAM. s'habiller.

sapeur-pompier (*pl sapeurs-pompiers*) *nm* pompier.

saphir *nm* 1. pierre précieuse bleue et transparente 2. petite pointe qui tient lieu d'aiguille dans la tête de lecture d'un électrophone.

sapin *nm* grand arbre résineux à feuillage persistant ; bois de cet arbre.

saquer *vt* → sacquer.

sarbacane *nf* long tuyau qui sert à lancer, en soufflant, de petits projectiles.

sarcasme *nm* raillerie acerbe.

sarcler *vt* arracher les mauvaises herbes.

sarcophage *nm* ANTIQ cercueil.

sardine *nf* poisson voisin du hareng, commun dans la Méditerranée et l'Atlantique.

S.A.R.L. *nf* (sigle) société à responsabilité limitée.

sarment *nm* 1. jeune rameau de vigne 2. tige ou branche ligneuse grimpante.

saroual (*pl sarouals*) ou **sarouel** (*pl sarouels*) *nm* pantalon à jambes bouffantes.

sarrasin *nm* céréale cultivée pour ses graines alimentaires ; farine de cette céréale SYN. *blé noir.*

sas [sa, sas] *nm* 1. local étanche permettant le passage dans des milieux de pressions différentes 2. partie d'un canal entre deux portes d'écluse 3. tamis de crin, de soie.

satané, e *adj* FAM. incroyable, sacré : *un satané farceur.*

satanique *adj* diabolique, très méchant : *ruse satanique.*

satellite *nm* 1. ASTRON planète secondaire qui tourne autour d'une planète principale 2. bâtiment annexe d'une aérogare • *satellite artificiel* engin placé sur une orbite elliptique dont le centre de la Terre est l'un des foyers ◆ *adj* et *nm* qui dépend d'un autre sur un plan politique ou économique : *pays satellite.*

satiété [sasjete] *nf* état d'une personne complètement rassasiée : *boire, manger à satiété.*

satin *nm* étoffe de soie, de laine ou de coton, fine, moelleuse et brillante.

satiné, e *adj* qui a l'apparence du satin • *peau satinée* douce comme du satin.

satire *nf* 1. LITT. pièce en vers où l'auteur attaque les vices et les ridicules de son temps 2. discours, écrit piquant ou médisant.

satisfaction *nf* 1. action de satisfaire, de contenter 2. état de contentement, de joie qui résulte de l'accomplissement de ce qu'on attendait.

satisfaire *vt* (conj 76) contenter : *on ne peut pas satisfaire tout le monde* ◆ *vt ind* [à] faire ce qui est exigé par quelque chose : *satisfaire à la mode* ◆ **se satisfaire** *vpr* [de] se contenter.

satisfaisant, e *adj* qui satisfait : *un résultat satisfaisant.*

satisfait, e *adj* 1. content de ce qui a été fait ou dit 2. assouvi, rempli : *désirs satisfaits.*

saturateur *nm* dispositif servant à humidifier l'air d'une pièce.

saturer *vt* 1. amener à la plus grande condensation possible : *saturer un liquide* 2. FIG. rassasier : *être saturé de spectacles.*

saturnisme *nm* intoxication par le plomb.

satyre *nm* 1. MYTH demi-dieu rustique 2. FIG. homme lubrique, débauché.

sauce *nf* assaisonnement liquide d'un mets : *sauce à la tomate* • FIG. *mettre à toutes les sauces* traiter de toutes les façons.

saucer *vt* 1. tremper dans la sauce : *saucer du pain* 2. débarrasser de la sauce : *saucer son assiette* • FAM. ***se faire saucer*** se faire mouiller par une pluie abondante.

saucière *nf* récipient pour servir les sauces.

saucisse *nf* boyau rempli de chair hachée de porc, de bœuf, etc.

saucisson *nm* grosse saucisse, crue ou cuite.

saucissonner *vi* FAM. prendre un repas froid sur le pouce ◆ *vt* FAM. ficeler, attacher comme un saucisson.

sauf, sauve *adj* 1. tiré de danger : *avoir la vie sauve* 2. qui n'est pas atteint : *l'honneur est sauf.*

sauf *prép* 1. à la réserve de : *sauf erreur* 2. excepté : *tout, sauf cela* • ***sauf que*** sous la réserve que • LITT. ***sauf votre respect*** sans vous offenser.

sauge *nf* plante aromatique et officinale à fleurs rouges ou violettes ; feuille de cette plante utilisée en cuisine.

saugrenu, e *adj* absurde, bizarre.

saule *nm* arbre vivant près de l'eau • ***saule pleureur*** dont les branches et le feuillage retombent latéralement.

saumâtre *adj* 1. d'une saveur amère et salée comme celle de l'eau de mer 2. FIG. amer, difficile à accepter : *trouver la plaisanterie saumâtre.*

saumon *nm* poisson voisin de la truite, à chair estimée, pouvant atteindre 1,50 m de long ◆ *adj inv* d'une teinte rose-orangé.

saumure *nf* préparation liquide salée, où l'on conserve des viandes ou des légumes.

sauna *nm* 1. bain de chaleur sèche et de vapeur, d'origine finlandaise 2. établissement où l'on prend ces bains.

saupoudrer *vt* 1. poudrer de sel, de farine, de sucre, etc. 2. FIG. parsemer.

saur *adj m* • ***hareng saur*** salé et séché à la fumée.

saut *nm* 1. action de sauter : *saut en longueur* 2. chute d'eau dans le courant d'une rivière 3. passage brusque, changement subit : *un saut dans l'inconnu* • ***au saut du lit*** au sortir du lit • ***faire un saut quelque part*** y passer un court moment • ***saut périlleux*** saut consistant en une rotation complète du corps dans l'espace.

sauté *nm* aliment cuit à feu vif avec un corps gras dans une sauteuse ou une poêle.

saute-mouton *nm inv* jeu dans lequel les joueurs sautent alternativement les uns par-dessus les autres.

sauter *vi* 1. s'élever de terre avec effort ; s'élancer d'un lieu dans un autre ; s'élancer d'un lieu élevé vers le bas 2. s'élancer pour saisir : *sauter à la gorge* 3. voler en éclats : *un camion-citerne qui saute* 4. FIG. passer brusquement : *sauter d'un sujet à l'autre* 5. être omis, effacé, annulé • FAM. ***et que ça saute !*** vite ! • ***faire sauter un aliment*** le faire revenir à feu vif dans un corps gras, en l'empêchant d'attacher • ***sauter aux yeux*** être évident ◆ *vt* 1. franchir d'un saut : *sauter un mur* 2. FIG. omettre : *sauter une page.*

sauterelle *nf* insecte sauteur jaune ou vert.

sauteur, euse *n* et *adj* 1. athlète spécialisé dans les épreuves de saut 2. insecte qui a les pattes postérieures propres au saut.

sauteuse *nf* casserole plate pour faire sauter les aliments.

sautiller *vi* avancer par petits sauts.

sauvage *adj* 1. qui vit en liberté dans la nature : *animaux sauvages* 2. désert, inculte : *lieu sauvage* 3. qui pousse sans être cultivé : *plante sauvage* ◆ *adj* et *n* 1. qui vit loin de la civilisation 2. qui fuit la société 3. cruel, inhumain.

sauvagerie *nf* 1. caractère de celui qui fuit la société 2. férocité, cruauté.

sauvegarde *nf* 1. protection accordée par une autorité 2. garantie, défense : *les lois sont la sauvegarde de la liberté* 3. INFORM copie de sécurité.

sauvegarder *vt* protéger, défendre : *sauvegarder son indépendance.*

sauve-qui-peut *nm inv* fuite, panique où chacun se sauve comme il peut.

sauver *vt* 1. tirer du danger, du malheur, de la mort : *sauver un malade* 2. préserver de la perte, de la destruction : *sauver un navire en perdition* 3. pallier, masquer ce qui est défectueux 4. RELIG procurer le salut éternel ◆ **se sauver** *vpr* 1. fuir, s'échapper 2. FAM. s'en aller très vite : *je me sauve, il est tard.*

sauvetage *nm* action de tirer quelqu'un ou quelque chose d'un danger, d'une situation critique • ***de sauvetage*** destiné à porter secours : *gilet de sauvetage.*

sauveteur *nm* personne qui prend part à un sauvetage.

sauvette (à la) *loc adv* hâtivement, pour échapper à l'attention • FAM. ***vente à la sauvette*** sur la voie publique et sans autorisation.

sauveur *nm* personne qui sauve • RELIG *le Sauveur* Jésus-Christ.

savane *nf* dans les régions tropicales, prairie de hautes herbes, souvent parsemée d'arbres.

savant, e *adj* et *n* 1. qui a des connaissances étendues dans divers domaines ou une discipline particulière 2. où il y a de la science, de l'érudition : *livre savant* 3. qui dénote de l'habileté ◆ *nm* personne qui a une compétence exceptionnelle dans une discipline scientifique.

savate *nf* vieille pantoufle, vieille chaussure.

saveur *nf* 1. sensation produite sur la langue par certains corps 2. FIG. charme, piquant : *une poésie pleine de saveur.*

savoir *vt* (conj 39) 1. connaître, être instruit dans quelque chose : *savoir l'anglais* 2. être exercé à : *savoir commander* 3. avoir dans la mémoire : *savoir sa leçon* 4. être informé de : *savoir un secret* • *à savoir* ou *savoir* annonce une précision, une énumération • *que je sache* à ma connaissance.

savoir *nm* ensemble de connaissances : *un savoir encyclopédique.*

savoir-faire *nm inv* 1. habileté 2. compétence professionnelle.

savoir-vivre *nm inv* connaissance et pratique des règles de la politesse.

savon *nm* 1. mélange d'une matière grasse et d'un alcali qui sert à nettoyer, à dégraisser, à blanchir ; morceau moulé de ce produit 2. FAM. réprimande : *passer un savon à quelqu'un.*

savonner *vt* laver avec du savon.

savonnette *nf* petit savon parfumé.

savourer *vt* 1. goûter lentement, avec attention et plaisir à 2. FIG. jouir de quelque chose avec délices : *savourer sa victoire.*

savoureux, euse *adj* 1. qui a une saveur agréable 2. FIG. que l'on goûte avec grand plaisir : *histoire savoureuse.*

saxophone *nm* instrument à vent en cuivre, muni d'un bec de clarinette et de clés.

scalp *nm* chevelure détachée du crâne avec la peau, trophée de guerre des anciens Indiens d'Amérique.

scalpel *nm* instrument de chirurgie pour inciser et disséquer.

scalper *vt* détacher la peau du crâne avec un instrument tranchant.

scandale *nm* 1. indignation soulevée par un acte honteux, blâmable : *craindre le scandale* 2. affaire malhonnête ou immorale : *scandale financier* 3. fait qui heurte la conscience, suscite l'émotion 4. querelle bruyante, tapage : *faire du scandale.*

scandaleux, euse *adj* qui cause du scandale ; honteux, révoltant.

scandaliser *vt* soulever l'indignation, choquer ◆ **se scandaliser** *vpr* [de] ressentir de l'indignation.

scanner [skanɛr] *nm* 1. appareil détectant par balayage les radiations émises par des surfaces étendues 2. MÉD appareil qui reconstitue des images des diverses parties de l'organisme en coupes fines.

scaphandre *nm* appareil hermétiquement fermé que revêtent les plongeurs pour travailler sous l'eau.

scarabée *nm* insecte coléoptère à antennes en lamelles.

scarlatine *nf* maladie fébrile contagieuse, caractérisée par des plaques écarlates sur la peau.

scarole *nf* chicorée à larges feuilles mangée en salade.

scatologie *nf* propos ou écrits relatifs aux excréments.

sceau [so] *nm* 1. cachet qui rend un acte authentique : *le sceau de l'État* 2. FIG. caractère distinctif : *cet ouvrage porte le sceau du génie* • *garde des Sceaux* ministre de la Justice • *sous le sceau du secret* à la condition que le secret soit bien gardé.

scélérat, e *adj* et *n* coupable ou capable de crimes ◆ *adj* perfide : *conduite scélérate.*

scellement *nm* action de fixer une pièce dans un trou, à l'aide d'un liant qui s'y durcit.

sceller *vt* 1. appliquer un sceau, des scellés 2. effectuer un scellement 3. FIG. affermir : *sceller une amitié.*

scellés *nm pl* bande qui fixe, aux deux bouts, un cachet de cire revêtu du sceau officiel : *apposition des scellés sur une porte.*

scénario *nm* 1. rédaction détaillée des diverses scènes dont un film sera composé 2. FIG. déroulement programmé d'une action.

scénariste *n* auteur d'un scénario.

scène *nf* 1. partie du théâtre où jouent les acteurs 2. lieu où est supposée l'action : *la scène est à Rome* 3. art dramatique 4. subdivision d'un acte : *troisième scène du second acte* 5. FIG. spectacle : *une scène affligeante* 6. lieu où se passe une action : *la scène d'un crime* 7. FAM. emportement, querelle violente : *scène de ménage.*

sceptique *n* et *adj* qui doute de ce qui n'est pas prouvé avec évidence ; incrédule.

sceptre [sɛptr] *nm* bâton de commandement, insigne de la royauté.

schéma [ʃema] *nm* 1. figure représentant les grandes lignes d'un mécanisme, d'une organisation 2. plan d'un ouvrage littéraire, d'un projet.

schématique *adj* 1. fait au moyen d'un schéma : *tracé schématique* 2. réduit à l'essentiel ; simplifié à l'excès.

schématiser *vt* représenter d'une manière schématique.

schilling [ʃiliŋ] *nm* unité monétaire principale de l'Autriche.

schisme *nm* 1. séparation au sein d'une Église 2. division dans un groupe, un parti.

schizophrénie [ski-] *nf* maladie mentale caractérisée par la rupture du contact avec le monde extérieur.

schnaps [ʃnaps] *nm* FAM. eau-de-vie.

schuss [ʃus] *nm* à skis, descente directe dans le sens de la plus grande pente.

sciatique *adj* relatif à la hanche • *nerf sciatique* qui innerve les muscles de la cuisse et de la hanche ◆ *nf* affection du nerf sciatique.

scie *nf* 1. lame d'acier taillée à dents aiguës, servant à scier 2. FAM. rengaine, répétition fastitieuse.

sciemment [sjamɑ̃] *adv* en connaissance de cause : *parler sciemment.*

science *nf* 1. connaissance exacte d'une chose 2. ensemble de connaissances fondé sur l'étude ◆ **sciences** *pl* disciplines où le calcul et l'observation ont la plus grande part (par oppos. aux *lettres*).

science-fiction (*pl sciences-fictions*) *nf* genre romanesque et cinématographique faisant appel aux thèmes du voyage dans le temps et dans l'espace extra-terrestres.

scientifique *adj* 1. qui concerne les sciences 2. qui a la rigueur de la science : *méthode scientifique* ◆ *n* spécialiste des sciences, d'une science.

scier *vt* couper à la scie : *scier du bois.*

scierie *nf* usine où l'on débite le bois.

scinder *vt* diviser, fractionner.

scintiller *vi* briller en jetant par intervalles des éclats de lumière.

scission *nf* division dans un groupe, une assemblée.

sciure *nf* déchet d'une matière sciée qui tombe en poussière : *sciure de bois.*

sclérose *nf* 1. induration pathologique d'un tissu 2. FIG. impossibilité de s'adapter à une situation nouvelle • *sclérose en plaques* affection de la substance blanche du système nerveux entraînant divers troubles du système nerveux.

scléroser *vt* provoquer la sclérose ◆ **se scléroser** *vpr* perdre toute souplesse, se figer : *se scléroser dans ses habitudes.*

scolaire *adj* relatif à l'école, à l'enseignement : *année scolaire* • *âge scolaire* période de la vie durant laquelle la loi fait une obligation d'aller à l'école ◆ *nm* 1. enfant d'âge scolaire 2. ouvrage scolaire.

scolarisation *nf* action de scolariser ; fréquentation des écoles : *taux de scolarisation.*

scolariser *vt* 1. pourvoir d'établissements scolaires : *scolariser un pays* 2. inscrire, admettre à l'école : *scolariser les enfants.*

scolarité *nf* 1. durée des études 2. études scolaires : *faire sa scolarité.*

scoliose *nf* déviation latérale de la colonne vertébrale.

scoop [skup] *nm* nouvelle donnée en exclusivité par un journal, une agence de presse, etc.

scooter [skutœr, skutɛr] *nm* véhicule à moteur à deux roues, à cadre ouvert.

scorbut [skɔrbyt] *nm* maladie caractérisée par des hémorragies, la chute des dents, l'altération des articulations.

score [skɔr] *nm* nombre de points acquis par chaque équipe ou par chaque adversaire dans un match.

scorpion *nm* animal articulé des pays chauds, portant en avant une paire de pinces, et dont l'abdomen se termine par un aiguillon venimeux.

scotch [skɔtʃ] *nm* whisky écossais.

Scotch *nm* (nom déposé) ruban adhésif transparent.

scotcher *vt* coller avec du Scotch.

scout, e *n* jeune garçon, jeune fille faisant partie d'une association de scoutisme ◆ *adj* relatif au scoutisme : *l'esprit scout.*

scoutisme *nm* organisation ayant pour but le développement des qualités physiques et morales des jeunes gens.

scribe *nm* dans l'Antiquité égyptienne, personnage faisant fonction de secrétaire ou, parfois, d'intendant.

script *nm* scénario de film découpé en scènes et accompagné de dialogues.

scriptural, e, aux *adj* • *monnaie scripturale* moyen de paiement autre que les billets de banque et les pièces de monnaie (comptes en banque, effets de commerce).

scrupule *nm* inquiétude de conscience, hésitation due à une grande délicatesse morale.

scrupuleux, euse *adj* 1. sujet aux scrupules 2. minutieux, exact.

scruter *vt* examiner attentivement.

scrutin *nm* ensemble des opérations qui constituent un vote ou une élection.

sculpter [skylte] *vt* tailler dans la pierre, le bois, etc., dans un but artistique.

sculpteur *nm* artiste qui sculpte.

sculpture [skyltyr] *nf* 1. art du sculpteur 2. ouvrage sculpté.

S.D.F. *n* (sigle) personne sans domicile fixe, sans toit et sans travail.

se *pron. pers.* désigne la 3e pers. des deux genres et des deux nombres.

séance *nf* 1. réunion d'une assemblée pour délibérer ; temps que dure cette réunion 2. temps passé à une chose : *faire un portrait en trois séances* 3. chacune des projections du programme d'un cinéma • *séance tenante* immédiatement.

seau *nm* récipient propre à puiser, à porter de l'eau, etc. ; son contenu.

sébum [sebɔm] *nm* sécrétion grasse produite par les glandes sébacées.

sec, sèche *adj* 1. sans humidité ; aride : *sol sec* 2. qui n'est plus vert : *feuilles sèches* 3. qui n'est pas humecté : *avoir la bouche sèche* 4. maigre, décharné : *homme grand et sec* 5. qui ne se prolonge pas : *bruit sec* 6. FIG. sans ornement, sans agrément : *style sec* 7. brusque : *réponse sèche* 8. peu sensible : *cœur sec* ◆ *nm* ce qui n'est pas humide : *mettre au sec* • *à sec* 1. sans eau : *mettre un étang à sec* 2. FIG. sans argent ◆ *adv* d'une manière brusque, rude : *démarrer sec* • *boire sec* 1. sans eau 2. beaucoup.

sécateur *nm* outil pour couper, tailler des rameaux, des arbustes.

sèche-cheveux *nm inv* appareil électrique pour sécher les cheveux SYN. *séchoir.*

sèchement *adv* 1. brusquement 2. de façon brève et brutale : *répondre sèchement.*

sécher *vt* (conj 10) 1. rendre sec 2. FAM. ne pas assister à un cours • FIG. *sécher les lar-*

mes consoler ◆ *vi* 1. devenir sec : *ces fleurs ont séché* 2. FAM. ne pas savoir répondre à une question.

sécheresse *nf* 1. état de ce qui est sec 2. absence de pluie 3. FIG. manque de sentiment, froideur.

séchoir *nm* 1. appareil ou support pour faire sécher le linge 2. sèche-cheveux.

second, e [səgɔ̃, -ɔ̃d] *adj* 1. qui est immédiatement après le premier : *seconde année* 2. autre, nouveau : *une seconde jeunesse* 3. qui vient après dans l'ordre de la valeur, du rang : *voyager en seconde classe* ◆ *nm* 1. personne ou chose qui est au second rang 2. le deuxième étage d'une maison 3. personne qui en aide une autre dans un emploi, une fonction 4. officier venant aussitôt après le commandant d'un navire • *en second* sous les ordres d'un autre : *capitaine en second.*

secondaire *adj* qui ne vient qu'en second ; accessoire : *motifs secondaires* • *enseignement secondaire* entre l'enseignement primaire et l'enseignement supérieur • *secteur secondaire* ensemble des activités économiques correspondant à la transformation des matières premières en biens productifs ou en biens de consommation.

seconde *nf* 1. soixantième partie d'une minute 2. temps très court : *attendez une seconde* 3. unité de mesure d'angle 4. classe qui précède la première.

seconder *vt* servir de second ; aider.

secouer *vt* 1. agiter fortement et à plusieurs reprises : *secouer un arbre* 2. faire tomber en agitant : *secouer la poussière* 3. FIG. ne pas ménager, inciter à l'effort : *secouer un paresseux* 4. donner un choc physique ou moral : *cette maladie l'a secoué* ◆ **se secouer** *vpr* FAM. ne pas se laisser aller au découragement, à l'inertie.

secourable *adj* qui porte secours, obligeant : *tendre une main secourable.*

secourir *vt* (conj 29) porter secours, aider.

secouriste *n* membre d'une organisation de secours pour les victimes d'un accident, d'une catastrophe.

secours *nm* 1. aide, assistance à quelqu'un qui est en danger 2. renfort en hommes, en matériel : *les secours arrivent* 3. ce qui est utile ; aide • *de secours* destiné à servir en cas de nécessité.

secousse *nf* 1. ébranlement 2. chacune des oscillations du sol dans un tremblement de terre 3. FIG. mouvement violent : *les secousses d'une révolution* 4. choc psychologique.

secret, ète *adj* 1. caché : *tiroir secret ; négociations secrètes* 2. peu manifeste, peu apparent : *charme secret* 3. peu expansif : *homme secret* ◆ *nm* 1. ce qui doit être caché : *confier un secret* 2. mécanisme, ressort caché : *coffre-fort à secret* 3. moyen particulier pour réussir : *le secret du bonheur* • *en secret* sans témoin • *mettre quelqu'un au secret* l'emprisonner en le privant de toute communication avec l'extérieur • *secret d'État* chose dont la divulgation nuirait aux intérêts du pays • *secret professionnel* interdiction légale de divulguer un secret dont on a eu connaissance dans l'exercice de ses fonctions.

secrétaire *n* 1. personne chargée de tenir la correspondance, de répondre au téléphone, etc. 2. nom de divers fonctionnaires : *secrétaire d'ambassade.*

secrétaire *nm* meuble à tiroirs servant à écrire.

secrétariat *nm* 1. fonctions de secrétaire ; son bureau 2. ensemble des secrétaires.

sécréter *vt* (conj 10) opérer la sécrétion de : *le foie sécrète la bile.*

sécrétion *nf* fonction par laquelle une cellule ou un tissu émet une substance qui intervient ensuite dans la physiologie de l'organisme ; cette substance.

sectaire *adj* et *n* qui témoigne d'une étroitesse d'esprit : *esprit sectaire.*

secte *nf* groupe de personnes qui professent la même doctrine, souvent de caractère religieux.

secteur *nm* 1. partie d'un cercle entre deux rayons et l'arc qu'ils renferment 2. division d'une ville, d'une zone particulière, etc. : *un secteur étendu* 3. FAM. endroit quelconque 4. aspect particulier d'un ensemble ; domaine : *secteur économique.*

section *nf* 1. action de couper ; endroit de la coupure : *section nette* 2. catégorie dans un classement 3. dessin de la coupe d'un édifice 4. rencontre de deux lignes, de deux surfaces, de deux solides, etc. 5. division d'un groupement 6. unité élémentaire de l'infanterie 7. subdivision d'un parcours d'autobus.

sectionner *vt* 1. diviser par sections 2. couper, trancher.

sectoriel, elle *adj* relatif à un secteur, à une catégorie professionnelle : *une revendication sectorielle.*

sectorisation *nf* répartition en plusieurs secteurs géographiques.

séculaire *adj* 1. qui revient tous les siècles 2. âgé d'un siècle au moins : *arbres séculaires.*

secundo [sekɔ̃do] ou [səgɔ̃do] *adv* en second lieu.

sécuriser *vt* donner un sentiment de sécurité ; enlever la crainte, l'anxiété.

sécurité *nf* confiance, absence d'inquiétude ; sûreté • *de sécurité* destiné à prévenir un danger : *ceinture de sécurité* • *sécurité sociale* ensemble des législations qui ont pour objet de garantir les individus et les familles contre certains risques sociaux.

sédatif, ive *adj* qui calme l'organisme.

sédentaire *adj* et *n* 1. qui sort peu de chez soi ; casanier 2. dont l'habitat est fixe (par oppos. à *nomade*) ◆ *adj* qui ne comporte ou n'exige pas de déplacements : *emploi sédentaire.*
sédiment *nm* dépôt naturel laissé par les mers, les eaux courantes, le vent, etc.
séducteur, trice *adj* et *n* qui charme, fait des conquêtes.
séduction *nf* 1. action de séduire, de plaire, d'envoûter 2. pouvoir de séduire.
séduire *vt* (conj 70) plaire, charmer, attirer.
segment *nm* 1. portion détachée d'un ensemble 2. portion de cercle entre un arc et sa corde • *segment de droite* portion de droite limitée par deux points.
segmenter *vt* partager en segments ; diviser, couper.
ségrégation *nf* action de séparer, de mettre des personnes à part : *ségrégation raciale.*
seiche *nf* mollusque dont la tête porte dix tentacules à ventouses et qui projette un liquide noir lorsqu'il est attaqué.
seigle *nm* céréale rustique cultivée sur les terres pauvres et froides ; farine faite à partir du grain de cette plante.
seigneur *nm* 1. possesseur d'un fief, d'une terre importante 2. personne de la noblesse • *le Seigneur* Dieu • *Notre-Seigneur* Jésus-Christ.
sein *nm* 1. mamelle : *donner le sein à un enfant* 2. poitrine : *serrer un enfant contre son sein* 3. partie interne : *le sein de la terre* • *au sein de* au milieu de.
séisme *nm* tremblement de terre.
séismique *adj* → sismique.
seize *adj. num. card* 1. dix et six 2. seizième : *Louis seize* ◆ *nm inv* chiffre, numéro qui représente ce nombre.
seizième *adj. num. ord* et *n* 1. qui occupe un rang marqué par le nombre seize 2. qui se trouve seize fois dans le tout.
séjour *nm* 1. action de séjourner ; durée pendant laquelle on séjourne 2. lieu où l'on séjourne • *salle de séjour* ou *séjour* pièce où l'on se tient habituellement.
séjourner *vi* demeurer dans un lieu.
sel *nm* 1. chlorure de sodium, employé comme assaisonnement et que l'on trouve à l'état de roche *(sel gemme)* ou dans la mer *(sel marin)* 2. CHIM composé résultant de la substitution d'un métal à l'hydrogène d'un acide : *sel de potassium* 3. FIG. ce qu'il y a de piquant, de fin : *le sel d'une conversation* ◆ **sels** *pl* ce que l'on faisait respirer pour ranimer.
sélectif, ive *adj* fondé sur un choix.
sélection *nf* 1. action de choisir des objets, des personnes ; objets, personnes ainsi choisis 2. choix d'animaux ou de végétaux en vue de la reproduction • *sélection naturelle* survivance des animaux ou des végétaux les mieux adaptés.
sélectionné, e *n* et *adj* sportif choisi pour représenter un club ou un pays.
sélectionner *vt* faire une sélection.
self-service (*pl self-services*) ou **self** *nm* restaurant où l'on se sert soi-même.
selle *nf* 1. siège que l'on place sur un cheval que l'on monte ; siège de bicyclette, de moto, etc. 2. petite table mobile sur laquelle travaille le sculpteur 3. CUIS partie du mouton, du chevreuil, etc., entre les premières côtes et le gigot • *aller à la selle* expulser les matières fécales ◆ **selles** *pl* matières fécales.
seller *vt* mettre une selle : *seller un cheval.*
sellette *nf* petit siège pour divers usages • *être sur la sellette* être mis en cause • *mettre quelqu'un sur la sellette* le presser de questions.
selon *prép* suivant, conformément à, d'après : *Évangile selon saint Luc* • FAM. *c'est selon* cela dépend.
semaine *nf* 1. période de sept jours : *il viendra dans trois semaines* 2. ensemble des jours ouvrables dans la semaine : *semaine de trente-neuf heures* 3. salaire, argent de poche reçu par semaine • *à la petite semaine* au jour le jour • *en semaine* pendant les six premiers jours de la semaine (par oppos. au *dimanche*).
sémantique *nf* étude du sens des mots ◆ *adj* qui relève de la sémantique.
semblable *adj* pareil, qui ressemble à ◆ *n* pareil : *il n'a pas son semblable* ◆ *nm* homme, animal, par rapport aux autres hommes, aux autres animaux de même espèce : *rechercher la compagnie de ses semblables.*
semblant *nm* • *faire semblant* feindre • *un semblant de* une apparence de.
sembler *vi* avoir l'apparence, avoir l'air : *cela semble facile* ◆ *v. impers* il paraît, on dirait : *il semble qu'il va pleuvoir* • *ce me semble* à mon avis • LITT. *que vous en semble ?* qu'en pensez-vous ?
semelle *nf* 1. dessous d'une chaussure 2. pièce épousant la forme d'une semelle placée à l'intérieur d'une chaussure : *semelle de liège* • *ne pas bouger, ne pas avancer d'une semelle* demeurer sur place • *ne pas quitter quelqu'un d'une semelle* le suivre partout.
semence *nf* 1. graine que l'on sème 2. sperme 3. petit clou à tête plate.
semer *vt* (conj 9) 1. mettre une graine en terre : *semer des haricots* 2. propager : *semer la discorde* 3. FAM. fausser compagnie : *semer un importun* 4. FAM. distancer : *semer un concurrent.*
semestre *nm* 1. période de six mois 2. rente, traitement payé tous les six mois : *toucher son semestre.*
semestriel, elle *adj* 1. qui a lieu, qui paraît chaque semestre 2. qui dure six mois ◆ *nm* magazine semestriel.

semi-fini *adj m* • *produit semi-fini* produit industriel intermédiaire entre la matière première et le produit fini.

séminaire *nm* 1. établissement où l'on instruit les jeunes gens se destinant à l'état ecclésiastique 2. groupe de travail ; série de conférences dans un domaine quelconque.

séminal, e, aux *adj* de la semence.

séminariste *nm* élève d'un séminaire.

semi-remorque (*pl semi-remorques*) *nm* ou *nf* poids lourd formé d'un véhicule qui tracte et d'une remorque dépourvue de roues avant.

semis *nm* 1. action, manière de semer ; terrain ensemencé 2. plant de végétaux semés en graine : *semis d'œillets.*

semonce *nf* avertissement, réprimande • *coup de semonce* avertissement brutal.

semoule *nf* produit alimentaire granuleux, extrait des blés durs.

sempiternel, elle *adj* qui ne cesse pas, qui se répète indéfiniment.

sénat *nm* 1. assemblée politique composée de personnes désignées ou élues en fonction de leur âge ou de leur notabilité 2. lieu où se réunissent les sénateurs 3. (avec une majuscule) assemblée qui, avec l'Assemblée nationale, constitue le Parlement français.

sénateur *nm* membre d'un sénat ou du Sénat.

sénile *adj* 1. relatif à la vieillesse 2. qui donne des marques de sénilité.

senior *n* et *adj* sportif âgé de vingt ans ou plus.

sens [sɑ̃s] *nm* 1. fonction par laquelle l'homme et les animaux reçoivent l'impression des objets extérieurs : *il y a cinq sens, la vue, l'ouïe, l'odorat, le goût et le toucher* 2. faculté de comprendre, de juger : *avoir le sens des réalités* 3. avis, opinion : *j'abonde dans votre sens* 4. signification : *sens propre et sens figuré* 5. direction : *dans le sens de la longueur ; fuir dans tous les sens* • *bon sens* ou *sens commun* capacité d'agir raisonnablement • *en dépit du bon sens* n'importe comment • *sens dessus dessous* en désordre • *sens unique* voie sur laquelle la circulation ne s'effectue que dans une seule direction • *sixième sens* intuition • *tomber sous le sens* être évident ◆ *pl* sensualité : *plaisirs des sens.*

sensation *nf* impression reçue par les sens • *faire sensation* produire une grande impression • *nouvelle à sensation* qui cause de l'émotion.

sensationnel, elle *adj* qui fait sensation : *révélation sensationnelle.*

sensé, e *adj* qui a du bon sens.

sensibiliser *vt* 1. rendre sensible à une action physique, chimique, etc. 2. rendre sensible, réceptif à quelque chose : *sensibiliser l'opinion publique.*

sensibilité *nf* 1. faculté de recevoir des impressions, des sensations 2. aptitude d'un organisme à réagir à des excitations externes ou internes 3. faculté de réagir à une action physique : *balance d'une grande sensibilité.*

sensible *adj* 1. doué de sensibilité 2. facile à émouvoir, à toucher : *un cœur sensible* 3. immédiatement perceptible : *le monde sensible* 4. qu'on remarque aisément : *progrès sensible* 5. qui indique les plus légères variations : *baromètre sensible* • MUS *note sensible* d'un demi-ton au-dessous de la tonique.

sensoriel, elle *adj* des sens : *les phénomènes sensoriels.*

sensualité *nf* attachement aux plaisirs sensuels.

sensuel, elle *adj* qui flatte les sens : *plaisirs sensuels* ◆ *adj* et *n* attaché aux plaisirs des sens.

sentence *nf* 1. maxime, pensée générale, précepte de morale 2. jugement, décision : *sentence de mort.*

sentencieux, euse *adj* d'une gravité affectée ; solennel, pompeux.

senteur *nf* LITT. odeur, parfum.

sentier *nm* chemin étroit.

sentiment *nm* 1. connaissance plus ou moins claire de quelque chose : *avoir le sentiment de sa force* 2. LITT. opinion, point de vue : *donner son sentiment* 3. manifestation d'un état, d'une tendance : *sentiment de tendresse ; sentiment bas* 4. disposition à être ému, touché.

sentimental, e, aux *adj* propre aux sentiments tendres, à l'amour : *vie sentimentale* ◆ *adj* et *n* qui a une sensibilité un peu romanesque, exagérée.

sentinelle *nf* 1. soldat qui fait le guet 2. FIG. personne qui guette.

sentir *vt* (conj 19) 1. recevoir une impression physique : *sentir la chaleur* 2. percevoir par l'odorat : *sentir une odeur bizarre* 3. avoir une saveur particulière : *vin qui sent le terroir* 4. répandre une odeur de : *cela sent la violette* 5. avoir conscience de, connaître par intuition : *je sens que ce livre vous plaira* 6. révéler, dénoter : *cela sent l'effort* • *ne pouvoir sentir quelqu'un* le détester ◆ *vi* 1. exhaler une odeur : *ça sent bon* 2. répandre une mauvaise odeur : *ce poisson sent* ◆ **se sentir** *vpr* 1. se trouver : *je ne me sens pas bien* 2. reconnaître en soi : *se sentir du courage* • *se faire sentir* se manifester.

séparation *nf* action de séparer ; fait d'être séparé • *séparation de biens* régime matrimonial dans lequel chaque époux garde la gestion de ses biens • *séparation de corps* droit pour les époux de ne plus vivre en commun.

séparatisme *nm* tendance des habitants d'un territoire à séparer celui-ci de l'État dont il fait partie : *séparatisme basque.*
séparer *vt* 1. disjoindre ce qui était uni 2. ranger à part : *séparer les bons des mauvais* 3. partager, diviser : *séparer une pièce en deux par un mur* 4. être placé entre : *la Manche sépare la France de l'Angleterre* 5. éloigner l'un de l'autre : *séparer des combattants* ◆ **se séparer** *vpr* 1. cesser de vivre ensemble 2. se diviser en plusieurs éléments.
sept [sɛt] *adj. num. card* et *nm inv* 1. nombre valant six plus un 2. septième : *chapitre sept ; le 7 mai.*
septembre *nm* neuvième mois de l'année.
septennat *nm* période de sept ans.
septentrional, e, aux *adj* du nord.
septicémie *nf* infection générale produite par la présence de bactéries dans le sang.
septième [sɛtjɛm] *adj. num. ord* et *n* qui occupe un rang marqué par le nombre sept ◆ *adj* et *nm* qui se trouve sept fois dans le tout • *le septième art* le cinéma.
septique *adj* causé par une infection • *fosse septique* fosse d'aisances où les matières fécales subissent une fermentation rapide.
septuagénaire *adj* et *n* âgé de soixante-dix à soixante-dix-neuf ans.
sépulture *nf* lieu où l'on enterre : *violation de sépulture.*
séquelle *nf* (surtout au pluriel) trouble, conséquence fâcheuse qui subsiste après une maladie ou un événement quelconque.
séquence *nf* 1. suite ordonnée d'opérations, d'éléments, de mots, etc. 2. CIN suite d'images ou de scènes formant un ensemble.
séquentiel, elle *adj* relatif à une séquence.
séquestre *nm* DR dépôt provisoire, entre les mains d'un tiers, d'un objet litigieux ; dépositaire de ce bien.
séquestrer *vt* 1. DR mettre sous séquestre 2. enfermer illégalement une personne.
sérail *nm* 1. ANC. palais d'un prince turc ; harem de ce palais 2. milieu restreint et fermé sur lui-même : *élevé dans le sérail.*
serein, e *adj* 1. clair, pur et calme : *temps serein* 2. tranquille, paisible : *une vie sereine* 3. qui marque la tranquillité d'esprit : *visage serein.*
sérénade *nf* 1. concert donné sous les fenêtres de quelqu'un 2. FAM. tapage, bruit.
sérénissime *adj* titre honorifique donné à quelques hauts personnages • *la sérénissime République* l'ancienne république de Venise.
sérénité *nf* calme, tranquillité.
séreux, euse *adj* qui sécrète une sérosité : *membrane séreuse.*
sergent *nm* sous-officier titulaire du grade le moins élevé dans l'infanterie, le génie et l'armée de l'air • ANC. *sergent de ville* gardien de la paix.
série *nf* 1. suite, succession : *une série de questions* 2. ensemble d'objets analogues : *une série de casseroles* 3. catégorie, classification • *de série* fabriqué à la chaîne (par oppos. à *prototype*) • *en série* qui se succèdent • *hors série* remarquable, exceptionnel • *série noire* suite d'accidents, de malheurs.
sérieux, euse *adj* 1. grave, sans frivolité 2. positif, réel : *promesse sérieuse* 3. important : *une maladie sérieuse* ◆ *nm* air grave : *garder son sérieux* • *prendre au sérieux* considérer comme réel, important.
sérigraphie *nf* procédé d'impression à l'aide d'un écran de tissu.
serin, e *n* 1. petit oiseau à plumage jaune 2. FAM. étourdi, naïf.
seriner *vt* FAM. répéter souvent quelque chose à quelqu'un.
seringue *nf* instrument servant à injecter ou prélever un liquide dans les tissus, formé d'un piston et d'un corps de pompe muni d'un embout où l'on adapte une aiguille.
serment *nm* affirmation, promesse solennelle : *prêter serment.*
sermon *nm* 1. discours religieux prononcé dans une église 2. remontrance longue et ennuyeuse.
sermonner *vt* faire des remontrances.
sérodiagnostic *nm* diagnostic des maladies infectieuses.
sérologie *nf* étude des sérums, de leurs propriétés, de leurs applications.
séronégatif, ive *adj* et *n* qui présente un sérodiagnostic négatif.
séropositif, ive *adj* et *n* qui présente un sérodiagnostic positif, en particulier pour le virus du sida.
sérosité *nf* liquide sécrété par les membranes séreuses.
serpe *nf* outil pour couper le bois, tailler les arbres, etc.
serpent *nm* reptile sans membres, parfois venimeux, qui se déplace en rampant • *serpent de mer* histoire qui redevient périodiquement un sujet de conversation.
serpenter *vi* suivre un trajet sinueux : *ruisseau qui serpente.*
serpentin *nm* bande de papier coloré enroulée sur elle-même et qui se déroule quand on la lance.
serpillière *nf* grosse toile servant à laver les sols.
serpolet *nm* plante aromatique.
serre *nf* 1. griffe d'oiseau de proie 2. local vitré destiné à abriter des plantes.
serrer *vt* 1. presser, étreindre : *serrer la main* 2. rapprocher : *serrer les rangs* 3. tirer sur les extrémités d'un lien : *serrer un nœud* 4. pousser contre un obstacle ; passer au plus près 5. épouser étroitement la forme

du corps, en créant éventuellement une impression de gêne : *ces chaussures me serrent* • *serrer le cœur, la gorge* oppresser • *serrer les dents* résister à la douleur, à l'émotion • *serrer le vent* gouverner le plus près possible de la direction d'où vient le vent • *serrer les voiles* les attacher.

serre-tête *nm inv* bandeau qui maintient les cheveux serrés.

serrure *nf* appareil qui ferme au moyen d'une clef, d'un ressort.

serrurier *nm* artisan qui fabrique, répare ou vend des serrures.

sertir *vt* enchâsser dans une monture ; fixer : *sertir un diamant.*

sérum [serɔm] *nm* 1. partie liquide du sang qui se sépare après coagulation 2. préparation à base de sérum extrait du sang d'un animal et utilisée comme vaccin : *sérum antitétanique.*

servante *nf* VX. fille ou femme employée comme domestique.

serveur, euse *n* personne qui sert la clientèle dans un café, un restaurant, etc.

serviable *adj* qui aime à rendre service.

service *nm* 1. action de servir ; ensemble des obligations envers quelqu'un ou une collectivité : *se mettre au service de l'État ; faire son service militaire* 2. organisme chargé d'une fonction administrative ; ensemble des bureaux, des personnes assurant cette fonction : *service du contentieux, du personnel* 3. fonctionnement d'une machine, d'un appareil : *mettre une ligne de métro en service* 4. activité professionnelle : *avoir trente ans de service* 5. expédition, distribution d'une publication : *service de presse* 6. action, manière de servir, de se servir : *service gratuit, rapide* 7. pourcentage d'une note d'hôtel, de restaurant, etc., affecté au personnel 8. assortiment de vaisselle, de linge de table 9. action, manière de mettre la balle en jeu, au tennis, au volley, etc. 10. ce qu'on fait pour être utile à quelqu'un : *rendre service* 11. messe célébrée pour un défunt : *service funèbre* ◆ **services** *pl* travail rémunéré effectué pour un employeur : *offrir ses services.*

serviette *nf* 1. linge pour la table ou la toilette 2. sac à compartiments pour transporter des livres, des documents.

servir *vt* (conj 20) 1. être au service de quelqu'un, d'une collectivité : *servir son pays* 2. vendre, fournir des marchandises : *servir les clients* 3. placer sur la table, dans un repas ; présenter à quelqu'un pour consommer : *servir le potage ; servir les invités* • *servir l'État* 1. exercer un emploi public 2. être militaire • *servir la messe* assister le prêtre qui la célèbre ◆ *vt ind* 1. être utile à quelqu'un : *ce stylo me sert beaucoup* 2. être bon, propre à : *à quoi sert cet instrument ?* 3. être utilisé comme, en tant que : *servir de guide* ◆ *vi* 1. être militaire 2. SPORTS mettre la balle en jeu ◆ **se servir** *vpr* 1. prendre d'un mets 2. s'approvisionner chez un fournisseur 3. utiliser, faire usage de : *se servir de ses relations.*

serviteur *nm* personne qui est au service de quelqu'un ; domestique.

servitude *nf* 1. état de dépendance ; esclavage 2. contrainte, assujettissement : *servitudes d'un métier.*

ses *adj. poss* pl. de *son, sa.*

sésame *nm* plante oléagineuse cultivée pour ses graines ; graine de sésame.

session *nf* 1. période pendant laquelle siège un corps délibérant : *session parlementaire* 2. période pendant laquelle a lieu un examen : *session de juin.*

set [sɛt] *nm* 1. manche d'un match de tennis, de tennis de table ou de volley-ball 2. napperon individuel, pour un repas (on dit aussi : *set de table*).

seuil *nm* 1. pierre ou traverse de bois au bas de l'ouverture d'une porte 2. entrée d'une maison 3. FIG. début : *au seuil de la vie* 4. limite au-delà de laquelle les conditions sont modifiées : *seuil de rentabilité.*

seul, e *adj* 1. qui est sans compagnon, isolé : *un homme seul ; voyager seul* 2. unique : *une seule fois ; être seul coupable* 3. à l'exclusion des autres : *lui seul réussira* • *seul à seul* en tête à tête.

seulement *adv* 1. sans rien ou personne de plus : *dire seulement un mot* 2. pas plus tôt que : *seulement hier* 3. exclusivement : *manger seulement pour se nourrir* 4. cependant, toutefois : *seulement, elle refusera* • *pas seulement* pas même • *si seulement* si au moins.

sève *nf* liquide nourricier qui circule dans les végétaux.

sévère *adj* 1. sans indulgence : *magistrat sévère* 2. qui annonce le mécontentement : *ton sévère* 3. qui a peu d'ornements : *décor sévère* 4. grave par son importance ; considérable : *des pertes sévères.*

sévérité *nf* caractère d'une personne ou d'une chose sévère.

sévices *nm pl* mauvais traitements : *exercer des sévices sur un enfant.*

sévir *vi* 1. punir avec sévérité 2. exercer des ravages : *la peste sévit dans le pays.*

sevrage *nm* 1. action de sevrer 2. privation progressive d'alcool ou de drogue lors d'une cure de désintoxication.

sevrer *vt* (conj 9) 1. cesser d'allaiter un enfant, un animal 2. priver, désaccoutumer quelqu'un de quelque chose, en particulier d'alcool ou de drogue 3. FIG. priver : *sevrer d'affection.*

sexagénaire *adj* et *n* qui a entre soixante et soixante-dix ans.

sex-appeal [sɛksapil] (*pl sex-appeals*) *nm* charme sensuel, attrait physique (surtout d'une femme).

sexe *nm* 1. ensemble des caractères qui permettent de distinguer le genre mâle et le genre femelle 2. organes génitaux de l'homme et de la femme 3. ensemble des personnes du même sexe 4. FAM. sexualité • FAM. *le beau sexe* les femmes • FAM. *le sexe fort* les hommes.

sexisme *nm* attitude discriminatoire à l'égard du sexe féminin.

sexologie *nf* étude scientifique de la sexualité.

sex-shop (*pl sex-shops*) *nm* magasin spécialisé dans la vente de revues, de films, d'objets, etc., érotiques et pornographiques.

sextant *nm* instrument qui permet de mesurer des hauteurs d'astres et de déterminer la latitude.

sexualité *nf* 1. ensemble des caractères spéciaux déterminés par le sexe 2. ensemble des phénomènes relatifs à l'instinct sexuel et à sa satisfaction.

sexuel, elle *adj* 1. qui caractérise le sexe 2. relatif au sexe, à la sexualité.

sexy [sɛksi] *adj inv* FAM. qui inspire ou évoque le désir sexuel.

seyant, e *adj* qui sied, qui va bien.

shah *nm* → chah.

shaker [ʃɛkœr] *nm* double gobelet fermé pour préparer les cocktails.

shampooing [ʃɑ̃pwɛ̃] *nm* 1. produit de toilette pour laver les cheveux ; lavage des cheveux avec ce produit 2. produit pour laver certains textiles (tapis, moquettes).

shampouiner *vt* laver avec un shampooing.

shérif [ʃerif] *nm* aux États-Unis, officier d'administration élu, ayant un pouvoir judiciaire limité.

sherry [ʃɛri] (*pl sherrys* ou *sherries*) *nm* vin de Xérès, en Angleterre.

shetland [ʃɛtlɑ̃d] *nm* laine des moutons d'Écosse ; tissu, lainage, pull-over faits avec cette laine.

shoot [ʃut] *nm* au football, coup de pied vers les buts adverses SYN. *tir.*

shooter [ʃute] *vi* au football, tirer ◆ **se shooter** *vpr* FAM. s'injecter de la drogue.

shopping [ʃɔpiŋ] *nm* action d'aller dans les magasins, de regarder les étalages des vitrines, de faire des achats.

short [ʃɔrt] *nm* culotte de sport très courte.

show [ʃo] *nm* 1. spectacle centré sur un acteur de music-hall, un chanteur, etc. 2. prestation d'un homme politique, d'un chef d'État, etc. : *show télévisé.*

show-business [ʃobiznɛs] ou FAM. **show-biz** *nm inv* industrie, métiers du spectacle.

si *conj* 1. indique l'hypothèse, la condition : *si j'avais de l'argent, je vous en prêterais* 2. marque le vœu, la proposition : *si nous y allions ?* ◆ *nm inv* hypothèse, supposition : *je n'aime pas les si, les mais.*

si *adv* 1. tellement : *ne parle pas si fort* 2. quelque : *si petit soit-il* 3. adverbe d'affirmation en réponse à une négation, un doute ; oui 4. adverbe interrogatif dans les interrogations indirectes : *je me demande s'il viendra.*

si *nm inv* MUS septième note de la gamme de *do.*

siamois, e *adj* et *n* du Siam • *chat siamois* ou *siamois nm* chat à la robe crème et aux yeux bleus • *frères siamois, sœurs siamoises* jumeaux soudés l'un à l'autre.

sic [sik] *adv* se met entre parenthèses après un mot, une expression, pour indiquer que l'on cite textuellement.

sicav *nf* (sigle) société d'investissement à capital variable.

sida *nm* (sigle de syndrome immuno-déficitaire acquis) affection transmissible par voie sexuelle ou sanguine.

side-car [sidkar] (*pl side-cars*) *nm* véhicule à une seule roue, accouplé latéralement à une motocyclette.

sidéral, e, aux *adj* relatif aux astres.

sidérer *vt* frapper de stupeur, stupéfier.

sidérurgie *nf* ensemble des techniques permettant de produire et de travailler le fer, les fontes et les aciers.

siècle *nm* 1. durée de cent ans 2. période de cent ans, comptée à partir d'une date fixe : *le seizième siècle* 3. époque, temps où l'on vit : *être de son siècle* 4. époque caractérisée par un grand homme, une grande découverte, etc. : *le siècle de Périclès, de l'atome* 5. FAM. longue durée : *il y a un siècle que je ne l'ai pas vu.*

siège *nm* 1. meuble ou tout objet fait pour s'asseoir ; partie horizontale de ce meuble, de cet objet, sur laquelle on s'assied 2. place, mandat d'un membre d'une assemblée : *perdre son siège* 3. lieu de résidence principal d'une autorité : *siège d'un tribunal ; siège social* 4. endroit où naît et se développe quelque chose : *siège d'une douleur* 5. postérieur, fesses : *bain de siège* 6. opération militaire menée contre une ville, une place forte • *état de siège* suspension du pouvoir civil remplacé par un régime militaire.

siéger *vi* (conj 2 et 10) 1. faire partie d'une assemblée, d'un tribunal 2. tenir ses séances 3. se trouver, être dans tel ou tel endroit.

sien, enne *adj. poss* qui est à lui, à elle ◆ *pron. poss* • *le sien, la sienne* ce qui est à lui, à elle ◆ *nm* • *le sien* ce qui lui appartient • *y mettre du sien* se donner de la peine ◆ **siens** *nm pl* • *les siens* ses parents, alliés, partisans ◆ **siennes** *nf pl* • *faire des siennes* des folies, des bêtises.

sierra *nf* chaîne de montagnes : *la sierra Nevada.*

sieste *nf* repos que l'on prend après le déjeuner.

sifflement *nm* 1. bruit fait en sifflant 2. bruit aigu produit par le vent, par un projectile, etc.

siffler *vi* 1. produire un son aigu soit avec la bouche, soit avec un instrument 2. produire un son qui évoque un sifflement : *le train siffle* 3. crier, en parlant de certaines espèces animales ◆ *vt* 1. moduler en sifflant : *siffler un air* 2. appeler en sifflant 3. manifester de la désapprobation par des sifflements.

sifflet *nm* instrument avec lequel on siffle.

siffloter *vi* et *vt* siffler doucement, légèrement.

sigle *nm* lettre initiale ou groupe de lettres initiales constituant l'abréviation de mots fréquemment employés (EX : *O.N.U., S.N.C.F.*).

signal *nm* 1. signe convenu pour avertir 2. appareil, panneau qui produit ou porte ce signe : *signal sonore* 3. ce qui annonce, provoque quelque chose • ***donner le signal de*** provoquer, annoncer.

signalement *nm* description détaillée d'une personne.

signaler *vt* 1. annoncer par un signal : *signaler un danger* 2. appeler l'attention sur : *signaler un fait* ◆ **se signaler** *vpr* se distinguer, se faire remarquer.

signalétique *adj* qui donne le signalement de : *fiche signalétique.*

signalisation *nf* installation, utilisation de signaux.

signature *nf* 1. nom que l'on met en bas d'un écrit pour attester qu'on en est bien l'auteur ou qu'on en approuve le contenu 2. action de signer.

signe *nm* 1. indice, marque : *signe de pluie* 2. mot, geste, mimique, etc., permettant de faire connaître, de communiquer : *faire signe de venir* 3. marque matérielle distinctive 4. représentation matérielle de quelque chose : *signes de ponctuation* • ***ne pas donner signe de vie*** 1. sembler mort 2. ne pas donner de ses nouvelles • ***signes du zodiaque*** → zodiaque • ***sous le signe de*** sous l'influence de.

signer *vt* apposer sa signature sur ◆ **se signer** *vpr* faire le signe de la croix.

signet *nm* petit ruban attaché à un livre et marquant l'endroit où l'on en est resté.

significatif, ive *adj* qui marque clairement une pensée, une intention.

signification *nf* 1. ce que signifie une chose : *la signification d'un mot* 2. notification d'un acte, d'un jugement par voie judiciaire.

signifier *vt* 1. vouloir dire, avoir le sens de 2. déclarer, faire connaître : *signifier sa volonté* 3. notifier par voie judiciaire.

silence *nm* 1. fait de se taire, de ne pas parler 2. absence de bruit, d'agitation : *le silence de la nuit* 3. MUS interruption plus ou moins longue d'une phrase musicale ; le signe qui la marque • ***passer sous silence*** ne pas parler de.

silencieux, euse *adj* 1. qui garde le silence 2. où l'on n'entend aucun bruit : *un bois silencieux* 3. qui se fait sans bruit : *pas silencieux* ◆ *nm* dispositif pour amortir le bruit d'un moteur, d'une arme à feu.

silex *nm* roche siliceuse très dure, formant des rognons dans certaines roches calcaires et qui fut utilisée par les hommes préhistoriques comme arme et comme outil.

silhouette *nf* aspect, lignes générales du corps : *avoir une silhouette élégante.*

silice *nf* oxyde de silicium.

silicium *nm* métalloïde de la famille du carbone.

sillage *nm* trace que laisse un navire en fendant l'eau • ***marcher dans le sillage de*** suivre l'exemple de.

sillon *nm* 1. trace faite dans la terre par le soc de la charrue 2. rainure que présente la surface d'un disque phonographique.

sillonner *vt* parcourir un lieu en tous sens.

silo *nm* réservoir de grande capacité pour stocker les récoltes.

simagrées *nf pl* manières affectées, minauderies.

similaire *adj* qui peut être assimilé à un autre : *objets similaires.*

simili *nm* imitation d'une autre matière : *bijou en simili.*

similitude *nf* 1. ressemblance, analogie 2. MATH caractère de figures semblables entre elles.

simple *adj* 1. formé d'un seul élément (par oppos. à *composé*) 2. CHIM formé d'atomes d'un seul élément : *l'or, l'oxygène sont des corps simples* 3. facile à employer, à comprendre : *méthode, solution simple* 4. sans recherche ni affectation : *robe toute simple* 5. qui se suffit à lui seul : *un simple geste* 6. facile à tromper, naïf, crédule 7. qui est seulement ce que son nom indique : *simple soldat* • FAM. ***simple comme bonjour*** très simple • GRAMM ***temps simples*** temps du verbe qui se conjuguent sans auxiliaire ◆ *nm* 1. ce qui est simple 2. partie de tennis ou de tennis de table entre deux joueurs • ***simple d'esprit*** débile mental ◆ **simples** *pl* BOT plantes médicinales.

simplicité *nf* caractère de celui ou de ce qui est simple.

simplifier *vt* rendre plus simple.

simpliste *adj* et *n* d'une simplicité excessive ; qui simplifie de façon exagérée.

simulacre *nm* 1. action par laquelle on fait semblant d'exécuter quelque chose 2. fausse apparence, semblant.

simulateur, trice *n* personne qui simule ◆ *nm* appareil destiné à simuler un phénomène.

simulation *nf* 1. action de simuler 2. reproduction artificielle ou représentation figurée d'un phénomène.

simuler *vt* 1. faire paraître comme réelle une chose qui ne l'est pas ; feindre : *simuler une maladie* 2. reproduire le comportement d'un appareil dont on désire étudier le fonctionnement ou enseigner l'utilisation 3. reproduire le comportement d'un corps dont on veut suivre l'évolution.

simultané, e *adj* qui se produit, a lieu en même temps : *mouvements simultanés.*

simultanéité *nf* caractère de ce qui est simultané.

sincère *adj* 1. qui s'exprime sans déguiser sa pensée : *homme sincère* 2. qui est senti, éprouvé réellement : *regrets sincères.*

sinécure *nf* emploi où l'on est bien payé pour faire peu de travail • *ce n'est pas une sinécure* ce n'est pas de tout repos.

sine qua non [sinekwanɔn] *loc adv* indispensable, nécessaire : *condition « sine qua non ».*

singe *nm* 1. mammifère de l'ordre des primates, à face nue, à mains et pieds préhensiles et terminés par des ongles 2. FIG. personne qui contrefait, imite les actions des autres • *payer en monnaie de singe* en belles paroles.

singer *vt* (conj 2) imiter, contrefaire.

singerie *nf* 1. ménagerie de singes 2. imitation gauche et ridicule ◆ **singeries** *pl* contorsions, pitreries.

singulariser *vt* distinguer par quelque chose d'inusité ◆ **se singulariser** *vpr* se faire remarquer par quelque singularité.

singularité *nf* caractère singulier de quelqu'un ou de quelque chose ; bizarrerie, étrangeté.

singulier, ère *adj* qui est bizarre, extraordinaire : *un homme singulier* • *combat singulier* d'homme à homme ◆ *nm* et *adj m* GRAMM forme d'un mot exprimant un nombre égal à l'unité (EX : *bague, beurre*) : *nom singulier ; au singulier* (par oppos. à *pluriel*).

singulièrement *adv* 1. en particulier, notamment 2. beaucoup : *être singulièrement affecté.*

sinistre *adj* 1. qui présage le malheur : *bruit sinistre* 2. sombre, effrayant, terrifiant : *regards sinistres* 3. triste et ennuyeux : *réunion sinistre* ◆ *nm* 1. événement catastrophique qui entraîne de grandes pertes matérielles et humaines 2. DR fait dommageable pour soi-même ou pour autrui, de nature à mettre en jeu la garantie d'un assureur.

sinon *conj* 1. autrement, sans quoi, faute de quoi 2. si ce n'est : *ne rien désirer, sinon la paix* • *sinon que* si ce n'est que : *je ne sais rien, sinon qu'il est venu.*

sinueux, euse *adj* 1. qui fait des courbes, des détours : *chemin sinueux* 2. FIG. tortueux : *pensée sinueuse.*

sinuosité *nf* ligne sinueuse.

sinus [sinys] *nm* 1. ANAT cavité de certains os de la tête 2. GÉOM perpendiculaire menée d'une des extrémités de l'arc au diamètre qui passe par l'autre extrémité.

sinusite *nf* inflammation des sinus osseux de la face.

sionisme *nm* mouvement dont l'objet fut l'établissement en Palestine d'un État juif.

siphon *nm* 1. tube recourbé à deux branches inégales pour transvaser les liquides 2. tuyau coudé pour faire franchir un obstacle à des eaux d'alimentation ou d'évacuation 3. bouteille fermée par une soupape commandée par un levier, pour obtenir l'écoulement d'un liquide sous pression.

siphonner *vt* transvaser un liquide ou vider un récipient à l'aide d'un siphon.

sire *nm* titre donné aux empereurs et aux rois • FAM. *triste sire* individu peu recommandable.

sirène *nf* 1. MYTH être fabuleux, moitié femme, moitié poisson 2. appareil avertisseur destiné à émettre des signaux sonores.

sirop *nm* liquide très sucré, aromatique ou médicamenteux : *sirop de groseille.*

siroter *vt* et *vi* FAM. boire en dégustant, à petites gorgées.

sirupeux, euse *adj* de la nature, de la consistance du sirop.

sismique ou **séismique** *adj* relatif aux tremblements de terre.

site *nm* 1. paysage considéré du point de vue de son aspect pittoresque 2. lieu géographique considéré du point de vue de son activité : *site industriel.*

sit-in *nm inv* manifestation non violente consistant à s'asseoir sur la voie publique.

sitôt *adv* aussitôt • *de sitôt* prochainement ◆ *loc. conj* • *sitôt que* dès que.

situation *nf* 1. position géographique, emplacement de quelque chose 2. état, fonction de quelqu'un par rapport aux autres 3. emploi rémunéré 4. état d'une nation, d'une collectivité, etc., dans un domaine particulier : *situation économique* 5. moment d'une œuvre littéraire caractérisé par un climat particulier : *situation comique.*

situer *vt* déterminer la place, la situation dans l'espace ou le temps.

six *adj. num. card* 1. cinq plus un 2. sixième : *chapitre six* ◆ *nm inv* chiffre, numéro qui représente ce nombre.

sixième *adj. num. ord* et *n* 1. qui occupe un rang marqué par le nombre six 2. qui se trouve six fois dans le tout.

sixième *nf* première classe de l'enseignement secondaire.

Skaï *nm* (nom déposé) matériau synthétique imitant le cuir.

skateboard [sketbord] ou **skate** [sket] *nm* planche à roulettes.

sketch (*pl sketchs* ou *sketches*) *nm* courte scène, au théâtre, au cinéma.

ski *nm* long patin pour glisser sur la neige ou sur l'eau ; sport pratiqué sur ces patins : *faire du ski.*

skier *vi* pratiquer le ski.

skieur, euse *n* personne qui skie.

skinhead [skinɛd] ou **skin** [skin] *nm* jeune marginal caractérisé par son crâne rasé et son comportement violent à l'égard des étrangers.

skipper [skipœr] *nm* 1. barreur, sur un bateau à voile 2. commandant de bord d'un yacht.

slalom [slalɔm] *nm* descente à skis consistant en une succession de virages.

slip *nm* culotte courte servant de sous-vêtement ou de culotte de bain.

slogan *nm* formule brève et frappante utilisée en particulier en publicité, pour faire de la propagande.

slow [slo] *nm* danse de tempo lent.

smash [smaʃ] (*pl smashes* ou *smashs*) *nm* SPORTS coup par lequel on rabat violemment la balle ou le ballon.

S.M.I.C. *nm* (sigle) salaire minimum interprofessionnel de croissance.

smicard, e *n* FAM. personne qui perçoit un salaire égal au S.M.I.C.

smoking [smɔkiŋ] *nm* costume de soirée à revers de soie.

snober *vt* traiter quelqu'un ou quelque chose de haut, avec mépris.

snobisme *nm* admiration pour tout ce qui est en vogue dans les milieux qui passent pour distingués.

sobre *adj* 1. qui mange et boit avec modération 2. empreint de sobriété : *vie sobre* 3. sans excès, sans luxe : *dessin sobre* 4. modéré : *sobre de louanges.*

sobriété *nf* caractère d'une personne ou d'une chose sobre.

sociabilité *nf* caractère d'une personne sociable.

sociable *adj* 1. capable de vivre en société 2. avec qui il est facile de vivre.

social, e, aux *adj* 1. qui concerne la société : *ordre social* 2. qui vit en société : *animal social* 3. qui concerne l'amélioration de la condition des travailleurs : *des avantages sociaux considérables* 4. relatif à une société industrielle ou commerciale : *raison sociale.*

social-démocratie (*pl social-démocraties*) *nf* ensemble des organisations et des hommes politiques qui se rattachent au socialisme parlementaire et réformiste.

socialisme *nm* doctrine économique, sociale et politique caractérisée par la condamnation de la propriété privée des moyens de production et d'échange.

socialiste *adj* et *n* partisan du socialisme ◆ *adj* relatif au socialisme.

sociétaire *n* et *adj* membre d'une société d'acteurs, d'une mutuelle, etc.

société *nf* 1. ensemble d'hommes ou d'animaux vivant sous des lois communes 2. association de personnes soumises à un règlement commun ou réunies pour une activité commune, la défense de leurs intérêts, etc. 3. milieu humain dans lequel chaque personne est intégrée : *aimer la vie en société* 4. réunion de personnes ; les personnes ainsi réunies 5. relations habituelles avec une ou plusieurs personnes.

socioculturel, elle *adj* relatif aux structures sociales et à la culture qui contribue à les caractériser.

sociologie *nf* étude des phénomènes sociaux.

socle *nm* base sur laquelle repose une colonne, un buste, etc.

socquette *nf* chaussette basse s'arrêtant à la cheville.

soda *nm* boisson gazeuse sucrée.

sodium *nm* corps simple métallique très répandu dans la nature à l'état de chlorure *(sel marin* et *sel gemme)* et de nitrate (symb : Na).

sodomie *nf* pratique du coït anal.

sœur *nf* 1. fille née du même père et de la même mère qu'une autre personne 2. femme qui a prononcé des vœux religieux.

sofa *nm* canapé rembourré.

software *nm* INFORM logiciel.

soi *pron. pers* désigne, en qualité de pronom réfléchi, la 3ᵉ pers. du sing., après une préposition, et représente sa propre personne de façon indéterminée, la chose en elle-même ou une personne déterminée en cas d'ambiguité : *chacun travail pour soi ; avoir quelque chose à soi ; il lui reprocha de parler trop de soi* • *chez soi* à son domicile • *en soi* de par sa nature même.

soi-disant *adj inv* et *adv* 1. qui se prétend tel ou tel : *un soi-disant docteur* 2. à ce qu'on prétend : *ils sont partis, soi-disant pour aller le chercher.*

soie *nf* 1. fil fin et brillant produit par une chenille dite *ver à soie* 2. étoffe fabriquée avec cette matière : *robe de soie* 3. fil de l'araignée 4. poil dur du porc, du sanglier.

soierie *nf* 1. étoffe de soie 2. industrie, commerce de la soie.

soif *nf* 1. désir, besoin de boire 2. FIG. vif désir : *la soif du pouvoir.*

soignant, e *adj* et *n* qui donne des soins.

soigner *vt* 1. donner des soins à quelqu'un 2. s'occuper de quelqu'un avec sollicitude 3. s'appliquer à, prendre soin de : *soigner son style.*

soigneur *nm* personne qui soigne un sportif lors d'une compétition, d'un match.

soigneux, euse *adj* 1. qui apporte du soin à 2. fait avec soin : *un travail soigneux* 3. qui prend soin de : *soigneux de sa personne.*

soin *nm* 1. attention, application à quelque chose : *travail effectué avec soin* 2. charge, devoir de veiller à quelque chose : *je te confie le soin de mes plantes* • *avoir, prendre soin de* être attentif à, veiller sur ◆ **soins** *pl* moyens par lesquels on traite un malade • *aux bons soins de* formule épistolaire pour demander au destinataire d'une lettre de la faire parvenir à quelqu'un d'autre • *être aux petits soins pour quelqu'un* avoir pour lui des attentions délicates.

soir *nm* 1. dernière partie du jour 2. FIG. déclin : *le soir de la vie.*

soirée *nf* 1. temps depuis le déclin du jour jusqu'au moment où l'on se couche 2. réunion, spectacle qui a lieu le soir.

soit *conj* 1. marque une alternative ; ou : *soit l'un, soit l'autre* 2. en supposant : *soit un triangle rectangle* ◆ *adv* d'accord ; admettons • *un tant soit peu* très peu.

soixantaine *nf* 1. soixante ou environ 2. âge d'environ soixante ans : *avoir la soixantaine.*

soixante *adj. num. card* 1. six fois dix 2. soixantième ◆ *nm inv* chiffre, numéro qui représente le nombre 60.

soixante-dix *adj. num. card* et *nm inv* soixante plus dix.

soixante-huitard, e *adj* et *n* qui a participé aux événements de mai 1968.

soixantième *adj. ord* et *n* qui occupe un rang marqué par le nombre soixante ◆ *adj* et *nm* qui se trouve soixante fois dans le tout.

soja *nm* 1. légumineuse originaire d'Asie, cultivée pour ses graines : *huile de soja* 2. haricot à petit grain originaire d'Extrême-Orient : *germe, pousse de soja.*

sol *nm* 1. terrain 2. terre, du point de vue agricole 3. surface d'un plancher : *sol carrelé.*

sol *nm inv* cinquième note de la gamme de *do.*

solaire *adj* du soleil • *crème solaire* destinée à protéger du soleil • *énergie solaire* fournie par le soleil.

solarium [sɔlarjɔm] *nm* emplacement aménagé pour les bains de soleil.

soldat *nm* 1. tout homme qui appartient à la profession militaire 2. militaire non gradé : *simple soldat.*

solde *nf* paie des militaires : *toucher sa solde* • PÉJOR. *être à la solde de* être acheté par.

solde *nm* 1. différence entre le débit et le crédit d'un compte 2. reliquat d'une somme à payer (souvent au pluriel) 3. marchandise vendue au rabais ; vente de ces marchandises.

solder *vt* 1. acquitter une dette, régler un compte 2. vendre au rabais : *solder des marchandises* ◆ **se solder** *vpr* [par] avoir pour résultat : *se solder par un échec.*

sole *nf* poisson de mer plat à la chair délicate.

soleil *nm* 1. (avec une majuscule) astre lumineux autour duquel gravitent la Terre et les autres planètes du système solaire 2. lumière, chaleur du Soleil : *il fait un beau soleil* 3. pièce d'artifice tournante 4. tournesol (fleur) • *coup de soleil* insolation • *sous le soleil* sur la terre, dans le monde.

solennel, elle [sɔlanɛl] *adj* 1. célébré avec éclat, apparat : *messe solennelle* 2. grave, majestueux : *air solennel.*

solfège *nm* 1. action de solfier 2. recueil d'exercices musicaux.

solidaire *adj* 1. lié à une ou plusieurs personnes par une responsabilité, des intérêts communs 2. se dit de choses qui dépendent l'une de l'autre.

solidariser (se) *vpr* [avec] se déclarer solidaire de.

solidarité *nf* 1. dépendance mutuelle : *la solidarité humaine* 2. sentiment qui pousse les hommes à s'entraider.

solide *adj* 1. qui a de la consistance (par oppos. à *fluide*) : *corps solide* 2. robuste : *un solide gaillard* 3. ferme, résistant : *bâtiment solide* 4. FIG. important : *de solides raisons* ◆ *nm* corps solide • FAM. *c'est du solide* c'est une chose sérieuse.

solidifier *vt* rendre solide.

soliflore *nm* vase destiné à ne contenir qu'une seule fleur.

soliste *n* et *adj* artiste qui exécute un solo.

solitaire *adj* et *n* qui est seul, qui vit, agit seul : *navigateur solitaire* ◆ *adj* 1. placé dans un lieu écarté, désert 2. qui se fait, se passe dans la solitude ◆ *nm* 1. vieux sanglier mâle 2. diamant monté seul.

solitude *nf* 1. état d'une personne seule 2. caractère d'un lieu isolé, désert.

solliciter *vt* 1. demander avec déférence : *solliciter une audience* 2. tenter d'obtenir de quelqu'un une faveur, un avantage : *le ministre est souvent sollicité* 3. attirer, provoquer : *solliciter l'attention, l'intérêt.*

sollicitude *nf* soins attentifs : *montrer de la sollicitude.*

solo (*pl solos* ou *soli*) *nm* morceau de musique joué ou chanté par un seul artiste ◆ *adj* qui joue seul : *violon solo.*

solstice *nm* époque où le Soleil est le plus loin de l'équateur • *solstice d'été* 21 ou 22 juin • *solstice d'hiver* 21 ou 22 décembre.

soluble *adj* 1. qui peut se dissoudre : *le sucre est soluble* 2. FIG. qui peut être résolu : *problème soluble.*

solution *nf* 1. état d'un corps dissous ; liquide contenant ce corps : *solution sucrée* 2. dénouement d'une difficulté ; réponse à un problème : *la solution d'une affaire* • *solution de continuité* interruption.

solutionner *vt* FAM. trouver une solution, résoudre.

solvable *adj* qui peut payer ce qu'il doit.

solvant *nm* substance capable de dissoudre quelque chose.

sombre *adj* 1. peu éclairé : *maison sombre* 2. foncé : *couleur sombre* 3. FIG. inquiétant : *un sombre avenir* 4. taciturne, morne : *caractère sombre.*

sombrer *vi* 1. couler, être englouti 2. FIG. s'anéantir, se perdre : *sombrer dans l'alcoolisme.*

sombrero [sɔ̃brero] *nm* chapeau à larges bords, dans les pays hispaniques.

sommaire *adj* 1. court, abrégé : *exposé sommaire* 2. expéditif : *justice sommaire* ◆ *nm* 1. résumé, abrégé d'un ouvrage 2. liste des chapitres d'un ouvrage.

sommation *nf* 1. DR action de sommer 2. appel fait par une autorité militaire ou policière, enjoignant à une ou plusieurs personnes de s'arrêter ou de se disperser 3. MATH addition.

somme *nf* 1. résultat d'une addition 2. quantité d'argent : *grosse somme* 3. FIG. ensemble, réunion de choses : *une somme de connaissances* • *somme toute* ou *en somme* finalement, en résumé.

somme *nm* court moment de sommeil : *faire un somme.*

sommeil *nm* 1. état d'une personne, d'un animal qui dort 2. grande envie de dormir : *avoir sommeil* 3. FIG. état d'inactivité ou d'inertie • *maladie du sommeil* maladie contagieuse transmise par la mouche tsétsé • *le sommeil éternel* la mort.

sommelier *nm* professionnel chargé du service des vins et liqueurs dans un restaurant.

sommer *vt* DR signifier à quelqu'un, dans les formes établies, qu'il a quelque chose à faire ; mettre en demeure de : *sommer de partir.*

sommet *nm* 1. partie la plus élevée, cime, faîte 2. degré suprême d'une hiérarchie : *être au sommet de sa carrière* • *conférence au sommet* ou *sommet* qui réunit des chefs d'État ou de gouvernement • GÉOM *sommet d'un angle* point de rencontre de ses deux côtés.

sommier *nm* 1. partie du lit constituée d'un cadre muni de ressorts et supportant le matelas 2. pierre qui reçoit la retombée d'une voûte ; pièce de charpente qui sert de linteau.

sommité *nf* personne éminente dans un domaine particulier : *une sommité médicale.*

somnambule *n* et *adj* personne qui marche, agit dans l'état de sommeil.

somnifère *adj* et *nm* se dit d'une substance qui provoque, cause le sommeil.

somnolence *nf* 1. état intermédiaire entre le sommeil et la veille 2. FIG. manque d'activité ; mollesse.

somnoler *vi* dormir à demi.

somptueux, euse *adj* d'une grande richesse : *festin somptueux.*

son, sa, ses *adj. poss. de la 3ᵉ pers.* à lui, à elle.

son *nm* 1. sensation auditive, bruit : *son aigu ; son grave ; le son des cloches* 2. volume, intensité sonore d'un appareil : *baisser le son* 3. ensemble des techniques de l'enregistrement, de la reproduction et de la diffusion des sons : *ingénieur du son.*

son *nm* enveloppe des graines de céréales, séparée par l'action de la mouture • *tache de son* tache de rousseur.

sonate *nf* pièce de musique instrumentale, composée de plusieurs morceaux de caractère différent.

sondage *nm* action de sonder • *sondage (d'opinion)* procédé d'étude d'une opinion publique, qui consiste à rapporter à la totalité d'une population les résultats obtenus par l'interview d'un petit nombre de personnes représentatives de cette population.

sonde *nf* 1. instrument pour connaître la profondeur de l'eau et la nature du fond 2. tout instrument qui permet de sonder, d'explorer 3. CHIR instrument à l'aide duquel on explore une plaie, une cavité • *sonde spatiale* engin d'exploration spatiale non habité.

sonder *vt* 1. déterminer la profondeur de l'eau, la nature d'un terrain, etc., à l'aide d'une sonde 2. MÉD introduire une sonde dans une cavité pour en évacuer le contenu ou pour en étudier le calibre, les lésions 3. FIG. chercher à connaître : *sonder les dispositions de quelqu'un ; sonder le terrain.*

songe *nm* LITT. rêve.

songer *vt ind* [à] (conj 2) 1. penser à : *songer à venir* 2. avoir l'intention de : *songer à se marier.*

songeur, euse *adj* et *n* absorbé dans une rêverie, pensif.

sonnant, e *adj* qui sonne • *à 8 heures sonnantes* précises.

sonné, e *adj* 1. annoncé par une cloche, une sonnerie : *il est midi sonné* 2. révolu, accompli : *cinquante ans sonnés* 3. FAM. qui a perdu la raison ; qui est commotionné.

sonner *vi* 1. produire un son ; faire retentir une sonnette ou une sonnerie 2. être annoncé par une sonnerie : *récréation qui sonne* 3. tirer des sons de : *sonner du clairon* 4. arriver : *l'heure de la revanche a sonné* • *sonner bien (mal)* être agréable (désagréable) à entendre, en parlant d'un mot • *sonner juste (faux)* donner une impression de vérité (de fausseté), en parlant d'une opinion, d'un discours ◆ *vt* 1. faire résonner : *sonner la cloche* 2. appeler au moyen d'une sonnette, d'une sonnerie 3. annoncer par une sonnerie.

sonnerie *nf* 1. son de cloches, d'une pendule, d'un réveil, d'un téléphone 2. air que sonnent les trompettes, les clairons, etc.

sonnette *nf* clochette ou timbre pour appeler, avertir, etc. • *serpent à sonnette* crotale.

sonore *adj* 1. qui produit des sons 2. qui a un son éclatant 3. qui renvoie bien les sons : *salle sonore* 4. relatif aux sons : *ondes sonores.*

sonorité *nf* qualité de ce qui est sonore.

sophistiquer *vt* perfectionner à l'extrême un appareil, une étude, etc.

soporifique *adj* et *nm* qui provoque le sommeil ◆ *adj* FIG. ennuyeux.

sorbet *nm* glace sans crème.

sorcellerie *nf* 1. opération magique du sorcier 2. FAM. ce qui paraît étrange, incroyable.

sorcier, ère *n* personne se livrant à des pratiques magiques, le plus souvent maléfiques ◆ *adj m* • *ce n'est pas sorcier* ce n'est pas difficile à comprendre, à expliquer.

sordide *adj* 1. sale, repoussant : *logement sordide* 2. d'une grande bassesse morale : *crime sordide* 3. d'une mesquinerie répugnante : *avarice sordide.*

sort *nm* 1. destin, hasard : *conjurer le mauvais sort* 2. condition, situation matérielle : *se plaindre de son sort* 3. décision, choix remis au hasard : *tirer au sort* 4. effet malfaisant : *jeter un sort* • *le sort en est jeté* le parti en est pris.

sortant, e *adj* qui sort : *numéro sortant* ◆ *adj* et *nm* 1. qui sort d'un lieu 2. dont le mandat arrive à expiration : *député sortant.*

sorte *nf* espèce, genre : *toutes sortes de bêtes* • *de sorte que* ou *en sorte que* de manière que • *de telle sorte que* de telle façon que • *en quelque sorte* pour ainsi dire • *faire en sorte de, que* tâcher de, que • *une sorte de* une chose ou une personne qui ressemble à.

sortie *nf* 1. action de sortir 2. issue, endroit pour sortir 3. mise en vente d'un objet commercial : *sortie d'un livre* 4. FIG. invective, emportement : *une sortie intempestive.*

sortilège *nm* maléfice.

sortir *vi* (conj 28 ; auxil : être) 1. aller hors de, quitter un lieu : *sortir de sa maison* 2. aller dehors 3. quitter un état ; cesser d'être dans une période donnée, un endroit particulier : *sortir de l'hiver ; sortir de prison* 4. s'écarter : *sortir du sujet* 5. faire saillie : *pierre qui sort du mur* 6. commencer à paraître, à pousser : *le blé sort de terre* 7. être commercialisé, présenté au public : *livre qui sort demain* 8. être tiré au sort : *sujet qui sort à un examen* ◆ *vt* (auxil : avoir) 1. conduire dehors 2. mettre dehors : *sortir les vélos* 3. mettre en vente un article nouveau 4. FAM. dire : *sortir des âneries.*

sortir *nm* • *au sortir de* au moment où l'on sort de.

S.O.S. [ɛsoɛs] *nm* signal de détresse transmis par radio.

sosie [sɔzi] *nm* personne qui ressemble parfaitement à une autre.

sot, sotte *adj* 1. dénué de jugement 2. embarrassé, confus : *réponse sotte* ◆ *n* personne sans jugement ni esprit.

sot-l'y-laisse *nm inv* morceau délicat audessus du croupion d'une volaille.

sottise *nf* 1. manque de jugement, d'intelligence 2. parole, action sotte : *dire des sottises.*

sou *nm* VX. monnaie valant la vingtième partie du franc ou 5 centimes • *n'avoir pas le sou* ou *être sans le sou* être sans argent ◆ **sous** *nm pl* argent : *compter ses sous* • FAM. *être près de ses sous* peu dépensier.

soubassement *nm* partie inférieure d'une construction.

souche *nf* 1. partie du tronc de l'arbre qui reste dans la terre après que l'arbre a été coupé ; cette partie arrachée avec les racines 2. FIG. celui de qui descend une famille 3. source, origine 4. partie d'une feuille qui reste fixée à un registre et sert à vérifier l'authenticité de la partie détachée • FAM. *dormir comme une souche* profondément.

souci *nm* préoccupation relative à une personne ou à une chose à laquelle on porte intérêt ; personne ou chose à l'origine de cette préoccupation.

souci *nm* plante à fleurs jaunes.

soucier (se) *vpr* [de] s'inquiéter de quelque chose, y prendre de l'intérêt : *se soucier du qu'en-dira-t-on.*

soucieux, euse *adj* 1. qui se fait du souci : *père soucieux* 2. qui marque du souci : *air soucieux* 3. attentif à : *soucieux de son avenir.*

soucoupe *nf* petite assiette sous une tasse.

soudain, e *adj* qui se produit, se fait tout à coup : *bruit soudain* ◆ *adv* dans le même instant.

soude *nf* CHIM carbonate de sodium.

souder *vt* 1. joindre par soudure 2. FIG. unir étroitement.

soudoyer [sudwaje] *vt* (conj 3) s'assurer le concours de quelqu'un à prix d'argent : *soudoyer des assassins.*

soudure *nf* composition métallique en fusion pour unir des pièces de métal • FIG. *faire la soudure* assurer la transition.

souffle *nm* 1. agitation de l'air dans l'atmosphère : *souffle de vent* 2. air produit en soufflant par la bouche ; bruit ainsi produit : *écouter le souffle d'un malade* 3. FIG. inspiration : *le souffle du génie.*

soufflé *nm* entremets qui gonfle en cuisant : *soufflé au fromage.*

souffler *vi* 1. agiter, déplacer l'air 2. envoyer de l'air par la bouche : *souffler sur ses doigts* 3. respirer avec effort : *souffler comme un bœuf* 4. reprendre haleine : *laisser souffler quelqu'un* ◆ *vt* 1. éteindre : *souffler une bougie* 2. dire discrètement : *souffler son rôle à un acteur* 3. ôter, enlever : *souffler un pion au jeu de dames* 4. FAM. étonner vivement • ***ne pas souffler mot*** ne rien dire.

soufflerie *nf* 1. machine destinée à produire le vent nécessaire à la marche d'une installation métallurgique, à l'aération d'une mine, etc. 2. ensemble des soufflets d'un orgue, d'une forge, etc.

soufflet *nm* 1. instrument pour souffler 2. couloir de communication entre deux wagons de chemin de fer 3. LITT. coup du plat ou du revers de la main appliqué sur la joue.

souffleur, euse *n* personne qui souffle leur rôle aux acteurs ◆ *nm* ouvrier qui souffle le verre.

souffrance *nf* malaise, douleur, peine • ***en souffrance*** en suspens.

souffrant, e *adj* légèrement malade ; indisposé.

souffre-douleur *nm inv* personne en butte aux tracasseries, aux mauvais traitements de tous.

souffrir *vt* (conj 16) 1. ressentir, endurer, subir : *souffrir la soif* 2. supporter, tolérer : *ne pouvoir souffrir les importuns* 3. admettre : *cela ne souffre aucun retard* • ***ne pouvoir souffrir quelqu'un, quelque chose*** avoir de l'antipathie, de l'aversion pour ◆ *vi* 1. sentir de la douleur 2. être tourmenté : *je souffre de le voir ainsi* ◆ **se souffrir** *vpr* se supporter mutuellement (surtout en tournure négative).

soufre *nm* corps simple solide, d'une couleur jaune citron (symb : S).

souhait *nm* désir que quelque chose s'accomplisse • ***à souhait*** selon ses désirs : *réussir à souhait* • ***à vos souhaits*** formule de politesse adressée à une personne qui éternue.

souhaiter *vt* 1. désirer 2. exprimer sous forme de vœu : *souhaiter le bonjour, la bonne année.*

soûl, e [su, sul] ou **saoul, e** *adj* ivre • LITT. ***être soûl de quelque chose*** en être rassasié jusqu'au dégoût ◆ *nm* • FAM. ***en avoir tout son soûl*** autant qu'on peut en désirer.

soulagement *nm* 1. diminution, allégement d'un mal 2. chose qui soulage.

soulager *vt* (conj 2) 1. débarrasser d'un fardeau, d'une charge 2. diminuer, supprimer une souffrance physique ou morale 3. aider, secourir 4. TECHN diminuer l'effort de : *soulager une poutre* ◆ **se soulager** *vpr* 1. se décharger d'un souci 2. FAM. satisfaire un besoin naturel.

soûler ou **saouler** *vt* 1. FAM. enivrer 2. FIG. griser : *les succès l'ont soûlé* ◆ **se soûler** ou **se saouler** *vpr* FAM. s'enivrer.

soulèvement *nm* 1. mouvement de ce qui se soulève 2. FIG. mouvement de révolte, d'insurrection.

soulever *vt* (conj 9) 1. élever à une petite hauteur : *soulever un fardeau* 2. relever : *soulever un rideau* 3. provoquer la colère, l'indignation, etc. : *soulever le peuple* 4. faire naître, susciter : *soulever une question* • ***soulever le cœur*** causer du dégoût ◆ **se soulever** *vpr* 1. se lever légèrement 2. se révolter.

soulier *nm* chaussure • FAM. ***être dans ses petits souliers*** embarrassé.

souligner *vt* 1. tirer un trait, une ligne sous 2. FIG. accentuer, attirer l'attention sur.

soumettre *vt* (conj 57) 1. ramener à l'obéissance : *soumettre des rebelles* 2. astreindre à une loi, un règlement : *revenu soumis à l'impôt* 3. proposer au jugement, à la critique : *soumettre un projet* 4. faire subir : *soumettre à une analyse* ◆ **se soumettre** *vpr* obéir.

soumis, e *adj* 1. disposé à l'obéissance 2. qui annonce la soumission : *air soumis.*

soumission *nf* 1. action de mettre, fait de se mettre sous l'autorité de 2. disposition à obéir : *esprit de soumission.*

soupape *nf* obturateur qui règle le mouvement d'un fluide • ***soupape de sûreté*** 1. qui, dans une chaudière, s'ouvre d'elle-même sous une forte pression pour empêcher l'explosion 2. FIG. ce qui sert d'exutoire.

soupçon *nm* 1. doute désavantageux, inspiré ou conçu 2. idée vague, simple conjecture • ***un soupçon de*** une petite quantité de.

soupçonner *vt* 1. porter ses soupçons sur 2. conjecturer, présumer.

soupe *nf* 1. potage, bouillon épaissi 2. FAM. repas : *aller à la soupe* 3. FAM. neige fondante • ***soupe au lait*** qui se met facilement en colère • ***trempé comme une soupe*** très mouillé.

souper *nm* repas qu'on fait à une heure tardive de la nuit.

souper *vi* prendre le souper • FAM. ***en avoir soupé*** en avoir assez.

soupeser *vt* (conj 9) 1. lever quelque chose avec la main pour en évaluer le poids 2. FIG. évaluer : *soupeser le pour et le contre.*

soupière *nf* récipient creux dans lequel on sert la soupe.

soupir *nm* 1. respiration forte et prolongée, occasionnée par la douleur, le plaisir, etc. : *pousser des soupirs* 2. MUS silence qui vaut une noire • *rendre le dernier soupir* mourir.

soupirail (*pl soupiraux*) *nm* ouverture pour éclairer, aérer une cave, un sous-sol.

soupirer *vi* pousser des soupirs ◆ *vt ind* [après] LITT. désirer ardemment : *soupirer après une place.*

souple *adj* 1. qui se plie aisément, flexible 2. agile à se mouvoir, à se plier : *corps souple* 3. FIG. accommodant, capable de s'adapter : *caractère souple* 4. dont l'application n'est pas rigide : *réglementation souple.*

souplesse *nf* caractère d'une personne ou d'une chose souple.

source *nf* 1. eau qui sort de terre 2. liquide quelconque qui sort de terre : *une source de pétrole* 3. FIG. principe, cause, origine 4. document original ; origine d'une information : *ne pas révéler ses sources.*

sourcil [sursi] *nm* saillie arquée, revêtue de poils, au-dessus de l'orbite de l'œil • *froncer les sourcils* témoigner du mécontentement.

sourd, e *adj* et *n* qui ne perçoit pas ou qui perçoit difficilement les sons ◆ *adj* 1. peu éclatant : *voix sourde, couleur sourde* 2. insensible, inexorable : *sourd aux prières* 3. qui ne se manifeste pas nettement : *douleur sourde* 4. clandestin, secret : *lutte sourde* • FAM. *faire la sourde oreille* faire semblant de ne pas entendre.

sourdine *nf* dispositif permettant d'assourdir le son de certains instruments de musique • *en sourdine* sans bruit.

sourd-muet, sourde-muette (*pl sourds-muets, sourdes-muettes*) *n* personne privée de l'ouïe et de la parole.

souriant, e *adj* qui sourit.

souricière *nf* 1. piège pour prendre les souris 2. piège tendu par la police à des malfaiteurs.

sourire *vi* (conj 67) exprimer le contentement, l'amusement par un léger mouvement de la bouche et des yeux : *sourire malicieusement* ◆ *vt ind* [à] être agréable, favorable à : *la chance lui sourit.*

sourire *nm* action de sourire : *un sourire approbateur.*

souris *nf* 1. petit rongeur du genre rat 2. petit muscle qui tient au manche du gigot.

sournois, e *adj* dissimulé, hypocrite.

sous *prép* 1. localise une position inférieure : *sous la table* 2. à l'intérieur de : *mettre sous enveloppe* 3. indique la cause, le moyen : *sous le coup de la surprise* 4. indique la dépendance : *sous ses ordres ; sous cortisone ; sous condition* 5. indique la situation par rapport à une époque : *sous Louis XIV* 6. indique le délai : *sous huitaine ; sous peu* 7. indique la façon dont se présente quelque chose : *sous une forme agréable ; sous un mauvais jour* 8. indique la position à l'intérieur d'un classement : *sous tel numéro.*

souscription *nf* 1. DR signature au-dessous d'un acte pour l'approuver 2. engagement de s'associer à une entreprise, de contribuer à une dépense, etc. 3. somme versée par le souscripteur.

souscrire *vt* (conj 71) DR signer au bas d'un acte pour l'approuver ◆ *vt ind* [à] donner son adhésion à ◆ *vi* prendre l'engagement de payer, de participer pour une part à une entreprise.

sous-développé, e (*pl sous-développés, es*) *adj* • *pays sous-développé* dont le développement industriel, agricole, etc., est faible (on dit aussi : *pays en développement*).

sous-entendre *vt* (conj 50) ne pas exprimer franchement sa pensée.

sous-entendu, e (*pl sous-entendus, es*) *adj* se dit d'un mot qui n'est pas exprimé mais peut être rétabli facilement ◆ *nm* ce qu'on fait comprendre sans le dire ; allusion.

sous-jacent, e (*pl sous-jacents, es*) *adj* 1. placé dessous : *muscles sous-jacents* 2. FIG. qui existe sans se manifester clairement : *idée sous-jacente.*

sous-marin, e (*pl sous-marins, es*) *adj* 1. qui est sous la mer : *plante sous-marine* 2. qui s'effectue sous la mer : *chasse sous-marine* ◆ *nm* navire qui navigue sous l'eau.

sous-préfecture (*pl sous-préfectures*) *nf* 1. subdivision de préfecture, administrée par un sous-préfet 2. ville où réside le sous-préfet 3. fonction, demeure, bureau du sous-préfet.

sous-pull (*pl sous-pulls*) *nm* pull-over fin, à col roulé, destiné à être porté sous un autre.

soussigné, e *n* et *adj* qui a mis son nom au bas d'un acte : *je soussigné déclare...*

sous-sol (*pl sous-sols*) *nm* 1. couche immédiatement au-dessous de la terre végétale 2. construction au-dessous du rez-de-chaussée.

soustraction *nf* 1. action de soustraire 2. opération par laquelle on retranche un nombre d'un autre.

soustraire *vt* (conj 79) 1. retrancher une quantité d'une autre, faire une soustraction 2. enlever, prendre avec adresse ou par fraude 3. LITT. faire échapper à, préserver de : *soustraire à un danger.*

sous-traitance (*pl sous-traitances*) *nf* exécution, par un entrepreneur, d'une fabrication pour le compte d'un entrepreneur principal.

sous-verre *nm inv* encadrement consistant en une plaque de verre et un carton, entre lesquels on place une gravure, une photographie, etc.

sous-vêtement (*pl sous-vêtements*) *nm* pièce de lingerie que l'on porte sous les vêtements.

soutane *nf* robe longue boutonnée par-devant, portée par certains ecclésiastiques.

soute *nf* partie d'un bateau ou d'un avion destinée à recevoir les marchandises, les bagages, etc.

soutenance *nf* action de soutenir une thèse, un mémoire.

souteneur *nm* individu vivant aux dépens d'une prostituée ; proxénète.

soutenir *vt* (conj 22) 1. supporter, servir d'appui, de soutien : *soutenir une poutre* 2. aider, empêcher de faiblir : *soutenir le moral, une conversation* 3. appuyer, défendre : *soutenir une position, un droit* 4. affirmer : *je soutiens qu'il a raison* 5. résister à : *soutenir une attaque, une épreuve* • ***soutenir une thèse, un mémoire*** l'exposer devant un jury ◆ **se soutenir** *vpr* 1. se tenir debout 2. se prêter une mutuelle assistance 3. être valable, se tenir : *son point de vue se soutient* 4. se maintenir : *l'intérêt du film se soutient jusqu'à la fin.*

soutenu, e *adj* 1. qui ne se relâche pas : *attention soutenue* 2. d'un ton assez intense : *couleur soutenue* 3. caractérisé par une certaine recherche dans le vocabulaire et la syntaxe : *style soutenu* (par oppos. à *familier*).

souterrain, e *adj* 1. sous terre : *abri souterrain* 2. FIG. secret, clandestin : *menées souterraines* ◆ *nm* passage creusé sous la terre.

soutien *nm* 1. ce qui sert à soutenir, à supporter 2. FIG. ce qui aide, défend, protège : *accorder son soutien à une cause.*

soutien-gorge (*pl soutiens-gorge*) *nm* pièce de lingerie féminine servant à soutenir la poitrine.

soutirer *vt* 1. transvaser un liquide d'un récipient dans un autre 2. FIG. obtenir par adresse, par ruse : *soutirer de l'argent.*

souvenir *nm* 1. rappel, volontaire ou non, par la mémoire d'un événement, d'une idée, d'une sensation passés 2. ce qui rappelle la mémoire de quelqu'un ou de quelque chose 3. objet rappelant un site particulier, une région, etc.

souvenir (se) *vpr* (conj 22) avoir mémoire de.

souvent *adv* fréquemment.

souverain, e *adj* 1. suprême : *bonheur souverain* 2. qui s'exerce sans contrôle : *pouvoir souverain* 3. extrême : *souverain mépris* ◆ *n* personne qui exerce le pouvoir suprême dans un État ; monarque, roi.

souveraineté *nf* 1. autorité suprême 2. caractère du pouvoir d'un État qui n'est soumis au contrôle d'aucun autre État : *souveraineté nationale.*

soyeux, euse *adj* de la nature, de l'aspect de la soie ◆ *nm* industriel de la soierie.

spacieux, euse *adj* vaste, de grande étendue : *logement spacieux.*

spaghetti (*pl spaghettis* ou *inv*) *nm* pâte alimentaire présentée sous forme de longs bâtonnets pleins.

sparadrap *nm* tissu adhésif servant à maintenir en place de petits pansements.

spasme *nm* contraction involontaire et convulsive des muscles.

spatial, e, aux [spasjal, -sjo] *adj* relatif à l'espace, et spécialement à l'espace intersidéral : *recherches spatiales.*

spationaute *n* astronaute.

spatule *nf* 1. instrument en forme de petite pelle aplatie 2. partie antérieure et recourbée du ski 3. oiseau échassier à bec élargi.

spécial, e, aux *adj* 1. particulier à une espèce de personnes ou de choses 2. approprié à un but : *autorisation spéciale* 3. qui constitue une exception : *faveur spéciale.*

spécialement *adv* particulièrement.

spécialiser *vt* rendre apte à une technique particulière, à un travail déterminé ◆ **se spécialiser** *vpr* adopter une spécialité.

spécialiste *n* et *adj* 1. personne qui a des compétences dans un domaine précis 2. médecin qui se consacre à une branche particulière de la médecine (par oppos. à *généraliste*).

spécialité *nf* 1. activité à laquelle on se consacre particulièrement 2. produit caractéristique d'une marque, d'une région, etc. 3. FAM. manie propre à quelqu'un.

spécificité *nf* caractère propre : *spécificité d'un microbe.*

spécifier *vt* déterminer, exprimer de façon précise.

spécimen [-mɛn] *nm* échantillon, modèle ; exemplaire offert gratuitement.

spectacle *nm* 1. ce qui attire le regard, l'attention 2. représentation théâtrale, cinématographique, etc. : *aller au spectacle* • ***se donner, s'offrir en spectacle*** attirer l'attention sur soi.

spectaculaire *adj* remarquable, qui fait sensation.

spectateur, trice *n* 1. témoin oculaire d'un événement 2. personne qui assiste à un spectacle, une manifestation sportive, etc.

spectre *nm* 1. fantôme 2. FIG. représentation effrayante de quelque chose : *le spectre de la guerre* 3. PHYS ensemble des rayons colorés résultant de la décomposition de la lumière par un prisme.

spéculateur, trice *n* personne qui spécule.

spéculatif, ive *adj* 1. relatif à une spéculation commerciale ou financière 2. PHILOS qui a pour objet l'étude purement théorique des choses.

spéculation *nf* 1. opération de banque, de commerce, etc., en vue d'obtenir un gain d'argent 2. PHILOS recherche abstraite.

spéculer *vi* faire des combinaisons, des opérations financières ou commerciales • *spéculer sur* compter sur quelque chose pour en tirer un avantage.

speech [spitʃ] (*pl speechs* ou *speeches*) *nm* FAM. petit discours de circonstance.

spéléologie *nf* science et sport qui ont pour objet l'exploration et l'étude des cavités naturelles du sol.

spencer [spɛnsər] *nm* veste courte.

spermatozoïde *nm* gamète mâle de l'homme et des animaux, qui peut féconder l'ovule féminin.

sperme *nm* liquide émis par les glandes reproductrices mâles et contenant les spermatozoïdes.

sphère *nf* 1. corps limité par une surface dont tous les points sont à égale distance d'un point intérieur appelé *centre* 2. FIG. milieu, domaine dans lequel s'exerce l'action ou l'influence de quelqu'un ou de quelque chose.

sphinx [sfɛ̃ks] *nm* 1. ANTIQ monstre mythique à corps de lion et à tête humaine 2. FIG. personne énigmatique 3. papillon nocturne.

spinal, e, aux *adj* de l'épine dorsale.

spirale *nf* 1. courbe plane décrivant des révolutions autour d'un point fixe en s'en éloignant 2. suite de circonvolutions : *spirales d'un tire-bouchon* • *en spirale* qui fait un mouvement d'enroulement autour d'un axe : *escalier en spirale.*

spiritisme *nm* doctrine, pratique qui prétend entrer en communication avec les esprits par l'intermédiaire d'un médium.

spirituel, elle *adj* 1. qui appartient à l'esprit, à l'âme : *vie spirituelle* 2. relatif à la religion, à l'Église : *exercices spirituels* 3. qui a de la vivacité d'esprit, de la finesse, de l'intelligence : *réponse spirituelle* ◆ *nm* pouvoir religieux : *le spirituel et le temporel.*

spiritueux *nm* liqueur forte en alcool.

splendeur *nf* 1. grand éclat, magnificence 2. chose magnifique.

splendide *adj* 1. d'un grand éclat 2. magnifique, somptueux.

spongieux, euse *adj* de la nature de l'éponge ; poreux : *sol spongieux.*

sponsor *nm* commanditaire qui finance tout ou partie d'un spectacle, d'une exposition, etc., à des fins publicitaires.

sponsoriser *vt* financer dans un but publicitaire (recomm off : *commanditer, parrainer*).

spontané, e *adj* 1. que l'on fait de soi-même : *déclaration spontanée* 2. qui agit sans calcul, sans arrière-pensée.

sporadique *adj* 1. qui existe çà et là, de temps en temps, isolément : *résistance sporadique* 2. MÉD se dit d'une maladie qui n'atteint que quelques individus isolément (par oppos. à *épidémique*).

sport *nm* activité physique pratiquée sous forme de jeux, d'exercices individuels ou collectifs, en observant certaines règles : *faire du sport ; sports de combat* • *sports d'hiver* vacances d'hiver en montagne ◆ *adj inv* décontracté : *costume sport.*

sportif, ive *adj* 1. qui concerne les sports 2. loyal, régulier ◆ *adj* et *n* qui pratique un, des sports.

spot [spɔt] *nm* 1. petit projecteur orientable assurant un éclairage localisé 2. film publicitaire de courte durée.

spray [sprɛ] *nm* aérosol obtenu avec une bombe de liquide sous pression.

sprint [sprint] *nm* 1. accélération d'un coureur à l'approche du but 2. épreuve de vitesse sur une courte distance.

square [skwar] *nm* jardin public, généralement clos.

squash [skwaʃ] *nm* sport pratiqué en salle par deux joueurs qui se renvoient une balle en la faisant rebondir sur les quatre murs.

squat [skwat] *nm* logement occupé par un, des squatters.

squatter [skwate] ou **squattériser** *vt* occuper illégalement un logement vide.

squelette *nm* 1. charpente osseuse du corps 2. FIG. charpente d'une construction 3. plan, ossature d'une œuvre, d'un discours.

stabiliser *vt* rendre stable ◆ **se stabiliser** *vpr* devenir ou redevenir stable.

stabilité *nf* caractère de ce qui est stable ; état stable.

stable *adj* 1. qui est dans un état, dans une situation ferme, solide ; qui ne risque pas de tomber : *échafaudage stable* 2. qui se maintient durablement : *gouvernement, monnaie stable* 3. dont le caractère est constant, équilibré : *personne stable.*

stade *nm* 1. terrain aménagé pour la pratique des sports 2. FIG. degré, partie distincte d'un développement : *les stades d'une maladie.*

stage *nm* 1. période pendant laquelle quelqu'un exerce une activité temporaire dans une entreprise, en vue de sa formation 2. cette activité temporaire ou toute autre activité de courte durée exercée à des fins de loisirs : *stage de voile.*

stagiaire *adj* et *n* qui fait un stage.

stagnant, e [stagnɑ̃, -ɑ̃t] *adj* 1. qui ne coule pas : *eaux stagnantes* 2. FIG. qui ne progresse pas : *affaires stagnantes.*

stagnation [stagnasjɔ̃] *nf* état de ce qui est stagnant.

stagner [stagne] *vi* 1. ne pas couler, en parlant d'un fluide 2. FIG. ne faire aucun progrès.

stalactite *nf* concrétion calcaire qui descend de la voûte d'une grotte.

stalagmite *nf* concrétion calcaire formée à partir du sol d'une grotte.

stalle *nf* 1. chacun des sièges disposés autour du chœur d'une église 2. dans une écurie, compartiment réservé à un cheval.

stand [stɑ̃d] *nm* 1. endroit clos aménagé pour le tir à la cible 2. espace réservé à chacun des participants d'une exposition 3. poste de ravitaillement d'un véhicule sur piste (auto, moto).

standard *nm* 1. norme, modèle, étalon 2. appareil permettant la desserte de nombreux postes téléphoniques ◆ *adj* conforme à une norme, à une moyenne, à un type : *prix standards.*

standardiser *vt* ramener à une norme, à un standard ; uniformiser, simplifier.

standardiste *n* personne affectée au service d'un standard téléphonique.

standing [stɑ̃diŋ] *nm* 1. position sociale : *avoir un haut standing* 2. niveau de confort, de luxe d'un immeuble, d'un appartement.

staphylocoque *nm* bactérie à l'origine de nombreuses affections (furoncle, septicémie, etc.).

star *nf* vedette de cinéma, de music-hall ou dans un domaine quelconque.

starter [startɛr] *nm* 1. personne qui, dans les courses, donne le signal du départ 2. dispositif favorisant la mise en marche d'un moteur.

starting-block [startiŋblɔk] (*pl starting-blocks*) *nm* cale de départ pour les coureurs à pied.

station *nf* 1. façon de se tenir : *station verticale* 2. pause, séjour de peu de durée 3. lieu où s'arrêtent les véhicules de transport en commun pour prendre ou laisser des voyageurs 4. établissement de recherches scientifiques : *station météorologique* 5. ensemble des installations d'un émetteur de radio ou de télévision 6. lieu de séjour pour faire une cure, se reposer ou pratiquer certains sports : *station thermale, balnéaire.*

stationnaire *adj* qui ne change pas, qui reste au même point : *état stationnaire.*

stationner *vi* s'arrêter momentanément en un lieu.

station-service (*pl stations-service*) *nf* poste d'essence offrant aux automobilistes toutes les ressources nécessaires à la bonne marche de leur véhicule.

statique *adj* 1. relatif à l'équilibre des forces 2. qui demeure au même point, sans mouvement (par oppos. à *dynamique*).

statique *nf* partie de la mécanique qui étudie l'équilibre des forces.

statistique *nf* science qui a pour objet le groupement méthodique des faits qui se prêtent à une évaluation numérique ◆ *adj* relatif à cette science.

statue *nf* ouvrage de sculpture représentant une figure isolée.

statuer *vi* régler avec autorité, décider.

statu quo [statyko] ou [statykwo] *nm inv* état actuel des choses.

stature *nf* 1. taille d'une personne 2. FIG. envergure, importance de quelqu'un.

statut *nm* 1. texte ou ensemble de textes fixant les garanties fondamentales d'une collectivité 2. position de fait par rapport à la société : *le statut de la femme* ◆ **statuts** *pl* suite d'articles définissant les règles de fonctionnement d'une société, d'une association.

steak [stɛk] *nm* bifteck.

stèle *nf* pierre, colonne placée verticalement et destinée à recevoir une inscription : *stèle funéraire.*

stellaire *adj* 1. relatif aux étoiles 2. rayonné en étoile.

sténodactylo *n* personne qualifiée en sténographie et en dactylographie.

sténographie *nf* écriture abrégée et rapide, au moyen de signes conventionnels.

sténographier *vt* prendre en dictée au moyen de la sténographie.

stentor [stɑ̃tɔr] *nm* • *voix de stentor* forte et retentissante.

steppe *nf* grande plaine semi-aride, couverte d'une végétation assez pauvre.

stère *nm* quantité de bois correspondant à un mètre cube.

stéréo *nf* (abréviation) stéréophonie ◆ *adj inv* stéréophonique.

stéréophonie *nf* technique de la reproduction des sons enregistrés ou transmis par radio, caractérisée par la reconstitution spatiale des sources sonores.

stéréotype *nm* formule banale, opinion dépourvue d'originalité.

stéréotypé, e *adj* banal, sans originalité.

stérile *adj* 1. qui ne porte pas de fruits, qui ne produit pas : *sol stérile* 2. inapte à la reproduction 3. FIG. qui produit peu : *auteur stérile* 4. qui est sans résultat, vain, inutile : *discussion stérile* 5. exempt de germe microbien : *chambre stérile.*

stérilet *nm* dispositif contraceptif qui se place dans la cavité utérine.

stériliser *vt* 1. rendre stérile 2. débarrasser des microbes, des ferments : *stériliser une plaie.*

stérilité *nf* caractère stérile de quelqu'un ou de quelque chose.

sterling [stɛrliŋ] *nm inv* livre sterling.

sternum [stɛrnɔm] *nm* os plat, situé au milieu et en avant de la poitrine.

stéthoscope *nm* MÉD instrument pour ausculter.

steward [stjuward] ou [stiwart] *nm* serveur à bord des paquebots, des avions.

stigmatiser *vt* flétrir, blâmer publiquement.

stimulant, e *adj* 1. propre à accroître l'activité physique, intellectuelle 2. FIG. ce qui augmente l'ardeur, le zèle : *succès stimulant* ◆ *nm* produit stimulant.

stimulateur *nm* • *stimulateur cardiaque* appareil électrique destiné à provoquer la contraction cardiaque.

stimulation *nf* action de stimuler.

stimuler *vt* 1. MÉD exciter l'activité d'un organe 2. FIG. exciter, aiguillonner.

stipuler *vt* 1. énoncer dans un contrat une clause, une convention : *stipuler une garantie* 2. faire savoir expressément.

stock *nm* 1. quantité de marchandises disponibles sur un marché, dans un magasin, etc. 2. FAM. ensemble de choses gardées en réserve.

stocker *vt* mettre en stock, en dépôt : *stocker des marchandises.*

stoïque *adj* qui supporte la douleur, le malheur avec courage.

stomacal, e, aux *adj* de l'estomac.

stomatologie *nf* branche de la médecine consacrée à l'étude et aux soins des maladies de la bouche et des dents.

stop *nm* 1. panneau de signalisation intimant l'ordre de s'arrêter 2. signal lumineux placé à l'arrière d'un véhicule et qui s'allume quand on freine 3. FAM. auto-stop : *faire du stop* ◆ *interj* ordre de s'arrêter.

stopper *vt* et *vi* 1. arrêter la marche d'un véhicule, d'une machine, etc. 2. FIG. empêcher d'avancer, de progresser : *stopper une offensive.*

store *nm* rideau qui se lève et se baisse.

strabisme *nm* anomalie de la vision qui consiste dans l'impossibilité de fixer un même point avec les deux yeux.

strangulation *nf* étranglement.

strapontin *nm* siège repliable, dans une salle de spectacle, dans le métro, etc.

stratagème *nm* ruse, feinte.

strate *nf* couche géologique d'un terrain stratifié.

stratège *nm* 1. chef d'armée 2. personne qui dirige avec compétence un certain nombre d'opérations.

stratégie *nf* 1. art de coordonner l'action des forces militaires d'un pays 2. art de coordonner des actions et de manœuvrer pour atteindre un but : *stratégie politique.*

stratifié, e *adj* disposé par couches superposées : *roches stratifiées.*

streptocoque *nm* microbe responsable d'affections graves (septicémie, méningite, etc.).

stress [strɛs] *nm inv* pertubation biologique et physique d'un organisme due à un agression quelconque ; cette agression.

stresser *vt* provoquer un stress.

strict, e *adj* 1. rigoureux, qui ne laisse aucune latitude : *obligation stricte* 2. sévère, qui ne tolère aucune négligence : *strict en affaires* 3. sobre, sans ornement : *tenue stricte.*

strident, e *adj* qui rend un son aigu, perçant.

strie *nf* chacun des petits sillons, chacune des fines lignes parallèles que présente une surface.

strier *vt* marquer de stries, de raies.

string [striŋ] *nm* maillot de bain qui laisse les fesses nues.

strip-tease [striptiz] (*pl strip-teases*) *nm* spectacle de cabaret au cours duquel une ou plusieurs femmes se déshabillent de façon lente et suggestive.

strophe *nf* division régulière d'un poème, d'une œuvre lyrique.

structuralisme *nm* méthode des sciences humaines qui définit et étudie son objet par les rapports que ses éléments entretiennent entre eux.

structure *nf* 1. manière dont les parties d'un ensemble sont arrangées entre elles ; disposition 2. ensemble organisé dont les éléments sont en étroite dépendance.

structurel, elle *adj* qui relève d'une structure.

structurer *vt* donner une structure à.

stuc *nm* enduit imitant le marbre.

studette *nf* petit studio.

studieux, euse *adj* 1. qui aime l'étude, appliqué : *écolier studieux* 2. consacré à l'étude : *vacances studieuses.*

studio *nm* 1. petit appartement comportant une seule pièce principale 2. atelier de photographe 3. local où l'on tourne les scènes cinématographiques, les émissions télévisées, etc. 4. salle de répétition de danse.

stupéfaction *nf* étonnement profond.

stupéfait, e *adj* interdit, immobilisé par la surprise.

stupéfiant *nm* drogue dont l'usage répété conduit à la toxicomanie.

stupéfiant, e *adj* qui stupéfie.

stupéfier *vt* causer une grande surprise, un grand étonnement.

stupeur *nf* étonnement profond.

stupide *adj* dépourvu d'intelligence, de finesse.

stupidité *nf* 1. caractère stupide 2. parole, action stupide : *dire des stupidités.*

style *nm* 1. manière particulière d'écrire, d'exprimer sa pensée : *style soutenu* 2. forme de langage propre à une activité, à un milieu : *style administratif* 3. manière d'exécuter propre à un artiste, à une époque : *style roman* 4. façon personnelle de se comporter, d'exécuter un mouvement : *style de vie ; style d'une nageuse* • *de style* qui appartient à un style bien caractérisé : *meuble de style.*

stylé, e *adj* formé à certaines habitudes, à certaines règles : *maître d'hôtel stylé.*

styliser *vt* simplifier dans un but décoratif.

styliste *n* personne dont le métier est de concevoir des formes nouvelles dans le domaine de l'habillement, de l'ameublement, etc.

stylistique *adj* relatif au style ◆ *nf* étude du style d'une langue, de l'œuvre d'un écrivain, etc.

stylo *nm* porte-plume muni d'un réservoir d'encre.

stylo-feutre (*pl stylos-feutres*) *nm* stylo dont la mine en feutre est imprégnée d'encre.

suave *adj* doux, agréable : *odeur suave.*

subalterne *adj* et *n* subordonné ◆ *adj* d'un rang, d'une importance secondaire : *emploi subalterne.*

subconscient *nm* état psychique dont le sujet n'a pas conscience, mais qui influe sur son comportement.

subdiviser *vt* diviser un tout déjà divisé.

subir *vt* 1. supporter, être soumis à : *subir des tortures* 2. se soumettre, se résigner à : *subir sa destinée* 3. être soumis à, être l'objet de : *subir une hausse.*

subit, e *adj* soudain, brusque.

subjectif, ive *adj* 1. qui varie avec la personnalité de chacun ; individuel : *les goûts sont subjectifs* 2. PHILOS relatif au sujet pensant (par oppos. à *objectif*).

subjectivité *nf* caractère de ce qui est subjectif.

subjonctif, ive *nm* et *adj* mode du verbe indiquant qu'une action est subordonnée à une autre, exprimée ou sous-entendue.

subjuguer *vt* séduire, exercer un puissant attrait.

sublime *adj* 1. le plus élevé, le plus haut, en parlant des choses morales, intellectuelles ou esthétiques 2. grand, élevé : *une personne sublime dans son dévouement* ◆ *nm* ce qui est sublime.

sublimer *vt* 1. CHIM faire passer un corps solide à l'état gazeux 2. idéaliser une tendance, un sentiment.

submerger *vt* (conj 2) 1. inonder, recouvrir entièrement d'eau 2. déborder, envahir complètement : *être submergé de travail.*

submersible *adj* qui peut être submergé.

submersible *nm* sous-marin.

subodorer *vt* pressentir, se douter de.

subordonné, e *adj* et *n* qui est sous la dépendance de.

subordonnée *nf* et *adj.f* GRAMM proposition qui, dans une phrase, dépend d'une autre proposition qu'elle complète ou détermine.

subordonner *vt* 1. établir un ordre de dépendance entre des personnes ou des choses 2. faire dépendre de.

suborner *vt* inciter un témoin à faire un faux témoignage.

subséquent, e *adj* qui suit.

subside *nm* somme d'argent versée à titre de secours.

subsidiaire *adj* • *question subsidiaire* question supplémentaire destinée à départager des concurrents ex aequo.

subsistance *nf* nourriture et entretien.

subsister *vi* 1. exister encore, continuer d'être 2. pourvoir à ses besoins, à son entretien : *travailler pour subsister.*

subsonique *adj* dont la vitesse est inférieure à celle du son CONTR. *supersonique.*

substance *nf* 1. matière dont une chose est formée : *substance dure, molle* 2. ce qu'il y a de meilleur, d'essentiel : *la substance d'un livre* • *en substance* en ne retenant que l'essentiel.

substantiel, elle *adj* 1. essentiel, capital 2. nourrissant : *aliment substantiel.*

substantif *nm* GRAMM nom.

substituer *vt* mettre à la place de.

substitut *nm* magistrat chargé de suppléer le procureur général ou le procureur de la République.

substitution *nf* action de substituer : *substitution de noms.*

subterfuge *nm* moyen détourné, ruse : *user de subterfuges.*

subtil, e *adj* 1. ingénieux, perspicace : *esprit subtil* 2. qui exige beaucoup de finesse, de sagacité : *question subtile.*

subtiliser *vt* dérober adroitement.

subtilité *nf* 1. caractère de ce qui est subtil 2. parole, pensée subtile.

subvenir *vt ind* [à] (conj 22 ; auxil : avoir) venir en aide à ; pourvoir à : *subvenir aux besoins de quelqu'un.*

subvention *nf* secours financier, subside fourni par l'État, etc.

subventionner *vt* donner une subvention à : *subventionner un théâtre.*

subversif, ive *adj* propre à bouleverser, à renverser l'ordre établi : *doctrine subversive.*

subversion *nf* action de troubler, de renverser l'ordre établi, les lois, les principes.

suc *nm* 1. liquide organique imprégnant un tissu animal ou végétal 2. sécrétion d'un organe de l'appareil digestif : *suc gastrique.*

succédané, e *nm* et *adj* produit qu'on peut substituer à un autre : *les succédanés du sucre.*

succéder *vt ind* [à] (conj 10) 1. venir après 2. remplacer dans un emploi, une fonction, etc. ◆ **se succéder** *vpr* venir l'un après l'autre.

succès *nm* 1. issue heureuse, réussite : *le succès d'une entreprise* 2. approbation du public : *le succès d'un film.*

successeur *nm* personne qui succède à une autre : *nommer son successeur.*

succession *nf* 1. suite non interrompue de personnes ou de choses : *succession de rois, d'idées* 2. transmission de biens qui s'opère, par des voies légales, entre une personne décédée et une ou plusieurs personnes survivantes ; ensemble des biens transmis.

succinct, e [syksɛ̃, -ɛ̃t] *adj* 1. dit en peu de mots ; bref, concis, laconique : *discours succinct* 2. peu abondant : *repas succinct.*

succion [sysjɔ̃] *nf* action de sucer.

succomber *vi* 1. mourir : *le malade a succombé* 2. être vaincu : *succomber sous le nombre* ◆ *vt ind* [à] ne pas résister à : *succomber à la fatigue.*

succulent, e *adj* savoureux, qui flatte le goût : *viande succulente.*

succursale *nf* établissement commercial ou financier qui dépend d'un autre : *succursale d'une banque.*

sucer *vt* (conj 1) 1. aspirer avec la bouche : *sucer la moelle d'un os* 2. faire fondre dans sa bouche : *sucer un bonbon* 3. exercer un mouvement d'aspiration : *sucer son crayon.*

sucette *nf* 1. bonbon en sucre cuit aromatisé, fixé à l'extrémité d'un bâtonnet 2. petite tétine de caoutchouc.

suçon *nm* FAM. marque faite à la peau en la suçant.

sucre *nm* 1. substance de saveur douce extraite de divers végétaux : *sucre de canne, de betterave* 2. morceau de sucre • FAM. ***casser du sucre sur le dos de quelqu'un*** dire du mal de lui • ***en pain de sucre*** de forme conique.

sucrer *vt* 1. ajouter du sucre 2. FAM. supprimer ◆ **se sucrer** *vpr* FAM. s'octroyer la plus grande part.

sucrerie *nf* 1. usine où l'on fabrique le sucre 2. (souvent au pluriel) confiserie à base de sucre : *aimer les sucreries.*

sucrier, ère *adj* relatif au sucre : *industrie sucrière* ◆ *nm* 1. fabricant de sucre 2. récipient où l'on garde le sucre.

sud *nm* 1. un des quatre points cardinaux, opposé au nord 2. contrées situées au sud : *le Nord et le Sud* ◆ *adj inv* situé au sud : *le pôle Sud.*

sudation *nf* production de sueur, transpiration.

sud-est *nm* 1. point de l'horizon situé entre le sud et l'est 2. contrées situées dans cette direction : *le sud-est de la France* ◆ *adj inv* qui est au sud-est.

sud-ouest *nm* 1. point de l'horizon situé entre le sud et l'ouest 2. contrées situées au sud-ouest ◆ *adj inv* qui est au sud-ouest.

suée *nf* FAM. transpiration abondante, en particulier après un effort.

suer *vi* 1. sécréter la sueur par les pores de la peau 2. se donner beaucoup de peine, de fatigue • FAM. ***faire suer quelqu'un*** l'exaspérer • FAM. ***se faire suer*** s'ennuyer ◆ *vt* • FAM. ***suer sang et eau*** se donner une peine extrême.

sueur *nf* sécrétion incolore exhalée par les pores de la peau ; transpiration • ***à la sueur de son front*** en se donnant beaucoup de mal • ***avoir des sueurs froides*** avoir très peur.

suffire *vt ind* [à] (conj 72) 1. pouvoir satisfaire à : *suffire à ses obligations* 2. être en assez grande quantité pour : *cette somme lui suffira pour payer ses dettes* • ***cela suffit*** c'est assez • ***il suffit de, que*** il n'est besoin que de : *il suffit de prévenir, qu'il soit prévenu.*

suffisance *nf* très grande satisfaction de soi ; prétention, vanité • ***en suffisance*** suffisamment.

suffisant, e *adj* en quantité assez grande ◆ *adj* et *n* prétentieux, vaniteux.

suffixe *nm* élément qui, ajouté à la racine d'un mot, en modifie la forme et le sens.

suffocant, e *adj* 1. qui fait étouffer 2. FIG. étonnant, stupéfiant.

suffoquer *vt* 1. étouffer, faire perdre la respiration 2. FIG. causer une émotion violente ◆ *vi* perdre le souffle.

suffrage *nm* 1. vote, voix dans une élection : *refuser son suffrage* 2. approbation : *obtenir les suffrages du public* • ***suffrage universel*** système dans lequel le corps électoral est constitué par tous les citoyens qui ont la capacité électorale.

suggérer [sygʒere] *vt* (conj 10) 1. inspirer, conseiller : *suggérer une solution* 2. faire naître une idée, une image : *que vous suggère ce tableau ?*

suggestif, ive *adj* 1. qui suggère 2. qui inspire des idées érotiques.

suggestion *nf* 1. action de suggérer 2. chose, pensée suggérée.

suicidaire *adj* et *n* qui tend vers le suicide : *comportement suicidaire* ; prédisposé au suicide.

suicide *nm* 1. action de se donner la mort 2. FIG. action d'exposer gravement sa vie, son autorité, etc.

suicider (se) *vpr* se donner volontairement la mort.

suie *nf* matière noire et épaisse que produit la fumée.

suif *nm* graisse des ruminants.

suinter *vi* 1. s'écouler insensiblement : *eau qui suinte* 2. laisser s'écouler un liquide : *mur qui suinte.*

suite *nf* 1. ensemble de ceux qui accompagnent un haut personnage : *le souverain et sa suite* 2. appartement dans un hôtel de luxe 3. série : *une suite de mots* 4. ce qui vient après : *attendons la suite* 5. continuation : *la suite d'un feuilleton* 6. conséquence : *cela aura de graves suites* 7. ordre, liaison : *paroles sans suite* • ***à la suite de*** 1. après : *à la suite du voyage* 2. derrière : *marcher à la suite les uns des autres* • ***avoir de la suite dans les idées*** être persévérant • ***de suite*** 1. sans interruption 2. tout de suite • ***donner suite à*** continuer • ***et ainsi de suite*** et de même en continuant • ***par la***

suite plus tard • *par suite (de)* par une conséquence naturelle ou logique (de) • *tout de suite* immédiatement, sans délai.

suivant *prép* 1. dans la direction de : *suivant un axe* 2. à proportion de : *suivant le mérite* 3. selon l'opinion de : *suivant Bossuet* • *suivant que* selon que.

suivi, e *adj* 1. qui a lieu de façon continue : *relations suivies* 2. fréquenté : *cours suivi* 3. où il y a de la logique : *raisonnement suivi* ◆ *nm* opération permettant de surveiller la mise en œuvre d'un processus.

suivre *vt* (conj 62) 1. aller, venir après 2. accompagner : *suivre quelqu'un en voyage* 3. longer : *suivre le cours du fleuve* 4. marcher sur : *suivre un chemin* 5. FIG. être attentif, s'intéresser à : *suivre l'actualité, un match, un élève* 6. se conformer à, imiter : *suivre la mode* 7. penser, agir comme quelqu'un : *tous vous suivront* 8. comprendre : *suivre un raisonnement* ◆ **se suivre** *vpr* 1. se succéder 2. s'enchaîner : *raisonnements qui se suivent.*

sujet *nm* 1. matière d'une œuvre littéraire, scientifique, d'une conversation, etc. : *sujet d'examen* 2. cause, raison, motif : *sujet de mécontentement* 3. GRAMM fonction qui confère au verbe ses catégories de genre et de nombre 4. être humain que l'on soumet à des observations • *au sujet de* à propos de • *avoir sujet de* avoir un motif légitime de • *bon, mauvais sujet* personne dont on approuve, désapprouve la conduite • *sans sujet* sans raison.

sujet, ette *adj* 1. exposé à, soumis à : *sujet à la migraine ; sujet à l'impôt* 2. enclin à : *sujet à la colère* • *sujet à caution* à qui ou à quoi on ne peut se fier ◆ *n* personne soumise à l'autorité d'un souverain.

sulfureux, euse *adj* 1. de la nature du soufre 2. FIG. qui sent le soufre, l'hérésie : *discours sulfureux.*

sulfurique *adj m* • *acide sulfurique* acide oxygéné dérivé du soufre.

sulfurisé, e *adj* • *papier sulfurisé* traité par l'acide sulfurique.

sultan *nm* HIST titre de l'empereur des Turcs et de certains princes musulmans.

summum [sɔmmɔm] *nm* le plus haut degré : *le summum de la gloire.*

sumo *nm* lutte traditionnelle pratiquée au Japon.

super *nm* (abréviation) supercarburant.

super *adj inv* FAM. formidable.

superbe *adj* 1. d'une grande beauté : *palais superbe* 2. très beau : *temps superbe.*

superbe *nf* LITT. orgueil.

supercarburant *nm* essence de qualité supérieure.

supercherie *nf* fraude, tromperie.

superficie *nf* étendue, surface : *mesurer la superficie d'un champ.*

superficiel, elle *adj* 1. qui est limité à la surface : *brûlure superficielle* 2. léger, futile : *esprit superficiel* ; sommaire : *connaissances superficielles.*

superflu, e *adj* qui est de trop ; inutile : *dépense superflue* ◆ *nm* ce qui n'est pas nécessaire.

supérieur, e *adj* 1. situé au-dessus : *étage supérieur* 2. d'un degré plus élevé : *température supérieure à la normale* 3. FIG. qui surpasse les autres : *talent supérieur* 4. qui occupe un rang plus élevé dans une hiérarchie : *officier supérieur* ◆ *n* 1. personne qui commande à d'autres en vertu d'une hiérarchie 2. personne à la tête d'une communauté religieuse.

supériorité *nf* 1. caractère de ce qui est supérieur en qualité, en valeur : *supériorité de l'arabica sur le robusta* 2. situation dominante, suprématie : *supériorité militaire* 3. arrogance : *air de supériorité.*

superlatif, ive *adj* qui exprime une qualité au plus haut degré ◆ *nm* GRAMM degré de comparatif de l'adjectif ou de l'adverbe, qui exprime une qualité portée à un très haut degré (*superlatif absolu*) [EX : *très grand*] au plus haut degré (*superlatif relatif de supériorité*) [EX : *le plus grand*] ou au plus faible degré (*superlatif relatif d'infériorité*) [EX : *le moins grand*].

supermarché *nm* magasin de grande surface offrant des produits très variés vendus en libre-service.

superposer *vt* poser, placer l'un sur l'autre : *superposer des briques* ◆ **se superposer** *vpr* [à] s'ajouter à.

superposition *nf* action de superposer ; fait de se superposer.

supersonique *adj* dont la vitesse est supérieure à celle du son CONTR. *subsonique.*

superstitieux, euse *adj* et *n* qui croit à des influences occultes ◆ *adj* entaché de superstition.

superstition *nf* croyance au pouvoir surnaturel de forces occultes, à divers présages tirés d'événements fortuits.

superstructure *nf* 1. partie d'une construction située au-dessus du sol 2. partie d'un navire au-dessus du pont 3. FIG. ensemble des institutions, de la culture d'une société (par oppos. à *l'infrastructure*).

superviser *vt* contrôler et réviser un travail fait, sans entrer dans le détail.

supplanter *vt* évincer, prendre la place de : *supplanter un rival.*

suppléant, e *adj* et *n* qui supplée, remplace quelqu'un dans ses fonctions sans être titulaire.

suppléer *vt* remplacer dans ses fonctions : *suppléer un professeur* ◆ *vt ind* [à] remédier à : *suppléer à une insuffisance.*

supplément *nm* 1. ce qu'on ajoute pour compléter, améliorer 2. somme payée en plus pour obtenir quelque chose qui n'était pas compris dans le prix initial 3. publication qui complète un journal, un ouvrage • *en supplément* en plus.

supplémentaire *adj* 1. qui sert de supplément 2. fait en supplément : *heures supplémentaires.*

supplication *nf* prière faite avec insistance et soumission.

supplice *nm* 1. HIST punition corporelle autrefois ordonnée par la justice 2. violente douleur physique 3. souffrance morale : *passer un examen est pour lui un supplice* • *supplice de Tantale* tourment de celui qui ne peut atteindre une chose qui reste cependant à sa portée.

supplier *vt* 1. prier avec insistance et humilité 2. demander instamment à.

support *nm* appui, soutien • *support publicitaire* média quelconque considéré dans son utilisation pour la publicité.

supporter *vt* 1. porter, soutenir : *pilier qui supporte une voûte* 2. endurer avec courage, patience : *supporter une épreuve* 3. tolérer la présence, l'attitude de quelqu'un 4. avoir, prendre en charge : *supporter des frais de justice* 5. résister à : *supporter le froid.*

supporter [sypɔrtœr] ou [-tɛr] ou **supporteur, trice** *n* 1. partisan d'un athlète, d'une équipe qu'il encourage 2. personne qui apporte son aide et son encouragement à : *supporter d'un candidat aux élections.*

supposé, e *adj* 1. donné comme vrai, bien que faux : *nom supposé* 2. admis, posé comme hypothèse.

supposer *vt* 1. poser par hypothèse une chose comme établie : *supposons qu'il ait raison* 2. faire présumer comme nécessaire : *les droits supposent les devoirs* 3. attribuer : *vous lui supposez des défauts qu'il n'a pas.*

supposition *nf* proposition admise par hypothèse.

suppositoire *nm* médicament solide, de forme conique, qu'on introduit dans le rectum.

suppression *nf* action de supprimer.

supprimer *vt* 1. faire disparaître, enlever : *supprimer la douleur* 2. mettre un terme à : *supprimer des emplois* 3. se débarrasser de quelqu'un en le tuant ◆ **se supprimer** *vpr* se donner la mort.

suppurer *vi* laisser écouler du pus.

supra *adv* plus haut, ci-dessus CONTR. *infra.*

suprématie *nf* situation qui permet de dominer dans un domaine ; prédominance.

suprême *adj* 1. au-dessus de tout : *dignité suprême* 2. qui vient en dernier : *suprême effort* • *au suprême degré* au plus haut point • *l'instant suprême* l'instant de la mort.

suprême *nm* filets de poisson ou de volaille, servis avec un velouté à la crème.

sur *prép* 1. marque une position au-dessus : *le ciel est sur nos têtes* 2. à la surface : *flotter sur l'eau* 3. contre : *frapper sur une enclume* 4. tout proche : *ville sur la Seine* 5. en arrière : *revenir sur ses pas* 6. en prenant comme sujet : *écrire sur la géographie* 7. d'après : *juger sur les apparences* 8. au nom de : *jurer sur l'honneur* 9. par répétition : *sottise sur sottise* 10. parmi : *un sur dix* 11. vers : *sur le tard* 12. en état de : *sur le qui-vive* 13. dans une situation dominante : *avoir autorité sur* • *sur ce* cela dit ou fait.

sûr, e *adj* 1. assuré : *chose sûre* 2. qui doit arriver, infaillible : *bénéfice sûr* 3. en qui l'on peut se fier : *ami sûr* 4. sans danger : *route sûre* 5. qui ne se trompe pas : *goût sûr* • *à coup sûr* ou FAM. *pour sûr* infailliblement • *bien sûr* c'est évident.

surabondant, e *adj* très abondant.

suranné, e *adj* qui n'est plus en usage ; démodé : *mode surannée.*

surbaisser *vt* réduire au minimum la hauteur de quelque chose.

surcharge *nf* 1. charge, poids supplémentaire ou excessif 2. surcroît de peine, de travail 3. inscription faite par-dessus une autre qui reste visible.

surcharger *vt* (conj 2) 1. imposer une charge nouvelle ou excessive 2. faire une surcharge sur un texte.

surchauffe *nf* 1. excès de température 2. état d'une économie en expansion menacée d'inflation.

surcroît *nm* augmentation, accroissement • *de surcroît* ou *par surcroît* en plus.

surdité *nf* perte ou diminution du sens de l'ouïe.

surdoué, e *n* et *adj* enfant dont l'intelligence est supérieure à celle des enfants du même âge.

surélever *vt* (conj 9) donner un surcroît de hauteur.

sûrement *adv* certainement, à coup sûr.

surenchère *nf* 1. enchère faite au-dessus d'une autre 2. FIG. action de rivaliser de promesses : *surenchère électorale.*

surenchérir *vi* faire une surenchère.

surestimer *vt* estimer au-delà de son prix, de sa valeur.

sûreté *nf* 1. qualité de ce qui est sûr : *sûreté du goût ; sûreté d'un renseignement* 2. état de quelqu'un, de quelque chose à l'abri du danger ; sécurité : *être en sûreté* • *de sûreté* muni d'un dispositif tel qu'il assure une protection : *épingle de sûreté* • HIST *Sûreté (nationale)* direction générale du ministère de l'Intérieur, chargée de la police.

surévaluer *vt* surestimer.

surexciter *vt* exciter à l'excès.

surf [sœrf] *nm* sport consistant à se maintenir en équilibre sur une planche portée par une vague déferlante.

surface *nf* 1. partie extérieure d'un corps : *la surface de la Terre* 2. aire : *la surface d'un polygone* 3. FIG. aspect extérieur, apparence : *une gaieté toute de surface* • *faire surface* émerger • *grande surface* magasin de plus de 400 m[2] exploité en libre-service.

surfait, e *adj* estimé au-dessus de sa valeur, de son mérite.

surfer [sœrfe] *vi* pratiquer le surf.

surgelé, e *adj* et *nm* se dit d'un produit alimentaire conservé à très basse température (-18 ° C).

surgeler *vt* (conj 5) congeler rapidement à très basse température.

surgénérateur *nm* réacteur nucléaire qui produit plus de combustible qu'il n'en consomme en brûlant l'uranium.

surgir *vi* 1. apparaître brusquement : *une voiture surgit sur la droite* 2. se révéler : *des difficultés surgissent sans cesse.*

surhausser *vt* augmenter la hauteur de.

surhomme *nm* homme doté de grandes qualités physiques ou intellectuelles.

surhumain, e *adj* au-dessus des forces humaines : *effort surhumain.*

surinfection *nf* infection survenant chez un sujet déjà atteint d'une maladie.

surintendant *nm* HIST officier chargé de la surveillance des intendants d'une administration • *surintendant des finances* administrateur général des finances (XVIe-XVIIe s.).

sur-le-champ *loc adv* aussitôt, immédiatement, sans délai.

surlendemain *nm* jour qui suit le lendemain.

surligner *vt* marquer un texte à l'aide d'un surligneur.

surligneur *nm* feutre à pointe large et à encre lumineuse.

surmédicaliser *vt* faire un usage excessif des techniques médicales.

surmenage *nm* ensemble de troubles résultant d'une fatigue excessive.

surmener *vt* (conj 9) imposer un travail excessif.

surmonter *vt* 1. être placé au-dessus de 2. FIG. avoir le dessus, vaincre : *surmonter sa timidité.*

surnager *vi* (conj 2) 1. flotter à la surface d'un fluide 2. FIG. subsister, durer.

surnaturel, elle *adj* 1. qui dépasse les forces ou les lois de la nature : *pouvoir surnaturel* 2. qui est du domaine de la foi religieuse : *vérités surnaturelles* ◆ *nm* ce qui est surnaturel.

surnom *nm* nom ajouté ou substitué au nom propre d'une personne ou d'une famille.

surnombre *nm* excédent : *être en surnombre.*

surnommer *vt* donner un surnom à.

surpasser *vt* être au-dessus de, supérieur à : *cet élève surpasse ses camarades* ◆ **se surpasser** *vpr* faire encore mieux qu'à l'ordinaire.

surpeuplé, e *adj* peuplé à l'excès.

surpiqûre *nf* piqûre apparente sur un tissu.

surplace *nm* • *faire du surplace* ne pas avancer, rester immobile, en particulier en vélo ou en voiture.

surplomb *nm* état de ce qui est en saillie par rapport à la base • *en surplomb* en dehors de l'aplomb.

surplomber *vi* être en surplomb ◆ *vt* dépasser l'aplomb de : *les rochers surplombent le ravin.*

surplus *nm* 1. ce qui est en plus ; excédent 2. magasin qui vend des vêtements, des articles d'importation américaine • *au surplus* au reste.

surprendre *vt* (conj 54) 1. prendre sur le fait : *surprendre un voleur* 2. prendre à l'improviste : *la pluie m'a surpris* 3. FIG. étonner, déconcerter : *cette nouvelle l'a surpris* 4. découvrir : *surprendre un secret.*

surprise *nf* 1. étonnement : *montrer de la surprise* 2. cadeau ou plaisir inattendu que l'on fait à quelqu'un : *faire une surprise agréable* • *par surprise* à l'improviste.

surréalisme *nm* mouvement littéraire et artistique du début du XXe siècle, caractérisé en particulier par l'utilisation du langage automatique et des images oniriques.

sursaut *nm* mouvement brusque • *en sursaut* brusquement.

sursauter *vi* avoir un sursaut.

surseoir *vt ind* [à] (conj 45) DR suspendre, remettre, différer : *surseoir à l'exécution d'un arrêt.*

sursis *nm* 1. suspension de l'exécution d'une peine 2. remise de quelque chose à une date ultérieure ; ajournement.

surtout *adv* par-dessus tout, principalement • FAM. *surtout que* d'autant plus que.

surveillance *nf* action de surveiller.

surveillant, e *n* personne chargée de surveiller.

surveiller *vt* 1. veiller particulièrement sur : *surveiller des élèves* 2. prendre soin de : *surveiller sa santé* 3. observer attentivement : *surveiller un suspect.*

survenir *vi* (conj 22 ; auxil : être) arriver inopinément.

survêtement *nm* vêtement chaud que l'on met par-dessus une tenue de sport.

survie *nf* prolongement de l'existence au-delà d'un certain terme.

survivance *nf* ce qui subsiste après une disparition, une perte : *survivance d'une époque révolue.*

survivant, e *n* et *adj* qui survit à quelqu'un, à un événement : *les survivants d'un accident.*

survivre *vi* (conj 63) 1. demeurer en vie après un autre : *elle a survécu à son fils* ; réchapper à une catastrophe : *il a survécu à l'accident* 2. FIG. continuer à exister : *mode qui survit.*

survol *nm* action de survoler.

survoler *vt* 1. voler au-dessus de : *survoler Paris* 2. FIG. examiner rapidement : *survoler une question.*

sus *adv* • *en sus (de)* en outre, en plus (de).

susceptibilité *nf* disposition à se vexer, à s'offenser aisément.

susceptible *adj* 1. capable de se modifier, d'accomplir un acte, de produire un effet : *élève susceptible de faire des progrès* 2. qui se froisse, s'offense facilement.

susciter *vt* faire naître, provoquer l'apparition de : *susciter une querelle, l'intérêt.*

suspect, e [syspɛ] ou [syspɛkt] *adj* 1. qui prête au soupçon ; à qui, à quoi l'on ne peut se fier 2. d'une qualité douteuse : *vin suspect* • *suspect de* soupçonné de ◆ *nm* personne soupçonnée de quelque chose.

suspecter *vt* tenir pour suspect : *suspecter un employé.*

suspendre *vt* (conj 50) 1. fixer en haut et laisser pendre : *suspendre un lustre* 2. différer, interrompre momentanément : *suspendre un projet* 3. interdire pour un temps : *suspendre un journal* 4. priver pour un temps de ses fonctions : *suspendre un fonctionnaire.*

suspendu, e *adj* 1. maintenu par le haut 2. en suspens • *pont suspendu* dont le tablier est soutenu par des câbles ou par des chaînes • *voiture bien, mal suspendue* dont la suspension est bonne, mauvaise.

suspens (en) *loc adv* non résolu, non terminé.

suspense [syspɛns] *nm* 1. passage d'une œuvre littéraire, d'un film, etc., qui tient en haleine 2. toute situation dont on attend l'issue avec inquiétude.

suspension *nf* 1. action de suspendre ; état d'une chose suspendue 2. ensemble des organes d'un véhicule qui amortissent les chocs 3. CHIM état d'un corps très divisé, mêlé à la masse d'un fluide sans être dissous par lui 4. fait d'interrompre ou d'interdire temporairement : *suspension de paiement* 5. système d'éclairage suspendu au plafond.

suspicieux, euse *adj* qui manifeste de la suspicion.

suspicion *nf* opinion défavorable, défiance, soupçon.

sustenter (se) *vpr* se nourrir, prendre des aliments.

susurrer *vt* et *vi* murmurer doucement.

suture *nf* couture chirurgicale des lèvres d'une plaie.

suturer *vt* faire une suture.

svelte *adj* de forme mince, élancée.

sweat-shirt [swɛtʃərt] (*pl sweat-shirts*) *nm* pull ras du cou en jersey de coton molletonné.

syllabe *nf* groupe formé de consonnes et de voyelles qui se prononcent d'une seule émission de voix : *« Paris » a deux syllabes.*

syllogisme *nm* figure logique de raisonnement.

sylvestre *adj* relatif aux forêts.

sylviculture *nf* entretien et exploitation des forêts.

symbole *nm* 1. ce qui représente une réalité abstraite : *la colombe est le symbole de la paix* 2. tout signe conventionnel abréviatif : *symbole chimique.*

symbolique *adj* 1. qui a le caractère d'un symbole 2. qui n'a pas de valeur, d'efficacité en soi : *geste symbolique* ◆ *nm* ce qui est symbolique ◆ *nf* ensemble des symboles relatifs à un domaine, à une époque.

symboliser *vt* exprimer au moyen d'un symbole ; être le symbole de.

symbolisme *nm* 1. système de symboles destiné à rappeler des faits ou à exprimer des croyances 2. mouvement littéraire de la fin du XIXe siècle, basé sur la valeur musicale et symbolique des mots.

symétrie *nf* 1. correspondance de mesure, de position, etc., entre les parties d'un ensemble 2. harmonie en résultant.

symétrique *adj* 1. qui a de la symétrie : *positions symétriques* 2. se dit de deux parties de quelque chose ou de deux choses semblables et opposées ◆ *n* tout élément symétrique d'un autre.

sympathie *nf* 1. inclination, penchant instinctif qui attire deux personnes l'une vers l'autre 2. bienveillance.

sympathique *adj* 1. qui inspire, qui marque la sympathie 2. agréable, plaisant.

sympathisant, e *adj* et *n* qui manifeste de la sympathie envers une doctrine, un parti, etc.

sympathiser *vi* [avec] avoir de la sympathie pour quelqu'un, s'entendre avec.

symphonie *nf* 1. grande composition musicale pour orchestre 2. LITT. ensemble harmonieux : *symphonie de couleurs.*

symposium [sɛ̃pozjɔm] *nm* réunion de spécialistes sur un sujet déterminé.

symptomatique *adj* 1. qui est le symptôme d'une maladie 2. qui révèle un certain état de choses, un état d'esprit particulier.

symptôme *nm* 1. phénomène qui révèle un trouble fonctionnel ou une lésion 2. FIG. indice, présage : *symptômes de crise.*

synagogue *nf* édifice consacré au culte israélite.

synchrone [sɛ̃krɔn] *adj* se dit des mouvements qui se font dans le même temps : *oscillations synchrones.*

synchronique *adj* qui se passe dans le même temps.

synchronisation *nf* 1. action de synchroniser 2. CIN mise en concordance des images et des sons dans un film.

synchroniser *vt* 1. rendre synchrone 2. faire la synchronisation d'un film.

syncope *nf* 1. perte momentanée de la sensibilité et du mouvement 2. MUS note émise sur un temps faible et continuée sur un temps fort.

syndic *nm* personne élue ou désignée pour prendre soin des intérêts d'un groupe de personnes, d'une corporation : *syndic d'un immeuble.*

syndical, e, aux *adj* relatif à un syndicat, au syndicalisme.

syndicalisme *nm* activité exercée dans un syndicat.

syndicaliste *n* personne qui milite dans un syndicat ◆ *adj* relatif au syndicalisme.

syndicat *nm* groupement pour la défense d'intérêts économiques communs : *syndicat ouvrier, patronal* • *syndicat d'initiative* organisme dont l'objet est de favoriser le tourisme dans une localité ou dans une région.

syndiquer *vt* organiser en syndicat ◆ **se syndiquer** *vpr* adhérer à un syndicat.

syndrome *nm* ensemble de symptômes caractérisant une maladie.

synonyme *adj* et *nm* se dit des mots qui ont à peu près le même sens (EX : briser *et* casser).

syntaxe *nf* partie de la grammaire qui traite de la fonction et de la disposition des mots et des propositions dans la phrase.

synthèse *nf* 1. méthode qui procède du simple au composé, des éléments au tout, de la cause à l'effet : *la synthèse est le contraire de l'analyse* 2. exposé d'ensemble : *synthèse historique* 3. CHIM formation artificielle d'un corps composé : *la synthèse de l'ammoniac.*

synthétique *adj* qui résulte d'une synthèse ; qui présente une synthèse : *méthode synthétique* ◆ *adj* et *nm* fabriqué par synthèse pour remplacer un produit naturel : *tissu synthétique.*

synthétiser *vt* 1. réunir par synthèse : *synthétiser des idées* 2. obtenir par synthèse chimique.

synthétiseur *nm* instrument électronique capable de reproduire un son à partir de ses constituants.

syphilis [-lis] *nf* maladie vénérienne infectieuse et contagieuse.

systématique *adj* 1. combiné d'après un système ; fait avec méthode : *vérification systématique* 2. qui agit de façon rigide, sans tenir compte des circonstances ; dogmatique : *refus systématique.*

systématisation *nf* action de systématiser ; fait d'être systématisé.

systématiser *vt* organiser, ordonner en système ◆ *vi* juger, agir de parti pris.

système *nm* 1. ensemble ordonné de principes formant un corps de doctrine : *le système de Descartes* 2. combinaison de parties qui se coordonnent pour former un ensemble : *système mécanique* 3. mode de gouvernement : *système républicain* 4. classification : *système de poids et mesures* 5. moyen ingénieux • *système D* habileté à se tirer d'affaire.

T

t *nm* vingtième lettre de l'alphabet et la seizième des consonnes.

ta *adj. poss. fém* → ton.

tabac *nm* 1. plante originaire d'Amérique, dont les feuilles se fument, se prisent ou se mâchent ; feuilles de cette plante séchées et préparées 2. FAM. débit de tabac • *faire un tabac* avoir un grand succès • FAM. *passer à tabac* rouer de coups.

tabagisme *nm* intoxication due à l'abus du tabac.

tabasser *vt* FAM. rouer de coups, passer à tabac.

table *nf* 1. meuble composé d'un plateau posé sur un ou plusieurs pieds ; meuble de ce genre sur lequel on sert les repas 2. mets servis sur la table : *table abondante* 3. plaque d'une matière quelconque : *table de marbre* 4. tableau présentant méthodiquement divers renseignements : *table de multiplication* • *table des matières* liste des chapitres, des questions traitées dans un ouvrage • *table ronde* réunion pour discuter de questions d'intérêt commun.

tableau *nm* 1. œuvre picturale sur bois, toile, etc. : *collectionner les tableaux* 2. spectacle qui frappe la vue : *charmant tableau* 3. description : *un tableau intéressant de la situation* 4. panneau mural sur lequel on écrit à la craie : *aller au tableau* 5. panneau, plan destiné à recevoir des annonces, des renseignements : *tableau d'affichage* 6. liste des membres d'un ordre professionnel 7. division d'une pièce de théâtre marquée par un changement de décor.

tabler *vt ind* [sur] compter sur.

tablette *nf* 1. planche horizontale pour recevoir divers objets 2. plaque de marbre, de pierre, de bois, etc., sur le chambranle d'une cheminée, l'appui d'une balustrade, etc. 3. préparation alimentaire de forme aplatie : *tablette de chocolat* • *mettre sur ses tablettes* prendre bonne note de • *rayer de ses tablettes* ne plus compter sur.

tablier *nm* 1. pièce d'étoffe ou de cuir qu'on attache devant soi pour se protéger 2. rideau de tôle devant une cheminée pour en régler le tirage 3. plate-forme horizontale d'un pont • FAM. *rendre son tablier* se démettre de ses fonctions.

tabloïd ou **tabloïde** *nm* et *adj* publication dont le format est la moitié du format habituel des journaux.

tabou *nm* 1. interdit de caractère religieux 2. sujet dont on évite de parler.

tabou, e *adj* qui est l'objet d'un tabou, d'un interdit.

taboulé *nm* préparation culinaire à base de blé concassé et de légumes hachés.

tabouret *nm* petit siège à quatre pieds, sans bras ni dossier.

tac *nm* • *répondre du tac au tac* rendre vivement la pareille.

tache *nf* 1. marque salissante : *tache de graisse* 2. marque naturelle sur la peau de l'homme ou le poil des animaux 3. marque de couleur, de lumière, d'ombre • FIG. *faire tache d'huile* se propager.

tâche *nf* 1. travail qui doit être fait dans un temps fixé 2. ce que l'on a à faire ; obligation • *à la tâche* en étant payé selon le travail exécuté.

tacher *vt* faire une tache.

tâcher *vt ind* [de] faire des efforts pour venir à bout de : *tâchez de terminer ce devoir* • *tâcher que* faire en sorte que.

tacheter *vt* (conj 8) marquer de petites taches.

tachycardie [taki-] *nf* accélération du rythme cardiaque.

tacite *adj* sous-entendu, implicite : *accord tacite.*

taciturne *adj* qui parle peu ; silencieux.

tacot *nm* FAM. vieux véhicule.

tact *nm* perception délicate des nuances, des convenances : *agir avec tact.*

tactile *adj* relatif au toucher : *impression tactile.*

tactique *nf* 1. art de diriger une bataille 2. FIG. moyens qu'on emploie pour réussir ◆ *adj* relatif à la tactique.

tænia *nm* → ténia.

taffetas *nm* étoffe de soie.

tag *nm* inscription constituant un signe de reconnaissance.

tagliatelle (*pl tagliatelles* ou *inv*) *nf* pâte alimentaire en forme de mince lanière.

taie *nf* 1. enveloppe de tissu pour un oreiller ou un traversin 2. tache blanche sur la cornée de l'œil.

taïga *nf* forêt de conifères du nord de l'Europe, de l'Asie et de l'Amérique.

taillader *vt* faire une taillade, une incision.

taille *nf* 1. hauteur du corps humain 2. grandeur et grosseur d'un animal 3. dimension de quelque chose 4. partie du corps humain située à la jonction du thorax et de l'abdomen ; partie du vêtement qui y correspond 5. action de tailler, de couper : *taille de la vigne* 6. incision au burin dans une planche gravée 7. HIST impôt direct levé sur les roturiers, en France, sous l'Ancien Régime • *de taille* d'importance • *être de taille à* capable de • *pierre de taille* propre à être taillée et employée en construction.

taille-crayon (*pl taille-crayons* ou *inv*) *nm* petit outil pour tailler les crayons.

tailler *vt* 1. couper, retrancher quelque chose pour lui donner une certaine forme : *tailler une pierre* 2. couper dans une étoffe les pièces nécessaires à un vêtement : *tailler un pantalon* ◆ **se tailler** *vpr* 1. s'attribuer quelque chose : *se tailler un empire* 2. FAM. partir.

tailleur *nm* 1. personne qui taille : *tailleur de pierre* 2. artisan qui fait des vêtements sur mesure 3. costume féminin composé d'une veste et d'une jupe assorties • *s'asseoir en tailleur* les jambes repliées et les genoux écartés.

taillis *nm* bois que l'on coupe à intervalles rapprochés.

tain *nm* amalgame d'étain qu'on applique derrière une glace pour la rendre réfléchissante.

taire *vt* (conj 78) ne pas dire, passer sous silence ◆ **se taire** *vpr* 1. garder le silence 2. cesser de se faire entendre • *faire taire* imposer silence, faire cesser.

talé, e *adj* meurtri, en parlant des fruits : *poires talées.*

talent *nm* 1. aptitude, capacité naturelle ou acquise 2. personne qui excelle en son genre.

talentueux, euse *adj* qui a du talent.

talion *nm* • *loi du talion* qui exige qu'une offense soit réparée par une peine du même ordre.

talisman *nm* objet marqué de signes cabalistiques, qui est censé porter bonheur ou communiquer un pouvoir magique.

talkie-walkie [tokiwoki] (*pl talkies-walkies*) *nm* petit appareil de radio portatif, émetteur et récepteur, de faible portée.

talon *nm* 1. partie postérieure du pied de l'homme 2. partie postérieure d'une chaussure, d'un bas, etc. 3. dernier morceau, reste de quelque chose d'entamé : *talon de jambon* 4. ce qui reste des cartes, après distribution aux joueurs 5. partie non détachable d'un carnet à souches • *montrer, tourner les talons* s'enfuir • *talon d'Achille* point vulnérable, côté faible de quelqu'un.

talonnage *nm* au rugby, action de diriger le ballon vers son camp, dans une mêlée.

talonner *vt* 1. presser du talon ou de l'éperon 2. au rugby, pratiquer le talonnage 3. poursuivre de près : *talonner l'ennemi* 4. FIG. presser vivement, tourmenter.

talquer *vt* enduire de talc.

talus *nm* 1. terrain en pente 2. pente d'un terrassement, du revêtement d'un mur, d'un fossé.

tambour *nm* 1. instrument de musique formé d'une caisse cylindrique que l'on frappe avec des baguettes ; personne qui en joue 2. cylindre d'un treuil, d'une machine • *mener tambour battant* avec vivacité, avec résolution • *partir sans tambour ni trompette* sans bruit, en secret • *tambour de frein* pièce circulaire sur laquelle s'exerce le frottement du segment de frein.

tambourin *nm* tambour long et étroit, à une seule baguette.

tambouriner *vi* frapper à coups répétés : *tambouriner à la porte* ◆ *vt* 1. annoncer au son du tambour 2. FIG. répandre partout : *tambouriner une nouvelle.*

tamis *nm* 1. instrument qui sert à passer des matières pulvérulentes ou des liquides épais 2. surface de cordage d'une raquette de tennis.

tamiser *vt* 1. passer au tamis : *tamiser de la farine* 2. laisser passer en adoucissant : *tamiser la lumière.*

tampon *nm* 1. gros bouchon de matière quelconque servant à obturer 2. morceau de coton, de gaze, etc., pour étancher le sang, nettoyer une plaie 3. plaque de métal ou de caoutchouc gravée, et qui, imprégnée d'encre, permet d'imprimer le timbre d'une administration, d'une société, etc. 4. cheville de bois ou de métal enfoncée dans un mur afin d'y placer une vis ou un clou 5. CH. DE F plateau métallique placé à l'extrémité des cadres d'une voiture pour amortir les chocs • *État tampon* qui, par sa situation géographique, se trouve entre deux États puissants et hostiles • *servir de tampon* chercher à limiter les heurts entre deux personnes.

tamponner *vt* 1. étancher avec un tampon 2. percer un mur pour y introduire un tampon 3. heurter, rencontrer avec violence : *train qui en tamponne un autre* 4. apposer un cachet.

tamponneuse *adj f* • *auto tamponneuse* petit véhicule de fête foraine conçu pour se heurter à d'autres, sur une piste fermée.

tam-tam (*pl tam-tams*) *nm* 1. tambour de bois africain 2. gong chinois 3. FAM. publicité tapageuse ; vacarme.

tandem *nm* 1. bicyclette à deux places 2. FIG. association de deux personnes, de deux groupes qui travaillent ensemble.

tandis que *loc conj* 1. pendant que : *partir tandis qu'il dort* 2. que marque le contraste, l'opposition ; alors que : *elle aime l'opéra tandis que lui préfère le jazz.*

tangage *nm* mouvement d'oscillation d'un bateau d'avant en arrière.

tangent, e *adj* 1. qui touche une surface, une ligne en un point : *plans tangents* 2. FAM. qui est à la limite du niveau nécessaire.

tangente *nf* • GÉOM *tangente à un cercle* ligne droite qui n'a qu'un point commun avec ce cercle • FAM. *prendre la tangente* s'esquiver, se tirer d'affaire habilement.

tangible *adj* 1. perceptible par le toucher 2. manifeste : *preuve tangible.*

tango *nm* danse populaire originaire d'Argentine ◆ *adj inv* d'une couleur rouge-orangé.

tanguer *vi* être soumis au tangage, en parlant d'un bateau.

tanière *nf* abri d'un animal sauvage.

tanin ou **tannin** *nm* substance de certains végétaux qui rend les peaux imputrescibles.

tank *nm* 1. réservoir, citerne : *les tanks d'un pétrolier* 2. char de combat.

tanker [tɑ̃kœr] *nm* navire destiné au transport de produits pétroliers.

tanner *vt* 1. préparer les cuirs avec du tanin 2. FAM. importuner, harceler.

tannin *nm* › tanin.

tant *adv* 1. en si grande quantité, en si grand nombre 2. telle quantité : *il y a tant pour vous* 3. à tel point : *il a tant mangé que* 4. si longtemps : *j'ai tant marché* 5. aussi longtemps, aussi loin : *tant que je pourrai* • *en tant que* en qualité de • *si tant est que* à supposer que • *tant mieux* c'est une bonne nouvelle • *tant pis* c'est dommage • *tant s'en faut* loin de là • *tant soit peu* ou *un tant soit peu* si peu que ce soit.

tante *nf* sœur du père, de la mère, ou femme de l'oncle.

tantôt *adv* FAM. cet après-midi • *tantôt..., tantôt...* une fois, une autre fois : *des yeux tantôt bleus, tantôt verts ; tantôt elle pleure, tantôt elle rit.*

taoïsme *nm* religion populaire de la Chine.

taon [tɑ̃] *nm* grosse mouche dont la femelle pique l'homme et le bétail.

tapage *nm* 1. bruit tumultueux et confus : *tapage nocturne* 2. grand bruit fait à propos de quelqu'un ou de quelque chose.

tapant, e *adj* FAM. juste à l'heure indiquée : *il est arrivé à deux heures tapant(es).*

tape *nf* coup donné avec la main.

tape-à-l'œil *adj inv* FAM. frappant, voyant : *bijou tape-à-l'œil* ◆ *nm inv* FAM. apparence brillante mais trompeuse.

taper *vt* 1. donner une, des tapes à 2. écrire à la machine 3. FAM. emprunter de l'argent ◆ *vi* frapper : *taper du pied ; taper dans le ballon* • *le soleil tape* il fait très chaud • FAM. *taper dans l'œil* plaire.

tapioca *nm* fécule de manioc servant à faire des potages, des bouillies.

tapir (se) *vpr* se cacher en se blottissant.

tapis *nm* 1. étoffe dont on couvre un parquet, un meuble 2. ce qui recouvre entièrement une surface : *tapis de verdure* • *envoyer au tapis* dans un combat de boxe, envoyer son adversaire au sol • *mettre quel-*

que chose sur le tapis le proposer pour l'examiner • *revenir sur le tapis* être de nouveau le sujet de la discussion.

tapisser *vt* 1. revêtir des murs de tissu ou de papier peint 2. couvrir une surface : *tapisser une chambre de photos.*

tapisserie *nf* 1. ouvrage textile décoratif tissé sur un métier avec de la laine, de la soie, etc. 2. tissu ou papier dont on tapisse les murs 3. métier du tapissier • *faire tapisserie* dans un bal, ne pas être invitée à danser.

tapissier, ère *n* personne qui fabrique, vend ou pose les tapis et les tentures servant à décorer les appartements.

tapoter *vt* donner de petites tapes.

taquiner *vt* s'amuser, sans méchanceté, à contrarier, à agacer.

tarabiscoté, e *adj* chargé d'ornements excessifs, compliqués.

tarabuster *vt* FAM. 1. importuner, gronder 2. troubler, préoccuper vivement : *cette idée m'a tarabustée toute la journée.*

tarauder *vt* 1. creuser en hélice la pièce qui doit recevoir la vis 2. LITT. tourmenter, obséder : *souci qui taraude.*

tard *adv* 1. après un temps long ou relativement long 2. vers la fin de la journée ; dans la nuit : *se coucher tard* ◆ *nm* • *sur le tard* 1. à la fin de la journée 2. vers la fin de la vie.

tarder *vi* 1. attendre longtemps avant de : *ne tardez pas à donner votre réponse* 2. être lent à venir : *ils ne devraient pas tarder* 3. mettre longtemps à : *je vais m'énerver, ça ne va pas tarder* ◆ *v impers* • *il me tarde de* c'est avec impatience que j'attends de.

tardif, ive *adj* 1. qui vient tard : *regrets tardifs* 2. qui a lieu tard dans la journée : *heure tardive.*

tare *nf* 1. poids de l'emballage d'une marchandise 2. poids placé sur le plateau d'une balance pour équilibrer ce qu'on pèse 3. défaut physique ou moral : *tare héréditaire* 4. vice inhérent à : *tares d'un système.*

taré, e *adj* et *n* 1. atteint d'une tare 2. FAM. imbécile.

targette *nf* petit verrou plat.

targuer (se) *vpr* [de] se vanter de.

targui, e *adj* et *n* → touareg.

tarif *nm* 1. tableau de prix 2. montant du prix d'un service, d'un travail.

tarifaire *adj* relatif au tarif.

tarir *vt* mettre à sec, épuiser : *la sécheresse tarit les cours d'eau* ◆ *vi* 1. être à sec : *la source a tari* 2. cesser, s'arrêter ◆ *vt ind* • *ne pas tarir d'éloges sur quelqu'un* ne pas cesser d'en pronocer : *il ne tarit pas sur ce sujet.*

tarot *nm* ou **tarots** *nm pl* 1. ensemble de soixante-dix-huit cartes, plus longues et comportant plus de figures que les cartes ordinaires, servant au jeu et à la divination 2. jeu qu'on joue avec ces cartes.

tarse *nm* 1. région postérieure du squelette du pied 2. dernière partie de la patte des insectes.

tartare *adj* • *sauce tartare* mayonnaise fortement épicée • *steak tartare* ou *tartare nm* viande hachée crue assaisonnée et servie avec un jaune d'œuf et des câpres.

tarte *nf* 1. pâtisserie plate garnie de crème, de confiture, de fruits, de légumes : *tarte aux pommes, aux poireaux* 2. FAM. gifle • FAM. *tarte à la crème* idée très banale • FAM. *c'est de la tarte, c'est pas de la tarte* c'est facile, c'est difficile ◆ *adj* FAM. stupide, sans intérêt : *un film tarte.*

tartine *nf* 1. tranche de pain recouverte de beurre, de confiture, etc. 2. FAM. long développement oral ou écrit.

tartiner *vt* étaler du beurre, de la confiture, etc., sur du pain, une biscotte.

tartre *nm* 1. dépôt que laisse le vin dans un tonneau 2. sédiment jaunâtre autour des dents 3. dépôt calcaire à l'intérieur des chaudières, des canalisations d'eau, etc.

tas *nm* monceau d'objets mis ensemble et les uns sur les autres : *un tas d'ordures* • *dans le tas* parmi : *elle en a pris un dans le tas* • FAM. *sur le tas* sur le lieu même du travail : *apprendre sur le tas* • FAM. *un tas de* beaucoup de.

tasse *nf* petit récipient à anse, servant à boire ; son contenu.

tasser *vt* 1. réduire de volume par pression 2. resserrer dans un petit espace ◆ **se tasser** *vpr* 1. s'affaisser sur soi-même 2. se voûter 3. se serrer : *tassez-vous, il y a encore de la place* 4. perdre son caractère de gravité, se calmer : *avec le temps, les choses vont se tasser.*

tâter *vt* 1. explorer, éprouver à l'aide du toucher 2. FIG. essayer de connaître, de sonder les intentions de quelqu'un • *tâter le terrain* s'assurer de l'état des choses, des esprits ◆ *vi* • *tâter de, à* goûter à, faire l'expérience de ◆ **se tâter** *vpr* hésiter.

tatillon, onne *adj* et *n* FAM. trop minutieux, scrupuleux.

tâtonner *vi* 1. chercher en tâtant 2. FIG. procéder avec hésitation : *tâtonner dans ses recherches.*

tâtons (à) *loc adv* 1. en tâtonnant 2. FIG. à l'aveuglette.

tatouer *vt* imprimer sur la peau des dessins indélébiles.

taudis *nm* logement misérable ou mal tenu.

taupe *nf* 1. petit mammifère insectivore vivant sous terre ; fourrure de cet animal 2. engin servant à creuser des tunnels.

taupinière *nf* amas de terre qu'une taupe élève en creusant une galerie.

taureau *nm* mâle de la vache, apte à la reproduction.

tauromachie *nf* art de combattre les taureaux dans une arène.

tautologie *nf* répétition d'une même idée sous une autre forme.

taux *nm* 1. prix réglé par une convention ou par l'usage : *taux de change* 2. intérêt annuel produit par une somme placée : *taux d'intérêt* 3. grandeur exprimée en pourcentage : *taux de natalité.*

taverne *nf* café, restaurant au décor rustique.

taxe *nf* prélèvement fiscal, impôt : *taxe sur le chiffre d'affaires* • ***prix hors taxes*** sans les taxes.

taxer *vt* 1. frapper d'un impôt : *taxer les objets de luxe* 2. accuser : *taxer quelqu'un d'incompétence.*

taxi *nm* 1. voiture munie d'un taximètre et conduite par un professionnel, qu'on utilise pour de courts trajets 2. FAM. chauffeur de taxi.

taxidermie *nf* art d'empailler les animaux vertébrés.

te *pron. pers* → tu.

té *nm* règle ou équerre en forme de T.

technicien, enne *n* personne qui connaît et pratique une technique particulière.

technique *adj* 1. qui appartient en propre à un art, à une science, à un métier : *termes techniques* 2. relatif au fonctionnement d'une machine : *panne technique* ◆ *nf* 1. ensemble des procédés d'un art, d'une science, d'un métier : *la technique du bois* 2. méthode, moyen : *trouver la bonne technique.*

technocratie *nf* SOUVENT PÉJOR. système politique dans lequel la prise de décisions appartient aux techniciens et aux fonctionnaires au détriment des responsables politiques.

technologie *nf* étude des outils, des procédés et des méthodes employés dans les diverses branches de l'industrie.

teckel *nm* chien terrier allongé, bas sur pattes, à poil ras, dur, ou à poil long.

tee-shirt [tiʃœrt] (*pl tee-shirts*) ou **t-shirt** (*pl t-shirts*) *nm* maillot en coton à manches courtes et en forme de T.

teigne *nf* 1. petit papillon dont les larves rongent les étoffes et diverses plantes 2. maladie du cuir chevelu 3. FAM. personne méchante.

teigneux, euse *adj* et *n* 1. atteint de la teigne 2. FAM. hargneux.

teindre *vt* (conj 55) imbiber d'une substance colorante : *cheveux teints* ; colorer : *teindre en vert* ◆ **se teindre** *vpr* donner à ses cheveux une couleur artificielle.

teint, e *adj* qui a reçu une teinture ◆ *nm* 1. coloris du visage 2. couleur donnée à une étoffe par la teinture et qui ne disparaît pas au lavage • ***bon teint, grand teint*** teinte résistant au lavage et la la lumière.

teinte *nf* 1. couleur nuancée 2. FIG. apparence légère, petite dose : *une teinte d'humour.*

teinter *vt* 1. couvrir d'une teinte 2. donner une légère couleur à 3. FIG. ajouter une nuance à : *indifférence teintée d'ironie.*

teinture *nf* 1. action de teindre 2. liquide propre à teindre 3. couleur que prend la chose teinte 4. alcool chargé des principes actifs d'une substance : *teinture d'iode.*

teinturerie *nf* commerce du teinturier.

teinturier, ère *n* et *adj* personne qui se charge de la teinture ou du nettoyage des vêtements.

tel, telle *adj* 1. pareil, semblable : *de tels hommes* 2. comme cela : *tel est mon avis* • ***tel... tel*** comme... ainsi : *tel père, tel fils* • ***tel que*** 1. qui est exactement comme : *voir les hommes tels qu'ils sont* 2. si grand que : *son pouvoir est tel que tout lui obéit* • ***tel quel*** comme il est, sans changement : *prenez-le tel quel.*

téléachat *nm* achat par téléphone ou par Minitel, d'articles présentés lors d'émissions de télévision.

Télécarte *nf* (nom déposé) carte à mémoire utilisable dans les cabines téléphoniques à cartes.

télécommande *nf* système permettant de commander à distance une manœuvre quelconque.

télécommunication *nf* ensemble des moyens de communication à distance.

télécopieur *nm* appareil transmettant à distance un document graphique.

télédiffuser *vt* diffuser par télévision.

télé-enseignement (*pl télé-enseignements*) *nm* enseignement utilisant la radio et la télévision.

téléfilm *nm* film réalisé pour la télévision.

télégramme *nm* message télégraphique.

télégraphe *nm* appareil qui permet de communiquer par écrit, rapidement, à grande distance.

télégraphique *adj* relatif au télégraphe ; expédié par télégraphe • ***style télégraphique*** réduit à l'essentiel.

téléguider *vt* 1. diriger à distance l'évolution d'un mobile (char, avion, jouet, etc.) 2. FIG. influencer de façon secrète ou lointaine.

télématique *nf* technique qui associe les télécommunications et l'informatique ◆ *adj* relatif à la télématique.

téléobjectif *nm* objectif servant à photographier des objets éloignés.

télépathie *nf* transmission de pensée entre deux personnes éloignées.

téléphérique *nm* moyen de transport par cabine suspendue à des câbles aériens.

téléphone *nm* système de transmission de la parole à distance ; appareil qui permet cette transmission • FAM. *téléphone arabe* information qui se propage de bouche à oreille.

téléphoner *vi* se servir du téléphone ◆ *vt* transmettre par téléphone : *téléphoner une commande.*

télescope *nm* instrument pour observer les astres.

télescoper *vt* heurter violemment, entrer en collision.

télescopique *adj* 1. qu'on ne voit qu'à l'aide du télescope 2. dont les éléments s'emboîtent les uns dans les autres : *pied, fourche télescopique.*

télésiège *nm* téléphérique le long duquel sont répartis des sièges accrochés par des suspentes.

téléski *nm* appareil qui tracte les skieurs en haut d'une piste ; remonte-pente.

téléspectateur, trice *n* personne qui regarde la télévision.

télésurveillance *nf* surveillance à distance par un procédé de télécommunication.

téléviseur *nm* appareil récepteur de télévision.

télévision *nf* 1. transmission à distance de l'image d'un objet 2. ensemble des services assurant la transmission d'émissions télévisées 3. téléviseur.

télex *nm* service télégraphique, permettant d'échanger des messages écrits au moyen de téléimprimeurs.

tellement *adv* beaucoup, très, à tel point : *elle est tellement gentille !* • ***tellement... que*** marque la conséquence : *il a tellement mangé qu'il est tombé malade.*

tellurique ou **tellurien, enne** *adj* qui vient de la terre, du sol : *secousse tellurique.*

téméraire *adj* et *n* d'une hardiesse inconsidérée • ***jugement téméraire*** porté sans preuves suffisantes.

témoignage *nm* 1. action de témoigner : *témoignage décisif* 2. marque, preuve : *témoignage d'affection* • ***faux témoignage*** témoignage mensonger.

témoigner *vt* 1. montrer, faire paraître par ses paroles, ses actions : *témoigner de la joie* 2. être signe de : *geste qui témoigne la surprise* ◆ *vi* porter témoignage : *témoigner en justice* ◆ *vt ind* [de] servir de preuve à : *témoigner de sa sincérité.*

témoin *nm* 1. personne qui a vu ou entendu quelque chose et peut le certifier : *être le témoin d'un accident* 2. personne qui dépose en justice : *témoin à charge, à décharge* 3. personne qui atteste l'exactitude d'un acte, d'une déclaration : *les témoins d'un mariage* 4. œuvre ou artiste qui atteste de son époque 5. SPORTS bâton que les coureurs se passent dans une course de relais • ***prendre quelqu'un à témoin*** lui demander l'appui de son témoignage ◆ *adj* qui sert de modèle, de repère : *appartement témoin.*

tempe *nf* partie latérale du crâne.

tempérament *nm* ensemble des dispositions physiques d'un individu qui détermineraient son caractère : *tempérament robuste, violent* • ***avoir du tempérament*** avoir une forte personnalité • ***vente à tempérament*** payable par versements échelonnés.

tempérance *nf* modération, sobriété dans l'usage des aliments et des boissons.

température *nf* 1. degré de chaleur ou de froid dans un lieu ou dans l'atmosphère 2. degré de chaleur d'un lieu, d'une substance, d'un corps : *la température d'un four* 3. fièvre : *avoir de la température.*

tempéré, e *adj* de température moyenne : *climat tempéré.*

tempérer *vt* (conj 10) modérer, atténuer l'excès de quelque chose : *tempérer son enthousiasme.*

tempête *nf* 1. perturbation atmosphérique violente ; ouragan 2. FIG. explosion violente : *tempête d'injures.*

temple *nm* 1. édifice antique consacré au culte d'une divinité 2. édifice du culte protestant.

tempo [tɛ̃po] ou [tɛmpo] *nm* 1. MUS vitesse d'exécution d'une œuvre 2. rythme de déroulement d'une action quelconque.

temporaire *adj* qui ne dure qu'un temps ; provisoire : *emploi temporaire.*

temporel, elle *adj* 1. qui a lieu dans le temps (par oppos. à *éternel*) 2. qui concerne les choses matérielles : *biens temporels* (par oppos. à *spirituel*) 3. GRAMM qui indique le temps : *subordonnée temporelle.*

temporiser *vi* retarder, différer dans l'attente d'un moment plus propice.

temps *nm* 1. durée dans laquelle se succèdent les événements, les jours, les nuits, etc. : *le temps passe vite* 2. durée mesurable : *combien de temps reste-t-il ?* 3. moment, période considérés par rapport à quelque chose de particulier : *en temps de paix, de guerre* 4. moment propice, occasion : *chaque chose en son temps* 5. période propre à telle ou telle chose : *le temps des vacances* 6. état de l'atmosphère : *il fait beau temps* 7. MUS division de la mesure : *mesure à deux temps* 8. GRAMM forme verbale exprimant la localisation dans le temps • ***à temps*** au moment voulu • ***avec le temps*** peu à peu • ***de temps en temps*** quelquefois • ***de tout temps*** toujours • ***en même temps*** simultanément • ***tout le temps*** toujours, continuellement.

tenable *adj* (surtout en tournure négative) 1. où l'on peut tenir, résister : *la situation n'est plus tenable* 2. à qui on peut imposer une discipline : *les enfants ne sont pas tenables.*

tenace *adj* 1. qui adhère fortement : *colle tenace* 2. FIG. difficile à détruire, à extirper : *préjugé tenace* 3. très attaché à ses idées, à ses projets ; opiniâtre.

ténacité *nf* caractère tenace.

tenaille *nf* ou **tenailles** *nf pl* pince pour tenir ou arracher quelque chose.

tenailler *vt* faire souffrir : *faim qui tenaille* ; causer une vive douleur physique ou morale : *être tenaillé par le remords.*

tenant *nm* 1. celui qui soutient une opinion, une institution : *tenants du syndicalisme traditionnel* 2. sportif qui détient un titre, un record • ***connaître les tenants et les aboutissants d'une affaire*** en connaître toutes les circonstances, tous les détails • ***d'un seul tenant*** d'un seul morceau : *propriété d'un seul tenant* • ***tenant du titre*** sportif, joueur en équipe qui détient un titre.

tenant, e *adj* • ***séance tenante*** sur-le-champ, immédiatement.

tendance *nf* 1. force qui pousse quelqu'un à, vers : *avoir tendance à exagérer* 2. évolution, orientation de quelque chose : *tendances de l'art moderne* • ***procès de tendance*** fait contre quelqu'un en raison des idées qu'on lui prête.

tendancieux, euse *adj* qui marque une tendance, une intention cachée, un parti pris : *opinion tendancieuse.*

tendeur *nm* courroie élastique servant à maintenir quelque chose en place.

tendon *nm* extrémité d'un muscle • ***tendon d'Achille*** tendon du talon.

tendre *adj* 1. qui n'est pas dur : *bois tendre ; viande tendre* 2. qui manifeste de l'affection, de l'attachement : *paroles tendres* 3. clair, délicat : *couleur tendre* ◆ *adj* et *n* affectueux, facile à émouvoir : *mère tendre ; un grand tendre* • ***ne pas être tendre pour quelqu'un*** être sévère.

tendre *vt* (conj 50) 1. tirer et tenir quelque chose en état d'allongement : *tendre un arc, une corde* 2. disposer en étendant : *tendre une tapisserie* 3. avancer, porter en avant : *tendre la main* • ***tendre un piège*** 1. le disposer pour prendre du gibier 2. FIG. chercher à tromper ◆ *vt ind* [à, vers] se diriger vers, avoir pour but : *tendre à la perfection.*

tendresse *nf* sentiment tendre d'amitié, d'amour.

ténèbres *nf pl* 1. obscurité profonde 2. FIG. ignorance, incertitude.

ténébreux, euse *adj* 1. plongé dans les ténèbres, sombre, noir 2. FIG. difficile à comprendre : *affaire ténébreuse* ◆ *adj* et *n* • ***beau ténébreux*** bel homme à l'expression sombre et romantique.

teneur *nf* 1. texte littéral d'un acte, d'un écrit : *la teneur d'un traité* 2. ce qu'un mélange contient d'un corps déterminé : *teneur en eau.*

ténia ou **tænia** *nm* ver parasite de l'intestin des mammifères.

tenir *vt* (conj 22) 1. avoir avec soi, garder à la main, près de soi : *tenir un enfant dans ses bras ; tenir son chapeau à la main* 2. faire rester près de soi, retenir : *tenir des coupables* 3. garder, maintenir dans un certain état : *tenir une porte ouverte* 4. avoir la charge d'une fonction, d'une profession : *tenir un rôle ; tenir un hôtel* 5. diriger, maîtriser : *tenir une classe* 6. observer fidèlement, respecter : *tenir sa parole, une promesse* 7. considérer comme : *tenir pour vrai* 8. avoir reçu ou obtenu de quelqu'un : *de qui tenez-vous cette information ?* • ***tenir compte de*** prendre en considération • ***tenir conseil*** délibérer • ***tenir des propos*** parler • ***tenir en haleine*** ne pas dire tout de suite, faire durer une attente • ***tenir sa langue*** se taire • ***tenir son rang*** l'occuper avec dignité • ***tenir tête*** affronter, résister ◆ *vi* 1. être fixé, attaché à : *branche qui tient à l'arbre* 2. être contenu dans un certain espace : *on tient à huit à cette table* 3. demeurer, subsister, durer : *couple qui n'a pas tenu* • ***tenir bon*** résister ◆ *vt ind* [à, de] 1. FIG. être attaché à quelqu'un ou à quelque chose : *tenir à ses enfants* 2. désirer, vouloir : *il tient à venir* 3. avoir pour cause : *cela tient à plusieurs raisons* 4. ressembler à : *enfant qui tient de son père* ◆ **se tenir** *vpr* 1. demeurer dans un certain état, dans une certaine attitude : *se tenir prêt* 2. être unis l'un à l'autre : *se tenir par la main* 3. s'appuyer sur : *se tenir à une branche* 4. avoir lieu : *marché qui se tient le jeudi* • ***s'en tenir à quelque chose*** 1. ne rien faire de plus 2. s'en tenir à l'essentiel.

tennis [tenis] *nm* 1. sport qui consiste, pour deux ou quatre joueurs, munis de raquettes, à envoyer une balle par-dessus un filet dans les limites du court ; le terrain où l'on joue : *tennis couvert* 2. chaussure de toile à semelle de caoutchouc • ***tennis de table*** ping-pong.

ténor *nm* 1. voix d'homme la plus élevée ; chanteur qui la possède 2. FAM. personne qui tient un rôle de premier plan : *les ténors de la politique.*

tension *nf* 1. action de tendre ; état de ce qui est tendu : *tension d'un muscle* 2. différence de potentiel électrique entre deux points d'un circuit 3. situation tendue entre deux personnes, deux groupes • FAM. ***avoir, faire de la tension*** de l'hypertension • ***tension artérielle*** pression du sang sur les parois des artères • ***tension d'esprit*** préoccupation, forte concentration.

tentacule *nm* appendice mobile de divers animaux dont les mollusques, les acténées, etc. sont pourvus, et qui leur sert d'organe du toucher ou de la préhension.

tentation *nf* 1. attrait vers une chose défendue 2. tout ce qui porte à faire quelque chose.

tentative *nf* 1. action par laquelle on essaie de réussir quelque chose 2. commencement d'exécution d'un crime ou d'un délit.

tente *nf* abri portatif, le plus souvent en toile serrée, que l'on dresse en plein air.

tenter *vt* 1. entreprendre, chercher à faire réussir : *tenter une démarche* 2. essayer sans être certain de réussir : *tenter un sauvetage* 3. séduire, attirer : *ce fruit me tente* ◆ *vt ind* [**de**] essayer, s'efforcer de : *tenter de battre un record.*

tenture *nf* tapisserie, papier peint, etc., qui tapisse les murs d'une habitation.

ténu, e *adj* mince, de très faible épaisseur.

tenue *nf* 1. action ou manière de tenir, de diriger : *tenue d'une maison* 2. fait de se réunir, de siéger : *tenue d'un congrès* 3. attitude du corps, maintien 4. manière de se vêtir : *en tenue de soirée* ; habillement propre à une profession, à une activité, à une circonstance : *tenue de sport* 5. manière de se conduire : *manquer de tenue.*

tequila [tekila] *nf* alcool d'agave, fabriqué au Mexique.

ter [tɛr] *adv* 1. désigne le troisième élément d'une suite portant le même numéro 2. indique qu'on doit dire, jouer, chanter un passage trois fois.

térébenthine *nf* • ***essence de térébenthine*** utilisée pour la fabrication des vernis, de la peinture à l'huile.

Tergal *nm* (nom déposé) fil ou fibre synthétique de polyester.

tergiverser *vi* user de détours, hésiter pour retarder une décision.

terme *nm* 1. limite fixée dans le temps : *délai qui parvient à son terme* 2. date, époque où l'on paie la location d'un lieu d'habitation 3. prix de cette location : *payer son terme* • ***à court terme, à long terme*** sur une période brève, longue • ***à terme*** à une certaine date, au bout d'un certain temps.

terme *nm* 1. mot, expression : *terme précis ; terme technique* 2. MATH quantité qui compose un rapport, une proportion 3. GRAMM élément d'une proposition ◆ **termes** *pl* manière de dire quelque chose : *s'exprimer en termes clairs* • ***aux termes de*** selon ce qui est stipulé • ***en bons, en mauvais termes*** en entretenant de bonnes, de mauvaises relations • ***en d'autres termes*** autrement dit.

terminaison *nf* élément final d'un mot.

terminal, e, aux *adj* 1. qui marque la fin de quelque chose : *phase terminale* 2. BOT qui occupe l'extrémité : *bourgeon terminal* ◆ *nm* 1. gare, aérogare urbaine servant de point de départ et d'arrivée des passagers 2. INFORM appareil permettant l'accès à distance à un système informatique.

terminale *nf* classe où on prépare le baccalauréat.

terminer *vt* 1. achever, finir quelque chose qui a été commencé : *terminer son travail* 2. constituer la fin de quelque chose : *glace qui termine un repas* ◆ **se terminer** *vpr* arriver à sa fin ; finir de telle ou telle façon.

terminologie *nf* ensemble des termes techniques propres à une technique, à une science, etc.

terminus [-nys] *nm* dernière station d'une ligne de transports en commun.

termite *nm* insecte vivant en société, surtout dans les régions chaudes, et qui ronge le bois.

ternaire *adj* composé de trois éléments : *nombre ternaire.*

terne *adj* 1. qui manque d'éclat : *couleurs ternes* 2. FIG. dépourvu d'intérêt, monotone : *style terne.*

ternir *vt* 1. rendre terne, ôter ou diminuer l'éclat, la couleur : *le soleil a terni les rideaux* 2. rendre moins pur, salir : *ternir sa réputation.*

terrain *nm* 1. modelé, relief de la surface terrestre : *terrain plat* 2. sol considéré du point de vue de sa nature : *terrain calcaire* 3. surface du sol du point de vue de son utilisation : *terrain militaire ; terrain de sport* 4. FIG. domaine, sujet, matière d'une discussion : *terrain d'entente* • ***céder du terrain*** 1. reculer 2. FIG. faire des concessions • ***gagner du terrain*** avancer, prendre l'avantage • ***homme de terrain*** personne en contact direct avec les gens, les circonstances • ***sonder le terrain*** essayer de deviner l'état d'esprit de quelqu'un, d'un groupe.

terrasse *nf* 1. levée de terre horizontale maintenue par un mur : *cultures en terrasses* 2. plate-forme aménagée à un étage ou sur le toit d'une maison 3. prolongement d'un café, d'un restaurant, etc., sur une partie du trottoir 4. espace plat aménagé au pied d'un immeuble, d'une construction.

terrassement *nm* 1. action de creuser et de transporter des terres 2. masse de terre ainsi transportée.

terrasser *vt* 1. jeter à terre : *terrasser un adversaire* 2. FIG. vaincre 3. FIG. abattre physiquement ou moralement : *terrassé par la fièvre.*

terre *nf* 1. (avec une majuscule en ce sens) planète habitée par l'homme 2. partie solide de la surface terrestre (par opposition à la *mer*) 3. ensemble des hommes, de l'humanité 4. couche superficielle du globe, qui produit les végétaux : *les fruits de la terre* 5. terrain cultivé ; domaine rural : *acheter une terre* 6. LITT. pays, région, contrée : *terre natale* • ***être sur terre*** exister • ***mettre, porter en terre*** enterrer • ***remuer ciel et terre*** se donner beaucoup de mal • *terre à terre* prosaïque : *esprit terre à terre* • *terre ferme* continent.

terreau *nm* terre végétale mêlée de produits de décomposition.

terre-plein (*pl terre-pleins*) *nm* amas de terres rapportées formant une surface unie.

terrer (se) *vpr* se cacher, se dissimuler afin de se mettre à l'abri.

terrestre *adj* 1. qui appartient à notre planète : *globe terrestre* 2. qui vit sur la partie solide du globe : *animaux terrestres* 3. FIG. qui concerne la vie matérielle : *plaisirs terrestres.*

terreur *nf* 1. épouvante, frayeur 2. personne ou chose qui inspire ce sentiment.

terreux, euse *adj* 1. de la nature de la terre : *matière terreuse* 2. sali de terre : *mains terreuses* 3. pâle, grisâtre : *visage terreux.*

terrible *adj* 1. qui inspire la terreur : *un terrible accident* 2. d'une grande violence, d'une grande intensité : *coup terrible* 3. FAM. porté au plus haut point ; extraordinaire : *un terrible bavard* 4. FAM. remarquable, formidable.

terrien, enne *adj* et *n* qui habite la Terre ◆ *adj* qui possède des terres : *propriétaire terrien.*

terrier *nm* 1. trou dans la terre, où s'abritent certains animaux 2. chien propre à chasser les animaux qui habitent des terriers.

terrifier *vt* frapper de terreur.

terril [teril] ou **terri** *nm* entassement des déblais extraits d'une mine.

terrine *nf* récipient de terre ou de porcelaine pour la cuisson des pâtés, des viandes, etc. ; préparation froide de viande, de poisson, de légumes moulés dans ce récipient.

territoire *nm* 1. étendue de terre appartenant à un État ou sur laquelle s'exerce une autorité : *territoire national* 2. ZOOL zone occupée par un animal et défendue contre l'accès d'autres individus de même espèce.

territorial, e, aux *adj* qui concerne le territoire.

terroir *nm* 1. terre considérée par rapport aux produits agricoles : *terroir fertile* 2. province, campagne (par oppos. à la *ville*) : *mots du terroir.*

terroriser *vt* frapper de terreur.

terrorisme *nm* emploi de la violence à des fins politiques.

tertiaire *adj* et *nm* • GÉOL *ère tertiaire* ère géologique précédant l'ère quaternaire, marquée par le plissement alpin et la diversification des mammifères • *secteur tertiaire* partie de la population active employée dans les services (banques, assurances, hôtellerie, etc.).

tertio [tɛrsjo] *adv* troisièmement.

tertre *nm* petite éminence de terrain.

tes *adj. poss* → ton.

tesson *nm* débris d'un objet en verre ou en poterie.

test [tɛst] *nm* 1. épreuve permettant soit de mesurer les aptitudes d'un sujet, soit d'explorer sa personnalité 2. épreuve en général : *ceci sera un test de sa bonne volonté.*

testament *nm* 1. acte par lequel on déclare ses dernières volontés 2. dernière œuvre, message ultime d'un écrivain, d'un artiste, d'une personnalité quelconque : *testament littéraire.*

tester *vi* DR faire son testament.

tester *vt* soumettre à un test.

testicule *nm* glande génitale mâle.

tétanie *nf* état pathologique caractérisé par des crises de contractions musculaires spasmodiques.

tétaniser *vt* provoquer des contractions musculaires.

tétanos [-nos] *nm* maladie infectieuse grave, caractérisée par la rigidité des muscles.

têtard *nm* larve de la grenouille, du crapaud.

tête *nf* 1. extrémité supérieure du corps de l'homme ; partie antérieure du corps de l'animal 2. boîte crânienne : *avoir mal à la tête* 3. visage : *une tête connue* 4. FIG. esprit, ensemble des facultés mentales : *perdre la tête* 5. unité, par personne ou par animal : *payer tant par tête* 6. personne ou ensemble de personnes qui dirigent, commandent 7. partie supérieure de quelque chose : *tête d'un arbre* 8. partie terminale la plus grosse de quelque chose : *tête d'épingle* 9. partie qui se présente la première ; commencement : *tête de train, de chapitre* • *coup de tête* action soudaine et spontanée • *de tête* de mémoire • *en avoir par-dessus la tête* être excédé • *monter à la tête* ou *tourner la tête* troubler l'esprit • *se mettre en tête de* décider, projeter de • *tenir tête à quelqu'un* lui résister • *tête baissée* sans réfléchir.

tête-à-queue *nm inv* pivotement brusque d'un véhicule sur lui-même.

tête-à-tête *nm inv* entretien particulier de deux personnes ◆ *loc. adv* • *en tête-à-tête* seul à seul.

tête-bêche *loc adv* dans la position de deux personnes ou deux choses placées à côté l'une de l'autre mais en sens inverse.

tétée *nf* 1. action de téter 2. quantité de lait qu'un nouveau-né tète en une fois 3. repas de l'enfant qui tète.

téter *vt* (conj 10) sucer le lait au sein, au biberon ou à la mamelle.

tétine *nf* 1. mamelle d'un mammifère 2. embouchure en caoutchouc percée de trous que l'on adapte au biberon pour faire téter les enfants.

tétraèdre *nm* solide dont la surface est formée de quatre triangles.

tétralogie *nf* ensemble de quatre œuvres littéraires ou musicales.

têtu, e *n* et *adj* qui a un attachement excessif à ses décisions, à ses opinions ; obstiné.

texte *nm* 1. ensemble des termes d'un écrit, d'une œuvre 2. œuvre ou document authentique qui constitue la source d'une culture, d'une discipline 3. œuvre ou fragment d'œuvre : *textes de la Renaissance* 4. partie de la page écrite, dactylographiée ou imprimée • *dans le texte* dans la langue d'origine.

textile *adj* qui se rapporte à la fabrication des tissus : *industrie textile* ◆ *nm* 1. matière textile 2. industrie textile.

textuel, elle *adj* conforme au texte.

texture *nf* 1. mode d'entrecroisement des fils de tissage 2. FIG. disposition des parties d'un corps, d'un ouvrage.

T.G.V. *nm* (sigle) train à grande vitesse.

thalassothérapie *nf* traitement médical par les bains de mer.

thé *nm* feuilles torréfiées du théier ; infusion que l'on en fait.

théâtral, e, aux *adj* 1. relatif au théâtre 2. qui vise à l'effet ; emphatique : *attitude théâtrale.*

théâtre *nm* 1. lieu destiné à la représentation d'un spectacle : *bâtir un nouveau théâtre* 2. représentation théâtrale : *aimer le théâtre* 3. art dramatique 4. profession du comédien ou du metteur en scène : *se destiner au théâtre* 5. ensemble des pièces d'un pays, d'un auteur, d'une époque : *le théâtre de Racine* 6. FIG. lieu où se déroulent un ou plusieurs événements : *le théâtre de la guerre* • *coup de théâtre* événement inattendu.

théier *nm* arbrisseau originaire de la Chine méridionale et cultivé dans toute l'Asie du Sud-Est pour ses feuilles, qui donnent le thé.

théière *nf* récipient pour faire infuser du thé.

théine *nf* principal alcaloïde de la feuille de thé.

thématique *adj* par thème, par sujet : *cartographie thématique.*

thématique *nf* ensemble des thèmes développés par un écrivain, une œuvre, etc.

thème *nm* 1. sujet, matière d'un discours, d'une œuvre, etc. 2. exercice de traduction de la langue maternelle dans la langue étrangère (par oppos. à *version*).

théocratie *nf* société où l'autorité est exercée par les ministres de la religion.

théologie *nf* 1. science de la religion, des choses divines 2. doctrine religieuse.

théorème *nm* proposition qui peut être démontrée logiquement.

théoricien, enne *n* 1. qui connaît la théorie d'un art, d'une science, etc. 2. qui formule ou professe une théorie.

théorie *nf* 1. connaissance purement spéculative, abstraite (par oppos. à la *pratique*) 2. ensemble de lois, de règles propres à un domaine : *théorie quantique* 3. ensemble d'opinions touchant un domaine particulier : *bâtir une théorie* • *en théorie* en spéculant de façon abstraite.

thérapeute *n* 1. médecin 2. psychothérapeute.

thérapeutique *adj* relatif au traitement des maladies ◆ *nf* art de traiter telle ou telle maladie.

thérapie *nf* traitement d'une maladie, en particulier d'une maladie mentale.

thermal, e, aux *adj* se dit des eaux minérales chaudes, de la station, de l'établissement où elles sont exploitées.

thermalisme *nm* exploitation et utilisation des eaux thermales.

thermes *nm pl* 1. ANTIQ bains publics 2. établissement thermal.

thermique *adj* relatif à la chaleur : *variations thermiques* • *centrale thermique* usine de production d'énergie électrique, à partir de l'énergie thermique de combustion.

thermomètre *nm* instrument pour mesurer la température.

Thermos [-mos] *nf* (nom déposé) bouteille isolante permettant de conserver un liquide à sa température.

thermostat *nm* appareil servant à maintenir la température constante.

thésauriser *vi* amasser de l'argent, le mettre de côté.

thèse *nf* 1. opinion, proposition que l'on avance et que l'on soutient 2. ensemble de travaux dans une université en vue du doctorat • *pièce, roman à thèse* destinés à démontrer la vérité d'une théorie.

thon *nm* poisson marin de très grande taille comestible, migrant en Méditerranée et dans l'Atlantique.

thoracique *adj* du thorax.

thorax *nm* cavité des vertébrés contenant les organes de la respiration.

thriller [srilœr] *nm* film ou roman policier à suspense.

thrombose *nf* MÉD formation de caillots dans un vaisseau sanguin.

thym [tɛ̃] *nm* plante vivace à très petites feuilles odoriférantes, utilisée comme aromate.

thyroïde *nf* glande endocrine située en avant du larynx.

tiare *nf* mitre à trois couronnes que porte le pape.

tibia *nm* 1. os long situé dans la partie interne de la jambe 2. partie antérieure de la jambe.

tic *nm* 1. contraction convulsive de certains muscles 2. FIG. habitude fâcheuse ou ridicule par sa fréquence.

ticket *nm* billet donnant droit à l'admission dans un transport en commun, une salle de spectacle, etc.
tic-tac *nm inv* bruit occasionné par un mouvement réglé : *le tic-tac d'une pendule.*
tie-break [tajbrɛk] (*pl tie-breaks*) *nm* jeu décisif servant à départager deux joueurs à égalité, au tennis.
tiède *adj* 1. entre le chaud et le froid : *un bain tiède* 2. FIG. qui manque d'ardeur, de ferveur : *des relations tièdes* ◆ *adv* • *boire tiède* prendre des boissons tièdes.
tiédeur *nf* 1. état de ce qui est tiède 2. FIG. manque d'ardeur, de ferveur : *la tiédeur des sentiments.*
tiédir *vi* devenir tiède ◆ *vt* rendre tiède.
tien, enne *adj. poss* SOUT. qui est à toi : *cette qualité est la tiene* ◆ *pron. poss* • *le tien, la tienne, les tiens, les tiennes* qui est à toi : *j'ai mes problèmes et tu as les tiens* • *à la tienne !* à ta santé ! ◆ **tiens** *nm pl* • *les tiens* tes parents.
tiercé *nm* pari dans lequel il faut prévoir les trois premiers chevaux dans une course.
tiers, tierce *adj* qui vient en troisième lieu : *tierce personne* • *Tiers état* partie de la nation française qui, sous l'Ancien Régime, n'appartenait ni à la noblesse ni au clergé ◆ *nm* 1. chaque partie d'un tout divisé en trois parties : *le tiers d'une pomme* 2. troisième personne : *ne pas se disputer devant des tiers.*
tiers-monde (*pl tiers-mondes*) *nm* ensemble des pays économiquement peu développés ou en développement.
tige *nf* 1. partie du végétal qui s'élève de la terre et sert de support aux branches 2. partie de la botte qui enveloppe la jambe 3. partie mince et allongée de quelque chose : *la tige d'une plume.*
tignasse *nf* FAM. chevelure abondante et mal peignée.
tigre, tigresse *n* grand quadrupède carnassier du genre chat au pelage rayé, vivant dans l'Asie du Sud-Est • *jaloux comme un tigre* extrêmement jaloux.
tigré, e *adj* moucheté, rayé comme la peau du tigre : *cheval, chat tigré.*
tilde [tild] *nm* accent en forme d'*s* couché, qui se trouve sur la lettre *n* de l'alphabet espagnol, notant un son équivalant à *n* mouillé [ɲ] en français (EX : *les cañons du Colorado*).
tilleul *nm* arbre fournissant un bois blanc, et dont les fleurs odorantes donnent une infusion calmante.
tilt *nm* • FAM. *faire tilt* avoir une idée, la compréhension soudaine de quelque chose.
timbale *nf* 1. gobelet cylindrique en métal 2. moule de cuisine haut et rond ; préparation culinaire cuite dans ce moule 3. MUS tambour hémisphérique • *décrocher la timbale* remporter un prix, réussir.
timbre *nm* 1. cloche ou clochette métallique que frappe un marteau ; son que rend une cloche de ce genre 2. qualité du son de la voix ou d'un instrument.
timbre *nm* 1. cachet officiel sur le papier destiné aux actes publics, judiciaires, etc. 2. marque d'une administration, d'une maison de commerce ; instrument servant à apposer ces marques : *un timbre en caoutchouc* 3. timbre-poste.
timbré, e *adj* • *papier timbré* marqué d'un timbre officiel et obligatoire pour la rédaction de certains actes.
timbre-poste (*pl timbres-poste*) *nm* vignette qu'on colle sur les lettres pour les affranchir.
timbrer *vt* affranchir avec un timbre : *timbrer du papier.*
timide *adj* 1. qui manque d'assurance : *enfant timide* 2. qui manque d'énergie, de hardiesse : *réponse timide.*
timidité *nf* caractère timide.
timoré, e *adj* et *n* qui n'ose rien entreprendre ; craintif, pusillanime.
tintamarre *nm* grand bruit discordant ; vacarme.
tinter *vt* faire sonner lentement une cloche par coups espacés ◆ *vi* 1. résonner lentement 2. produire des sons aigus.
tintinnabuler *vi* produire le son d'un grelot.
tintouin *nm* FAM. 1. embarras, souci 2. vacarme.
tique *nf* insecte parasite du chien, du bœuf, etc.
tiquer *vi* FAM. avoir l'attention arrêtée par quelque chose qui surprend, déplaît.
tir *nm* 1. action ou manière de lancer, au moyen d'un instrument, d'une arme, un projectile vers un but 2. endroit où l'on s'exerce à tirer.
tirade *nf* 1. morceau écrit ou parlé développant une même idée 2. au théâtre, long monologue ininterrompu.
tirage *nm* 1. ensemble des exemplaires d'un ouvrage, d'un journal, imprimés en une fois 2. exemplaire positif d'un cliché photographique 3. reproduction définitive d'une gravure 4. action de tirer une loterie 5. action d'émettre une traite 6. différence de pression à l'entrée et à la sortie d'une installation où circulent des gaz de combustion.
tiraillement *nm* 1. contraction douloureuse, spasmodique 2. FIG. déchirement moral.
tirailler *vt* 1. tirer à diverses reprises 2. FIG. solliciter avec insistance 3. entraîner dans des sens différents : *être tiraillé entre le devoir et l'intérêt* ◆ *vi* tirer avec une arme à feu, souvent et sans ordre.
tirant *nm* 1. lanière fixée à la tige d'une botte et servant à la mettre 2. partie d'une

chaussure où passent les lacets • MAR *tirant d'eau* distance verticale dont un bateau s'enfonce dans l'eau.

tire *nf* • *vol à la tire* qui consiste à tirer des poches les objets qu'on dérobe.

tire-au-flanc *nm inv* FAM. personne qui s'arrange pour se soustraire au travail, aux corvées.

tire-bouchon (*pl tire-bouchons*) *nm* vis métallique servant à tirer les bouchons des bouteilles • *en tire-bouchon* en spirale.

tire-d'aile (à) *loc adv* à coups d'ailes rapides : *fuir à tire-d'aile.*

tire-larigot (à) *loc adv* FAM. en grande quantité : *dépenser à tire-larigot.*

tirelire *nf* récipient muni d'une fente par laquelle on introduit l'argent qu'on veut économiser.

tirer *vt* 1. amener vers soi, entraîner derrière soi : *tirer une valise ; tirer quelqu'un par la manche* 2. faire sortir : *tirer son mouchoir de sa poche ; tirer la langue* 3. obtenir un avantage : *tirer un bénéfice* 4. déduire logiquement : *tirer une conclusion* 5. prendre au hasard dans un ensemble : *tirer un numéro au sort* 6. imprimer : *tirer une estampe* 7. réaliser une épreuve photographique : *tirer un négatif* 8. tracer : *tirer un trait* 9. lancer un projectile : *tirer une flèche* • *tirer au clair* éclaircir • *tirer son origine de* être issu de • *tirer parti de* utiliser ◆ *vi* 1. exercer une traction : *tirer sur une corde* 2. avoir du tirage, en parlant d'un conduit : *cheminée qui tire mal* 3. avoir une ressemblance avec : *rouge qui tire sur le brun* 4. être imprimé à tant d'exemplaires : *journal qui tire beaucoup* • *tirer à conséquence* avoir des conséquences, des suites • *tirer à sa fin* en approcher • *tirer en longueur* se prolonger ◆ **se tirer** *vpr* FAM. s'en aller, s'enfuir • *se tirer de* ou *s'en tirer* sortir heureusement d'une maladie, d'une difficulté.

tiret *nm* petit trait horizontal dans un texte.

tirette *nf* 1. tablette mobile prolongeant latéralement un meuble 2. dispositif de commande d'un appareil, d'un mécanisme.

tireur, euse *n* 1. personne qui tire avec une arme à feu 2. personne qui émet un chèque • *tireur, tireuse de cartes* qui prétend annoncer l'avenir d'après les cartes à jouer.

tiroir *nm* petite caisse emboîtée dans un meuble et qui se tire à volonté • *pièce, roman à tiroirs* formés d'épisodes sans lien entre eux.

tiroir-caisse (*pl tiroirs-caisses*) *nm* tiroir contenant la caisse d'un commerçant.

tisane *nf* infusion ou décoction de plantes dans de l'eau.

tison *nm* reste d'un morceau de bois brûlé.

tisonnier *nm* tige de fer pour remuer les tisons, attiser le feu.

tisser *vt* 1. entrelacer des fils pour faire une étoffe : *tisser le lin, la soie* 2. construire, confectionner en réseau : *araignée qui tisse sa toile.*

tisserand *nm* artisan qui tisse à la main ou sur machine.

tissu *nm* 1. étoffe de fils entrelacés : *un tissu imperméable* 2. manière dont sont assemblés les fils d'une étoffe : *un tissu serré* 3. ANAT combinaison définie d'éléments anatomiques : *tissu osseux* 4. FIG. ensemble enchevêtré de choses : *tissu de contradictions* 5. ensemble d'éléments constituant un tout homogène : *le tissu social.*

titane *nm* métal qui se rapproche du silicium et de l'étain (symb : Ti).

titanesque *adj* qui surpasse la mesure de l'homme ; gigantesque : *construction titanesque.*

titiller *vt* 1. chatouiller légèrement 2. FIG. exciter agréablement ou énerver.

titre *nm* 1. inscription en tête d'un livre, d'un chapitre, pour en indiquer le contenu 2. dans un journal, texte en gros caractères annonçant le contenu d'un article 3. subdivision d'une loi 4. qualification honorifique : *le titre de champion* 5. qualification exprimant une relation sociale, une fonction : *le titre de père* 6. acte authentique établissant un droit : *titre de propriété, de rente* 7. richesse d'un alliage, d'un minerai, d'un sel, en un métal ou en un corps déterminé • *à juste titre* avec raison • *à titre de* en qualité de • *en titre* comme titulaire • *titre d'une solution* rapport de la masse du corps dissous à la masse de la solution.

titrer *vt* 1. donner un titre 2. déterminer le titre d'une solution ◆ *vi* avoir tant de degrés, en parlant d'une solution, d'un alcool.

tituber *vi* marcher d'un pas hésitant ; vaciller, chanceler.

titulaire *adj* et *n* 1. qui possède un emploi en vertu d'un titre 2. qui a le droit de posséder : *titulaire d'une carte d'invalidité.*

titulariser *vt* rendre titulaire d'un emploi.

toast [tost] *nm* 1. invitation à boire à la santé de quelqu'un, au succès d'une entreprise : *porter un toast* 2. tranche de pain grillée : *un toast beurré.*

toboggan *nm* 1. piste glissante, utilisée comme jeu 2. dispositif pour acheminer les marchandises d'un étage à un autre.

toc *nm* FAM. imitation d'un métal précieux, d'un objet de valeur : *bijou en toc.*

tocsin *nm* bruit d'une cloche qui tinte à coups pressés et redoublés, pour donner l'alarme.

toge *nf* 1. manteau ample et long des anciens Romains 2. robe de magistrat, d'avocat, de professeur.

tohu-bohu *nm inv* confusion, désordre.

toi *pron. pers* ▸ tu.

toile *nf* 1. tissu de lin, de chanvre ou de coton : *draps de toile* 2. tissu de fils d'une matière quelconque : *toile métallique* 3. tissu tendu sur lequel on peint ; tableau • *toile d'araignée* ensemble de fils constitués par la soie que sécrètent les araignées • *toile de fond* 1. rideau sur lequel sont représentés les derniers plans d'un décor de théâtre 2. FIG. contexte, cadre sur lequel se détachent un ou plusieurs événements.

toilette *nf* 1. ensemble des soins de propreté du corps : *faire sa toilette* 2. ensemble des vêtements et des accessoires utilisés par une femme : *changer de toilette* 3. action de nettoyer quelque chose ◆ **toilettes** *pl* cabinets d'aisances, lavabos.

toiletter *vt* entretenir le pelage d'un animal domestique.

toise *nf* instrument pour mesurer la taille humaine.

toiser *vt* 1. mesurer à la toise 2. FIG. regarder avec dédain, avec bravade.

toison *nf* 1. poil, laine d'un animal : *toison d'un mouton* 2. FAM. chevelure très abondante.

toit *nm* 1. couverture d'un bâtiment : *toit de tuiles* 2. FIG. lieu où l'on habite : *le toit paternel* 3. paroi supérieure d'un véhicule.

toiture *nf* ensemble des pièces qui constituent le toit d'un bâtiment.

tôle *nf* fer ou acier laminé, en feuilles.

tolérance *nf* 1. respect de la liberté d'autrui, de ses opinions, de sa façon de vivre, etc. 2. écart admis par rapport à une norme 3. capacité de l'organisme à supporter une substance donnée • VX. *maison de tolérance* de prostitution.

tolérant, e *adj* qui fait preuve de tolérance ; indulgent.

tolérer *vt* (conj 10) 1. supporter avec indulgence 2. permettre tacitement.

tollé *nm* clameur générale d'indignation, de protestation.

tomate *nf* plante herbacée potagère dont on consomme le fruit, rouge et charnu.

tombe *nf* fosse, recouverte ou non d'une dalle, où l'on enterre un mort • FIG. *avoir un pied dans la tombe* être près de mourir • *être muet comme une tombe* rester totalement silencieux • *se retourner dans sa tombe* se dit d'un mort qu'on imagine bouleversé par ce qui vient d'être dit ou fait.

tombeau *nm* monument élevé sur une tombe • *à tombeau ouvert* à toute allure, à une vitesse propre à provoquer un accident mortel.

tombée *nf* • *à la tombée de la nuit* ou *à la tombée du jour* au moment où la nuit arrive ; au crépuscule.

tomber *vi* (auxil : être) 1. perdre l'équilibre, être entraîné au sol par son poids : *tomber à la renverse ; tomber de cheval ; livre qui tombe* 2. descendre vers le sol : *la pluie tombe* 3. être, rester pendant : *cheveux qui tombent sur le nez* 4. se détacher de l'organe qui porte en parlant de cheveux, de feuilles, etc. : *dents qui tombent* 5. perdre de son intensité, cesser : *enthousiasme qui tombe* 6. perdre le pouvoir, être renversé : *faire tomber le gouvernement* 7. périr, être tué : *tomber au champ d'honneur* 8. devenir : *tomber malade* 9. arriver, survenir : *fête qui tombe un jeudi* 10. être précipité vers, dans : *tomber dans un piège, dans le ridicule* • FIG., FAM. *laisser tomber quelqu'un, quelque chose* ne plus s'en occuper, ne plus s'y intéresser • FIG., FAM. *tomber à l'eau* échouer : *le projet est tombé à l'eau* • *tomber d'accord* s'accorder sur • *tomber dans l'erreur* se tromper • *tomber en ruine* s'écrouler • FIG., FAM. *tomber sur* rencontrer ◆ *vt* 1. • FAM. *tomber une femme* la séduire 2. • FAM. *tomber la veste* la retirer.

tombereau *nm* camion ou charrette à caisse basculante ; son contenu.

tombola *nf* loterie où chaque gagnant reçoit un lot en nature.

tome *nm* division d'un livre correspondant généralement à la division en volumes : *un ouvrage en trois tomes.*

tomme *nf* fromage de Savoie.

ton, ta, tes *adj. poss* désigne un possesseur de la 2e personne du singulier : *ton histoire.*

ton *nm* 1. degré de hauteur de la voix ou du son d'un instrument : *ton grave* 2. inflexion de la voix : *ton humble* 3. caractère du style : *ton noble, soutenu* 4. façon de s'exprimer, de se présenter 5. MUS gamme dans laquelle un air est composé 6. PEINT degré d'éclat des teintes • *de bon ton* en accord avec les bonnes manières, avec le bon goût • *donner le ton* régler la mode, les usages • *être, n'être pas dans le ton* s'accorder, ne pas s'accorder avec le milieu, le groupe où l'on est.

tonalité *nf* 1. qualité d'un morceau musical écrit dans un ton déterminé 2. qualité d'un récepteur radioélectrique qui restitue avec autant de fidélité les tons graves que les tons aigus 3. son que produit un téléphone qu'on décroche 4. ensemble des teintes, des nuances d'un tableau.

tondaison *nf* ▸ tonte.

tondeuse *nf* instrument servant à tondre les cheveux, le poil, à faucher le gazon, etc.

tondre *vt* (conj 51) 1. couper de près les cheveux, le poil, le gazon, etc. 2. FIG. dépouiller de son argent, exploiter.

tonicité *nf* propriété tonique, fortifiante.

tonifier *vt* donner de la vigueur à, avoir un effet tonique.

tonique *adj* 1. qui fortifie ou stimule l'activité de l'organisme 2. FIG. qui stimule l'énergie, le moral : *lecture tonique* 3. qui reçoit l'accent : *syllabe tonique* • *accent tonique* accent d'intensité ◆ *nm* médicament tonique.

tonitruant, e *adj* bruyant comme le tonnerre : *voix tonitruante.*

tonnage *nm* capacité de transport d'un navire, d'un camion.

tonne *nf* 1. grand tonneau ; son contenu 2. unité de mesure de masse équivalant à 1 000 kg • FAM. *des tonnes de* beaucoup de : *des tonnes de paperasses.*

tonneau *nm* 1. récipient de bois formé de douves assemblées, serrées par des cercles, et fermé par deux fonds plats ; son contenu 2. unité de capacité de transport d'un navire, valant 2,83 m^3 3. culbute accidentelle, tour complet d'une voiture sur son axe longitudinal 4. figure de voltige aérienne • FAM. *du même tonneau* de la même valeur, du même acabit.

tonnelle *nf* treillage sur lequel on fait grimper de la vigne, des plantes, et qui sert d'abri.

tonner *v. impers* faire du bruit, en parlant du tonnerre ◆ *vi* 1. produire un bruit semblable à celui du tonnerre : *le canon tonne* 2. FIG. parler avec véhémence contre quelqu'un ou contre quelque chose : *tonner contre les abus.*

tonnerre *nm* 1. bruit accompagnant une décharge électrique (entre nuages ou avec le sol), dont l'éclair est la manifestation lumineuse 2. bruit assourdissant de quelque chose : *un tonnerre d'applaudissements* • *coup de tonnerre* bruit de la foudre • FAM. *c'est du tonnerre* c'est merveilleux, formidable.

tonsure *nf* petit cercle rasé au sommet de la tête des ecclésiastiques.

tonte ou **tondaison** *nf* 1. action de tondre la laine des moutons 2. laine que l'on tond 3. époque de la tonte 4. action de tondre les haies, les gazons, etc.

tonus [tɔnys] *nm* énergie, dynamisme.

topaze *nf* pierre fine jaune, transparente.

toper *vi* se taper mutuellement dans la main en signe d'accord : *tope là !*

topinambour *nm* plante cultivée pour ses tubercules comestibles.

top model (*pl top models*) ou **top modèle** (*pl top modèles*) *nm* mannequin de haute couture de renommée internationale.

topographie *nf* description et représentation graphique d'un terrain avec son relief.

toponymie *nf* étude de l'origine des noms de lieux.

toque *nf* coiffure cylindrique, sans bords ou à très petits bords.

toqué, e *adj* et *n* FAM. un peu fou.

torche *nf* flambeau grossier de résine, de cire, etc. • *torche électrique* lampe de poche cylindrique, de forte puissance.

torcher *vt* FAM. 1. essuyer pour nettoyer 2. exécuter à la hâte et mal.

torchon *nm* 1. serviette de toile pour essuyer 2. FAM. texte, devoir mal présenté 3. FAM. journal méprisable • FIG. *coup de torchon* épuration radicale, coup de balai.

tordant, e *adj* FAM. drôle, amusant.

tordre *vt* (conj 52) 1. tourner en sens contraire un corps par ses deux extrémités : *tordre du linge* 2. tourner violemment : *tordre le bras* • *tordre le cou* étrangler ◆ **se tordre** *vpr* contourner son corps avec effort • FAM. *se tordre de rire* rire convulsivement.

tordu, e *adj* 1. de travers 2. FAM. extravagant, bizarre : *avoir l'esprit tordu.*

torero [tɔrero] *nm* celui qui combat les taureaux dans l'arène.

tornade *nf* coup de vent très violent.

torpeur *nf* 1. engourdissement profond 2. FIG. arrêt de l'activité mentale : *tirer un homme de sa torpeur* 3. ralentissement général des activités.

torpille *nf* 1. poisson plat possédant un organe électrique qui lui permet d'engourdir ses victimes 2. engin de guerre pouvant provoquer une explosion sous-marine 3. bombe d'avion à ailettes.

torpiller *vt* 1. attaquer, atteindre au moyen de torpilles 2. FIG. faire échouer quelque chose.

torréfier *vt* griller : *torréfier du café.*

torrent *nm* violent cours d'eau de montagne • *il pleut à torrents* la pluie tombe très fort • FIG. *un torrent de* un grand écoulement de : *un torrent de larmes.*

torrentiel, elle *adj* 1. du torrent 2. qui tombe à torrents : *pluie torrentielle.*

torride *adj* excessivement chaud : *climat torride.*

torsade *nf* 1. frange tordue en spirale, employée en passementerie 2. motif décoratif imitant un câble, un cordon tordu.

torse *nm* 1. partie du corps comprenant les épaules et la poitrine jusqu'à la taille : *être torse nu* 2. sculpture représentant un tronc humain sans tête ni membres.

torsion *nf* action ou manière de tordre ; déformation produite en tordant.

tort *nm* 1. ce qui est contraire au droit, à la justice, à la raison 2. préjudice, dommage • *à tort* injustement • *à tort et à travers* sans discernement • *à tort ou à raison* avec ou sans raison • *avoir tort* 1. soutenir une chose fausse 2. faire ce qu'on ne devrait pas faire • *faire du tort à quelqu'un* lui nuire.

torticolis *nm* douleur du cou qui empêche tout mouvement de la tête.

tortiller *vt* tordre à plusieurs tours ◆ *vi* FAM. chercher des détours, des subterfuges ; hésiter : *il n'y a pas à tortiller* • *tortiller des hanches* balancer les hanches en marchant ◆ **se tortiller** *vpr* se tourner sur soi-même de différentes façons.

tortionnaire *n* personne qui torture quelqu'un pour lui arracher des aveux ou par sadisme.

tortue *nf* reptile renfermé dans une carapace osseuse • FIG. *à pas de tortue* lentement.

tortueux, euse *adj* 1. qui fait de nombreux détours 2. FIG. qui est compliqué : *esprit tortueux.*

torture *nf* 1. sévices que l'on fait subir à quelqu'un 2. souffrance physique ou morale extrême • *se mettre l'esprit à la torture* faire de grands efforts pour trouver ou se rappeler quelque chose.

torturer *vt* 1. faire subir la torture 2. faire souffrir physiquement 3. FIG. tourmenter vivement.

tôt *adv* avant un moment qui sert de point de repère : *se lever tôt* • *tôt ou tard* un jour ou l'autre.

total, e, aux *adj* complet, entier ◆ *nm* 1. assemblage de plusieurs parties formant un tout 2. somme obtenue par addition • *au total* tout considéré.

totaliser *vt* 1. faire le total de 2. arriver à un total de.

totalitaire *adj* • *régime, État totalitaire* où tous les pouvoirs sont aux mains d'un parti unique et où l'opposition est interdite.

totalité *nf* tout, total • *en totalité* complètement.

totem [tɔtɛm] *nm* 1. animal ou végétal considéré comme l'ancêtre et le protecteur d'un clan à l'intérieur d'une tribu 2. représentation de cet animal, de ce végétal.

touareg, ègue ou **targui, e** *adj* et *n* qui appartient à un peuple nomade du Sahara.

touche *nf* 1. chacune des pièces constituant le clavier d'un piano, d'un orgue, etc. 2. FIG. manière de peindre, d'écrire : *une touche délicate* 3. élément personnel, note particulière : *touche de fantaisie* 4. FAM. allure de quelqu'un : *avoir une drôle de touche* 5. action du poisson qui mord : *avoir une touche* 6. limite latérale d'un terrain de football, de rugby • FAM. *être sur la touche* être tenu à l'écart d'une activité, d'une entreprise.

touche-à-tout *n inv* FAM. personne qui touche à tout, qui se mêle de tout ou qui se disperse en toutes sortes d'activités.

toucher *vt* 1. entrer en contact avec : *toucher des fruits* 2. recevoir, percevoir : *toucher de l'argent* 3. atteindre : *toucher un but, un adversaire* 4. concerner : *cela ne me touche en rien* 5. émouvoir : *ses larmes m'ont touché* ◆ *vt ind* [à] 1. porter la main sur : *défense de toucher au tableau* 2. modifier : *toucher à une loi* 3. être proche de, contigu : *maison qui touche à l'église* 4. être sur le point d'atteindre : *toucher au port* 5. aborder un sujet : *toucher à un point crucial.*

toucher *nm* sens par lequel on connaît la forme et l'état extérieur des corps.

touffe *nf* bouquet, assemblage de fils, de brins, etc. : *touffe d'herbe, de cheveux.*

touffu, e *adj* 1. épais, serré : *bois touffu* 2. FIG. enchevêtré, surchargé : *roman trop touffu.*

touiller *vt* FAM. remuer, agiter, mélanger : *touiller la salade.*

toujours *adv* 1. sans cesse, sans fin 2. en tout temps 3. encore à présent : *je l'aime toujours malgré ses défauts* • *toujours est-il que* néanmoins, cependant.

toupet *nm* petite touffe de poils, de crins et surtout de cheveux • FAM. *avoir du toupet* avoir de l'audace, de l'effronterie.

toupie *nf* 1. jouet d'enfant, formé d'une masse ronde munie d'une pointe, sur laquelle elle pivote 2. machine pour le travail du bois.

tour *nf* 1. bâtiment élevé, de forme ronde ou carrée 2. construction en hauteur, immeuble élevé 3. pièce du jeu d'échecs en forme de tour crénelée • *tour d'ivoire* isolement.

tour *nm* 1. mouvement d'un corps qui tourne sur lui-même : *tour de manivelle* 2. mouvement plus ou moins circulaire autour de quelqu'un ou de quelque chose : *faire le tour de la ville* 3. contour, limite, circonférence : *tour de poitrine* 4. rang, ordre : *parler à son tour* 5. exercice exigeant de l'adresse, de l'habileté : *tour de passe-passe* 6. manière de présenter une idée : *tour original* 7. MÉCAN machine-outil servant à façonner une pièce montée sur un arbre animé d'un mouvement de rotation • *à tour de bras* de toute la force du bras • *en un tour de main* en un instant • *tour de chant* programme de chansons présentées par un chanteur sur scène • *tour de reins* lumbago • *tour à tour* l'un après l'autre ; alternativement.

tourbe *nf* charbon de qualité médiocre.

tourbillon *nm* 1. vent impétueux qui souffle en tournoyant 2. masse d'eau qui tournoie rapidement 3. masse quelconque qui tournoie : *tourbillon de poussière* 4. FIG. mouvement rapide de personnes ou de choses.

tourbillonner *vi* 1. former des tourbillons 2. tournoyer rapidement.

tourelle *nf* 1. petite tour 2. abri blindé d'une pièce d'artillerie, d'un engin blindé.

tourisme *nm* 1. action de voyager pour son agrément 2. ensemble des activités, des techniques mises en œuvre pour les voyages et les séjours d'agrément • *de tourisme* à usage privé et non collectif : *avion de tourisme.*

touriste *n* personne qui voyage pour son agrément • *classe touriste* classe à tarif normal, en avion, en bateau.

touristique *adj* 1. relatif au tourisme : *guide touristique* 2. qui attire les touristes : *ville touristique.*

tourment *nm* violente douleur physique ou morale.

tourmente *nf* 1. tempête violente 2. FIG. troubles violents : *tourmente politique.*

tourmenter *vt* 1. causer une souffrance physique ou morale : *son procès le tourmente* 2. importuner, préoccuper fortement ◆ **se tourmenter** *vpr* se faire beaucoup de souci.

tournage *nm* 1. action d'usiner au tour 2. CIN action de filmer : *tournage d'un film.*

tournant, e *adj* 1. qui tourne, qui pivote 2. qui fait des détours ◆ *nm* 1. coude d'un chemin, d'une rivière, etc. 2. FIG. moment où les événements prennent une tournure différente : *un tournant de cette histoire* • FAM. *avoir, rattraper, attendre quelqu'un au tournant* se venger dès que l'occasion se présente.

tourné, e *adj* 1. fait d'une certaine façon : *phrase bien tournée* 2. aigri, altéré : *vin, lait tourné.*

tournebroche *nm* mécanisme faisant tourner une broche à rôtir.

tourne-disque (*pl tourne-disques*) *nm* appareil qui sert à écouter des disques SYN. *électrophone.*

tournedos *nm* filet de bœuf accommodé en tranches.

tournée *nf* 1. voyage à itinéraire déterminé et à caractère professionnel : *tournée théâtrale* 2. FAM. ensemble des boissons offertes par un consommateur à d'autres, dans un café 3. FAM., VIEILLI. volée de coups.

tourner *vt* 1. imprimer un mouvement de rotation : *tourner une roue, une broche* 2. changer de position, de direction : *tourner la tête* 3. faire changer de position, mettre dans un autre sens : *tourner une lampe* 4. orienter, diriger : *tourner les yeux vers quelqu'un* 5. éluder, se soustraire à : *tourner une difficulté* 6. interpréter : *tourner un projet en bien, en mal* 7. présenter, exprimer d'une certaine façon : *tourner un compliment* 8. TECHN façonner au tour 9. CIN réaliser le tournage d'un film • *tourner bride* revenir sur ses pas (cavalier) • *tourner casaque* changer de parti, d'avis • *tourner en ridicule* ridiculiser • *tourner le dos à* 1. s'éloigner de 2. FIG. traiter avec mépris • *tourner la tête* faire perdre la raison • *tourner les talons* s'en aller ◆ *vi* 1. se mouvoir, se déplacer circulairement : *manège qui tourne* 2. s'altérer, devenir aigre : *lait qui tourne* 3. participer au tournage d'un film 4. avoir pour centre d'intérêt : *problème qui tourne autour de deux questions* 5. évoluer de telle ou telle façon : *tourner au ridicule* 6. finir, s'achever : *affaire qui tourne mal* • *tourner court* finir brusquement.

tournesol *nm* plante dont la fleur jaune se tourne vers le soleil et dont les graines fournissent une huile comestible.

tournevis [-vis] *nm* outil pour visser ou dévisser des vis.

tourniquet *nm* 1. appareil pivotant à l'entrée d'une voie ou d'un bâtiment qui ne laisse passer qu'une personne à la fois 2. dispositif d'arrosage pivotant en son centre 3. présentoir rotatif.

tournis *nm* • *avoir, donner le tournis* le vertige.

tournoi *nm* 1. compétition sportive : *tournoi de tennis* 2. compétition amicale, sans attribution d'un titre : *tournoi de bridge* 3. HIST au Moyen Âge, fête où les chevaliers combattaient à cheval.

tournoyer *vi* (conj 3) tourner sur soi, décrire des cercles ; tourbillonner.

tournure *nf* 1. aspect, allure que présente quelqu'un, quelque chose : *prendre bonne, mauvaise tournure* 2. agencement des mots dans une phrase : *tournure incorrecte* • *tournure d'esprit* manière de voir les choses, de les présenter.

tour-opérateur (*pl tour-opérateurs*) *nm* personne qui commercialise des voyages à forfait SYN. *voyagiste.*

tourte *nf* tarte salée, garnie de viande, de poisson ou de légumes.

tourteau *nm* gros crabe commun sur les côtes de l'Océan.

tourterelle *nf* oiseau voisin du pigeon, mais plus petit.

tourtière *nf* ustensile pour faire cuire des tourtes ou des tartes.

Toussaint *nf* fête de tous les saints, le 1er novembre.

tousser *vi* 1. avoir un accès de toux 2. FAM. évoquer le bruit d'une toux : *moteur qui tousse.*

tout [tu] devant une consonne ou [tut] devant une voyelle ou un *h* muet, **toute**, **tous** [tu] ou [tuz] devant une voyelle, **toutes** *adj* 1. chaque, n'importe quel : *tout homme est sujet à l'erreur ; toute peine mérite salaire* 2. complet, sans réserve : *en toute simplicité ; c'est tout le contraire* 3. seul, unique : *toute la difficulté ; pour toute réponse* 4. entier : *toute la nuit* ◆ *pron. indéf* (au pluriel, se prononce [tus]) 1. toute chose ou chaque chose : *il sait tout faire* 2. tout le monde : *ils sont tous venus* • *après tout* en fin de compte • *à tout prendre* en somme • *en tout et pour tout* uniquement ◆ *nm* 1. la totalité, l'ensemble : *livres qui forment un tout* 2. l'essentiel, le principal : *le tout est de partir* • *changer du tout au tout* complètement • *jouer le tout pour le tout* risquer totalement • *pas du tout* nullement • *plus du tout* absolument plus, plus aucun • *rien du tout* absolument rien ◆ *adv* très, beaucoup : *il est tout content ; tout là-bas* • *tout à fait* entièrement • *tout de même* néanmoins.

tout-à-l'égout *nm inv* système de vidange envoyant directement à l'égout les eaux usées.

toutefois *adv* néanmoins.

toute-puissance (*pl toutes-puissances*) *nf* puissance absolue.

toux *nf* expiration brusque et sonore de l'air contenu dans les poumons.

toxicomanie *nf* habitude d'absorber des substances susceptibles d'engendrer un état de dépendance psychique ou physique.

toxine *nf* substance toxique élaborée par un organisme vivant.

toxique *adj* et *nm* se dit d'une substance nocive pour les organes vivants.

trac *nm* FAM. peur que l'on éprouve au moment de paraître en public, de subir une épreuve.

tracas *nm* souci causé surtout par des choses d'ordre matériel.

tracasser *vt* causer du souci, inquiéter.

trace *nf* 1. empreinte du passage de quelqu'un, d'un animal, d'un véhicule 2. cicatrice, marque qui reste d'une chose 3. FIG. impression dans l'esprit, la mémoire • ***à la trace*** en suivant les traces • FIG. ***suivre les traces de quelqu'un*** suivre son exemple.

tracé *nm* 1. représentation des contours d'un dessin, d'un plan 2. ligne suivie, parcours : *tracé d'un chemin de fer.*

tracer *vt* (conj 1) 1. tirer les lignes d'un dessin, d'un plan, etc. 2. indiquer par l'écriture 3. dépeindre, décrire : *tracer un tableau riant* 4. marquer, déterminer la voie à suivre.

trachée [traʃe] ou **trachée-artère** [traʃeartɛr] (*pl trachées-artères*) *nf* canal qui fait communiquer le larynx avec les bronches.

trachéite [trakeit] *nf* inflammation de la trachée-artère.

tract *nm* feuille ou brochure imprimée que l'on distribue à des fins de propagande.

tracter *vt* tirer au moyen d'un véhicule ou d'un dispositif mécanique.

tracteur *nm* véhicule automobile servant à remorquer d'autres véhicules ou à tirer des instruments agricoles.

traction *nf* 1. action de tirer, de mouvoir quand la force est placée en avant de la résistance 2. action d'une force agissant sur un corps suivant son axe et tendant à l'allonger • ***traction avant*** ou ***traction*** automobile dont les roues avant sont motrices.

tradition *nf* 1. transmission de doctrines religieuses ou morales, de légendes, de coutumes par la parole ou par l'exemple 2. manière d'agir ou de penser transmise de génération en génération • ***être de tradition*** habituel.

traditionalisme *nm* attachement aux idées, aux coutumes transmises par la tradition.

traditionnel, elle *adj* fondé sur la tradition : *loi traditionnelle.*

traducteur, trice *n* auteur d'une traduction.

traduction *nf* action de transposer dans une autre langue ; ouvrage traduit.

traduire *vt* (conj 70) 1. faire passer un texte, un discours, etc., d'une langue dans une autre : *traduire du latin en français* 2. exprimer, reproduire, interpréter • ***traduire en justice*** citer, appeler devant un tribunal ◆ **se traduire** *vpr* être exprimé, se manifester : *sa douleur se traduisait par des cris.*

trafic *nm* 1. commerce clandestin, illégal : *faire le trafic des stupéfiants* 2. FAM. ensemble d'activités plus ou moins mystérieuses et compliquées • ***trafic d'influence*** infraction commise par une personne de pouvoir qui se fait rémunérer pour jouer de son influence auprès de l'autorité publique.

trafic *nm* 1. mouvement, fréquence de la circulation des trains, des voitures, etc. : *trafic routier* 2. circulation des marchandises.

trafiquant, e *n* personne qui se livre à un commerce malhonnête.

trafiquer *vi* FAM. se livrer à des opérations commerciales clandestines et illégales ◆ *vt* 1. falsifier, frelater quelque chose 2. FAM. intriguer, comploter.

tragédie *nf* 1. pièce de théâtre représentant une ou des actions de caractère passionnel et à l'issue généralement dramatique : *les tragédies shakespeariennes* 2. FIG. événement funeste, catastrophe.

tragi-comique (*pl tragi-comiques*) *adj* qui tient du tragique et du comique.

tragique *adj* 1. qui appartient à la tragédie 2. FIG. terrible, funeste, sanglant : *fin tragique* ◆ *nm* 1. le genre tragique 2. auteur de tragédies 3. caractère de ce qui est terrible : *le tragique d'une situation.*

trahir *vt* 1. livrer, abandonner quelqu'un ou quelque chose à qui ou à quoi l'on doit fidélité : *trahir son pays* 2. FIG. manquer à : *trahir son serment* 3. révéler : *trahir un secret* 4. ne pas répondre à : *trahir la confiance* 5. ne pas exprimer exactement : *trahir la pensée de quelqu'un.*

trahison *nf* action de trahir.

train *nm* 1. convoi de wagons ou de voitures traînés par une locomotive : *voyager en train ; train express* 2. file de véhicules, d'objets traînés ou avançant ensemble : *train de péniches* 3. ensemble d'organes mécaniques, d'objets qui fonctionnent ensemble : *train d'atterrissage* 4. enchaînement de choses diverses ; série : *train de mesures fiscales* 5. partie antérieure ou postérieure d'un quadrupède 6. allure, vitesse d'une personne, d'un animal, d'un véhicule : *aller bon train* • ***être en train*** en forme • ***être en train de*** occupé à • ***mettre quelque chose en train*** commencer à le faire • ***train de vie*** manière de vivre d'une personne par rapport aux revenus, aux ressources dont elle dispose.

traîne *nf* partie d'un vêtement qui traîne à terre • FAM. *à la traîne* 1. à l'abandon, en désordre 2. en retard.

traîneau *nm* véhicule muni de patins, que l'on fait glisser sur la glace et la neige.

traînée *nf* longue trace laissée dans l'espace ou sur une surface par une chose en mouvement : *la traînée lumineuse d'une comète* • *se répandre comme une traînée de poudre* très rapidement.

traîner *vt* 1. tirer derrière soi : *traîner un filet* 2. déplacer péniblement : *traîner les pieds* 3. supporter une chose pénible qui dure : *traîner une grippe* • *traîner en longueur* 1. différer la conclusion de 2. tarder à finir • *traîner dans la boue* diffamer ◆ *vi* 1. pendre jusqu'à terre : *manteau qui traîne* 2. perdre du temps, s'attarder 3. durer trop longtemps : *procès qui traîne* 4. ne pas être en ordre : *tout traîne dans cette maison* ◆ **se traîner** *vpr* 1. ramper à terre 2. marcher avec difficulté.

train-train ou **traintrain** *nm inv* FAM. répétition monotone des actes de la vie quotidienne.

traire *vt* (conj 79) tirer le lait des mamelles : *traire une vache.*

trait *nm* 1. ligne tracée sur une surface quelconque : *trait de plume* 2. manière d'exprimer, de décrire : *peindre une scène en traits précis* 3. LITT. propos blessant, raillerie : *trait satirique* 4. élément caractéristique de quelqu'un, de quelque chose : *traits communs de deux personnes* 5. action révélatrice : *trait de génie* • *à grands traits* sans se préoccuper des détails • *animal, bête de trait* propre à tirer une charge • *avoir trait à* se rapporter à • *d'un trait* ou *d'un seul trait* en une fois • *tirer un trait sur* renoncer à • *trait pour trait* avec une parfaite ressemblance ◆ **traits** *pl* lignes caractéristiques du visage : *avoir les traits fins* • *sous les traits de* sous l'aspect de.

traitant, e *adj* qui traite, soigne : *shampooing traitant* • *médecin traitant* qui soigne habituellement un malade.

traite *nf* 1. action de traire 2. lettre de change : *payer, accepter une traite* 3. trafic, commerce de personnes : *traite des Noirs* • *d'une seule traite* ou *tout d'une traite* sans s'arrêter.

traité *nm* 1. ouvrage relatif à une matière particulière : *traité de chimie* 2. convention écrite entre deux ou plusieurs États.

traitement *nm* 1. manière d'agir, de se comporter envers quelqu'un 2. moyens employés pour prévenir ou guérir une maladie : *suivre un traitement* 3. opérations que l'on fait subir à des matières neuves 4. rémunération d'un fonctionnaire.

traiter *vt* 1. agir bien ou mal envers quelqu'un : *bien traiter un prisonnier* 2. recevoir, accueillir à sa table : *il nous a traités splendidement* 3. exposer : *traiter une question* 4. conclure, négocier : *traiter un marché* 5. soigner : *traiter un malade* 6. exécuter, représenter : *peintre qui traite un sujet* 7. faire subir un traitement : *traiter un minerai* ◆ *vt ind* [de] écrire sur, discourir : *traiter de la paix.*

traiteur *nm* commerçant qui prépare des plats cuisinés sur commande ou les porte à domicile.

traître, esse *adj* et *n* qui trahit : *homme traître à sa patrie* ◆ *adj* qui trompe ; dangereux, sournois : *ce vin est traître* • *ne pas dire un traître mot* ne rien dire du tout.

trajectoire *nf* ligne que décrit un projectile lancé par une arme.

trajet *nm* 1. distance à parcourir 2. action de parcourir cette distance 3. temps mis à la parcourir.

trame *nf* 1. ensemble des fils passés dans le sens de la largeur entre les fils de la chaîne pour constituer le tissu 2. support transparent intercalé entre l'original et la couche sensible, en photogravure 3. ensemble des lignes horizontales qui constituent l'image de télévision 4. FIG. fond sur lequel se détachent des événements.

tramer *vt* 1. entrelacer les fils de la trame avec ceux de la chaîne 2. produire une image avec une trame 3. FIG. comploter : *tramer une conspiration* ◆ **se tramer** *vpr* être ourdi, en parlant d'une conspiration.

trampoline *nm* grande toile tendue sur des ressorts et sur laquelle on saute ; sport ainsi pratiqué.

tramway [tramwɛ] (*pl tramways*) *nm* chemin de fer urbain à traction électrique.

tranchant *nm* côté affilé d'un instrument coupant • *à double tranchant* qui peut avoir deux effets opposés : *argument à double tranchant.*

tranchant, e *adj* 1. qui coupe : *couteau tranchant* 2. qui décide de façon péremptoire, impérieuse : *ton tranchant* • *couleurs tranchantes* contrastées, fort vives.

tranche *nf* 1. morceau coupé mince : *tranche de jambon* 2. surface unie que présente l'épaisseur des feuillets d'un livre broché ou relié : *doré sur tranches* 3. BOUCH partie moyenne de la cuisse du bœuf 4. ensemble de chiffres consécutifs dans un nombre 5. chacun des tirages successifs d'une émission financière, des lots d'une loterie 6. ensemble des revenus soumis à un même taux pour le calcul de l'impôt progressif 7. un des éléments constituant une série quelconque : *la première tranche des travaux* 8. subdivision d'un programme de radio ou de télévision.

tranchée *nf* 1. excavation à ciel ouvert, pour poser les fondations d'un mur, planter des arbres, etc. 2. MIL fossé permettant la circulation et le tir à couvert.

trancher *vt* 1. séparer en coupant : *trancher la tête* 2. FIG. décider, résoudre : *tran-*

cher une difficulté ◆ *vi* 1. décider de façon catégorique : *trancher sur tout* 2. FIG. ressortir, former un contraste : *couleurs qui tranchent vivement.*

tranquille *adj* 1. sans agitation : *mer tranquille* 2. sans inquiétude : *avoir l'esprit tranquille.*

tranquillisant, e *adj* qui tranquillise : *nouvelle tranquillisante* ◆ *nm* médicament propre à combattre l'angoisse, l'anxiété.

tranquilliser *vt* rendre tranquille, rassurer.

tranquillité *nf* 1. état de ce qui est sans mouvement, sans agitation 2. état de quelqu'un sans inquiétude.

transaction *nf* 1. accord conclu sur la base de concessions réciproques 2. opération commerciale ou boursière.

transat [trɑ̃zat] *nm* chaise longue pliante recouverte de toile.

transbordeur *nm* et *adj m* appareil, pont servant à transborder • *navire transbordeur* ou *transbordeur* ferry-boat.

transcendant, e *adj* 1. qui excelle en son genre, supérieur 2. PHILOS hors de portée de l'action ou de la connaissance.

transcender *vt* dépasser un certain niveau de connaissance.

transcription *nf* 1. action de transcrire un écrit, une œuvre musicale ; état de ce qui est transcrit 2. copie officielle de certains actes ou de certains jugements relatifs à l'état des personnes.

transcrire *vt* (conj 71) 1. reproduire exactement ou avec des caractères d'écriture différents 2. adapter une œuvre musicale pour un autre instrument que l'instrument d'origine.

transe *nf* FAM. • *être, entrer en transe* être très excité ◆ **transes** *pl* • *être dans les transes* vivement inquiet, angoissé.

transept [trɑ̃sɛpt] *nm* galerie transversale qui, dans une église catholique, sépare le chœur de la nef et forme les bras de la croix.

transférer *vt* (conj 10) 1. faire passer d'un lieu dans un autre 2. transmettre légalement une propriété, des capitaux, etc.

transfert *nm* action de transférer.

transfigurer *vt* 1. changer l'aspect, la nature de 2. donner au visage un éclat inaccoutumé.

transformateur, trice *adj* qui transforme ◆ *nm* ÉLECTR appareil qui transforme un courant alternatif en un autre courant alternatif, de tension différente, mais de même fréquence (abréviation : *transfo*).

transformer *vt* 1. donner à une personne ou à une chose une autre forme que celle qu'elle avait précédemment 2. améliorer le caractère, la santé de quelqu'un ◆ **se transformer** *vpr* 1. se métamorphoser 2. changer de forme, d'aspect, de caractère.

transfuge *nm* militaire qui déserte et passe à l'ennemi ◆ *n* personne qui change de parti.

transfusion *nf* opération par laquelle on fait passer du sang des veines d'un individu dans celles d'un autre.

transgresser *vt* enfreindre, violer : *transgresser la loi.*

transhumance *nf* migration estivale des troupeaux vers les pâturages de montagne.

transi, e *adj* saisi, engourdi par le froid.

transiger *vi* (conj 2) faire des concessions réciproques ◆ *vt ind* [sur, avec] abandonner une partie de sa rigueur : *ne pas transiger sur la politesse* • *transiger avec sa conscience* manquer à ce qu'exigerait strictement la conscience.

transistor *nm* 1. dispositif à semi-conducteur, remplaçant un tube électronique 2. récepteur de radio portatif équipé de transistors.

transit [trɑ̃zit] *nm* action de passer par un lieu sans y séjourner : *voyageurs en transit.*

transiter *vt* passer en transit ◆ *vi* être en transit.

transitif, ive *adj* et *nm* GRAMM se dit d'un verbe qui admet un complément d'objet direct (*transitif direct*) ou indirect (*transitif indirect*).

transition *nf* 1. degré, stade intermédiaire : *passer sans transition du rire aux larmes* 2. manière de passer d'un raisonnement à un autre 3. passage d'un état à un autre • *de transition* qui constitue un état intermédiaire • *sans transition* brusquement.

transitoire *adj* qui ne dure pas.

translucide *adj* qui laisse passer la lumière, sans permettre toutefois de distinguer nettement l'objet vu à travers.

transmetteur *nm* appareil qui sert à transmettre des signaux télégraphiques.

transmettre *vt* (conj 57) 1. faire parvenir, communiquer ce qu'on a reçu : *transmettre un message* 2. permettre le passage, agir comme intermédiaire : *l'arbre moteur transmet le mouvement aux roues* 3. DR faire passer par mutation ◆ **se transmettre** *vpr* se propager.

transmissible *adj* qui peut être transmis : *maladie transmissible.*

transmission *nf* 1. action de transmettre : *transmission d'un droit* 2. MÉCAN communication du mouvement d'un organe à un autre • *transmission de pensée* télépathie ◆ **transmissions** *nf pl* arme ou service chargés de la mise en œuvre des moyens de liaison à l'intérieur des forces armées.

transparaître *vi* (conj 64) 1. se montrer, apparaître à travers quelque chose 2. FIG. être deviné : *intention qui transparaît.*

transparence *nf* propriété de ce qui est transparent.

transparent, e *adj* 1. se dit d'un corps à travers lequel les objets sont nettement distingués : *le verre est transparent* 2. FIG. se dit de choses qui se laissent aisément comprendre ou deviner : *allusion transparente* ◆ *nm* document sur support transparent, destiné à la projection.

transpercer *vt* (conj 1) 1. percer de part en part 2. passer au travers : *être transpercé par la pluie.*

transpiration *nf* élimination de la sueur par les pores de la peau.

transpirer *vi* 1. exhaler de la sueur 2. FIG. commencer à être divulgué, connu : *secret qui transpire.*

transplanter *vt* 1. planter en un autre endroit 2. installer ailleurs : *transplanter des populations d'un pays dans un autre* 3. BIOL transférer sur un individu un organe entier prélevé sur un autre individu SYN. *greffer.*

transport *nm* action de porter d'un lieu dans un autre : *transport des bagages en avion* • *transport de troupes* bateau réquisitionné par l'armée pour le transport des soldats ◆ **transports** *nm pl* ensemble des moyens d'acheminement des marchandises ou des personnes : *transports en commun.*

transporter *vt* 1. porter d'un lieu dans un autre 2. faire passer d'un milieu, d'un contexte dans un autre : *transporter sur la scène un sujet historique* 3. FIG. mettre hors de soi : *être transporté de colère* ◆ **se transporter** *vpr* 1. se rendre en un lieu 2. se porter par la pensée, par l'imagination.

transporteur, euse *adj* et *n* qui transporte ◆ *nm* personne qui effectue des transports par profession.

transposer *vt* 1. mettre une chose à une place autre que celle qu'elle occupe ou qu'elle doit occuper 2. placer dans un autre décor, une autre époque, etc., un thème littéraire ou artistique 3. MUS écrire ou exécuter un morceau dans un ton différent de celui dans lequel il a été composé.

transvaser *vt* verser un liquide d'un récipient dans un autre.

transversal, e, aux *adj* 1. qui est disposé en travers, qui coupe quelque chose en travers 2. perpendiculairement à l'axe : *coupe transversale.*

transversale *nf* 1. ligne, barre horizontale 2. itinéraire routier ou voie ferrée qui relie directement deux villes, deux régions, sans passer par le centre du réseau.

trapèze *nm* 1. GÉOM quadrilatère dont deux côtés sont parallèles mais de longueur inégale 2. appareil de gymnastique formé de deux cordes verticales réunies en bas par une barre.

trapéziste *n* équilibriste, acrobate qui fait du trapèze.

trappe *nf* 1. porte qui ferme une ouverture horizontale au niveau du plancher 2. piège de chasse disposé au-dessus d'une fosse.

trapu, e *adj* 1. court et large, qui donne une impression de force : *homme trapu* 2. bas et massif, en parlant d'un objet 3. FAM. très fort dans une matière : *être trapu en grec* 4. FAM. ardu, difficile : *problème trapu.*

traquenard *nm* 1. piège pour prendre les animaux nuisibles 2. FIG. piège tendu à quelqu'un.

traquer *vt* 1. rabattre le gibier vers la ligne de tir : *traquer un cerf* 2. poursuivre quelqu'un, le serrer de près, le harceler : *traquer des voleurs, une vedette.*

traumatiser *vt* provoquer un trouble, un choc psychique.

traumatisme *nm* 1. trouble occasionné par une blessure 2. choc psychique.

travail (*pl travaux*) *nm* 1. activité d'un homme ou d'un groupe d'hommes accomplie en vue d'un résultat utile : *travail manuel, intellectuel* 2. œuvre, tâche réalisée ou à réaliser : *achever un travail* 3. activité professionnelle : *chercher du travail* 4. action progressive et continue de quelque chose ; effet de cette action : *travail de l'érosion* 5. étude, publication sur un sujet donné : *travail sur la démographie* 6. manière dont un ouvrage est exécuté : *dentelle d'un travail délicat* ◆ **travaux** *nm pl* 1. ensemble des opérations propres à un domaine déterminé : *travaux agricoles* 2. discussions, débats au sein d'un groupe : *travaux d'une commission* • *travaux publics* construction, réparation, entretien de bâtiments, de routes, etc., effectués pour le compte de l'Administration.

travailler *vi* 1. fournir un travail ; exercer une activité professionnelle : *travailler dans l'imprimerie* 2. agir de manière à produire un effet, un résultat : *le temps travaille pour nous* 3. fonctionner activement : *muscles qui travaillent* 4. produire un revenu : *argent qui travaille* 5. subir un effet qui entraîne certaines modifications : *bois vert qui travaille* ◆ *vt* 1. soumettre à une action, façonner : *travailler le bois* 2. étudier, s'exercer à : *travailler le piano* 3. causer du souci, tourmenter : *ce problème le travaille* 4. faire souffrir : *ses dents travaillent le bébé.*

travailleur, euse *adj* et *n* qui aime le travail, qui travaille de telle ou telle manière : *travailleur acharné* ◆ *n* personne salariée, spécialement dans l'industrie.

travailliste *adj* et *n* du Parti travailliste • *Parti travailliste* parti socialiste britannique.

travée *nf* 1. rangée de bancs ou de tables 2. ARCHIT partie comprise entre deux points d'appui principaux.

travers *nm* petit défaut un peu ridicule • *travers de porc* extrémité des côtes de porc ◆ *loc. prép* et *loc adv* • *à travers* en traversant quelque chose de part en part • *à travers champs* en traversant les champs • *au travers de* 1. en passant d'un bout à l'autre de (peut souvent remplacer *à travers*) 2. par l'intermédiaire de • *de travers* 1. de manière oblique, irrégulièrement 2. de manière fausse, inexacte • *en travers (de)* transversalement • *regarder quelqu'un de travers* le regarder avec antipathie.

traverse *nf* sur une voie de chemin de fer, pièce d'appui posée sur le ballast, perpendiculairement aux rails qu'elle supporte • *chemin de traverse* plus court que la voie normale.

traversée *nf* action de traverser la mer, un pays : *la traversée des Alpes.*

traverser *vt* 1. passer à travers, d'un côté à l'autre : *traverser une forêt* 2. pénétrer de part en part : *la pluie a traversé mes vêtements* 3. être en travers de quelque chose : *des allées traversent le jardin* 4. passer par : *traverser des temps difficiles* 5. se présenter à l'esprit d'une façon inopinée et fugitive : *idée qui traverse l'esprit.*

traversière *adj f* • *flûte traversière* qu'on tient parallèlement au plan du visage.

traversin *nm* oreiller long, qui occupe toute la largeur du lit SYN. *polochon.*

travesti *nm* 1. personne revêtue d'un déguisement 2. personne qui adopte les vêtements, les attitudes de l'autre sexe.

travestir *vt* transformer, rendre méconnaissable : *travestir sa pensée* • *bal travesti* où les danseurs sont déguisés ◆ **se travestir** *vpr* revêtir un déguisement.

trébucher *vi* 1. faire un faux pas, perdre l'équilibre 2. FIG. être arrêté par une difficulté : *trébucher sur un mot.*

trèfle *nm* 1. plante herbacée, dont la feuille est divisée en trois folioles, et dont plusieurs espèces constituent des fourrages 2. une des quatre couleurs du jeu de cartes.

tréfonds *nm* ce qui est au plus profond de quelqu'un ou de quelque chose.

treillage *nm* assemblage de lattes posées parallèlement ou croisées.

treille *nf* ceps de vigne élevés contre un mur ou contre un treillage • *le jus de la treille* le vin.

treillis *nm* 1. ouvrage de métal ou de bois qui imite les mailles d'un filet : *clôture en treillis* 2. vêtement de travail ou d'exercice très résistant.

treize *adj. num. card* 1. douze plus un 2. treizième : *chapitre treize* • *treize à la douzaine* en grande quantité, autant qu'on veut ◆ *nm inv* chiffre, numéro qui représente ce nombre.

treizième *adj. num. ord* et *n* 1. qui occupe un rang marqué par le numéro treize 2. qui se trouve treize fois dans le tout.

trekking *nm* randonnée pédestre en haute montagne.

tréma *nm* double point qu'on met en français sur les voyelles *e, i, u,* pour indiquer qu'on doit prononcer séparément la voyelle qui les précède (EX : *naïf, Noël*).

tremblé, e *adj* 1. qui est ou semble exécuté par une main qui tremble : *écriture tremblée* 2. dont l'intensité varie rapidement et faiblement : *sons tremblés.*

tremblement *nm* 1. agitation continue du corps d'un être vivant : *tremblements de froid* 2. oscillations, mouvements rapides d'un objet • *tremblement de terre* secousse qui ébranle le sol sur une plus ou moins grande étendue SYN. *séisme.*

trembler *vi* 1. être agité de petits mouvements saccadés : *trembler de fièvre* 2. présenter de brusques variations de ton, d'intensité : *voix qui tremble* 3. FIG. avoir peur : *je tremble qu'on ne m'accuse* 4. être ébranlé : *terre qui tremble.*

trembloter *vi* trembler légèrement : *trembloter de froid.*

trémolo *nm* 1. MUS répétition rapide de notes qui donne l'impression d'un tremblement 2. tremblement intentionnel de la voix : *avoir des trémolos dans la voix.*

trémousser (se) *vpr* s'agiter d'un mouvement vif et irrégulier ; gigoter.

trempe *nf* 1. opération industrielle par laquelle on trempe un métal afin de le durcir 2. FIG. caractère, force d'âme : *ils sont de la même trempe* 3. FAM. volée de coups, correction : *recevoir une trempe.*

trempé, e *adj* 1. se dit d'un métal qui a subi l'opération de la trempe 2. mouillé, imbibé par l'eau, par la pluie 3. FIG. qui a de la trempe, de l'énergie : *caractère bien trempé.*

tremper *vt* 1. mouiller en plongeant dans un liquide 2. soumettre un produit métallurgique à la trempe : *tremper l'acier* • FIG. *tremper ses mains dans le sang* commettre un meurtre ◆ *vi* 1. rester plongé dans un liquide : *le linge trempe* 2. FIG. être complice : *tremper dans un crime.*

tremplin *nm* 1. planche inclinée et élastique sur laquelle un sauteur ou un plongeur prend son élan 2. FIG. ce dont on se sert pour arriver à un résultat : *tremplin politique.*

trentaine *nf* 1. nombre de trente ou d'environ trente 2. âge d'à peu près trente ans : *avoir la trentaine.*

trente *adj. num. card* 1. trois fois dix 2. trentième : *les années trente* ◆ *nm inv* chiffre, numéro qui représente ce nombre.

trentième *adj. num. ord* et *n* 1. qui occupe un rang marqué par le numéro trente 2. qui se trouve trente fois dans le tout.

trépidant, e *adj* agité de secousses brusques • *vie trépidante* pleine d'agitation, d'occupations.

trépied *nm* meuble ou support à trois pieds.
trépigner *vi* frapper vivement des pieds contre terre : *enfant qui trépigne.*
très *adv* indique un degré élevé : *il est très riche ; elle se lève très tôt.*
trésor *nm* 1. amas d'or, d'argent, de choses précieuses mises en réserve : *découvrir un trésor* 2. personne ou chose pour laquelle on a un très grand attachement • *le Trésor public* ou *le Trésor* service du ministère des Finances qui a pour rôle d'assurer à l'État les disponibilités financières dont il a besoin • *un, des trésors de* une abondance précieuse de : *dépenser des trésors d'ingéniosité.*
trésorerie *nf* 1. administration du Trésor public 2. ensemble des capitaux liquides d'une entreprise : *demander une avance de trésorerie.*
trésorier, ère *n* personne chargée de détenir, de comptabiliser les finances d'une collectivité • *trésorier-payeur général* fonctionnaire supérieur chargé d'assurer, dans un département, le service public du Trésor.
tressaillir *vi* (conj 23) être agité de brusques secousses : *tressaillir de joie.*
tressauter *vi* sursauter sous l'effet d'une secousse ou d'une vive émotion.
tresse *nf* 1. cheveux entrelacés ; natte 2. entrelacement de brins, de fils, servant de lien ou d'élément décoratif.
tréteau *nm* pièce de bois longue et étroite, portée par quatre pieds, et servant à soutenir une table, une estrade, etc. ◆ **tréteaux** *nm pl* VX. théâtre.
treuil *nm* cylindre horizontal sur lequel s'enroule une corde servant à élever des fardeaux.
trêve *nf* 1. suspension temporaire d'hostilités : *conclure une trêve* 2. FIG. relâche, répit : *travailler sans trêve* • *trêve de* assez de : *trêve de plaisanteries.*
tri *nm* action de trier des lettres, des documents, etc. • *bureau de tri* où s'effectue le tri postal.
trial (*pl trials*) *nm* sport motocycliste sur tous terrains.
triangle *nm* 1. polygone à trois côtés 2. instrument de musique à percussion formé d'une tige d'acier en forme de triangle.
triangulaire *adj* 1. en forme de triangle : *figure triangulaire* 2. dont la base est un triangle : *pyramide triangulaire* 3. qui intéresse trois personnes, trois groupes ; qui met en jeu trois éléments.
triathlon *nm* compétition regroupant trois épreuves sportives (natation, course à pied, course cycliste sur route).
tribal, e, aux *adj* qui appartient à la tribu.
tribord *nm* côté droit d'un navire, quand on regarde vers l'avant (par oppos. à *bâbord*).
tribu *nf* 1. groupement de familles sous l'autorité d'un même chef 2. FAM. famille nombreuse.
tribulations *nf pl* mésaventures, épreuves.
tribunal *nm* 1. juridiction composée d'un ou de plusieurs magistrats qui rendent des jugements 2. ensemble des magistrats qui composent cette juridiction 3. lieu où les magistrats siègent.
tribune *nf* 1. emplacement généralement élevé, réservé à quelqu'un qui parle en public 2. galerie réservée au public dans une église, une grande salle d'assemblée, etc. 3. espace muni de gradins : *les tribunes d'un champ de courses, d'un stade.*
tributaire *adj* 1. dépendant de : *être tributaire de l'étranger pour le charbon* 2. se dit d'un cours d'eau qui se jette dans un autre ou dans la mer.
tricentenaire *nm* troisième centenaire.
triceps [trisɛps] *nm* et *adj* muscle ayant trois faisceaux à une de ses extrémités.
tricher *vi* 1. ne pas respecter les règles d'un jeu : *tricher aux cartes* 2. ne pas respecter certaines règles, certaines conventions : *tricher aux examens* 3. dissimuler un défaut ◆ *vt ind* [sur] tromper, mentir sur la valeur, la quantité de quelque chose.
tricherie *nf* fait de tricher.
tricolore *adj* de trois couleurs • *le drapeau tricolore* le drapeau français ◆ *adj* et *n* qui porte les couleurs de la France : *équipe tricolore.*
tricot *nm* 1. tissu à mailles tricotées 2. vêtement fait de ce tissu 3. vêtement, généralement en laine, couvrant le haut du corps ; chandail.
tricoter *vt* exécuter un tissu en mailles entrelacées, avec des aiguilles spéciales ou une machine : *tricoter un chandail.*
trictrac *nm* jeu qui se joue avec des dames et des dés, sur un tableau divisé en deux compartiments.
tricycle *nm* vélo d'enfant à trois roues, dont deux à l'arrière.
tridimensionnel, elle *adj* qui comporte trois dimensions.
trièdre *adj* à trois faces.
triennal, e, aux *adj* 1. qui dure trois ans 2. qui revient tous les trois ans.
trier *vt* 1. choisir parmi des personnes, des choses, en éliminant celles qui ne conviennent pas 2. répartir des objets suivant certains critères : *trier des lettres* • *trier sur le volet* choisir après un examen attentif.
trieuse *nf* machine de bureau permettant de classer à grande vitesse des cartes perforées.
trifouiller *vi* FAM. fouiller en tous sens, mettre en désordre.
trigone *adj* à trois angles.
trigonométrie *nf* étude des propriétés des angles et des arcs.

trilingue *adj* et *n* qui parle trois langues ◆ *adj* écrit en trois langues.

trilogie *nf* ensemble de trois œuvres sur un même thème : *« l'Orestie » d'Eschyle est une trilogie.*

trimaran *nm* voilier comportant trois coques parallèles.

trimbaler ou **trimballer** *vt* FAM. traîner, porter partout avec soi ◆ **se trimbaler** ou **se trimballer** *vpr* FAM. se déplacer, aller et venir.

trimer *vi* FAM. travailler dur, peiner.

trimestre *nm* 1. période de trois mois 2. somme payée ou reçue à la fin de cette période.

trimestriel, elle *adj* qui se produit, revient tous les trois mois.

tringle *nf* tige métallique ronde ou plate, destinée à soutenir une draperie, un rideau, etc.

Trinité *nf* dans la religion chrétienne, union de trois personnes distinctes (Père, Fils et Saint-Esprit) ne formant qu'un seul Dieu ; fête chrétienne en l'honneur de ce mystère (on dit aussi : *la Sainte-Trinité*) • FAM. *à Pâques ou à la Trinité* jamais.

trinquer *vi* 1. choquer son verre contre celui d'un autre, avant de boire à sa santé 2. FAM. subir un désagrément, un préjudice.

trio *nm* 1. groupe de trois personnes 2. groupe de trois musiciens 3. morceau de musique pour trois voix.

triomphal, e, aux *adj* 1. qui se fait avec éclat : *accueil triomphal* 2. qui excite l'admiration, l'enthousiasme : *succès triomphal.*

triomphant, e *adj* 1. qui marque la joie, la fierté : *visage triomphant* 2. décisif : *argument triomphant.*

triomphe *nm* victoire éclatante, succès qui déchaîne l'admiration du public • *porter quelqu'un en triomphe* le porter à bras d'hommes, pour lui faire honneur.

triompher *vi* 1. manifester sa joie, sa fierté d'avoir obtenu un succès 2. s'imposer définitivement ◆ *vt ind* [de] 1. remporter un avantage, un succès définitif : *triompher d'un adversaire* 2. FIG. surmonter, maîtriser : *triompher de ses passions.*

tripe *nf* boyau d'un animal de boucherie ◆ **tripes** *nf pl* 1. mets constitué par l'estomac et les entrailles des ruminants, diversement accommodés 2. FAM. ce qu'il y a de plus intime, de plus profond dans quelqu'un : *chanter avec ses tripes.*

triperie *nf* 1. lieu où l'on vend des tripes 2. commerce du tripier.

tripier, ère *n* personne qui vend des tripes, des abats.

triple *adj* 1. constitué de trois éléments : *triple croche* 2. trois fois plus grand qu'un autre 3. FAM. sert à marquer un degré élevé : *au triple galop ; triple idiot* ◆ *nm* quantité trois fois plus grande qu'une autre • *en triple* en trois exemplaires.

tripler *vt* multiplier par trois • *tripler une classe* la suivre pour la troisième fois ◆ *vi* devenir triple.

triplés, ées *n pl* groupe de trois enfants nés d'un même accouchement.

tripoter *vt* FAM. toucher sans cesse : *tripoter ses cheveux* ◆ *vi* FAM. faire des opérations malhonnêtes.

trique *nf* FAM. gros bâton.

trisomie *nf* anomalie congénitale caractérisée par la présence d'un chromosome en surnombre • *trisomie 21* mongolisme.

triste *adj* 1. qui est affligé, qui éprouve du chagrin : *il est triste de la mort de son ami* 2. mélancolique, morose 3. qui évoque le chagrin, la douleur : *air triste* 4. qui afflige ; pénible : *triste nouvelle* 5. obscur, sombre, sans éclat : *couleurs tristes* 6. (avant le n) méprisable : *un triste individu* • *avoir triste mine, triste figure* avoir mauvaise mine • *faire triste mine, triste figure* avoir l'air chagrin, mécontent • *faire triste mine à quelqu'un* lui faire mauvais accueil.

tristement *adv* 1. avec tristesse : *marcher tristement* 2. malheureusement : *criminel tristement célèbre.*

tristesse *nf* 1. état naturel ou accidentel d'une personne qui éprouve du chagrin, de la mélancolie : *sombrer dans la tristesse* 2. caractère d'une chose triste : *la tristesse d'un tableau.*

triturer *vt* 1. broyer, réduire en éléments très menus : *les dents triturent les aliments* 2. manier en tordant dans tous les sens : *triturer son mouchoir* • FAM. *se triturer la cervelle* faire des efforts intellectuels intenses.

trivial, e, aux *adj* 1. vulgaire, grossier : *expression triviale* 2. d'une évidence banale et sans intérêt.

trivialité *nf* 1. caractère de ce qui est trivial 2. pensée ou expression triviale : *dire des trivialités.*

troc *nm* échange direct d'un objet contre un autre.

troène *nm* arbuste à fleurs blanches, odorantes, souvent cultivé en haies.

trognon *nm* cœur d'un fruit ou d'un légume dépouillé de sa partie comestible ◆ *adj* (inv en genre) FAM. mignon, attendrissant.

trois *adj. num. card* 1. deux plus un : *trois hommes* 2. troisième : *chapitre trois* • *règle de trois* règle arithmétique permettant de calculer une valeur proportionnelle ◆ *nm* chiffre, numéro qui représente ce nombre.

troisième *adj. num. ord* et *n* 1. qui occupe un rang marqué par le numéro trois 2. qui est contenu trois fois dans le tout : *la troisième partie de 21 est 7.*

troisième *nf* classe qui termine le premier cycle de l'enseignement secondaire.

trois-quarts *nm inv* 1. manteau court arrivant à mi-cuisses 2. au rugby, joueur de la ligne d'attaque.

trolleybus ou **trolley** *nm* véhicule électrique de transport en commun, monté sur pneus, utilisé dans certaines villes.

trombe *nf* masse nuageuse ou liquide, soulevée en colonne et animée d'un mouvement rapide de rotation • ***en trombe*** de façon brusque et soudaine • ***trombe d'eau*** averse particulièrement brutale.

trombone *nm* petite agrafe servant à réunir des papiers • ***trombone à coulisse*** instrument à vent à embouchure, de la catégorie des cuivres, dont on allonge le corps grâce à une coulisse pour modifier la hauteur des sons • ***trombone à pistons*** trombone dans lequel des pistons remplacent le jeu de la coulisse.

trompe *nf* 1. partie buccale ou nasale allongée de l'éléphant et de certains insectes 2. instrument à vent, ordinairement en cuivre et recourbé • ***trompe d'Eustache*** canal de communication, pour l'air extérieur, entre la bouche et le tympan de l'oreille.

trompe-l'œil *nm inv* 1. peinture qui, à distance, donne l'illusion de la réalité 2. FIG. apparence trompeuse.

tromper *vt* 1. induire en erreur : *tromper un acheteur* 2. être infidèle en amour : *tromper son mari, sa femme* 3. échapper à : *tromper une surveillance* 4. distraire, faire oublier : *tromper la faim* ◆ **se tromper** *vpr* commettre une erreur • ***se tromper de*** prendre une personne ou une chose pour une autre.

trompette *nf* instrument à vent, de la famille des cuivres • FAM. ***nez en trompette*** nez relevé.

tronc *nm* 1. partie d'un arbre depuis la naissance des racines jusqu'à celle des branches 2. corps humain ou animal considéré sans la tête ni les membres 3. boîte pour les aumônes, dans une église • GÉOM ***tronc de pyramide, de cône*** partie d'une pyramide, d'un cône, entre la base et un plan parallèle à la base.

tronçon *nm* 1. partie d'un objet qui a été coupée : *tronçon de bois* 2. portion d'une ligne, d'une voie : *tronçon d'autoroute.*

tronçonner *vt* couper par tronçons : *tronçonner un arbre.*

tronçonneuse *nf* scie électrique pour tronçonner le bois.

trône *nm* siège de cérémonie des rois, des empereurs • ***monter sur le trône*** devenir roi.

trôner *vi* 1. être à une place d'honneur 2. être mis en valeur, attirer les regards : *photo qui trône sur le buffet.*

tronquer *vt* retrancher une partie de : *tronquer un récit.*

trop *adv* plus qu'il ne faudrait : *trop de travail ; trop soucieux* • ***de trop*** excessif • FAM. ***en trop*** en excès • ***par trop*** réellement trop • ***trop peu*** pas assez.

trophée *nm* 1. objet, marque qui témoigne d'un succès, d'une victoire, en particulier dans le domaine sportif 2. partie d'un animal tué à la chasse.

tropical, e, aux *adj* des tropiques : *région tropicale* • ***chaleur tropicale*** très élevée, analogue à celle des tropiques.

tropique *nm* chacun des deux parallèles de la sphère terrestre, de latitude + et -23° 27', limitant les régions du globe dans lesquelles le Soleil passe deux fois par an au zénith • ***tropique du Cancer*** tropique de l'hémisphère Nord • ***tropique du Capricorne*** tropique de l'hémisphère Sud ◆ **tropiques** *nm pl* régions situées entre les tropiques, caractérisées par un climat chaud.

trop-plein (*pl trop-pleins*) *nm* 1. ce qui excède la capacité d'un récipient 2. dispositif d'évacuation de l'excédent : *l'eau s'écoule par le trop-plein* 3. FIG. excès, surabondance.

troquer *vt* échanger.

trot *nm* allure du cheval et de certains quadrupèdes, intermédiaire entre le pas et le galop • FAM. ***au trot*** vivement, rapidement.

trotter *vi* 1. aller au trot : *cheval qui trotte bien* 2. marcher rapidement, à petits pas • FAM. ***idée, air, etc., qui trotte dans la tête*** qu'on a sans cesse à l'esprit.

trotteur, euse *n* et *adj* cheval dressé pour le trot.

trotteuse *nf* aiguille des secondes dans une pendule, une montre.

trottiner *vi* FAM. marcher vite et à petits pas.

trottinette *nf* jouet d'enfant consistant en une planchette montée sur deux roues et munie d'une tige de direction articulée SYN. *patinette.*

trottoir *nm* espace plus élevé que la chaussée, généralement bitumé ou dallé, et ménagé sur les côtés d'une rue pour la circulation des piétons • FAM. ***faire le trottoir*** se livrer à la prostitution sur la voie publique.

trou *nm* 1. ouverture, cavité naturelle ou artificielle dans un corps, dans un objet : *trou d'une aiguille* 2. déficit financier, perte d'argent 3. FAM., PÉJOR. petite localité • FAM. ***avoir un, des trous de mémoire*** des absences, des oublis • ***faire son trou*** se faire une situation sociale quelque part • ***trou d'air*** courant d'air descendant qui fait perdre de l'altitude à un avion.

trouble *nm* 1. état d'une personne troublée, émue ; désarroi 2. mauvais fonctionnement d'un organe, d'une fonction physiologique : *trouble nerveux* 3. agitation confuse, tumultueuse : *semer le trouble* ◆ **troubles** *nm pl* soulèvement populaire : *troubles politiques ; fauteur de troubles.*

trouble *adj* 1. qui n'est pas clair, limpide : *eau trouble* 2. qui n'est pas net : *vue trouble* 3. qui comporte des éléments équivoques, suspects : *affaire trouble.*

troubler *vt* 1. altérer la limpidité, la transparence de quelque chose : *fumée qui trouble l'atmosphère* 2. altérer la qualité, l'acuité de : *troubler la vue, l'audition* 3. interrompre, modifier le cours de : *troubler un entretien* 4. faire perdre sa lucidité, son sang-froid ; intimider : *troubler un candidat* ◆ **se troubler** *vpr* 1. devenir trouble 2. perdre contenance.

trouer *vt* percer un trou dans.

trouille *nf* FAM. peur : *avoir la trouille.*

troupe *nf* 1. rassemblement de personnes, d'animaux non domestiques 2. groupe de comédiens, d'artistes qui se produisent ensemble 3. groupement de militaires • *en troupe* se dit de personnes ou d'animaux en groupe, qui se déplacent ensemble • *homme de troupe* simple soldat.

troupeau *nm* 1. réunion d'animaux domestiques qu'on élève ensemble : *troupeau de moutons* 2. PÉJOR. grand nombre de personnes rassemblées sans ordre.

trousse *nf* pochette à compartiments, dans laquelle on réunit les instruments, les outils dont on se sert • *trousse de toilette* petit nécessaire pour la toilette ◆ **trousses** *nf pl* • FAM. *aux trousses de* à la poursuite de.

trousseau *nm* linge, vêtements qu'on donne à un enfant qui part en pension ou en colonie, à une jeune fille qui se marie • *trousseau de clefs* clefs attachées ensemble par un anneau.

trouvaille *nf* découverte heureuse : *faire une trouvaille.*

trouver *vt* 1. rencontrer par hasard ou après recherche : *trouver un portefeuille ; trouver ses lunettes* 2. découvrir, inventer : *trouver la solution d'un problème* 3. éprouver, sentir : *trouver du plaisir, des difficultés* 4. estimer, juger : *trouver un plat trop salé* • *trouver à* avoir l'occasion de : *trouver à redire* ◆ **se trouver** *vpr* 1. être, se situer dans tel ou tel lieu : *se trouver dans le jardin* 2. se présenter, être dans tel ou tel état : *se trouver très embarrassé par une question* ◆ *v impers* • *il se trouve que* le hasard fait que.

truand *nm* FAM. bandit, malfaiteur.

truc *nm* FAM. 1. moyen habile d'agir, procédé, combinaison qui réussit : *connaître les trucs du métier* 2. s'emploie pour désigner un objet dont on ignore le nom ou qu'on ne veut pas nommer, etc. : *comment ça s'appelle, ce truc-là ?* SYN. FAM. *chose, machin.*

trucage ou **truquage** *nm* 1. moyen par lequel on falsifie quelque chose 2. procédé employé au cinéma pour créer l'impression de la réalité.

truchement *nm* • *par le truchement de quelqu'un* par son intermédiaire.

trucider *vt* FAM., IRON. tuer.

truculent, e *adj* 1. haut en couleur, pittoresque : *personnage truculent* 2. qui exprime les choses avec crudité et réalisme : *langage truculent.*

truelle *nf* outil de maçon pour étaler du mortier, de l'enduit.

truffe *nf* 1. champignon souterrain comestible très estimé 2. nez d'un chien • *truffe en chocolat* friandise à base de beurre et de chocolat.

truffer *vt* garnir de truffes : *truffer une volaille* • FAM. *truffer un texte, un discours de* les remplir, les bourrer de.

truie *nf* femelle du porc.

truisme *nm* vérité banale, évidente.

truite *nf* poisson voisin du saumon, carnassier, à chair fine et estimée.

truquage *nm* ➝ trucage.

truquer *vt* falsifier, modifier par fraude : *truquer des élections.*

trust [trœst] *nm* ÉCON entreprise ou ensemble d'entreprises qui exerce un monopole dans un secteur donné ou sur un produit particulier.

tsar ou **tzar** *nm* titre des anciens empereurs de Russie et de Bulgarie.

tsarine *nf* femme du tsar.

tsarisme *nm* régime politique de la Russie, au temps des tsars.

tsé-tsé *nf inv* mouche d'Afrique qui propage la maladie du sommeil.

t-shirt *nm* ➝ tee-shirt.

tsigane *n* et *adj* ➝ tzigane.

tu *pron. pers.* désigne la 2e pers. du sing. en fonction de sujet • FAM. *être à tu et à toi avec quelqu'un* en intime familiarité avec lui.

tuant, e *adj* FAM. pénible, fatigant.

tuba *nm* 1. instrument de musique à vent en cuivre 2. tube pour respirer sous l'eau.

tube *nm* 1. tuyau cylindrique 2. canal ou conduit naturel : *tube digestif* 3. récipient allongé de forme cylindrique ou fait de matière malléable : *tube d'aspirine ; tube de dentifrice* 4. FAM. chanson très en vogue • FAM. *à pleins tubes* à pleine puissance.

tubercule *nm* 1. BOT excroissance se développant sur une tige souterraine, comme la pomme de terre, l'igname ou la patate douce 2. PATHOL petite tumeur arrondie.

tuberculose *nf* maladie infectieuse, contagieuse, qui se localise le plus souvent dans les poumons.

tubulaire *adj* 1. en forme de tube 2. formé de tubes : *pont tubulaire.*

tue-mouches *adj inv* • *papier tue-mouches* enduit d'un produit vénéneux et de colle, et dont on se sert pour attraper les mouches.

tuer *vt* 1. causer la mort de : *tuer un lapin* 2. être la cause de la mort de quelqu'un : *l'alcool tue de nombreux automobilistes* 3. épuiser, accabler physiquement ou moralement : *son métier le tue* • FIG. *tuer le temps* faire des choses en attendant que le temps passe, pour ne pas s'ennuyer ◆ **se tuer** *vpr* 1. se donner la mort 2. compromettre sa santé : *se tuer au travail* • FAM. *se tuer à* répéter sans cesse, ne pas cesser de.

tuerie *nf* massacre, carnage.

tue-tête (à) *loc adv* • *crier à tue-tête* de toute la force de sa voix.

tueur, euse *n* personne qui tue : *tueur à gages* ◆ *nm* celui qui tue les animaux dans un abattoir.

tuile *nf* 1. carreau de terre cuite pour couvrir les toits 2. FAM. événement imprévu et fâcheux.

tulipe *nf* plante bulbeuse à très belle fleur.

tulle *nm* tissu léger, de coton ou de soie, formé d'un réseau de mailles fines.

tuméfier *vt* enfler, gonfler, en parlant d'une partie du corps.

tumeur *nf* augmentation pathologique du volume d'un tissu ou d'un organe, due à une multiplication des cellules.

tumulte *nm* 1. grand désordre accompagné de bruit, de confusion 2. grande agitation : *le tumulte des affaires.*

tumultueux, euse *adj* plein de tumulte : *séance tumultueuse.*

tuner [tynɛr] ou [tjunœr] *nm* récepteur radio pour les émissions en modulation de fréquence.

tungstène [tœ̃kstɛn] *nm* métal assez lourd, de couleur noirâtre, utilisé pour les filaments des lampes (symb : W).

tunique *nf* 1. vêtement droit, plus ou moins long, porté sur une jupe ou un pantalon 2. longue vareuse d'uniforme 3. ANTIQ vêtement de dessous.

tunnel *nm* galerie souterraine pratiquée pour donner passage à une voie de communication : *le tunnel du Mont-Blanc.*

turban *nm* coiffure formée d'une longue pièce d'étoffe enroulée autour de la tête.

turbine *nf* roue motrice munie d'aubes, d'ailettes, etc., sur lesquelles agit l'eau, la vapeur ou le gaz.

turbo *adj inv* se dit d'un moteur suralimenté par un turbocompresseur et d'un véhicule équipé d'un tel moteur.

turbocompresseur *nm* compresseur entraîné par une turbine.

turbulence *nf* caractère d'une personne turbulente ; agitation bruyante • *turbulence (atmosphérique)* mouvement de l'air qui s'écoule en formant des tourbillons.

turbulent, e *adj* qui s'agite bruyamment ; remuant : *enfant turbulent.*

turfiste *n* amateur de courses de chevaux ; parieur.

turlupiner *vt* FAM. tracasser, tourmenter : *idée qui turlupine.*

turquoise *nf* pierre précieuse de couleur bleue ◆ *adj inv* et *nm* bleu-vert.

tutélaire *adj* 1. LITT. qui protège ; favorable : *puissance tutélaire* 2. DR relatif à la tutelle : *gestion tutélaire.*

tutelle *nf* 1. mandat donné à quelqu'un pour veiller sur la personne et les biens d'un mineur, d'un incapable majeur 2. LITT. protection, sauvegarde : *la tutelle des lois* • *tenir sous sa tutelle* sous sa surveillance, sous sa dépendance.

tuteur, trice *n* personne à qui est confiée la tutelle d'enfants mineurs ou d'incapables majeurs ◆ *nm* perche, armature qui soutient une jeune plante.

tutoiement *nm* action de tutoyer.

tutoyer *vt* (conj 3) user de la deuxième personne du singulier en parlant à quelqu'un.

tutu *nm* jupe faite de plusieurs épaisseurs de gaze ou de tulle qui forme le costume de scène des danseuses classiques.

tuyau [tɥijo] *nm* 1. canal, conduit généralement cylindrique, servant au passage de l'eau, du gaz, etc. 2. FAM. renseignement confidentiel • *dire dans le tuyau de l'oreille* à voix basse.

tuyauterie *nf* ensemble de tuyaux, de canalisations.

T.V.A. *nf* (sigle) taxe à la valeur ajoutée.

tweed [twid] *nm* étoffe de laine d'origine écossaise.

twist *nm* danse fortement déhanchée, apparue dans les années 1960.

tympan *nm* 1. membrane du conduit auditif, qui transmet les vibrations sonores 2. ARCHIT espace entre les trois corniches d'un fronton ou entre plusieurs arcs.

type *nm* 1. modèle abstrait présentant les traits caractéristiques communs à plusieurs individus ou à plusieurs choses de même nature : *avoir le type anglais ; aimer un certain type de voiture* 2. FAM. individu quelconque de sexe masculin : *un drôle de type* ◆ *adj* caractéristique, exemplaire : *une phrase type.*

typé, e *adj* qui présente à un haut degré les caractères du type dans lequel on le range : *personnage fortement typé.*

typhoïde *adj* et *nf* • *fièvre typhoïde* maladie infectieuse, contagieuse, à localisation intestinale.

typhon *nm* violent ouragan des mers de Chine et du Japon.

typhus [tifys] *nm* maladie contagieuse épidémique.

typique *adj* caractéristique, qui distingue une personne ou une chose.

typographie *nf* 1. procédé d'impression à partir de caractères en relief : *typographie en couleurs* 2. manière dont un texte est imprimé : *une belle typographie.*

tyran *nm* 1. souverain investi d'un pouvoir absolu 2. celui qui abuse de son pouvoir, de son autorité.

tyrannie *nf* 1. gouvernement autoritaire qui ne respecte pas les libertés individuelles 2. fait d'abuser de son autorité.

tzar *nm* → tsar.

tzigane ou **tsigane** *n* et *adj* membre d'un peuple originaire de l'Inde, qui mène une vie nomade et vit de petits métiers.

U

u *nm* vingt et unième lettre de l'alphabet et la cinquième des voyelles.

ubac *nm* côté exposé à l'ombre, dans les montagnes (par oppos. à *adret*).

ubiquité [ybikɥite] *nf* faculté d'être présent en plusieurs lieux à la fois.

ulcère *nm* plaie persistante avec écoulement de pus : *ulcère variqueux.*

ulcérer *vt* (conj 10) causer un ressentiment profond et durable, blesser moralement.

U.L.M. *nm* (sigle) petit avion sans coque, monoplace ou biplace.

ultérieur, e *adj* qui arrive après, qui succède à (par oppos. à *antérieur*).

ultimatum [-tɔm] *nm* 1. dernière proposition qu'une puissance fait à une autre avant de déclarer la guerre 2. proposition précise qui n'admet aucune contestation.

ultime *adj* dernier, final.

ultra *nm* personne qui professe des opinions extrêmes, notamment en politique.

ultrason *nm* vibration d'une fréquence très élevée, inaudible pour l'oreille humaine.

ultraviolet, ette *adj* et *nm* se dit des radiations invisibles placées dans le spectre au-delà du violet.

ululer ou **hululer** *vi* crier, en parlant des oiseaux de nuit.

un, une *adj. num. card* 1. le premier des nombres, pris comme base de la numération, désignant une quantité égale à l'unité : *un franc* 2. premier : *page un* 3. seul, unique : *travail fait en un jour* • ***ne faire ni une ni deux*** ne pas hésiter • ***ne faire qu'un avec*** être tout à fait semblable ou parfaitement uni • ***pas un*** aucun, nul • ***un à un*** ou ***un par un*** l'un succédant à l'autre ◆ *adj* qui n'admet pas de division : *la vérité est une* • ***c'est tout un*** ou ***ce n'est qu'un*** c'est chose semblable ◆ *nm inv* chiffre, numéro qui exprime l'unité.

un ou **une** (*pl des*) *art indéf* désigne une personne ou une chose de manière indéterminée : *donne-moi un livre !* ◆ *pron. indéf* • ***l'un*** un des deux nommés (par oppos. à *l'autre*) • ***l'un l'autre*** réciproquement.

unanime *adj* 1. qui marque un accord complet : *avis unanime* 2. (au pluriel) qui sont du même avis : *être unanimes.*

une *nf* • FAM. ***la une*** la première page d'un journal.

uni, e *adj* 1. sans inégalités, sans aspérités : *sol uni* 2. d'une seule couleur : *robe unie* ◆ *nm* tissu d'une seule couleur : *porter de l'uni.*

unième *adj. num. ord* ne s'emploie qu'à la suite des dizaines, des centaines, etc. : *le vingt et unième jour du mois.*

unifier *vt* amener ou ramener à l'unité.

uniforme *adj* 1. qui a la même forme, le même aspect : *rues uniformes* 2. semblable dans ses parties ou dans son déroulement : *vie, mouvement uniforme* ◆ *nm* 1. vêtement qui est le même pour toute une catégorie d'individus 2. habit militaire.

uniformiser *vt* rendre de même forme, de même nature.

unijambiste *adj* et *n* qui a été amputé d'une jambe.

unilatéral, e, aux *adj* 1. situé d'un seul côté : *stationnement unilatéral* 2. DR qui n'engage qu'une des parties contractantes.

union *nf* 1. association de plusieurs choses, de plusieurs personnes ou de plusieurs groupes de manière qu'ils ne forment qu'un tout 2. conformité d'efforts ou de pensées : *l'union fait la force* 3. association : *union commerciale* 4. mariage.

unique *adj* 1. seul en son genre : *fille unique* 2. qui est le même pour plusieurs choses : *commandement unique* 3. exceptionnel, incomparable : *un talent unique.*

unir *vt* 1. joindre, de manière à ne former qu'un tout : *unir deux communes* 2. établir une communication entre : *canal qui unit deux mers* 3. lier par l'intérêt, l'amitié : *unis par l'affection* 4. marier : *unir des fiancés* ◆ **s'unir** *vpr* 1. s'associer 2. se lier par les liens de l'amour, du mariage.

unisexe *adj* qui convient aussi bien aux hommes qu'aux femmes : *vêtements unisexes.*

unisson *nm* accord de plusieurs voix ou de plusieurs instruments qui font entendre un même son • FIG. ***à l'unisson*** en accord parfait, en totale conformité.

unitaire *adj* qui recherche ou manifeste l'unité sur le plan politique ou syndical : *manifestation unitaire.*

unité *nf* 1. caractère de ce qui est un, unique, de ce qui forme un tout : *unité d'un pays* 2. grandeur prise comme terme de comparaison avec des grandeurs de même espèce : *ramener à l'unité* 3. accord, entente entre des personnes : *unité de vues* 4. formation militaire permanente : *unité blindée.*

univers *nm* 1. ensemble des divers systèmes de planètes et d'étoiles 2. le monde habité ; l'ensemble des hommes 3. milieu dans lequel on vit ; champ d'activité, domaine de quelqu'un.

universalité *nf* caractère de ce qui est universel.

universel, elle *adj* 1. général, qui s'étend à tout ou à tous : *loi universelle* 2. qui a des aptitudes pour tout : *esprit universel.*

universitaire *adj* de l'université : *études universitaires* ◆ *n* professeur d'université.

université *nf* ensemble d'établissements scolaires qui dispensent l'enseignement supérieur ; bâtiments d'une université.

uranium *nm* métal très lourd et radioactif (symb : U).

urbain, e *adj* et *n* de la ville : *population urbaine* (par oppos. à *rural*).

urbaniser *vt* donner le caractère urbain, citadin à : *urbaniser une région.*

urbanisme *nm* science se rapportant à la construction et à l'aménagement harmonieux des agglomérations, villes et villages.

urée *nf* substance azotée présente dans le sang et l'urine.

urètre *nm* canal qui conduit l'urine hors de la vessie.

urgence *nf* 1. caractère de ce qui est urgent 2. MÉD ensemble des soins et interventions qui doivent être pratiqués sans délai • *d'urgence* sur-le-champ : *appelé d'urgence.*

urgent, e *adj* qui ne peut être différé.

urine *nf* liquide sécrété par les reins et émis par la vessie.

uriner *vi* évacuer l'urine ◆ *vt* évacuer dans l'urine : *uriner du sang.*

urinoir *nm* lieu ou édicule aménagé pour permettre aux hommes d'uriner.

urne *nf* boîte qui sert à recueillir les bulletins de vote • *urne funéraire* vase pour conserver les cendres des morts.

urologie *nf* partie de la médecine qui a trait à l'étude des maladies des voies urinaires.

urticaire *nf* éruption cutanée entraînant de vives démangeaisons.

us [ys] *nm pl* • *us et coutumes* usages, traditions d'un pays, d'une région.

usage *nm* 1. action de se servir de quelque chose : *perdre l'usage de la parole* 2. fonction, emploi : *trouver quel est l'usage d'un appareil* 3. coutume, habitude commune à un groupe : *aller contre l'usage établi* • *à usage* destiné à être utilisé de telle ou telle façon : *à usage externe* • *à l'usage de* à l'intention de • *en usage* actuellement employé • *hors d'usage* dont on ne peut plus se servir.

usager *nm* personne qui utilise un service public : *les usagers du rail, de la route.*

user *vt ind* [de] 1. faire usage, se servir de : *user d'un droit* 2. avoir recours à : *user de violence* ◆ *vt* 1. détériorer par l'usage : *user un vêtement* 2. consommer, utiliser une certaine quantité de : *voiture qui use peu d'essence* 3. FIG. détruire progressivement : *user sa santé.*

usine *nf* établissement industriel où on transforme des matières premières, où on produit de l'énergie, etc.

ustensile *nm* objet de petites dimensions et de conception simple, servant à divers travaux domestiques : *ustensiles de cuisine.*

usuel, elle *adj* dont on se sert ordinairement : *objets, mots usuels.*

usufruit *nm* DR jouissance d'un bien dont la nue-propriété appartient à un autre.

usure *nf* 1. détérioration produite par l'usage, par le temps 2. FIG. affaiblissement.

usurper *vt* 1. s'emparer par violence ou par ruse, s'approprier sans droit 2. FIG. arriver à obtenir sans raison : *usurper sa réputation.*

ut [yt] *nm inv* MUS première note de la gamme de do ; signe qui la représente.

utérin, e *adj* et *n* né (née) de la même mère, mais non du même père ◆ *adj* relatif à l'utérus.

utérus [-rys] *nm* organe de la gestation chez la femme et chez les femelles des mammifères.

utile *adj* qui sert, rend service : *travaux utiles* • *en temps utile* en temps opportun.

utilisateur, trice *n* personne qui fait usage de quelque chose.

utiliser *vt* tirer parti de quelqu'un ou de quelque chose ; s'en servir pour son usage, pour son profit.

utilitaire *adj* qui vise essentiellement à l'utilité : *démarche utilitaire* • *véhicule utilitaire* véhicule destiné au transport des marchandises ou au transport collectif des personnes.

utilité *nf* caractère de ce qui est utile ◆ **utilités** *nf pl* au théâtre, au cinéma, emploi subalterne ; acteur qui le remplit : *ne jouer que les utilités.*

utopie *nf* projet chimérique, conception idéale de quelque chose.

V

v *nm* vingt-deuxième lettre de l'alphabet et la dix-septième des consonnes.

vacance *nf* état d'une place, d'une charge vacante ◆ **vacances** *nf pl* 1. période de fermeture des établissements scolaires 2. période de congé des travailleurs.

vacancier, ère *n* personne qui est en vacances dans un lieu de villégiature.

vacant, e *adj* libre, non occupé par un titulaire • DR *succession vacante* non réclamée par les héritiers.

vacarme *nm* bruit tumultueux et assourdissant ; tapage.

vacataire *n* et *adj* personne employée pour un temps déterminé à une fonction précise.

vacation *nf* 1. temps consacré à l'examen d'une affaire ou à l'accomplissement d'une fonction déterminée par la personne qui en a été chargée 2. rémunération de ce temps.

vaccin [vaksɛ̃] *nm* substance qui, inoculée à une personne ou à un animal, lui confère l'immunité contre une maladie : *vaccin antipoliomyélitique.*

vacciner *vt* 1. immuniser contre une maladie à l'aide d'un vaccin 2. FAM. guérir quelqu'un d'une habitude, d'une tentation : *être vacciné contre la peur.*

vache *nf* femelle de l'espèce bovine ; peau de cet animal • FAM. *manger de la vache enragée* endurer des privations • FAM. *vache à lait* personne ou chose dont on tire un profit continuel ◆ *adj* FAM. 1. dur, sévère 2. fâcheux, imprévu.

vachement *adv* FAM. très, beaucoup : *un film vachement bien.*

vacherie *nf* FAM. méchanceté en paroles ou en actes.

vaciller *vi* 1. chanceler, être instable : *vaciller sur ses jambes* 2. trembloter : *lumière qui vacille* 3. FIG. hésiter, manquer d'assurance : *mémoire qui vacille.*

vacuité *nf* 1. état de ce qui est vide 2. LITT. absence de valeur, de signification.

va-et-vient *nm inv* 1. mouvement de ce qui va et vient alternativement : *le va-et-vient du pendule* 2. circulation de personnes ou de choses entre deux points opposés 3. dispositif de communication entre deux points et dans les deux sens 4. dispositif permettant d'éteindre ou d'allumer une lampe électrique de plusieurs endroits.

vagabond, e *adj* 1. qui est instable, change sans cesse : *vie vagabonde* 2. FIG. qui erre, qui ne se fixe sur rien de précis : *idées vagabondes* ◆ *n* personne sans domicile fixe ni profession.

vagabonder *vi* 1. aller sans but, errer ici et là 2. LITT. passer sans cesse d'un sujet à un autre : *pensée qui vagabonde.*

vagin *nm* organe génital interne de la femme, qui va de l'utérus à la vulve.

vague *adj* 1. qui est sans précision, mal déterminé : *avoir un vague projet* 2. sans importance, mal définissable : *un vague travail* 3. ample, en parlant d'un vêtement • *terrain vague* terrain à proximité d'une agglomération, et qui n'est ni cultivé ni construit ◆ *nm* ce qui est imprécis, mal défini • *vague à l'âme* mélancolie, tristesse sans raison.

vague *nf* 1. mouvement ondulatoire de l'eau, généralement dû à l'action du vent 2. masse importante : *vague de touristes* 3. FIG. afflux subit : *vague de protestations ; vague de froid.*

vaillamment *adv* avec courage.

vaillant, e *adj* 1. qui a de la bravoure, du courage : *soldat vaillant* 2. en bonne santé, vigoureux : *se sentir vaillant.*

vain, e *adj* 1. sans résultat : *vains efforts* 2. illusoire : *vain espoir* • *en vain* inutilement.

vaincre *vt* (conj 84) 1. avoir l'avantage, l'emporter sur : *vaincre l'ennemi, un rival* 2. venir à bout de, surmonter, triompher de : *vaincre sa peur.*

vainqueur *nm* celui qui remporte une victoire, qui a l'avantage sur ◆ *adj m* • *air vainqueur* triomphant, victorieux.

vairon *nm* petit poisson de rivière.

vaisseau *nm* navire d'une certaine importance : *vaisseau de guerre* • LITT. *brûler ses vaisseaux* se couper la retraite • *vaisseau spatial* engin interplanétaire.

vaisseau *nm* canal de circulation du sang ou de la lymphe chez les animaux, de la sève chez les végétaux.

vaisselier *nm* meuble pour ranger la vaisselle.

vaisselle *nf* ensemble des récipients qui servent à préparer et à présenter les aliments sur la table.

val (*pl vals* ou *[rare] vaux*) *nm* vallée large • *par monts et par vaux* de tous côtés.

valable *adj* 1. recevable, acceptable, admissible : *excuse valable* 2. qui a les qualités requises pour accomplir quelque chose : *interlocuteur valable.*

valet *nm* 1. domestique masculin : *valet de chambre* 2. FIG. homme d'une complaisance servile 3. figure du jeu de cartes représentant un écuyer • *valet de nuit* grand cintre monté sur pieds, pour suspendre les costumes.

valeur *nf* 1. ce que vaut une personne ou une chose : *terrain qui double sa valeur ; écrivain de valeur* 2. titre de vente, action, effet de commerce, etc. : *valeurs mobilières* 3. importance accordée à quelque chose : *valeur d'un argument* 4. estimation approximative : *boire la valeur d'une cuillerée à soupe* 5. mesure d'une grandeur, d'un nombre : *valeur arithmétique* 6. MUS durée d'une note 7. qualité particulière d'une couleur, d'un mot, etc. 8. mesure conventionnelle d'un signe dans une série : *valeur d'une carte* • *mettre en valeur* faire paraître à son avantage.

valeureux, euse *adj* vaillant, brave, courageux.

valide *adj* 1. en bonne santé : *se sentir valide* 2. qui satisfait aux conditions légales requises : *billet valide.*

valider *vt* rendre ou déclarer valide, valable : *valider une élection.*

validité *nf* 1. caractère de ce qui est valide, valable 2. durée pendant laquelle un document peut être utilisé valablement : *validité d'un billet de chemin de fer.*

valise *nf* bagage à main de forme rectangulaire.

vallée *nf* dépression allongée, plus ou moins évasée, creusée par un cours d'eau ou un glacier.

vallon *nm* petite vallée.

valoir *vi* (conj 40) 1. avoir un certain prix : *article qui vaut dix francs* 2. avoir une certaine utilité, une certaine qualité, un certain intérêt, un certain mérite : *livre qui ne vaut rien* 3. équivaloir à quelque chose, égaler : *carte qui vaut trois points* • *à valoir* se dit d'une somme d'argent dont on tiendra compte ultérieurement • *faire valoir* mettre en avant, mettre en valeur • *vaille que vaille* tant bien que mal ◆ *vt* 1. procurer, rapporter : *recherche qui vaut bien des soucis* 2. justifier, légitimer : *restaurant qui vaut le détour* • *valoir la peine* être assez intéressant pour justifier la peine qu'on se donne ◆ *v. impers* • *il vaut mieux* il est préférable de ◆ **se valoir** *vpr* avoir la même valeur.

valoriser *vt* 1. donner une plus grande valeur à 2. augmenter la valeur, le mérite.

valse *nf* danse tournante à trois temps ; musique qui accompagne cette danse.

valser *vi* danser la valse • FAM. *faire valser* ou *envoyer valser* envoyer loin de soi, se débarrasser de.

valve *nf* 1. moitié de certaines coquilles, de certaines enveloppes de fruits 2. système de régulation d'un courant de liquide ou de gaz dans une conduite ; clapet de fermeture.

vampire *nm* 1. mort qui, suivant certaines superstitions, sort du tombeau pour sucer le sang des vivants 2. grande chauve-souris d'Amérique 3. FIG. personne qui s'enrichit aux dépens d'autrui.

van [vɑ̃] *nm* voiture fermée pour le transport des chevaux de course.

vandale *nm* personne qui mutile, détruit les monuments, les œuvres d'art ou les objets de valeur.

vanille *nf* fruit du vanillier.

vanité *nf* 1. orgueil, désir de briller et de paraître 2. caractère de ce qui est vain • *tirer vanité de* s'enorgueillir de.

vaniteux, euse *adj* et *n* qui a de la vanité.

vanne *nf* panneau mobile autour d'un axe ou animé d'un mouvement de translation, et servant à régler l'écoulement d'un fluide.

vanne *nf* FAM. remarque désobligeante : *envoyer des vannes à quelqu'un.*

vannerie *nf* 1. fabrication des objets en osier, en rotin, etc. 2. objet fabriqué, ou tressé dans ces matières.

vantard, e *adj* et *n* qui aime à se vanter, à se faire valoir.

vantardise *nf* 1. caractère d'une personne vantarde 2. acte, parole par lesquels on se vante.

vanter *vt* louer beaucoup, exalter : *vanter le temps passé* ◆ **se vanter** *vpr* s'attribuer des qualités, des mérites qu'on n'a pas • *se vanter de* 1. tirer vanité de 2. se déclarer capable de.

vapeur *nf* 1. gaz provenant du changement d'état physique d'un liquide ou d'un solide : *vapeur d'eau* 2. énergie obtenue par l'eau amenée à l'état gazeux : *machine à vapeur* 3. masse gazeuse qui se dégage de l'eau portée à ébullition : *légumes cuits à la vapeur* 4. gaz qui se dégage d'une substance liquide ou solide et s'exhale dans l'atmosphère : *vapeurs d'essence* • FAM. *à toute vapeur* à toute vitesse.

vapeur *nm* bateau mû par la vapeur.

vaporeux, euse *adj* 1. léger, flou, qui a l'apparence de la vapeur : *tissu vaporeux* 2. dont l'éclat est voilé : *lumière vaporeuse.*

vaporisateur *nm* appareil pour vaporiser en fines gouttelettes.

vaporiser *vt* 1. faire passer de l'état liquide à l'état gazeux 2. disperser et projeter un liquide en fines gouttelettes.

vaquer *vi* cesser pour un temps ses fonctions ◆ *vt ind* [à] s'occuper, s'appliquer à.

varappe *nf* escalade de parois rocheuses.

variable *adj* 1. sujet à varier : *temps variable* 2. divers, différent : *résultats variables* 3. GRAMM se dit d'un mot dont la terminaison varie ◆ *nf* MATH grandeur capable de varier entre certaines limites.

variante *nf* 1. chose qui diffère légèrement d'une autre de la même espèce 2. texte qui diffère légèrement de celui qui est communément admis.

variation *nf* 1. changement de degré ou d'aspect de quelque chose : *variations du climat* 2. suite de morceaux musicaux composés sur le même thème.

varice *nf* dilatation permanente d'une veine, en particulier aux jambes.

varicelle *nf* maladie éruptive contagieuse, sans gravité.

varier *vt* rendre divers : *varier son travail* ◆ *vi* 1. présenter des différences, des aspects divers : *prix qui varient* 2. changer d'opinion, d'attitude : *avis qui varient.*

variété *nf* 1. diversité, différence : *variété d'avis* 2. subdivision d'une espèce animale ou végétale ◆ **variétés** *pl* 1. spectacle composé de différents numéros sans lien entre eux (chansons, danses, etc.) 2. musique légère : *disque de variétés.*

variole *nf* maladie infectieuse et contagieuse SYN. *petite vérole.*

vasculaire *adj* relatif aux vaisseaux, en particulier aux vaisseaux sanguins : *membrane vasculaire.*

vase *nf* boue qui se dépose au fond des eaux.

vase *nm* récipient de matière, de forme, d'usage variables • *en vase clos* sans contact avec l'extérieur • *vases communicants* vases réunis par un tube et dans lesquels l'eau s'élève au même niveau, quelle que soit la forme de chacun d'eux.

vaseline *nf* graisse minérale tirée du pétrole, utilisée en pharmacie et en parfumerie.

vaseux, euse *adj* 1. où il y a de la vase : *fond vaseux* 2. FAM. obscur, difficile à comprendre : *raisonnement vaseux* 3. FAM. fatigué, mal en point : *se sentir vaseux.*

vasistas [-tas] *nm* ouverture, munie d'un petit vantail mobile, d'une porte ou d'une fenêtre.

vasque *nf* 1. bassin d'une fontaine 2. coupe large et peu profonde, pour décorer une table.

vaste *adj* 1. qui a une grande étendue : *vaste plaine* 2. spacieux, de grandes dimensions : *vaste placard* 3. FIG. de grande ampleur, de grande envergure : *vastes projets.*

va-tout *nm inv* à certains jeux, coup où l'on joue tout l'argent qu'on a devant soi • *jouer son va-tout* tout hasarder, jouer le tout pour le tout.

vaudeville *nm* comédie légère fondée sur l'intrigue et le quiproquo.

vaudou *nm* et *adj inv* culte des Noirs antillais, d'origine animiste et qui emprunte certains éléments au rituel catholique.

vaurien, enne *n* et *adj* 1. personne sans principes moraux 2. enfant qui fait des sottises.

vautour *nm* 1. grand oiseau rapace des montagnes 2. FIG., FAM. personne dure et rapace.

vautrer (se) *vpr* s'étendre, se rouler dans ou sur quelque chose : *se vautrer dans un fauteuil.*

va-vite (à la) *adv* FAM. rapidement, avec une grande hâte.

veau *nm* 1. petit de la vache ; chair, peau de cet animal 2. FAM. personne lente et molle 3. FAM. véhicule sans reprise.

vecteur *nm* 1. segment de droite orienté sur lequel on distingue une origine et une extrémité 2. MIL véhicule capable de transporter une charge nucléaire.

vécu *nm* l'expérience telle qu'on l'a vécue.

vedette *nf* 1. petite embarcation à moteur 2. artiste en vue 3. personne de premier plan • *avoir, garder, perdre la vedette* le premier rôle, un rang important • *en vedette* au premier plan.

végétal *nm* arbre, plante, en général.

végétal, e, aux *adj* 1. qui appartient aux végétaux : *règne végétal* 2. fabriqué à partir de végétaux : *graisse végétale.*

végétarien, enne *adj* et *n* qui pratique le végétarisme.

végétarisme *nm* pratique diététique qui exclut de l'alimentation la chair des animaux.

végétatif, ive *adj* relatif à la vie des plantes, des végétaux • *appareil végétatif* racines, tige et feuilles des plantes supérieures, thalle des végétaux inférieurs, qui assurent la nutrition • *vie végétative* qui évoque la vie d'une plante, où il ne se passe rien.

végétation *nf* ensemble des végétaux d'un lieu ou d'une région : *végétation tropicale* ◆ **végétations** *pl* excroissances qui apparaissent sur les muqueuses, et spécialement qui obstruent les fosses nasales : *être opéré des végétations.*

végéter *vi* (conj 10) 1. croître, pousser avec difficulté : *arbre qui végète* 2. FIG. stagner, ne pas évoluer : *entreprise qui végète.*

véhément, e *adj* ardent, impétueux.

véhicule *nm* 1. moyen de transport par terre ou par air 2. FIG. ce qui sert à propager, à transmettre.

véhiculer *vt* 1. transporter dans un véhicule 2. FIG. transmettre, propager.

veille *nf* 1. privation de sommeil 2. état de celui qui est éveillé 3. jour qui précède : *la veille du départ* • FIG. *à la veille de* 1. juste avant de 2. sur le point de ◆ **veilles** *pl* études, travaux de nuit : *c'est le fruit de ses veilles.*

veillée *nf* temps qui s'écoule entre le repas du soir et le coucher ; réunion de personnes qui passent ce temps ensemble.

veiller *vi* 1. ne pas dormir 2. exercer une surveillance ◆ *vt ind* [**à, sur**] prendre garde à ◆ *vt* passer la nuit auprès de : *veiller un mort, un malade.*

veilleur *nm* • *veilleur de nuit* personne chargée de la surveillance d'un bâtiment pendant la nuit.

veilleuse *nf* 1. petite lampe de faible intensité qu'on laisse allumée pendant la nuit 2. petite flamme d'un appareil à gaz qui brûle en permanence et permet un allumage instantané • FIG. *mettre en veilleuse* diminuer l'activité, l'intensité de quelque chose.

veinard, e *adj* et *n* FAM. qui a de la veine, de la chance.

veine *nf* 1. vaisseau sanguin qui ramène le sang au cœur 2. ligne, forme sinueuse visible sur le bois, la pierre 3. nervure saillante d'une feuille 4. filon d'un minerai 5. inspiration d'un écrivain, d'un artiste 6. FAM. chance • *être en veine* être inspiré • *être en veine de* être disposé à.

vêler *vi* mettre bas, en parlant de la vache.

vélin *nm* peau de veau préparée pour servir de parchemin • *papier vélin* ou *vélin* papier imitant ce parchemin.
véliplanchiste *n* personne qui fait de la planche à voile.
velléité *nf* (surtout au pluriel) volonté hésitante ; intention fugitive.
vélo *nm* bicyclette.
vélodrome *nm* piste pour les courses cyclistes.
vélomoteur *nm* motocyclette légère dont la cylindrée n'excède pas 125 cm^3.
velours *nm* 1. étoffe rase d'un côté, et couverte de l'autre de poils serrés 2. objet qui a la douceur, le moelleux du velours : *le velours d'un fruit* • *jouer sur du velours* agir sans prendre aucun risque • *patte de velours* patte d'un chat quand il rentre ses griffes.
velouté, e *adj* 1. qui a l'aspect du velours 2. doux comme du velours ◆ *nm* 1. qualité de ce qui est velouté 2. potage très onctueux.
velu, e *adj* couvert de poils.
vénal, e, aux *adj* 1. qui s'acquiert à prix d'argent : *charge vénale* 2. FIG. qui n'agit que par intérêt : *homme vénal* • *valeur vénale* valeur marchande.
vendange *nf* 1. récolte du raisin ; époque de cette récolte 2. les raisins récoltés.
vendanger *vt* (conj 2) récolter le raisin.
vendetta *nf* en Corse, état d'hostilité entre deux familles, né d'une offense ou d'un meurtre.
vendeur, euse *n* 1. personne dont la profession est de vendre 2. DR personne qui fait un acte de vente (en ce sens, le fém. est *venderesse*) ◆ *n* et *adj* qui cède quelque chose contre de l'argent : *pays vendeur ; être vendeur.*
vendre *vt* (conj 50) 1. céder moyennant un prix convenu 2. faire le commerce de 3. FIG. céder contre de l'argent quelque chose sans valeur vénale : *vendre son silence* 4. FIG. trahir pour de l'argent • *vendre la peau de l'ours* 1. disposer d'une chose avant de la posséder 2. se flatter trop tôt d'un succès.
vendredi *nm* cinquième jour de la semaine • *vendredi saint* anniversaire de la mort du Christ.
vendu, e *adj* et *n* qui s'est laissé acheter, corrompre à prix d'argent.
vénéneux, euse *adj* qui renferme du poison : *champignon vénéneux.*
vénération *nf* 1. respect profond, admiration qu'on porte à quelqu'un ou à quelque chose 2. respect pour les choses saintes.
vénérien, enne *adj* relatif aux rapports sexuels • *maladie vénérienne* qui se contracte au cours de rapports sexuels.
vengeance *nf* 1. action de se venger : *tirer vengeance* 2. acte par lequel on se venge.
venger *vt* (conj 2) tirer satisfaction, réparation d'une offense : *venger une injure* • *venger quelqu'un* réparer l'offense qui lui a été faite en punissant son auteur ◆ **se venger** *vpr* [de] 1. se faire justice en punissant : *se venger d'un ennemi* 2. se dédommager d'un affront, d'un préjudice : *se venger d'une humiliation.*
véniel, elle *adj* sans gravité : *faute vénielle* • *péché véniel* péché léger.
venimeux, euse *adj* 1. qui a du venin : *serpent venimeux* 2. FIG. méchant, malveillant : *regard venimeux.*
venin *nm* 1. substance toxique sécrétée par un animal : *le venin de la vipère* 2. FIG. méchanceté en actes ou en paroles : *le venin de la calomnie.*
venir *vi* (conj 22 ; auxil : être) 1. se rendre à, dans, auprès de : *venir voir quelqu'un* 2. arriver, survenir : *la mort vient sans qu'on s'en doute* 3. être originaire de, dériver de : *mot qui vient du latin ; thé qui vient de Chine* 4. se présenter à l'esprit : *nos idées nous viennent involontairement* • *à venir* futur : *dans les jours à venir* • *en venir à* 1. en arriver à 2. être réduit à • *en venir aux mains* se battre • *venir à bout de* terminer • *laisser venir* ou *voir venir* attendre sans se presser • *y venir* s'y résoudre.
vent *nm* 1. mouvement de l'air dû à des différences de pression : *vent du nord* 2. air agité par un moyen quelconque : *faire du vent avec un éventail* 3. tendance, mouvement : *vent de révolte* 4. gaz intestinal • *avoir vent de* être informé de • *dans le vent* à la mode • *en coup de vent* très rapidement ◆ **vents** *pl* • *vents* ou *instruments à vent* instruments de musique dont le son est produit par le souffle.
vente *nf* 1. cession moyennant un prix convenu : *vente à crédit, au détail* 2. écoulement des marchandises, débit : *pousser à la vente* 3. commerce de celui qui vend : *vente des livres* • *en vente* destiné à être vendu • *point de vente* magasin, lieu où est vendu tel ou tel article.
venter *v impers* faire du vent.
ventilateur *nm* appareil destiné à brasser ou à renouveler l'air dans un lieu.
ventiler *vt* aérer, renouveler l'air : *ventiler un couloir.*
ventouse *nf* 1. VX. ampoule de verre dans laquelle on fait le vide et qu'on applique sur la peau pour y appeler le sang 2. petite calotte de caoutchouc qui peut s'appliquer par la pression de l'air sur une surface plane : *fixation à ventouse* 3. organe de fixation de la sangsue, de la pieuvre, de certaines plantes.
ventre *nm* 1. partie antérieure et inférieure du tronc renfermant les intestins 2. PAR EXT. partie renflée d'un objet 3. FIG., FAM. ce que quelqu'un a de plus profond, de plus secret : *avoir quelque chose dans le ventre* • *à plat ventre* étendu sur le ventre • *ventre à terre* très vite.

ventricule *nm* nom de diverses cavités du corps (cœur, encéphale).

ventriloque *n* et *adj* personne qui parle sans remuer les lèvres et de telle façon que la voix semble sortir de son ventre.

ventripotent, e *adj* qui a un ventre important.

ventru, e *adj* 1. qui a un gros ventre 2. renflé, bombé : *vase ventru.*

venu, venue *adj* • ***bien, mal venu*** bien, mal à propos : *paroles mal venues* • ***être mal venu de faire, de dire quelque chose*** peu qualifié pour cela ◆ *n* • ***le dernier venu, la dernière venue*** la personne arrivée la dernière • ***le premier venu, la première venue*** une personne quelconque • ***nouveau venu, nouvelle venue*** personne récemment arrivée.

venue *nf* action de venir ; arrivée : *venue d'un ami, du printemps.*

ver *nm* nom donné à des animaux mous, contractiles, dépourvus de pattes (lombrics, ténias, douves, etc.) • ***ver blanc*** larve du hanneton • ***ver luisant*** lampyre, insecte coléoptère lumineux • ***ver à soie*** chenille du bombyx du mûrier • ***ver solitaire*** ténia.

véracité *nf* caractère de ce qui est conforme à la vérité, véridique.

véranda *nf* galerie ou pièce vitrée.

verbal, e, aux *adj* 1. qui se fait de vive voix : *promesse verbale* 2. qui a rapport à la parole : *délire verbal* 3. GRAMM propre au verbe : *forme verbale.*

verbaliser *vi* dresser un procès-verbal ◆ *vt* LITT. formuler de vive voix : *verbaliser une plainte.*

verbe *nm* 1. GRAMM mot qui, dans une proposition, exprime, sous une forme variable, l'action ou l'état du sujet 2. LITT. parole, expression de la pensée par les mots : *la magie du verbe* • ***avoir le verbe haut*** parler d'une voix forte.

verdict [vɛrdikt] *nm* 1. DR réponse faite par le jury aux questions posées par la cour : *verdict d'acquittement* 2. PAR EXT. jugement quelconque.

verdir *vt* rendre vert ◆ *vi* devenir vert.

verdoyant, e *adj* qui verdoie.

verdoyer *vi* (conj 5) devenir vert, se couvrir de verdure.

verdure *nf* 1. couleur verte des arbres, des plantes 2. herbe, feuillage verts 3. plante potagère dont on mange les feuilles.

véreux, euse *adj* 1. qui contient des vers : *fruits véreux* 2. malhonnête, suspect, louche : *banquier véreux.*

verge *nf* 1. baguette de bois ou de métal 2. organe érectile de la copulation, chez l'homme et les mammifères supérieurs mâles SYN. *pénis.*

verger *nm* lieu planté d'arbres fruitiers.

vergeture *nf* (surtout au pluriel) raie provenant de la distension de la peau.

verglacé, e *adj* couvert de verglas.

verglas *nm* couche de glace mince qui couvre parfois le sol.

vergogne *nf* • ***sans vergogne*** sans honte, sans scrupule : *mentir sans vergogne.*

véridique *adj* 1. LITT. qui dit la vérité 2. conforme à la vérité : *récit véridique.*

vérificateur, trice *adj* et *n* qui vérifie, contrôle l'exactitude de quelque chose.

vérifier *vt* 1. examiner si une chose est telle qu'elle doit être ou qu'on l'a déclarée : *vérifier une addition* 2. justifier, confirmer : *fait qui vérifie une hypothèse.*

véritable *adj* 1. conforme à la vérité 2. qui existe vraiment, réellement : *histoire véritable* 3. qui mérite pleinement le nom qu'on lui donne : *un véritable artiste.*

vérité *nf* 1. caractère de ce qui est vrai 2. conformité de ce qu'on dit avec ce qui est : *dire la vérité* 3. idée, principe considérés comme vrais : *vérité mathématique* 4. sincérité, bonne foi : *accent de vérité* • ***à la vérité*** il est vrai • ***dire à quelqu'un ses quatre vérités*** lui reprocher ses fautes, ses défauts • ***dire des vérités premières*** des banalités.

verlan *nm* argot dans lequel on inverse les syllabes des mots.

vermeil, eille *adj* rouge foncé ◆ *nm* argent recouvert d'or.

vermicelle *nm* pâte à potage en fils fins.

vermifuge *nm* et *adj* médicament qui détruit les vers intestinaux.

vermillon *nm* et *adj inv* rouge vif tirant sur l'orangé, semblable à la couleur du cinabre.

vermine *nf* 1. ensemble des insectes parasites de l'homme et des animaux (puces, poux, etc.) 2. FIG., PÉJOR. ensemble d'individus jugés inutiles ou malfaisants.

vermoulu, e *adj* 1. se dit du bois mangé par les larves d'insectes : *meuble vermoulu* 2. FAM. courbaturé.

vermouth [vɛrmut] *nm* apéritif à base de vin, aromatisé avec des plantes amères ou toniques.

verni, e *adj* enduit de vernis : *chaussures vernies* ◆ *adj* et *n* FAM. qui a de la chance.

vernir *vt* enduire de vernis.

vernis *nm* 1. enduit dont on couvre un objet pour le préserver de l'air, de l'humidité, etc. 2. FIG. éclat superficiel, apparence brillante : *vernis d'élégance.*

vernissage *nm* 1. action de vernir ; résultat de cette action 2. réception qui précède l'ouverture d'une exposition.

vérole *nf* syphilis • ***petite vérole*** variole.

verre *nm* 1. corps solide, transparent et fragile, produit de la fusion d'un sable mêlé de potasse ou de soude 2. morceau, plaque, objet en verre : *verre de montre* 3. récipient en verre pour boire ; ce qu'il contient : *verre de vin* 4. lentille pour corriger la vue : *porter des verres teintés.*

verrerie *nf* 1. art de fabriquer le verre ; usine où on le fabrique 2. objet en verre : *rayon de verreries.*

verrier *nm* celui qui fabrique le verre, des objets en verre ou des vitraux.

verrière *nf* 1. toit vitré d'une pièce ou d'un bâtiment 2. grande ouverture garnie de vitraux : *verrière d'une église.*

verroterie *nf* petits objets de verre coloré.

verrou *nm* 1. appareil de fermeture d'une porte ou d'une fenêtre, composé d'un pêne que l'on fait coulisser pour l'engager dans une gâche : *verrou de sûreté* 2. dispositif de fermeture d'une culasse d'arme à feu • *sous les verrous* en prison.

verrouiller *vt* 1. fermer au verrou : *verrouiller sa porte* 2. enfermer : *verrouiller un prisonnier* 3. bloquer, interdire le passage : *verrouiller un quartier.*

verrue *nf* petite excroissance de la peau.

vers *nm* unité formée par un ou plusieurs mots, obéissant à des règles de rythme, de longueur, de rime, à l'intérieur d'un ensemble : *écrire des vers* • *vers blancs* non rimés.

vers *prép* 1. dans la direction de : *regarder vers le ciel* 2. à peu près au temps de : *vers midi.*

versant *nm* chacune des pentes d'une montagne.

versatile *adj* qui change facilement d'opinion, de parti.

verse (à) *adv* abondamment, en parlant de la pluie : *il pleut à verse.*

versement *nm* 1. action de remettre de l'argent, des valeurs 2. la somme remise.

verser *vt* 1. répandre un liquide, le faire couler : *verser de l'eau sur les mains* 2. faire passer d'un récipient dans un autre, transvaser : *verser du café dans une tasse* 3. servir une boisson : *verser à boire* 4. faire tomber quelque chose de haut en bas, hors du récipient qui le contient : *verser du lait dans une casserole* 5. renverser, faire basculer quelqu'un, un véhicule : *voiture qui verse ses occupants* 6. remettre de l'argent : *verser un salaire* 7. affecter quelqu'un à un emploi, à un poste 8. déposer, joindre un document : *verser une pièce au dossier* • *verser des larmes* pleurer • LITT. *verser son sang* mourir ◆ *vi* tomber sur le côté, se renverser : *remorque qui verse* ◆ *vt ind* [dans] évoluer vers tel ou tel état : *verser dans la vulgarité.*

verset *nm* chacun des paragraphes numérotés d'un livre sacré.

version *nf* 1. traduction d'une langue étrangère (par oppos. à *thème*) 2. chacun des états successifs d'un texte 3. manière de raconter un fait : *il y a sur cet accident plusieurs versions* • *en version originale* se dit d'un film étranger distribué sans être doublé.

verso *nm* revers d'un feuillet (par oppos. à *recto*).

vert, e *adj* 1. d'une couleur produite par la combinaison du jaune et du bleu 2. qui a encore de la sève, qui n'est pas encore sec ou mûr : *bois verts ; fruits verts* 3. frais, nouveau : *légume vert* 4. FIG. resté vigoureux, malgré les années : *vieillard encore vert* 5. FAM. énergique, dur, en parlant de propos : *une verte réprimande* • *en voir, en raconter des vertes et des pas mûres* voir, raconter des choses peu ordinaires, étonnantes ◆ *nm* couleur verte • FAM. *se mettre au vert* aller se reposer à la campagne.

vert-de-gris *nm inv* hydrocarbonate de cuivre, dont le métal se recouvre au contact de l'air ◆ *adj inv* verdâtre.

vertèbre *nf* chacun des os formant l'épine dorsale.

vertébré, e *adj* se dit des animaux qui ont des vertèbres ◆ **vertébrés** *nm pl* embranchement du règne animal (poissons, reptiles, batraciens, oiseaux et mammifères).

vertement *adv* d'une manière rude, vive : *répondre vertement.*

vertical, e, aux *adj* perpendiculaire au plan de l'horizon ◆ *nf* direction du fil à plomb.

vertige *nm* sensation d'un manque d'équilibre ; étourdissement momentané • *donner le vertige* faire perdre la tête, impressionner vivement.

vertigineux, euse *adj* qui donne le vertige : *hauteur vertigineuse ; hausse des prix vertigineuse.*

vertu *nf* 1. disposition constante de l'âme qui porte à faire le bien 2. qualité particulière ; efficacité : *vertu des plantes* 3. VX. chasteté, fidélité conjugale • *en vertu de* en conséquence de : *en vertu d'un jugement.*

vertueux, euse *adj* 1. qui a de la vertu 2. inspiré par le bien, la vertu : *action vertueuse.*

verve *nf* qualité de quelqu'un qui parle avec enthousiasme et brio : *orateur plein de verve.*

verveine *nf* plante à fleurs bleues, dont une variété est utilisée en tisane.

vésicule *nf* 1. ANAT organe creux en forme de petite poche : *vésicule biliaire* 2. soulèvement de l'épiderme, plein de sérosité.

vessie *nf* poche abdominale qui reçoit et contient l'urine • *vessie natatoire* organe d'équilibre chez les poissons.

veste *nf* 1. vêtement à manches, ouvert devant, qui couvre le buste jusqu'aux hanches 2. FIG., FAM. insuccès, échec : *prendre une veste à un examen* • FAM. *retourner sa veste* changer d'opinion, de parti.

vestiaire *nm* 1. lieu où l'on dépose les vêtements et autres objets, dans certains lieux publics 2. vêtements et objets déposés au vestiaire.

vestibule *nm* pièce d'entrée d'un édifice, d'une maison, etc.

vestige *nm* marque, reste de ce qui a été détruit, de ce qui a disparu : *les vestiges de la guerre.*

vestimentaire *adj* relatif aux vêtements : *dépenses vestimentaires.*

veston *nm* veste faisant partie du costume masculin.

vêtement *nm* 1. tout ce qui sert à couvrir le corps 2. pièce de l'habillement.

vétéran *nm* homme qui a une longue expérience dans une profession, une pratique quelconque.

vétérinaire *adj* relatif à la médecine des animaux ◆ *n* spécialiste de la médecine des animaux.

vétille *nf* bagatelle, chose insignifiante : *s'amuser à des vétilles.*

vêtir *vt* (conj 27) 1. habiller, couvrir de vêtements 2. mettre sur soi ◆ **se vêtir** *vpr* s'habiller.

vétiver [vetivɛr] *nm* plante de l'Inde employée en parfumerie.

veto [veto] *nm inv* 1. institution par laquelle une autorité peut s'opposer à l'entrée en vigueur d'une loi, d'une décision, d'une résolution : *avoir le droit de veto* 2. opposition, refus : *mettre son veto à une décision.*

vétuste *adj* détérioré, dégradé par le temps.

veuf, veuve *n* et *adj* qui a perdu sa femme ou son mari.

vexer *vt* causer de la contrariété, blesser dans son amour-propre ◆ **se vexer** *vpr* se fâcher, se froisser.

via *prép* en passant par : *aller de Paris à Hong Kong via Bangkok.*

viabilité *nf* 1. aptitude à vivre de quelqu'un ou de quelque chose : *la viabilité d'un nourrisson, d'une entreprise* 2. bon état d'une route permettant d'y circuler 3. ensemble des travaux d'intérêt général à exécuter sur un terrain avant construction.

viable *adj* 1. qui peut vivre : *enfant né viable* 2. organisé pour durer, pour aboutir : *projet viable.*

viaduc *nm* pont à plusieurs arches pour le passage d'une route, d'une voie ferrée au-dessus d'une vallée.

viager, ère *adj* • *rente viagère* dont on possède la jouissance sa vie durant ◆ *nm* rente à vie • *en viager* en échange d'une rente viagère : *vendre sa maison en viager.*

viande *nf* chair des animaux considérée comme nourriture ; partie de cette viande préparée pour la cuisson.

vibrant, e *adj* 1. qui vibre : *lame vibrante* 2. qui fait vibrer ; touchant, émouvant : *discours vibrant.*

vibration *nf* 1. mouvement d'oscillation rapide : *vibrations du métro* 2. PHYS mouvement périodique d'un système quelconque autour de sa position d'équilibre : *vibrations sonores, lumineuses* 3. tremblement de la voix traduisant une émotion.

vibrer *vi* 1. être agité d'un tremblement rapide : *fenêtres qui vibrent* 2. être touché, ému : *vibrer à certaines musiques* 3. traduire une certaine intensité d'émotion : *voix qui vibre de colère.*

vice *nm* 1. disposition habituelle au mal, mauvais penchant : *cacher ses vices* 2. défaut, imperfection grave : *vice de construction.*

vice-président, e (*pl vice-présidents, es*) *n* personne qui exerce la fonction du président pendant son absence.

vice versa [visvɛrsa] ou [visevɛrsa] *loc adv* réciproquement, inversement.

vichy *nm* étoffe de coton à carreaux de couleur.

vicier *vt* 1. gâter, corrompre la pureté de : *vicier l'air* 2. DR rendre nul, défectueux : *erreur qui vicie un acte.*

vicieux, euse *adj* 1. relatif au vice : *penchant vicieux pour l'alcool* 2. propre à tromper l'adversaire : *balle vicieuse* 3. qui a un défaut, une imperfection : *contrat vicieux* 4. indocile, rétif, en parlant de certains animaux ◆ *adj* et *n* qui a des dispositions habituelles à faire le mal ; dépravé, pervers.

vicinal, e, aux *adj* • *chemin vicinal* qui relie des villages, des hameaux, etc.

vicissitude *nf* (surtout au pluriel) événements heureux ou malheureux qui affectent l'existence humaine : *les vicissitudes de la fortune.*

vicomte *nm* titre de noblesse inférieur à celui de comte.

victime *nf* 1. personne tuée ou blessée : *les victimes de la route* 2. personne, communauté qui souffre des agissements de quelqu'un, des événements ou d'une situation : *être victime d'un accident de voiture.*

victoire *nf* 1. avantage remporté à la guerre 2. succès remporté sur autrui : *la victoire d'un joueur de tennis* • *chanter, crier victoire* se glorifier d'un succès.

victorieux, euse *adj* 1. qui a remporté une victoire 2. qui exprime ou évoque un succès : *air victorieux.*

victuailles *nf pl* vivres, provisions alimentaires.

vidange *nf* opération qui consiste à vider un réservoir, une fosse, etc., pour les rendre de nouveau utilisables : *vidange de moteur* ◆ **vidanges** *nf pl* matières tirées des fosses d'aisances.

vide *adj* 1. qui ne contient rien : *espace vide* 2. d'où l'on a tout enlevé : *chambre vide* 3. qui manque d'intérêt, d'occupations : *journée vide ; esprit vide* • *vide de* dépourvu, privé de ◆ *nm* 1. espace vide : *faire le vide* 2. place, fonction sans titulaire : *combler les vides dans une administration*

3. FIG. sentiment pénible d'absence, de privation : *sa mort laisse un grand vide* 4. vanité, néant : *sentir le vide de toutes choses* • *à vide* sans rien contenir : *voiture roulant à vide* • *parler dans le vide* sans provoquer aucune réaction.

vidéo *adj inv* et *nf* se dit d'un procédé qui permet d'enregistrer sur bande magnétique des images filmées par une caméra, ainsi que le son, et de les projeter immédiatement ou en différé sur un écran de télévision.

vidéocassette *nf* cassette constituée par une bande vidéo, qui, placée dans un appareil de lecture, permet de voir ou de revoir un programme de télévision, un film.

vidéodisque *nm* disque restituant des images et des sons préalablement enregistrés sur un écran de télévision.

vide-ordures *nm inv* dans un immeuble, conduit permettant d'évacuer les ordures ménagères.

vidéothèque *nf* collection de vidéocassettes ; lieu où on les entrepose.

vide-poche (*pl vide-poches*) *nm* ou **vide-poches** *nm inv* 1. petite coupe où l'on dépose les menus objets que l'on porte habituellement sur soi 2. dans une automobile, compartiment pour recevoir divers objets.

vider *vt* 1. rendre vide, retirer le contenu, enlever quelque chose d'un endroit : *vider une baignoire ; vider ses poches* 2. boire le contenu d'un récipient : *vider une bouteille* 3. faire évacuer un lieu 4. FAM. expulser quelqu'un par la force 5. FAM. licencier, mettre à la porte 6. épuiser quelqu'un, physiquement ou intellectuellement : *cette réunion m'a vidé* • *vider une querelle, un différend, etc.* les régler une fois pour toutes • *vider une volaille, un poisson* en retirer les entrailles.

videur *nm* personne chargée, dans un lieu public (boîte de nuit, bal, etc.), de mettre les perturbateurs à la porte.

vie *nf* 1. ensemble des phénomènes biologiques communs aux êtres organisés, qui évoluent de la naissance à la mort : *vie végétale, animale* 2. existence humaine (par oppos. à la *mort*) : *rester entre la vie et la mort* 3. existence humaine considérée dans sa durée : *travailler toute sa vie* 4. existence, d'un point de vue particulier ou considérée de la façon dont elle est vécue : *vie sentimentale ; avoir une vie heureuse* 5. moyens de subsistance : *niveau de vie ; vie chère* 6. biographie, histoire de quelqu'un 7. entrain, mouvement : *enfant plein de vie* 8. existence des choses dans le temps : *durée de vie des étoiles* • *à vie* pour toute la durée de la vie • *gagner sa vie* pourvoir à ses besoins matériels • *jamais de la vie* en aucun cas.

vieillard *nm* homme très âgé ◆ **vieillards** *nm pl* ensemble des gens âgés.

vieillerie *nf* 1. (surtout au pluriel) objet ancien, usé ou démodé 2. FIG. idée, conception, œuvre passée de mode, qui date.

vieillesse *nf* 1. le dernier âge de la vie 2. les vieilles gens : *respecter la vieillesse.*

vieillir *vi* 1. devenir vieux 2. FIG. se démoder, n'être plus à l'ordre du jour : *cette mode vieillit* ◆ *vt* 1. rendre vieux 2. faire paraître vieux, plus vieux.

vieillissement *nm* fait de vieillir, de prendre de l'âge.

vierge *adj* 1. qui n'a jamais eu de rapports sexuels : *rester vierge* 2. qui est intact, qui n'a jamais servi : *cahier vierge* 3. non pénétré, non exploité : *forêt vierge.*

vierge *nf* jeune fille ou femme vierge • *la Vierge* la mère de Jésus.

vieux ou **vieil** (devant une voyelle ou un *h* muet), **vieille** *adj* 1. avancé en âge : *vieil homme* 2. ancien : *vieux château* 3. usé : *vieux vêtement* 4. qui n'est plus en usage : *vieille formule* 5. qui est depuis longtemps dans tel état, telle situation : *de vieux amis* • *vieux jeu* démodé, suranné ◆ *nm* ce qui est ancien • FAM. *prendre un coup de vieux* vieillir brusquement ◆ *n* personne âgée : *les jeunes et les vieux.*

vif, vive *adj* 1. prompt, agile : *enfant vif* 2. qui s'emporte facilement 3. qui comprend facilement : *esprit vif* 4. prononcé, intense, éclatant : *vive surprise ; couleur vive* 5. rapide : *vive attaque* 6. mordant, violent : *propos vifs* • *chaux vive* non mouillée • *haie vive* formée d'arbustes en végétation • *de vive voix* oralement ◆ *nm* DR personne vivante • *entrer dans le vif du sujet* dans ce qu'il y a d'essentiel, de plus important • *piquer au vif* offenser • *sur le vif* d'après nature, avec beaucoup de vie.

vigilant, e *adj* qui veille, surveille attentivement, avec soin.

vigile *nm* personne chargée de la surveillance de locaux industriels, administratifs, etc.

vigne *nf* 1. arbrisseau qui produit le raisin 2. terre plantée en ceps de vigne • *être dans les vignes du Seigneur* être ivre • *vigne vierge* plante grimpante qui orne les façades, les tonnelles, etc.

vigneron, onne *n* personne qui cultive la vigne.

vignette *nf* 1. ornement de la couverture d'un livre, d'un papier à lettres, etc. 2. petite étiquette, portant l'estampille de l'État et servant à certifier le paiement de certains droits : *vignette automobile* 3. timbre attaché à une boîte de médicaments et permettant le remboursement par la Sécurité sociale.

vignoble *nm* étendue de pays plantée de vignes ; ces vignes elles-mêmes.

vigoureux, euse *adj* 1. qui a de la vigueur : *bras vigoureux ; personne vigoureuse* 2. fait avec vigueur : *attaque vigoureuse* 3. fortement exprimé : *style vigoureux.*

vigueur *nf* 1. force physique, vitalité énergique 2. énergie physique ou morale : *s'exprimer avec vigueur* • ***en vigueur*** en usage, en parlant des lois, des règlements.

V.I.H. *nm* (sigle de virus d'immunodéficience humaine) virus responsable du sida.

vil, e *adj* de peu de valeur, méprisable.

vilain, e *adj* 1. désobéissant, désagréable, en parlant d'un enfant 2. peu plaisant, désagréable à voir ou à subir : *avoir de vilaines dents ; un vilain pays* 3. malhonnête, répréhensible : *faire une vilaine farce* 4. qui peut être dangereux : *vilaine toux* ◆ *adv* • ***il fait vilain*** mauvais temps.

villa *nf* 1. maison individuelle avec jardin, d'habitation ou de villégiature 2. voie privée bordée de maisons individuelles.

village *nm* agglomération dont les habitants vivent principalement du travail de la terre.

villageois, e *n* habitant d'un village ◆ *adj* de la campagne : *danse villageoise.*

ville *nf* 1. agglomération d'une certaine importance où la majorité des habitants est occupée par le commerce, l'industrie ou l'administration 2. les habitants d'une ville 3. la vie que l'on mène à la ville : *préférer la ville à la campagne* • ***en ville*** 1. dans la ville 2. hors de chez soi.

villégiature *nf* séjour en dehors de chez soi, à la campagne, à la mer, etc.

vin *nm* 1. boisson alcoolisée obtenue par la fermentation du raisin 2. liqueur alcoolisée obtenue par fermentation d'un produit végétal : *vin de palme* 3. préparation à base de vin : *vin d'orange* • ***avoir le vin gai, triste*** être gai, triste, quand on a bu • ***entre deux vins*** légèrement ivre • ***mettre de l'eau dans son vin*** se calmer, se modérer, dans ses actes ou dans ses propos • ***vin d'honneur*** offert en l'honneur de quelqu'un ou de quelque chose.

vinaigre *nm* condiment résultant d'une fermentation du vin ou d'un autre liquide alcoolisé : *vinaigre de cidre* • FAM. ***faire vinaigre*** se dépêcher • ***tourner au vinaigre*** prendre une tournure fâcheuse.

vinaigrette *nf* sauce à base de vinaigre, d'huile, de sel et de poivre.

vindicatif, ive *adj* et *n* qui se plaît à se venger ◆ *adj* animé par l'esprit de vengeance : *ton vindicatif.*

vingt *adj. num. card* et *nm* 1. deux fois dix : *vingt francs* 2. vingtième : *page vingt*
REM. Vingt prend un s quand il est précédé d'un adjectif de nombre qui le multiplie : quatre-vingts hommes. Il reste invariable quand il est suivi d'un autre adjectif de nombre : quatre-vingt-deux francs, et quand il est employé pour vingtième : page quatre-vingt.

vingtaine *nf* vingt ou environ.

vingtième *adj. num. ord* et *n* 1. qui occupe un rang marqué par le numéro vingt : *être le vingtième* 2. qui est contenu vingt fois dans le tout.

vinicole *adj* relatif à la production du vin.

vinification *nf* ensemble des procédés mis en œuvre pour transformer le raisin en vin.

vinyle *nm* matière plastique : *un disque en vinyle.*

viol *nm* 1. rapport sexuel imposé par la contrainte, et qui constitue pénalement un crime 2. action de transgresser une loi, de pénétrer dans un lieu interdit 3. action de porter atteinte à ce qui est considéré comme une valeur : *viol des consciences.*

violation *nf* action de violer un domicile, une loi, etc.

violence *nf* 1. caractère violent de quelqu'un ou de quelque chose : *la violence d'un accident, d'une tempête* 2. (surtout au pluriel) acte violent : *commettre des violences.*

violent, e *adj* et *n* qui agit par la force, qui se livre à des brutalités ◆ *adj* 1. empreint d'une force impétueuse, brutale : *tenir des propos violents* 2. d'une grande intensité : *un violent orage* 3. qui exige de la force, de l'énergie : *sports violents* • ***mort violente*** causée par un accident, un meurtre, un suicide (par oppos. à *mort naturelle*).

violenter *vt* 1. commettre un viol ou une tentative de viol sur quelqu'un 2. LITT. contraindre, forcer.

violer *vt* 1. contraindre par la force à avoir un rapport sexuel 2. pénétrer dans un lieu malgré une interdiction : *violer un domicile* 3. enfreindre, transgresser : *violer une loi.*

violet, ette *adj* d'une couleur intermédiaire entre le bleu et le rouge ◆ *nm* couleur violette.

violette *nf* plante violacée à fleurs bleues très odorantes.

violeur, euse *n* qui commet, a commis un viol sur quelqu'un.

violon *nm* 1. instrument de musique à quatre cordes et à archet 2. musicien qui en joue 3. FAM. prison d'un poste de police • FAM. ***accorder ses violons*** se mettre d'accord • ***violon d'Ingres*** activité que l'on pratique de façon non professionnelle, à titre de loisir.

violoncelle *nm* 1. instrument à cordes plus grand que le violon 2. VX. violoncelliste.

violoncelliste *n* musicien qui joue du violoncelle.

vipère *nf* 1. serpent venimeux à la tête triangulaire 2. FIG. personne très méchante • ***langue de vipère*** personne médisante.

virage *nm* 1. mouvement d'un véhicule qui tourne, change de direction : *manquer un virage* 2. partie courbe d'une route, d'une piste : *virage dangereux* 3. FIG. changement brusque d'orientation, notamment politique.

viral, e, aux *adj* provoqué par un virus : *affection virale.*

virée *nf* FAM. promenade : *faire une virée.*

virement *nm* opération consistant à transférer des fonds d'un compte à un autre.

virer *vi* 1. changer ou faire changer de direction 2. tourner sur soi-même 3. changer de nuance, en parlant d'une étoffe teinte 4. FIG. changer d'opinion, de caractère ; se modifier • *virer de bord* 1. changer de direction 2. changer d'opinion, de parti ◆ *vt* 1. faire passer une somme d'argent d'un compte à un autre 2. FAM. ôter sans ménagement de sa place : *virer un meuble ; virer quelqu'un de sa chaise* 3. congédier : *virer quelqu'un pour faute professionnelle* ◆ *vt ind* [à] changer de couleur, d'aspect, d'état : *vin qui vire à l'aigre.*

virevolter *vi* tourner rapidement sur soi.

virginité *nf* 1. état d'une personne vierge 2. FIG. pureté, candeur.

virgule *nf* signe de ponctuation servant à séparer les divers membres d'une phrase ou la partie entière et la partie décimale d'un nombre.

viril, e *adj* 1. qui concerne l'homme, le sexe masculin 2. FIG. résolu, ferme, énergique : *discours viril.*

virilité *nf* 1. ensemble des caractères propres à l'homme adulte 2. vigueur sexuelle 3. LITT. caractère viril d'un comportement, d'une attitude.

virtuel, elle *adj* qui n'est pas réalisé, qui reste sans effet actuel ; potentiel • *réalité virtuelle* simulation d'un environnement réel par des images de synthèse tridimensionnelles.

virtuose *n* personne très habile, de beaucoup de talent, dans un domaine quelconque, en particulier dans la musique.

virulent, e *adj* 1. dont le pouvoir de multiplication est maximal : *microbe virulent* 2. se dit d'une personne ou d'un comportement manifestant une âpreté violente : *satire virulente.*

virus [-rys] *nm* 1. microbe responsable des maladies contagieuses : *le virus de la fièvre typhoïde* 2. FIG. source de contagion morale : *le virus de l'anarchie.*

vis [vis] *nf* pièce ronde de bois, de métal, etc., cannelée en spirale, destinée à s'enfoncer en tournant • *escalier à vis* en spirale • *pas de vis* spire d'une vis • *serrer la vis à quelqu'un* se montrer plus sévère à son égard.

visa *nm* 1. formule, signature qui rend un acte authentique 2. cachet apposé sur un passeport et permettant l'entrée dans un pays.

visage *nm* 1. face de l'homme, partie antérieure de la tête 2. personne, personnage : *mettre un nom sur un visage* 3. aspect de quelque chose : *le nouveau visage de la France* • *à visage découvert* ouvertement, franchement • *changer de visage* changer d'expression, se troubler.

visagiste *n* et *adj* personne spécialisée dans l'art de mettre en valeur la beauté et la personnalité du visage de quelqu'un : *coiffeur visagiste.*

vis-à-vis [vizavi] *loc adv* en face ◆ *nm* 1. personne ou chose en face d'une autre 2. petit canapé pour deux personnes ◆ **vis-à-vis de** *loc prép* en face de ; à l'égard de.

viscéral, e, aux *adj* 1. des viscères 2. FIG. profond, instinctif : *réaction viscérale.*

viscère *nm* chacun des organes de l'intérieur du corps (cerveau, poumons, cœur, etc.).

visée *nf* 1. action de diriger le regard, une arme, un instrument vers quelqu'un ou quelque chose 2. FIG. (surtout au pluriel) dessein, objectif : *avoir des visées ambitieuses.*

viser *vt* 1. diriger une arme, un objet vers : *viser une cible* 2. FIG. chercher à atteindre : *viser la gloire* 3. intéresser, concerner : *mesure qui vise tous les automobilistes* ◆ *vt ind* [à] diriger son effort vers : *viser au succès.*

viser *vt* mettre un visa sur un document, contrôler administrativement.

visibilité *nf* 1. qualité de ce qui est visible 2. possibilité de voir à une certaine distance.

visible *adj* 1. qui peut être vu 2. prêt à recevoir des visites : *le directeur n'est pas visible* 3. FIG. évident, manifeste : *plaisir visible.*

visière *nf* rebord d'une casquette, d'un képi, qui abrite les yeux.

vision *nf* 1. perception visuelle : *trouble de la vision* 2. fait de voir ou de se représenter quelque chose : *vision de cauchemar ; vision de l'esprit* 3. perception imaginaire d'objets irréels : *avoir des visions.*

visionnaire *adj* et *n* 1. qui a des visions, qui prétend voir des phénomènes surnaturels 2. capable d'anticipation, qui a l'intuition de l'avenir.

visite *nf* 1. fait d'aller voir, de rencontrer quelqu'un à son domicile : *rendre visite* 2. personne qui fait une visite : *avoir une visite* 3. fait d'aller voir quelque chose : *visite de la ville* 4. examen détaillé, approfondi de quelque chose : *visite des bagages à la douane* 5. fait, pour un médecin, d'aller chez un malade ; examen d'un patient par un médecin.

visiter *vt* 1. aller voir par civilité, devoir, etc. : *visiter un malade, un musée* 2. examiner, inspecter en détail : *visiter un pays.*

visiteur, euse *n* personne qui fait une visite, qui visite un lieu, un pays, etc.

vison *nm* mammifère carnivore élevé pour sa fourrure très recherchée ; fourrure de cet animal.

visqueux, euse *adj* 1. d'une consistance pâteuse, gluante : *pâte visqueuse* 2. couvert d'un enduit gluant : *peau visqueuse.*

visser *vt* 1. fixer avec des vis 2. tourner une vis pour l'enfoncer 3. FIG., FAM. exercer une contrainte, surveiller étroitement.

visualiser *vt* rendre visible, mettre en évidence de façon matérielle, concrète.

visuel, elle *adj* relatif à la vue : *acuité visuelle* • ***mémoire visuelle*** mémoire qui garde le souvenir de ce qui est vu.

vital, e, aux *adj* 1. essentiel à la vie : *fonctions vitales* 2. fondamental, nécessaire à la vie matérielle, à l'action, etc. : *question vitale* • ***minimum vital*** revenu minimal nécessaire à la subsistance et à l'entretien d'une personne, d'une famille.

vitalité *nf* intensité de la vie, du dynamisme de quelqu'un ou de quelque chose.

vitamine *nf* substance organique indispensable en infime quantité à la croissance et au bon fonctionnement de l'organisme.

vite *adv* 1. rapidement, avec vitesse : *courir vite* 2. en peu de temps, sous peu : *être vite arrivé.*

vitesse *nf* 1. célérité, rapidité dans la marche ou dans l'action 2. rapport du chemin parcouru au temps employé à le parcourir : *la vitesse du son est de 340 m par seconde, celle de la lumière de 300 000 km par seconde* 3. chacune des combinaisons d'engrenages d'une boîte de vitesses • ***en perte de vitesse*** dont l'intérêt ou l'effet décroît • ***en quatrième vitesse*** en hâte, à toute allure.

viticole *adj* relatif à la culture de la vigne : *industrie viticole.*

viticulteur, trice *n* personne qui cultive la vigne.

vitrail (*pl vitraux*) *nm* ouverture avec un châssis de métal garni de verres peints maintenus par un réseau de plomb.

vitre *nf* 1. panneau de verre qui s'adapte à une fenêtre 2. glace d'une voiture.

vitreux, euse *adj* se dit de l'œil, du regard dont l'éclat est terni.

vitrier *nm* personne qui fabrique, vend ou pose les vitres.

vitrifier *vt* 1. changer en verre par fusion : *vitrifier du sable* 2. recouvrir une surface d'une substance transparente, destinée à la protéger.

vitrine *nf* 1. baie vitrée d'une boutique, devanture 2. armoire, table fermée par un châssis vitré.

vitriol *nm* VX. acide sulfurique concentré.

vivable *adj* FAM. où l'on peut vivre ; (s'emploie surtout négativement) avec qui l'on peut vivre : *voisin qui n'est pas vivable.*

vivace *adj* 1. qui a de la vitalité 2. FIG. qui dure, subsiste, persiste : *préjugé vivace* • ***plante vivace*** qui vit plusieurs années.

vivacité *nf* 1. caractère vivace, plein de vie de quelqu'un ou de quelque chose : *vivacité d'un enfant, d'un sentiment* 2. promptitude à réagir, à comprendre : *vivacité d'esprit* 3. caractère de ce qui est intense : *vivacité d'une couleur.*

vivant, e *adj* 1. qui est en vie, qui est doué de vie : *être vivant* 2. qui a du mouvement, de l'animation : *quartier très vivant* 3. qui paraît exister réellement ; présent à la mémoire : *souvenir toujours vivant* • ***langue vivante*** actuellement parlée (par oppos. à *langue morte*) ◆ *nm* (surtout au pluriel) personne en vie : *les vivants et les morts* • ***du vivant de quelqu'un*** pendant sa vie.

vivat [viva] *nm* (surtout au pluriel) acclamation, cri de liesse.

vive *nf* poisson marin, comestible, redouté pour ses épines venimeuses.

vive *interj* pour acclamer : *les soldats criaient : « Vive l'empereur ! »* REM. avant un nom pluriel, on écrit *vive les vacances !* ou *vivent les vacances !*

vivement *adv* 1. avec vivacité, ardeur : *marcher vivement* 2. profondément : *vivement touché* ◆ *interj* vienne bientôt le moment de : *vivement les vacances !*

vivier *nm* bassin pour garder des poissons ou des crustacés vivants.

vivifier *vt* donner de la vigueur, de la force.

vivisection *nf* opération pratiquée à titre d'expérience sur un animal vivant.

vivoter *vi* FAM., PÉJOR. vivre dans des conditions matérielles difficiles, végéter ; marcher au ralenti.

vivre *vi* (conj 63) 1. être en vie : *vivre longtemps* 2. habiter : *vivre à la campagne* 3. durer : *sa gloire vivra toujours* 4. avoir tel mode de vie, telle conduite, tel train de vie : *vivre seul ; vivre dangereusement ; vivre largement* 5. se nourrir : *vivre de légumes* • ***savoir vivre*** connaître les convenances ◆ *vt* éprouver, faire intensément : *vivre une belle aventure* • ***vivre sa vie*** jouir de l'existence à sa guise.

vivrier, ère *adj* qui produit des substances alimentaires : *cultures vivrières.*

vocable *nm* mot, terme en tant qu'il a une signification particulière : *vocable technique.*

vocabulaire *nm* 1. ensemble des mots d'une langue, d'une science, etc. : *vocabulaire technique* 2. dictionnaire abrégé ; lexique.

vocal, e, aux *adj* 1. relatif à la voix : *cordes vocales* 2. destiné à être chanté : *musique vocale.*

vocalise *nf* échelle de sons parcourue par un chanteur ou une chanteuse, à titre d'exercice.

vocation *nf* 1. aptitude, penchant particulier pour une profession, un genre de vie, etc. : *avoir la vocation du théâtre* 2. rôle auquel un groupe, un pays, etc., paraît être appelé : *région à vocation industrielle.*

vociférer *vi* (conj 10) s'emporter, crier avec colère ◆ *vt* proférer en criant : *vociférer des injures.*

vodka *nf* eau-de-vie de grain.

vœu [vø] *nm* 1. promesse faite à une divinité : *faire vœu de pauvreté* 2. promesse faite à soi-même : *faire vœu de ne plus boire* 3. souhait de voir se réaliser quelque chose : *je fais le vœu qu'il réussisse* 4. résolution, intention (par oppos. à *décision*) : *assemblée qui émet un vœu* ◆ **vœux** *pl* 1. souhaits adressés pour la réussite de quelqu'un ou de quelque chose : *vœux de bonne année* 2. engagement religieux : *prononcer ses vœux.*

vogue *nf* réputation, popularité : *être en vogue.*

voici *prép* et *adv* indique ce qui est le plus proche, ce qu'on va dire, etc.

voie *nf* 1. route, chemin pour aller d'un lieu à un autre : *voie privée, publique* 2. double ligne de rails pour la circulation des trains : *il y a des travaux sur la voie* 3. moyen de transport : *voie maritime, aérienne* 4. FIG. moyen employé : *agir par la voie légale* 5. ANAT canal : *voies urinaires* • *en bonne, en mauvaise voie* sur le point de réussir, d'échouer • *en voie de* sur le point de • *mettre sur la voie* aider à trouver • *voie d'eau* trou dans la coque d'un navire • ADMIN *voie de fait* acte de violence commis à l'égard de quelqu'un.

voilà *prép* et *adv* indique ce que l'on vient de dire ; désigne, de deux objets, celui qui est le plus éloigné.

voile *nm* 1. étoffe destinée à couvrir ou à protéger 2. coiffure de tissu fin servant à couvrir la tête, le visage : *voile de mariée ; voile de religieuse* 3. tissu léger et fin : *voile de soie* 4. ce qui cache, dissimule : *voile de brume* 5. déformation accidentelle de la roue d'un véhicule, d'un objet 6. PHOT obscurcissement accidentel d'un cliché par excès de lumière • *prendre le voile* se faire religieuse • *sans voile* sans détour • *sous le voile de* sous le couvert de • ANAT *voile du palais* séparation entre les fosses nasales et la bouche.

voile *nf* 1. toile forte qui, attachée aux mâts d'un bateau, reçoit l'action du vent 2. bateau à voile : *on distingue une voile à l'horizon* 3. pratique sportive du bateau à voile : *faire de la voile* • *faire voile* naviguer • *mettre à la voile* appareiller • FAM. *mettre les voiles* s'en aller.

voiler *vt* 1. couvrir d'un voile 2. FIG. cacher, dissimuler 3. déformer accidentellement la roue d'un véhicule 4. PHOT provoquer un voile sur une surface sensible.

voilette *nf* petit voile transparent posé en garniture d'un chapeau de femme et qui se rabat sur le visage.

voilier *nm* bateau de plaisance, navire à voiles.

voir *vt* (conj 41) 1. percevoir par la vue 2. être le témoin de : *nous ne verrons pas ces événements* 3. rendre visite : *aller voir un ami* 4. consulter : *voir un médecin, un avocat* 5. constater, remarquer : *je vois que vous avez changé d'avis* 6. regarder avec attention : *voyez ce tableau* 7. fréquenter : *voir beaucoup de monde* 8. examiner : *voyons si c'est exact* 9. juger, comprendre, percevoir : *tout homme a sa manière de voir* ◆ **se voir** *vpr* 1. se fréquenter 2. être apparent, visible 3. arriver, se produire 4. s'imaginer.

voire *adv* et même, et aussi : *quelques jours, voire quelques semaines.*

voirie *nf* 1. ensemble des voies de communication 2. administration qui s'occupe des voies publiques 3. lieu où l'on jette les immondices.

voisin, e *adj* 1. situé à faible distance : *village voisin* 2. qui a de l'analogie, de la ressemblance : *couleurs voisines* ◆ *adj* et *n* qui demeure près de ; qui est dans le voisinage de : *voisin de palier.*

voisinage *nm* 1. proximité d'habitation 2. ensemble des voisins : *ameuter le voisinage* 3. rapports entre voisins : *relations de bon voisinage.*

voiture *nf* 1. véhicule de transport : *voiture à cheval* 2. véhicule automobile 3. partie d'un train ou d'un métro.

voix *nf* 1. ensemble des sons émis par l'être humain ; organe de la parole, du chant : *voix douce ; voix de ténor* 2. partie vocale ou instrumentale d'une œuvre musicale 3. cri de certains animaux ; son de certains instruments de musique 4. conseil, avertissement : *écouter la voix d'un ami ; la voix de la sagesse* 5. possibilité d'exprimer son opinion 6. suffrage, vote : *perdre des voix* 7. GRAMM forme verbale correspondant à une relation précise entre le verbe, le sujet et l'objet : *voix active, passive, pronominale* • *avoir voix au chapitre* pouvoir donner son avis • *de vive voix* en s'adressant directement à la personne concernée • *rester sans voix* sans paroles, muet d'étonnement.

vol *nm* 1. mode de déplacement dans l'air des oiseaux, des insectes, de certains animaux 2. distance que parcourt un oiseau sans se reposer 3. groupe d'oiseaux qui volent ensemble 4. progression d'un avion dans l'air, d'un engin spatial dans le cosmos 5. mouvement rapide d'un objet d'un lieu dans un autre • *à vol d'oiseau* en ligne droite • *au vol* 1. en l'air 2. FIG. en allant vite • *de haut vol* de grande envergure.

vol *nm* 1. action de voler, de dérober 2. chose volée • *vol qualifié* avec circonstances aggravantes.

volage *adj* dont les sentiments changent vite ; peu fidèle en amour.

volaille *nf* 1. ensemble des oiseaux de basse-cour 2. oiseau de basse-cour.

volant *nm* 1. jeu qui consiste à lancer avec une raquette un morceau de liège garni de plumes 2. garniture de dentelle ou d'étoffe à un vêtement, à un rideau, etc. 3. dispositif en forme de roue avec lequel le conducteur modifie la direction d'une automobile 4. roue pesante qui régularise le mouvement d'une machine.

volant, e *adj* 1. qui vole 2. qui n'est pas fixe : *feuille volante ; pont volant* • *personnel volant* dans l'aviation, personnel navigant.

volatil, e *adj* qui se transforme aisément en vapeur • *alcali volatil* ammoniaque.

volatile *nm* oiseau, en particulier oiseau de basse-cour.

volatiliser *vt* 1. transformer en vapeur 2. rendre volatil 3. faire disparaître, dérober ◆ **se volatiliser** *vpr* 1. devenir volatil 2. disparaître.

volcan *nm* relief édifié par les laves et les projections issues d'une fissure de l'intérieur du globe • FIG. *être sur un volcan* dans une situation périlleuse, face à un danger imminent.

volcanologie ou **vulcanologie** *nf* étude des volcans et des phénomènes relatifs aux volcans.

volcanologue ou **vulcanologue** *n* spécialiste de volcanologie.

volée *nf* 1. action de voler ; envol, essor 2. distance parcourue en volant 3. bande d'oiseaux qui volent ensemble 4. série de coups : *recevoir une volée* 5. tir simultané de plusieurs projectiles : *volée de coups de canon* 6. son d'une cloche : *à toute volée* 7. partie d'escalier entre deux paliers • *à la volée* en l'air : *saisir une balle à la volée* • *de haute volée* de grande envergure.

voler *vi* 1. se maintenir en l'air au moyen des ailes 2. se déplacer dans l'air à l'aide d'un avion ou d'un engin spatial 3. FIG. aller très vite 4. être projeté en l'air : *vitre qui vole en éclats.*

voler *vt* 1. prendre furtivement ou par force le bien d'autrui 2. dépouiller quelqu'un par le vol.

volet *nm* 1. panneau plein qui ferme une fenêtre 2. partie plane d'un objet pouvant se rabattre sur celle à laquelle elle tient : *volet d'un permis de conduire* 3. FIG. partie d'un ensemble : *projet en trois volets.*

voleur, euse *n* et *adj* auteur d'un vol.

volière *nf* grande cage à oiseaux.

volley-ball [vɔlɛbol] (*pl volley-balls*) ou **volley** *nm* sport d'équipe où le ballon doit passer par-dessus un filet sans toucher le sol.

volontaire *adj* 1. fait par un acte de la volonté 2. entêté : *enfant volontaire* ◆ *n* personne qui se propose pour remplir une mission sans y être obligée.

volontariat *nm* service accompli par un, une volontaire.

volontarisme *nm* tendance à considérer que la volonté est déterminante dans le cours des événements.

volonté *nf* 1. faculté de se déterminer librement à certains actes et de les accomplir : *faire un effort de volonté* 2. énergie, fermeté morale : *faire acte de volonté* 3. décision prise par quelqu'un • *à volonté* 1. à discrétion 2. au gré de la personne concernée • *bonne, mauvaise volonté* disposition à vouloir faire ou à refuser de faire quelque chose ◆ **volontés** *pl* fantaisies, caprices • *dernières volontés* derniers souhaits avant de mourir.

volontiers *adv* de bon gré, avec plaisir.

volt *nm* unité de mesure de force électromotrice et de différence de potentiel.

volte-face *nf inv* 1. action de se retourner complètement : *faire volte-face* 2. FIG. changement subit d'opinion.

voltige *nf* 1. ensemble d'exercices au trapèze volant 2. exercice d'équitation qui consiste à sauter sur un cheval en marche ou arrêté 3. ensemble des figures d'acrobatie aérienne 4. FIG. entreprise risquée ou malhonnête.

voltiger *vi* (conj 2) 1. voler çà et là 2. flotter au gré du vent.

volubile *adj* qui parle avec abondance et rapidité.

volume *nm* 1. figure géométrique à trois dimensions 2. étendue, espace occupés par un corps ou un objet ; mesure de cette étendue ou de cet espace 3. quantité globale de quelque chose : *volume des importations* 4. masse d'eau que débite un fleuve 5. force et ampleur des sons 6. livre broché ou relié : *roman en trois volumes.*

volumineux, euse *adj* 1. de grand volume : *paquet volumineux* 2. très important, abondant : *courrier volumineux.*

volupté *nf* 1. jouissance sexuelle, plaisir des sens 2. plaisir, satisfaction intense d'ordre moral ou intellectuel.

voluptueux, euse *adj* et *n* qui cherche la volupté ◆ *adj* qui inspire la volupté.

vomi *nm* matière vomie.

vomir *vt* 1. rejeter ce qui était dans l'estomac 2. FIG. projeter au-dehors avec force : *les canons vomissent la mitraille* 3. FIG. proférer violemment : *vomir des injures.*

vorace *adj* 1. qui mange beaucoup et avec avidité : *enfant vorace* 2. qui a besoin de grandes quantités de nourriture : *appétit vorace.*

vos *adj. poss* → votre.

votant, e *n* qui a le droit de voter ; qui vote effectivement.

vote *nm* vœu, suffrage exprimé, dans une élection, une délibération.

voter *vi* donner sa voix dans une élection ◆ *vt* décider ou demander par un vote : *voter une loi.*

votre, vos *adj. poss. sing* 1. désigne le possesseur de la 2e pers. du pluriel pour exprimer un rapport d'appartenance : *votre ami ; vos parents* 2. désigne la 2e pers. du singulier auquel on s'adresse au pluriel de politesse : *donnez-moi votre main !*

vôtre *pron. poss* ce qui est à vous : *ce livre est le vôtre* ◆ *adj. poss* à vous : *je suis tout vôtre* ◆ *nm* • *le vôtre* votre bien ◆ **vôtres** *nm pl* • *les vôtres* vos parents, vos amis, vos partisans.

vouer *vt* 1. porter un sentiment durable à quelqu'un : *vouer une amitié éternelle* 2. consacrer, destiner à quelqu'un ou à quelque chose : *vouer sa vie à un parti* ◆ **se vouer** *vpr* [à] se consacrer à.

vouloir *vt* (conj 37) 1. avoir l'intention, la volonté de : *il veut savoir la vérité* 2. commander, exiger : *vouloir des explications* 3. attendre quelque chose de quelqu'un : *vouloir le silence absolu de ses associés* 4. se prêter à, être en état de : *bois qui ne veut pas brûler* 5. demander, réclamer quelque chose : *enfant qui veut un jouet* • *sans le vouloir* involontairement, par mégarde • *vouloir bien* accepter, consentir • *vouloir dire* 1. avoir l'intention de dire 2. avoir un certain sens ◆ *vt ind* [de] accepter, agréer : *je ne veux pas de vos excuses* • *en vouloir à quelqu'un* lui garder de la rancune, lui reprocher quelque chose.

vouloir *nm* • LITT. *bon, mauvais vouloir* bonnes, mauvaises dispositions.

voulu, e *adj* 1. fait de façon délibérée, volontaire : *produire l'effet voulu* 2. imposé, exigé par les circonstances : *au moment voulu.*

vous *pron. pers* 1. désigne un groupe de personnes à qui l'on s'adresse : *vous êtes tous très gentils ; on vous les a distribués* 2. désigne la personne à qui l'on s'adresse au pluriel de politesse : *Marie, reprendrez-vous du thé ?* • *dire vous à quelqu'un* le vouvoyer.

voûte *nf* 1. ouvrage de maçonnerie cintré, formé d'un assemblage de pierres 2. ce qui a la forme d'une voûte : *voûte du palais.*

voûter *vt* couvrir d'une voûte ◆ **se voûter** *vpr* 1. se courber anormalement 2. se courber sous l'effet de l'âge ou de la maladie.

vouvoiement *nm* action de vouvoyer.

vouvoyer [vuvwaje] *vt* (conj 3) employer le pronom *vous* pour s'adresser à quelqu'un : *vouvoyer ses parents.*

voyage *nm* 1. fait de se déplacer hors de sa région, de sa ville ou de son pays : *partir en voyage ; voyage d'affaires* 2. trajet, allée et venue d'un lieu dans un autre : *faire de nombreux voyages pour déménager une pièce* • *les gens du voyage* les artistes du cirque.

voyager *vi* (conj 2) 1. aller dans un lieu plus ou moins éloigné ; faire un voyage : *voyager à l'étranger* 2. faire un trajet : *voyager en seconde classe.*

voyageur, euse *n* personne qui voyage, qui a l'habitude de voyager • *voyageur de commerce* qui voyage pour le compte d'une maison de commerce ◆ *adj* qui voyage : *pigeon voyageur.*

voyagiste *n* personne qui organise et commercialise des voyages à forfait.

voyance *nf* don de ceux qui prétendent prédire l'avenir.

voyant, e *adj* qui attire l'œil : *couleurs voyantes* ◆ *n* et *adj* qui jouit du sens de la vue (par oppos. à *aveugle, non-voyant*) ◆ *n* personne qui prétend voir les choses passées et futures : *consulter une voyante* ◆ *nm* disque, ampoule, signal lumineux ou sonore d'avertissement, sur un appareil de contrôle, un tableau, etc.

voyelle *nf* 1. son produit par la vibration du larynx avec le concours de la bouche plus ou moins ouverte 2. lettre représentant une voyelle (l'alphabet français a six voyelles, qui sont : a, e, i, o, u, y).

voyeur *nm* personne qui se plaît à assister, à la dérobée, à des scènes érotiques.

voyeurisme *nm* attitude du voyeur.

voyou [vwaju] *nm* individu malhonnête et sans scrupule ◆ *adj* (inv. en genre) canaille, fripon : *air voyou.*

vrac (en) *loc adv* 1. pêle-mêle, sans emballage : *expédier en vrac* 2. en désordre.

vrai, e *adj* 1. conforme à la vérité : *histoire vraie* 2. sincère : *un ami vrai* 3. qui a les qualités essentielles à sa nature : *un vrai diamant* 4. convenable, juste : *voilà sa vraie place* ◆ *nm* la vérité : *distinguer le vrai du faux* • *à vrai dire* pour parler avec vérité • FAM. *pour de vrai* pour de bon.

vraiment *adv* véritablement.

vraisemblable *adj* qui a l'apparence de la vérité, de la probabilité.

vraisemblance *nf* caractère de ce qui a l'apparence de la vérité.

vrille *nf* 1. organe de fixation de certaines plantes grimpantes : *les vrilles de la vigne* 2. outil terminé par une sorte de vis pour percer des trous dans le bois 3. figure de voltige aérienne.

vrombir *vi* produire un son vibrant, dû à un mouvement périodique rapide : *moteur qui vrombit.*

vu, e *adj* • *bien, mal vu* bien, mal considéré, accueilli ◆ *prép* eu égard à : *vu la difficulté* • *vu que* attendu que, puisque ◆ *nm* • *au vu et au su de* en portant à la parfaite connaissance de.

vue *nf* 1. sens par lequel on perçoit la forme, la couleur des choses matérielles ; faculté de voir : *perdre la vue ; recouvrer la vue* 2. action de regarder, de voir : *détourner la vue* 3. étendue de ce que l'on peut voir là où on est : *maison qui a une belle vue* 4. représentation d'un lieu, d'un paysage : *des vues prises d'avion* 5. idée, conception, manière de voir : *vue ingénieuse* • *à perte de vue* très loin • *à vue d'œil* rapidement, sans examiner avec attention • *en vue de* dans le but de.

vulcanologie *nf* → volcanologie.

vulcanologue *n* → volcanologue.

vulgaire *adj* 1. commun, ordinaire, quelconque 2. prosaïque, bas, grossier : *manières vulgaires* 3. (avant le nom) qui n'est rigoureusement que ce qu'il est : *robe en vulgaire coton* • *nom vulgaire d'une plante, d'un animal* nom courant (par oppos. au *nom scientifique*).

vulgariser *vt* rendre accessible au grand public, faire connaître, propager : *vulgariser une découverte scientifique.*

vulgarité *nf* caractère d'une personne ou d'une chose vulgaire ◆ **vulgarités** *pl* paroles grossières, vulgaires.

vulnérabilité *nf* caractère vulnérable.

vulnérable *adj* 1. susceptible d'être attaqué, battu : *position vulnérable* 2. qui donne prise aux attaques morales 3. FIG. faible, qui donne prise à la critique : *point vulnérable d'un argument.*

vulve *nf* ensemble des parties génitales externes, chez la femme et chez les femelles des animaux supérieurs.

W

w *nm* vingt-troisième lettre de l'alphabet et la dix-huitième des consonnes.

wagon [vagɔ̃] *nm* voiture de chemin de fer pour le transport des marchandises et des animaux (pour les voyageurs, on dit plutôt voiture).

wagon-lit (*pl wagons-lits*) *nm* voiture de chemin de fer aménagée pour permettre aux voyageurs de dormir dans une couchette.

wagonnet *nm* petit wagon basculant, poussé à bras.

Walkman *nm* (nom déposé) casque à écouteurs relié à un lecteur de cassettes ou à un récepteur de radio portatif qui permet d'écouter de la musique en se promenant (recomm off : *baladeur*).

wallon, onne [wa-] *adj* qui se rapporte aux Wallons ◆ *nm* dialecte roman de langue d'oïl, parlé en Belgique et dans le nord de la France ◆ *n* habitant de la Belgique parlant le français : *les Wallons.*

water-closet [watɛrklɔzɛt] (*pl water-closets*) *nm* ou **waters** *nm pl* ou **W.-C.** *nm pl* petite pièce destinée aux besoins naturels ; toilettes.

water-polo [watɛrpɔlo] (*pl water-polos*) *nm* jeu de ballon dans l'eau.

watt *nm* unité de mesure de puissance du flux énergétique et thermique (symb : W).

week-end [wikɛnd] (*pl week-ends*) *nm* congé de fin de semaine incluant le samedi et le dimanche.

western [wɛstɛrn] *nm* film d'aventures qui raconte les aventures des pionniers, des cow-boys dans l'Ouest américain.

whisky [wiski] (*pl whiskys* ou *whiskies*) *nm* eau-de-vie de grain fabriquée surtout dans les pays anglo-saxons.

X

x *nm* 1. vingt-quatrième lettre de l'alphabet et la dix-neuvième des consonnes 2. objet en forme d'X 3. tabouret à pieds croisés 4. MATH symbole représentant l'inconnue ou l'une des inconnues d'une équation 5. sert à désigner une personne ou une chose qu'on ne veut ou ne peut désigner plus clairement : *monsieur X ; en un temps x* • *X* chiffre romain valant 10 • *film classé X* à caractère pornographique.

xénophobe *adj* et *n* qui manifeste de l'hostilité envers les étrangers.

xérès [kserɛs] ou **jerez** [xerɛs] *nm* vin blanc sec originaire d'Espagne (Jerez).

xylophone *nm* instrument de musique composé de lamelles de bois ou de métal sur lesquelles on frappe avec deux baguettes.

Y

y *nm* vingt-cinquième lettre de l'alphabet et la sixième des voyelles.

y *adv* dans cet endroit-là : *allez-y !* • *il y a* il est, il existe : *il y a un café au coin* ◆ *pron. pers* à cela, à cette personne-là : *ne vous y fiez pas ! ; nous y sommes.*

yacht [jot] *nm* bateau de plaisance, à voiles ou à moteur.

yaourt [jaurt] ou **yogourt** ou **yoghourt** [jogurt] *nm* lait caillé à l'aide de ferments lactiques.
yard [jard] *nm* unité de mesure de longueur anglo-saxonne, valant 0,914 m.
yen [jɛn] *nm inv* unité monétaire principale du Japon.
yeux *nm pl* → œil.
yiddish [jidiʃ] *nm inv* langue germanique des communautés juives d'Europe centrale et orientale.
yoga *nm* discipline spirituelle et corporelle, originaire de l'Inde.
yogi *nm* personne qui pratique le yoga.
yogourt ou **yoghourt** *nm* → yaourt.
Yo-Yo *nm inv* (nom déposé) jouet formé d'une roulette à gorge qui monte et descend le long d'un fil.

Z

z *nm* vingt-sixième lettre de l'alphabet et la vingtième des consonnes.
zapper *vi* pratiquer le zapping.
zapping [zapiŋ] *nm* pratique du téléspectateur qui change souvent de chaîne, à l'aide de sa télécommande.
zèbre *nm* 1. mammifère africain voisin du cheval, à robe rayée 2. FAM. individu : *un drôle de zèbre.*
zébré, e *adj* marqué de zébrures, de raies.
zébrure *nf* rayure, raie sur la peau ou sur une surface quelconque.
zèle *nm* vive ardeur pour le service de quelqu'un ou de quelque chose • FAM. *faire du zèle* montrer un empressement intempestif ou exagéré.
zélé, e *adj* plein de zèle.
zénith *nm* 1. point du ciel situé au-dessus de la tête de l'observateur 2. FIG. point culminant, degré le plus élevé : *au zénith de sa gloire.*
zéro *nm* 1. signe numérique qui note la valeur nulle d'une grandeur, mais qui, placé à la droite d'un chiffre, augmente dix fois sa valeur 2. absence de valeur, de quantité : *fortune réduite à zéro* 3. FIG. celui dont les capacités sont nulles 4. degré de température correspondant à la glace fondante • *zéro absolu* température de -273 °C ◆ *adj* 1. aucun : *zéro faute* 2. nul en valeur : *degré zéro.*
zeste *nm* 1. écorce extérieure de l'orange, du citron 2. FIG. petite quantité.
zézayer *vi* (conj 4) parler en donnant le son du *z* aux lettres *j* et *g*, et prononcer *s* le *ch.*
zigzag *nm* ligne brisée à angles alternativement rentrants et sortants.
zigzaguer *vi* faire des zigzags.
zinc [zɛ̃g] *nm* 1. corps simple, métallique, d'un blanc bleuâtre 2. FAM. comptoir d'un bar, d'un café 3. FAM. avion.
zizanie *nf* • *mettre, semer la zizanie* provoquer la désunion, le désaccord entre des personnes.
Zodiac *nm* (nom déposé) canot en caoutchouc pouvant être équipé d'un moteur.
zodiacal, e, aux *adj* du zodiaque.
zodiaque *nm* zone circulaire dont l'écliptique occupe le milieu et qui contient les douze constellations que le Soleil parcourt dans son mouvement apparent • *signe du zodiaque* chacune des douze parties en lesquelles le zodiaque est divisé (ce sont le Bélier, le Taureau, les Gémeaux, le Cancer, le Lion, la Vierge, la Balance, le Scorpion, le Sagittaire, le Capricorne, le Verseau et les Poissons).
zona *nm* maladie infectieuse caractérisée par des éruptions vésiculeuses et douloureuses.
zone *nf* 1. MATH portion de la surface d'une sphère limitée par deux plans parallèles qui la coupent 2. espace qui s'allonge sensiblement dans le sens des parallèles 3. GÉOGR chacune des divisions de la Terre déterminées par les pôles, les cercles polaires et les tropiques, et à laquelle correspond approximativement un grand type de climat (*zones tropicale, tempérée, polaire*) 4. espace limité d'un pays, région : *zone frontière* 5. espace limité d'une surface, d'une étendue plus vaste : *zone industrielle* 6. FAM. espace, à la limite d'une ville, caractérisé par la misère de son habitat 7. FIG. tout ce qui est comparable à un espace quelconque : *zone d'influence.*
zoo [zo] *nm* lieu public où sont rassemblés des animaux rares en captivité.
zoologie *nf* branche des sciences naturelles qui étudie les animaux.
zoom [zum] *nm* objectif de prise de vues dont on peut faire varier de façon continue la distance focale.
zouave *nm* 1. FAM. individu au comportement original ou bizarre 2. HIST soldat d'un corps d'infanterie française, créé en Algérie en 1830.
zozoter *vi* FAM. zézayer.
zut *interj* FAM. exclamation de mépris, de dépit, de lassitude.
zygomatique *adj* relatif à la pommette : *muscle zygomatique.*

CONJUGAISONS

AVOIR

INDICATIF				SUBJONCTIF		CONDITIONNEL	
présent		**passé composé**		**présent**		**présent**	
j'	ai	j'	ai eu	que j'	aie	j'	aurais
tu	as	tu	as eu	que tu	aies	tu	aurais
il	a	il	a eu	qu'il	ait	il	aurait
nous	avons	nous	avons eu	que nous	ayons	nous	aurions
vous	avez	vous	avez eu	que vous	ayez	vous	auriez
ils	ont	ils	ont eu	qu'ils	aient	ils	auraient
imparfait		**plus-que-parfait**		**imparfait**		**passé 1re forme**	
j'	avais	j'	avais eu	que j'	eusse	j'	aurais eu
tu	avais	tu	avais eu	que tu	eusses	tu	aurais eu
il	avait	il	avait eu	qu'il	eût	il	aurait eu
nous	avions	nous	avions eu	que nous	eussions	nous	aurions eu
vous	aviez	vous	aviez eu	que vous	eussiez	vous	auriez eu
ils	avaient	ils	avaient eu	qu'ils	eussent	ils	auraient eu
passé simple		**passé antérieur**		**passé**		**passé 2e forme**	
j'	eus	j'	eus eu	que j'	aie eu	j'	eusse eu
tu	eus	tu	eus eu	que tu	aies eu	tu	eusses eu
il	eut	il	eut eu	qu'il	ait eu	il	eût eu
nous	eûmes	nous	eûmes eu	que nous	ayons eu	nous	eussions eu
vous	eûtes	vous	eûtes eu	que vous	ayez eu	vous	eussiez eu
ils	eurent	ils	eurent eu	qu'ils	aient eu	ils	eussent eu
futur		**futur antérieur**		**plus-que-parfait**			
j'	aurai	j'	aurai eu	que j'	eusse eu		
tu	auras	tu	auras eu	que tu	eusses eu		
il	aura	il	aura eu	qu'il	eût eu		
nous	aurons	nous	aurons eu	que nous	eussions eu		
vous	aurez	vous	aurez eu	que vous	eussiez eu		
ils	auront	ils	auront eu	qu'ils	eussent eu		

INFINITIF	PARTICIPE	IMPÉRATIF
présent	**présent**	**présent**
avoir	ayant	aie ayons ayez
passé	**passé**	
avoir eu	eu, eue ayant eu	

ÊTRE

INDICATIF

présent		passé composé	
je	suis	j'	ai été
tu	es	tu	as été
il	est	il	a été
nous	sommes	nous	avons été
vous	êtes	vous	avez été
ils	sont	ils	ont été
imparfait		**plus-que-parfait**	
j'	étais	j'	avais été
tu	étais	tu	avais été
il	était	il	avait été
nous	étions	nous	avions été
vous	étiez	vous	aviez été
ils	étaient	ils	avaient été
passé simple		**passé antérieur**	
je	fus	j'	eus été
tu	fus	tu	eus été
il	fut	il	eut été
nous	fûmes	nous	eûmes été
vous	fûtes	vous	eûtes été
ils	furent	ils	eurent été
futur		**futur antérieur**	
je	serai	j'	aurai été
tu	seras	tu	auras été
il	sera	il	aura été
nous	serons	nous	aurons été
vous	serez	vous	aurez été
ils	seront	ils	auront été

SUBJONCTIF

présent	
que je	sois
que tu	sois
qu'il	soit
que nous	soyons
que vous	soyez
qu'ils	soient
imparfait	
que je	fusse
que tu	fusses
qu'il	fût
que nous	fussions
que vous	fussiez
qu'ils	fussent
passé	
que j'	aie été
que tu	aies été
qu'il	ait été
que nous	ayons été
que vous	ayez été
qu'ils	aient été
plus-que-parfait	
que j	eusse été
que tu	eusses été
qu'il	eût été
que nous	eussions été
que vous	eussiez été
qu'ils	eussent été

CONDITIONNEL

présent	
je	serais
tu	serais
il	serait
nous	serions
vous	seriez
ils	seraient
passé 1re forme	
j'	aurais été
tu	aurais été
il	aurait été
nous	aurions été
vous	auriez été
ils	auraient été
passé 2e forme	
j'	eusse été
tu	eusses été
il	eût été
nous	eussions été
vous	eussiez été
ils	eussent été

INFINITIF

présent
être

passé
avoir été

PARTICIPE

présent
étant

passé
été
ayant été

IMPÉRATIF

présent
sois
soyons
soyez

AIMER

INDICATIF				SUBJONCTIF		CONDITIONNEL	
présent		**passé composé**		**présent**		**présent**	
j'	aim e	j'	ai aimé	que j'	aim e	j'	aim erais
tu	aim es	tu	as aimé	que tu	aim es	tu	aim erais
il	aim e	il	a aimé	qu'il	aim e	il	aim erait
nous	aim ons	nous	avons aimé	que nous	aim ions	nous	aim erions
vous	aim ez	vous	avez aimé	que vous	aim iez	vous	aim eriez
ils	aim ent	ils	ont aimé	qu'ils	aim ent	ils	aim eraient
imparfait		**plus-que-parfait**		**imparfait**		**passé 1re forme**	
j'	aim ais	j'	avais aimé	que j'	aim asse	j'	aurais aimé
tu	aim ais	tu	avais aimé	que tu	aim asses	tu	aurais aimé
il	aim ait	il	avait aimé	qu'il	aim ât	il	aurait aimé
nous	aim ions	nous	avions aimé	que nous	aim assions	nous	aurions aimé
vous	aim iez	vous	aviez aimé	que vous	aim assiez	vous	auriez aimé
ils	aim aient	ils	avaient aimé	qu'ils	aim assent	ils	auraient aimé
passé simple		**passé antérieur**		**passé**		**passé 2e forme**	
j'	aim ai	j'	eus aimé	que j'	aie aimé	j'	eusse aimé
tu	aim as	tu	eus aimé	que tu	aies aimé	tu	eusses aimé
il	aim a	il	eut aimé	qu'il	ait aimé	il	eût aimé
nous	aim âmes	nous	eûmes aimé	que nous	ayons aimé	nous	eussions aimé
vous	aim âtes	vous	eûtes aimé	que vous	ayez aimé	vous	eussiez aimé
ils	aim èrent	ils	eurent aimé	qu'ils	aient aimé	ils	eussent aimé
futur		**futur antérieur**		**plus-que-parfait**			
j'	aim erai	j'	aurai aimé	que j'	eusse aimé		
tu	aim eras	tu	auras aimé	que tu	eusses aimé		
il	aim era	il	aura aimé	qu'il	eût aimé		
nous	aim erons	nous	aurons aimé	que nous	eussions aimé		
vous	aim erez	vous	aurez aimé	que vous	eussiez aimé		
ils	aim eront	ils	auront aimé	qu'ils	eussent aimé		

INFINITIF	PARTICIPE	IMPÉRATIF	
présent	**présent**	**présent**	**passé**
aimer	aimant	aim e	aie aimé
passé	**passé**	aim ons	ayons aimé
avoir aimé	aimé	aim ez	ayez aimé
	ayant aimé		

FINIR

INDICATIF

présent		passé composé	
je	fin is	j'	ai fini
tu	fin is	tu	as fini
il	fin it	il	a fini
nous	fin issons	nous	avons fini
vous	fin issez	vous	avez fini
ils	fin issent	ils	ont fini

imparfait		plus-que-parfait	
je	fin issais	j'	avais fini
tu	fin issais	tu	avais fini
il	fin issait	il	avait fini
nous	fin issions	nous	avions fini
vous	fin issiez	vous	aviez fini
ils	fin issaient	ils	avaient fini

passé simple		passé antérieur	
je	fin is	j'	eus fini
tu	fin is	tu	eus fini
il	fin it	il	eut fini
nous	fin îmes	nous	eûmes fini
vous	fin îtes	vous	eûtes fini
ils	fin irent	ils	eurent fini

futur		futur antérieur	
je	fin irai	j'	aurai fini
tu	fin iras	tu	auras fini
il	fin ira	il	aura fini
nous	fin irons	nous	aurons fini
vous	fin irez	vous	aurez fini
ils	fin iront	ils	auront fini

SUBJONCTIF

présent	
que je	fin isse
que tu	fin isses
qu'il	fin isse
que nous	fin issions
que vous	fin issiez
qu'ils	fin issent

imparfait	
que je	fin isse
que tu	fin isses
qu'il	fin ît
que nous	fin issions
que vous	fin issiez
qu'ils	fin issent

passé	
que j'	aie fini
que tu	aies fini
qu'il	ait fini
que nous	ayons fini
que vous	ayez fini
qu'ils	aient fini

plus-que-parfait	
que j'	eusse fini
que tu	eusses fini
qu'il	eût fini
que nous	eussions fini
que vous	eussiez fini
qu'ils	eussent fini

CONDITIONNEL

présent	
j'	fin irais
tu	fin irais
il	fin irait
nous	fin irions
vous	fin iriez
ils	fin iraient

passé 1re forme	
j'	aurais fini
tu	aurais fini
il	aurait fini
nous	aurions fini
vous	auriez fini
ils	auraient fini

passé 2e forme	
j'	eusse fini
tu	eusses fini
il	eût fini
nous	eussions fini
vous	eussiez fini
ils	eussent fini

INFINITIF

présent
finir

passé
avoir fini

PARTICIPE

présent
finissant

passé
fini
ayant fini

IMPÉRATIF

présent	passé
finis	aie fini
finissons	ayons fini
finissez	ayez fini

1er groupe (en -ER)		1 placer	2 manger	3 nettoyer
Ind. prés.	je	place	mange	nettoie
	tu	places	manges	nettoies
	il	place	mange	nettoie
	ns	plaçons	mangeons	nettoyons
	vs	placez	mangez	nettoyez
	ils	placent	mangent	nettoient
– imparfait	je	plaçais	mangeais	nettoyais
	il	plaçait	mangeait	nettoyait
	ns	placions	mangions	nettoyions
	ils	plaçaient	mangeaient	nettoyaient
– passé s.	je	plaçai	mangeai	nettoyai
	il	plaça	mangea	nettoya
	ns	plaçâmes	mangeâmes	nettoyâmes
	ils	placèrent	mangèrent	nettoyèrent
– futur	je	placerai	mangerai	nettoierai
	il	placera	mangera	nettoiera
Cond. prés.	je	placerais	mangerais	nettoierais
	il	placerait	mangerait	nettoierait
	ns	placerions	mangerions	nettoierions
Subj. prés.	q. je	place	mange	nettoie
	q. ns	placions	mangions	nettoyions
– imparfait	q. je	plaçasse	mangeasse	nettoyasse
	q. il	plaçât	mangeât	nettoyât
Impératif		place, plaçons	mange, mangeons	nettoie, nettoyons
		placez	mangez	nettoyez
Participes		plaçant, placé	mangeant, mangé	nettoyant, nettoyé

		4 payer	5 peler	6 appeler
Ind. prés.	je	paie/paye	pèle	appelle
	tu	paies/payes	pèles	appelles
	il	paie/paye	pèle	appelle
	ns	payons	pelons	appelons
	vs	payez	pelez	appelez
	ils	paient/payent	pèlent	appellent
– imparfait	je	payais	pelais	appelais
	il	payait	pelait	appelait
	ns	payions	pelions	appelions
	ils	payaient	pelaient	appelaient
– passé s.	je	payai	pelai	appelai
	il	paya	pela	appela
	ns	payâmes	pelâmes	appelâmes
	ils	payèrent	pelèrent	appelèrent
– futur	je	paierai/payerai	pèlerai	appellerai
	il	paiera/payera	pèlera	appellera
Cond. prés.	je	paierais/payerais	pèlerais	appellerais
	il	paierait/payerait	pèlerait	appellerait
	ns	paierions/payerions	pèlerions	appellerions
Subj. prés.	q. je	paie/paye	pèle	appelle
	q. ns	payions	pelions	appelions
– imparfait	q. je	payasse	pelasse	appelasse
	q. il	payât	pelât	appelât
Impératif		paie/paye, payons	pèle, pelons	appelle, appelons
		payez	pelez	appelez
Participes		payant, payé	pelant, pelé	appelant, appelé

		7 acheter	8 jeter	9 semer
Ind. prés.		j(e) achète	jette	sème
		tu achètes	jettes	sèmes
		il achète	jette	sème
		ns achetons	jetons	semons
		vs achetez	jetez	semez
		ils achètent	jettent	sèment
- imparfait		j(e) achetais	jetais	semais
		il achetait	jetait	semait
		ns achetions	jetions	semions
		ils achetaient	jetaient	semaient
- passé s.		j(e) achetai	jetai	semai
		il acheta	jeta	sema
		ns achetâmes	jetâmes	semâmes
		ils achetèrent	jetèrent	semèrent
- futur		j(e) achèterai	jetterai	sèmerai
		il achètera	jettera	sèmera
Cond. prés.		j(e) achèterais	jetterais	sèmerais
		il achèterait	jetterait	sèmerait
		ns achèterions	jetterions	sèmerions
Subj. prés.	q.	j(e) achète	jette	sème
	q.	ns achetions	jetions	semions
- imparfait	q.	il achetât	jetât	semât
Impératif		achète, achetons	jette, jetons	sème, semons
		achetez	jetez	semez
Participes		achetant, acheté	jetant, jeté	semant, semé

		10 révéler	11 envoyer	12 aller (1)
Ind. prés.		je révèle	envoie	vais
		tu révèles	envoies	vas
		il révèle	envoie	va
		ns révélons	envoyons	allons
		vs révélez	envoyez	allez
		ils révèlent	envoient	vont
- imparfait		j(e) révélais	envoyais	allais
		il révélait	envoyait	allait
		ns révélions	envoyions	allions
		ils révélaient	envoyaient	allaient
- passé s.		j(e) révélai	envoyai	allai
		il révéla	envoya	alla
		ns révélâmes	envoyâmes	allâmes
		ils révélèrent	envoyèrent	allèrent
- futur		j(e) révélerai	enverrai	irai
		il révélera	enverra	ira
Cond. prés.		j(e) révélerais	enverrais	irais
		il révélerait	enverrait	irait
		ns révélerions	enverrions	irions
Subj. prés.	q.	j(e) révèle	envoie	aille
	q.	ns révélions	envoyions	allions
- imparfait	q.	il révélât	envoyât	allât
Impératif		révèle, révélons	envoie, envoyons	va, allons
		révélez	envoyez	allez
Participes		révélant, révélé	envoyant, envoyé	allant, allé

(1) Aux temps composés, on dit *je suis allé* ou *j'ai été*.

2ᵉ groupe (en -IR)	13 haïr	14 fleurir	15 bénir (1)
Ind. prés.	je hais	Le verbe *fleurir* est	bénis
	tu hais	régulier sur *finir ;*	bénis
	il hait	la forme [flor-] n'existe	bénit
	ns haïssons	au sens fig. que pour	bénissons
	vs haïssez	*florissant,* il *florissait*	bénissez
	ils haïssent		bénissent
– imparfait	je haïssais		bénissais
	il haïssait		bénissait
	ns haïssions		bénissions
	ils haïssaient		bénissaient
– passé s.	je haïs		bénis
	il haït		bénit
	ns haïmes		bénîmes
	ils haïrent		bénirent
– futur	je haïrai		bénirai
Cond. prés.	je haïrais		bénirais
	ns haïrions		bénirions
Subj. prés.	q. je haïsse		bénisse
	q. il haïsse		bénisse
– imparfait	q. je haïsse		bénisse
	q. il haït		bénît
Impératif	haïs, haïssons		bénis, bénissons
	haïssez		bénissez
Participes	haïssant, haï		bénissant, béni

(1) Le participe passé est *bénit, bénite* dans « pain bénit » et « eau bénite ».

3ᵉ groupe	16 ouvrir	17 fuir	18 dormir
Ind. prés.	j(e) ouvre	fuis	dors
	tu ouvres	fuis	dors
	il ouvre	fuit	dort
	ns ouvrons	fuyons	dormons
	vs ouvrez	fuyez	dormez
	ils ouvrent	fuient	dorment
– imparfait	j(e) ouvrais	fuyais	dormais
	il ouvrait	fuyait	dormait
	ns ouvrions	fuyions	dormions
	ils ouvraient	fuyaient	dormaient
– passé s.	j(e) ouvris	fuis	dormis
	il ouvrit	fuit	dormit
	ns ouvrîmes	fuîmes	dormîmes
	ils ouvrirent	fuirent	dormirent
– futur	j(e) ouvrirai	fuirai	dormirai
	il ouvrira	fuira	dormira
Cond. prés.	j(e) ouvrirais	fuirais	dormirais
	il ouvrirait	fuirait	dormirait
	ns ouvririons	fuirions	dormirions
Subj. prés.	q. j(e) ouvre	fuie	dorme
	q. ns ouvrions	fuyions	dormions
– imparfait	q. j(e) ouvrisse	fuisse	dormisse
	q. il ouvrît	fuît	dormît
	q. ns ouvrissions	fuissions	dormissions
Impératif	ouvre, ouvrons	fuis, fuyons	dors, dormons
	ouvrez	fuyez	dormez
Participes	ouvrant, ouvert	fuyant, fui	dormant, dormi

	19 mentir	20 servir	21 acquérir
Ind. prés.	j(e) mens	sers	acquiers
	il ment	sert	acquiert
	ns mentons	servons	acquérons
	vs mentez	servez	acquérez
	ils mentent	servent	acquièrent
– imparfait	j(e) mentais	servais	acquérais
	il mentait	servait	acquérait
	ns mentions	servions	acquérions
	ils mentaient	servaient	acquéraient
– passé s.	j(e) mentis	servis	acquis
	il mentit	servit	acquit
	ns mentîmes	servîmes	acquîmes
	ils mentirent	servirent	acquirent
– futur	j(e) mentirai	servirai	acquerrai
	il mentira	servira	acquerra
Cond. prés.	j(e) mentirais	servirais	acquerrais
	il mentirait	servirait	acquerrait
	ns mentirions	servirions	acquerrions
Subj. prés.	q. j(e) mente	serve	acquière
	q. ns mentions	servions	acquérions
– imparfait	q. j(e) mentisse	servisse	acquisse
	q. il mentît	servît	acquît
Impératif	mens, mentons	sers, servons	acquiers, acquérons
	mentez	servez	acquérez
Participes	mentant, menti	servant, servi	acquérant, acquis

	22 tenir	23 assaillir (1)	24 cueillir
Ind. prés.	j(e) tiens	assaille	cueille
	tu tiens	assailles	cueilles
	il tient	assaille	cueille
	ns tenons	assaillons	cueillons
	vs tenez	assaillez	cueillez
	ils tiennent	assaillent	cueillent
– imparfait	j(e) tenais	assaillais	cueillais
	il tenait	assaillait	cueillait
	ns tenions	assaillions	cueillions
	ils tenaient	assaillaient	cueillaient
– passé s.	j(e) tins	assaillis	cueillis
	il tint	assaillit	cueillit
	ns tînmes	assaillîmes	cueillîmes
	ils tinrent	assaillirent	cueillirent
– futur	j(e) tiendrai	assaillirai	cueillerai
	il tiendra	assaillira	cueillera
Cond. prés.	j(e) tiendrais	assaillirais	cueillerais
	il tiendrait	assaillirait	cueillerait
	ns tiendrions	assaillirions	cueillerions
Subj. prés.	q. j(e) tienne	assaille	cueille
	q. ns tenions	assaillions	cueillions
– imparfait	q. j(e) tinsse	assaillisse	cueillisse
	q. il tînt	assaillît	cueillît
Impératif	tiens, tenons	assaille, assaillons	cueille, cueillons
	tenez	assaillez	cueillez
Participes	tenant, tenu	assaillant, assailli	cueillant, cueilli

(1) On trouve aussi *assaillerai* pour le futur et *assaillerais* pour le conditionnel.

		25 mourir	26 partir (1)	27 vêtir
Ind. prés.		je meurs	pars	vêts
		il meurt	part	vêt
		ns mourons	partons	vêtons
		vs mourez	partez	vêtez
		ils meurent	partent	vêtent
– imparfait		je mourais	partais	vêtais
		il mourait	partait	vêtait
		ns mourions	partions	vêtions
		ils mouraient	partaient	vêtaient
– passé s.		je mourus	partis	vêtis
		il mourut	partit	vêtit
		ns mourûmes	partîmes	vêtîmes
		ils moururent	partirent	vêtirent
– futur		je mourrai	partirai	vêtirai
		il mourra	partira	vêtira
Cond. prés.		je mourrais	partirais	vêtirais
		il mourrait	partirait	vêtirait
		ns mourrions	partirions	vêtirions
Subj. prés.	q.	je meure	parte	vête
	q.	ns mourions	partions	vêtions
– imparfait	q.	je mourusse	partisse	vêtisse
	q.	il mourût	partît	vêtît
Impératif		meurs, mourez	pars, partez	vêts, vêtez
Participes		mourant, mort	partant, parti	vêtant, vêtu

(1) Et ses composés sauf *répartir* (sur *finir*).

		28 sortir (1)	29 courir	30 faillir
Ind. prés.		je sors	cours	***inusité***
		il sort	court	–
		ns sortons	courons	–
		vs sortez	courez	–
		ils sortent	courent	–
– imparfait		je sortais	courais	–
		il sortait	courait	–
		ns sortions	courions	–
		ils sortaient	couraient	–
– passé s.		je sortis	courus	faillis
		il sortit	courut	faillit
		ns sortîmes	courûmes	faillîmes
		ils sortirent	coururent	faillirent
– futur		je sortirai	courrai	faillirai
		il sortira	courra	faillira
Cond. prés.		je sortirais	courrais	faillirais
		il sortirait	courrait	faillirait
		ns sortirions	courrions	faillirions
Subj. prés.	q.	je sorte	coure	***inusité***
	q.	ns sortions	courions	–
– imparfait	q.	je sortisse	courusse	–
	q.	il sortît	courût	–
Impératif		sors, sortez,	cours, courez	–
Participes		sortant, sorti	courant, couru	***inusité***, failli

(1) Et ses composés sauf *assortir* (sur *finir*)

		31 bouillir	32 gésir	33 saillir (1)
Ind. prés.	je	bous	gis	***inusité***
	il	bout	gît	saille
	ns	bouillons	gisons	***inusité***
	vs	bouillez	gisez	–
	ils	bouillent	gisent	saillent
– imparfait	je	bouillais	gisais	***inusité***
	il	bouillait	gisait	saillait
	ns	bouillions	gisions	***inusité***
	ils	bouillaient	gisaient	saillaient
– passé s.	je	bouillis	***inusité***	***inusité***
	il	bouillit	–	saillit
	ns	bouillîmes	–	***inusité***
	ils	bouillirent	–	saillirent
– futur	je	bouillirai	***inusité***	***inusité***
	il	bouillira	–	saillera
Cond. prés.	je	bouillirais	***inusité***	***inusité***
	il	bouillirait	–	saillerait
Subj. prés.	q. je	bouille	***inusité***	***inusité***
	q. ns	bouillions	–	–
– imparfait	q. je	bouillisse	***inusité***	–
	q. il	bouillît	–	saillît
Impératif		bous, bouillez	***inusité***	***inusité***
Participes		bouillant, bouilli	gisant, ***inusité***	saillant, sailli

(1) Au sens de « être en saillie »

		34 recevoir	35 devoir	36 mouvoir (1)
Ind. prés.	je	reçois	dois	meus
	il	reçoit	doit	meut
	ns	recevons	devons	mouvons
	vs	recevez	devez	mouvez
	ils	reçoivent	doivent	meuvent
– imparfait	je	recevais	devais	mouvais
	il	recevait	devait	mouvait
	ns	recevions	devions	mouvions
	ils	recevaient	devaient	mouvaient
– passé s.	je	reçus	dus	mus
	il	reçut	dut	mut
	ns	reçûmes	dûmes	mûmes
	ils	reçurent	durent	murent
– futur	je	recevrai	devrai	mouvrai
	il	recevra	devra	mouvra
Cond. prés.	je	recevrais	devrais	mouvrais
	il	recevrait	devrait	mouvrait
	ns	recevrions	devrions	mouvrions
Subj. prés.	q. je	reçoive	doive	meuve
	q. ns	recevions	devions	mouvions
– imparfait	q. je	reçusse	dusse	musse
	q. il	reçût	dût	mût
Impératif		reçois, recevez	***inusité***	meus, mouvez
Participes		recevant, reçu	devant, dû, due, dus, dues	mouvant, mû, mue, mus, mues

(1) Et ses composés, mais *ému* et *promu* n'ont pas d'accent circonflexe.

		37 vouloir	38 pouvoir	39 savoir
Ind. prés.	je	veux	peux/puis	sais
	tu	veux	peux	sais
	il	veut	peut	sait
	ns	voulons	pouvons	savons
	vs	voulez	pouvez	savez
	ils	veulent	peuvent	savent
– imparfait	je	voulais	pouvais	savais
	il	voulait	pouvait	savait
	ns	voulions	pouvions	savions
	ils	voulaient	pouvaient	savaient
– passé s.	je	voulus	pus	sus
	il	voulut	put	sut
	ns	voulûmes	pûmes	sûmes
	ils	voulurent	purent	surent
– futur	je	voudrai	pourrai	saurai
	il	voudra	pourra	saura
Cond. prés.	je	voudrais	pourrais	saurais
	il	voudrait	pourrait	saurait
	ns	voudrions	pourrions	saurions
Subj. prés.	q. je	veuille	puisse	sache
	q. ns	voulions	puissions	sachions
– imparfait	q. je	voulusse	pusse	susse
	q. il	voulût	pût	sût
Impératif		veuille, veuillons veuillez	***inusité*** –	sache, sachons sachez
Participes		voulant, voulu	pouvant, pu	sachant, su

		40 valoir (1)	41 voir	42 prévoir
Ind. prés.	je	vaux	vois	prévois
	tu	vaux	vois	prévois
	il	vaut	voit	prévoit
	ns	valons	voyons	prévoyons
	vs	valez	voyez	prévoyez
	ils	valent	voient	prévoient
– imparfait	je	valais	voyais	prévoyais
	il	valait	voyait	prévoyait
	ns	valions	voyions	prévoyions
	ils	valaient	voyaient	prévoyaient
– passé s.	je	valus	vis	prévis
	il	valut	vit	prévit
	ns	valûmes	vîmes	prévîmes
	ils	valurent	virent	prévirent
– futur	je	vaudrai	verrai	prévoirai
	il	vaudra	verra	prévoira
Cond. prés.	je	vaudrais	verrais	prévoirais
	il	vaudrait	verrait	prévoirait
	ns	vaudrions	verrions	prévoirions
Subj. prés.	q. je	vaille	voie	prévoie
	q. ns	valions	voyions	prévoyions
– imparfait	q. je	valusse	visse	prévisse
	q. il	valût	vît	prévît
Impératif		***inusité***	vois, voyez	prévois, prévoyez
Participes		valant, valu	voyant, vu	prévoyant, prévu

(1) *Prévaloir* fait au subj. présent *prévale*.

		43 pourvoir	44 asseoir	45 surseoir
Ind. prés.	j(e)	pourvois	assieds / assois	sursois
	il	pourvoit	assied / assoit	sursoit
	ns	pourvoyons	asseyons / assoyons	sursoyons
	vs	pourvoyez	asseyez / assoyez	sursoyez
	ils	pourvoient	asseyent / assoient	sursoient
- imparfait	j(e)	pourvoyais	asseyais / assoyais	sursoyais
	il	pourvoyait	asseyait / assoyait	sursoyait
	ns	pourvoyions	asseyions / assoyions	sursoyions
	ils	pourvoyaient	asseyaient / assoyaient	sursoyaient
- passé s.	j(e)	pourvus	assis / assis	sursis
	il	pourvut	assit / assit	sursit
	ns	pourvûmes	assîmes / assîmes	sursîmes
	ils	pourvurent	assirent / assirent	sursirent
- futur	j(e)	pourvoirai	assiérai / assoirai	surseoirai
	il	pourvoira	assiéra / assoira	surseoira
Cond. prés.	j(e)	pourvoirais	assiérais / assoirais	surseoirais
	il	pourvoirait	assiérait / assoirait	surseoirait
	ns	pourvoirions	assiérions / assoirions	surseoirions
Subj. prés.	q. j(e)	pourvoie	asseye / assoie	sursoie
	q. ns	pourvoyions	asseyions / assoyions	sursoyions
– imparfait	q. j(e)	pourvusse	assisse / assisse	sursisse
	q. il	pourvût	assît / assît	sursît
Impératif		pourvois, pourvoyons, pourvoyez	assieds, / assois, asseyons,/ assoyons, asseyez / assoyez	sursois, sursoyons, sursoyez
Participes		pourvoyant, pourvu	asseyant, / assoyant, assis / assis	sursoyant, sursis

		46 seoir	47 pleuvoir	48 falloir
Ind. prés.	je	***inusité***		
	tu	—		
	il	sied	pleut	faut
	ns	***inusité***		
	vs	—		
	ils	siéent	pleuvent	
– imparfait	je	***inusité***		
	il	seyait	pleuvait	fallait
	ns	***inusité***		
	ils	seyaient	pleuvaient	
– passé s.	je	***inusité***		
	il	—	plut	fallut
	ns	—		
	ils	—	plurent	
– futur	je	***inusité***		
	il	siéra	pleuvra	faudra
Cond. prés.	je	***inusité***		
	il	siérait	pleuvrait	faudrait
	ns	***inusité***		
Subj. prés.	q. je	***inusité***		
	q. il	siée	pleuve	faille
– imparfait	q. je	***inusité***		
	q. il	—	plût	fallût
Impératif		***inusité***		
Participes		seyant, sis	pleuvant, plu	fallu

	49 **déchoir** (1)	50 **tendre**	51 **fondre**
Ind. prés.	je déchois	tends	fonds
	il déchoit	tend	fond
	ns déchoyons	tendons	fondons
	vs déchoyez	tendez	fondez
	ils déchoient	tendent	fondent
– imparfait	je ***inusité***	tendais	fondais
	il —	tendait	fondait
	ns —	tendions	fondions
	ils —	tendaient	fondaient
– passé s.	je déchus	tendis	fondis
	il déchut	tendit	fondit
	ns déchûmes	tendîmes	fondîmes
	ils déchurent	tendirent	fondirent
– futur	je déchoirai	tendrai	fondrai
	il déchoira	tendra	fondra
Cond. prés.	je déchoirais	tendrais	fondrais
	il déchoirait	tendrait	fondrait
	ns déchoirions	tendrions	fondrions
Subj. prés.	q. je déchoie	tende	fonde
	q. il déchoie	tende	fonde
– imparfait	q. je déchusse	tendisse	fondisse
	q. il déchût	tendît	fondît
Impératif	***inusité***	tends, tendez	fonds, fondez
Participes	***inusité,*** déchu	tendant, tendu	fondant, fondu

(1) *Échoir :* futur *il écherra* ; participe *échéant*. *Choir :* futur *il choira* ou *il cherra*.

	52 **mordre** (1)	53 **rompre**	54 **prendre**
Ind. prés.	je mords	romps	prends
	il mord	rompt	prend
	ns mordons	rompons	prenons
	vs mordez	rompez	prenez
	ils mordent	rompent	prennent
– imparfait	je mordais	rompais	prenais
	il mordait	rompait	prenait
	ns mordions	rompions	prenions
	ils mordaient	rompaient	prenaient
– passé s.	je mordis	rompis	pris
	il mordit	rompit	prit
	ns mordîmes	rompîmes	prîmes
	ils mordirent	rompirent	prirent
– futur	je mordrai	romprai	prendrai
	il mordra	rompra	prendra
Cond. prés.	je mordrais	romprais	prendrais
	il mordrait	romprait	prendrait
	ns mordrions	romprions	prendrions
Subj. prés.	q. je morde	rompe	prenne
	q. ns mordions	rompions	prenions
– imparfait	q. je mordisse	rompisse	prisse
	q. il mordît	rompît	prît
Impératif	mords, mordez	romps, rompez	prends, prenez
Participes	mordant, mordu	rompant, rompu	prenant, pris

(1) De même *perdre*.

		55 craindre (1)	56 battre	57 mettre
Ind. prés.		je crains	bats	mets
		il craint	bat	met
		ns craignons	battons	mettons
		vs craignez	battez	mettez
		ils craignent	battent	mettent
– imparfait		je craignais	battais	mettais
		il craignait	battait	mettait
		ns craignions	battions	mettions
		ils craignaient	battaient	mettaient
– passé s.		je craignis	battis	mis
		il craignit	battit	mit
		ns craignîmes	battîmes	mîmes
		ils craignirent	battirent	mirent
– futur		je craindrai	battrai	mettrai
		il craindra	battra	mettra
Cond. prés.		je craindrais	battrais	mettrais
		il craindrait	battrait	mettrait
		ns craindrions	battrions	mettrions
Subj. prés.	q.	je craigne	batte	mette
	q.	ns craignions	battions	mettions
– imparfait	q.	je craignisse	battisse	misse
	q.	il craignît	battît	mît
Impératif		crains, craignons craignez	bats, battons battez	mets, mettons mettez
Participes		craignant, craint	battant, battu	mettant, mis

(1) De même les verbes en *eindre*.

		58 moudre	59 coudre	60 absoudre
Ind. prés.		j(e) mouds	couds	absous
		il moud	coud	absout
		ns moulons	cousons	absolvons
		vs moulez	cousez	absolvez
		ils moulent	cousent	absolvent
– imparfait		j(e) moulais	cousais	absolvais
		il moulait	cousait	absolvait
		ns moulions	cousions	absolvions
		ils moulaient	cousaient	absolvaient
– passé s.		j(e) moulus	cousis	***inusité***
		il moulut	cousit	—
		ns moulûmes	cousîmes	—
		ils moulurent	cousirent	—
– futur		j(e) moudrai	coudrai	absoudrai
		il moudra	coudra	absoudra
Cond. prés.		j(e) moudrais	coudrais	absoudrais
		il moudrait	coudrait	absoudrait
		ns moudrions	coudrions	absoudrions
Subj. prés.	q.	j(e) moule	couse	absolve
	q.	ns moulions	cousions	absolvions
– imparfait	q.	j(e) moulusse	cousisse	***inusité***
	q.	il moulût	cousît	—
Impératif		mouds, moulez	couds, cousez	abous, absolvez
Participes		moulant, moulu	cousant, cousu	absolvant, absous, oute

		61 résoudre	62 suivre	63 vivre
Ind. prés.	je	résous	suis	vis
	il	résout	suit	vit
	ns	résolvons	suivons	vivons
	vs	résolvez	suivez	vivez
	ils	résolvent	suivent	vivent
– imparfait	je	résolvais	suivais	vivais
	il	résolvait	suivait	vivait
	ns	résolvions	suivions	vivions
	ils	résolvaient	suivaient	vivaient
– passé s.	je	résolus	suivis	vécus
	il	résolut	suivit	vécut
	ns	résolûmes	suivîmes	vécûmes
	ils	résolurent	suivirent	vécurent
– futur	je	résoudrai	suivrai	vivrai
	il	résoudra	suivra	vivra
Cond. prés.	je	résoudrais	suivrais	vivrais
	il	résoudrait	suivrait	vivrait
	ns	résoudrions	suivrions	vivrions
Subj. prés.	q. je	résolve	suive	vive
	q. ns	résolvions	suivions	vivions
– imparfait	q. je	résolusse	suivisse	vécusse
	q. il	résolût	suivît	vécût
Impératif		résous, résolvons résolvez	suis, suivons suivez	vis, vivons vivez
Participes		résolvant, résolu	suivant, suivi	vivant, vécu

		64 paraître	65 naître	66 croître
Ind. prés.	je	parais	nais	croîs
	il	paraît	naît	croît
	ns	paraissons	naissons	croissons
	vs	paraissez	naissez	croissez
	ils	paraissent	naissent	croissent
– imparfait	je	paraissais	naissais	croissais
	il	paraissait	naissait	croissait
	ns	paraissions	naissions	croissions
	ils	paraissaient	naissaient	croissaient
– passé s.	je	parus	naquis	crûs
	il	parut	naquit	crût
	ns	parûmes	naquîmes	crûmes
	ils	parurent	naquirent	crûrent
– futur	je	paraîtrai	naîtrai	croîtrai
	il	paraîtra	naîtra	croîtra
Cond. prés.	je	paraîtrais	naîtrais	croîtrais
	il	paraîtrait	naîtrait	croîtrait
	ns	paraîtrions	naîtrions	croîtrions
Subj. prés.	q. je	paraisse	naisse	croisse
	q. ns	paraissions	naissions	croissions
– imparfait	q. je	parusse	naquisse	crûsse
	q. il	parût	naquît	crût
	q. ns	parussions	naquissions	crûssions
Impératif		parais, paraissez	nais, naissez	crois, croissez
Participes		paraissant, paru	naissant, né	croissant, crû, crue, crus, crues

		67 rire	68 conclure (1)	69 nuire
Ind. prés.		je ris	conclus	nuis
		il rit	conclut	nuit
		ns rions	concluons	nuisons
		vs riez	concluez	nuisez
		ils rient	concluent	nuisent
– imparfait		je riais	concluais	nuisais
		il riait	concluait	nuisait
		ns riions	concluions	nuisions
		ils riaient	concluaient	nuisaient
– passé s.		je ris	conclus	nuisis
		il rit	conclut	nuisit
		ils rirent	conclurent	nuisirent
– futur		je rirai	conclurai	nuirai
		il rira	conclura	nuira
Cond. prés.		je rirais	conclurais	nuirais
		il rirait	conclurait	nuirait
		ns ririons	conclurions	nuirions
Subj. prés.	q.	je rie	conclue	nuise
	q.	ns riions	concluions	nuisions
– imparfait	q.	je risse	conclusse	nuisisse
	q.	il rît	conclût	nuisît
Impératif		ris, riez	conclus, concluez	nuis, nuisez
Participes		riant, ri	concluant, conclu	nuisant, nui

(1) *Inclure* fait *inclus, incluse* au participe passé.

		70 conduire	71 écrire	72 suffire (1)
Ind. prés.		j(e) conduis	écris	suffis
		il conduit	écrit	suffit
		ns conduisons	écrivons	suffisons
		vs conduisez	écrivez	suffisez
		ils conduisent	écrivent	suffisent
– imparfait		j(e) conduisais	écrivais	suffisais
		il conduisait	écrivait	suffisait
		ns conduisions	écrivions	suffisions
		ils conduisaient	écrivaient	suffisaient
– passé s.		j(e) conduisis	écrivis	suffis
		il conduisit	écrivit	suffit
		ils conduisirent	écrivirent	suffirent
– futur		j(e) conduirai	écrirai	suffirai
		il conduira	écrira	suffira
Cond. prés.		j(e) conduirais	écrirais	suffirais
		il conduirait	écrirait	suffirait
		ns conduirions	écririons	suffirions
Subj. prés.	q.	j(e) conduise	écrive	suffise
	q.	ns conduisions	écrivions	suffisions
– imparfait	q.	j(e) conduisisse	écrivisse	suffisse
	q.	il conduisît	écrivît	suffît
Impératif		conduis, conduisez	écris, écrivez	suffis, suffisez
Participes		conduisant, conduit	écrivant, écrit	suffisant, suffi

(1) Mais *dire, redire* (qui font *dites, redites* à la 2e pers. de l'ind. présent et l'impératif), *contredire, prédire, médire, confire,* ont pour part. passés *dit, redit, contredit, prédit, médit, confit.*

		73 **lire**	74 **croire**	75 **boire**
Ind. prés.		je lis	crois	bois
		il lit	croit	boit
		ns lisons	croyons	buvons
		vs lisez	croyez	buvez
		ils lisent	croient	boivent
– imparfait		je lisais	croyais	buvais
		il lisait	croyait	buvait
		ns lisions	croyions	buvions
		ils lisaient	croyaient	buvaient
– passé s.		je lus	crus	bus
		il lut	crut	but
		ns lûmes	crûmes	bûmes
		ils lurent	crurent	burent
– futur		je lirai	croirai	boirai
		il lira	croira	boira
Cond. prés.		je lirais	croirais	boirais
		il lirait	croirait	boirait
		ns lirions	croirions	boirions
Subj. prés.	q.	je lise	croie	boive
	q.	ns lisions	croyions	buvions
– imparfait	q.	je lusse	crusse	busse
	q.	il lût	crût	bût
	q.	ns lussions	crussions	bussions
Impératif		lis, lisons	crois, croyons	bois, buvons
		lisez	croyez	buvez
Participes		lisant, lu	croyant, cru	buvant, bu

		76 **faire**	77 **plaire**	78 **taire**
Ind. prés.		je fais	plais	tais
		il fait	plaît	tait
		ns faisons	plaisons	taisons
		vs faites	plaisez	taisez
		ils font	plaisent	taisent
– imparfait		je faisais	plaisais	taisais
		il faisait	plaisait	taisait
		ns faisions	plaisions	taisions
		ils faisaient	plaisaient	taisaient
– passé s.		je fis	plus	tus
		il fit	plut	tut
		ns fîmes	plûmes	tûmes
		ils firent	plurent	turent
– futur		je ferai	plairai	tairai
		il fera	plaira	taira
Cond. prés.		je ferais	plairais	tairais
		il ferait	plairait	tairait
		ns ferions	plairions	tairions
Subj. prés.	q.	je fasse	plaise	taise
	q.	ns fassions	plaisions	taisions
– imparfait	q.	je fisse	plusse	tusse
	q.	il fît	plût	tût
	q.	ns fissions	plussions	tussions
Impératif		fais, faisons	plais, plaisons	tais, taisons
		faites	plaisez	taisez
Participes		faisant, fait	plaisant, plu	taisant, tu

	79 extraire	80 repaître (1)	81 clore (2)
Ind. prés.	j(e) extrais	repais	clos
	il extrait	repaît	clôt
	ns extrayons	repaissons	closons
	vs extrayez	repaissez	closez
	ils extraient	repaissent	closent
– imparfait	j(e) extrayais	repaissais	***inusité***
	il extrayait	repaissait	—
	ns extrayions	repaissions	—
	ils extrayaient	repaissaient	—
– passé s.	j(e) ***inusité***	repus	***inusité***
	il —	reput	—
	ns —	repûmes	—
	ils —	repurent	—
– futur	j(e) extrairai	repaîtrai	clorai
	il extraira	repaîtra	clora
Cond. prés.	j(e) extrairais	repaîtrais	clorais
	il extrairait	repaîtrait	clorait
	ns extrairions	repaîtrions	clorions
Subj. prés.	q. j(e) extraie	repaisse	close
	q. ns extrayions	repaissions	closions
– imparfait	q. j(e) ***inusité***	repusse	***inusité***
	q. il —	repût	—
Impératif	extrais, extrayez	repais, repaissez	clos, ***inusité***
Participes	extrayant, extrait	repaissant, repu	***inusité***, clos

(1) *Paître* est inusité au passé simple et au part. passé.

(2) L'Académie préconise *il déclot, éclot, enclot* sans accent circonflexe.

	82 oindre (1)	83 frire	84 vaincre
Ind. prés.	j(e) oins	fris	vaincs
	il oint	frit	vainc
	ns oignons	***inusité***	vainquons
	vs oignez	—	vainquez
	ils oignent	—	vainquent
– imparfait	j(e) oignais	***inusité***	vainquais
	ns oignions	—	vainquions
	ils oignaient	—	vainquaient
– passé s.	j(e) oignis	***inusité***	vainquis
	il oignit	—	vainquit
	ns oignîmes	—	vainquîmes
	ils oignirent	—	vainquirent
– futur	j(e) oindrai	frirai	vaincrai
	il oindra	frira	vaincra
Cond. prés.	j(e) oindrais	frirais	vaincrais
	il oindrait	frirait	vaincrait
	ns oindrions	fririons	vaincrions
Subj. prés.	q. j(e) oigne	***inusité***	vainque
	q. ns oignions	—	vainquions
– imparfait	q. j(e) oignisse	***inusité***	vainquisse
	q. il oignît	—	vainquît
Impératif	oins, oignez,	fris, ***inusité***	vaincs, vainquez,
Participes	oignant, oint	***inusité***, frit	vainquant, vaincu

(1) De même *poindre* (impers.).

LE PLURIEL DES MOTS SIMPLES

Le pluriel des mots se forme en ajoutant un s au singulier.	Un *ennui*, Un *lit*,	des *ennuis*. des *lits*.
MAIS		
Le pluriel et le singulier sont semblables dans les noms terminés par *-s*, *-x*, *-z*.	Un *bois*, Une *noix*, Un *nez*,	des *bois*. des *noix*. des *nez*.
Les mots en -AL ont le pluriel en -AUX sauf *bal*, *carnaval*, *cérémonial*, *chacal*, *choral*, *festival*, *nopal*, *pal*, *récital*, *régal*, *santal*, et *banal*, *bancal*, *final*, *naval*, *natal*, *fatal*, *glacial*, *tonal* qui suivent la règle générale.	Un *journal*, Un *chacal*,	des *journaux*. des *chacals*.
Le pluriel des noms terminés en -EAU, -AU, -EU se forme en ajoutant un x au singulier. Font exception : *landau*, *sarrau*, *bleu*, *émeu*, *pneu*, qui prennent un s au pluriel.	Un *veau*, Un *étau*, Un *pieu*, Un *pneu*,	des *veaux*. des *étaux*. des *pieux*. des *pneus*.
Le pluriel des noms terminés par -OU est en général en -OUS. Font exception : *bijou*, *caillou*, *chou*, *genou*, *hibou*, *joujou*, *pou*, qui prennent un x au pluriel.	Un *cou*, Un *chou*,	des *cous*. des *choux*.
Les noms terminés au singulier par -AIL ont un pluriel régulier en -AILS. Font exception : *bail*, *corail*, *émail*, *fermail*, *soupirail*, *travail*, *vantail*, *vitrail*, qui ont le pluriel en -AUX.	Un *rail*, Un *bail*,	des *rails*. des *baux*.
Les noms AÏEUL, CIEL et ŒIL ont des pluriels irréguliers ; mais on dit BISAÏEULS, TRISAÏEULS et AÏEULS dans le sens de « grands-parents », CIELS dans CIELS DE LIT et ŒILS dans ŒILS-DE-BŒUF, etc.	L'*aïeul*, Le *ciel*, L'*œil*,	les *aïeux*. les *cieux*. les *yeux*.
Les noms employés comme adjectifs de couleur restent invariables (sauf *mauve*, *rose*, *pourpre*).	Des chemises *marron*. Des rubans *orange*.	

LE PLURIEL DES MOTS COMPOSÉS

a) S'ils sont formés d'un ADJECTIF et d'UN NOM, tous deux prennent la marque du pluriel.	Un *coffre-fort,* Une *basse-cour,*	des *coffres-forts.* des *basses-cours.*
b) S'ils sont formés de DEUX NOMS EN APPOSITION, tous deux prennent la marque du pluriel.	Un *chou-fleur,* Un *chef-lieu,*	des *choux-fleurs.* des *chefs-lieux.*
c) S'ils sont formés d'UN NOM et de son COMPLÉMENT introduit ou non par une préposition, le premier nom seul prend la marque du pluriel.	Un *chef-d'œuvre,* Un *timbre-poste,*	des *chefs-d'œuvre.* des *timbres-poste.*
d) S'ils sont formés d'UN MOT INVARIABLE et d'UN NOM, le nom seul prend la marque du pluriel.	Un *avant-poste,* Un *en-tête,*	des *avant-postes.* des *en-têtes.*
e) S'ils sont formés de DEUX VERBES ou d'UNE EXPRESSION, tous les mots restent invariables.	Un *va-et-vient,* Un *tête-à-tête,*	des *va-et-vient.* des *tête-à-tête.*
f) S'ils sont composés d'UN VERBE et de son COMPLÉMENT, le verbe reste invariable, le nom prend ou ne prend pas la marque du pluriel.	Un *abat-jour,* Un *presse-purée,* Un *chauffe-bain,* Un *tire-bouchon,*	des *abat-jour.* des *presse-purée.* des *chauffe-bains.* des *tire-bouchons.*
g) S'ils sont composés de deux ADJECTIFS, les deux mots prennent la marque du pluriel.	Une parole *aigre-douce,* Un enfant *sourd-muet,*	des paroles *aigres-douces.* des enfants *sourds-muets.*

SAUF

h) Les adjectifs composés de COULEUR qui restent invariables.	Un costume *bleu foncé,*	des costumes *bleu foncé.*

ACCORD DU PARTICIPE

Accord du participe présent

Quand le participe présent exprime une action ou un état (il est alors le plus souvent suivi d'un complément d'objet ou d'un complément circonstanciel), il reste invariable : des *enfants* OBÉISSANT *à leurs parents.* Quand le participe présent exprime une qualité et joue le rôle d'adjectif, il s'accorde en genre et en nombre avec le nom auquel il se rapporte : *des enfants très* OBÉISSANTS.

Accord du participe passé

I. **Participe passé employé sans auxiliaire.** Le participe passé employé *sans auxiliaire* s'accorde (comme l'adjectif) en genre et en nombre avec le nom ou le pronom auquel il se rapporte : *des fleurs* PARFUMÉES.

II. **Participe passé employé avec « être ».** Le participe passé des verbes passifs et de certains verbes intransitifs conjugués avec l'auxiliaire *être* s'accorde en genre et en nombre avec le sujet du verbe : *l'Amérique a été* DÉCOUVERTE *par Christophe Colomb ; nos amis sont* VENUS *hier.*

III. **Participe passé employé avec « avoir ».** Le participe passé conjugué avec l'auxiliaire *avoir* s'accorde en genre et en nombre avec le complément d'objet direct du verbe, quand ce complément le précède : *je me rappelle l'*HISTOIRE *que j'ai* LUE.

Le participe reste invariable :

1° si le complément direct suit le verbe : *nous avons* LU *une* HISTOIRE ; *elle a* REÇU *de bonnes* NOUVELLES ;

2° s'il n'a pas de complément d'objet direct (cas des verbes transitifs employés intransitivement, des verbes intransitifs et des verbes transitifs indirects) : *ils ont* LU ; *elle a* ABDIQUÉ ; *ces histoires nous ont* PLU ; *les enfants vous ont-ils* OBÉI ? ; *ils nous ont* SUCCÉDÉ.

REMARQUE. Dans les phrases : *les nuits qu'ils ont* DORMI, *les mois qu'il a* VÉCU, les participes passés *dormi, vécu* sont invariables ; en effet, *que* représente un complément circonstanciel : *les nuits* PENDANT LESQUELLES *ils ont dormi ; les mois* PENDANT LESQUELS *il a vécu.*
Toutefois, des verbes intransitifs comme *coûter, valoir, peser, courir, vivre,* etc., peuvent devenir transitifs au figuré et être précédés alors d'un complément d'objet direct : *les efforts* QUE *ce travail m'a* COÛTÉS ; *la gloire* QUE *cette action lui a* VALUE ; *ces paroles,* LES *avez-vous* PESÉES ? ; *les dangers* QUE *j'ai* COURUS ; *les jours heureux* QU'*elle a* VÉCUS *ici.*

CAS PARTICULIERS

Participe passé suivi d'un infinitif.
1. Le participe passé suivi d'un infinitif est *variable* s'il a pour complément d'objet direct le pronom qui précède ; ce pronom est alors le sujet de l'action marquée par l'infinitif : *les fruits* QUE *j'ai* VUS *mûrir.*

(On peut dire : *les fruits que j'ai vus mûrissant.* Ce sont les fruits qui mûrissent. *Que,* mis pour *fruits,* faisant l'action de mûrir, est complément direct de *ai vus*).

2. Le participe passé est *invariable* s'il a pour complément d'objet direct l'infinitif ; le pronom est alors complément d'objet direct de l'infinitif et non du verbe principal : *les fruits que j'ai* VU *cueillir.*

(On ne peut pas dire : *les fruits que j'ai vus cueillant.* Ce ne sont pas les fruits qui cueillent. *Que,* mis pour *fruits,* ne faisant pas l'action de cueillir, est complément direct de *cueillir* et non de *vu*).

REMARQUE : Les participes qui ont pour complément d'objet direct un infinitif sous-entendu ou une proposition sous-entendue sont toujours invariables : *il n'a pas payé toutes les sommes qu'il aurait* DÛ (sous-entendu *payer*) ; *je lui ai rendu tous les services que j'ai* PU (sous-entendu *lui rendre*) ; *je lui ai chanté tous les morceaux qu'il a* VOULU (sous-entendu *que je lui chante*).
Le participe passé *fait* suivi d'un infinitif est toujours invariable : *la maison que j'ai* FAIT BÂTIR.

Participe passé des verbes pronominaux. Les verbes pronominaux se conjuguent dans leurs temps composés avec l'auxiliaire *être ;* mais cet auxiliaire *être* peut être remplacé dans l'analyse par l'auxiliaire *avoir (je me* SUIS *consolé* est équivalent de *j'*AI *consolé moi*). Le participe passé d'un verbe pronominal réfléchi ou réciproque s'accorde avec son complément d'objet direct si ce complément le précède : *les lettres* QUE *Paul et Pierre se sont* ÉCRITES *sont aimables.*

Il reste invariable si le complément d'objet direct le suit ou s'il n'a pas de complément d'objet direct : *Paul et Pierre se sont* ÉCRIT *des* LETTRES *aimables ; Paul et Pierre se sont* ÉCRIT.

Le participe passé d'un verbe toujours pronominal (*s'enfuir, s'emparer,* etc.) s'accorde avec le sujet du verbe : *ils se sont* EMPARÉS *de la ville.*

REMARQUE. Les participes passés des verbes transitifs indirects employés pronominalement restent toujours invariables : *ils* SE SONT RI *de mes efforts ; ils* SE SONT PLU à me tourmenter.

Participe passé des verbes impersonnels. Le participe passé des verbes impersonnels est toujours invariable : *les inondations qu'il y a* EU. Les verbes *faire, avoir* sont transitifs de par leur nature, mais ils deviennent impersonnels quand ils sont précédés du pronom neutre *il : les chaleurs qu'*IL *a* FAIT.

Participe passé et les pronoms « le », « en ». Le participe passé conjugué avec *avoir* et précédé de *le (l'),* complément d'objet direct représentant toute une proposition, reste invariable : *la chose est plus sérieuse que nous ne* L'*avions* PENSÉ *d'abord* (c'est-à-dire *que nous n'avions pensé* CELA, *qu'elle était sérieuse*).

Le participe passé précédé de *en* reste invariable : *tout le monde m'a offert ses services, mais personne ne m'*EN *a* RENDU. Cependant, le participe varie si le pronom *en* est précédé d'un adverbe de quantité comme *plus, combien, autant,* etc. : *autant d'ennemis il a attaqués,* AUTANT *il en a* VAINCUS. Mais le participe passé reste invariable si l'adverbe suit le pronom *en* au lieu de le précéder : *quant aux belles villes, j'*EN *ai* TANT VISITÉ...

Participe passé précédé d'une locution collective. Lorsque le participe passé a pour complément d'objet direct une locution collective (adverbe de quantité précédé d'un article indéfini ou mot collectif suivi d'un complément), il s'accorde soit avec l'adverbe ou le mot collectif, soit avec le mot complément, selon que l'on attache plus d'importance à l'un ou à l'autre : *le grand* NOMBRE *de* SUCCÈS *que vous avez* REMPORTÉ (ou REMPORTÉS) ; *le peu d'*ATTENTION *que vous avez* APPORTÉ (ou APPORTÉE) *à cette affaire.*

PRONONCIATION DU FRANÇAIS

Ont été indiquées dans cet ouvrage les prononciations de certains mots français qui présentent une difficulté. Afin que nos lecteurs étrangers puissent, aussi bien que les lecteurs français, lire ces prononciations, nous avons suivi le tableau des sons du français de l'alphabet phonétique international, en le simplifiant.

Voyelles orales

i	dans *i*l, hab*i*t, d*î*ner	[i]
é	dans th*é*, d*é*	[e]
è	dans *ê*tre, d*ai*s, proc*è*s	[ɛ]
a	dans *a*voir, P*a*ris, p*a*tte	[a]
a	dans *â*ne, p*â*te, m*â*t	[ɑ]
o	dans *o*r, r*o*be	[ɔ]
o	dans d*o*s, chev*au*x	[o]
ou	dans *ou*vrir, c*ou*vert, l*ou*p	[u]
u	dans *u*ser, t*u*, s*û*r	[y]
eu	dans c*œu*r, p*eu*r, n*eu*f	[œ]
eu	dans f*eu*, j*eu*, p*eu*	[ø]
e	dans l*e*, pr*e*mier	[ə]

Voyelles nasales

in	dans *in*térêt, pa*in*, s*ein*	[ɛ̃]
un	dans al*un*, parf*um*	[œ̃]
an, en	dans *en*trer, bl*an*c	[ɑ̃]
on	dans *on*dée, b*on*, h*on*te	[ɔ̃]

Semi-voyelles

y	+ voyelle dans *y*eux, l*i*eu	[j]
u	+ voyelle dans h*u*ile, l*u*i	[ɥ]
ou	+ voyelle dans *ou*i, L*ou*is	[w]

Consonnes

p	dans *p*as, dé*p*asser, ca*p*	[p]
t	dans *t*u, é*t*aler, lu*tt*e	[t]
c, k, qu	dans *c*aste, a*cc*ueillir, ba*c*, *k*épi, *qu*e	[k]
b	dans *b*eau, a*b*îmer, clu*b*	[b]
d	dans *d*ur, bro*d*er, ble*d*	[d]
g	dans *g*are, va*g*ue, zi*g*za*g*	[g]
f	dans *f*ou, a*ff*reux, che*f*	[f]
v	dans *v*ite, ou*v*rir	[v]
s	dans *s*ouffler, cha*ss*e, héla*s* !	[s]
z ou *s*	dans *z*one, rai*s*on, ga*z*	[z]
ch	dans *ch*eval, mâ*ch*er, mat*ch*	[ʃ]
j ou *g*	dans *j*ambe, â*g*é, pa*g*e	[ʒ]
l	dans *l*arge, mo*ll*esse, ma*l*	[l]
r	dans *r*ude, ma*r*i, ouvri*r*	[r]
m	dans *m*aison, a*m*ener, blê*m*e	[m]
n	dans *n*ourrir, fa*n*al, dolme*n*	[n]
gn	dans a*gn*eau, bai*gn*er	[ɲ]
ng	anglais dans campi*ng*	[ŋ]

ABRÉVIATIONS

abrév.	abréviation
absol.	absolument
adj.	adjectif
admin.	administration
adv.	adverbe
aéron.	aéronautique
affl.	affluent
agric.	agriculture
alg.	algèbre
all.	allemand
alp.	alpinisme
anat.	anatomie
anc.	ancien, anciennement
angl.	anglais
antiq.	antiquité
antiq. gr.	antiquité grecque
antiq. rom.	antiquité romaine
apr.	après
ar.	arabe
archit.	architecture
arg.	argot
arithm.	arithmétique
arr.	arrondissement
art.	article
astron.	astronomie
auj.	aujourd'hui
autom.	automobile
autref.	autrefois
auxil.	auxiliaire
av.	avant
aviat.	aviation
bât.	bâtiment
biol.	biologie
bot.	botanique
bourse	bourse
bx-arts	beaux-arts
cap.	capitale
chass.	chasse
ch. de f.	chemin de fer
ch.-l.	chef-lieu
chim.	chimie
cin.	cinéma
comm.	commune
cond.	conditionnel
conj.	conjugaison ; conjonction
contr.	contraire
cour.	couramment
cout.	couture
cuis.	cuisine
dém.	démonstratif
dép.	département
dr.	droit
dr. féod.	droit féodal
écon.	économie
électr.	électricité
équit.	équitation
escr.	escrime
esp.	espagnol
ethnol.	ethnologie
ex.	exemple
fam.	familier
fém.	féminin
féod.	féodalité
fig.	figuré
fin.	finances
fl.	fleuve
fr.	français
fut.	futur
géogr.	géographie
géol.	géologie
géom.	géométrie
germ.	germanique
gr.	grec
gramm.	grammaire
grav.	gravure
h.	habitant
hab.	noms d'habitants
hérald.	héraldique
hist.	histoire
horl.	horlogerie
impers.	impersonnel
impr.	imprimerie
ind.	indicatif
indéf.	indéfini
inf.	infinitif
inform.	informatique
interj.	interjection
inv.	invariable
iron.	ironique
ital.	italien
J.-C.	Jésus-Christ
ling.	linguistique
litt.	littéraire
littér.	littérature
loc.	locution
loc. adv.	locution adverbiale
loc. conj.	locution conjonctive
loc. prép.	locution prépositive
m.	mort
majusc.	majuscule
mar.	marine
masc.	masculin
math.	mathématiques
mécan.	mécanique
méd.	médecine
météor.	météorologie
mil.	militaire
minér.	minéralogie
minusc.	minuscule
mus.	musique
myth.	mythologie
n.	nom
n. f.	nom féminin
n. m.	nom masculin
num.	numéral
onomat.	onomatopée
opt.	optique
par anal.	par analogie
par ext.	par extension
par oppos.	par opposition
partic.	particulièrement
part. pass.	participe passé
passé s.	passé simple
peint.	peinture
péjor.	péjoratif
pers.	personne ; personnel
pharm.	pharmacie
philos.	philosophie
phon.	phonétique
phot.	photographie
phys.	physique
physiol.	physiologie
pl.	pluriel
poét.	poétique
pop.	populaire
poss.	possessif
préf.	préfixe
prép.	préposition
prés.	présent
pron.	pronom
prov.	province
psychiatr.	psychiatrie
psychan.	psychanalyse
psychol.	psychologie
recomm. off.	recommandation officielle
rel.	relatif
relig.	religion
rem.	remarque
rhét.	rhétorique
rom.	romain
s.	siècle
sc.	sciences
sc. nat.	sciences naturelles
sculpt.	sculpture
seult.	seulement
sing.	singulier
sociol.	sociologie
spécialem.	spécialement
sports	sports
stat.	statistique
subj.	subjonctif
substantiv.	substantivement
suff.	suffixe
symb.	symbole
syn.	synonyme
techn.	technique
théâtr.	théâtre
théol.	théologie
trav. publ.	travaux publics
v.	vers ; ville ; verbe ; voir
vénér.	vénerie
v. i.	verbe intransitif
v. pr.	verbe pronominal ; ville principale
v. t.	verbe transitif
v. t. ind.	verbe transitif indirect
versif.	versification
vx	vieux
zool.	zoologie

Le petit guide du savoir rédiger

1 Le début d'une lettre

2 Les formules de politesse dans une lettre

3 Comment exprimer l'idée de lieu

4 Comment exprimer l'idée de condition

5 Comment exprimer l'idée de comparaison

6 Comment exprimer l'idée d'opposition et de concession

7 Comment exprimer l'idée de temps

8 Comment exprimer l'idée de cause

9 Comment exprimer l'idée de conséquence

10 Comment exprimer l'idée de moyen, de manière

1 Le début d'une lettre

1- L'appellation (ou formule d'appel), en tête de lettre, dépend du destinataire :

▸ Quand on s'adresse à une personne dont on est l'égal, la formule d'appel varie en fonction des relations que l'on entretient avec cette personne.

À une personne qu'on connaît un peu, on écrira :

Cher Monsieur, Chère Madame, Chère Mademoiselle,
Cher collègue, Chère collègue,
Cher confrère, ou Mon cher confrère,
Cher consœur, ou Ma chère consœur.

À une personne qu'on connaît mal ou pas du tout, on écrira :

Monsieur, ou Messieurs,
Madame, ou Mesdames,
Monsieur, Madame,
Mademoiselle.

Remarques :

1. Ces formules d'appel sont toujours écrites en toutes lettres et avec une majuscule à l'initiale. Il n'est pas d'usage de les faire suivre du nom de la personne : on n'écrira pas « Cher Monsieur Legrand », contrairement à la tradition des pays anglo-saxons.

2. On évitera « Mon cher Monsieur », « Ma chère Madame », « Ma chère Mademoiselle », ces mots comportant déjà les adjectifs possessifs « mon » et « ma ». Le titre de Mademoiselle est de moins en moins usité ; il tend à être remplacé par celui de Madame.

3. Les termes « confrère » et « consœur » sont réservés aux professions libérales.

▸ Quand on s'adresse à un supérieur hiérarchique ou à une personne qui porte un titre, on mentionne ce titre.

À un homme, on écrira :

Monsieur le Directeur,
Monsieur le Directeur des Impôts,
Docteur, ou **Cher Docteur,**
Maître, ou **Cher Maître**[1],
Monsieur le Professeur,
Monsieur le Procureur général,
Monsieur le Juge,
Monsieur le Commissaire de police.

À une femme, on écrira :

Madame la Directrice,
Madame la Directrice des Impôts,
Docteur, ou **Cher Docteur,**
Maître, ou **Cher Maître,**
Madame le Professeur,
Madame le Procureur général,
Madame la Juge, ou **Madame le Juge,**
Madame le Commissaire de police,
ou **Madame la Commissaire de police.**

À un homme, on écrira :	À une femme, on écrira :
Votre Majesté[2] ,	**Votre Majesté,**
Monsieur le Président,	**Madame** la Présidente,
Monsieur le Président de la République,	**Madame** la Présidente de la République,
Monsieur le Premier ministre[3],	**Madame le Premier ministre,**
Monsieur le Ministre,	**Madame la Ministre,**
Monsieur le Garde des Sceaux,	**Madame le Garde des Sceaux,** ou **Madame la Garde des Sceaux,**
Monsieur le Député,	**Madame la Députée,**
Monsieur le Sénateur,	**Madame la Sénatrice,** **ou Madame le Sénateur,**
Monsieur le Préfet,	**Madame le Préfet,**
Monsieur le Maire,	**Madame le Maire,** ou (plus rarement) **Madame la Maire,**
Monsieur l'Ambassadeur,	**Madame l'Ambassadrice,** ou **Madame l'Ambassadeur,**
Monsieur le Consul,	**Madame le Consul,**
Mon Général (si l'expéditeur est un homme ou une militaire),	**Madame le Général,**
Général (si l'expéditeur est une femme),	
Très Saint Père[4],	
Monsieur l'Abbé, Monsieur le Curé,	
Mon Père, ou Révérend Père,	
Monsieur le Pasteur,	**Madame le Pasteur.**
Monsieur le Rabbin...	

Remarques :

1. **Maître** est le titre que l'on donne aux avocats et parfois aux personnalités du monde culturel.

2. **Votre Majesté** est la formule d'appel utilisée lorsqu'on écrit à un roi ou à une reine.

3. **Un Premier ministre** et un ancien ministre conservent leur titre même quand ils n'exercent plus leurs fonctions.

4. **Très Saint Père** est la formule d'appel utilisée lorsqu'on écrit au pape.

- Quelques formules usuelles d'introduction :

À la suite de notre conversation téléphonique de ce jour, je vous confirme que...

Suite à votre annonce...*
lettre du 10 courant...

En réponse à votre lettre du...
Merci infiniment d'avoir accepté de...
Pourriez-vous examiner ma demande... ?
Pourriez-vous avoir l'amabilité de me faire parvenir... ?
Vous trouverez ci-joint...
J'ai bien reçu votre lettre et vous en remercie.
votre documentation...
votre aimable invitation...

J'ai l'honneur...
le plaisir de vous informer que...
de vous apprendre que...
de vous faire connaître...

J'ai pris connaissance de votre lettre et...
de votre demande...

Je suis au regret de vous informer que...
de ne pouvoir...
Nous accusons réception de votre commande et vous en remercions.

* « Suite à » est surtout employé dans la correspondance administrative et commerciale.

N.B. À la fin de la lettre, la formule de salutation reprend, entre virgules, la formule d'appel utilisée au début de la lettre :

Veuillez agréer, Madame la Présidente,...
Je vous prie de croire, cher Maître,...

2 Les formules de politesse dans une lettre

La formule de politesse à utiliser pour terminer une lettre varie en fonction des relations que l'on entretient avec son correspondant. On reprend toujours la formule d'appel utilisée au début de la lettre : si celle-ci commence par Chère Madame, elle se terminera par Veuillez..., chère Madame, ...

Principes généraux :

- Pour exprimer le respect ou le dévouement à une personne, on peut terminer par :

Je vous prie d'agréer, Monsieur (Madame), l'expression de mon profond respect.

Veuillez agréer, Monsieur (Madame), l'expression de mon sincère dévouement.

Je vous prie d'agréer (de bien vouloir agréer), Monsieur (Madame), l'expression de mes sentiments respectueux et dévoués.

Veuillez croire, Monsieur (Madame), en l'expression de mes sentiments très respectueux.

D'un homme à une femme :

Veuillez agréer, Madame, l'expression de mes (respectueux) hommages.

D'une femme à un homme :

Veuillez agréer, Monsieur, l'expression de mes salutations distinguées.

- Pour exprimer un certain respect à un supérieur ou à une relation d'affaires, on peut terminer par :

Veuillez agréer, Monsieur (Madame, Docteur, Maître, Monsieur le Professeur...), l'expression de ma considération distinguée.

Veuillez agréer, Monsieur (Madame, ...), l'expression de mes sentiments distingués.

Je vous prie d'agréer, Monsieur (Madame...), l'expression de mon respectueux souvenir.

- Pour exprimer sa reconnaissance, on peut terminer par :

Veuillez agréer, Monsieur (Madame), l'expression de ma profonde reconnaissance (gratitude).

Croyez, Monsieur (Madame), à ma sincère reconnaissance (gratitude).

- Pour terminer une lettre d'affaires, on peut employer une formule neutre :

Veuillez agréer, Monsieur (Madame), l'expression de mes salutations distinguées.

D'un homme à une femme :

Veuillez agréer, Madame, mes respectueuses salutations.

▸ Pour écrire à une personne avec qui l'on entretient des relations un peu formelles mais amicales, on peut terminer par :

Veuillez agréer, cher Monsieur (chère Madame), l'expression de mes sentiments (les plus) cordiaux, l'expression de mon fidèle souvenir.

Croyez (veuillez croire), cher X (chère Y), à mon amical souvenir (à ma sincère amitié, à mes sentiments les meilleurs).

Cas particuliers :

▸ Au roi, à la reine (en Belgique) :

Je prie le Roi (la Reine) de bien vouloir agréer l'expression de mon profond respect.

Au cours de la lettre, on écrit « Votre Majesté ».

▸ À un(e) président(e) de la République :

Daignez agréer, Monsieur le Président de la République (Madame la Présidente de la République), l'expression de ma très haute considération.

▸ À un Premier ministre (ou à un ancien Premier ministre), à un ministre (ou à un ancien ministre) :

Je vous prie de bien vouloir agréer, Monsieur (Madame) le Premier ministre, Monsieur le Ministre (Madame la Ministre ou Madame le Ministre), l'expression de ma très haute considération.

▸ À un sénateur, à un député, à un préfet, à un maire :

Je vous prie de bien vouloir agréer, Monsieur le Sénateur (le Député, le Préfet, le Maire ; Madame la Sénatrice ou Madame le Sénateur, Madame la Députée, Madame le Préfet ou Madame la Préfète, Madame le Maire ou Madame la Maire), l'expression de ma haute considération.

▸ À un ambassadeur, à une ambassadrice :

Je vous prie d'agréer, Monsieur l'Ambassadeur (Madame l'Ambassadrice ou Madame l'Ambassadeur), l'assurance de mes sentiments respectueux (l'expression de ma très haute considération).

Au cours de la lettre, on écrit « Votre Excellence ».

D'un homme à une ambassadrice ou à l'épouse d'un ambassadeur :

Je vous prie d'agréer, Madame l'Ambassadeur (ou Madame l'Ambassadrice), l'expression de mes hommages respectueux.

- À un général :

Je vous prie d'agréer, (Mon) Général, l'expression de
ma haute considération.

Un homme écrira « Mon Général », une femme, « Général ».

- À un colonel :

Veuillez agréer, (Mon) Colonel, l'expression de
ma considération.

Un homme écrira « Mon Colonel », une femme, « Colonel ».

- Au pape :

Daigne, Très Saint Père, Votre Sainteté agréer l'expression de ma très respectueuse considération (= Saint-Père, que Votre Sainteté daigne).

- À un religieux (abbé ou curé, pasteur, rabbin, imam ou recteur de mosquée), à une religieuse :

Je vous prie d'agréer, Mon Père (Monsieur l'Abbé, Monsieur le Curé [Ma Sœur, Ma Mère], Monsieur le Pasteur, Monsieur le Rabbin, Monsieur l'Imam ou Monsieur le Recteur), l'expression de mes sentiments respectueux (de mon respectueux souvenir).

3 Comment exprimer l'idée de lieu

La phrase qui exprime le lieu répond aux questions « où ? », « d'où ? », « par où ? », « dans quelle direction ? ».

Avec une préposition, un adverbe, une locution :

à. Elle est née **à** Montréal. Il habite **au** Canada. Ils vont **aux** Canaries. Il est descendu **à** l'hôtel. Cette entreprise a ouvert plusieurs succursales **à** Paris (syn. dans).

☞ **Au(x)** s'emploie devant les noms de pays, de provinces, d'îles précédés de « le » ou de « les » : aller **au** Pérou, **aux** Seychelles.

pour. Demain, je pars **pour** Toulon. Le train part **pour** Lyon.

☞ S'emploie après le verbe « partir » pour indiquer le lieu où l'on va : partir **pour** Marseille et aller **à** Marseille.

dans, en. Il se promène **dans** la rue. La gomme est **dans** le tiroir. Cette entreprise a plusieurs filiales **dans** New York (syn. à). La Seine se jette **dans** la Manche. Ils vont **en** classe. Elle met des rosiers **en** terre. Ils vivent **en** Italie. Elle va **en** Bretagne, **en** Corse et **en** Saône-et-Loire. J'apprécie **en** Jacques sa parfaite loyauté (syn. chez). Il y a **en** lui de grandes qualités.

☞ **En** s'emploie devant des noms de pays, de provinces, d'îles précédés de « la » ou de « l' » : aller **en** Corse, **en** Égypte.

sur, sous. Il est monté **sur** le toit. Le liège flotte **sur** l'eau. Montre-moi le village **sur** la carte. Cette ville est **sur** ma route. On a institué un impôt **sur** la fortune. Il a obliqué **sur** sa droite. Deux fenêtres donnent **sur** la cour. Il est retourné **sur** le continent. Mets un oreiller **sous** ta tête. Ils travaillent **sous** la pluie.

☞ Attention à l'emploi abusif de la préposition **sur** : on ne dit pas j'ai lu **sur** le journal, je vais **sur** Paris, je me dirige **sur** Lille, mais j'ai lu dans le journal, je vais à Paris, je me dirige vers Lille.

ici, là, là-bas, là-haut. Installons-nous **ici**, nous serons mieux. Votre frère sort d'**ici**. Il n'est pas **là** en ce moment. De **là** tu verras mieux le panorama. Nous discuterons une fois arrivés **là-bas**. La confiture est **là-haut**, sur l'étagère.

çà et là, de-ci de-là, par-ci par-là. Ils ont erré **çà et là** par les rues. J'ai tâtonné **de-ci de-là**. J'ai relevé **par-ci par-là** quelques erreurs.

☞ **çà et là** signifie « de côté et d'autre, en divers endroits », avec une idée de dispersion, souvent de rareté.

en deçà, au-delà, par-delà. Ils ont dû s'arrêter **en deçà** du fleuve. Nous avons roulé toute la journée et nous avons continué **au-delà** de Toulouse. Le concert est retransmis **par-delà** les mers.

vers, du côté de. Toutes ces voitures roulent **vers** le Midi. **Vers** 2 000 mètres d'altitude, la végétation se raréfie. Elle est allée **du côté** de la poste.

près, auprès de, à côté, loin. Il habite **près** de chez moi. Elle met des lunettes pour voir de **près**. Il est resté **auprès de** sa mère malade. Elle s'est assise **à côté** de moi. Ils partent **loin** en vacances. On aperçoit un voilier **au loin**. J'ai vu la scène **de loin**. La voiture est deux kilomètres **plus loin**.

dessus, dessous, au-dessus, au-dessous, en dessous, par-dessus, par-dessous. Prends une chaise et assieds-toi **dessus**. Ouvre ton parapluie et abrite-toi **dessous**. Il a neigé **au-dessus** de 1000 mètres. Il a des poches **au-dessous** des yeux. Le mécanicien s'est glissé **en dessous** de la voiture. Il porte un pantalon **par-dessus** son short. Il y a une barrière, passez **par-dessous**.

☞ L'emploi de **dessous** comme préposition est vieilli : on ne dit plus glisser une lettre **dessous** la porte, mais glisser une lettre **sous** la porte.

devant, derrière. Elles sont passées **devant** la maison. Tu vois la gare ? Ma maison est juste **devant**. Chloé a perdu deux dents de **devant**. **Derrière** la photo, il y a une dédicace. Il a surgi de **derrière**.

(en) avant, (en) arrière, devant, derrière. Vous vous arrêterez **avant** le pont. Les pneus **avant** sont neufs. Elle a fait un bond **en avant**. Ne restez pas **en arrière**.

☞ Dans la phrase les pneus **avant** (**arrière**) sont usés, **avant** et **arrière** sont des adjectifs invariables.

autour. La Terre tourne **autour** du Soleil. Elle a préparé un plat de viande avec des pommes de terre **autour**.

contre. L'échelle est dressée **contre** le mur. La mairie est sur la place et l'école est tout **contre**.

☞ Exprime aussi l'idée d'opposition.

autre part, quelque part, nulle part, ailleurs. Ce restaurant est fermé, allons **autre part**. Ce dossier est **quelque part**, cherche bien. On ne l'a vu **nulle part**. Il n'y a pas de place ici, allez voir **ailleurs**. Il n'est pas d'ici, il vient **d'ailleurs**.

☞ **Quelque part** s'emploie familièrement et par euphémisme pour désigner les toilettes ou les fesses : aller **quelque part** ; recevoir un coup de pied **quelque part**.

partout. Tes vêtements traînent **partout**. On vous voit **partout**.

en haut (de), en bas (de). Les enfants jouent **en haut**. Grimper **en haut** d'un arbre. Les parents couchent **en bas**. La boucherie est juste **en bas** de chez moi.

par, à travers. Prenons **par** le plus court chemin. Elle regarde **par** la fenêtre. Passez **par** ici, **par** là. Ils voyagent **par** monts et **par** vaux. Nous marchons **à travers** champs. Je sens le froid **à travers** mes vêtements.

☞ Dans la langue soutenue, on emploie **de par** comme synonyme intensif de **par** : nous avons des amis **de par** le monde.

chez . Demain, j'irai **chez** le coiffeur. **Chez** nous, les agriculteurs sont de petits propriétaires. C'est **chez** lui une habitude. Il y a **chez** lui un réel désir de nuire (syn. en). J'ai lu la même pensée **chez** un autre écrivain.

☞ **Chez** introduit un complément animé : aller **chez** le dentiste, **chez** le boucher. On ne dit pas aller au dentiste, au boucher.

où. Dites-moi **où** vous allez, d'**où** vous venez. **Où** que vous alliez, nous vous suivrons.

☞ **Où que** signifie « en quelque lieu que » et introduit le subjonctif.

y, en. J'**y** suis, j'**y** reste. Je vais chez le médecin mardi à dix heures, j'**en** reviendrai vers onze heures, et je dois **y** retourner mardi prochain.

☞ **Y** signifie « dans cet endroit-là », et **en**, « de cet endroit-là ».

Avec un préfixe :

avant-, arrière-, en-, entre-, extra-, intra-, sous-, sur-

L'**avant**-scène d'un théâtre ; l'**en**neigement des cimes ; l'**entre**croisement des allées ; une grossesse **extra**-utérine ; une injection **intra**veineuse ; la chasse **sous**-marine ; **sur**titrer un article.

Avec un nom :

abri, berceau, cachette, cadre, domicile, emplacement, endroit, environnement, espace, étape, extérieur, intérieur, lieu, localité, milieu, parages, pays, place, planque, position, région, secteur, site, théâtre, zone...

Ils se sont réfugiés dans un **abri** souterrain. La Grèce, **berceau** de la civilisation occidentale. Nous vivons dans un **cadre** agréable. Il se promène souvent dans les **parages**. L'entreprise a réparti ses activités sur plusieurs **sites**.

☞ **Berceau** est employé dans son sens figuré ; **planque** est réservé au registre familier ; **théâtre**, dans un registre soutenu, désigne un lieu où se déroulent des événements importants, souvent dramatiques : cette région a été le **théâtre** de nombreux combats.

Avec un verbe :

aboutir à, s'acheminer vers, aller, amener, approcher de, s'approcher, s'arrêter à, arriver, atteindre, descendre, devancer, se diriger, distancer, s'élever, entrer, monter, parcourir, passer par, pénétrer dans, piquer sur, se porter vers, prendre par, progresser, se propulser, se rendre à, suivre, toucher à, traverser, venir de, voler vers...

Cette rue **aboutit** à la Seine. Les promeneurs **s'acheminent vers** le village. Nous **allons** au marché à pied, à bicyclette, en voiture.
Je **vais** en promenade, à la pêche, à la recherche d'un trésor.
Il **amène** son fils à l'école. Nous **approchons de** la frontière.
Ils **sont passés par** Nice. **Suivez** l'avenue jusqu'au carrefour.
Ils **viennent de** Genève.

☞ **S'acheminer** est d'un registre soutenu : dans le langage courant, on dirait « se diriger, se rendre ».
Le verbe **habiter** s'emploie transitivement ou intransitivement. On peut dire ils **habitent** Bruxelles ou ils **habitent à** Bruxelles ; nous **habitons** la campagne, l'Alsace ou nous **habitons à** la campagne, **en** Alsace.
Le verbe **résider** est surtout employé dans la langue de l'administration et du droit.

4 Comment exprimer l'idée de condition

Dans les phrases exprimant l'idée de condition, la proposition principale est à l'indicatif quand la condition est réalisable, au conditionnel quand la condition est incertaine ou irréalisable.

▸ Avec une proposition introduite par une conjonction, une locution, une préposition :

si. Je le ferai encore **si** j'ai à le faire.
Je le ferais encore **si** j'avais à le faire.
Si j'étais à sa place, je partirais à l'étranger.
S'il avait eu la parole, il aurait pu se défendre.

☞ La subordonnée peut être à tous les temps de l'indicatif, sauf au futur : une règle interdit en effet d'employer le futur ou le conditionnel après **si**. La subordonnée précède souvent la principale.

à supposer que, si tant est que. À supposer que l'expérience réussisse, que prouvera-t-elle ? (syn. en supposant que, en admettant que). Nous déjeunerons sur l'herbe **si tant est qu**'il fasse beau.

☞ Ces locutions sont suivies d'un verbe au subjonctif. L'ordre des propositions ne peut être inversé.

alors même que, quand bien même, même si. Alors même que vous le jureriez, je ne vous croirais pas. **Quand bien même** il m'aurait suppliée, je n'aurais pas cédé. **Même s**'il m'avait suppliée, je n'aurais pas cédé.

☞ **Alors même que** et **quand bien même** introduisent le conditionnel dans les deux propositions. La locution **même si** est suivie d'un temps de l'indicatif et du conditionnel dans la principale.

au cas où, dans l'hypothèse où. Au cas où il pleuvrait, prends ton parapluie. **Dans l'hypothèse où** tu gagnerais à la loterie, que ferais-tu de cet argent ?

☞ Ces locutions sont suivies d'un verbe au conditionnel.

à (la) condition que, sous la condition que. Je lui pardonnerai **à condition qu**'il fasse des excuses. J'accepte de faire ce travail **sous la condition** qu'il me paie / qu'il me paiera le service rendu.

☞ Les locutions **à (la) condition que**, **sous la condition que** sont suivies du futur de l'indicatif ou du subjonctif.

à moins que, sauf si. Je viendrai vous voir demain, **à moins que** vous ne sortiez. Elle n'acceptera pas de faire ce travail, **sauf si** tu lui donnes une récompense.

☞ **Sauf si** introduit un verbe à l'indicatif, **à moins que**, un verbe au subjonctif. L'adverbe « ne » n'exprime pas la négation, il est dit « explétif ».

pourvu que. Je vous réserverai une place **pourvu que** vous ne soyez pas trop en retard.

☞ La conjonction **pourvu que** est suivie du subjonctif et l'ordre des propositions ne peut être inversé.

selon que... ou. « **Selon que** vous serez puissant **ou** misérable, Les jugements de cour vous rendront blanc ou noir » (La Fontaine).

que. **Qu**'il fasse des excuses, et je lui pardonnerai.

☞ **Que** est suivi du subjonctif. L'ordre des propositions ne peut être inversé.

avec, sans, sauf, à moins de, en cas de, à condition de. **Avec** de la chance, tu aurais tiré le bon numéro. **Sans** votre aide, je n'aurais pas pu finir à temps. **Sauf** contrordre, nous nous réunirons lundi prochain. Il n'acceptera pas, **à moins d**'avoir un dédommagement / d'un dédommagement. Téléphone-moi **en cas de** besoin. On y arrivera, **à condition** d'être patients.

☞ Les prépositions **avec** et **sans** commandent un verbe au conditionnel. La locution prépositive **à moins de** peut être suivie d'un infinitif ou d'un nom. **À condition de** introduit un infinitif.

▸ **Avec une proposition participiale, infinitive ou relative :**

Mieux réglée, ta moto consommerait moins (= si ta moto était mieux réglée...).

En procédant ainsi, tu réussiras (= si tu procèdes ainsi...).

En acceptant, vous me rendriez service (= si vous acceptiez...).

Il aura des ennuis, **à arriver** toujours en retard (= s'il arrive toujours en retard...).

Celui **qui t'entendrait parler d'elle** ainsi douterait de tes sentiments (= si quelqu'un t'entendait.)

Qui veut la fin veut les moyens (proverbe) (= si l'on veut la fin...).

▸ **Par la juxtaposition ou la coordination de deux propositions :**

« **Fais** un pas, je t'**assomme** ! » (V. Hugo) (= si tu fais un pas...).

Je le **voudrais**, je ne le **pourrais** pas (= même si je le voulais...).

Il **faisait** un pas de plus, et il **tombait** dans le vide (= s'il faisait un pas de plus...).

Vous **seriez arrivée** plus tôt, vous **l'auriez vu** (= si vous étiez arrivée plus tôt...).

La chaussée **eût**-elle **été** plus sèche / **aurait**-elle **été** plus sèche, l'accident n'**aurait** pas **eu** lieu (= si la chaussée avait été plus sèche...).

5 Comment exprimer l'idée de comparaison

Avec une conjonction, une locution, une préposition, un adverbe :

comme, tel (telle) que. Il est rouge **comme** une tomate. Ce livre se lit **comme** un roman. Tu as agi comme Pierre/**comme** lui/**comme** il l'a fait/**comme** il l'aurait fait. Il ment **comme** il respire. Un homme **tel que** lui ne se laisse pas abattre (syn. comme).

ainsi que. La famille allait se promener au bois, **ainsi qu**'elle le faisait chaque dimanche (syn. comme). Le français **ainsi que** l'italien dérivent du latin.

☞ Le verbe est au singulier quand la comparaison introduite par **ainsi que** est placée entre virgules : le français, **ainsi que** l'italien, dérive du latin.

de même que, aussi bien que. De même qu'un siècle influe sur un homme, un homme influe sur un siècle. Cette information concerne les habitants des villes **aussi bien que** ceux des campagnes (syn. tout autant que).

aussi... que, si... que. Elle est **aussi** bavarde **que** son frère. On n'est jamais **si** malheureux **qu**'on l'imagine.

☞ Les adverbes **aussi** et **si** en corrélation avec **que** et suivis d'un adjectif sont des comparatifs d'égalité.

autant que, tant que. Elle lit **autant que** toi. Le cinéma ne m'intéresse pas **tant que** le théâtre.

☞ Les adverbes **autant** et **tant** en corrélation avec **que** et suivis d'un adjectif sont des comparatifs d'égalité. **Tant que** peut aussi exprimer l'idée de temps : dépêchons-nous d'en profiter **tant qu**'il fait beau (syn. pendant que).

plus... que, moins... que. Ils sont **plus** heureux **que** leurs parents. Il a **plus** d'argent **que** moi. Elle travaille **moins** intensément **que** ses camarades.

☞ Les adverbes **plus** et **moins** en corrélation avec **que** et suivis d'un adjectif sont des comparatifs (de supériorité et d'infériorité).

comme si. Elle alla travailler **comme s**'il ne s'était rien passé. Il n'a rien compris mais il fait **comme si**.

☞ **Comme si** est suivi d'un verbe à l'imparfait de l'indicatif.

plutôt que, plutôt... que. Allons à la campagne **plutôt que** de rester à Paris. **Plutôt** mourir **que** vivre à genoux.

☞ Ne pas confondre **plutôt** et **plus tôt** qui exprime l'idée de temps : il est rentré **plus tôt** que d'habitude.

aussi. Elle est mince, toi **aussi**.

plus, moins, mieux, autant, davantage. Je ne peux pas travailler **plus**. Il mange **moins**. Elle va **mieux**. Elle l'aime toujours **autant**. Je ne t'en dirai pas **davantage**.

☞ Attention à l'orthographe de **davantage**. Cet adverbe s'écrit en un seul mot.

à côté de, à l'instar de, auprès de, en regard de, en comparaison (de, avec). Ton malheur n'est rien **à côté** du sien. **À l'instar** de sa mère, il sera médecin. Le préjudice matériel est peu de chose **auprès du** préjudice moral. **En regard** des investissements, les résultats sont médiocres. Cette somme est un apport insignifiant **en comparaison** des besoins de la famille (syn. par rapport à). **En comparaison** avec l'ancien directeur, celui-ci est plutôt sympathique.

☞ La locution prépositive **à l'instar de** signifie « à la manière de », « à l'exemple de », et appartient à la langue littéraire.

Avec un nom :

analogie, association, comparaison, confrontation, correspondance, différence, dissemblance, distinction, imitation, lien, parallèle, rapport, rapprochement, relativité, (mise en) relation, ressemblance, similitude...

On a relevé de nombreuses **analogies** entre ces deux romans (syn. ressemblance, similitude). Il s'exprime par **associations** d'idées. **Comparaison** n'est pas raison (proverbe). Elle a établi un **parallèle** entre les deux sujets. Il ne faut pas faire de **rapprochement** entre ces deux événements...

Avec un adjectif :

analogue, autre, comparable, différent, distinct, égal, équivalent, identique, inférieur, meilleur, même, moindre, pareil, pire, proportionnel, relatif, semblable, similaire, supérieur, tel, voisin...

Il a un avis **analogue** au mien. Leurs résultats sont **comparables**. Leurs aspirations sont **différentes** (syn. distinct). Les parts de chacun sont **égales** (syn. équivalent, identique). La recette est **inférieure** à celle de la semaine dernière. C'est son **meilleur** match. C'est le **meilleur** match de l'année. Nous avons les **mêmes** goûts. Il n'y a pas le **moindre** doute. Ces deux sacs sont **pareils**. Le remède est **pire** que le mal. C'est encore **pire** (ou bien **pire**) que je ne croyais. C'est la **pire** chose qui puisse m'arriver. Douze est **supérieur** à huit. Je suis surprise qu'il tienne de **tels** propos (syn. pareil)...

☞ Dans la grammaire traditionnelle, un adjectif précédé des adverbes **plus, moins, aussi** (ou **si**) est un comparatif.

On distingue les comparatifs d'égalité : il est **aussi grand que** son frère ; les comparatifs d'infériorité : il est **moins grand que** son frère ; les comparatifs de supériorité : il est **plus grand que** son frère. Un adjectif précédé de **le plus** est un superlatif relatif : c'est lui **le plus grand**. Un adjectif modifié par **très** (**fort**, **extrêmement**, etc.) est un superlatif absolu : il est **très grand**.

Avec un verbe :

associer, comparer, confronter, différencier, distinguer, égaler, égaliser, (mettre en) parallèle, rapprocher, se ressembler...

Il adore **associer** les mots et les idées. Il **compare** sa sœur à un volcan. Ils **ont confronté** les déclarations des témoins. Qu'est-ce qui **différencie** l'homme de l'animal ? (syn. distinguer). Rien n'**égale** la beauté de ce lieu. Ils veulent **égaliser** les salaires. Ce sens est à **rapprocher** du précédent.

6 Comment exprimer l'idée d'opposition et de concession

Avec une conjonction, une préposition, un adverbe :

quoique. Quoique nous soyons à la fin juillet, il y a encore beaucoup de monde à Paris (syn. bien que).

☞ Exprime la concession et est suivi du subjonctif. Ne pas confondre avec **quoi que.**

quoi que. Quoi qu'on fasse, **quoi qu'**on dise, le résultat sera le même. **Quoi qu'**en pensent les autres, il agira comme bon lui semble.

☞ Est suivi du subjonctif. Cette locution concessive peut être remplacée par « quelle que soit la chose que ». Ne pas confondre avec **quoique**.

encore que. Admettons ce principe, **encore qu'**il ne soit pas bien établi (syn. quoique, bien que).

☞ Est suivi du subjonctif. Cette locution conjonctive introduit une restriction.

bien que. Bien qu'il soit très inquiet, il n'en laisse rien paraître. La salle, **bien que** vaste, ne suffisait pas pour une telle assistance.

☞ Est suivi d'un verbe au subjonctif ou d'un adjectif.

malgré, malgré que. Elle est sortie **malgré** des ordres contraires (syn. en dépit de). Je m'entends bien avec lui **malgré que** nos caractères soient différents (syn. bien que, quoique).

☞ **Malgré que** est suivi du subjonctif. Cette locution conjonctive est critiquée sauf dans l'expression **malgré que j'en aie**, qui est littéraire et signifie « bien que cela me contrarie ».

au lieu de, au lieu que, plutôt que (de). Tu ferais mieux de m'aider **au lieu de** rêvasser. « **Au lieu que** son histoire l'ait calmé, on dirait plutôt qu'il s'aigrit » (J. Romains). « J'aime mieux tous les malheurs **plutôt que** vous souffriez par ma faute » (R.Rolland). **Plutôt** mourir **que de** m'avouer vaincu.

☞ **Au lieu de** est toujours suivi de l'infinitif.

☞ **Au lieu que, plutôt que** sont littéraires et introduisent un verbe au subjonctif.

tandis que. Adrien aime jouer au football **tandis que** Vincent préfère les échecs.

☞ Exprime aussi l'idée de temps.

alors que. Ici on grelotte, **alors que** là-bas on étouffe. Vous reculez, **alors qu'**il faudrait avancer.

☞ S'emploie avec l'indicatif ou le conditionnel.

alors même que. Alors même que vous me le jureriez, je ne le croirais pas.

☞ Est suivi du conditionnel et est réservé à la langue soutenue ou littéraire. Dans la langue courante, on emploie « même si » (avec l'indicatif).

même si. Même si le fond de l'histoire est vrai, il y a des invraisemblances. **Même si** tu courais, tu raterais ton train.

☞ Est suivi de l'indicatif.

quand bien même, quand. Quand bien même on travaillerait sans interruption, on ne pourrait pas respecter ce délai. **Quand** on me le proposerait gratuitement, je n'en voudrais pas (syn. même si).

☞ **Quand bien même** et **quand** sont suivis du conditionnel. **Quand** s'emploie dans la langue soutenue ou littéraire.

tout... que. Tout sportif qu'il est (ou **qu**'il soit), il n'a pas pu traverser la rivière à la nage. **Tout** académiciens **qu**'ils sont (ou **qu**'ils soient), il leur arrive de parler argot.

☞ **Tout** est invariable lorsqu'il est suivi d'un nom ou d'un adjectif masculins pluriels. Il varie avec un nom féminin ou un adjectif féminin commençant par une consonne ou un « **h** aspiré » : **toute** femme **qu**'elle est... ; **toutes** raisonnables **qu**'elles soient...

si... que, aussi... que. Si petit **qu**'il soit, il réussit à ouvrir la porte. **Aussi** surprenant **que** cela puisse paraître, son nom m'était totalement inconnu.

☞ Sont suivis du subjonctif. « Il vaut mieux employer la construction **si... que** ».

Si peu... que. Si peu de tête **qu**'il ait, il aurait pu penser à mon anniversaire.

☞ Est suivi du subjonctif et indique une concession portant sur une quantité.

Avec une conjonction, une préposition, un adverbe :

quelque... que. Quelques précautions **que** vous preniez, on remarquera votre présence. **Quelque** regrettables **que** soient ces incidents, ils n'ébranlent pas ma résolution.

☞ **Quelque... que** suivi d'un nom est littéraire. Dans l'exemple ci-contre, on dirait couramment « quelles que soient les précautions... » ou « bien qu'il ait pris toutes les précautions ». Le verbe qui suit est au subjonctif.

☞ **Quelque... que** est un adverbe ; par conséquent il est invariable lorsqu'il précède un adjectif non suivi d'un nom. Il a alors le sens de « si ».

quel que. Quels que soient les inconvénients, je prends le risque (syn. de quelque nature que).

☞ Est suivi du verbe **être** au subjonctif.

cependant, en dépit de. La solution était très simple, et **cependant** personne n'y avait songé (syn. pourtant). C'est la règle générale, il y a **cependant** quelques exceptions (syn. néanmoins). **En dépit** des erreurs commises, on peut redresser la situation (syn. malgré).

pourtant, toutefois, néanmoins. Il n'est pas encore là, il avait **pourtant** dit qu'il rentrerait de bonne heure. Il a fait un voyage coûteux et **pourtant** utile. Son opinion semble arrêtée, il a **toutefois** promis de réfléchir encore. Cette histoire est incroyable, **néanmoins** elle est vraie.

non seulement... mais. C'est **non seulement** inutile, **mais** encore dangereux. Les lois nous protègent **non seulement** contre les autres, **mais** aussi contre nous-mêmes.

en revanche, par contre. Il est très assidu au cours, **en revanche** il est assez distrait. « Je suis cruelle avec ce qui me déplaît. Mais, **en revanche**, quand quelqu'un me plaît, je suis capable de tout » (Jean Anouilh). Les fruits ont baissé ; **par contre** la viande a augmenté. « Si le jardin se trouvait à l'ombre, la maison, **par contre**, était en plein soleil » (Guy de Maupassant).

☞ La locution adverbiale **par contre** est critiquée par les puristes. Elle est cependant utilisée par de nombreux écrivains. Elle n'est pas considérée comme fautive, mais il est d'usage d'employer l'un de ses synonymes : **en revanche, au contraire, d'un autre côté, inversement**, etc.

mais, mais bien. Il est intelligent, **mais** paresseux. Ce n'était pas une simple échauffourée, **mais bien** une véritable émeute.

sauf que, excepté que. Les vacances se sont bien passées, **sauf que** Pierre a dû rentrer précipitamment à Paris. Le mariage était très réussi, **excepté qu'**il a un peu plu en fin d'après-midi.

autant... autant. Autant j'approuve ses principes, **autant** je condamne ses méthodes.

pour autant. Je ne m'inquiète pas **pour autant**.

Avec un préfixe :

anti-, contre-. Un revêtement **anti**adhésif. Un mur **anti**bruit. Un casque **anti**choc. Nager à **contre**-courant. Il se **contre**dit.
Une idéologie **contre**-révolutionnaire. On a reçu un **contr**ordre.

☞ Le préfixe **anti-** signifie aussi « avant » : **anti**dater un témoignage.

Avec un nom pour désigner un fait :

adversité, affrontement, antagonisme, antinomie, antipathie, contradiction, contraire, contraste, contre-pied, désaccord, désapprobation, discordance, discorde, dissension, dissentiment, divergence, obstruction, opposition, protestation, réaction, rébellion, refus, réfutation, rejet, réplique, résistance, révolte, riposte, rivalité, veto...

Il m'a soutenu dans l'**adversité**. La jalousie est une réaction d'**affrontement** à autrui. On constate l'**antagonisme** de leurs caractères. Il y a une **antinomie** entre ces deux théories (syn. contradiction). Ils font de l'**opposition** systématique à notre projet. Trois pays ont mis leur **veto** à cette résolution.

Avec un nom pour désigner un être :

adversaire, antagoniste, combattant, concurrent, contestataire, contradicteur, dissident, ennemi, opposant, rebelle, résistant, révolté, rival...

Il a riposté aux attaques de son **adversaire**. Elle s'est trouvée face à face avec son **antagoniste** (syn. contradicteur). Il a fallu séparer les **combattants**. C'est un **opposant** au régime présidentiel. Ils étaient amis, ils sont devenus **rivaux**.

Avec un verbe

affronter, aller contre, braver, confronter, contrarier, contraster, contre-attaquer, contrecarrer, contredire, défendre, défier, désobéir, diverger, diviser, empêcher, entraver, exclure, faire front, heurter, infirmer, interdire, mettre son veto, opposer, protester, réagir, refuser, réfuter, regimber, rejeter, repousser, résister, se dresser contre, se heurter, s'opposer, se rebiffer, se révolter, se soulever...

Ils **ont affronté** de nombreux dangers (syn. braver). Peut-on raisonnablement **aller contre** le progrès ? Il se sentait attaqué de toutes parts. Il a toujours cherché à **braver** les autorités (syn. défier). Elle ne supporte pas qu'on **contrecarre** ses projets. Avez-vous un argument à **objecter** ? Toute petite déjà, elle **se rebiffait** contre ses parents (syn. regimber, se révolter).

☞ **Se rebiffer** s'emploie dans la langue familière.

7 Comment exprimer l'idée de temps

La phrase qui exprime le temps répond aux questions « quand ? », « à quel moment ? ».

Avec une conjonction, une locution, une préposition, un adverbe

quand, lorsque. Quand il se met en colère, il devient écarlate (syn. chaque fois que). J'étais encore tout enfant **quand** mon père est mort. De **quand** date votre dernière vaccination ? **Lorsque** je serai installé dans ma nouvelle maison, je vous inviterai.

pendant que, tandis que, alors que, comme. Pendant que je regardais par la fenêtre, il est sorti. Nous sommes partis **tandis que** les enfants dormaient. Je l'ai connu **alors qu'**il était encore étudiant. **Comme** nous approchions de la plage, il s'est mis à pleuvoir.
☞ **Alors que** et **tandis que** expriment aussi l'idée d'opposition.

dès que, aussitôt que, sitôt que. Je viendrai **dès que** j'aurai fini. **Dès que** le rideau se lève, le public applaudit. **Aussitôt que** je l'ai appelé, il est accouru. Nous partirons **aussitôt que** tu seras prêt. **Sitôt qu'**on l'eut averti de l'accident, il s'est rendu à l'hôpital.
☞ La locution conjonctive **dès que** peut être remplacée par la préposition **dès** suivie d'un nom : je viendrai **dès** que l'année scolaire sera finie/**dès** la fin de l'année scolaire.

tant que. Tant que vous ne m'aurez pas fourni de preuves, je ne vous croirai pas (syn. aussi longtemps que). Dépêchons-nous d'en profiter **tant qu'**il fait beau (syn. pendant que).
☞ **Tant que** peut aussi exprimer l'idée de comparaison : cette robe rouge ne me plaît pas **tant que** la bleue (syn. autant que).

avant que, après que. Dépêchez-vous d'intervenir **avant qu'**il ne soit trop tard. **Avant qu'**il fasse nuit, profitons-en pour rouler.
Je m'occuperai de cela **après que** tu seras parti. **Après qu'**ils eurent tout examiné, ils se retirèrent.
☞ La locution conjonctive **avant que** est suivie du subjonctif (et parfois d'un « ne » explétif) parce que l'action n'a pas encore eu lieu par rapport à l'action de la principale. La locution **après que** est suivie de l'indicatif puisque l'action est terminée.

depuis que. Depuis qu'il a été accidenté, il s'est mis à boiter (syn. à partir du moment où). **Depuis que** je le connais, il écrit des poèmes.
☞ La locution conjonctive **depuis que** peut être remplacée par la préposition **depuis** suivie d'un nom : **depuis** son accident, il boite.

près (de), loin (de). Noël est encore tout **près**. Nous étions **près de** Noël. Nous étions **près de** partir (ou **près du** départ) quand cela s'est produit. Il était **près de** midi.
Le printemps est encore **loin**. Ce moment est déjà **loin de** nous.

☞ **Près de** et **loin de** expriment aussi l'idée de lieu. Ne pas confondre **près de**, qui signifie « sur le point de » : il n'est pas **près de** retravailler avec eux, et **prêt à**, qui veut dire « en état de » : elle est **prête à** nous aider.

maintenant, tout de suite. Il est **maintenant** dix heures, c'est l'heure de la pause. À partir de **maintenant**, c'est moi qui décide. Internet est **maintenant** très répandu (syn. aujourd'hui, actuellement). Il savait **maintenant** à quoi s'en tenir (syn. désormais). Viens ici **tout de suite** ! (syn. immédiatement).

☞ **Tout de suite** signifie « sans plus attendre » et ne doit pas être confondu avec **de suite** qui signifie « en se suivant », « sans interruption ». On dit : je reviens **tout de suite** et j'ai couru deux heures **de suite**.

désormais, dorénavant. Les derniers opposants ont démissionné : vous avez **désormais** le champ libre. Le TGV relie ces deux villes ; on pourra **dorénavant** faire le voyage en une heure (syn. à partir de maintenant, à l'avenir).

autrefois, dans le temps, jadis, naguère. Autrefois, on croyait que le Soleil tournait autour de la Terre. Il paraît qu'il a été danseur **autrefois**. **Dans le temps**, peu de gens partaient en vacances. **Jadis** nous passions nos vacances chez nos grands-parents. Il y avait ici un château **jadis**. On trouvait encore des triporteurs **naguère**.

☞ **Naguère**, dans son emploi littéraire, signifie " récemment ". Dans la langue courante, on ne perçoit plus de différence entre **jadis** et **naguère** et on emploie les deux adverbes dans le sens de " autrefois ".

bientôt. L'affaire sera **bientôt** terminée. Vous serez **bientôt** payé.

tôt, tard. Je me lève **tôt**. Il a su lire très **tôt**. Le plus **tôt** sera le mieux. Je ne pourrai vous livrer que lundi au plus **tôt**. Il se couche toujours **tard**. C'est arrivé **tard** dans la nuit. Mieux vaut **tard** que jamais. **Tôt** ou **tard**, nous saurons le fin mot de l'histoire.

avant, auparavant, d'abord. Nous sommes arrivés **avant** le début du film. J'ai longuement réfléchi **avant** de me décider. On va s'occuper de vous, mais, **auparavant**, veuillez remplir ce questionnaire (syn. d'abord).

☞ La préposition **avant** est quelquefois suivie d'un nom sans article : naître **avant** terme ; faire des soldes **avant** travaux.

après, puis, ensuite. Je passerai vous voir **après** les vacances. Commencez par le dossier prioritaire, vous vous occuperez du reste **après** (syn. plus tard). On entendit un grand bruit, **puis** un cri. Examinons d'abord cette question, **ensuite** nous passerons à la suivante.

☞ La préposition **après** est quelquefois suivie d'un nom sans article : **après** mûre réflexion ; **après** examen ; on se verra **après** déjeuner.

déjà. Les premiers bourgeons commencent **déjà** à éclore. Quand je suis arrivé, il était **déjà** parti. Tu as **déjà** fini ?

quelquefois, parfois, de temps en temps. C'est un homme énergique, **quelquefois** violent. **Quelquefois** il souriait, mais assez rarement. Ils viennent **parfois** nous voir. Il va voir sa grand-mère **de temps en temps.**

☞ **Quelquefois** s'écrit en un seul mot. Dans un registre familier, on dit aussi « des fois ».

toujours, tout le temps. Ces abus ont **toujours** existé. Je l'aimerai **toujours**. Je ne suis **toujours** pas satisfait. Quand je suis revenu, il était **toujours** à la même place (syn. encore). Il est **tout le temps** de mauvaise humeur (syn. sans arrêt).

☞ **Pour toujours** et **à jamais** sont synonymes ; on peut dire : il a disparu **pour toujours** ou il a disparu **à jamais**.

jamais. Depuis son accident cardiaque, il n'a **jamais** plus fumé. On ne sait **jamais** ce qui peut arriver. L'avez-vous déjà rencontré ? - **Jamais**. C'est à **jamais** fini entre nous (syn. pour toujours).

☞ **Jamais** peut s'employer sans négation, en particulier dans une comparaison : je suis plus convaincu que **jamais**.

longtemps. Je ne resterai pas **longtemps** ici. Ne soyez pas absent trop **longtemps**. **Longtemps** après, j'ai pensé à sa réflexion.

souvent, le plus souvent, la plupart du temps. Je l'ai **souvent** rencontré chez cet ami. Ils sortent **souvent** ensemble. Au mois de juin, je suis **le plus souvent** à la campagne. Elle vient **la plupart du temps** avec ses enfants.

Remarque : Il existe beaucoup d'autres mots (conjonctions, prépositions, adverbes ou locutions) qui expriment l'idée de temps : au moment où (de), par moments, d'un moment à l'autre, au fur et à mesure que, dès l'instant que, maintenant que, de... à, dès lors que, entre, entre-temps, sur-le-champ, d'ores et déjà, sous peu, alors, à temps, à contretemps, quelque temps, ces temps-ci, etc.

Avec un adverbe en -ment :

Il est **actuellement** en voyage. Son accident s'est produit **antérieurement** à son déménagement. Donner **brièvement** son point de vue. Être **constamment** dérangé. Parler, réfléchir **longuement**. Être **momentanément** absent. Toute décision prise **postérieurement** à la date de la signature sera déclarée nulle. Il a obtenu une augmentation **récemment**. Rappelez **ultérieurement**.

Avec un gérondif :

En sortant, j'ai vu qu'il neigeait. Il parle **en dormant**. C'est **en dansant** qu'il s'est foulé la cheville.

Avec un préfixe :

anté-, **anti-**, **après-**, **avant-**, **post-**, **pré-**, **sur-**, **synchro-**. Des géants **anté**diluviens. **Anti**dater une lettre. **Après**-demain. Une lotion **après**-rasage. **Avant**-hier. Une **avant**-première. **Post**dater un témoignage. Un traitement **post**opératoire. La **pré**histoire. **Pré**chauffer un four. Le **sur**lendemain. **Synchro**niser des opérations.

☞ Le préfixe **anti**- signifie aussi «contre» : Un mur **anti**-bruit.

8 Comment exprimer l'idée de cause

La phrase qui exprime la cause répond à la question «pourquoi ? ». Dans la vie, la cause précède la conséquence ; dans les phrases, l'ordre est le plus souvent inversé : je veux vivre avec toi = conséquence ; parce que je t'aime = cause.

Avec une conjonction, une préposition, un adverbe :

parce que. Je veux vivre avec toi **parce que** je t'aime.
☞ **Parce que** est le plus fréquemment employé. Pour mettre la cause en relief, on recourt à **c'est parce que**...

car. Je veux vivre avec toi **car** je t'aime.
☞ **Car** n'est jamais employé en début de phrase.

comme. **Comme** je t'aime, je veux vivre avec toi. **Comme** il m'était difficile de m'expliquer par téléphone, je suis venu.
☞ **Comme** peut remplacer **parce que**. La phrase exprimant la cause précède alors celle qui traduit la conséquence.

en effet. J'ai préféré vous voir ; **en effet**, il m'était difficile de m'expliquer par téléphone.
☞ Attention à la ponctuation entre les deux membres de la phrase.

non que (nie une cause). Je vous accompagnerai au concert de rock. **Non que** je sois passionné par ce genre de musique...
☞ S'emploie avec le subjonctif et évite la lourdeur de « Ce n'est pas que je sois... ».

puisque. Je pars, **puisque** tu ne veux pas comprendre ou **Puisque** tu ne veux pas comprendre, je pars.
☞ L'ordre des propositions est indifférent.

dès lors que. **Dès lors que** toute communication devenait impossible, il préféra partir.
☞ Comporte une nuance de temps.

étant donné (que). **Étant donné que** les événements nous donnent tort, nous modifierons notre plan. **Étant donné** les circonstances, nous reportons la réunion (syn. en raison de).
☞ **Étant donné** est invariable devant un nom. Cette préposition fait cependant l'objet de tolérances orthographiques.

vu (que). Il faut renoncer à cette dépense, **vu que** les crédits sont épuisés (syn. puisque). **Vu** l'heure tardive, il a fallu ajourner la discussion (syn. en raison de).

☞ L'ordre des propositions est indifférent.

☞ **Vu** est invariable devant un nom comme **étant donné**. Cette préposition fait cependant l'objet de tolérances orthographiques.

attendu (que). **Attendu que** le prévenu est reconnu coupable des faits, il est condamné à verser 5 000 € de dommages et intérêts à la partie civile (syn. étant donné que, vu que). **Attendu** la situation, les élus se sont réunis d'urgence (syn. étant donné, vu).

☞ À réserver au style administratif ou juridique. **Attendu** est une préposition et reste invariable devant un nom.

sous prétexte que, de. **Sous prétexte qu**'il avait un rendez-vous important, il a annulé la réunion. **Sous prétexte de** nous indiquer le chemin, elle s'est fait inviter.

☞ Introduit une raison invoquée pour cacher la cause réelle. L'ordre des propositions est indifférent.

par, pour, de, à cause de, pour cause de. **Par** amour, elle sacrifia sa carrière. Il a été condamné **pour** infraction au Code pénal (ou pour avoir enfreint la loi). Elle pleurait **de** bonheur. Il est fou **de** joie. La réunion est reportée **à cause de** la grève (syn. en raison de). Magasin fermé **pour cause de** décès.

☞ **Pour cause de** s'emploie dans le style administratif ou dans les annonces.

☞ **À cause de** introduit toujours une cause défavorable.

faute de. Faute d'argent, il a renoncé à ce voyage (= à cause du manque d'argent).

☞ Énonce une cause qui est un manque.

grâce à, en raison de, par suite de. **Grâce à** votre intervention, j'ai obtenu satisfaction. **En raison des** circonstances, la cérémonie est annulée (syn. étant donné, vu). **Par suite des** pluies, la rivière a débordé.

☞ **Grâce à** introduit toujours une cause favorable. Ne pas confondre **par suite de** et **à la suite de** qui signifie « après ».

alors. Il était indécis : **alors** je lui ai donné d'autres arguments.

☞ Attention à la ponctuation entre les deux membres de la phrase.

tellement, tant. On aurait dit qu'elle allait pleurer, **tellement** elle était émue. Il a oublié de te prévenir, **tant** il était occupé.

☞ **Tant** est plutôt réservé à la langue littéraire.

Avec un nom pour désigner un fait :

Agent, cause, facteur, mobile, motif, origine, point de départ, pourquoi, prétexte, raison...

Les enzymes sont les **agents** des fermentations. Cet événement est la **cause** de leur brouille. Son intervention a été un **facteur** de discorde. Le **pourquoi** de toutes choses.

Promoteur est souvent employé dans un sens favorable, et **responsable** dans un sens défavorable.

Avec un nom pour désigner un être :

Artisan, auteur, créateur (trice), initiateur (trice), inspirateur (trice), instigateur (trice), promoteur, responsable (n. et adj.)...

Il a été l'**artisan** de la victoire. On recherche l'**auteur** de l'attentat. Les **instigatrices** du complot ont été arrêtées. Pierre est le **promoteur** de cette réforme (syn. initiateur, inspirateur).
On a retrouvé le **responsable** de l'accident.

Avec un verbe :

Amener, attirer, causer, créer, déclencher, déterminer, donner lieu à, engendrer, entraîner, faire naître, motiver, occasionner, procurer, produire, provoquer, susciter...

La crise risque d'**amener** encore plus de chômage (syn. engendrer, entraîner, provoquer). Cette affaire lui a **attiré** de graves ennuis. Ses dépenses inconsidérées ont **occasionné** la ruine de la famille. Cette situation lui **procure** de nombreux avantages.

Occasionner est souvent employé dans un sens défavorable, et **procurer**, dans un sens favorable.

9 Comment exprimer l'idée de conséquence

Avec une conjonction, une locution, une préposition, un adverbe :

par conséquent, en conséquence, par voie de conséquence, conséquemment. J'ai appris qu'il était malade : **par conséquent**, il ne viendra pas à la réunion (syn. donc, en conséquence). Il ne fait pas beau ; **en conséquence**, nous ne sortirons pas. « Pouvant tout posséder, et **conséquemment** blasés, ils se livrent à des efforts énormes pour sortir de leur indifférence » (Balzac) [syn. par conséquent, par voie de conséquence].

à la suite de, par suite de. Il est resté boiteux **à la suite d**'une chute de cheval. **Par suite d**'un refroidissement, il a attrapé une angine.
☞ Ne pas confondre **à la suite de, par suite de** avec **par la suite**, qui signifie " dans la période qui suit ".

ainsi. L'affaire est réglée ; **ainsi**, vous n'avez plus à vous occuper de rien.
☞ **Ainsi** peut être renforcé par **donc**. L'inversion du sujet est fréquente dans la langue soutenue : ... **ainsi** n'avez-vous plus à vous occuper de rien.

donc, et. Tu ne manges pas, **donc** tu maigris (syn. par conséquent). La route était barrée **et** nous avons fait demi-tour (syn. alors).

alors. Si vous êtes d'accord, **alors** vous pouvez signer cette pétition.

dès lors. Il a un alibi : **dès lors**, on peut reconnaître son innocence (syn. par conséquent, par voie de conséquence).

aussi. J'étais au courant, **aussi** la nouvelle ne m'a pas surpris (syn. par conséquent).
☞ **Aussi** est suivi de l'inversion du sujet dans la langue soutenue : ... **aussi** la nouvelle ne m'a-t-elle pas surpris.

partant. La crise s'est aggravée, **partant**, leurs conditions de vie sont devenues plus difficiles (syn. aussi, donc, en conséquence).
☞ **Partant** est plutôt réservé au style littéraire ou à la langue soutenue.

du coup. Elle est partie tôt, **du coup** tous les invités sont partis aussi (syn. en conséquence).
☞ **Du coup** s'emploie plutôt dans le langage familier. Ces locutions se construisent avec l'indicatif pour exprimer une conséquence de fait, mais avec le subjonctif pour indiquer une conséquence voulue.

d'où, de là. Je n'avais pas prévu ces encombrements, **d'où** mon retard. Il n'a pas assez travaillé, **de là** son échec.

de (telle) sorte que, de (telle) manière que. Il a agi **de telle sorte que** tout le monde l'a félicité. Il s'est réveillé trop tard, **de sorte qu'**il a raté son train. Elle se conduit **de telle manière qu'**elle agace tout le monde.
☞ Ces locutions se construisent avec l'indicatif pour exprimer une conséquence de fait, mais avec le subjonctif pour indiquer une conséquence voulue.

au point de, au point que, à tel point que. Il est déprimé **au point de** tout laisser tomber / **au point qu'**il laisse tout tomber. Il était fatigué **à tel point qu'**il a dormi douze heures.

si... que, tant... que, tellement... que. La cave est **si** humide **qu'**on ne peut pas y entreposer de livres. Il a **tant** / **tellement** de livres **qu'**il ne sait plus où les mettre. Il a **tellement** mangé de gâteaux **qu'**il a été malade.
☞ Ne pas confondre **tant... que** et **tant que** qui signifie " aussi longtemps que " : **tant qu'**il y a de la vie, il y a de l'espoir.

tel (telle, tels, telles)... que. Elle a une **telle** migraine **qu'**elle a dû se coucher. Le risque n'est pas **tel qu'**il faille renoncer à l'affaire.
☞ La subordonnée de conséquence est à l'indicatif si la proposition principale est affirmative. Si la principale est à la forme négative ou interrogative, la subordonnée est au subjonctif.

si bien que, tant et si bien que. La route était glissante, **si bien que** la voiture a dérapé. Il fit **tant et si bien que** personne ne vint plus le voir.

à (plus inf.). Cette histoire est **à** mourir de rire.
☞ **À** suivi d'un verbe à l'infinitif sert à exprimer une conséquence imaginable (on rit tant qu'on pourrait en mourir).

sans que. Approche-toi **sans qu'**on te voie (syn. de telle sorte que ne... pas). J'ai attendu longtemps **sans que** rien ne se produise.
☞ **Sans que** s'emploie avec le subjonctif (parfois accompagné de **ne**) pour exprimer l'absence de conséquence.

assez (suffisamment, insuffisamment, trop)... pour (que). Mon petit frère est **assez** grand **pour** s'habiller tout seul. La valise est **trop** lourde **pour que** tu la portes.
☞ **Assez, suffisamment, insuffisamment, trop... pour (que)** entraînent le subjonctif dans la proposition subordonnée.

suffisant pour (que). Ces mesures seront-elles **suffisantes pour** enrayer le chômage ? Trouvez une raison **suffisante pour qu'**il vienne.
☞ **Suffisant pour (que)** entraîne le subjonctif dans la proposition subordonnée.

consécutif à. Sa fatigue est **consécutive** à des efforts violents.

Par la juxtaposition de deux propositions :

Cette affaire le tracasse, il n'en dort plus la nuit.
J'ai tout vu : je peux témoigner.
☞ L'idée de conséquence peut être exprimée par le rapprochement de deux propositions.

Avec un nom :

conséquence, contrecoup, corollaire, déduction, effet, fruit, implication, incidence, inconvénient, onde de choc, portée, rançon, réaction, rejaillissement, répercussion, résultante, résultat, retentissement, retombée, ricochet, sanction, séquelle, suite...

Prévoir les **conséquences** de ses actes. Sa maladie est le **contrecoup** du choc qu'il a subi à la mort de sa fille. Le droit n'est qu'un **corollaire** du devoir. Les **fruits** de la croissance.
Les **implications** sociales de la crise économique. Les **retombées** politiques d'un scandale. Les **séquelles** de la guerre du Kosovo.
☞ **Contrecoup, rejaillissement, ricochet** impliquent une conséquence indirecte ; **corollaire**, une conséquence nécessaire. **Fruit** s'emploie au pluriel et introduit généralement une conséquence positive ; **séquelle**, une conséquence négative. **Implication, retombée** et **séquelle** s'emploient le plus souvent au pluriel.

Avec un verbe :

découler de, déduire de, engendrer, s'ensuivre, entraîner, générer, impliquer, induire, inférer, procéder de, provenir, ressortir, résulter de...

De nombreuses applications **découlent de** cette découverte (syn. résulter). On peut **déduire de** ces résultats que les bénéfices seront nuls cette année. Ce détail n'est pas exact, mais il ne **s'ensuit** pas que tout le reste soit faux. L'implantation de cette usine **a généré** la création de centaines d'emplois (syn. induire). Cette décision **implique** des investissements / **implique qu'**on fasse des investissements. Il **ressort** de votre exposé que nous devons prendre une décision maintenant (syn. résulter).
☞ **Impliquer que** entraîne le subjonctif. **Induire, inférer** sont plutôt réservés à la langue soutenue : que peut-on **induire** / **inférer** de ces constatations ?

10 Comment exprimer l'idée de moyen, de manière

La phrase qui exprime le moyen répond aux questions « avec quoi ? » « par quel moyen ? ». La phrase qui exprime la manière répond aux questions « comment ? », « de quelle manière ? ».
Le moyen est le procédé qui permet de parvenir à une fin.
La manière est la façon dont on y parvient.

Avec une préposition, une conjonction, un adverbe, une locution :

à. Il marche **à** grands pas. Elle reconnaît les tissus **au** toucher. Elle trace ses lignes **à** la règle. Ils se chauffent **au** gaz.

☞ Exprime aussi l'idée de lieu et de temps .

de. Il pousse la voiture **de** toutes ses forces. Elle le poussa **du** coude. Il regarde le spectacle **d'**un air las.

☞ Exprime aussi l'idée de cause et de lieu.

en. Il est **en** colère, **en** deuil. Il est sorti **en** chaussons. Il regarde la scène **en** silence.

☞ Exprime aussi l'idée de lieu et de temps.

avec, sans. Elle répond **avec** humour. Nous avançons **avec** peine. Elle marche **avec** grâce (syn. gracieusement), **avec** lenteur (syn. lentement). Il creuse le sol **avec** une pioche (syn. au moyen de). Il travaille **sans** plaisir.

☞ L'emploi de **avec** et de **sans** comme adverbes est familier : il faudra faire **avec** ; on s'est débrouillé **sans**.

par. Ils m'ont informé **par** un coup de téléphone. Le kangourou avance **par** bonds. Il a réussi **par** la ruse.

☞ Exprime aussi l'idée de lieu.

sur. Il peut jouer ce morceau **sur** un piano ou **sur** un clavecin (syn. au). Elle compte **sur** ses doigts. Il m'a répondu **sur** un drôle de ton.

☞ Exprime aussi l'idée de lieu.

comme. Faites **comme** vous voulez. Il faut voir **comme** il la traite ! Il parle **comme** un charretier (syn. à la manière de).

☞ Dans un registre populaire, **comme** remplace " comment " pour indiquer l'intensité : il est sapé faut voir **comme** !

comment. J'ignore **comment** cela s'est passé. **Comment** résoudre ce problème ? **Comment** pourras-tu payer cette somme ?

de façon, d'une façon. S'habiller **de façon** élégante (syn. élégamment). Il a agi **d'une façon** discrète (syn. discrètement).
☞ **De façon, d'une façon** suivis d'un adjectif équivalent à un adverbe de manière.

à la manière (de). Elle portait une jupe ample **à la manière des** Gitanes. Il se tira de ce mauvais pas **à la manière** française, par un calembour.
☞ **De manière à, de manière que** expriment l'idée de but.

au moyen de, à l'aide de, grâce à. Il applique la peinture **au moyen** d'un rouleau (syn. avec). Elle marche **à l'aide d**'un déambulateur. Ils se sont rencontrés **grâce à** vous.
☞ **Grâce à** exprime aussi l'idée de cause.

moyennant. Moyennant de grands efforts, il est arrivé à ce qu'il voulait.

ainsi. Nous allons procéder **ainsi**... Si tout s'est passé **ainsi**, le doute n'est plus permis (syn. de cette manière).

ainsi que. Ainsi que je l'ai expliqué... (syn. comme).

Sans mot de liaison :

Elle marche la tête haute. Il est sorti bras nus.

Avec un gérondif :

Il m'a accueilli **en riant**. Il s'excusa **en balbutiant**. Vous pouvez participer au concours **en téléphonant** à ce numéro.

Avec un adverbe en -ment ou un autre adverbe de manière :

Il lui parle **gentiment**. Elle mange **proprement**. Ils marchent **silencieusement**. Elle joue **bien**. Ils chantent **faux**.

Avec un nom :

arme, artifice, biais, combine, tactique, voie, etc.
Son humour est sa seule **arme**. Elle a fait preuve d'**artifice** pour se tirer d'affaire. Il a trouvé un **biais** pour annoncer la mauvaise nouvelle. Elle a une **combine** pour payer ses places moins cher. Il a changé de **tactique** pour qu'elle s'intéresse à lui. Elle a suivi la **voie** de la sagesse.